Katja Kosubek

»genauso konsequent sozialistisch wie national«

Hamburger Beiträge
zur Sozial- und Zeitgeschichte

Herausgegeben von der
Forschungsstelle für Zeitgeschichte in Hamburg

Quellen, Band 4

Redaktion: Joachim Szodrzynski

Katja Kosubek

»genauso konsequent sozialistisch wie national«

Alte Kämpferinnen der NSDAP vor 1933

Eine Quellenedition 36 autobiographischer Essays
der Theodore-Abel-Collection

WALLSTEIN VERLAG

Gedruckt mit Untersützung der
Stiftung Zeitlehren

Bibliografische Information der Deutschen Nationalbibliothek
Die Deutsche Nationalbibliothek verzeichnet diese Publikation in der Deutschen Nationalbibliografie; detaillierte bibliografische Daten sind im Internet über http://dnb.d-nb.de abrufbar.

www.wallstein-verlag.de
Vom Verlag gesetzt aus der Adobe Garamond
Titelabbildung: Landesarchiv Berlin F Rep. 290 Nr. II 10463
Druck und Verarbeitung: Hubert & Co, Göttingen
ISBN 978-3-8353-3057-3

Inhalt

Teil I
Einführung

Einleitung

> Wie ich zum Nationalsozialismus kam? Als mir diese Frage vorgelegt wurde, musste ich mich ernsthaft besinnen. Es liegt so weit zurück, so unlösbar verankert in meinem Nachkriegsleben, dass ich es nur aus diesem heraus erklären kann. Ich kam zum Nationalsozialismus auf die allernatürlichste, einfachste Weise: Durch das Leben und das Aufhorchen auf die Vorgänge des Lebens und durch das Nachdenken und Vergleichen über Hitlers Einstellung und Gedankengänge darüber. So kam es.
>
> *Maria von Belli*[1]

> Platzte da auch einmal eine Stinkbombe in die jüdischen Kaufhäuser Gerngroß und Krupnik hinein, oder wurden die jüdischen Caféhäuser durch eindringende S. A. einmal an den Ernst der Gegenwart erinnert, so waren es ja harmlosere Dinge zu denen, die die jüdische Presse dem Auslande gegenüber vorschwindelte.
>
> *Marianne Heimer*[2]

Die Aussagen zweier Nationalsozialistinnen stehen sich scheinbar widerspruchsvoll gegenüber: verbindlich und nachdenklich die eine – antisemitisch, zynisch und gewaltbejahend die andere. Sie eröffnen der Leserin und dem Leser einen ersten Blick in die Vielfalt und Vielschichtigkeit der 36 autobiographischen Essays, die in der vorliegenden Quellenedition erstmals veröffentlicht werden und denen die Eingangszitate entnommen sind.

Maria von Belli und Marianne Heimer waren sogenannte Alte Kämpferinnen, Frauen die vor 1933 den Aufstieg der NSDAP befürworteten und unterstützten – oft lange bevor sie sich für eine offizielle Mitgliedschaft entschieden. Wie über 600 weitere Parteigenossinnen und -genossen aus dem gesamten Deutschen Reich antworteten sie im Sommer 1934 auf die Frage »Warum ich vor 1933 der NSDAP beigetreten bin.« – ohne zu wissen, dass es sich bei diesem vermeintlichen »Aufsatzwettbewerb« um die Datenerhebung für ein Forschungsprojekt handelte.

1 Abel-Biogramm/Nr. 212/Maria von Belli, S. 1.

2 Abel-Biogramm/Nr. 457/Marianne Heimer, S. 12. Marianne Heimer lebte um 1932 für zwei Jahre in Wien und schloss sich dort der NS-Bewegung an. Die renommierten Wiener Warenhäuser Gerngroß und Krupnik wurden am 18. Dezember 1932, einem verkaufsoffenen Sonntag in der Vorweihnachtszeit, von Nationalsozialisten mit Tränengas und Stinkbomben attackiert. Unter den Kunden brach eine Massenpanik aus. Vgl. *Wiener Sonn- und Montagszeitung*, Nr. 51 vom 19. Dezember 1932, S. 2, in: Österreichische Nationalbibliothek: ANNO – Historische österreichische Zeitungen und Zeitschriften, Wiener Sonn- und Montagszeitung; URL: http://anno.onb.ac.at/cgi-content/anno?aid=wsz&datum=1932 1219&seite=1&zoom=33 [online am 19. September 2015].

Dessen Initiator war Theodore Abel, ein amerikanischer Soziologe, der sich in jenen Jahren vornehmlich mit Biographieforschung beschäftigte.[3] Mit den eingesandten Essays arbeitete Abel bereits im ersten Jahr nach dem Machtantritt der Nationalsozialisten zu der Frage *Why Hitler came into Power.*[4] Die 36 Zuschriften aus der Feder von Frauen blieben in seiner Analyse allerdings unberücksichtigt – warum sie die NSDAP unterstützten, war nicht von Interesse.[5] Auch spätere Wissenschaftlerinnen und Wissenschaftler erwähnten die weiblichen Zuschriften nur am Rande und nutzten die Sammlung allenfalls als Zitatenfundus. So wurden diese autobiographischen Essays, die Abel als »Biogramme«[6] bezeichnete, niemals anders als auszugsweise veröffentlicht.

Die große Besonderheit und Bedeutung der Quellen liegt in ihrer Authentizität. Aus ihnen sprechen keine Zeitzeugen, die sich rückblickend erinnern, sondern Mitlebende des Jahres 1934. Unmittelbar und lebendig führen überzeugte Nationalsozialistinnen die Leserschaft in ihre Lebens- und Vorstellungswelt. Unverstellt bekennen sie sich zu ihrer nationalsozialistischen Gesinnung. Einige von ihnen verstehen es durchaus, Empathie zu wecken.

Problemstellung und Relevanz

Wie war es möglich, dass sich aus einer gebildeten und fortschrittlichen Gesellschaft eine Diktatur entwickelte, deren Kalkül und Grausamkeit uns bis heute entsetzt? Woran lag es, dass der perfide Zynismus eines Goebbels bejubelt wurde, dass die rohe Brutalität der SA beeindruckte anstatt abzustoßen, dass der Nervenkitzel moralischer Grenzverletzung immer weiter getrieben wurde, bis die Opfer zugrunde gerichtet waren?

3 Theodore Abel lehrte seinerzeit an der Columbia University New York. Er gilt als Pionier der Ideen Max Webers in den USA.

4 Theodore Abel, Why Hitler Came into Power. An Answer Based on the Original Life Stories of Sixhundred of his Followers, New York 1938, Nachdruck der Ausgabe von 1938 mit einem Vorwort von Thomas Childers, Cambridge/Massachusetts und London 1986. Zu seinem Aufsatzwettbewerb erhielt Abel Theodoret insgesamt 683 Zuschriften, darunter 48 von Frauen, die nicht untersucht wurden. Ebenso blieben Aufsätze von nur 1-2 Seiten ohne wesentlichen Informationsgehalt unberücksichtigt. Um 1950 beschlagnahmten amerikanische Sicherheitsbehörden zahlreiche Biogramme. Daher reduzierte sich unter anderem die Zahl der weiblichen Zuschriften auf die vorliegenden 36.

5 Abel verzichtete auf die Auswertung der Essays von Frauen, da ihm deren Anzahl zu gering erschien und sie nicht in die Kategorien passten, die er für die Lebensläufe der Männer erstellt hatte (u.a. Kriegsteilnahme). Abel trug sich zunächst mit der Absicht, die Einsendungen der Frauen in einer späteren Publikation auszuwerten, diese wurde jedoch nie geschrieben. Vgl. Abel, Why, S. 5 sowie Peter Merkl, Political Violence under the Swastika – 581 Early Nazis, Princeton 1975, S. 121.

6 Vgl. Theodore Abel, The Nazi Movement. Why Hitler Came to Power, Neudruck der Ausgabe von 1938 mit einem Vorwort des Autors von 1965, New York 1966, im Vorwort S. XIV. Biogramme sind definiert als »Aufzeichnung der Lebensläufe der Mitglieder einer zusammengehörigen Gruppe und der sich darin abspielenden Vorgänge.«, Gerhard Wahrig, Deutsches Wörterbuch, Jubiläumsausgabe, Gütersloh/München 1991, S. 275.

Wie konnte der Nationalsozialismus an die Macht gelangen? Noch immer treibt die alte Frage die nachfolgenden Generationen um. Im Laufe der umfangreichen und langen Forschungsgeschichte hat es viele Erklärungsversuche gegeben, keiner schien bisher wirklich befriedigend.[7] »Die moralische Aufladung des Themas«, stellt Gudrun Brockhaus zudem fest, »lässt kaum eine ›unschuldige‹ Neugier zu«.[8] Die deutsche Nachkriegsgesellschaft entwickelte analog zur verstreichenden Zeit und der damit verbundenen wachsenden Distanz zum Geschehen verschiedene Deutungsmuster. Wiederholt ging es darum, Verantwortliche zu finden – Hitler als Verführer der Massen, eine verbrecherische Führungsriege oder aber die vielen Millionen deutscher Durchschnittsbürger –, nicht selten darum, moralische Urteile zu fällen und diese politisch zu instrumentalisieren.[9]

Bis in die Gegenwart ist das allgemeine Interesse an der NS-Vergangenheit groß. Nicht selten wird es von dem psychologischen Moment geleitet, sich mit der Geschichte der Eltern- und Großelterngeneration auseinanderzusetzen oder konkret die Geschichte der eigenen Familie zu verstehen und zu verarbeiten.[10] Auch eine Vielzahl von Publikationen über den Aufstieg des Nationalsozialismus haben das Phänomen noch nicht greifen und die Frage nach seinen Ursachen nur bruchstückhaft beantworten können. Erst in jüngster Vergangenheit wagt die deutsche Geschichtswissenschaft die Erkenntnis, »dass die Nationalsozialisten den Menschen offenbar etwas zu bieten hatten. Etwas, was sie in anderen Parteien nicht fanden, was ihrer Bedürfnislage entsprach, eine Anziehungskraft, die auch mit dem Verweis auf ›das Böse‹ […] nicht wegerklärt« werden kann.[11]

7 Die Forschung zum Aufstieg des Nationalsozialismus begann bereits in den letzten Jahren der Weimarer Republik durch Wissenschaftler, die das Zeitgeschehen beobachteten, beschrieben und zu deuten versuchten, so etwa der Soziologe Theodor Geiger, Die soziale Schichtung des Deutschen Volkes. Soziographischer Versuch auf statistischer Grundlage, Stuttgart 1932. Vgl. auch Richard Evans, Das Dritte Reich. Aufstieg, München 2005, S. 10 f. (Originalausgabe: Richard Evans, The Coming of the Third Reich, London 2003) sowie Götz Aly, Hitlers Volksstaat. Raub, Rassenkrieg und nationaler Sozialismus, durchgesehene und erweiterte Ausgabe, Frankfurt a. M. 2006, S. 11.

8 Gudrun Brockhaus, Attraktion der NS-Bewegung. Eine interdisziplinäre Perspektive, in: dies. (Hrsg.), Attraktion der NS-Bewegung, Essen 2014, Einführung, S. 7-28, hier S. 8.

9 Mehr dazu im Forschungstand.

10 Die Bewältigung der NS-Vergangenheit schlägt sich sowohl in der wissenschaftlichen Forschung als auch im Interesse und Engagement von Laien nieder. Das allgemeine Interesse zeigt die Fülle an Büchern, Filmen, Ausstellungen und Veranstaltungen, die sich mit der transgenerationalen Traumatisierung durch NS-Zeit und Zweiten Weltkrieg beschäftigen. Beispiele sind die Bücher der Journalistin Sabine Bode, u. a. Sabine Bode, Kriegsenkel. Die Erben der vergessenen Generation, Stuttgart 2009, Dokumentarfilme wie Andreas Fischer, Söhne ohne Väter – vom Verlust der Kriegsgeneration, 3Sat 20. Mai 2007, und ein Fernsehmehrteiler von Nico Hofmann, Unsere Mütter, unsere Väter, ZDF 17.-20. März 2013, der öffentlich intensiv diskutiert wurde.

11 Brockhaus, Attraktion, S. 8.

Um den Aufstieg der NSDAP zu erklären, muss man verstehen, was die Attraktivität der NS-Bewegung vor 1933 ausmachte. Andreas Wirsching regt darum 2009 an, den Einzelnen und sein individuelles Erleben als Teil gesamtgesellschaftlicher Erfahrungen ins Blickfeld zu nehmen:

> »In unserer Kenntnis über das Jahr 1933 gibt es noch manches Ungleichgewicht; nach wie vor bestehen weniger gut ausgeleuchtete Terrains oder sogar weiße Flecken. Im Besonderen betrifft das die Gesellschaftsgeschichte des Jahres 1933, die Erfahrungsgeschichte der Mitlebenden – und zwar jener Mitlebenden, die weder zu den politischen Akteuren noch zu den prominenten Opfern gehörten. Und das heißt, es geht um nichts anderes als die Erfahrungsgeschichte der großen Mehrheit des deutschen Volkes.«[12]

Diesen Ansatz verfolgt auch der im Sommer 2014 von Gudrun Brockhaus herausgegebene Sammelband zur *Attraktion der NS-Bewegung.*[13] Aus geschichtswissenschaftlicher und psychologischer Perspektive wird hier die gleichsam individuelle wie kollektive Motivation der NS-Sympathisanten untersucht.

Die von Wirsching angesprochene »Mehrheit des deutschen Volkes« stellten zur Hälfte Frauen;[14] doch gerade deren Motive und Aktivitäten sind, wie sich am Beispiel Theodore Abels zeigt, lange Zeit unbeachtet geblieben und bis heute erst in Ansätzen untersucht worden.

Einen ersten Meilenstein setzte Claudia Koonz in ihrem 1986 erschienenen Buch *Mothers in the Fatherland*, in dem sie den Alten Kämpferinnen der NSDAP ein Kapitel widmete.[15] Im Jahr 2009 beschäftigte sich Ulrike Haerendel mit der vielversprechenden Fragestellung, welche Rolle Geschlechterasymmetrien für den Aufstieg der Hitlerbewegung gespielt haben und ob ein Geschlecht mehr als das andere zum Erfolg der NSDAP beigetragen hat.[16] Umsichtig wertete sie dazu bisherige Forschungsergebnisse aus, die jedoch letztlich die Frage nicht klären konnten.

12 Andreas Wirsching, Die deutsche »Mehrheitsgesellschaft« und die Etablierung des NS-Regimes im Jahre 1933, in: ders. (Hrsg.), Das Jahr 1933. Die nationalsozialistische Machteroberung und die deutsche Gesellschaft, Göttingen 2009, S. 9-29, hier S. 10.

13 Brockhaus, Attraktion. Mit Beiträgen von Peter Fritsche, Franka Maubach, Thomas Rohkrämer, Michael Wildt und anderen.

14 Die weibliche Bevölkerung machte im Jahr 1932 knapp 52 Prozent aus. Die deutschen Frauen verfügten damit über mehr als 16,2 Millionen Wählerstimmen von insgesamt 31,2 Millionen, vgl. Jürgen W. Falter, Hitlers Wähler, München 1991, S. 17.

15 Claudia Koonz, Mütter im Vaterland. Frauen im Dritten Reich, Reinbek 1994. Deutsche Erstausgabe: Claudia Koonz, Mütter im Vaterland, Freiburg im Breisgau 1991. Originalausgabe: Claudia Koonz, Mothers in the Fatherland, New York 1986.

16 Ulrike Haerendel, Frauen, Männer und die »Machtergreifung«. Beobachtungen aus der Geschlechterperspekive, in: Andreas Wirsching, Das Jahr 1933. Die nationalsozialistische Machteroberung und die deutsche Gesellschaft, Göttingen 2009, S. 30-46.

Die vorliegende Quellenedition möchte der Forderung Wirschings folgen und die Mitlebenden des Jahres 1933 zu ihren Erfahrungen befragen.[17] Gleichzeitig wird sie die Arbeit von Koonz um ein authentisches Zeitzeugnis beispielhaft ergänzen und nicht zuletzt einige Antworten auf Haerendels oben genannte Fragen geben. Damit soll ein weiteres Puzzleteil zu dem schwierigen Prozess beitragen werden, den Theodore Abel mit seinem Aufsatzwettbewerb vom Sommer 1934 begründet hat – den Aufstieg des Nationalsozialismus zu *verstehen*.[18]

Die Methode des »Verstehens«

Die Forschung zu den Ursachen des Nationalsozialismus kehrt heute zu dem frühen Ansatz des Soziologen Theodore Abel zurück.[19] Bereits 1934 stellte Abel fest, dass im Focus des Forschungsinteresses die unauffällige deutsche Mehrheitsgesellschaft stehen müsse, also Millionen einzelner Durchschnittsbürger, die kraft ihrer individuellen Entscheidung den Nationalsozialismus begrüßten, billigten, ihn unterstützten und ihm letzten Endes durch ihre Wählerstimme zum Durchbruch verhalfen. Daher war der Einzelne mit seiner persönlichen Lebens- und Erfahrungsgeschichte Gegenstand von Abels empirischer Erhebung, dem fingierten Schreibwettbewerb »Warum ich vor 1933 in die NSDAP eingetreten bin«. Theodore Abel zeigte sich darin als Vertreter der von Max Weber 1913 begründeten »Verstehenden Soziologie«.

Die Methode des »Verstehens« beruht auf dem Einsatz von Empathie im soziologischen oder historischen Verständnis des menschlichen Handelns. Der Mensch wird als Subjekt aufgefasst, das nicht nur das Produkt äußerer Kräfte ist, sondern seine individuelle Wahrnehmung hat, seiner Umwelt Bedeutungen zuschreibt und danach handelt.[20] Beim »Verstehen« wird die Sicht des Individuums eingenommen und nach dessen inneren Beweggründen, also der Motivation einer Handlung gefragt. Die »Verstehende Soziologie« sieht in der Motivation einen bestimmenden realen Faktor menschlichen Handelns. Ein Beispiel führte Abel in seinem 1948 erschienenen Aufsatz *The Operation Called »Verstehen«*[21] an: In ländlichen Gegenden steigt die Zahl der Hochzeiten nach einer guten Ernte. Nach einer schlechten

17 Zeitzeugen zu interviewen ist heute fast nicht mehr möglich. Diejenigen, die 1933 für Hitler gestimmt haben, sind oder wären heute über 100 Jahre alt. Umso kostbarer sind die authentischen Quellen aus den Jahren um 1933.

18 Theodore Abel war ein Vertreter der von Max Weber 1913 begründeten »Verstehenden Soziologie« und dessen Prinzip werturteilsfreier Wissenschaft. In der Einleitung zu »Why Hitler Came into Power« betonte Abel 1938 eindringlich seine wissenschaftliche Objektivität und Unparteilichkeit. Er grenzte sich scharf von den gesammelten Meinungen ab und erläuterte, sein Anliegen sei lediglich, ein Verstehen zu ermöglichen. Diesem Grundsatz folge ich.

19 So etwa Richard Evans 2003 und Götz Aly 2006.

20 Vgl. Jürgen Klüver/Christina Klüver, Social Understanding. On Hermeneutics, Geometrical Models and Artificial Intelligence, Heidelberg/London/New York 2010, S. 65.

21 Abel, Theodore, The Operation Called »Verstehen«, American Journal of Sociology, 54/1948, S. 211-218.

Ernte sinkt die Zahl. Nach dem Verfahren des »Verstehens« ist das subjektive Empfinden der Individuen, entweder Zuversicht oder Verunsicherung, der wesentliche Faktor dieses Verhaltens. Entwickelt wurde die Theorie des »Verstehens« schon in den 1890er Jahren von Wilhelm Dilthey. Dem naturwissenschaftlichen »Erklären« stellt Dilthey das geisteswissenschaftliche »Verstehen« gegenüber. Er geht davon aus, dass menschliche Handlungen durch das »Seelenleben« beeinflusst werden, also durch das subjektive Wahrnehmen, Empfinden, Beurteilen und Entscheiden. Die inneren Vorgänge sind dabei gleichermaßen individuell wie allgemeinmenschlich, und damit auch von anderen Menschen nachzuvollziehen.[22] Demnach ermöglicht die Beobachtung *äußerer* Vorgänge das Erkennen und die Deutung der *inneren* Vorgänge. Diese Methode nennt Dilthey »Verstehen«.[23]

Als Verfahren der historischen Biographieforschung hat das »Verstehen« durchaus Schwächen: Das von Dilthey vorausgesetzte »Allgemeinmenschliche« muss generell in Frage gestellt werden, zum einen hinsichtlich der sozialen Schichtzugehörigkeit, zum anderen hinsichtlich der Entwicklung von Mentalitäten im zeitlichen Verlauf. Speziell das Einfühlen in die emotionale (Erfahrungs-)Welt deutscher Männer und Frauen in den krisenhaften Jahren der Weimarer Republik stellt für die Nachgeborenen eine Herausforderung dar.[24] Dennoch bietet das sowohl empathisch-nachvollziehende als auch wissenschaftlich-distanzierte »Verstehen« einen erkenntnisversprechenden Zugang zu der Motivation gerade dieser historischen Akteure. Mehr als 100 Jahre nach Dilthey hat die Methode nichts an Faszination verloren. Im Jahr 2003 rückte Richard J. Evans die Methode des »Verstehens« wieder ins Zentrum einer Gesamtdarstellung zum Nationalsozialismus.[25] Evans erläutert Verfahren und Erkenntniswert des Verstehens: »Wir müssen uns in die Köpfe der National-

22 Vgl. Luca Giuliani, Kleines Plädoyer einer archäologischen Hermeneutik, die nicht mehr verstehen will, als sie auch erklären kann, und die nur so viel erklärt, wie sie auch versteht, in: Marlies Heinz/Manfred Eggert/Ullrich Veit, Zwischen Erklären und Verstehen? Beiträge zu den erkenntnistheoretischen Grundlagen archäologischer Interpretation, Münster/New York/München/Berlin 2003, S. 9-22, hier S. 10.

23 »Sonach nennen wir Verstehen den Vorgang, in welchem wir aus sinnlich gegebenen Zeichen ein Psychisches, dessen Äußerung sie sind, erkennen.« Wilhelm Dilthey, Die Entstehung der Hermeneutik (1900), in: Dilthey, Wilhelm, Die Entstehung der Hermeneutik [1900], in: Gründer, Karlfried (Hrsg.), Wilhelm Dilthey – Gesammelte Schriften, Band V, Die geistige Welt. Einleitung in die Philosophie des Lebens, Erste Hälfte: Abhandlungen zur Grundlegung der Geisteswissenschaften, 8. Auflage, Stuttgart 1990, S. 317-331, hier: S. 318.

24 »Erschwert wird die Analyse auch durch die Distanz zur der Weimarer Zeit. Vieles ist uns sehr fern gerückt und nicht unmittelbar nachvollziehbar«, stellt Gudrun Brockhaus 2014 fest. Sie nennt zwei Beispiele: »Ebenso herrscht ungläubiges Staunen gegenüber der Fahnensymbolik: Die Fahne ist mehr als der Tod?« und später über die NS-spezifische Variante des Antisemitismus »[…] man kann sich gar nicht vorstellen, dass ein Mensch, der halbwegs bei Sinnen ist, das glaubt.«, Brockhaus, Attraktion, S. 9 f.

25 Richard Evans, The Coming of the Third Reich, London 2003. Hier verwendet in der deutschen Taschenbuchausgabe, Richard Evans, Das Dritte Reich. Aufstieg, München 2005.

sozialisten selbst hineinversetzen«[26] und, wie seinerzeit Theodore Abel, die Menschen zu Wort kommen lassen, die um 1933 gelebt haben, denn dieses »führt einem wie nichts anderes die Komplexität der Entscheidungen vor Augen, die sie zu treffen hatten, die Schwierigkeit und oft auch Undurchsichtigkeit der Situationen, mit denen sie konfrontiert waren«.[27] Evans entscheidet sich für die Methode, das »individuelle Erleben der Menschen nachzuerzählen« und für einen Moment die Wahrnehmung der historischen Akteure zu teilen, mit dem Ziel, zu verstehen.[28] Auch Götz Aly richtete 2005 sein Augenmerk auf die Motivation des Einzelnen, die er im Kontext ihrer Zeit nachzuvollziehen suchte.[29] Andreas Wirschings Ansatz von 2009, die damals Mitlebenden zu befragen, schließt sich hier an. Frank Bajohr, Beate Meyer und Joachim Szodrzynski veröffentlichten 2013 vier Tagebücher aus dem Jahr 1933, mit dem Ziel, »das Thema der nationalsozialistischen Machtübernahme im Lichte zeitgenössischer Wahrnehmungen, Stimmungen und Reaktionen ›von unten‹ neu in den Blick zu nehmen«. Die Unmittelbarkeit von Tagebuchaufzeichnungen schien ihnen dafür »in besonderer Weise geeignet« zu sein.[30] Im Sommer 2014 gab Gudrun Brockhaus die bereits erwähnte Aufsatzsammlung zur Attraktion der NS-Bewegung heraus. Darin wird das Phänomen erstmals interdisziplinär aus geschichtswissenschaftlicher und sozialpsychologischer Perspektive beleuchtet, da die »Faszinationskraft der NS-Bewegung« nicht »mit kognitiven Konzepten allein« zu verstehen sei: »Die Analyse muss die Ebene der subjektiven Wahrnehmung und des emotional bestimmten Erlebens einbeziehen«.[31] Gudrun Brockhaus bedauert die »Schmalheit der Quellenbasis«[32] und explizit die noch immer ausstehende Veröffentlichung der autobiographischen Essays der Theodore-Abel-Colletion.[33] So lässt sich gemeinsam mit Angelika Schaser festhalten: »Erinnerungen stehen in der Geschichtswissenschaft momentan hoch im Kurs«.[34]

26 Ebd., S. 19.
27 Ebd., S. 17.
28 Ebd., S. 16 f. Evans gibt mit diesem Ansatz ebenfalls einen Querverweis zu Diltheys Methode des Verstehens.
29 Götz Aly versucht einleitend den Blickwinkel der Zeitgenossen einzunehmen, die noch nichts vom Grauen des Nationalsozialismus wissen konnten, sondern Hitler offen und interessiert begegneten, ein jeder mit persönlichen Sorgen und Hoffnungen. Vgl Götz Aly, Hitlers Volksstaat. Raub, Rassenkrieg und nationaler Sozialismus, durchgesehene und erweiterte Ausgabe, Frankfurt a. M. 2006, S. 11-35.
30 Frank Bajohr/Beate Meyer/Joachim Szodrzynski, Bedrohung, Hoffnung, Skepsis. Vier Tagebücher des Jahres 1933, Göttingen 2013, S. 10.
31 Brockhaus, Attraktion, S. 15.
32 Ebd., S. 25.
33 Ebd., S. 16.
34 Angelika Schaser (Hrsg.), Erinnerungskartelle. Zur Konstruktion von Autobioraphien nach 1945, Bochum 2003, S. 7. Angelika Schaser führt aus, es seien »vor allem die kollektiven Erinnerungen, für die sich Historikerinnen und Historiker interessieren«, und gibt zu bedenken, dass nach dem Ende der deutschen Teilung 1989 und einer damit verbundenen erneuten nationalen Identitätssuche gerade Autobiographien instrumentalisiert werden können, um entweder »als vielversprechendes Identitätsangebot«

Die »Methode des Verstehens« hat Schwachpunkte und kann zu Fehlinterpretationen führen – weniger jedoch im Fall der weiblichen Abel-Biogramme. Etwa zwei Drittel der Verfasserinnen beschreiben ihr »Seelenleben« so detailreich und freimütig, dass über ihre Motive kaum Zweifel bestehen können. Daher sind die vorliegenden Lebensbeschreibungen »properly understood and carefully used«[35] eine geeignete Quelle, um nach den inneren Beweggründen für die Unterstützung und den Aufstieg des Nationalsozialismus zu forschen. Abgesichert wird das »Verstehen« hier durch die umfassende historische Einordnung und die Kommentierung der Biogramme.

Forschungsstand

Die Historikerin Kathrin Kompisch wies 2008 ausdrücklich darauf hin, die Frage nach den Vorbedingungen und Ursachen des Nationalsozialismus lasse sich nur beantworten, »wenn alle gesellschaftlichen Gruppen in den Blick genommen werden«.[36] Sowohl Theodore Abel als auch Richard Evans entging in ihren Analysen allerdings ein wesentlicher Teil der deutschen Gesellschaft: die Frauen.[37]

Im Jahr 1933 lag der Anteil der weiblichen Bevölkerung in Deutschland bei knapp 52 Prozent.[38] Es ist daher naheliegend, dass Frauen einen erheblichen Anteil am Aufstieg des Nationalsozialismus hatten. Nicht zuletzt, da es sich seit 1919 auch um stimmberechtigte Wählerinnen handelte. Trotzdem blieb

oder als »abschreckendes Beispiel« präsentiert zu werden. S. 7. Das Interesse an der »Nahsicht« zeigt auch die Publikation von Nicolas Stargardt, Der deutsche Krieg 1939-1945, Frankfurt a. M. 2015. Stargardt arbeitet auf der Basis von Selbstzeugnissen wie Briefen und Tagebüchern, um die subjektive Dimension der Geschichte zu erfassen.

35 David Redles, Hitler's Millenial Reich. Apocalyptic Belief and the Search for Salvation, New York/London, 2005, S. 191. Redles arbeitet mit den von Männern verfassten Abel-Biogrammen.

36 Kathrin Kompisch, Täterinnen. Frauen im Nationalsozialismus, Köln/Weimar/Wien 2008, S. 12. Kompisch verdeutlicht ihre Forderung: »Zum Verständnis der Geschichte ist es notwendig, alle relevanten Gruppen zu betrachten. Da die neuere Forschung gezeigt hat, dass Frauen im Nationalsozialismus eben nicht nur Objekte, sondern durchaus selbständig handelnde Subjekte sein konnten, müssen auch sie zu den relevanten Gruppen gezählt werden.«, ebd. S. 13.

37 Abel und sein Schüler Peter Merkl, die sich mit der Gesamtheit der 581 von Abel gesammelten Biogramme beschäftigen, sparen den marginalen Anteil weiblicher Zuschriften aus. Merkl liefert dazu lediglich den Ansatz einer Analyse, indem er die Biogramme nach dem Alter der Verfasserinnen gruppiert, Inhalte skizziert und mit einigen unkommentierten Zitaten versieht. Vgl. Merkl, S. 119-137. Auch für Evans' knappe Abhandlung der weiblichen Bevölkerung auf wenigen Seiten seines umfassenden Werkes ist kein Grund ersichtlich.

38 Zur weiblichen Bevölkerung des Deutschen Reiches zählten am 16. Juni 1933 genau 33.532.899 Personen, dies entsprach knapp 52 Prozent der Gesamtbevölkerung von 65.218.461 Deutschen. Ernst Christian Schütt (Hrsg.), Chronik 1933, Gütersloh/München 1998, S. 215.

ihre Einflussnahme auf die Ereignisse bis heute weitgehend unberücksichtigt. Michael H. Kater hielt ihre Partizipation in einem 1983 veröffentlichten Aufsatz für kaum erwähnenswert.[39] Das weibliche Interesse an der NSDAP führte er auf die Parteimitgliedschaft der Ehemänner zurück und bemühte zahlreiche Quellen, auch aus Regional- und Stadtarchiven, um ihre quantitativ marginale Unterstützung zu belegen. Die konträre Ansicht vertrat zeitgleich Jill Stephenson. Sie nahm an, politisch rechts orientierte Frauen hätten sich allen Widrigkeiten zum Trotz und aus persönlicher politischer Überzeugung zu Hitler bekannt.[40] Der Nationalsozialismus sei ihnen in seiner Gesamtheit ein so wichtiges Anliegen gewesen, dass sie über unpopuläre Positionen, wie etwa die diskriminierende NS-Frauenpolitik und dementsprechende frauenverachtende Äußerungen der Parteigrößen, hinwegsahen.[41] Wie die vorliegenden Essays Alter Kämpferinnen zeigen, liegt zwischen diesen beiden Eckpunkten ein weites Feld von Unterstützungsmotiven und Handlungsmöglichkeiten.

In den nachfolgenden Jahren befassten sich zahlreiche Historikerinnen mit der Rolle der Frauen in Deutschland in den Jahren 1933-1945, begleitet von einem Diskurs, der anfangs, namentlich in Deutschland, stark von der Schuldfrage bestimmt war.[42] Hier setzte sich die Generation der Töchter und Söhne mit

39 Michael H. Kater, Frauen in der NS-Bewegung, in: Vierteljahrshefte für Zeitgeschichte, Jg. 31, 1983, S. 202-241.

40 Jill Stephenson, National Socialism and Women before 1933, in: Peter D. Stachura, The Nazi Machtergreifung, London 1983, S. 45. Original: »The apparent paradox of [women] associating with the NSDAP in the first place can be explained in a variety of ways. They seem to have imagined that the Party's men could made to change their minds about women's role in the movement; their Nazism was stronger than their feminism; and they were to some extent encouraged by Strasser, who seems to have had some symphathy for them, admittedly at a time when attracting votes from all shades of opinion mattered.«

41 Dieser Gedanke wurde später von Ute Frevert wieder aufgegriffen. Ute Frevert, Frauen-Geschichte. Zwischen Bürgerlicher Verbesserung und Neuer Weiblichkeit, Frankfurt a. M. 1986, S. 207.

42 Die für die Nachkriegsgesellschaft spezifische Neigung, (Mit-)Täterschaft zu verharmlosen, zu entschuldigen oder ganz zu leugnen, war in der jungen Bundesrepublik auch in Bezug auf die weibliche Bevölkerung sehr groß. Als einer der Ersten vertrat Joachim Fest 1963 den Standpunkt, die deutschen Frauen seien generell als Opfer des nationalsozialistischen Regimes zu betrachten oder allenfalls als zur Täterschaft Verführte. Vgl. Joachim C. Fest, Das Gesicht des Dritten Reiches. Profile einer totalitären Herrschaft, 11. Auflage, München 1994 (Erstauflage a. a. O. 1963), S. 356-371. Seit dem Wiederaufleben der deutschen Frauenbewegung Mitte der 1970er Jahre beschäftigte sich die historische Frauenforschung mit der Rolle der Frauen im Nationalsozialismus. Bis in die 1980er Jahre hinein galt das Forschungsinteresse vieler feministischer Wissenschaftlerinnen zum einen der Identitätsstiftung, zum anderen sollten Parallelen der Diskriminierung von Frauen im »Dritten Reich« und in der Gegenwart aufgezeigt werden. Diesem großzügigen Freispruch hielt die politische Linke den ebenso undifferenzierten Vorwurf entgegen, die deutschen Frauen hätten durch ihre Wahlstimmen die »Machtübernahme« Hitlers ermöglicht und verschuldet, was jene pauschal als Täterinnen brandmarkte. Es entspann sich daraus auch innerhalb

der Verstrickung und Verantwortung ihrer Eltern auseinander. Einige der um 1990 entstandenen Forschungsarbeiten trugen den Konflikt bereits im Titel, beispielsweise *Die peinlichen Verwandtschaften*[43] oder *TöchterFragen.*[44] Das Bild der schuldlosen, weil passiv gehaltenen deutschen Frau musste bei näherer Betrachtung revidiert werden. Wenn auch die Möglichkeiten der Einflussnahme und Beteiligung für Frauen geringer waren, so gab es doch das Bestreben, die NS-Bewegung aktiv zu unterstützen. Das breite Spektrum weiblicher Beteiligung zeigte 1997 der Sammelband von Kirsten Heinsohn, Barbara Vogel und Ulrike Weckel, der unter dem Titel *Zwischen Karriere und Verfolgung. Handlungsräume von Frauen im nationalsozialistischen Deutschland*, auch ein Streiflicht auf die Zeit vor 1933 warf.[45]

Heute prägt die Generation der Enkelkinder die historische Forschung. Sie fragt nicht mehr primär nach einer persönlichen Schuld der damaligen Akteure und wird kaum noch von einer empfundenen »Erbschuld« bestimmt, wie Kathrin Kompisch bemerkt: »Die heutige nachgeborene Generation hat weniger Berührungsängste, sich auch den Verstrickungen ihrer Vorfahrinnen in eine menschenverachtende Diktatur zu stellen«.[46]

Zweifellos verleitet die Beteiligung der weiblichen Bevölkerung am Aufstieg Hitlers und an der Konsolidierung seiner Macht auch heute noch dazu, die historischen Akteurinnen und Aktionen zu be- und verurteilen. Vor dem moralischen Urteil über Begeisterung, Unterstützung und Mittäterschaft muss jedoch die Frage stehen, was Frauen in der Weimarer Republik bewog, sich gerade für diese ausgesprochene »Männerpartei«[47] starkzumachen, die sich »nachdrücklich

der Frauenbewegung eine politisierte und emotional aufgeladene Kontroverse über die »Schuldfrage«, die im Nachkriegsdeutschland alle gesellschaftlichen Gruppen beschäftigte. Zum Begriff der Täterschaft vgl. Kompisch, Täterinnen, S. 7-18.

43 Vgl. Dorothea Schmidt, Die peinlichen Verwandtschaften. Frauenforschung zum Nationalsozialismus, in: Heide Gerstenberger (Hrsg.), Normalität oder Normalisierung?, Münster 1987, S. 50-65.

44 Vgl. Lerke Gravenhorst/Carmen Tatschmurat (Hrsg.), TöchterFragen. NS-Frauengeschichte, Freiburg im Breisgau 1990.

45 Kirsten Heinsohn/Barbara Vogel/Ulrike Weckel (Hrsg.), Zwischen Karriere und Verfolgung. Handlungsräume von Frauen im nationalsozialistischen Deutschland, Frankfurt a. M. 1997. Mit meinungsbildenden Frauen der Zeit vor 1933 beschäftigen sich darin Angelika Schaser (zu Gertrud Bäumer) und Eva-Maria Ziege (zu Sophie Rogge-Börner).

46 Kompisch, Täterinnen, S. 13.

47 Diese Bezeichnung findet sich erstmals bei Gabriele Bremme, Die politische Rolle der Frau in Deutschland. Eine Untersuchung über den Einfluss der Frauen bei Wahlen und ihre Teilnahme in Politik und Parlament, Göttingen 1956, S. 73. Die NSDAP ließ keinen Zweifel daran, dass Frauen in ihrer Parteipolitik unerwünscht waren und ihnen jegliche politische Mitbestimmung, u. a. das Wahlrecht, hätte verwehrt werden sollen. Vgl. Kater, S. 203, sowie Hans-Jürgen Arendt/Sabine Hering/Leonie Wagner (Hrsg.), Nationalsozialistische Frauenpolitik vor 1933. Dokumentation, Frankfurt a. M. 1995, S. 16. Von Führungspositionen in der NSDAP waren Frauen ohnehin ausgeschlossen, das hatte die Partei bereits bei ihrer Generalmitgliederversammlung am 21. Juni 1921 beschlossen: »Eine Frau kann in die Füh-

von allen übrigen Parteigruppierungen im politischen Raum«[48] in der Vehemenz ihrer Frauenfeindlichkeit unterschied. Zumal die Partizipation in anderen nationalistisch-konservativen Parteien und Vereinen, die grundsätzlich ähnliche Programmpunkte verfolgten, Förderung und Anerkennung versprach.[49]

Eine solche weitgehend neutrale und differenzierte Betrachtung gelang der amerikanischen Historikerin Claudia Koonz in ihrem 1986 erschienenen Werk *Mothers in the Fatherland.* Im ersten Hauptteil »Die nationalsozialistischen Frauen und ihre ›Freiheitsbewegung‹«,[50] untersuchte sie, was deutsche Frauen schon vor 1933 an der Hitlerbewegung interessierte, welche Partizipationsmöglichkeiten ihnen die NSDAP bot und wie sie diese nutzten. Sie stützte sich auf vielfältiges Archivmaterial, darunter die weiblichen Biogramme der Theodore-Abel-Sammlung. Hier fanden die autobiographischen Essays, wenn auch als eine Quelle unter vielen, erstmals wissenschaftliche Beachtung.[51] Koonz vertrat die These, dass Frauen keineswegs nur als unpolitischer Anhang ihrer Männer zum Nationalsozialismus fanden, sondern sich bewusst dafür entschieden und eigene Unterstützungsformen entwickelten. Koonz schuf damit eine Grundlage für weitergehende Forschung.

Das Engagement von Frauen für rechte und rechtsrextreme Parteien in der Weimarer Republik trat ab 1995 verstärkt in den Blickpunkt der historischen Forschung. Die Quellenedition *Nationalsozialistische Frauenpolitik vor 1933*, herausgegeben von Hans-Jürgen Arendt, Sabine Hering und Leonie Wagner, erschloss zunächst Dokumente verschiedener Provenienz und Textgattungen. Ergänzt durch eine Einführung, stellte sie sich auch für die vorliegende Arbeit als ausgesprochen hilfreich und anregend heraus. Zudem erschienen ab 1995 Darstellungen zu verschiedenen Einzelaspekten: Nancy Reagin fragte beispielsweise nach der Zusammenarbeit von Frauengruppen der DNVP und NSDAP in Hannover.[52] Leonie Wagner stellte einige nationalsozialistische Führerinnen vor, auch solche, die vor 1933 bereits aktiv waren, und untersuchte umfassend deren

rung der Partei und in den leitenden Ausschuß nie aufgenommen werden.«, Georg Franz-Willing, Die Hitlerbewegung. Der Ursprung 1919-1922, Hamburg/Berlin 1962, S. 83.

48 Fest, S. 356. Keine andere Partei wollte Frauen unter anderem das Wahlrecht wieder absprechen oder trug sich mit der Idee, Frauen erst mit ihrer Heirat die Rechte der Staatsbürgerin zu gewähren. Vgl. Koonz, S. 66 und S. 70.

49 Vgl. Kater, S. 205.

50 Koonz, S. 65 ff.

51 Bereits 1984 versuchte sich Margot Komann im Rahmen der Ausstellung »100 Jahre deutscher Rassismus« an einer tiefenhermeneutischen Analyse einiger weiblicher Abel-Biogramme. Ihre Interpretation ist sehr frei. Die von ihr angeführten Zitatfragmente werden instrumentalisiert. Vgl. Margot Komann, Als Biologie Schicksal wurde. Frauen und Nationalsozialismus, in: Kölnische Gesellschaft für Christlich-Jüdische Zusammenarbeit (Hrsg.), 100 Jahre deutscher Rassismus. Katalog und Arbeitsbuch, Köln 1984, S. 224-231.

52 Nancy R. Reagin, A German Women's Movement. Class and Gender in Hanover 1880-1933, Chapel Hill/London 1995.

Vorstellungen von Weiblichkeit und Politik.[53] Ihr folgte 1998 Silvia Lange mit einer Forschungsarbeit zu den protestantischen Frauen um Guida Diehl und deren hitlertreuen »Neulandbund«.[54] Die eigentlichen Trägerinnen des Nationalsozialismus, welche die Partei auf Ortsgruppenebene stärkten, blieben jedoch nach wie vor unbeachtet, was Christine Arbogast 1998 beklagte: »Ein weithin desolates Bild bietet bislang die Forschung zur sozialen Zusammensetzung weiblicher Mitglieder und Funktionsträgerinnen der NSDAP. Dies ist nicht zuletzt ein Quellenproblem [...]«.[55] In einer Fußnote erwähnte sie die Frauenbiogramme der Theodore-Abel-Collection als »einzige größere Materialsammlung«[56] zum Thema, deren Auswertung allerdings noch ausstehe.

In den 2000er Jahren rückten konservative Frauen, die das »Schicksal der Nation zu ihrem persönlichen Anliegen machten«[57], in den Focus des Forschungsinteresses, und es wurde nach dem gesellschaftlichen und politischen Nährboden gefragt, auf dem sie eine Affinität für rechtsextreme Thesen entwickelten. Erste Antworten bot die Aufsatzsammlung *Nation, Politik und Geschlecht. Frauenbewegungen und Nationalismus in der Moderne*, die im Jahr 2000 von Ute Planert herausgegeben wurde.[58] Andrea Süchting-Hänger legte 2002 mit *Das »Gewissen der Nation«. Nationales Engagement und politisches Handeln konservativer Frauenorganisationen 1900-1937* eine »Pionierstudie«[59] auf der Basis umfangreichen Quellenmaterials vor: Darin untersuchte sie die Haltungen national-konservativer Frauenvereine, anhand der schriftlichen, zumeist publizierten Zeugnisse ihrer weiblichen Führungspersönlichkeiten. Süchting-Hänger stellte eine zunehmende Radikalisierung konservativer Frauen ab 1929 fest. *Radikale Nationa-*

53 Leonie Wagner, Nationalsozialistische Frauenansichten. Vorstellungen von Weiblichkeit und Politik führender Frauen im Nationalsozialismus, Frankfurt a.M. 1996.

54 Silvia Lange, Protestantische Frauen auf dem Weg in den Nationalsozialismus. Guida Diehls Neulandbewegung 1916-1935, Stuttgart/Weimar 1998.

55 Christine Arbogast, Herrschaftsinstanzen der württembergischen NSDAP. Funktion, Sozialprofil und Lebenswege einer regionalen NS-Elite 1920-1960, München 1998, S. 128.

56 Ebd., S. 128. Jost Dülffer und Gerd Krumeich sprechen 2002 ebenfalls von der »zwar häufig zitierten, aber noch nie befriedigend ausgewerteten Abel-Collection«. Jost Dülffer/Gerd Krumeich (Hrsg.), Der verlorene Frieden. Politik und Kriegskultur nach 1918, Essen 2002, S. 129. Auch Dülffer und Krumeich leisten diesen Beitrag nicht.

57 Andrea Süchting-Hänger, Das »Gewissen der Nation«. Nationales Engagement und politisches Handeln konservativer Frauenorganisationen 1900 bis 1937, Düsseldorf 2002, S. 2.

58 Ute Planert (Hrsg.), Nation, Politik und Geschlecht. Frauenbewegungen und Nationalismus in der Moderne, Frankfurt a.M./New York 2000. Darin Aufsätze zur Situation in der Weimarer Republik unter anderem von Kirsten Heinsohn, Angelika Schaser und Raffael Scheck.

59 Christiane Streubel, Rezension zu Andrea Süchting-Hänger, Das »Gewissen der Nation«. Nationales Engagement und politisches Handeln konservativer Frauenorganisationen 1900 bis 1937, Düsseldorf 2002, in: H-Soz-u-Kult, 26. November 2002, URL: http://www.hsozkult.de/publicationreview/id/rezbuecher-1995 [online am 19. September 2015].

listinnen, organisiert im Verband »Ring Deutscher Frauen«, standen im Mittelpunkt der 2006 veröffentlichten Dissertation von Christiane Streubel.[60] Die Motive des Engagements der national-konservativen sowie der radikal nationalistischen Frauen zeigen deutliche Parallelen zu denen der Alten Kämpferinnen der NSDAP.[61] Kirsten Heinsohn veröffentlichte 2010 ihre Habilitationsschrift zum Thema *Konservative Parteien in Deutschland 1912-1933*.[62] Die Hamburger Historikerin befasste sich mit dem Selbstverständnis konservativer Frauen (und Männer), respektive mit dem Widerspruch zwischen dem politischen Handeln von Frauen und dem konservativen weiblichen Rollenmuster, einem Paradoxon, das auch die Alten Kämpferinnen der NSDAP lebten. Außerdem thematisierte sie die Idee der Volksgemeinschaft, die sowohl von konservativen als auch von nationalsozialistischen Frauen getragen wurde. Für manche Frau war dies eine Brücke in den Nationalsozialismus und ein wesentliches Motiv ihres Engagements, wie sich zeigen wird. Mit der Faszination der nationalsozialistischen Volksgemeinschaftsidee beschäftigten sich Frank Bajohr und Michael Wildt 2012, jedoch ohne deren Wirkung auf Frauen besonders zu berücksichtigen, so dass sich Franka Maubach 2014 diesem Aspekt widmete.[63] Ein Versuch, explizit die Bedeutung von nationalsozialistischen Frauen für den Aufstieg Hitlers zu beleuchten, wurde wie bereits erwähnt, 2009 von Ulrike Haerendel unternommen. Ihr Aufsatz *Frauen, Männer und die »Machtergreifung«. Beobachtungen aus der Geschlechterperspekive* stellte umsichtig die Resultate einschlägiger Arbeiten zu diesem Thema zusammen.[64] Ihre Auswertung fiel jedoch knapp und wenig differenziert aus. Haerendel gewann kaum neue Einsichten. In ihrem Beitrag formulierte sie lediglich einige Thesen, die, wie sie selbst einräumte, »in diesem Rahmen nicht weit über erste Beobachtungen und plausible Vermutungen hinausgehen können«.[65] Haerendel kam zu dem vorläufigen Schluss, dass Frauen

60 Christiane Streubel, Radikale Nationalistinnen. Agitation und Programmatik rechter Frauen in der Weimarer Republik, Frankfurt a. M./New York 2006.

61 Süchting-Hänger nennt als Partizipationsmotive von Frauen u. a. das Trauma des Ersten Weltkriegs als »Ausgangspunkt politischen Handelns«, verbunden mit der nicht akzeptierten Entmachtung Deutschlands und dem Protest gegen Reparationszahlungen. Vgl. S. 304. Als weibliches Handlungsfeld führt sie unter anderem die Propaganda an, wie etwa vor der Volksabstimmung über den Young-Plan, S. 303.

62 Kirsten Heinsohn, Konservative Parteien in Deutschland 1912-1933. Demokratisierung und Partizipation in geschlechterhistorischer Perspektive, Düsseldorf 2010.

63 Frank Bajohr/Michael Wildt (Hrsg.), Volksgemeinschaft. Neuere Forschungen zur Gesellschaft des Nationalsozialismus, Frankfurt a. M. 2009, hier 2. Auflage, Frankfurt a. M. 2012. Franka Maubach, »Volksgemeinschaft« als Geschlechtergemeinschaft? Zur Genese einer nationalsozialistischen Beziehungsform, in: Gudrun Brockhaus (Hrsg.), Attraktion der NS-Bewegung, Essen 2014, S. 251-268.

64 Haerendel, S. 30-46.

65 Ebd., S. 38. So nimmt Haerendel an, dass Hitlers Anhängerinnen eher Beobachterinnen denn Mitwirkende waren. Sie glaubt, dass Frauen sich politisch weniger informierten, dafür aber ein Gefühl für Stimmungen hatten, welches sie zu nützlichen Ratgeberinnen der Parteigenossen machte. Weiter vermutet Haerendel, das jugendlich-heroische Image der Hitlerbewegung habe auf Frauen besonders stark gewirkt. Die misogyne

für den Aufstieg der NSDAP nicht mehr Verantwortung trugen als Männer. Sie hielt aber fest, dass die Sympathisantinnen ihre Partei durchaus auf spezifische Weise beförderten: »Frauen wurden zwar auf bestimmte Sphären im Nationalsozialismus festgelegt, an diesen Stellen trugen sie aber wie die Männer an anderen Stellen an der Errichtung und Aufrechterhaltung des Systems, zur Ausbildung einer rassistisch-exkludierenden Gesellschaftspolitik und zur Vorbereitung auf den Eroberungskrieg bei«.[66] Die vorliegende Arbeit wird Haerendels Annahme ebenfalls aufgreifen und anhand der Quellen belegen.

Eine differenzierte Untersuchung des Selbstverständnisses, der Motive und Aktivitäten von Frauen an der Basis des nationalistischen bzw. nationalsozialistischen Lagers und namentlich eine Auswertung der weiblichen Essays der Theodore-Abel-Collection stehen demnach noch aus. Diese Lücke wird mit der vorliegenden Arbeit geschlossen.

Grundsätze der Quellenedition

Dieses ist die erste vollständige Edition der 36 weiblichen Zuschriften der Theodore-Abel-Collection. Sie kommt dem gerade von deutscher Seite bestehenden Forschungsinteresse an den Quellen entgegen. Außerdem wendet sie sich ausdrücklich an interessierte Laien.

Die Verfasserinnen der Biogramme verwenden mehrheitlich noch die deutsche Schrift. Einige von ihnen pflegen recht eigenwillige Handschriften. So kann sich die Lektüre mühsam gestalten. Alle Lebensbeschreibungen wurden von mir transkribiert, so dass nun auch ungeübte Leserinnen und Leser die Möglichkeit haben, mit den Quellen zu arbeiten. Zudem wurden sämtliche Aufsätze mit Erläuterungen zu Personen, Orten und Ereignissen erschlossen.

Es werden die Klarnamen der Autorinnen genannt, nicht zuletzt, da diese ihre Biogramme bereits im Hinblick auf eine Veröffentlichung verfasst haben.[67] So eröffnet Marianne Meinecke ihr Essay beispielsweise mit den Worten:

> »Ich beglückwünsche die Columbia Universität New York zu ihrem Entschluß und möchte zu meinem bescheidenen Teil dazu beitragen, Klarheit zu verbreiten über das große Erleben der deutschen Menschen der Gegenwart.«[68]

Für die Veröffentlichung liegt die Genehmigung des zuständigen Archivs – Hoover Institution Archives, Stanford, USA – vor und ist auch mit dem Bundesarchivgesetz § 5 Absatz 4 vereinbar.

NS-Ideologie sei von »der Masse« nicht bemerkt oder beklagt, sondern im Gegenteil die Einrichtung von NS-Frauenorganisationen begrüßt worden, vgl. ebd., S. 39.

66 Ebd., S. 40.

67 Bundesarchivgesetz §5 Absatz 4: »Die Schutzfristen der Absätze 1 bis 3 [u. a. Archivgut, das sich auf natürliche Personen bezieht, K. K.] gelten nicht für solche Unterlagen, die bereits bei ihrer Entstehung zur Veröffentlichung bestimmt waren.«

68 Abel-Biogramm/Nr. 116/Marianne Meinecke, S. 1.

Dem besseren Verständnis der Biogramme dient darüber hinaus eine umfassende Einführung. Diese schildert zunächst die Entstehung der Quellen im Jahr 1934 und setzt sie in ihren historischen Kontext. Anschließend werden die Verfasserinnen hinsichtlich ihrer Zugehörigkeit zu Gesellschaftsschicht und Generation vorgestellt, wobei auch prägende zeitgeschichtliche Erfahrungen berücksichtigt werden.

Neben der Edition bildet eine differenzierte Auswertung der Quellen den Hauptteil meiner Dissertation. Sie wird von der Frage geleitet, *warum* und *auf welche Weise* diese Frauen den Aufstieg und die Konsolidierung des NS-Regimes unterstützt haben. Die Abel-Biogramme werden befragt, an welche Lebenserfahrungen und Einstellungen der Nationalsozialismus anschloss und welche offenbar gerade für Frauen attraktiven Perspektiven er bereithielt. Ferner wird untersucht, welche Formen weiblichen Engagements die Parteiorganisation eröffnete, auf welchen Gebieten Frauen sich besonders einsetzten und welche Aktivitäten und Organisationsformen sie in eigener Initiative etablierten. Abschließend wird diskutiert, wie viel Einfluss die hier vorgestellten Nationalsozialistinnen auf das Parteigeschehen ausüben konnten und wollten, und inwieweit sie Hitler durch ihren Einsatz zum Wahlsieg im Januar 1933 verhalfen.

Aufbau der Arbeit

Das vorliegende Buch besteht aus drei Teilen: Teil I – EINFÜHRUNG beinhaltet die Vorstellung des Quellenmaterials und seiner Verfasserinnen, kurze Zusammenfassungen aller Biogramme sowie eine Einordnung in die zeitgeschichtlichen Zusammenhänge. Im Teil II – AUSWERTUNG werden die Quellen unter den Geschichtspunkten der Motive und der Handlungsräume weiblichen Engagements für die NSDAP vor 1933 befragt. Teil III – QUELLENSAMMLUNG enthält die transkribierten und umfassend kommentierten Biogramme der Alten Kämpferinnen.

Mit je einem prägnanten Zitat einer Verfasserin werden die Kapitel eingeleitet, sofern dies möglich ist, um bereits Einführung und Auswertung eng auf die Quellen zu beziehen. Mehrzeilige Zitate aus den Biogrammen werden in geringerer Schriftgröße eingerückt wiedergegeben. Dass einige Zitate ein zweites Mal angeführt werden, ließ sich nicht vermeiden und liegt in deren besonderer Aussagekraft unter verschiedenen Fragestellungen begründet.

Das erste Kapitel *Wer waren die Alten Kämpferinnen?* steckt die äußeren Bedingungen weiblicher Beteiligung an der sogenannten Kampfzeit des Nationalsozialismus (1919-1933) ab. Zunächst wird der Begriff der »Alten Kämpferin« definiert, alsdann die Zahl der Wählerinnen mit der weiblicher Mitglieder verglichen: In der Wählerschaft der NSDAP waren Frauen mit etwa 25 Prozent deutlich unterrepräsentiert. Marginal war ihr Anteil unter den Pateimitgliedern mit etwas mehr als 7 Prozent. Das Kapitel erläutert dieses ungleiche Partizipationsverhältnis der Geschlechter. Anschließend wird der organisatorische Rahmen weiblicher Mitwirkung ausführlich dargestellt – vom informellen »Frauenkränzchen«[69] über die unabhängigen Frauenorganisationen Elsbeth Zanders und Guida Diehls bis hin zur 1931 gegründeten NS-Frauenschaft.

Das Kapitel *»Warum ich vor 1933 der NSDAP beigetreten bin« – Die Theodore-Abel-Collection* stellt die autobiographischen Essays und deren Verfasserinnen vor. Im Rahmen dieser Quellenkritik wird zunächst die Geschichte des fingierten »Aufsatzwettbewerbs« Theodore Abels geschildert. Es folgt die Vorstellung der Verfasserinnen, anhand ihrer Lebensdaten und -umstände, wie etwa Alter, soziale Herkunft, Ausbildung und Parteibeitritt. Besonders interessant sind in diesem Zusammenhang zum einen die Generationenzugehörigkeit, die, bedingt durch den Ersten Weltkrieg und den nachfolgenden politischen und gesellschaftlichen Umbruch, sehr unterschiedliche biographische Erfahrungen mit sich brachte, zum anderen die Wohnorte beziehungsweise Wohnortwechsel der Verfasserinnen. Es folgen die Zusammenfassungen der 36 Biogramme.

Das Kapitel *»Auf den Straßen tobte der Mob« – Die Weimarer Republik aus der Perspektive der Alten Kämpferinnen* führt zunächst in die Zeit, die Erfahrungswelt und Lebenswirklichkeit der Verfasserinnen ein. Eine Skizze der politischen und gesellschaftlichen Ausgangssituation nach 1918 wird ergänzt durch das von ihnen reflektierte Zeit- und Lebensgefühl jener Jahre. Dabei wird die Situation in der Reichshauptstadt Berlin, dem Wohnort der meisten Verfasserinnen, näher betrachtet. Viele der Autorinnen gehören einer »Verlorenen Generation« an, ihre Biographien sind durch kriegsbedingte Brüche gezeichnet, was näher erläutert werden soll. Eine besondere Bedeutung hat in den autobiographischen Essays die allgemeine Politisierung der Weimarer Zeit. Sie bedingte, nicht zuletzt durch die Neuheit des Frauenwahlrechts, eine Politisierung der Frauen.

Das Kapitel *»Zur Rettung Deutschlands ist auch die Frau berufen!« – Motive weiblichen Engagements für die NSDAP* macht deutlich, dass es für Frauen, die der deutschen Mehrheitsgesellschaft zuzurechnen waren, unterschiedliche Impulse gab, sich für den Nationalsozialismus auszusprechen. Wie einzelne Bausteine setzten sich meist mehrere Beweggründe zu einem individuellen Unterstützungsprofil zusammen. Um ein möglichst authentisches Bild dieser unterschiedlichen Motive zu gewinnen, werden die Alten Kämpferinnen durch zahlreiche Belege aus ihren Essays selbst zu Wort kommen. Ihre Sozialisation bestimmte den politischen Weg der Autobiographinnen und ihre Entscheidung für den Nationalsozialismus. Es zeigt sich, dass sie ihre politische Prägung nicht ausschließlich in rechts-konservativen Elternhäusern erfuhren, sondern viele von ihnen auch sozialistische Ideale vertraten.[70] Die NSDAP bot Frauen trotz

69 Kater, S. 210.

70 Dabei muss natürlich berücksichtigt werden, dass die Biographien in Form eines Erweckungsberichtes verfasst wurden: Die Alten Kämpferinnen beschreiben ihr Leben auf den Zielpunkt Nationalsozialismus hin. Das Verfassen eines Lebenslaufes in Form eines Bekehrungs- oder Erweckungsberichtes wurde im 18. Jahrhundert von einer religiösen Lebensgemeinschaft, der pietistischen Herrnhuter Brüdergemeine, tradiert.

oder gerade wegen ihrer antifeministischen Ausrichtung attraktive Partizipationsmöglichkeiten und Perspektiven. Unter welchen Voraussetzungen manche Autorinnen eine Beschränkung auf Heim und Herd als reizvoll ansahen, welchen Stellenwert »Mütterlichkeit« hatte und welche Freiräume die »NS-Kampfzeit« Frauen eröffnete, soll anschließend gefragt werden.

Ein besonderes Augenmerk wird auf die Anziehungskraft der erhofften »Volksgemeinschaft« gerichtet sein. Diese gedachte Gesellschaftsordnung wurde, wie Kirsten Heinsohn feststellt, »wie kein anderer politischer Begriff in den Jahren zwischen 1914 und 1933 in Deutschland [...] angenommen«[71] und entwickelte sich zu einem Leitthema aller »politischen Parteien und Gruppierungen, Einzelpersonen und Institutionen«[72] jener Kriegs- und Nachkriegsjahre. Von den meisten Verfasserinnen wird die »Volksgemeinschaft« als originäres Ziel des Nationalsozialismus wahrgenommen und war für manchen Parteibeitritt ausschlaggebend. Auffällig wird hier die Umdeutung des Begriffs der »Volksgemeinschaft« zum »nationalen Sozialismus«, die beispielhaft die Abzweigung vom konservativen (seltener auch sozialistischen) Weg in den Nationalsozialismus zeigt. Zur Bedeutung und Funktion des politischen Topos »Volksgemeinschaft« in der Weimarer Republik sowie im Nationalsozialismus wird in den vergangenen Jahren verstärkt geforscht.[73] Nicht zuletzt soll dieses Kapitel den aktuellen Diskurs aufgreifen und bereichern. Übersehen werden soll nicht

Jedes Mitglied – Frauen und Männer verschiedenster Herkunftsmilieus aus Gemeinden in aller Welt – schrieb seine (religiöse) Lebensgeschichte nieder. »Die erste Begegnung mit der und der Eintritt in die Gemeinde« werden als Wendepunkte dargestellt, »die das Leben in ein Vorher und Nachher teilen.« Pia Schmid, Frömmigkeitspraxis und Selbstreflexion. Lebensläufe von Frauen der Herrnhuter Brüdergemeine aus dem 18. Jahrhundert, in: Sonja Häder/Heinz-Elmar Tenorth [Hrsg.], Der Bildungsgang des Subjekts. Bildungstheoretische Analysen, Weinheim 2004, S. 48-57, hier S. 49f. Die Herrnhuter Lebensläufe waren durchaus an ein Publikum adressiert, entweder bereits zu Lebzeiten in den *Gemeinnachrichten* veröffentlicht oder nach dem Tod vor der Trauergemeinde verlesen. So entstanden bis ins 20. Jahrhundert schätzungsweise 30.000 Kurzautobiographien. Das Herrnhuter Archiv ist derzeit damit beschäftigt, die Lebensberichte datentechnisch zu erfassen. Vgl. Gisela Mettele, Weltbürgertum oder Gottesreich. Die Herrnhuter Brüdergemeinde als globale Gemeinschaft 1727-1857, Göttingen 2009, S. 193f.

71 Heinsohn, Konservative, S 124.

72 Ebd.

73 Das Konzept der »Volksgemeinschaft« als gesellschaftspolitisches Thema der späten Weimarer Republik, als »Brücke« in den Nationalsozialismus und als Werkzeug nationalsozialistischer Herrschaft wird seit etwa 2005 und verstärkt seit 2010 erforscht. Am Diskurs beteiligten sich mit unterschiedlichen Schwerpunkten unter anderem: Michael Wildt, Gewalt als Partizipation. Der Nationalsozialismus als Ermächtigungsregime, in: Alf Lüdtke/Michael Wildt (Hrsg.), Staats-Gewalt. Ausnahmezustand und Sicherheitsregimes, Göttingen 2008, S. 216-240, hier S. 238-240. Bajohr/Wildt, Volksgemeinschaft, 2009. Heinsohn, Konservative, 2010, Kapitel 1.2 »Die Ordnung der Gesellschaft – Volksgemeinschaft«. Detlef Schmiechen-Ackermann (Hrsg.), »Volksgemeinschaft«. Mythos, wirkungsmächtige soziale Verheißung oder soziale Realität im »Dritten Reich«? Zwischenbilanz einer kontroversen Debatte, Paderborn 2011.

die emotionale Attraktion des Nationalsozialismus. Die Autobiographinnen waren überzeugt, man müsse den Nationalsozialismus »erleben«, um ihn zu verstehen. Durch die Wahrnehmung der Zeitzeuginnen wird die »Erlebniskultur« der NS-Bewegung verfolgt. Sie lud zu Vergnügen, Spannung und Abenteuer ebenso ein wie zum Ausleben von Wut und Hass. Emotional attraktiv wirkten auf viele Verfasserinnen auch die NSDAP-Ortsgruppen. Sie boten eine soziale Heimat, und das dort gelebte Geschlechterkonzept »Soldat und Schwester« war ihnen bestens vertraut.

Das fünfte Kapitel *»...und ich hielt den Kleistertopf« – Handlungsräume weiblichen Engagements für die NSDAP* untersucht schließlich die Betätigungsfelder der Verfasserinnen. Vor der Gründung der NS-Frauenschaft 1931 gab es keine reichsweite Organisation für Frauen in der NS-Bewegung – es herrschte gewissermaßen »Wildwuchs«.[74] Das gab dem weiblichen Engagement viel Freiraum, marginalisierte es aber auch. Welche Handlungsfelder eine Nationalsozialistin für sich entdeckte oder welche lokal etablierten Aktivitäten sie wahrnahm, hing von ihrer Persönlichkeit und ihrem sozialen Umfeld ab.[75] Hier wird unter anderem ein Schwerpunkt auf der weiblichen Propagandaarbeit liegen, die von den Verfasserinnen besonders herausgestellt wird. Werbeaktionen und -strategien einiger Nationalsozialistinnen, die sich an der Basis der Gesellschaft engagierten, machen auf die Bedeutung von weiblicher Propaganda für den Aufstieg der NSDAP aufmerksam.

Es folgt die *Quellensammlung,* in der die 36 Frauenbiogramme der Theodore-Abel-Collection ungekürzt aufgeführt sind. Ihre Reihenfolge ergibt sich aus der Numerierung, die sie beim Eingang an der Columbia University erhielten.[76] Jedem Essay vorangestellt ist eine tabellarische Zusammenfassung der Lebensdaten, so dass eine schnelle Orientierung möglich ist. Um die biographischen Daten auf ihre Authentizität zu prüfen, um sie zu vervollständigen und zu erläutern, habe ich umfangreich recherchiert: im Bundesarchiv Berlin (ehemals Berlin Document Center, in dem sowohl die Mitgliederkarteien der NSDAP als auch die Parteikorrespondenz einzusehen sind), in zahlreichen Stadtarchiven, bei Standesämtern und lokalen Geschichtsvereinen. Zudem habe ich Gespräche mit den Angehörigen zweier Verfasserinnen geführt. Bei der Transkription wurden alle sprachlichen und orthographischen Eigenheiten übernommen, um die

74 Kompisch, Täterinnen, S. 48.

75 Die Verfasserinnen unterscheiden sich stark in ihrem Temperament und ihren Interessen. Sie erschließen sich Handlungsfelder, die ihrer Persönlichkeit entsprechen. So radelte die fröhliche Erna Stoyke über Land, um für die Genossen Naturalien zu sammeln. Die intellektuelle Ruth Grathwohl dagegen hielt rassenbiologische Vorträge. Auch Bildung und aktuelle Lebenssituation eröffneten oder beschränkten Handlungsmöglichkeiten. Vgl. Abel-Biogramm/Nr. 363/Erna Stoyke sowie Abel-Biogramm/Nr. 145/Ruth Grathwohl.

76 Diese Numerierung wurde auch von den Hoover Institution Archives beibehalten, die Theodore Abels Nachlass heute betreuen. Frühere Studien, beispielsweise die Peter Merkls, nennen keine Namen, sondern nur die Biogrammnummer. Daher ist diese Reihenfolge gegenüber der alphabetischen vorzuziehen.

Authentizität der Quellen zu erhalten. Die Kenntnis vieler erwähnter Namen und Geschehnisse kann heute nicht mehr vorausgesetzt werden: Die revolutionäre »Schlageter-Zeit«, Menschentypen wie »Knüppel-Kunze« und Medienereignisse wie der »Sklarek-Skandal« prägten das Zeiterleben der Alten Kämpferinnen und sind zum Verständnis ihrer Motivation wesentlich. In zahlreichen Endnoten werden solche Begriffe und Zusammenhänge erläutert.

Während der Lektüre der Biogramme werden die Leserinnen und Leser am Denken, Fühlen und am Alltag einiger Nationalsozialistinnen teilhaben. Sie werden miterleben, wie in Helene Radtkes Küche die Milch überkocht, mit Käthe Eiden durch die verschneite Nacht nach Hause gehen und mit Erna Stoyke Ferkel im Bollerwagen transportieren. Unweigerlich stellt sich die Frage, wie deren Leben nach 1934 und schließlich nach 1945 weiter verlief. Die Lebensgeschichte von Erna Stoyke (*1913) habe ich exemplarisch recherchiert und mit Hilfe von deren Kindern rekonstruiert. Sie findet sich am Ende der Zusammenfassung als Ausblick auf weiterführende Forschungsprojekte.

Die vorliegende Quellenedition trägt auch der zeitlichen Dimension Rechnung. Eine Befragung von Zeitzeugen, die den Machtantritt Hitlers 1933 begrüßten, ist kaum mehr möglich, und die Erinnerung der letzten ganz Alten ist gebrochen durch das Wissen um die nationalsozialistischen Greuel. Viele haben ihr Leben lang über ihre Zustimmung und Unterstützung des Nationalsozialismus geschwiegen. Umso wichtiger werden authentische, autobiographische Berichte aus diesen Jahren, um die damaligen Entwicklungen zu verstehen.[77]

77 Vgl. Evans, S. 19.

1 Wer waren die Alten Kämpferinnen?

1.1 Definition

> Still steht jetzt die neue Fahne am Schreibtisch neben mir
> zerfetzt, sturmgeprüft schmutzig aber wertvoll für uns.
> Sie spricht das wir alte Kämpfer sind.
>
> *Lisi Paupié*[1]

»Alte Kämpfer« – diesen Ehrentitel und das Goldene Parteiabzeichen trugen Nationalsozialisten, die bis etwa 1928 in die NSDAP eingetreten waren und eine Mitgliedsnummer unter 100.000 erhalten hatten. Wer erst später, aber noch vor dem 30. Januar 1933 die Mitgliedschaft beantragt hatte, durfte sich zumindest »Alter Parteigenosse« nennen.[2]

Die Nationalsozialistinnen, deren autobiographische Essays in der Theodore-Abel-Sammlung vorliegen, sind nach dieser Definition nur zu einem geringeren Teil »Alte Kämpferinnen«, zu einem größeren »Alte Parteigenossinnen«. Etliche von ihnen interessierten oder engagierten sich – zumindest nach eigener Aussage – jedoch schon seit Mitte der 1920er Jahre für die Hitler-Bewegung, bevor sie zwischen 1930 und 1933 offiziell in die Partei eintraten.[3] Nicht wenige

1 Abel-Biogramm/Nr. 187/Lisi Paupié, S. 14. Grammatische und orthographische Fehler der Verfasserinnen wurden nicht korrigiert.

2 Wolfgang Benz (Hrsg.), Wie wurde man Parteigenosse? Die NSDAP und ihre Mitglieder, Frankfurt a. M. 2009, S. 7. Von Hermann Weiß werden »Alte Kämpfer« und »Alte Garde« als Synonym für Parteibeitritte bis Nummer 100.000 verwendet, sie waren zum Tragen des Goldenen Parteiabzeichens berechtigt. Vgl. Wolfgang Benz/Hermann Graml/Hermann Weiß (Hrsg.), Enzyklopädie des Nationalsozialismus, 3. Auflage, Stuttgart 1998, S. 358, Stichwort: Alte Kämpfer, verfasst von Hermann Weiß. Vgl. auch Albrecht Tyrell, Führer befiehl ... Selbstzeugnisse aus der »Kampfzeit« der NSDAP, Neuauflage der Erstausgabe von 1969, Bindlach 1991, S. 269. Abweichend dazu nennt Cornelia Schmitz-Berning als Stufen der frühen Mitgliedschaft a) die »Alten Kämpfer« mit einer Mitgliedsnummer bis 300.000 sowie SS, SA und Stahlhelmangehörige, die vor dem 30. Januar 1933 eingetreten sind, b) die »Alte Garde« als Elite unter den »Alten Kämpfern«, bestehend aus Teilnehmern am Hitler-Putsch 1923 und Parteigenossen mit einer Ausweisnummer bis 100.000. Letztere konnten ab 1934 das sogenannte Goldene Ehrenzeichen beantragen. Vgl. Cornelia Schmitz-Berning, Vokabular des Nationalsozialismus, 2. Auflage, Berlin 2007, S. 26 mit Bezug auf *Rhein-Westfälische Zeitung* vom 19. Mai 1934. Da Schmitz-Berning ihr Stichwort jedoch nur mit einem einzelnen Zeitungsartikel belegt, soll hier der gängigen Definition von Benz, Weiß und anderen gefolgt werden.

3 Ein Beispiel dafür ist Marie Julie Horn, die sich an der Seite ihres Ehemannes seit Mitte 1927 für die Hitler-Bewegung interessierte und engagierte, aber erst knapp zwei Jahre später das Parteibuch beantragte. Abel-Biogramm/Nr. 390/Marie Julie Horn, S. 2. Noch deutlicher wird dies im Biogramm Hertha von Reuss', die erst nach Jahren aktiver NSDAP-Arbeit auf Aufforderung eines hochrangigen Parteigenossen in die Partei eintrat: »Ich selbst bin auf Zureden vom damaligen Gauleiter Brandenburgs Dr. Schlange dann auch nummernmässig in die Partei eingetreten. Aber ich kann ehrlich sagen, mein

Nationalsozialistinnen haben auch ganz ohne Parteibuch an Hitlers Aufstieg mitgewirkt, denn die Mitgliedschaft in einer politischen Partei war für Frauen, zumal für konservative, nicht üblich und kostete schließlich auch Geld.[4] Dennoch waren – wie Michael Kater betont – »ihre Gefühle für den Nationalsozialismus kaum weniger stark«[5] als die der männlichen Parteigenossen! In der vorliegenden Arbeit sollen daher all jene Frauen als »Alte Kämpferinnen« gelten, die mit oder ohne Parteibuch, in praktischer Kleinarbeit oder vor dem Hintergrund großer (frauen-)politischer Konzepte, den Nationalsozialismus vor 1933 unterstützten und damit seinen Aufstieg zum totalitären Regime förderten.[6]

Die Bezeichnung »Alte Kämpferin« beziehungsweise »Alter Kämpfer« leitet sich von einem Schlüsselbegriff in der Sprache der NSDAP ab: dem besonders in den frühen Jahren allgegenwärtigen »Kampf«:[7]

- »Kämpferisch« inszenierten sich ab 1921 die schlagenden Truppen der paramilitärischen SA.
- »Mein Kampf« betitelte Hitler seine 1925 verfasste Programmschrift.
- Als »Kampf um Berlin« wurden 1928 die verbalen Attacken des Berliner Gauleiters Goebbels glorifiziert.

Glaube an Deutschland wurde mir nur durch unsern herrlichen Führer selbst wieder geschenkt, als ich Hitlers grosse Rede 1920 hörte.« Abel-Biogramm/Nr. 36/Hertha von Reuss, S. 3.

4 Der Mitgliederbeitrag der NSDAP lag im August 1921 bei zwei Reichsmark. Vgl. »Satzungen des nationalsozialistischen deutschen Arbeiter-Vereines« 29. Juli 1921, BAK, NS 26-79; zitiert nach Tyrell, Führer, 1991, Dokument 9, S. 31. Um 1930 kostete die Mitgliedschaft eine Reichsmark im Monat. Außerdem wurde eine Aufnahmegebühr erhoben. Auch die Teilnahme an Kundgebungen kostete durchschnittlich 1 Reichsmark. Es wurden verschiedene Rabatte gewährt. Vgl. Wolfgang Benz, Legenden, Lügen, Vorurteile. Ein Wörterbuch zur Zeitgeschichte, 4. Auflage, München 1993, S. 82. Viele Nationalsozialistinnen waren nicht direkt in der NSDAP, sondern in unabhängigen, hitlertreuen Frauengruppen wie etwa dem »Deutschen Frauenorden Rotes Hakenkreuz« organisiert, so dass ein zusätzlicher NSDAP-Beitritt auch aus Kostengründen nicht weiter im Gespräch war. Dass Arbeiterinnen in der NS-Bewegung deutlich unterrepräsentiert waren, mag zum Teil auch darin begründet liegen. Vgl. Arendt/Hering/Wagner, S. 39.

5 Kater, S. 209.

6 Mit dieser zeitlichen Definition folge ich Koonz, S. 137ff. Bereits Michael H. Kater benutzt die Bezeichnung »Alte Kämpferin« als feststehenden Begriff. Vgl. Kater, S. 231. Margot Komann definiert »Alte Kämpferinnen« als »jene […] Frauen, die sich bereits in den zwanziger Jahren und aus eigenem Antrieb den Nationalsozialisten anschlossen.«, in: »Wie ich Nationalsozialistin wurde« – Eine kritisch feministische Lektüre der »Theodore Abel-Akten«, in: Gravenhorst/Tatschmurat, S. 150.

7 Silvia Lange erkennt eine »Aufwertung des Handelns in Form des Kampfes«, Lange, S. 32. Cornelia Schmitz-Berning definiert: »kämpferisch – Heroisch, kampflustig; kennzeichnendes Attribut für Charakter, Haltung und Leistung des idealen Nationalsozialisten.«, Schmitz-Berning, S. 344. Viktor Klemperer bezeichnet »kämpferisch« als ein »Lieblingswort« in der »Sprache des Nazismus«. Viktor Klemperer, LTI. Notizbuch eines Philologen, 1. Auflage, Leipzig 1996, S. 12.

Die Liste der Beispiele ließe sich fortsetzen. Der Begriff des »Alten Kämpfers« wurde schließlich im Mai 1934 offiziell definiert, im Zuge der ersten Verleihungen des Goldenen Ehrenzeichens für die frühesten Parteimitglieder, als Teil der Mythologisierung der »NS-Kampfzeit« (1919-1933).[8]

Das vage Fernziel des »Kampfes« war die Verwirklichung der nationalsozialistischen »Weltanschauung« mit all ihren teils widersprüchlichen Einzelaspekten. Konkret war dagegen das Nahziel: das Erringen staatlicher Macht. Nach dem missglückten Versuch, dieses Ziel durch einen Putsch im November 1923 gewaltsam zu erreichen, schwenkte die NSDAP auf den politischen Weg ein. Der Kampf wurde mit Taten, aber mehr noch mit Worten geführt: Noch immer kam es zu öffentlichkeitswirksamen Saalschlachten und Straßenkämpfen mit politischen Gegnern, die eigentliche Kampfmethode jedoch hieß Propaganda.[9] Der nationalsozialistische »Kampf« ist für die Zeit von 1923 bis 1933 daher als politische Überzeugungsarbeit zum Erwerb von grundlegender Zustimmung, Wählerstimmen, finanzieller Unterstützung und aktiver Mitglieder zu definieren. In all diesen Punkten zeigten sich weibliche NSDAP-Mitglieder und -Sympathisantinnen ebenso engagiert wie die männlichen Kameraden. Die vorliegenden Biogramme früher Nationalsozialistinnen belegen dies eindrücklich.

Der »Kampf« als geistige Mobilmachung war eines der wesentlichen Motive für ihr Engagement: Sie waren von dessen Notwendigkeit überzeugt und vom Wunsch nach Teilhabe erfüllt. Die selbst ausgeübte Propaganda und die Unterstützung propagandistischer Aktionen bildeten ihren hauptsächlichen Handlungsraum. Demnach ist die Bezeichnung »Alte Kämpferinnen« unter dem Aspekt einer unausgesetzten Propagandaschlacht zutreffend – für Nationalsozialistinnen mit und ohne Parteibuch. Tatsächlich verstanden und bezeichneten sich Hitlers Anhängerinnen selbst als »Kämpferinnen«. Dieses Selbstverständnis vereinte die völkischen Vordenkerinnen und die Aktivistinnen der untersten Parteiebene. So nannte die Publizistin Sophie Rogge-Börner ihre Zeitschrift *Die deutsche Kämpferin,*[10] während Guida Diehl, die prominente

8 Eine parteioffizielle Festschreibung fand im Zusammenhang mit der Berechtigung zum Tragen des Goldenen Parteiabzeichens statt, das mit dem »Gesetz über Titel, Orden und Ehrenzeichen« vom 15. Mai 1934 einherging. Das goldene Ehrenzeichen erhielten im Frühjahr 1934 auch Emma Eberhardt, Marie Waga, Erika Ullmann, Klara Czirnik und Margarethe Schrimpff, die in dieser Edition vertreten sind. Den Nimbus des »Alten Kämpfers« nährten Publikationen wie Adalbert Gimbel/Karl Hepp (Hrsg.), So kämpften wir! Schilderung aus der Kampfzeit der NSDAP im Gau Hessen-Nassau, Frankfurt a. M. 1941.

9 »Die Kampfmethode der eigentlichen Parteiorganisation hieß nicht Teilnahme am politischen Leben, sondern Propaganda im weitesten Sinne: ›Ausbreitung der Idee‹ durch Gewinnung von neuen Kämpfern, von stillen Freunden, die wenigstens zu finanziellen Opfern bereit waren, und später immer mehr auch von Wählern. […] Entscheidend war, daß die neuen Kräfte […] in neue propagandistische Energie umgesetzt werden konnten.« Tyrell, S. 214 f.

10 *Die Deutsche Kämpferin* erschien ab 1933 in Berlin in einer Auflage von 2300 bis 2700 Exemplaren. Vgl. Eva-Maria Ziege, Sophie Rogge-Börner. Wegbereiterin der Nazidik-

Gründerin des NS-nahen »Neulandbundes«, den »geistigen Frauenkampf« zu ihrer Aufgabe erklärte.[11] Genauso beanspruchten 1934 einfache Parteigenossinnen den Titel der »Alten Kämpferin« für sich, wie die oben zitierte Lisi Paupié.[12] Nicht selten führten sie ihn während der kommenden Jahre mit Stolz, wie die Lebensbeschreibungen von Marlene Heder, Hilde Boehm-Stoltz, Therese Diebel und Emma Bierwirth zeigen.[13]

Nach dieser Definition des Begriffs der »Alten Kämpferin« soll er als feststehender Terminus verwendet werden. Ebenso sollen die wiederkehrenden nationalsozialistischen Ausdrücke »Kampf« und »Kampfzeit« als definiert gelten und nicht mehr besonders gekennzeichnet werden.

tatur und völkische Sektiererin im Abseits, in: Heinsohn/Vogel/Weckel, S. 44-77, hier S. 66.

11 Guida Diehl, Die deutsche Frau und der Nationalsozialismus, Eisenach 1932, S. 46 f., in: Arendt/Hering/Wagner, Dok. 81, S. 140.

12 Vgl.: Abel-Biogramm/Nr. 187/Lisi Paupié, S. 14. Ihre Parteigenossin, die spätere Referentin für Rassefragen Hilde Boehm-Stoltz spitzt die Definition der »Kämpferin« noch zu, indem sie mit entschieden militärischem Duktus konstatiert: »Der unbedingte Gehorsam zum Einsatz reihte auch uns weibliche Mitkämpfer zu einer Art Soldaten ein.«, Abel-Biogramm/Nr. 44/Hilde Boehm-Stoltz, S. 4. Damit liefert sie bereits einen Einblick in die Motive weiblichen Engagements für die NSDAP, die in Teil II – Auswertung thematisiert werden.

13 So bezeichnet die zwanzigjährige Marlene Heder sich und ihre jüngere Schwester selbstbewusst als zu den Alten Kämpfern gehörend, wobei sie mit dem Widerspruch zu ihrem jugendlichen Alter kokettiert. Vgl. Abel-Biogramm/Nr. 41/Marlene Heder, S. 1. Die frühe Nationalsozialistin Therese Diebel bittet nach einem kurzzeitigen Parteiaustritt 1936 im Jahr 1937 um die Wiederaufnahme in die NSDAP. Besonders wichtig ist ihr die Beibehaltung ihrer bisherigen Mitgliedsnummer und die Zusendung ihres alten Parteibuches. Vgl.: BArch PK/B 297. Emma Bierwirth ließ »Das Erleben des Parteitages 1929 in Nürnberg […] zu einer Kämpferin für die Bewegung und den Nationalsozialismus und Adolf Hitlers's« werden. Abel-Biogramm/Nr. 193/Emma Bierwirth, S. 5 f.

1.2 Wählerinnen und weibliche Mitglieder der NSDAP – Partizipation in Zahlen

> Er sagte mir dann auch, daß er die ganze Zeit schon S. A. Mann sei, ich sollte mich nicht aufregen, deshalb habe er es verschwiegen. Von da an wußte ich, daß alles dagegen reden nicht helfen würde, ausserdem interessierte mich die Sache nun selber. [...] Ich wurde nun auch ins politische Leben rein gezogen, wie wohl ich immer noch kein Mitglied der Partei war. Ich bin erst am 1. Mai 1929 in die N. S. D. A. P. eingetreten [...].
> Ich war damals das einzige weibliche Mitglied der Partei in unserer Stadt u. bekam die Mitgliednummer 129 912. Ich habe von da an keine politische Versammlung der Partei versäumt.
>
> *Marie Julie Horn*[14]

Die Quellenlage zum Engagement der deutschen Frauen für die NSDAP vor 1933 ist dürftig, wenig konkret oder aber regional begrenzt. Dennoch soll im Folgenden eine Annäherung an die quantitative weibliche Unterstützung der NSDAP versucht werden.

Infolge des »informellen Charakters« der Mitarbeit von Frauen existieren »aus jenen ersten Jahren so gut wie keine Unterlagen«[15], wie Claudia Koonz feststellt. Dies gilt sowohl für die NSDAP-Ortsgruppen als auch für die unabhängigen Frauenorganisationen, die mit der NSDAP sympathisierten. Nicht einmal zur Zahl der eingetragenen weiblichen Parteimitglieder vor 1933 gibt es zuverlässige Angaben, sondern lediglich Schätzungen. Dasselbe gilt für die Wahlentscheidung von Frauen für die NSDAP. Es ist davon auszugehen, dass sich nur ein geringer Prozentsatz der NSDAP-Wählerinnen über die Stimmabgabe hinaus für die Partei engagierte. Auf der anderen Seite wurde die Partei nicht nur von den weiblichen Mitgliedern unterstützt, sondern auch von Sympathisantinnen ohne Parteibuch. Demnach gab es mehr Alte Kämpferinnen als weibliche Parteimitglieder, aber weniger als Wählerinnen der NSDAP.

Weibliche Mitglieder

Für die Zeit vor 1933 lässt sich die reichsweite Zahl der Parteigenossinnen nicht feststellen, da die NSDAP ihre Mitgliederstatistik nach den Berufen der neu eingetretenen Männer aufschlüsselte. Frauen wurden zusammen mit Schülern und »Mitglieder[n], die ungenaue Angaben machten«[16] in einer gesonderten Rubrik geführt, quasi unter »ferner liefen«. Doch so viel ist festzuhalten: Als

14 Abel-Biogramm/Nr. 390/Marie Julie Horn, S. 2. »Er« ist der junge Ehemann August Martin Horn, der 1927 in die NSDAP Gießen eintrat.

15 Koonz., S. 110.

16 Diese Gruppe machte in der ältesten Parteiliste (Mai 1920) 18,2 Prozent der 675 eingetragenen Mitglieder aus. Zwei Jahre später betrug sie (nach Angaben aus vier bayerischen Städten) nur noch 6,9 Prozent, wodurch Katers Militarisierungsthese belegt

Antragstellerinnen für die Aufnahme in die NSDAP waren Frauen seit der Parteigründung 1919 eine Minderheit. In der »Vorputschzeit« (1919-1923) betrug ihr Anteil an der hauptsächlich in Bayern agierenden Partei »nie mehr als etwa zehn Prozent«.[17] Die Zahl schwankte jedoch. Michael Kater sieht in dem seit Sommer 1921 zunehmend »paramilitärischen Charakter der NSDAP«[18] einen Grund dafür, dass etliche Frauen den »Braunhemden« den Rücken kehrten.[19] Regional liegen für Bayern und Hessen konkrete Zahlen vor. Auffällig ist, dass in München bei Hitlers Haftentlassung und der Neugründung der NSDAP im Februar 1925[20] zu fast 50 Prozent Frauen ein Parteibuch beantragten. Jede zweite von ihnen war eine Ehefrau oder Angehörige eines Parteigenossen, die der NSDAP schnell zu vorzeigbaren Mitgliederzahlen verhelfen wollte oder sollte.[21] Auf diese Weise kamen innerhalb eines Monats insgesamt 550 Mitglieder zusammen. Danach ließ die weibliche Beitrittsbereitschaft jedoch deutlich nach und pendelte sich bis 1930 bei 16 Prozent ein.[22] München, die Keimzelle der Hitlerbewegung, hatte damit verhältnismäßig viele Parteigenossinnen. Anders lag die Situation in Hessen, wo der Frauenanteil sogar in den für die NSDAP erfolgreichen Jahren, zwischen der Reichstagswahl im September 1930 und dem Machtantritt der Partei im Januar 1933, bei 2-4 Prozent stagnierte.[23] In den hessischen Parteibüros wurde bei Neuaufnahmen nicht nur das Geschlecht vermerkt, sondern auch die berufliche Tätigkeit. Aus den im Hessischen Staatsarchiv erhaltenen Unterlagen geht hervor, dass die Antragstellerinnen (vor ihrer Heirat) beispielsweise als Hoftöchter, Verkäuferinnen oder Lehrerinnen tätig waren, also nicht dem Arbeitermilieu, sondern der Mittelschicht angehörten – oder ihre Daten dementsprechend schönten.[24] Bis 1930 besaßen nach einer Schätzung Jill Stephensons reichsweit nur 7625 Frauen ein NSDAP-Parteibuch.[25] Die Hälfte von ihnen konzentrierte sich in den Regionen, Bayern, Berlin-Brandenburg und Sachsen.[26] Ab 1930 entwickelte sich die rechtsextreme Randerscheinung jedoch

werden kann. Vgl. Werner Maser, Sturm auf die Republik. Frühgeschichte der NSDAP, Stuttgart 1973, S. 255.

17 Kater, S. 204.

18 Ebd.

19 Vgl. ebd.

20 Nach dem Putschversuch Hitlers im November 1923 war die NSDAP bis zum Februar 1925 verboten worden.

21 Kater, S. 204.

22 Haerendel, S. 35, mit Verweis auf Helmut K. Anheier/Friedhelm Neidhardt, Soziographische Entwicklung der NSDAP in München 1925-1930, Ausstellungskatalog Münchner Stadtmuseum, München 1993, S. 179-186.

23 Koonz, S. 74, mit Verweis auf Hessisches Hauptstaatsarchiv Wiesbaden (HHW), Rep. G 12/B »Neuaufnahmen 1931-1933« und auf Eberhard Schön, Die Entstehung des Nationalsozialismus in Hessen, Meisenheim am Glan 1972, S. 100, 103.

24 Ebd.

25 Jill Stephenson, The Nazi Organisation of Women, London 1981, S. 25. Sie spricht hier von 6 Prozent weiblicher NSDAP-Mitglieder, geht also von einer Gesamtmitgliederzahl von etwa 127.000 aus.

26 Ebd.

zur Massenbewegung, wodurch die Zahl der eingetragenen Parteigenossinnen bis 1932 auf 50.000 Frauen anwuchs.[27] Zum Zeitpunkt der »Machtergreifung« fanden sich schließlich 63.000 Beitragszahlerinnen[28] in den Reihen der NSDAP bei einer Gesamtmitgliederzahl von 850.000 Personen.[29] Demnach betrug der Frauenanteil 7,4 Prozent. In Anbetracht dieser marginalen Anzahl weiblicher Mitglieder gibt Koonz dennoch zu bedenken, dass 50-80 Prozent der begeisterten Anhängerinnen zwar für den Nationalsozialismus »kämpften«, sich aber scheuten, in eine politische Partei einzutreten.[30] Bestätigt wird dieses Bild von den Teilnehmerinnen des Theodore-Abel-Wettbewerbs: Acht der 36 Frauen geben an, sich schon mehrere Jahre für die Hitlerbewegung eingesetzt zu haben, bevor sie den offiziellen Beitrittsantrag stellten. So berichtet die Berlinerin Hertha von Reuss, sie sei schon 1920 bei einem Auftritt Hitlers in München gewesen, habe sich ab 1924 durch »Propaganda von Mund zu Mund«[31] für ihn engagiert und in ihrer Ortsgruppe mitgearbeitet. In die Partei eingetreten sei sie aber erst auf Zureden eines höheren NSDAP-Funktionärs.[32] Auch bei der politisch interessierten Emma Bierwirth und ihren Schwestern war ein Parteibeitritt zunächst nicht im Gespräch. Während die Brüder in die SA eintraten, fehlte den Mädchen wohl die Partizipationsmöglichkeit:

> »Wir Mädel, jetzt schon Frauen geworden setzten uns ein für ein sauberes, freies Deutschland. Wir lasen über die Judenfrage, Rassenfrage, Jesuitismus.[33] Dann die ersten Bücher über den Nationalsozialismus, vor allem Adolf Hitler's Werk ›Mein Kampf‹. Instinktsicher fühlten wir uns da angezogen, und unsere beiden Brüder, die jüngsten traten als halbe Jungens aber ganze Kerle, in die S.-A. ein. Dies war 1923/24.«[34]

Mit zunehmender gesellschaftlicher Akzeptanz der NSDAP ebnete sich für Frauen und Mädchen der Weg zur Mitgliedschaft, wie Emma Bierwirth erfuhr:

27 Vgl. ebd. sowie Bernd Jürgen Wendt, Deutschland 1933-1945. Das »Dritte Reich«. Handbuch zur Geschichte, Hannover 1995, S. 42. Abweichend dazu findet sich bei Fest die Zahl von 3 Prozent weiblicher NSDAP-Mitglieder während der NS-Kampfzeit. Fest, S. 492.

28 Vgl. Wagner, Frauenansichten, S. 180.

29 Vgl. Arendt/Hering/Wagner, S. 36, sowie Koonz, S. 68.

30 Vgl. Koonz, S. 69. Sie beruft sich dabei auf die Aussage des NSDAP-Gauleiters von Geislingen, der diese Zahlen in einem Bericht vom 29. Juli 1931 an die Reichsorganisationsleitung nennt, mit Verweis auf BAK/NS 22/3561. Vgl. Kater, S. 209.

31 Abel-Biogramm/Nr. 36/Hertha von Reuss, S. 3.

32 Vgl. ebd.

33 Jesuitismus bezeichnet eine völkische Weltverschwörungstheorie, nach der sich nicht allein Juden und Freimaurer im Geheimen organisierten, um die Weltherrschaft zu übernehmen, sondern auch die als intellektuell geltenden katholischen Jesuiten. Eine ausführliche Erläuterung findet sich als Kommentar zum Biogramm Emma Bierwirths.

34 Abel-Biogramm/Nr. 193/Emma Bierwirth, S. 4.

> »Im Jahr 1926 als wir unsere S.-A. an die Bahn brachten die zum Parteitag nach Weimar fuhr, [...] wollte ich dort dabei sein, aber es hieß, dies sei nichts für Frauen. 1929 ließ ich mich dann nicht mehr halten.«[35]

In wirtschaftlich weniger gut gestellten Familien wurde es zudem als ausreichend betrachtet, wenn der Familienvater in die Partei eintrat, was mit der NS-Ideologie, die eine politische Mitsprache von Frauen nicht vorsah, ja durchaus konform ging. Der monatliche Mitgliederbeitrag lag ab 1921 immerhin bei zwei Reichsmark.[36] Die Bedeutung des Kostenfaktors zeigt das Essay von Lisi Paupié aus Darmstadt, die als Kriegerwitwe unter chronischem Geldmangel litt. Mit »Feder und Papier bewaffnet«[37] besuchte sie 1926 erstmals einen nationalsozialistischen Vortrag, der sie spontan begeisterte. In der Folge entwickelte sie sich zur unerschrockenen Kämpferin, die sogar verbotene Gegenstände der NSDAP versteckte oder als selbsterfundener »Nazi-Nikolaus« Propaganda betrieb. Das Parteibuch beantragte Paupié aus finanziellen Gründen jedoch lange nicht, denn sie war überzeugt »Nationalsozialist kann man sein auch ohne Buch«.[38] Eher zu verkraften waren die wenigen Pfennige, die der Eintritt zu Parteiveranstaltungen kostete, die ab Anfang 1930 gezielt auch auf dem Land stattfanden.[39] So mischten sich zu etwa einem Viertel interessierte Frauen unter die Teilnehmer.[40]

35 Ebd., S. 5.

36 Dieser Mitgliedsbeitrag ist für August 1921 belegt. Davon mussten 0,50 Reichsmark als sogenannte Pressesteuer an die Parteileitung abgeführt werden. Vgl. »Satzungen des nationalsozialistischen deutschen Arbeiter-Vereines« 29. Juli 1921, BAK, NS 26-79; zitiert nach Tyrell, Dokument 9, S. 31. Im Jahr 1930 betrug der Mitgliedsbeitrag eine Reichsmark. Die Satzung vom Mai 1926 sah eine Aufnahmegebühr vor sowie einen Mindestbeitrag, der »von Zeit zu Zeit festgesetzt« wurde, BAK, NS 26-91; zitiert nach Tyrell, Dokument 56, S 138. Für den Mitgliederbeitrag galt: »freiwillige Erhöhung nach Leistungsmöglichkeit ist Pflicht und Ehrensache«, Paul Bruppacher, Adolf Hitler und die Geschichte der NSDAP. Eine Chronik, Teil 1: 1889-1937, 2. Auflage, Norderstedt 2009, S. 118.

37 Abel-Biogramm/Nr. 187/Lisi Paupié, S. 9.

38 Ebd., S. 17.

39 Die NSDAP verfolgte ab 1930 unter anderem die Strategie, mit sogenannten Sprechabenden auch kleinste Landgemeinden zu erreichen. Dabei fand in benachbarten Orten und Dörfern eine regelrechte Welle von aufeinanderfolgenden Versammlungen statt. Die Partei kam somit zu ihren potenziellen Wählern. Beispielsweise organisierte die NSDAP im Wahlkampf zur Reichspräsidentenwahl am 13. März 1932 im Amt Halle in Westfalen, das aus elf Landgemeinden und Bauerschaften bestand, insgesamt 40 Veranstaltungen, mehr als alle anderen Parteien zusammen. Die Veranstaltungslokale lagen nur wenige Kilometer voneinander entfernt und waren so für jedermann leicht zu erreichen. Die NSDAP evozierte damit den Eindruck starker Präsenz vor Ort. Vgl. Stadtarchiv Halle (Westf.), Akte C 187 – Vereine und Versammlungen – Umzüge. Von den Propagandafahrten der SA-Männer auf das »platte Land« berichten etliche Verfasserinnen, so etwa Abel-Biogramm/Nr. 195/Maria Engelhardt, S. 12.

40 Maser, Sturm, S. 354, mit Bezug auf Unterlagen des politischen Nachrichtendienstes der Münchner Polizei und des Bayerischen Reichswehrgruppenkommandos. Vgl. auch Koonz, die Eindrücke ausländischer Journalisten spiegelt, S. 69.

Die Mitgliederzahlen haben demnach nur bedingte Aussagekraft darüber, welche Zustimmung und Unterstützung die NSDAP tatsächlich von Frauen erhielt.

Wählerinnen

Über den Anteil der Stimmen, die die NSDAP bei der weiblichen Wählerschaft gewann, liegen ebenfalls keine deutschlandweiten Ergebnisse vor. Seit der Einführung des Frauenstimmrechtes[41] weckte die Auszählung der Wahlzettel nach dem Geschlecht zwar Interesse in der Zwischenkriegsgesellschaft, Sonderauszählungen fanden jedoch nur stichprobenartig statt. Trotzdem lassen sich Tendenzen des Wählerinnenverhaltens festhalten: Die Nationalsozialisten fanden zwischen 1919 und 1933 unterschiedlich starken Zuspruch in der weiblichen Bevölkerung. Die Zustimmung der Frauen war sowohl von regionalen Gegebenheiten als auch von der wechselnden wirtschaftspolitischen Lage Deutschlands abhängig. Die weibliche Wahlbeteiligung war in der Weimarer Republik generell geringer als die der Männer. Es wird angenommen, dass Frauen bis 1930 eher gemäßigt, konservativ, national oder konfessionell wählten[42] und ihnen Radikalität rechter wie linker Parteien, insbesondere die der KPD, missfiel.[43] Daher war auch die »kämpferische« NSDAP in den zwanziger Jahren eine »Männerpartei«. Im Verhältnis von 75 zu 25 Prozent erhielt sie in dieser Zeit weitaus größere Zustimmung seitens der männlichen Wahlberechtigten.[44]

Mit dem Ausbruch der Wirtschaftskrise 1929 verstärkte sich der Zuspruch vor allem männlicher Wähler für die NSDAP und ließ aus der radikalen Splitterpartei eine respektable Größe werden, die nun auch »seitens der weiblichen Wählerschaft gern mit politischer Stärke identifiziert und somit unterstützt«[45] wurde. Ab 1930 stieg die Popularität der Nationalsozialisten bei der weiblichen Bevölkerung rapide. Schließlich erkannte die NSDAP die politische Macht der Wählerinnen und hielt es aus diesem Grund für erforderlich, das »Image der Frauenfeindlichkeit«[46] abzulegen. Insbesondere Reichsorganisationleiter Gregor Strasser bemühte sich um das weibliche Potenzial und trieb 1931 die Gründung einer attraktiven, reichsweiten NS-Frauenorganisation voran. Analog zur

41 Das Frauenwahlrecht (Frauenstimmrecht) wurde am 12. November 1918 beschlossen und am 1. August 1919 in der Weimarer Verfassung verankert.

42 Als »Frauenparteien« nennt Bremme die katholische Deutsche Zentrumspartei (Zentrum), die Deutsche Volkspartei (DVP) und die rechtskonservative Deutschnationale Volkspartei (DNVP). Vgl. Bremme, S. 77. Zur Entwicklung der Wahlergebnisse von DVP und DNVP um 1930 vgl. Raffael Scheck, Zwischen Volksgemeinschaft und Frauenrechten. Das Verhältnis rechtsbürgerlicher Politikerinnen zur NSDAP 1930-1933, in: Ute Planert (Hrsg.), Nation, Politik und Geschlecht. Frauenbewegungen und Nationalismus in der Moderne, Frankfurt a. M./New York 2000, S. 234-253, hier: S. 236.

43 Vgl. Falter, S. 140.

44 Koonz, S. 68.

45 Bremme, S. 75.

46 Heinsohn, Konservative, S. 136.

stärksten Partei im Reichstag, der NSDAP, wollte er die »größte Frauenbewegung Deutschlands auf die Beine bringen«.[47] Die Satzung der NS-Frauenschaft wurde bewusst moderat gestaltet: Sie richtete sich an den vertrauten Konzepten konservativer Frauenorganisationen aus und konnte traditionell denkende Frauen durchaus ansprechen.[48]

Die parteipolitische Mitwirkung von Frauen lehnte die NSDAP allerdings nach wie vor ab – hier machte die Parteispitze keine Zugeständnisse. Da die weibliche Zielgruppe jedoch ohnehin gegen Demokratie und Parlamentarismus eingestellt war, stieß sie das nicht ab, sondern es wurde überraschenderweise sogar begrüßt, wie Kirsten Heinsohn feststellt: »Anders als von den aktiven Frauenpolitikerinnen aller Parteien erwartet, konnte die Partei Adolf Hitlers damit auch Wahlstimmen von Frauen mobilisieren und ihre Erfolge weiter ausbauen.«[49] Bei den Wahlen 1932 hatten sich, ungeachtet der zeitgleich eskalierenden nationalsozialistischen Gewalt, weibliches und männliches Wahlverhalten allmählich angeglichen.[50] Einen sprunghaften Zuwachs an Wählerinnenstimmen konnte die Bewegung in evangelischen Regionen verbuchen, wohingegen sich die Katholikinnen weiterhin an christliche Parlamentsfraktionen, wie das Zentrum und die Bayerische Volkspartei, gebunden fühlten.[51] Auch die Gemeindegröße stand in Zusammenhang mit der Wahlentscheidung der Frauen, so Jürgen W. Falter. Die aufgeklärte und experimentierfreudigere Städterin war weitaus eher geneigt, den braunen »Newcomern« ihre Stimme zu geben, obwohl diese »das für alle anderen Parteien der Weimarer Republik obligate Bekenntnis zum Prinzip der Gleichberechtigung der Frau«[52] vermieden. Die konservativen Landfrauen dagegen sahen die Versprechungen der neuen »Blut-und-Boden«-Partei wesentlich skeptischer. In der Folge sympathisierten in einigen protestantischen Städten bei der Reichspräsidentenwahl 1932 und der Reichstagswahl 1933 erstmals mehr Wählerinnen als Wähler mit den Nationalsozialisten, was unter anderem auf die Mobilisierung von Nichtwählerinnen zurückgeführt wurde.[53]

47 Aus der Rede des Reichstagsabgeordneten und Reichsorganisationsleiters der NSDAP, Gregor Strasser, auf dem Reichsordenstag des Deutschen Frauenordens in Potsdam am 5. September 1931, in: Arendt/Hering/Wagner, Dok. 141, S. 193.

48 Vgl. Heinsohn: Konservative, S. 136.

49 Ebd., S. 13.

50 Wendt, S. 42, sowie Falter, S. 140. In den Jahren 1931/1932 mehrten sich nationalsozialistische Gewaltakte insbesondere gegen Kommunisten und Juden durch die zunehmend enthemmte SA. Vgl. u. a. Koonz, S. 69 f. Beispiele u. a. für die bestialische Tötung politischer Gegner siehe dort. »Diese Brutalität der Nazis stieß die potentiellen Sympathisanten jedoch nicht ab. Im Gegenteil: Wo die Opfer als tödliche Bedrohung hingestellt werden, wird der Terror zur heldenhaften Selbstverteidigung, das Verbrechen zur Rettungsmission«, erläutert Koonz die ausbleibende ablehnende Reaktion der Wähler bzw. die Manipulation der öffentlichen Meinung durch die bereits wirksame NS-Propaganda. Ebd. S. 68.

51 Vgl. Falter, S. 145, sowie Frevert, S. 207. Die ablehnende Haltung der NSDAP gegenüber der Kirche mag dabei eine Rolle gespielt haben, spekuliert Bremme, S. 74.

52 Arendt/Hering/Wagner, S. 22.

53 Vgl. Bremme, S. 74, sowie Falter, S. 140.

Blieb reichsweit auch ein leichter Überhang der männlichen NSDAP-Stimmen bestehen, so haben Frauen durch ihr Votum doch entscheidend zum parlamentarischen Erfolg Hitlers beigetragen.

Zusammenfassung

In den ersten zehn Jahren der NS-Kampfzeit stellten Frauen circa 25 Prozent der NSDAP-Wählerschaft und ebenso etwa 25 Prozent des Publikums bei öffentlichen Parteiveranstaltungen.[54] Damit waren sie auch in der jubelnden Masse den männlichen Sympathisanten gegenüber deutlich unterrepräsentiert. Noch zurückhaltender waren Frauen in Hinblick auf den Parteibeitritt. Ihre Quote lag vor 1930 bei durchschnittlich 6 Prozent.[55] Dazu muss bemerkt werden, dass eine unbestimmte, aber nicht unbeträchtliche Zahl von völkischen Frauen ohne Parteibuch in der NSDAP mitarbeitete oder aber in (Frauen-)Vereinen organisiert war, die mit der Partei Hitlers sympathisierten oder kooperierten. Die Zahl der Alten Kämpferinnen lag folglich zwischen sechs und zehn Prozent der aktiven Nationalsozialisten – eine quantitativ geringe Beteiligung. Die Bedeutung der weiblichen NSDAP-Unterstützung lag bis 1930 vielmehr in deren »Qualität«, das heißt in der Art und Intensität des Engagements.

54 Maser 1973, S. 354, mit Bezug auf Unterlagen des politischen Nachrichtendienstes der Münchner Polizei und des Bayerischen Reichswehrgruppenkommandos. Über die Zahl der Teilnehmerinnen an späteren Versammlungen liegen keine Angaben vor.

55 Vgl. Koonz, S. 68.

1.3 Zwischen »Frauenkränzchen« und »Kampf« – Nationalsozialistische Frauenorganisationen vor der Gründung der NS-Frauenschaft 1931

> Ich zog dann den Frauenorden in Steglitz auf, es war eine sehr schöne Zeit, ich erinnere an das Weihnachtsfest 1929, das wir unter der Leitung unseres damaligen Sektionsleiters Wülfing veranstalteten. Die alten S.A. u. S.S. Leute werden sich noch erinnern.
>
> *Klara Petersson*[56]

Den Ausgangspunkt der weiblichen Beteiligung am nationalsozialistischen »Kampf« bildeten um 1921 – zeitgleich mit der Gründung der SA – lokale, informelle Zusammentreffen von Frauen mit einer unterschiedlich intensiven Bindung an die jeweilige NSDAP-Ortsgruppe.[57] Unter den Teilnehmerinnen waren viele Schwestern, Ehefrauen und sonstige Angehörige von Parteigenossen. Beispielsweise teilte Klara Petersson den politischen Weg ihres Gatten, eines SA-Sturmführers, indem sie ihrerseits den hitlertreuen Deutschen Frauenorden in leitender Funktion unterstützte.[58] Es gesellten sich aber auch interessierte Frauen ohne »Verbindungsmann« dazu, entweder allein oder zu mehreren.[59] Die Aktivitäten der Frauengruppen gestalteten sich ähnlich. Die Unterstützung der Männer durch »frauliche« Fertigkeiten wie Kochen oder Handarbeiten spielte natürlich eine große Rolle.[60] Aber die vermeintlichen »Kaffeekränzchen« führten auch dazu, dass die Frauen NS-Schriften besprachen,[61] dass sie eingeführt wurden in »nationalsozialistisches Gedankengut, in die Tagespolitik, in die Geschichte der Bewegung, in das Gebiet der Rassenfragen und der nationalen Wirtschaftspolitik«.[62] Sie bereiteten sich darauf vor, selbst für Hitlers »Weltanschauung« einzustehen und diese publik zu machen.[63] Einige Alte Kämpferin-

56 Abel-Biogramm/Nr. 588/Klara Petersson, S. 9. Der Steglitzer Buchhändler Martin Wülfing (1899-1986) trat 1926 in die NSDAP ein und hatte dort zahlreiche Ehrenämter inne. Im Jahr 1933 vertrat er die Partei kurzzeitig im Preußischen Landtag. Vgl. Münchner Digitalisierungszentrum der Bayerischen Staatsbibliothek/Deutsche Forschungsgesellschaft [Hrsg.], Digitale Bibliothek, Reichstagshandbuch, Bd. 1933, Berlin 1933, S. 372, URL: http://daten.digitale-sammlungen.de/~db/bsb00000009/images/index.html?nativeno=372 [online am 11. September 2015].

57 Wagner spricht von einer »engen« Zusammenarbeit, Kater dagegen von einer nur »lockeren« Bindung an die Ortsgruppen. Vgl. Wagner, S. 179/Kater, S. 211.

58 Abel-Biogramm/Nr. 588/Klara Petersson.

59 Vgl. Wagner, Frauenansichten, S. 179.

60 Das tradierte polare Geschlechtermodell sah vor, dass sich Frauen und Männer mit ihren als naturgegeben angesehenen spezifischen Fähigkeiten gegenseitig ergänzten.

61 Vgl. Koonz, S. 128 f.

62 »Nationalsozialistische Frauenarbeit in Leipzig 1926-1933«, in: Presseabteilung der Reichsfrauenführung (Hrsg.), Nationalsozialistische Frauenschaft, Berlin 1937, S. 8 f.; zitiert nach Arendt/Hering/Wagner, Dok. 36, S. 110.

63 Die Ausrichtung dieser Gruppen wird in der Literatur sehr unterschiedlich bewertet: Michael H. Kater ist der Auffassung, die Teilnehmerinnen seien in erster Linie Ehefrauen der Parteimitglieder gewesen, die weniger politisch motiviert denn um das

nen entwarfen und schneiderten sich zu diesem Zweck eigene Uniformen, wie etwa braune Blusen, mit denen sie ihr Bekenntnis zum Nationalsozialismus stolz nach außen trugen, Anfeindungen zum Trotz. Nach deutschlandweit sehr ähnlichem Muster festigten sich diese Gruppen jeweils unter der Federführung einer aus ihren Reihen hervortretenden Frauenpersönlichkeit und gewannen an Teilnehmerinnen, was eine gewisse Organisation erforderte. Häufig wurden sie nun als »Frauenabteilung« der örtlichen SA angeschlossen. Ab 1926 regelte §6 der »Satzung der Sturmabteilungen der NSDAP« die Stellung und Mitarbeit der Kameradinnen:

> »Die SA-Frauenabteilung hat analoge Aufgaben, die Anfertigung von Fahnen, Abzeichen, Mützen, Hemden usw. Ihre Organisation soll in erster Linie im Dienste der Fürsorge stehen. Hilfe für verarmte Parteigenossen, Verpflegung von durchreisenden Parteigenossen, Christbaum-Bescherungen usw.«[64]

Damit endete formal die kurzzeitige Autonomie vieler Kämpferinnenbünde. Inhaltlich nahm diese Verfügung die bereits etablierten Aktivitäten der Sympathisantinnen auf – allerdings nur jene, die sich direkt auf die Parteiarbeit der Männer bezogen und dieser nutzten.

Daneben entwickelten sich weiterhin zahlreiche nationalsozialistisch ausgerichtete, aber unabhängige Frauenbünde unter weiblicher Selbstverwaltung. Zu nennen ist hier die schon 1920 in München gegründete Gruppe der »braunen Schwestern«,[65] die sich als Frauenorganisation der Deutschen Arbeiterpartei (DAP, später NSDAP) verstanden. Tonangebend war in diesem Kreis Eleonore Baur, die auch als »Schwester Pia« bekannt wurde. Ihre etwa 35 Anhängerinnen

Wohl ihrer Gatten besorgt waren: »Obwohl die institutionelle Bindung zur jeweiligen Ortsgruppe nur locker war, drehte sich bei diesen Frauen doch alles um die männlichen Pgs.«, Kater, S. 211. Mit dieser Verallgemeinerung spricht Kater den Frauen die politische Kompetenz ab, sich als eigenständig denkende und handelnde Wesen für eine Partizipation in den Reihen der NSDAP bewusst entschieden zu haben. Er deklariert ihre Gruppen als »Frauenkränzchen« (Kater, S. 210), was ihre Bedeutung für den Machtgewinn der Nationalsozialisten und die Sprengkraft ihres Gedankengutes verharmlost. Auch Jill Stephenson mutmaßt, dem Selbstverständnis der Frauen habe die Versorgung ihres »kämpfenden Mannsvolkes« mehr entsprochen als die politische Arbeit: »women sympathisers saw their function in affording material comfort and moral support to their fighting menfolk rather than in joining the Party […]«, Stephenson, Nazi Organisation, S. 25. Ganz anders erscheint die Alte Kämpferin bei Claudia Koonz. Sie belegt, unter anderem mittels zahlreicher Aussagen von Zeitzeuginnen, die Eigenständigkeit der Frauen, die sich unabhängig von Ehemännern und Parteigenossen mit dem Nationalsozialismus und ihrer Aufgabe innerhalb dieser Bewegung auseinandergesetzt hätten. Beispiele für weibliche Eigeninitiative sind unter anderem die Kriegerwitwe Lisi Paupié, die Schwestern Rosemarie und Marlene Heder sowie Maria Engelhardt mit Schwester und Mutter. Vgl. Abel-Biogramm/Nr. 187/Lisi Paupié, Abel-Biogramm/Nr. 41/Marlene Heder, Abel-Biogramm/Nr. 195/Maria Engelhardt.

64 Aus der »Satzung der Sturmabteilung der Nationalsozialistischen Deutschen Arbeiterpartei« vom 17. September 1926, zitiert nach Arendt/Hering/Wagner, Dok. 34, S. 109.

65 Vgl. Kompisch, Täterinnen, S. 113.

widmeten sich der Pflege verwundeter SA-Leute.[66] Weitere hitlertreue Frauengruppen führt der kanadische Historiker Michael Kater für die Zeit um 1925 in Frankfurt a. M., Göttingen, Hamburg, Kassel und Leipzig an, sowie in kleineren Städten wie Plauen, Eutin oder im hessischen Bad Orb.[67] Mit der Frankfurter Gruppe kann die Alte Kämpferin Emma Bierwirth in Kontakt gestanden haben: Ihre Brüder gehörten ab 1924 der Frankfurter SA an, sie selbst trat am 1. Juni 1928 in die NSDAP ein.[68] Zu den »ersten Nazis in Frankfurt a. M.«[69] zählte sich auch Maria Engelhardt. Bereits 1923 wirkte sie in der Frankfurter NSDAP mit und trat am 1. September 1928 in die Partei ein. Dass sie der dortigen Frauengruppe angehörte, ist sehr gut denkbar. Auf einem Weihnachtsfoto der »Ersten Frauengruppe der Ortsgruppe Groß-Frankfurt am Main 1926« ist Maria Engelhardt, offenbar gemeinsam mit ihrer Mutter und ihrer älteren Schwester, zu sehen.[70] Von Berlin aus versuchte Elsbeth Zander ab 1923 den Deutschen Frauenorden (DFO) zu etablieren, der sich analog zur SA aufstellte und dieser karitativ zuarbeitete. Es gelang ihr, reichsweit Gleichgesinnte zu motivieren, regionale »Mutterzellen« ins Leben zu rufen oder, sofern dort schon ähnliche Gruppen bestanden, sich dem Frauenorden anzuschließen. Besonders erfolgreich war Zander in Süddeutschland und im Nordwesten. Im Jahr 1930 hatte der DFO mindestens 4000 Mitglieder, im September 1931 sollen es 10.000 gewesen sein.[71] Zander gelang es 1928, ihren Orden »reichsunmittelbar« Hitler zu unterstellen, also ohne Zwischeninstanzen und ohne Einflussnahme anderer männlicher Parteiführer.[72] Der Orden galt nun offiziell als »Rotes Hakenkreuz«[73] der NS-Bewegung, nicht jedoch als die offizielle NS-Frauenorganisation mit Monopolstatus, wie das Kapitel *Der ›Deutsche Frauenorden‹ (DFO) unter Elsbeth Zander* vertiefen wird. Nicht als NS-Frauenorganisation, sondern als »weibliche Parallelorganisation zum Nationalsozialismus«[74] verstand Guida Diehl den bereits

66 Ebd., S. 113 f.

67 Vgl. Kater, S. 212.

68 Vgl. Abel-Biogramm/Nr. 193/Emma Bierwirth, S. 4.

69 Abel-Biogramm/Nr. 195/Maria Engelhardt, S. 9.

70 Das Weihnachtsfoto wurde veröffentlicht in: Gimbel/Hepp, S. 160 f.

71 Zander selbst gab für die späten 1920er Jahre die Zahl von 13.000 Anhängerinnen an. Auf 4000 Mitglieder schätzte ein Polizeibericht von 1. Dezember 1930 die Größe des DFO. Vgl. Koonz, S. 98. Für die gleiche Zeit (Ende 1930) gibt Kater eine Mitgliederzahl von über 5000 an, ohne Angabe seiner Quelle. Vgl. Kater, S. 214. Im September 1931 sollen 10.000 Frauen dem DFO angehört haben. Vgl. Arendt/Hering/Wagner, S. 325, Tab. 3; mit Bezug auf Renate Bridenthal/Claudia Koonz (Hrsg.), Becoming Visible. Women in European History, Boston 1974, S. 454.

72 Vgl. Elsbeth Zander an Hitler, 12. Dezember 1927; zitiert nach Arendt/Hering/Wagner, Dok. 42, S. 113.

73 Vgl. Bekanntmachung Hitlers im *Völkischen Beobachter* vom 4. Januar 1928; zitiert nach Arendt/Hering/Wagner, Dok. 43, S. 114.

74 Lange, S. 11.

1916 von ihr gegründeten Neulandbund.[75] Der protestantisch-völkische Verein war intellektuell ausgerichtet, im Gegensatz zum handlungsorientierten DFO und anderen nationalsozialistischen Frauengruppen.[76] Von Eisenach aus wirkte Diehls Organisation durch Publikationen und Schulungen im dortigen Neulandhaus. Schon 1920 soll sie mehr als 10.000 Anhängerinnen gehabt haben.[77] In Berlin bekam Elsbeth Zanders Frauenorden im Jahr 1929 Konkurrenz. Gauleiter Joseph Goebbels rief dort die nüchtern betitelte »Frauenarbeitsgemeinschaft« (FAG) ins Leben, die ihm direkt unterstellt war.[78] Sie sollte die weibliche Eigenregie beenden und das Aktivitätspotenzial der Frauen steuerbar machen. Diese Idee war nicht neu: In Nürnberg hatte der dortige Ortsgruppenleiter Julius Streicher bereits 1924 einen »Völkischen Frauenbund Nürnberg« aufgestellt.[79]

Ab Oktober 1931 gingen alle Gruppierungen in der Nationalsozialistischen Frauenschaft (NSF) auf. Auf diese Weise kanalisierte die Parteiführung reichsweit die vielfältigen Einzelinitiativen und das Engagement der Alten Kämpferinnen. Sie erfasste damit nicht nur alle nationalsozialistischen Frauen, sondern begann auch, sie einheitlich ideologisch »auszurichten«.[80] Bis 1945 war die NSF das vermittelnde Organ zwischen der Parteileitung und den weiblichen Mitgliedern. Hertha von Reuss und Margarethe Schrimpff, die in Berlin mehrere nationalsozialistische Frauenorganisationen durchliefen, benennen keine formalen oder inhaltlichen Unterschiede zwischen ihnen. Für die Frauen an der Basis stand die Kontinuität ihrer Arbeit im Vordergrund. Margarethe Schrimpff sah das organisierte weibliche Engagement, ungeachtet des Vorzeichens, unter dem es stand, dem der SA und SS gleichgestellt und nicht nur beigeordnet:

> »So wie die S. A. und S. S. ihre Schuldigkeit taten, ebenso eifrig arbeitete auch die Frauenarbeitsgemeinschaft und später die Frauenschaft«.[81]

Daneben bestanden nationalsozialistische Organisationen für Mädchen und junge Frauen. Für die Autorinnen der Abel-Biogramme waren zwei davon relevant: Lissy Schneider rief eine Ortsgruppe des NS-Schülerinnenbundes (NSSi) ins Leben. Auf Reichsebene unterstand der NSSi dem NS-Schülerbund, agierte ansonsten aber selbständig. Die Zielgruppe bildeten insbesondere ältere Schülerinnen. Damit stand der NSSi in Abgrenzung zum konkurrierenden BDM,

75 Abweichend dazu spricht Kater vom »Neuland-Orden«, gemeint ist jedoch dieselbe Vereinigung. Vgl. Kater, S. 229. Silvia Lange wählt die Bezeichnung »Neulandbewegung«. Vgl. Lange, S. 9.

76 Die völkische Orientierung begann gegen Ende der 1920er Jahre.

77 Diese Zahl beruht auf einer Schätzung Silvia Langes, die sie aus der Auflagenhöhe des *Neulandblattes* schließt, da keine Mitgliederlisten vorliegen. Lange, S. 10 sowie S. 46.

78 Vgl. Arendt/Hering/Wagner, S. 43 und S. 47. Abweichend dazu nennt Kater 1930 als Gründungsjahr, vgl. Kater, S. 214. Der FAG gehörten die Verfasserinnen Margarethe Schrimpff und Hertha von Reuss an. Vgl. Abel-Biogramm/Nr. 582/Margarethe Schrimpff, S. 12, und Abel Biogramm/Nr. 36/Hertha von Reuss, S. 2.

79 Vgl. Kater, S. 214.

80 Vgl. Dorothee Klinksiek, Die Frau im NS-Staat, Stuttgart 1982, S. 118.

81 Abel-Biogramm/Nr. 582/Margarethe Schrimpff, S. 12.

der auch berufstätigen Jugendlichen offenstand. Der 1929 gegründete NSSi wurde 1932 aufgelöst und seine Mitglieder in den BDM übernommen.[82] In der Arbeitsgemeinschaft nationalsozialistischer Studentinnen (ANSt) engagierte sich Ruth Gratwohl. Initiiert vom Reichsstudentenbundführer Baldur von Schirach entstanden die ersten ANSt-Gruppen im Wintersemester 1930/31 an mehreren Hochschulen. Punktuell arbeiteten nationalsozialistische Studentinnen und Studenten zusammen, etwa im Bereich der Propaganda.[83]

Reichsweite Bedeutung hatten zwei der nationalsozialistischen Frauenorganisationen unter weiblicher Selbstverwaltung: Elsbeth Zanders Frauenorden und Guida Diehls Neulandbund. Ihre Arbeit fand auch Eingang in die Essays der Alten Kämpferinnen. In Berlin, dem Wohnort von 19 Verfasserinnen, lag der zentrale Wirkungskreis des Frauenordens. Hier zählten Hertha von Reuss und sehr wahrscheinlich auch Hedwig Eggert zu den Mitgliedern, Klara Petersson leitete die Ortsgruppe Berlin-Steglitz.[84] In Gießen trat Marie Julie Horn im Juni 1929 in den Orden ein.[85] Daher sollen die Arbeit des DFO und seine eigenwillige »Hochmeisterin« hier ausführlicher dargestellt werden.[86] Dagegen bleibt der Neulandbund in den vorliegenden Essays unerwähnt. Seine frauenpolitischen Konzepte, publiziert durch seine Leiterin Guida Diehl, finden sich jedoch in gleicher Weise im Denken von Hilde Boehm-Stoltz, Emma Bierwirth, Marianne Meinecke und weiteren Verfasserinnen, die wie Diehl dem Bildungsbürgertum zugerechnet werden können. Aus diesem Grund wird auch der Neulandbund vorgestellt.

82 Mitgliederzahlen 1931: BDM – 1800 Mitglieder, NSSi – 1600 Mitglieder. Zu den Aktivitäten des NSSi gehörten neben Handarbeiten und Sammlungen auch Sport, Sanitätskurse sowie die politische und kulturelle Ausbildung. Vgl. Birgit Jürgens, Zur Geschichte des BDM (Bund Deutscher Mädel) von 1923 bis 1939, Dissertation, 2. Auflage, Frankfurt a.M. 1996, S. 38-41. Dagmar Reese, Die BDM-Generation. Weibliche Jugendliche in Deutschland und Österreich im Nationalsozialismus, Berlin 2007, S. 97.

83 Karin Fontaine, Nationalsozialistische Aktivistinnen (1933-1945), Würzburg 2003, S. 95-97.

84 Hedwig Eggerts Mitgliedschaft ist wahrscheinlich, wenn sie diese auch nicht explizit erwähnt. Über ihre Schwester, die DFO-Leiterin Klara Petersson, die ihr sehr nahestand, war sie über die Arbeit des Frauenordens zumindest bestens informiert und lobte dessen Arbeit. Vgl. Abel-Biogramm/Nr. 459/Hedwig Eggert, S. 7, sowie Abel-Biogramm/Nr. 588/Klara Petersson, S. 9.

85 Marie Julie Horn verstand ihre Mitgliedschaft im Frauenorden analog zur SA-Tätigkeit ihres Ehemannes. Die Auflösung des DFO zugunsten der NS-Frauenschaft vollzog sich für sie ganz selbstverständlich. Vgl. Abel-Biogramm/Nr. 390/Marie Julie Horn, S. 2.

86 Den Titel der »Hochmeisterin« des Frauenordens verlieh sich Elsbeth Zander selbst, analog zur Terminologie des damals populären »Jungdeutschen Ordens«, einem ehemaligen Frontkämpferbund. Dieser wiederum orientierte sich am Deutschen Ritterorden, von dem er den Terminus »Hochmeister« für das höchste Amt übernahm.

1.3.1 Der Deutsche Frauenorden (DFO) unter Elsbeth Zander

> In diese Zeit fiel die Pharusschlacht in der so mancher tapfere S.A.Mann verwundet wurde. Auch Edmund Behnke war unter den Todwunden […]. Er wurde im damaligen ›Deutschen Frauenorden‹ auf das liebevollste gepflegt.
>
> *Hedwig Eggert*[87]

Die Berlinerin Hedwig Eggert beschreibt die Versorgung eines verletzten SA-Mannes durch nationalsozialistische »Ordensschwestern«. War der Deutsche Frauenorden tatsächlich das weibliche Pendant zur SA, so wie es sich seine Führerin Elsbeth Zander wünschte?

Durch die Erfahrung des Ersten Weltkrieges, die Tätigkeit in einem Militärkrankenhaus und die politische Erschütterung Deutschlands wurde auch die 1888 geborene Hauswirtschaftslehrerin Elsbeth Zander angeregt, sich mit Politik zu beschäftigen. In der Folge schloss sie sich ab 1919 nationalistischen Vereinigungen wie dem rechtsgerichteten »Bismarck-Bund« und dem »Völkischen Schutz- und Trutzbund« an. In diesen Punkten weist ihr Lebenslauf Parallelen zu den Biographien vieler späterer NS-Kämpferinnen auf.[88] Bereits vor dem Münchner Putschversuch interessierte sich Zander für den Nationalsozialismus,[89] der seit 1921 durch eine SA-Gruppe in ihrer Wahlheimat Berlin vertreten war. Hier gründete sie im September 1923 den Deutschen Frauenorden (DFO) als »Rotes Kreuz« der NSDAP.[90] Diese erste unabhängige nationalsozialistische Frauenorganisation sollte der Hitlerbewegung, insbesondere der SA, in allen sozialen Belangen zur Seite stehen.[91] In seiner Zielsetzung und seinen Aktivitäten unterschied sich der DFO damit kaum von den SA-Frauenabteilungen, mit denen er

87 Abel-Biogramm/Nr. 459/Hedwig Eggert, S. 7. Der 1906 geborene Edmund Behnke wurde bei einer Massenschlägerei in den Berliner Pharussälen im Februar 1927 schwer verletzt und starb 1930. Er galt seitdem innerhalb der NSDAP als »Blutzeuge der Bewegung«. Seine Lebensdaten finden sich heute auf mehreren rechtsradikalen Internetseiten.

88 Zum Vergleich bieten sich die Biographien der Teilnehmerinnen am Abel-Wettbewerb an, die sich im Anhang dieser Arbeit befinden. Hilde Boehm-Stoltz und Margarethe Schrimpff hatten in der Zeit des politischen Umbruchs – ebenso wie Zander – nach politischem Anschluss gesucht. Ähnlichkeit besteht auch zu dem politischen Werdegang Sophie Rogge-Börners. Vgl. Abel-Biogramm/Nr. 44/Hilde Boehm-Stoltz, Abel-Biogramm/Nr. 582/Margarethe Schrimpff sowie Ziege, S. 44-77.

89 Zander selbst gab an, sie habe schon vor dem Putschversuch 1923 Frauen für den Nationalsozialismus gewonnen. Als der »Führer« 1924 seine Haftstrafe verbüßte, habe sie ihm »Liebesgabenpakete« auf die Festung Landsberg geschickt. Vgl. Koonz, S. 93.

90 Laut Koonz finden sich keine vereinseigenen schriftlichen Unterlagen über die Gründung und die Mitgliederzahlen des DFO, so dass die angegebenen Daten auf Aussagen Zanders basieren. Vgl. Koonz, S. 93.

91 Zur Unabhängigkeit des DFO vgl. SPD-Organ *Vorwärts* vom 13. Juni 1930, in: Arendt/Hering/Wagner, Dok. 73, S. 136. Neben der NSDAP durften auch andere völkische Gruppierungen wie beispielsweise der Ludendorff-Bund auf die Zuwendung

konkurrierte, wohl aber in seiner rein weiblichen, hierarchischen Organisationsform: An der Spitze stand Zander als selbsternannte »Hochmeisterin« des DFO, die ihre Organisation autoritär führte und in allen Bereichen kontrollierte. Vor allem Zanders Auftritt beim Reichsparteitag der NSDAP 1926 verhalf dem Frauenorden zur Popularität über die Grenzen Berlins hinaus.[92] Im Jahr 1930 zählte er reichsweit zwischen 4000 und 13.000 »Schwestern« in 160 »Mutterzellen«.[93] Der Nachwuchs besuchte die um 1925/26 gegründeten »Jungmädchengruppen«.[94] Eine von Zanders Gauleiterinnen war ab Mai 1930 Gertrud Scholtz-Klink, die spätere »Reichsfrauenführerin« des NS-Staates.[95]

Durch verschiedene praktische Aktivitäten setzte sich Elsbeth Zander für die nationalsozialistische Sache ein: Eigenverantwortlich eröffnete Zander in Berlin SA-Suppenküchen, in denen bedürftige Nationalsozialisten verpflegt wurden. Aber auch andere Hungrige durften dort die Mildtätigkeit des Ordens kosten, denn davon versprach sich Zander neue Mitglieder und Wählerstimmen für die NSDAP. Im Jahr 1927 richtete sie ein Krankenzimmer für verletzte SA-Leute ein, in dem ihre Mitarbeiterinnen in – von ihr selbst entworfenen – braunen Schwesternuniformen ihren Dienst versahen. Weitere DFO-Lazarette wurden in Berliner Außenbezirken eröffnet. Die Krankenstuben standen in polizeilichem Verdacht, sie dienten dazu, Parteimitglieder dem Zugriff der Polizei zu entziehen.[96] Die reichsweit entstehenden DFO-Ortsgruppen boten unter anderem

der braunen Schwestern hoffen. Vgl. Vortrag der Tilsiter DFO-Vorsitzenden Gertrud Myska vom 6. Juni 1925, in: Arendt/Hering/Wagner, Dok. 23, S. 99.

92 Zander leitete die »Frauensondertagung« des NSDAP-Parteitags 1926 in Weimar. Vgl. Koonz, S. 41.

93 Zander selbst gab für die späten zwanziger Jahre die Zahl von 13.000 Anhängerinnen an. Auf 4000 Mitglieder schätzte ein Polizeibericht vom 1. 12. 1930 die Größe des DFO. Vgl. Koonz, S. 98, sowie Arendt/Hering/Wagner, S. 42. Für die gleiche Zeit (Ende 1930) gibt Kater die Mitgliederzahl von über 5000 an, ohne Angabe seiner Quelle. Vgl. Kater, S. 214. Im September 1931 sollen 10.000 Frauen dem DFO angehört haben. Vgl. Arendt/Hering/Wagner, S. 325, Tab. 3; mit Bezug auf Bridenthal/Koonz, S. 454. Im Herbst 1930 sollen in Süddeutschland, von Schlesien bis ins Rheinland, täglich 10 bis 15 Frauen und Mädchen Zanders »Orden« beigetreten sein. Vgl. Arendt/Hering/Wagner, Dok. 98, S. 158. Koonz spricht von 500 neuen Mitgliedern monatlich. Vgl. Koonz, S. 126.

94 Die »Jungmädchengruppen« knüpften scheinbar an die Jugendbewegung an, wobei deren Ziele (»Volksgemeinschaft«, »Mutterschaft« als Frauen-»Beruf«) und Tätigkeiten (Turnen, Wandern, Singen, Volkstanz, latent politische Schulung) dem bereits parallel existierenden, aber recht unbedeutenden »Bund Deutscher Mädel« glichen. Vgl. Arendt, S. 50. Vgl. Aufruf der Jungmädchengruppen des DFO in der Frauenbeilage des Berliner *Angriff* vom 4. Februar 1929. Ebd., Dok. 53, S. 120.

95 Scholtz-Klink kam im Januar 1934 nach Berlin, um die Leitung des weiblichen Arbeitsdienstes zu übernehmen. Schon Ende Februar 1934 wurde sie, protegiert von Erich Hilgenfeld und Rudolf Heß, »in das Amt der Reichführerin der NS-Frauenschaft und des Deutschen Frauenwerks gebracht«. Christiane Berger, Die »Reichsfrauenführerin« Gertrud Scholtz-Klink. Zur Wirkung einer nationalsozialistischen Karriere in Verlauf, Retrospektive und Gegenwart, Dissertation, Hamburg 2005, S. 23 f.

96 Vgl. »Die Nationalsozialisten richten Lazarette ein«, in: *Die Welt am Abend*, Berlin, vom 20. Juni 1930, zitiert nach Arendt/Hering/Wagner, Dok. 74, S. 136.

Krankenpflegekurse für Frauen an, und sie unterstützten auch die Familien der Kameraden, beispielsweise wenn dort eine Geburt bevorstand und Säuglingswäsche oder Hilfe im Haushalt gebraucht wurde.[97] Flankierend zur SA besetzten die DFO-Schwestern den sozialen Bereich ungefragt und vorerst unautorisiert. Sie beanspruchten ihn als ausschließlich weibliches Metier.

Die dadurch entstehende interne Autonomie des Frauenordens ermöglichte seinen Anhängerinnen den Aufstieg innerhalb der Organisation, ein gewisses Maß an Einfluss und Machtausübung und dadurch den Ausbruch aus tradierten weiblichen Verhaltensmustern. Dazu schreibt Koonz: »In der festen Überzeugung, die Tradition zu verteidigen, hatten sie keine Skrupel, aus der ihnen vorgegebenen Rolle zu fallen.«[98]

Auch verbal verfolgte Elsbeth Zander ihre Mission. In schlichten, schlagkräftigen Worten gelang es ihr, in erster Linie den einfachen, ärmeren Vertreterinnen der »Verlorenen Generation« aus der Seele zu sprechen.[99] Für den Aufstieg der Nationalsozialisten ging Elsbeth Zander auf Redetourneen und zog durch ihr rhetorisches Talent »Tausende in ihren Bann«.[100] Zander bot ihren Zuhörerinnen sensationelle und griffige Parolen an, wie etwa »Einen gutverdienenden Ehemann für jede deutsche Frau!« oder deren »Freisetzung vom Zwang der Erwerbsarbeit«[101] – Schlagworte, die sich schwerlich realisieren ließen, aber durch Zanders resolutes Wesen verkündet doch glaubhaft wirken konnten. Die ehemalige Lehrerin beschwor, wie Hitler selbst es tat, die alarmierende, nationale Ausnahmesituation und motivierte ihre Zuhörerschaft zu eigener Initiative.

Bereits 1926, im Jahr ihres NSDAP-Parteibeitritts, erlebte Elsbeth Zander den ersten Erfolg ihrer NS-Karriere: Für den »Reichsparteitag« in Weimar wurde ihr die Leitung der Frauensondertagung übertragen. Nach einem kurzen Auftritt Hitlers vor den von Zander versammelten Frauen galt ihr Frauenorden als »vom Führer anerkannt«.[102] Im Winter 1927 bat sie darum, »der Reichsleitung der NSDAP reichsunmittelbar unterstellt zu werden«.[103] Hitler genehmigte das Gesuch. Damit firmierte der DFO nun als Teil des Parteiapparates, seine

97 Vortrag der Tilsiter DFO-Vorsitzenden Gertrud Myska vom 6. Juni 1925, in: Arendt/Hering/Wagner, Dok. 23, S. 99.

98 Koonz, S. 99. Dieser Weg über die Mitgliedschaft und darauffolgende »Gauleitung« des DFO in Baden und Hessen führte beispielsweise die spätere Reichsfrauenführerin Gertrud Scholtz-Klink auf den Gipfel ihrer Karriere.

99 In einer Rede auf dem Reichsparteitag sprach Zander ausdrücklich Frauen der »Verlorenen Generation« an, »denen der Krieg das Liebste genommen hat und (die) deshalb allein geblieben sind«, sowie die sozial schlechter gestellten und darum berufstätigen »deutschen Mädels, die in jüdisch geleiteten Betrieben arbeiten«. (Wobei sie durch die Gegenüberstellung von »deutscher« Armut und »jüdischem« Kapitalismus Neid und Missgunst in ihren Zuhörerinnen säte.) Arendt/Hering/Wagner, Dok. 32, S. 107.

100 Koonz, S. 96.

101 Vgl. ebd., S. 96 f.

102 Ebd., S. 41.

103 Brief Elsbeth Zanders an Hitler, 12. Dezember 1927; zitiert nach Arendt/Hering/Wagner, Dok. 42, S. 113.

»Hochmeisterin« musste sich lediglich der Führungsspitze gegenüber verantworten. Alle Zwischeninstanzen, darunter Gauleiter Goebbels, waren damit ausgeschaltet. Vom 2. Januar 1928 an bildete »der Deutsche Frauenorden unter der Leitung seiner Führerin Fräulein Elsbeth Zander das ›Rote Hakenkreuz‹ der Bewegung.«[104] Aus dieser parteioffiziellen Legitimation ging jedoch nicht hervor, dass dem DFO als NS-Frauenorganisation ein Monopol zukam.[105] Im Jahr 1929 stellte die Zahl der braunen Schwestern eine lohnenswert große Zielgruppe für Zanders neue Wochenzeitschrift dar, den *Opferdienst der deutschen Frau*, der den Untertitel »Erste nationalsozialistische Frauenzeitschrift – Kampfblatt des Deutschen Frauenordens« trug.[106] Dem Berliner Gauleiter Joseph Goebbels war das selbstbestimmte Wirken des DFO ein Dorn im Auge, da es in seinem Zuständigkeitsbereich stattfand, sich aber formal seiner Einflussnahme entzog.[107] Als Konsequenz gründete Goebbels im November 1929 »auf eigene Faust«[108] eine parallel zum DFO existierende »Frauenarbeitsgemeinschaft des Gaues Groß-Berlin«, die allein seiner Autorität unterstand.[109] Zeitgleich kamen Gerüchte auf,

104 Bekanntmachung Hitlers im *Völkischen Beobachter* vom 4.1.1928; zitiert nach Arendt/Hering/Wagner, Dok. 43, S. 114.

105 Vgl. Kater, S. 213. Vgl. Arendt/Hering/Wagner, Dok. 80, S. 139. Hitler betont, der DFO sei nicht die Organisation aller nationalsozialistischer Frauen, sondern allein die Gruppierung derjenigen, die aktive soziale Parteihilfe zu leisten vermöchten. Ein knappes Jahr später erfuhr Zanders Autonomie einen Rückschlag. Ihr hochrangiger Protegé, Reichsorganisationsleiter Gregor Strasser, verfügte im Dezember 1928, dass die Mitgliedschaft im Deutschen Frauenorden den Eintritt in die NSDAP voraussetzte.

106 Das Organ des Deutschen Frauenordens war bis 1929 die Zeitschrift *Briefe an die deutsche Frau*, ab 1930 hatte das Nachfolgeblatt *Opferdienst der deutschen Frau* diese Funktion. Vgl. Arendt/Hering/Wagner, S. 41,. sowie ebd., Dok. 58, S. 125 und Dok. 66, S. 131.

107 Zudem hegte der zehn Jahre jüngere Goebbels eine persönliche Abneigung gegen die durchsetzungsstarke Führerin. In seinem Tagebuch notierte er am 13. September 1928: »Heute Mittag Unterredung mit Frl. Zander. Ich glaube es ist nicht viel zu machen. Die Zander ist mißtrauisch und lügt.«, Anne Munding (Hrsg. im Aufrag des Instituts für Zeitgeschichte): Die Tagebücher von Joseph Goebbels, Teil 1 – Aufzeichnungen 1923-1941, Band 1/III Juni 1928 – November 1929, München 2004, S. 82. Wenige Monate später, am 27. Januar 1929, trug er Hitler seine Meinung über Zander und ihren DFO vor: »Mit dem Chef die Frage ›Frauenorden‹ durchgesprochen. Da muß etwas getan werden. Frl. Zander ist unmöglich. Er sieht das jetzt auch ein.«, ebd. S. 174.

108 Vgl. Arendt/Hering/Wagner, S. 43.

109 Nach einem Bericht des Landeskriminalpolizeiamtes Berlin soll Goebbels die eigenmächtige Gründung seiner Frauenarbeitsgemeinschaft von der Parteispitze verboten worden sein. Dieses wäre ein Indiz dafür, dass die Führung der NSDAP – insbesondere Reichsorganisationsleiter Gregor Strasser und möglicherweise auch Hitler selbst – ihre Hand schützend über Zanders Verein hielten und ihr zu diesem Zeitpunkt folglich wohlwollend gegenüberstanden. Vgl. Arendt/Hering/Wagner, S. 43. Unter den Berliner Verfasserinnen der Abel-Biogramme sprechen etliche dem jungen Goebbels ihre Anerkennung und Sympathie aus. Eine von ihnen, Hertha von Reuss, wechselte von Zanders DFO zu Goebbels' FAG. Die praktische Mitarbeit in den Gruppen unterschied sich offenbar so wenig, dass Hertha von Reuss diese nicht differenziert beschreibt. Vgl. Abel-Biogramm/Nr. 36/Hertha von Reuss.

in Zanders karitativen Einrichtungen herrschten »chaotische Zustände«,[110] auch gebe es Unregelmäßigkeiten in Verwaltung und Finanzen des DFO.[111]

Um die Kompetenzstreitigkeiten zu beenden, wurde Gregor Strasser 1931 beauftragt, die NS-Frauengruppierungen in einer neuen Frauenorganisation zusammenzufassen und dieser eine Struktur zu geben, die einem erwarteten Zustrom von Millionen neuer Anhängerinnen gewachsen war. Hinsichtlich der Werbung von Frauen für die NSDAP war Elsbeth Zander als Agitatorin und Zugpferd außerhalb Berlins noch immer unersetzbar. Es gelang ihrem Verein, erhebliche Spendengelder zu sammeln und fortwährend neue Frauen für den Nationalsozialismus zu gewinnen. Auf dieses weibliche Potenzial von Aktivistinnen und – wichtiger noch – Zustimmenden konnte auch die erklärte »Männerpartei« schwerlich verzichten.[112] Obwohl die Mehrheit der NSDAP-Leitung ausdrücklich gegen eine erneute Amtsvergabe an die mittlerweile skandalumwitterte Führerin war, entschied Strasser, dass die neue NS-Frauenorganisation Zander als Repräsentationsfigur brauche, ihr jedoch keine eigene Machtbefugnis zustehen solle. Ebenso wie Strasser war Elsbeth Zander eine Vertreterin des sozialistischen Gedankens der NS-Ideologie. Aus diesen Überlegungen entstand das Konzept der am 1. November 1931 neu formierten »NS-Frauenschaft« (NSF). Zander wurde die erste »Reichsfrauenführerin« der NSDAP. Damit verlor sie jedoch Entscheidungsfreiheit und Handlungsspielraum. Sie unterstand nun völlig der Kontrolle des Männerregimes beziehungsweise Strassers, der als »Reichsorganisationsleiter« ihr Vorgesetzter wurde.

1.3.2 Guida Diehl und die bürgerlichen Frauen des Neulandbundes

> »Wenn wir's bisher empfunden hatten, all das zersetzend artfremde Getue und Gelebe, wenn wir uns selbst dagegen bewahrt hatten, nun aber stellten wir uns hinein in die Reihen [der] Kämpfer um die echte artreine Rassenseele.«
>
> *Hilde Boehm-Stoltz*[113]

Obwohl sich keine der Alte Kämpferinnen in ihrem Biogramm als »Neuländerin« zu erkennen gibt, zeigen die Haltungen der bürgerlichen Frauen doch

110 Koonz, S. 127.

111 Ebd., S. 124ff. sowie Kater, S. 214. Zander bewies vor allem mit der Wahl ihres Finanzverwalters keine glückliche Hand. Sie übertrug diese Aufgabe dem 29-jährigen Hans Hustert, der zu Pfingsten 1922 am Blausäureattentat auf den prominenten SPD-Politiker Philipp Scheidemann beteiligt war. Nach Verbüßen seiner Gefängnisstrafe wurde Hustert als SA-Führer aktiv.

112 Um das Potenzial an direkter und indirekter Unterstützung, das die weibliche Anhängerschaft der NSDAP bot, wusste auch Joseph Goebbels: »Die Frauen muß ich organisieren. Da liegt viel Kraft brach.« Goebbels' Tagebucheintrag vom 21. April 1928; zitiert nach Arendt/Hering/Wagner, Dok. 44, S. 114.

113 Abel-Biogramm/Nr. 44/Hilde Boehm-Stoltz, S. 3.

eine große Nähe zu den völkisch-religiösen Konzepten Guida Diehls. Besonders prägnant sind inhaltliche Parallelen zu Guida Diehl bei Hilde Boehm-Stoltz. Ebenso wie Diehl sah sie sich in den 1920er Jahren berufen, »um die Deutsche Seele zu werben«, und auch sie fand, über die Rassenlehre, eine Brücke in den Nationalsozialismus.

Der Lebensweg der 1868 geborenen Guida Diehl war, als Alternative zu Ehe und Familie, die »geistige Mütterlichkeit«. Darin unterschied sie sich nicht von der zwanzig Jahre jüngeren Elsbeth Zander. Guida Diehl arbeitete als Lehrerin für Sozialarbeit in Frankfurt a. M. und schloss sich dem »Verband evangelischer Frauenvereine« im BDF an. Ihr besonderes Anliegen war die sittliche und intellektuelle Bildung der bürgerlichen weiblichen Jugend – zunächst mit deutlich konservativer und antiliberaler, seit den 1920er Jahren mit zunehmend völkischer Ausrichtung. Schon 1903 leitete Diehl die Frankfurter Ortsgruppe des »Deutsch-Evangelischen Frauenbundes« und richtete hier »Studienkränzchen« ein.[114] Der Nachwuchs rekrutierte sich unter anderem aus Diehls ehemaligen Schülerinnen. Die Lehrerin verstand es, alles anzusprechen, was in »jungen Mädchen gärt und braust oder was erst noch geweckt werden muss«[115] – neben der persönlichen Entwicklung wurden auch Fragen der Ethik, Religion, Kultur und Gesellschaft thematisiert. Damit können die »Studienkränzchen« als direkte Vorläufer des späteren Neulandbundes gelten.[116] Während des Ersten Weltkriegs beklagte Guida Diehl den moralischen Verfall und die nationale »Zerrüttung«[117] an der Heimatfront und prangerte den schwindenden Kampfgeist an, nicht anders als später manche Verfasserin der Abel-Biogramme. So kritisiert Hilde Boehm-Stoltz ihre Kameradinnen im Bahnhofsdienst rückblickend:

> »Die Schlappe des Durchhaltens begann tropfenweise. Eine hatte ihren Bruder verloren in Polen, die Angehörigen der andern waren meist in der Etappe! Meine Wortkämpfe gegen sie wurden immer häufiger.«[118]

Noch deutlicher äußert sich Emma Bierwirth: »Oft mußte man in den Jahren 1915/17 den Miesmachern entgegentreten die man mit dem Namen ›Jammerlappen‹ belegte.«[119]

Mit einer Mobilmachung der Höheren Töchter zu einem »inneren geistigen Mitkampf«[120] suchte Guida Diehl gegen die aufkommende Kriegsmüdigkeit anzugehen und gründete 1916 in Eisenach den Neulandbund, der schon um 1920

114 Der Begriff »Studienkränzchen« ist nach Lange ab 1908 belegt. Vgl. Lange, S. 18.
115 Guida Diehl, Unsere Aufgabe gegenüber der gebildeten weiblichen Jugend, Berlin 1915, S. 9; zitiert nach ebd., S. 18.
116 Vgl. ebd., S. 18.
117 Koonz, S. 103.
118 Abel-Biogramm/Nr. 44/Hilde Boehm-Stoltz, S. 1.
119 Abel-Biogramm/Nr. 193/Emma Bierwirth, S. 2.
120 Lange, S. 19.

eine Mitgliederzahl von etwa 10.000 erreichte.[121] Offenbar traf Guida Diehl den richtigen Ton zur richtigen Zeit, um zumeist junge Frauen anzusprechen: Sie war patriotischer als die etablierten evangelischen Jungfrauenvereine und christlicher als die politischen Jugendorganisationen. Diehl erhob das moralische Denken und Handeln zur kriegswichtigen Aufgabe der jungen Mädchen und rekrutierte sie dementsprechend als »Mitkämpferinnen«. So gewannen Diehls Anhängerinnen das Gefühl, nationale Verantwortung zu tragen, und verstanden sich als Teil des Volksganzen, dessen Geschick sie – von ihrem Platz in der Gesellschaft aus – zu beeinflussen vermochten.[122] Auch viele spätere Nationalsozialistinnen, die ihre männlichen Altersgenossen »brennend«[123] um deren Kriegsteilnahme beneideten, sehnten sich nach einer solchen Partizipation.[124] Das Neulandhaus in Eisenach, ein ehemaliges Ausflugslokal, wurde zur Bildungsstätte und zum Zentrum des weiteren Lebens von Guida Diehl.[125] Reichsweit fand sie aufmerksame Leserinnen, Zuhörerinnen und Anhängerinnen, Frauen der mittleren und gehobenen Gesellschaftsschicht, darunter viele Lehrerinnen, die auf ihre religiös gefärbten, pathetischen Reden ansprachen.[126] Unter der Parole »Christ sein heißt Kämpfer sein!«[127] beschäftigte sich Diehl nach 1918 in zahlreichen Vorträgen und Publikationen mit politisch-moralischen Themen, so etwa mit der »Verderbung« der Nachkriegsgesellschaft durch Materialismus und Amerikanismus.[128] Sie veröffentlichte Pamphlete »Wider die Unkultur im Badeleben« oder auch »Wider die Verschlammung auf der Bühne«, die sich gegen eine unmoralische Freizügigkeit wandten.[129] In gleicher Weise echauffiert sich Maria von Belli über

121 Diese Zahl beruht auf einer Schätzung Silvia Langes, die sie aus der Auflagenhöhe des Neulandblattes schließt, da keine Mitgliederlisten vorliegen. Ebd., S. 10 sowie S. 46.

122 Vgl. ebd., S. 28. Lange zitiert hier eine Anhängerin des Neulandbundes, die von der Vorstellung erfüllt war: »das eigene Leben im Aufblick zu Christus dem Vaterland bereitzustellen«.

123 Vgl. Abel-Biogramm/Nr. 44/Hilde Boehm-Stoltz, S. 1.

124 Das Bedürfnis nach Partizipation findet in den Biogrammen unter anderem Ausdruck in dem oft geäußerten Wunsch, 1914 mit in den Krieg zu ziehen, und in der Betätigung als Lazarett- oder Krankenschwester.

125 Das gegen Ende des 19. Jahrhundert im Stil der Bäderarchitektur errichtete Neulandhaus liegt auf dem Eisenacher Schlossberg. Es wird heute als Jugendbildungsstätte der evangelischen Kirche genutzt.

126 Vgl. Lange, S. 158.

127 Den Titel »Christ sein heißt Kämpfer sein – Die Führung meines Lebens« trägt die Autobiographie Guida Diehls. Guida Diehl, Christ sein heißt Kämpfer sein – Die Führung meines Lebens, Gießen 1960, in: Arendt/Hering/Wagner, Dok. 153, S. 207. Der Topos des »Kampfes« bestimmte ab 1921 nicht nur das Auftreten der politischen Extremisten, sondern zunehmend auch gemäßigte Gruppierungen, darunter der Neulandbund, der nun ein »kämpferisches Christentum« vertrat. Vgl. Lange S. 25.

128 Guida Diehl, Die deutsche Frau und der Nationalsozialismus, Eisenach 1932, S. 46 f.; zitiert nach Arendt/Hering/Wagner, Dok. 81, S. 140. Eine antimaterialistische und antiamerikanische Haltung findet sich unter anderem auch in Abel-Biogramm/Nr. 212/Maria von Belli sowie in Abel-Biogramm/Nr. 582/Margarethe Schrimpff.

129 Koonz, S. 104.

freizügige Badekleidung und Lisi Paupié über das Weihnachtsmärchen *Der Wunderhund*, das eine »Verhöhnung der wahrhaft deutschen Eigenart« im Theater sei.[130] Demgegenüber vertrat Diehl Werte wie Treue, »Innigkeit und Ehrlichkeit, Gründlichkeit, Tiefe und Idealismus«.[131] Gerade Idealismus hat auch für die Autorinnen der Abel-Biogramme einen hohen Stellenwert.[132]

In den 1920er Jahren trat neben die religiös-kulturelle zunehmend eine politische und schließlich parteipolitische Ausrichtung. Spätestens ab 1929 interessierte sich Guida Diehl für Rassenkunde: Über die vermeintlich gottgewollte Verschiedenheit der Menschenrassen fand sie den Brückenschlag vom christlichen Schöpfungsmythos zur nationalsozialistischen Ideologie. Der weibliche Kampf sollte sich gegen alle unchristlichen, gleichsam »undeutschen« Einflüsse richten. An erster Stelle nannte sie das »machtlüsterne Judentum«, das durch Liberalismus, Internationalismus und Kapitalismus das deutsche Gemüt, insbesondere die »Frauenseele zu vergiften« trachte.[133] Nach Guida Diehls Vorstellung sollten Mann und Frau gleichberechtigt als Ergänzung zueinander leben; die einen, um den äußeren, physischen Kampf zu meistern, die anderen, um die mindestens ebenso wichtigen inneren Werte, Kultur und Sittlichkeit zu verteidigen.[134] Gerade hinsichtlich der »Reinhaltung der Rasse« müsse die Frau besonders geschult werden, formulierte Diehl 1932 bereits in der aggressiven Sprache des »Dritten Reiches«: »Zu den Wahrheiten, die der Frau als Mutter

130 Vgl. Maria von Belli, Abel-Biogramm/Nr. 212/Maria von Belli, S. 12, sowie Lisi Paupié, Abel-Biogramm/Nr. 187/Lisi Paupié, S. 17.

131 Guida Diehl, Was wir wollen – Frage und Antwort über den Neulandbund, 2. Auflage, Tambach 1919, S. 4; zitiert nach Wagner, Frauenansichten, S. 33.

132 Idealismus hatte für annähernd alle Alten Kämpferinnen einen hohen Stellenwert. Marianne Meinecke stellt die rhetorische Frage »Sind denn Ideale nicht längst überholt und altes Gerümpel?«, um sie entschieden zu verneinen. Abel-Biogramm/Nr. 116/Marianne Meinecke, S. 6. Viele Alte Kämpferinnen schreiben Hitler seit dem Bürgerbräuprozess 1923 selbstlosen Einsatz und Idealismus zu und finden darin ein starkes Motiv ihres Engagements für die Hitlerbewegung. Beispielsweise wird er von Maria Wiebe als Mann mit »hohen idealen Zielen« verehrt. Abel-Biogramm/Nr. 456/Maria Wiebe, S. 6. Einen Mangel an Ehrlichkeit beklagen etliche Verfasserinnen und liefern Beispiele für Betrug und Verschlagenheit, die meist in einem antisemitischen Kontext erscheinen. Vgl. u. a. Abel-Biogramm/Nr. 582/Margarethe Schrimpff, S. 4. Diehls Ablehnung des Internationalismus wird am deutlichsten noch von Margarethe Schrimpff geteilt, die gleich gegen mehrere international vertretene Gemeinschaften zu Felde zieht: den Völkerbund, die Freimaurer und das Judentum. Abel-Biogramm/Nr. 582/Margarethe Schrimpff, S. 2 f.

133 Koonz, S. 107, vgl. auch Wagner, S. 33. In gleicher Weise »hämmerte« auch die nationalsozialistische Studentin Ruth Grathwohl, die an der Universität Bonn für die »studierenden Mädels« Vorträge über Rassenhygiene hielt. Abel-Biogramm/Nr. 145/Ruth Grathwohl, S. 5.

134 Ähnlich äußert sich die Alte Kämpferin Emma Bierwirth: »Ich war immer dafür, daß Mann und Frau den Kampf gemeinsam aufnehmen und führen und jeder an der ihm entsprechenden Stelle seinen Platz auszufüllen hat und seine Pflicht zu tun hat bis zum äußersten, haben wir doch in unsren Soldaten da draußen die leuchtenden Vorbilder gehabt.« Abel-Biogramm/Nr. 193/Emma Bierwirth, S. 5.

eingehämmert werden, gehört insbesondere auch die Klarheit über die jetzt so wichtigen Rassegesetze.«[135] Die unverheiratete Intellektuelle betrieb einen Frauen- und insbesondere einen Mutterkult: Sie war der Ansicht, die Frau sei dem Mann sowohl moralisch überlegen als auch in ihrer Funktion als Mutter, denn als solche sei sie eine »Mitarbeiterin Gottes« in der Schöpfung.[136] Auch unabhängig von der Mutterschaft sah Diehl die Frau in direkter Verbindung zu Gott, denn die ihr gegebene »Mütterlichkeit« sei durch ihr Einwirken auf Körper, Seele und Geist der Menschen immer ein schöpferischer Akt. Die herausgehobene Bedeutung der »Mütterlichkeit« findet sich auch als Leitmotiv im Biogramm der Alten Kämpferin Marianne Meinecke: »Es lohnt wieder, Weib zu sein in diesem Sinn der mütterlichen Kraft an Leib und Seele […]«.[137] Die Leiterin des Neulandbundes verlangte ein »Recht der Frau ihren Mutterberuf ausfüllen zu dürfen«:[138] Sei der Ehemann als Alleinverdiener nicht in der Lage, angemessen für seine Familie aufzukommen, müsse der Frau vom Staat ein Gehalt gezahlt werden. Schließlich erbringe die Mutter, durch die Aufzucht der deutschen Jugend, dem Volk eine Leistung. Parlamentarische Arbeit von Frauen lehnte sie strikt ab.[139] Mit dem Neulandbund verfolgte Guida Diehl den »geistigen Frauenkampf«,[140] also die Verbreitung dieser Ideen. Wichtig war ihr zudem die Kontaktaufnahme zu gleichgesinnten Frauenorganisationen und deren überparteiliche Vernetzung. Als eine Art Dachorganisation gründete Diehl 1926 den »Deutschen Frauenkampfbund gegen die Entartung«, wobei sie selbst als »Führerin« den Vorsitz übernahm. Der Frauenkampfbund wird von Silvia Lange als »politischer Arm«[141] des Neulandbundes und als Vorläufer der NS-Frauenschaft gesehen.[142] Zahlreiche der 39 Mitgliedsvereine gehörten dem konservativen Flügel des Bundes Deutscher Frauenvereine (BDF) sowie der evangelischen Frauenbewegung an. Zuspruch erhielt der Frauenkampfbund aus dem völkischen Lager. Auch der Deutsche Frauenorden (DFO) soll sich dem Dachverband angeschlossen haben.[143] Mit 129.563 Mitgliedern im September 1930 übertraf der Frauenkampfbund die Anzahl der NSDAP-Mitglieder.[144] Dies machte Guida Diehl für die NSDAP attraktiv und verschaffte ihr eine

135 Diehl 1932, S. 100f.; zitiert nach Koonz, S. 105. Diehls Wirkungskonzept von der Erneuerung des Einzelnen durch ideologische Schulung zur Erneuerung des Volkes vertritt auch die Alte Kämpferin Hilde Boehm-Stoltz. Etwa zeitgleich mit der Neulandführerin entdeckte sie die Rassentheorie, die sie für den Nationalsozialismus einnahm. Abel-Biogramm/Nr. 44/Hilde Boehm-Stoltz.

136 Vgl. Wagner, Frauenansichten, S. 76.

137 Abel-Biogramm/Nr. 116/Marianne Meinecke, S. 7.

138 Vgl. Wagner, Frauenansichten, S. 80.

139 Vgl. ebd., S. 121.

140 Diehl, Frau, S. 46f.; zitiert nach Arendt/Hering/Wagner, Dok. 81, S. 140.

141 Lange, S. 156.

142 Ebd., S. 162ff.

143 Lange erwähnt hier jedoch nicht Elsbeth Zander, sondern Lili Keil als »Hochmeisterin« des DFO, Lange, S. 42.

144 Vgl. Arendt/Hering/Wagner, S. 325, Tabelle 1.

vorteilhafte Position gegenüber der Partei. Bereits 1925 hatte Hitler bei einem Besuch im Eisenacher Neulandhaus den ersten Kontakt zu der erklärten Antisemitin geknüpft. Für die gestandene 57-Jährige kam ein Anschluss an die neugegründete Partei des noch recht jungen Mannes jedoch zunächst nicht in Frage. Koonz kommentiert dies wie folgt: »Durch ihre Organisationstätigkeit während des Ersten Weltkrieges hatte sie einen starken Sinn für Unabhängigkeit entwickelt, und sie dachte nicht daran, ihren persönlichen Einflussbereich der Kontrolle einer Männerpartei zu unterstellen.«[145] Die Hinwendung zum allmählich aufsteigenden Nationalsozialismus datiert Silvia Lange auf das Jahr 1929, in dem Diehl den jährlichen Neulandtag unter das Thema »Rasse« stellte und dazu entsprechende nationalsozialistische Referenten einlud.[146] Zu diesem Zeitpunkt setzte sich Diehl das Ziel, ihre Frauenorganisation als »weibliche Parallelorganisation zum Nationalsozialismus«[147] zu etablieren. Damit stellte sie die Neulandbewegung mit der Hitlerbewegung auf eine Ebene, wenn nicht gar auf ein intellektuell höheres Niveau als diese. Konkret zielte Diehl auf das Monopol, die weibliche Bevölkerung ideologisch auszurichten. Im August 1930, als die NSDAP immer mehr Rückhalt in der Gesellschaft fand, wich Guida Diehl schließlich vom Konzept weiblicher Unabhängigkeit ab und »konvertierte« mit ihrem Parteibeitritt zum Nationalsozialismus.[148] Um im Aufwind der NSDAP zu einer einflussreichen Position zu gelangen, musste die 62-Jährige handeln, ehe ihr eine andere Anwärterin zuvorkam. Als das Amt der »Reichsfrauenführerin« jedoch durch Elsbeth Zander besetzt wurde, blieb Diehl im November 1931 der Posten einer »Sachbearbeiterin für Kultur- und Erziehungsfragen«. Die Neuländerin quittierte den Dienst schon nach elf Monaten, auf Grund von Differenzen mit Reichsorganisationsleiter Gregor Strasser.[149]

145 Koonz, S. 105.

146 Offiziell hieß das Thema des Neulandtages »Deutschsein und Christsein«. Inhaltlich fand die Ableitung der Rassentheorie aus der Schöpfungsgeschichte statt. Vgl. Lange, S. 108 ff.

147 Lange, S. 11, sowie Diehl 1932, S. 46 f.; zitiert nach Arendt/Hering/Wagner, Dok. 81, S. 140.

148 Vgl. Koonz, S. 129 f. Koonz vermutet, der beeindruckende Erfolg und Machtzuwachs der »Nazis« habe Diehl zu diesem Schritt veranlasst. Vorstellbar ist auch, dass Diehl die Expansionsmöglichkeiten ihres eigenständigen Vereins für ausgereizt hielt, sich aber von ihrem Eintritt in die Phalanx der Nationalsozialisten die Übernahme des weiblichen Flügels der »Bewegung« versprach, wie Jill Stephenson konstatiert. Vgl. Stephenson, Nazi Organisation, S. 77. Auch das Bedauern und die Verärgerung, die Diehl in ihrer Autobiographie über die Berufung Zanders zur ersten Reichsfrauenführerin äußerte, machten deutlich, dass sie selbst auf diesen Posten spekulierte. Vgl. Guida Diehl, Christ sein heißt Kämpfer sein – Die Führung meines Lebens, Gießen 1959, S. 232 f.; in: Arendt/Hering/Wagner, Dok. 153, S. 207.

149 Nach ihrem Rücktritt mischte sich Diehl weiterhin ungefragt in die Belange der NS-Frauenschaft ein, die seit 1932 von Gertrud Scholtz-Klink geführt wurde. Durch Scholtz-Klinks Intervention wurde ein mehrmaliges, ab 1940 vollständiges Auftritts- und Publikationsverbot gegen Diehl verhängt. Nach 1945 versuchte die mittlerweile 77-Jährige vom Neulandhaus in Eisenach aus ihren Frauenverein wiederzubeleben,

1.4 Die »NS-Frauenschaft«

> Als ich Oktober 28 von einem schweren Autounfall erholt, nach Berlin übersiedelte, widmete ich mich seitdem ganz der hiesigen Frauenarbeit; erst Frauenorden, dann FAG. und jetzt Frauenschaft.
>
> *Hertha von Reuss*[150]

Bereits im Frühjahr 1920 hörte Hertha von Reus eine Rede Hitlers. Seitdem war sie eine überzeugte und aktive Anhängerin.[151] Unter wechselnder Flagge leistete sie ab 1924 NS-Frauenarbeit in Berlin: Nacheinander durchlief sie zunächst Elsbeth Zanders Deutschen Frauenorden – Rotes Hakenkreuz (DFO), wechselte dann in die vom Berliner Gauleiter Joseph Goebbels initiierte Frauenarbeitsgemeinschaft (FAG) und reihte sich schließlich in die parteioffizielle Nationalsozialistische Frauenschaft (NSF) ein. Hertha von Reuss beschreibt ihre praktischen Tätigkeiten ausführlich, so etwa Näharbeiten, Geldsammlungen oder Gefängnisbesuche bei inhaftierten Kameraden, jedoch ohne den jeweiligen Organisationsrahmen zu erwähnen.[152] Offenbar waren die Unterschiede zwischen DFO, FAG und NSF aus ihrer Sicht nicht erwähnenswert, sei es, dass die praktischen Arbeiten die gleichen waren, oder dass jede organisatorische Veränderung schlüssig erschien und darum nicht weiter hinterfragt wurde. Auch für Marie Julie Horn, eine junge Ehefrau aus Gießen, vollzog sich die Auflösung des DFO zugunsten der NS-Frauenschaft ganz selbstverständlich:

> »Ich bin erst am 1. Mai 1929 in die N.S.D.A.P. eingetreten, und war ab 1. Juni 1929 Mitglied des Deutschen Frauen Orden, aus dem dann später die N.S. Frauenschaft wurde.«[153]

Sie verstand ihre Mitgliedschaft in einer NS-Frauenorganisation analog zur SA-Tätigkeit ihres Ehemannes. Die Organisationsstruktur war für sie unwesentlich. Es wird im Folgenden der Frage nachgegangen, was sich tatsächlich änderte, als Frauenführerinnen wie Zander und Diehl 1931 ihre Autonomie verloren.

Struktur der NS-Frauenschaft

Seit der Gründung der »NS-Frauenschaft« (NSF) am 1. Oktober 1931 bedeutete die Mitgliedschaft in der NSDAP für Frauen die gleichzeitige Aufnahme in die NSF. Wie vordem die »Frauenabteilungen der SA« waren nun auch die

allerdings mit geringem Erfolg. Noch 1960 übersiedelte Diehl in das westdeutsche Laurenburg an der Lahn, wo sie im Jahr darauf im Alter von 93 Jahren starb. Vgl. Wagner, S. 189, Anm. 251.

150 Abel-Biogramm/Nr. 36/Hertha von Reuss, S. 2.

151 Ebd., S. 1.

152 Ebd., S. 2-3.

153 Abel-Biogramm/Nr. 390/Marie Julie Horn, S. 2.

lokalen NS-Frauenschaften der jeweiligen NSDAP-Ortsgruppe angeschlossen und unterstanden dem dortigen Ortsgruppenleiter. Dieser bestimmte »die ihm am geeignetsten erscheinende Frau als Frauenschaftsleiterin«,[154] von der er sich in Frauenbelangen beraten lassen konnte, aber nicht musste. Durch diese eindeutige Bindung an und Abhängigkeit von dem lokalen Parteivorsitzenden waren die Nationalsozialistinnen grundsätzlich dezentral organisiert. Es gab somit keine überregionale weibliche Hierarchie im Sinne einer Weisungskette ohne männlichen Einfluss innerhalb der NSF: »Befehlsrechte gegenüber der Orts- und Bezirks-Frauenschaftsleiterin hat die Gau-Frauenschaftsleiterin nicht; [...] notwendige Befehle werden prinzipiell vom Ortsgruppenleiter oder diesem vom Gauleiter gegeben«,[155] formulierte »Reichsorganisationsleiter« Strasser in seinen Ausführungsbestimmungen für die Organisation der NSF. Eine eigene Hierarchie gab es nur für den frauenpolitischen Beraterinnenstab, auf Orts-, Bezirks-, Gau- und Reichsebene.[156] Das höchste weibliche Parteiamt, um das Zander und Diehl konkurrierten, war daher lediglich das einer beratenden »Reichsleiterin für die Abteilung Frauenarbeit in der Reichsorganisationsleitung«. Der Reichsleiterin oblag zunächst die Aufgabe, Richtlinien für die Arbeit der NS-Frauenschaften auszuarbeiten. Das erstellte Konzept musste dem Reichsorganisationsleiter vorgelegt werden. Fand es seine Zustimmung, gab er entsprechende Befehle zur Durchführung an die Gauleiter und über sie an die Bezirks- und Ortsgruppenleiter, bis Letztere schließlich den ihnen unterstellten Frauenschaftsleiterinnen Weisung erteilten. Die Anweisungen, die diese ihren Parteigenossinnen geben durften, waren strikt begrenzt: »Die Frauenschaftsleiterinnen haben ihre Anordnungen im Rahmen der Frauenarbeit den Maßnahmen der jeweiligen politischen Amtswalter anzupassen und dürfen nicht dagegen verstoßen.«[157]

So bildeten die lokalen Frauenführerinnen ausschließlich den verlängerten Arm des Ortsgruppenleiters. Gegen diesen zu opponieren war dadurch ausgeschlossen. Die Arbeit der einzelnen NS-Frauenschaften beschränkte sich folglich immer auf die Ortsgruppe, an die sie gebunden waren. Durch die Zwischenschaltung der männlichen Parteiinstanzen bestand eine Kontrolle der Frauenarbeit schon auf unterster Ebene, quasi im Detail. Durch die Struktur der NS-Frauenschaft, der eine Nationalsozialistin zwangsläufig angehörte, war

154 Ausführungsbestimmungen des Reichsorganisationsleiters Gregor Strasser für die Organisation der NSF vom 1. November 1931; zitiert nach Arendt/Hering/Wagner, Dok. 149, S. 202.

155 Ebd.

156 Die gleiche Aufgabe stellte sich der Frauenausschuss der DNVP.

157 Anordnung des Reichsorganisationsleiters Strasser zur Neuorganisation der NS-Frauenschaft vom 1. April 1932; zitiert nach Arendt/Hering/Wagner, Dok 178, S. 230. (Es handelt sich hierbei um eine Überarbeitung der NSF-Richtlinien vom 1. November 1931, die die Eigenständigkeit der Frauenschaften noch weiter einschränkte.)

sie von vornherein unter männliche Vormundschaft gestellt.[158] Das wirft die Frage auf, ob sich die Alten Kämpferinnen Zander und Diehl dieser Abhängigkeit wirklich bewusst waren, als sie erbittert miteinander um den höchsten weiblichen Parteiposten, den einer Beraterin, rangen. Da autonom ausgeübte Macht als Anreiz für ihr Engagement ausscheidet, ist anzunehmen, dass sie um eine größtmögliche Einflussnahme als Beraterinnen kämpften. Um mit ihren Vorschlägen Erfolg zu haben, mussten sie sich in besonderer Weise mit Reichsorganisationsleiter Gregor Strasser gutstellen.

Kampf um das Amt der Reichsfrauenführerin

Als Guida Diehl 1930 entschied, ihre »weibliche Parallelbewegung zum Nationalsozialismus« solle nun doch mit der NSDAP zusammenarbeiten, konnte der Neulandbund nicht mehr mit den inzwischen etablierten, nationalsozialistischen Frauengruppen konkurrieren.[159] Zudem war die 64-jährige Guida Diehl als Repräsentantin einer Partei, die das Image der jugendlichen Revolution pflegte, bereits zu alt.

Nachdem der auch von ihr begehrte Leitungsposten der »Abteilung für Frauenarbeit« zum 1. November 1931 durch Elsbeth Zander besetzt worden war, musste Diehl sich ein neues Ziel suchen. Eine Koexistenz mit der erfolgreichen Rivalin schien ihr durch die Aufteilung von verschiedenen frauenpolitischen Ressorts möglich. Neben der Praktikerin Zander sah sich Guida Diehl für den geistig-kulturellen Part der nationalsozialistischen Frauenführung prädestiniert. Damit fand sie einen Weg, sich in die NSDAP einzubringen und unentbehrlich zu machen. In der Tat hielt Strasser die ältere Dame für geeignet, die Aufgabe der »geistig-kulturellen, pädagogischen Erziehungsarbeit«[160] in der NS-Frauenschaft zu übernehmen. Ihren Dienst als »Sachbearbeiterin für Kultur- und Erziehungsaufgaben« trat die ehemalige Lehrerin am 17. November 1931 an. Wenig später wartete sie bereits mit einem Arbeitskonzept auf, das im März 1932 zum Teil in die »Grundsätze der NS-Frauenschaft« aufgenommen wurde.[161] Die Partei beabsichtigte offenbar, sich Diehls Zugkraft als Führerin des Frauenkampfbundes nutzbar zu machen. Jedoch blieb ihre Tätigkeit als Sachbearbeiterin für

158 Eine interessante Parallele findet sich bei Lydia Gottschewski, die die politische Aufgabe der Frau unter anderem darin sah, es den mittelalterlichen Königinnen gleichzutun, die in einzelnen Belangen dem König gegenüber Fürbitte einlegten, über die jedoch allein der König in letzter Instanz entschied. Auch hier findet sich das Muster der Beschränkung weiblicher politischer Mitwirkung auf die Beratung einer männlichen Judikative. Vgl. Lydia Gottschewski, Das deutsche Frauenantlitz – Bildnisse deutschen Lebens aus allen Jahrhunderten, München 1939, S. 100, in: Wagner, Frauenansichten, S. 133.

159 Vgl. Kater, S. 229.

160 Brief Guida Diehls an Strasser betreffs der Übernahme des kulturpägagogischen Ressorts der NSF vom 20. November 1931; zitiert nach Arendt/Hering/Wagner, Dok. 150, S. 204.

161 Vgl. ebd., S. 307.

Kultur ein Zwischenspiel. Die Kooperation zwischen Diehl und Zander gelang nicht.[162] Zudem betrachtete der maßgebliche NSDAP-Kader gerade Diehls höheren geistigen Anspruch, ihre detailliert ausgearbeiteten frauenpolitischen Programme, ihre Ambitioniertheit und nicht zuletzt ihren Führungsanspruch mit Skepsis. Guida Diehls Aussichten, sich auf dem Posten zu halten, waren daher von vornherein gering. Im Reichstagswahlkampf vom Oktober 1932 hatte sie sich dessen ungeachtet als Propaganda-Rednerin angeboten, wurde jedoch von der NS-Führung »vollkommen übergangen und überhaupt nicht eingesetzt«.[163] Diese deutliche Ablehnung ihres Engagements markierte den Höhepunkt ihrer Misserfolge. Bereits wenige Tage später quittierte Guida Diehl ihren Dienst für die NS-Frauenschaft und zog sich in ihr Eisenacher Neulandhaus zurück.[164] Obwohl Guida Diehls Engagement in der NSDAP nur von kurzer Dauer war, gelang es ihr doch, beträchtliche Spuren im Bereich der weiblichen »geistig-kulturellen Erziehungsarbeit« zu hinterlassen, da sie als erste Amtswalterin maßgeblich an deren Aufbau beteiligt war, wie Jill Stephenson resümiert: »Guida Diehl's plans for teaching NSF women […] formed the basis of the NSF's activities during the peacetime years of the Third Reich.«[165]

Diehls Rivalin Elsbeth Zander, deren praktisch-karitatives Wirken den Vorstellungen der Parteileitung eher entsprach, hielt sich etwas länger in ihrer Funktion. Nach Claudia Koonz bestand ein enger Zusammenhang zwischen dem Aufstieg und Fall Elsbeth Zanders und der Parteilaufbahn Gregor Strassers. Verglichen mit den zumeist extrem antifeministischen NS-Ideologen verfolgte Strasser eine eher vermittelnde frauenpolitische Linie.[166] Beispielsweise setzte er sich dafür ein, dass der NS-Frauenschaft innerhalb der Parteistruktur der Status eines Hauptamtes zugestanden wurde. Es ist denkbar, dass Strasser seine »Gesinnungsgenossin« Zander auch protegierte, um den linken Flügel der Partei zu stärken. Ein ideologischer Konflikt um die zukünftige programmatische Ausrichtung der NSDAP führte im Dezember 1932 zum Bruch Strassers mit Hitler. Daraufhin legte der Reichsorganisationsleiter alle Parteiämter nieder.[167] Elsbeth

162 Vgl. Schreiben Guida Diehls an Strasser vom 3. Oktober 1932; zitiert nach ebd., Dok. 230, S. 276.

163 Beschwerde Guida Diehls an Rolf Rienhardt, vom 25. Oktober 1932; zitiert nach ebd., Dok. 234, S. 280.

164 Die Leitung des Neulandbundes sowie des Frauenkampfbundes hatte Diehl nie aufgegeben.

165 Stephenson, Nazi Organisation, S. 79. Vgl. Arendt/Hering/Wagner, S. 307.

166 Gregor Strasser sprach sich für eine weibliche »Selbstverwaltung ihrer ureigensten Fraueninteressen« aus, wie ein Artikel Strassers im *Völkischen Beobachter* vom 6. 4. 1932 belegt, in: Arendt/Hering/Wagner, Dok. 183, S. 235. Die ebenfalls von Strasser verfassten NSF-Richtlinien, die für den Parteiapparat von größter Bedeutung waren, hielten sich dagegen streng an die misogyne Ideologie sowie die 1921 aufgestellte Satzung der NSDAP und nicht zuletzt an die Vorstellungen Hitlers.

167 Strasser gehörte zum ausgeprägt sozialistischen, antikapitalistischen Flügel der nationalsozialistischen Arbeiterpartei. Er setzte sich für die verstärkte Einbindung der Arbeiter in die NSDAP ein, beispielsweise durch die Schaffung von NS-Gewerkschaf-

Zander verlor ihren Fürsprecher in der Parteispitze und wurde im April 1933 von Strassers Nachfolger Robert Ley abgesetzt.[168] Ley übertrug seiner eigenen Kandidatin, der Reichsleiterin des BDM, Lydia Gottschewski, das Amt der »Reichsleiterin der Abteilung für Frauenarbeit«.[169]

Gottschewski war jung, motiviert und fest in der nationalsozialistischen Gedankenwelt verankert. Damit eignete sie sich gut, um den Generationenwechsel in der NS-Frauenschaft zu markieren. Die 26-Jährige vertrat eine neue Frauengeneration, deren Profil es paradoxerweise war – wie Gertrud Bäumer es nannte –, »Gegnerinnen der Frauenemanzipation«[170] zu sein: Diese jungen Frauen forderten mit einem feministisch anmutenden Selbstbewusstsein eine Rückkehr zu den traditionellen Geschlechterkonzepten ihrer Großmütter. Gottschewskis bestimmtes Auftreten fand seitens ihrer Vorgestzten keinen Zuspruch: Sie ließ sich nicht einfach manipulieren, und ihr fehlte die Kunst der Diplomatie.[171] Statt sich dem Diktum der nationalsozialistischen Führungsriege anzupassen, ging Gottschewski gegen die männliche Bevormundung in die Offensive. Sie kritisierte zum Beispiel offen die Organisationsstruktur der NSF, die den Frauen keinerlei Selbstbestimmung ermöglichte, sondern ihnen nur Objektcharakter gab: »Erfolgt an allzuvielen Stellen die Einschaltung männlicher Führungen, so entsteht die sehr ernstzunehmende Gefahr, daß männliche Vorstellungen und männliche Werte in die Frauenbewegung hineingetragen werden.«[172] Gottschewski hatte die Wirkungsweise des NSF-Systems genau erkannt. Dass eine männliche Prägung jedoch nicht dessen »Gefahr«, sondern dessen Absicht war, schien ihr ebenso wenig bewusst wie der negative Eindruck, den ihre Beschwerde in der Parteispitze hinterlassen würde. Schon im September 1933 musste die junge Widerspenstige ihren Posten räumen. Die anschließende Einsetzung Dr. Gottfried Krummachers als Leiter der NS-Frauenschaft war eine deutliche Absage an weibliche Selbständigkeitsforderungen.

ten, was von Hitler, der mit dem Großkapital kooperieren wollte, kritisch gesehen wurde. Im Herbst 1932 stand die Partei infolgedessen vor der Spaltung. Die Krise endete mit dem Rücktritt Strassers. Wie etliche politische Gegner und einige nationalsozialistische »Querdenker« wurde auch der unbequeme Parteilinke Gregor Strasser im Zuge des Röhm-Putsches am 30. Juni 1934 durch ein SS-Kommando ermordet.

168 Sowohl Zander als auch die nachfolgenden Konkurrentinnen um das Amt der Reichsfrauenführerin wurden, wie Christiane Berger feststellt, »von unterschiedlichen männlichen Nazi-Größen protegiert«, die »wiederum ihren eigenen Machtkampf« austrugen. Berger, S. 23.

169 Vgl. Wagner, Frauenansichten, S. 190.

170 Vgl. Gertrud Bäumer, »Ich bin Gegnerin der Frauenbewegung«, in: Die Frau, Jg. 37, 1929/30, S. 193-195.

171 Zu den Gründen für Gottschewskis Scheitern vgl. Stephenson, Nazi Organisation, S. 101. Vgl. Wagner, S. 183. Den Konkurrenzkampf zwischen Lydia Gottschewski und der etwas älteren Diehl-Anhängerin Paula Siber wurde hier nicht dargelegt, da Siber erst nach 1933 in Erscheinung trat und eine unwesentlichere Rolle gespielt hat.

172 Lydia Gottschewski, Weibliches Führertum – Die Eingliederung der Frau in den neuen Staat, in: Die deutsche Frauenfront, Jg. 1, 1933, H. 2, S. 2; zitiert nach Wagner, Frauenansichten, S. 137.

Am 24. Februar 1934 fand der letzte Wechsel in der nationalsozialistischen Frauenführung statt. Auf Vorschlag des Reichsorganisationsleiters Robert Ley wurde die bis dahin relativ unbekannte Gertrud Scholtz-Klink mit der Leitung der NS-Frauenschaft und des neugeschaffenen »Deutschen Frauenwerks« beauftragt.[173] Die 1902 geborene Scholtz-Klink hatte ihre Parteikarriere 1930 in Elsbeth Zanders »Deutschem Frauenorden« begonnen, etliche DFO-Gruppen in den Gauen Baden und Hessen aufgebaut[174] und nicht-nationalsozialistische Frauenvereine für die Zusammenarbeit mit der NSDAP gewonnen.[175] Sie gehörte, wie Lydia Gottschewski, zur Generation der »Kriegsjugend«. Bei ihrer Amtsübernahme war sie jedoch bereits vierfache Mutter und Witwe eines Offiziers und Alten Kämpfers.[176] Hinsichtlich Alter und Biographie eignete sie sich bestens zur Identifikation und Integration eines breiten Spektrums weiblicher Alters- und Bevölkerungsgruppen. Zudem zeigte sie kein übermäßiges politisches Engagement, aber eine unerschütterliche nationalsozialistische Überzeugung: Linientreu sprach sie sich beispielsweise für die »Mutteraufgabe«[177] als einzige Bestimmung der Frau aus. Strebten Frauen nach anderen Zielen als der Mutterschaft, bedeutete dies in Scholtz-Klinks Augen Desertation.[178] Feministische Ideologiekritik brauchte die Parteiführung von Scholtz-Klink nicht zu fürchten. Die Reichsfrauenführerin akzeptierte, dass sie auf der konzeptionellen Ebene der Frauenpolitik keinerlei Einfluss haben würde.

173 Nicht nur die »NS-Frauenschaft« und das »Deutsche Frauenwerk« unterstanden Scholtz-Klinks Leitung, sondern auch das »Frauenamt der Deutschen Arbeitsfront« (seit April 1934) und der »Reichsfrauenbund des Deutschen Roten Kreuzes« (seit August 1934). Im November 1934 ernannte Hitler sie offiziell zur »Reichsfrauenführerin«. Vgl. Wagner, Frauenansichten S. 185, sowie Andrea Böltken, Führerinnen im »Führerstaat«. Gertrud Scholtz-Klink, Trude Mohr, Jutta Rüdiger und Inge Viermetz, Pfaffenweiler 1995, S. 33.

174 Vgl. Böltken, S. 29.

175 Vgl. Koonz, S. 199.

176 Vgl. Wagner, Frauenansichten, S. 192, sowie Koonz, S. 52 und S. 199.

177 Rede Gertrud Scholtz-Klinks vom 21. Juni 1933 (in der Funktion der Gaufrauenschaftsführerin), zitiert nach Wagner, Frauenansichten, S. 80.

178 Ferner plädierte sie für die Schulung der Frau in Fragen der nationalsozialistischen Biopolitik, wie etwa der »Rassenfrage, Erbschaftslehre und Sterilisation [...] damit sie die Dinge versteht, die der heutige Staat von ihr fordern muß.« Gertrud Scholtz-Klink, Ein neues Frauengeschlecht im Werden. Rede im Oktober 1934, in: *Niedersachsen Stürmer* vom 31. Oktober 1934, zitiert nach Wagner, Frauenansichten, S. 78.

2 »Warum ich vor 1933 der NSDAP beigetreten bin«

Die Theodore-Abel-Collection

2.1 Gegenstand der Sammlung

> Ich beglückwünsche die Columbia Universität New York zu ihrem Entschluß und möchte zu meinem bescheidenen Teil dazu beitragen, Klarheit zu verbreiten über das große Erleben der deutschen Menschen der Gegenwart. –
> Am 28.8.1897 um ½ 7 Uhr nachmittags an einem Sonnabend bin ich geboren …
>
> *Marianne Meinecke*[1]

Im Sommer 1934 nahmen insgesamt 683 Nationalsozialistinnen und Nationalsozialisten an einem Aufsatzwettbewerb teil, dessen Thema lautete: »Warum ich vor 1933 in die NSDAP eingetreten bin«. Initiator war der amerikanische Soziologe Theodore Abel, der auf diesem Wege Datenmaterial aus der frühen NS-Bewegung zu erhalten hoffte. Von den eingesandten autobiographischen Essays, die Abel als »Biogramme« bezeichnete, sind heute noch 593 erhalten. Ihr inhaltlicher Schwerpunkt liegt auf der individuellen politischen Entwicklung der Parteimitglieder.[2]

Marianne Meinecke gehört zu den etwa 5 Prozent Frauen, die ihren politischen Lebensweg schilderten. Dieser prozentuale Anteil spiegelt in etwa das Geschlechterverhältnis innerhalb der NSDAP wider, das 1933 bei 7,4 Prozent weiblicher Mitglieder lag.[3]

In den 36 Frauenbiogrammen ist ein breites Spektrum verschiedener Lebenssituationen und -geschichten vertreten, die von den Verfasserinnen detailreich dargestellt und zudem meist eingehend reflektiert werden. Die Biogramme spiegeln nicht nur die ganze Bandbreite der Motive weiblichen Engagements für die NSDAP, sondern entwickeln diese vor dem Hintergrund individueller Lebenserfahrungen, die bis in die Kindheit zurückreichen. Dabei wird offenbar, wie unterschiedlich der Nationalsozialismus aufgefasst werden konnte, welche Aspekte den Verfasserinnen wesentlich erschienen und welche sie ausblendeten. Anschaulich werden außerdem die vielfältigen Partizipationsmöglichkeiten von Frauen in der Hitlerbewegung. Nicht zuletzt entsteht ein Eindruck davon, wie »gewöhnliche« Frauen den Nationalsozialismus gefördert und verbreitet haben. Darin liegt der spezifische Quellenwert der autobiographischen Essays, der ihre Veröffentlichung und Auswertung lohnenswert macht.[4]

1 Abel-Biogramm/Nr. 116/Marianne Meinecke S. 1.

2 Den Grund für den Verlust zahlreicher Biogramme erläutert Kapitel 2.1.1 Entstehung der Sammlung. Es gab insgesamt 48 Einsendungen von Frauen, verblieben sind davon 36.

3 Wagner, Frauenansichten, S. 180.

4 Vgl. Bajohr/Meyer/Szodrzynski, S. 8.

2.1.1 Entstehung der Sammlung

»400 MARKS IN PRIZES
For the Best Personal Life History
of an Adherent of the Hitler Movement«[5]

So lautete die Überschrift des Preisausschreibens, das Nationalsozialistinnen wie Anna Nieke oder Maria von Belli veranlasste, im Sommer 1934 ihre Lebensgeschichte niederzuschreiben – adressiert an die Columbia University New York. Dort sah der polnisch-amerikanische Soziologe Theodore Fred Abel[6] ihren »life histories«[7] als Datenmaterial für ein zeituntypisches Forschungsprojekt entgegen: Während sich die Weltöffentlichkeit kurz nach Hitlers Wahlerfolg 1933 um die Zukunft Deutschlands und Europas sorgte, galt Abels Forschungsinteresse der jüngsten deutschen Vergangenheit.

Das Phänomen Nationalsozialismus faszinierte den Soziologen: Wer waren die Millionen deutscher Wählerinnen und Wähler, die die obskure Splitterpartei NSDAP zur Massenbewegung gemacht hatten? Was hatte sie bewegt und beeinflusst? Was hatte sie für den Nationalsozialismus begeistert?[8] In der Einleitung seines Buches *Why Hitler Came into Power* stellt Abel fest, in den USA kursierten 1933 lediglich vage Spekulationen und vorgefasste Meinungen über den Nationalsozialismus in Deutschland, die amerikanische Öffentlichkeit sei nur dürftig und aus zweifelhafter Quelle darüber informiert gewesen.[9] Mit einer wissenschaftlichen Untersuchung über die Ursachen für den Aufstieg Hitlers beabsichtigte der Forscher, den gängigen Fehlinterpretationen entgegenzu-

5 Abel, Why, S. 3. Mit dieser – in der Einleitung zu Abels Buch ins Englische rückübersetzten – Überschrift warb der Soziologe in Deutschland für die Teilnahme an seinem fingierten Aufsatzwettbewerb. Die ausgesetzten Preise lagen zwischen 10 und 125 Reichsmark. Zum Vergleich: Stundenlohn eines männlichen Facharbeiters: 0,78 Reichsmark (RM), 5 kg Kartoffeln: 0,45 RM, 1 kg Schweinefleisch: 1,60 RM, 1 kg Bohnenkaffee: 5,33 RM. Bernhard Pollmann, Chronik 1934, 2. Auflage, Gütersloh/München 1998.

6 Theodore Fred Abel (1896-1988) wurde als Sohn einer Industriellenfamilie in Łódź/Polen geboren. Nach einer Tätigkeit als Journalist und der Teilnahme am polnisch-russischen Krieg begann er 1920 ein Studium der Philosophie und Soziologie in Warschau und Póznan. Er wanderte 1923 in die USA aus und promovierte 1929 an der Columbia University, New York, wo er in den folgenden 22 Jahren lehrte. Weitere 16 Jahre war er Präsident des Hunter Colleges, New York. Nach seiner Emeritierung 1967 nahm er verschiedene Gastprofessuren an. Vgl. Sills, David L./MacMillan, Coller (Hrsg.), International Encyclopedia of Social Sciences, Bd. 10, New York 1979, Biographical Supplement S. 1-4. Abels Nachlass befindet sich im Archiv der Hoover Institution of War, Peace and Revolution in Stanford/USA.

7 Abel, Why, S. 2.

8 Vgl. Childers, Foreword 1986, in: Abel, Why, S. XIII. Der amerikanische Historiker Andrew Nagorski belegte 2012 anhand der Tagebücher Abels, dass der Soziologe die Nationalsozialisten, aber auch Kommunisten um ihre Leidenschaftlichkeit beneidete. Andrew Nagorski, Hitlerland. American Eyewitnesses to the Nazi Rise to Power, New York 2012, S. 146f.

9 Abel, Why, S. 1f.

treten. Als geeignetste Datengrundlage erschienen ihm Erfahrungsberichte aus der Hitlerbewegung selbst. Abel wünschte sich Antworten aus erster Hand, als autobiographische Aufsätze aus der Feder der einfachen Parteimitglieder. Einerseits würden allein diese die oben genannten, vielschichtigen, wissenschaftlichen Fragen beantworten können, andererseits sollte das Interesse seiner Leser durch die Unmittelbarkeit der Quellen, deren Wirklichkeitsnähe und Lebendigkeit geweckt werden: »Furthermore it is my hope that the direct testimony of eye witnesses and participants may make the Nazi movement more real and vivid to the reader.«[10] Mit diesem Vorhaben leistete Theodore Abel 1934 Pionierarbeit bei der Erforschung des Nationalsozialismus.

Auf einer Deutschlandreise im Sommer 1933 hatte der Soziologe bereits erstaunt festgestellt, dass die meisten Leute, denen er begegnete, gerne über ihre politischen Erfahrungen sprachen.[11] Zur Vorbereitung seiner geplanten Studie führte er 1933 bereits 100 Interviews mit frühen NSDAP-Mitgliedern.[12] Es war jedoch anzunehmen, dass sich eine offizielle Datenerhebung in der deutschen Diktatur schwierig gestalten würde, sollten die neuen Machthaber dem Projekt nicht zustimmen. Theodore Abel verfiel daher auf die Idee, die Daten in Form eines Aufsatzwettbewerbes zu erheben, unter der Fragestellung »Warum ich vor 1933 der NSDAP beigetreten bin«. Im Ausschreibungstext hieß es, die Columbia University sammele Material zur Geschichte der nationalsozialistischen Bewegung. Ihre Absicht sei es, die amerikanische Öffentlichkeit auf der Basis dieser persönlichen Dokumente über den Nationalsozialismus zu informieren.[13] Eine Veröffentlichung einzelner Aufsatzpassagen oder kompletter Lebensbeschreibungen wurde in Aussicht gestellt.

Über die Verbindung zu einem namentlich nicht erwähnten Kollegen in Berlin und nicht zuletzt mit Hilfe des Briefkopfes der traditionsreichen Columbia University gelang es Abel, »the authorities of the new Nazi state«[14] für sein Vorhaben zu gewinnen. Er war überrascht, als diese zustimmten und zudem anboten, ihn durch eine Veröffentlichung der Ausschreibung aktiv zu unterstützen. Die Zuschriften sollten alsdann über die Landesstellen des Propagandaministeriums gesammelt werden.[15] Die Organisation vor Ort wurde

10 Ebd., S. 2. »Desweiteren hoffe ich, daß der Bericht direkter Augenzeugen und Teilnehmer die Nazi-Bewegung realer und lebendiger für den Leser macht.«

11 Ebd.

12 Die Interviews thematisierten deren Aktivitäten innerhalb der Hitlerbewegung. Abel, Preface 1965, in: Abel, Movement, S. XV. Bei diesen Interviews standen die Aktivitäten innerhalb der Partei im Vordergrund.

13 Abel, Why, S. 3.

14 Childers, Foreword 1986, in: Abel, Why, S. XIV. Patrick Krassnitzer weiß zu berichten, dass sich das Propagandaministerium und die »vorgesetzten Parteistellen« an der Erhebung beteiligen. Vgl. Patrick Krassnitzer, Die Geburt des Nationalsozialismus im Schützengraben. Formen der Brutalisierung in den Autobiographien von nationalsozialistischen Frontsoldaten, in: Jost Dülffer/Gerd Krumeich (Hrsg.), Der verlorene Frieden. Politik und Kriegskultur nach 1918, Essen 2002, S. 119-148, hier S. 128 f.

15 Dies lässt sich schlussfolgern aus dem Abel-Biogramm/Nr. 30/Maria Bauer. Es trägt auf der ersten Seite folgende Adresse: »An die Landesstelle Süd-Hannover-Braunschweig

durch den 32-jährigen Gaupropagandaleiter der NSDAP Groß-Berlin Walther Schulze-Wechsungen unterstützt.[16] Tatsächlich kam Abels Projekt, das auch als Instrument einer vorteilhaften Außenwirkung verstanden werden konnte, nicht ungelegen. Bereits seit einigen Monaten bemühte sich Propagandaminister Joseph Goebbels verstärkt um ein positives Bild des jungen, nationalsozialistischen Staates im Ausland.[17]

Wie die Wettbewerbsausschreibung die Alten Kämpferinnen und Kämpfer erreichte, ist nicht ganz eindeutig. Theodore Abel berichtet, sein Aufruf sei im Juni 1934 in »the party press« veröffentlicht und »in the form of a bulletin at all local headquarters« verteilt worden.[18] Leider nennt er keines der Parteiorgane namentlich. In den nationalsozialistischen Tageszeitungen, wie dem *Angriff* oder dem *Völkischen Beobachter*, erschien die Ausschreibung nicht. Auch der von Abel angegebene Zeitpunkt des Abdrucks gibt zu denken, da die frühesten Zuschriften auf den 28. Juli 1934 datiert sind.[19]

Die Überschrift des Preisausschreibens lautete »400 Mark zu gewinnen«, darunter war zu lesen, dass für die »besten persönlichen Lebensgeschichten von Anhängern der Hitlerbewegung [...] ungeachtet des Geschlechts und Alters« mit der »detailliertesten und glaubwürdigsten Darstellung« Geldpreise ausgesetzt

des Reichsministeriums für Volksaufklärung und Propaganda Hannover, Dincklagehaus«.

16 Theodore Abel berücksichtigt in seiner Danksagung »Dr. Schulze-Wechsungen, of Berlin, for support in the organisation of the prize contest«. Abel, Why, S. VII. Dass es sich hier um Walther und nicht um den jüngeren Bruder Werner Schulze-Wechsungen handelt, ist anzunehmen, da sich Werner nur als SA-Standartenführer betätigte und nie studiert hat. Zur Person Walther Schulze-Wechsungens vgl. Joachim Lilla, Statisten in Uniform. Die Mitglieder des Reichstages 1933-1945, Düsseldorf 2004, S. 1034.

17 Goebbels' Einladung kann als Teil des außenpolitischen Taktierens des Regimes gesehen werden. Hinter der Fassade von Friedensabsichten und Kontinuität zur Weimarer Politik isolierte sich der NS-Staat in den Jahren 1933-1935 zunehmend. Als Teil einer außenpolitischen Inszenierung empfing Goebbels am 28. Februar 1934 Vertreter der ausländischen Presse in den Festräumen seines Ministeriums, um, wie es offiziell hieß, die Beziehungen zwischen ihnen und den amtlichen Stellen des nationalsozialistischen Staates wieder »enger zu gestalten«. Solche Pressegespräche sollten nun monatlich stattfinden. Bereits am 17. Februar 1934 hatte Hitler der britischen *Daily Mail* ein Exklusiv-Interview gegeben. Vgl. Pollmann, Chronik, 1998, S. 42f.

18 Abel, Why, S. 4. Die Ausschreibung erschien, wie meine Recherchen ergaben, nicht in *Der Angriff – Das nationalsozialistische Abendblatt* (Berliner Ausgabe) 1. Mai – 31. Juli 1934, ebenso wenig im *Völkischen Beobachter* (Norddeutsche Ausgabe). Also nicht in jenen Blättern, die mutmaßlich von den meisten Verfasserinnen gelesen wurden. Auch bleibt unklar, welche Organisationsebene Abel mit »local headquarters« meinte. Claudia Koonz nimmt an, Abel habe seine Ausschreibung »an sämtliche Gau-Leitungen« geschickt. Koonz, S. 77. Thomas Childers schreibt: »Indeed, the Reich Ministry of Propaganda, the party press, and the local branches of the NSDAP all actively publicized the contest.« Childers, Foreword 1986, in Abel, Why, S. XIV.

19 Diese sind Abel-Biogramm/Nr. 107/Lissy Schneider und Abel-Biogramm/Nr. 177/Anna Nieke.

waren.[20] Teilnehmen durfte, wer bereits vor dem 1. Januar 1933 Parteimitglied war oder mit dem Nationalsozialismus sympathisierte. Besonders gelegen war Abel an einer genauen Beschreibung von »Familienleben, Bildung, finanzieller Lage, Vereinszugehörigkeit, Teilnahme an der Hitlerbewegung, sowie wichtige Erfahrungen, Gedanken und Gefühle gegenüber Ereignissen und Ideen der Nachkriegswelt.«[21] Dabei legte Abel keinen Wert auf Stil, Grammatik oder Aufbau, sondern allein auf Vollständigkeit und Offenheit. Die Einsenderinnen und Einsender adressierten ihre Lebensgeschichten an die Landesstellen des Reichsministeriums für Volksaufklärung und Propaganda, von wo aus diese weitergeleitet wurden.[22]

An der Echtheit der Zuschriften besteht kein Zweifel. Der Zeitpunkt ihres Entstehens lag tatsächlich im Sommer 1934, wie aus der Datierung und unabhängig davon aus den Erzählinhalten hervorgeht.[23] Deutlich wird dieses anhand einiger Beispiele: Der sogenannte Röhm-Putsch mit den am 30. Juni 1934 verübten Morden an Parteigenossen wird von drei Verfasserinnen angedeutet, ebenso findet die Nachricht vom Tod des Reichspräsidenten Hindenburg Eingang in einzelne Essays.[24] Dagegen bleibt das nächste nationale Großereignis, der Parteitag »Triumph des Willens« im September 1934, im Gegensatz zu anderen Parteitagen noch gänzlich unerwähnt. Der Einsendeschluss am 1. September 1934 wurde eingehalten.[25]

Auch haben die Autorinnen und Autoren ihre wahre Identität und ihre realen biographischen Daten angegeben. Dies konnte ich im Bundesarchiv Berlin, dem ehemaligen Berlin Document Center, anhand der Mitgliederkartei und der Parteikorrespondenz der NSDAP belegen.[26] Hier fanden sich Einträge für 30 der insgesamt 36 weiblichen Parteimitglieder. Weitere Namen und Anschriften

20 Da es sich um einen fingierten Wettbewerb handelte, ist fraglich, ob es tatsächlich eine »Jury« gab und Preise vergeben und ausgezahlt wurden. Aus Abels Werk geht nichts dergleichen hervor.

21 Childers, Foreword 1986, in Abel, Why, S. XIV.

22 Vgl. Abel-Biogramm/Nr. 30/Maria Bauer, S. 1.

23 Die Biogramme der Frauen sind, soweit mit einem Datum versehen, zwischen dem 28. Juli und dem 28. August 1934 geschrieben worden.

24 Vgl. Abel-Biogramm/Nr. 195/Maria Engelhardt, S. 8.

25 Zum Einsendeschluss vgl. Abel, Why, S. 3.

26 Im Bundesarchiv Berlin, NSDAP-Mitgliederkartei (Zentralkartei bzw. Ortsgruppenkartei) sowie NSDAP-Parteikorrespondenz. Die Quellennachweise finden sich in den Erläuterungen zu jedem einzelnen Biogramm (jeweils Endnote 1). Die im Bundesarchiv dokumentierten Angaben zur Person, etwa in Lebensläufen, Anträgen oder Aktenvermerken stimmen mit denen in den Biogrammen überein. Ein Beispiel dafür ist die Alte Kämpferin Gertrud Michael: In ihrem Wettbewerbsbeitrag von 1934 schildert sie ihren beruflichen Werdegang als Büroangestellte und erwähnt, ihr 19-jähriger Sohn sei soeben in die SS aufgenommen worden. In der Parteikorrespondenz findet sich Gertrud Michaels Bewerbung als Chefsekretärin beim *Völkischen Beobachter*, geschrieben im Jahr 1943. Nicht nur Geburtsdatum und Mädchenname der Verfasserin stimmen überein, sondern auch die im beigefügten Lebenslauf angegebenen Beschäftigungsverhältnisse und die familiäre Situation: Im Anschreiben der Bewerbung beklagt sie

ließen sich zusätzlich über standesamtliche Unterlagen der damaligen Wohnorte sowie über Adressbücher bestätigen, so dass die Identität von 32 Autorinnen belegt ist.[27]

Zunächst schien es, als sollte Abel die Zuschriften des Wettbewerbs niemals erhalten, denn mittlerweile gab es seitens der NSDAP Überlegungen, die Erinnerungen Alter Kämpfer zur »parteiinternen Erforschung im Parteiarchiv aufzubewahren«.[28] Erst mit zwei Jahren Verzögerung, auch bedingt durch die Verschiffung, erhielt Abel insgesamt 683 Lebensbeschreibungen.[29] Ihre Länge variiert zwischen einer handschriftlichen Notiz und achtzig Maschinenseiten.[30] Die Biogramme wurden numeriert und später, bei ihrem Eingang in das Archiv der Hoover Institution of War, Peace and Revolution in Stanford/USA gestempelt. Im Jahre 1951 beschlagnahmte die amerikanische Sicherheitsbehörde FBI etwas mehr als 100 dieser Zuschriften, berichtet der deutsch-amerikanische Politologe Peter H. Merkl. Er vermutet, dass dies im Rahmen von Entnazifizierungsverfahren geschah, kann jedoch keine Angaben darüber machen, welche Personen oder Personengruppen hier ausgesondert wurden.[31] Diese Biogramme wurden nie zurückgegeben und müssen als verloren gelten. Die Zahl verringerte sich daher auf insgesamt 581 Zuschriften.

Abels Auswertung der soziologischen Feldforschung erschien 1938, also noch vor dem Beginn des Zweiten Weltkrieges, in New York unter dem Titel *Why Hitler Came into Power. An Answer Based on the Original Life Stories of Sixhundred of his Followers*.[32] In der Einleitung betont Abel eindringlich seine wissenschaftliche Objektivität und Unparteilichkeit. Scharf grenzt er sich von den gesammelten Fakten und Meinungen ab und erläutert, sein Anliegen sei es lediglich, ein Verstehen zu ermöglichen.[33]

Schon kurz nach dem nationalsozialistischen Machtantritt stilisierte die NSDAP ihre sogenannte Kampfzeit zum Mythos. Nun bestand auch seitens der Partei Interesse an den Berichten der Helden von damals, der Alten Garde.

zudem den Tod ihres Sohnes an der Ostfront. BArch, NSDAP-Parteikorrespondenz, Gertrud Michael, Film PK/I 68.

27 Unter anderem: Deutsche Adressbuch Gesellschaft (Hrsg.), Berliner Adressbuch 1934, Berlin 1933, in: Zentral- und Landesbibliothek Berlin, Berliner Adressbücher, 1934; URL: http://www.zlb.de/besondere-angebote/berliner-adressbuecher.html [online am 12. Oktober 2014].

28 Krassnitzer, Schützengraben, S. 129, mit Verweis auf den Nachlass Theodore Abels in Stanford: Hoover Institution Archives (HIA), Abel Collection, Box 17, Transciption of Diaries, Vol. III, Appendix European Trip May, 22 to July 8 1935, S. 21 und S. 36f. Tatsächlich erhielt Abel die Zuschriften erst 1936, obwohl er im Jahr 1935 noch einmal in Deutschland gewesen war.

29 Abel, Why, S. 4.

30 Ebd.

31 Vgl. Merkl, S. 6.

32 Theodore Fred Abel, Why Hitler Came into Power. An Answer Based on the Original Life Stories of Sixhundred of his Followers, New York 1938.

33 Abel, Why, S. 9.

Rudolf Hess stellte daher 1936 unter dem Titel *Die Alte Garde spricht* vier Sammlungen kurzer Autobiographien Alter Kämpfer zusammen.[34]

Nach dem Erfolg seines Aufsatzwettbewerbes von 1934 initiierte Theodore Abel im Jahre 1939 ein zweites Preisausschreiben »for the best life story of a Nazi Party worker«, das noch weitaus größeren Zuspruch fand: 3000 Nationalsozialistinnen und Nationalsozialisten brachten ihre Lebensgeschichte zu Papier.[35] Abel plante, auf dieser Basis zu einer neuen Fragestellung, der Konsolidierung der Macht durch Hitler und sein Führercorps, zu forschen. Der Soziologe war bereits in Deutschland, um die Zuschriften abzuholen, als ihn der Ausbruch des Zweiten Weltkrieges zwang, vorzeitig abzureisen.[36] Damit verlor Abel sein soziologisches Vergleichsmaterial und die Nachwelt eine unwiederbringliche, wertvolle historische Quelle.

Die verbliebenen Originale aus dem Sommer 1934 übergab Theodore Abel an das Archiv der Hoover Institution of War, Peace and Revolution, das der Stanford University angeschlossen ist, mit der Bestimmung: »All the documents [...] are deposited in the Library of Stanford University for the use of students of the Nazi Movement«.[37] Theodore Abel zählte zunächst 48 Zuschriften, die von nationalsozialistischen Frauen verfasst wurden. Von ihnen befinden sich heute noch die genannten 36 im Archiv der Hoover Institution.

2.1.2 Forschungsstand zu den von Frauen verfassten Biogrammen

Die Theodore-Abel-Collection stellt eine einmalige Quelle dar, auch weil es politische Meinungsforschung in der Weimarer Zeit noch nicht gab und freie Meinungsumfragen in der nationalsozialistischen Diktatur undenkbar waren.[38] Trotzdem fanden die autobiographischen Essays in der NS-Forschung allenfalls am Rande Erwähnung. Allein in den beiden folgenden Werken waren die politischen Lebensläufe Hauptgegenstand der wissenschaftlichen Untersuchung:

In seinem Werk *Why Hitler Came into Power* betrachtet Theodore Abel die politische, wirtschaftliche und soziale Biographie eines jeden Teilnehmers seines Aufsatzwettbewerbs, unter besonderer Berücksichtigung der Kriegserfahrungen.

34 Die vier Biogrammsammlungen von *Die Alte Garde spricht* werden erwähnt und untersucht von David Redles, Hitler's Millenial Reich. Apocalyptic Belief and the Search for Salvation, New York/London, 2005. Zwei dieser vier Sammlungen befinden sich nach Redless in der Library of Congress in Washington D. C. Unter den dortigen Verfassern findet sich auch Paul Bierwirth, der bereits gemeinsam mit seiner Frau Emma 1934 an Abels Schreibwettbewerb teilgenommen hatte. Vgl. Abel-Biogramm/Nr. 192/Paul Bierwirth. Vgl. Redles, S. 210.

35 Vgl. Abel, Movement, 1966, S. XV, sowie Merkl, S. 6. Merkl gibt keine Gründe für diesen Verlust an.

36 Abel, Movement, 1966, S. xv.

37 Ebd.

38 Die SD-Berichte (Berichte des NS-Sicherheitsdienstes über die Stimmung im deutschen Volk) sind in diesem Sinne keine direkte politische Meinungsäußerung.

Auf dieser Grundlage analysiert er, inwieweit verschiedene Faktoren, wie Unzufriedenheit, politische Überzeugung, eine gewisse propagandistische Überwältigung oder aber die Anziehungskraft Hitlers zu einer Affinität für den Nationalsozialismus führten. Allerdings wertet Abel ausschließlich die Biogramme der Männer aus. Die 48 von Frauen verfassten Essays ließ er, ihrer relativ geringen Anzahl wegen, vorerst unberücksichtigt. Ursprünglich hatte Abel geplant, sie zu einem späteren Zeitpunkt zu untersuchen, was jedoch unterblieb.[39]

Peter H. Merkl beschäftigte sich 1975 in seinem Buch *Political Violence under the Swastika. 581 Early Nazis* noch einmal eingehend mit der Sammlung. Er stellt darin vor allem die »harten Fakten« zusammen, die die Biogramme liefern, wie Alter, Beruf, Bildung und Herkunft.[40] Seine quantitativen Ergebnisse vergleicht er in erster Linie mit der allgemeinen Parteistatistik der NSDAP von 1935. Auch Merkls eigentliche Analyse beschränkt sich auf die Zuschriften männlicher Parteigenossen. Den Essays der nationalsozialistischen Frauen widmet er jedoch ein gesondertes Kapitel seines Buches. Auf knapp 19 von 700 Seiten handelt er ihre politische Entwicklung ab, wobei er vor allem eine Nacherzählung einzelner Lebensläufe liefert und diese Beispiele weitgehend unkommentiert lässt. Merkls Arbeit war der letzte Versuch einer vollständigen Auswertung der Sammlung, als befriedigend kann sie nicht gelten.

Die Biogramme der Männer wurden als Quellen zu verschiedenen literatur- und geschichtswissenschaftlichen Fragestellungen herangezogen, so etwa von Patrick Krassnitzer 2001, Sven Reichardt 2002, Richard Evans 2003 und David Redles 2005.[41]

An den Lebensgeschichten der frühen nationalsozialistischen Frauen bestand bis in die 1980er Jahre kein Interesse. Nicht nur unter ihren Parteigenossen, auch in der historischen Forschung blieben ihr Denken und Handeln weitgehend unbeachtet und ihre Einflussmöglichkeiten unterschätzt.

39 Abel, Why, S. 4.

40 Thomas Childers bemerkt in seinem Vorwort, Merkl hole statistische Auswertung nach, die Abels Kritikern 1938 fehlte. Childers, Foreword 1986, in Abel, Why, S. XVI.

41 Die Biogramme der männlichen Wettbewerbsteilnehmer wurden im Rahmen verschiedener Forschungsarbeiten als Quellen verwandt, etwa in der literaturwissenschaftlichen Untersuchung von Patrick Krassnitzer, Autobiographische Erinnerung und kollektive Gedächtnisse. Die nationalsozialistische Erinnerung an das »Fronterlebnis« im Ersten Weltkrieg in den Autobiographien von »alten Kämpfern«; in Vittoria Borsó/Gerd Krumeich/Bernd Witte (Hrsg.), Medialität und Gedächtnis. Interdisziplinäre Beiträge zur kulturellen Verarbeitung europäischer Krisen, Stuttgart 2001, S. 215-258. Eine vergleichende Arbeit wurde vorgelegt von Sven Reichardt, Faschistische Kampfbünde. Gewalt und Gemeinschaft im italienischen Squadrismus und in der deutschen SA, Köln 2002. Richard Evans befragt die Biogramme nach der Ursache des NS-Fanatismus, vgl. Evans, Das Dritte Reich. Mit einem Gegenspielerpaar der NS-Ideologie, Untergang und Erlösung, beschäftigt sich der Amerikaner David Redles, vgl. ders. Hitler's Millenial Reich. Er arbeitet nicht allein mit der Abel-Collection, sondern auch mit der von Rudolf Hess 1936 zusammengestellten Biogramm-Sammlung *Die Alte Garde spricht.*

Claudia Koonz war die erste Historikerin, die sich für die weiblichen Selbstzeugnisse der Abel-Sammlung interessierte und sie in ihre Forschung einbezog. Im Jahr 1986 erschien Koonz' Buch *Mothers in the Fatherland* über Frauen im Dritten Reich.[42] Koonz vertritt die Ansicht, Frauen trügen für den Erfolg Hitlers ebenso Verantwortung wie Männer. Denn, so betont sie, Hitlers Anhängerinnen seien durchaus politisch mündig gewesen: Sie förderten und trugen den Nationalsozialismus durch ihre bewusste Entscheidung, tatkräftigen Einsatz und eigene frauenpolitische Konzepte. Anhand zahlreicher Quellen versucht sie einerseits, »das Verhalten der Frauen vor dem Hintergrund konkreter zeitspezifischer, regionaler oder organisationspolitischer Gegebenheiten zu erklären«, und andererseits die »agency«, das heißt die Wirksamkeit weiblichen Engagements, festzustellen.[43] Ein Kapitel dieser breit angelegten Arbeit betrachtet die Anfänge weiblichen Engagements für die NSDAP.[44] Eine von mehreren Quellen ist dabei die Theodore-Abel-Sammlung. Diese erscheint Koonz als besonders aufschlussreich im Hinblick auf psychologische Aspekte. So stellt sie bereits wesentliche psychosoziale Motive für die nationalsozialistische Neigung der Verfasserinnen zusammen und belegt diese anhand der Zuschriften. Thematisiert werden hier beispielsweise prägende Kriegserlebnisse, sozialer Abstieg, Leid, aber auch Antisemitismus, die Verehrung Hitlers, die permanente Aktivität der Bewegung und das Gemeinschaftsgefühl in den Ortsgruppen. Auch die zentralen, von Frauen besetzten oder selbst geschaffenen Handlungsräume innerhalb der NSDAP beleuchtet die Historikerin.[45] Die vorliegende Arbeit baut auf diesen von Claudia Koonz erarbeiteten Grundlagen auf. Sie greift Koonz' These und Methode auf, wobei insbesondere die Untersuchung von Motiven und Handlungsräumen erweitert und vertieft wird.

Zu lediglich einem ausgewählten Essay der Abel-Sammlung arbeitete Margot Komann 1990.[46] Angeregt wurde sie durch die damals in der historischen Frauenforschung noch junge Entdeckung weiblicher Täterschaft im »Dritten Reich«. In ihrem Aufsatz *»Wie ich Nationalsozialistin wurde«. Eine kritisch feministische Lektüre der »Theodore Abel-Akten«* interpretiert Komann die Zuschrift Hertha von Reuss'[47] unter »psychoanalytisch-tiefenhermeneutischen Gesichtspunkten«.[48] In ihrer Einleitung spricht sie die verstörende Wirkung der nationalsozialistischen Selbstzeugnisse auf heutige Leserinnen an. Ihre Untersuchung, so betont Komann, habe daher den Anspruch, allein von »interessierter

42 In der vorliegenden Arbeit als (bereits angeführte) deutsche Ausgabe verwendet.
43 Koonz, S. 17.
44 Ebd., S. 77-92.
45 Um ihre Argumentation für die Eigeninitiative und die Wirksamkeit der Nationalsozialistinnen sprachlich zu unterstreichen, verwendet sie erstmals den Terminus der Alten Kämpferinnen. Koonz, S. 137 ff.
46 Komann, Lektüre, 1990.
47 Abel-Biogramm/Nr. 36/Hertha von Reuss.
48 Komann, Lektüre, S. 149 f.

Neugier«[49] geleitet zu sein und explizit nicht durch innere Abwehr blockiert zu werden. Dennoch gerät die Lebensbeschreibung Hertha von Reuss' in Komanns Interpretation ausschließlich zu einem vernichtenden, psychopathologischen Fallbeispiel. Komann merkt an, ihre Untersuchung sei Teil einer »größeren Arbeit«,[50] die mehrere Autobiographien der Sammlung berücksichtige. Bisher wurde diese jedoch nicht veröffentlicht.

Zuletzt zitierte Nicole Kramer in ihrer 2011 veröffentlichten Dissertation zur Mobilisierung von Frauen im Zweiten Weltkrieg zwei weibliche Abel-Biogramme als Rückblende auf die Heimatfront 1914-1918.[51]

In jüngerer Vergangenheit entdeckten Historikerinnen verstärkt die konservativen Frauen und die Arbeit ihrer Vereine in der Weimarer Republik.[52] Einige Forschungsarbeiten näherten sich bereits den Motiven und Handlungsräumen völkisch-konservativer und nationalsozialistischer Frauen.[53] Obwohl die Alten Kämpferinnen auf diese Weise thematisch eingekreist wurden, blieben ihre autobiographischen Essays im Rahmen dieser neuen Forschungswelle bislang unentdeckt.

2.1.3 Aussagewert der Quellen

Der Aussagewert der Quellen besteht darin, dass sie die Perspektive der Mitlebenden des Sommers 1934 spiegeln: Sie zeigen, wie das Zeitgeschehen von frühen Nationalsozialistinnen wahrgenommen wurde, welche Sicht der Wirklichkeit sie daraus konstruierten und welche Schlüsse sie daraus zogen. Aus Letzteren entwickelten sie ihre Motive, die NSDAP zu unterstützen, und wählten die Handlungsräume ihres Engagements, denen das Erkenntnisinteresse der vorliegenden Arbeit gilt. Die Quellen bieten jedoch nur bedingt Aufschluss über »tatsächliche« Motive und Handlungsräume der Autorinnen, sondern vielmehr darüber, welche Aspekte ihnen rückblickend für ihre eigene Entwicklung als wesentlich erschienen und welche sie als passend oder sinnvoll erachteten, erzählt zu werden. Bei den Fragen zum Aussagewert der Quellen, die jetzt erörtert werden, geht es nicht um eine abschließende Auswertung und Beurteilung, sondern um das Aufzeigen der äußeren und inneren Bedingungen, unter denen die Autorinnen ihre Erinnerungen niederschrieben und die deren Inhalt maßgeblich beeinflussten.

49 Ebd., S. 151.
50 Ebd., S. 150.
51 Nicole Kramer, Volksgenossinnen an der Heimatfront. Mobilisierung, Verhalten, Erinnerung, Dissertation, Göttingen 2011.
52 Vgl. Heinsohn/Vogel/Weckel sowie unter anderem Kirsten Heinsohn, Denkstil und kollektiver Selbstentwurf im konservativ-völkischen Frauen-Milleu der Weimarer Republik, in: Hering, Rainer (Hrsg.), Lebendige Sozialgeschichte. Gedenkschrift für Peter Borowski, Wiesbaden 2003, S. 189-205.
53 Vgl. Forschungsstand in der Einleitung der vorliegenden Arbeit.

Grundsätzlich ist die Autobiographie eine historische Quelle von eigener, aber begrenzter Aussagefähigkeit.[54] Sie darf nicht als getreue Wiedergabe des Erlebten betrachtet oder gar mit dem realen Ablauf der geschilderten Ereignisse verwechselt werden. Vielmehr schaffen die Verfasserinnen ihre eigene historische Wirklichkeit: Aus dem tatsächlichen Ereignis wird über das subjektive Erleben und die individuelle Sinnzuschreibung des Erlebten zunächst eine Erfahrung und mit zeitlichem Abstand eine Erinnerung. Aus ihr gestaltet sich, meist im Hinblick auf einen bestimmten Adressaten und mit dem Wunsch, zu überzeugen und zu gefallen, die Erzählung.[55] Das damalige Ereignis wird in der Rückschau neu gewichtet – manches wird aufgebauscht, anderes verschwiegen. Fiktion und Realität verschwimmen. Ebenso fließen Schilderung und Bewertung des Geschehens ineinander.[56] Die erlebten Ereignisse geraten zur Kulisse der eigenen Persönlichkeit, und in der Erzählung wird nicht selten ein regelrechter biographischer Entwicklungsmythos aufgebaut.[57] Auf dem Weg vom Ereignis zur Erzählung stellt Mathias Berek »mindestens drei den Inhalt verändernde und sozial bestimmte Sinnbildungsprozesse« fest. Deswegen seien Autobiographien »weder authentisches Zeugnis dafür, wie ein Ereignis gewesen ist, noch, wie es die Erzählenden damals wirklich erlebt haben«.[58] Vielmehr geschieht eine Konstruktion von Erinnerung.

Der Aussagewert der Quellen besteht daher nicht darin, reale Ereignisse zu rekonstruieren, sondern Erkenntnisse über die gesellschaftlich geprägte, individuelle Konstruktion von Wirklichkeit zu gewinnen.[59] Als eine solche Konstruktion sind auch die Essays der frühen Nationalsozialistinnen zu sehen. Warum sich die hier vertretenen Alten Kämpferinnen so und nicht anders erinnern, enthält daher nur bedingt eine Aussage über die Vergangenheit, aber unbedingt eine Aussage über die aktuelle Lebenslage der Verfasserin. »So sagen die Texte über die Schreibsituation, Gegenwart und Zukunftsentwürfe der Autorinnen und Autoren mindestens ebenso viel wie über die beschriebene Vergangenheit aus«,[60] erläutert die Hamburger Historikerin Angelika Schaser.

Schriftliche Selbstzeugnisse sind folglich Produkte ihrer Entstehungszeit und von dieser geprägt. Sie wurden in der Regel in einer bestimmten Absicht ge-

54 Vgl. Schaser, Erinnerungskartelle, hier: Einleitung der Herausgeberin, S. 10, sowie Bajohr/Meyer/Szodrzynski, Tagebücher, S. 7.

55 Vgl. Mathias Berek, Kollektives Gedächtnis und die gesellschaftliche Konstruktion der Wirklichkeit. Eine Theorie der Erinnerungskulturen, Wiesbaden 2009, S. 115. Vgl. auch Krassnitzer, Erinnerung, S. 228.

56 Patrick Krassnitzer spricht hier von der »›subjektiven Dimension‹ von Geschichte«. Ebd., S. 216.

57 Auf das stereotype Erzählschema der Lebenserinnerungen Alter Kämpfer wird in diesem Kapitel noch eingegangen.

58 Berek, S. 115 f.

59 Vgl. Volker Depkat, Autobiographie und die soziale Konstruktion von Wirklichkeit, in: Geschichte und Gesellschaft, Bd, 29 (2003), S. 441-476.

60 Schaser, Erinnerungskartelle, S. 10.

schrieben. Häufig soll eine Botschaft vermittelt werden. Als Soziologe stellt Abel fest, dass die Wettbewerbsausschreibung weitgehend nach ideologisch neutralen Themen fragt, etwa nach Elternhaus, Schulbesuch, Wegmarken im Lebenslauf und Fakten wie Alter, Familienstand oder Beruf.[61] Hier ist jedoch zu ergänzen, dass die gesammelten reinen Daten durchaus glaubwürdig sind, ihre Auswahl, Wortwahl und Darstellung aber von den Verfasserinnen an das Aufsatzthema, die gedachte Leserschaft und die politischen Erwartungen angepasst wurden.[62] So entsprechen einige Alte Kämpferinnen mit der Wahl ihrer inhaltlichen Schwerpunkte deutlich den Hauptthemen der NS-Ideologie. Immer geht es den Autorinnen darum, eine »Kontinuität zur Gegenwart hin«[63] zu stiften. Fast alle Verfasserinnen richten ihren Lebenslauf auf den Parteibeitritt und endlich auf den Durchbruch der NSDAP aus. Selbst die Schilderung von Kindheit und Privatleben hebt darum Aspekte hervor, welche die politische Einstellung bedingen und offenbar »als Etappen einer notwendigen Entwicklung«[64] in die Hitlerbewegung geführt haben. Das muss bei der Dechiffrierung dieser Erinnerungen berücksichtigt werden.

Die NSDAP schuf spätestens seit März 1933 den Mythos ihrer sogenannten Kampfzeit.[65] Parallel entwickelte sich ein oft anzutreffendes Schema in den Erzählungen Alter Kämpfer, das folgende Stadien der nationalsozialistischen »Bekehrung«[66] und Betätigung aufweist: Der Herleitung der nationalsozialistischen Überzeugung aus der eigenen Lebensgeschichte folgt das Erlebnis der Bekehrung. Anschließend wird das eigene Engagement dargestellt und in Analogie zum Aufstieg der NSDAP gesetzt. Den Höhepunkt bildet die »Machübernahme Hitlers«. Als Ausklang wird Bilanz gezogen oder ein Ausblick gewagt und meist ein Treuegelöbnis ausgesprochen. Auch die in den Abel-Biogrammen vertretenen Alten Kämpferinnen konstruieren ihre Erinnerungen nach diesem Schema – in vielfältigen Variationen.

Es stellt sich die Frage, ob solchermaßen konstruierte Lebensgeschichten noch einen Einblick in das Denken der Verfasserinnen und Verfasser bieten. David Redles bejaht: Auch die symbolhaft-gleichklingende Nacherzählung der

61 Abel, Why, S. 7.

62 Angelika Schaser stellt daher die Fragen: »Wann, warum und in Anlehnung an welche narrative Muster werden Erinnerungen, Autobiographien, Tagebücher etc. geschrieben? Werden die Texte zu verschiedenen Anlässen und verschiedenen Zeiten variiert? Was wird wiederholt, was wird weggelassen? Werden bestimmten Situationen, Ereignissen oder Entwicklungen dieselbe oder unterschiedliche Bedeutung zugemessen? Welche Gegenwart und welche Zukunftsentwürfe lassen die Texte erkennen? Kurzum: wie formiert sich das Selbst in diesen Erinnerungen?«, Schaser, Erinnerungskartelle, S. 50.

63 Hans-Edwin Friedrich, Deformierte Lebensbilder. Erzählmodelle der Nachkriegsautobiographie (1945-1960), Tübingen 2001, S. 28; zitiert nach Schaser, Erinnerungskartelle, S. 10.

64 Krassnitzer, Erinnerung, S. 215.

65 Vgl. Krassnitzer, Schützengraben, S. 129.

66 Abel, Why, S. 7.

»Hitlerbekehrung« sage etwas aus über die ihr innewohnende Psychologie.[67] Der Aussagewert kann sogar gerade in dem Wechselspiel von kollektivem Stereotyp und individueller Variation und Ausprägung liegen. Letzteres ist ein freier Gestaltungsraum, den die Frauen nach Maßgabe ihrer Persönlichkeit füllten.

Schreibzwang und Zensur – Selbstzensur und Propaganda

Wenn Autobiographien in einer Diktatur verfasst werden, ist hinsichtlich ihres Aussagewertes zusätzliche Vorsicht geboten. Nicht immer muss eine Zensur vorliegen, und eine Selbstzensur ist nicht leicht als solche wahrzunehmen. Der Einfluss der nationalsozialistischen Propaganda zeigt sich mal mehr, mal weniger offensichtlich. Die Analyse der Theodore-Abel-Biogramme schließt deshalb Fragen nach Schreibzwang, Zensur und Selbstzensur sowie nach der Wirkung der Propaganda ein. Zudem wird ein Augenmerk auf der Zielgruppenausrichtung der Essays liegen sowie auf der situationsbedingten psychischen Biographie der Autorinnen, da diese ihre Subjektivität entscheidend beeinflusste.[68]

Schreibzwang

Es ist denkbar, dass die NSDAP den amerikanischen Aufsatzwettbewerb nicht nur logistisch unterstützte, sondern auch altgediente Mitglieder zur Beteiligung animierte. Im Frühjahr und Sommer 1934 war die Führungsspitze der NSDAP um eine positive Außenwirkung bemüht, insbesondere um das Wohlwollen und Vertrauen Großbritanniens und Nordamerikas. Die Aufsätze der Alten Kämpfer und Kämpferinnen waren in diesem Zusammenhang ein geeignetes Medium, um ein postives Deutschlandbild zu transportieren, das absehbar gleichermaßen sympathisch menschlich wie überzeugt nationalsozialistisch ausfallen würde.

Dennoch ist die Annahme Theodore Abels und David Redles' zu teilen, dass die Essayinhalte ohne Zwang entstanden.[69] Schließlich waren fast alle

67 »However, it could be questioned whether sentiments of the Nazi witnesses, mostly looking back on events ten years earlier, are descriptions of actual experiences or some sort of agreed-upon constructed memory (such as the genre of witnessing literature common to conversion experiences). [...] even a symbolically homogenized retelling of the Hitler conversion experience tells us something of the psychology involved«, Redles, S. 201.

68 Psychische Biographie: Zahlreiche Verfasserinnen durchliefen in ihrem Leben Zeiten biographischer Brüche mit entsprechender psychischer Instabilität, befanden sich aber 1934 in einer Phase der Zufriedenheit und des Optimismus.

69 Vgl. Abel, Why, S. 8, sowie Redles, S. 200. Redles stimmt mit Thomas Childers und anderen darin überein, dass der unbefangene Klang der Biogramme und die darin manchmal unbeabsichtigt geäußerte Kritik für deren Authentizität stehen. Den Verdacht, die Aufsätze seien von der Partei stark zensiert oder zurechtgestutzt, hält er für unberechtigt: »I also concur with Childers, Merkl, Koonz and Rhodes that the Abel essays have all the important ring of truth, providing us with the frank and often

Autorinnen schon vor 1933 aus freien Stücken in die NSDAP eingetreten.[70] Bei der Teilnahme am Schreibwettbewerb ging es den Frauen einerseits um den in Aussicht gestellten Geldpreis, so dass sie versuchten, sich möglichst genau an die Anforderungen der Ausschreibung zu halten, andererseits darum, der Partei mit einer positiven Außendarstellung etwas Gutes zu tun. Und noch ein dritter Aspekt spielte eine Rolle: Alle Verfasserinnen widmeten sich ihren Erinnerungen offenbar mit Freude. Das Interesse aus Übersee beflügelte sie: Nicht nur die männlichen Parteigenossen waren gefragt, auch sie als Frauen und Alte Kämpferinnen erhielten hier die Chance, ihre Überzeugungen und Verdienste darzustellen.

Aus allen Zuschriften spricht die Lust an der gemeinschaftlichen Legendenbildung um die Frühzeit der nationalsozialistischen Bewegung[71] und an einer gefälligen Darstellung der eigenen Persönlichkeit. Formal drückt sich diese Schreibfreude in der Länge der eingesandten Biogramme aus, speziell darin, wie ausführlich sich eine Autorin bei Einzelthemen aufhält, die ihr ein besonderes Anliegen sind. Die zwanzigjährige Erna Stoyke prahlt beispielsweise mit ihrem schon in der Volksschule erwachten politischen Bewusstsein und schwelgt in abenteuerlichen Geschichten, die sie als Verfolgte der örtlichen Kommunisten zeigen. Freude an der Selbstdarstellung beweist auch Therese Diebel, die in der Rückschau ausführlich von all den Leckereien schwärmt, die sie als »Muttchen« der örtlichen HJ servierte. Lisi Paupié, der alleinerziehenden Mutter eines Sohnes, ist es ein Bedürfnis, ihre pädagogischen Grundsätze darzulegen. Der Ostpreußin Anna Nieke hilft der Schreibprozess, um auf sieben handschriftlichen Seiten ihre Konfrontation mit russischen Soldaten im Ersten Weltkrieg zu verar-

unintentionally damning indictments of the writers and the party itself. The assumption that the Abel Collection [...] for that matter, must have been heavily censored or shaped by the Nazi propaganda machine is unwarranted, for the Nazi political and propaganda reach was not as great as is commonly believed«, ebd., S. 200.

70 Die Parteimitgliedschaft vor März 1933 konnte für 28 der 36 Verfasserinnen anhand der NSDAP-Mitgliederkartei und der Parteikorrespondenz im Bundesarchiv Berlin belegt werden. Die Mitgliederkartei ist allerdings nicht vollständig erhalten (Ortsgruppenkartei zu 80 Prozent erhalten, Zentralkartei zu 20 Prozent erhalten). Erst 1937, mit dem Erreichen der Volljährigkeit, erhielt Lissy Schneider ihr Parteibuch, BArch, NSDAP-Zentralkartei, Ertz, Luise geb. Schneider 21.9.1916, Film 31XX/G0069/2554. Auch Susi Jost beantragte ebenfalls erst 1937, lange nach ihren Söhnen, die Aufnahme, vgl. BArch, NSDAP-Zentralkartei, Jost, Susi 10.12.1882, Film 31XX/K0114/2236.

71 Es werden beispielsweise Beisetzungen jener Parteigenossen beschrieben, die als »Märtyrer der Bewegung« in die nationalsozialistischen Mythen der NS-Kampfzeit Eingang fanden. Dazu gehören auch empörte Schilderungen der Straßenschlachten mit den »Roten«, die sich bei diesen Gelegenheiten abspielten. So zeichnet Margarethe Schimpff folgendes Bild: »Unser Horst Wessel muss nach schwerem Leiden sein junges Leben hingeben. Hier ziehen wieder die widerlichsten Scenen an meinen Augen vorüber anlässlich seiner Beisetzung. Grosse Mengen strömen von allen Seiten zum Friedhof. Ueberall lungert das Gesindel hohnlächelnd herum. Als der Sarg in die Gruft gesenkt wird, ertönt von der nahen Kirchhofsmauer Gelächter und Gejohle.«, Abel-Biogramm/Nr. 582/Margerethe Schrimpff, S. 8.

beiten.[72] Sprachlich zeigt sich die Schreiblust anhand detailreicher, lebhafter Schilderungen, zum Teil mit eingestreuten Dialogen, spannenden Szenen oder humoristischen Pointen und bei den gebildeteren Frauen anhand einer wohlgesetzen Sprache und dem spielerischen Umgang mit literarischen Stilmitteln.[73] Lediglich die Alte Kämpferin Emma Eberhardt scheint im Auftrag zu handeln. Sie leitet ihr knapp und deutlich lustlos verfasstes Biogramm mit den Worten ein: »Da es von mir verlangt wird, muß ich wohl meinen Lebenslauf niederschreiben.«[74] Wer die Niederschrift von ihr verlangte, erfahren die Leser allerdings nicht.

Zensur

Theodore Abel und nach ihm auch Thomas Childers und David Redles gehen davon aus, dass die Zuschriften keine Zensur durchliefen.[75] Sie begründen ihre Annahme mit der Freimütigkeit der Darstellungen sowie der darin geäußerten Kritik an einzelnen Aspekten des Nationalsozialismus. Hinsichtlich der Wettbewerbsbeiträge von Frauen möchte ich mich ihrer Meinung weitgehend anschließen: Eine Zensur haben diese augenscheinlich nicht erfahren. Insgesamt 22 Aufsätze sind handschriftlich verfasst, einige weitere zeigen nachträgliche handschriftliche Ergänzungen, alle tragen eine eigenhändige Unterschrift. Es finden sich keine Schwärzungen und keine systematisch fehlenden Seiten. Allerdings ist nicht nachprüfbar, ob seitens der Partei die Lebensläufe ganz oder teilweise gegengelesen und unpassende, unbequeme Zuschriften bereits im Vorfeld kassiert wurden.

Aus den eingesandten Essays spricht keine Angst vor ungewollter Einsichtnahme oder gar einer diktatorisch-repressiven Zensur. Im Gegenteil, die Verfasserinnen wirken sehr offen und lassen eine große Nähe zu. Einige gewähren dem Leser Einblick in ihre Wohnung und ihr Familienleben, viele schaffen eine große Unmittelbarkeit.[76] Andere offenbaren eine persönliche, verletzliche Seite, indem sie von einer unglücklichen Liebe oder von zerbrochenen Träumen schreiben.[77] Manche erwähnen die Alkoholprobleme ihres Ehemannes oder zeigen sich selbst ungeschönt als kränklich und psychisch labil.[78] In einer Atmosphäre von Einschüchterung und ängstlicher Vorsicht wären diese Aspekte ungewöhnlich.

72 Abel-Biogramm/Nr. 363/Erna Stoyke, S. 2f., 5; Abel-Biogramm/Nr. 589/Therese Diebel, S. 4; Abel-Biogramm/Nr. 187/Lisi Paupié, S. 4f.; Abel-Biogramm/Nr. 177/Anna Nieke, S. 2-8.

73 Dazu gehören Abel-Biogramm/Nr. 582/Margarethe Schrimpff, Abel-Biogramm/Nr. 291/H. Huhn und Abel-Biogramm/Nr. 212/Maria von Belli.

74 Abel-Biogramm/Nr. 347/Emma Eberhard, S. 1.

75 Vgl. Abel, Why, S. 8, sowie Childers, Foreword 1986, in: Abel, Why, S. XIX, und Redles, S. 200.

76 Vgl. Abel-Biogramm/Nr. 207/Helene Radtke; Abel-Biogramm/Nr. 212/Maria von Belli.

77 Vgl. Abel-Biogramm/Nr. 187/Lisi Paupié; Abel-Biogramm/Nr. 141/Gertrud von Bardeleben.

78 Vgl. Abel-Biogramm/Nr. 100/Agnes Mosler-Sturm. Merkl meint sogar, viele der Verfasser und Verfasserinnen offenbarten unbeabsichtigt psychische Auffälligkeiten und Störungen. Merkl, S. 11.

In der Tat werden in manchen Essays einzelne Punkte des Parteiprogramms kritisch diskutiert, auch wird gelegentlich Missfallen geäußert – und zwar aufrichtiger, als es Theodore Abel erwartet hatte. »If the party censored the essays, it did a very poor job«,[79] pflichtet Thomas Childers ihm bei. Dem kann entgegengehalten werden, dass offen geäußerte Kritik nicht unbedingt die Zensur auf den Plan rufen musste: Es war zu erwarten, dass der Tenor der Essays zum Thema »Warum ich vor 1933 der NSDAP beigetreten bin« entschieden positiv ausfallen würde. Schließlich handelte es sich bei den Verfasserinnen um Alte Kämpferinnen, denen die Hitlerbewegung zu einem Teil ihrer Persönlichkeit geworden war. Ernsthafte Zweifel oder Infragestellung waren demnach unwahrscheinlich. Abschreckende Klagen über Missstände hätten die Verfasserinnen, im Sinne einer günstigen Außendarstellung ihrer Partei, vor Dritten verschwiegen und damit freiwillig Selbstzensur geübt.[80] Vereinzelte, nicht grundsätzliche Kritikpunkte dagegen machten die Darstellungen nur noch glaubwürdiger. So beschreibt Klara Petersson unverblümt auch scheinbar negative Eindrücke von NSDAP-Führern. Beispielsweise äußert sie sich erschrocken über Hitlers »verfallenes« Gesicht nach einem Auftritt bei großer Hitze im Berliner Friedrichshain.[81] An anderer Stelle mokiert sie sich über Goebbels' schmächtigen Körperbau und seine dunkle, kränkliche Erscheinung:

> »In der Hasenheide hörten wir glaub ich unseren lieben Dr. zum ersten mal, als er durch den Saal kam war ich sehr enttäuscht, nach dem was ich schon vom Dr. gehört hatte, stellte ich mir einen Hünen von Gestalt vor.«

Sie relativiert ihre Ablehnung jedoch sogleich: »Seine Rede aber hatte etwas so hinreißendes an sich, das es natürlich unsere Herzen im Sturm gewann.«[82]

Die NS-Aktivistin H. Huhn beschwert sich über die permanente finanzielle Pleite der Partei und über das von den weiblichen Mitgliedern ständig geforderte Betteln um Geld: »[…] nach wie vor trabe ich treppauf, treppab, jetzt für die N.S. Volkswohlfahrt, die geradezu unersättlich ist im Nehmen«. Doch sie biegt ihren Satz um in ein Lob für Hitlers soziale Einrichtung, die »durch ihre Unersättlichkeit vielen, vielen armen Volksgenossen im Sinne unseres Führers helfen kann«.[83] Die junge Katholikin Käthe Eiden war mit dem Grundsatz »Es ist alles gleich, was Menschenantlitz trägt«[84] aufgewachsen und fühlte sich daher von der antisemitischen NSDAP zunächst abgestoßen: »Unchristlich und ungerecht dünkte mich die Rassen- und vor allen Dingen die

79 »Sollte die Partei die Aufsätze zensiert haben, hat sie sehr schlechte Arbeit geleistet.« Childers, Foreword 1986, Abel, Why, S. XIX.

80 Auf die Frage der Selbstzensur wird in diesem Kapitel noch eingegangen werden.

81 Peterssson schreibt: »[…] er sah sich nicht mehr ähnlich ganz verfallen.«, Abel-Biogramm/Nr. 588/Klara Petersson, S. 4.

82 Abel-Biogramm/Nr. 588/Klara Petersson, S. 4. Orthographische Eigenheiten der Autorin wurden auch hier unverändert übernommen.

83 Abel-Biogramm/Nr. 291/H. Huhn, S. 6.

84 Abel-Biogramm/Nr. 244/Käthe Eiden, S. 3.

Judenfrage.«[85] Nachfolgend gibt sie jedoch eine religiös gefärbte Argumentation wieder, an deren Ende sie Rassenunterschiede und Rassereinheit zur göttlichen Ordnung erklärt, die sie nun erst verstanden habe.[86] Auch ein früheres Interesse an anderen politischen Gruppierungen und vereinzelt sogar Mitgliedschaften in anderen Parteien werden von einigen Schreiberinnen eingeräumt. In ihren Essays legen die Verfasserinnen dar, welche Inhalte und Attitüden ihnen dort missfielen.[87] Zwischen den Zeilen klingen bereits die Argumente für die Hitlerbewegung an, wie deren vermeintlicher Idealismus und Sozialismus.

So bleibt die Darstellung des Nationalsozialismus insgesamt positiv. Mehr noch: Sie dokumentiert eine reflektierte, selbständige Urteilsbildung, beziehungsweise einen Entwicklungsprozess vom zweifelnden Einwand zur umso festeren Überzeugung. Hinsichtlich einer möglichen Zensur ist letztlich auch zu bedenken, dass ehemalige Alte Kämpferinnen und Kämpfer, die dem Nationalsozialismus mittlerweile skeptisch gegenüberstanden, nicht am Wettbewerb teilgenommen haben beziehungsweise teilnehmen konnten, zumal dieser über die Parteiorgane bekanntgemacht wurde.

Selbstzensur und Einfluss der Propaganda

Eine Diktatur bringt besondere Gründe mit sich, an der Glaubwürdigkeit oder, wie Abel es nennt, »trustworthieness« derjenigen Menschen zu zweifeln, die von ihr kontrolliert und indoktriniert werden.[88]

Es stellt sich zum einen die Frage, inwieweit den Verfasserinnen ein unabhängiges Denken möglich war, in einem Land, das keine Meinungs- und Pressefreiheit zuließ, während der Einfluß der NSDAP auf das öffentliche und private Leben beständig wuchs. Eine Übernahme von Informationen, Sprache, Perspektive und Argumentation der NS-Propaganda in die Biogramme wäre ein Hinweis darauf.[89] Denkbar ist zum anderen, dass die Autorinnen eine Selbstzensur übten, indem sie Erzählinhalte und Darstellungsweise nicht frei wählten, sondern, in vorauseilendem Gehorsam, der Parteilinie anpassten. Gerade die im Sommer 1934 aktuellen Gewalttaten in den eigenen Reihen, während des Röhm-Putsches, könnten sie verunsichert und zu solcher Selbstzensur veranlasst haben. Auffällig wenige Verfasserinnen erwähnen das Ereignis. Daher soll an diesem Beispiel eine mögliche Selbstzensur untersucht werden.

Die Essays der Abel-Sammlung entstanden vier bis fünf Wochen nach den dramatischen Geschehnissen des 30. Juni 1934, die unter den Bezeichnungen »Röhmputsch«, »Röhm-Affäre« und »Nacht der langen Messer« bekannt und in

85 Abel-Biogramm/Nr. 244/Käthe Eiden, S. 3.

86 Dieses von Käthe Eiden verwandte rhetorische Mittel, das Aufnehmen und Widerlegen der Kritik, ist typisch für die nationalsozialistische Propaganda.

87 Vgl. Abel-Biogramm/Nr. 44/Hilde Boehm-Stoltz, S. 1 f.

88 Vgl. Abel, Why, S. 6.

89 Ebenfalls interessant, aber nicht Gegenstand dieser Arbeit, ist die Frage, welche stilistischen und geistesgeschichtlichen Traditionen aus den Lebensbeschreibungen sprechen.

der Presse breit erörtert wurden.[90] Bereits Anfang Juni 1934 hatte die Parteispitze gezielt das Gerücht gestreut, SA-Stabschef Ernst Röhm, der die Befehlsgewalt über ein reichsweit aufgestelltes, bewaffnetes Parteiheer hatte, plane einen Putsch gegen seinen alten Weggefährten Hitler.[91] Damit sollte ein Vorwand geschaffen werden, die SA in ihre Schranken zu weisen und etwa 200 Gegenspieler und ehemalige Verbündete Hitlers zu ermorden, die einer Konzentration der Staatsmacht auf dessen Person noch im Weg standen.[92] Neben Röhm wurden ein großer Teil der SA-Führung, Größen des »linken Flügels« der NSDAP sowie namhafte Konservative von der SS überfallen und getötet. Hitler, der 1923 selbst einen Putsch versucht hatte, stellte am 13. Juli 1934 in seiner Rede vor dem Reichstag unmissverständlich klar: »Und es soll jeder für alle Zukunft wissen, daß, wenn er die Hand zum Schlag gegen den Staat erhebt, der sichere Tod sein Los ist.«[93]

Insbesondere die nationalsozialistischen Frauen müssen von diesen Ereignissen berührt gewesen sein: Viele von ihnen verehrten die von Röhm geführte SA. Außerdem kannten sie den ebenfalls ermordeten Reichsorganisationsleiter Gregor Strasser. Er war ab 1925 in der Berliner NSDAP tonangebend und ab 1928 reichsweit für die NS-Frauenarbeit zuständig gewesen.[94] Ein großer Teil der Frauen war über eine sozialistische Grundeinstellung zum Nationalsozialismus gelangt und gehörte damit, wie Strasser, zum »linken Flügel« der NSDAP. Margarete Beckel betont, gerade Strasser habe sie überzeugt und schließlich zum Parteibeitritt veranlasst: »Der Wahlkampf für die Reichstagswahl im Juli 1932

90 Zur Begrifflichkeit vgl. u. a. Kershaw, Der Hitler-Mythos, S 109.

91 Zu dieser Zeit hatten einige NS-Größen noch eigene Vorstellungen vom Nationalsozialismus und stellten Hitlers Politik und Alleinherrschaft in Frage, etwa der »linke Flügel« der NSDAP (siehe unten). Röhm beabsichtigte offenbar, den antibürgerlichen, revolutionären Kurs der NS-Kampfzeit weiter zu verfolgen. Seine Befehlsgewalt über die SA machte ihn besonders gefährlich.

92 Die Zahl der Ermordeten wird in der Literatur zwischen 46 und 200 angegeben, vgl. Wolfgang Benz: Geschichte des Dritten Reiches, München 2000, S. 56, sowie Wendt 1995, S. 124.

93 Dieses war zwei Wochen nach den Attentaten, die erste Stellungnahme Hitlers. Vgl. Pollmann, S. 134.

94 Strasser war eine Schlüsselfigur im völkisch-sozialistischen Flügel der NSDAP. Als Reichsorganisationsleiter betrieb er überaus erfolgreich die deutschlandweite Ausdehnung der NSDAP von der Splitter- zur Massenpartei. Als Reichstagsabgeordneter der NSDAP stellte er am 10. Mai 1932 ein »wirtschaftliches Sofortprogramm der NSDAP« vor. Angelegt waren darin unter anderem das Autarkiekonzept und die Arbeitsbeschaffung etwa durch Landschafts- und Wohnungsbau sowie Verkehrsprojekte. Zu dieser Zeit war Strasser der wohl einflussreichste Mann nach Hitler innerhalb des parteiinternen Machtgefüges. Am 8. Dezember 1932 kam es zwischen Hitler und ihm zu einer Grundsatzdebatte über die zukünftige Linie der Partei. Strasser legte daraufhin alle Parteifunktionen nieder. Er wurde am 30. Juni 1934 von einem SS-Kommando ermordet. Vgl, Hermann Weiß (Hrsg.), Biographisches Lexikon zum ›Dritten Reich‹, Frankfurt a. M. 2002, S. 447, sowie Oliver Reschke/Michael Wildt, Aufstieg der NSDAP in Berlin, in: Christoph Kreutzmüller/Michael Wildt, Berlin 1933-1945. Stadt und Gesellschaft im Nationalsozialismus, München 2013, S. 19-32, hier S. 20.

kam u. nach der Rede Strassers meldete ich mich tags darauf bei der Ortsgruppe zur Aufnahme in die Partei«.[95]

Obwohl es für keinen der Ermordeten ein Gerichtsverfahren gegeben hatte und sogar Unbeteiligte wie die Ehefrau des Generals von Schleicher umgebracht wurden, blieb in der Öffentlichkeit eine Empörung gegen den Bruch jeglicher Rechtsstaatlichkeit aus.[96] Der britische Historiker Ian Kershaw erklärt dies damit, dass die Öffentlichkeit den Wahrheitsgehalt der Umsturzpläne nicht beurteilen konnte und ebenso wenig einzuschätzen wusste, ob Strasser oder andere tatsächlich einbezogen waren.[97] Hitler erntete daher keine offene Kritik. Im Gegenteil: ihm wurde Anerkennung dafür gezollt, der zunehmenden Willkür einer marodierenden SA und ihren machthungrigen Anführern Einhalt geboten zu haben. Die Hitlertreuen sahen Ruhe und Ordnung wieder hergestellt, wozu die Parteipresse ihren Teil beitrug.

Obwohl der fingierte Putschversuch und seine vorgebliche Niederschlagung im Juli 1934 zwei Wochen lang die Zeitungen beherrschten, findet sich in den Aufsätzen der Frauen mehrheitlich keine Resonanz auf die Morde. Das Ereignis wird vielmehr von den meisten komplett ausgeblendet. Nur drei Alte Kämpferinnen äußern sich indirekt.[98] Emma Bierwirth billigt durchaus, dass durch die Erschießungen »ein paar elende Egoisten und Meuterer ihre verdiente Strafe erhalten«[99] haben. Die 20-jährige Erna Stoyke äußert eine vage Zustimmung für Maßnahmen gegen politische Gegner im Allgemeinen:

> »Deutschland war einig, aber noch nicht stark genug in sich. Es musste gereinigt und geläutert werden, denn immer wieder tauchen Elemente auf, die dieses grosse, gewaltige Werk, das so mühsam und doch so fest mit dem Blut vieler unserer Volksgenossen aufgebaut wurde, zu zerstören.«[100]

Die Autorin schreibt hier zum ersten Mal in der Gegenwartsform, um auf einen fortdauernden, oder zumindest sehr aktuellen Umstand hinzuweisen. Eine Anspielung auf die Ereignisse der jüngsten Vergangenheit ist nicht zu übersehen. In ihrem sonst bildhaft-narrativen Essay vermittelt Erna Stoyke ihrer Leserschaft gleichermaßen naiv wie beherzt ihre Deutung des Nationalsozialismus, beispielsweise ihre Ansicht, dass Hitler »es doch nur gut meine«.[101] Die aufsehenerregenden politischen Morde hatten sie offenbar sehr beschäftigt

95 Abel-Biogramm/Nr. 130/Margarete Beckel, S. 4.
96 Vgl. Kershaw, S. 110.
97 Vgl. ebd.
98 Eine vierte, Marie Julie Horn aus Gießen, überlässt es ihrem Ehemann, zu diesen Ereignissen Stellung zu nehmen. Martin August Horn, der 1934 bereits seit sieben Jahren der SA angehörte und Gregor Strasser auf NSDAP-Versammlungen erlebt hatte, schrieb: »Zur Röhmrevolte möchte ich nur kurz sagen, daß wir in Hessen nichts damit zu tun hatten.« Abel-Biogramm/Nr. 391/Martin August Horn, S. 5.
99 Abel-Biogramm/Nr. 193/Emma Bierwirth, S. 7.
100 Abel-Biogramm/Nr. 363/Erna Stoyke, S. 6.
101 Ebd., S. 3.

und möglicherweise verwirrt. So erschien es ihr notwendig, diese zu erklären und zu rechtfertigen – zum einen dem Leser gegenüber, zum anderen aber auch, um sich selbst deren Richtigkeit zu bestätigen. Eine eigenständig durchdachte und frei formulierte Argumentation traut sich die junge Frau jedoch nicht zu. Daher hält sie sich eng an die abstrakt gehaltene Darstellung in Hitlers Rede vom 13. Juli 1934 vor dem Reichstag. Der abweichende Stil dieser Passage ihres Essays zeigt, dass Erna Stoyke hier keine eigenen Gedanken äußert, sondern die offizielle Stellungnahme wiederholt – eine deutliche Form von Selbstzensur.[102] Allein Hedwig Eggert zeigt sich in Bezug auf Gregor Strasser schockiert – nicht jedoch über die nationalsozialistische Lynchjustiz, sondern über Strassers vermeintlichen Verrat. Die Untreue gegenüber dem »Führer« bildet ein durchgehendes Thema ihrer Lebensbeschreibung. Mehrmals schreibt sie darüber, ganz im Nachhall der Propaganda, die Hitler als unerschütterlichen Lenker darstellt:

> »Mit diesem raschen Anwachsen der Bewegung hatte sich aber auch so mancheiner eingefunden, der den Nationalsozialismus nicht begriffen hatte und so schieden oft Geister aus, die schon in ziemlich vorgerückten Stellungen waren. […] Wir waren damals ganz entsetzt. Der Führer blieb ruhig. Dann folgte Otto Strasser, später Stennes der sogar einen Bruchteil der S.A. mit sich zog. Wir waren darüber so traurig, daß unser geliebter Führer solche Untreue erleben mußte«.[103]

Etwas später nimmt sie das Thema von neuem auf und umschreibt, beziehungsweise kommentiert die Auseinandersetzung zwischen Hitler und Gregor Strasser bezüglich der Annahme der Vizekanzlerschaft 1932:

> »Der Vizekanzlerposten wurde ihm [Hitler, K.K.] angeboten. Er nahm ihn nicht, und es war recht so. Zu dieser Zeit wurde einer abtrünnig von dem wir es nicht geglaubt hätten ›Gregor Strasser‹. Aber Hitler blieb seinem Vorsatz und seinem Volk treu.«[104]

Aus der Wortwahl ist zu schließen, dass der ehemalige Reichsorganisationsleiter für Hedwig Eggert eine wohlbekannte, beinahe vertraute Persönlichkeit war, deren Haltung sie glaubte einschätzen zu können. Das Zerwürfnis zwischen

102 Beispielsweise benutzt Hitler in seiner Rede den entmenschlichenden Begriff der »destruktiven Elemente«, den Erna Stoyke aufgreift. Vgl. Pollmann, S. 114. Die psychologische Wirksamkeit der nationalsozialistischen Sprache und der Widerhall, den die Reden Hitlers (und anderer nationalsozialistischer Führer) in der Bevölkerung fanden, zeigt sich auch am hier genannten Beispiel. Der Begriff »Elemente« wird von etlichen Alten Kämpferinnen aufgegriffen. Im Denken von Maria Engelhardt muss sich dieses Unwort besonders festgesetzt haben, da sie es auf einer Seite ihres Aufsatzes mehrfach wiederholt. Vgl. Abel-Biogramm/Nr. 195/Maria Engelhardt.

103 Abel-Biogramm/Nr. 459/Hedwig Eggert, S. 10. Zu den Personen Strasser und Stennes vgl. Kommentar zum Biogramm von Hedwig Eggert.

104 Abel-Biogramm/Nr. 459/Hedwig Eggert, S. 11.

ihm und Hitler hat die Alte Kämpferin so sehr beschäftigt, dass sie es in ihrem Essay für erwähnenswert hielt. Folgerichtig hätte sie auch den Fortgang dieses Konfliktes, das an Strasser statuierte Exempel, schildern müssen. Sie ignoriert jedoch die Erschießung Strassers wie auch die weiteren Morde der »Nacht der langen Messer«. Es ist letztlich nicht zu klären, ob Hedwig Eggert und der schweigenden Mehrheit der Verfasserinnen tatsächlich nicht bewusst war, dass es sich hier um ein Verbrechen handelte, das auch die nachträgliche Legitimation als »Staatsnotwehr« nur schwer bemänteln konnte, oder ob sich hier erstmals ein bejahendes Schweigen zur Ermordung »anderer«[105] stattfindet, das die weiteren Verbrechen des »Dritten Reiches« erst ermöglichte. Emma Bierwirth, Erna Stoyke und Hedwig Eggert wiederholen im Zusammenhang mit dem Röhm-Putsch fast wortgetreu die Erklärung der Parteipresse.[106] Eine solche Bezugnahme auf Propagandathesen ist ein gängiges Motiv in einer Vielzahl der Biogramme. Sie tritt dort auf, wo aus einer vorhergehenden Argumentation eine Quintessenz gezogen werden soll, dort, wo sich die Frauen angesichts eines komplexen Sachverhaltes an einer vereinfachenden Propagandaphrase festhalten, oder auch, wie im vorliegenden Fall, wo sie angesichts erschütternder Ereignisse Orientierung suchen. Eine halb- oder unbewusste, durch die Propaganda geprägte Autosuggestion spielt in den Biogrammen eine erhebliche Rolle, die als Einschränkung der Aussagefähigkeit präsent bleiben sollte.

Der Grund für die weitgehende Nichterwähnung des Röhm-Putsches in den übrigen Biogrammen bleibt offen. Denkbar ist Verunsicherung über die Deutung und, seitens der Partei, gewünschte Darstellung der Ereignisse, möglicherweise auch Furcht, etwas Falsches zu schreiben. Auch in diesem Fall läge eine Selbstzensur vor. Dass der Aufsatzwettbewerb auf die Zeit vor 1933 zielte und die Lebensbeschreibungen mit Hitlers Wahlsieg enden konnten – aber nicht mussten –, ersparte den Autorinnen eine Stellungnahme zu den aktuellen Ereignissen.

Zielgruppen – Jury, Partei und privates Umfeld

Die Biogramme der frühen Nationalsozialistinnen waren nicht vertraulich, sondern immer für eine vorgestellte Leserschaft bestimmt und möchten eine eigene Sicht, Deutung und Wertung von Geschehnissen vermitteln. Die Leserschaft, auf die ihre Darstellungen bewusst oder unbewusst zugeschnitten sind, kann als heterogen gedacht sein. Sowohl die amerikanische Jury als auch eine parteiinterne Kontrollinstanz oder aber Personen im privaten Umfeld der Verfasserinnen kommen als Adressaten in Frage. Die Bedeutung der letzten Gruppe darf nicht unterschätzt werden, da diese Menschen den Frauen emotional nahe-

105 »Andere« im Sinne des polaren Modells »Wir« und »Die Anderen«. Das »Wir« vereint hier die Hitlertreuen in Abgrenzung zu denjenigen, die nicht (mehr) zu dieser Gruppe gehören.

106 Vgl. Joseph Goebbels (Hrsg.), Der Angriff – Die nationalsozialistische Abendzeitung (Berliner Ausgabe) vom 2. Juli 1934. Auch hier findet sich kein Bericht, sondern lediglich eine Interpretation der Ereignisse.

standen und deren Zustimmung daher wichtiger sein konnte als etwa die Anerkennung eines Parteiführers. Autobiographien haben immer auch eine soziale Funktion, etwa familiäre oder freundschaftliche Bindungen zu festigen.[107] Sie ist ein wesentlicher Faktor des autobiographischen Erzählens und der Konstruktion von Erinnerung.

In der Ausschreibung des Wettbewerbs wurde die Columbia University als Initiatorin genannt: Daher kann angenommen werden, dass den Verfasserinnen eine amerikanische Leserschaft aus Jury und Öffentlichkeit vorschwebte. Drei Autorinnen sprechen ihre Adressaten direkt an. So ist sich Susi Jost ihrer Zielgruppe durchaus bewusst, als sie die Betreffzeile setzt: »Preisausschreiben der Columbia Universität Newyork«,[108] ohne allerdings im Text weiter darauf einzugehen. Marianne Meinecke rahmt ihr Essay mit einer direkten Ansprache der Adressaten ein:

> »Ich beglückwünsche die Columbia Universität New York zu ihrem Entschluß und möchte zu meinem bescheidenen Teil dazu beitragen, Klarheit zu verbreiten über das große Erleben der deutschen Menschen der Gegenwart.«[109]

Der Ausschreibungstext, der den Wettbewerb ja als Aufklärungskampagne ausgab, verfing offenkundig bei der Verfasserin. Die Offenbarungshaltung, die sie einnimmt, hatten die frühen Nationalsozialistinnen während der Kampfjahre gründlich eingeübt. Schließlich hatte ihre Parteiarbeit vor allem in mündlicher Werbung bestanden, die von vielen Verfasserinnen als »Aufklärung« bezeichnet und überaus ernst genommen wurde.[110] Der Aufsatzwettbewerb bot die Chance, diesen Feldzug über die deutschen Grenzen hinaus zu führen. Hier befand sich die Alte Kämpferin Marianne Meinecke allerdings in einem Dilemma: Einerseits galt es, sich Freunde in der Jury zu machen, um den Geldpreis zu gewinnen, andererseits waren die USA immer wieder Feindbild der NS-Propaganda, so dass sich Meinecke schließlich dafür entscheidet, dem vermeintlich schlechten Deutschlandbild der Amerikaner entgegenzutreten. Als Nationalsozialistin fühlt sie sich von Amerika unverstanden und abgelehnt. Am Ende ihres Biogramms reagiert sie darauf mit Trotz, Überlegenheitsvisionen und sogar einer indirekten Drohung an die Adressaten:

> »Und dann wird der Ansturm der Bosheit, der Gemeinheit, der Niedertracht einer ganzen Welt gegen uns, einmal zerschellen, so gewiß wie Gott im Himmel ist. Nur, wen er liebt, den prüft er, wie er den Führer prüfte! Zu seiner Stunde wird er sprechen! Wir kämpfen weiter. Heil Hitler!«[111]

107 Vgl. Krassnitzer, Erinnerung, S. 220.
108 Abel-Biogramm/Nr. 453/Susi Jost, S. 1.
109 Abel-Biogramm/Nr. 116/Marianne Meinecke, S. 1.
110 Dem jugendlichen Image der »Hitlerbewegung« entsprechend wurde dafür der weltlich-moderne Begriff des »Aufklärens« verwandt. Vgl. Abel-Biogramm/Nr. 244/Käthe Eiden, S. 9-11.
111 Abel-Biogramm/Nr. 116/Marianne Meinecke, S. 8.

Dieser Schlussakkord Marianne Meineckes stellt in Aufbau und Metaphorik unübersehbar einen Nachklang nationalsozialistischer Propagandareden dar. Auf andere Weise spricht die Alte Kämpferin Margarethe Schrimpff die Adressaten ihres Wettbewerbsbeitrags an. Sie benutzt die direkte Anrede in erster Linie als Stilmittel, um die Aufmerksamkeit ihrer Leser zu gewinnen. Dies geschieht in leichtem Plauderton, ohne zunächst eine bestimmte Zielgruppe im Visier zu haben. So flicht sie beispielsweise ein: »Lassen sie mich Ihnen nur eines schildern, welches mich am meisten ergriffen hatte.« oder »Nun meine lieben Leser, denken Sie etwa nicht, daß [...]«. Erst am Ende ihres Aufsatzes bezieht sie sich direkt auf ihre Adressaten in Übersee. Ebenso wie Marianne Meinecke übernimmt sie nun den exaltierten Duktus der Propaganda. Mit einer Mischung aus Sendungsbewusstsein und Angriffslust schließt sie: »Euch drüben in New-York aber, sowie der ganzen Welt rufe ich zu: ›Und wenn die Welt voll Teufel wär, es wird Hitler doch gelingen‹«.[112]

Obwohl gegenüber der Wettbewerbsjury in den USA keine Rücksichten zu nehmen waren, bilden diese beiden Kampfansagen doch eine Ausnahme unter den 36 Zuschriften von Frauen. Im Gegenteil, die meisten nationalsozialistischen Wettbewerbsteilnehmerinnen möchten Sympathie wecken und sich selbst möglichst positiv darstellen. In ihrer erweiterten Selbstinszenierung erscheinen als Akteure neben der eigenen Person das nähere persönliche Umfeld, die politische Gruppierung, der sie sich angeschlossen haben, und in besonderem Maße ihre Nation. Ihre Essays zielen darauf, ihren politischen Werdegang nachvollziehbar zu machen und andere zu überzeugen. Sie sind stolz auf das, was sie für die nationalsozialistische Bewegung und ihr Land geleistet haben und wünschen sich Anerkennung. Auch die oben zitierten Alten Kämpferinnen sind davon nicht ausgenommen. Ihr Lebenslauf ist inhaltlich und sprachlich bewusst ansprechend gestaltet und durchweg persönlich gehalten, bevor sie in ihren Schlussbemerkungen auf die Propaganda zurückgreifen.[113]

Das Gros der Autorinnen nimmt keinen Bezug auf die Leserschaft in Übersee. Auch Inhalte und Wortwahl werden kaum an fremde Leser angepasst, sondern die Kenntnis deutscher, ja sogar speziell Berliner Verhältnisse vorausgesetzt: Da wird der Delinquent vom »Schupo« zum berüchtigten »Alex« verschleppt oder für die »braunen Jungs« Buttermilch bei »Bolle« gekauft, ohne dass den Verfasserinnen eine Erläuterung dieser Begriffe nötig erscheint.[114]

David Redles hat sich sowohl mit den Theodore-Abel-Biogrammen beschäftigt als auch mit der 1936 unter der Ägide von Rudolf Heß entstandenen und für eine deutsche Leserschaft bestimmten Biogrammsammlung »Die Alte Garde

112 Abel-Biogramm/Nr. 582/Margarethe Schrimpff, S. 1-3. Schrimpff wählt tatsächlich die Schreibweise New-York.

113 Die Anlehnung an Aufbau und Sprache nationalsozialistischer Reden ist in vielen Biogrammen anzutreffen, jedoch wenden sich die Schlussparolen nur in den genannten gegen die offiziellen Adressaten.

114 Vgl. u. a. Abel-Biogramm/Nr. 582/Margarethe Schrimpff sowie Abel-Biogramm/Nr. 177/Anna Nieke.

spricht«.[115] Er stellt fest, dass sich die von Männern verfassten Texte beider Sammlungen, trotz unterschiedlicher Zielgruppen – einmal Abels Wettbewerbsjury, das andere Mal die NSDAP-Führung und eine deutsche Leserschaft –, in Aufbau und Inhalten bemerkenswert ähneln. Der Annahme, dies liege in der geistigen Gleichschaltung durch die NS-Propaganda begründet, begegnet er mit dem Hinweis, der lange Arm nationalsozialistischer Indoktrination sei gerade 1934 noch nicht so weitreichend gewesen, wie später angenommen.[116] Die autobiographischen Essays Alter Kämpfer scheinen, nach Redles, kaum auf die nominellen Adressaten einzugehen. Hier bildet die konstruierte Erinnerung offenbar eine recht feste Größe, die durch den Erzählanlass nicht wesentlich verändert wird. Eine mit »Die Alte Garde spricht« vergleichbare Sammlung weiblicher Biogramme existiert nicht. Dennoch stellt sich die Frage, ob auch die Verfasserinnen der Abel-Biogramme einem Konzept folgen, das kaum auf die eigentliche Zielgruppe eingeht. Denkbar wäre, dass es neben den nominellen Adressaten weitere angenommene Adressaten gibt, auf welche die Verfasserinnen in ihren Essays Rücksicht nehmen.

Wie bereits erwähnt, ist bei der Lektüre der Biogramme zu berücksichtigen, dass sie im Hinblick auf eine kontrollierende, gegebenenfalls sanktionierende oder fördernde Parteistelle geschrieben sein könnten. Theodore Abel berichtet, dass manche Männer, die erst spät in die NSDAP eingetreten waren, den Aufsatz benutzten, um sich dafür zu rechtfertigen. Verglichen mit der Mehrheit der Biogramme, die offen und unbefangen geschrieben sind, war in einigen die Intention so offensichtlich, dass Abel sie »discounted«, also von vornherein unberücksichtigt gelassen hat.[117] Auch in den Essays mancher Frauen finden sich Rechtfertigungen für einen späten Parteibeitritt, der unter Parteigenossen offenbar als Makel galt.[118] Auf eine solche Vorhaltung bezieht sich Therese Diebel:

> »Voraus schicken muß ich, daß mich von Amtswaltern od. auch in größeren Reden ein leiser Vorwurf trifft: Warum seit ihr so spät zu uns gekommen?! Ich will nichts zur Entschuldigung, aber zur Richtigstellung meiner Lage anführen.«[119]

115 Die von Rudolf Hess 1936 zusammengestellte vierbändige Biogrammsammlung »Die Alte Garde spricht« befindet sich nach Redles in der Library of Congress in Washington D. C. Vgl. Redles, S. 210.

116 Vgl. Redles, S. 199.

117 Abel, Why, S. 7.

118 So betont beispielsweise Grete Kircher ihren frühen Parteibeitritt. Gleichzeitig fordert sie von den später Eingetretenen, wenigstens eine überdurchschnittliche Linientreue zu zeigen, da die Chance zu überdurchschnittlichem Engagement bereits verpasst sei. Mit materiellen Dingen, meint sie, ließe sich der Idealismus der Alten Kämpfer keinesfalls aufwiegen: »Diese Opfer können durch keine noch so grossen, finanziellen Unterstützungen wieder gut gemacht werden, sondern nur dann sind sie nicht umsonst gewesen, wenn all die später zu uns gekommenen wirkliche Nationalsozialisten werden und sich restlos einsetzen für unseren Führer und für Deutschland.« Abel-Biogramm/Nr. 46/Grete Kircher, S. 3.

119 Abel-Biogramm/Nr. 589/Therese Diebel, S. 4.

Im Folgenden erläutert die Mutter von sechs Kindern ihre schwierige familiäre Situation. Viele andere Verfasserinnen gehen indirekt auf den Makel des späten Beitritts ein. So entschuldigt sich etwa Leokardia Rogalski mit dem Verbot der NSDAP[120] durch die Reichsregierung: »Einem Eintritt stand das Verbot der damaligen marxistischen Regierung entgegen.«[121] Andere konstatieren, in ihrem Denken und Fühlen »doch immer schon«[122] Nationalsozialistinnen gewesen zu sein, ohne aber – zumal als Frauen – auf die Idee gekommen zu sein, offiziell in die Partei einzutreten. Aber auch Alte Kämpferinnen und Kämpfer sahen Veranlassung, höhergestellte Parteigenossen, in der Regel den Ortsgruppenleiter, zu beeindrucken. Nach der Machtübergabe an Hitler im Januar 1933 strömten verstärkt Opportunisten in die NSDAP, die sich durch das Parteiabzeichen gesellschaftlichen Aufstieg erhofften. Nicht selten kam es zu Konkurrenzsituationen zwischen neuen Genossen und Alten Kämpfern.[123] Abels Wettbewerb konnte Letzteren dazu dienen, ihre langjährigen Verdienste noch einmal aufzuführen mit dem Ziel, persönliche Vorteile zu bewirken, beziehungsweise als Hinweis, bei der Vorteilsvergabe vergessen worden zu sein. Mit dieser Intention nutzt Klara Petersson ihr Biogramm als Empfehlungsschreiben, um ihrem arbeitslosen Ehemann zu einer Anstellung zu verhelfen. Unumwunden stellt sie die langjährige Mitgliedschaft in der NSDAP in Zusammenhang mit seinem beruflichen Fortkommen:

> »Ich hoffe ja auch, das mein Mann noch einmal eine Stelle bekommen wird, die ihm zukommt, seines Wissens und Könnens nach, die hat er leider noch nicht, trotzdem er alter Kämpfer ist. Aber es liegt nicht an der Partei, sondern an ihm selbst, er ist zu bescheiden. Mit einem Wort gesagt er ist ein Idialist – ein wahrer Nationalsozialist.«[124]

Die meisten Alten Kämpferinnen verfassten ihre Aufsätze gewiss auch im Hinblick auf ihr persönliches Umfeld. Im Sommer 1934 waren die Verfasserinnen sozial eingebunden in die Ortsgruppen, in nationalsozialistische Nachbarschaften oder Freundeskreise und vor allem in ihre Familien. Das autobiographische Essay hat hier nicht primär das Ziel, vom Nationalsozialismus zu überzeugen. Politische Meinungsverschiedenheiten finden sich darin allenfalls als Nachklang.[125] Seine Funktionen sind vielmehr die Pflege der sozialen Bindung durch gemeinsame Erinnerung sowie die positive Selbstdarstellung mit dem Wunsch, bei den anderen beliebt und anerkannt zu sein, eventuell auch bewundert zu werden. Junge Frauen wie Erna Stoyke haben ihre Lebensbeschreibung

120 Auf der Grundlage des »Gesetzes zum Schutz der Republik« wurde die NSDAP vor 1933 mehrmals verboten.

121 Abel-Biogramm/Nr. 305/Leokardia Rogalski, S. 2.

122 Abel-Biogramm/Nr. 212/Maria von Belli, S. 13.

123 Vgl. Merkl, S. 8.

124 Abel-Biogramm/Nr. 588/Klara Petersson, S. 12.

125 Beispiele dafür sind Abel-Biogramm/Nr. 244/Käthe Eiden, deren Verwandtschaft sich über den Nationalsozialismus entzweite, und Abel-Biogramm/Nr. 353/Meta Gruse, die aus dem gleichen Grund mit ihrem gesamten Bekanntenkreis brach.

vermutlich einer Freundin vorgelesen und ihretwegen einen Schwerpunkt auf die spannenden Aspekte Verschwörung und Abenteuer gelegt.[126] In ähnlicher Weise werden die Schwestern Klara Petersson und Hedwig Eggert ihre Biogramme vor dem Versenden ausgetauscht haben, was möglicherweise Rücksichtnahmen erforderte.[127] Ebenso sprachen die Eheleute Horn ihre Aufsätze miteinander ab. Marie Julie Horn kündigt daher an: »Mein Mann wird Ihnen noch ein Bild entrollen von den einzelnen Versammlungen u. vom Kampf der nur für Männer war.« – und Martin August Horn kommt ihrer Aufforderung nach.[128] Es ist davon auszugehen, dass die Frauen ihre Essays auf diese Zielgruppe oder gar nur auf eine Zielperson abstimmten. Hier bedingte das persönliche Verhältnis zu einem konkreten Gegenüber den Ton und die Themenwahl der Erzählung.

Freimütigkeit der Siegerinnen

Im Sommer 1934 brauchten sich die Alten Kämpferinnen nicht länger zu verstecken, sie hatten keine Veranlassung, zu lügen oder etwas zu verschweigen, denn sie fühlten sich auf ganzer Linie, und gewissermaßen aus eigenem Verdienst, als Siegerinnen. In den vorangegangenen Jahren hatten immer mehr Deutsche mit Hitler sympathisiert und seinen Aufstieg als eine überwältigende Erfolgsgeschichte erlebt – national und oft auch persönlich.[129] Diese Erfolgsgeschichte schien jeweils mit der individuellen »Bekehrung«[130] zum Nationalsozialismus zu beginnen, führte über das passive Mitfiebern bei den Wahlen und die aktiven Anstrengungen im Propagandakampf bis hin zum bejubelten Durchbruch im Januar 1933. Seither zeigte der »Führer« die Entschluss- und Durchsetzungskraft, die von ihm erwartet wurde und nicht nur seinen Anhängern imponierte. Die Alten Kämpferinnen konnten sich daher bestätigt sehen, das Richtige geglaubt und erwirkt zu haben. Ihren persönlichen Anteil am Aufstieg der NSDAP bewerten die Verfasserinnen der Abel-Biogramme hoch. Annähernd jede Wettbewerbsteilnehmerin transportiert diese Botschaft in ihrem politischen Lebenslauf, je nach Naturell und Schreibstil unterschiedlich

126 Erna Stoyke schreibt von einer Mitschülerin, mit der sie heimlich, als »Sportjungens« verkleidet, NS-Veranstaltungen besuchte. Vgl. Abel-Biogramm/Nr. 363/Erna Stoyke, S. 2.

127 Vgl. Abel-Biogramm/Nr. 588/Klara Petersson sowie Abel-Biogramm/Nr. 459/Hedwig Eggert.

128 Vgl. Abel-Biogramm/Nr. 390/Marie Julie Horn, S. 4, sowie Abel-Biogrammm/Nr. 391/August Martin Horn.

129 Eine persönliche Erfolgsgeschichte erlebte beispielsweise Klara Petersson: Seiner NSDAP-Zugehörigkeit wegen verlor ihr Ehemann seine Stellung als Ingenieur. Als Folge der Arbeitslosigkeit konnte die Familie auch die Wohnung nicht mehr halten und zog in die Gartenlaube von Bekannten. Nach 1933 fand der Alte Kämpfer eine neue Beschäftigung, und es war den Eheleuten sogar möglich, ein Haus zu bauen. Vgl. Abel-Biogramm/Nr. 588/Klara Petersson.

130 Abel, S. 7.

formuliert. Bescheiden resümiert die siebzehnjährige Schülerin Lissy Schneider: »Und als dann der 30. Januar und der 5. März 1933 kamen, da war auch ich stolz, ein wenig für diese Siege mitgekämpft zu haben!«[131] Deutlicher wird die junge Ehefrau Marie Julie Horn: »Und jetzt bin ich froh, daß es endlich so weit ist. Wir haben uns Ruhe u. Frieden u. Arbeit und Brot schwer genug erkämpft.«[132] Margarethe Schrimpff benennt ihre Leistung ganz konkret und unterstreicht diese durch die offizielle Anerkennung, die sie dafür bekam:

> »So wie die S. A. und S. S. ihre Schuldigkeit taten, ebenso eifrig arbeitete auch die Frauenarbeitsgemeinschaft und später die Frauenschaft. Als Dr. Goebbels uns [...] zur Arbeit für den Angriff aufforderte, damit dieser Tageszeitung wurde, gingen wir alle intensiv an die Arbeit. Ein persönliches Dankschreiben von Dr. Goebbels bestätigt meine erfolgreiche Arbeit in dieser Sache und berühren mich gerade diese Zeilen immer wieder mit Freude und Stolz. Es ist ohne Zweifel eine grosse Genugtuung für mich, auch mit meinen schwachen Kräften der Partei gedient zu haben.«[133]

Theodore Abel sah in den Verfasserinnen und Verfassern der Biogramme »typische Bekehrte«: Sie neigten dazu, sich leidenschaftlich zu dem zu bekennen, was sie als neue Wahrheit betrachteten, nicht dazu, vorsätzlich ihre Gefühle und Motive zu verfälschen.[134] Das euphorische Gefühl von Stärke und Überlegenheit, Stolz und Selbstsicherheit erklärt die von Abel festgestellte Mitteilungsfreude und die Kooperationsbereitschaft der Parteiorgane hinsichtlich des Aufsatzwettbewerbs. Die Überzeugung, nun unverwundbar zu sein, brachte eine besondere Offenheit mit sich. So wurden sogar Hass, Repressalien und Gewalttaten freimütig zugegeben, wenn auch deutlich beschönigend. In den Augen vieler Alter Kämpferinnen heiligte der glorreiche Sieg die aggressiven Mittel, mit denen er errungen worden war. Außerdem weckten das Glücksgefühl und die Genugtuung über diesen Sieg das Bedürfnis, das eigene Erfolgsrezept mitzuteilen.[135]

131 Abel-Biogramm/Nr. 107/Lissy Schneider, S. 5. Weitere Beispiele in Abel-Biogramm/Nr. 41/Marlene Heder, S. 14; Abel-Biogramm/Nr. 46/Grete Kircher, S. 3; Abel-Biogramm/Nr. 116/Marianne Meinecke, S. 7; Abel-Biogramm/Nr. 244/Käthe Eiden S. 11 f.; Abel-Biogramm/Nr. 305/Leokardia Rogalski, S. 3; Abel-Biogramm/Nr. 347/Fr. Eberhard, S. 1; Abel-Biogramm/Nr. 353/Meta Gruse, S. 9 f. In all diesen Beispielen wird formelhaft der eigene unscheinbare Beitrag dem überwältigenden Ganzen gegenübergestellt.

132 Abel-Biogramm/Nr. 390/Marie Julie Horn, S. 4.

133 Abel-Biogramm/Nr. 582/Margarethe Schrimpff, S. 12. Das Kampfblatt *Der Angriff* wurde am 4. Juli 1927 von Joseph Goebbels gegründet. Es erschien zunächst als Wochenzeitung. Nach seiner Ernennung zum Gauleiter Groß-Berlins bemühte sich Goebbels um eine tägliche Ausgabe des Parteiorgans. *Der Angriff* erschien bis kurz vor dem Zusammenbruch des nationalsozialistischen Regimes.

134 Abel, Why, S. 7. Hinsichtlich der nationalsozialistischen »Bekehrung« zieht Redles den Vergleich zu Erweckungsberichten, wie sie beispielsweise im 19. und bis ins 20. Jahrhundert von den Mitgliedern der pietistischen Herrnhuter Brüdergemeinde verfasst wurden. Vgl. Redles, S. 201.

135 Diese Erklärung bestätigt Merkl, S. 8.

Die Autorinnen könnten, etwa im Hinblick auf den »Röhm-Putsch«, manches ausgeklammert oder verschwiegen haben, nicht jedoch ihre nationalsozialistische »Weltanschauung«, ihre Motive und ihr Engagement.

Zusammenfassung

Bei den autobiographischen Essays der Alten Kämpferinnen handelt es sich, wie eingangs gezeigt wurde, um Konstruktionen von Erinnerung. Ihr Wert liegt nicht darin, reale Ereignisse zu beforschen, sondern Erkenntnisse über die gesellschaftlich geprägte, individuelle Konstruktion von Wirklichkeit zu gewinnen.

Den Essays liegt das stereotype Muster nationalsozialistischer Kampfzeitberichte zugrunde. Ihr Aussagewert besteht in dem Wechselspiel von kollektivem NS-Erinnerungskult und individueller Variation und Ausprägung. Letzteres bietet einen freien Gestaltungsraum, den die Autorinnen nach Maßgabe ihrer Persönlichkeit füllten. Aus ihm lassen sich individuelle Motive und Handlungsräume des weiblichen Engagements für die NSDAP ableiten.

Die autobiographischen Essays wurden im Hinblick auf eine oder sogar mehrere Zielgruppen geschrieben. Dies waren zum einen die vermeintliche Jury des Schreibwettbewerbs und die US-amerikanische Öffentlichkeit. Ebenso wurde auch ein Mitlesen seitens der Partei berücksichtigt. Nicht zu unterschätzen ist das direkte soziale Umfeld, an dem sich die inhaltliche Ausrichtung der Erzählung orientiert. Die subjektiv wichtigste Zielgruppe kann daher sehr klein gewesen sein oder auch aus nur einer Zielperson bestanden haben.

Alle hier vertretenen Alte Kämpferinnen verstanden sich als Botschafterinnen der nationalsozialistischen Idee. Sie teilten das Bewusstsein, sich für das Richtige starkgemacht und damit endlich gesiegt zu haben. Der Erfolg der NSDAP war nach ihrer Überzeugung anteilig auch ihr Verdienst. Ihr Status als Alte Kämpferinnen hob sie aus der Masse der Parteimitglieder heraus. So waren die Autorinnen von Stolz und Selbstbewusstsein getragen. Sie hatten seitens der Partei nichts zu befürchten und konnen daher unbefangen und freimütig schreiben. Das erschütternde Ereignis des Röhm-Putsches klammerten sie aus, sofern es sich nicht in ihre Konstruktion von Wirklichkeit einfügte.

Die Quellen offenbaren, wie das Zeitgeschehen von frühen Nationalsozialistinnen wahrgenommen wurde, welche Sicht der Wirklichkeit sie daraus konstruierten und welche Schlüsse sie daraus zogen. Daraus leiteten sie ihre Motive ab, die NSDAP zu unterstützen. Dargestellt wurden von den Autorinnen selektiv jene Aspekte, die ihnen rückblickend für ihre eigene Entwicklung als wesentlich erschienen und welche sie im Hinblick auf ihre Zielgruppe(n) als geeignet erachteten, erzählt zu werden.

Das folgende Kapitel stellt die Autorinnen der Biogramme vor und öffnet damit die »soziale Dimension biographischer Erfahrung«.[136] Da die Deutung

136 Krassnitzer, Erinnerung, S. 222.

von Ereignissen historisch, kulturell und sozial gebundenen Mustern unterliegt und diese auch bei der Konstruktion von Erinnerung wirken, ist es für die Analyse der Quellen besonders wichtig zu wissen, in welchen Generationen und Milieus die Lebensbeschreibungen der Alten Kämpferinnen entstanden.

2.2 Die Verfasserinnen der Biogramme

> »[Mir wurde], da mein Vater Professor am hiesigen Königl. Wilhelmsgymnasium war u. ein gutsituierter Bürger, die früheste Jugend zu einer sehr sonnigen gestaltet. Wie damals üblich wurde ich als sogenannte ›Höhere Tochter‹ in eine Privatschule getan.«
>
> *Gertrud von Bardeleben geb. 1876*[137]

> »Von elf Kindern, welchen meine Mutter das Leben gab, war ich das fünfte. Ich besuchte, wie auch meine Geschwister, die Volksschule zu Grünberg. Von einer sonnigen Jugend konnten wir Kinder nicht reden. [...] Aus der Schule entlassen, mußten wir gleich in die Fabrik als Weberin.«
>
> *Klara Petersson geb. 1892*[138]

> »Ende 1913 und Anfang 1915 geboren, waren wir noch sehr klein und winzig als der Weltkrieg über Europa hinwegbrauste und viele deutsche Männer hinwegraffte. Unter ihnen war auch unser Vater. [...] In unsere Schulzeit fielen auch die ersten Auseinandersetzungen mit der Politik.«
>
> *Marlene Heder geb. 1913*[139]

Ganz unterschiedliche generationen-, schicht- und regionalspezifischen Erfahrungen führten die Autobiographinnen letztlich in die nationalsozialistische Bewegung. Die vorangestellten Zitate aus den Biogrammen von Gertrud von Bardeleben, Klara Petersson und Marlene Heder bieten ein breites Spektrum an sozialen Milieus, Bildungswegen, Lebensaltern und zeitspezifischen Erlebnissen. Deutlich wird der prägende Hintergrund einer mehr oder eben weniger »sonnigen« Kindheit und Jugend.

Im Folgenden werden die biographischen Daten, Lebenswege und damaligen Lebenssituationen der Verfasserinnen sortiert und so ihre Erfahrungsräume bestimmt.

137 Abel-Biogramm/Nr. 141/Gertrud von Bardeleben, S. 1.
138 Abel-Biogramm/Nr. 588/Klara Petersson, S. 1.
139 Abel-Biogramm/Nr. 41/Marlene Heder.

2.2.1 *Generationenzugehörigkeit*

Von den 36 Verfasserinnen der Abel-Biogramme nennen 27 ihr Geburtsdatum, das von sieben weiteren Frauen ließ sich über die NSDAP-Mitgliederkartei ermitteln.[140] Ihre Altersspanne reicht von 17 bis 73 Jahren. Die Jüngste, Lissy Schneider (*1916), besuchte im Sommer 1934 noch das Lyzeum, die Älteste, Maria Bauer (*1860), war bereits Rentnerin. Das Gros der Verfasserinnen war zum Zeitpunkt der Niederschrift 31 bis 54 Jahre alt. Das Durchschnittsalter liegt bei knapp 40 Jahren.

Das Aufwachsen in einer bestimmten zeitgeschichtlichen Ära bedingt die Art der Sozialisation, die Entwicklung von Wertvorstellungen und legt den Grund für eine politische Haltung.[141] Davon ausgehend sollen die hier vertretenen Jahrgänge in Altersgruppen eingeteilt werden, mit dem Ziel, den Zusammenhang zwischen »biographischer Prägung«[142] und gesellschaftspolitischen Überzeugungen aufzuzeigen. Der Historiker Detlev Peukert weist darauf hin, dass Generationen nicht nach empirisch belegbaren Kriterien festgelegt seien, sondern je nach Erkenntnisinteresse und Fragestellung ausfallen werden: »Andere Fragen würden zu anderen Generationenmustern führen«.[143] Für die Weimarer Republik entwickelt Peukert ein Modell, das die politisch Handelnden im Kontext jener Zeitumstände betrachtet, in denen sie die Phase beginnender politischer Mündigkeit und Mitwirkung durchliefen. So definiert Peukert beispielsweise eine »wilhelminische Generation« (im Kern die Jahrgänge 1860-1870), die ihre politische Sozialisation während der Ära Bismarck erfuhr, ferner die »Gründerzeitgeneration« (1870-1880), eine »Frontgeneration« der Weltkriegsteilnehmer (1880-1895) sowie die später Geborenen, die er eine »überflüssige Generation« nennt (ab 1900).[144]

140 Das Alter der beiden verbleibenden Verfasserinnen, Maria von Belli und H. Huhn, lässt sich nicht so weit einkreisen, dass sie einer Generation zugeordnet werden können. Vgl. Abel-Biogramm/Nr. 212/Maria von Belli sowie Abel-Biogramm/Nr. 291/H. Huhn.

141 Vgl. Hans Mommsen, Generationenkonflikt und politische Entwicklung in der Weimarer Republik, in: Jürgen Reulecke (Hrsg.), Generationalität und Lebensgeschichte im 20. Jahrhundert, München 2003, S. 114-126, hier: S. 115. »Ausgangspunkt ist die Annahme, dass sich einzelne Alterskohorten nicht zuletzt durch unterschiedliche Sozialisation unterscheiden, die wiederum abweichende Wertehorizonte und verändertes Sozialverhalten begründen.« Ebd.

142 Detlev Peukert, Die Weimarer Republik. Krisenjahre der klassischen Moderne, Frankfurt a. M. 1987, S. 25.

143 Ebd., S. 26.

144 Ebd., S. 26-31. Die Bezeichnung »überflüssige Generation« oder »überflüssige Generation der Kriegsjugend« leitet Peukert von dem in dieser Alterskohorte verbreiteten »Gefühl des Überflüssigseins« ab: Die Aus- und Nachwirkungen des Krieges hatten deren Jugend verdorben, sie war überdurchschnittlich von der Massenarbeitslosigkeit betroffen, und in den von den Älteren dominierten politischen Parteien gab es für sie kaum Partizipationsmöglichkeiten. Die »überflüssige Generation« sieht Peukert als besonders empfänglich für politischen Extremismus und ebenso für »Normalität«. Ebd., S. 30-31.

Für die Untersuchung der weiblichen Abel-Biogramme eignet sich Peukerts Modell jedoch nur bedingt, da es sich an Lebensläufen von Männern orientiert. In den vorliegenden Lebensbeschreibungen der Alten Kämpferinnen erscheint (bis auf wenige Ausnahmen) der Erste Weltkrieg als biographischer Bruch- und Wendepunkt. Daher orientiert sich das im Folgenden angewandte Generationmodell an der Zäsur des Krieges. In diesem Punkt entspricht es den Modellen von Theodore Abel und Hans Mommsen.[145] Mommsen stellt fest, dass die Alterskohorte, die vor dem Ersten Weltkrieg aufwuchs und von den damaligen »politischen und sozialen Verhaltensmustern geprägt«[146] wurde, sich deutlich von der Generation unterschied, die im und nach dem Krieg heranwuchs.[147] Ähnlich klassifiziert auch Theodore Abel die Altersgruppen der männlichen Wettbewerbsteilnehmer nach der Weltkriegserfahrung: »The World War being the most important background factor of the Hitler movement, the war period was chosen as the basis for the differentiation of age groups«.[148] Da Abel sein Generationenmodell jedoch ausschließlich am Fronterlebnis der Soldaten festmacht,[149] muss es den Kriegserfahrungen der Frauen entsprechend umgestellt werden.

Das nationalsozialistische Engagement von Frauen war ebenso eindeutig durch die Auswirkung des Krieges auf ihre Lebensgeschichte motiviert wie das der Männer. So ist ihre Begeisterung für die aufsteigende NS-Bewegung weniger als Vorspiel des »Dritten Reiches« anzusehen, sondern vor allem als ein Nachspiel des Ersten Weltkrieges. Das belegen die Frauenbiogramme der Theodore-Abel-Sammlung eindrucksvoll. Bei der Festlegung der Generationenzugehörigkeit beziehe ich mich auf eine These der Soziologin Gabriele Rosenthal: »Generationsbildend sind also die objektiven Bedingungen und Zeitumstände, die Lebensverhältnisse in einer Zeitperiode, wenn sie von den Gleichaltrigen als prägend für ihr Leben erfahren werden.«[150] Mehr als jedes andere biographische Ereignis wird der Weltkrieg von den Verfasserinnen als prägend geschildert. Dieses ist bei der Einteilung in Generationen zu

145 Querbezüge zu Peukert und auch zu Hans Mommsen werden dennoch aufgezeigt.

146 Mommsen, Entwicklung, S. 116.

147 Die Angehörigen der jüngeren Generation teilten nach Mommsen beispielsweise ein Lebensgefühl des »Aufbruchs«. Ein Teil kam aus der Bündischen Jugend und konnte sich auch auf Staatsebene bündische Strukturen vorstellen, statt des demokratischen Parteiensystems, das viele von ihnen ablehnten. Die Bürgerlichkeit als Lebensform oder -ideal galt ihnen als überlebt. Ebd., S. 116.

148 Abel, Why, S. 4.

149 Abel sieht folgende Altersgruppen: Alte Generation (Geburtsjahrgänge vor 1874), Kriegsdienstpflichtige (1875-1893), Kriegsfreiwillige (1894-1900), Kriegsgeneration (1901-1907), Nachkriegsgeneration (1908-1914), vgl. ebd., S. 4.

150 Gabriele Rosenthal (Hrsg.), »Als der Krieg kam, hatte ich mit Hitler nichts mehr zu tun«. Zur Gegenwärtigkeit des »Dritten Reiches« in Biographien, Opladen 1990, S. 17. Rosenthal unterscheidet unter der Annahme, die Jugend sei generell die prägendste Lebensphase, lediglich drei Generationen: Wilhelminische Jugendgeneration (Jahrgänge 1890-1900), Weimarer Jugendgeneration (Jahrgänge 1906-1919), Hitlerjugend-Generation (Jahrgänge 1922-1930).

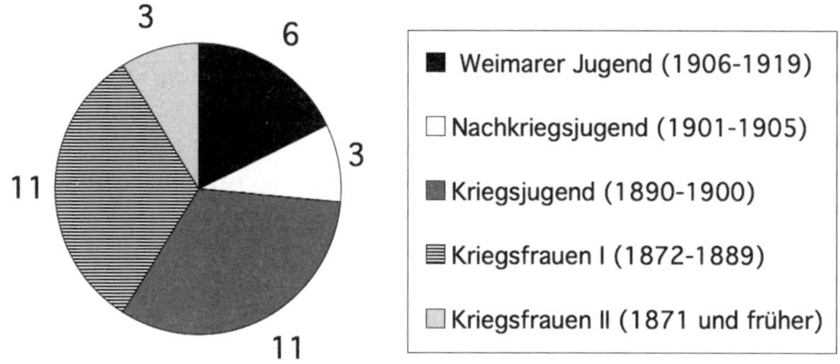

Abb. 1: Generationenzugehörigkeit

berücksichtigen, wie sie im Diagramm »Generationenzugehörigkeit« (Abb. 1) aufgeführt sind. Eine exakte Bestimmung der Altersgruppen ist nicht möglich, da die Dauer der Lebensphasen, insbesondere der Adoleszenz, je nach Ausbildung und Familienstand variiert. Die generationenbildenden Geburtsjahrgänge sind daher als ungefähr zu verstehen.

Unterschieden werden in aufsteigenden Jahrgängen: Weimarer Jugend (Jahrgänge 1906-1919), Nachkriegsjugend (1901-1905), Kriegsjugend (1890-1900), die jüngeren Kriegsfrauen I (1872-1889) sowie die älteren Kriegsfrauen II (1871 und früher). Am stärksten vertreten sind Wettbeberbsteilnehmerinnen aus jenen Altersgruppen, deren Lebensentwürfe und Lebensläufe der Weltkrieg am deutlichsten beeinflusst hat: die zwischen 1870 und 1900 geborenen Generationen Kriegsjugend und Kriegsfrauen I. Die spezifischen Lebenserfahrungen der Generationen sollen kurz skizziert werden.

Weimarer Jugend – Jahrgänge 1906-1919

Diese jungen Frauen waren zum Zeitpunkt des Aufsatzwettbewerbes 17-28 Jahre alt. Das Kriegsende erlebten sie als Mädchen von zwei bis elf Jahren. Selbst die Älteren unter ihnen hatten die Zeit des Ersten Weltkriegs noch aus kindlicher Perspektive wahrgenommen, das heißt ohne Eigenverantwortung für ihr Leben, aber doch mit emotionaler Anteilnahme, etwa mit Freude über Siegesmeldungen oder in Sorge um ihre Familie.

Die Weimarer Jugend wuchs in die wechselvolle neue Welt der 1920er Jahre hinein und wurde durch das Fehlen von (Existenz-)Sicherheit geprägt. An die Inflation von 1923 erinnern sich beispielsweise auch die Jüngeren bewusst. Für einen Vergleich mit dem vielbeschworenen Glanz des Kaiserreichs fehlte der Weimarer Jugend die eigene Anschauung. Die tiefe Erschütterung und den Gram der älteren Generationen über dessen Verlust teilte sie daher nur bedingt.

Dies zeigt das Beispiel Marlene Heders (*1913), die das Jahr 1923 aus der Sicht einer Zehnjährigen reflektiert:

> »Immerhin ist uns die Inflation noch in lebhafter Erinnerung, verstand doch bei uns zu Hause kein Mensch richtig mit dem Geld umzugehen, nur wir konnten es und wurden deshalb beim Geldwechseln stets zu Rate gezogen, wie es damals überhaupt öfters anzutreffen war, daß die Kinder sich in der neuen Zeit besser zurecht fanden als die Alten, ihnen war eben innerlich nicht so viel zerschlagen worden. Sie kannten es zum größten Teil nicht anders und waren mit den Verhältnissen vertraut.«[151]

Der Weimarer Jugendgeneration gehören sechs Verfasserinnen an.[152] Sie alle waren bei der Niederschrift ihres Biogramms ledig; vier von ihnen lebten noch im Haushalt ihrer Eltern, drei befanden sich in der Ausbildung.[153] Ihre Lebenssituation ließ ihnen neben Schule oder Beruf ausreichend Zeit und Freiheit, sich für die NSDAP zu interessieren und zu engagieren.

Nachkriegsjugend – Jahrgänge 1901-1905

Die nur wenige Jahrgänge umfassende Nachkriegsjugend war zum Zeitpunkt des Wettbewerbes 29-33 Jahre alt. Das Kriegsende erlebte diese Generation als 13- bis 17-Jährige. Für viele endete gerade die Schulzeit. Am weiblichen Kriegseinsatz der Heimatfront hatten manche teilgenommen, etwa durch Sammlungen oder das Anfertigen von »Liebesgaben«,[154] jedoch meist an ihrem Wohnort und in seiner Umgebung – anders als beispielsweise die Lazarettschwestern, die auch heimatfern zum Einsatz kamen.

Die Nachkriegsjugend wurde ab 1918 in starkem Maße von der politisierten Zeitatmosphäre erfasst. Nicht zuletzt dramatische Ereignisse wie die Ausrufung der Republik, Putschversuche und Attentate weckten bei Vertreterinnen dieser Generation ein waches politisches Interesse, wie etwa bei Marie Julie Horn oder bei Erika Ullmann, die sich an den November 1918 erinnert:

151 Abel-Biogramm/Nr. 41/Marlene Heder, S. 1.

152 In Geburtsjahrgängen und Benennung dieser Generation stimme ich mit Rosenthal überein. Vgl. Rosenthal, S. 18.

153 Das durchschnittliche Heiratsalter von Frauen lag 1934 bei 26,1 Jahren Vgl. Bundesrepublik Deutschland/Statistisches Bundesamt Wiesbaden (Hrsg.), Bevölkerung und Wirtschaft 1872-1972, Stuttgart 1972, S. 105.

154 Mit »Liebesgaben« sind Geschenke für Soldaten gemeint, meist Sendungen von Lebensmitteln, Bekleidung und kleinen Aufmerksamkeiten, oft in Handarbeit hergestellt. Die Schenkenden waren zumeist Mädchen, Frauen und Frauengruppen. Hilfsorganisationen wie das Rote Kreuz übernahmen Sammlung und Verteilung. Die »Liebesgaben« hatten, wie auch die Feldpostbriefe, in erster Linie die psychologische Funktion, beiden Seiten das Gefühl gegenseitiger Nähe zu vermitteln und die Motivation zu fördern.

> »So schlug denn die Revolution vernichtend auf uns ein. Ich selbst mit meinen 17 Jahren bäumte mich innerlich gegen diesen Verrat auf, ging dann politisch interessiert in die Versammlungen sämtlicher Parteien. Von der S.P.D. bis zu Deutsch-Nationalen.«[155]

Die ersten Schritte in ein eigenständiges Leben unternahm die Nachkriegsjugend in einer kriegsversehrten Welt, die sich grundlegend von der ihrer Eltern unterschied. Wie auch die Generation der etwas älteren Kriegsjugend war diese Altersgruppe der Massenarbeitslosigkeit sowie der Wohnungsnot ausgesetzt. Man schien sie nicht zu brauchen, für sie war kein Platz. Hinsichtlich solcher Erfahrungen kann hier tatsächlich von einer »überflüssigen Generation« gesprochen werden. Die Lebensentwürfe und -erfahrungen der Eltern bedeuteten für die Nachkriegsjugend keine Hilfe. Auch mit den »überalterte[n] Führungsschichten«[156] der Republik hatte sie nichts gemein. Richard J. Evans stellt fest, dass dieses Lebensgefühl die Jahrgänge 1900-1914 zu einer trotzigen Generation geformt habe, die »zu allem bereit« war, er spricht von einer »Generation des Unbedingten«.[157]

Von der Kriegsjugend unterschieden sich die jungen Frauen der Nachkriegsjugend darin, dass Partnersuche und Familiengründung 1918 noch vor ihnen lagen und sie dabei weniger von den Kriegsfolgen wie dem Tod oder der Invalidität des Ehemannes betroffen waren. Dagegen traf der signifikante »Frauenüberschuss« sie durchaus, sofern sie nach Ehepartnern suchten, die etwas älter waren als sie selbst.[158] Der Nachkriegsjugend gehören drei Verfasserinnen an.

Kriegsjugend – Jahrgänge 1890-1900

Die Frauen dieser Generation erlebten das Kriegsende mit 18 bis 28 Jahren. Im Sommer 1934 waren sie 34 bis 44 Jahre alt. Durch den Weltkrieg und die Kriegsfolgen wurde ihre Jugend- und frühe Erwachsenenzeit – mit den Weichenstellungen Ausbildung, Partnersuche, Gründung eines eigenen Haushalts und einer Familie – bestimmt und nicht selten erheblich gestört. Typisch dafür ist das Essay der 1891 geborenen Lisi Paupié, die den Kampf einer jungen Kriegerwitwe gegen finanziellen und sozialen Abstieg führte. Sie schildert unter anderem ihr Leben als Alleinerziehende, Behördengänge, die sie als kräftezehrend und demütigend empfand, behelfsmäßige Wohnsituationen sowie ihre berufliche Weiterbildung, die ein besseres Einkommen versprach.[159] Auch die

155 Abel-Biogramm/Nr. 532/Erika Ullmann, S. 1.

156 Hans Mommsen, Generationskonflikt und Jugendrevolte in der Weimarer Republik, in: Koebner, Thomas/Janz, Rolf-Peter/Trommler, Frank (Hrsg.), »…mit uns zieht die neue Zeit«. Der Mythos Jugend, Frankfurt a.M. 1985, S. 50-67, hier S. 58.

157 Vgl. dazu Evans S. 213.

158 Bei der Wahl eines gleichaltrigen Partners war die weibliche Nachkriegsjugend nicht vom »Frauenüberschuss« betroffen. Die männlichen Altersgenossen waren bei Kriegsende höchstens 17 Jahre alt und daher nicht mehr einberufen worden.

159 Abel-Biogramm/Nr. 187/ Lisi Paupié.

Frauenbiogramme der späten 1890er-Jahrgänge sind im Hinblick auf Beschäftigungsverhältnisse, Wohnorte und Partnerschaft besonders wechselvoll. Ein Beispiel ist die Lebensgeschichte der Ostpreußin Anna Nieke.[160] Bei Kriegsbeginn 1914 flüchtete die Sechzehnjährige vor den russischen Truppen und gelangte auf abenteuerlichen Wegen von Masuren nach Berlin. Ihre erste Ehe wurde geschieden, woraufhin sie zu Schwester und Schwager in eine Schrebergartenkolonie zog. Ihren Lebensunterhalt verdiente Anna Nieke als Verkäuferin, später als Hausmädchen einer jüdischen Familie und wurde 1930 arbeitslos. Über ihren Bruder erfuhr sie von der NSDAP und engagierte sich ab 1931 in der SA-Küche. Im Jahr 1933 heiratete Anna Nieke einen am Strafgefängnis Plötzensee beschäftigten SA-Mann, bezog mit ihm eine Dienstwohnung und erhielt ein Ehestandsdarlehen.[161]

Für viele Frauen der weiblichen Kriegsjugend bestand kriegsbedingt keine Hoffnung auf einen Ehemann und Kinder. Sie mussten sich zum »Frauenüberschuss« zählen, den die Auswertung der Volkszählung vom Juni 1933 erläutert: »Die Einwirkungen des Weltkrieges machen sich 1933 bei den 33- bis 58-jährigen durch einen hohen Frauenüberschuss bemerkbar. Am stärksten sind die 39- bis 40-jährigen betroffen; hier kommen auf 1.000 Männer 1.289 Frauen.«[162] Das Alter der vom Frauenüberschuss am stärksten Betroffenen entspricht exakt dem Durchschnittsalter der Verfasserinnen.

Die Kriegsjugend war zwischen 1900 und 1914 von der Wandervogelbewegung geprägt worden und von deren »Vorstellung eines ›Aufbruchs‹ der jungen Generation zur Schaffung einer neuen Gesellschaft«.[163] Diese Jugendlichen hatten vor dem Weltkrieg von einer Gemeinschaft geträumt, die »von idealistischen Werten geprägt« sein müsse und sich darum bewusst der »materiellen Wertorientierung« der Gründerzeit versagte.[164] Große Teile dieser Generation hatten auf eine sozial egalisierende Wirkung des Weltkrieges gehofft und die Mobilmachung stürmisch begrüßt. Ihre Erwartung wurde enttäuscht. Selbst an der Front und in den Lazaretten galten die alten Standesunterschiede, was viele empörte – unter anderem jene Verfasserinnen der Abel-Biogramme, die den Krieg als Krankenschwestern erlebten.[165] Dennoch war die Kriegsjugend

160 Abel-Biogramm/Nr. 177/Anna Nieke. Ähnlich wechselvoll ist die Lebensgeschichte Hedwig Eggerts, Abel-Biogramm/Nr. 459/Hedwig Eggert.

161 Das zum 1. Juni 1933 eingeführte Ehestandsdarlehen war ein Instrument nationalsozialistischer Wirtschafts- und Familienpolitik. Es betrug 1000 RM, erhältlich in Bezugsscheinen zur Haushaltsgründung. Voraussetzung war, dass die Ehefrau ihre Erwerbstätigkeit aufgab. Die zu tilgende Summe reduzierte sich pro Geburt um 25 Prozent. Vgl. Cornelia Schmitz-Berning, Vokabular des Nationalsozialismus, Nachdruck der Ausgabe von 1998, Berlin/New York 2000, S. 161.

162 Statistisches Reichsamt (Hrsg.), Volkszählung. Die Bevölkerung des Deutschen Reiches nach dem Ergebnissen der Volkszählung 1933, Statistik des Deutschen Reiches Band 451/2, Berlin 1936, S. 105.

163 Mommsen, Jugendrevolte, S. 54.

164 Ebd.

165 Vgl. Abel-Biogramm/Nr. 187/Lisi Paupié, Garnisonsschwester, Jahrgang 1901.

überzeugt, als junge Generation für gesellschaftliche Erneuerung verantwortlich zu sein.[166] Entsprechend nahm sie einerseits voll Bitterkeit, andererseits mit »euphorische[n] Zukunftserwartungen«[167] Anteil am gesellschaftlichen und politischen Geschehen der Weimarer Republik. So trugen die Jahrgänge 1890-1900 wesentlich zur Politisierung der Zeitatmosphäre bei – was nicht bedeutete, dass sie die Demokratie schätzten. Im Gegenteil, dem parlamentarischen System stand die von der bündischen Jugend geprägte Generation mehrheitlich »fremd gegenüber«.[168] Unter den Verfasserinnen der Abel-Biogramme ist die Kriegsjugend mit elf Zuschriften stark vertreten.

Kriegsfrauen I – Jahrgänge 1872-1889

Die späteren Kriegsfrauen hatten ihre Kindheit und Jugend in der Gründerzeit und um die Jahrhundertwende verlebt, die von wirtschaftlichem Aufschwung, Fortschritt und Nationalstolz getragen wurden. Ihre Sozialisation fand unter den Vorzeichen von relativer Sicherheit oder doch berechtigter Hoffnung darauf statt. Zugleich hinterließen die Lebensreformbewegung, die erste Welle der Frauenbewegung und der frühe Wandervogel ihre Spuren im Denken dieser Generation.[169]

Zu Kriegsbeginn standen diese Frauen bereits mitten im Leben. Sie waren berufstätig wie Margarethe Schrimpff, hatten kleine Kinder zu versorgen wie Therese Diebel oder mussten zum Teil ihre selbständigen Ehemänner ersetzen wie Margarete Beckel.[170] Viele von ihnen erlitten in den Kriegs- und Nachkriegsjahren Verluste, sowohl menschlicher als auch materieller Art. Fünf Verfasserinnen waren im Kriegseinsatz.[171]

Als »gestandene Frauen« mit einiger Lebenserfahrung und vielfach kritischem Blick erlebten die Kriegsfrauen die neue Republik. Mit elf Biogrammen bilden sie neben der Kriegsjugend die größte Gruppe der Theodore-Abel-Sammlung. Bei den Müttern innerhalb der Generationen Kriegsjugend und Kriegsfrauen I war die Familienphase in den frühen 1930er Jahren entweder abgeschlossen

166 Mommsen, Jugendrevolte, S. 55.
167 Ebd.
168 Ebd., S. 56.
169 Ein Anklang von unkonventionellem, emanzipiertem Denken findet sich unter anderem im Essay Gertrud von Bardelebens. Sie beschreibt ihre von den Eltern nicht gern gesehene Berufstätigkeit in einer gynäkologischen Praxis, in der sie »unendlich viel gelernt habe für die Entwicklung meiner ganzen Lebensanschauung u. Einstellung«, und schreibt über ihre Ehe, die sie als »vollständig reifer, abgeklärter Mensch« eingegangen sei: »Meine Ehe war sehr glücklich, weil wir sie so aus uns heraus gestalteten.« Abel-Biogramm/Nr. 141/Gertrud von Bardeleben, S. 2. Weitere Verfasserinnen insistierten auf ein selbstbestimmtes Leben in Form einer Liebesheirat oder fanden den Mut, eine unglückliche Ehe entgegen der Konvention zu beenden.
170 Abel-Biogramm/Nr. 582/Margarethe Schrimpff; Abel-Biogramm/Nr. 589/Therese Diebel; Abel-Biogramm/Nr. 130/Margarete Beckel.
171 Abel-Biogramm/Nr. 305/Leokardia Rogalski.

oder so weit fortgeschritten, dass die Frauen weniger belastet waren. In diesem Lebensalter gewannen viele von ihnen wieder mehr Zeit und Interesse an außerhäuslichen Aktivitäten. In den Essays dieser beiden Altersgruppen werden sowohl das Kriegs- und Nachkriegsgeschehen als auch dessen Folgen für das eigene Leben deutlich herausgearbeitet. Ihre Lebensgeschichten weisen oft biographische Brüche auf. Daher werden diese Jahrgänge im Folgenden als die »verlorene Generation« zusammengefasst.

Kriegsfrauen II – Jahrgänge 1871 und früher

An Abels Wettbewerb teilgenommen haben ebenfalls drei ältere, 1871 und früher geborene Frauen (Kriegsfrauen II). Als ledige oder verwitwete Rentnerinnen suchten sie nach neuen, sinnvollen Aufgabenfeldern. Als ehemalige Kaisertreue setzten sie auch in der Weimarer Republik ihren Einsatz für Volk und Vaterland fort. Die 66-jährige Marie Waga fand beispielsweise bei verschiedenen antisemitischen Frontkämpferbünden einen entsprechenden Rahmen und unterstützte sie durch Geldsammlungen, bevor sie zur NSDAP wechselte.

In den vorliegenden Biogrammen sind folglich Frauen verschiedener Altersgruppen vertreten. Die für ihre Generation typischen und prägenden Lebenserfahrungen lieferten neben den individuellen auch generationsspezifische Motive, sich für den Nationalsozialismus zu begeistern. Ferner bot jedes Lebensalter verschiedene Möglichkeiten, die Partei durch die Investition von Zeit, persönlicher Leistung und Erfahrung zu unterstützen.

Vergleicht man die Altersverteilung unter den Verfasserinnen mit der Altersstruktur der NSDAP-Mitglieder 1933, fällt ein Ungleichgewicht auf: Stellte zu diesem Zeitpunkt die Weimarer Jugendgeneration den größten Mitgliederanteil innerhalb der NSDAP,[172] bilden unter den Verfasserinnen die Kriegsfrauen I, gefolgt von der Kriegsjugend, die stärkste Fraktion. Dies mag an der Fragestellung des Schreibwettbewerbes liegen: Zum einen fühlten sich langjährig überzeugte und damit ältere Mitglieder in stärkerem Maße angesprochen, ihre Erlebnisse niederzuschreiben, als erst kürzlich eingetretene, junge Opportunisten. Zum anderen bot das Kriegserleben wesentlich mehr »Stoff«, den es zu erzählen lohnte und aus dem die nationalsozialistische Überzeugung glaubhaft hergeleitet werden konnte. Nur 15,3 Prozent der NSDAP-Mitglieder von 1933 waren schon vor 1930 in die Partei eingetreten. Die Zuschriften zu Abels Wettbewerb wurden dagegen zu 56,3 Prozent von Männern und Frauen verfasst, die den Nationalsozialismus bereits während der 1920er Jahre unterstützten.[173] Die Theodore-Abel-Sammlung spiegelt folglich eher die An-

172 Es wurden 42,7 Prozent der NSDAP-Mitglieder zwischen 1904 und 1916 geboren. Ihre Anhängerschaft war damit deutlich jünger als das Durchschnittsalter der Gesamtbevölkerung.

173 Merkl, S. 12.

hängerschaft der Hitlerbewegung vor 1930 als die der Massenpartei NSDAP von 1933.[174]

2.2.2 Elternhaus – Soziale Herkunft

Ausgehend davon, dass die ökonomisch-soziale Schichtzugehörigkeit Mentalitäten hervorbringt, die wiederum der Resonanzboden für öffentliche Meinungen sind,[175] ist es erforderlich, nach der sozialen Herkunft und den ökonomischen Verhältnissen der Verfasserinnen zu fragen. Zunächst soll die Herkunftsfamilie betrachtet werden, in der die Verfasserinnen Kindheit und Jugend verbrachten. Die wirtschaftliche Lage der erwachsenen Frauen ist Gegenstand des anschließenden Kapitels.

Fast alle Frauen erwähnen in ihrer Lebensbeschreibung ihr Elternhaus. Über die Hälfte von ihnen schildert die finanzielle Situation der Familie. Das geschieht besonders ausführlich, wenn die Inflation 1923 oder die Wirtschaftskrise 1932 den Hintergrund bilden. Den Beruf des Vaters nennen 27 Verfasserinnen. Bei den meisten von ihnen finden auch Mutter und Geschwister Erwähnung sowie schwerwiegende Umbrüche innerhalb der Familie. Einige Alte Kämpferinnen beschreiben darüber hinaus Charakterzüge und Wertvorstellungen der Eltern. Im Zusammenspiel dieser familiären Erfahrungen sehen sie die Basis ihrer späteren nationalsozialistischen Überzeugung.

Um die ökonomisch-soziale Situation der Verfasserinnen während ihrer Kindheit zu vergleichen, werden zunächst die Berufe der Eltern aufgeschlüsselt, wobei das größere Einkommen maßgeblich ist, also traditionell das des Vaters, bei Alleinerziehenden das der Mutter. Soweit es die Angaben in den Biogrammen erlauben, wird dabei auch die wirtschaftliche Lage der Herkunftsfamilie skizziert.

Die wichtigsten Bezugsgrößen früher sozialer Prägung sind für die Alten Kämpferinnen der Beruf und der gesellschaftliche Status des Vaters. Über ihn definieren die Töchter lebenslang ihre soziale Schichtzugehörigkeit, aus ihm beziehen sie ihr Standesbewusstsein. Prägend für das Selbstbild der Töchter ist dabei jedoch nicht die vom Vater langfristig ausgeübte Tätigkeit, sondern die höchste jemals von ihm erreichte Position in Beruf oder Gesellschaft.[176] Im Falle eines persönlichen ökonomischen Abstiegs entstand eine Diskrepanz zwischen »empfundener« und »de facto«-Schichtzugehörigkeit der Töchter, an der deren Selbstbild nicht selten zerbrach.[177] Die von den Verfasserinnen angegebenen

174 Vgl. ebd.

175 Vgl. Geiger, S. 4.

176 Der einmal erreichte, höchste gesellschaftliche Status des Vaters ist die feste Bezugsgröße der Töchter, unabhängig von der natürlichen Person des Vaters und über dessen Tod hinaus. Eine Ausnahme bildet die Einheirat in eine höhere Gesellschaftsschicht.

177 Vgl. Wendt, S. 40. Der ökonomische Abstieg konnte entweder die Herkunftsfamilie betreffen, bedingt durch Krankheit oder Tod des Vaters, oder den später gegründeten eigenen Hausstand, etwa durch eigene Arbeitslosigkeit oder die des Ehemannes.

Berufe der Eltern beziehungsweise des Vaters sind recht uneinheitlich, so dass eine Grafik der Berufsklassifikationen nicht möglich ist.

Die meisten Wettbewerbsteilnehmerinnen wuchsen, zumindest während einiger Jahre ihrer Kindheit und Jugend, in bürgerlichen, etwa zur Hälfte sogar in gehobenen Verhältnissen auf.[178] Insgesamt elf waren Töchter von Selbständigen. Ihre Familien führten Handwerks- und Gastronomiebetriebe, waren Groß- und Einzelhändler oder Unternehmer. Die Selbständigen teilten die Erfahrung, den wirtschaftlichen Krisen der Weimarer Republik besonders ausgesetzt gewesen zu sein. Die mit sechs Zuschriften zweitgrößte Gruppe ist die der Beamtentöchter. Unabhängig vom Dienstgrad des Vaters empfanden sie die Zugehörigkeit zum Beamtentum als einen besonderen Status. Vier Väter hatten ein Studium absolviert und waren als Pastoren, Professor oder Ingenieur tätig. Je zwei Verfasserinnen hatten Angestellte als Vater oder Mutter, waren Handwerkertöchter, Arbeiterkinder oder wuchsen auf dem elterlichen Bauernhof auf. Zuschriften aus kleinbürgerlichen oder proletarischen familiären Verhältnissen sind damit stark unterrepräsentiert, wie aufgrund der Aufgabenstellung des Wettbewerbs zu erwarten war. Die Aufforderung, die eigene Lebensgeschichte im Hinblick auf politische Überzeugung zu reflektieren und als solche schriftlich darzulegen, spricht per se vorwiegend Menschen an, die an Schreibtätigkeiten und geistige Arbeit gewöhnt sind oder Freude daran haben. Üblicherweise sind diese eher in den gebildeteren, höheren sozialen Schichten zu finden.[179]

Der Großteil der Verfasserinnen empfand sich folglich – vermittels des Berufes beziehungsweise Status des Vaters – als der gehobenen Mittel- oder Oberschicht zugehörig. Tatsächlich jedoch erlebten sieben von ihnen bereits als Kinder und Jugendliche finanzielle Schwierigkeiten ihrer Familie oder sogar deren wirtschaftlichen Abstieg. Dafür gab es verschiedene Auslöser, die sich weitgehend, aber nicht nur, auf den Weltkrieg und die Krisen der Weimarer Republik zurückführen lassen. So erwähnen die Verfasserinnen den Verlust des Vaters im Weltkrieg, den Verlust von Grundbesitz durch kriegsbedingte Grenzverschiebungen, den Kapitalverlust durch die Inflation, aber auch Schicksalsschläge wie den Unfalltod des Vaters, die chronische Krankheit der Eltern oder wettbewerbsbedingte Konkurse.[180] Für die Töchter bedeutete der konkrete soziale Abstieg, dass sie nun selbst frühzeitig zum Familieneinkommen beitragen mussten, so beispielsweise die Musikstudentin Agnes Mosler-Sturm oder die

178 Bei Verfasserinnen, die den Beruf des Vaters nicht angeben, habe ich den Beruf der Mutter als Bezugsgröße angenommen.

179 An dieser Stelle sei noch einmal bemerkt, dass die Lebensberichte durch die Aufgabenstellung handverlesen und nicht repräsentativ sind. Vgl. Merkl, S. 6.

180 Als Beispiele: Verlust des Vaters vgl. Abel-Biogramm/Nr. 41/Marlene Heder; Verlust von Grundbesitz vgl. Abel-Biogramm/Nr. 363/Erna Stoyke; Verlust von Kapital Abel-Biogramm/Nr. 175/Erna Siegfried; inflationsbedingter Konkurs vgl. Abel-Biogramm/Nr. 116/Marianne Meinecke.

angehende Stenotypistin Erna Stoyke.[181] Dadurch wurden ihnen Ausbildungschancen genommen oder eine freie Berufswahl versagt.

2.2.3 Ausbildung und Beruf

Eine weiterführende Schulbildung sowie eine Berufsausbildung und -tätigkeit gehörten in den genannten Altersgruppen noch nicht zum »normalen« Lebensentwurf für Mädchen und junge Frauen. Vielmehr waren Heirat, Mutterschaft und Haushaltsführung vorgesehen. Weibliche Berufstätigkeit geschah fast ausschließlich aus finanzieller Not, wie etwa bei Erna Siegfried: »Mein Vater verlor einen Teil seines Vermögens und ich ergriff 1905 den kaufmännischen Beruf, um auch meinen Teil zum Lebensunterhalt beizutragen.«[182]

Die Angaben zur Schulbildung sind in den Biogrammen recht uneinheitlich. Einige Verfasserinnen lassen ihre Lebensbeschreibung erst im Erwachsenenalter beginnen.[183] Andere schildern ihre Kindheit und Jugend besonders ausführlich. Stolz machen sie sogar genaue Angaben über ihre Lernerfolge und den dadurch errungenen Sitzplatz,[184] nennen ihre Lieblingsfächer – darunter oft Heimatkunde und Geschichte – oder illustrieren den Schulbesuch durch Anekdoten, die einen kindlichen Nationalismus belegen sollen.[185] Der Bildungsweg von 25 Verfasserinnen lässt sich nachvollziehen. Das Spektrum der damals üblichen Schulausbildungen für Mädchen ist durch ihre Biogramme weitgehend abgedeckt. Zwölf von ihnen besuchten die Volksschule bis zum 14. Lebensjahr. Anschließend wechselte eine auf eine weiterführende Schule, zwei genossen Privatunterricht. Sieben Verfasserinnen erhielten eine Schulausbildung bis zum 16. Lebensjahr. Dieses war beispielsweise der Besuch einer Mittelschule bis zur 10. Klasse. Sechs Autorinnen gingen auf eine höhere Schule, meist auf ein Lyzeum, oder wurden nach dessen Lehrplan privat unterrichtet. Knapp zwei Drittel erwarben demnach eine Schulbildung, die über die Volksschule hinausging. Arbeiterkinder wie Hedwig Eggert und Klara Petersson traten mit 14 Jahren, nach dem Abschluss der Volksschule, selbstverständlich in die Fabrik ein. Für Töchter bürgerlicher Familien schloss sich oft ein einjähriger Aufenthalt außerhalb des Elternhauses an, »zur praktischen Unterweisung in allen hausfraulichen

181 Vgl. Abel-Biogramm/Nr. 100/Agnes Mosler-Sturm sowie Abel-Biogramm/Nr. 363/Erna Stoyke.

182 Abel-Biogramm/Nr. 175/Erna Siegfried, S. 2.

183 Vgl. Abel-Biogramm/Nr. 212/Maria von Belli oder Abel-Biogramm/Nr. 390/Marie Julie Horn.

184 Vgl. Abel-Biogramm/Nr. 588/Klara Petersson. Die Sitzordnung in den Klassen war nach der erbrachten Leistung gestaffelt. Die beste Schülerin war »Erste« und durfte ganz vorn, in der ersten Bankreihe sitzen.

185 Details aus der Schulzeit berichten unter anderem Abel-Biogramm/Nr. 44/Hilde Boehm-Stoltz, S. 1, in ähnlicher Weise auch Abel-Biogramm/Nr. 41/Marlene Heder, S. 2 f., und Abel-Biogramm/Nr. 193/Emma Bierwirth, S. 1 f.

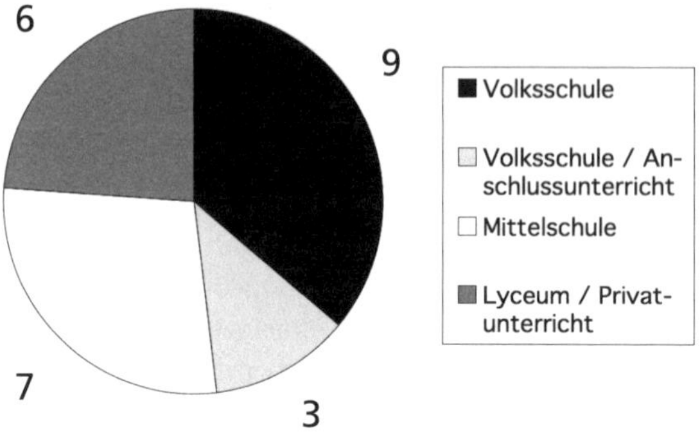

Abb. 2: Schulbildung

Tätigkeiten«.[186] Drei Frauen verbrachten diese Zeit als Hausangestellte in einer anderen Familie, zwei wurden in einem Mädchenpensionat hauswirtschaftlich geschult, eine davon in der Schweiz. Eine weitere Verfasserin verbrachte nach der Schule ein Jahr im Ausland, wohin sie vom Vater »geschickt«[187] worden war. Unklar bleibt, ob dieser Aufenthalt ebenfalls dem hauswirtschaftlichen Lernen diente.

Das durchschnittliche Heiratsalter von Frauen lag 1934 bei 26,1 Jahren.[188] War ein Hof oder Handwerksbetrieb zu versehen, konnten Mädchen aus kleinbürgerlichen Schichten zwischen Schulabschluss und Heirat als »mithelfende Familienangehörige« beschäftigt und ernährt werden. Doch im Zuge der Industrialisierung und der Entwicklung zur Dienstleistungsgesellschaft bot sich diese Möglichkeit immer seltener. Für junge Frauen aus dem mittleren und gehobenen Bürgertum war das Dasein als unverheiratete »Haustochter«, das in früheren Zeiten mehrere Jahre – oft ohne sinnvolle Beschäftigung – währen konnte, in der Weimarer Republik keine Option mehr.[189] Denn eine langjährige materielle Versorgung im Elternhaus konnte im Allgemeinen weder das von sozialem Abstieg bedrohte Bildungsbürgertum noch das durch die Inflation angeschlagene Wirtschaftsbürgertum leisten.[190] So bestand die, auch von Männern (an-)erkannte, wirtschaftliche Notwendigkeit, dass junge Frauen nach dem Ende der Schulzeit ihren Lebensunterhalt selbst verdienten, als angelernte oder als ausgebildete Erwerbstätige. Hier hatte bereits 1860 die Bürgerliche Frauenbewegung angesetzt. Deren Forderungen nach besseren Bildungschancen und Erwerbsmöglichkeiten für Unverheiratete setzten sich unter dem ökonomischen Druck zunehmend durch, wie das Beispiel der hier vertretenen Alten Kämpferinnen zeigt.

186 Abel-Biogramm/Nr. 130/Margarete Beckel, S. 1.
187 Abel-Biogramm/Nr. 46/Grete Kircher, S. 1.
188 Bundesrepublik Deutschland/Statistisches Bundesamt Wiesbaden, S. 105.
189 Vgl. Süchting-Hänger, S. 21.
190 Vgl. Lange, S. 25.

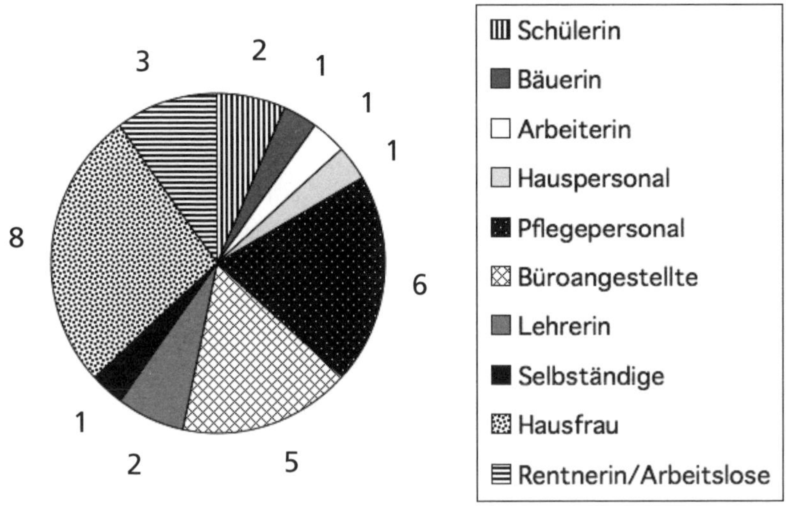

Abb. 3: Berufliche Tätigkeit

Eine regelrechte Berufsausbildung erhielten 18 von 25 Verfasserinnen. Dabei handelte es sich ausschließlich um gesellschaftlich akzeptierte Frauenberufe: Sieben Alte Kämpferinnen durchliefen eine Ausbildung zur Büroangestellten. Zum Teil besuchten sie dazu eine Handelsschule. Sechs ergriffen einen pflegerischen Beruf, in aller Regel den der Krankenschwester, und legten das Staatsexamen ab. Drei lernen die handwerklichen Frauenberufe Weißnäherin, Floristin und Weberin. Zwei Einsenderinnen absolvierten ein Studium und wurden Lehrerinnen.[191] Zu ihrer aktuellen beruflichen Situation äußern sich 30 Einsenderinnen. Die mit 17 Zuschriften bemerkenswerte Mehrheit (56 Prozent) ging einer außerhäuslichen Erwerbsarbeit nach. Nur acht Verfasserinnen waren Hausfrauen. Im Vergleich dazu war im gesamten Deutschen Reich nur ein knappes Fünftel (19 Prozent)[192] der weiblichen Bevölkerung außer Haus tätig. Ob diese hohe weibliche Berufstätigkeit spezifisch für Alte Kämpferinnen war, ist nicht zu ermitteln, denn in der Parteistatistik wurden Frauen beruflich undifferenziert als »andere« registriert, gemeinsam mit Rentnern, Bauern und marginal vertretenen Berufsgruppen. Wie bereits die Formen der schulischen

191 Ruth Grathwohl war als Lehramtsstudentin für Biologie und Geographie an der Universität Bonn eingeschrieben. Abel-Biogramm/Nr. 145/Ruth Grathwohl. Agnes Mosler-Sturm brach ihr Musikstudium ab und arbeitete in Berlin als Klavierlehrerin. Abel-Biogramm/Nr. 100/Agnes Mosler-Sturm.

192 Statistik weibliche Erwerbstätigkeit 1934: Weibliche Bevölkerung: 33.598.265, Erwerbsfähige insgesamt: 11.481.000, Erwerbslose: 1.143.000, Selbständige: 937.000, Mithelfende Familienangehörige: 4.149.000, Beamte/Angestellte: 1.404.00, Arbeiterinnen: 2.805.000, Hausangestellte: 1.043.000. Vgl. Statistisches Reichsamt, S. 18.

und nachschulischen Ausbildung sind auch die zum Zeitpunkt der Niederschrift ausgeübten Berufe der Verfasserinnen sehr verschieden. Eine mithelfende Familienangehörige in der Landwirtschaft ist ebenso vertreten wie eine Fabrikarbeiterin, eine Sprechstundenhilfe und eine Klavierlehrerin. Wie das Diagramm zeigt, ist kaum eine Verfasserin im produzierenden oder verarbeitenden Gewerbe beschäftigt. Ebenso wenige üben eine höher qualifizierte Tätigkeit, wie etwa die der Lehrerin, aus. Die vertretenen Berufe sind ausschließlich traditionelle Frauenberufe mit mittlerer Qualifikation. Dabei liegt ein klarer Schwerpunkt im Dienstleistungssektor namentlich bei Büroangestellten und Pflegekräften.

In den beruflichen Werdegängen der Frauen spiegeln sich die politischen Umstände ihres Lebens. Es sind drei Phänomene auszumachen, die den beruflichen Werdegang der Verfasserinnen beeinflussten:

1. die Notwendigkeit, die während des Ersten Weltkriegs einberufenen Männer zu vertreten, sowie nach Kriegsende die Invaliden und Toten zu ersetzen.
   Damals leitete Margarete Beckel an Stelle ihres Ehemannes eine »60 Morgen große Obst-und-Weinbau-unter-Glas-Genossenschaft«.[193] Helene Radtke übernahm den Posten eines befreundeten Reichsbahnbeamten, als dieser eingezogen wurde.[194]
2. beruflicher und sozialer Abstieg durch Kriegsfolgen und Wirtschaftskrise, wodurch Frauen gezwungen waren, eigene Pläne aufzugeben und ihre Familien zu ernähren.
   Beispielsweise zog die geborene Freiin und Offiziersgattin Maria von Belli mit ihrer Familie in die einsame bayerische »Oed«, wo sie als Bäuerin lebte und arbeitete, als das Militär nach dem Ende des Ersten Weltkrieges an Ansehen verlor.[195] Eine andere Einsenderin, Agnes Mosler-Sturm, brach ihr Musikstudium ab, um während der Inflation als Klavierlehrerin ihre Eltern zu ernähren.[196] Die junge Stenotypistin Erna Stoyke arbeitete in einer Fabrik, als der familieneigene Betrieb 1932 in Konkurs ging.[197]
3. beruflicher und sozialer Aufstieg durch Flexibilität.

Auffallend viele Verfasserinnen mit kleinbürgerlichem Hintergrund zogen aus Kleinstädten in die Großstadt. Hier wechselten sie nicht nur die Arbeitgeber sondern auch den Beruf mehrmals. Exemplarisch ist das Berufsleben der 37-jährigen Hedwig Eggert: Die Schlesierin erlernte zunächst den Beruf der Weberin und fertigte in Schichtarbeit »feldgraues Tuch für unsere Krieger«.[198] Bessere Arbeitsbedingungen fand sie als Hausmädchen in der Metropole Berlin. Noch während des Krieges wechselte sie in die Schlosserei der Firma AEG und später in ein Büro. Ihre Stelle musste sie jedoch für einen Kriegsheimkehrer freimachen. Von

193 Abel-Biogramm/Nr. 130/Margarete Beckel, S. 2.
194 Abel-Biogramm/Nr. 207/Helene Radtke, S. 2.
195 Abel-Biogramm/Nr. 212/Maria von Belli, S. 2.
196 Abel-Biogramm/Nr. 100/Agnes Mosler-Sturm, S. 1.
197 Abel-Biogramm/Nr. 363/Erna Stoyke, S. 12.
198 Abel-Biogramm/Nr. 459/Hedwig Eggert, S. 2.

ihrem Ehemann, der ein »leichtsinniger Mensch«[199] gewesen sei, trennte sie sich. Den Lebensunterhalt für sich und ihre kleine Tochter verdiente Hedwig Eggert durch die Arbeit in einer Nähwerkstatt, bis sie sich schließlich mit einem »Zeitungs- und Cigarettenstand«[200] selbständig machen konnte. Von den Frauen, die, bedingt durch den Krieg und die wirtschaftlichen Krisen der Weimarer Republik, zu einer Erwerbstätigkeit gezwungen waren, hatten wohl nur wenige eine andauernde Berufstätigkeit in ihrem ursprünglichen Lebensplan vorgesehen. Der Lebensweg Hedwig Eggerts dagegen zeigt den persönlichen, aber als Massenphänomen auftretenden Ehrgeiz nach sozialem und wirtschaftlichem Aufstieg. Eggerts Wechsel vom verarbeitenden Gewerbe in den Bereich Verwaltung und Handel bietet zudem ein Beispiel für das Anwachsen des Dienstleistungssektors, der leichtere, saubere Arbeit und eine bessere Bezahlung versprach.

Festzuhalten bleibt, dass weniger als ein Drittel der Verfasserinnen ausschließlich den vom Nationalsozialismus propagierten »eigentlichen Beruf, den der Hausfrau und Mutter«[201] ausübte.

2.2.4 Finanzielle Situation um 1930

Angaben zu ihrer finanziellen Lage um 1930 machen 29 Verfasserinnen. Meist geschieht dies allerdings indirekt über die Beschreibung ihrer Wohn- und Beschäftigungsverhältnisse, die als fehlendes oder vorhandenes Statussymbol angeführt werden. Daraus lässt sich die subjektive Wahrnehmung und Beurteilung der Lebenssituation ablesen. Um 1930 befanden sich 14 Wettbewerbsteilnehmerinnen in einem Prozess sozialen Abstiegs oder lebten bereits seit Langem unter dem Niveau, dem sie sich vor dem Hintergrund ihrer Herkunftsfamilie zugehörig fühlten. So schildert beispielsweise Lisi Paupié, eine Beamtentochter und verarmte Kriegerwitwe, voller Zorn die ihr von den Behörden zugewiesene zugige Dachwohnung. Diese Behausung mache ihren kleinen Sohn krank und sei außerdem viel zu eng, um ihre schönen Möbel, Paupiés Symbol für verlorenen sozialen Status, aufzustellen.[202]

Der Großteil der Verfasserinnen trat demnach unter dem Eindruck persönlicher materieller Not in die NSDAP ein. Die finanzielle Misere war bei einigen Frauen akut und allgegenwärtig, als sie in den letzten Jahren der Weimarer Republik begannen, sich für die Hitlerbewegung zu interessieren. Bei anderen lag das Wegbrechen der Lebensgrundlage bereits einige Jahre zurück. Obwohl sie nun einen niedrigeren Lebensstandard halten konnten, wirkte das Trauma der wirtschaftlichen Krise fort. Für viele manifestierte sich darin ihre Zukunftsangst. Die ökonomische und gesellschaftliche Situation dieser

199 Ebd., S. 5.
200 Ebd., S. 8.
201 Abel-Biogramm/Nr. 363/Erna Stoyke, S. 6.
202 Vgl. Abel-Biogramm/Nr. 187/Lisi Paupié, S. 4.

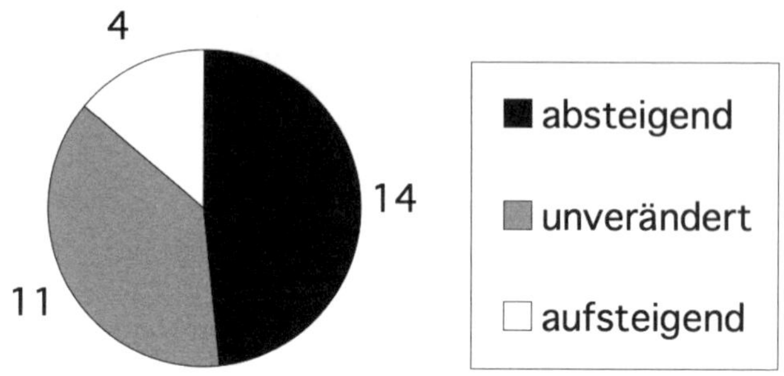

Abb. 4: Finanzielle Situation um 1930 (Selbstwahrnehmung)

frühen weiblichen Parteimitglieder entspricht der des Großteils der NSDAP-Wählerschaft. Bernd Jürgen Wendt typisiert sie als »Menschen, die sich nach Herkunft und ›Standesbewußtsein‹ noch als der Mittelschicht zugehörig fühlten und eine scharfe Abgrenzung zum Proletariat und seinen Organisationen suchten, als die Weltwirtschaftskrise sie in ihrer realen Existenz längst auf eine proletarische Stufe der Verelendung hinabgedrückt hatte.«[203] Ihnen stehen zwölf Verfasserinnen gegenüber, die den Lebensstandard der Kindheit und Jugend in etwa halten konnten. Ein erfolgreicher gesellschaftlicher Aufstieg bildete also die Ausnahme.[204]

2.2.5 Familienstand

Fast alle Verfasserinnen machen Angaben zu ihrem bisherigen und aktuellen Familienstand. Viele schreiben von Verlobten und Ehemännern, von deren Beruf, politischer Haltung und Wesensart. Gelegentlich wird sogar das gegenseitige Kennenlernen oder das Verhältnis der Eheleute zueinander erwähnt. Manche Autorinnen nennen auch die Namen und Geburtstage ihrer Kinder oder erzählen von deren Heranwachsen im Geist des Nationalsozialismus. Die Frage nach dem Familienstand übergehen nur zwei von ihnen. So können hier 34 Biogramme ausgewertet werden. Die mit 14 Frauen stärkste Gruppe ist die der Ledigen. Fast gleich stark ist die Gruppe der Verheirateten mit 13 Zuschriften. Die Verwitweten sind mit vier, die Geschiedenen mit drei Zuschriften vertreten (von fünf Geschiedenen sind zwei wieder verheiratet).

203 Wendt, S. 40.

204 Vier Frauen hatten einen sozialen Aufstieg geschafft, durch Heirat, vgl. Abel-Biogramm/Nr. 177/Anna Nieke und Abel-Biogramm/Nr. 588/Klara Petersson, oder durch persönliches Engagement, vgl. Abel-Biogramm/Nr. 459/Hedwig Eggert sowie Abel-Biogramm/Nr. 145/Ruth Grathwohl – Letztere stammte aus einer Gärtnerei und wurde nach ihrem Studium Lehrerin.

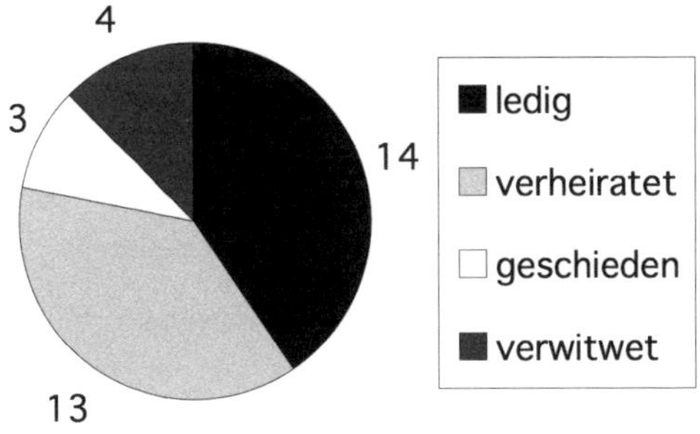

Abb. 5: Familienstand der Verfasserinnen

Aufschlussreich ist der Vergleich mit dem Familienstand der weiblichen Gesamtbevölkerung im Jahre 1934. Von insgesamt 22,1 Millionen deutschen Frauen über 20 Jahren waren 15,1 Millionen Ehefrauen, 3,0 Millionen Witwen und nur 0,3 Millionen Geschiedene. Weitere 3,7 Millionen galten als ledig.[205] Sowohl Alleinstehende als auch Geschiedene sind unter den hier vertretenen Alten Kämpferinnen überproportional vertreten. Die Scheidungsrate in der Weimarer Republik war noch gering, stieg aber langsam an.[206] Hier ist anzumerken, dass um 1930 geschiedene Frauen, ungeachtet der Scheidungsgründe, gesellschaftlich vielfach verachtet und ausgegrenzt wurden. Mindestens drei Verfasserinnen hatten sich »auf eigenen Wunsch«[207] von ihrem Ehemann getrennt. Eine zeittypische Ursache lag in der körperlichen oder selischen Kriegsversehrtheit des Mannes, eine andere in dem sich verändernden Selbstverständnis der Frauen. Die Unerschrockenheit, sich mit einer Ehescheidung außerhalb der Gesellschaft zu stellen, könnte auf eine generelle mentale Haltung der Alten Kämpferinnen hindeuten. In zahlreichen Biogrammen klingt dieser Mut zum Anderssein an. Die Verfasserinnen nahmen Anfeindungen wie »Naziricke«[208] oder »Hitlermatratze«,[209] körperliche Angriffe und sogar Entlassungen stolz in Kauf.

Vor dem Hintergrund der nationalsozialistischen Ideologie erscheint auch die Kinderzahl der Verfasserinnen erwähnenswert: Von 34 Frauen, die Angaben zu ihren Kindern machen, sind 21 kinderlos (62 Prozent), darunter die 14 Ledigen sowie sieben verheiratete Frauen. Demgegenüber haben 13 Frauen eigene Kinder (38 Prozent): sieben von ihnen sind Mutter eines Kindes, sechs haben mehrere Kinder. Unter den Müttern sind auch die sieben Geschiedenen und Verwitweten.

Es bleibt festzuhalten, dass lediglich sechs von 34 Verfasserinnen als Ehefrau und Mutter das traditionelle Familienmodell lebten. Nur drei dieser verheira-

205 Statistisches Reichsamt, S. 56.

206 Zwischen 1923 und 1929 kamen auf 10.000 Ehen 30 Scheidungen. Zwischen 1933 und 1934 stieg diese Quote auf 37 Scheidungen. Kompisch, Täterinnen, S. 23.

207 Abel-Biogramm/Nr. 177/Anna Nieke, S. 9.

208 Ebd., S. 11.

209 Abel-Biogramm/Nr. 207/Helene Radtke, S. 7.

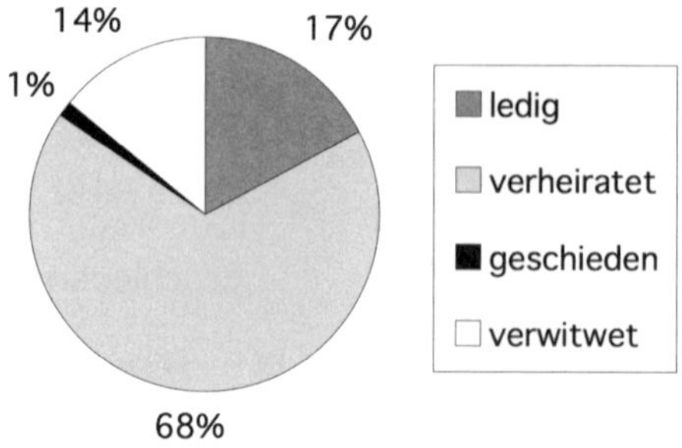

Abb. 6: Familienstand der weiblichen Bevölkerung über 20 Jahre (1934)

teten Frauen waren mehrfache Mütter und entsprachen damit dem nationalsozialistischen Frauen- beziehungsweise Familienideal. Der Löwenanteil der hier vertretenen Alten Kämpferinnen, folgte – in der Regel unfreiwillig – alternativen Lebensformen.

2.2.6 Wohnorte und Wohnortwechsel

Theodore Abel erhielt seine weiblichen Zuschriften zu einem großen Teil aus Berlin und westlichen Regionen Deutschlands. Die mit Abstand meisten Wettbewerbsbeiträge, mit 19 von 36 Biogrammen, kamen aus Berlin. Insgesamt acht Essays wurden aus Hessen, drei weitere aus dem Rhein-Ruhrgebiet eingesandt. Aus West- und Ostpreußen erreichten Abel drei Essays, zwei aus Hannover und ein einzelnes aus dem Umland von Trier. Zuschriften von Frauen aus Norddeutschland, von Friesland bis Pommern, aus Mittel- und Süddeutschland sowie aus Schlesien fehlen völlig.

Dieses Ungleichgewicht ist in erster Linie darauf zurückzuführen, dass Abel in Berlin Unterstützung durch den Gaupropagandaleiter der NSDAP Groß-Berlin Walther Schulze-Wechsungen erhielt. Andernorts wurde die Wettbewerbsausschreibung offenbar nicht wie ursprünglich zugesagt reichsweit in der Parteipresse veröffentlicht, sondern höchstens lokal oder regional bekannt gemacht.[210] Ob überhaupt ein Abdruck oder Aushang erfolgte, lässt sich nicht rekonstruieren. Keine Verfasserin verrät, auf welchem Weg sie von der Wettbewerbsausschreibung erfahren hat.

Ebenso ist nur in wenigen Fällen zu klären, ob die Alten Kämpferinnen in Beziehung zueinander standen und sich eventuell gegenseitig zur Teilnahme anregten.[211] Aufeinander Bezug nehmen nur die Schwestern Hedwig Eggert

210 Auf die problematische Archivlage zur Veröffentlichung wurde bereits hingewiesen.

211 Hinsichtlich der männlichen Parteigenossen gibt es dafür allerdings Belege. Merkl schreibt dazu: »[There is] some evidence that some locals went out of their way to promote contributions.«, S. 7.

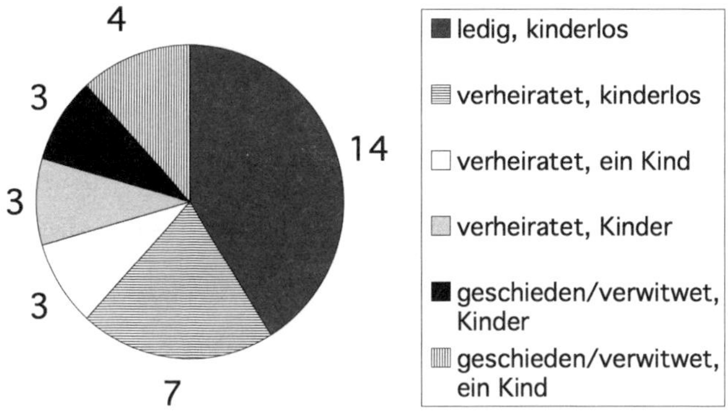

Abb. 7: Kinderzahl

und Klara Petersson aus Berlin.[212] In drei weiteren Fällen beteiligten sich Paare an Abels Wettbewerb: Marie Julie Horn weist in ihrem Essay auf das ihres Ehemannes Martin hin, dem sie die Beschreibung einzelner NSDAP-Versammlungen überlasse.[213] Aus Emma Bierwirths Feder floss auch der Aufsatz ihres Gatten – dies mag einer besser lesbaren Handschrift geschuldet sein.[214] Therese Diebel erwähnt in ihrem Aufsatz Willi Diebel als Vater ihrer Kinder. Auch von ihm findet sich ein Biogramm in der Theodore-Abel-Sammlung.[215] Einige der Wettbewerbsteilnehmerinnen waren zweifellos miteinander bekannt: So sind bei den Berlinerinnen die südwestlichen Stadtteile Steglitz und Lichterfelde sowie Moabit und Schönefeld am stärksten vertreten. Manche dieser Frauen gehörten der gleichen NSDAP-Ortsgruppe, beziehungsweise der dortigen NS-Frauenschaft an oder erwähnen unabhängig voneinander ihre Mitarbeit in einer sogenannten SA-Küche. Einige waren vor der Gründung der NS-Frauenschaft gemeinsam im Deutschen Frauenorden aktiv.[216] Andere bewegten sich während

212 Abel-Biogramm/Nr. 459/Hedwig Eggert und Abel-Biogramm/Nr. 588/Klara Petersson.

213 Abel-Biogramm/Nr. 390/Marie Julie Horn, S. 2. Das Biogramm ihres Gatten findet sich unter Abel-Biogramm/Nr. 391/Martin Horn. In der Liste der Hoover Institution Archives, Stanford ist das Ehepaar fälschlich unter den Namen »Maria Zurlinden« und »Martin Gorn« aufgeführt.

214 Abel-Biogramm/Nr. 193/Emma Bierwirth. Das Biogramm ihres Mannes findet sich unter Abel-Biogramm/Nr. 192/Paul Bierwirth. Beide Biogramme sind in der gleichen Handschrift verfasst, die auch der Unterschrift Emma Bierwirths entspricht. Das von ihr geschriebene Biogramm des Mannes fiel um die Hälfte kürzer aus als ihr eigenes.

215 Abel-Biogramm/Nr. 589/Therese Diebel. In der Sammlung findet sich ebenfalls Abel-Biogramm/Nr. 461/Willy Diebel.

216 Hertha von Reuss und Margarethe Schrimpff erwähnen beide die aufeinanderfolgende Mitgliedschaft in DFO, FAG und NSF. Vgl. Abel-Biogramm/Nr. 36/Hertha von Reuss; Abel-Biogramm/Nr. 582/Margarethe Schrimpff. Klara Petersson leitete die DFO-Gruppe Berlin-Steglitz, ein Stadtbezirk, in dem auch Schrimpff aktiv war.

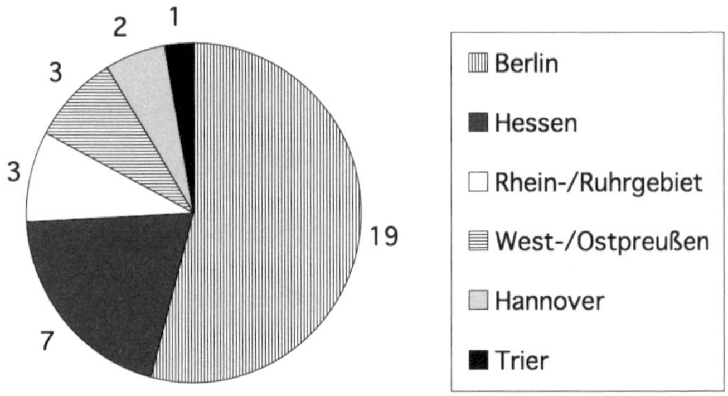

Abb. 8: Wohnort

der Kampfzeit im engeren Kreis um den damaligen Berliner Gauleiter Joseph Goebbels.[217] Auch die vier Berliner Krankenschwestern mögen sich als gleichgesinnte Arbeitskolleginnen gekannt haben. In Hessen waren Frankfurt und Darmstadt die Schwerpunkte der Wettbewerbsteilnahme. Eine Verbindung könnte zwischen der Darmstädterin Helene Radtke und der Bensheimerin Susi Jost bestanden haben. Sie bewohnten unmittelbar nacheinander dasselbe Haus.[218]

Als weiteren Grund für das geographische Ungleichgewicht der Zuschriften vermutet Peter Merkl »those from the ethnic border felt a particular urge to ›tell America‹ their life stories or that the party especially encouraged them to do so«. Merkl nimmt an, gerade die Teilnehmer aus den deutschen Grenzgebieten fühlten ein besonderes Bedürfnis »Amerika« ihre Lebensgeschichten zu erzählen oder sie wurden von der Partei dazu ermutigt.[219] Je nach Wohn- und Herkunftsort waren Frauen mehr oder weniger stark von Weltkrieg und Nachkriegszeit betroffen oder in die NS-Kampfzeit eingebunden. Eine starke Motivation für die Teilnahme an Abels Wettbewerb war nach Merkls Ansicht die nachhaltige Auswirkung zeitgeschichtlicher Ereignisse auf das persönliche Leben. Das autobiographische Essay bot den Verfasserinnen die Option, das Erlebte zu verarbeiten, indem sie sich einem anonymen Leser mitteilten – aus heutiger Sicht ein Prozess therapeutischen Schreibens. Tatsächlich schildern die meisten Autorinnen Ereignisse aus jenen Gegenden, in denen Zeitgeschichte auch im Alltag deutlich spürbar war: aus Berlin, aus den linksrheinischen Gebieten und der Region Rhein-Ruhr sowie aus dem deutsch-polnischen Grenzbereich.

217 Neben den oben Genannten, die erklärte Goebbels-Anhängerinnen waren und beispielsweise von der Teilnahme an dessen 30. Geburtstag berichten, gehörte auch Erika Ullmann zum engeren Kreis um den Berliner Gauleiter. Abel-Biogramm/Nr. 532/Erika Ullmann.

218 Vgl. Archiv der Stadt Bensheim, Haus Rodensteinstr. 83. Helene Radtke wohnte mit ihrer Familie bis zum 3. Mai 1933 in diesem Haus, Susi Jost zog am 4. Mai 1933 mit ihren Kindern dort ein.

219 Merkl, S. 18.

Dennoch bestimmte meines Erachtens der Zufall die Einsendung. Anders ist nicht zu erklären, dass beispielsweise Zuschriften aus München, der »Hauptstadt der NS-Bewegung«, oder aus anderen »braunen Hochburgen« wie Oldenburg (in Oldenburg) und Detmold fehlen. So bedingten die lokalen Verhältnisse nicht die Zusendung als solche, bestimmten aber deren Inhalt.

Die Mehrheit der insgesamt 582 Abel-Biogramme, 31 Prozent, stammt aus der Reichshauptstadt Berlin.[220] Unter den Zuschriften von Frauen sind es sogar 53 Prozent. Einsendungen aus Berlin sind damit, auch im Vergleich mit der Parteistatistik der NSDAP (6,5 Prozent der Parteimitglieder lebten 1933 in Berlin), stark überrepräsentiert. Seit Joseph Goebbels im November 1926 Berliner Gauleiter wurde, erlebte die Hauptstadt eine schnelle Abfolge nationalsozialistischer Parteiveranstaltungen, Publikationen, Aufmärsche und Straßenschlachten. Die Hitlerbewegung war hier besonders aktiv, die Partizipationsmöglichkeiten zahlreich und das Engagement der Anhängerinnen und Anhänger hoch. Politisch rechte Frauen fanden in Berlin zudem einen weiteren Anziehungspunkt: Elsbeth Zander, die Gründerin des unabhängigen, aber hitlertreuen »Deutschen Frauenordens Rotes Hakenkreuz« (DFO). Wie bereits dargestellt, agierte der DFO reichsweit, hatte aber seinen Hauptsitz in Berlin, wo er unter anderem die erwähnten Suppenküchen und ein SA-Lazarett unterhielt. Die öffentlichkeitswirksamen Inszenierungen der NSDAP sowie die Mitarbeit in SA oder DFO boten Nationalsozialistinnen und Nationalsozialisten eine spannende, erlebnisreiche Zeit und damit ausreichend Inhalt für ihre autobiographischen Essays.

Die mit 26 Prozent zweitgrößte Gruppe aller Wettbewerbszuschriften wurde aus den linksrheinischen Gauen sowie aus dem Rhein-Ruhrgebiet eingesandt. Unter den Essays der Frauen stammen oder berichten 23 Prozent aus dieser Region. Nach dem Frieden von Versailles fielen Elsass und Lothringen an Frankreich. Das Saargebiet wurde unter die Verwaltung des Völkerbundes gestellt, seine Kohlengruben Frankreich zugeschlagen. Französisch-belgische Truppen besetzten zunächst die linksrheinischen Städte und im Januar 1923 auch das Ruhrgebiet.[221] Zahlreiche Alte Kämpferinnen beklagen gegenüber der amerikanischen Leserschaft Willkürakte und Demütigungen seitens der Besatzer. Ihre Schilderungen reichen von alltäglichen Vorkommnissen, etwa der Erfahrung, durch Soldaten vom Gehsteig verdrängt zu werden, bis hin zu Ausnahmesituationen: So berichtet die Elsässerin Helene Radtke von der Ausreise aus ihrer Heimat, während der sie 1919 in ein französisches Internierungslager geriet und sich dort gegen ihren Willen einer Ganzkörper-Desinfizierung mit anschließender Quarantäne unterziehen musste:

> »Drei Stunden lang stand ich mit meinem Kinde auf dem Arm, bis man mich ausgesucht hatte. Ich mußte mich samt dem Kinde, das im Alter von 14

220 Ebd., S. 19.

221 Hintergrund für diesen Einmarsch waren die von Frankreich als Reparationen geforderten, aber von Deutschland nicht erbrachten Holz- und Kohlelieferungen.

> Monaten stand vollständig entkleiden. Mit 35 kg. Gepäck mußte ich meine Heimat verlassen.«[222]

Aus dem Ruhrgebiet schildert Maria Bauer das Ende eines Familienausflugs ins Sauerland:

> »An einem Sonntage verhängen die Franzosen Belagerungszustand, und als die Ausflügler nichts ahnend zwischen 7 und 8 Uhr von der Bahn kommen, wird hineingeschossen.«[223]

Das Entsetzen über die Unberechenbarkeit der Besatzer blieb ihr im Gedächtnis. Ähnlich gelagert war die Situation in den ethnischen Grenzgebieten im Osten Deutschlands: Westpreußen, Posen und Oberschlesien. Die Abel-Sammlung enthält insgesamt 14 Prozent Einsendungen aus diesen Regionen.[224] Unter den weiblichen Essays sind es 9 Prozent. Diese Zahl erhöht sich jedoch beträchtlich, wenn der Geburtsort berücksichtigt wird, denn viele Frauen hatten die nun polnischen Gebiete verlassen oder verlassen müssen.[225] Die Verfasserinnen schildern ein »ethnisches Drama«,[226] das gekennzeichnet war von Konflikten mit den neuen polnischen Machthabern, von Flucht, Vertreibung und sozialem Abstieg. Der Wunsch nach Vergeltung bahnte schließlich den Weg in einen aggressiven Nationalismus.[227]

Bei 31 von 36 Verfasserinnen handelt es sich um (Groß-)Städterinnen. Nur vier lebten zur Zeit der Niederschrift in Kleinstädten, lediglich eine auf dem Land. Kaum eine Städterin war jedoch in dieser Stadt geboren worden und dort aufgewachsen. Vielmehr hatten die meisten eine Reihe von Orts- und Wohnungswechseln hinter sich.[228] Die Mehrheit dieser Frauen war, gemeinsam mit

222 Abel-Biogramm/Nr. 207/Helene Radtke, S. 3. Später wurde Helene Radtke bei einem Elsass-Lothringer-Treffen in Darmstadt für den Nationalsozialismus geworben.

223 Abel-Biogramm/Nr. 30/Maria Bauer, S. 3.

224 Merkl, S. 18.

225 Anna Nieke war 1914 ins deutsch-russische Frontgebiet geraten. Vgl. Abel-Biogramm/Nr. 177/Anna Nieke. Leokardia Rogalski berichtet, ihr Bruder sei 1919 im nun polnischen Hohensalza zum Bau von Schützengräben, sie selbst zum Dienst als Krankenschwester zwangsverpflichtet worden. Vgl. Abel-Biogramm/Nr. 305/Leokardia Rogalski.

226 Merkl, S. 17.

227 Durch die Gebietsabtretungen nach dem Ersten Weltkrieg vergrößerte sich der Anteil Deutscher bzw. Deutschstämmiger im Ausland, das sogenannte Auslandsdeutschtum, das ein wesentlicher Faktor der Politik der Weimarer Republik und der Idee der Volksgemeinschaft (als Alternative zum parlamentarischen Staat) war. Vgl. dazu Angelika Schaser, Das Engagement des Bundes Deutscher Frauenvereine für das »Auslandsdeutschtum«. Weibliche Kulturaufgabe und nationale Politik vom Ersten Weltkrieg bis 1933, in: Ute Planert (Hrsg.), Nation, Politik und Geschlecht. Frauenbewegungen und Nationalismus in der Moderne, Frankfurt a. M. 2000, S. 254-274.

228 Insgesamt 23 von 36 Verfasserinnen haben mehrere Ortswechsel vollzogen, die über ein Pensions- oder Hauswirtschaftsjahr in einer anderen Stadt hinausgehen.

ihren Familien, auf der Suche nach Arbeit vom Land in die Stadt abgewandert.[229] Andere verließen infolge der neu festgesetzten deutschen Ostgrenzen nach dem Ersten Weltkrieg ihre nun zu polnischem Staatsgebiet gewordene Heimat – auch hier vor allem mit dem Ziel Berlin.

In den 1920er Jahren markierte der Orts- oder Wohnungswechsel für viele Verfasserinnen zudem einen sozialen Abstieg, dessen Kulisse ein immer dürftigerer Wohnraum war: Als Kriegerwitwen mit einer marginalen Rente oder aber als Folge von Inflation und Arbeitslosigkeit konnten viele ihren Lebensstandard und damit ihre derzeitige Wohnung nicht mehr halten. Einige kamen mit ihren Ehemännern oder Kindern nach langer Wohnungssuche in behelfsmäßigen Dachverschlägen unter,[230] andere lebten einige Zeit bei Verwandten oder in Gartenlauben und Eisenbahnwaggons.[231] In den Biogrammen geben sie dieser Misere raumgreifend Ausdruck. Im Hinblick auf die gesamte Abel-Sammlung bemerkt Peter Merkl, nicht wenige Verfasser hätten in den Jahren 1929-1933 bis zu fünf Mal ihren Wohnort gewechselt. Er spricht in diesem Zusammenhang von einer »high mobile population«,[232] einer hochmobilen Gesellschaft. Die einzelnen Mitglieder dieser Gesellschaft machten die Erfahrung von Heimatverlust und Entwurzelung. Ihre Ortswechsel waren teilweise erzwungen, teilweise selbstgewählt, ohne jedoch wirklich freiwillig zu sein. Die überdurchschnittliche Mobilität der Verfasserinnen soll zu den Motiven für einen NSDAP-Beitritt in Verbindung gesetzt werden.

2.2.7 Politisches Interesse

Die Verfasserinnen der Abel-Biogramme bekunden mit 26 von 36 Zuschriften mehrheitlich, schon lange vor dem NSDAP-Beitritt politisches Interesse entwickelt und politische Erfahrungen gesammelt zu haben. Oft wird der Aus-

229 Peter Merkl sieht Frankfurt a. M. als zweite Drehscheibe der innerdeutschen Arbeitsmigration. Vgl. Merkl, S. 19.

230 Diese Situation schildert Abel-Biogramm/Nr. 187/Lisi Paupié, S. 7: »In Darmstadt schrieb ich mich als Wohnungssuchende ein, da ich vorhatte mal dorthin zu ziehen. Als mein Junge 6 Jahre, zog [ich, K. K.] nach Darmstadt auch wieder in ein schiefes Bodenzimmer, immer hoffend, für mein Kind mal eine kleine aber gerade Wohnung zu finden.« Das Auslassen von Verben und Personalpronomen kennzeichnet den persönlichen Schreibstil Lisi Paupiés.

231 Letzteres beschreibt Abel-Biogramm/Nr. 177/Anna Nieke: »1930, 1. November wurde ich arbeitslos, meine jüngste Schwst. [Maria, K. K.] hat hier in Plötzensee sich 1928 eine Hütte gekauft, um mit ihrer Familie billiger wohnen zu können. Nun stand ich arbeits und heimatlos, ich fand bei Maria Aufnahme. Adolf [der Bruder, K. K.] kam auch und bat Maria um Bleibe, sie nahm uns beide herzlich auf.« Im Eisenbahnwaggon lebte Leokardia Rogalski aufgrund ungeklärter Besitzverhältnisse, nachdem ihr Wohnort Hohensalza polnisches Staatsgebiet geworden war: »Jetzt kam eine böse Zeit. In einem Waggon hausten wir bis die Wohnungsfrage gelöst war.« in: Abel-Biogramm/Nr. 305/Leokardia Rogalski, S. 2.

232 Merkl, S. 15.

gangspunkt dafür in einem entsprechend interessierten Elternhaus gesehen. Viele der Frauen geben an, sich als Erwachsene selbständig über politische Strömungen informiert zu haben, sie besuchten beispielsweise Veranstaltungen verschiedenster Parteien und lasen deren Schriften. Einige Verfasserinnen waren bereits Mitglied in einem Verein oder einer Partei gewesen.

Für die NSDAP wurden die Verfasserinnen zum großen Teil persönlich geworben, das heißt durch mündliche Ansprache. Es waren dabei fast ausschließlich männliche Personen, über die die Frauen auf den Nationalsozialismus aufmerksam wurden. Die größte Rolle spielten hier Familienmitglieder, allen voran die Brüder der Verfasserinnen, von denen manche der SA angehörten. Auch Ehemänner, Söhne und Schwager leisteten politische Überzeugungsarbeit. Seltener war die Werbung durch Freunde und Bekannte wie etwa Arbeitskollegen, hier ein Fahrlehrer, dort ein Briefträger oder eine Mitschülerin. Das erste Interesse an der Hitlerbewegung entstand für die meisten Verfasserinnen folglich aus ihren sozialen Bindungen. Gegenseitige Vertrautheit, Zuneigung und Achtung ebneten der NS-Ideologie den Weg. Die Werbung für den Nationalsozialismus spiegelt zudem die traditionellen, an den männlichen Familienmitgliedern orientierten sozialen Strukturen. Bei jungen Frauen kam den älteren Brüdern offenbar eine Vorbildfunktion zu, die sich gerade auch auf politische Fragen erstreckte.[233]

Es war jedoch nicht ausschließlich das private Umfeld, respektive männlicher Einfluss, der Frauen für die NS-Bewegung begeisterte. Veranstaltungen, wie politische Vorträge und eindrucksvolle SA-Aufmärsche, zogen fünf Verfasserinnen nach eigenem Bekunden in die NSDAP. Bei mehreren hatte die Rede eines NS-Führers wie Gregor Strasser, Goebbels oder Hitler den unmittelbaren Parteibeitritt zur Folge. Selten erwähnt werden dagegen nationalsozialistische Propaganda-Schriften. Nur zwei geben an, über Zeitungslektüre oder Bücher zum Nationalsozialismus gefunden zu haben.[234]

2.2.8 Parteibeitritt

Auf den Wettbewerbsaufruf Theodore Abels meldeten sich überdurchschnittlich viele Nationalsozialisten, die bereits vor dem Wahlerfolg am 14. September 1930 in die NSDAP eingetreten waren. Im Januar 1933 machten diese frühen Mitglieder nur 15,3 Prozent in der rasant gewachsenen Partei aus. Alle anderen waren erst seit längstens zwei Jahren Parteigenossen.[235] Unter Theodore Abels Zuschriften machen die frühen Mitglieder – bedingt durch die Fragestellung des Wett-

233 Vgl. Abel-Biogramm/Nr. 244/Käthe Eiden.

234 NS-Schriften wurden von den Verfasserinnen erst in einem zweiten Schritt intensiv genutzt, um sich selbst »weltanschaulich« zu schulen oder diese Schriften zu verleihen.

235 Wendt, S. 37. Bis zum 14. September 1930 hatte die NSDAP 121.000 Mitglieder. Bis zum 30. Januar 1933 kamen 670.000 neu hinzu, von Goebbels aufgrund des erfolgreichen Wahlmonats 1930 »Septemberlinge« genannt. Vgl. auch Merkl, S. 12.

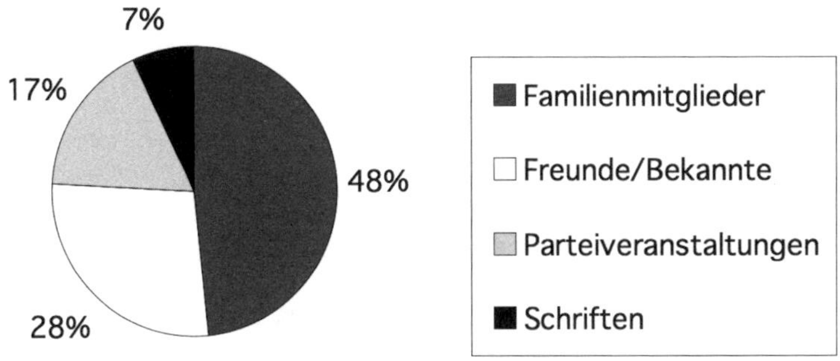

Abb. 9: Werber für die NSDAP

bewerbs – jedoch insgesamt 56,3 Prozent aus.[236] Betrachtet man die Biogramme der Frauen gesondert, sind dies 38 Prozent. Sie entschieden sich demnach später für einen Parteibeitritt als die Männer.

Wie die NSDAP-Mitgliederkartei im Bundesarchiv Berlin[237] belegt, traten 14 Verfasserinnen vor dem 14. September 1930 in die Partei ein. Zehn von ihnen erhielten eine Mitgliedsnummer unter 100.000 und galten laut Parteidefinition offiziell als Alte Kämpferinnen. Unter diesen waren fünf die Schwester, Schwägerin oder Ehefrau eines Alten Kämpfers.[238] Demgegenüber stehen 19 Verfasserinnen, die erst nach dem Wahlerfolg von 1930 in die neue Massenpartei NSDAP eintraten, davon 17 bis zur Machtübergabe an Hitler im Januar 1933. Zwei weitere erhielten ihr Parteibuch erst 1937, darunter Lissy Schneider, die erst in jenem Jahr volljährig wurde. Etwa ein Viertel der Autorinnen macht keine oder unklare Angaben zu ihrem Parteibeitritt. Einige nennen das Eintrittsdatum nicht, andere erwähnen lediglich den Zeitpunkt ihres beginnenden Interesses und Mitwirkens in der NSDAP als »informellen« Parteibeitritt. Zwischen diesem »informellen« und dem offiziellen Beitritt konnten mehrere Jahre liegen.

Die Zahl der von Frauen verfassten Abel-Biogramme ist also nicht nur erheblich geringer als die der Männer, ihr Parteibeitritt fand auch später statt, als die NSDAP bereits zur Massenpartei avanciert war. Unter den frühen Parteibeitritten sind etliche Frauen, für die auch eine familiäre Bindung zum Parteibeitritt geführt haben kann. Offenbar gab es für Frauen weniger Impulse, Mitglied der NSDAP zu werden.

236 Vgl. ebd.

237 Vgl. Bundesarchiv Berlin, NSDAP-Ortsgruppenkartei sowie NSDAP-Zentralkartei.

238 Schwester: Abel-Biogramm/Nr. 532/Erika Ullmann, Schwägerin: Abel-Biogramm/Nr. 459/Hedwig Eggert, Ehefrauen: Abel-Biogramm/Nr. 193/Emma Bierwirth, Abel-Biogramm/Nr. 547/Klara Czirnik, Abel-Biogramm/Nr. 588/Klara Petersson.

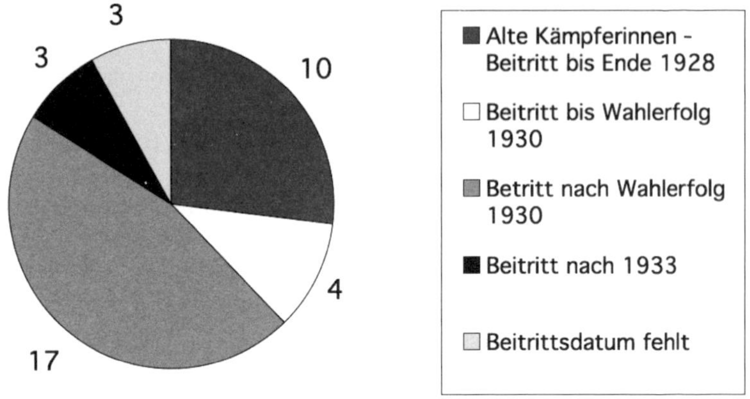

Abb. 10: Parteibeitritt

2.2.9 Zusammenfassung

Das Alter der Verfasserinnen, zwischen 17 und 73 Jahren, ist breit gestreut. Am stärksten vertreten sind die Geburtsjahrgänge 1872-1900. Deren Lebenswege sind durch kriegsbedingte biographische Brüche gezeichnet, so dass von ihnen als der »verlorenen Generation« gesprochen werden kann.

Die soziale Herkunft fast aller Frauen ist, nach deren eigenen Angaben, ein bürgerliches Elternhaus. Sie gehörten als Heranwachsende zumeist der Mittelschicht an. Besonders viele Väter waren Selbständige, gefolgt von Beamten. Aber auch Töchter aus anderen sozialen Milieus sprach der Wettbewerb an. So finden sich Lebensbeschreibungen aus bäuerlichen und kleinbürgerlichen Verhältnissen sowie aus (verarmtem) Adel.

Die Schulbildung der Verfasserinnen liegt mehrheitlich über dem Niveau der Volksschule. Für die meisten schloss sich an die Schule eine Berufsausbildung an. Einige, deren Lebensentwurf eine außerhäusliche Arbeit nicht vorsah, waren durch die Folgen des Ersten Weltkrieges notgedrungen zeitweise erwerbstätig gewesen. Ein Teil der Einsenderinnen sind Hausfrauen, wie im Hinblick auf die weibliche Gesamtbevölkerung zu erwarten war. Entgegen der allgemeinen Statistik ist die große Mehrheit zum Zeitpunkt der Niederschrift jedoch berufstätig. Diese Frauen tragen zum Haushaltseinkommen bei, ernähren sich selbst oder sogar ihre Familie. Dementsprechend wird finanzieller und sozialer Abstieg in knapp 50 Prozent der weiblichen Zuschriften thematisiert.

Der Familienstand der Verfasserinnen weicht ebenfalls deutlich von den statistischen Angaben für das Deutsche Reich ab. Während zwei Drittel der erwachsenen deutschen Frauen 1934 in einer Ehe lebten, sind hier die alleinstehenden und zum Teil alleinerziehenden Frauen überdurchschnittlich vertreten. Dennoch bilden die 36 Abel-Biogramme das gesamte Spektrum möglicher Familienkonstellationen ab, von dem noch unverheirateten jungen Mädchen bis zur Ehefrau, fünffachen Mutter oder Witwe.

Signifikant sind die zahlreichen Wohnortwechsel, entweder zwischen Städten vergleichbarer Größe oder durch Zuzug vom Land in die Großstadt. Dieser Eindruck kann dadurch verstärkt sein, dass die meisten Zuschriften aus Berlin stammten. Die Metropole wirkte besonders im Osten Deutschlands, von Ostpreußen bis Schlesien, als Magnet.

Die Verfasserinnen der Abel-Biogramme zeigen sich politisch sehr interessiert. Für die NSDAP geworben wurden drei Viertel von ihnen durch das persönliche Gespräch. Besonders einflussreich waren hier etwa gleichaltrige männliche Familienangehörige, aber auch Freunde und Bekannte. Ungeachtet ihres tatsächlichen NSDAP-Beitrittsdatums geben mehr als die Hälfte der Schreiberinnen an, den Nationalsozialismus bereits vor 1930 unterstützt zu haben. Die Theodore-Abel-Sammlung spiegelt folglich eher die Anhängerschaft der Hitlerbewegung während der NS-Kampfzeit wider als die der Massenpartei NSDAP von 1933.

2.3 Zusammenfassungen der 36 Biogramme

Die Zusammenfassungen der 36 von Frauen verfassten Abel-Biogramme sind in der Reihenfolge ihrer Eingangsnumerierung durch die Hoover Institution Archives aufgeführt, wie auch die Biogramme in Teil III: Quellensammlung. Soweit Geburtsname, Geburtsdatum und -ort von den Verfasserinnen angegeben wurden oder recherchiert werden konnten, werden sie zu Beginn genannt. Diese Basisdaten sowie das Datum des Parteibeitritts wurden mithilfe der Zentral- und der Ortsgruppenkartei der NSDAP (Bundesarchiv Berlin) überprüft und ergänzt.[239]

Da die Angaben im Wesentlichen aus den Biogrammen stammen, zeigt jede Zusammenfassung – wie das Biogramm – eine Inszenierung der Persönlichkeit und deren Wahrnehmung historischer Wirklichkeit. Sämtliche Namen und Begriffe, die nicht mehr als bekannt vorausgesetzt werden können, finden sich in den Kommentaren zur Quellensammlung ausführlich erläutert.

Abel-Biogramm/Nr. 30/Maria Bauer

»›Nun alle Mann an Bord!‹ Ich freue mich vor Toresschluss mich öffentlich zu der Partei bekannt zu haben!«

Maria Bauer, geb. Schleger (*1860 in Düsseldorf), verlor als Vierjährige ihre Mutter, woraufhin die Tante den väterlichen Haushalt und die Kindererziehung übernahm. Ihre Schul- und Berufsausbildung erwähnt Maria Bauer nicht. Mit 25 Jahren heiratete sie in ein Dortmunder Handelsunternehmen ein und wurde Mutter zweier Kinder. Nach dem Tod ihres Mannes 1893 führte sie das Unternehmen erfolgreich weiter. Im Jahr 1920 erlebte Maria Bauer in Dortmund die französische Besatzung. Die Inflation 1923 schadete ihrer Firma, die Wirtschaftskrise 1929 brachte die Insolvenz. Die fast Siebzigjährige zog daraufhin zu ihrer Tochter nach Hannover. Hier hörte sie von der NSDAP, besuchte Vorträge und beantragte Ende 1932 die Aufnahme in die Partei. Seit 1925 interessierte sich die Kauffrau für Astrologie. Im Aufstieg des Nationalsozialismus sah sie eine erwartete Zeitenwende.

Abel-Biogramm/Nr. 36/Hertha von Reuss

»Als Soldaten und Landkind trug ich von jeher das blutsmässige Erbe, dem Vaterlande zu dienen und zu opfern, in mir.«

239 BArch (ehem. BDC) NSDAP-Zentralkartei sowie NSDAP-Ortsgruppenkartei. Die jeweilige Quellenangabe (Mikrofilmnummer) findet sich im Kommentar eines jeden Biogramms in Teil III: Quellensammlung, ebenso jene Informationen, welche die Zeit nach der Niederschrift des Biogramms betreffen. In den Zusammenfassungen der Biogramme werden diese nicht berücksichtigt.

Hertha von Reuss (*1886) nennt sich ein »Soldaten und Landkind«, geht jedoch nicht näher auf ihre Herkunft ein. Im Ersten Weltkrieg fiel ihr Verlobter, woraufhin sie als Leiterin eines Soldatenheims in Belgien in den Kriegseinsatz trat. Hertha von Reuss blieb ledig. Ab 1922 engagierte sie sich in Thüringen für die NSDAP, einen Parteibeitritt nennt sie jedoch nicht. Sie erwähnt, Hitler ihr Haus als Quartier angeboten und Goebbels persönlich kennengelernt zu haben. Auch mit Hindenburg war sie über ihren Vater und ihre Großväter bekannt. Ab 1925 wohnte die Alleinstehende zeitweise in Berlin. Dort arbeitete sie ab 1928 zunächst im Deutschen Frauenorden (DFO) von Elsbeth Zander mit, anschließend in der von Goebbels initiierten Frauenarbeitsgemeinschaft (FAG). Hertha von Reuss sagte besonders das soziale Leben in ihrer NSDAP-Ortsgruppe zu, welches sie detailliert beschreibt.

Abel-Biogramm/Nr. 41/Marlene Heder

> »Die anderen taten nichts als hetzen und in den Dreck ziehen, allenfalls ergaben sie sich darein, daß es doch kein Mensch besser machen könnte, aber die junge Bewegung des Führers gab uns, gerade uns Jungen, den Glauben an die Vergangenheit und die Zukunft wieder.«

Marlene Heder (*1913 in Kleinenglis/Hessen) wurde als Tochter einer Hebamme und eines Mühlenbesitzers geboren. Sie verfasste ein gemeinsames Biogramm für sich und ihre jüngere Schwester. Den Verlust des Vaters, die Nachkriegsjahre und die Inflation schildert sie aus kindlicher Perspektive. Die Schwestern besuchten eine katholische Klosterschule in Fritzlar. Bereits als Schülerinnen waren sie politisch interessiert. Während die Mädchen ihre Ausbildung in Kassel fortsetzten, nahmen sie bereits an den Aktivitäten der dortigen NSDAP teil. Die politischen Kämpfe in Kassel erlebten sie als Augenzeuginnen. Eine Rede Roland Freislers, seinerzeit stellvertretender Gauleiter von Hessen-Nassau Nord, beeindruckte die Schwestern. Bildreich berichten sie auch von ihrer »ersten Führerrede«. Marlene Heder trat im Dezember 1930, mit 17 Jahren, in die NSDAP ein.

Abel-Biogramm/Nr. 44/Hilde Boehm-Stoltz

> »Es war etwas Neues dabei, was die anderen 1000 ebenso guter Redner vor ihm in den Jahren niemals berührt hatten, die Rassenfrage !!!!«

Hilde Boehm-Stoltz (*1894 in Duisburg-Ruhrort) wuchs als Tochter deutschnationaler Eltern auf. Im Ersten Weltkrieg versorgte die kriegsbegeisterte junge Frau durchreisende Truppen im sogenannten Bahnhofsdienst. Von 1918 bis 1923 engagierte sie sich als Wahlwerberin für die Deutsche Volkspartei (DVP). Boehm-Stoltz heiratete nach Ostpreußen, kehrte jedoch nach sieben Jahren allein mit ihren Kindern zur Mutter ins Ruhrgebiet zurück. Durch einen SA-Aufmarsch wurde sie 1930 auf die NSDAP aufmerksam. Besonders faszinierte sie die NS-Rassenideologie. Zum Jahreswechsel 1930/31 trat die Duisburgerin in die Partei ein.

Abel-Biogramm/Nr. 46/Grete Kircher

»Er zeigte mir auf der einen Seite die grosse Verelendung der Massen und auf der anderen den verderblichen Standesdünkel der Kreise, zu denen ich auch zählte.«

Grete Kircher (*1909 in Essen) stammte aus einer vermögenden Unternehmerfamilie. Nach der Mittleren Reife und dem Abschluss der Handelsschule folgten ein Auslandsaufenthalt und ab 1927 eine Bürotätigkeit im Baustoffhandel der Familie. Bei dem Automechaniker der Firma nahm Grete Kircher Fahrstunden. Über ihn hörte sie erstmals von den vermeintlich sozialistischen Zielen der NSDAP, die ihr Interesse weckten. Kircher trat um 1928 in die Partei ein. Als Besitzerin eines Autos fuhr sie mit Parteirednern zu deren Auftritten. Unter dem Eindruck der Weltwirtschaftskrise gewann sie auch ihre Eltern für die NSDAP.

Abel-Biogramm/Nr. 100/Agnes Mosler-Sturm

»Deutschland war zum Bersten politisch geladen! Jede Minute konnte die furchtbare Explosion bringen.«

Agnes Mosler-Sturm (*1892) befand sich um 1914 in einer Ausbildung zur Konzert-Pianistin. Sie brach ihr Studium ab, um ihre Eltern zu pflegen und finanziell unterstützen zu können. Die Familie lebte von Mieteinnahmen und dem Klavierunterricht, den die Tochter nun erteilte. Über schwedische Diakonissen lernte Agnes Mosler-Sturm die Familie des späteren Friedensnobelpreisträgers Dag Hammarskjöld kennen und besuchte diese 1923. Im gleichen Jahr starb ihre Mutter. Die Klavierlehrerin heiratete einen ihrer Schüler und förderte dessen Karriere als Pianist. Die politischen Auseinandersetzungen der 1920er Jahre empfand Agnes Mosler-Sturm als verstörenden Bürgerkrieg. Sie sah Deutschland und die von ihr geliebte »deutsche Musik« von fremden, insbesondere jüdischen Einflüssen bedroht. Von Hitler versprach sie sich positive Veränderung in jeder Hinsicht. Ihre Aufnahme in die NSDAP erfolgte zum 1. Februar 1933.

Abel-Biogramm/Nr. 107/Lissy Schneider

»Ihn [Hitler, K. K.] hatte ich in mein kleines Herz geschlossen und mir vorgenommen, nicht eher zu ruhen, bis ich den Sinn seiner Idee und seines Kampfes endgültig verstehen würde.«

Lissy Schneider (*1916 in Duisburg), einziges Kind einer Ingenieursfamilie, besuchte bis zur 10. Klasse das Städtische Lyzeum. Den ersten Kontakt zur NSDAP bekam die Schülerin um 1930 über einen Onkel, der Parteimitglied war. Nach eigenen Angaben begann sie mit 14 Jahren unter Klassenkameradinnen für den Nationalsozialismus zu werben. Im Juli 1932 gründete Schneider gemeinsam mit ihren Freundinnen den örtlichen NS-Schülerinnenbund und organisierte Heimabende. Sie nahm, zunächst ohne das Wissen ihrer Eltern, an Versammlungen der NSDAP teil.

Abel-Biogramm/Nr. 116/Marianne Meinecke

»Es lohnt wieder, Weib zu sein in diesem Sinn der mütterlichen Kraft an Leib und Seele, nicht ›Weibchen‹ mit dem aufdringlich animalischen Stempel der Erotik in Haltung und Geistesrichtung.«

Marianne Meinecke, geb. Frühsorge (*1897 nahe Leipzig), wuchs als älteste Tochter eines selbständigen Kaufmanns in Hannover auf. Marianne Meineckes Schulzeit folgte ein hauswirtschaftliches Jahr. Zu Beginn des Ersten Weltkriegs meldete sich die kriegsbegeisterte Siebzehnjährige freiwillig zum Einsatz als Küchenhilfe in einem Lazarett. Nach einem abgebrochenen Gesangsstudium durchlebte sie eine Phase der Perspektivlosigkeit und Lebensangst. Sie führte ihren Eltern den Haushalt und heiratete um 1923 einen jungen Kaufmann. Gemeinsame Kinder erwähnt sie nicht. Die 1920er Jahre beschreibt Meinecke als eine bedrückende Zeit des wirtschaftlichen Abstiegs und moralischen Verfalls. Ihr Erstkontakt mit der NSDAP war eine Wahlkampfrede Ende 1931. Im Sommer 1932 erhielt sie ihr Parteibuch. Marianne Meinecke begeisterte sich für das nationalsozialistische Frauenbild, besonders für die auf eine nationale Ebene gehobene Rolle der Mutter.

Abel-Biogramm/Nr. 130/Margarete Beckel

»Ich stelle mich willig unter die Gebote der Partei, helfe so viel ich kann armen Volksgenossen u. kenne keinen Standesunterschied.«

Margarete Beckel, geb. Schwartz (*1879 in Merseburg), war die Tochter eines Stellmachermeisters. Bis zur 10. Klasse besuchte sie eine Mädchenschule, anschließend ein Mädchenpensionat und belegte einen Kurs in Handelslehre. Im

Jahr 1905 heiratete sie einen Obstbaulehrer aus Westfalen. Ihre drei Kinder starben im Säuglingsalter. Während des Ersten Weltkriegs leitete Margarete Beckel den Obstbaubetrieb im brandenburgischen Gransee mit 40 Angestellten. Nach Kriegsende trat das Ehepaar Beckel zunächst für die DNVP ein. Adolf Beckel war Ortsvorsitzender. Ihre erste NSDAP-Versammlung erlebte Margarete Beckel gemeinsam mit ihrem Ehemann. Nach einer Rede Gregor Strassers im Sommer 1932 trat sie in die Partei ein.

Abel-Biogramm/Nr. 141/Gertrud von Bardeleben

> »Das Nationale hat man schon mit der Muttermilch eingesogen u. das sozialistische, das in ›unseren Kreisen‹ verpönt war, ja das bekam ich folgendermaßen: […].«

Gertrud von Bardeleben, geb. Steinberg (*1876 in Berlin), Tochter eines Gymnasiallehrers, besuchte bis zum 15. Lebensjahr eine Höhere Töchterschule in Berlin. Hier entwickelte sie eine Abneigung gegen jüdische Mitschülerinnen. Ein prägendes Erlebnis war 1893 das Scheitern ihrer Jugendliebe an Standesunterschieden. Gegen den Willen der Eltern betätigte sich die junge Frau nun in der Fürsorgearbeit. Es folgte eine mehrjährige Berufstätigkeit im Gesundheitsbereich. Mit 32 Jahren heiratete Gertrud von Bardeleben einen Eisenacher Amtsrichter. Beide interessierten sich für den Nationalsozialismus, ihr Sohn wurde HJ-Führer in Eisenach und Angehöriger der SS. Nach dem Tod des Ehemannes geriet Gertrud von Bardeleben in finanzielle Schwierigkeiten. Im Dezember 1931 trat sie in die NSDAP ein und kehrte 1933 zurück nach Berlin.

Abel-Biogramm/Nr. 145/Ruth Grathwohl

> »Zufällig bekam ich Hans F.K. Günthers ›Rassenkunde des deutschen Volkes‹ in die Hand, studierte sie gründlich und wurde gepackt von der Notwendigkeit der Rassenhygiene und des nordischen Gedankens.«

Ruth Grathwohl (*1908 in Berlin) wuchs nahe Moers am Niederrhein auf, wo ihre Eltern eine Gärtnerei betrieben. Die Tochter besuchte eine höhere Schule und war schon als Jugendliche fasziniert von Rassentheorien. Nach dem Abitur begann Ruth Grathwohl ein Erdkunde- und Biologiestudium in Bonn. Ein Gärtnergehilfe im elterlichen Betrieb warb sie 1927 für die NSDAP. Um der NS-Bewegung nahe zu sein und bei dem Rassenhygieniker Fritz Lenz zu studieren, verbrachte sie einige Semester in München. Zurück an der Universität Bonn gehörte sie 1929 dem NSDStB an, gründete eine NS-Studentinnengruppe, hielt nationalsozialistische Vorträge und verfasste Flugblätter. Nach dem Staatsexamen 1933 wurde die angehende Lehrerin zunächst auf Orts- und Kreisebene in der NS-Frauenschaft tätig, später leitete sie BDM-Schulungen.

Abel-Biogramm/Nr. 175/Erna Siegfried

»Oben redeten sie große Worte und unten hungerte die große Masse des Volkes immer mehr und wehrte sich nicht!«

Erna Siegfried (*1883 in Singapur) wurde als Tochter einer Berliner Adligen und eines Bremer Hotelkaufmanns geboren, sie wuchs in Hamburg und Berlin auf. Dem Abschluss der 10. Klasse folgten ein Aufenthalt in einem Schweizer Pensionat und eine kaufmännische Ausbildung. Erna Siegfried blieb unverheiratet. Als Sekretärin sorgte sie für den Lebensunterhalt ihrer finanziell angeschlagenen Familie. Nachdem sie um 1929 arbeitslos wurde, trat sie 1931 in die DNVP ein, in der Hoffnung auf eine Bürotätigkeit innerhalb der Partei. Noch im gleichen Jahr wechselte sie, enttäuscht von den Deutschnationalen, zur NSDAP. Besondere Sympathie brachte Siegfried der SA entgegen, deren demonstrative Einsatzbereitschaft sie beeindruckte.

Abel-Biogramm/Nr. 177/Anna Nieke

»Pfarrer Nebel sprach an diesem Abend und Dr. Goebbelchen. Wir Frauen bedienten die braunen Leutchen, die leider ihre Uniform nicht anziehen durften, mit Kaffee und Kuchen.«

Anna Nieke, geb. Borkowski (*1898 in Gorlowken/Ostpreußen), wuchs in ärmsten Verhältnissen auf. Schon mit zehn Jahren lebte und arbeitete sie als Kindermädchen im Nachbarort. Bei Kriegsbeginn 1914 flüchtete die Sechzehnjährige vor den russischen Truppen und gelangte auf abenteuerlichen Wegen nach Berlin. Ihre erste Ehe wurde geschieden. Nieke arbeitete als Verkäuferin, später als Hausmädchen einer jüdischen Familie. Im Jahr 1930 verlor sie ihre Arbeit und zog zu ihrer Schwester in eine Kleingartenkolonie. Der Bruder warb Anna Nieke für die NSDAP, die ihre Lebenswelt wurde. Sie engagierte sich ab 1931 in der NS-Frauenschaft, nähte Fahnen und leitete eine SA-Küche. 1933 heiratete sie einen am Strafgefängnis Plötzensee beschäftigten SA-Mann und erhielt ein Ehestandsdarlehen.

Abel-Biogramm/Nr. 187/Lisi Paupié

»So nannte man mich, da niemand wußte wer ich bin den ›Nazi Nikolaus‹.«

Luise Paupié, geb. Müller (*1891 in Büdingen), wuchs in gehobenen Verhältnissen in Hessen auf. Sie legte ihr Examen als Krankenschwester ab und wurde im Ersten Weltkrieg als Lazarettschwester tätig. Ihr Ehemann, ein kriegsversehrter Ingenieur, starb kurz nach Kriegsende. Paupié führte seitdem ein Leben als alleinerziehende Mutter in einfachen Wohnverhältnissen. Während einer Fortbildung zur Diätschwester lebte sie kurzzeitig in Berlin. Lisi Paupié betrieb eine intensive politische Suche. Sie nahm an Versammlungen verschiedener Parteien teil. Von Hitler erfuhr sie erstmals 1923. Ab 1926 engagierte sie für die NSDAP, mit deren Antisemitismus und nationalem Sozialismus sie konform ging, trat aber erst 1932 als zahlendes Mitglied in die Partei ein. Sie warb unter anderem am 6. Dezember verkleidet als »Hitolaus« für die NSDAP. Ihren Sohn erzog die Krankenschwester nach nationalsozialistischen Grundsätzen.

Abel-Biogramm/Nr. 193/Emma Bierwirth

> »Ich war immer dafür, daß Mann und Frau den Kampf gemeinsam aufnehmen und führen und jeder an der ihm entsprechenden Stelle […].«

Emma Bierwirth (*1896 in Frankfurt a. M.), die Tochter eines Gastwirtes, stellt sich als ein frühzeitig politisch interessiertes und vaterlandsliebendes Mädchen dar. Die Mobilmachung der männlichen Altersgenossen 1914 erlebte sie mit Neid, den sie durch Pflichterfüllung an der Heimatfront kompensierte.

Parallel zur SA-Mitgliedschaft ihrer Brüder setzte auch sie sich für die NSDAP ein und erläutert den Aufstieg der NSDAP in Frankfurt. Emma Bierwirth legt dar, wie sie und ihre Schwestern sich in die nationalsozialistische »Weltanschauung« einlasen, wobei sie Hitlers Programmschrift *Mein Kampf* herausstellt. Sie erwähnt ihren Wunsch und ihre Schwierigkeiten, als Frau aktiv am Parteigeschehen teilzunehmen. Emma Bierwirth ist eine von vier Verfasserinnen, deren Ehemänner ebenfalls an Abels Aufsatzwettbewerb teilnahmen, bezieht sich jedoch nicht auf das Biogramm ihres Ehemannes.

Abel-Biogramm/Nr. 195/Maria Engelhardt

> »Die SS wurde gebildet! Auch hier war ich die erste Schreibkraft!«

Maria Engelhardt (*1898 in Frankfurt a. M.) verlor als Elfjährige ihren Vater. Ihre Mutter, die ältere Schwester und sie bildeten eine enge Lebensgemeinschaft. Die Töchter heirateten nicht. Nach dem Besuch der Mittel- und Handelsschule arbeitete Maria Engelhardt als Sekretärin. Den Ersten Weltkrieg erlebte sie mit großer patriotischer Anteilnahme und trat 1920 in die DNVP ein. Um 1923 gehörte sie dem »Deutschen Schutz- und Trutzbund« an. Die Lektüre von Hitlers *Mein Kampf* schildert sie als Offenbarung. Die Sekretärin wirkte ab 1924/25 in der Frankfurter NSDAP mit und trat 1928 in die Partei ein. Die Entwicklung und Aktivitäten ihrer Ortsgruppe beschreibt sie detailreich, ebenso ihre eigenen Verdienste, wie Sammlungen, Parteiwerbung und Schreibarbeiten.

Abel-Biogramm/Nr. 207/Helene Radtke

»So führte ich in Darmstadt die braune Bluse ein. Ich trug sie von morgens bis zum Bett gehen.«

Helene Radtke, geb. Schrantz (*1896 in Holzheim/Elsass), wuchs als Tochter eines Bahnbeamten auf und besuchte die Volksschule. Den Ersten Weltkrieg erlebte sie als Zäsur. Ihr Wunsch nach Partizipation am Kriegsgeschehen erfüllte sich mit dem Einsatz als Bahnwärterin. Im Herbst 1918, kurz nach ihrer Heirat, flüchtete sie aus dem Elsass. Es folgte 1919 eine Internierung im Rahmen ihrer endgültigen Übersiedlung nach Darmstadt. Als Hausfrau und Mutter dreier Kinder begann Helene Radtke um 1925, politische Veranstaltungen zu besuchen. Als ihre Anliegen nennt sie soziale Gerechtigkeit und Nationalismus. Kurzzeitig interessierte sie sich für die KPD, bevor ein Exil-Elsässer sie Ende 1926 für die NSDAP warb. Von nun an engagierte sich Helene Radtke für die Partei, insbesondere durch intensive und provokative Propagandaarbeit.

Abel-Biogramm/Nr. 212/Maria von Belli

»Das Leben hatte uns in die Hand genommen und in die erste Schulklasse des Nationalsozialismus geführt. Dort stand das Eine an die Wand geschrieben: Uns schuf aus einem Stoffe die Natur!«

Maria von Belli, geb. Freiin von Perfall (Geburtsjahr und -ort sind unbekannt), heiratete 1918 einen Offizier der Reichswehr, der im Zuge der Entmilitarisierung entlassen wurde. Die jungen Eheleute versuchten sich als Bauern in Niederbayern, wo ihr 1920 geborener Sohn aufwuchs. Maria von Belli beschreibt das Dorfleben als Inbegriff sozialer Harmonie. In Hitler setzte sie schon vor 1923 ihre Hoffnung auf gesellschaftliche Einheit und den Erhalt konservativer Werte. Im Kreise Gleichgesinnter verfolgte sie die Entwicklung der NS-Bewegung. Eine NSDAP-Mitgliedschaft erwähnt sie nicht. Um 1931 zog die Familie ins Berliner Umland. Maria von Belli missfiel die scheinbar ungezügelte Vielfalt der Hauptstadt und insbesondere die Oberflächlichkeit der Unterhaltungskultur.

Abel-Biogramm/Nr. 244/Käthe Eiden

»Unchristlich und ungerecht dünkte mich die Rassen- und vor allen Dingen die Judenfrage. Ich sah im Judentum lediglich eine Religionsform.«

Käthe Eiden (*1903 in Hermeskeil/Saarland) war die Tochter katholischer Kleinbauern. Nach der Volksschule begann ihre Mitarbeit auf dem elterlichen Hof. Anstatt die teure Hauswirtschaftsschule zu besuchen, war die junge Frau zwei Jahre lang als Hausmädchen tätig. Als jugendliche Anhängerin des Zentrums stand sie Hitler und seiner Rassenideologie zunächst ablehnend gegenüber. Intensive politische Gespräche mit ihren Brüdern überzeugten sie um 1927 jedoch vom Nationalsozialismus. Im Jahr 1932 wurde sie Mitglied in der NSDAP und der NS-Frauenschaft. Im Mai 1933 begann Käthe Eidens Tätigkeit als BDM-Führerin, im Sommer 1934 war sie Ringführerin des BDM Trier-Land Ost.

Abel-Biogramm/Nr. 291/H. Huhn

> »Das Wort national war meinem Mann und mir kein leeres Wort, das Wort social musste ich erst begreifen lernen.«

H. Huhn (Vorname, Geburtsjahr und -ort sind unbekannt) lebte mehr als vier Jahre lang als Erzieherin in Brasilien. Die Erfahrung, als Deutsche im Ausland ein gutes Ansehen zu genießen, prägte ihr Weltbild und Selbstverständnis. Um 1903 kehrte sie nach Deutschland zurück und lebte in Berlin. Sie heiratete und wurde Mutter zweier Kinder.

Das Frauenstimmrecht empfand H. Huhn als Verpflichtung, sich über Politik und Parteien zu informieren. Verletzter Nationalstolz bestimmte ihre politische Orientierung. So wählte sie zunächst die Deutschvölkische Freiheitspartei. Ein nationalsozialistischer Briefträger gewann H. Huhn um 1927 für die NSDAP. Ab 1932 trug sie das Parteiabzeichen und las die Berliner NS-Zeitung *Der Angriff*. H. Huhn engagierte sich unter anderem durch Geldsammlungen an Haustüren für die NSDAP.

Abel-Biogramm/Nr. 305/Leokardia Rogalski

> »Hinzu kamen noch die Erlebnisse und Leiden im Jahre 1919 unter polnischer Herrschaft, in Hohensalza.«

Leokardia Rogalski (*1894 in Waldow/Provinz Posen) und ihre Brüder wuchsen als Kinder eines Bahnbeamten innerhalb der polnisch sprechenden Mehrheitsgesellschaft der preußischen Provinz Posen auf. Schon zu Beginn des Ersten Weltkriegs war die Achtzehnjährige im Kriegseinsatz unter anderem an der Ostfront, als Lazarettschwester des Vaterländischen Frauenvereins und des Roten Kreuzes. In Hohensalza erlebte sie 1919 bewaffnete Auseinandersetzungen um die noch ungeklärte zukünftige Staatszugehörigkeit der Provinz Posen. Nach der Abtretung ihrer Heimat an Polen zog sie, wie viele Deutschstämmige, ins Deutsche Reich. Dort lebte bereits einer ihrer Brüder, der dem rechtsextremen Freikorps »Wehrwolf« angehörte. In Berlin legte Leokardia Rogalski ihr Examen als Krankenschwester ab. Anschließend war sie im dortigen Krankenhaus Moabit tätig und lebte, nach wie vor unverheiratet, im Schwesternwohnheim. In die NS-Bewegung trat sie 1932 ein und und engagierte sich unter anderem durch das Nähen brauner Uniformen.

Abel-Biogramm/Nr. 347/Emma Eberhardt

> »Mit 22 Jahren war ich durch Versammlungsbesuche reif für politische Mitarbeit, Schriftführerin in der S. P. D. Durch Rektor Ahlward, Graf Pückler u a m sah ich die Grundübel des Menschenleids u. war Antisemit.«

Emma Eberhardt (*1873 in Berlin) wuchs als Waise auf. Ihren Lebensunterhalt verdiente sie als Kindermädchen, Küchenhilfe und Plätterin. Ab 1895 engagierte sich Eberhardt in der Berliner SPD. Zugleich war sie erklärte Antisemitin. Zu ihrem Familienstand äußert sich die Berlinerin nicht. Anfang der 1920er Jahre wurde sie in einer evangelischen Gemeinde aktiv und setzte sich gegen die »Weltliche Schule« ein. Auf die NSDAP wurde Emma Eberhardt 1926 aufmerksam. Die Mitgliedschaft beantragte sie 1928. Ihre Einsendung ist mit nur einer Seite das kürzeste Frauenbiogramm der Sammlung.

Abel-Biogramm/Nr. 353/Meta Gruse

> »Wir Frauen trieben Mundpropaganda, überzeugten die Mütter, diese wieder ihre Familien und so ging es weiter.«

Meta Gruse (*1889 in Bromberg/Provinz Posen) wurde als Tochter eines Werkzeugfabrikanten geboren. Der 10. Klasse einer Höheren Mädchenschule schlossen sich »Reise- und Pensionsjahre« an. Mit ihrem Ehemann, einem Landmaschinenfabrikanten, und ihrem Sohn lebte Meta Gruse in Freystadt/Westpreußen. Ihre Geburtsstadt Bromberg wurde 1919 an Polen abgetreten. Nach 1918 führte ihr Ehemann die Veteranenorganisationen »Stahlhelm« und »Wehrwolf« in Freyberg. Gruse selbst war Mitglied der DNVP. Die wirtschaftlichen Schwierigkeiten, welche sich auch auf ihren Betrieb auswirkten, sah sie in jüdischen Intrigen begründet. Der »Standesdünkel« ihrer Bekannten störte die Fabrikantengattin zunehmend, so dass sie mit ihnen brach, als sie im Januar 1930 in die NSDAP eintrat. Ihre Haupttätigkeit war das Werbegespräch für den Nationalsozialismus.

Abel-Biogramm/Nr. 363/Erna Stoyke

> »Wenn ich merkte, dass ich abgefangen werden sollte, fuhr ich querfeldein nach Hause, wo ich dann schon sehr erwartet wurde, denn meine Eltern wussten doch nie, wo ich war und wann, und ob ich überhaupt noch einmal wiederkam.«

Erna Stoyke (*1913 in Plowenz/Westpreußen) wuchs als Kind gutsituierter Eltern auf. Mit acht Jahren erlebte sie die Aussiedlung aus dem an Polen abgetretenen Dorf Plowenz, verbunden mit wirtschaftlichen Problemen ihrer Familie. Ihr politisches Interesse weckten die veränderten Lebensumstände und die politischen Diskussionen mit ihren Mitschülerinnen. Der Schule folgte eine Ausbildung zur Bürogehilfin. Um 1932 war Erna Stoyke kurzzeitig als Fabrikarbeiterin tätig, um ihre Familie finanziell zu unterstützen. Die junge Frau besuchte ab 1929 nationalsozialistische Veranstaltungen und trat im Sommer 1931 in die NSDAP ein.

Mit dem Fahrrad fuhr sie über Land, um Spenden zu sammeln oder für die Partei zu werben. Erna Stoyke schildert die späte NS-Kampfzeit als eine Zeit der Abenteuer.

Abel-Biogramm/Nr. 365/Marie Waga

> »Durch meine rege Sammeltätigkeit hatte ich mir bald den Spitznamen ›Sammeltante‹ erworben, auf den ich als Frau mit Recht stolz sein kann.«

Marie Waga (*1867 in Tilsit/Ostpreußen) wurde durch ihr Elternhaus völkisch-nationalistisch geprägt. Ab 1922 trat sie nacheinander verschiedenen rechtsextremen, antisemitischen Organisationen bei, beispielsweise dem »Bund deutscher Jungmannen Preußen«, und engagierte sich vor allem durch Geldsammlungen. Schon im Juli 1925 wurde Marie Waga Parteimitglied der NSDAP. In ihrer Ortsgruppe war sie für ihre mütterliche Versorgung der SA-Männer bekannt. Sie definiert sich aus diesem Kontext heraus als »Mutter Waga«. Zur Zeit der Niederschrift ihres Biogramms hatte die Rentnerin eine leitende Aufgabe innerhalb der NS-Frauenschaft Tilsit inne.

Abel-Biogramm/Nr. 390/Marie Julie Horn

> »Ich habe aus so mancher Versammlung das Tuch der Sturmfahne, des alten Giessener Sturmes 54 heimgetragen. Damit mein Mann, der Fahnenträger war, bessere Bewegungsfreiheit hatte.«

Marie Julie Horn (*1901) heiratete im Sommer 1926 einen »Handarbeiter« und ehemaligen Kommunisten. Bald darauf trat dieser der Gießener SA bei. Zunächst versuchte Marie Julie Horn ihren arbeitslosen Ehemann von der politischen Betätigung abzuhalten. Ihr Interesse war jedoch geweckt. So informierte sie sich über die Ziele der NSDAP und schloss sich ebenfalls dem Leben der Ortsgruppe an. Marie Julie Horn war 1929 das erste weibliche NSDAP-Mitglied in Gießen. Sie engagierte sich im hitlertreuen Deutschen Frauenorden (DFO) und wechselte nach dessen Auflösung 1931 in die NS-Frauenschaft. Horn sieht sich als Unterstützerin der SA-Männer. Der Zusammenhalt unter den Parteigenossen, ungeachtet gesellschaftlicher Unterschiede, wird von ihr besonders betont. Marie Julie Horn weist darauf hin, dass ihr Ehemann ebenfalls ein Biogramm verfasste.

Abel-Biogramm/Nr. 453/Susi Jost

»In meinem großen Schmerz kam Adolf Hitler zu mir, sah mir ins Auge, drückte meine Hände. – Ich wußte nun – dein Bub fiel nicht umsonst.«

Susanne Jost, geb. Old (*1882 in Darmstadt), stammte nach eigenen Angaben aus einer national-konservativen Beamtenfamilie. Standesgemäß heiratete sie um 1907 den späteren Oberamtsrichter der hessischen Stadt Lorsch. Nach dessen Tod 1928 musste Susi Jost mit ihren vier Kindern die Dienstwohnung räumen. Ihre finanzielle Situation verschlechterte sich. Ihr Neffe, der spätere SS-Mann Heinz Jost, warb ihre Söhne für die NSDAP. Sohn Erich starb während des Reichsparteitags 1929 infolge einer offenbar politisch motivierten Messerstecherei. Als Hinterbliebene eines »Blutzeugen« der NS-Bewegung genoss Susi Jost eine kurzzeitige Prominenz: Hitler kondolierte ihr persönlich. Durch die Würdigung ihres Verlustes gewann er die Mutter für den Nationalsozialismus. Das Parteibuch beantragte sie jedoch erst 1937.

Abel-Biogramm/Nr. 456/Maria Wiebe

»Es war mir jedoch immer, als ob ich die Sehnsucht nach einem neuen erhebenden Geist fühlte, der das Volk aus der Tiefe des Elends empor riß.«

Maria Wiebe (*1871) wurde als eines von sieben Kindern westpreußischer Gutsbesitzer geboren. Mit 23 Jahren trat sie als Krankenschwester in das Diakonissen-Mutterhaus in Königsberg ein. Für den »Kolonialverein des Roten Kreuzes« war sie 1906 in Afrika tätig. Als Lazarettschwester erlebte Maria Wiebe den Ersten Weltkrieg. Es folgten eine rheumatische Erkrankung sowie rasch wechselnde Beschäftigungsverhältnisse und Wohnorte. Schließlich zog Maria Wiebe nach Berlin. Seit 1923 sympathisierte Wiebe mit der NSDAP und trat 1928 ein. Sie warb für die Partei und sammelte Geldspenden. Gegen Ende ihrer Berufstätigkeit missfielen der Antisemitin junge Kolleginnen, die ihre Qualifikation an der nicht konfessionell gebundenen »Sozialen Frauenschule« Alice Salomons erwarben.

Abel-Biogramm/Nr. 457/Marianne Heimer

»Der 1. Eindruck den ich von Wien hatte war die Verjudung Wiens, und das Elend des österreichischen Bürgers.«

Marianne Heimer (*1906 in Ruppersdorf/Thüringen) wuchs mit sieben Geschwistern in einem Pfarrhaushalt auf. Ihre Kindheit war vom Verlust der Mutter und mehreren Wohnortwechseln geprägt, die auch nach Schleswig-Holstein führten. Ihr älterer Bruder, ein Marinesoldat, schloss sich nach Kriegsende einem Freikorps an. Marianne Heimer begann 1926 eine Ausbildung zur Krankenschwester. Nachdem sie in Magdeburg und Danzig in Krankenhäusern tätig gewesen war, ging sie 1931 nach Wien, wo sie als Privatschwester in einem jüdischen Haushalt arbeitete. Während dieser Zeit trat Heimer in die NSDAP ein.

In Wien verfolgte sie politisch motivierte Straßenkämpfe und Überfälle der SA auf jüdische Kaufhäuser, die sie begrüßte. Im April 1933 wechselte Marianne Heimer als Krankenschwester nach Berlin.

Abel-Biogramm/Nr. 459/Hedwig Eggert

> »Als ich am 1. Mai 1928 in die Partei eintrat, (ich erhielt die Mitgld. N: 88 121) war ich ein Nationalsozialist, der sich für seine Idee hätte in Stücke reißen lassen.«

Hedwig Eggert, geb. Jahnel (*1897 in Grünberg/Schlesien), war eines von elf Kindern einer Arbeiterin und eines Webmeisters. Nach dem Abschluss der Volksschule arbeitete auch sie in der Weberei. Eine Stelle als Hausmädchen ermöglichte Hedwig Eggert 1916 den Umzug nach Berlin. Bald darauf fand sie eine Stelle bei der AEG. Die politischen Unruhen veranlassten sie, Informationsabende verschiedenster Parteien zu besuchen. Ihren »völlig unpolitischen« Ehemann verließ sie 1925. Eggert verdiente als Näherin und Zeitungshändlerin den Lebensunterhalt für sich und ihre Tochter. Engen Kontakt hielt sie zu ihrer Schwester Klara Petersson. Ihr Schwager weckte ihr Interesse für den Nationalsozialismus, beispielsweise las er abends NS-Literatur vor. Nach ihrem Parteibeitritt 1928 gehörte Eggert zum weiteren Kreis um den NSDAP-Gauleiter Joseph Goebbels und nahm an seiner 30. Geburtstagsfeier teil.

Abel-Biogramm/Nr. 532/Erika Ullmann

> »So bin ich durch all das gewaltige Erleben in der Bewegung, […] zu einer leidenschaftlichen, kompromißlosen Nationalsozialistin geworden, die genauso konsequent sozialistisch ist wie national.«

Erika Ullmann (*1901 in Brielow an der Havel), die Tochter eines deutschnationalen Dorfpfarrers, wuchs mit fünf Geschwistern auf. Der politische Umbruch 1918 weckte ihre Empörung. Ihre antidemokratische Haltung festigte sich durch den Kapp-Putsch 1920, in den ihr älterer Bruder involviert war. Hitlers Selbstdarstellung im Putschprozess 1924 beeindruckte sie. Die Ausbildung zur Krankenschwester führte Erika Ullmann 1925 nach Berlin, wo ihr Bruder studierte. Nach einer Rede des neuen NSDAP-Gauleiters Joseph Goebbels im Herbst 1926 trat sie in die NSDAP ein. Während des NSDAP-Verbots 1927 nahm sie an der »Schule für Politik« teil. Die Geschwister Ullmann gehörten 1927/28 zum engeren Kreis um Joseph Goebbels, wie im Kommentar zum Biogramm Erika Ullmanns erläutert wird.

Abel-Biogramm/Nr. 547/Klara Czirnik

> »Ich trat dann auch in den Herold ein, und damit begann ich, mich um Politik zu kümmern, denn hatten wir Frauen nun schon einmal das Wahlrecht so mußten wir uns doch bemühen, Verständnis dafür zu bekommen.«

Klara Czirnik, geb. Römhildt (*1883 in Berlin), arbeitete nach der Volksschule zunächst als Kindergärtnerin, dann in der Rüstungsindustrie und schließlich in einem Büro, um sich und ihre Mutter zu ernähren. Mit 29 Jahren heiratete sie einen Eisenbahner. Die Eheleute gehörten um 1921 dem Deutschvölkischen Schutz- und Trutzbund an. Daneben war Klara Czirnik zunächst Mitglied der DNVP, wechselte dann in die Deutschvölkische Freiheitspartei und von dort 1925 in die Berliner NSDAP. Als ihre Ämter nennt sie »Z.O.Mann« (Zellen-Obmann) und Leiterin einer NS-Frauenschaft.

Abel-Biogramm/Nr. 574/Gertrud Michael

> »Wohl merkte ich dann als heranwachsendes junges Mädchen und später auch in dem von mir erwählten kaufmännischen Beruf, daß ich von jüdischen Männern besonders beachtet wurde, wohl wegen meiner zarten Blondheit.«

Gertrud Michael, geb. Moldenhauer (*1887), definiert sich als Tochter eines Beamten und deutschnationalen Antisemiten. Auch sie war im öffentlichen Dienst tätig, ab 1925 beim Amtsgericht Berlin-Mitte. Von jüdischen Kollegen fühlte sie sich sexuell belästigt, stellt sie rückblickend fest. Gertrud Michaels Ehe wurde geschieden. Sie lebte daraufhin in Berlin, ihr Sohn bei der Schwester in Lübeck. Dort warb sie ihr Schwager für die Hitlerbewegung. Im September 1932 beantragte die Justizangestellte das NSDAP-Parteibuch. Provokativ las sie in der Frühstückspause die NS-Zeitung *Der Angriff* und trug das im Dienst verbotene Parteiabzeichen. Am Ende ihres Biogramms erwähnt Gertrud Michael den SS-Beitritt ihres Sohnes.

Abel-Biogramm/Nr. 582/Margarethe Schrimpff

> »So wie die S.A. und S.S. ihre Schuldigkeit taten, ebenso eifrig arbeitete auch die Frauenarbeitsgemeinschaft und später die Frauenschaft.«

Margarethe Schrimpff (*1880 in Kloster Lehnin/Brandenburg) kam als Siebzehnjährige nach Berlin. Aus einer christlich-konservativen Grundhaltung heraus entwickelt sie in ihrem Essay ihre politischen Ansichten. Sie bezieht sich auf konkrete Ereignisse, wie die Hungersnot in Russland 1921, die ihr Mitgefühl weckte, und auf die Arbeit des Völkerbundes, von der sie enttäuscht war. Für die nationalen Krisen macht sie internationale Gemeinschaften verantwortlich: Freimaurer und Juden. Dies ist Schrimpffs Anknüpfungspunkt zum Nationalsozialismus. Hinter den politischen Ausführungen tritt ihr Lebenslauf als alleinstehende kaufmännische Angestellte zurück. Lebhaft und detailreich schildert sie jedoch ihre Erlebnisse während der NS-Kampfzeit in Berlin, darunter Schlägereien und Verfolgungsjagden.

Abel-Biogramm/Nr. 588/Klara Petersson

»Ich konnte aber von meinen Ordensschwestern verlangen was ich wollte, wenn ich sagte, heute nacht wird durch genäht oder gestrickt, dann wurde es auch getan.«

Klara Petersson, geb. Jahnel (*1892 Grünberg/Schlesien), ist die ältere Schwester von Hedwig Eggert (Abel-Biogramm/Nr. 459). Auch sie arbeitete nach der Volksschule in der Weberei. Durch die Heirat mit einem Ingenieur kam die Schlesierin nach Berlin. Ihr Ehemann wurde 1925 NSDAP-Mitglied und SA-Sturmführer. Klara Petersson unterstützte ihrerseits den hitlertreuen Deutschen Frauenorden (DFO) in leitender Funktion und berichtet anschaulich darüber. 1928 trat sie in die NSDAP ein. Als der Ehemann 1930 erwerbslos wurde, sorgte Klara Petersson als Wirtin eines SA-Lokals für das Einkommen. Die Insolvenz der Gaststätte machte die Familie zu Wohlfahrtsempfängern. Ein Zubrot verdiente der Ehemann durch die Mitarbeit bei der NS-Zeitung *Der Angriff*. Im Sommer 1934 zeichnete sich ein wirtschaftlicher Wiederaufstieg ab, befördert durch den Status der Eheleute als Alte Kämpfer.

Abel-Biogramm/Nr. 589/Therese Diebel

»Die H.J. war u. blieb mein Ideal.«

Therese Diebel (*1887 in Berlin), deren Eltern eine Gärtnerei führten, absolvierte nach der Volksschule eine Ausbildung zur Binderin (Floristin). Mit 24 Jahren heiratete sie einen verwitweten Telegrafenassistenten, der einen Sohn mit in die Ehe brachte. Therese Diebel wurde Mutter sieben weiterer Kinder. Ihre Söhne schlossen sich im August 1931 der NS-Bewegung an, im Dezember 1931 wurde sie selbst Parteimitglied. Diebel nimmt Stellung zu einem Vorwurf, der NSDAP relativ spät beigetreten zu sein. Sie schildert gesundheitliche Probleme und stellt ihre »offene Feindschaft« zu der sozialdemokratischen Umgebung dar. Besondere Freude bereitete Therese Diebel die private Verpflegung und Einquartierung größerer Gruppen von BDM-Mädchen und Hitlerjungen, zu denen auch ihre Kinder gehörten. Gern ließ sie sich von den Jugendlichen »Muttchen« nennen und sonnte sich in deren Dankbarkeit.

3 »Auf den Straßen tobte der Mob«

Die Weimarer Republik aus der Perspektive der Alten Kämpferinnen

> Es folgten die Jahre vollkommener innerer Zerrissenheit unseres Volkes; die Massen wurden auf alle erdenkliche Art verhetzt, Partei auf Partei gegründet, Reichskanzler auf Reichskanzler gewählt u. alle erfüllten aufs Geratewohl ihre Kunst am armen kranken Deutschland. Ich wählte mit meinem Mann treu deutschnational, mußte aber zu der Einsicht gelangen; daß diese Partei Deutschland nicht zu retten vermochte.
> Da ging ich zum ersten Mal in meinem großen Schmerz um mein Deutschland, dessen Größe ich von Jugend auf erlebt hatte, in eine N.S.D.A.P. Versammlung u. von da an mit meinem Mann in jede.
>
> *Margarete Beckel*[1]

Margarete Beckels Weg in den Nationalsozialismus stand wie der vieler Alter Kämpferinnen in engem Zusammenhang mit der geschichtlichen Entwicklung Deutschlands in den Jahren 1914-1933. Wie oft in Kriegs- und Krisenzeiten griffen die zeitgeschichtlichen Ereignisse massiv in die Lebensläufe von Frauen und Männern ein und prägten die Zukunft der Kinder. Diese Fremdbestimmtheit durch die nationalen Geschicke führte zu einer allgemeinen Politisierung, die alle Bereiche des gesellschaftlichen Lebens erfasste. So empfand offenbar auch Margarete Beckel, die Ehefrau eines Gartenbaumeisters, einen erhöhten Druck, sich durch eine politische Parteinahme an der »Rettung« Deutschlands zu beteiligen. Was aber brachte sie und viele Millionen Frauen dazu, ausgerechnet Hitler und keiner anderen konservativen Gruppierung zuzustimmen?

Ute Frevert erklärt die positive Einstellung von Frauen gegenüber dem Nationalsozialismus mit einer selektiven Wahrnehmung des Programms der NSDAP: »Weibliche Wähler mußten nicht unbedingt für die Partei votieren, die das Frauenwahlrecht und die politische Partizipation von Frauen abschaffen wollte – sie konnten auch für eine Partei stimmen, die Arbeitsplätze zu schaffen und die nationale ›Ehre‹ wiederherzustellen versprach.«[2]

Die Unterstützungs- und Beitrittsmotive der Nationalsozialistinnen entwickelten sich in engem Zusammenhang mit dem Ersten Weltkrieg und den Krisenjahren der Weimarer Republik und sind nur vor diesem Hintergrund nachvollziehbar. Gudrun Brockhaus wendet ein, durch die Ferne der Weimarer

1 Abel-Biogramm/Nr. 130/Margarete Beckel, S. 3f.

2 Frevert, S. 207. Emma Bierwirth versprach sich von der NSDAP die Rehabilitierung deutscher Soldaten, Marianne Meinecke die Wertschätzung der Mutterschaft. Vgl. Abel-Biogramm/Nr. 193/Emma Bierwirth, Abel-Biogramm/Nr. 116/Marianne Meinecke.

Republik zur Gegenwart falle es schwer, sich in die Lebenswirklichkeit, die Mentalität und damit in die Beweggründe der Zeitgenossen zu versetzen. Beispielsweise sei das Gefühl existenzieller Bedrohung kaum noch zu verstehen.[3] Dem möchte ich entgegenhalten, dass die vorliegenden autobiographischen Essays durchaus einen solchen Zugang bieten. Wenn dort von Augenzeuginnen politisch motivierte Straßenkämpfe geschildert werden, und Agnes Mosler-Sturm angstvoll kommentiert »Auf den Straßen tobte der Mob«,[4] ist zu erahnen, dass sich die Verfasserinnen nur einen Steinwurf entfernt von Bürgerkrieg und Staatsstreich empfanden.

Um die Kursänderung der Alten Kämpferinnen – von rechts nach rechtsextrem – nachvollziehbar zu machen, sollen also zunächst die Atmosphäre in der Nachkriegsgesellschaft der Weimarer Republik skizziert werden sowie die politische Entwicklung zum (Rechts-)Extremismus. Dabei bekommen die Verfasserinnen der Abel-Biogramme in allen Kapiteln Gelegenheit, ihre eigene Wahrnehmung zu schildern, indem aus ihren Zuschriften zitiert wird. Streiflichter auf die spezielle emotionale Verfassung dieser Frauen setzt anschließend ein Kapitel über die Metropole Berlin und deren symbolische Bedeutung als »rasendes Herz der Weimarer Republik« sowie ein weiteres, das auf die »verlorene Generation« eingeht, die von der Erfahrung der Fremdbestimmtheit geprägt war. Die zunehmende, allgemeine Politisierung, von der auch die weibliche Bevölkerung erfasst wurde, leitet schließlich über zur Auswertung der Quellen und Kapitel 4. »Zur Rettung Deutschlands ist auch die Frau berufen!« – Motive weiblichen Engagements für die NSDAP.

3.1 Politische und gesellschaftliche Ausgangssituation nach 1918

> Das kann nicht wahr sein, nie, nie, nie!' – schrie es in uns, als die Ereignisse von 1918-19 sich zeigten, eines fürchterlicher als das andere, und wir konnten damals noch nicht einmal ihre Auswirkung und ihre ganze Furchtbarkeit auch nur ahnen!
>
> *Marianne Meinecke*[5]

Am 9. November 1918 wurde die Weimarer Republik aus dem für Deutschland verlorenen Weltkrieg mit all seinen Erblasten geboren. Die Menschen in diesem Land hatten nahezu kollektiv ein Trauma erlitten, das kaum zu verarbeiten war, einen nationalen und persönlichen Absturz. Das zumeist als glanzvoll empfundene Kaiserreich, eine militärische Weltmacht und innovative, führende Industrienation, mit der sich die meisten Deutschen gern und voller Stolz identifizierten, lag am Boden – seinen Feinden zu Füßen.

3 Vgl. Brockhaus, Einführung, S. 11.
4 Abel-Biogramm/Nr. 100/Agnes Mosler-Sturm.
5 Abel-Biogramm/Nr. 116/Marianne Meinecke, S. 2.

Für Millionen Deutsche war dies unvorstellbar gewesen, und wie Marianne Meinecke weigerten sie sich, zu glauben, was vor ihren Augen geschah. Die Rückkehr der gebrochenen, zerlumpten und verstümmelten deutschen Soldaten entsetzte die Neugierigen an den Straßenrändern.[6] Verbreitet kam es zum symbolträchtigen Abreißen von militärischen Abzeichen durch linke Aktivisten, was patriotische Zuschauer, so auch die spätere Nationalsozialistin Emma Bierwirth, zusätzlich schockierte:

> »Nie vergesse ich die Novembertage 1918. An der Hauptwache war ich Zeuge, wie rote Soldatenräte heimkommenden Soldaten und Offizieren die Achselklappen – u. Stücke abrissen und wie musste ich mich da schämen. Weinend ging ich nach Haus. Ich empörte mich, aber es schien, als sei es umsonst. [...] Sollten dafür unsere Braven draußen gefallen sein und gekämpft haben. Nein sagte ich mir, niemals kann dies sein.«[7] Neben der militärischen Niederlage wurde auch der Friedensvertrag von Versailles zumeist als tiefe Demütigung und »Schmach«[8] empfunden. Der Weltkrieg mit seinen unmittelbaren Folgen blieb »das Geburtstrauma der jungen Republik«.[9]

Geschlagene zu sein, eine »verlorene Generation«, bestimmte das Lebensgefühl vieler. Bereits 1920 waren es vielfach Vertreterinnen und Vertreter dieser »tragischen Generation«,[10] die, oft erkennbar an ihrer äußeren Erscheinung, den Utopien der Nationalsozialisten Gehör und Glauben schenkten. Über die Teilnehmer einer solchen Veranstaltung schrieb der spätere Reichsminister Hans Frank: »Es war alles ›Volk‹ in der umfassensten Weite des Begriffs. [...] Über allen lag der Massendunst von Not und Sorge, Spannung und Erwartung, von nervöser Unrast, aber auch von breiter Energie. Viele trugen Mäntel aus ›auf Zivil‹ umgearbeiteten feldgrauen Uniformen, auch Frauen, manche sehr elend, bleich, krank, düster, verzweifelt.«[11] Diese »tragische« oder auch »verlorene Generation«[12] war von einer tiefen Verunsicherung geprägt:[13] Durch

6 *Haller Kreisblatt* vom 4. Dezember 1918. Hier heißt es, die Haller Bevölkerung habe an der Hauptstraße gestanden, um die Heimkehrer zu begrüßen. Viele jedoch »wandten sich weinend ab« bei ihrem Anblick.

7 Abel-Biogramm/Nr. 193/Emma Bierwirth, S. 3.

8 Unter anderem Abel-Biogramm/Nr. 291/H. Huhn, S. 2.

9 Krassnitzer, Schützengraben, S. 119.

10 Hanna Krüger, Die Sendung der jungen Generation, in: *Die deutsche Kämpferin*, 1. Jg. 1933, S. 3, zitiert nach: Annette Kuhn, Frauen im deutschen Faschismus. Eine Quellensammlung mit fachwissenschaftlichen und fachdidaktischen Kommentaren, Bd. 1 – Frauenpolitik im NS-Staat, Düsseldorf 1982, S. 29.

11 Hans Frank, Im Angesicht des Galgens. Deutung Hitlers und seiner Zeit auf Grund eigener Erlebnisse und Erkenntnisse (geschrieben im Nürnberger Justizgefängnis), Neuhaus bei Schliersee 1955, S. 33, zitiert nach Koonz, S. 74.

12 Fest, S. 190, sowie Martin Klaus, Mädchen im 3. Reich – Der Bund Deutscher Mädel, Köln 1998, S. 164.

13 Bernd Jürgen Wendt nennt diese kollektive Mentalität eine »allgemeine Krisenatmosphäre und Panikstimmung«. Wendt, S. 34.

ihre erschütternden Erfahrungen, die in Frage stellten, worauf sie vertraut und woran sie geglaubt hatten, verloren viele die persönlichen und moralischen Leitsterne ihres bisherigen Lebens.[14] Verlust und Zweifel bewirkten einen tiefen Pessimismus, verbunden mit dem Bedürfnis nach Sicherheit und der Hoffnung auf ein neues Ziel, neue Ideale, an die zu glauben sich lohnte. Die alte Welt mit ihren »traditionellen Ordnungen bzw. Ordnungsvorstellungen«[15] löste sich auf, aber noch war vielen nicht klar, ob dies unwiederbringlich sein würde. Dem neuem »System« wurde nicht viel mehr als ein Übergangscharakter zugestanden.[16] Die erste deutsche Republik hatte massive Startschwierigkeiten. Das wohl größte und nachhaltigste Problem war ihr Legitimitätsmangel und der dadurch fehlende Rückhalt im Volk.[17] Putschversuche und bürgerkriegsähnliche Auseinandersetzungen waren die Folge: »Auf den Straßen tobte der Mob«,[18] erinnert sich Agnes Mosler-Sturm. Innere Konflikte, die bereits im Kaiserreich schwelten, brachen sich nun Bahn. Gesellschaftliche Veränderungen, die sich seit Langem ankündigt hatten, gelangten nun zum Durchbruch.

Tiefgreifende Verunsicherung

In dieser Zeit des politischen Versuchs und der »geistigen Umschichtung«[19] wurde Bestehendes angezweifelt, mit Tabus gebrochen und es wurden auf diese Weise viele neue Freiheiten errungen. Meilensteine waren die Glaubens- und Gewissensfreiheit sowie die fortschreitende Emanzipation der Frauen. Besonders deutlich wurde die Aufhebung von Denkverboten in der künstlerischen und geistigen Moderne. Als Schattenseite der Befreiung und Ideenvielfalt machte sich jedoch in allen Schichten der Bevölkerung eine große Verunsicherung breit. Zudem schien die Gesellschaft immer mehr in Interessengruppen zu zerfallen.[20]

14 »Mit ihr [der gegenwärtigen Krise, K. K.] scheinen alle konstanten Werte erschüttert und in Frage gestellt.«, Sigmund Neumann, Die Parteien der Weimarer Republik, 5. Auflage, Stuttgart 1986, S. 74 (Originalausgabe: Sigmund Neumann, Die politischen Parteien in Deutschland, Berlin 1932). Vgl. auch Klaus, S. 162.

15 Heinsohn, Konservative, S. 10.

16 Vgl. Thomas Mergel, Das parlamentarische System von Weimar und die Folgelasten des Ersten Weltkriegs, in: Andreas Wirsching (Hrsg.), Herausforderungen der parlamentarischen Demokratie. Die Weimarer Republik im europäischen Vergleich, München 2007, S. 37-60, hier S. 53. Als »maßgebliche Gruppen« sieht Mergel Militär, Richter, Professoren und Verwaltungsbeamte.

17 Vgl. Evans, S. 156.

18 Abel-Biogramm/Nr. 100/Agnes Mosler-Sturm.

19 Kurt Sontheimer, Antidemokratisches Denken in der Weimarer Republik, in: Rolf Italiaander (Hrsg.), Wir erlebten das Ende der Weimarer Republik. Zeitgenossen berichten, Düsseldorf 1982, S. 235.

20 Vgl. Evans, S. 61. Gerade auch in der bürgerlichen Jugendbewegung wurde eine Zersplitterung in Interessengruppen (Vereine, Clubs u. ä.) beklagt und schon 1921 als Alternativkonzept die Idee der Volksgemeinschaft verfolgt. Vgl. Der Kronacher Bund der alten Wandervögel e. V., Rundbrief Nr. 1 vom 12. Dezember 1921, S. 2 f.

Die politische Zerrissenheit der Weimarer Republik schuf zusätzliche Unsicherheit. Schon vor 1914 hatte die Rivalität der sechs großen Parteien eine politisch aufgeheizte Atmosphäre in Deutschland erzeugt. Die Presse im Kaiserreich war »durch und durch politisch«[21] gewesen und die Wahlbeteiligung immens. Doch eine solche Vielzahl an Parteien, die neu entstanden oder sich splitteten, und eine derartige Polarisierung der politischen Gruppen, die sich in Parlament und Presse immer reißerischer öffentlich bekämpften, war neu und beängstigend. Mit dem Begriff des »politischen Gewoges«,[22] in dem man Gefahr lief, zerdrückt zu werden, beschreibt die Nationalsozialistin Helene Radtke dieses Gefühl. Die Sehnsucht nach Eindeutigkeit und klarer Orientierung war enorm. Als zunehmend die Straße zum Ort politischer Auseinandersetzungen wurde, in Form von lautstarken Aufmärschen und Gewalt, empfanden viele dies als gleichermaßen erregend und bedrohlich. So erinnert sich Erika Ullmann: »Alles war außer Rand und Band. Selbst auf unserem Dorf […]«,[23] und knüpft daran den Wunsch nach einer Autorität, die den Kontrahenten Einhalt gebieten würde.

Wirtschaftliche Misserfolge

Das Gefühl der Instabilität wurde forciert durch die finanziellen Probleme und wirtschaftlichen Misserfolge, die Deutschland auf dem neuen Weg begleiteten.[24] Der junge Staat trug schwer an den Altlasten des Kaiserreiches, den ungeheuren Kriegsschulden sowie den im Versailler Vertrag festgeschriebenen Reparationen. Es bestand kaum eine Chance, die Bevölkerung durch eine prosperierende Wirtschaft mit der ungeliebten Republik zu versöhnen.[25] Die Erfolge der Weimarer Regierungen, wie etwa die Einführung der Arbeitslosenversicherung 1927 und der soziale Wohnungsbau, gingen in den wirtschaftlichen Katastrophen der 1920er Jahre unter.[26] Die Inflation 1923, die Weltwirtschaftskrise 1929 und die damit einhergehende hohe Arbeitslosigkeit hatten in der Weimarer Republik Existenzangst und sogar Hunger zur Folge. Die alleinerziehende Kriegerwitwe Lisi Paupié fasst die enttäuschten Erwartungen an den neuen Staat in einfachen Worten zusammen: »Ich hoffte, wenn alle mal wieder satt wären dann wird es besser, alle sind zu mürbe. Mit sowas konnte ich [mich, K. K.] auf Dauer nicht zufrieden geben.«[27]

21 Evans S. 61. Die Beteiligung an den Reichstagswahlen 1912 (wahlberechtigt waren wohlgemerkt nur Männer über 21 Jahren) lag bei 85 Prozent. Vgl. ebd.

22 Abel-Biogramm/Nr. 207/Helene Radtke, S. 4.

23 Abel-Biogramm/Nr. 532/Erika Ullmann, S. 1.

24 Die wirtschaftlichen Misserfolge hielten nicht während der gesamten demokratischen Zwischenkriegszeit an. Zwischen 1924 und 1928 erholte sich die deutsche Wirtschaft – die Weimarer Republik erlebte ihre »goldenen zwanziger Jahre«, was für die NSDAP einen erheblichen Verlust von Wählerstimmen zur Folge hatte. Vgl. Wendt, S. 26.

25 Vgl. Axel Schildt, Die Republik von Weimar. Deutschland zwischen Kaiserreich und »Drittem Reich« (1918-1933), 2. erweiterte Auflage, Erfurt 2009, S. 22.

26 Vgl. ebd., S. 21.

27 Abel-Biogramm/Nr. 187/Lisi Paupié, S. 6.

Das Ansteigen der Kriminalität, insbesondere des Diebstahls, war in jeder Stadt und jedem Dorf zu spüren.[28] Betrugs- und Bestechungsskandale wie die von Margarethe Schrimpff erwähnten Fälle Barmat 1924 und Sklarek 1929 sorgten für Schlagzeilen.[29] Der Verlust materieller Werte führte augenscheinlich zu einem Verfall moralischer Werte: »Der Absturz ins Chaos – wirtschaftlich, sozial, politisch, moralisch – schien total zu sein«.[30] So empfand auch die Nationalsozialistin Marianne Meinecke: »Mit fatalistischer Ergebung sah man den Ruin auf sich zukommen, unerträglich war die Luft mit Spannungen und Hoffnungslosigkeit erfüllt.«[31] Bürgerinnen und Bürger verlangten von der politischen Führung gleichermaßen die Schaffung von Arbeit und Brot sowie Recht und Ordnung.

Sicherheit als Thema der Konservativen

Entsprechend war Sicherheit das bestimmende politische Thema der Zwischenkriegszeit, das insbesondere die Konservativen auf ihre Fahnen geschrieben hatten. Sicherheit bedeutete primär materielle Sicherheit: Bekämpfung der Arbeitslosigkeit sowie die Sicherheit des Einzelnen und seines Eigentums vor Kriminalität. Darüber hinaus war der Schutz vor inneren und äußeren, zum Teil konstruierten Bedrohungen von zentralem Interesse: Insbesondere die politische Rechte verlangte nach innerer Sicherheit vor fremden Einflüssen, die als »schädliche« Unterwanderung wahrgenommen und in erster Linie auf das Judentum und den Marxismus projiziert wurden.[32] Gegen die anfangs

28 Allein in den Jahren 1927-1932 verdoppelte sich die Zahl der Einbrüche in Preußen. Kriminalisten sahen die Ursache dafür in einer zu laschen Rechtsprechung respektive in der Schwäche des Rechtsstaates. Die Kriminalpolizei wurde in diesen Jahren mit zusätzlichem Personal und modernster Kriminaltechnik (z. B. Fingerabdruckkarteien) ausgestattet Vgl. Patrick Wagner, Hitlers Kriminalisten. Die deutsche Kriminalpolizei und der Nationalsozialismus zwischen 1920 und 1960, München 2002, S. 15 f. sowie S. 24. Kathrin Kompisch beschäftigt sich in ihrer Dissertation mit Serienmördern als einem Phänomen und Medienereignis der Weimarer Republik. Kathrin Kompisch, Wüstling – Werwolf – Teufel. Medienbilder von Serienmördern in der deutschen Massenpresse 1918-1945, Dissertation, Hamburg 2008.

29 Die Affären Kutisker, Barmat (1924/25) und Sklarek (1929) waren besonders brisant, da auch demokratische Politiker unter Korruptionsverdacht standen und es sich bei den Angeklagten Barmat und Kutisker um jüdische Kaufleute aus Osteuropa handelte. Der rechtsgerichteten Presse lieferten die Fälle spektakuläres Material, um die antidemokratisch-antisemitische Grundstimmung anzuheizen und Verschwörungstheorien zu belegen. Die Delikte wurden insbesondere von der NSDAP über Jahre hinweg propagandistisch ausgeschlachtet. Der Fall der Brüder Sklarek, deren Herrenbekleidungsfirma Berliner Polizisten, Beamte sowie einige Politiker zu Vorzugspreisen ausstattete, kostete den Berliner Oberbürgermeister Gustav Böß (DDP) 1930 das Amt. Die NSDAP attackierte Böß mit Schmähreden und Pfeifkonzerten. Vgl. Abel-Biogramm/Nr. 582/Margarethe Schrimpff.

30 Evans, S. 190.

31 Abel-Biogramm/Nr. 116/Marianne Meinecke, S. 6.

32 Auf der Verunsicherung durch das Fremde und das Gefühl der Bedrohung der materiellen Existenz gründeten der in der Weimarer Republik weitverbreitete Antisemitismus

genannte Verunsicherung durch die Moderne, in Form von Emanzipation des Individuums, kultureller Vielfalt, Rationalismus, Technisierung und Internationalismus, wandte sich die Rechte, indem sie – den Blick auf eine verklärte Vergangenheit im Kaiserreich gerichtet – Sicherheit im Traditionalismus suchte. Gleichermaßen forderte sie Sicherheit vor äußeren Feinden, wie etwa der bedrohlich großen, kommunistischen Sowjetunion auf der einen und den westlichen Siegermächten auf der anderen Seite. Insbesondere die russische Revolution und ihre Folgen wurden von vielen Deutschen mit Sorge verfolgt. Eine Herrschaft der Arbeiterklasse nach sowjetischem Vorbild in Deutschland war gerade für die Konservativen ein Horrorszenario, aber in dieser Zeit des Umbruchs offenbar nicht außerhalb des Vorstellbaren. So konnte dies von allen Rechtsparteien, die NSDAP eingeschlossen, politisch werbewirksam eingesetzt werden.[33] Sicherheit bedeutete für die Alten Kämpferinnen also auch Schutz vor dem Kommunismus nach sowjetischem Vorbild und dem damit verbundenen Verlust der deutschen Freiheit.

Republik als Staat der Schwäche – Ruf nach Autorität

In die neue Staatsführung wurden hohe Erwartungen gesetzt. Zunächst musste der verlorene Krieg in mehrfacher Hinsicht aufgearbeitet werden. Die außenpolitische Kompromissbereitschaft der wechselnden Regierungen erschien vielen Wählern als Schwäche. Die Verfasserinnen der Abel-Biogramme bilden hier keine Ausnahme. Zudem entbehrte der prunklose, demokratische Staat »auch in den Augen vieler Frauen – vor allem aus bürgerlichem und kleinbürgerlichem Milieu – der Größe und Würde, die mit dem Kaiserreich verbunden waren«.[34] Daher war die Wiederherstellung des Ansehens Deutschlands eine weitere Forderung, die an die Politik gestellt wurde. Innenpolitisch bestand die Vorstellung, alle Entbehrungen und Opfer des Krieges müssten durch den Staat eine Sinndeutung erhalten und »irgendwie gratifiziert«[35] werden. Doch die erhoffte Anerkennung, etwa durch Sozialleistungen für Hinterbliebene, ließ sich, anders als versprochen, nicht finanzieren. Eine Wiedergutmachung, die den Betroffenen angemessen schien, fiel aus.

Die junge, zerbrechliche Demokratie konnte die unrealistisch hohen Erwartungen großer Bevölkerungskreise nicht erfüllen. Sie fand weder die notwendige Akzeptanz im Volk, noch die Zeit, sich zu bewähren und zu etablieren. Für viele Deutsche verschiedenster politischer Couleur war die liberale Republik kein Staat, mit dem sie sich identifizieren oder zumindest arrangieren konnten, sondern ein verachteter Notbehelf.

und die Furcht vor dem Bolschewismus. Vgl. Franz-Willing, S. 136, sowie Hellmuth Auerbach, Hitlers politische Lehrjahre und die Münchner Gesellschaft 1919-1923, in: Vierteljahrshefte für Zeitgeschichte, Nr. 25/1977, S. 1-45, hier S. 42.

33 Vgl. Abel-Biogramm/Nr. 363/Erna Stoyke, S. 4.

34 Arendt/Hering/Wagner, S. 37.

35 Mergel, S. 53.

Zunehmend suchte man die Lösung der Probleme stattdessen in radikalen Ideen. Diese Entwicklung fand, spätestens nach der Wahlniederlage gegen die SPD 1928, auch innerhalb der politischen Parteien statt, von den konservativen bis zu den gemäßigten.[36] Dort herrschte die Auffassung, allein eine »Politik der Stärke« würde die geforderte Stabilität und Sicherheit herstellen können. Die Konservativen sahen als Garant dafür eine staatslenkende Autorität, einen nationalen »Führer«. Der Aufstieg der NSDAP stellte die Spitze dieses Rechtstrends dar.

Antidemokratisches Denken

Es herrschte in der Weimarer Republik demnach auf breiter Front ein antidemokratisches Denken. Nach hoffnungsvollen demokratischen Anfängen stellten antidemokratische Parteien von rechts und links schon ab 1920 die Mehrheit im Reichstag gegen die demokratischen Parteien DDP, SPD und Zentrum.[37] Mit einer republikfeindlichen Wählerschaft und einer übermächtigen Daueropposition im Reichstag ließ sich schwerlich eine Demokratie aufbauen.

Eine autoritäre Staatsführung favorisierten spätestens ab 1928 alle Mitte-Rechts-Parteien. So sah beispielsweise auch die DVP, nach dem Tod ihrer liberalen Leitfigur Gustav Stresemann, als Ziel ihrer Politik eine konstitutionelle Regierung unter einem führenden Oberhaupt und warb daher mit der Parole »Mehr Macht dem Reichspräsidenten!«.[38] Selbst das katholische Zentrum hielt ab 1928 ein autoritäres Regime für notwendig. Als KPD und NSDAP ab September 1930 die Reichstagsdebatten durch eine gezielte Verletzung der Umgangsformen untergruben, verlor der Reichstag in der öffentlichen Meinung massiv an Ansehen und mit ihm die Demokratie.[39] Hendrik Thoß schlussfolgert: »Zwischen 1918 und 1933 blieb genuin demokratisches Denken und Handeln eine Angelegenheit politischer Minderheiten.«[40] Paradoxerweise gab es zeitgleich ein wachsendes Bedürfnis der Bürger, sich politisch gleichberechtigt einzubringen,[41] etwa in einer der zahlreichen antidemokratischen Gruppierungen und Parteien – was das neue demokratische System ad absurdum führte. Der Brückenschlag zwischen autoritärer Führung und politischer Partizipation

36 »Der Liberalismus hat nicht allein einen internationalen Niedergang erlebt, er ist auch in den Programmen der alten liberalen Parteien selbst stark zurückgedrängt worden.« Neumann, S. 53.

37 Wie schmal das demokratische Segment, das im Wesentlichen aus SPD, DDP und Zentrum bestand, innerhalb der Weimarer Parteien war, stellten unter anderem dar Evans, S. 157, sowie Hendrik Thoß, Demokratie ohne Demokraten? Die Innenpolitik der Weimarer Republik, Berlin 2008, S. 99-101.

38 Neumann, S. 58. Die Haltung der DVP zu Demokratie und die Rolle Stresemanns innerhalb der Partei beschreibt Thoß, S. 109 f.

39 Der Tabubruch, so wie hier durch Störung und Beleidigung, war ein effektives Mittel nationalsozialistischer Destruktion.

40 Ebd., S. 107.

41 Vgl. Heinsohn, Konservative, S. 11.

sollte dem neuartigen Typus der Führerpartei gelingen, als die sich die NSDAP ab 1925 reichsweit präsentierte.[42]

Nationalismus – Volksgemeinschaft

Autoritäre Staatsführung war in den Augen der Konservativen jedoch nur *ein* Parameter für Sicherheit und Stärke. Der andere war ein Nationalismus, der »die Menschen zwischen den Weltkriegen in beispielloser Weise mobilisierte«.[43] Mit radikalem Nationalismus wurde sowohl der empfundenen Demütigung Deutschlands durch die Alliierten die Stirn geboten, als auch der amerikanisch geprägten Massenkultur, die in den 1920er Jahren Einzug in Deutschland hielt.[44] Die Einigung des deutschen Volkes auf der Basis seines kleinsten gemeinsamen Nenners, der Nationalität, galt zudem als Konzept zur Überwindung der starken politischen Polarisierung.[45]

Geeigneter als »Nation« zeigte sich der Begriff »Volk«.[46] Unter anderem schloss er einerseits die Bevölkerung der durch den Versailler Vertrag verlorenen Gebiete ein, grenzte andererseits aber die im Deutschen Reich lebenden, ungeliebten »Fremdvölkischen« aus. Der Zusammenhalt der »Volksgenossen« sollte gesellschaftliche und politische Spannungen im Inneren glätten und Deutschland nach außen wieder erstarken lassen. Die Sehnsucht nach einer alles überwindenden »Volkseinheit«,[47] wie sie vom Bürgertum als »Geist von 1914« zu Beginn des Weltkrieges erlebt worden war, war weit verbreitet, so etwa in der Jugendbewegung.[48] Das integrative Konzept der »Volksgemeinschaft« wurde, so konstatiert Kirsten Heinsohn, »wie kein anderer politischer Begriff in den Jahren

42 Vgl. Tyrell, S. 7.

43 Christiane Streubel, Radikale Nationalistinnen. Agitation und Programmatik rechter Frauen in der Weimarer Republik, Frankfurt a. M./New York 2006, S. 13.

44 Zur Massenkultur und Zivilisationskritik in der Weimarer Republik vgl. Thoß, S. 112-114.

45 Vgl. Evans, S. 61.

46 Vgl. Bajohr/Wildt, S. 11.

47 Nationalgefühl, besonders in der Form einer »Sehnsucht nach Volkseinheit«, prägte die Deutschen seit der Romantik und gelangte vielfach zu religiöser Vertiefung. Nationale Einheit wurde seither für verschiedenste politische Gruppierungen zum Postulat. Vgl. Ulrike Prokop, Die Sehnsucht nach der Volkseinheit. Zum Konservativismus der bürgerlichen Frauenbewegung vor 1933, in: Gabriele Dietze (Hrsg.), Die Überwindung der Spachlosigkeit. Texte aus der neuen Frauenbewegung, Darmstadt 1979, S. 176-202, sowie Scheck, Volksgemeinschaft, S. 239 f.

48 Beispielsweise wurde die Idee der Volksgemeinschaft bereits 1921 von der Wandervogelorganisation »Kronacher Bund« verfolgt als Gegenmodell zu der »verworrenen, haltlosen Zeit«. Das derzeitige »Leben der Hässlichkeit, Sünde und Schuld« wurde abgelehnt. Der Bund sollte »einfach das fertigbringen, was das deutsche Volk in seiner Gesamtheit nicht schafft – VOLK ZU SEIN!«, und es wurde erläutert: »Gemeinschaft entspringt dem Unterworfensein unter ein gleiches Schicksal, das wir in Geschichte, Heimat und Volk finden.«, in: Der Kronacher Bund der alten Wandervögel e. V., Rundbrief Nr. 1 vom 12. Dezember 1921, S. 2 f. Der Kronacher Bund hatte zu etwa

1914 und 1933 in Deutschland [...] angenommen« und entwickelte sich zu einem Leitthema aller »politischen Parteien und Gruppierungen, Einzelpersonen und Institutionen« jener Nachkriegsjahre.[49] Der Nationalsozialismus eignete sich den Topos »Volksgemeinschaft« als eine Grundlage seiner Ideologie an und propagierte sie, dem eigenen Namen entsprechend, auch als »nationaler Sozialismus«. Über das Integrationsmedium Nationalismus und die Verheißung der nationalen Einigung fanden Frauen verschiedener sozialer und politischer Herkunft zur Hitlerbewegung.[50] Für die hier vorgestellten Alten Kämpferinnen war dies oft der ausschlaggebende Punkt für ihr Engagement.

Nährboden des Nationalsozialismus

Auf der Basis der beschriebenen Grundstimmung innerhalb der deutschen Bevölkerung gedieh die NSDAP, denn »sie trat unter der nationalen Devise im Verein mit den Exponenten des Ordnungsstaatsgedankens und den Förderern einer starken Wehrkraft gegen das um demokratischen Fortschritt bemühte republikanische Berlin an«.[51] Damit griff sie lediglich die gängigen Positionen und Forderungen auf, die sich aus der Geschichte sowie der aktuellen Situation der Weimarer Republik entwickelt hatten und von weiten Kreisen der Konservativen – von Frauen ebenso wie von Männern – in Gesellschaft und Medien, Parlament[52] und politischen Vereinen vertreten wurden. Die »Weltanschauung« der Nationalsozialisten war folglich nicht ungewöhnlich, oder gar revolutionär, sondern durchaus »salonfähig« und stieß im Bürgertum, zum Teil oder im Ganzen, auf offene Ohren.[53]

gleichen Teilen männliche und weibliche Mitglieder, insgesamt knapp 2000 Personen im Jahr 1928.

49 Heinsohn, Konservative,S. 124.

50 Mit »Radikalen Nationalistinnen« in anderen Parteien und Verbänden beschäftigt sich Christiane Streubel in ihrer 2006 erschienenen, bereits angeführten Dissertation.

51 Auerbach, S. 28. Für die beschriebene Grundstimmung der deutschen Bevölkerung findet Bernd Jürgen Wendt den Begriff des »national-pathologischen Nährbodens« für den Nationalsozialismus. Wendt, S. 33.

52 Im Zuge dieses Rechtstrends waren 1925 erstmals auch die Deutschnationalen im Reichstag vertreten. Eine Kontaktaufnahme zur »Nationalen Opposition« (DNVP und NSDAP) konnte im Hinblick auf eine mögliche Koalitionsbildung als politisch nützlich betrachtet werden und wurde verschiedentlich versucht. Beispielsweise wurde Hitler am 10. Oktober 1931 zu einer Unterredung mit dem Reichspräsidenten Hindenburg geladen. Dieser »sah auch weniger die vordergründigen politischen Ziele der Nationalsozialisten als ein Hindernis für eine Zusammenarbeit an als das Rabaukentum der SA sowie die übersteigert erscheinenden Ansprüche ihres Führers, der seinem Herkommen und seinem Auftreten nach dem Präsidenten als gewöhnlich erschien.«, Martin Vogt, Die Weimarer Republik (1918-1933), in: ders. (Hrsg.), Deutsche Geschichte. Von den Anfängen bis zur Wiedervereinigung, Stuttgart 1991, S. 568-645, S. 632. Ferner zogen das Zentrum und die BVP 1932 die Möglichkeit einer Kooperation mit der NSDAP in Betracht, ebd., S. 634.

53 Frevert, S. 205. Vgl. auch Sontheimer, S. 235.

Ebenso lassen sich die politischen Interessen und Überzeugungen der Alten Kämpferinnen aus der Haltung der Konservativen herleiten. Antidemokratisches Denken, Nationalismus und der Wunsch nach Sicherheit, beziehungsweise die Ablehnung des bedrohlichen Fremden, spiegeln sich auch in den autobiographischen Essays der Teilnehmerinnen des Abel-Wettbewerbs wider. Im damaligen Deutschen Reich konzentrierte sich das Moderne, Fremde sich besonders an einem Ort: der Weltstadt Berlin.

3.1.1 Metropole Berlin – Das rasende Herz der Weimarer Republik

Wahlberlinerinnen verfassten mindestens elf der vorliegenden Essays.[54] Fast alle kamen aus einer dörflichen Umgebung oder kleinen Städten in die pulsierende Metropole, die »weltweit zum Inbegriff der künstlerischen und geistigen Moderne«[55] geworden war. Die Hauptstadt war Ziel und Transitstation von Millionen Deutschen, die Arbeit suchten, gesellschaftliche Zwänge flohen oder kulturell und politisch am Puls der Zeit sein wollten. In Berlin lebten 1930 mehr als 4,3 Millionen Menschen. Die Bevölkerungsdichte, die weit über der heutigen lag, war enorm.[56] So beschreibt Maria von Belli ihre Ankunft in Berlin: »Wir kamen aus der reinen Stille mitten in das Gewühle. Das Grauen packte uns. Der Sinn deutschen Lebens schien zum Irrsinn ausgeartet.«[57] Die Fülle an neuen Eindrücken, Moden, Ansichten, Freiheiten wirkte nicht nur auf sie verwirrend, erdrückend und beängstigend.[58] Hinzu kam eine überhitzte politische Atmosphäre, die nicht zuletzt durch die schnelle Abfolge von Wahlkämpfen dauernd auf dem Siedepunkt gehalten wurde.

Berlin galt als »Herz und Seele«[59] der jungen Weimarer Republik und als Symbol der neuen Zeit. Die zugezogenen Verfasserinnen empfanden die Verhältnisse in der Hauptstadt des Deutschen Reiches als chaotisch und deuteten diese als Abbild der Demokratie und der demokratisch gewählten Regierung. Korruptionsskandale füllten die Berliner Gazetten. Es ging unter anderem um persönliche Bereicherung durch den Verkauf von Heeresbeständen und die Ver-

54 Einige der insgesamt 19 Berlinerinnen geben keinen Geburtsort an.

55 Wendt, S. 10.

56 Die Bevölkerungsdichte Berlins lag 1939 bei 4910 Einwohnern pro km², im Jahr 2013 dagegen nur noch bei 3899 Einwohnern pro km². Vgl. Luisenstädtischer Bildungsverein, Berlingeschichte/Stadtentwicklung (mit Bezug auf die entsprechenden Statistischen Jahrbücher der Stadt Berlin). URL: http://berlingeschichte.de/stadtentwicklung/texte/articles/4_13_bvoelent [online am 19. September 2015] sowie Bundeszentrale für politische Bildung (Hrsg.), Nachschlagen, Datenreport 2013, Siedlungsstruktur und Bevölkerungsdichte, URL: http://www.bpb.de/nachschlagen/daten report-2013/raeumliche-mobilitaet-und-regionale-unterschiede/173866/siedlungs struktur-und-bevoelkerungsdichte [online am 19. September 2015].

57 Abel-Biogramm/Nr. 212/Maria von Belli, S. 11.

58 Vgl. Evans, S. 15, sowie zur Massenkultur und Zivilisationskritik auch Thoß, S. 113.

59 Merkl, S. 18.

untreuung von öffentlichen Geldern.[60] Allein dies gab der Öffentlichkeit Anlass zur Entrüstung und stellte die Moral sowie Recht und Gerechtigkeit der jungen Republik in Frage. Die Neuberlinerinnen mussten folglich sowohl die neue Umgebung gedanklich erfassen und ordnen, als auch die neue Staatsform mit ihrer schnellen Abfolge von Wahlkämpfen der Parteien und Splitterparteien. Berlin erschien ihnen als Ort der Verunsicherung – real und symbolisch. In diesem Kontext stellte sich der Nationalsozialismus als Partei der Entwurzelten dar, indem er Altvertrautes, Sicherheit und geordnete Verhältnisse versprach. Ausgeblendet wurde von den Anhängerinnen, dass die Berliner NSDAP selbst dafür sorgte, den Eindruck chaotischer Zustände aufrechtzuerhalten, indem sie durch die SA politische Krawalle gezielt inszenierte. Im Augenmerk der Verfasserinnen standen allein die militärische Disziplin und die Tatkraft der »Braunhemden«.[61] Hinter diese stellten sie sich gern, da sie sie mit Stärke und Sicherheit assoziierten. War der Moloch auf diese Weise gebändigt, beziehungsweise geordnet und sie selbst darin verortet, fanden die Verfasserinnen Gefallen am turbulenten Leben in Berlin.

3.1.2 Die Fremdbestimmtheit der »Verlorenen Generation«

> »Gerade ein paar Wochen war ich wieder im Elternhaus, als der Krieg ausbrach. Die Tür zum sorglosen Jugendland fiel zu. Unsere Jugend wurde in den Strudel eines Weltunterganges und die schmerzvollen, langdauernden Wehen des Neuwerdens hineingerissen.«
>
> *Marianne Meinecke*[62]

Mit und nach dem Ersten Weltkrieg griffen politische Entscheidungen und Ereignisse in außergewöhnlichem Maße in die Lebensläufe der meisten Deutschen ein. In engster Abhängigkeit vom nationalen Schicksal erlitten sie persönliche Schicksalsschläge, wie den Tod geliebter Menschen oder den Verlust materieller Möglichkeiten. Jugendliche und junge Erwachsene verloren ihre Zukunftsperspektiven. Älteren zerbrach vielfach ihre bisherige Lebenswelt. Sie mussten versuchen, sich noch einmal völlig neu zu orientieren. Gebrochene Lebensläufe kennzeichneten weite Teile der deutschen Bevölkerung und werden in den meisten der vorliegenden Essays beschrieben.[63]

60 Der Berlinerin Margarethe Schrimpff sind diese Skandale auch 1934 noch sehr präsent. Vgl. Abel-Biogramm/Nr. 582/Margarethe Schrimpff.

61 Vgl. Abel-Biogramm/Nr. 44/Hilde Boehm-Stoltz, S. 2.

62 Abel-Biogramm/Nr. 116/Marianne Meinecke, S. 2.

63 Der erwähnte Wohnortwechsel nach Berlin war beispielsweise bei Leokardia Rogalski und Anna Nieke eine Kriegsfolge.

Diese »Verlorene Generation«[64] einte also eine wesentliche Erfahrung: Das eigene Leben wurde durch die nationalen Ereignisse tiefgreifend fremdbestimmt. Die durch den Krieg erlebte Spannung und Euphorie, aber auch die erlittenen Verluste und Niederlagen waren sowohl individuell als auch kollektiv. Ebenso waren es der Sinnverlust und die Perspektivlosigkeit bei Kriegsende. Die Synchronität nationaler und individueller Ereignisse förderte die von Richard Evans sogenannte »Überidentfikation« der Deutschen mit ihrer Nation.[65] Der Zeitzeuge Sebastian Haffner schrieb 1939 rückblickend von einer regelrechten Gewöhnung der »Verlorenen Generation« an ihre Fremdbestimmtheit: »So empfanden sie das Aufhören der öffentlichen Spannung und die Wiederkehr der privaten Freiheit nicht als Geschenk, sondern als Beraubung«.[66] Haffner beobachtete während der Weimarer Zeit ein Lauern auf das nächste nationale Abenteuer oder den nächsten Schock. Erhöhte politische Aufmerksamkeit, Orientierungssuche im politischen Geschehen war die Folge.[67]

In dieser Situation versprach das 1918 durchgesetzte Frauenstimmrecht erstmals auch der weiblichen Bevölkerung politische Teilhabe. Die Politik bestimmte folglich nicht nur das eigene Geschick, sondern im Umkehrschluss hatte der Einzelne – und nun auch *die* Einzelne – Einfluss auf die Geschicke des Staates. Im Folgenden wird gefragt, inwiefern diese Kriegs- und Nachkriegserfahrungen die Verfasserinnen der Abel-Biogramme veranlassten, sich für das politische Geschehen zu interessieren, wie die allgemeine Politisierung sie erfasste, wie sie die Möglichkeit der politischen Partizipation bewerteten und wahrnahmen.

3.2 Allgemeine Politisierung – Politisierung der Frauen

Die politische Mobilmachung von Frauen begann in Deutschland in der Zeit der preußischen Befreiungskriege gegen die napoleonischen Truppen. »Das Vaterland ist in Gefahr!«, begann der leidenschaftliche »Aufruf der königlichen Prinzessinnen an die Frauen im preußischen Staate«, der am 23. März 1813 unter der Federführung Prinzessin Mariannes von Preußen veröffentlicht wurde. Nur wenige Tage zuvor hatte ihr Schwager, König Friedrich Wilhelm III., Frank-

64 Als »Verlorene Generation« sollen hier jene Jahrgänge verstanden werden, die durch historische Ereignisse, in diesem Fall durch den Ersten Weltkrieg und seine Folgen, eine massive Fremdbestimmtheit ihres persönlichen Lebens und biographische Brüche erlitten. Der Begriff der »Verlorenen Generation« wird auch für andere Alterskohorten verwandt, beispielsweise für die HJ-Generation nach 1945 oder in anderen Kontexten wie etwa der Jugendarbeitslosigkeit.

65 Evans, S. 98.

66 Sebastian Haffner, Geschichte eines Deutschen. Die Erinnerungen 1914-1933, Stuttgart/München 2000, S. 69.

67 Die NSDAP sollte schließlich dieses Warten auf Orientierung und öffentliche Sensationen bedienen.

reich den Krieg erklärt und sein Volk zu den Waffen gerufen. Die Prinzessinnen argumentierten für eine Rettung des Vaterlandes durch beide Geschlechter: »[…] auch wir Frauen müssen mitwirken, die Siege befördern helfen, auch wir müssen uns mit den Männern und Jünglingen vereinen zur Rettung des Vaterlandes.«[68] So forderten sie zur Gründung von patriotischen Frauenvereinen auf, deren vornehmliches Ziel es war, Geld und Sachspenden zu sammeln. Das Echo seitens der Frauen blieb nicht aus, denn so »konnten sie teilhaben an der nationalen Begeisterung«.[69] Aus dem kirchlichen Kontext war Frauen die Sammeltätigkeit auch zu dieser Zeit längst vertraut, das Neue allerdings war »die politische Motivation: der Patriotismus«,[70] wie Andrea Süchting-Hänger bemerkt.

Unter dem Banner »Gold gab ich für Eisen« traten Frauen erstmals mit einem politischen Anliegen in die Öffentlichkeit. Da dies auf Geheiß des Königshauses und in einer nationalen Ausnahmesituation geschah, wurde ihnen das nützliche Spenden und Sammeln nicht verwehrt. In der Folge war es vor allem die nationale Krise, die Frauen zu praktischem politischem Handeln mobilisierte. Dabei besetzten sie bis in den Ersten Weltkrieg hinein jene Felder, die ihnen nach dem dualen Geschlechtermodell zugeschrieben waren, nämlich die verschiedensten Formen der Wohltätigkeit, der Pflege und Erziehung.[71] Dies reichte von der Versorgung verfolgter und versteckter Demokraten 1848/49 bis zu den vielfältigen Aufgaben im Kriegslazarettwesen, von der Materialbeschaffung bis hin zur Schwesternausbildung. In Friedenszeiten setzte die Mildtätigkeit bürgerlicher Frauen politische Akzente durch die Auswahl der Bedürftigen und die Art der Zuwendungen. Der aufkommende Nationalismus und die zunehmende Politisierung seit den 1860er Jahren führten dazu, dass der Appell der Prinzessinnen wieder aufgegriffen wurde. Zahlreiche mittelbar politische Frauenvereine entstanden, allen voran der rechtskonservative Vaterländische Frauenverein 1866.[72] Bis zum Beginn des Ersten Weltkriegs differenzierten sich diese Vereine entsprechend ihrer politischen Ausrichtung. Teilweise handelte es sich bei diesen Gruppierungen bereits um die Frauenabteilungen politischer Parteien. Parallel dazu erfuhr die weibliche Alltagswelt eine Aufwertung als Wiege des Politischen: Indem die deutsche Familie als Keimzelle der deutschen Nation verstanden wurde, war die bürgerliche Frau berufen, hier ihre vaterländische Pflicht zu erfüllen.[73] Bevölkerungspolitik, Konsumpolitik, Kultur- und Bildungspolitik mussten von der Frau im Sinne der Nation umgesetzt werden – in Schlafzimmer, Küche und

68 Süchting-Hänger, S. 26.

69 Ebd.

70 Ebd.

71 Hier folge ich weitgehend Ute Planert, Vater Staat und Mutter Germania. Zur Politisierung des weiblichen Geschlechts im 19. und 20. Jahrhundert, in: dies. (Hrsg.), Nation, Politik und Geschlecht. Frauenbewegungen und Nationalismus in der Moderne, Frankfurt a. M. 2000, S. 15-65.

72 Ebd., S. 39.

73 Ebd. S. 28-30.

Kleiderschrank. Profanste Tätigkeiten, wie das Singen des »richtigen« Kinderliedes oder das Tragen eines in Deutschland entworfenen Accessoires wurden mit nationaler Bedeutung aufgeladen – alles war politisch.[74]

Extreme nationale Ausnahme- und Krisensituationen verstärkten die Politisierung der deutschen Frauen. Das folgende Kapitel wird zeigen, wie der Erste Weltkrieg und die aufwühlenden Weimarer Jahre dementsprechend auf die Verfasserinnen der Abel-Biogramme wirkten. Bedeutsam sind dabei drei Aspekte: das eigene Durchleben historischer Großereignisse, die mitreißende Dynamik der politisierten Zeitatmosphäre und die gewissenhafte Umsetzung des Frauenstimmrechts.

3.2.1 Erwachendes politisches Interesse ab 1914

> Diese unangenehmen Erlebnisse und Eindrücke dieser Zeit waren es auch, die mich veranlaßten, mich mit den politischen Ideen und Gedankengängen stärker als es sonst Frauen tun zu befassen.
>
> *Leokardia Rogalski*[75]

Mit diesen zurückhaltenden Worten erklärt die spätere Nationalsozialistin Leokardia Rogalski ihren Zugang zur Politik mit der persönlichen Verstrickung in das nationale Zeitgeschehen. Ihre Lebensgeschichte bestätigt eine wesentliche These der Historikerin Ute Planert: »Der Bezug auf Nation und Vaterland wirkte politisierend und vergrößerte auf gesellschaftlich anerkannte Weise weibliche Handlungsspielräume.«[76] Die Details des Lebenslaufes von Leokardia Rogalski machen dies deutlich: Den Weltkrieg erlebte die Lazarettschwester in unmittelbarer Nähe der Front. Mit einem Streifschuss am Kopf kam sie mit dem Leben davon, während ein Soldat unter ihren verbindenden Händen getötet wurde. Als sie nach Kriegsende in ihre Heimatstadt Hohensalza zurückkehrte, war diese polnisch geworden. Die deutschstämmige Familie verlor ihre Wohnung und lebte für einige Zeit in einem Eisenbahnwaggon. Zu Leokardia Rogalskis Alltag gehörte von nun an die zeittypische, in physische Gewalt übersteigerte Politisierung, denn ihre Brüder waren zunächst Freikorpsmitglieder, dann frühe Nationalsozialisten und lieferten sich Schlachten mit den verhassten Kommunisten. Später verließ die junge Krankenschwester Polen und zog wie so viele Entwurzelte in die Weltstadt Berlin. Zeitgeschichtliche Ereignisse bestimmten somit ihr zufälliges Überleben, ihren Lebensentwurf und ihren Alltag. Darin sieht sie die Ursache für ihr politisches Interesse. Mehr noch – sie ging diesem Interesse nach in dem Bewusstsein, damit aus dem tradierten Rollen-

74 Süchting-Hänger spricht von einer »Fundamentalpolitisierung« der deutschen Gesellschaft um 1900. Süchting-Hänger, S. 23.

75 Abel-Biogramm/Nr. 305/Leokardia Rogalski, S. 2.

76 Planert, S. 10.

muster der unpolitischen Frau herauszutreten. Damit ist Leokardia Rogalski ein Beispiel für die gesellschaftliche Politisierung der Frauen, die mit den napoleonischen Kriegen begann und sich durch die Kriegs- und Nachkriegsereignisse des frühen 20. Jahrhunderts noch einmal verstärkte. Die einige Jahre jüngere Erika Ullmann gehörte der Generation der Nachkriegsjugend an. Diese jungen Frauen nahmen zum Teil schon sehr selbstbewusst feministische Freiheiten wahr und nutzten die vergrößerten Handlungsräume: Für Erika Ullmann war Politik das erregende, packende Thema. Informationen aus zweiter Hand reichten ihr nicht. Sie wollte unmittelbar beteiligt sein. Ihren leidenschaftlichen Worten ist zu entnehmen, dass sie von der fundamentalen Politisierung ihrer Zeit förmlich mitgerissen wurde:

> »So schlug denn die Revolution vernichtend auf uns ein. Ich selbst mit meinen 17 Jahren bäumte mich innerlich gegen diesen Verrat auf, ging dann politisch interessiert in die Versammlungen sämtlicher Parteien. Von der S. P. D. bis zu Deutsch-Nationalen. [...] Alles schien außer Rand und Band. Selbst auf unserem Dorf wurde das oberste zu unterst gekehrt.«[77]

Der höhere Zweck, ursprünglich Nationalgefühl dann Politikleidenschaft, heiligte die noch unkonventionellen Mittel: die Teilhabe von Frauen am politischen Geschehen, hier obendrein ohne die übliche männliche Begleitung. Politische Partizipation reichte von einer mehr oder weniger intensiv vorbereiteten Stimmabgabe über die Teilnahme an Veranstaltungen bis hin zum offiziellen Eintritt in eine politische Vereinigung.

3.2.2 Mitreißende Dynamik der politisierten Zeitatmosphäre

Wie bereits dargestellt, waren die Erwartungen an die Weimarer Regierungen immens. Thomas Mergel nimmt sogar an, es habe die weitverbreitete Vorstellung bestanden, »alles Glück werde von der Politik ausgehen«.[78] Entsprechend war dem Widerstreit der Parteien im Deutschland der 1920er Jahre nicht zu entgehen. Der gesamte Alltag war politisiert durch parteigebundene Sportvereine, Zeitungen, Jugendgruppen, Bildungseinrichtungen und sogar Kneipen. Richard Evans schildert die Situation auf den Straßen vor den häufigen Reichstagswahlen: Es war »jede freie Fläche an Hauswänden und Litfaßsäulen mit Plakaten bedeckt, in jedem Fenster hing irgendeine Fahne, jedes Gebäude prangte in den Farben einer Partei. [...] [K]ein Bereich der Gesellschaft war gegen Politisierung immun«.[79] Selbst vor den Toren des Krankenhauses machte die Agitation nicht Halt, wie Marianne Heimer erlebte:

77 Abel-Biogramm/Nr. 532/Erika Ullmann, S. 1.
78 Mergel, S. 53.
79 Evans, S. 197.

> »Während meiner Krankenhausarbeit als Schwester lernte ich den Geist der Zeit recht kennen. Wurde man schon auf der Kinderabteilung mit dem Ruf ›Rot Front‹ ›Heil Moskau‹ empfangen. Auf der Männerabteilung füllte sich die Station mit verletzten Männern verschiedenerlei Gesinnungen [...], so daß die Schwester oft den Streit schlichten mußte, indem so mancher in ein anderes Zimmer ausquartiert wurde. – Ich fing nun an mich näher mit den verschiedenen Parteien zu beschäftigen.«[80]

Auch Kleidung und Accessoires boten Gelegenheit zur politischen Stellungnahme im Alltag. Maria Engelhardt, die der DNVP angehörte, zeigte mit den alten Reichsfarben, als »schwarz-weiß-rotes Schleifchen«[81] am Mantel ihre Ablehnung der Republik. Die Studentin Ruth Grathwohl steckte sich zu Studienfahrten ein Hakenkreuzabzeichen an. Die damit beabsichtigte Provokation hatte Erfolg:

> »Das empörte die jüdischen Studenten. Einer stahl mir in der Eisenbahn das Abzeichen. Darauf steckte ich wieder eins an, das ich zum Glück noch bei mir hatte. Nun folgte die Beschwerde beim Herrn Professor über mich frechen Nazi. Der Professor bedeutete mir dann in einer stillen Ecke, daß ich das ›Dingsda‹ abzulegen habe, weil auf einer Exkursion keine politischen Abzeichen getragen werden dürften.«[82]

Politik und politischer Streit waren für Ruth Grathwohl, als Kind ihrer Zeit, existenziell.[83] Mit einer selbstgenähten braunen Bluse bekannte Helene Radtke 1929 öffentlich Farbe und erntete den erwarteten Protest.

> »So führte ich in Darmstadt die braune Bluse ein. Ich trug sie von morgens bis zum Bett gehen. Eines Tages als ich auf dem Markt erschien, gab es ein Hallo. Die Gegner geiferten vor Wut, daß nun auch schon die Frauen in Uniform kämen. Zwei Kommunistenweiber machten mir nach, unter den größten Beschimpfungen. Spezialausdrücke wie: ›Hitlermensch, Hitlermatratze, Hitlersäue‹ und andere schamlose Wörter prasselten auf mich hernieder, die ich unerwähnt lassen will.«[84]

Die Pianistin Agnes Mosler-Sturm beschreibt die Zeitatmosphäre: »Deutschland war zum Bersten politisch geladen! Jede Minute konnte die furchtbare Explosion bringen.«[85]

80 Abel-Biogramm/Nr. 457/Marianne Heimer, S. 4.
81 Abel-Biogramm/Nr. 195/Maria Engelhardt, S. 7.
82 Abel-Biogramm/Nr. 145/Ruth Grathwohl, S. 3.
83 Vgl. Brockhaus, Attraktion, S. 10. Brockhaus vergleicht die »intensive Politisierung der Menschen« in der Weimarer Republik mit der Gegenwart: »Politik und politischer Streit als existenzielles, leidenschaftlich diskutiertes Thema gibt es nur noch selten«, ebd.
84 Abel-Biogramm/Nr. 207/Helene Radtke, S. 7.
85 Abel-Biogramm/Nr. 100/Agnes Mosler-Sturm, S. 2.

Das entschiedene und offensive Bekenntnis der Alten Kämpferinnen Grathwohl und Radtke stellt innerhalb der Abel-Biogramme eine Ausnahme dar. Doch ein drängendes Bedürfnis nach politischer Partizipation spürten auch andere Verfasserinnen. Gezielt suchten sie den Anschluss an eine Partei, um in der spannungsgeladenen Atmosphäre Sicherheit zu finden, wie die Berlinerin Hedwig Eggert schildert:

> »Parteien erstanden täglich neue, und jeder suchte sich einer Partei anzuschließen […]. Ein Mensch, der nun zwischen all den Parteien stand, war so unglücklich und glaubte zerquetscht zu werden, wenn er sich zu keiner Partei entschließen konnte.«[86]

Entsprechend wurden die Entdeckung Hitlers und die Entscheidung für die NSDAP von der Mehrheit der Alten Kämpferinnen als große Erleichterung empfunden. Mehrere von ihnen bestätigen diese Erfahrung in ihren Essays. »Ich lebte gefühlsmäßig in der sicheren Hoffnung, hier wird die rettende Partei erstehen«,[87] erinnert sich beispielsweise Lisi Paupié an ihren ersten Kontakt zu einer NSDAP-Gruppe im Odenwald.

3.2.3 Stimmrecht als Pflichterfüllung

> Als junges Mädchen und ganz junge Frau beschäftigte ich mich nicht mit Politik, denn das war seinerzeit – ich bin 1887 geboren – ausschließlich den Männern vorbehalten. […] Es kam die Zeit, da auch die Frau wählen ging. Auch ich genügte jedes Mal meiner Pflicht.
>
> *Gertrud Michael*[88]

Dass die politische Mobilisierung auch weite Teile der weiblichen Bevölkerung ergriff, lag zudem am Mitspracherecht der Frauen ab 1918. Aufgrund der zahlenmäßigen Überlegenheit der Wählerinnen lag die Stimmenmehrheit im Deutschen Reich erstmals in weiblichen Händen.[89] Das traditionelle Bild der unpolitischen und politisch einflusslosen Frau war damit staatlicherseits aufgehoben.

Gertrud Michael beschäftigte sich anlässlich der Reichstagswahlen und verschiedenen Abstimmungen zum ersten Mal mit Politik. Sie lässt keinen Zweifel daran, dass ihr das Wahlrecht nicht als Errungenschaft erschien. Darin ging sie konform mit den meisten rechts eingestellten Frauen. Diese lehnten das Frauenstimmrecht vor 1918 entschieden ab, da es als »Einfallstor« des allgemeinen

86 Abel-Biogramm/Nr. 459/Hedwig Eggert, S. 3f. Vorangegangen war bereits eine »Fundamentalpolitisierung« der bürgerlichen Gesellschaft in Deutschland um 1900, wie Andrea Süchting-Hänger zu bedenken gibt, S. 23.

87 Abel-Biogramm/Nr. 187/Lisi Paupié, S. 8.

88 Abel-Biogramm/Nr. 574/Gertrud Michael, S. 1f.

89 Vgl. Stephenson, National Socialism, S. 35.

und gleichen Wahlrechtes und der Demokratie galt. Sie fürchteten, dass die damit verbundene Abschaffung des bestehenden Dreiklassenwahlrechts die hegemoniale Stellung der konservativen Eliten im Reichstag aufbrechen würde.[90] Trotzdem galt der Urnengang vielen national-konservativen Frauen nach 1918 als bürgerlicher Gehorsam und wurde entsprechend ernst genommen. Auch stand der eigene Stimmzettel für sie in engem Zusammenhang mit ihrem patriotischen Einsatz im Weltkrieg: Für die Erfüllung ihrer nationalen Pflichten wurden sie mit der politischen Partizipation belohnt.[91] Im Umkehrschluss konnte dies bedeuten, dass das Mitbestimmungsrecht wiederum Pflichterfüllung verlangte, nämlich als Wählerin mündig zu werden, also sich zu informieren oder informieren zu lassen, wie Helene Radtke bestätigt:

> »[…] gestärkt noch durch das Frauenwahlrecht, was ja leider für Deutschland ein Nachteil war, interessierte mich auch die Politik. Ich hätte mir als Deutsche Frau ein Gewissen daraus gemacht, an die Wahlurne zu gehen, ohne mich selbst vergewissert zu haben, tue ich meinem Vaterlande kein Unrecht an.«[92]

Die 38-jährige Hausfrau empfand politische Orientierung als nationale Pflicht und räumte dieser entsprechend viel Zeit ein: Um die Sitzungen des Landtages in Darmstadt besuchen zu können, stand sie – nach eigenen Angaben – morgens um vier Uhr auf, »denn ich mußte vorkochen und meine drei Kinder versehen«.[93] Zusätzlich besuchte sie politische »Versammlungen aller Richtungen«,[94] bis sie 1930 die NSDAP für sich entdeckte. Auch die zweifache Mutter H. Huhn maß der Stimmabgabe große Bedeutung zu und kam dadurch erstmals mit der Parteipolitik in Berührung:

> »Als uns Frauen das Wahlrecht gegeben wurde, haben wir gemeinsam Wahlversammlungen von der rechtesten Rechten bis zur äussersten Linken besucht, um zu begreifen, um was es geht.«[95]

Für Klara Czirnik ging diese Verpflichtung zur Meinungsbildung sogar so weit, dass sie sich bereits 1920 einer politischen Gruppierung anschloss:

> »Ich trat dann auch in den Herold ein, und damit begann ich, mich um Politik zu kümmern, denn hatten wir Frauen nun schon einmal das Wahlrecht so mußten wir uns doch bemühen, Verständnis dafür zu bekommen.«[96]

90 Die rechten Frauen brachten ihre eigene Mitsprachemöglichkeit somit als Bauernopfer für dieses vermeintlich übergeordnete Ziel dar. Kämpferinnen gegen das Frauenstimmrecht waren beispielsweise die Anhängerinnen des Deutsch-Evangelischen Frauenbundes (DEF), eines der damals größten konservativen Frauennetzwerke. Vgl. Heinsohn, Konservative, S. 31-33.
91 Vgl. Ute Planert, Mutter Germania, S. 45.
92 Abel-Biogramm/Nr. 207/Helene Radtke, S. 4f.
93 Ebd.
94 Ebd.
95 Abel-Biogramm/Nr. 291/H. Huhn, S. 3.
96 Abel-Biogramm/Nr. 547/Klara Czirnik, S. 2

Bereits 1925 unterschrieb sie dann den Antrag zur Aufnahme in die NSDAP.

Das Erwachen ihres politischen Interesses sahen die frühen Nationalsozialistinnen folglich bedingt durch den Ersten Weltkrieg als »erste Katastrophe des 20. Jahrhunderts«,[97] die sich einerseits als Katastrophe im eigenen Lebensentwurf niederschlug, andererseits die Aufmerksamkeit für politische Vorgänge schärfte und schließlich privates und nationales Schicksal aufs Engste miteinander verband. Darüber hinaus reizten sie die neuen Partizipationsmöglichkeiten, Demokratie und Frauenstimmrecht, zur politischen Meinungsbildung. Doch bei politischem Interesse allein sollte es nicht bleiben: Die Zeitumstände wirkten integrativ, insofern als die Verfasserinnen daraus das Selbstverständnis entwickelten, Teil ihrer Nation zu sein.[98] Im Weltkrieg hatten sie Opferbereitschaft für ihr Vaterland gezeigt; meist in anderen Handlungsräumen als ihre männlichen Altersgenossen, aber nicht weniger leidenschaftlich. Ebenso wie diese meisterten sie die »schlechten Jahre«. Und nicht zuletzt waren sie den Männern nun als Wählerinnen an Stimmgewalt ebenbürtig. Folglich sahen sie sich berechtigt zur politischen Mitwirkung im Sinne dieser Nation. Am Beispiel der Abel-Biogramme bestätigt sich demnach eine weitere These Ute Planerts, nämlich die Hoffnung vieler Frauen, durch nationale Pflichterfüllung staatsbürgerliche Gleichheit erwirkt zu haben.[99] Die Verfasserinnen scheinen überzeugt, nicht nur das Recht auf Partizipation zu haben, sondern aus Verantwortung für ihr Vaterland sogar zur politischen Meinungsbildung und Mitwirkung verpflichtet zu sein. Welches die spezifischen politischen Überzeugungen der späteren Alten Kämpferinnen waren und wie sie diese gewannen, untersucht das folgende Kapitel.

97 Christopher Clark, Die Schlafwandler. Wie Europa in den Ersten Weltkrieg zog, München 2013, S. 9, mit Bezug auf den amerikanischen Historiker Fritz Stern.

98 Vgl. Ute Planert, Nationalismus und weibliche Politik. Zur Einführung, in: dies. (Hrsg.), Nation, Politik und Geschlecht. Frauenbewegungen und Nationalismus in der Moderne, Frankfurt a.M. 2000, S. 9-14; hier: S. 9: »Dass durch die Koppelung von Kriegseinsatz und Mitbestimmungsrecht in den nationalen Ideologemen Opferbereitschaft für das Vaterland und Emanzipation zur Staatsbürgerschaft in eins zu fallen schienen, erwies sich als Anknüpfungspunkt nicht nur für die Integrationshoffnungen immer breiterer Sozialschichten, sondern auch für die Partizipationswünsche des weiblichen Geschlechts.« Analog zum Begriff von Nation und Vaterland entwickelte sich nach dem Ersten Weltkrieg das Konzept der »Volksgemeinschaft«, das vor allem von Bürgerlich-Konservativen getragen wurde. Als Teil der »Volksgemeinschaft« verstanden sich auch konservative Frauen, woraus sich für sie das Recht zu politischer Partizipation ableitete.

99 Vgl. Planert, Nationalismus, S. 10. Diese Argumentation vertrat die bürgerliche Frauenbewegung seit Ende des 19. Jahrhunderts. Mit dem Beginn des Ersten Weltkrieges wurde sie zunehmend auch von christlichen und sozialistischen Frauenvereinigungen übernommen.

Teil II
Auswertung

1 »Zur Rettung Deutschlands ist auch die Frau berufen!«

Motive weiblichen Engagements für die NSDAP

> Was ich von meinem Wirtschaftsgeld herauswirtschaften konnte, verwandte ich zum Kauf von Propagandamittel [der NSDAP]. Mitunter mußte auch noch das Taschengeld meines Mannes herhalten. Ein Spießer [...] machte die Bemerkung, ich solle lieber heim gehen und das Essen kochen, oder mich in den Reichstag wählen lassen. Darauf erwiederte ich ihm: »Wenn wir lauter solche Leute haben wie Sie, dann hätten wir Frauen bald ausgekocht, dann können Sie schlafen und die Kommunisten nehmen Sie samt ihrem Bett weg.« Wir wollen das Deutsche Volk aus seinem Dornröschenschlaf wecken und dazu ist auch die Frau berufen. Meine Kinder sollen nicht einmal sagen, Mutter wo hast du gestanden als Deutschland der Ruin drohte.
>
> *Helene Radtke*[1]

Helene Radtke war überzeugt, auch als Frau – und gerade als Mutter – über den familiären Kreis hinaus Verantwortung für die Zukunft zu tragen. Sie war fest entschlossen, sich durch aktive politische Arbeit für ein höheres Ziel einzusetzen, das sie als »Rettung« Deutschlands verstand. Welche Partei dabei am ehesten ihren Ansichten und Forderungen entsprach, war ihr zunächst nicht klar.[2] Nach einer Phase der politischen Suche beantragte sie Anfang 1930 das Parteibuch der NSDAP. Was brachte Helene Radtke und ihre Mitkämpferinnen dazu, sich für die »weiberfeindliche«[3] NSDAP und keine andere Partei stark zu machen?

Oft wird übersehen, dass der politische Horizont von Frauen auch damals schon über frauenspezifische Themen hinausging. Es wäre zu kurz gegriffen, die Alten Kämpferinnen allein nach ihrer Haltung zur NS-Frauenideologie zu befragen. Vielmehr muss generell nach den gesellschaftspolitischen Überzeugungen der frühen Nationalsozialistinnen geforscht werden. Dies ist die Aufgabe des folgenden Kapitels *Auf vertrauten (politischen) Wegen in den Nationalsozialismus?*

Das Unterkapitel *»genauso konsequent sozialistisch wie national« – Politische Prägung«* nimmt zunächst die Sozialisation der Autobiographinnen in den Blick: Sie erfuhren vorwiegend nationalkonservative Prägungen, entwickelten aber auch sozialistische Ideen. Es ist davon auszugehen, dass die Frauen politisch die größtmögliche Übereinstimmung zwischen ihren im Grundsatz bestehenden Überzeugungen zu einem Parteiprogramm such-

1 Abel-Biogramm/Nr. 207/Helene Radtke, S. 8.

2 Vgl. ebd.

3 Kater, S. 202. Unter anderem hatte die NSDAP bei ihrer Generalmitgliederversammlung am 21. Juni 1921 den Ausschluss von Frauen aus führenden Parteiämtern festgelegt: »Eine Frau kann in die Führung der Partei und in den leitenden Ausschuß nie aufgenommen werden.«, Arendt/Hering/Wagner, Dok. 3, S. 85.

ten. Vor diesem Hintergrund werden ihre politische Entscheidungsfindung und ihre ersten parteipolitischen Erfahrungen begleitet. Die Wahlparteien der Autobiographinnen wechselten, sowohl bei der Stimmabgabe als auch bei der Mitgliedschaft. Dies geschah nicht zuletzt in Kongruenz zu der sich rasch verändernden Parteienlandschaft, etwa durch Neugründungen und Zusammenschlüsse.

Das Unterkapitel *»Grade wir Frauen konnten nun so viel helfen.« – Partizipationsmöglichkeiten und Perspektiven* fragt nach der Attraktivität des Nationalsozialismus für Frauen während der NS-Kampfzeit – trotz oder gerade wegen ihrer rückwärtsgewandten Frauenpolitik. Nachdem die Alten Kämpferinnen ihre ungefähre politische Orientierung gefunden hatten, fiel der Nationalsozialismus einigen von ihnen durch seine Organisationsform als Partei und Bewegung auf. In der NS-Bewegung war auch handlungsorientiertes Engagement gefragt und erhielt eine »nationale« Bedeutung. Diese Form politischer Arbeit könnte die Verfasserinnen der Abel-Biogramme besonders angesprochen und zur Unterstützung des Nationalsozialismus veranlasst haben.

Das NS-Frauenbild knüpfte an das traditionelle bürgerlich-konservative Geschlechtermodell an und war den Schreiberinnen daher nicht völlig fremd. Besonders den Älteren erschien die Perspektive, sich ausschließlich um Heim und Herd sorgen zu müssen, reizvoll oder sogar befreiend, was vor dem Hintergrund ihrer Lebensgeschichte betrachtet werden soll. Im Schatten seines demonstrierten Antifeminismus hielt der Nationalsozialismus »erhebliche Handlungsräume und Chancen«[4] für Frauen bereit. Die autobiographischen Essays werden befragt, ob die NS-Kampfzeit von den Akteurinnen als eine Zeit der Freiheit oder gar der weiblichen Emanzipation erlebt wurde – was ein weiterer Grund für ihr nationalsozialistisches Engagement sein kann.

Ausgehend von der politischen Prägung der Verfasserinnen entwickelt sich das Kapitel *Volksgemeinschaft als »nationaler Sozialismus«*. Die Mehrheit der Alten Kämpferinnen erwähnt oder reflektiert in ihren Zuschriften die Idee der Volksgemeinschaft. Der vieldeutige Begriff wurde vor 1933 in annähernd allen gesellschaftlichen Gruppierungen als eine Art »Zauberformel« gegen die fortschreitende Spaltung in Interessengruppen verwandt. Harmonie und Einigkeit auf der Grundlage eines nationalen Sozialismus weckten Hoffnung und Idealismus der Autobiographinnen und waren weitere starke Partizipationsmotive. Wie sie Volksgemeinschaft interpretierten und adaptierten, soll daher eingehend untersucht werden.

4 Elizabeth Harvey, Geschlechterordnung und »Volksgemeinschaft« im Nationalsozialismus, in: Winfried Nerdinger (Hrsg.), München und der Nationalsozialismus. Katalog des NS-Dokumentationszentrums München, München 2015, S. 490-496, hier S. 490. Harvey kommt 2015 in einem Forschungsüberblick zu den Schluss, dass diesbezüglich eine Art Konsens in der Forschung zur NS-Frauenpolitik bestehe. Sie bezieht sich dabei auf die Zeit nach 1933. In weit höherem Maß muss die NS-Kampfzeit »Handlungsräume und Chancen« bereitgehalten haben, als die weibliche Parteiarbeit noch nicht einheitlich organisiert war.

Über die politischen Aspekte hinaus bestand die Anziehungskraft des Nationalsozialismus für die hier vertretenen Frauen wesentlich in der Ansprache emotionaler Bedürfnisse als Teil der Politik, wie das Kapitel *»Den Nationalsozialismus muß man erleben …« – Emotionale Motive* betrachten wird. Die Ereigniskultur des Nationalsozialismus – von der heimeligen Weihnachtsfeier im SA-Heim bis zur Hetzrede eines Joseph Goebbels mit anschließender Straßenschlacht – bediente das gesamte Spektrum des emotionalen Erlebens und Auslebens.

Alle autobiographischen Essays werden gleichermaßen nach Motiven und Handlungsräumen weiblichen Engagements für die NSDAP befragt. In der Untersuchung wird jedoch auf einzelne unterschiedlich häufig Bezug genommen, bedingt durch ihre ungleiche Aussagekraft. Manche Autorinnen erzählen ausführlich ihre Lebensgeschichte, gehen aber kaum auf ihren politischen Werdegang ein. Einige stellen die praktische Unterstützung der Partei in den Vordergrund, ohne die Frage nach ihrer Motivation zu beantworten. Andere reflektieren die Entwicklung ihrer nationalsozialistischen Überzeugung, erwähnen aber keinerlei aktives Engagement. Zu wechselnden Fragestellungen werden demnach unterschiedliche Essays Erkenntnisse beitragen und so ihre Gesamtheit in die Untersuchung einbezogen.

1.1 Auf vertrauten politischen Wegen in den Nationalsozialismus?

Die Autobiographinnen der Theodore-Abel-Essays wurden fast ausnahmslos von der Dynamik der politisierten Zeitatmosphäre mitgerissen. Nicht allein ihr Interesse war geweckt, sondern auch ihr Bedürfnis nach politischer Partizipation und dem konkreten Anschluss an eine Partei. Dabei suchten sie die größtmögliche Übereinstimmung zwischen ihren bestehenden Überzeugungen und einem Parteiprogramm. Zugleich teilten sie die allgemeine Aufbruchstimmung zu etwas Neuem.

Das folgende Kapitel untersucht zunächst, in welchem Bezugsrahmen die späteren Nationalsozialistinnen ihre politische Prägung erfuhren und welche Überzeugungen sie daraus gewannen. Sozialisation, die Erfahrung des Weltkrieges und nicht zuletzt die wirtschaftliche und soziale Situation in der Nachkriegszeit bilden hier wichtige Einflussfaktoren. Anschließend wird beschrieben, welche Wege und Umwege sie auf ihrer politischen Suche beschritten, wie sie sich informiert und welche Parteien sie »ausprobiert«[5] hatten. Dabei werden programmatische Ähnlichkeiten und Differenzen zwischen den konservativen

5 Aus den vorliegenden Abel-Biogrammen ist ersichtlich, dass die Wahlpartei der Verfasserin durchaus wechselte, sowohl bei der Stimmabgabe als auch bei der Mitgliedschaft. Dies geschah nicht zuletzt in Kongruenz zu der sich rasch verändernden Parteienlandschaft, etwa durch Neugründungen und Zusammenschlüsse.

Parteien der Weimarer Republik[6] und der NSDAP aufgezeigt. In einem zweiten Schritt wird der Frage nachgegangen, welche Partizipationsmöglichkeiten und Perspektiven der Nationalsozialismus gerade Frauen bot – trotz oder wegen seiner antifeministischen Frauenpolitik.

Hier kommt zunächst die doppelte Organisationsform von Partei und »Bewegung« in Betracht, die alternative politische Handlungsräume eröffnete, die besonders Frauen ansprechen konnten. Welchen Autorinnen das nationalsozialistische Frauenbild und das Konzept der »Mütterlichkeit« reizvoll erschienen, wird anschließend in den Blick genommen. Zuletzt wird gefragt, ob die NS-Kampfzeit den Alten Kämpferinnen besondere Handlungs- und Freiräume eröffnete.

1.1.1 genauso konsequent sozialistisch wie national« – Politische Prägung

Ein politisches Interesse, dessen Bezugsrahmen über den häuslichen Kreis hinausging – wie beispielsweise das von H. Huhn, die unterschiedlichste Parteiversammlungen besuchte, oder Helene Radtke, die an den Sitzungen des hessischen Landtages teilnahm –, war selbst unter den Alten Kämpferinnen eine Ausnahme.

Die erste Instanz politischer Sozialisation bildete die Familie, und auch als Erwachsene ließen sich die Verfasserinnen der Abel-Biogramme zunächst im familiären oder privaten Umfeld politisch informieren.[7] So beschreibt Erna Stoyke ein politisch interessiertes Elternhaus, in dem Mutter und Vater ihr Wahlverhalten im Vorhinein besprachen und aufeinander abstimmten: »Sie einigten sich darauf hin, dass meine Mutter die Deutsche sozialistische Arbeiterpartei unter Führung Adolf Hitlers wählen sollte, weil er gute Ideen [hatte] und mein Vater Deutschnational«.[8] Marianne Heimer setzte sich vor allem mit ihrem Vater über Politik auseinander. Käthe Eiden führte lange weltanschauliche Gespräche mit ihrem älteren Bruder. Bei Lissy Schneider war es der Onkel, bei Hedwig Eggert der Schwager und bei Therese Diebel der älteste Sohn, der nationalsozialistisches Gedankengut in die Familie trug. Ein politischer Austausch fand auch zwischen Eheleuten statt, wie etwa bei Marie Julie Horn, Klara Petersson und Emma Bierwirth. Für die Verfasserinnen war das erste Interesse an der »Hitlerbewegung« demnach meist eine Frage sozialer Bindungen und spiegelte die traditionellen, an den männlichen Familienmitgliedern orientierten sozialen Strukturen.[9] Was aus

6 Die Parteien des rechten Spektrums in der Weimarer Republik waren: die Deutsche Zentrumspartei (und ihre Schwester, die Bayerische Volkspartei, BVP), die Deutsche Volkspartei (DVP), die Deutschnationale Volkspartei (DNVP) und die Nationalsozialistische Deutsche Arbeiterpartei (NSDAP).

7 Stephenson, Nazi Orgaisation, S. 36.

8 Abel-Biogramm/Nr. 363/Erna Stoyke, S. 1.

9 Ebenso war der Nichteintritt des Mannes in die NSDAP mithin ausschlaggebend dafür, dass auch die Ehefrau der Hitlerbewegung fernblieb: Gertrud von Bardeleben,

heutiger Perspektive nicht mehr selbstverständlich ist, aber mit bedacht werden muss, ist das feste Eingebundensein der Familie in eine Gesellschaftsschicht und die dort vorherrschende politische Ausrichtung. Diese politisch-kulturellen Milieus durchdrangen vor 1914 alle Lebensbereiche.[10] Erst die Massenkultur der 1920er Jahre gab Jugendlichen die Möglichkeit, sich außerhalb der Familie beziehungsweise ihres näheren sozialen Umfelds Denkanregungen zu verschaffen.[11] Ihre primäre politische Sozialisation führte die meisten Verfasserinnen zu den konservativen Wertvorstellungen, die im Adel, im obrigkeitsstaatlich ausgerichteten Beamtentum und daran orientierten Milieus tradiert wurden.

In einer zweiten Phase politischer Sozialisation entwickelten manche von ihnen »sozialistische« Überzeugungen – dieser Begriff wird im Laufe des Kapitels geklärt werden. Dies geschah zumeist außerhalb oder in bewusster Abgrenzung zu der Herkunftsfamilie. Besonders prägend war hier – so die Wahrnehmung der Verfasserinnen – das Erleben der sich formierenden und später zerfallenden Solidargemeinschaft im Ersten Weltkrieg. Trotz ihres unterschiedlichen sozialen und politischen Hintergrundes fanden sich die Autorinnen der Abel-Biogramme – jede für sich – schließlich in der nationalistischen Ideologie. Indem der Nationalsozialismus die tradierten Programme der Parteien aufbrach und Einzelthemen neu gruppierte, gelang ihm die Integration ursprünglich gegensätzlicher politischer Milieus. Die Verfasserinnen liefern hierfür anschauliche Beispiele. Etwa ein Drittel bekennt sich gleichermaßen zu traditionell rechten Diskursen wie zu einem ursprünglich linken, allerdings auf die »Volksgemeinschaft« zurückgestutzten, »Sozialismus«. Diesen scheinbar gegensätzlichen Zugängen zum Nationalsozialismus gehen die beiden folgenden Kapitel nach. Hier findet sich bereits ein Ausblick auf das Kapitel *Volksgemeinschaft als »nationaler Sozialismus«*, eine Verheißung, die die politischen Extreme zu verbinden und einen Großteil der Verfasserinnen zum Parteibeitritt zu veranlassen vermochte.

Rechts – Konservatives und deutschnationales Denken

Wie bereits angemerkt, lassen sich die politischen Interessen und Überzeugungen der Alten Kämpferinnen weitgehend aus der Haltung der Konservativen herlei-

die schon lange mit den Nationalsozialisten sympathisierte, trat erst nach dem Tod ihres Gatten in die Partei ein, da dieser Beamter war. Der umgekehrte Fall, dass Frauen männliche Familienmitglieder überzeugten, war jedoch auch möglich: Die Alten Kämpferinnen Margarete Beckel und Helene Radtke besuchten zunächst allein und vor ihren Männern nationalsozialistische Versammlungen, aus denen sie ihre Begeisterung mit nach Hause trugen.

10 Kirsten Heinsohn weist darauf hin, dass Konservative und Liberale keine so feste Milieubindung entwickelten wie etwa Sozialdemokraten oder Katholiken, da diese sozial differenzierter waren. Neben preußischen Junkern standen in ihren Reihen auch wohlhabende, gebildete Beamte und Selbständige. Heinsohn, Konservative, S. 11. In den Essays der Frauen in der Theodore-Abel-Sammlung findet sich dieses anhand des sozialen Hintergrundes der ehemals konservativ orientierten Verfasserinnen bestätigt.

11 Vgl. Evans, S. 151 f.

ten. Deren Grundprinzipien, wie antidemokratisches Denken, Nationalismus, der Wunsch nach Sicherheit und die Ablehnung des bedrohlichen Fremden, spiegeln sich auch in ihren autobiographischen Essays wider.[12] Die meisten dieser Alten Kämpferinnen schildern ihren gesamten Lebensweg als eine kontinuierliche Entwicklung zum Nationalsozialismus hin. Ihnen lag viel daran, die Tiefe ihrer nationalsozialistischen Überzeugung analog aus der Tiefe ihrer Lebensgeschichte herzuleiten.[13] Anhand von lebensnahen, symbolkräftigen Szenen aus ihrer Kindheit zeigen sie die Familie als Ort maßgeblicher politischer Prägung und Ausgangspunkt eines politischen Weges, der vermeintlich folgerichtig in den Nationalsozialismus führte. Anhand einiger rechtskonservativer, deutschnationaler Grundprinzipien, wie Nationalismus, Antisemitismus, Ablehnung der Moderne, Wunsch nach Autorität und antidemokratischem Denken, soll dieses exemplarisch gezeigt werden.

> »Deutschland hat schon als Kind meine ganze, tiefe Liebe gegolten. Absolut nicht, daß wir auf ›Hurra‹ dressiert worden wären, im Gegenteil, es war vielmehr das uns Vorleben meiner Eltern und einige gehaltvolle Aussprüche meines Vaters, die uns Deutschland so verhafteten«,[14]

erinnert sich die 1894 geborene Hilde Boehm-Stoltz. Nationalismus, hier in seiner emotionalen Ausprägung der Vaterlandsliebe, wird von ihr als Familientradition dargestellt. Ebenso werden die innerhalb der Familie vermittelten Werte als Merkmale eines deutschen Nationalcharakters verstanden und tradiert. Familie und Vaterland stehen damit in Analogie zueinander und sind gleichermaßen Gegenstand von Bindung und Identifikation.[15] Auch die Kaufmannstochter Marianne Meinecke sieht die Wurzeln ihrer nationalen Verbundenheit in der Kindheit, hier allerdings über eine familieneigene, aufmerksame Naturbetrachtung vermittelt:

> »[…] und so zogen wir dann hinaus in die Natur, vom naturliebenden und kenntnisreichen Vater auf alles Schöne aufmerksam gemacht. So lernten wir die Heimat […] kennen u. lieben und damit unser Vaterland, von beiden Eltern und Großeltern her lag uns diese Liebe im Blute.«[16]

12 Zu den Grundprinzipien der Konservativen vgl. Heinsohn Konservative, S. 9, sowie Larry Eugen Jones (Hrsg.), The German Right in the Weimar Republic. Studies in the History of German Conservatism, Nationalism, and Antisemitism. New York 2014.

13 Einige Verfasserinnen greifen sogar auf die politische Haltung der Großeltern zurück. Vgl. Abel-Biogramm/Nr. 174/Erna Siegfried, S. 1, sowie Abel-Biogramm/Nr. 547/Gertrud Michael, S. 1.

14 Abel-Biogramm/Nr. 44/Hilde Boehm-Stoltz, S. 1. Entsprechend habe sie im Schulunterricht »Deutschland, Deutschland über alles!« als Lieblingslied gewählt, weil es ihr »ein Herzensbedürfnis und keine Eitelkeit« gewesen sei, ebd.

15 Zur Bedeutung der deutschen Familie als Keimzelle der Nation als Volksfamilie und der Parallelisierung von »Haus« und »Staat« vgl. Planert, Mutter Germania, S. 25-27.

16 Abel-Biogramm/Nr. 116. Marianne Meinecke, S. 1. Mit dem Bezug auf die vermeintlich vererbte Vaterlandsliebe über das »Blut« ihrer Vorfahren weist die Verfasserin indirekt auf ihre »arische« Abstammung hin.

Einen ähnlichen Auftakt wählt Hertha von Reuss für ihre Lebensbeschreibung. Im sprachlichen Duktus des Nationalsozialismus schreibt sie: »Als Soldaten und Landkind trug ich von jeher das blutsmässige Erbe, dem Vaterlande zu dienen und zu opfern, in mir.«[17] Bei ihr hat Nationalismus eine militärische Konnotation. Als junges Kindermädchen im »unermesslich grossen Brasilien«[18] entwickelte schließlich H. Huhn ihren Nationalstolz. Sie war beeindruckt, wie »fleissige, gewissenhafte Deutsche dort blühende Kolonien geschaffen hatten«,[19] und genoss das hohe Ansehen, das ihr auf Grund ihrer Staatsangehörigkeit entgegengebracht wurde. Entsprechend lehrte sie ihre Schützlinge nationales deutsches Liedgut wie etwa »Die Wacht am Rhein«.[20] Obwohl Nationalismus bei diesen vier Frauen aus ganz verschiedenen Erfahrungszusammenhängen entstand, ist ihnen eines gemeinsam: Sie betrachten ihn als wesentlichen Teil ihrer Identität. In den Essays der Alten Kämpferinnen verschwimmen oft die Begriffe »Nation« und »Volk«. So glaubt Helene Radtke verstanden zu haben, »daß Völkisch vaterländisch bedeutet«.[21]

Identität als »das »Eigene« definiert sich oft durch Abgrenzung von »dem Anderen«. Wie bereits gezeigt wurde, betrieben Konservative und Deutschnationale in der Weimarer Republik deutliche Abgrenzungen: vom Internationalismus durch Nationalismus, von der Moderne durch Traditionalismus, von der politischen Linken durch Antisozialismus. Vom Judentum, das von den Rechtskonservativen als Inkarnation all dieser ungeliebten Erscheinungen gesehen wurde, grenzte sich die politische Rechte durch Antisemitismus ab. Die 1867 geborene Marie Waga zeigt diese früh erlernte Polarisierung in ihrem Essay:

> »Meine Geschwister und ich wurden von den Eltern in wahrhaft deutschem und völkischem Sinn erzogen. Alles Undeutsche wurde uns ferngehalten und war uns im höchsten Grade verhaßt.«[22]

Von den 36 Verfasserinnen der Abel-Biogramme äußern 12 Ressentiments gegen Juden. Zwei von ihnen leiten diese Haltung aus ihrer Kindheit her, darunter die 1887 geborene Gertrud Michael. Von ihren Eltern und Großeltern übernahm sie sowohl positiv konnotierte Orientierungspunkte, in ihrem Fall ebenfalls die »Vaterlandsliebe«, als auch die Art ihrer gesellschaftlichen Ängste. Die Traditionsbrüche durch die Moderne und eine »Überfremdung«, welche die politische

17 Abel-Biogramm/Nr. 36/Hertha von Reuss, S. 1.

18 Abel-Biogramm/Nr. 291/H. Huhn, S. 1.

19 Ebd.

20 »Die Wacht am Rhein«: Das 1840 von Max Schneckenburger geschriebene Lied mit der einprägsamen Refrainzeile »Lieb Vaterland, magst ruhig sein«, galt Ende des 19. Jahrhunderts als zweite, inoffizielle deutsche Nationalhymne. Es thematisiert den Rhein als Grenzfluss, der gegen den Erzfeind Frankreich verteidigt werden muss. Das Lied soll im Zuge des Putschversuches vom 9. November 1923 beim »Marsch auf die Feldherrnhalle« von Hitlers Anhängern gesungen worden sein.

21 Abel-Biogramm/Nr. 207/Helene Radtke, S. 5. Auf diesen Gedanken brachte sie ein Wahlwerbezettel des Völkischen Blocks.

22 Abel-Biogramm/Nr. 365/Marie Waga, S. 1

Rechte gern »jüdischem Einfluss« zuschrieb, verunsicherte offenbar schon den Vater. Dieser sei »wie das früher bei einem pflichttreuen, deutschen Beamten gar nicht anders möglich war – deutschnational und strengster ›Antisemit‹«[23] gewesen. Sensibilisiert durch diesen vom Vater übernommenen Antisemitismus, fühlte sich Gertrud Michael als junges Mädchen durch die Aufmerksamkeit jüdischer Arbeitskollegen belästigt.[24] Sie äußert eine sexualisierte Form des Antisemitismus, wie sie auch vehement von der nationalsozialistischen Presse verbreitet wurde. Dabei bleibt offen, ob die Verfasserin auf tatsächliche Begebenheiten mit jüdischen Kollegen zurückblickt oder vermeintliches Erleben linientreu rekonstruiert. Gertrud von Bardeleben, Jahrgang 1876, schreibt, sie sei schon als Schulkind davon überzeugt gewesen, dass ein jüdisches Mädchen eben kein deutsches Mädchen sei – was zweifellos die antisemitische Einstellung des Elternhauses spiegelte. Ein Erlebnis kindlicher Missgunst ließ sie zur erklärten »Judengegenerin« werden:

> »Noch stark in Erinnerung steht mir ein Besuch des Schahs v. Persien, wo eine ganz unangenehme jüd. Schülerin den Auftrag bekam, diesen Fürsten mit einem Gedicht zu begrüßen. Instinktiv dachte ich, warum sich im deutschen Vaterland kein deutsches Mädchen finden sollte, was doch am natürlichsten gewesen wäre.«[25]

Lisi Paupié und Hilde Boehm-Stoltz dagegen leiten ihre Ablehnung aus Erfahrungen mit Jüdinnen und Juden im Weltkrieg her.[26] Die Krankenschwester Paupié empört sich über »Drückebergerei«[27] jüdischer Frontsoldaten und unterstellt Bestechung. Hier wird, im Nachklang der Kriegspropaganda von 1916 und im Tenor der antijüdischen Presse nach 1918, eine Schuldzuweisung für die Kriegsniederlage vorgenommen: Es geschieht eine generalisierende Verurteilung von Juden als Verrätern und Feinden des Vaterlandes, an das der

23 Abel-Biogramm/Nr. 574/Gertrud Michael, S. 1. Beinahe identisch äußert sich Gertrud Scholtz-Klink, die im »Dritten Reich« das Amt der »Reichsfrauenführerin« bekleidete: »Ich war in einer antisemitischen Familie groß geworden, so daß diese Ideen für mich nichts Ungewöhnliches waren. Wir gehörten zum Beamtenbürgertum, wissen Sie.« Gertrud Scholtz-Klink im Interview mit Koonz 1981, zitiert nach Koonz, S. 52.

24 Sie vermutet, ihre »zarte Blondheit« habe jüdische Männer besonders gereizt. Abel-Biogramm/Nr. 574/Gertrud Michael, S. 1.

25 Abel-Biogramm/Nr. 141/Gertrud von Bardeleben, S. 1.

26 Abel-Biogramm/Nr. 187/Lisi Paupié, S. 4, sowie Abel-Biogramm/Nr. 44/Hilde Boehm-Stoltz, S. 1.

27 Der Begriff der »Drückebergerei« (auch »Drückebergertum«) wurde um 1916 von der antisemitischen deutschen Militärpropaganda geprägt. Es wurde, um von den realen kriegspolitischen Fehlern abzulenken, das Gerücht gestreut, insbesondere deutsche Juden verweigerten beziehungsweise entzögen sich dem Kriegseinsatz. Dieser Vorwurf war haltlos, wie eine zeitgenössische Untersuchung zeigte, der »jüdische Drückeberger« war jedoch als Sündenbock im öffentlichen Bewusstsein etabliert, wie das Essay Lisi Paupiés bestätigt. Vgl. Wolfram Wette, Die Drückeberger. Nachwort zu einem kritisierten Verhalten, in: Die Zeit, Nr. 23 vom 31. Mai 1991.

nationalsozialistische Antisemitismus mit seinem Topos des »Volksschädlings« anknüpfen konnte.

Das deutsche Kaiserreich ihrer Jugend sehen viele der vor 1900 geborenen Verfasserinnen als eine positive, klar strukturierte, patriarchalisch-konservative Welt. Nach deren Erinnerung hatte jeder Mensch seinen Platz, jede Tätigkeit ihren Zeitpunkt. Der Vater war das »Oberhaupt unserer kleinen Familie«,[28] der durch »einige gehaltvolle Aussprüche«[29] die Welt deutete. Als festes Ritual fand beispielsweise der Sonntagsspaziergang statt.[30] Auch als Erwachsene schwärmt Maria von Belli noch von der abgeschiedenen Welt im bayerischen Isarmoos – laut Belli ein vorindustrielles Idyll, in dem jeder, ob Magd oder Bäuerin, seiner standesgemäßen Aufgabe nachging.[31] Moralische und gesellschaftliche Normen boten hier Orientierung.[32] Entsprechend wirkten Veränderungen, das Neue und Andersartige im Allgemeinen beunruhigend auf diese Frauen. Impulsen aus anderen Kulturen konnten sie nichts abgewinnen. Gerade die gebildeteren Verfasserinnen, wie Marianne Meinecke und Maria von Belli, betrachteten das um sich greifende amerikanisch geprägte Massenvergnügen, mit seiner Leichtlebigkeit und sexuell konnotierten Körperlichkeit, mit Abscheu und empfanden es als Bedrohung eigener Werte.[33] »Mich packte oft nun die Lebensangst, weil ich mich schlecht gerüstet fühlte den Verhältnissen gegenüber«,[34] bekennt Meinecke offen. Im Nationalsozialismus sahen sie den schützenden Widerpart gegen »all das zersetzend artfremde Getue und Gelebe«[35] der turbulenten 1920er Jahre: sowohl gegen die oberflächlichen »Geldmenschen« in den Städten, die »bei Ausländern Geltung finden, feilschen und schieben« oder zu »Negermusik«[36] tanzen wollten, die »durch Kino und Kaffees […] versaut«[37] waren, als auch gegen die »roten Horden«[38] der »Kommune«[39] und deren Mädchen in Badetrikots »mit wildem, fremden Gesichtsausdruck«.[40]

Marianne Meinecke, die die 1920er Jahre als eine Zeit persönlicher Probleme und verunsichernden Fortschritts erlebte, dankt Hitler rückblickend als dem

28 Abel-Biogramm/Nr. 30/Maria Bauer, S. 1.
29 Abel-Biogramm/Nr. 44/Hilde Boehm-Stoltz, S. 1.
30 Abel-Biogramm/Nr. 116/Marianne Meinecke, S. 1.
31 Abel-Biogramm/Nr. 212/Maria von Belli, S. 4.
32 Nicht alle Verfasserinnen waren jedoch mit den klaren Normen einverstanden, wenn es um ihre persönliche Freiheit ging.
33 Vgl. Thoß, S. 113.
34 Abel-Biogramm/Nr. 116/Marianne Meinecke, S. 4.
35 Abel-Biogramm/Nr. 44/Hilde Boehm-Stoltz, S. 3.
36 Abel-Biogramm/Nr. 212/Maria von Belli, S. 9.
37 Abel-Biogramm/Nr. 41/Marlene Heder, S. 4.
38 Abel-Biogramm/Nr. 36/Hertha von Reuss, S. 1.
39 Abel-Biogramm/Nr. 107/Lissy Schneider, S. 1.
40 Abel-Biogramm/Nr. 212/Maria von Belli, S. 12. In der Kollage der vorausgehenden Zitate spiegelt sich das, nach Christiane Streubel, »Arsenal der Antihaltungen« der politischen Rechten. Streubel, S. 50.

»Mann, dessen gesegnete Hand alle die Werte […] dem Schutt u. Schlamm einer verrotteten Zeit entriß«.[41]

Das Versprechen, »Gesittung und Ordnung«[42] wiederherzustellen, veranlasste die pensionierte Krankenschwester Maria Wiebe, der NSDAP zuzustimmen. Frauen ihrer und früherer Generationen waren in einer »strikt hierarchisierten Gesellschaft«[43] sozialisiert worden. Patriarchale Strukturen auf familiärer wie auf nationaler Ebene waren für sie selbstverständlich, ebenso die Loyalität zu der autoritären Staatsführung.[44] Sie verlangten, um sich wieder sicher zu fühlen, die Demonstration von Autorität und Stärke. Einige Autorinnen zeigen sich dementsprechend beeindruckt von der straffen Disziplin der aufmarschierenden SA, die offenbar ein Vertrauen schuf, das sie die blutigen Saalschlachten der »Braunhemden« mit politischen Gegnern ignorieren oder aber akzeptieren ließ:

> »In wundervoller Disziplin sah ich sie auf Lastautos in das Innere der Stadt fahren. […] ›Und die sollen solche Rawdies sein???!! Solch gemeine Verleumdung, das ist nun und nimmermehr wahr!!!!‹«,[45]

schreibt Hilde Boehm-Stoltz. Mit der Schilderung einer NSDAP-Versammlung im Jahre 1927 stimmt Hertha von Reuss in die Begeisterung ein: »Schon damals bewunderte ich, wie später noch oft, die Macht der Disciplin, die Dr. Goebbels auch dort ausübte.«[46] Ebenso lobte eine Leserin der *Nationalsozialistischen Monatshefte* die von den Nationalsozialisten versprochene »innere Sicherheit«. In einem Brief an die Zeitschrift schrieb sie 1931, schon ganz vom Sprachstil des »Dritten Reiches« geprägt: »An die Mission Adolf Hitlers glauben wir und erflehen Segen über ihn, denn sein Programm ist Gerechtigkeit und Ordnung.«[47] Ebenso entschieden, wie sie Disziplin und Autorität bejahten, lehnten die Alten Kämpferinnen die Demokratie ab, im Einklang mit der Mehrheit der deutschen Bevölkerung.[48] Hedwig Eggert setzt das Ende der Monarchie mit dem Zusammenbruch von Sicherheit und Stabilität gleich. Sie

41 Abel-Biogramm/Nr. 116/Marianne Meinecke, S. 7. Mit der Wahrnehung des Sittenverfalls in der Weimarer Republik beschäftigt sich Kathrin Kompisch in ihrer Dissertation. Kompisch, Wüstling, S. 30-32 sowie S. 41-45.

42 Abel-Biogramm/Nr. 456/Maria Wiebe, S. 10.

43 Bajohr/Wildt, Volksgemeinschaft, S. 19.

44 Ein Beispiel für diese »ererbte« Loyalität bietet das Essay der 1860 geborenen Rheinländerin Maria Bauer: »Mein Vater königstreu, brachte als Oberhaupt unserer kleinen Familie alles Gute über das Königshaus mit heim. 1870/71 als Bismarck Deutschland zum Kaiserreich erhob, da wußte man auch am Rhein, was Bismarck für ein einiges Deutschland bedeutete«, Abel-Biogramm/Nr. 30/Maria Bauer, S. 1.

45 Abel-Biogramm/Nr. 44/Hilde Boehm-Stoltz, S. 2. Gemeint sind zweifellos »Rowdies«.

46 Abel-Biogramm/Nr. 36/Hertha von Reuss, S. 2.

47 »Die deutsche Frau an Adolf Hitler« – Leserinnenbrief an die *Nationalsozialistischen Monatshefte* vom Dezember 1931, unterzeichnet mit M. S., zitiert nach Arendt/Hering/Wagner, Dok. 158, S. 212.

48 Vgl. Thoß, S. 99-101.

erinnert sich, wie ihr im November 1918 jemand eine Nachricht zuschrie, die sie ängstigte:

»›Der Kaiser hat abgedankt und Fritz Ebert hat die Führung des Reiches übernommen.‹ Mir ging ein Schaudern durch den ganzen Körper, weßhalb weiß ich nicht. Es war gewiß der gesunde Instinkt einer deutschen Seele, welche aus all diesen Wirrnissen nichts Gutes ahnte.«[49]

Verständnislos stand nicht nur die 54-jährige Büroangestellte Margarethe Schrimpff der Demokratie gegenüber: »Das Parteiunwesen blühte. Immer neue Parteien wuchsen aus der Erde«.[50] Übergroß erschienen die Freiheiten, überlang die demokratischen Prozesse, viel zu gering die vorzeigbaren Ergebnisse. Maria von Belli, die Ehefrau eines Offiziers, empört sich rückblickend, es ging »von Fehlschlag zu Fehlschlag, von Schwäche zu Ohnmacht, von Nachgiebigkeit zu Ehrlosigkeit, von Willkür zu Zügellosigkeit auf allen Gebieten im Reiche«.[51] Auch traute sie der neuen Staatsführung derzeit nicht zu, »das entwaffnete Deutschland [...] gegen die Demütigungen und Ausbeutungen seiner Feinde«[52] zu schützen. Schließlich brach sie den Stab über der jungen Demokratie: »Wir gingen einig mit Hitler in tiefem Abscheu vor dem Tun dieser Regierungen«.[53] Für ihren Wunsch nach autoritärer Gradlinigkeit, nach Wiederherstellung deutscher Ehre, nach innen- und außenpolitischer Stärke hatte sie in Hitler bereits einen Adressaten gefunden.

Margarethe Schrimpff stellt in ihrem Essay die rhetorische Frage:

»War es nach all diesen traurigen Ereignissen ein Wunder, wenn sich ganz Deutschland nach einem Mann sehnte, der diesen Augiasstall mit eisernem Besen ausfegte?«[54]

Von der Befürwortung einer Diktatur trennte die Alten Kämpferinnen demnach nur ein kleiner Schritt. So wurde die deutsche Demokratie von Helene Radtke lediglich als »Dornröschenschlaf« betrachtet, also als ungewolltes Zwischenstadium, aus dem man das »Deutsche Volk [...] aufwecken«[55] müsse.

49 Abel-Biogramm/Nr. 459/Hedwig Eggert, S. 3.
50 Abel-Biogramm/Nr. 582/Margarethe Schrimpff, S. 4
51 Abel-Biogramm/Nr. 212/Maria von Belli, S. 4.
52 Ebd., S. 9.
53 Ebd., S. 4.
54 Abel-Biogramm/Nr. 582/Margarethe Schrimpff, S. 6.
55 Abel-Biogramm/Nr. 207/Helene Radtke, S. 8.

Links – Sozialistische Ideen

> »So bin ich [...] zu einer leidenschaftlichen, kompromißlosen Nationalsozialistin geworden, die ebenso konsequent sozialistisch ist wie national.«[56]
>
> *Erika Ullmann*

In der Weimarer Republik bestand eine widersprüchliche Sehnsucht nach »Kontinuität *und* Veränderung«, stellte Martin Broszat schon 1970 fest.[57] Neben dem Wunsch nach Ordnung bestand der nach Gerechtigkeit. Die Nachkriegsgesellschaft habe, so Broszat, eine enorme »soziale Schubkraft«[58] besessen, einen Drang nach Befreiung aus alten Bindungen und Begrenzungen. Diesen habe der Nationalsozialismus in besonderer Weise aufgegriffen und erfüllt: So stand der Nationalismus für Kontinuität, der Sozialismus für Veränderung. Dieses einfache Muster bestätigt der Großteil der biographischen Essays: Die rechtskonservative beziehungsweise nationalistische Grundhaltung wird von den meisten Verfasserinnen der Abel-Biogramme als familiäres Erbe dargestellt, als Kontinuität, die eine gewisse Verwurzelung bot und somit nicht weiter in Frage gestellt wurde. Sozialismus dagegen bedeutet für knapp ein Drittel von ihnen eine moderne Haltung, die nur bedingt durch die Familie initialisiert, vornehmlich aber durch außerfamiliäre Erfahrungen entwickelt wurde. So sind die Quellen ihrer »sozialistischen« Überzeugung vielfältiger und liegen zeitlich später. Für einige von ihnen heißt Sozialismus – manchmal gerade in Abgrenzung zum Elternhaus – das revolutionäre Aufbrechen der verkrusteten sozialen Hierarchien, die sie, spätestens seit der Erfahrung des Weltkrieges und der anschließenden Krisenjahre, als überlebt betrachteten. Der Nationalsozialismus propagierte genau dieses: eine »sozial offenere Gesellschaft«.[59]

Zudem assoziieren die Verfasserinnen den Begriff Sozialismus etwas unbestimmt mit weitestgehend humanistischen Werten wie Gleichheit und Gerechtigkeit sowie mit christlicher Nächstenliebe, gegenseitiger Hilfe und Fürsorge. Auch innerer Zusammenhalt und Harmonie schwangen für viele darin mit – von der Nachbarschaft bis auf die Ebene der Nation oder des Volkes. Der Topos der »Volksgemeinschaft« sprach sie daher in besonderer Weise an. Hitler, davon waren die Alten Kämpferinnen überzeugt, würde nicht nur auf den Zug des gesellschaftlichen Umbruchs aufspringen, sondern ihn aus dem allgemeinen Chaos heraus in geregelte Bahnen lenken.[60] Von ihm versprachen sie sich demzufolge

56 Abel-Biogramm/Nr. 532/Erika Ullmann, S. 5.

57 Martin Broszat, Soziale Motivation und Führerbindung des Nationalsozialismus, in: Vierteljahrshefte für Zeitgeschichte, Bd. 18/1970, S. 392-409, S. 393.

58 Ebd., S. 398. Vgl. auch Aly, S. 28. Tatsächlich gelang es Hitler, sowohl die gesellschaftliche Elite als auch die »Zertretenen« der untersten Schichten auf sich zu vereinen und neue Hierarchien zu schaffen, die zumindest auf den unteren Ebenen augenscheinlich nur auf Leistung und Durchsetzungsfähigkeit basierten.

59 Broszat, S. 397.

60 Zum Empfinden der Weimarer Zeit als kulturelles und politisches Chaos vgl. u. a. Abel-Biogramm/Nr. 187/Lisi Paupié und Abel-Biogramm/Nr. 459/Hedwig Eggert.

beides: Sicherheit auf den vertrauten Gleisen von autoritärer Führung und Patriotismus und gleichzeitig den Ausbruch aus der sozialen Schmalspur.

Eine solche Verbindung von Kontinuität und Veränderung, von national und sozial, von rechts und links hatte es in der politischen Landschaft so noch nicht gegeben. Hoffnungsvoll sprachen die Alten Kämpferinnen daher von ihrer national-sozialistischen »Freiheitserhebung«.[61] Meta Gruse, die als Tochter eines westpreußischen Fabrikbesitzers aufwuchs, ist eine jener Hitlertreuen, die Sozialismus als ihr wesentlichstes Beitrittsmotiv an den Anfang ihrer Lebensbeschreibung stellt. Ihre vermeintlich sozialistische Haltung erklärt sie durch den Umgang mit den Arbeiterfamilien, die zum Lebensumfeld ihrer Kindheit gehörten:

> »Schon seit meiner frühesten Jugend hatte ich viel mit unseren Leuten zu tun, ich war bei ihnen in der Fabrik, besuchte sie zu Hause und habe dadurch die Nöte und Sorgen der Arbeiter mehr kennen gelernt, als manch ein anderes Kind aus meinem Stande. Der Sozialismus war für mich damals eine Selbstverständlichkeit. National war meine Erziehung sowieso [...]. Nationalsozialismus war somit tief in mir verankert.«[62]

Für Meta Gruse bedeutet Sozialismus zunächst nicht mehr als das Erkennen sozialer Benachteiligung und die hier ausgedrückte Anteilnahme. Im Verlauf ihres Essays kritisiert sie die »Standesdünkel« von Mitschülerinnen, später die von Bekannten, welche der DNVP angehörten. Obwohl sie dieser Partei als Nationalistin und Antisemitin politisch nahestand, sah sie wegen deren elitärer Gesinnung von einem weiteren Kontakt ab. Lisi Paupié, deren Mutter früh verstarb, stellt ihr frühes soziales Engagement heraus. Sie schildert sich als eine Art kindlicher Robin Hood, indem sie für ausgleichende Gerechtigkeit zwischen sozialen Milieus sorgte:

> »Das Vorbild meiner Mutter lebte in mir, denn sie hatte mich immer zu Armen und Kranken mitgenommen. [...] Wie im Schloß – mein Vater war fürstl. Beamter – ein Fest oder Ball so erleichterte ich den Weinkeller und schleppte es zu alten Mütterchen des ärmsten Stadtteils, und war trotz etwas bösem Gewissens glücklich.«[63]

Mit dieser Episode siedelt Lisi Paupié ihre sozialistische Haltung in einer möglichst frühen Lebenszeit an, um sie als elementaren Teil ihres Wesens darzustellen: Die »sozialistische Tat«,[64] die der Nationalsozialismus um 1934

61 Vgl. Abel-Biogramm/Nr. 244/Käthe Eiden, S. 5. Den ähnlichen Begriff »Freiheitsbewegung« verwendet Koonz, S. 88, mit Verweis auf Elisabeth Frick, Das erste Schulungs- und Erholungsheim, in: Völkischer Beobachter, Münchner Ausgabe, Nr. 58 vom 27. Februar 1935. Frick blickt darin auf die Frauengruppen der NS-Kampfzeit zurück.

62 Abel-Biogramm/Nr. 353/Meta Gruse, S. 1.

63 Abel-Biogramm/Nr. 187/Lisi Paupié, S. 1.

64 Der »Sozialismus der Tat« war ein vielgenutzter Topos der NS-Propaganda. Vgl. Rubrik »Die sozialistische Tat« im *Volksblatt für Westfalen* u. a. am Samstag, 2. Juni 1934.

propagierte, praktizierte sie – so Paupiés stolze Botschaft – bereits als kleines Mädchen um 1900. Später vermittelte sie ihrem Sohn diese Überzeugung:

> »Ich lehrte ihn in dem Menschen, den Menschen sehen, gleich welchen Standes [...] und daß er niemals im Leben das Recht hätte andere von oben herab zu behandeln oder sich besser dünken.«

Für Paupié liegen Sozialismus und Nationalsozialismus – den sie »Nat. Sozialismus«[65] nennt – eng beieinander. Daher hoffte sie, auch in den kommunistischen Quartieren ihrer Heimatstadt Darmstadt neue Anhänger für die NS-Bewegung gewinnen zu können. Zur politischen Sozialisation Erna Stoykes gehörte die Erfahrung der Ausweisung ihrer Familie aus dem ab 1921 polnischen Teil Ostpreußens. Die damals Siebenjährige stand unvermittelt auf der Seite der sozial Benachteiligten, empfand aber auch eine Verantwortung gegenüber Schulkameraden, deren Not noch größer war:

> »Ich, das einzige, früher so verwöhnte Töchterchen war froh, wenn ich mich zum Frühstück an trockenem Brot und schwarzem Kaffee sattessen konnte. Essen für die Schule gab es nicht [...] und wenn ich etwas mithatte, konnte ich es nicht allein aufessen, denn es waren ja noch ärmere Kinder da, mit denen ich teilen musste, was für mich selbstverständlich war. Und doch waren wir alle noch frisch und froh. Bis eines Tages am ersten eines Monats die halbe Klasse leer war. Meine Klassengefährten konnten nicht mehr mit uns zusammensein, weil sie nicht mehr zahlen konnten. Jetzt erst begriff ich, was das Wort Inflation und Politik bedeutete.«[66]

Die Vorstellung, durch vertrautes soziales Handeln auch national handeln zu können, übte auf Erna Stoyke einen großen Reiz aus. Ab 1931 engagierte sie sich in ihrer ostpreußischen NSDAP-Ortsgruppe wiederum mit der Absicht, »Ärmeren« zu helfen – nämlich den arbeitslosen SA-Kameraden, die »für Deutschland kämpften«. Eine deutlich christliche Konnotation hat Sozialismus bei Käthe Eiden. Sie wurde 1903 geboren und »vom Elternhaus streng katholisch erzogen«.[67] Politisches Handeln, so ist ihre Auffassung, müsse von »christlichen Grundsätzen«[68] geleitet sein. Gemeinsam mit ihrer Familie besuchte sie regelmäßig Veranstaltungen der Zentrumspartei. Als deren Abgeordneter Matthias Erzberger jedoch den Vertrag von Versailles akzeptierte, sah Käthe Eiden darin einen »Verrat«[69] Deutschlands an die Alliierten und brach mit der katholischen Partei. Ihr Bruder brachte ihr schließlich Hitlers »nationalen Sozialismus« nahe, wobei er an der christlichen Lehre anknüpfte, die seiner Schwester vertraut war und sie besonders ansprach.

65 Abel-Biogramm/Nr. 187/Lisi Paupié, S. 10.
66 Abel-Biogramm/Nr. 363/Erna Stoyke, S. 1.
67 Abel-Biogramm/Nr. 244/Käthe Eiden, S. 1.
68 Ebd., S. 2.
69 Ebd., S. 4.

Das Motiv »Sozialismus« wird besonders von Verfasserinnen in den Vordergrund gestellt, die als junge Frauen unter ihrem als restriktiv empfundenen Herkunftsmilieu litten. Mindestens zwei Schreiberinnen erlebten, wie schicht- und geschlechtsspezifische Normen ihre Lebensperspektiven beschnitten und schildern dies in ihren Biogrammen noch immer voller Wut. So berichtet Gertrud von Bardeleben, sie habe weder Musik studieren noch den Beruf der Krankenschwester erlernen dürfen. Ihre Eltern seien generell gegen eine Berufstätigkeit ihrer Tochter gewesen, denn die Erwerbstätigkeit von Frau oder Tochter ruiniere das Ansehen des Hauses.[70] Ferner schreiben Gertrud von Bardeleben und auch die Beamtentochter Lisi Paupié von einer Liebe zu einem Volksschullehrer. In beiden Fällen wurde der Kontakt durch die Familien unterbunden, da eine Heirat nicht standesgemäß erschien.[71] Die nachträgliche Rebellion gegen gesellschaftliche Zwänge wurde für diese politisch rechts stehenden Frauen ein wesentlicher Grund, sich einer Partei anzuschließen, die sowohl nationalistisch ausgerichtet war, als auch versprach, Klassenunterschiede aufzubrechen.

Eine politische Prägung erfuhren die meisten Verfasserinnen der Jahrgänge vor 1900 durch den Ersten Weltkrieg. Bereits während des Krieges entstand der Mythos, der Kriegsausbruch habe in Deutschland allgemeine Begeisterungsstürme ausgelöst, innerhalb der Bevölkerung eine »egalisierende Wirkung« gehabt und während der ersten Kriegsjahre zu einem »volkgemeinschaftlichen Burgfrieden« geführt.[72] Der so beschriebene, legendäre »Geist von 1914« wird heute differenzierter betrachtet. Insbesondere als gesamtgesellschaftliches Phänomen ist er widerlegt.[73] Besonders im bürgerlichen Milieu größerer Städte waren Kriegsbegeisterung und Gemeinschaftsgefühl jedoch durchaus vorhanden. Ein Ausdruck dessen war unter anderem die Bereitschaft bürgerlicher Frauen, sich als Lazarettschwestern zu melden – als Pendant zu den gleichaltrigen männlichen Kriegsfreiwilligen. Auch sechs Verfasserinnen der Abel-Biogramme sind ehemalige Lazarettschwestern oder entschieden sich unter dem Eindruck des Weltkrieges für den Beruf der Krankenschwester. Analog zur Mobilmachung der Truppen fand im kriegsbegeisterten Milieu eine Mobilmachung schichtübergreifender Solidarität statt.[74] Daran erinnern sich einige Verfasserinnen der Abel-Biogramme, die mehrheitlich aus diesen Kreisen stammten.

70 Abel-Biogramm/Nr. 141/Gertrud von Bardeleben, S. 1

71 »Mit 17 Jahren verlor ich mein Herz an einen Volksschullehrer. So ein Schulhaus auf dem Land war mein Traum und ich sah mich schon dort herumlaufen. [...] Aber es sollte anders kommen. Meine Träume vergingen mir, ich mußte mich da nicht volljährig fügen u. so zertrümmerte man 2 Menschen eine Hoffnung die nur daran scheiterte, daß ich unter meinem Stande nicht heiraten durfte.« Abel-Biogramm/Nr. 187/Lisi Paupié, S. 2.

72 Broszat, Motivation, hier S. 396.

73 Vgl. Jeffrey Verhey, The »spirit of 1914«. The Myth of Enthusiasm and the Rhetoric of Unity in World War I Germany, (Diss.) Berkeley 1991. (Als deutsche Übersetzung erschienen unter Jeffrey Verhey, Der »Geist von 1914« und die Erfindung der Volksgemeinschaft, Hamburg 2000.)

74 Vgl. Prokop, S. 176-202.

»Ich kenne keine Parteien mehr, ich kenne nur Deutsche«,[75] erinnert sich die 1898 geborene Nationalsozialistin Maria Engelhardt an den für sie wegweisenden Satz Kaiser Wilhelms II. Die junge Frau war eine von Millionen Deutschen, die die integrative Kraft des Krieges begrüßten: Die Bedrohung von außen konzentrierte die Menschen im Inneren auf ihre vielleicht einzige Gemeinsamkeit, in diesem Fall ihre Nationalität, die nun zum gemeinsamen »Schicksal« wurde.[76] Jeffrey Verhey äußert die Ansicht, mit dem Kriegsausbruch im August 1914 hätten sich die Deutschen als Deutsche entdeckt und die Nation als den wesentlichsten Teil ihrer persönlichen Identität angenommen.[77] Die Solidarität innerhalb dieser »Schicksalsgemeinschaft«, die Front und Heimatfront vereinte, wird von der Büroangestellten Maria Engelhardt als außerordentlich erhebend beschrieben. Auffällig ist die häufige Verwendung des Personalpronomens »wir« als Schüsselwort für Gemeinschaft:

> »Wie glücklich fühlte ich mich, [...] wenn wir zu Hause bis in die späten Abendstunden hinein Liebespakete packten oder mit der Stricknadel alles erdenkliche zusammenarbeiteten [...]. Wie fühlten wir alle mit Jenen, denen ein Liebes draußen geblieben war, wie jubelte man, wenn die Glocken Siege verkündeten.«[78]

So empfanden und erlebten bürgerliche Frauen einerseits Idealismus, der für sie in Begeisterung, Loyalität und uneigennützigem Engagement bestand, und andererseits Zusammenhalt in Form gegenseitiger Hilfe und Anteilnahme. Einige Verfasserinnen erinnern sich auch an »den wahren Gemeinschaftsgeist unter einem grossen Teil des deutschen Volks«,[79] der bewirkt habe, dass sich Standesunterschiede anglichen oder in den Hintergrund traten und eine nie gekannte soziale Harmonie spürbar gewesen sei. Zur Solidarität während des ersten Kriegsjahres äußern sich acht Autorinnen. Wesentlich mehr beklagen den darauffolgenden Verlust von Idealismus und nationalem Zusammenhalt

75 Abel-Biogramm/Nr. 195/Maria Engelhardt, S. 3.

76 Dieser Satz Wilhelms II. fand »deshalb soviel Resonanz, weil er sowohl das Bedürfnis nach Vereinnahmung und Einbindung in das große Ganze bezeichnete als auch dem Wunsch nach Anerkennung von Gleichheit und Volkssouveränität entgegenkam. Nicht von ungefähr erhofften sich sowohl deutsche Sozialdemokraten wie Juden von ihrem unzweifelhaften Kriegseinsatz die späte aber endliche Anerkennung als voll akzeptierter, gleicher Teil der deutschen ›Volksgemeinschaft‹.«, Bajohr/Wildt, S. 13-14. Vgl. auch Süchting-Hänger, S. 91.

77 Vgl. Verhey. S. 6: »The myth-makers believed that in the fervor of ›war enthusiasm‹ all Germans had become aware of themselves as Germans, had accepted the nation as the most important component of their personal identity.« Diese »sozialistische« Prägung durch den Ersten Weltkrieg griff selbstverständlich vor allem bei den älteren Verfasserinnen, die den Krieg bewusst miterlebt hatten, und nur zweitrangig, durch die Legendenbildung des »Geistes von 1914«, bei den jüngeren.

78 Abel-Biogramm/Nr. 195/Maria Engelhardt, S. 2.

79 Ebd. Interessant ist, dass Maria Engelhardt den Begriff »Fronterlebnis« auch auf die Heimatfront anwendet.

spätestens in der zweiten Kriegshälfte und ganz massiv in den Nachkriegsjahren. In dieser Zeit waren es zunächst Hunger und sowohl körperliche als auch seelische Entkräftung, später dann der wirtschaftliche Zusammenbruch, die soziale Gräben abermals aufrissen und die politischen Fronten der Vorkriegszeit weiter verhärteten.[80] So appelliert die Zeitungshändlerin Hedwig Eggert indirekt an den einigenden »Geist von 1914«:

> »Was nun nach dieser Zeit kam, das ist jedem Deutschen noch in lebendigster Erinnerung. Ein Drunter und Drüber und keiner wußte wo er hingehörte. Parteien erstanden täglich neue, und jeder suchte wo er hingehörte, jeder suchte sich einer Partei anzuschließen, einer war des anderen Feind geworden, und alle vergaßen darüber, daß sie eigentlich Deutsche waren und sich hätten einig sein müssen.«[81]

Mit deutlicheren Worten stimmt Maria Engelhardt in diese Klage ein: »Wo war unser einiges deutsches Volk von 1914 geblieben?«[82]

Für viele spätere Nationalsozialistinnen war die damals erfahrene nationale Einigkeit, der »Gemeinschaftsgeist«, die Urform dessen, was sie unter »Sozialismus« beziehungsweise »nationalem Sozialismus« verstanden. Dieser zeichnete sich für sie dadurch aus, dass er nicht aufgezwungen, nicht theoretisch und nicht beängstigend international war. Im Gegenteil: Dieser »Sozialismus« war, ihrer Ansicht nach, in der Ausnahmesituation des Krieges, quasi »aus dem Volk« geboren. Es war ein praktischer Sozialismus, der in seiner schlichten Alltäglichkeit doch von nationaler Bedeutung war, so dass er das Kleinste mit dem Geist beseelte, am Größten teilzuhaben. Er war somit greifbar und auch räumlich überschaubar. Und dieser nationale Sozialismus half Angst, Entbehrung und Verlust zu ertragen. Vor der Folie des Krieges blieb die positive Erfahrung eines deutschen »Gemeinschaftsgeistes« vielen späteren Nationalsozialistinnen im politischen und emotionalen Gedächtnis, als ein Idealzustand gesellschaftlicher

80 Vgl. Belinda J. Davies, Heimatfront. Ernährung, Politik und Frauenalltag im Ersten Weltkrieg, in: Karen Hagemann/Stefanie Schüler-Springorum (Hrsg.), Heimat-Front. Militär und Geschlechterverhältnisse im Zeitalter der Weltkriege, Frankfurt a. M./New York, 2002, S. 128: »Dieser Ernährungsnotstand veränderte die sozialen Beziehungen einschneidend, und die Bevölkerung begann sich zunehmend, und dies bis hinein in die Nachkriegszeit, in Verbraucher und Produzenten aufzuspalten. Die Frauen an der ›Heimatfront‹ wurden im Bild der Öffentlichkeit zu Verbraucherinnen, kriegswichtigen Arbeiterinnen und Vorkämpferinnen gegen die Nahrungsnot und damit zu Protagonistinnen der sozialen und politischen Auseinandersetzungen der Kriegs- und Nachkriegszeit.« In den Berichten der Alten Kämpferinnen ist ab 1916 vermehrt von psychischer und physischer Entkräftung die Rede. So schreibt beispielsweise die Lazarettschwester Maria Wiebe von kriegsbedingter chronischer Gelenkentzündung, und das ostpreußische Dienstmädchen Anna Nieke litt in katastrophalen Flüchtlingsunterkünften unter Flöhen und schweren Erfrierungen. Vgl. Abel-Biogramm/Nr. 456/Maria Wiebe; Abel-Biogramm/Nr. 177/Anna Nieke.

81 Abel-Biogramm/Nr. 459/Hedwig Eggert, S. 3.

82 Abel-Biogramm/Nr. 195/Maria Engelhardt, S. 3.

Harmonie und als Werkzeug zur Bewältigung nationaler Not. So verwundert es nicht, dass nach 1918 Frauen wie Hedwig Eggert in der nationalen Solidarität auch die Lösung anderer Staatskrisen sahen, wie hier die der gesellschaftlichen, der politischen und ansatzweise auch der wirtschaftlichen Probleme der Weimarer Republik. Unter dem Begriff »Volksgemeinschaft« fand dieses Konzept Eingang in die Kriegs- und Nachkriegsgesellschaft.[83]

Der Nationalsozialismus nutzte den so bereits geschaffenen Bedeutungszusammenhang zwischen Krieg und solidarischer Einsatzbereitschaft: Die NS-Propaganda beschwor eine andauernde nationale Notlage, die nur durch die Einigkeit und Opferbereitschaft der »Volksgemeinschaft« zu überwinden sei, und machte das Szenario des »Kampfes« zum psychologischen Werkzeug des Nationalsozialismus.

Politische Suche zwischen »rechts« und »links«

> Mein Mann war vollkommen unpolitisch, er lebte so gedankenlos in den Tag. Doch ich suchte weiter, ob denn niemand da war, unserem Vaterlande zu helfen. Ich sah ja den sicheren Verfall Deutschlands. So versuchte ich ob in den Reihen des antisemitischen Knüppel-Kunze der rechte Platz war. Ich konnte zwar keine Befriedigung dort finden, aber als kleineres Übel habe ich dann bei der nächsten Wahl für seine Partei gewählt.
>
> *Hedwig Eggert*[84]

Lange bevor sie auf die NSDAP aufmerksam wurden, entwickelten die meisten Autorinnen der Abel-Biogramme das Bedürfnis, sich politisch zu orientieren und sich überzeugt für eine politische Partei zu entscheiden, als Wählerin, als Parteimitglied oder aber als Unterstützerin einer parteinahen Organisation. Die politische Suche geschah bei insgesamt neun Frauen ausdrücklich aus eigener Initiative – wie Hedwig Eggerts Beispiel zeigt auch unabhängig von einem »gedankenlosen« Ehemann. Weitere 21 Verfasserinnen hörten innerhalb der Familie oder im Bekanntenkreis erstmals von der Hitler-Bewegung. Sie beschreiben ihr anschließendes Reflektieren und ihre eigenständige Meinungsfindung.

83 Vgl. Abel-Biogramm/Nr. 532/Erika Ullmann, S. 2.

84 Abel-Biogramm/Nr. 459/Hedwig Eggert, S. 4f. Der Berliner Lehrer und Publizist Richard Kunze (1872-1945) war 1919 als Leiter der Werbeabteilung für die Deutschnationale Volkspartei (DNVP) tätig. Seinen Beinamen »Knüppel-Kunze« erhielt er, als er auf Flugblättern für einen Gummiknüppel »Heda« warb, mit dem sich Nationalisten gegen körperliche Angriffe von Juden wehren sollten. Vgl. Jan Striesow, Die Deutschnationale Volkspartei und die Völkisch-Radikalen 1918-1922, Bd. I, Frankfurt a. M. 1981, S. 126. Kunze gründete 1921 die Deutschsoziale Partei (DtSP), in Konkurrenz zur Deutschsozialistischen Partei (DSP), der unter anderem Julius Streicher angehörte. Ihr zunächst spießbürgerliches Image legte sie durch Aktionismus, antijüdische Gewalt und antikapitalistische Parolen ab. Richard Kunze trat 1929 in die NSDAP ein. Vgl. Martin Schuster, Die SA in der nationalsozialistischen Machtergreifung in Berlin und Brandenburg 1926-1934, Dissertation, Berlin 2005, S. 19.

Die Intensität der politischen Suche und die vor dem NSDAP-Beitritt gesammelten politischen Erfahrungen der Alten Kämpferinnen unterscheiden sich sehr, ebenso der Zeitpunkt ihres Parteibeitritts. Die Extreme markieren die Essays von Agnes Mosler-Sturm, Helene Radtke und Klara Czirnik: Die Pianistin Mosler-Sturm zeigte vor dem Kontakt zur NSDAP keinerlei politisches Interesse. Ihre Argumentation für den Nationalsozialismus bleibt dünn, sie lässt sich vielmehr vom Aufstieg der Bewegung mitreißen. Ihr Parteibeitritt erfolgte erst mit Hitlers Ernennung zum Reichskanzler.[85] Dagegen beschäftigte sich die dreifache Mutter Helene Radtke initiativ und ergebnisoffen mit Programmen des gesamten politischen Spektrums. Im Frühjahr 1930, noch vor dem Aufstieg der NSDAP zur Massenpartei, beantragte sie schließlich deren Parteibuch.[86] Die gelernte Kindergärtnerin Klara Czirnik stand bereits 1918 fest in der Phalanx der Rechten, zunächst durch ihre Mitgliedschaft in mehreren völkischen Organisationen, ab Mai 1925 als eingetragenes Mitglied der NSDAP.[87]

Unter den Autorinnen der Abel-Essays finden sich demnach überzeugt völkisch-nationalistische Frauen, die sich frühzeitig der NS-Bewegung anschlossen, andere, die Hitler über sein Parteiprogramm für sich entdeckten, sowie weitgehend passive, »unpolitische« Frauen, die sich eher emotional und erst vom erfolgreichen Nationalsozialismus ansprechen ließen. Analog zur politischen Prägung neigten die meisten Autorinnen der Abel-Essays zunächst nationalkonservativen Parteien zu. Aber auch die Linke weckte das Interesse einiger. Im Folgenden wird der politische Weg der Frauen untersucht.

Bevor sie Hitler und den Nationalsozialismus für sich entdeckten, sympathisierten mindestens sieben Autorinnen mit der Deutschnationalen Volkspartei, die um 1920 monarchistisch, revanchistisch und antidemokratisch ausgerichtet war. Einige ihrer Anhänger waren entschiedene Antisemiten, andere standen der evangelischen Kirche nahe. So wählten unter anderem Margarete Beckel und später auch Hedwig Eggert »treu deutschnational«.[88] Meta Gruse und Erna Siegfried waren überdies eingetragene Mitglieder der DNVP, ebenso Klara Czirnik, die auch als Wahlwerberin mit umgehängtem Plakat auf der Straße stand, und Maria Engelhardt, die nach ihrem Feierabend Spenden für die Deutschnationalen sammelte.[89] Leokardia Rogalski gehörte dem karitativ engagierten Vaterländischen Frauenverein an, der der DNVP nahestand. Auch rechtsextremen

85 Agnes Mosler-Sturm schreibt, sie habe für »Hitler und seine Idee« gekämpft, übergeht aber ab wann und in welcher Form. Qua definitionem ist sie kaum als Alte Kämpferin zu bezeichnen, da sie selbst sich jedoch als eine solche empfindet und daher an Abels Schreibwettbewerb teilnimmt, soll auch ihr Essay als das einer Alten Kämpferin gelten. Vgl. Abel-Biogramm/Nr. 100/Agnes Mosler-Sturm.

86 Abel-Biogramm/Nr. 207/Helene Radtke.

87 Abel-Biogramm/Nr. 547/Klara Czirnik.

88 Abel-Biogramm/Nr. 139/Margarete Beckel, S. 3.

89 Hilde Boehm-Stoltz spielte ebenfalls mit dem Gedanken, sich der DNVP anzuschließen, entschied sich dann aber für die DVP und engagierte sich dort von 1918 bis 1923 als Wahlwerberin.

Absplitterungen der DNVP gaben manche Autorinnen eine Chance, darunter die Deutschvölkische Freiheitspartei (DVFP) und die Deutschsoziale Partei (DtSP). Letztere war 1921 von dem Antisemiten Richard Kunze, genannt »Knüppel-Kunze«, gegründet worden, dem Hedwig Eggert ohne Überzeugung aber als »kleineres Übel« ihre Stimme gab.[90] Eine ähnliche Verlegenheitswahl brachte Helene Radtke schon 1924 in die Nähe der NSDAP. Aus dem Bedürfnis heraus, national zu wählen, verfiel sie scheinbar unbedarft auf den Völkischen Block, mit dessen Wahlwerbung sie sich eine Weile beschäftigt hatte:

> »Ich studierte diesen Zettel mindestens ¼ Stunde und wußte nun als ich lange genug überlegt hatte, daß Völkisch vaterländisch bedeutet und so wählte ich Völkischer Block.«[91]

Die Duisburgerin Hilde Boehm-Stoltz schloss sich schon im Herbst 1918 Gustav Stresemanns nationalliberaler DVP an, die zu dieser Zeit noch republikfeindlich ausgerichtet war. An den Haustüren leistete sie politische Überzeugungsarbeit: »Die Revolution brach aus, ich gliederte mich sofort in die D.V.P. ein, die von ›den Rechten‹ im Industriegebiet am stärcksten war und rannte in die Arbeiterviertel«.[92]

90 Die radikal nationalistisch-völkische DVFP spaltete sich im Dezember 1922 von der rechtsextremen Deutschnationalen Volkspartei (DNVP) ab. Die DVFP war das norddeutsche und ostelbische Pendant der in Süddeutschland operierenden NSDAP. Sie war entschieden republikfeindlich und forderte eine »völkische Diktatur«. Vertreter der DNVP waren u.a. Gottfried Feder, Erich Ludendorff und Ernst Röhm. Die Partei wurde Mitte der 1920er Jahre auch in Norddeutschland von der NSDAP überholt. Sie verlor viele (namhafte) Mitglieder sowie Wähler und Wählerinnen, darunter H. Huhn und ihren Ehemann, an die Nationalsozialisten. »Knüppel-Kunze« wird auch von der Alten Kämpferin Margarethe Schrimpff erwähnt. Vgl. Abel-Biogramm/Nr. 582/Margarethe Schrimpff, S. 5.

91 Abel-Biogramm/Nr. 207/Helene Radtke, S. 5. Völkischer Block: Der Völkische Block war ein Wahlbündnis völkischer Gruppierungen in Bayern, das Anfang 1924 gegründet wurde und bis Anfang 1925 bestand. Ihm gehörten führende Mitglieder der damals verbotenen NSDAP an, darunter Gregor Strasser und Julius Streicher. Der Völkische Block war der erste Versuch von Nationalsozialisten, auf legalem, parlamentarischem Wege an die Macht zu kommen. Vgl. Kurt Bauer, Nationalsozialismus. Ursprünge, Anfänge, Aufstieg und Fall, Wien/Köln/Weimar 2008, S. 128. In Hessen trat ein Bündnis aus NSDAP und DVFP (Deutschvölkische Freiheitspartei) bei den Reichstagswahlen am 6. Mai 1924 als Völkischsozialer Block an, bei den Reichstagswahlen vom 7. Dezember 1924 als Nationalsozialistische Freiheitsbewegung. Ihr Stimmenanteil lag bei 2,9 Prozent bzw. 1,3 Prozent. Vgl. Andreas Gonschior, Wahlen in der Weimarer Republik, Hessen, Reichstag, URL: http://www.gonschior.de/weimar/Hessen/Uebersicht_RTW.html [online am 19. September 2015]. Die von Helene Radtke erinnerte Wahl hat demnach nicht 1926, sondern schon im Mai 1924 stattgefunden.

92 Abel-Biogramm/Nr. 44/Hilde Boehm-Stoltz, S. 1. Die nationalliberale Deutsche Volkspartei (DVP) entstand nach Kriegsende 1918. Zunächst stand sie der demokratischen Republik ablehnend gegenüber. Der Versailler Friedensvertrag wurde nicht akzeptiert. Der Parteivorsitzende und langjährige Außenminister Gustav Stresemann bewirkte

Auch andere politisch motivierte beziehungsweise parteinahe Organisationen waren für einige Verfasserinnen attraktiv. Zwei besonders rege Frauen, Maria Engelhardt und Klara Czirnik, gehörten dem Deutschvölkischen Schutz- und Trutzbund an, einer Tochterorganisation des Alldeutschen Verbandes, die unter anderem die Gewalttaten der Freikorps unterstützte und bereits 1922 verboten wurde. Czirnik las zudem die *Deutsche Zeitung* des Alldeutschen Verbandes und war Mitglied im Verband Deutscher Herold, dessen Gründer Reinhard Wulle sich ebenso wie Kunze von der DNVP abgespalten hatte. Im Mai 1925 war sie die erste der 36 Verfasserinnen, die in die NSDAP eintrat. Ähnlich früh, im Juli 1925, wurde Marie Waga NSDAP-Mitglied. Zuvor hatte sie sich für die Freikorps in ihrer Heimatstadt Tilsit engagiert, so etwa für die antisemitischen Deutschen Jungmannen Preußen und den Schlageter-Gedächtnis-Bund. Dort machte sie sich, wie sie stolz schreibt, als »Sammeltante« einen Namen.[93] Im karitativen, nationalsozialistisch orientierten Deutschen Frauenorden (DFO) wirkten zumindest drei Autorinnen mit, Marie Julie Horn und Hertha von Reuss sowie Klara Petersson als Leiterin einer Berliner DFO-Ortsgruppe.

Zur politischen Erfahrung der Alten Kämpferinnen können auch Diskussionen im sozialen Umfeld gezählt werden, ferner die Lektüre völkischer und nationalsozialistischer Schriften – drei Verfasserinnen erwähnen, unter anderem Hitlers Programmschrift *Mein Kampf* gelesen zu haben – sowie der Besuch entsprechender Versammlungen, der dem späteren NSDAP-Beitritt in der Regel vorausging.

Demgegenüber hatten einige Autorinnen auch kurzzeitig Kontakt zum linken beziehungsweise linksextremen Lager oder sympathisierten mit dessen Ideologien. Darin unterschieden sie sich nicht von etlichen führenden Nationalsozialisten, wie dem jungen Joseph Goebbels oder den Brüdern Otto und Gregor Strasser. Ein Beispiel dafür ist die 38-jährige Hausfrau Helene Radtke. Wie viele Verfasserinnen nennt auch sie neben dem Patriotismus die soziale Gerechtigkeit als ihr Hauptanliegen. Zur Zeit ihrer politischen Suche, Mitte der 1920er Jahre, lebte sie in einem Darmstädter Villenviertel und beobachtete kritisch dessen wohlhabende Bewohner:

> »Ich fragte mich oft, ist denn gar nichts da, was national ist, und doch auch für die ärmere Bevölkerung. Durch diesen Klassenkampf, den ich zu dieser Zeit, da ich unter solchen Menschen wohnte so recht zu spüren bekam, wäre ich bald ins Kommunistenlager geraten. Es gab für mich große seelische Kämpfe. Ich erklärte meinem Mann zu seinem Entsetzen, ich sei Kommunist. Ich konnte diese Schlemmerei nicht mehr mit ansehen, die sich diese Leute leisteten und andere dagegen hungern mußten.«[94]

durch seine »Realpolitik«, dass die DVP die neue Staaatsform schließlich hinnahm und eine Verständigung mit den Siegermächten möglich wurde. Vgl. Evans, S. 164-165.

93 Abel-Biogramm/Nr. 365/Marie Waga, S. 1.

94 Abel-Biogramm/Nr. 207/Helene Radtke, S. 5.

Wie Hedwig Eggert begab sich auch Helene Radtke aus eigener Initiative auf die Suche nach einer politischen Partei, die ihrer bereits in Grundzügen bestehenden Überzeugung entsprach. Dazu besuchte sie, nach eigenen Angaben, ab etwa 1925 die Sitzungen des Hessischen Landtages, nachdem sie morgens ihre kleinen Kinder versorgt hatte.[95] Ferner nahm sie an Parteiveranstaltungen teil, darunter eine Versammlung der KPD, in der Hoffnung auf Übereinstimmung.[96] In insgesamt sieben Biogrammen findet sich scharfe Kritik an sozialen Missständen und eine daraus abgeleitete linke Orientierung. Helene Radtke sowie weitere fünf Verfasserinnen zeigten vor 1933 Interesse an KPD oder SPD. Sie beschäftigten sich mit deren Programmen und besuchten Parteitreffen. Die Plätterin Emma Eberhard fühlte sich mit 22 Jahren »reif für politische Mitarbeit«[97] und wurde Schriftführerin einer Berliner SPD-Ortsgruppe. Doch als erklärte Antisemitin entschied sie sich für die Nationalsozialisten, als Joseph Goebbels 1926 als dortiger Gauleiter propagandistisch aktiv wurde. Die Floristin Therese Diebel blätterte einige Male durch die SPD-Tageszeitung *Vorwärts!*, ließ sich letztlich jedoch nicht überzeugen:

> »Wohl las ich den Wisch, gab aber auf Befragen zur Antwort, daß ich solch Schmutzblatt nur für hinterlistige Zwecke gebrauchen kann.«[98]

Nach ihrem politischen Schwenk zur NSDAP grenzten sich diese Frauen dann scharf von traditionell sozialistisch orientierten Parteien ab, wie schon die deftige Äußerung Therese Diebels deutlich macht. Interessant ist der politische Weg Grete Kirchers, die als Fabrikantentochter einer gehobenen Gesellschaftsschicht angehörte. Von einem Mechaniker im Betrieb ihrer Eltern wurde sie für den Sozialismus begeistert, ganz im klassenkämpferischen Duktus:

> »Er schilderte in einfacher und klarer Weise den Klassenunterschied und den Klassenkampf. Er zeigte mir auf der einen Seite die große Verelendung der Massen und auf der anderen den verderblichen Standesdünkel der Kreise, zu denen auch ich zählte. Ich begann nun meine Umgebung kritisch zu

95 Ebd., S. 4 f. Die Kinder waren zu diesem Zeitpunkt etwa sieben, vier und ein Jahr alt. Radtkes Aufgaben als Mutter solch kleiner Kinder waren zweifellos umfangreich. Ihr politisches Interesse ist als entsprechend hoch einzuschätzen, was die Verfasserin mit ihrer Schilderung natürlich auch beabsichtigt.

96 Helene Radtke äußert Missfallen an dieser KPD-Veranstaltung, wird allerdings nicht konkret: »Aber ›o schreck‹ ich war noch keine Viertelstunde in einer Kommunistenversammlung drin die im Gewerkschaftshaus stattfand, so fiel es wie Schuppen von meinen Augen, daß ich keine Kommunistin war. Denn was bot sich meinen Ohren und Augen. Ich schämte mich vor mir selbst, daß ich einmal geäußert habe, Kommunistin zu sein.«, ebd., S. 5.

97 Abel-Biogramm/Nr. 347/Emma Eberhard, S. 1.

98 Abel-Biogramm/Nr. 589/Therese Diebel, S. 2. Angespielt wird hier auf die Verwendung der Zeitung als Toilettenpapier.

betrachten, und nach und nach wurde es mir immer klarer, dass dieser einfache Mann mit seinen Ausführungen recht hatte.«[99]

Über das Thema soziale Gerechtigkeit war Grete Kirchers Interesse geweckt. Zu diesem frühen Zeitpunkt hätte sie sich parteipolitisch wohl auch in Richtung SPD oder KPD führen lassen. Doch der Mechaniker warb für die NSDAP, deren linken Flügel er vertrat, was die junge Frau überraschte:

> »Ich wunderte mich über den grossen revolutionären Gedankengang dieses Mannes und stellte später fest, dass er Nationalsozialist war. [...] Ich begann nun nationalsozialistische Schriften zu lesen [...].«[100]

Auch wenn keine linke Parteibindung stattfand, blieb soziale Gerechtigkeit doch ein erklärtes Ziel von etwa der Hälfte aller Verfasserinnen.

Die in der Theodore-Abel-Sammlung vertretenen Frauen hatten eine politische Prägung erfahren, die zwar vornehmlich nationalistisch-konservativ war, aber auch sozialistische Ansätze beinhaltete. Entsprechend suchten sie ihren Weg zwischen den politischen Lagern, jedoch mit deutlicher Nähe zu den rechten Parteien. Die DNVP und deren radikale Splittergruppen stimmten am ehesten mit den Vorstellungen vieler Verfasserinnen überein, aber nicht vollständig und zufriedenstellend. So brachten einige von ihnen zeitweise auch SPD und KPD Interesse entgegen.

Hinsichtlich der Intensität der politischen Suche und der Erfahrungen bietet sich ein uneinheitliches Bild. Fünfzehn Frauen beginnen ihren politischen Lebenslauf mit dem Erstkontakt zum Nationalsozialismus, meist bedingt durch ihr jugendliches Alter. Doch der mit 21 Autobiographinnen größere Teil stand vor dem NSDAP-Beitritt anderen Parteien und Organisationen nahe – meist jedoch nur für eine gewisse Zeit. Das politische Gefüge war in Bewegung und mit ihm die Mitgliederschaften der Parteien und Gruppierungen, wie viele Biogramme belegen. Anhand der auf den nächsten Seiten aufgeführten Tabelle (Tab. 1) werden die unterschiedlichen politischen Wege und Erfahrungen der Verfasserinnen anschaulich.

99 Abel-Biogramm/Nr. 46/Grete Kircher, S. 1.
100 Ebd., S. 2.

Nr.	*Name*	*Politische Vorerfahrung ohne NSDAP*	*NSDAP-Beitritt*
30	Bauer, Maria	-	1.1.1933
36	Reuss, Hertha von	Mitglied im Deutschen Frauenorden (DFO) ab 1928	unbekannt
41	Heder, Marlene	Zeitungslektüre, Sympathie für das Zentrum	1.12.1930
44	Boehm-Stoltz, Hilde	Mitglied der Deutschen Volkspartei (DVP)	1.2.1931
46	Kircher, Grete	-	zw. 1927-1931
100	Mosler-Sturm, Agnes	-	1.2.1933 oder 1.5.1933
107	Schneider, Lissy	-	1.9.1937
116	Meinecke, Marianne	-	1.8.1932
130	Beckel, Margarete	Wählerin der DNVP (Ehemann ist Ortsvorsitzender)	1.11.1932
141	Bardeleben, Gertrud von	Nachbarin des »Neulandhauses« in Eisenach, Kontakt zu Guida Diehls Neulandbund?	1.12.1931
145	Grathwohl, Ruth	-	1.6.1928
175	Siegfried, Erna	Mitglied der DNVP	1.1.1932
177	Nieke, Anna	-	1.8.1931
187	Paupié, Lisi	-	1.11.1932
193	Bierwirth, Emma	-	1.6.1928
195	Engelhardt, Maria	Mitglied der DNVP (Wahlwerbung, Sammlungen ...), Mitglied im Deutschvölkischen Schutz- und Trutzbund, Kontakt zu verschiedenen Freikorps	1.9.1928
207	Radtke, Helene	Vorträge/Literatur verschiedener Parteien, darunter auch KPD	1.4.1930
212	Belli, Maria von	-	unbekannt
244	Eiden, Käthe	Vorträge des Zentrums (regelmäßig)	1.8.1932
291	Huhn, H.	Wählerin der Deutschvölkischen Freiheitspartei (DVFP)	1932
305	Rogalski, Leokardia	Mitglied im Vaterländischen Frauenverein	1.3.1932
347	Eberhardt, Emma	Mitglied der SPD, Schriftführerin einer SPD-Ortsgruppe	1.5.1928
353	Gruse, Meta	Mitglied der DNVP	

363	Stoyke, Erna	-	1.8.1931
365	Waga, Marie	Unterstützerin des »Bundes Deutscher Jungmannen Preußen« (Sammlungen), Mitglied der Deutschvölkischen Freiheitspartei (DVFP), Mitglied im »Schlageter-Gedächtnis-Bund«	22.7.1925
390	Horn, Marie Julie	Mitglied im Deutschen Frauenorden (DFO), Ehemann KPD – später SA	1.5.1929
453	Jost, Susi	-	1.5.1937
456	Wiebe, Maria	-	1.5.1930
457	Heimer, Marianne	-	6.11.1931
459	Eggert, Hedwig	Versammlungen von SPD, KPD (Rosa Luxemburg), Wählerin der Deutschsozialen Partei (DtSP), Wählerin der DNVP NS-Lektüre, darunter *Mein Kampf*	1.5.1928
532	Ullmann, Erika	Bruder Mitglied der Brigade Ehrhardt, Versammlungen »aller Parteien«	20.1.1927
547	Czirnik, Klara	Mitglied im »Verband Deutscher Herold«, Unterstützerin der DNVP und DtSP, Mitglied der DVFP, Mitglied im »Deutschvölkischen Schutz- und Trutzbund«	20.5.1925
574	Michael, Gertrud	-	1.12.1932
582	Schrimpff, Margarethe	Versammlungen verschiedener Parteien	1.6.1928
588	Petersson, Klara	Mitglied und Ortsgruppenleiterin des Deutschen Frauenordens (DFO)	1.6.1928
589	Diebel, Therese	Leserin des SPD-Organs *Vorwärts!* (kurzzeitig)	1.12.1931

Tab. 1: Politische Erfahrungen der Verfasserinnen

1.1.2 »Grade wir Frauen konnten so viel helfen.« – Partizipationsmöglichkeiten und Perspektiven

Bei vielen Politikerinnen der Weimarer Republik machte sich nach den ersten zehn Jahren ihrer Mitarbeit zunehmend Enttäuschung breit.[101] Die männlich dominierten Strukturen boten ihnen nur wenig Gestaltungs- und Handlungsspielraum und geringe Einflussmöglichkeiten. In unerwarteter Weise stießen die Frauen auf den Widerstand der stimmenmäßig überlegenen Kollegen. Die DVP-Politikerin Dr. Frances Magnus-Hausen kritisierte in ihrem Rückblick »Zehn Jahre deutsche Staatsbürgerin« die fehlende Kooperationsfähigkeit und das Machtstreben der männlichen Volksvertreter:

> »Das Eine ist sicher, und muß hier einmal mit aller Deutlichkeit als Anklage ausgesprochen werden: Die Parteien haben samt und sonders nicht begriffen, welche Aufgabe ihnen damals [bei der Einführung des passiven Wahlrechtes für Frauen, K.K.] zufiel. Schlimmer noch als der gewohnheitsmäßige Wortbruch, der in der Nicht-Berücksichtigung der Frauen mit Mandaten und Parteiämtern liegt, wiegt in meinen Augen das geistige und seelische Versagen bei dem Hinzuströmen der unverbrauchten Kräfte und des damals wirklich unbegrenzten guten Willens der Frauen.«[102]

Den Verlust des anfänglichen Idealismus der politisch engagierten Frauen beschreibt auch die Alte Kämpferin Hilde Boehm-Stoltz, die 1918 in die DVP eingetreten war. Sie sah die Gestaltungskraft der Politik von den männlichen Parteikollegen als Instrument parteiinterner beziehungsweise persönlicher Intrigen missbraucht: »Leider blieb nichts ›Idee‹, sondern wurde Interessen-Wirtschaft. [...] Die Männer tateten nicht, was ihr Mund dem Volke vorsprach.«[103] Schließlich zog sie die Konsequenz: »1923 schied ich aus dem ›Beruf‹ [gemeint ist die Parteiarbeit, K.K.] aus, der nunmehr ein äußerlicher geworden, denn innerlich war ich enttäuscht.«[104] Einige Jahre später unternahm Boehm-Stoltz einen neuen

101 In der vom Bund Deutscher Frauenvereine herausgegebenen Zeitschrift *Die Frau* wurde in den Jahren 1928 bis 1930 von Vertreterinnen verschiedener Parteien eine ernüchternde Bilanz gezogen, beispielsweise von Frances Magnus-Hausen (DVP) und Martha Dönhoff (DDP).

102 Frances Magnus-Hausen, Zehn Jahre deutsche Staatsbürgerin, in: Die Frau, Jg. 37, 1929/30, S. 352. Wütend verurteilte auch Martha Dönhoff, Abgeordnete der Deutschen Demokratischen Partei (DDP), die männlich dominierte Kultur des Politikbetriebs, die sie mit dem allgegenwärtigen Tabakqualm der Politiker assoziiert – bis in dieses Detail zeigten sich diese gegenüber den nichtrauchenden Kolleginnen ignorant: »[Die politisch engagierten Frauen] sehen sich ja auch durch einen bürokratischen Drahtverhau und durch einen Wust von Formeln und Buchstaben von einem volkstümlichen Staatsbegriff, und durch eine Wolke von Tabakrauch und das, was sie symbolisiert, vom politischen Volksleben getrennt.« Martha Dönhoff, Die Frauen in der Deutschen Demokratischen Partei, in: Die Frau, Jg. 36, 1928/29, S. 269.

103 Abel-Biogramm/Nr. 44/Hilde Boehm-Stoltz, S. 2. Hervorhebungen im Original.

104 Ebd.

Versuch zur politischen Partizipation und schloss sich der NS-Bewegung an, in der sie den gesuchten Idealismus und die Chance politischer Teilhabe endlich zu finden wähnte. So gelangten politisch engagierte Frauen häufig zu der bitteren Erkenntnis, dass eine Mitwirkung in den parlamentarischen Gremien keinesfalls die Mitgestaltung von Politik bedeuten musste.[105] Gabriele Bremme resümiert die weibliche Parteiarbeit: »In der Weimarer Republik gelang es [...] im Großen und Ganzen nicht, den Einfluß der Frauen in den Parlamenten so zu stärken, daß eine größere Zahl von ihnen den Zugang zu der parlamentarischen Tätigkeit fand.«[106] Ab 1929 beschäftigte die Zuspitzung der desolaten wirtschaftlichen Situation die nationale Politik. Die etablierten rechtsbürgerlichen Parteien mussten sich massiven Einbrüchen von Wählerstimmen und ab September 1930 einer rasant aufsteigenden NSDAP stellen.[107] Angesichts der Brisanz der Tagespolitik ließ das Interesse an frauenpolitischen Themen nach und trat in den Hintergrund.[108] Zugleich wurde der Parlamentarismus als solcher zunehmend kritisiert, und zwar, wie Kirsten Heinsohn feststellt, »von allen politischen Gruppen [...] wenn auch mit unterschiedlichen Absichten«.[109] Daher erhob sich nur wenig Protest, als mit der Machtübernahme der NSDAP die Beteiligung der Frauen ein stilles Ende fand.

Manche der Alten Kämpferinnen hatten die Schwierigkeiten der weiblichen Mitarbeit in den Parteien beobachtet oder, wie Hilde Boehm-Stoltz, die Dominanz selbstbezogener männlicher Seilschaften erlebt. Die Teilhabe an parlamentarischer Politik erschien ihnen dementsprechend wenig attraktiv und nicht erstrebenswert. Sie gingen konform mit Theoretikerinnen wie Guida Diehl, die postulierte, eine deutsche Frau »gebe sich nicht her« für das »Gekreisch« in den Parlamenten,[110] und zogen sich auf ihre ohnehin vorhandene Ablehnung der parlamentarischen Demokratie zurück.

Das demokratische »System« mit seinen langwierigen Prozessen und Kompromissen empörte gerade die jungen Nationalsozialistinnen. Im Vergleich zu der sich jung und dynamisch inszenierenden NSDAP erschien ihnen die bedächtige, umständliche Diplomatie der etablierten Parteien kraftlos, die bürgerlichen Parteien überaltert und erstarrt. So ruft die 30-jährige Nationalsozialistin Käthe Eiden den regierenden Parteien zu: »Bei uns steht das Deutschland der Zukunft.

105 Vgl. Irene Stoehr, »Organisierte Mütterlichkeit«. Zur Politik der deutschen Frauenbewegung um 1900, in: Karin Hausen (Hrsg.), Frauen suchen ihre Geschichte. Historische Studien zum 19. und 20. Jahrhundert, 2. Auflage, München 1982, S. 225-253, S. 245.

106 Bremme, S. 127.

107 Vgl. u. a. Scheck, Volksgemeinschaft, S. 236.

108 Kirsten Heinsohn sieht eine »bemerkenswerte Remaskulinisierung des politischen Raumes«. Heinsohn, Konservative, S. 13. Dies verstärkte sich nach dem Erfolg der NSDAP bei den Reichstagswahlen im September 1930, der die etablierten Parteien unter Druck setzte.

109 Ebd., S. 171.

110 Vgl. Wagner, Frauenansichten, S. 121.

Macht Platz ihr seid überlebt.«[111] Frauen wie sie nahmen daher keinen Anstoß an ihrem Ausschluss von der parlamentarischen Arbeit, den die NSDAP ankündigte.

Es stellt sich die Frage, ob die Autobiographinnen eine andere Form politischen Handelns als sinnvoller und attraktiver erachteten – außerparlamentarisch, aber dennoch von nationalpolitischer Relevanz.

Bewegung versus Partei

Die NSDAP unterschied sich von den anderen rechten Parteien der Weimarer Republik durch ihre außerparlamentarische Organisations- und Partizipationsform als »Bewegung«. Auf der Basis einer weitverbreiteten gegen Parteien gerichteten Stimmung in der Bevölkerung wollte diese auf außerparlamentarischem Wege einen gesellschaftlichen Umbruch bewirken. Der Sozialwissenschaftler Sigmund Neumann beschrieb den Nationalsozialismus schon 1932 als politisches Zwitterwesen, als »eigentümliche Mischung von *bündischer* Struktur und parteimäßigem Charakter«.[112] Die NS-Bewegung bot alternative politische Partizipationsmöglichkeiten – auch für Frauen. Eine davon war die »Politik der Straße«,[113] in Form von Protestaufmärschen und offensiver Propaganda.

Die Historikerin Belinda J. Davies blickt zurück auf den Lebensmittelmangel während des Ersten Weltkrieges. Damals hatten Frauen – besonders jene aus den unteren Bevölkerungsschichten, bestaunt von der Mittelschicht – festgestellt, dass in weiblicher Eigeninitiative, durch Demonstrationen und Hungerrevolten, durchaus an Brot und Kartoffeln, manchmal sogar an Fett zu gelangen war.[114] Den beteiligten Frauen wurde alsbald klar, dass sie hier über ein politisches Druckmittel verfügten, das weitaus erfolgreicher war als parlamentarische Debatten. Die Ausschreitungen wurden, nach Belinda J. Davies, »von der Öffentlichkeit und den Behörden als eminent politisch wahrgenommen«.[115] Nach Kriegsende und während der 1920er Jahre verlagerte sich politisches Aktivitätspotenzial weiterhin auf außerparlamentarische, dennoch gesellschafts-

111 Abel-Biogramm/Nr. 244/Käthe Eiden, S. 7. Käthe Eiden stand in ihrer Jugend dem katholischen Zentrum nahe.

112 Neumann, S. 83.

113 In der Weimarer Republik entwickelte sich daraus der »Kampf um die Straße«, verstanden als im öffentlichen Raum gewaltsam ausgetragene politische Konflikte, an denen insbesondere die extremistischen, parteinahen Kampfbünde beteiligt waren. Vgl. Dirk Schumann, Politische Gewalt in der Weimarer Republik 1918-1933. Kampf um die Straße und Furcht vor dem Bürgerkrieg, Essen 2001.

114 Die Erfolge der revoltierenden Frauen waren nur punktuell. Dennoch verfehlten diese aus der Not geborenen Selbsthilfemaßnahmen ihre Wirkung nicht. In allen Bevölkerungsschichten fanden die protestierenden Frauen Verständnis, die Presse berichtete trotz Zensur, Nachrichten sickerten durch bis an die Front. Die Regierung befürchtete eine Demoralisierung der Soldaten und eine negative Berichterstattung im Ausland. Doch der dadurch ausgeübte politische Druck führte insgesamt zu keiner verbesserten Lebensmittelversorgung. Vgl. Davies, S. 138.

115 Ebd., S. 135.

politisch relevante Handlungsfelder. Als ein solches bot sich auch die NS-Bewegung an.

Auch Hitler sah Handlungsmöglichkeiten für Frauen in der NS-Bwegegung: In eine Rede Elsbeth Zanders an die versammelten Teilnehmerinnen des NSDAP-Parteitags 1926 in Weimar schaltete er sich mit den Worten ein:

> »Nicht darauf kommt es mir an, daß Sie hier große philosophische Probleme beraten, sondern es kommt bestimmt darauf an, daß hinter der Organisation des Mannes eine Organisation der Frau tritt, um ihre Mission neben und mit dem Manne zu erfüllen. [...] Wir brauchen deutsche Weiber, die in der Zeit der größten Not den Männern zur Seite treten, ergänzend zum Manne wirken und daran mithelfen, daß das große Werk gelingt.«[116] Hitler sprach sich damit ausdrücklich gegen die Beteiligung der Frauen an konzeptioneller politischer Arbeit aus. Dafür propagierte er das praktische Handeln als politisches Betätigungsfeld der Frau. Innerhalb der NS-Organisation sollten Frauen dem Mann »zur Seite treten«, »wirken« und »mithelfen«. »Die Frau erscheint hier in permanenter Bewegung«,[117] kommentiert Leonie Wagner. Die Bewegung war demnach im doppelten Sinne als politischer Handlungsraum der Frau gedacht: zum einen innerhalb der Organisation, zum anderen verstanden als Regsamkeit und Tatkraft, die – ideologiekonform – wohl eines Gefühlsimpulses, jedoch keiner besonderen Verstandesleistung bedarf.

Die Partizipationsform »Bewegung« und die von ihr offerierten Handlungsräume erstreckten sich über die offizielle Politik hinaus auf alle Bereiche weiblicher Lebenspraxis. Der Zeitzeuge Sigmund Neumann erklärt: »Auch nur eine flüchtige Betrachtung der nationalsozialistischen Bewegung läßt erkennen, daß es ihr um eine Durchpolitisierung aller Lebensbezirke geht. Nichts darf außerhalb bleiben. Staat, Wirtschaft, Kunst und Wissenschaft, geistige und körperliche Erziehung – der ganze Mensch wird in die Politik einbezogen.«[118] Das heißt einerseits, dass alle Bereiche des Lebens von der NS-Ideologie erfasst und damit politisiert waren, andererseits war politisches Handeln dadurch fortwährend in allen Bereichen des weiblichen Lebens möglich beziehungsweise geboten. Der Nationalsozialismus ging auf die traditionelle weibliche Lebenspraxis ein und nahm das oben dargestellte Politikverständnis vieler Frauen auf. Durch die Partizipationsform der Bewegung verschwamm die Grenze zwischen privater und öffentlicher Sphäre. Die Alten Kämpferinnen, die sich als Frauen traditionell der Privatheit zuordneten, konnten sich dadurch als Grenzgängerinnen im männlich konnotierten, öffentlichen, politischen Leben engagieren. Gerade die halbfamiliären Ortsgruppen, in denen ein jeder den anderen kannte, lagen in diesem Grenzbereich.

116 Adolf Hitler auf dem NSDAP-Parteitag in Weimar 1926; zitiert nach Wagner, Frauenansichten, S. 43 f.

117 Ebd., S. 44.

118 Neumann, S. 73. Dies war jedoch nicht so ungewöhnlich und galt ebenso für die SPD wie für das katholische Zentrum vor 1914.

Die Abel-Essays verdeutlichen, dass die weiblichen Parteimitglieder diese Handlungsräume schätzten und gerade jene Grenzübertritte genossen, die ihnen die Bewegung ermöglichte. »Und doch konnten grade wir Frauen soviel helfen«,[119] begeistert sich Hertha von Reuss für die praktische politische Partizipation in der Bewegung. Sie beschreibt die vielfältigen Aufgaben in der Ortsgruppe, die sich zum Teil in den traditionellen Kanon weiblicher Tätigkeiten einfügten, wie Kochen, Nähen und Flicken, teils weit darüber hinauswiesen, so etwa Saalschlachten und nächtliche Zusammenkünfte in »Sturmlokalen« mit subversiv tönenden Namen wie die »Baerenhöhle«.[120] Besonders auf junge Frauen und Mädchen konnte die NS-Bewegung dadurch große Anziehungskraft ausüben. Doch auch die Älteren ließen sich begeistert von Aktivität und Abenteuer mitreißen – so sehr, dass darin ein unabhängiges Beitrittsmotiv gesehen werden kann.

Attraktivität des nationalsozialistischen Frauenbildes – Wunschberuf Hausfrau?

Das nationalsozialistische Frauenbild verband bürgerlich-konservative mit völkisch-rassischen Elementen.[121] Es folgte der Vorstellung einer »natürlichen Ungleichheit«[122] der biologischen und sozialen Bestimmung der Geschlechter.[123] Der Nationalsozialismus postulierte, modern verpackt, aber inhaltlich rückwärtsgewandt, Familie und Fürsorge als Lebensaufgabe der Frau. Dem Feminismus erteilte er eine klare Absage und forderte eine »Emanzipation von der Frauenemanzipation«.[124] Nationalsozialistische Publizistinnen vertraten eine ähnliche Haltung. So bezeichnete Guida Diehl ihren NSDAP-nahen Neulandbund als eine »Frauen-Freiheitsbewegung«.[125] Welche Art von Freiheit meinten Diehl und ihre Gleichgesinnten?

119 Abel-Biogramm/Nr. 44/Hertha von Reuss, S. 2-3.

120 Ebd.

121 Elizabeth Harvey, Geschlechterordnung, S. 490.

122 Heinsohn, Konservative, S. 9. Heinsohn rechnet die Vorstellung von der »natürlichen« Ungleichheit der Geschlechter zum Credo konservativer Ideen, neben christlichen Werten, Monarchie und Autorität sowie die Ablehnung von Demokratisierung und sozialem beziehungsweise politischem Wandel. Ebd.

123 Vgl. Petra Schomburg, Frauen im Nationalsozialismus. Ein Überblick über die historische Frauenforschung und die feministische Diskussion um Verantwortung und Beteiligung von Frauen am Nationalsozialismus, in: Ortrun Niethammer (Hrsg.), Frauen und Nationalsozialismus. Historische und kulturgeschichtliche Positionen, Osnabrück 1996, S. 42-56, hier S. 44, sowie Dörte Winkler, Frauenarbeit im »Dritten Reich«, Hamburg 1977, S. 28, und Wagner, Frauenansichten, S. 49.

124 Der Begriff der »Emanzipation von der Frauenemanzipation« geht zurück auf Alfred Rosenberg, Der Mythus des 20. Jahrhunderts. Eine Wertung der seelisch-geistigen Gestaltenkämpfe unserer Zeit, 1. Auflage, München 1930, S. 557 f., zitiert nach Arendt/Hering/Wagner, Dokument 86, S. 148.

125 Als solche bezeichnet Guida Diehl ihren NS-nahen »Neulandbund« seit 1930. Vgl. Guida Diehl, Die deutsche Frau und der Nationalsozialismus, Eisenach 1932, S. 46, in: Arendt/Hering/Wagner, Dok. 81, S. 140. Koonz weitet diesen Begriff aus auf jegliche Form weiblichen Engagements für den Nationalsozialismus. Vgl. Koonz, S. 65.

»Einen gutverdienenden Ehemann für jede deutsche Frau!« verlangte Elsbeth Zander 1926, oder auch »Freisetzung vom Zwang der Erwerbsarbeit!« – und ihre Zuhörerinnen applaudierten.[126] Die nationalsozialistische Frauenfeindlichkeit – hier das Zurückdrängen der Frau in den privaten Raum – wurde von vielen Alten Kämpferinnen keineswegs als eine solche empfunden.[127] Gerade diejenigen, die bereits das Alter der Familienphase erreicht hatten, konnten den oben genannten Parolen etwas abgewinnen. Demnach konnte »Freiheit« auch die Freiheit meinen, *nicht* an den Innovationen der Moderne zu partizipieren, sondern sich auf die traditionelle weibliche Sphäre der helfenden, kümmernden und versorgenden Tätigkeiten zurückzuziehen, wie es dem traditionellen und ebenso dem nationalsozialistischen Frauenideal entsprach. Dieses Verständnis weiblicher Freiheit gilt es anhand der Abel-Biogramme zu untersuchen, wobei besonders die Jahrgänge um und vor 1900 berücksichtigt werden. Zunächst geht es dabei um die Bewertung von Ehe und Familie, anschließend um die der weiblichen Erwerbsarbeit.

Seit der Industrialisierung und verstärkt seit dem Beginn des Ersten Weltkriegs war das überwiegend gelebte Familienmodell vielfach gestört. Kriegsinvalidität oder Tod des Ehemannes, mit entsprechenden Folgen für Frau und Kinder, sowie außerhäusliche Berufstätigkeit beider Partner (etwa in den Fabriken mit ihrem hohen Anteil an Frauenarbeitsplätzen) und Arbeitsmigration schufen eine Alltagswirklichkeit, durch die dem bürgerlichen Familienideal die Grundlage entzogen wurde. Gerade deshalb konnte die NSDAP, die vehement das Modell der Versorgerfamilie vertrat, auf Menschen aus gestörten sozialen Bindungen anziehend wirken.

An Theodore Abels Schreibwettbewerb nahmen überproportional viele Frauen teil, die alleinstehend und zum Teil alleinerziehend waren. Lag 1934 der Anteil der verheirateten Frauen im Deutschen Reich bei 68 Prozent, war das Verhältnis bei den Verfasserinnen mit 62 Prozent Alleinstehenden – Ledigen, Witwen und Geschiedenen – nahezu umgekehrt. Von 34 Frauen, die ihren Familienstand erwähnen, waren 21 kinderlos (62 Prozent), darunter die 14 Ledigen sowie sieben verheiratete Frauen. Lediglich sechs waren Ehefrau *und* Mutter. Der Löwenanteil der hier vertretenen Alten Kämpferinnen lebte nicht das traditionelle Familienmodell – in der Regel kriegsbedingt und unfreiwillig. Von den Kriegsfrauen I (Jahrgänge 1872-1889) verlor eine ihren Ehemann, eine andere ihren Verlobten. Innerhalb der Kriegsjugend (Jahrgänge 1890-1900) hatte sich für jede Fünfte die Hoffnung auf einen Ehemann und Kinder nicht erfüllt – ihre möglichen Lebenspartner starben auf den Schlachtfeldern. Diese jungen Frauen mussten

126 Vgl. ebd., S. 96 f.

127 Die hier von Zander geforderte »Freisetzung von der Erwerbsarbeit« wurde im Zuge der »Doppelverdienerkampagnen«, die in den Jahren der Massenarbeitslosigkeit (1930-1933) einen Höhepunkt erreichten, von der NSDAP dahingehend erfüllt, als die Partei 1932 im preußischen Landtag einen Gesetzesantrag stellte, der die Entlassung verheirateter Frauen vorsah, deren Ehemänner ebenfalls berufstätig waren. Vgl. Arendt/Hering/Wagner, Dok. 198, S. 249.

sich zum »Frauenüberschuss« zählen.[128] Ein Teil von ihnen lebte weiterhin, auch über das 30. Lebensjahr hinaus, bei den Eltern. So wohnte die Sekretärin Maria Engelhardt (*1898) mit Mutter und Schwester zusammen. Die Bauerstochter Käthe Eiden (*1903) lebte und arbeitete auf dem elterlichen Hof.[129]

Der Beruf der Krankenschwester war sowohl ein – im Krieg naheliegendes – »Kompensierungsangebot«,[130] in das die unverheiratete, kinderlose Frau ihre »mütterlichen« Eigenschaften »segensvoll«[131] einfließen lassen konnte, als auch eine alternative Lebensform. Sie bot eine gesellschaftlich geachtete Stellung, eine sinnvolle Aufgabe und gute soziale Absicherung.[132] Dennoch entsprach ein Leben im Schwesternheim, wie Leokardia Rogalski (*1894), Erika Ullmann (*1901) und Marianne Heimer (*1906) es führten, nicht dem ursprünglichen Lebensentwurf der weiblichen Bevölkerungsmehrheit.[133] So blieb oft die Sehnsucht nach dem Familienidyll, das der Nationalsozialismus versprach.[134]

Die Frauen der »verlorenen Generation«[135] gingen zu einem großen Teil einer außerhäuslichen Erwerbstätigkeit[136] nach, meist gezwungenermaßen infolge einer

128 Da Frauen oft einen um wenige Jahre älteren Ehemann wählten, betraf das Problem des Frauenüberschusses auch Frauen, die nach 1900 geboren wurden. Das Alter der vom Frauenüberschuss am stärksten Betroffenen lag bei der Volkszählung 1933 bei 39-40 Jahren. Das entspricht exakt dem Durchschnittsalter der Verfasserinnen. Vgl. Statistisches Reichsamt, S 105.

129 Über Käthe Eidens Leben nach 1934 berichtete ihre namensgleiche Nichte, die Familienforscherin Katharina Eiden (*1930), im Gespräch mit mir (K. K.) am 12. Januar 2012.

130 Christine Keim, Frauenmission und Frauenemanzipation. Eine Diskussion in der Basler Mission im Kontext der frühen ökumenischen Bewegung (1901-1928), Dissertation, Münster 2005, S. 123.

131 Streubel, S. 268.

132 Ähnlich verhielt es sich beispielsweise mit dem Beruf der Lehrerin.

133 Leokardia Rogalski, Erika Ullmann und Marianne Heimer geben als Adressen verschiedene Berliner Schwesternheime an. Leokardia Rogalski und Erika Ullmann trugen ihre Schwesterntracht auch außerhalb des Schichtdienstes – auf den Lichtbildern in ihren NSDAP-Mitgliedsausweisen tragen sie (unterschiedliche) Schwesternhauben und zeigen damit ihren gesellschaftlichen Status. Erika Ullmann wird im Tagebuch von Joseph Goebbels, 1928 NSDAP-Gauleiter von Berlin-Brandenburg, mit dem sie über ihren Bruder in Kontakt stand, ebenfalls als »Schwester Erika Ullmann« bezeichnet. Offenbar war für sie der Beruf ein Lebenskonzept. Vgl. Abel-Biogramm/Nr. 532/Erika Ullmann sowie Elke Fröhlich (Hrsg.), Die Tagebücher von Joseph Goebbels, Teil 1 – Aufzeichnungen 1923-1941, Band 1/II Dezember 1925-Mai 1928, Eintrag vom 23. Mai 1928, S. 374.

134 Hier muss eingeräumt werden, dass keine der letztgenannten Verfasserinnen diesen Wunsch explizit äußert – was in der Wettbewerbsausschreibung jedoch auch nicht erfragt wurde. Frauen der politischen Rechten hielten explizit die Mutterschaft für einen hohen Wert. Raffael Scheck, Mothers of the Nation. Right-Wing Women in Weimar Germany, Oxford 2004, S. 2 f.

135 Als »verlorene Generation« sollen hier die Jahrgänge vor 1900 gelten, insbesondere die Generationen Kriegsjugend (1890-1900) und Kriegsfrauen I (1872-1889), bedingt auch Kriegsfrauen II (vor 1871).

136 Ein Drittel der (erwerbs-)tätigen Frauen waren »mithelfende Familienangehörige«, die innerhalb der Familie bzw. in landwirtschaftlichen oder gewerblichen Familienbetrieben, gegen eine oft zweifelhafte Entlohnung, arbeiteten. Vgl. Falter, S. 137.

kriegs- und krisenbedingt veränderten Familiensituation. Vor 1914 bestand in der Gesellschaft noch weitgehender Konsens darüber, dass der Ehemann verpflichtet sei, für das finanzielle Auskommen des Paares beziehungsweise der Familie zu sorgen. Die Berufstätigkeit einer verheirateten Frau wurde mit dem – so oder so gearteten – Unvermögen ihres Ehemannes gleichgesetzt.[137] Einer Arbeit außer Haus gingen daher in erster Linie unverheiratete Frauen nach sowie Frauen der unteren Gesellschaftsschichten, sofern das Einkommen des »Familienernährers« ausfiel oder nicht ausreichte. Weibliche Berufstätigkeit geschah zumeist aus finanzieller Not und trug dann das Stigma der Armut. Entsprechend zeichnet Hedwig Eggert (*1897) die Lebenssituation ihrer Mutter um 1910:

> »Meine arme Mutter konnte nun nicht etwa nur den Haushalt und ihre vielen Kinder betreuen, nein sie mußte von früh bis spät in der Fabrik mitarbeiten, um all die hungrigen Mäuler stopfen zu können, da mein Vater, obwohl Webmeister in einer Weberei, einen kaum glaublich niedrigen Lohn erhielt, der eben nicht ausreichen konnte.«[138]

Für die vierzehnjährigen Töchter deutete sich der gleiche Lebensweg an: »Wir gingen gleich den nächsten Tag nach der Schulentlassung in die Fabrik, und konnten der Mutter etwas Kostgeld bringen.«[139] Frauen der Oberschicht konnten ebenfalls durch eine finanzielle Zwangslage in die Berufstätigkeit gelangen, so wie Erna Siegfried (*1883), die Tochter eines Reeders: »Mein Vater verlor einen Teil seines Vermögens und ich ergriff 1905 den kaufmännischen Beruf, um auch meinen Teil zum Lebensunterhalt beizutragen.«[140] Zwischen 1914 und 1918 konnte die Arbeit außer Haus als patriotischer Kriegseinsatz[141] gelten – in den Nachkriegsjahren bedeutete sie zumeist wiederum einen Statusverlust. Dieser betraf Frauen, deren Partner gefallen, kriegsversehrt oder arbeitslos war, sowie solche, die sich von ihrem Ehemann scheiden ließen – auch dies konnte eine Kriegsfolge sein.[142] Durch die angespannte wirtschaftliche Lage um 1930 änderte sich das Bild: Immer mehr Frauen trugen durch Erwerbsarbeit zum Familieneinkommen bei.

In der Theodore-Abel-Sammlung sind alleinstehende Frauen, die den Lebensunterhalt für sich und ihre Angehörigen verdienen mussten, überproportional stark vertreten.[143] Sie erfuhren als Ernährerinnen die Mehrfachbelastung durch

137 Streubel bestätigt für das radikalnationalistische Milieu: »Meist wurde implizit vorausgesetzt, dass eine verheiratete Frau keine außerhäusige Arbeit aufnehmen würde.«. Streubel 2006, S. 286.

138 Abel-Biogramm/Nr. 459/Hedwig Eggert, S. 1.

139 Ebd., S. 2.

140 Abel-Biogramm/Nr. 175/Erna Siegfried, S. 2.

141 Hedwig Eggert beispielsweise »ging in die A. E. G.« und hat dort »1 Jahr Sprengkoffer gearbeitet«. Abel-Biogramm/Nr. 459/Hedwig Eggert, S. 2f.

142 Zwischen 1923 und 1929 kamen auf 10.000 Ehen 30 Scheidungen, zwischen 1933 und 1934 lag die Quote bei 37 Scheidungen auf 10.000 Ehen. Kompisch, Täterinnen S. 23.

143 Zu ihrer Berufstätigkeit äußern sich 30 Verfasserinnen. Die mit 17 Zuschriften bemerkenswerte Mehrheit (51 Prozent) ging um 1930 einer außerhäuslichen Erwerbsarbeit

Beruf und Haushaltsführung, sowie Kindererziehung oder Versorgung der Eltern. Die körperliche und zeitliche Beanspruchung zeigt exemplarisch das Essay von Hedwig Eggert:

> »1924 gab ich einem Mädchen das Leben, und kaum 1 Jahr darauf ging ich mit meinem Mann auseinander. Ich hatte in der Wahl meines Mannes großes Unglück, er war ein leichtsinniger Mensch. […] Meinen Lebensunterhalt für mich und das Kind bestritt ich, indem ich eine Konfektions-Arbeitsstube leitete. […] Ich habe da manche Nacht durchgearbeitet, weil die Tage nicht ausreichten.«[144]

Die erzwungene Eigenverantwortung erlebte Lisi Paupié (*1891) nach dem Tod ihres kriegsinvaliden Ehemannes als eine instabile, durchweg negative Lebenssituation:

> »Schutz und Mittellos stand ich da, allein ohne Heimat für mein Kind. […] Die Regierung benötigte lange Zeit um auszurechnen was mir als Kriegswitwe zukam. Wieviel Schikanen der Beamten mußte man vertragen und man verliert, als alleinstehende Frau ganz das Frauenhafte, denn man muß alles durchfechten, was sonst der Mann tut.«[145]

Die Sorge für Dritte übte zusätzlichen psychischen Druck aus, wie die Klavierlehrerin Agnes Mosler-Sturm (*1892) beschreibt. Durch Inflation und Krankheit waren ihre vormals gut situierten Eltern in Not geraten:

> »Vater war nahezu 80 Jahre alt und für irgendeine Arbeit nicht mehr zu gebrauchen und die schwer kranke Mutter [konnte] – während ich nach abgebrochenem Studium unterrichtete, um nicht vollends dem Hunger preisgegeben zu sein, mit ihrem furchtbar verkrüppelten Körper, recht und schlecht im Haushalt arbeiten. Es war eine Zeit, wo ich mir den Wahnsinn, der mich oft befallen zu wollen schien, fast wünschte, um das schier masslose Elend nicht länger ertragen zu müssen.«[146]

Jede Art, von dieser Verantwortung entbunden zu werden, war der jungen Frau willkommen. Wie Eggert, Paupié und Mosler-Sturm empfanden viele Frauen ihre Eigenständigkeit als kräftezehrende Härte des Lebens.[147] Ihre Existenzangst erhöhte sich noch dadurch, dass sie von der Entlassung zugunsten von

nach. Nur acht Verfasserinnen waren Hausfrauen. Im Vergleich dazu arbeitete im gesamten Deutschen Reich nur ein knappes Fünftel (19 Prozent) der weiblichen Bevölkerung außer Haus. Vgl. Statistisches Reichsamt 1936, S. 18.

144 Abel-Biogramm/Nr. 459/Hedwig Eggert, S. 5 f.

145 Abel-Biogramm/Nr. 187/Lisi Paupié, S. 6.

146 Abel-Biogramm/Nr. 100/Agnes Mosler-Sturm, S. 2 f. Für ein Elternteil sorgen auch Klara Czirnik, Anna Nieke und Klara Petersson.

147 Weitere Beispiele für weibliche Erwerbsarbeit aus wirtschaftlicher Not finden sich u. a. in Abel-Biogramm/Nr. 547/Klara Czirnik sowie Abel-Biogramm/Nr. 588/Klara Petersson.

Männern, zumeist heimgekehrten Soldaten, die wieder auf den Arbeitsmarkt strömten, bedroht waren. Ferner wurden allein die weiblichen Beschäftigten Opfer von öffentlichen Angriffen im Zuge der »Doppelverdienerkampagnen«, mit der Frauen aus dem Berufsleben gedrängt werden sollten, um Stellen für arbeitslose (Ehe-)Männer freizumachen. Nicht zuletzt bekamen Frauen, wenn sie eine – oft wenig qualifizierte – Stelle fanden, für die gleiche Leistung bis zu einem Drittel weniger Lohn als männliche Kollegen.[148] So bot die Erwerbsarbeit für viele Frauen weder einen besonderen finanziellen Anreiz, noch versprach sie gesellschaftliche Anerkennung, sondern wurde ausschließlich als Belastung angesehen.[149]

Die Mehrheit der Verfasserinnen entbehrte als erwachsene Frauen folglich das, was die nationalsozialistische Ideologie als Lebensentwurf vorsah, die Versorgerfamilie: den Mann, der außerhalb des Hauses die Verantwortung für die Familie übernimmt, die Frau, die ausschließlich das häusliche Leben organisiert und mehrere Kinder betreut. Dieses Familienbild, das von der NS-Propaganda in den weichen Sepiafarben einer vergangenen Zeit gezeichnet wurde, wird in vielen Frauen Hoffnungen geweckt haben: einerseits die Sehnsucht nach Liebe und Geborgenheit im privaten Lebenskreis, andererseits der praktische Bedarf nach einem Mann an ihrer Seite, der zumindest eine Hälfte der Sorgen und Aufgaben übernahm und die Frauen damit von ihrer mehrfachen Belastung und ihrer Verantwortung befreite. Ute Frevert bilanziert: »Da die ›männliche‹ Sphäre des Berufs und der Politik für Frauen fast ausschließlich Zurücksetzung und Enttäuschung bereitgehalten hatte, war es nicht verwunderlich, wenn Frauen mit großer Beharrlichkeit an ihren ›weiblichen Räumen‹ festhielten und in der Familienarbeit eine Zuflucht vor den sozialen und psychischen Belastungen der ›Moderne‹ suchten.«[150] Der Lebensentwurf »Hausfrau und Mutter« bot Orientierung durch erfüllbare Normen, was Sicherheit und ein positives Selbstwertgefühl vermittelte. Der Status der Herrin im Haus gewährte außerdem eine Art Binnen-Unabhängigkeit im privaten Lebenskreis. Wertschätzung erfuhr die Hausfrau zudem durch geschicktes Wirtschaften. Diese Art der Arbeitsteilung zwischen den Eheleuten zahlte sich aus, und es erfüllte sicher viele Frauen mit heimlichem Stolz, besonders in Krisenzeiten durch gekonntes »Organisieren« ein gleichwertiger, vielleicht sogar der wichtigere Teil der familiären Wirtschaftsgemeinschaft zu sein. Folglich sahen viele Vertreterinnen der »verlorenen Generation«, insbesondere die Frauen aus kleinbürgerlichen Verhältnissen, im häuslichen Dasein eine positive Lebensperspektive. Die Forderungen der Frauenbewegung nach Teilhabe am öffentlichen Leben, insbesondere an Politik und Beruf, gingen an ihren Bedürfnissen vorbei. Mehr

148 Diese Zahl bezieht sich auf Hilfs- und Facharbeiter. Vgl. Falter, S. 137. Hier finden sich auch Angaben über die prozentuale Verteilung der erwerbstätigen Frauen auf die verschiedenen Berufsfelder.

149 Auch darum »wandten sich die traditionalistischen Frauen erbittert gegen das System«, das ihnen, ihrer Auffassung nach, diese Belastung zumutete. Koonz, S. 135.

150 Frevert, S. 209.

noch: sie fühlten sich angegriffen, da sie ihren traditionellen, weiblichen Status in Frage gestellt und ihre Leistung in der privaten Sphäre entwertet sahen. Die Erziehungswissenschaftlerin Margarete Dörr erklärt die weibliche Zustimmung zum Nationalsozialismus dementsprechend mit Dissonanz- beziehungsweise Konfliktvermeidung, denn seitens der NS-Ideologie »wurde ihnen kein Bruch mit ihrem herkömmlichen Frauenverständnis zugemutet, im Gegenteil.«[151] Es war ihnen wichtig, die traditionelle Lebensform »Ehe und Familie« gegen Innovationen zu verteidigen. Entsprechend bewunderten sie den »unverblümten Konservativismus der Nazis«[152] und schlossen sich der NSDAP an, weil sie ihnen tatsächlich als »Frauen-Freiheitsbewegung« erschien, im Sinne einer Befreiung von den erfahrenen Enttäuschungen und Belastungen des öffentlichen Lebens. Nicht zuletzt wurde ihr Rückzug auf die private Sphäre »nun gleichsam mit einer höheren Weihe versehen und sogar heroisiert«.[153]

Um für die »Emanzipation von der Frauenemanzipation«, für den Rückzug ins Private zu kämpfen, stellten sich die Verfasserinnen der Theodore-Abel-Essays selbstbewusst dem Licht der Öffentlichkeit.

Mütterlichkeit als politisches Handeln

Die frühen Nationalsozialistinnen übernahmen oft das Konzept der »Mütterlichkeit«,[154] das in weiten Kreisen der weiblichen Bevölkerung einen guten Klang hatte. Unabhängig von biologischer Mutterschaft wurde die Fähigkeit zu »mütterlichem« Denken und Handeln als zentrale Eigenschaft der Frau verstanden, aus der ihre Lebensaufgabe und ihre gesellschaftliche Verpflichtung erwuchsen. In den verschiedenen Handlungsformen – der familiären, organisierten oder geistigen Mütterlichkeit – konnte sie sowohl in der Familie als auch im öffentlichen Leben wirken.[155] Mütterlichkeit wirkte immer zum Vorteil der Gesellschaft oder zum Wohle von Nation oder Volk und war damit politisch konnotiert. Dieser Diskurs wurde gleichermaßen in der bürgerlich-gemäßigten Frauenbewegung, in Publikationen radikaler Nationalistinnen, unter völkischen Frauen sowie in den Reihen der frühen Nationalsozialistinnen geführt. Dabei zeigte sich die Mütterlichkeit als ein veränderliches Mosaik weiblicher Tugenden

151 Margarete Dörr, »Wer die Zeit nicht miterlebt hat …«. Frauenerfahrungen im Zweiten Weltkrieg und in den Jahren danach, Bd. 3: Das Verhältnis zum Nationalsozialismus und zum Krieg, Frankfurt a. M./New York 1998, S. 249. Die Pädagogin und Geschichtsdidaktikerin sammelte Autobiographien von Frauen, die den Nationalsozialismus und den Zweiten Weltkrieg erlebt hatten. Sie stellte deren Erlebnisse und daraus resultierende Haltungen der Zeitzeuginnen als Zitate zu verschiedenen Oberthemen zusammen, so etwa »Die drei wichtigsten Gründe für die Anziehungskraft des Nationalsozialismus«, S. 361-363.

152 Koonz, S. 76.

153 Dörr, S. 371.

154 Stoehr, S. 225.

155 Vgl. u. a. Wagner, Frauenansichten, S. 75-77.

und Talente, die je nach politischer Zielsetzung zusammengestellt und argumentativ eingesetzt wurden.[156]

Guida Diehl, die zunächst mit dem protestantischen Flügel der gemäßigten Frauenbewegung sympathisierte und seit 1917 den völkischen, später hitlertreuen Neulandbund führte, sah als hehre Fähigkeiten der Frau »die Mutterkraft, die Gemütsstärke und Herzenskraft und endlich die weibliche Art, vom Leben her und zum Leben hin zu denken«.[157] Die Definition der Frau über ihre »Mutterkraft« und »Gemütsstärke« bedeutete in den Augen der Nationalsozialistinnen eine Aufwertung: Sie sahen darin einen kraftvollen Gegenentwurf zum traditionellen Bild eines in jeder Hinsicht »schwachen Geschlechts«. Mutterschaft und »erweiterte« Mütterlichkeit wurden von den Alten Kämpferinnen als biologische und soziale Grundvoraussetzungen zur Erhaltung des Volkes angesehen und erhielten damit den Stellenwert politischen Handelns.[158] Etliche Autobiographinnen der Theodore-Abel-Essays nahmen das Konzept der Mütterlichkeit, als Zweiklang von Mutterschaft und erweiterter Mütterlichkeit, als positives Selbstbild an.

Als eine der wichtigsten mütterlichen Eigenschaften gilt den Verfasserinnen *seelische Kraft*. Sie dient dem eigenen Durchhaltevermögen, wird aber auch zugunsten anderer eingesetzt, durch das Schaffen von Stabilität: Im (Lebens-) Kampf bietet die mütterliche Frau den ihren einen Rückzugsraum, körperliche und seelische Versorgung. In ihrem Handeln ist sie zukünftigen Generationen verpflichtet, um derentwillen sie eigene Bedürfnisse zurückstellt und zudem Optimismus verbreitet. Für Stabilität und Versorgung standen die Alten Kämpferinnen im Alltag der NS-Bewegung. Sie waren davon überzeugt, dass ohne sie – quasi als »Etappe« – die Männer ihren »Kampf« an der Straßenfront kaum bestehen würden. Ohne Bescheidenheit konstatiert Helene Radtke: »So war die Frauenschaft eine der wichtigsten Organisation innerhalb der Bewegung.«[159]

Zukunftsweisend im Hinblick auf Nation und Volk erschien den Verfasserinnen eine andere mütterliche Fähigkeit: das Bewahren der Moral und das *Vermitteln von Idealen* an kommende Generationen.[160] Dies geschah in der Familie sowie im öffentlichen Leben, etwa der Position der Lehrerin. Christiane Streubel erläutert:

> »Durch ihren Einfluss auf ihre Kinder prägten die Mütter die Zukunft, indem sie das ›deutsche Kulturgut‹ und den ›Wehrgeist‹ vermittelten, die

156 Diese Talente und Tugenden schrieben zumeist die Wortführerinnen der Organisationen den Frauen zu, wie Christiane Streubel anhand der Zeitschrift *Die Deutsche Frau*, herausgegeben vom Ring Nationaler Frauen, belegt. Vgl. Streubel, S. 266.

157 Guida Diehl, Die deutsche Frau und der Nationalsozialismus, Eisenach, 5. Aufl. 1933, S. 86, zitiert nach Wagner, Frauenansichten, S. 48.

158 Vgl. Wagner, Frauenansichten, S. 77.

159 Abel-Biogramm/Nr. 207/Helene Radtke, S. 7.

160 Diesen Aspekt der mütterlichen Aufgaben untersucht Streubel anhand der Zeitschrift *Die Deutsche Frau*, vgl. Streubel, S. 284.

> ›werterhaltenden Eigenschaften‹ eines Volkes hochhielten, den ganzen ›sittlichen Aufbau‹ des Volkes leisteten und sowohl dem künftigen Staatsmann als auch dem einfachen Bürger die erste Vorstellung von seinem Volk vermittelten.«[161]

Ideale hochzuhalten und weiterzutragen war den Alten Kämpferinnen ein wichtiges Anliegen. In der Mehrheit der Biogramme wird entweder eine »Verlumpung der Gesinnung«[162] während der Weimarer Zeit verurteilt, oder aber die Verfasserinnen begrüßten, der Nationalsozialismus habe ihnen den Glauben an »jahrelang verschüttete«[163] Ideale zurückgegeben. Die Hannoveranerin Marianne Meinecke erinnert sich in diesem Zusammenhang an eine Frage, die sie durch die 1920er Jahre begleitete: »Hast du denn noch ein Recht dich gegen den Geist deiner Zeit zu stemmen? Sind denn Ideale nicht längst überholt und altes Gerümpel?«[164] Der vermeintliche Idealismus der »Nazis«[165] begeisterte sie. Was die kinderlose Kauffrau besonders ansprach, war das von nationalsozialistischen Publizistinnen wie Guida Diehl entwickelte Konzept vom mütterlich-moralischen Wirken der Frau. In Anlehnung daran führt Meinecke aus, dass »nach dem Gebot der Allmacht« die Frau »Hüterin und Trägerin« aller Werte zu sein habe.[166] Erwartungsvoll blickt sie einer – wie sie meint – von Hitler selbst wiedererweckten weiblichen »Macht der Reinheit und Güte, des Guten überhaupt«[167] entgegen. Ihr Selbstkonzept ist das des mütterlichen »Weibes« im Gegensatz zu dem modern-mondänen, erotisch konnotierten »Weibchen«.[168] Auch Meinecke sieht die Aufgabe der Frau in der Vermittlung von Moral und Idealen – vor allem an die männliche Jugend –, allerdings eher sinnbildlich denn in einem konkreten Handlungsfeld:

> »Wir dürfen wieder ein Geschlecht von Männern heranziehen, denen wir von Selbstzucht, Stolz, von Ehrlichkeit u. Reinheit sprechen können. Wir nehmen unsere Kinder an die Hand, und zeigen ihnen das Land des Vaters, in das sie nicht zufällig hineingestellt sind, sondern sagen ihnen, daß sie dem Lebensgesetz dieses Volkes gehorsam, ihm dienen sollen, weil dieses dereinst

161 Ebd., S. 284.
162 Abel-Biogramm/Nr. 116/Marianne Meinecke, S. 5.
163 Abel-Biogramm/Nr. 195/Maria Engelhardt, S. 15.
164 Abel-Biogramm/Nr. 116/Marianne Meinecke, S. 6.
165 Als »Nazis« bezeichnen sich einige Verfasserinnen selbst, wie etwa Abel-Biogramm/Nr. 107/Lissy Schneider, S. 1, sowie Abel-Biogramm/Nr. 363/Erna Stoyke, S. 6.
166 Abel-Biogramm/Nr. 116/Marianne Meinecke, S. 7.
167 Ebd., S. 7-8. Dass sich die »Güte« der Nationalsozialistinnen jedoch nur auf Parteigenossen beschränkte, während andere den Schlägern der SA zum Opfer fielen, schien ihrem chauvinistischen Verständnis von Mütterlichkeit nicht im Wege zu stehen.
168 Das »Weibchen« und die »Dirne«, als Produkte eines »sittlich verwahrlosten« Männertyps, wurden auch von radikalen Nationalsozialistinnen dem Bild der »reinen, wertvollen Frau und Mutter« gegenübergestellt. Vgl. Streubel, S. 313.

als einziger echter Gewinn am Ende ihres Lebens stehen wird, hoch erhaben über allen äußeren Erfolgen.«[169]

Durch das Medium Mütterlichkeit wuchs die Bedeutung der Frau über den privaten Kreis hinaus, zunächst in das Wirkungsfeld der NS-Bewegung und perspektivisch in die Volksgemeinschaft.

Von der Volksgemeinschaft versprachen sich die frühen Nationalsozialistinnen auch eine Neubewertung der Geschlechter. Beiden Teilen des polaren Geschlechtermodells sollte die gleiche Bedeutung zukommen, denn erst das gegenseitige Zuarbeiten, das Zusammenspiel der männlichen und weiblichen Funktionen, würde das gemeinsame Ganze schaffen: die Volksgemeinschaft. Die strikte Aufgabenteilung von Frau und Mann würde Konkurrenz- und Hierarchieverhältnisse auflösen und zu einer kameradschaftlichen Harmonie führen, die den Geschlechterkampf der »alten« Frauenbewegung auf »natürliche« Weise beilegte.[170]

Partizipationsmöglichkeiten während der NS-Kampfzeit – Feministinnen im nationalen Einsatz?

Das weibliche Selbstverständnis der Alten Kämpferinnen weist bemerkenswerte Widersprüche auf: Zwar erklärten sie Mutterschaft und Mütterlichkeit zur weiblichen Lebensaufgabe, verlegten ihren eigenen Wirkungskreis jedoch auf das politische Handeln, in die NSDAP-Ortsgruppen und sogar auf die Straße, wo der nationalsozialistische Kampf, die Propaganda, stattfand. Die Verfasserinnen der Abel-Biogramme akzeptierten und propagierten das nationalsozialistische Frauenbild. Die Rückkehr der Frauen an Heim und Herd galt ihnen jedoch eher als ferner Idealzustand – vor allem solange die Kampfzeit währte und die NS-Bewegung ihrer selbstbewussten Mitstreiterinnen bedurfte.

Gertrud Bäumer, langjährige Vorsitzende des Bundes Deutscher Frauenvereine, hinterfragte 1929 das Desinteresse der weiblichen Jugend an der Frauenbewegung. Dabei charakterisierte sie die junge Frauengeneration mit den Worten »Sie aber wollen wild und frei – ungebunden sein, wie der Wandervogel – leben!«[171] Mit dem Wunsch, »wild und frei« zu leben, stürzten sich die jungen Autobiographinnen der Abel-Essays in den nationalsozialistischen »Kampf«. Dabei zeigten sie eine weitgehende Unbekümmertheit – auch hinsichtlich der

169 Abel-Biogramm/Nr. 116/Marianne Meinecke, S. 7f. Der Gedanke, einem zukünftigen »Geschlecht von Männern« Tugenden wie »Selbstzucht« und »Reinheit« nahezubringen, hat seinen alltagsweltlichen Bezug in der massiven Verbreitung von Geschlechtskrankheiten durch heimkehrende Frontsoldaten 1918. Tageszeitungen veröffentlichten Mahnungen der Gesundheitsämter an infizierte Männer, »enthaltsam« zu sein, um die Ehefrauen nicht anzustecken. Vgl. u.a. *Haller Kreisblatt* vom 5. Februar 1919.

170 Vgl. Wagner, S. 45.

171 Gertrud Bäumer, »Ich bin Gegnerin der Frauenbewegung«, in: *Die Frau*, Jg. 37, 1929/30, S. 193-195, hier, S. 194.

traditionellen Grenzen weiblicher Freiheit: Beispielsweise nahmen Marlene und Rosemarie Heder (*1913 und *1915), die Töchter einer Hebamme, an zahlreichen NS-Veranstaltungen in Fritzlar und Kassel teil, ohne dass die Mutter oder die Pensionswirtin Einspruch erhoben. Selbst politisch motivierte »Kloppereien« erlebten die Schwestern aus der Nähe. Die Grenze ihrer Partizipation war die Gefahr körperlicher Gewalt – im Unterschied zu ihren Parteikameraden riskierten sie nicht, von den Gegnern »vermöbelt« zu werden: »Wir waren doch als Mädchen etwas ängstlich gewesen und trugen das Abzeichen unsichtbar«.[172] Die Ostpreußin Erna Stoyke (*1913) genoss ebenfalls große Unabhängigkeit, während sie mit dem Fahrrad allein über Land fuhr, etwa um Parteispenden zu sammeln oder NS-Versammlungen zu besuchen. Da ihre Schulleiterin politische Betätigung verbot, nahmen Erna Stoyke und eine Freundin inkognito an Parteiveranstaltungen teil – mit offensichtlicher Freude an der Grenzüberschreitung:

> »[...] überall passten die Lehrer auf. Eine Mitschülerin und ich verkleideten uns, sie zog einen Anzug von ihrem Bruder an, versteckte das Haar und setzte sich eine grosse Brille, die ich uns beiden besorgt hatte, auf; ich zog mir einen Träningsanzug an und setzte mir gleichfalls eine Brille auf und versteckte das Haar unter der Mütze. So gingen wir eben als Sportjungens ungefährdet hin.«[173]

»Wild und frei« lebte auch Grete Kircher (*1909) in Essen. Als Tochter eines wohlhabenden Baustoffhändlers boten sich ihr dazu besondere Möglichkeiten, die sie ungeachtet der elterlichen Vorstellungen nutzte:

> »Um diese Zeit war ich als junges Mädchen bestrebt auch auf sportlichem Gebiet etwas zu leisten, und da mein Vater mehrere Automobile besass, lernte ich fahren. [...] Gegen den Willen meiner Eltern trat ich in die Partei ein und stellte mich ganz in den Dienst der Bewegung. [...] Ich stellte daher meinen Wagen gern zur Verfügung und bei dieser Gelegenheit fuhr ich dann mit unseren Rednern zu den Versammlungen«.[174]

Die jüngste Verfasserin eines Abel-Biogramms, Lissy Schneider (*1916), Gründerin einer NS-Schülerinnengruppe in Duisburg, schlich sich gelegentlich aus dem Elternhaus, um nationalsozialistische Veranstaltungen mitzuerleben:

> »Als Adolf Hitler hier im Stadion sprach, bin ich auch unter irgendeinem Vorwand zu Hause ausgerückt. Als ich aber wieder nach Hause kam, konnte ich das Erlebte nicht für mich behalten, habe mich damit verplappert und dann meinen Eltern gebeichtet, wo ich so manchen Abend gewesen war. Meine Eltern waren mir auch nicht böse [...].«[175]

172 Abel-Biogramm/Nr. 41/Marlene Heder S. 6.
173 Abel-Biogramm/Nr. 363/Erna Stoyke, S. 3.
174 Abel-Biogramm/Nr. 46/Grete Kircher, S. 1 f. »Um diese Zeit« bezeichnet einen Zeitraum zwischen 1928 und 1930. Der genaue Zeitpunkt ihres Parteibeitritts ist weder aus ihrem Essay noch aus der NSDAP-Zentral- bzw. Ortsgruppenkartei zu ersehen.
175 Abel-Biogramm/Nr. 107/Lissy Schneider, S. 4.

Erst in der Konfrontation mit älteren Verwandten wird Lissy Schneider bewusst, dass ihr Handlungsspielraum weit über den früherer Frauengenerationen hinausgeht. Für sich selbst sieht sie darin jedoch keinen Maßstab, sondern verteidigt ihre Autonomie:

> »Wie oft habe ich von Tanten und Großmüttern einen Erguß über mich ergehen lassen müssen, es zieme sich nicht, daß ein junges Mädel sich mit Politik befasse. Aber das hat mich alles nicht hindern können, mich als junges Mädel mit ganzem Herzen und ganzer Seele, mit dem Glauben an Hitlers Idee, für den Sieg der Bewegung einzusetzen.«[176]

So wie Lissy Schneider lebten viele junge Nationalsozialistinnen eine Selbstbestimmung, die die Generation ihrer Mütter noch nicht gewagt hatte. Die Errungenschaften der Frauenbewegung, die Aufbruchstimmung der Jugendbewegung sowie die Erfordernisse der Kriegs- und Nachkriegsjahre hatten eine Emanzipation bewirkt und ihre Spuren in Selbstverständnis und Habitus von Frauen hinterlassen.[177] Zudem legitimierte der empfundene »Dienst am Vaterland«, nach nationalsozialistischer Lesart der »Kampf um Deutschland«, auch unkonventionelles Engagement von Frauen. Solange der von den Nationalsozialisten permanent befeuerte Ausnahmezustand währte, definierte er die Frau als Kämpferin und erlaubte ihr den Ausbruch aus ideologisch gesteckten Grenzen. Ute Planert schlussfolgert: »Nationalismus fungierte als Emanzipationsstrategie«[178] – wobei auch die älteren Verfasserinnen gern davon Gebrauch machten.

Doch im Kontakt zu den männlichen Kameraden nahmen die Kämpferinnen eine traditionell weibliche, das heißt mütterlich-fürsorgende Rolle ein. Selbst die mutige Erna Stoyke war nun »beglückt«, mit ihren »schwachen Kräften« den SA-Kameraden »ihr Los zu erleichtern«.[179] Auch die nationalsozialistische Vorstellung von der »eigentlichen« Lebensaufgabe der Frau wurde von ihr nicht in Frage gestellt:

> »1932 verloren wir zum zweitenmal unsere Existens. Jetzt galt es für mich verdienen. […] Eine Fabrik nahm mich wie so viele andere auch auf in ihre Tretmühle, wo unsere deutschen Mädchen zu ihrem eigentlichen Beruf, den der Hausfrau und Mutter, untauglich gemacht werden.«[180]

176 Ebd., S. 4.

177 Vgl. Kompisch, Täterinnen, S. 23.

178 Ute Planert, Zwischen Partizipation und Restriktion. Frauenemanzipation und nationales Paradigma von der Aufklärung bis zum Ende des Ersten Weltkrieges, in: Dieter Langewiesche/Georg Schmidt (Hrsg.), Föderative Nation. Deutschlandkonzepte von der Reformation bis zum Ersten Weltkrieg, München 2000, S. 387-428, hier S. 427. »Indem Frauen Politik als angewandte Vaterlandsliebe definierten, legitimierten sie damit öffentliches Auftreten und politisches Engagement.«, ebd.

179 Abel-Biogramm/Nr. 363/Erna Stoyke, S. 4.

180 Ebd., S. 6. Erna Stoyke erläutert ihre Situation: »Meine Eltern krank, mein Bruder noch klein, aber nichts fand sich. Ich war in meinem erlernten Stenotypistinnen und

Die nach 1900 geborenen Verfasserinnen verbanden demnach beides, wenn auch in unterschiedlicher Gewichtung: Ausdrucksvoll zeigten sie ihren Kampfgeist und dachten nicht daran, sich der NS-Frauenideologie entsprechend ins Haus verweisen zu lassen – zumindest solange die »Rettung Deutschlands« ihren Einsatz forderte und dadurch legitimierte. Der Nervenkitzel der Grenzüberschreitung und die erlebte Freiheit war für die jungen Verfasserinnen – aber auch für etliche ältere – ein wichtiger Anziehungspunkt der NS-Bewegung. Weniger offensiv vertraten und lebten die jüngeren Autorinnen das nationalsozialistische Frauenideal. Als Bestandteil des Nationalsozialismus wurde es akzeptiert, war allerdings für keine der jungen Verfasserinnen ein wesentliches Motiv ihrer Unterstützung.

1.2 »Das wahrhaft Soziale in der Gesinnung« – Volksgemeinschaft als »nationaler Sozialismus«

> Ich […] helfe so viel ich kann armen Volksgenossen u. kenne keinen Standesunterschied. […] Jeder deutsche Mensch hat die gleiche Berechtigung auf auskömmliche Lebensführung u. keiner ist berechtigt, auf Armut gedankenlos mit selbstverständlicher Überhebung herabzusehen. Auf diese Weise will ich mithelfen an der inneren Einigung unseres Volkes, weil keine Schicht des Volkes seine Berechtigung außerhalb der Gemeinschaft führen darf. Alles Undeutsche, Fremde will ich mir fernhalten.
>
> *Margarete Beckel*[181]

Mit diesen Worten legt Margarethe Beckel ihr nationalsozialistisches Glaubensbekenntnis ab. Zugleich erklärt sie das für die meisten Autorinnen der Abel-Biogramme wesentlichste Motiv, sich für die NSDAP zu engagieren: die Entstehung einer *Volksgemeinschaft* durch einen gelebten *nationalen Sozialismus*, der Klassen und Stände überwindet. Das Ziel dieser gedachten Volksgemeinschaft war die innere Einigkeit und das äußere Wiedererstarken Deutschlands – aus damaliger Sicht eine Art Universalkonzept zur Lösung der vielschichtigen Probleme der Weimarer Republik.

Das folgende Kapitel zeigt einleitend die Entstehung des Topos Volksgemeinschaft und seine Auslegung als Schicksalsgemeinschaft im Ersten Weltkrieg. Anschließend beschäftigt sich der erste Teil mit den unterschiedlichen Deutungen des Begriffs Volksgemeinschaft durch die politischen Parteien der

Büroberuf nicht eingearbeitet und ausserdem Nazi. Ich ging arbeiten.« Es wird deutlich, dass Stoyke weibliche Erwerbsarbeit nicht generell ablehnt, sondern differenziert betrachtet. Eine Bürotätigkeit entspricht ihrem Konzept von Weiblichkeit, nicht jedoch die »Tretmühle« der schmutzigen, körperlich anstrengenden oder monotonen Fabrikarbeit.

181 Abel-Biogramm/Nr. 139/Margarete Beckel, S. 4.

Weimarer Republik. Vor diesem Hintergrund wird im zweiten Teil die nationalsozialistische Verwendung der Volksgemeinschaftsidee thematisiert. Der dritte Teil untersucht schließlich, was die Autorinnen der Theodore-Abel-Essays unter nationalem Sozialismus und Volksgemeinschaft verstanden, welche Faszination und Anziehungskraft die Idee auf sie ausübte. Schwerpunkte liegen dabei auf der einschließenden wie der ausgrenzenden Wirkung der Volksgemeinschaft.

1.2.1 Geburtsstunde der Volksgemeinschaft

Schon im Kaiserreich banden sich an die Idee einer Volksgemeinschaft »Hoffnungen und Sehnsüchte«,[182] insbesondere seitens der Jugendbewegung, die nach Alternativen zum Korsett der streng hierarchischen wilhelminischen Gesellschaft suchte. Die österreichische Historikerin Sybille Steinbacher erläutert: »Die ›Volksgemeinschaft‹ evozierte die Vorstellung, die Vereinzelung des Menschen in der sogenannten Massengesellschaft sei zu überwinden, die Aussöhnung zwischen Bürgertum und Proletariat darüber hinaus herbeizuführen«.[183] Bis 1914 war das »Volk« als ganzheitliches Gegenmodell zur pluralistischen Gesellschaft zu einem Allgemeinbegriff geworden, der mit Kriegsbeginn eine neue Bedeutung erlangen sollte.[184]

Der »Geist von 1914« – Volksgemeinschaft als Schicksalsgemeinschaft

Der Gründungsmythos der Volksgemeinschaft, auf den sich auch der Nationalsozialismus später beziehen sollte, lag im bereits angesprochenen einenden »Geist von 1914«, einer gefühlten Solidarität unter Deutschen verschiedener Gesellschaftsschichten zu Beginn des Ersten Weltkrieges.[185] Diese integrative Kraft des Krieges schildern acht Verfasserinnen der Abel-Biogramme als prägende Erfahrung und sehen darin einen zentralen Punkt ihrer persönlichen Entwicklung.[186] Die Bedrohung von außen verwies die Menschen im Inneren auf ihre vielleicht einzige Gemeinsamkeit, ihre Nationalität, die nun zum gemeinsamen »Schicksal« erhoben wurde. Die Solidarität innerhalb dieser »Schicksalsgemeinschaft«, die Front und Heimatfront einschloss, wird von einigen Autorinnen der

182 Sybille Steinbacher (Hrsg.), Volksgenossinnen. Frauen in der NS-Volksgemeinschaft, 2. Auflage, Göttingen 2007, S. 9.

183 Ebd., S. 10.

184 Vgl. Kirsten Heinsohn, Kampf um die Wählerinnen. Die Idee von der Volksgemeinschaft am Ende der Weimarer Republik, in: Steinbacher, Volksgenossinnen, S. 29-47, hier S. 30.

185 Dazu Jeffrey Verhey: »In other words, the ›spirit of 1914‹ was a foundation myth, the birth of the Volksgem.«, Verhey, S. 6.

186 Vgl. ebd. sowie Süchting-Hänger, S. 91, mit Bezug auf Dieter Langewiesche u. a. (Hrsg.), Kriegserfahrungen. Studien zur Sozial und Mentalitätsgeschichte des Ersten Weltkriegs, Essen 1997, S. 7.

Abel-Essays rückblickend als außerordentlich erhebend beschrieben, so etwa von Maria Engelhardt:

> »Es war eine grosse heilige Zeit für uns, die wir uns mit unserer Front und unserer Heimat verbunden fühlten und ich glaube nicht zuviel zu sagen, wenn ich behaupte, dass die ersten Kriegsjahre den wahren Gemeinschaftsgeist unter einem grossen Teil des deutschen Volks in sich bargen, von dem man heute mit der Bezeichnung ›Fronterlebnis‹ spricht.«[187]

Kriegsbedingte Mangelversorgung – Volksgemeinschaft als Notgemeinschaft

So empfanden und erlebten diese Frauen einerseits Idealismus, andererseits Zusammenhalt in der Form uneigennütziger, gegenseitiger Hilfe. Einige Verfasserinnen berichten, dass sich innerhalb der »Notgemeinschaft« des Weltkrieges tatsächlich Standesunterschiede anglichen oder in den Hintergrund traten und eine nie gekannte soziale Harmonie spürbar wurde. Die vierfache Mutter Susi Jost blickt dankbar zurück:

> »Standesdünkel gab es in unserem Ort nicht. Wir hielten alle zusammen und halfen uns aus. Im Jahr 1917 kam unser jüngstes Kind zur Welt. Nachbarn sorgten, daß ich und die Kleine nicht hungerten.«[188]

Schon Ende 1915 war es jedoch an der Heimatfront zu vermehrtem Diebstahl von Lebensmitteln und zu ersten Hungerkrawallen gekommen.[189] Der beschriebene Zusammenhalt zerfiel – sofern er bestanden hatte – vor allem durch das Fortschreiten der Mangelversorgung.[190] Für diejenigen, die sich durch den Krieg einen Ausgleich gesellschaftlicher Unterschiede erhofft hatten, bedeutete das Kriegsende somit auch das Scheitern dieses kurzen Traums – »Wo war unser einiges deutsches Volk von 1914 geblieben?«,[191] fragt Maria Engelhardt enttäuscht. Der Weltkrieg blieb »das Geburtstrauma der jungen Republik«.[192]

187 Abel-Biogramm/Nr. 195/Maria Engelhardt, S. 2. Engelhardt bezieht den Begriff »Fronterlebnis« auch auf die Heimatfront.

188 Abel-Biogramm/Nr. 453/Susi Jost, S. 2.

189 Michael Wildt, Die Ungleichheit des Volkes. »Volksgemeinschaft« in der politischen Kommunikation der Weimarer Republik, in: Bajohr/Wildt, S. 24-40, hier S. 25.

190 Die Mangelversorgung – vor allem mit Lebensmitteln – bewirkte eine ausgeprägte Missgunst gegenüber jenen, die mehr hatten: Mehrere Verfasserinnen verurteilen aufs Schärfste die »Schlemmerei« einiger weniger auf Kosten der darbenden Allgemeinheit. »Schlemmerei« fungiert als Synonym für Verrat.

191 Abel-Biogramm/Nr. 195/Maria Engelhardt, S. 2.

192 Krassnitzer, Schützengraben, hier S. 119.

1.2.2 Das Motiv der Volksgemeinschaft in den politischen Parteien der Weimarer Republik

Zusammenbruch alter Ordnungen im November 1918

Im Kapitel »Politische und gesellschaftliche Ausgangssituation nach 1918« wurde dargestellt, dass ein großer Teil der deutschen Bevölkerung die Revolution von 1918 und die Jahre der Weimarer Republik als verunsichernde, bedrohliche Zeit empfand. Ein Fanal mit kaum zu überbietender Symbolkraft für den Zusammenbruch alter Ordnungen war das Abreißen militärischer Ehrenzeichen von den Uniformen der heimkehrenden Offiziere durch linke Revolutionäre.[193] Diese sich reichsweit ereignende Schmähung beschreiben mehrere Autobiographinnen der Abel-Essays als erschütterndes, vorausdeutendes Erlebnis, so auch Helene Radtke:

> »Beim Verlassen des Strassburger Bahnhofs entbot sich mir vor diesem nach menschlichem Ermessen ein ungeheuerliches Bild. Ich wurde Augenzeuge, wie einem alten Offizier die Achselstücke abgerissen und ihm der Degen mit Gewalt abgenommen wurde, der dann von diesen Hallunken zerbrochen wurde. Dem alten Herrn kamen die Tränen. Schmerzerfüllt mußte ich sehen, daß auch nicht ein beherzter Mann da war, der diesem Treiben halt bot. Diese Leute gebärdeten sich, als seien sie aus einem Irrenhaus losgelassen. Ob dieses Treibens sah ich mit banger Sorge in die Zukunft.«[194]

Der einst glanzvolle preußische Militarismus erfuhr hier seine symbolische Entmachtung durch einen Tabubruch. Eine Zäsur zwischen Vergangenem und Neubeginn wurde markiert. Gleichzeitig offenbarten solche Szenen – zu denen neben den Akteuren auch die zustimmenden oder entsetzten Zuschauer gehörten – der tiefe politisch-ideologische Riss, der durch die deutsche Gesellschaft lief.

Zersplitterung der Gesellschaft in Interessengruppen

Die Alten Kämpferinnen beklagen vor allem die Zersplitterung der Nachkriegsgesellschaft in Interessengruppen und befürchten deren völligen Zerfall.

193 Das Abreißen der Ehrenzeichen betraf vor allem (aber nicht nur) Offiziere.

194 Abel-Biogramm/Nr. 207/Helene Radtke, S. 2. Eine fast identische Szene erlebte Emma Bierwirth und entrüstet sich: »Ich schrie aus Leibeskräften ›Pfui‹ so ekelte mich dies ganze Theater an. Sollten dafür unsere Braven draußen gefallen sein und gekämpft haben. Nein sagte ich mir, niemals kann dies sein.« Abel-Biogramm/Nr. 193/Emma Bierwirth, S. 3. Ausführlich beschreibt Maria Engelhardt eine ähnliche Situation und schließt mit den Worten: »Wir empfanden tiefinnerlich dass wir nie im Leben etwas gemein haben könnten mit jenen, die die heiligsten Symbole des deutschen Frontsoldaten und des gesamten deutschen Volkes schändeten!«, vgl. Abel-Biogramm/Nr. 195/Maria Engelhardt, S. 3.

Widerstreitende politische Organisationen, allen voran die antirevolitionären Freikorps, überzogen Deutschland mit bürgerkriegsähnlicher Gewalt, Straßenschlachten, Ermordungen, Putschversuchen.[195] Tatsächlich offenbarten die Revolution 1918 sowie die politisch aufgeladenen Nachkriegsjahre die »Spaltungen und Gegensätze der deutschen Gesellschaft aufs Schärfste«.[196] Weite Bevölkerungskreise, darunter die Verfasserinnen der Abel-Biogramme, setzten ihre ganze Hoffnung in eine Volksgemeinschaft im Geiste von 1914.[197] Die erst zwanzigjährige Erna Stoyke appelliert in ihrem Essay leidenschaftlich an die politischen Gegner, das ganze deutsche Volk müsse zusammenstehen:

> »Ich habe ihnen vor Augen geführt, dass wir doch Brüder seien. Verrat sei für jeden Deutschen eine Schande, und sie sollten sich doch losreissen von ihren Gewerkschaften, die sie doch nur ausnutzten und sollten uns helfen, wieder frei und einig zu werden. Menschenskinder seht ihr denn nicht, dass wir so zu Grunde gehen müssen. Wenn wir uns nicht auf uns selbst besinnen, dann zerfleischen wir uns doch selbst und die anderen freuen sich doch nur darüber, denn dann können sie uns regieren wie in Russland, und knechten und demütigen. Besinnt euch, jetzt seid ihr noch frei, aber es kann bald zu spät sein.«[198]

Nicht vergessen werden darf, dass durch die im Versailler Vertrag festgelegten Gebietsabtretungen Millionen Deutsche und Deutschstämmige im Ausland wohnten.[199] Die Frage des »Auslandsdeutschtums« stellte daher einen wichtigen politischen Faktor dar. Der Begriff »Volksgemeinschaft« konnte – je nach Auslegung – über die durch die Kriegsniederlage eng gesteckten Staatsgrenzen hinausweisen und auch die Auslandsdeutschen einschließen. Diese Position vertrat beispielsweise die DNVP.

Volksgemeinschaft: Allgemeine Sehnsucht – verschiedene Deutungen

Der Terminus Volksgemeinschaft avancierte nun zum »Herzstück einer politischen Sprache […], die alle diejenigen sprechen mussten, die politisch gestalten wollten«,[200] wie Kirsten Heinsohn feststellt. Neben den politischen Parteien ist hier das Vereins- und Verbandswesen zu nennen, in dem Millionen Deutsche organisiert waren.

195 Insbesondere die paramilitärischen Freikorps verursachten eine Fortsetzung des Krieges in der Zivilgesellschaft. Vgl. Krassnitzer, Schützengraben, S. 120.

196 Wildt, Ungleichheit, S. 25.

197 Vgl. ebd.

198 Abel-Biogramm/Nr. 363/Erna Stoyke, S. 4.

199 Vgl. Schaser, Auslandsdeutschtum, S. 254. Mit der Frage von Auslandsdeutschtum und deutscher Kulturnation befasste sich unter anderem der in der Weimarer Republik einflussreiche Bund Deutscher Frauenvereine (BDF). Vgl. ebd.

200 Heinsohn, Konservative, S. 124.

Der Begriff Volksgemeinschaft erfuhr dabei unterschiedliche Auslegungen, unter anderem sozialistische, christliche, nationale, völkische.[201] Ebenso gingen die Meinungen darüber auseinander, wie die Volksgemeinschaft realisiert werden sollte: Beispielsweise sahen die Sozialdemokraten bis 1925 in einer Volksgemeinschaft die »Zusammenfassung aller Schaffenden [...] zur Kampfgemeinschaft für Demokratie und Sozialismus«.[202] Die Liberalen vertraten als Weg zur Volksgemeinschaft die gleichberechtigte Zusammenarbeit aller Bevölkerungsgruppen in einem nach allgemeinem und gleichem Wahlrecht berufenen Parlament.[203] In der politischen Rechten, so etwa innerhalb der DNVP, kursierten gleich mehrere Konzepte der Volksgemeinschaft. Die einen deuteten Volkstum eher kulturell, als eine gemeinsame »sittliche, geistig-metaphysische Idee«.[204] Dagegen definierten die anderen Volkstum eher »rassisch«, als quasi biologischen Terminus. Beide Flügel favorisierten indessen die Einung des Volkes zur Volksgemeinschaft durch eine Führungsautorität, welche idealtypisch vom Volk gewählt und damit legitimiert sein sollte. Dieser Führer würde »die Wünsche der Volksgemeinschaft kraft seiner Persönlichkeit« erfassen und ausführen. Im Gegenzug schuldeten ihm alle Volksangehörigen »unbedingte Gefolgschaft«.[205] Eine solche Autorität, im Sinne einer »Verkörperung der Einheit des Volkes«,[206] sollte nach der Weimarer Verfassung der vom Volk direkt gewählte Reichspräsident sein – eine Instanz mit entscheidenden Machtbefugnissen.

Volksgemeinschaft als nationale Pflicht – auch für Frauen!

Die Mehrheit der Alten Kämpferinnen stand dem nationalen Lager nahe, das den Krieg gewollt und begrüßt hatte und ihm trotz der Niederlage einen Sinn zu geben versuchte, indem es den positiv besetzten »Geist von 1914« zu einem Vorerlebnis der kommenden Volksgemeinschaft erklärte. Diese Deutung spiegelt sich unübersehbar in den Essays der Frauen wider, von denen etwa die Hälfte den Weltkrieg explizit als Ausgangspunkt ihres politischen Interesses und ihres späteren nationalsozialistischen Engagements darstellt. Damit gelang den

201 Vgl. Scheck, Volksgemeinschaft, S. 234. Der Begriff »Volk« konnte beispielsweise sozialistisch oder aber völkisch definiert sein. Vgl. Wildt, Ungleichheit 2012, S. 26 sowie S. 29 ff. »Volk« konnte auch supranational verstanden werden und die Deutschsprachigen im Ausland, insbesondere in den durch den Versailler Vertrag verlorenen Gebieten, einschließen. Vgl. Elisabeth Harvey: Weibliche Gemeinschaft als »Volksgemeinschaft«. Vergnügen, Konformität und Zwang, in: Detlef Schmiechen-Ackermann (Hrsg.), »Volksgemeinschaft«. Mythos, wirkungsmächtige soziale Verheißung oder soziale Realität im »Dritten Reich«?, Paderborn 2012, S. 249-264, hier, S. 252.

202 Vgl. Wildt, Ungleichheit, S. 32.

203 Vgl. ebd., S. 27, sowie Heinsohn, Konservative, S. 171-172.

204 Streubel, S. 49. Beide Volksgemeinschaftskonzepte der Rechten – das kulturell sowie das rassisch ausgerichtete – sowie verschiedene Mischformen finden sich bei den Verfasserinnen der Abel-Biogramme.

205 Ebd, S. 51.

206 Wildt, Ungleichheit, S. 28.

Nationalen eine »fast mythische Erneuerungsteleologie«, so Patrick Krassnitzer. Auf diese Weise »erhielten Krieg und Niederlage eine erweiterte Sinnhaftigkeit, die zugleich Antrieb und Verpflichtung für das kommende Reich sein sollte.«[207] Entsprechend fühlen sich Verfasserinnen wie Emma Bierwirth den von den Weltkriegssoldaten gebrachten Opfern verpflichtet und zum Engagement aufgerufen:

> »Ich war immer dafür, daß Mann und Frau den Kampf gemeinsam aufnehmen und führen und jeder an der ihm entsprechenden Stelle seinen Platz auszufüllen hat und seine Pflicht zu tun hat bis zum äußersten, haben wir doch in unsren Soldaten da draußen die leuchtenden Vorbilder gehabt. Sollten wir da weniger treu sein können.«[208]

Emma Bierwirth vertritt hier das konservative Geschlechterkonzept voneinander getrennter, aber einander ergänzender Aufgabenbereiche von Mann und Frau, die ein gemeinsames Ganzes, wie die Volksgemeinschaft, aufbauen. Insbesondere dem Selbstverständnis konservativer Frauen kam das Konzept der einenden, harmonisierenden Volksgemeinschaft also entgegen, verstanden sie doch die innenpolitische Versöhnung und Verständigung als ihre genuin weibliche Berufung in Gesellschaft und Politik.[209] Zudem sahen sie in der Idee der Volksgemeinschaft eine Gesellschaftsform, die allen Teilen des Volkes (gleiche) Teilhabe und Anerkennung versprach, Frauen ebenso wie Männern. Diese Überzeugung leiteten auch sie aus der Erfahrung des »Geistes von 1914« ab. Durch das Kriegserleben sei ihnen bewusst geworden, dass die Volksgemeinschaft eine sich ergänzende Zusammenarbeit von Männern und Frauen geradezu erfordere.[210] Die evangelische Frauenrechtlerin und DNVP-Reichstagsabgeordnete Paula Müller-Otfried folgerte daraus, die »Aufgabe der Frau sei es, gemeinsam mit dem Mann den Gedanken der Volksgemeinschaft zu leben und dadurch zu verwirklichen«.[211] Hier klingt die Dynamik der Volksgemeinschaftsidee an: Die Gemeinschaft entsteht und erhält sich allein durch das aktive Praktizieren dieser Gemeinschaft. Sie wird als eine »quasi lebendige Entität« verstanden, als Organismus, der gesund oder krank sein kann.[212] Ihre Parteigenossin, die Theologin Magdalene von Tiling, ging noch einen Schritt weiter: Sie sah die Deutschen in ihrer gemeinschaftlichen Not nach dem Weltkrieg auf der Suche

207 Vgl. Krassnitzer, Schützengraben, S. 122. Der Mythos des volkseinenden »Geistes von 1914« geht auf die frühe deutsche Kriegspropaganda im Ersten Weltkrieg zurück.

208 Abel-Biogramm/Nr. 193/Emma Bierwirth, S. 5.

209 Vgl. Scheck, Volksgemeinschaft, S. 240, sowie Heinsohn, Konservative, S. 126. Hier schließt sich das Konzept der »erweiterten Mütterlichkeit« an.

210 Diese Haltung vertrat unter anderem Paula Müller-Otfried, Frauenrechtlerin und Reichstagsabgeordnete der DNVP. Vgl. Heinsohn, Konservative, S. 127.

211 Ebd., S. 127.

212 Streubel, S. 327. Die Dynamik der Volksgemeinschaftsidee, die ein zentraler Topos des Nationalsozialismus war und zahllose Frauen für die Mitarbeit NSDAP gewann, wird im Verlauf dieses Kapitels noch ausführlich thematisiert.

nach neuen Wurzeln. Diese seien in Familie, Heimat, Kultur und Religion zu finden, in den traditionellen Wirkungsbereichen der Frau. Darum obliege den Frauen die »Heilung der Volksgemeinschaft«.[213] So konnte »im Schutz des Volkbegriffs«[214] eine weibliche Unentbehrlichkeit unterstrichen und die Frage nach Anerkennung neu gestellt werden. Doch im Vordergrund der Argumentation deutschnationaler Frauen stand das nationale Ziel, die »Selbstverpflichtung von Frauen gegenüber der Nation und dem spezifisch weiblichen Beitrag zur Wiedererlangung deutscher Weltgeltung.«[215] In den Worten der Deutschnationalen lag ein Appell an die deutschen Frauen, sich gesellschaftspolitisch zu engagieren, der auch bei den Autorinnen der Abel-Essays auf fruchtbaren Boden fiel.

Sowohl die Vorstellung der »wesensverschiedenen Gleichwertigkeit der Geschlechter«[216] als auch das darauf basierende Volksgemeinschaftskonzept der konservativen Politikerinnen war den späteren Nationalsozialistinnen vertraut und sagte ihnen grundsätzlich zu.

Die Historikerin Franka Maubach stellt die Frage, ob es »dem nationalsozialistischen Regime gerade über die Propagierung einer geschlechterübergreifenden Volksgemeinschaft [gelang], sich den weiblichen Massenanhang zu sichern«.[217] Dabei ist zu bedenken, dass die Geschlechtergemeinschaft gerade kein genuin nationalsozialistisches Volksgemeinschaftskonzept war, sondern wesentlich klarer von DNVP-Politikerinnen vertreten wurde. Die Nationalsozialisten knüpften an das Konzept an und gewannen dadurch Anhängerinnen. Allerdings gestand die DNVP Frauen darüber hinaus das Wahlrecht zu. Unter dem Aspekt der Geschlechtergerechtigkeit hatten die späteren Nationalsozialistinnen demnach wenig Veranlassung, sich von den Deutschnationalen abzuwenden.

Kritik der Alten Kämpferinnen an der »Honoratiorenpartei« DNVP

Für die Verfasserinnen der Abel-Biogramme war die kameradschaftliche Zusammenarbeit der Geschlechter zwar ein wesentlicher, aber nicht der entscheidende Anziehungspunkt der Volkseinheit: Sie verstanden Volksgemeinschaft viel mehr schichtübergreifend denn als geschlechterübergreifend und lehnten genau aus diesem Grund die DNVP als Honoratiorenpartei ab.[218] Ab 1928 – die NSDAP war zu diesem Zeitpunkt noch eine Randpartei – setzte zudem ein regelrechter

213 Vgl. Heinsohn, Konservative, S. 128. Magdalene von Tiling war im protestantischen Vereinswesen aktiv, bevor sie sich der DNVP anschloss. Als Vordenkerin von Gesellschaftsentwürfen berücksichtigte sie insbesondere die Bedeutung und Gestaltung der Geschlechterbeziehungen.

214 Streubel, S. 330.

215 Steinbacher, S. 23, mit Bezug auf Heinsohn, Kampf, S. 29-47.

216 Maubach, Volksgemeinschaft, S. 268.

217 Ebd., S. 254, vgl. auch S. 258.

218 Den Begriff »Honoratiorenpartei« verwendet Peukert, S. 236.

»Zerfallsprozess« der »Deutschnationalen und ihrer Absplitterungen«[219] ein. Die Partei geriet immer stärker unter Druck, mit der Konsequenz, dass die männlichen Abgeordneten auf eine Politik der Härte einschwenkten und die von ihren Parteigenossinnen vertretenen Themen zunehmend ignorierten, so auch das der Volksgemeinschaft als Möglichkeit der gesellschaftlichen Konsolidierung.[220]

Die männlichen DNVP-Delegierten werden von den Verfasserinnen der Abel-Biogramme scharf angegriffen. Empört erinnern sie sich an den elitären Habitus der DNVP und deren auf Besitzstandswahrung ausgerichtete Interessenpolitik. Die Berliner Krankenschwester Erika Ullmann bringt ihre Kritik auf den Punkt:

> »Eine Linkspartei kam nicht in Frage und die Deutschnationalen konnten mich auch nicht befriedigen, weil ich mich von je her gegen ihren Standesdünkel u. ihre soziale Gesinnung [eigentlich: unsoziale Gesinnung, K.K.] auflehnte«.[221]

Hilde Boehm-Stoltz ist der gleichen Ansicht und zweifelt an der Glaubwürdigkeit der Partei: »Die D.N.V.P. war mir nicht wahrhaft sozial in der Gesinnung«.[222] Boehm-Stoltz unterstellt sowohl der DNVP als auch der DVP, nicht »wahrhaft« für eine solidarische Volksgemeinschaft einzutreten, sondern das Wahlvolk mit leeren Versprechen zu ködern und allein eine Politik der eigenen Vorteilsnahme zu verfolgen.[223] Besonders die männlichen Politiker erregen ihren Zorn:

> »Leider blieb innerhalb der ›Parteien‹ nichts ›Idee‹, sondern wurde Interessen-Wirtschaft. [...] innerlich war ich enttäuscht. Die Männer tateten nicht, was ihr Mund dem Volke vorsprach«.[224]

Boehm-Stoltz verlangt Authentizität und vor allem: Idealismus.

Den Hochmut der DNVP verurteilt auch Meta Gruse:

> »In diesem Kreis der Konservativen, später Deutschnationalen habe ich so recht die Schäden ihrer Weltanschauung kennen gelernt. Ich haßte die soge-

219 Heinsohn, Konservative, S. 22. Die NSDAP erlangte bei der Reichstagswahl 1928 einen Stimmenanteil von 2,67 Prozent, zusammen mit ihrer damaligen Schwesterpartei DVFP insgesamt 3,5 Prozent. Vgl. Gonschior, Reichstagswahlen 1919-1933; URL: http://www.gonschior.de/weimar/Deutschland/Uebersicht_RTW.html [online am 26. März 2015].

220 Bajohr und Wildt sind der Ansicht, der fehlende Ausgleich zwischen Arbeiterschaft und Bürgertum sei als »Hypothek des deutschen Kaiserreichs« geblieben. Bajohr/Wildt, Volksgemeinschaft, S. 17. Vgl. Streubel, S. 21 f.

221 Abel-Biogramm/Nr. 532/Erika Ullmann, S. 2.

222 Abel-Biogramm/Nr. 44/Hilde Boehm-Stoltz, S. 2.

223 Nach Michael Wildt verlor die DVP mit Gustav Stresemanns Tod 1929 wohl ihren einzig verbliebenen Fürsprecher der politischen Verständigung und der Volksgemeinschaftsidee. Vgl. Wildt, Ungleichheit 2012, S. 30.

224 Abel-Biogramm/Nr. 44/Hilde Boehm-Stoltz, S. 2.

nannte ›Fingerspitzenfreundlichkeit‹ – nur nicht die ganze Hand geben, man könnte sie sich beschmutzen.«[225]

Helene Radtke sieht daher von den Rechtskonservativen eine weitere Spaltung der deutschen Gesellschaft beziehungsweise der sozialen Schichten ausgehen:

> »Ich wohnte zu dieser Zeit in einem Villenviertel in Darmstadt, wo man den Klassenkampf oft zu spüren bekam, [...]. Ich sagte mir, so sieht die Deutschnationale Partei aus«.[226]

Das DNVP-Mitglied Erna Siegfried bringt einen weiteren Kritikpunkt ins Spiel:

> »Im Herbst 1931 wohnte ich einer Versammlung der deutschnationalen Volkspartei bei. Von dem was ich dort sah (es handelte sich in der Hauptsache um die Besetzung eines Parteipostens) und auch von der Zusammensetzung der Mitgliedschaft, war ich schwer enttäuscht; ich hatte das Gefühl, hier ist kein Leben in der ganzen Sache, und beschloß so bald wie möglich auszutreten«.[227]

Erna Siegfried zeigt sich von einer Parteipolitik gelangweilt, die sich in internen Machtspielen verliert, keine Dynamik aufbringt, um zu erneuern und zu gestalten und außer dem »Beiwohnen«, keine Partizipationsmöglichkeiten offeriert.

Ansprüche der Alten Kämpferinnen an die Politik – national und sozial!

Anhand dieser Kritikpunkte lässt sich rückschließen, was die späteren Nationalsozialistinnen von der Politik verlangten: Das »Nationale« war für sie eine Grundvoraussetzung jeder Politik, aber das allein reichte ihnen nicht. Sie forderten gleichberechtigt das »Soziale«, sprich soziale Gerechtigkeit oder zumindest eine anerkennende Respektierung der sozialen Schichten untereinander. Materialismus und Egoismus lehnten sie ab. Stattdessen sprachen sie sich für tradierte ideelle Werte aus, wie Ehrlichkeit und Hilfsbereitschaft, die innerhalb der Volksgemeinschaft gelebt werden sollten, um eine »ideelle Einheit« zu schaffen, die die Heterogenität der Gesellschaft überwand.[228] Als Verkörperung und Garant einer solchen Einheit wünschten sie sich eine entsprechende Autorität.

Die Verfasserinnen waren generell zu aktivem politischem Handeln bereit, sogar zum Tragen eines Wahlwerbeschildes vor der Brust, wie das Beispiel des ehemaligen DNVP-Mitglieds Klara Czirnik zeigt. Sie suchten nach einer entsprechenden Form, um sich für ihr Vaterland zu engagieren und sich am Entstehen der erhofften Volksgemeinschaft zu beteiligen. Die etablierten Rechts-

225 Abel-Biogramm/Nr. 353/Meta Gruse, S. 3.
226 Abel-Biogramm/Nr. 207/Helene Radtke, S. 4.
227 Abel-Biogramm/Nr. 175/Erna Siegfried, S. 6. Die Klammer setzt die Verfasserin selbst.
228 Wildt, Ungleichheit, S. 26. Diese tradierten Werte, die jedoch nur unter »Volksgenossen«, nicht gegenüber »Volksfremden« gelten sollten, vertritt unter anderem die SS-Sekretärin Maria Engelhardt. Abel-Biogramm/Nr. 195/Maria Engelhardt, S. 15.

parteien boten diesen Rahmen nicht. So ist Thomas Rohkrämer zuzustimmen, der feststellt: »Die Weltwirtschaftskrise hat die Bevölkerung radikalisiert, aber es war nicht allein eine materielle Not, welche die Leute zum Nationalsozialismus trieb, sondern vor allem eine geistige und soziale.«[229]

1.2.3 Volksgemeinschaft und nationaler Sozialismus in der NS-Bewegung

Für die Alten Kämpferinnen wurde die Idee der Volksgemeinschaft der zentrale Aspekt ihrer Entscheidung für die NSDAP, obwohl sich auch andere, und nicht nur konservative Parteien, dieses Ziel auf ihre Fahnen geschrieben hatten.[230] Die Nationalsozialisten jedoch »betonten überzeugender als Konservative und Liberale die Notwendigkeit von sozialer Gerechtigkeit, aber diese sollte nicht durch Klassenkampf erreicht werden, sondern durch die Besinnung auf gemeinschaftliche Werte«,[231] wie Thomas Rohkrämer zusammenfasst. Die »gemeinschaftlichen Werte« waren konservative Werte, die Ablehnung von Demokratie und Liberalismus eingeschlossen.[232] Das Neue hingegen war die Forderung nach »sozialer Gerechtigkeit« und revolutionärer Erneuerung.

Eine solche Verbindung von Kontinuität und Veränderung, von »national« und »sozialistisch«, von rechts und links hatte es in der politischen Landschaft so noch nicht gegeben. Schon Theodore Abel sah, nach der Lektüre seiner Wettbewerbszuschriften, die Anziehungskraft des Nationalsozialismus in dieser Kombination: »Evidently then, the movement derived its strength from combining nationalism with socialism in its name and program.«[233]

Die NSDAP galt zudem als junge Partei, die sich noch nicht parlamentarisch abgenutzt hatte und so einen Neubeginn symbolisierte.

Und im Gegensatz zu allen anderen Parteien war die NSDAP nicht sozialen Milieus zugeordnet. Sie konnte sich als »klassenübergreifende Volkspartei«[234] präsentieren und daher als einzige glaubwürdig vermitteln, für die Volksgemeinschaft zu stehen. Ihr wesentliches Merkmal war die Interpretation der Volksgemeinschaft als Verschmelzung nationaler und sozialer Interessen, also ein »nationaler Sozialismus« – sprich Nationalsozialismus.

229 Thomas Rohkrämer, Die fatale Attraktion des Nationalsozialismus in der Weimarer Republik, in: Gudrun Brockhaus (Hrsg.), Attraktion der NS-Bewegung, Essen 2014, S. 79-94, hier S. 80.

230 Vgl. Bajohr/Wildt, Volksgemeinschaft, S. 17.

231 Rohkrämer, S. 82.

232 Für Nationalsozialistinnen war die »Volksgemeinschaft« – so die britische Historikerin Elisabeth Harvey – »in erster Linie ein Gegenbegriff zur Klassengesellschaft, aber der Begriff stand auch für die Ablehnung von Demokratie und Liberalismus«. Harvey, Gemeinschaft, S. 252.

233 Abel, Why, S. 143.

234 Bajohr/Wildt, Volksgemeinschaft, S. 17.

Das Kapitel »genauso konsequent sozialistisch … wie national« zur politischen Prägung der Alten Kämpferinnen hat gezeigt, dass viele Autorinnen der Theodore-Abel-Essays ihren politischen Weg in die NSDAP als zwei parallele Entwicklungsstränge nationaler und sozialistischer Überzeugungen darstellen, die am Ende einer langen politischen Suche im Nationalsozialismus ihre Entsprechung fanden. Beispielsweise berichtet die selbständige Kauffrau Marianne Meinecke, sie habe sich differenziert und kritisch mit sozialistischen und nationalistischen Parteien auseinandergesetzt, aber auf beiden Seiten nur zementierte Ideologien sowie überkommene Strukturen und Phrasen vorgefunden:

> »In irgendeinen der vaterländischen Verbände einzutreten, konnte ich nicht über mich bringen, denn nun drängte sich schon immer mehr das soziale Problem, das unserem Jahrhundert d. Stempel aufdrückte, dem Nachdenken des jungen Menschen, und hier [bei den Vaterländischen; K.K.] traf ich eben auf die bewußte Ablehnung des Sozialismus einerseits und den hohlen Patriotismus andererseits, der sich erschöpfte in der Pflege äußerlicher Dinge ud. abgelebter Formen, und gewisses schmückendes Ornament einer kleinen Klasse zu sein schien. Auf der linken Seite trat immer deutlicher und krasser hervor der Gegensatz zwischen den […] Phrasen der massenbeglückenden Lehre und der in Praxis umgesetzten Tat. Tünche und Stückwerk, Prassen und Schlemmen – Verelendung der Massen in rasendem Tempo.«[235]

Unzufrieden, geradezu wütend verlangt Marianne Meinecke nach einer Gruppierung, die über Standesgrenzen hinweg beide Teile des »Geschwisterpaares«[236] Sozialismus und Nationalismus verbindet, glaubwürdig und uneigennützig ist.

Seine Authentizität und seinen Idealismus musste der Nationalsozialismus nicht beweisen, da er sich neben seiner Erscheinung als Partei immer auf seine Aktionsform der »Bewegung« berufen konnte, also einer »von unten«, das heißt aus dem Volk heraus initiierten Organisationsform. Entsprechend pflegte er gezielt seine Selbstdarstellung als »Freiheitserhebung«[237] der Volksmassen gegen innere und äußere Feinde Deutschlands – eine Inszenierung, die seinen frühen Mitkämpferinnen das aufregende Gefühl gab, einer Art Widerstandsbewegung anzugehören.

Drei weitere ideologisch-programmatische Leitaspekte unterschieden die nationalsozialistische Volksgemeinschaftsidee von der anderer Parteien und Organisationen: Erstens versprach sie der Mehrheitsgesellschaft die ersehnte Einheit, grenzte aber zum Feind erklärte Minderheiten als »Volksfremde« aus.[238]

235 Abel-Biogramm/Nr. 116/Marianne Meinecke, S. 3f. Das von Marianne Meinecke angesprochene politische Handeln ist allen Verfasserinnen ein wichtiges Anliegen und ein wesentliches Beitrittsmotiv.

236 Aly, S. 15.

237 Abel-Biogramm/Nr. 244/Käthe Eiden, S. 4f.

238 Soziologie und Sozialpsychologie verwenden hier die Fachtermini »in-group« (Eigengruppe) und »out-group« (Fremdgruppe) als Teil der Theorie sozialer Identität. Henri Tajfel, Experiments in intergroup discrimination, in: Scientific American, Nr. 223,

Die nationalsozialistische Volksgemeinschaft war demnach eine »Ausgrenzungsgemeinschaft«.[239] Sie schuf über die Dichotomie von »Wir« und »die Anderen«, von »Arteigenen« und »Artfremden«, von »Volksgenossen« gegenüber »Volksschädlingen«, von Inklusion und Exklusion ein vereinfachtes, klares Weltbild.[240] Der nationalsozialistische Volksbegriff war nicht nur kulturell, sondern vor allem rassistisch und funktionalistisch definiert. Als »fremd« galten demnach insbesondere Juden, als geradezu universelles Feindbild und Bedrohung der Volksgemeinschaft. Ausgegrenzt wurden zudem jene, die der Volksgemeinschaft nicht von Nutzen waren, indem sie entweder politisch anders dachten und daher nicht kooperierten oder indem ihnen unterstellt wurde, keine wirtschaftliche, biologische oder soziale Leistung zu erbringen. Im Zentrum der NS-Propaganda stand freilich die »optimistische Vorstellung der harmonischen Volksgemeinschaft«.[241]

Daraus folgt der zweite Aspekt, der den Nationalsozialismus attraktiv machte: Den »Arteigenen« versprach der Nationalsozialismus Zugehörigkeit und somit Halt und Sicherheit. Wer als wert erachtet wurde, in die Gemeinschaft aufgenommen zu werden, bezog daraus ein gehobenes Selbstwertgefühl – ein Mechanismus, welcher im Umkehrschluss auf der Ausgrenzung der »Unwerten« beruht.[242] Die nationalsozialistische Bewegung bot familiäre Vertrautheit und Kameradschaft in den »kleinen aber verschworenen Gemeinschaften«[243] der »Getreuen« und die Geborgenheit in der »gleichgearteten« Menge. Dadurch entstand das Gefühl gemeinsamer Stärke und, wie Michael Wildt betont, »ein Gefühl von Macht – allein durch Zugehörigkeit. Das ist nicht zu unterschätzen

11/1917, S. 96-102. Mit der Sozialpsychologie der nationalsozialistischen Volksgemeinschaft beschäftigen sich unter anderem die Mitglieder der Arbeitsgemeinschaft Politische Psychologie der Leibniz Universität Hannover. Markus Brunner/Jan Lohl/Rolf Pohl/Sebatian Winter (Hrsg.), Volksgemeinschaft, Täterschaft und Antisemitismus. Beiträge zur psychoanalytischen Sozialpsychologie des Nationalsozialismus und seiner Nachwirkungen, Gießen 2011.

239 Michael Wildt, Eingangsstatement zur 4. Konferenz zur Holocaustforschung, Berlin 27. Januar 2013, in: Bundeszentrale für politische Bildung: Veranstaltungen – 4. Konferenz zur Holocaustforschung, 2013, URL: http://www.bpb.de/veranstaltungen/dokumentation/153320/4-konferenz-2013 [online am 29. März 2015].

240 Für die »out-group« finden sich in den historischen Quellen zahlreiche Synonyme, so der eigentlich rassenbiologische Fachbegriff »Artfremde«. In den hier verwandten aktuellen Darstellungen zum Thema Volksgemeinschaft ist von »Gemeinschaftsfremden« die Rede. Vgl. Schmitz-Berning S. 671, sowie Klemperer, S. 42. Der Ausdruck »Volksschädling« wurde vom Nationalsozialismus für Personen verwendet, die sich auf Kosten der Allgemeinheit bereicherten, etwa Steuern hinterzogen oder Wucherpreise verlangten. Ab 1930 konnten damit auch Landesverräter gemeint sein. Aus dem dichotomen Weltbild leitete sich eine ebenso klare Handlungsmaxime ab: der »Kampf« – als Prozess der Exklusion (»Kampf gegen«) und als Prozess der Inklusion (»Kampf für«).

241 Rohkrämer, S. 83.

242 Wildt, Eingangsstatement Berlin, 29. Januar 2013.

243 Abel-Biogramm/Nr. 244/Käthe Eiden, S. 3.

für das Entstehen, für die Bildung von Volksgemeinschaft«.[244] Auf der anderen Seite boten die »Gemeinschaftsfremden« eine Projektionsfläche, um Ängste in Feindseligkeit zu transformieren und – ideologisch legitimiert – »Hass fließen und ohne Schuldgefühle ausleben zu lassen«.[245]

Der dritte Aspekt war die Interpretation der Volksgemeinschaft als Mitwirkungsgemeinschaft. Sie implizierte die Auffassung, dass Gemeinschaft durch das aktive Handeln im Sinne der Gemeinschaft geschafften werde. Die NSDAP propagierte dementsprechend die »sozialistische Tat« als Einsatz für die Nation. Gerade diese Möglichkeit politischer Teilhabe sprach die hier vertretenen Alten Kämpferinnen besonders an.

Die konkrete Ausformulierung eines nationalen Sozialismus ließ die Parteiführung während der NS-Kampfzeit offen und unbestimmt.[246] So fanden die frühen Parteimitglieder Raum zu eigener Interpretation, entsprechend ihrer jeweiligen Hoffnungen, Bedürfnisse und Ziele. Was die Alten Kämpferinnen unter nationalem Sozialismus verstanden, wie sie Volksgemeinschaft definierten, welche »sozialistischen Taten« sie zu vollbringen glaubten und wie sie sich zur Ausgrenzung »Gemeinschaftsfremder« stellten, wird anhand der biographischen Essays untersucht.

1.2.4 Wer gehört zur Volksgemeinschaft? – Bedeutung von nationalem Sozialismus und Volksgemeinschaft für die Alten Kämpferinnen

> Hitler lehrte: »Echter Sozialismus beruht auf der Auffassung, dass Gemeinwohl vor Eigenwohl geht.« Die Gemeinschaft aber, in der sich dieser Grundsatz vollzieht ist die Nation verkörpert im Staat. Der nationale Sozialismus ist durchdrungen vom Geiste der Volksgemeinschaft. Nationalsozialismus ist Dienst am Volke, Hingabe an das Volk, Kampf für das Volk und nicht für eine Klasse oder einen Stand. […] Allmählich schlossen sich immer mehr Erwachende der deutschen Freiheitserhebung an. Wir fühlten uns untereinander als Verwandte, durchglüht von einem Glauben, Opfersinn und einem unbändigen Willen, für einen grossen Gedanken zu kämpfen.
>
> *Käthe Eiden*[247]

Käthe Eiden erklärt Hitlers Vorstellung eines nationalen Sozialismus, der Klassen und Stände überwindet, mit dem Ziel der inneren Einigkeit und äußeren Freiheit Deutschlands sowie die daraus resultierende Einladung zum Dienst

244 Wildt, Eingangsstatement Berlin, 29. Januar 2013. Zugehörigkeit, so betont Wildt, wird in einem hohen Maße emotional hergestellt.

245 Vgl. Brunner/Lohl/Pohl/Winter, S. 8, sowie Brockhaus, Attraktion, S. 25.

246 Rohkrämer, S. 83.

247 Abel-Biogramm/Nr. 244/Käthe Eiden, S. 4-5.

an der Volksgemeinschaft. Damit benennt sie das für sie und die Mehrheit der Autorinnen wichtigste Motiv, sich für die NSDAP zu engagieren.

Volksgemeinschaft und nationaler Sozialismus – Interpretation der Alten Kämpferinnen

Im Denken der Autorinnen standen Volksgemeinschaft und nationaler Sozialismus meist für Theorie und Praxis beziehungsweise für Konzept und Realisierung derselben Idee, waren aber als solche nicht klar definiert. Da Nationalismus für diese Frauen eine Selbstverständlichkeit war, interessierte und beschäftigte sie vor allem das Neue: der sozialistische Part des Nationalsozialismus. Den Begriff Sozialismus assoziierten sie mit humanistischer Gleichwertigkeit und Gerechtigkeit, mit christlicher Nächstenliebe und bündischer Kameradschaft – von der Nachbarschaft bis zur Nation bzw. zum noch näher zu bestimmenden »Volk«.[248] Wie dieser Sozialismus nach der »optimistischen Vorstellung«[249] der Alten Kämpferinnen im Alltag umgesetzt werden sollte, zeigen zwei Beispiele: Ihr Ideal einer nationalsozialistischen Volksgemeinschaft schildert Maria von Belli in ihrem Essay. Die von Bellis hatten durch die Entmilitarisierung ihre Einkünfte und durch die Inflation ihr Vermögen verloren.[250] In der Rückbesinnung auf eine »vorgesellschaftliche Natürlichkeit«[251] – wie Broszat es nennt – versuchten sich die Eheleute nun als einfache Bauern. Maria von Belli beschreibt in sozialromantischen Farben die Ärmlichkeit und die Warmherzigkeit der Menschen in ihrer neuen Heimat, einem abgelegenen niederbayerischen Dorf:

> »Wir lebten einsam, von unsern Nachbarn durch Gärten getrennt, durch menschliches Verstehen mit ihnen verbunden. Die Anrede war Nachbar oder Nachbarin, Bauer oder Bäuerin. Der Verkehr ging sehr einfach über die Zäune hinweg. Unsere Kleidung passte sich unserem neuen Leben an. Man lebte möglichst bargeldlos durch Tausch. Gerät und Werkzeug, die Weckeruhr und sogar die Tinte wurde ausgeliehen.«[252]

Diese scheinbar egalitäre bäuerliche Lebensgemeinschaft betrachtet Maria von Belli als Prototyp des nationalsozialistischen Gesellschaftsideals und spricht rückblickend von einer gelebten dörflichen »Volksgemeinschaft«.[253] Ausführlich erzählt sie von der sich ergänzenden Zusammenarbeit verschiedener, aber gleichwertiger sozialer Milieus:

248 Hier findet sich ein Nachklang der Volksgemeinschaftsvorstellungen der Jugendbewegung. Auf »Gemeinschaftsfremde« erstreckte sich ihre Auffassung von Sozialismus und Gerechtigkeit nicht.

249 Rohkrämer, S. 83.

250 Maria von Bellis Ehemann war bis 1918 Offizier der Reichswehr gewesen.

251 Broszat, S. 396.

252 Abel-Biogramm/Nr. 212/Maria von Belli, S. 4.

253 Ebd., S. 11.

> »Man ergänzte sich gegenseitig. Wir übertrugen das Schreiben der Behörden in ein dem bäuerlichen Verständnis zugängliches Deutsch. Die alte Fischermutter übernahm die Einsaat des Klees in unseren Hafer, eine schwierige Kunst.«[254]

Margarete Beckel, die Ehefrau eines Obstbauingenieurs, definiert nationalen Sozialismus ebenfalls über soziale Gleichwertigkeit und Gerechtigkeit.

> »Ich stelle mich willig unter die Gebote der Partei, helfe so viel ich kann armen Volksgenossen u. kenne keinen Standesunterschied. Sehe Sorglosigkeit im Lebenskampf als unverdiente Bevorzugung, Armut als bemitleidenswerte Benachteiligung des Schicksals an. Jeder deutsche Mensch hat die gleiche Berechtigung auf auskömmliche Lebensführung u. keiner ist berechtigt, auf Armut gedankenlos mit selbstverständlicher Überhebung herabzusehen. Auf diese Weise will ich mithelfen an der inneren Einigung unseres Volkes, weil keine Schicht des Volkes seine Berechtigung außerhalb der Gemeinschaft führen darf.«[255]

Beiden Frauen sind soziale Harmonie und soziale Gleichwertigkeit wesentliche Anliegen. Über das Medium NSDAP sieht Margarete Beckel zudem einem altruistisch-sozialen Engagement für ihr Vaterland entgegen, einem persönlichen Beitrag zu nationaler Einigkeit durch die Schaffung einer nationalen, sozialistischen Volksgemeinschaft.

Volksgemeinschaft als »Sozialismus der Tat«

Die Hitlerbewegung warb mit der betörend einfachen Formel »Gemeinnutz geht vor Eigennutz«. Insbesondere Frauen hatten diesen Leitsatz von klein auf internalisiert und gelernt, ihre Bedürfnisse zugunsten anderer zurückzustellen, etwa im Interesse der Familie.

Theodore Abel sieht zwischen Familie und nationalsozialistischer Volksgemeinschaft eine Analogie: In beiden Gruppen besteht eine Bindung durch »Blutsverwandtschaft« und ein darauf basierendes gemeinschaftliches Interesse die »Eigenen« zu erhalten, was Missbrauch und Selbstsucht verbietet. Nach Abels Auffassung bedeutet Gemeinschaft gleichsam Unterordnung unter die Interessen der Gemeinschaft sowie Dienst für die Gemeinschaft, also »unity and devotion to the community«.[256] Käthe Eiden spricht in diesem Zusammenhang von »Hingabe an das Volk« und »Dienst am Volk«.[257] Der Dienst für

254 Ebd., S. 4.

255 Abel-Biogramm/Nr. 130/Margarete Beckel, S. 4.

256 Abel, Why, S. 137.

257 Abel-Biogramm/Nr. 244/Käthe Eiden, S. 4-5. Ebenso versteht Margarete Beckel Gemeinschaft als Zweiklang aus Unterordnung und Dienst. So stellt sie sich »willig unter die Gebote der Partei« (nach Abel: unity) und hilft »armen Volksgenossen« (devotion), Abel-Biogramm/Nr. 130/Margarete Beckel, S. 4.

die Gemeinschaft, von der NSDAP »Sozialismus der Tat«[258] genannt, erklärte soziales Handeln zur tätigen Politik, mehr noch: zu einem Dienst am Vaterland.

Die NSDAP inszenierte sich zunächst als tatkräftige Bewegung, später als »Partei der Tat«, in Abgrenzung zu anderen parlamentarischen Fraktionen. Dementsprechend war Politik für die Mitglieder meist mit praktischem Handeln verbunden. Neben der Propaganda bot sich dafür vor allem der soziale Bereich an. Die Partei sprach in diesem Zusammenhang von praktiziertem Sozialismus. So warb beispielsweise die NS-Volkswohlfahrt im Sommer 1934 mit der Losung: »Werdet Sozialisten der Tat!«, und das *Volksblatt für Westfalen* ehrte unter der ständigen Rubrik »Die sozialistische Tat« ein herausragendes, in nationalsozialistischem Sinne gemeinnütziges Verhalten.[259] Dieser »Sozialismus der Tat« war insbesondere für Frauen ein nicht zu unterschätzendes Beitrittsmotiv. Es wurde bereits gezeigt, dass eine außerparlamentarische, das heißt eine handlungsorientierte politische Partizipation dem Politikverständnis der frühen Nationalsozialistinnen entgegenkam. Diese Art des sozialen und mittelbar politischen Engagements war den Alten Kämpferinnen vertraut, hier fühlten sie sich kompetent und erfolgreich. Was viele dieser Frauen unter dem Vorzeichen der »erweiterten« beziehungsweise »organisierten Mütterlichkeit« eingeübt hatten, wurde nun als »sozialistisch« umetikettiert. Die Verfasserinnen empfanden es nun nicht mehr als sozial, sondern als sozialistisch, ihren eigenen Besitz zu teilen, von den Wohlhabenden zu sammeln und die Bedürftigen mit Geld, Sachspenden und Arbeitskraft zu unterstützen. Ihr Tun wurde auf die Ebene nationaler Bedeutsamkeit erhoben und erfuhr dadurch eine enorme Aufwertung. Entsprechend stolz und ausführlich beschreiben sie ihre »sozialistischen Taten« beziehungsweise ihr Wirken für die Volksgemeinschaft. Der Nationalsozialismus, resümiert Maria Engelhardt, sei also »nichts Neues«, sondern »nur die alte treue deutsche hilfsbereite und edle Art, die jahrelang verschüttet lag und durch unseren Führer wieder an das Tageslicht geholt wurde.«[260]

Eine national ausgerichtete Partei, die sich vermeintlich einen karitativen Sozialismus auf die Fahnen geschrieben hatte, konnte somit durchaus Interesse unter nationalistisch und völkisch orientierten Frauen wecken. Volksgemeinschaft war, so meinten sie, nur durch die gleichwertige Partizipation von Frauen möglich. Es konnte scheinen, als habe das geschlechterübergreifende Volksgemeinschaftskonzept der DNVP-Politikerinnen im Nationalsozialismus seine Umsetzung gefunden, allerdings mit dem Unterschied, dass die NSDAP für weibliche Partizipation allein das praktische Handeln vorsah, keinesfalls die politische Mitsprache.[261]

258 Der »Sozialismus der Tat« war ein vielgenutzter Topos der NS-Propaganda.

259 *Volksblatt für Westfalen* vom Samstag, 2. Juni 1934.

260 Abel-Biogramm/Nr. 195/Maria Engelhardt, S. 15.

261 Wie bereits erwähnt, ließ die NSDAP keinen Zweifel daran, dass Frauen in ihrer Parteipolitik unerwünscht waren und ihnen jegliche politische Mitbestimmung, so auch das Wahlrecht, hätte verwehrt werden sollen. Vgl. Kater, S. 203, sowie Arendt/Hering/Wagner, S. 16.

Wer gehört zur Volksgemeinschaft? – Volksgemeinschaft als exklusiver Sozialismus

Die Verfasserinnen definierten Sozialismus als soziale Gleichwertigkeit – allerdings exklusiv unter sogenannten Volksgenossen. Ausgeschlossen blieben andere Nationalitäten, Religionen und Rassen. Die junge Kleinbäuerin Käthe Eiden erklärt: »Während der Marxismus den sozialistischen Gedanken in der Gleichheit zwischen Deutschen und Franzosen, Negern und Juden predigte, lehrte er den Kampf bis aufs Messer zwischen Schichten desselben Volkes.«[262] Der Nationalsozialismus dagegen propagiere den »sozialistischen Gedanken« ausschließlich unter Volksgenossen. Erläuternd fügt Käthe Eiden hinzu: »Deutscher Volksgenosse kann nur sein, wer deutschen Blutes ist.«[263] Damit folgt sie der nationalsozialistischen Ideologie, nämlich der Einlösung des völkischen Gleichheitsversprechens durch Ausgrenzung alles vermeintlich »Anderen«, also die Förderung der Volksgenossen zum Nachteil der »Gemeinschaftsfremden«. Die Konzeption der Volksgemeinschaft als Rassengemeinschaft konnte gerade für die in ihrem Selbstwert erschütterte »verlorene Generation« attraktiv sein: Die Selbstdefinition über die Rassenzugehörigkeit – und zwar zu der nach nationalsozialistischen Vorstellungen wertvollsten Rasse – hob ihren Status und sicherte ihn »unhinterfragbar«,[264] da es sich hier um eine als »Naturtatsache«[265] angesehene Eigenschaft handelte. Kollektiv wie individuell bedeutete dies ein positives Identitätsangebot.[266] Zudem wirkte der biologistische Parameter »Rasse« egalisierend im Hinblick auf alle gesellschaftlichen Unterschiede. Götz Aly zieht zur Verdeutlichung ein richtungweisendes Hitlerzitat heran: »Innerhalb des deutschen Volkes höchste Volksgemeinschaft und Möglichkeit der Bildung für jedermann, nach außen aber absoluter Herrenstandpunkt!«[267]

Wer zu den »Arteigenen« gehörte und am »Sozialismus des guten Blutes«[268] teilhaben durfte, und wer als »artfremd« ausgeschlossen war und dafür zahlen sollte, verstanden die Alten Kämpferinnen sehr gut.[269] Nationalsozialistische

262 Abel-Biogramm/Nr. 244/Käthe Eiden, S. 4. Interessant ist Käthe Eidens irrige Auffassung, der Nationalsozialismus erkenne den Wert der Persönlichkeit an.

263 Ebd., S. 3.

264 Vgl. Brockhaus, Attraktion, S. 11.

265 Bajohr/Wildt, Volksgemeinschaft, S. 12.

266 Ein Beispiel bietet das Biogramm Anna Niekes, der Tochter einer Tagelöhnerin, die als mittellose Geschiedene in Berlin ihr Glück suchte. Die Aufnahme in die NSDAP verlieh ihr eine wesentliche Verbesserung ihres sozialen Status. Abel-Biogramm/Nr. 177/Anna Nieke, S. 10. In der Folge identifizierte sich Nieke vollständig mit ihrer Ortsgruppe am Berliner »Beussel-Kiez« und genoß Anerkennung. Sie entwickelte eine Loyalität, die sogar körperlichen Angriffen standhielt, und zeigte eine enorme Einsatzbereitschaft.

267 Adolf Hitler nach einem »Notat Köppens« vom 8. 9. 1941, BA R 6/34a, zitiert nach Aly, S. 28.

268 Ebd., S. 29.

269 Der Begriff »artfremd« wird in vier Biogrammen verwandt, u. a.: Abel-Biogramm/Nr. 100/Agnes Mosler-Sturm, S. 3 (»artfremde Mächte« im Kontext Klassische Musik),

Volksgemeinschaft bedeutete nach der NS-Ideologie eine »rassisch ›gesäuberte‹ Volksgemeinschaft«[270]

»Nordischer Gedanke«, Eugenik und Antisemitismus – Volksgemeinschaft als Rassengemeinschaft

Behinderte und Kranke – selbst wenn sie »arischer« Herkunft waren – gehörten nach Hitlers Auffassung nicht zur nationalsozialistischen Volksgemeinschaft. Über Zugehörigkeit oder Ausschluss entschied der Nutzen des Einzelnen für die Gemeinschaft. Wer keine wirtschaftliche, biologische oder soziale Leistung erbringen konnte, wurde mit dem Stigma »lebensunwertes Leben« belegt.[271]

Von den Verfasserinnen der Abel-Biogramme wird das Thema Eugenik fast gar nicht angesprochen. Zum Zeitpunkt der Niederschrift ihrer Essays war es jedoch durchaus präsent, nicht zuletzt durch die Einrichtung des Amtes für Rassenpolitik am 15. Mai 1934, das vor allem propagandistisch tätig wurde.[272] Es bleibt offen, ob die Alten Kämpferinnen diesen Aspekt der »Rassenhygiene« als unbedeutend empfanden oder ihn bewusst nicht erwähnen. Gegner der NSDAP waren 1932 sehr wohl über Hitlers rassenpolitische Ziele informiert und hegten keine Zweifel hinsichtlich seiner todbringenden Pläne, wie aus dem Biogramm Käthe Eidens hervorgeht:

> »In anonimen Briefen wurde auch ich bei Gott und allen Heiligen beschworen, Hindenburg zu wählen. Hitler wurde als blutrünstiger Mörder hingestellt, der im dritten Reich einen Teil der Neugeborenen töten liesse, um

Abel-Biogramm/Nr. 353/Meta Gruse, S. 5 (»artfremde Menschen« als Synonym für Juden im Kontext Regierung der Weimarer Republik), Abel-Biogramm/Nr. 44/Hilde Boehm-Stoltz, S. 3 (»dieses artfremde Getue und Gelebe« im Kontext Kultur und Gesellschaft), Abel-Biogramm/Nr. 574/Gertrud Michael, S. 3 (»wesens- und artfremde Rasse« im Kontext Vorgesetzte am Arbeitsplatz). Der Ausdruck »arteigen« und sein Antonym »artfremd« sind der Rassenbiologie um 1900 entlehnt. Cornelia Schmitz-Berning definiert »arteigen/Arteigenheit«: »Der eigenen Rasse zugehörig, der Besonderheit der eigenen rassisch geprägten Art entsprechend.« Vgl. Schmitz-Berning, S. 66-68.

270 Peter Fritsche: Die Idee des Volkes und der Aufstieg der Nazis, in: Brockhaus, Attraktion, S. 161-173, hier S. 161.

271 Diese Haltung war nicht originär nationalsozialistisch. Begriff und Konzept der Eugenik wurden 1883 von Francis Galton, einem Cousin Charles Darwins, geprägt. Galton sprach sich für eine Menschenzüchtung mit dem Ziel der Höherentwickung aus, die durch sozialpolitische Maßnahmen erreicht werden sollte. Der Nationalsozialismus setzte dieses Konzept gezielter Auslese und »Ausmerze« in die Praxis um. Vgl. Schmitz-Berning, S. 212. Ein allgemeiner bevölkerungspolitischer Diskurs wurde innerhalb der verschiedenen politischen Lager der Weimarer Republik geführt, freilich mit unterschiedlichen Vorzeichen. Auch der Bund Deutscher Frauenvereine (BDF) beschäftigte sich mit Fragen der Bevölkerungspolitik und Eugenik, das Thema als solches war also unabhängig von der NSDAP in der Gesellschaft präsent. Vgl. Streubel, S. 57-58.

272 Schmitz-Berning, S. 518.

die Rassenauslese zu beschleunigen und die alten Leute und Krüppel an die Wand stellen liess, um Raum zu schaffen für die Jungen und Gesunden.«[273]

Die spätere BDM-Ringführerin führt den warnenden Appell als Beispiel für die »Schikanen und Hetzen«[274] der politischen Gegner an, ohne sich inhaltlich dazu zu äußern. Ob das Szenario der beschleunigten Rassenauslese durch Tötungen außerhalb ihrer Vorstellungskraft lag oder diese Möglichkeit von der überzeugten Nationalsozialistin verdrängt wurde, bleibt offen.

Drei Verfasserinnen, neben Käthe Eiden auch Hilde Boehm-Stoltz und Ruth Grathwohl, folgten ausdrücklich der »rassischen« Auslegung der Volksgemeinschaft. Sie empfanden die völkische Rassentheorie geradezu als Offenbarung. Die daraus abgeleitete Vorstellung von Volksgemeinschaft als Rassengemeinschaft bildete für Hilde Boehm-Stoltz die »letzte Wahrheit«, den Schlussstein ihres Weltbildes:

> »[...] die Reden Adolf Hitlers bargen etwas, was mich wieder glauben liess. Es war etwas Neues dabei, was die anderen 1000 ebenso guter Redner vor ihm in den Jahren niemals berührt hatten, die Rassenfrage!!!! Damit konnte man kein Geld verdienen als Führer einer Anschauung, dazu gehörte Idealismus, dazu gehörte Glaube an letzte Wahrheiten nach denen wir schon all die Jahre so heiss verlangten, wissentlich oder unwissentlich. Ja, Idealismus brauchte unser Volk, es brauchte das Wissen um den Sinn dessen was es hiess: Angehöriger eines bestimmten Volkes zu sein!!!! Das Erkennen und Wissen darum, das war die Notwende, musste die Notwende unseres Volkes werden! Wie eine brennende Pechfackel schlugen diese Reden und Erkenntnisse Adolf Hitlers in unsere Herzen ein.«[275]

In einer zutiefst verunsichernden Zeit fand sie im Konzept der »rassisch« definierten und pseudoreligiös erhöhten Volksgemeinschaft zugleich intellektuellen Halt und emotionale Sicherheit. So schien die »Rassenfrage« in zweifacher Hinsicht die von Thomas Rohkrämer angesprochene »geistige Not« von Zeitgenossinnen wie Hilde Boehm-Stoltz zu lindern. Welch starke emotionale Wirkung die Entdeckung der Rassenideologie beziehungsweise der Volksgemeinschaft als Rassengemeinschaft auf die Verfasserin hatte, ist ihrem Schriftbild zu entnehmen – Unterstreichungen und Sperrschrift stehen analog zu Betonung und Lautstärke gesprochener Sprache. Hilde Boehm-Stoltz vertiefte ihr Interesse an rassentheoretischen Fragen durch einschlägige Lektüre sowie möglicherweise durch eine Mitgliedschaft im »Nordischen Ring«,[276] der

273 Abel-Biogramm/Nr. 244/Käthe Eiden, S. 10.

274 Ebd.

275 Abel-Biogramm/Nr. 44/Hilde Boehm-Stoltz, S. 2-3. Hervorhebungen (Unterstreichungen und Sperrschrift) durch die Verfasserin.

276 Die Gesellschaft »Nordischer Ring« hatte das Ziel, die Rassenlehre des Anthropologen und Eugenikers Hans Friedrich Karl Günther (1891-1968) zu verbreiten. Die Zeitschrift des Nordischen Rings *Rasse. Monatsschrift der Nordischen Bewegung* wurde von Günther herausgegeben. Günther gilt als Vordenker der nationalsozialistischen

von dem Eugeniker Hans Friedrich Karl Günther gegründet worden war.[277] Auch die Gärtnerstochter und Studentin Ruth Gratwohl zeigt sich von der Rassenideologie, dem Konzept der Menschenzüchtung über Sozialpolitik, fasziniert:

> »Zufällig bekam ich Hans F. K. Günthers ›Rassenkunde des deutschen Volkes‹ in die Hand, studierte sie gründlich und wurde gepackt von der Notwendigkeit der Rassenhygiene und des nordischen Gedankens.«[278]

In seinem 1922 erschienenen Buch propagierte der Anthropologe und Eugeniker Maßnahmen zur »Aufnordung« des deutschen Volkes, wobei auch Zwangssterilisationen vorgesehen waren. Er stellte eine Rassentypologie mit Wertigkeitsskala auf, die ab 1933 im Schulunterricht vermittelt wurde. Sein Ansatz soll die Nürnberger Rassegesetze von 1935 direkt beeinflusst haben.[279] Grathwohl wechselte sogar ihren Studienort, um Vorlesungen bekannter Rassentheoretiker zu besuchen:

> »In München, das wußte ich aus Günthers Werk, lehrte an der Universität auch der Professor Lenz, der Kämpfer für Rassenhygiene. So zogen mich Hitler und Lenz nach München.«[280]

Der Eugeniker Fritz Lenz hatte ab 1923 an der Universität München den ersten Lehrstuhl für Rassenhygiene in Deutschland inne. Er lieferte die vermeintlich wissenschaftliche Grundlage für die spätere nationalsozialistische Rassen- und Bevölkerungspolitik, namentlich die sogenannte Euthanasie und den Völkermord an den europäischen Juden.[281] Was die Studentin an der Rassentheorie faszinierte, erläutert sie nicht, wohl in der Annahme, ihre Begeisterung sei durch die Erwähnung der Rassentheoretiker, mit denen sie konform geht, hinreichend erklärt. Ruth Grathwohl gelangte fast ausschließlich über dieses Motiv zum Nationalsozialismus. Als Mitglied der Arbeitsgemeinschaft Nationalsozialistischer

Rassenideologie. Vgl. Claus-Ekkehard Bärsch, Die politische Religion des Nationalsozialismus, 2. Auflage, München 2002. (Hans F. K. Günther vgl. unten.)

277 Abel-Biogramm/Nr. 44/Hilde Boehm-Stoltz, S. 4-5. In einer parteistatistischen Erhebung der NSDAP von 1939 (Bundesarchiv BArch PK/A 412, Boehm-Stoltz, Hilde) finden sich weitere Angaben zu Hilde Boehm-Stoltz. Nach 1934 gelang ihr eine Parteikarriere als ausgewiesene Rednerin des Rassenpolitischen Amtes der NSDAP (Propagandaabteilung). Die Nationalsozialistin hatte sich zunächst als Kreisschulungsreferentin und Kreispressewartin des Kreises Dortmund bewährt, bevor sie als Fachrednerin mit dem Schwerpunkt Rassefragen in den Gau Groß-Berlin wechselte.

278 Abel-Biogramm/Nr. 145/Ruth Grathwohl, S. 1.

279 Hans Friedrich Karl Günther (1891-1968) verfasste einen Maßnahmenkatalog zur sogenannten Rassenhygiene. Darin waren bereits die Zwangssterilisation und der Völkermord vorgesehen. Günther stand in Kontakt zu Alfred Rosenberg und Heinrich Himmler. Vgl. Hermann Weiß, Biographisches Lexikon zum Dritten Reich, Frankfurt a. M. 2002, S. 169.

280 Abel-Biogramm/Nr. 145/Ruth Grathwohl, S. 2.

281 Vgl. Weiß, S. 296-297.

Studentinnen (ANSt) begann sie im studentischen Umfeld Vorträge zum Thema »Rassenhygiene« zu halten.[282]

Die Katholikin und spätere BDM-Führerin Käthe Eiden stemmte sich zunächst »mit aller Kraft [...] gegen die Lehre des Nationalsozialismus«,[283] da sie die »Rassen- und vor allen Dingen die Judenfrage [...] unchristlich und ungerecht dünkte« und sie im Judentum »lediglich eine Religionsform« sah.[284] Nach langen Gesprächen mit ihrem älteren Bruder, der seit 1926 NSDAP-Mitglied war, hatte sich ihre Meinung 1934 geändert. Käthe Eiden ist die einzige Verfasserin, die ihre antisemitische Haltung explizit aus der nationalsozialistischen Rassenideologie herleitet.[285]

> »In oft endlosen Auseinandersetzungen erkannte ich es als eines der grössten geschichtlichen Irrtümer, dass Verwechseln von Religion und Rasse ist. Ich verstand den Punkt 4) des Programms: ›Deutscher Volksgenosse kann nur sein, wer deutschen Blutes ist.‹ Diese Erkenntnis gab uns den Glauben, dass kein Volk untergeht, wenn es seine ihm vom Schöpfer gegebene Aufgabe erkennt, sich rassig rein zu erhalten und dadurch die Höhe seiner Kultur zu erreichen. Ich lernte den Satz verneinen: ›Es ist alles gleich was Menschenantlitz trägt.‹ Wenn ich an eine sinnvolle Ordnung alles Geschaffenen glaube, dann besteht sie auf unbedingtem Unterschied der Rassen. Wenn sich diese Lehre in allen noch gesunden Völkern durchsetzt, dann ist es dem Judentum nicht mehr möglich, der Welt klar zu machen Staatsbürger jüdischen Glaubens zu sein und dann wird seine verhehrende Macht von selber ein Ende haben.«[286]

Auch Käthe Eiden versteht Volksgemeinschaft als Rassengemeinschaft. Doch anders als Boehm-Stoltz und Grathwohl, die eher das inklusive Moment in den Vordergrund rücken, benennt Eiden zudem die Exklusion und zwar speziell die der Juden als »Gemeinschaftsfremde« und sogar als »Gemeinschaftsfeinde« – und dies nicht etwa als gesellschaftliche Gruppe, sondern allein auf Grund ihrer »Rasse«. Die Schaffung der reinen Rassengemeinschaft versteht Käthe Eiden, ebenso wie Hilde Boehm-Stoltz, zudem als göttliches Gebot.

282 Abel-Biogramm/Nr. 145/Ruth Grathwohl, S. 4-5. Als damaligen Münchner »Hochschulgruppenführer« nennt sie Baldur von Schirach, vgl. ebd., S. 3.

283 Abel-Biogramm/Nr. 244/Käthe Eiden, S. 3.

284 Ebd.

285 Käthe Eiden versucht ihre antisemitische Haltung sachlich-intellektuell – nach einer NS-immanenten Logik – herzuleiten. Anders Gertrud Michael, die in Randbemerkungen einen sexualisiert-emotionalen Antisemitismus zeigt, der an den Ton des von Julius Streicher herausgegebenen Blattes *Der Stürmer* erinnert, sich aber nicht weiter mit ideologischen Fragen auseinandersetzt. Der Antisemitismus der anderen Autorinnen war weit eher von sozialem Neid geprägt, antikapitalistisch oder antikommunistisch konnotiert.

286 Abel-Biogramm/Nr. 244/Käthe Eiden, S. 3. Mit Punkt 4) des »Programms« ist das Parteiprogramm der NSDAP gemeint.

Die Idee von der »Gleichheit alles dessen, was Menschenantlitz trägt«,[287] hat ihre Wurzeln in der Aufklärung und wird Johann Gottlieb Fichte zugeschrieben. Der SPD-Politiker und erste Reichstagspräsident der Weimarer Republik, Friedrich Ebert, zitierte Fichtes Grundsatz in seiner Eröffnungsrede zur Weimarer Nationalversammlung 1919. In den 1920er und 1930er Jahren wurde der Gedanke eingehend diskutiert. Joseph Goebbels verhöhnte den Grundsatz der Gleichheit 1929 in seiner antisemitischen Hetzschrift *Das Buch Isidor*. Möglicherweise stand Käthe Eiden unter dem Eindruck dieses oder eines ähnlichen nationalsozialistischen Pamphlets.[288]

Der unter den übrigen Verfasserinnen verbreitete Antisemitismus entspricht weitgehend dem der Rechtskonservativen.[289] Übernommen werden besonders die nach dem Ersten Weltkrieg getroffenen Schuldzuweisungen für die Kriegsniederlage. Vermeintlich jüdisches »Drückebergertum« wird durch persönliche Erlebnisse »bewiesen«, in die oft sozialer Neid hineinspielt. Mal ist ihr Antisemitismus antikapitalistisch, mal antikommunistisch konnotiert.

Volksgemeinschaft als Legitimation für Antisemitismus

Der nationale Sozialismus der Alten Kämpferinnen trägt meist antikapitalistische Züge. Kapitalismus manifestiert sich für viele von ihnen im Bild des wohlhabenden Juden, das dem sozialen Abstieg nach dem Weltkrieg und der prekären Lebenssituation tausender »Volksgenossen« gegenübergestellt wird. Entsprechend erklären sie Antisemitismus als einen Ausdruck ihres »instinktiven«[290] Gerechtigkeitsempfindens. Durch die Schilderung persönlicher Erlebnisse belegen sie, dass auch ihnen Ungerechtigkeit begegnet war, die ihres Erachtens durch Juden verursacht wurde. Dabei wird der kritisierte ungerechte Wohlstand fast ausnahmslos mit reichhaltigem Essen assoziiert und in negativer Konnotation als »Schlemmerei« bezeichnet. Der hohe Stellenwert, den das Essen für die Zeitgenossen hatte, ist durch die kriegsbedingte Hungersnot zu erklären. Trotz der

287 Vgl. Johann Gottlieb Fichte, Die Staatslehre oder Über das Verhältnis des Urstaates zur Vernunftslehre. Vorträge gehalten auf der Universität zu Berlin im Sommer 1813 aus seinem Nachlasse, Berlin 1820, S. 64. Statt dem vielzitierten »Menschenantlitz« heißt es hier jedoch »Menschengesicht«.

288 Die Gleichheit aller Menschen ist seit 1948 die Grundlage der Allgemeinen Erklärung der Menschenrechte. Vgl. J. H. Fichte (Hrsg.), Johann Gottlieb Fichte's sämmtliche Werke, Bd. 2, Berlin 1965, unveränderter Nachdruck der Ausgabe von 1845, S. 423. Mergel, S. 53. Joseph Goebbels, Das Buch Isidor. Ein Zeitbild voll Lachen und Hass, Berlin 1929, S. 88.

289 Christiane Streubel stellt fest, auch die DNVP sei um 1928 unter der Leitung des Publizisten Alfred Hugenberg von einer protestantisch-konservativen zur rechtsradikalen Partei »umgeformt« worden, mit entsprechender Affinität zum völkischen Antisemitismus. Vgl. Streubel, S. 53.

290 Den biologistischen, nationalsozialistischen Begriff »instinktiv« verwendet unter anderem Gertrud von Bardeleben in der Herleitung ihrer antisemitischen Haltung. Vgl. Abel-Biogramm/Nr. 141/Gertud von Bardeleben, S. 1.

Versicherung der Regierung, den Lebensmittelbedarf der Verbraucher decken zu können, kam es schon wenige Monate nach Kriegsausbruch zu akutem Nahrungsmangel in der Bevölkerung, der im Laufe des Krieges dramatisch anwuchs. Die Ursache hierfür wurde nicht bei der Regierung oder den Behörden vermutet, sondern bei einem »inneren Feind«, der mutwillig Obstruktion betreibe.[291] Die Hungerrevolten, erstmals 1915 in Berlin, richteten sich unter anderem auch gegen die vielen jüdischen Einzelhändler. Frühzeitig und immer häufiger unterstellte man gerade diesen, Lebensmittel zu horten, um die Preise hochzutreiben. Die jüdischen Kaufleute und schließlich Juden im Allgemeinen wurden zum Negativbild, zu dem gesuchten »inneren Feind« stilisiert. Die Historikerin Belinda J. Davies registriert in den letzten Kriegsjahren ein rapides Anwachsen des Antisemitismus an der ›Heimatfont‹ und erläutert diesen Prozess: »Es war zunehmend gesellschaftlich akzeptabel geworden, Lebensmittelwucher mit ›Judentum‹ zu verknüpfen, und schon bald wurden diese Begriffe nahezu synonym verwendet.«[292] Entsprechend empört sich die Krankenschwester Lisi Paupié rückblickend über die opulente Verpflegung der Patienten in einer Frankfurter Klinik während des Krieges:

> »Dort war nun etwas, was mir <u>ganz</u> gegen meine innere Einstellung ging. Großer Luxus, 4 Gänge Mittags, 3 Gänge Abends. Wo ich für meine armen Feldgrauen kaum genug Kartoffel u. Brot hatte, vorher im Vereinslazarett, so lebte man hier im Überfluß.«[293]

Dieses in ihren Augen unmoralische Wohlleben stand in Diskrepanz zu ihrer Vorstellung von vorbildhaftem deutschem Soldatentum. Um diese Unstimmigkeit zu bewältigen, ohne ihre Überzeugungen revidieren zu müssen, findet sie eine Erklärung:

> »Die Patienten waren nur Juden oder sogenannte ›Deutsche‹ die an der Schützengraben Krankheit litten u. deren begüterte Papas <u>*alles*</u> bezahlten, um ihre Söhne in kugelsicherem Unterstand zu wissen. Unsummen wurden da bezahlt. Einige Offiziere mußte die Klinik pflichtgemäß aufnehmen, zum Verdruß aller.«[294]

Lisi Paupié ist der Auffassung, in ihrer Klinik einen Verrat an Kameraden und Vaterland aufgedeckt zu haben: Soziale Ungerechtigkeit und daraus resultierende Spannungen, die die Einigkeit der deutschen Schicksalsgemeinschaft im Krieg untergruben, schreibt sie wohlhabenden Juden und »sogenannten Deutschen« zu. Die Ursache für soziale Ungleichheit wird damit aus der Volksgemeinschaft auf das »Fremde«, »Andere« verlagert, um das sozialistische Miteinander innerhalb der Volksgemeinschaft erst zu ermöglichen. Feiges

291 Vgl. Davies, S. 144.
292 Ebd.
293 Abel-Biogramm/Nr. 187/Lisi Paupié, S. 4.
294 Ebd., S. 4f.

»Nutznießertum«, wie es Lisi Paupié darstellt, wurde in den Nachkriegsjahren zum verbreiteten Hassbild in Deutschland. Es sollte die Vaterlandstreue von Soldaten und Heimatfront untergraben und so die Kriegsniederlage mit verursacht haben. Die nationalsozialistische Projektion des »Nutznießertums« auf die Juden schloss diese – trotz erfolgter Kriegsteilnahme – aus der deutschen Schicksals- und Solidargemeinschaft des Weltkrieges aus. Marianne Heimer polarisiert Reichtum und Armut ebenfalls anhand des Themas Nahrungsmangel. Um 1930 war sie in Wien als »Privatschwester« in einem jüdischen Haushalt angestellt. In ihrem Essay schildert sie, wie sie nach dem Dienst bei ihrer vermögenden Patientin zahlreiche Bettler in den Straßen bemerkte, die in der Dämmerung Abfallkörbe nach Brot durchwühlten. Für die drastischen sozialen Gegensätze hat sie schnell eine pauschale Erklärung zur Hand: die »Verjudung Wiens«,[295] wobei auch hier das Stereotyp jüdischen Wohllebens zum Schaden der Allgemeinheit bedient wird. Als einzige Verfasserin begnügt sich Marianne Heimer nicht mit einer verbalen Kampfansage, sondern heißt auch Gewalt gegen Juden gut: Zur Zielscheibe für die Wiener NSDAP wurden 1932 die vornehmen Kaufhäuser der jüdischen Inhaber Gerngroß und Krupnik.[296] Die SA verübte hier in der Vorweihnachtszeit Anschläge durch Tränengas und Stinkbomben. Marianne Heimer zollt in ihrem Biogramm spottend Beifall, man habe die Juden nur »einmal an den Ernst der Gegenwart erinnert« und sich an ihnen gerächt, und letztlich seien dies »ja harmlosere Dinge zu denen, die die jüdische Presse dem Auslande gegenüber vorschwindelte«.[297]

Die kaufmännische Angestellte Margarethe Schrimpff hebt soziale Gerechtigkeit und Antisemitismus auf eine internationale Ebene, wobei abermals Hunger und Schlemmerei gegenübergestellt werden. Sie klagt die Abgeordneten des Völkerbundes leidenschaftlich einer Unterlassungssünde an:

> »Warum verboten sie den betr. Staaten nicht das Vernichten der Ernte, das Versenken des Kaffees, das Vernichten von Tier und Fleisch, nur um ihre Preise zu halten oder erhöhen zu können. [...] Statt dessen sehen sie mit kalten Augen zu, wie z. B. in Russland Millionen, Insonderheit die unschuldigen Kinder verhungern. [...] All dieses grenzenlose Elend sehen sie nicht, sondern brüten auf ihren Polstern bei fetten Gelagen [...].«[298]

295 Abel-Biogramm/Nr. 457/Marianne Heimer, S. 6.

296 Vgl. Wiener Sonn- und Montagszeitung, Nr. 51 vom 19. Dezember 1932, S. 2.

297 Abel-Biogramm/Nr. 457/Marianne Heimer, S. 13. Die Auslandspresse berichtete selbstverständlich anders als die NS-Parteiorgane über die Vorgänge in Deutschland und Österreich, was von der NSDAP als Verleumdung seitens der angegriffenen Juden dargestellt wurde. Auch im Biogramm Lisi Paupiés findet sich dieses Motiv: »Die unblutige Revolution steht einzig da nur erbost es sehr wenn man vom Ausland diese Lügen hört über Quälereien der Juden. Die Juden sind unser Unglück das ist uns klar und wir müssen uns dagegen wehren.« Abel-Biogramm/Nr. 187/Lisi Paupié, S. 19-20.

298 Abel-Biogramm/Nr. 582/Margarethe Schrimpff, S. 3.

Und gleich darauf findet Schrimpff, eine Leserin des *Völkischen Beobachters*, ihre Schuldigen: Der Völkerbund, sei ein »Treffpunkt der Juden und Freimaurer, der Parasiten der ganzen Welt.« Als einzige Verfasserin greift sie bereits sprachlich und gedanklich das Repertoire nationalsozialistischer Vernichtungsrhetorik auf: »Alle Völker der Erde sollten gemeinsam diese Pestbeule ausbrennen und es wäre Ruhe und Frieden und jedes Land kümmerte sich nur um seine eigenen Angelegenheiten.«[299] Zur völligen Ausgrenzung und sogar Vernichtung der »Anderen« schmiedet die Kauffrau gedanklich internationale Zweckallianzen, um schließlich zu den »Eigenen«, dem eigenen Volk, zurückzukehren. Das Kooperieren und Agieren auf internationaler Ebene wird von mehreren Verfasserinnen mit dem Judentum gleichgesetzt. Grundsätzlich erscheinen internationale Strukturen als eine Dimension, von der sich die Alten Kämpferinnen bedroht fühlen, insbesondere vom Kommunismus und Organisationen wie der Kommunistischen Internationale.[300] Der Aufruf zur internationalen Solidarität der Arbeiterklasse ist für sie, die sich einen nationalen Sozialismus wünschen, eine »jüdische Erfindung«, die sie ablehnen, wie das Biogramm von Hedwig Eggert zeigt:

> »Dann ging ich in kommunistische Versammlungen, wo Karl Liebknecht und Rosa Luxemburg sprachen. Wieder sträubten sich meine innersten Gefühle und die kommunistischen Versammlungen erzeugten in mir eine antisemitische Einstellung.«[301]

Deutlicher setzt Grete Kircher Juden und Marxismus in Korrelation und erklärt Letzterem vor dem Hintergrund einer antisemitischen Grundhaltung den Krieg:

> »Unser Kampf richtete sich hauptsächlich gegen den von den Juden unterstützten Marxismus, da dieser gewillt war, seine Macht bis aufs äusserste mit brutaler Gewalt zu verteidigen.«[302]

Der Antisemitismus der Alten Kämpferinnen konnte somit eine antimoderne, antimaterialistische, antikapitalistische oder antikommunistische Konnotation haben, selten wurde er ausdrücklich »rassisch« begründet.[303]

299 Ebd.

300 Die 1919 gegründete Kommunistische Internationale wird von den Verfasserinnen nicht namentlich erwähnt, wohl aber – als Synonym – der Gründungsort Moskau. Lissy Schneider schreibt von den Kommunisten als »Moskaubanditen«, Maria von Belli zitiert als Ausspruch ihres Sohnes »Moskauer Affen«, Marianne Heimer und Margarethe Schrimpff beziehen sich auf den Ruf »Heil Moskau!« als Gruß der Kommunisten. Abel-Biogramm/Nr. 107/Lissy Schneider, S. 2, Abel-Biogramm/Nr. 212/Maria von Belli, S. 13, Abel-Biogramm/Nr. 457/Marianne Heimer, S. 4, Abel-Biogramm/Nr. 582/Margarethe Schrimpff, S. 11.

301 Abel-Biogramm/Nr. 459/Hedwig Eggert, S. 3.

302 Abel-Biogramm/Nr. 46/Grete Kircher, S. 2.

303 Auch in den von Männern geschriebenen Abel-Biogrammen spielt Antisemitismus gegenüber dem Wunsch nach harmonisierender Volkseinheit eine deutlich nachgeordnete Rolle. Vgl. Rohkrämer, S. 85.

Antisemitismus – nur das »Kleingedruckte« der Volksgemeinschaft?

Antisemitismus sahen einige der Verfasserinnen als Teil ihrer deutschnationalen Erziehung an. Doch finden sich in allenfalls sechs Biogrammen deutliche antisemitische Ressentiments. Häufig sind dagegen beiläufige antisemitische Bemerkungen. Ein Beispiel dafür ist Anna Nieke. Sie kündigte ihre Stellung als Hausmädchen mit der Begründung: »denn die Leute sind Juden und schimpfen so viel auf unsern […] Führer Adolf Hitler.« Schimpften die jüdischen Arbeitgeber nicht über Hitler, wäre, nach Anna Nieke, nichts gegen sie einzuwenden. Tatsächlich fällt in ihrem 14 Seiten langen Text weder vor noch nach dieser Randbemerkung eine judenfeindliche Äußerung. Andere Schreiberinnen übernehmen nahezu stereotyp Redewendungen und Argumentationsmuster der NS-Propaganda, etwa »Die Juden sind unser Unglück« und »Das deutsche Volk wehrt sich nur gegen die Juden«.[304]

Es ist davon auszugehen, dass ein großer Teil der Verfasserinnen Antisemitismus vorwiegend in seiner Funktion als Begründung der Volksgemeinschaft einsetzt: Das »Eigene« existiert nur durch die Abgrenzung zum »Fremden«. Der Antisemitismus, zumindest der radikale, menschenverachtende und gewalttätige Antisemitismus Hitlers und Goebbels', war demnach für die Mehrheit der Verfasserinnen das »Kleingedruckte« ihres individuellen Vertrages mit der ersehnten Volksgemeinschaft.[305] Auch die Berlinerinnen, die seit 1927 die judenfeindliche Polemik ihres Gauleiters Joseph Goebbels erlebten, äußern sich nicht zu den antisemitischen Zielen und Methoden des Nationalsozialismus.[306] Antisemitismus war durch die politische Prägung der Verfasserinnen latent vorhanden. Der Nationalsozialismus befeuerte letztlich dessen Radikalisierung.

304 Vgl. Abel-Biogramm/Nr. 187/Lisi Paupié, S. 19 f.: »Die Juden sind unser Unglück das ist uns klar und wir müssen uns dagegen wehren.«. Mehrfach ist auch von einer »Verhetzung« der Volksgenossen durch eine »jüdische Presse« die Rede.

305 Dazu Wildt, Ungleichheit, S. 36: »Antisemitismus konstruierte die nationalsozialistische ›Volksgemeinschaft‹; er befeuerte auch deren Radikalität und Destruktionspotential.«

306 Dies ist an zwei Beispielen zu belegen: a) Goebbels zielte darauf, den Berliner Polizeivizepräsidenten Dr. Bernhard Weiß durch Rufmord verbal zu vernichten. In Weiß sah Goebbels das Sinnbild des gebildeten, erfolgreichen Juden und den Repräsentanten einer Ordnungsmacht, die die Republik verteidigte. Die Inhalte solcher antisemitischen Hetzreden und -artikel erwähnen die Autorinnen nicht, wohl aber ihre Sympathie für Goebbels, der durch seine polarisierende Grenzüberschreitung Schaudern, Bewunderung und – hinsichtlich der von ihm lächerlich gemachten Gegner – Schadenfreude in ihnen hervorrief. b) Klara Petersson nahm an einer Versammlung im Berliner Kriegervereinshaus am 4. Mai 1927 teil. Goebbels polemisierte hier aggressiv gegen Juden. Sie erwähnt dies jedoch nicht und äußert sich auch an keiner anderen Stelle ihres Biogramms antisemitisch. Erwähnenswert ist für sie allein die Körperverletzung an dem evangelischen Pfarrer Stucke, der Goebbels' nicht-arische Erscheinung kommentierte. Stucke wurde von SA-Leuten krankenhausreif geschlagen, was Petersson lapidar kommentiert, er habe eine »Ohrfeige eingeheimst«. Mehr dazu in den Endnoten zum entsprechenden Biogramm. Vgl. Abel-Biogramm/Nr. 588/Klara Petersson.

Volksgemeinschaft als Abgrenzung zu politischen Gegnern

Nationalsozialistischer Sozialismus grenzte sich ab hinsichtlich Nationalität, Rasse, Religionszugehörigkeit und Gesundheit, verstand sich aber als vereinheitlichend und harmonisierend hinsichtlich der Gesellschaftsschichten. Doch nicht alle gesunden, »arischen« Deutschen sollten den nationalen Sozialismus genießen. Das Bekenntnis zur »Idee des Führers«,[307] wie die Verfasserinnen die NS-Ideologie nennen, war maßgeblich. Andersdenkenden war die Partizipation an der Volksgemeinschaft versagt.

Ambivalent war das Verhältnis der Alten Kämpferinnen zu Kommunisten, handelte es sich bei den politischen Erzfeinden doch, wie Erna Stoyke sich ausdrückt, um »Deutsche, wie wir sie auch waren«.[308] Einige Autorinnen gingen davon aus, dass Kommunismus und Nationalsozialismus grundsätzlich ähnliche Ziele verfolgten. So nennt Käthe Eiden als symbolische Gemeinsamkeit »die rote Farbe das Bekenntnis zum Sozialismus«.[309] Über diese Brücke glaubten sie, den »durch den Bolschewismus irregeleiteten deutschen Arbeiter«[310] zu erreichen. Lisi Paupié, die selbst eine sozialistische Haltung als Beitrittsmotiv zur NSDAP angibt, beweist eine gewisse Empathie für die Gegner:

> »Es sind arme verhetzte Menschen und durch die Behandlung der obersten 10000 durch ihren Klassenstolz *so* geworden. Ich war ihnen nicht so böse, wußt ich doch selbst *wie* verletzend diese Klasse sein konnte u. noch war.«[311]

Andere Verfasserinnen vertreten die Auffassung, die kommunistischen Arbeiter seien einer jüdischen Einflussnahme erlegen, »verblendet von dem Hass, der blinden Wut des kleinen erniedrigten, vom Juden bestochenen, deutschen Menschen«.[312] Die nationalsozialistischen Frauen verfolgten ihre Vorstellung von volksgemeinschaftlicher Harmonie, indem sie durch verständnisvolles Zureden versuchten, die Linken auf den rechten Weg zu bringen und den »deutschen Menschen«[313] in ihnen zu »wecken«. Maria Wiebe schreibt über diese Mission:

> »Ohne Furcht ging ich zu den Kommunisten, in denen ich immer den Deutschen sah, u. machte sie auf den Wahnsinn ihrer internationalen, materialistischen Weltanschauung aufmerksam. Es freute mich, wenn sie mir auch

307 Vgl. Abel-Biogramm/Nr. 195/Maria Engelhardt, S. 12.

308 Abel-Biogramm/Nr. 363/Erna Stoyke, S. 2.

309 Abel-Biogramm/Nr. 244/Käthe Eiden, S. 2.

310 Abel-Biogramm/Nr. 46/Grete Kircher, S. 2. Grete Kircher übernimmt hier den nationalsozialistischen Diskurs zu Antikommunismus und Antisemitismus. Ein besonderes Anliegen war ihr die Bekämpfung »des Kommunismus und des dahinterstehenden Juden«.

311 Abel-Biogramm/Nr. 187/Lisi Paupié, S. 13.

312 Abel-Biogramm/Nr. 363/Erna Stoyke, S. 2.

313 Den Begriff des »deutschen Menschen«, der in die Volksgemeinschaft einbezogen wird, verwenden auch: Abel-Biogramm/Nr. 244/Käthe Eiden, S. 12, Abel-Biogramm/Nr. 195/Maria Engelhardt, S. 15.

nur ein wenig Verständnis entgegenbrachten. Sie waren doch nur durch die jüdische Presse verhetzt u. betrogen – dazu nun die Arbeitslosigkeit.«[314]

Bewusst suchten auch andere Alte Kämpferinnen den Kontakt, indem sie in »roten« Stadtvierteln und kommunistischen Veranstaltungen für den Nationalsozialismus warben. Maria Engelhardt spürte dort gezielt die politisch Unentschlossenen auf:

»›Gemeinnutz geht vor Eigennutz‹, ›Abschaffung des Klassenhasses und Klassendünkels‹, dies waren unsere Hauptparolen. Wir gingen in kommunistische Versammlungen, um uns dort die Sucher, auch hier gab es solche, herauszuholen.«[315]

Die 20-jährige Erna Stoyke betrachtete die Kommunisten als eine Art verlorener Brüder – zumindest solange die Hoffnung bestand, sie zu überzeugen:

»Ich habe ihnen vor Augen geführt, dass wir doch Brüder seien. Verrat sei für jeden Deutschen eine Schande, und sie sollten […] uns helfen, wieder frei und einig zu werden. Menschenskinder seht ihr denn nicht, dass wir so zu Grunde gehen müssen.«[316]

Gelegentlich hatten die Verfasserinnen mit ihrem Vorgehen Erfolg, so wie Anna Nieke: Dem Angriff einer jungen Kommunistin begegnete sie mit Nachsicht, wodurch sie die junge Frau und ihre Kameraden für den Nationalsozialismus gewann.

»Hilde und ihre Freundin wurden bei uns tüchtige Mädels, sie brachten ihre Freunde von der K.P.D. die sind zur S.A. übergetreten, sind brave Leute geworden.«[317]

Gelang es jedoch nicht, die »Kommune« als »brave« Volksgenossen zu gewinnen, wendete sich das Blatt. Die Brücke der Verständigung wurde abgebrochen, die volksgemeinschaftliche Harmonie aufgekündigt. Einige Alte Kämpferinnen begegneten kommunistischen Frauen mit offener Feindschaft. Sie beschreiben das gegenseitige Beleidigen und Bespucken sowie das Abreißen politischer Abzeichen.[318] Unter den Männern beider Lager eskalierte die Gewalt: Zahlreiche Autorinnen berichten von den politischen Kämpfen mit Verletzten und Toten. In diesen Schilderungen erscheinen die Kommunisten als verhasste Brüder und

314 Abel-Biogramm/Nr. 456/Maria Wiebe, S. 10.

315 Abel-Biogramm/Nr. 195/Maria Engelhardt, S. 12. Als »Sucher« bezeichnet Engelhardt jene, die nach politischer Orientierung suchen und sich parteipolitisch noch nicht festgelegt haben. Gerade sie sollen vom Nationalsozialismus überzeugt werden. Ein ähnliches Vorgehen findet sich u.a. bei Lisi Paupié.

316 Abel-Biogramm/Nr. 363/Erna Stoyke, S. 4.

317 Abel-Biogramm/Nr. 177/Anna Nieke, S. 12.

318 Vgl. u.a. Abel-Biogramm/Nr. 36/Hertha von Reuss, S. 2, Abel-Biogramm/Nr. 41/Marlene Heder, S. 6, Abel-Biogramm/Nr. 187/Lisi Paupie, S. 13.

stärkste Widersacher, die »rücksichtslos« bekämpft werden müssten.[319] Auch die Verfasserinnen der Abel-Biogramme diffamierten die Kommunisten, beschönigten und billigten schadenfroh die Brutalität der »Braunhemden«. Symbolisch für den Ausschluss politischer Gegner aus der Gemeinschaft der »Eigenen« ist eine Begebenheit, die Maria von Belli erzählt: ihre neue Heimat, ein nationalsozialistisches Dorf in Brandenburg, boykottierte geschlossen ein »rotes Sportfest«, indem den kommunistischen Jugendlichen kein Zimmer vermietet und kein Brot verkauft wurde, und die Einwohner – auch Familie von Belli – sich in ihren Häusern verschanzten. Die Nationalsozialistin beschreibt die Kommunisten als Sinnbild des Andersartigen:

> »Jugendliche zumeist, schmutzig und blass, aber nichts destoweniger verwegen. Die Mütze schief, die Zigarette im Mund, die rote Blume hinter dem Ohr. Mädchen darunter, im Badetrikot, mit wildem, fremden Gesichtsausdruck.«[320]

Beim Einzug der »Roten« waren im Dorf sämtliche Fenster und Türen verschlossen.[321]

Die nationalsozialistische Volksgemeinschaft grenzte folglich auch Deutsche anderer politischer Überzeugung aus. Der »nationale Sozialismus« wurde von den Autorinnen zum Wohle der potentiellen oder bereits überzeugten Sympathisanten, der Wähler und Unterstützer und vor allem der Parteigänger der NS-Bewegung verstanden und praktiziert.

Volksgemeinschaft als persönliches Opfer für das Vaterland?

Die Idee der Volksgemeinschaft stellen besonders jene Verfasserinnen in den Vordergrund, die höheren Gesellschaftsschichten angehören oder diesen im Kaiserreich einmal angehört hatten.[322] Volksgemeinschaft bedeutet für sie jedoch mehrheitlich nicht soziale Gleichheit, sondern eine respektvolle Anerkennung anderer sozialer Schichten, solange diese »an ihrem Platz« ihre Leistung für die Volksgemeinschaft erbrachten. Der Wert eines Volksgenossen bemaß sich demnach nicht an Besitz oder Bildung, sondern an seinem Nutzen für die Gemeinschaft – für viele Verfasserinnen war dieser Utilitarismus der

319 Der Begriff »rücksichtslos« ist ein typischer und symptomatischer Terminus der NS-Propaganda.

320 Abel-Biogramm/Nr. 212/Maria von Belli, S. 12.

321 Ebd.

322 Die meisten Verfasserinnen wuchsen, zumindest während einiger Jahre ihrer Kindheit und Jugend, in bürgerlichen, etwa zur Hälfte sogar in »besseren« Verhältnissen auf. Ein Beispiel für den gesellschaftlichen Abstieg nach 1918 und die Diskrepanz zwischen »empfundener« und »de facto«-Schichtzugehörigkeit ist Lisi Paupié, die als Kriegerwitwe nur eine kleine Hinterbliebenenrente bezog. Abel-Biogramm/Nr. 187/Lisi Paupié.

Volksgemeinschaftsidee revolutionär und faszinierend.[323] Frauen, die aus Offiziers-, Beamten- und gut situierten Kaufmannsfamilien stammen, stellen in ihren Aufsätzen explizit die Tugenden und Fähigkeiten der »einfachen Leute« heraus. Sie betonen, wie harmonisch sich der Umgang zwischen Menschen unterschiedlicher sozialer Herkunft gestalte. Indes manifestieren sie in ihren Ausführungen – bewusst oder unbewusst – die Anerkennung gehobener Herkunft und gesellschaftlicher Überlegenheit, auch der eigenen. So streichen sie in ihrer Selbstdarstellung das Ablegen der »Standesdünkel«[324] als positiv heraus und verdeutlichen gleichzeitig, dass es sich dabei um einen besonderen Umstand handelt, ein Opfer für die Volksgemeinschaft.

Mehr oder weniger dezent präsentieren sie ihre Herkunft, belegen ihre höhere Bildung und üben milde Nachsicht mit den »schlichten, einfachen Menschen«. Auf diese Weise benutzen sie die Volksgemeinschaftsidee – beabsichtigt oder unbeabsichtigt – zur Herausstellung ihrer gehobenen gesellschaftlichen Position. Als Beispiel dafür kann noch einmal Maria von Belli dienen. Sie unterschreibt mit ihrem Namen und zusätzlich mit ihrem Mädchennamen, der sie als »Freiin von Perfall«[325] ausweist. Wie bereits erwähnt, lebten die von Bellis nach dem Ersten Weltkrieg in einem Dorf in Niederbayern. Maria von Bellis Sohn wuchs dort gemeinsam mit den Bauernkindern auf. Sie beschreibt die ersten Jahre ihres Sohnes:

> »Es lief barfuss wie sie mit einem Stück trockenem Schwarzbrot in der Hand durch die Pfützen und spielte den ganzen Tag mit ihnen. Eine alte Nachbarin prophezeite: das wird a mal a richtiger Knecht, um mir etwas Liebes zu sagen und auf sein Wachstum und sein blühendes Aussehen hinzuweisen.«[326]

Durch ihre nachgeschobene Erläuterung kennzeichnet Maria von Belli dieses nicht standesgemäße Kompliment als Fauxpas, übt dann jedoch Nachsicht mit der Bäuerin und entschuldigt die Unwissenheit dieser Frau vor dem Leser. Nicht ohne Standesbewusstsein lässt sie in ihrem romanhaften Rückblick gleichzeitig ihren Kontakt zu Persönlichkeiten aus gehobenen Kreisen einfließen.[327] Die sozialistische Komponente des Nationalsozialismus hat möglicherweise in Maria von Bellis bewusstes Handeln Eingang gefunden, bis dahin jedoch noch nicht in ihre gedachten gesellschaftlichen Ordnungsmuster. Ihre metaphorische Proklamation bleibt insofern ein Lippenbekenntnis:

323 Das utilitaristische Verständnis von Volksgemeinschaft ist auch in den Biogrammen der Männer nachzuvollziehen: »Ganz im Sinne der nationalsozialistischen Propaganda forderten die Autobiografen der Abel Collection nicht soziale Gleichheit, sondern Fairness und Respekt als ehrenvolle Mitglieder der deutschen Volksgemeinschaft.«, Rohkrämer, S. 85.

324 Vgl. u. a. Abel-Biogramm/Nr. 46/Grete Kircher, S. 1.

325 Abel-Biogramm/Nr. 212/Maria von Belli, S. 13.

326 Ebd., S. 5

327 So war es ein ehemaliger Fliegeroffizier, von dem sie schreibt, er habe sie für den Nationalsozialismus geworben. Ferner gehörten ein baltischer Baron, der die nahe Gaststätte bewirtschaftete, und der Pfarrer des Ortes zu den Freunden der Familie. Vgl. ebd.

> »Das Leben hatte uns an die Hand genommen und in die erste Schulklasse des Nationalsozialismus geführt. Dort stand das Eine an die Wand geschrieben: Uns schuf aus einem Stoffe die Natur!«[328]

Auch der »selbstverständliche«[329] Sozialismus der Fabrikantentochter Meta Gruse wird bei näherer Betrachtung ihrer Biographie schnell fadenscheinig.[330] Ihr Leben und ihre Ehe begannen auf finanziell und gesellschaftlich hohem Niveau:

> »1909 heiratete ich einen Landwirtschaftlichen Maschinenfabrikbesitzer. Wir hatten eine gut gehende Fabrik, ein schönes Haus, Geld genug von meinen Eltern, ebenfalls von meinem Mann, daß wir einigermaßen sorgenfrei leben konnten. In unserem kleinen Städtchen steckten wir aber bald in einem Kreis, der zur Klique ausartete, in den kein weniger gut situierter hineinkam.«[331]

Ihr Gatte, der im Ort eine »maßgebliche Persönlichkeit« war, musste 1928/29 Insolvenz anmelden. Nun bemerkte Meta Gruse die »Fingerspitzenfreundlichkeit«[332] dieser Clique. Sie spürte, dass sie angesichts ihrer wirtschaftlichen Situation aus der besseren Gesellschaft ausgeschlossen respektive abgestiegen war, was Neid und Scham in ihr auslöste. So befürwortet sie die Aufhebung sozialer Hierarchien in erster Linie im Hinblick auf ihre eigene Ehrenrettung. Der »nationale Sozialismus« liefert ihr einen ideologisch verbrämten und damit würdigen Ausweg aus ihrer ganz persönlichen sozialen und emotionalen Misere:

> »Der Boykott setzte auch im gesellschaftlichen Leben ein, und ich machte den [...] erwähnten Trennungsstrich zwischen vielen Bekannten, Freunden und mir. Die Loslösung mußte erfolgen, weil uns doch der Nationalsozialismus eine Weltanschauung brachte, die man erleben mußte, um sie richtig zu begreifen. Dazu brauchte man eben eine Trennung von allem Gewesenen.«[333]

Das Bekenntnis zu Hitler benutzt sie als Werkzeug, um sich als Märtyrerin für die gute, »sozialistische« Sache zu fühlen und ihr positives Selbstbild wieder herzustellen. Zudem gewinnt sie durch ihr nationalsozialistisches Engagement »Prestige und Status auf neuem Wege«.[334]

Nach ähnlichem Muster suchte auch die junge Offiziersfamilie von Belli Zuflucht in einer anderen Lebensform, hier in der Rückbesinnung auf die »vorgesellschaftliche Natürlichkeit«, von der Martin Broszat spricht.[335] Der Nationalsozialismus lieferte auch ihr später den ideologischen Unterbau. In der Schilderung Maria von Bellis deutet sich ein fließender Übergang zwischen

328 Ebd., S. 3.
329 »Der Sozialismus war für mich damals eine Selbstverständlichkeit.«, Abel-Biogramm/Nr. 353/Meta Gruse, S. 1.
330 Vgl. Merkl, S. 127.
331 Abel-Biogramm/Nr. 353/Meta Gruse, S. 2.
332 Ebd., S. 3.
333 Ebd., S. 9.
334 Broszat, S. 395.
335 Ebd., S. 396.

Volksgemeinschaft und nationalsozialistischer Blut-und-Boden-Mythologie an – eine Vorstellung, die auch die 36-jährige Kauffrau Marianne Meinecke faszinierte.[336] Sie begrüßt die erdbraune Uniformierung der Partei und ihrer Organisationen, insbesondere die der Kinder und Jugendlichen, als Zeichen der volksgemeinschaftlichen Einheit:

> »Wir nehmen unsere Kinder an die Hand, und zeigen ihnen das Land des Vaters […]. Wir kleiden sie in die braune, die Farbe der Mutter Erde, die der Führer als einigendes Band um alle Kinder dieser unserer deutschen Erde geschlungen hat.«[337]

Am Beispiel Marianne Meineckes, die keine eigenen Kinder hatte, zeigt sich, wie facettenreich die Sehnsucht nach Volkseinheit sein konnte.

Volksgemeinschaft als Möglichkeit persönlichen Aufstiegs

Die Volksgemeinschaftsidee des nationalen Sozialismus erhielt ihre Attraktivität auch für jene, die am unteren Ende der sozialen Leiter standen: Sie verhieß ihnen eine praktische Verbesserung der eigenen Lebenssituation, sowohl im Hinblick staatliche Unterstützung, Wohnraum oder Arbeitsplatz als auch im Hinblick auf gesellschaftlichen Aufstieg.

Die Alte Kämpferin Klara Petersson, die um 1930 in schwierigen Verhältnissen lebte, verdeutlicht das an ihrer Lebensgeschichte. Ihr Ehemann, der schon 1925 in die NSDAP eingetreten war, verlor 1930 seine Beschäftigung als Ingenieur – wie Klara Petersson vermutet, aus politischen Gründen. Die anschließend von den Peterssons geführte SA-Kneipe musste hochverschuldet schließen. Da sie ihre Wohnungsmiete nun nicht mehr zahlen konnten, zogen die Eheleute in die Schrebergartenlaube eines Verwandten. So verstand Klara Petersson unter Sozialismus vor allem materielle Gerechtigkeit, die sie für sich und ihre Familie beanspruchte. Doch es durfte, mit dem Fingerzeig auf eine frühe NSDAP-Mitgliedschaft, auch ein bisschen mehr sein. Mit einem angemessenen Arbeitsplatz für ihren Ehemann würde ihr, die aus einer dreizehnköpfigen Weberfamilie stammte, nicht nur der geplante Hausbau, sondern auch ein gesellschaftlicher Aufstieg gelingen.[338] In ähnlichen, für sie ungewohnt einfachen Verhältnissen lebte die Alte Kämpferin Lisi Paupié mit ihrem Sohn. Die Krankenschwester erfuhr durch den Tod ihres Ehemannes, der Ingenieur gewesen war und an den Nachwirkungen einer Kriegsverletzung starb, einen herben sozialen Abstieg, den sie am Beispiel ihrer wechselnden Wohnsituationen darstellt. Der Tod des Ehemannes hatte die Kündigung der Dienstwohnung zur Folge. Der vorübergehenden Einquartierung bei Verwandten folgte der Bezug

336 Zu Herkunft und Bedeutung der »Blut-und-Boden-Mythologie« vgl. Schmitz-Berning, S. 110 f.

337 Abel-Biogramm/Nr. 116/Marianne Meinecke, S. 7.

338 Abel-Biogramm/Nr. 588/Klara Petersson.

einer zugigen Dachwohnung. Paupié bekannte sich schon früh zum Nationalsozialismus, so dass sie politische Gründe dafür sah, bei der Wohnungsvergabe übergangen worden zu sein: »So wartete ich 11 Jahre umsonst und sah wie andere längst Wohnung hatten die nach mir sich gemeldet«.[339] Der Aufstieg der NSDAP und wachsende Netzwerke unter den Parteigenossen verhalfen ihr schließlich zu einer Neubauwohnung in Hausgemeinschaft mit Gleichgesinnten. In einer Berliner Laubenkolonie, als Dauergast ihrer Schwester, lebte über mehrere Jahre auch die geschiedene Anna Nieke. Für sie sollte sich die vom Konzept der Volksgemeinschaft erhoffte soziale Gerechtigkeit nach dem Machtantritt Hitlers vollziehen. Ihre Heirat mit einem SA-Mann im Sommer 1933 verhalf ihr nicht nur zu eigenem Wohnraum, sondern auch zur Möblierung desselben über das neu eingeführte Ehestandsdarlehen.[340] Anna Niekes Lebensverhältnisse verbesserten sich enorm. Entsprechend schließt sie ihr Essay mit dem Wunsch – der zugleich das wichtigste Motiv ihres Engagements für die NSDAP darstellt: »Gott helfe weiter treu und fest für unsern Führer und Reichskanzler für Gerechtigkeit zu kämpfen.«[341]

Volksgemeinschaft als Märtyrergemeinschaft

Gerechtigkeit forderte der Nationalsozialismus auf allen Ebenen. Die wütende Anklage gegen erlittenes Unrecht war eines der zentralen Elemente nationalsozialistischer Propaganda, begonnen mit der Kriegsniederlage durch einen heimtückischen »Dolchstoß« und dem als Demütigung empfundenen Friedensvertrag von Versailles. Die nationalsozialistische Antwort war die Inszenierung des Deutschen als ungebrochenem Märtyrer. Einer gedachten Weltverschwörung gegen Deutschland setzte der Nationalsozialismus seine »verschworene Gemeinschaft«,[342] wie Käthe Eiden es nennt, entgegen. Volksgemeinschaft bedeutete dementsprechend immer auch Leidensgemeinschaft. Gerade die Vorstellung, permanenten Angriffen ausgesetzt zu sein, stärkte das Gemeinschaftsgefühl. So verstanden sich auch die meisten Autorinnen der Abel-Biogramme als Märtyrerinnen – insbesondere natürlich während der Kampfzeit. Ihr Selbstopfer für die »Idee« und die »Gemeinschaft« verschaffte ihnen eine über ihre eigene Persönlichkeit hinausweisende Bedeutung: Selbsterhöhung durch Selbstüberwindung – bis hin zur Selbstverleugnung. Stolz demonstrieren sie in ihren Essays ihre Leidensfähigkeit als Unbeugsamkeit und Stärke. Marianne Meinecke zeigt ihre Auffassung einer deutschen Märtyrergemeinschaft auf der höchsten Ebene, der Weltgemeinschaft, und endet mit einem missionarischen Sendungsbewusstsein:

339 Vgl. Abel-Biogramm/Nr. 187/Lisi Paupié, S. 7.
340 Zu Ziel und Modalitäten des »Ehestandsdarlehens« vgl. Schmitz-Berning, S. 161.
341 Abel-Biogramm/Nr. 177/Anna Nieke, S. 13 f.
342 Vgl. Abel-Biogramm/Nr. 244/Käthe Eiden, S. 3.

»Wir haben im Herzen das Wissen: diese Erde Deutschlands trägt das leidensfähigste Volk; seine Mission ist es, den Völkern der Welt den Spiegel vorzuhalten, ihnen alles vorzuleben u. vorzuleiden, den Haß, die Selbstzerfleischung, die Erniedrigung, und – die Selbstbesinnung, die Erhebung, den Befehl des Christentums in der Sprache uns. Zeit: Gemeinnutz geht vor Eigennutz! Wohl uns! Wir sind das glücklichste Volk der Erde! Trotz Not! Trotz Bedrückung! In unserem Land brennt zuerst das Licht, was eines Tages die finstere Welt erleuchten wird!«[343]

Anna Nieke bietet ein drastisches Beispiel für persönliches Märtyrertum auf der untersten Ebene, nämlich bei politisch motivierten Schlägereien auf der Straße:

»Wenn ich Fußtritte u. Backzähne zu schlucken erhalten habe, habe ich nur stets gesagt, Mensch mein Lieber, du siehst so anständig aus, deine Eltern haben dich bestimmt dazu nicht erzogen. Du willst doch mal ein tapferer S.A.M. [S.A.-Mann] werden. Komm heute nach der Huttenstr. 23 zur Versammlung, dir passiert dort nicht's, ich bin da. So haben wir immer geworben.«[344]

Der Nationalsozialismus legitimierte nach der Vorstellung seiner frühen Sympathisantinnen auch das vaterländische Selbstopfer von Frauen – wenn nicht im Kriegseinsatz, so doch im politischen Straßenkampf – und bot damit einen Ausbruch aus der traditionellen Geschlechterrolle, die weibliches Heldentum vor »dem Feind« nicht vorsah.

Bei Helene Radtke gewinnt Märtyrertum eine deutlich feministische Dimension. Als Frau und Mutter stellt sie sich einer »Straßen-Zusammenrottung« von Männern des »Reichsbanners« entgegen, um ihren Sohn zu schützen. Radtke entrollt folgendes Bild:

»Man forderte mich mehrmals auf, die Straße zu verlassen, was ich entschieden ablehnte, da ich meinen Jungen, der im H.J. dienst war, erwartete. An diesem Tage bestand insbesondere die Gefahr, daß sie meinen Jungen zusammenschlagen würden. Die schmutzigsten Witze, die mehr denn unerhört waren, wurden über unseren geliebten Führer losgelassen. Beleidigungen der übelsten Art fielen auf mich herunter. Selbst mit Zusammenschlagen wurde ich bedroht. [...] Furchtlos hielt ich gegen diesen Abschaum der Menschheit stand und verließ nicht eher die Straße bis der letzte Mann vor meinem Hause sich entfernt hatte.«[345]

Anschließend kehrt sie siegreich in die Gemeinschaft der selbsternannten Märtyrer zurück: »Nach diesem Zwischenfall begab ich mich in das Café ›Braunes

343 Abel-Biogramm/Nr. 116/Marianne Meinecke, S. 8.

344 Abel-Biogramm/Nr. 177/Anna Nieke, S. 12. Ähnlich berichtet die nationalsozialistische Hausfrau Helene Radtke: »Ich sowie meine Kinder wurden täglich bespuckt und beschimpft.«, Abel-Biogramm/Nr. 207/Helene Radtke, S. 11.

345 Ebd., S. 12.

Haus‹ wo ich unsere Leidensgenossen vorfand.«[346] Besonders in den beiden ersten Beispielen ist eine gewollte Analogie zu den Motiven christlichen Märtyrertums unübersehbar. Die Heiligenlegenden, mit der manchmal bitteren Ironie der gequälten Märtyrer, die Passionsgeschichte und auch das Bild des geknechteten, »auserwählten Volkes« waren der damaligen Gesellschaft vertraut. So sprach die Konzeption der Volksgemeinschaft als Leidensgemeinschaft die Zeitgenossen emotional an und lud sie zur Identifikation ein.

Volksgemeinschaft im Kleinen – Die Ortsgruppe als Familie

Die unterste Bedeutungsebene der Volksgemeinschaft, und für viele nationalsozialistische Frauen die zentrale, war die NSDAP-Ortsgruppe. Hier erfuhren sie die ersehnte Volkseinheit im Kleinen. Im volksgemeinschaftlichen Mikrokosmos der Ortsgruppe erlebten sie auch die »wesensverschiedene Gleichwertigkeit der Geschlechter«[347] als außerordentlich attraktiv. Kameradschaftlich an der Seite der Männer für das gleiche Ziel zu arbeiten, erinnerte sie an den »Geist von 1914« und erfüllte sie mit Zufriedenheit: »Grade wir Frauen konnten nun endlich wieder wirklich helfen.«[348] Und auch das Versprechen sozialer Gleichheit unter jenen, die bereit waren ihre Leistung zu erbringen, schien eingelöst: »Jeder gab sein Bestes [...]; erst waren wir wenige, dann immer mehr, gleich ob arm oder reich«,[349] stellt Hertha von Reuss befriedigt fest. Der zupackende »Sozialismus der Tat« der Alten Kämpferinnen war gefragt: in den Ortsgruppen, in den entstehenden nationalsozialistischen Frauenorganisationen – den hitlertreuen Deutschen Frauenorden eingeschlossen – sowie überregional in der 1932 gegründeten NS-Volkswohlfahrt. So waren sowohl Zugehörigkeit als auch das Angebot aktiver Mitarbeit wesentliche Motive, sich für die NSDAP zu engagieren.

1.2.5 Zusammenfassung

Die Idee einer Volksgemeinschaft, geschaffen durch einen gelebten nationalen Sozialismus, wird von der Mehrheit der Autorinnen der Abel-Biogramme als wichtigstes Motiv genannt, sich für den Nationalsozialismus zu engagieren.

Den Begriff der Volksgemeinschaft, der schon um 1900 entstanden war, verbindet etwa die Hälfte der Autorinnen eng mit dem »Geist von 1914«, einem Gemeinschaftsgefühl zu Beginn des Ersten Weltkrieges, das von ihnen als national und schichtübergreifend erlebt wurde. Zudem beziehen sie aus dem Kriegserlebnis das Selbstverständnis, Teil einer deutschen Schicksals- und

346 Abel-Biogramm/Nr. 207/Helene Radtke, S. 12.
347 Maubach, S. 268.
348 Abel-Biogramm/Nr. 44/Hertha von Reuss, S. 1.
349 Ebd., S. 2f.

Leidensgemeinschaft zu sein. Vor dem Hintergrund der eskalierenden gesellschaftlichen Konflikte in der Weimarer Republik findet eine Rückbesinnung auf den nationalen Gemeinschaftsgeist statt, die während jener Jahre in annähernd allen politischen Parteien auf Resonanz stieß, allerdings in unterschiedlicher Auslegung.

Der mehrheitlich konservativen Prägung der Verfasserinnen entsprach am ehesten der Volksgemeinschaftsbegriff der DNVP. Mindestens sechs Autorinnen sympathisierten einige Zeit mit der Partei. Deutschnationale Politikerinnen vertraten ein Konzept der wesensverschiedenen Gleichwertigkeit der Geschlechter und deren notwendiger Kooperation zum Wohl der Volksgemeinschaft, was Frauen eine Partizipation in Politik und Gesellschaft ermöglichte. Die geschlechterübergreifende Perspektive der Volksgemeinschaft war für die Autorinnen durchaus relevant, trat aber hinter das Anliegen sozialer Gerechtigkeit zurück. Sie verlangten nicht nur den traditionellen konservativen Nationalismus, sondern gleichermaßen einen revolutionären nationalen Sozialismus. Letzterer hatte für sie maßgebliche Bedeutung, so dass sie bisher favorisierten nationalkonservativen Parteien den Rücken kehrten. Besonders an die DNVP erging der Vorwurf, durch elitäre Interessenpolitik die deutsche Gesellschaft noch tiefer zu spalten.

Das Konzept des Nationalsozialismus, die Verbindung von »national« und »sozialistisch«, von Kontinuität und Veränderung, war neu und an kein soziales Milieu gebunden. Die NSDAP konnte sich daher als klassenübergreifende Volkspartei und als Partei der einenden Volksgemeinschaft profilieren. Die Attraktivität des Nationalsozialismus bestand auch darin, dass er nicht allein als politische Partei formierte, sondern auch als aus dem Volk erwachsene »Bewegung«, was in den Augen der Alten Kämpferinnen für deren Authentizität und Idealismus sprach.

Die Volksgemeinschaftsidee war eines der tragenden Elemente der NS-Propaganda. Sie arbeitete mit der Dichotomie von Einheit und Ausgrenzung. Durch eine Abgrenzung der »Volksgemeinschaft« nach außen konnte sie integrativ nach innen wirken. Durch die Abgrenzung der »Eigenen« von den »Fremden« entstand ein polarisiertes Weltbild und damit klare Orientierung. Die Aufnahme in die Volksgemeinschaft bedeutete Zugehörigkeit, ein Gefühl von Stärke sowie die Sicherung und Hebung des sozialen Status. Entsprechend fungierte die Ausgrenzung des »Anderen« als Werkzeug der Selbstkonstruktion.[350] Mit dem Recht, zur Volksgemeinschaft zu gehören, war die Pflicht verbunden, sich für die Volksgemeinschaft zu engagieren.

Den Begriff National-Sozialismus verstanden die Autorinnen wörtlich: Nationalismus war ein Teil ihrer Identität. Sozialismus, verstanden als Kooperation verschiedener gesellschaftlicher Schichten, war ihr Ideal.[351] Die Idee einer

350 Planert, Germania, S. 17.

351 Es ist in der Gesamtheit der weiblichen Essays eine Anerkennung der »einfachen Leute« abzulesen, wenn auch oft mit dem einschränkenden Hinweis auf ihre

Volksgemeinschaft auf der Basis eines nationalen Sozialismus faszinierte viele Verfasserinnen der Abel-Biogramme und veranlasste sie, in ihrem Lebensumfeld und Alltag einen »Sozialismus der Tat« zu praktizieren.

Die nationalsozialistische Volksgemeinschaft war eine Ausgrenzungsgemeinschaft. Wer ein Teil der Gemeinschaft sein durfte, definierte die NS-Ideologie. Ein wesentlicher Ausgrenzungsfaktor des Nationalsozialismus war der biologistische Parameter »Rasse«. Unter den Autorinnen folgten jedoch nur wenige dieser Auslegung der Volksgemeinschaft. Für die völkische Rassenlehre interessierten sich außer der Biologiestudentin Ruth Gratwohl nur drei von 36 Verfasserinnen.

Ein ausdrücklich »rassisch« begründeter Antisemitismus wird in kaum einem Essay deutlich. Vielmehr erscheinen judenfeindliche Äußerungen fast immer im Zusammenhang mit Ängsten vor gesellschaftlichen Umbrüchen: Als »fremd« oder bedrohlich empfanden die Alten Kämpferinnen in erster Linie den Kommunismus sowie den Kapitalismus, den Materialismus und die Moderne. Der Nationalsozialismus führte jede dieser unterschiedlichen »Bedrohungen« auf Juden als Ursprung und treibende Kraft zurück. Damit schuf er ein geradezu universelles Feindbild, das den meist latent vorhandenen Antisemitismus der Verfasserinnen bestärkte. So werden Juden in vielen Essays als »Gemeinschaftsfremde« benannt. Häufig geschieht dies jedoch durch antisemitische Bemerkungen, die stereotyp aus der NS-Propaganda übernommen wurden. Die Feindseligkeit gegenüber Juden bleibt zum Zeitpunkt der Niederschrift – im Sommer 1934 – noch weitgehend abstrakt.[352]

Die nationalsozialistische Volksgemeinschaft verstand sich auch als ausgrenzend hinsichtlich politischer Überzeugung. Während der NS-Kampfzeit waren die Kommunisten die entschiedensten Gegner auf der Straße, was sich in den Lebensbeschreibungen niederschlägt. Auseinandersetzungen mit den »Roten« werden oft, emotional und bildreich beschrieben. Einige Verfasserinnen versuchten durch Überzeugungsarbeit eine »Versöhnung« mit dem kommunistischen Lager. Gelang dies nicht, förderten sie die Abgrenzung, indem sie selbst den Gegnern zu schaden versuchten oder den Genossen für Gewaltanwendung Beifall spendeten.

Von den Autorinnen der Abel-Essays wird die Volksgemeinschaft jedoch weniger als ausgrenzend denn als einschließend, einigend und harmonisierend wahrgenommen. Die Idee der nationalsozialistischen Volksgemeinschaft veranlasste Frauen aus höheren Gesellschaftsschichten, die Fähigkeiten und Leistungen anderer sozialer Gruppen als volksgemeinschaftlich wertvoll anzuerkennen. Entsprechend waren sie zu Kooperation und Unterstützung bereit. Der sozialistische Ansatz fand Eingang in ihr bewusstes Handeln, seltener jedoch in ihre gedachten gesellschaftlichen Ordnungsmuster. Frauen, die in einfachsten

Herkunft und ihre Möglichkeiten. Auf der Gegenseite werden gesellschaftlich Bessergestellte kritisch betrachtet, was im Kontext der Zeit bereits ein gewisses Aufbrechen sozialer Hierarchien andeutet.

352 Eine Ausnahme bildet das Biogramm von Marianne Heimer, die aus Wien von Pogromen gegen jüdische Kaufhäuser berichtet und diese begrüßt.

Verhältnissen lebten, verbanden dagegen das Versprechen der gleichwertigen Zugehörigkeit zur Volksgemeinschaft mit sozialer Gerechtigkeit und persönlichem Aufstieg.

In der Verkehrung von Täter und Opfer stilisierte sich die NS-Bewegung als eine permanent von anderen angegriffene Außenseitergruppe. Entsprechend verstanden sich die Mitglieder als märtyrerhafte Schicksals- und Leidensgemeinschaft, was den inneren Zusammenhalt erhöhte, besonders auf der Ebene der Ortsgruppen. Die NSDAP-Ortsgruppe stellte für die Verfasserinnen die prägende Erfahrungsebene dar. Hier leisteten sie handlungsorientierte politische Arbeit und praktizierten einen »Sozialismus« gegenseitiger Unterstützung und Fürsorge. Die im vertrauten Kreis erfahrene Gemeinschaft und Anerkennung bedeutete den Verfasserinnen viel – oft einen neuen Lebenssinn. Entsprechend groß war ihre Loyalität, Kooperations- und Einsatzbereitschaft.

Maria Engelhardt fasst viele Aspekte der nationalsozialistischen Volksgemeinschaft, die für die Alten Kämpferinnen wichtig waren, zusammen:

> »Und unser Zusammenhalt in der Bewegung; es war wirklich ›Gemeinnutz geht vor Eigennutz‹! Wie oft teilten wir den letzten Bissen zusammen.[...] Jahrelang hatten meine Mutter, Schwester und ich auf eigene Weihnachtsgeschenke verzichtet, dafür brachten wir den ärmsten SS-Leuten ein Weihnachten. Oh, sie waren herrlich diese Weihnachtsfeiern, ein wahres Fest der Liebe unter Nationalsozialisten«.[353]

1.3 »Den Nationalsozialismus muß man erleben ...« – Emotionale Motive

Für die Autorinnen der Abel-Biogramme waren die beiden wesentlichsten Motive, die NSDAP zu unterstützen, die politische Überzeugung und das nationalsozialistische Konzept der Volksgemeinschaft. Einen dritten Aspekt bildeten die nicht politischen, nicht rationalen Gründe der Partizipation. Die Historikerin Christiane Brockhaus insistiert darauf, diese nicht zu übersehen: »Sieht man den Menschen nur von rationalen Motiven bestimmt, so missversteht man die emotionale Macht der Attraktion.«[354]

Die meisten Alten Kämpferinnen beschäftigten sich eingehend mit der politischen Situation in Deutschland und mit der nationalsozialistischen Ideologie. Sie traten der NSDAP aus Überzeugung bei. Dennoch ist die emotionale Wirkung des Nationalsozialismus auf die Verfasserinnen der Abel-Biogramme nicht zu unterschätzen. In den Essays kommt zum Ausdruck, dass die NS-Bewegung das Bedürfnis nach Stabilität und Geborgenheit, Teilhabe und Erlebnis sowie das Erleben und Ausleben starker Gefühle ansprach. Unter dem Aspekt der

353 Abel-Biogramm/Nr. 193/Maria Engelhardt, S. 13.

354 Brockhaus, Attraktion, S. 15.

Sicherheit wird im Folgenden zunächst die Attraktivität Hitlers als »Verantwortungsträger« untersucht: Mehrfach wird in den Essays der Bürgerbräu-Putsch von 1923 erwähnt, in dessen Nachgang dieses Bild entstand. Anschließend geht es um die NSDAP-Ortsgruppe als eine »soziale Heimat«, die Kameradschaft und familiäre Geborgenheit versprach. Innerhalb der Ortsgruppen lebten die Parteigenossinnen das Geschlechterkonzept des Ersten Weltkriegs »Soldat und Schwester« weiter, das ihnen zugleich Identifikation und Teilhabe bot. Die »verlorene Generation«, der die Mehrheit der Alten Kämpferinnen angehört, entwickelte in den 1920er Jahren einerseits einen starken Lebenshunger, andererseits – nicht zuletzt infolge biographischer Brüche – den Drang, Schuld zuzuweisen und Aggression auszuleben. Letzteres wird an zwei Beispielen anschaulich: am Hass, den Joseph Goebbels als Gauleiter der Reichshauptstadt schürte – unter dem Beifall der Berliner Nationalsozialistinnen –, und an der Gewalt, die nationalsozialistische Frauen, wenngleich nicht immer, so doch überwiegend durch »ihre« SA ausagieren ließen. In allen Kapiteln scheinen die sehr unterschiedlichen Selbstkonzepte auf, die Frauen in der NS-Kampfzeit entwickelten.

Anders als die politischen Motive, die von den Autorinnen oft als wohlüberlegte Erklärungen abgegeben werden, finden sich die emotionalen Motive meist zwischen den Zeilen. Kaum eine Frau schreibt, dass sie genoss, wie Goebbels sein Gift versprühte, aber »Freude« an seinen Veranstaltungen oder eine launige Nacherzählung derselben vermittelt indirekt die gleiche Aussage. Ebenso benennt kaum eine Verfasserin ihren Erlebnishunger, viele berichten aber begeistert über die Fülle dessen, was sie erlebten.

Die Alten Kämpferinnen versuchen die emotionale Attraktion des Nationalsozialismus mitzuteilen, indem sie bewegende Momente beschreiben: Wenn Käthe Eiden auf ihrem nächtlichen Heimweg in den Schnee schreibt: »Hitler wird Reichspräsident«,[355] oder Klara Czirnik sich an den Fackelzug durch das Brandenburger Tor am 30. Januar 1933 erinnert: »Es schien mir wie ein Traum«,[356] setzen sie voraus, dass Leserinnen und Leser ihr tiefes Gefühl als Motiv – in Theodore Abels Sinne – *verstehen* können.

1.3.1 Das Sicherheitsbedürfnis der »verlorenen Generation«

> 1926 fand ich endlich den »Mann« der das Zeug hatte, (es ist eben von Zeit zu Zeit immer nur: Einer!) zuzugreifen u. das Steuer herumzureißen u. ein Volk vor Schiffbruch u. Untergang zu retten.
>
> *Emma Eberhardt*[357]

355 Abel-Biogramm/Nr. 244/Käthe Eiden, S. 9.
356 Abel-Biogramm/Nr. 547/Klara Czirnik, S. 4.
357 Abel-Biogramm/Nr. 347/Emma Eberhardt, S. 1. Eberhardts Biogramm ist mit nur einer Seite die kürzeste der weiblichen Zuschriften. Eberhardt ist das einzige ehemalige SPD-Mitglied unter den Autorinnen.

Die wortkarge Berlinerin Emma Eberhardt bringt auf den Punkt, was sich die meisten Alten Kämpferinnen wünschten: einen Steuermann, der das Ruder übernahm. Bereits 1920 waren es vielfach die Vertreterinnen der »tragischen Generation«,[358] die, oft erkennbar an ihrer äußeren Erscheinung, den Utopien der Nationalsozialisten Gehör und Glauben schenkten. Über die Teilnehmer einer solchen Veranstaltung schrieb der spätere Reichsminister Hans Frank:

> »Es war alles ›Volk‹ in der umfassensten Weite des Begriffs. [...] Über allen lag der Massendunst von Not und Sorge, Spannung und Erwartung, von nervöser Unrast, aber auch von breiter Energie. Viele trugen Mäntel aus ›auf Zivil‹ umgearbeiteten feldgrauen Uniformen, auch Frauen, manche sehr elend, bleich, krank, düster, verzweifelt.«[359]

Genau diese »tragische« oder auch »verlorene Generation« war von einer tiefen Verunsicherung geprägt: Durch ihre erschütternden Erfahrungen, die in Frage stellten, worauf sie vertraut und woran sie geglaubt hatten, verloren viele die Leitsterne ihres bisherigen Lebens.[360] Die Folge von Verlust und Zweifel war einerseits Resignation,[361] andererseits die Sehnsucht nach Stabilität[362] in mehrfacher Hinsicht: auf materieller Ebene nach Existenzsicherheit, auf sozialer Ebene nach Zugehörigkeit und Geborgenheit sowie auf ideeller Ebene nach neuen Zielen, an die zu glauben sich lohnte – beispielsweise die Idee der Volksgemeinschaft. Diese »verlorene Generation« meinte Hitler, als er 1922 im *Völkischen Beobachter* ankündigte: »Wir brauchen die Entwurzelten als Kämpfer zum Neubau des kommenden Deutschland.«[363]

»Der Mann der das Zeug hatte ...« – Hitler als Verantwortungsträger

Über die Faszination, die von der Person Hitlers ausging, ist oft von Augenzeuginnen gesprochen worden. Eine dem Nationalsozialismus gegenüber »sehr kritisch eingestellte«[364] Zeitzeugin erinnerte sich noch 1998: »Und diese Stimme, wenn ich die heute höre, rührt in mir eine Saite an, das kann ich gar nicht

358 Den Begriff »verlorene Generation« verwendet Fest, S. 190. Von der »tragischen Generation« spricht Hanna Krüger, Die Sendung der jungen Generation, in: *Die deutsche Kämpferin*, 1. Jg. 1933, S. 3, zitiert nach Kuhn, S. 29.

359 Frank, Galgen, S. 33, zitiert nach Koonz, S. 74.

360 Unter den Frauen waren die in der Abel-Sammlung am stärksten vertretenen Jahrgänge betroffen. »Mit ihr [der gegenwärtigen Krise, K. K.] scheinen alle konstanten Werte erschüttert und in Frage gestellt.«, Neumann, S. 74. Vgl. Klaus, S. 162.

361 Der Nationalsozialismus spiegelte in der Art spezifisch nationalsozialistischer Lebensverachtung und nationalsozialistischen Todeskultes auch diese Resignation wider.

362 »Bei aller Faszination, die das pulsierende Berliner Großstadtleben und der Glamour auf den Kino-Leinwänden ausüben mochten, sehnten sich die Menschen doch im Grunde nach Stabilität.«, Koonz, S. 68. Diese Stabilität nennt Klaus materielle und psychische »Existenzsicherung«, Klaus, S. 162.

363 Hitler im *Völkischen Beobachter* vom 30. August 1922, zitiert nach Auerbach, S. 28.

364 Dörr, S. 210.

beschreiben. Das ist rein emotional. Und dieses Gefühl bleibt.«[365] Kaum eine Hitlerbiographie, kaum eine Darstellung des »Dritten Reiches« kommt ohne die Erwähnung des Phänomens »Führermythos« aus.

Claudia Koonz hat die Wirkung Hitlers auf Frauen anhand der Abel-Biogramme hinreichend beschrieben, so etwa eine Art »Erweckungserlebnis«, als sie Hitler zum ersten Mal reden hörten oder ihm gar gegenüberstanden. Koonz zitiert unter anderem Helene Radtkes pathetische Worte: »Wer einmal Adolf Hitler gehört hat, war ihm ergeben.«[366] An dieser Stelle soll eine Bestätigung von Koonz' Untersuchung stattfinden, indem ein Fokus auf die Wirkung Hitlers als rettender Verantwortungsträger gelegt wird.

Bereits im Sommer 1923 sah Hitler, damals bereits »Führer der NSDAP«, seine Aufgabe in der etwas vagen »Übernahme der Verantwortung«.[367] Einige Monate später, nach dem missglückten Putschversuch vom 8. und 9. November 1923, geriet der Hochverratsprozess vor dem Münchner Volksgericht zu einer Bühne, auf der sich Hitler in der Rolle des Verantwortungsträgers präsentieren konnte. Die namhaften Mitangeklagten – Generalstaatskommissar Gustav Ritter von Kahr, Landeskommandeur der Reichswehr Otto von Lossow und der Kommandeur der bayerischen Landespolizei Hans von Seißer – gaben Hitler die alleinige Schuld am Hochverrat. Der nahm die Tatzuweisung gern an und bezeichnete seinerseits die Honoratioren als Verräter am gemeinsamen Plan, Deutschland durch eine Diktatur zu »retten«.[368] Den Mut zum Angriff auf die Republik konnte er somit für sich allein verbuchen. Der Angeklagte erntete im Gerichtssaal den »brausenden Beifall der Zuhörer«,[369] und die Berichterstattung bescherte ihm reichsweite Bekanntheit und öffentliches Interesse. Hitlers Schachzug wurde als »Haltung« und »Größe« kolportiert: Er überhöhte sich durch sein vermeintliches Selbstopfer – für Deutschland.

Eine Resonanz auf diese Selbstinszenierung findet sich in auffällig vielen Biogrammen der Alten Kämpferinnen. Durch den Prozess hörten manche den Namen Hitler zum ersten Mal und zollten ihm Bewunderung, so etwa die damals 22-jährige Pfarrerstochter Erika Ullmann. Nach Hitlers Auftritten im Gerichtssaal war sie von seiner Argumentation überzeugt und wünschte sich, wie er, eine Diktatur:

365 Eine anonyme Zeitzeugin, ebd.

366 Abel-Biogramm/Nr. 207/Helene Radtke, S. 8.

367 Kershaw, S. 39 mit Bezug auf Eberhard Jäckel/Axel Kuhn (Hrsg.), Hitler. Sämtliche Aufzeichnungen 1905-1924, Stuttgart 1980, S. 946, Nr. 544. Kershaw belegt, dass Hitler sich zunächst in der Rolle des »Trommlers« sah, der den Weg für einen kommenden und erwarteten »Führer« bereiten wollte, dann aber (noch vor dem Putschversuch) selbst in diese Aufgabe fand, durch die »Übernahme der Verantwortung«, die Kershaw hier nicht näher erläutert. Ebd.

368 Vgl. Axel Schildt, Die Republik von Weimar. Deutschland zwischen Kaiserreich und »Drittem Reich« (1918-1933), 2. erweiterte Auflage, Erfurt 2009, S. 75.

369 Vgl. Wendt, S. 25.

»Dann kamen 1922-23 die ersten Nachrichten aus München von einer nationalen Gesundung u. der Name ›Hitler‹ trat zum 1.x in mein Bewußtsein. Wir lasen damals bereits den Völkischen Beobachter u. verkündeten: Diktatur: Hitler – Ludendorff! Aber auch diese Freude dauerte nur 24 Std. und schon schien alles wieder verlohren. Aber der Prozeß vor dem Volksgericht hat mir erst die Größe Hitlers ganz offenbart.«[370]

Was sieben von insgesamt 36 Verfasserinnen nachhaltig beeindruckte, war jedoch weniger Hitlers Ansinnen auf Umsturz als sein Mut zur Tat. Die in einem zentrumsnahen Milieu aufgewachsene Käthe Eiden findet dafür leidenschaftliche Worte:

»Die Verteidigungsrede Hitlers erschütterte mich. Ich hatte den Eindruck, dass ein Mann sprach der bereit war, das Letzte einzusetzen für ein darniederliegendes Volk, ein Mann, der eine ungeheure Sehnsucht nach Befreiung verkörperte und ihrem Drängen Ausdruck durch die Tat gab.«[371]

Die Verfasserinnen beeindruckte Hitlers Entschluss- und Tatkraft – eine Stärke, die Sicherheit gab, da Hitler damit ihre eigenen Interessen durchzusetzen versprach. Durch die von Hitler angestrebte Diktatur, die im Kontrast zur Komplexität der Demokratie stand, waren klare Verhältnisse und Stabilität zu erwarten. Gleichermaßen ließ Hitlers uneingeschränktes Schuldgeständnis die Autorinnen aufmerken. Margarethe Schrimpff erinnert sich:

»Wie machte man plötzlich die Augen und Ohren auf und horchte nach München. Las von einem damals der grossen Masse noch unbekannten Adolf Hitler, welcher mit seinen Getreuen den Marsch auf den Odeonsplatz wagte. [...] Erlebte nun den folgenden Prozess und sieht mit Stolz und Freude auf die Männer, die jeder für sich die ganze Verantwortung und Schuld auf sich nehmen, um ihre Kameraden rein zu waschen.«[372]

Mehr als zehn Jahre nach dem Prozess halten die Verfasserinnen Hitlers »Übernahme der Verantwortung« noch immer für erwähnenswert und geben diese oft als den ausschlaggebenden Impuls ihres nachfolgenden Interesses für die NSDAP an, so wie Hedwig Eggert:[373]

370 Abel-Biogramm/Nr. 532/Erika Ullmann, S. 2. Der prominente Weltkriegsgeneral Erich Ludendorff (1865-1937) galt zu Beginn der 1920er Jahre als einflussreichste Figur der extremen Rechten in Deutschland. Der Putsch im November 1923 sollte Ludendorff zum militärischen, Hitler zum politischen Führer Deutschlands machen.

371 Abel-Biogramm/Nr. 244/Käthe Eiden, S. 2.

372 Abel-Biogramm/Nr. 582/Margarethe Schrimpff, S. 6.

373 Es ist anzunehmen, dass die zitierten Verfasserinnen tatsächlich durch den Prozess auf Hitler aufmerksam wurden. Ob sie sich schon zu jener Zeit von ihm beeindrucken und überzeugen ließen, bleibt offen. Denkbar ist auch eine Beeinflussung ihrer Erinnerung durch eine später propagierte Interpretation.

> »Der darauffolgende Prozeß brachte uns in Berlin überhaupt erst einen Einblick in Hitlers Wollen, und sein mustergültiges Verhalten, wie er alle Verantwortung auf sich allein nahm. Da fing unsere Verehrung für unseren geliebten Führer an.«[374]

Indem er sich erfolgreich zum nationalen Verantwortungsträger[375] erklärte, erhöhte Hitler seine eigene Bedeutung und traf auf die Sehnsucht derjenigen, die sich überfordert fühlten: Die Deutungs- und Entscheidungsvielfalt der neuen Zeit brachte eine als übergroß empfundene Verantwortungslast mit sich, sowohl für die demokratisch zu wählende Zukunft der Nation als auch für die Organisation des eigenen Lebens, das so eng mit den nationalen Ereignissen verknüpft war. Die Eigenverantwortung an einen Steuermann, einen »Führer«[376] abzugeben, versprach eine wesentliche Erleichterung. Dieses Lebensgefühl zwischen Verunsicherung und Hoffnung beschreibt Klara Petersson:

> »Nach dem Kriege suchte man immer nach der Partei, welche Deutschland rettet, aber leider war keine da. Als der Prozeß vom Münchner Aufstand 1923 begann, wurden wir auf unseren geliebten Führer aufmerksam, auf sein herliches Verhalten, durch sein alles auf sich nehmen. Da sagten wir gleich, wenn Deutschland noch gerettet werden kann, so kann es nur durch diesen Mann sein. Und seit dem sind wir Adolf Hitler und seiner Idee mit Haut und Haaren verfallen.«[377]

Einen weiteren Aspekt, und eine Vorschau auf das Kapitel »Unzufriedenheit, Aggression und Gewalt«, bietet das literarisch verfasste Essay Maria von Bellis. Sie und ihr Ehemann kannten die Nationalsozialisten schon in der Vorputschzeit und setzten hohe Erwartungen in Hitlers Mut zur Tat. Entsprechend enttäuscht beschreibt Belli das Scheitern des Putsches 1923. Darin kommt zum Ausdruck, dass Handlungsbereitschaft auch unter den Männern des Dorfes vorhanden war, es aber doch des »Rufes« eines Anführers bedurfte, um ihre »lastende, kaum zu bändigende Kraft« freizusetzen.

> »Aber eines Novembermorgens als mein Mann seine Pferde fütterte, kam der Briefbote mit der Zeitung. In grossen Lettern stand da von Hitlers Rede und Aufbruch in München! Ich sitze am Melken, wie mein Mann nur den ersten Satz vorliest, nichts weiter sagt, aus dem Stalle stürzt, den alten grünen Hut nimmt und das Haus verlässt. [...] Aber mein Mann kam nach Stunden mutlos zurück. »Verrat! Alles auf lange Zeit vorbei und schlechter als vorher!« [...] – Hitler! – Was jetzt! – Hätte er unserer Männer Fäuste gerufen, wie wären sie befreit gewesen von lastender, kaum zu bändigender Kraft. [...] Es

374 Abel-Biogramm/Nr. 459/Hedwig Eggert, S. 5.

375 Vgl. Schildt, S. 75. Vgl. Evans, S. 284. Bis 1945 wurde dieses Bild durch die NS-Propaganda benutzt.

376 Zur »Führersehnsucht« der politischen Rechten wurde hinreichend geforscht. Vgl. besonders: Kershaw, S. 28-30 sowie S. 35.

377 Abel-Biogramm/Nr. 588/Klara Petersson, S. 2.

war damals, als wäre in unserem Kreise ein Todesfall eingetreten, ein Kind gestorben, das sich Tat nannte und das nicht lebensfähig gewesen war.«[378]

Als »Renatus«,[379] so hoffte Maria von Belli, sollte die Tat wiedergeboren werden, wenn die Zeit gekommen sei.

»Wie eine große Familie« – Geborgenheit in der Ortsgruppe

Die NSDAP-Ortsgruppe stellte für die Verfasserinnen die unterste Handlungsebene der Volksgemeinschaft dar. Hier konnte die »Fiktion einer symbiotischen Harmonie«[380] praktisch gelebt werden. Die Ortsgruppe versprach neben der politischen auch eine soziale Heimat.

Im Hinblick auf die männliche Anhängerschaft wurde der Wunsch nach kameradschaftlicher Zugehörigkeit vielfach thematisiert, wobei besonders die SA im Fokus stand. Sven Reichardt stellt in seiner Studie zu faschistischen Kampfbünden fest: »Kameradschaft und Heimat waren gleichbedeutend, die Kameraderie diente gleichermaßen als Ersatz für Familie und Heimat.«[381] Übersehen wurde in der Fachliteratur, dass auch Frauen darin einen wesentlichen Anziehungspunkt der Hitlerbewegung sehen konnten. Die Verfasserinnen der Abel-Biogramme schätzten den stark empfundenen inneren Zusammenhalt.[382] Einige sprach eher die Geborgenheit der Gemeinschaft an, andere der bündisch-kumpelhafte Umgang – gerade auch mit den männlichen Kameraden. Das Gefühl des »Aufgehobenseins«[383] entsprach besonders der Bedürfnislage jener Frauen der »verlorenen Generation«, deren Lebenssituation sich, in der Regel kriegsbedingt und ungewollt, vom traditionellen Familienmodell unterschied. Tatsächlich schildern einige Verfasserinnen eine Art »Familienalltag« innerhalb der Ortsgruppe: Die Männer waren außer Haus beschäftigt – meist mit Märschen, »Geländeübungen«,[384] Sport und Saalschutz –, die Frauen sorgten im SA-Heim für das leibliche Wohl: eine saubere Unterkunft, ordentliche Kleidung, warmes Essen und Gemütlichkeit. Die »regelmäßigen Mitgliederversammlungen,

378 Abel-Biogramm/Nr. 212/Maria von Belli, S. 8.
379 Ebd., S. 8.
380 Brockhaus, Attraktion, S. 20.
381 Reichardt, S. 420. Reichardt zitiert an anderer Stelle die 1926 von Goebbels herausgegebenen »10 Gebote für den SA-Mann«, die das Gruppenleben regelten, wobei unter anderem das »Stänkern« (üble Nachrede) gegen die »Brüder« verboten war. S. 673.
382 Dabei verstanden sich die meisten Einsenderinnen durchaus als Teil der reichsweiten NS-Bewegung, die es auf lokaler Ebene zu unterstützen galt. Nur wenige richteten ihr Interesse ausschließlich auf das Leben in ihren Ortsgruppen und fanden darin ihre Erfüllung.
383 Brockhaus, Attraktion, S. 20.
384 Schuster, S. 99. Schuster zeigt den Dienstplan des Sturmes 32/II (Reinickendorf) vom Juni 1933, der für 26 Tage im Monat Übungen und Einsätze vorsah. Der Saalschutz wird hier nicht offiziell erwähnt. Die Kampfzeit war im Sommer 1933 allerdings auch schon vorüber. Ein Dienstplan aus der Zeit vor 1933 dürfte etwas anders ausgesehen haben.

Unterhaltungsabende und Festivitäten«,[385] die Mathias Rösch in seiner Studie zur Münchner NSDAP belegt, förderten den sozialen Zusammenhalt. So genoss Hertha von Reuss, die durch den Kriegstod ihres Verlobten ledig geblieben war, die familiäre Atmosphäre. Harmonie war ihr ein besonderes Anliegen:

> »Wie sassen wir einig und emsig zusammen, [...] und bauten Weihnachten ein schönes grosses Familienfest. Und glaubten und beteten für Hitler! Still und freudig ohne alles Ueberheben. Jeder gab sein Bestes, war diese unsere herrliche Arbeit; erst waren wir wenige, dann immer mehr, gleich ob arm oder reich.«[386]

Die Alleinerziehende Lisi Paupié erinnert sich an die Kameradschaft der frühen Parteigenossen in Darmstadt:

> »Wir alle hielten zusammen wie Pech. Einer half dem andern. Es ist wie eine große Familie, so wie es der Geist der Bewegung gebietet. Heute lieben wir uns alle sehr, wie fast Verwandte es nicht erleben.«[387]

Einige Verfasserinnen reflektieren ihr Gemeinschaftsgefühl, wie hier Lisi Paupié, andere transportieren es über die Beschreibung gemeinschaftlicher Aufgaben und Erlebnisse. Die Alten Kämpferinnen erlebten das Gefühl, etwas Sinnvolles zu tun, gebraucht zu werden und im sozialen Gefüge der Gruppe eine feste Rolle innezuhaben. Einen mütterlichen Part übernahm die nach Berlin zugezogene Anna Nieke, nachdem ihre erste Ehe kinderlos geschieden worden war. Die 38-Jährige genoss das Gefühl der Zugehörigkeit und Beliebtheit. Kleine Gefälligkeiten sicherten ihr den Dank der männlichen Parteigenossen – dafür nahm sie auch deren freundliche Unverschämtheit hin:

> »Ich erhielt 9 R.M. [...] Unterstützung, oft kam ein S.A. Mann zu mir, mit Gumpertchen nannten sie mich, gib mir mal ein Groschen. Gumpertchen mach mir dies und das, alles war wie eine große Familie.«[388]

Die 67-jährige Tilsiterin Marie Waga fühlte sich ebenfalls in der Mutterrolle wohl und sonnte sich in der Zuneigung junger SA-Männer:

> »Jeder wollte nichts anderes sein, als ein Trommler für die Idee unseres über alles geliebten Führers Adolf Hitler. Da nahm ich gern die Mühe auf mich, für diese tapferen, braven Jungen zu sorgen, und ich tat es gern; denn noch heute kommen sie mit ihren großen und kleinen Sorgen zur ›Mutter Waga‹ und wenn sie dann getröstet von dannen ziehen, ist mir ein frohes Lächeln auf ihren Lippen oder ein dankbarer Blick der schönste Lohn für alle Mühe.«[389]

385 Mathias Rösch, Die Münchner NSDAP 1925-1933. Zur inneren Struktur der NSDAP in der Weimarer Republik, München 2002, S. 291.

386 Abel-Biogramm/Nr. 44/Hertha von Reuss, S. 2 f.

387 Abel-Biogramm/Nr. 187/Lisi Paupié, S. 12.

388 Ebd., S. 10.

389 Abel-Biogramm/Nr. 365/Marie Waga, S. 2. Dass die Frauen durch Hausieren auch für das Einkommen ihrer »Ersatzfamilie« sorgen mussten, nahmen die Nationalsozia-

Die gelernte Gärtnerin Therese Diebel quartierte – neben ihren eigenen fünf Kindern – bis zu zwanzig BDM-Mädel und Hitlerjungen, die sich mit ihren Eltern überworfen hatten, in ihrem Zuhause ein. Die Hitlerjugend war ihr »Ideal«,[390] schreibt Diebel. Als eine Art »Mutter der HJ« ging sie darin auf, gebraucht zu werden, und ließ ihre Liebe durch den Magen gehen: »Natürlich hatte ich bald Kaffee, bald Tee, Kakao, belegte Brote […]«.[391] Im Hause Diebel verschwamm die Grenze zwischen Privatheit und Partei.

Nicht zuletzt wurde die soziale Bindung an die Ortsgruppe auch relevant, wenn es innerhalb der Herkunftsfamilie zu politischen Zerwürfnissen gekommen war, was besonders jüngere NSDAP-Mitglieder betraf. Manchen boten älteren Parteigenossen eine Anlaufstelle wie Therese Diebel. Andere fanden in der Ortsgruppe Ersatz für familiäre Bindungen. So brachen Käthe Eiden und ihr Bruder kurzerhand mit der Familientradition, gemeinsam die Kirmes zu besuchen. Stattdessen zogen sie mit ihren Parteigenossen über den Festplatz.

> »Ein Teil unserer Verwandtschaft mied uns vollständig. Auf eine Einladung zur Kirmes – einem Volksfest zu dem alle auswärtigen Bekannten und Verwandten kommen – blieben sie fort, aber der Bruder brachte zum Ersatz SA Kameraden mit und wir waren in bester Stimmung.«[392]

Ähnlich überwarfen sich die minderjährigen Schwestern Rosemarie und Marlene Heder mit ihren Angehörigen:

> »Was scherte es uns, daß wir zu Hause ausgelacht wurden, daß wir lächerlich gemacht wurden, eben weil wir noch so jung waren, was scherte es uns, daß sie uns später das Abzeichen verbieten wollten […]«.[393]

Ein zweites Zuhause fanden sie in ihrer »winzigen Ortsgruppe«,[394] die wiederum als Hort geselliger Harmonie beschrieben wird: »Aber auch unsre stillen Feiern im engsten Kreise frischten wieder auf und gaben von neuem Mut«.[395]

Mit dem Anwachsen der Mitgliederzahlen und einer zunehmenden Differenzierung der NSDAP-Organisationen verlor sich das Gefühl, in der »kleinen aber verschworenen Gemeinschaft der Mitglieder«[396] geborgen zu sein. Zudem wurde das gesellige »Vereinsleben« auf Grund der schnellen Abfolge von

listinnen für diese emotionale Sicherheit in Kauf, wie das Kapitel 2.2. »Fast überall erhalte ich etwas« – Sammlungen zeigen wird.

390 Abel-Biogramm/Nr. 589/Therese Diebel, S. 7.

391 Ebd.

392 Abel-Biogramm/Nr. 244/Käthe Eiden, S. 5 f.

393 Abel-Biogramm/Nr. 41/Marlene Heder, S. 3. Die Volljährigkeit begann mit dem 21. Lebensjahr. Marlene, die Ältere der beiden, war bereits mit 17 Jahren (1. Dezember 1930) in die NSDAP eingetreten.

394 Abel-Biogramm/Nr. 41/Marlene Heder, S. 7.

395 Ebd.

396 Abel-Biogramm/Nr. 244/Käthe Eiden, S. 3.

Wahlterminen zu Beginn der 1930er Jahre durch eine »rastlose Wahlkampfagitation« abgelöst.[397]

1.3.2 Soldat und Schwester – Teilhabe in vorderster Front?

> Da Adolf Hitler Leute brauchte, die gerne bereit waren, als Kämpfer gegen den Marxismus zu stehen und die bereit waren für die heilige Idee unseres geliebten Führers gerne zu bluten und zu sterben, war es mir klar, daß hier mein Ziel und Wunsch erreicht.
> […] ein Zweitesmal im Leben, genau wie im Krieg bedauerte ich, daß ich kein Mann sei.
> Zu dieser Stunde kam mir der Schwur über die Lippen, auch als Frau alles dran zusetzen um Schritt für Schritt, diese Partei und Führer mit meiner ganzen Kraft zu unterstützen.
>
> *Helene Radtke*[398]

Helene Radtke war zu Beginn des Ersten Weltkrieges 18 Jahre alt. Die Mobilmachung 1914 erlebte sie begeistert als nationale Erhebung. Doch anders als die »Jungens«[399] aus ihrem Jahrgang durfte sie zu ihrem Bedauern nicht auf dem Schlachtfeld am Kriegsgeschehen teilhaben, sondern lediglich einen Kriegshilfsdienst versehen. Als Radtke 1926 von einer »nationalsozialistischen Erhebung«[400] und deren neuerlichem »Kampf um Deutschland« erfuhr, beschloss sie, selbst in vorderster Front zu stehen und ein »weiblicher Mitkämpfer«[401] zu werden. Es ist davon auszugehen, dass Helene Radtke nicht die einzige spätere Nationalsozialistin war, die Übereinstimmungen zwischen ihrem Wunsch nach Partizipation in der Kriegszeit und in der NS-Kampfzeit sah.

Offenbar konnten nicht nur männliche Kriegsveteranen in der Hitlerbewegung bekannte Verhaltensmuster wiederbeleben, die ihnen eine soziale und mentale Heimat boten, sondern auch jene Frauen, die den Krieg im Einsatz an der Heimatfront oder in Frontnähe erlebt hatten. Nicht nur Jungen bedauerten, den Kriegseinsatz »verpasst« zu haben, und versuchten, das Soldatische in paramilitärischen Verbänden nachzuholen. Ihre Altersgenossinnen waren ebenso empfänglich für das Militärische, das ihre Kindheit im Kaiserreich geprägt hatte.

397 Mathias Rösch zeigt diesen Wechsel am Beispiel der Münchner NSDAP. Rösch, S. 291.

398 Abel-Biogramm/Nr. 207/Helene Radtke, S. 6.

399 Ebd., S. 1.

400 »Nationalsozialistische Erhebung« sowie »Kampf um Deutschland« waren zentrale Begriffe der Sprache des Nationalsozialismus und werden auch in den Abel-Biogrammen häufig verwandt. »Nationalsozialistische Erhebung« vgl. u. a. Abel-Biogramm/Nr. 353/Meta Gruse mit Verweis auf einen Ausspruch Hitlers; »Kampf für Deutschland« sinngemäß vgl. Abel-Biogramm/Nr. 100/Agnes Mosler-Sturm.

401 Vgl. Abel-Biogramm/Nr. 44/Hilde Boehm-Stoltz, S. 4.

Auch sie liebten Einsatzbereitschaft und Kameradschaft, die sie aus Veteranenerzählungen kannten.

Bei der Betrachtung der Lebenswege und Berufe aller 36 Autorinnen der Abel-Biogramme ist die große Anzahl von Krankenschwestern signifikant: Mindestens sechs erhielten eine regelrechte pflegerische Ausbildung.[402] Bemerkenswert ist auch die Zahl von 14 Nationalsozialistinnen, die während des Ersten Weltkrieges im weitesten Sinne im Kriegshilfsdienst gestanden hatten, zumal wenn man berücksichtigt, dass nur 25 Verfasserinnen bei Kriegsende im entsprechenden Alter waren, also nicht jünger als 18 Jahre.[403]

In diesem Kapitel werden Parallelen zwischen dem idealtypischen Geschlechterpaar des Ersten Weltkrieges – Soldat und Lazarettschwester – und dem Selbstverständnis der selbsternannten Kämpfer und Kämpferinnen der NSDAP untersucht.

Nicht selten handelte es sich bei den Alten Kämpferinnen um Mädchen und Frauen, die sich, gegenüber ihren männlichen Altersgenossen, um eine unmittelbare Kriegsteilnahme betrogen fühlten. Ersatzweise beteiligten sie sich mittelbar, in Form verschiedener Kriegshilfsdienste. Aus dieser aktiven Kriegsunterstützung bezogen die Autobiographinnen das Selbstverständnis, das weibliche Pendant des Frontsoldaten zu sein. Als Lazarett- oder Krankenschwester fanden sie eine Position gegenüber den Kameraden, aus der sich bestimmte Aufgaben und Verhaltensmuster entwickelten. Jahre später bot die NS-Bewegung, konkret die paramilitärische SA, die Möglichkeit, die gewohnte Haltung gegenüber den »Kämpfern« wieder einzunehmen. Einige Verfasserinnen orientierten sich allerdings nicht an dem Rollenvorbild der Lazarettschwester, sondern identifizierten sich mit den Frontkämpfern und nahmen nun selbst einen soldatischen Habitus an.

Die »wilden« Mädchen

Aus zahlreichen Autobiographien der Alten Kämpferinnen treten den Leserinnen und Lesern Frauen entgegen, die sich unkonventionell und unangepasst

402 Stärker vertreten sind nur die Hausfrauen. Neben den sechs Krankenschwestern gibt es weitere Frauen, die über Kenntnisse in der Krankenpflege verfügten, wie beispielsweise Maria von Belli.

403 Von den 36 Autorinnen der Abel-Essays erwähnen 14 einen Kriegseinsatz im weiteren Sinne. Nicht immer äußern sich die Frauen präzise über ihre Aufgaben. Dennoch kann festgehalten werden, dass fünf der genannten 14 Autorinnen in Lazaretten oder Soldatenheimen beschäftigt waren, mindestens drei als examinierte Krankenschwestern. Zwei weitere arbeiteten in der Rüstungsindustrie, eine im Stellwerk der Reichsbahn, drei hatten Aufgaben im Verwaltungsbereich. Auch die von vier Verfasserinnen erwähnte Versorgung von Soldaten im »Bahnhofsdienst« oder durch »Liebesgaben« kann als Kriegseinsatz gewertet werden. Zu den fünf Krankenschwestern unter den Einsenderinnen gehören auch zwei nach 1900 geborene – bezeichnenderweise erlebten deren ältere Brüder den Krieg als Soldaten.

geben – besonders im Hinblick auf geschlechtsspezifische Normen.[404] Sie zeigen sich als Frauen, denen das zugedachte Verhaltenskorsett zu eng ist, und verleihen ihrer Persönlichkeit gern traditionell männliche Attribute, wie Aktivität, Unerschrockenheit und Entschlossenheit. Diesen Wesenszug verfolgen einige bis in ihre Kindheit zurück, um ihn als besonders authentisch hervorzuheben, wie etwa die Krankenschwester Erika Ullmann:

> »Ich verbrachte dann meine Kindheit [...] im Kreise meiner 2 Geschwister und 3 Pflegebrüder in ungebundener Freiheit. Ich war bald behänder, wilder u. flinker als meine 4 Brüder u. es wurde nur ›Soldaten‹ oder ›Räuber und Gendarm‹ u. s. w. gespielt.«[405]

Im Jungmädchenalter erfuhren diese Frauen dann einen Bruch zwischen Selbstbild und gesellschaftlicher Erwartung: Die kindlichen Freiheiten, insbesondere die Unangepasstheit an die Geschlechterrolle, wurden ihnen verwehrt und stattdessen ein traditionell weibliches Verhalten gefordert. So wurde beispielsweise die 1896 geborene Emma Bierwirth, Tochter eines Frankfurter Gastwirtes, von ihrem Vater darauf hingewiesen, dass Politik »Männersache« sei:

> »Mein Vater las abends immer seine Zeitung und wollte ich dasselbe auch immer tun. Meine Spezialität waren die Berichte des Reichstages, ich wollte immer wissen, was im Lande vorging. Mein Vater meinte, dies passe für ein Mädchen nicht und solle ich lieber nähen und flicken. Unter der Aufsicht der Mutter lernten wir dies auch, aber mein Interesse für Politik war doch wach. Was ich diesbezüglich kriegen konnte las ich.«[406]

Halbherzig fügte sich Emma Bierwirth und suchte einen Kompromiss zwischen Weltgeschehen und Stopfgarn. Junge Frauen wie sie haderten mit dem ihnen zugedachten Platz in der zweiten Reihe.

Frontneid der jungen Frauen

Im Jugend- und frühen Erwachsenenalter erlebte etwa ein Drittel der Verfasserinnen den Beginn des Ersten Weltkrieges.[407] Sie gehörten mehrheitlich dem protestantischen, städtischen Bürgertum an, das von der nationalistischen

404 Dieses sind beispielsweise Abel-Biogramm/Nr. 177/Anna Nieke, Abel-Biogramm/Nr. 187/Lisi Paupié, Abel-Biogramm/Nr. 197/Maria Engelhardt, Abel-Biogramm/Nr. 207/Helene Radtke, Abel-Biogramm/Nr. 244/Käthe Eiden, Abel-Biogramm/Nr. 363/Erna Stoyke, Abel-Biogramm/Nr. 453/Susi Jost, Abel-Biogramm/Nr. 532/Erika Ullmann.

405 Abel-Biogramm/Nr. 532/Erika Ullmann, S. 1.

406 Abel-Biogramm/Nr. 193/Emma Bierwirth, S. 2.

407 Diese Frauen wurden ab etwa 1885 geboren. Sie gehören der »Kriegsjugend« (1890-1900) an oder den Jüngeren unter den »Kriegsfrauen I« (1872-1889). Beide Gruppen sind mit jeweils elf Biogrammen in der Theodore-Abel-Sammlung vertreten.

Kriegsbegeisterung[408] im August 1914 erfasst wurde. Die damals 17-jährige Kaufmannstochter Marianne Meinecke erinnert sich: »hoch schlugen die Wellen der Begeisterung«.[409] Erika Ullmann, bei Kriegsbeginn erst 13 Jahre alt, fühlte ebenso: »Als dann der Krieg kam ging meine Seele begeistert mit.«[410] Die damalige Handelsschülerin Maria Engelhardt entwirft rückblickend eine Szenerie des Jubels, wobei sie versucht, den empfundenen »einenden Geist von 1914« einzufangen:

> »Es kam der Kriegsausbruch 1914: Wie erhebend war es, jene Stunden miterleben zu dürfen, als unter Glockengeläute die Frankfurter Bevölkerung blumengeschmückt, mit dem Deutschlandlied auf den Lippen durch die Strassen zog, […], alle vereint, ohne Ansehen des Standes, in dem einen Gedanken ›Deutschland, Deutschland über alles!‹«[411]

Stiller, aber nicht weniger ergriffen reagierte Emma Bierwirth: »Als 18jähr. Mädel erlebte ich den Krieg mit einem Ernst, den ich heute noch vielmehr in mir habe.«[412]

Das »Augusterlebnis« weckte in vielen dieser jungen Frauen den Wunsch, selbst ein Mann zu sein.[413] Denn das bedeutete, aktiv an den weltgeschichtlichen Ereignissen teilhaben zu können. Es hieß, Verantwortung zu tragen, Anerkennung zu erhalten und dem eigenen Leben eine gesteigerte Bedeutung zu geben. Während die ausrückenden männlichen Altersgenossen gefeiert wurden, standen die Frauen im Abseits. Ihnen blieb nur die Mithilfe, die »immer im Schatten eines anderen zentralen Handelns«[414] steht und auch von den Helferinnen selbst geringer bewertet und unbedeutender dargestellt wird, wie hier von Marianne Meinecke: »[…] wir Mädels halfen, wo unsre

408 Vgl. Süchting-Hänger, S. 91. Nicht alle Verfasserinnen teilten die Kriegsbegeisterung. Die Garnisonsschwester Lisi Paupié etwa schreibt: »1914 kam nun der unselige, aufgezwungene Krieg mit allen seinen Schmerzen. Täglich das Elend zu sehen, frevelhaft soviel unschuldige Menschen so ins Leid zu bringen. Die Besten fielen.«, Abel-Biogramm/Nr. 187/Lisi Paupie, S. 3. Susi Jost stand dem Kriegsbeginn 1914 mit gemischten Gefühlen gegenüber und schildert auch das durch die Mobilmachung verursachte Leid: »In unser Glück fiel der furchtbare Krieg. Ich sehe noch heute eine Frau, deren Mann ausziehen mußte, hilflos auf einer Treppe liegen. Und trotz allem waren es heilige Stunden und eine unsagbare Begeisterung!«, Abel-Biogramm/Nr. 453/Susi Jost, S. 1.

409 Abel-Biogramm/Nr. 116/Marianne Meinecke, S. 2.

410 Abel-Biogramm/Nr. 532/Erika Ullmann, S. 1.

411 Abel-Biogramm/Nr. 195/Maria Engelhardt, S. 1.

412 Abel-Biogramm/Nr. 193/Emma Bierwirth, S. 2.

413 Eine Generation später, in den Jahren 1939/40, wiederholte sich diese Euphorie in Form der »Blitzkriegsbegeisterung« deutscher Jugendlicher und dem erneuten Verlangen junger Frauen nach Kriegsteilnahme. Franka Maubach, Expansion weiblicher Hilfe. Zur Erfahrungsgeschichte von Frauen im Kriegsdienst, in: Sybille Steinbacher (Hrsg.), Volksgenossinnen. Frauen in der NS-Volksgemeinschaft, 2. Auflage, Göttingen 2007, S. 93-114, hier S. 99.

414 Ebd., S. 95.

schwachen Kräfte nur irgend gebraucht wurden.«[415] Junge, kriegsbegeisterte Frauen fühlten sich überflüssig und beneideten ihre Brüder und Schulkameraden glühend, wie die 1896 geborene Elsässerin Helene Radtke zum Ausdruck bringt:

> »Durch die vielen Militärtransporte, die Tag und Nacht der Westfront zurollten, wurde in mir der Wunsch wach: ›ach wäre ich doch auch ein Junge, und könnte für unseren geliebten Heimatboden kämpfen‹. Verschiedene Jungens von meinem Jahrgang meldeten sich freiwillig.«[416]

Emma Bierwirth zeigt zudem das Missverhältnis der Bedeutung männlicher und weiblicher Kriegsaufgaben – der Verteidigung des Vaterlandes stellt sie das Strümpfestricken gegenüber:

> »Ich bedauerte damals kein Junge zu sein, um mithinauszugehen und das Vaterland zu verteidigen. Doch wurden auch an uns zu Haus erhöhte Anforderungen gestellt, die wir alle freudig auf uns nahmen. Angefangen vom Strümpfe stricken bis zum Liebesgaben verschicken.«[417]

Ähnlich erlebte Susi Jost, Mutter von drei kleinen Kindern, die Mobilmachung im hessischen Lorsch: »Ich persönlich wäre am liebsten mit ausgezogen. Mir blieb nur zu Hause zu helfen und uns redlich durchzuhungern.«[418] Nicht zuletzt haftete dem pathetisch verklärten »Schwertertanz«[419] der männlichen Jugend auch der verlockende Geruch von Ehre und Tod, von Selbsterhöhung durch Selbstopferung an, der Maria Engelhardt sehr bewegte:

> »Wie schmerzlich, aber wie auch beglückend war es für mich, den Auszug der 63er miterleben zu können; sie zogen blumengeschmückt, Abschied nehmend von den Liebsten hinaus, nicht wissend, ob sie noch einmal Deutschlands Erde wiedersehen, aber alle mit der heiligen Begeisterung, es gilt unser Deutschland zu schirmen!«[420]

415 Abel-Biogramm/Nr. 116/Marianne Meinecke, S. 2.
416 Abel-Biogramm/Nr. 207/Helene Radtke, S. 1.
417 Abel-Biogramm/Nr. 193/Emma Bierwirth, S. 2. Hier besteht eine Parallele zu Emma Bierwirths Erlebnis mit dem Vater, der seiner Tochter riet, lieber zu stopfen, statt den Politikteil der Zeitung zu lesen. Abermals war ihr die Teilhabe an einem als wesentlich empfundenen Geschehen verwehrt. Sie deutete das Strümpfestricken jedoch als patriotische Tat, um die Bedeutungsdissonanz zu verringern.
418 Abel-Biogramm/Nr. 453/Susi Jost, S. 1.
419 Diesen Euphemismus benutzt Abel-Biogramm/Nr. 116/Marianne Meinecke, S. 4.
420 Abel-Biogramm/Nr. 195/Maria Engelhardt, S. 1. Zweites Nassauisches Feld-Artillerie-Regiment (FAR) Nr. 63. Das Regiment hatte seinen Standort seit 1903 in Frankfurt a. M. Seine ersten Kampfhandlungen fanden am 20. August 1914 an der Westfront statt. Die Beziehung zwischen Soldaten und Bevölkerung war in der Regel eng genug, dass eine Identifizierung stattfand (vgl. Maria Engelhardt: »unsere 63er«). Der Kriegsverlauf, insbesondere die Einsätze des Heimatregimentes, wurde in der Heimat mitverfolgt.

Mitunter löste die weibliche Kriegslust bei den einberufenen jungen Männern auch Befremden aus, wie die damals 20-jährige Duisburgerin Hilde Boehm-Stoltz wiedergibt:

»Der Krieg brach aus, ich beneidete brennend meine männlichen Bekannten, die das Glück hatten, mit hinaus zu ziehen. Niemals werde ich den tiefernsten Blick vergessen mit dem einer dieser Bekannten mich ansah, als ich ihm zurief: ›Oh, Du Glücklicher, dass Du mit raus darfst, wie ich Dich beneide!‹. Er verstand wohl nicht mein strahlendes Gesicht, mit dem ich mich verabschiedete. Dachte ich doch ganz daran, dass Deutschlands Feinde bekämpft werden müssten.«[421]

Die »friedliche Kämpferin« – Organisierte Kriegsverwendung

Doch der Weltkrieg eröffnete auch Frauen die Möglichkeit, am nationalen Geschehen teilzuhaben, geachtet und unentbehrlich zu sein. Verschiedene Frauenorganisationen bemühten sich um die Kriegsverwendung ihrer Mitglieder: Der Nationale Frauendienst, ein kurz vor Kriegsbeginn gegründeter Zusammenschluss von Frauenvereinen unterschiedlicher politischer und konfessioneller Couleur, organisierte weibliche Aushilfskräfte, insbesondere für Verwaltungsstellen in der Kriegswohlfahrtspflege. Diese regelten die Ausgabe von Lebensmittelanweisungen, richteten Kleidersammelstellen, Strick- und Nähstuben ein.[422] In Konkurrenz dazu stand der Vaterländische Frauenverein.[423] Ihm gehörte die Krankenschwester und spätere Nationalsozialistin Leokardia Rogalski an und wohl auch Maria Wiebe, ebenfalls Krankenschwester.[424] Der 1866 gegründete Verein hatte sich neben zivilen, wohltätigen Aufgaben auch die generelle Kriegsvorbereitung und Kriegsunterstützung auf seine Fahnen geschrieben, etwa durch Spendensammlungen, die Herstellung von Verbandsmaterial und die pflegerische Tätigkeit von nichterwerbstätigen, bürgerlichen Frauen und Mädchen in, teilweise frontnahen, Hospitälern.[425] Auch im Ersten Weltkrieg sah der Vaterländische Frauenverein seine primären Aufgaben darin, »Liebesgaben« an die Front zu schicken, die Verpflegung durchreisender Soldaten durch den »Bahnhofsdienst« zu organisieren und sich vor allem an der Seite des Roten Kreuzes in der Verwundetenversorgung zu

421 Abel-Biogramm/Nr. 44/Hilde Boehm-Stoltz, S. 1.

422 Vgl. Süchting-Hänger, S. 100.

423 Zum Vaterländischen Frauenverein vgl. Planert, Germania, S. 39.

424 Abel-Biogramm/Nr. 305/Leokardia Rogalski, Abel-Biogramm/Nr. 456/Maria Wiebe.

425 Vgl. Süchting-Hänger, S. 42. Auf Drängen des Kriegsministeriums führte der Verein ab 1890 Schwestern- und Helferinnenschulungen durch, die meist von Militärärzten abgehalten wurden. Jahrelang bereitete sich der Verein auf den Ernstfall vor – bis hin zur Ausgabe von Erfrischungen an durchreisende Soldaten auf Bahnhöfen. Wohlgemerkt sollte dabei das vom Verein vertretene, konservative Rollenmuster nicht verändert werden. Vgl. ebd.

engagieren.[426] All diese Tätigkeiten, auch die »Kleinarbeiten«, wurden von den beteiligten Frauen als patriotisch verstanden und in vielen Abel-Biogrammen entsprechend detailliert aufgeführt. Die Frankfurterin Maria Engelhardt erinnert sich an ihre Einsatzbereiche:

> »Wie glücklich fühlte ich mich, wenn ich [...] entweder für unsere Verwundeten sammeln gehen konnte von einem Lokal zum anderen, wenn wir zu Hause bis in die späten Abendstunden hinein Liebespakete packten oder mit der Stricknadel alles erdenkliche zusammenarbeiteten, wenn wir mit Blumen, Schokolade, Zigaretten usw. in die Lazarette gingen und unseren tapferen schwer verwundeten Vaterlandsverteidigern einen Liebes- und Dankesgruss mit einem Händedruck still auf das Bett legen konnten.«[427]

In der zeitgenössischen Presse wurde gelegentlich der Begriff der »friedlichen Kämpferin« als weibliches Pendant des kämpfenden Soldaten verwandt.[428] Ein großer Teil der frühen Nationalsozialistinnen sah sich in dieser Tradition. Neben der unterstützenden, pflegenden und psychologischen Kriegsunterstützung, die ganz dem Kanon der weiblichen Geschlechterrolle entsprach, erlaubte die Ausnahmesituation Krieg den Frauen auch, in männliche Lebensbereiche einzutreten. Im Privaten übernahmen sie den Wirkungs- und Verantwortungsbereich von Ehegatten und Vätern. In der Öffentlichkeit übten sie nicht nur verschiedenste Männerberufe in der Heimat aus, sondern auch den Beruf der Lazarettschwester in unmittelbarer Nähe der Front.

»Soldaten der Heimatfront«

Tausende deutscher Frauen rückten ab August 1914 auf die zum Teil kriegswichtigen Arbeitsplätze der Einberufenen nach. Was zuvor undenkbar war, erregte unter dem Vorzeichen des »Kampfes um das Vaterland« keinerlei Anstoß. Im Gegenteil, berufstätige Frauen genossen für die Dauer des Krieges ein positives öffentliches Ansehen. Militärs forderten ihren Einsatz, vor allem in der Rüstungsindustrie.[429] Sie wurden zu Heldinnen der zweiten Reihe, wenn auch vielfach um den Preis unentgeltlicher oder gering entlohnter Arbeit bei mangelhafter Ernährung.[430]

426 Vgl. ebd., S. 101. Zahlreiche kleinere Organisationen wie etwa die Evangelische Frauenhilfe, sowie private Initiativen wetteiferten in ähnlicher Weise um die Anerkennung ihrer patriotischen Wohltätigkeit.

427 Abel-Biogramm/Nr. 195/Maria Engelhardt, S. 1 f.

428 Vgl. Heilbronner Neckar-Zeitung vom 3.5.1916; zitiert nach: Elke Koch, »Jeder tut was er kann fürs Vaterland«. Frauen und Männer an der Heilbronner Heimatfront, in: Gerhard Hirschfeld/Gerd Krumeich/Dieter Langewiesche/Hans-Peter Ullmann (Hrsg.), Kriegserfahrungen. Studien zur Sozial- und Mentalitätsgeschichte des Ersten Weltkrieges, Essen 1997, S. 36-52.

429 Süchting-Hänger, S. 124.

430 Vgl. Davies, S. 141.

Name	*Jg.*	*Einsatz im Ersten Weltkrieg*
Hertha von Reuss	*1886	Leiterin Soldatenheim in Belgien – Verpflegung der Soldaten beim Rückzug im November 1918
Hilde Boehm-Stoltz	*1894	Bahnhofsdienst – Verpflegung durchreisender Soldaten
Marianne Meinecke	*1897	Freiwilliger Küchendienst im Lazarett
Margarete Beckel	*1879	Leitung des versorgungswichtigen Obstbaubetriebes – in Übernahme vom Ehemann. Zwecks Absprache »Zureiseerlaubnis zur Front«
Erna Siegfried	*1883	Stenotypistin in der »Presse-Abteilung des Stellvertretenden Gr. Generalstabes«
Anna Nieke	*1898	Frontkontakt mit russischen Truppen bei Flucht aus Ostpreußen – kein Kriegseinsatz
Lisi Paupié	*1891	Examinierte Krankenschwester im Garnisonslazarett,[431] von Soldaten mit »Tobsuchtsanfällen« zweimal verletzt
Emma Bierwirth	*1896	»Liebesgaben« herstellen
Maria Engelhardt	*1898	Sekretärin eines Heereszulieferers (Lebensmittel), »Liebesgaben« herstellen
Helene Radtke	*1896	Bahnwärterin im Elsass (Kriegseinsatz), schwanger von einem Frontsoldaten, Flucht aus dem Elsass
Leokardia Rogalski	*1894	Lohnabrechnungen für eine Munitionsfabrik, examinierte Krankenschwester an der Ostfront, Vater: Tod durch Lazarettzug (Bahnarbeiter), Bruder: Kriegsinvalide
Susi Jost	*1882	»Liebesgaben« verschicken
Maria Wiebe	*1871	Examinierte Krankenschwester, Kriegskrankenhaus, Lazarett in der Etappe (Frontkontakt), Kriegslazarett am Eisenbahnknotenpunkt Labry (Frankreich)
Hedwig Eggert	*1897	Rüstungsindustrie (AEG Berlin, Anfertigen von Sprengkoffern)
Erika Ullmann	*1901	Brüder im Kriegseinsatz
Klara Czirnik	*1883	Rüstungsindustrie (Munitionsfabrik Spandau)

Tab. 2: Kriegseinsatzbereiche und Erfahrungswelten der Verfasserinnen im Überblick, mit Angabe der Geburtsjahrgänge

Auch einige Autorinnen der Abel-Biogramme übernahmen die beruflichen Aufgaben von Männern. So erledigte Leokardia Rogalski ehrenamtlich die Lohnabrechnungen in einer Munitionsfabrik, Margarete Beckel leitete einen Garten-

431 Bei einem Garnisonslazarett handelte es sich um eine feste Einrichtung, die auch in Friedenszeiten unterhalten wurde. Im Krieg waren die zusätzlichen Reservelazarette wichtig, um die erhöhte Anzahl an Verwundeten zu versorgen. In der Regel handelte es sich dabei um zivile Krankenhäuser, die zum Teil oder im Ganzen zu Militärkrankenhäusern umfunktioniert wurden.

baubetrieb und Helene Radtke wurde als Bahnwärterin verpflichtet.[432] Letztere beschreibt, wie sich ihr sehnlicher Wunsch nach Teilhabe erfüllte:

> »Als im Jahre 1915 ein Bahnbeamter der mit meinem Vater zusammen bedienstet war zur Truppe eingezogen wurde, übernahm ich den Dienst dieses Beamten, der für mich als 19jähriges Mädchen sehr verantwortungsvoll war. Ich hatte nicht nur den innern, sondern aus Sparmaßnahmen auch den Außendienst zu versehen. Abwechselnd mit meinem Vater Tag und Nachts gehorchte ich meiner Pflicht. Ich fühlte mich glücklich hinter der Front dies tun zu dürfen. Öfters überflogen feindliche Flieger unsere Bahnstrecke.«[433]

Radtke versäumt nicht, die frontähnliche Gefahr zu erwähnen, der sie ausgesetzt war:

> »Daß Zugpersonal flüchtete in Deckung, doch ich konnte meinen Platz nicht verlassen. Dicht neben mir flog ein Stück von einem Schrabnell runter. Später erfuhr ich, daß diese Flieger den Hausberger Bahnhof (Strassburg) bombardiert hatten, wobei ein Mädchen, daß auch den gleichen Dienst versah wie ich, getötet wurde.«[434]

Radtke lässt ihre Leser wissen, dass sie – wie ein Soldat – pflichtbewusst ihre Stellung hielt und in diesem Moment bewiesen hatte, ihren Kameraden nicht nachzustehen.

Als Schwester an der Front

Mehr als die weiblichen »Soldaten der Heimatfront«[435] wurden die Krankenschwestern zum Sinnbild weiblichen Kriegseinsatzes. Dieses hatte sich aus dem Selbstverständnis der Frauenvereine entwickelt, die die Ausbildung und Abordnung von Krankenschwestern als ihre wesentliche Aufgabe sahen. Soldat und Schwester wurden als geschlechtsspezifische Pendants konzipiert.[436] In der Praxis des Ersten Weltkrieges fand es seine Bestätigung durch eine Vielzahl erfahrungsweltlicher Parallelen: den unmittelbaren Kontakt zum Kriegsgeschehen und die damit verbundene Konfrontation mit Leid, Grauen und Gefahr, eine Tätigkeit auf der Grenze zwischen Leben und Tod, die Aufopferung oder Selbstopferung verlangte, sowie das Leben in einer andauernden Ausnahmesituation. Nicht zuletzt bedeutete das Einrücken für den Soldaten und die Krankenschwester gleichermaßen, auf eine private Sphäre zu verzichten, was sich in der Uniformierung,

432 Vgl. Abel-Biogramm/Nr. 305/Leokardia Rogalski, S. 1, Abel-Biogramm/Nr. 130/Margarete Beckel, Abel-Biogramm/Nr. 207/Helene Radtke.

433 Abel-Biogramm/Nr. 207/Helene Radtke, S. 1.

434 Ebd.

435 Davies, S. 140.

436 Dem entgegen vertritt Andrea Süchting-Hänger die Auffassung, der direkte Kriegsdienst sei nach dem Ersten Weltkrieg in der deutschen Gesellschaft in Vergessenheit geraten. Süchting-Hänger, S. 111.

dem Essen und Schlafen in einer kasernierten gleichgeschlechtlichen Gruppe und generell in dem Aufenthalt außerhalb und fernab der Familie manfestiert.

So schildern die Lazarettschwestern Leokardia Rogalski und Maria Wiebe in ihren Essays Erfahrungen, die denen von Soldaten ähneln, wie etwa die Fremdbestimmtheit durch wechselnde Gestellungsbefehle, das Entsetzen bei Angriffen, das Miterleben des qualvollen Sterbens und das Gefühl, innerlich ausgebrannt zu sein: Leokardia Rogalski, die sich freiwillig zum Kriegseinsatz meldete, wurde an der Ostfront zwischen dem Brückenkopf Dünaburg und der zerstörten Stadt Schaulen stationiert. Sie berichtet von ihrer Freiwilligenmeldung und einem traumatischen Erlebnis:

> »Daselbst stellte ich mich dem Vaterländischen-Frauenverein, Rotes Kreuz zu Hohensalza zur Verfügung und diente dem von 1916-18. Darunter fallen 9 Monate Frontdienst im Osten […]. Sehr gut in Erinnerung bleibt mir, ich verband einem Soldaten den Oberarm, dabei wurde meine Haube abgeschossen, dem Soldaten ging ein Schuß in die Brust.«[437]

Eine ähnliche psychische Belastung beschreibt auch die in der Nähe von Verdun stationierte Maria Wiebe:

> »Nach ca 2 Jahren wurde ich in das größte Kriegslazarett mit vielen anderen Schwestern versetzt – nach Frankreich (Labry). Erschütterndes erlebte ich auch dort. Das langsame Hinsiechen der blühenden, kraftvollen Menschen bis zum Skelett oft ehe der Tod kam, war sehr traurig. […] Meine körperlichen u. seelischen Kräfte waren [im April 1918; K. K.] leider erschöpft von der schweren der entbehrungsreichen Arbeit.«[438]

Mit den Frontsoldaten teilten die Frauen im Kriegsdienst nicht zuletzt die Erfahrung von Zusammenhalt und Kameradschaft – im Kriegsalltag wie auch in Situationen der Todesangst. Maria Wiebe berichtet weiter:

> »Tagelang lag das Lazarett unter Fliegerbomben. Eine Fliegerbombe über meiner Baracke blieb im Schornstein stecken, ohne zu explodieren, nur der Ofen wurde zertrümmert. So waren wir von der Vorsehung beschützt! – Ich fand sie mit von dem Ofenruß angefärbten Gesichtern lachend in ihren Betten trotz der Kälte. – Immer wieder gab es kleine erheiternde Augenblicke neben dem Ernst der Stunde.«[439]

437 Abel-Biogramm/Nr. 305/Leokardia Rogalski, S. 1 f. Die examinierte Lazarettschwester wurde zwischen dem Brückenkopf Dünaburg und der bereits zerstörten Stadt Schaulen eingesetzt.

438 Abel-Biogramm/Nr. 456/Maria Wiebe, S. 3 f. Der französische Ort Labry, etwa 50 km östlich von Verdun, war als Eisenbahnkreuz mit großem Güterbahnhof ein wichtiger Stützpunkt deutscher Nachschub- und Versorgungseinheiten im Ersten Weltkrieg. Es gab mehrere Lazarette, darunter ein Seuchenlazarett.

439 Ebd.

Wiebe hebt diesen Moment gemeinsamer Erleichterung hevor und ergänzt: »Es gab trotz dem furchtbaren furchtbaren Ernst doch oft wunderbare erhebende Augenblicke. Eine Siegesbotschaft erfüllte uns alle mit neuem Leben.«[440] So zieht die Lazarettschwester mit patriotischem Stolz trotz allem eine positive Bilanz: »Ich habe sehr, sehr gern unsere tapferen Kämpfer in ihren entsetzlichen Leiden gepflegt, um dem armen Vaterlande zu dienen.«[441]

Trotz des erlebten Grauens bedeutete der Kriegseinsatz, und in erster Linie der Einsatz als Lazarettschwester, für Frauen die Verbindung beider Welten: einerseits eine Teilhabe an der Welt der Männer durch die Sanitätsarbeit in unmittelbarer Nähe zur Front, andererseits das Verbleiben im »ureigensten« mütterlich-weiblichen Aufgabenfeld, dem des Versorgens und Heilens. Obwohl die eingestellten Frauen nun als nüchtern kalkulierte Größe in das Staats- und Kriegsgeschehen einbezogen waren, blieb in der öffentlichen Wahrnehmung der verklärende Schein des liebevollen »rettenden Engels« gewahrt, der nun statt eines kranken Kindes den verwundeten Soldaten pflegte. Mit der Etablierung der Lazarettschwester gelang der ideologische Balanceakt, Patriotismus mit Nächstenliebe zu verknüpfen.

Vor allem auf jüngere Frauen übte diese Mischung einen ungeheuren Reiz aus. Die 16-jährige Marianne Meinecke grämte sich, für den Einsatz als Schwester noch zu jung zu sein und suchte die frontnächste Alternative:

> »Wir [Mädel] haderten mit uns. jungen Jahren, daß sie uns Hindernis waren, als Schwestern hinaus zu gehen ins Feld. – Um wenigstens ein bißchen näher dem Kriege zu sein, ging ich als Küchenhelferin ins Lazarett.«

Zudem wurden eben jene Frauen, für die eine Tätigkeit außer Haus gesellschaftlich bislang tabu gewesen war, für den Kriegseinsatz geworben, wie die Historikerin Andrea Süchting-Hänger anmerkt.[442] So konnte beispielsweise der Badische Frauenverein den Zulauf weiblicher Kriegsfreiwilliger kaum bewältigen: »Täglich melden sich Frauen und Mädchen in großen Scharen, und die meisten wollen sogleich ins Feld.«[443] Neben den in der Forschung aufgeführten emanzipatorischen Motiven ging es diesen jungen Frauen um eine Grenzerfahrung – ähnlich dem »Fronterlebnis« der Soldaten. Die Historikerin Ursula von Gersdorff folgert: »Arbeit und Verantwortung, unmittelbare Berührung mit dem Leben im Guten wie im Bösen, in Bedrohung und Bewährung, solchen Wünschen war nun, nüchtern und grausam, der Krieg entgegengekommen.«[444]

440 Ebd.
441 Ebd. S. 3.
442 Vgl. Süchting-Hänger, S. 42.
443 Badischer Frauenverein (Hrsg.), Kriegstätigkeit des Badischen Frauenvereins 1914-1919, Karlsruhe 1919, S. 6, zitiert nach Süchting-Hänger, S. 103.
444 Ursula von Gersdorff, Frauen im Kriegsdienst 1914-1945, Stuttgart 1969, S. 20. Andrea Süchting-Hänger belegt, dass viele liberale, konservative und sogar sozialdemokratische Frauen aus diesem Grund den Krieg begrüßten. Süchting-Hänger, S. 93.

Die Zeitzeugin Marie von Bunsen berichtet von der »Spannung der Frauen, endlich ›echte‹ Verwundete pflegen zu dürfen, und die Enttäuschung darüber, dass die ersten Pflegelinge lediglich wund gelaufene Füße hatten.«[445] Dieses bestätigt auch eine Quellenstudie von Bianca Schönberger zu Rot-Kreuz-Schwestern und Etappenhelferinnen im Ersten Weltkrieg. Sie schlussfolgert, dass das Versorgen von »›frisch geschlagenen Wunden‹ auf dem ›blutigen Kriegsschauplatze‹ als besonders attraktiv«[446] galt.

Wiederkehr des Krieges: Die NS-Kampfzeit

Durch das martialische Auftreten der SA und den propagandistisch heraufbeschworenen Ausnahmezustand der NS-Kampfzeit fühlten sich etliche Autorinnen der Abel-Essays an den Kriegsausbruch 1914 erinnert. Sie verspürten eine ähnliche Euphorie, verbunden mit Besorgnis.[447] In ihren Lebensbeschreibungen kehren die Verhaltensmuster des Ersten Weltkrieges einige Seiten später wieder, nun unter verändertem Vorzeichen: Es fand demnach ein gedanklicher Transfer vom damaligen Kriegsgeschehen zum aktuellen politischen Kampf um das Vaterland statt. Entsprechend nahmen die Verfasserinnen erneut die vertrauten weiblichen Einsatzgebiete ein. Maria Engelhardt erlebte die Verabschiedung der Frontsoldaten im August 1914 mit ähnlichen Gefühlen wie die Verabschiedung der »Hitlersoldaten«,[448] die zu Propagandafahrten aufbrachen:

> »Es kam der Kriegsausbruch 1914: [...] sie zogen blumengeschmückt, Abschied nehmend von den Liebsten hinaus, nicht wissend, ob sie noch einmal Deutschlands Erde wiedersehen, aber alle mit der heiligen Begeisterung, es gilt unser Deutschland zu schirmen!«[449]

Auch im Zeichen des Hakenkreuzes stand dem Einsatz der Männer »für Deutschland« das Bangen der Abschied nehmenden Frauen gegenüber:

> »Wenn unsere Braunhemden auf schier unglaublichen Lastautos ihre Propagandafahrt antraten, dann musste jeder erst seine Fahrtkosten entrichten [...] und freudigen Herzens taten sie es, denn es galt ja, auf dem flachen Lande die

445 Marie von Bunsen, Zeitgenossen, die ich erlebte – 1900-1930, Leipzig 1932, S. 121, zitiert nach Süchting-Hänger, S. 103.

446 Bianca Schönberger, Mütterliche Heldinnen und abenteuerlustige Mädchen. Rot-Kreuz-Schwestern und Etappenhelferinnen im Ersten Weltkrieg, in: Karen Hagemann/Stefanie Schüler-Springorum (Hrsg.), Heimat-Front. Militär und Geschlechterverhältnisse im Zeitalter der Weltkriege, Frankfurt a. M./New York, 2002, S. 108-127, hier S. 110, mit Bezug auf Maria Sämmer, Bittgesuch an König Ludwig von Bayern, München 1915, in: BayHStA/KA MKr 13753.

447 Süchting-Hänger stellt die These auf, dass sich diese Gefühle nicht gegenseitig ausschließen müssen. Süchting-Hänger, S. 92.

448 Abel-Biogramm/Nr. 195/Maria Engelhardt, S. 11.

449 Ebd., S. 1.

Idee unseres Führers zu predigen. Klopfenden Herzens standen wir Frauen dabei, ›werden sie noch einmal heil nach Hause kommen?‹«[450]

Maria Engelhardt knüpft hier an bekannte Geschlechterkonzepte an. Die Ähnlichkeit der von ihr beschriebenen Abschiedsszenen – der Aufbruch der Männer und das Zurückbleiben der Frauen – spiegelt das Wiedererkennen der Mobilmachungssituation.

Die während des Weltkrieges gelebten Konzepte von Weiblichkeit bestimmten in vielen Fällen das Verhalten der Alten Kämpferinnen, die sich wie damals in einer nationalen Ausnahmesituation sahen. Wieder wurden alle Kräfte mobilisiert und organisiert. Wieder wurden Geld- oder Sachspenden gesammelt und die »Soldaten« mit wärmender Kleidung, Essen und Weihnachtsgeschenken versorgt.[451] Elsbeth Zanders »Deutscher Frauenorden – Rotes Hakenkreuz« (DFO) formierte sich quasi als Kriegshilfsdienst der SA. Auch hier duldete der vermeintlich vaterländische Einsatz keine Schwächen, wie Klara Petersson, die Leiterin der DFO-Gruppe Berlin-Steglitz, deutlich macht: »[…] ich konnte aber von meinen Ordensschwestern verlangen was ich wollte, wenn ich sagte, heute nacht wird durch genäht oder gestrickt, dann wurde es auch getan.«[452] Auch die DFO-Aktivistin Hertha von Reuss zieht eine deutliche Parallele zwischen Krieg und NS-Kampfzeit. Zu Beginn ihres Essays betrachtet sie ihren Kriegseinsatz, die Versorgung von Soldaten in der Etappe, »als eine unbewusste Vorbereitung auf meine Arbeit in der Partei«.[453] Für viele Nationalsozialistinnen lag es nahe, das Geschlechterverhältnis des Krieges in ihrem neuerlichen Kampf wiederaufleben zu lassen, sich als »Schwestern« der »politischen Soldaten« zu verstehen und zu verhalten.[454]

»Dankesschuld«

In etwa der Hälfte der Frauenbiogramme spielt die SA eine Rolle: als Organisation, der Ehemann oder Bruder angehörten, als Bezugspunkt in der Parteiarbeit, als maskulines Faszinosum. Die Disziplin der marschierenden SA sowie ihre zur Schau gestellte Kraft und Entschlossenheit beeindruckten zweifel-

450 Ebd., S. 12.

451 Zum Wiederaufleben der Weihnachtsbescherungen vgl. Abel-Biogramm/Nr. 456/Maria Wiebe, S. 3, und Abel-Biogramm/Nr. 195/Maria Engelhardt, S. 13.

452 Abel-Biogramm/Nr. 588/Klara Petersson, S. 9.

453 Abel-Biogramm/Nr. 36/Hertha von Reuss, S. 1.

454 Als »Schwestern« bezeichneten sich sowohl die Mitglieder der 1920 gegründeten Gruppe der »Braunen Schwestern«, die sich als Frauenorganisation der damaligen DAP (später NSDAP) in München formiert hatten (vgl. Kompisch, Täterinnen, 2008, S. 113) als auch die Mitglieder des Deutschen Frauenordens in Berlin. *Der Politische Soldat* war 1931 der Name eines Berliner SA-Schulungsbriefes. Vgl. Schuster, S. 138, mit Verweis auf Julek Karl von Engelbrechten, Eine braune Armee entsteht. Die Geschichte der Berlin-Brandenburger SA, München/Berlin 1937, S. 242.

los manche Alte Kämpferin.[455] Vor allem aber wurden die Parteisoldaten als legitime Nachfolger der Frontsoldaten verstanden und nicht selten entsprechend glorifiziert.[456]

Die Bedeutung der SA für die Autorinnen erklärt sich aus der Perspektive des Jahres 1934. Bis 1933 war die SA überall präsent gewesen, hatte den »Saalschutz« gestellt und Straßenkämpfe ausgefochten. Sie bestritt einen großen Teil der Propagandaschlacht, dem selbsterklärten »Kampf um Deutschland«, an dem sich auch viele Verfasserinnen beteiligten – es einte sie das Ziel. Nach dem Regierungsantritt Hitlers verlor die SA an Bedeutung und spätestens mit der Ermordung Röhms im Juni 1934 ihren Stellenwert als Elite der Partei.[457] Als die Alten Kämpferinnen ihre Wettbewerbsbeiträge niederschrieben, waren die Eindrücke der NS-Kampfzeit noch frisch und ihre Verbundenheit mit der SA ungebrochen. Gerade in Berlin war die »Sturmabteilung« bedeutsam.

Was die Verfasserinnen stärker an die SA band und tiefer berührte als deren Muskelspiel, war das durch die NS-Propaganda konstruierte, vermeintliche Leid der »braunen Jungs«.[458] Die in Singapur geborene Erna Siegfried drückt ihre Zuneigung aus:

> »Inzwischen kämpfte und litt die SA für ihren Führer. […] Ich fühlte, daß das eine gerechte Sache sein müßte, für die hier gekämpft und gestorben wurde, bewunderte und liebte diese Menschen.«[459]

455 Beeindruckt vom militärischen Auftreten der SA zeigte sich Hilde Boehm-Stoltz: »Im März oder Mai 1930 sah ich zum ersten Mal die Braunhemden. In wundervoller Disziplin sah ich sie auf Lastautos in das Innere der Stadt fahren. Sie hatten ein Treffen. Leider konnte ich krankheitshalber nicht auf die Strasse. Tränen traten mir in die Augen vor Scham, dass ich sie bisher nicht gekannt hatte und erfüllte mich derart, dass ich ausrief: ›Und die sollen Rawdies sein???!! Solch gemeine Verleumdung, das ist nun und nimmermehr wahr!!!!‹«. Vgl. Abel-Biogramm/Nr. 44/Hilde Boehm-Stoltz, S. 2.

456 Peter Longerich erläutert die Konstruktion dieser Kontinuität »durch den Rückgriff auf paramilitärische Formen, also Uniformierung, geschlossenes Auftreten in Marschkolonnen, Kommandosprache etc.« und bestätigt: »Man stilisierte den innenpolitischen Kampf als Fortsetzung des Kriegserlebnisses.« Peter Longerich, Zur Attraktivität der NSDAP als Kern eines rechtsextremen Milieus in der Weimarer Republik, in: Gudrun Brockhaus (Hrsg.), Attraktion der NS-Bewegung, Essen 2014, S. 115-132, hier S. 119. Tatsächlich waren ehemalige Soldaten unter den SA-Mitgliedern, so dass in diesen Fällen neben der konstruierten auch eine reale personelle Kontinuität gegeben war.

457 Vgl. Reichardt, S. 141.

458 »Braune Jungs« nennt Anna Nieke die SA-Kameraden, als »braune Leutchen« bezeichnet sie die Parteigenossen allgemein, auch hochrangige Besucher ihrer Ortsgruppe, wie den Gauleiter Berlin-Brandenburgs, »Dr. Goebbelchen«. Vgl. Abel-Biogramm/Nr. 177/Anna Nieke, S. 10, S. 15.

459 Abel-Biogramm/Nr. 175/Erna Siegfried, S. 6f.

In mehreren Essays wird ein Gefühl der Sorge und Achtung ausgedrückt, verbunden mit der eigenen »Dankesschuld«,[460] ebenfalls ein Echo des Weltkrieges, wie Emma Bierwirths Essay verdeutlicht:

> »Damals habe ich schon den Standpunkt vertreten, daß wir es unseren Feldgrauen nie gutmachen können, was sie für uns gelitten haben.«[461]

Das Selbstopfer – damals für Deutschland, nun für die Volksgemeinschaft – ist für sie der Maßstab des Heldentums. Das von der Propaganda transportierte Wechselspiel von Märtyrertum auf der einen und dafür geschuldete Dankbarkeit auf der anderen Seite verfängt bei vielen Verfasserinnen und bestärkt sie in der Unterstützung der Partei. Dies bestätigt die Zuschrift der 67-jährigen Tilsiterin Marie Waga:

> »Diesen Kämpfern für ein Deutschland konnten wir bisher nur einen Teil unserer Dankesschuld abtragen. In Wind und Wetter, in Not und Gefahr waren die braunen Kämpfer unterwegs, um zu werben, zu werben und nochmals zu werben.«[462]

Die »Dankesschuld« der Alten Kämpferinnen ist jedoch nicht zu verwechseln mit Mitleid, sie erlaubt dem »Soldaten« keine Schwäche. Die weibliche Sympathie ist an die Bereitschaft zum Selbstopfer des Mannes geknüpft. Wer den kriegerischen Zusammenhang von Heldentum und Dankesschuld anzuzweifeln wagt, wird von radikalen Nationalistinnen wie Emma Bierwirth als »Jammerlappen« angegriffen.[463]

»Weibliche Mitkämpfer«

Eine ebenso deutliche Parallele zwischen Krieg und Kampfzeit setzt Helene Radtke, hier mit dem Fokus eigener Partizipation. Als 18-Jährige erlebte sie den Beginn des Weltkrieges mit dem drängenden Wunsch nach Teilhabe:

> »...›ach wäre ich doch auch ein Junge,‹ und könnte für unseren geliebten Heimatboden kämpfen. [...] Alsbald hatte ich erkannt, daß man auch als Mädel sich der Heimat nützlich machen kann. Denn an dem 4ten Mobilmachungstage kamen die ersten Verwundetenzüge.«[464]

Zwölf Jahre später, nun als Mutter dreier Kinder, hörte Radtke von Hitlers »Kampf um Deutschland«. Abermals fühlte sie sich in ihrer Geschlechterrolle gefangen, die ihr nicht erlaubte, in vorderster Front dabei zu sein. Und wiederum zieht sie die Konsequenz, auf alternative Handlungsräume auszuweichen:

460 Abel-Biogramm/Nr. 365/Marie Waga, S. 2.
461 Abel-Biogramm/Nr. 193/Emma Bierwirth, S. 2.
462 Abel-Biogramm/Nr. 365/Marie Waga, S. 2.
463 Abel-Biogramm/Nr. 193/Emma Bierwirth, S. 2.
464 Abel-Biogramm/Nr. 207/Helene Radtke, S. 1.

> »[...] ein Zweitesmal im Leben, genau wie im Krieg bedauerte ich, daß ich kein Mann sei. Zu dieser Stunde kam mir der Schwur über die Lippen, auch als Frau alles dran zu setzen um Schritt für Schritt, diese Partei und Führer mit meiner ganzen Kraft zu unterstützen.«[465]

Radtkes »Schwur«, ihre Selbstvereidigung auf den »Führer«, mutet militärisch an. »Schritt für Schritt« marschiert sie gedanklich bereits in der NS-Bewegung mit und gelobt, wenn nicht ihr Leben, so doch ihre »ganze Kraft« einzusetzen. Helene Radtke sorgte folgerichtig für ihre eigene Uniformierung und eroberte sich, auf diese Weise zweifellos erkennbar, einen Platz im paramilitärischen nationalsozialistischen Gefüge.[466] Stolz berichtet Radtke:

> »Um die Verbundenheit mit der SA. und der Bewegung auch äußerlich zum Ausdruck zu bringen kam mir der Gedanke mir eine braune Frauenbluse zu nähen, wo sich auch gleich 2 gute Bekannte anschlossen und das Gleiche taten. So führte ich in Darmstadt die braune Bluse ein. Ich trug sie von morgens bis zum Bett gehen.«[467]

Ihr Einsatz für den Nationalsozialismus fand damit in allen Lebenszusammenhängen statt. Auch die Duisburgerin Hilde Boehm-Stoltz reizte das Militärische. Durch den Nationalsozialismus erlebte sie offenbar ihre persönliche Mobilmachung:

> »Es gab keine freie Minute mehr in unserm Leben und das gab unserm Leben erst die kampffrohe Stimmung und Freude [...]. Der unbedingte Gehorsam zum Einsatz reihte auch uns weibliche Mitkämpfer zu einer Art Soldaten ein.«[468]

Die 51-jährige Erna Siegfried zieht in ihrem Essay schließlich die letzte Konsequenz, das Sterben für eine politische Überzeugung, in Betracht, um sich als Soldatin in die Armee Hitlers zu stellen:

> »Jeden Augenblick, ob Tag oder Nacht, auch bis zur Hingabe meines Lebens bin ich bereit, für diesen Führer zu tun, was von mir gefordert wird.«[469]

Die »Veteraninnen« des Ersten Weltkrieges erkannten im Habitus der NS-Bewegung vertraute Muster wieder. Manche bezogen erneut ihre weiblichen Einsatzgebiete. Ihnen kam entgegen, dass vor 1934 gerade der Sanitätsdienst »große Aufmerksamkeit und Förderung«[470] in den NS-Organisationen genoss.

465 Ebd., S. 6.
466 Die Bedeutung der Uniform ist auch im Hinblick auf die Frauen nicht zu unterschätzen. Sie löscht Individualität aus, aber gleichzeitig hebt sie das Individuum in seiner Bedeutung über sich selbst hinaus in die stärkere Entität der »Truppe«.
467 Abel-Biogramm/Nr. 207/Helene Radtke, S. 7.
468 Abel-Biogramm/Nr. 44/Hilde Boehm-Stoltz, S. 4.
469 Abel-Biogramm/Nr. 174/Erna Siegfried, S. 8.
470 Schuster, S. 164. Schuster räumt ein, dies sei nicht allein auf den hohen Sanitätsbedarf der SA zurückzuführen.

Die Jüngeren dagegen, die einen Kriegshilfsdienst »verpasst« hatten, erhielten durch den Nationalsozialismus die Möglichkeit des Nacherlebens. So erfuhr die 1901 geborene Krankenschwester und Nationalsozialistin Erika Ullmann ihren ersten »Fronteinsatz« 1927 mitten in Berlin:

> »So machte ich im Februar 27 auch die erste große Saalschlacht in Berlin [...] mit u. wurde dann als Schwester mit zu den ersten Hilfeleistungen unser Schwerverletzten herangezogen, sie lagen oben auf der Bühne u. der Dr. [Goebbels, K. K.] sprach dann weiter, wie ich ihn noch nie gehört.«[471]

Die medizinische Versorgung durch die »Schwester« vor den Augen hunderter Zuschauer dürfte ihre propagandistische Wirkung, besonders als Identifikationsangebot an Frauen, nicht verfehlt haben.

Grenzen der Teilhabe

Andere Alte Kämpferinnen drücken ebenfalls ihren Wunsch aus, an den wesentlichen Ereignissen teilzuhaben, wie ihre Parteikameraden, konnten diesen auf Grund gesellschaftlicher Konventionen jedoch nicht verwirklichen. So blieb ihnen nur die Unterstützung und Förderung der Männer und das Bewusstsein, sich trotzdem im Sinne der gemeinsamen Sache nützlich gemacht zu haben. In diesem Sinne beschreibt Käthe Eiden die Vorbereitungen ihrer NSDAP-Ortsgruppe zum Parteitag in Nürnberg 1929:

> »Wie wurde [...] exerziert und trainiert. Wie wünschten wir Frauen damals Männer zu sein, um mitfahren zu können und den Führer zu sehen. Mit begeisterten Heilrufen rollten die Teilnehmer am Parteitag unseres und der Nachbarorte im Lastwagen ab [...]. Ungeduldig warteten wir auf Post.«[472]

Für die Frauen, die sich wie Käthe Eiden im »Bewusstsein einer grossen Sendung im Dienste des deutschen Volkes«[473] für die NSDAP engagierten, folgte nach dem Entgegenfiebern gemeinsam mit den Kameraden nur das enttäuschende Zurückbleiben und das Warten auf Nachrichten aus dem »Kampfgebiet« – wobei es sich in Nürnberg wie anderswo um eine Propagandaschlacht handelte. Erna Siegfried, die ebenfalls gern in erster Reihe dabeigewesen wäre, verlegte sich auf die Rolle der SA-Verehrerin: »Ich liebte sie, ich wäre am liebsten mit jedem einzelnen mitgegangen und hätte an ihrer Seite gestanden.«[474]

Eine andere Strategie verfolgte die Krankenschwester und Kriegerwitwe Lisi Paupié: Sie machte ihren Sohn bewusst zum Stellvertreter. Er sollte der Mann werden, der sie selbst gern gewesen wäre.

471 Abel-Biogramm/Nr. 532/Erika Ullmann, S. 3.
472 Abel-Biogramm/Nr. 244/Käthe Eiden, S. 6.
473 Ebd.
474 Abel-Biogramm/Nr. 175/Erna Siegfried, S. 6 f.

> »Ich bedauerte kein Mann zu sein. […] Ich tat meine Pflicht und trauerte nicht sondern lebte ganz der Erziehung meines Jungen. Er sollte ein echt deutscher Bub werden, ein brauchbares Mitglied der Volksgemeinschaft.«[475]

Auf ihr Betreiben hin erhielt er durch Rettungsschwimmen und Wehrsport eine quasi vormilitärische Ausbildung. Helene Radtke, die sich bereits durch ihre braune Bluse selbst den Soldaten anschloss, schickte – zusätzlich oder stellvertretend – ebenfalls ihren Sohn in den nationalsozialistischen Kampf: »Auch veranlaßte ich meinen Jungen der im 12. Lebensjahre stand in das Jungvolk einzutreten, […].«[476]

Im Vergleich zum Krieg bot der Kampf der NS-Bewegung den Autorinnen der Abel-Essays größere Möglichkeiten persönlicher Partizipation, zumal er ausschließlich an der »Heimatfront« ausgetragen wurde: Sie standen in Kontakt zum Geschehen oder waren sogar mittendrin.

1.3.3 Lebenshunger, Abenteuer und Gefahr

> Es war mir als entzündete sich in mir ein Feuer für diese Bewegung und ich spürte, daß man den Nationalsozialismus nicht lernen sondern erleben müsse.
>
> *Helene Radtke*[477]

Das »Erleben« des Nationalsozialismus spielte eine wesentliche Rolle für die Alten Kämpferinnen. In ihren Essays stellen sie den Erstkontakt zur NS-Bewegung nicht selten als den Eintritt in ein intensiveres, manchmal geradezu rauschhaftes Leben dar. Der Nationalsozialismus sprach offensichtlich ihren Lebenshunger an oder entfachte ihn neu – gerade unter jenen, die durch die Kriegs- und Nachkriegsjahre um unbeschwerte Jugenderlebnisse gebracht worden waren. Ein Beispiel dafür ist die Kaufmannstochter Marianne Meinecke (*1897), die in den 1920er Jahren weder den richtigen Partner noch eine berufliche Perspektive fand, zumal sie ihren Eltern den Haushalt führen musste. Sie beschreibt eine verpasste Jugend:

> »Eigentlich die ganze Jugendzeit durch habe ich unter diesen Hemmungen gestanden, im halben Dämmerzustand gelebt, trotz fleißiger Arbeit, die den Tag voll ausfüllte. Irgendwelche größeren Erlebnisse brachte das zurückgezogene Leben des Hausmütterchens natürlich nicht mit sich, ich war auf dem besten Wege, einseitig zu werden und langsam zu versauern. Hin und wieder rebellierte die Jugend in mir, aber das angeborene ud. anerzogene Pflichtgefühl ließ nicht zu, den vorgezeichneten Weg zu verlassen.«[478]

475 Abel-Biogramm/Nr. 187/Lisi Paupié, S. 8.
476 Abel-Biogramm/Nr. 207/Helene Radtke, S. 10.
477 Ebd., S. 6.
478 Abel-Biogramm/Nr. 116/Marianne Meinecke, S. 3.

Mit »jubelndem Herzen«, so Meinecke, habe sie sich 1931 der NS-Bewegung angeschlossen und seitdem »mitgelebt«.[479] Empfänglich für das nationalsozialistische Erlebnisangebot waren umgekehrt auch jene Jahrgänge, die im Kaiserreich – und verstärkt während des Weltkrieges – durch nationale Großereignisse beständig mit Dramatik versorgt worden waren und sich durch das schmucklose Zivilleben in der Weimarer Republik darum betrogen fühlten.

Der Nationalsozialismus bediente das Bedürfnis nach intensivem Leben und großen Gefühlen aufs Neue. Er verkörperte eine leidenschaftliche Unbedingtheit des Denkens und Handelns – Jugendlichkeit, Hoffnung, Zukunft, Dynamik, Kraft, Abenteuer, Nervenkitzel, Gefahr und nicht zuletzt Sieg und Heldentum. Der emotionale, damals »so neu und aufregend wirkende […] Politikstil der Nazis, der alle Sinne ansprach«[480] faszinierte auch die Autorinnen der Abel-Biogramme und unterschied die NSDAP von allen anderen Parteien der Weimarer Republik. Nationalsozialismus war demnach ein Gesamtkonzept aus Politik und Erlebnisangebot – auch »Volksvergnügen«[481] und Spaß kamen nicht zu kurz. Vor dem Hintergrund der menschenverachtenden Politik der Nationalsozialisten mag es befremdlich anmuten, dass deren »Volksvergnügen« attraktiv erschien. Bei der Untersuchung der Partizipationsmotive darf dieser Punkt jedoch nicht unterschätzt werden.

Jugendlichkeit

»Wer die Jugend hat, hat die Zukunft!« – Schon in der Anfangszeit der Jugendbewegung um 1900 entwickelte sich dieses Schlagwort für Kirchen und Parteien, Vereine und öffentliche Institutionen zu einer Art »Zauberformel«.[482] Nach allgemeinem Konsens galt die Jugend als Hoffnungsträger. Es gab kaum eine Organisation, die zu Beginn des neuen Jahrhunderts nicht um Jugendliche warb, die Jugendarbeit in ihren Reihen etablierte und sich mit ihrer Jugend schmückte.

»Wer die Jugend hat, hat die Zukunft!« – Eine Generation und einen Krieg später hatte diese Parole nichts von ihrer Aktualität verloren und wurde auch vom Nationalsozialismus adaptiert. Jugendliche und junge Erwachsene waren seine wohl wichtigste Zielgruppe. Um für die Heranwachsenden attraktiv zu sein, sprang der Nationalsozialismus auf den fahrenden Zug der Jugendbewegung auf und bediente sich aus deren Repertoire. Mit seinem »Image der Jugendlichkeit«[483] hatte der Nationalsozialismus nicht nur beim männlichen Nachwuchs Erfolg, sondern – eher unbeabsichtigt – auch bei jungen Frauen

479 Ebd., S. 7.
480 Brockhaus, Attraktion, S. 11. Brockhaus spricht von der »Emotionalisierung von Politik«.
481 Broszat, S. 41.
482 Frigga Tiletschke/Christel Liebold, Aus grauer Städte Mauern. Bürgerliche Jugendbewegung in Bielefeld 1900-1933, Bielefeld 1995, S. 12.
483 Vgl. Wendt S. 41.

und Mädchen.[484] Tatsächlich war die NSDAP während der Kampfzeit eine vergleichsweise junge Partei. Mehr als ein Drittel ihrer Mitglieder waren 1930 jünger als 30 Jahre.[485] Ebenso standen viele NS-Funktionäre noch in jugendlichem Alter: Der NSDAP-Gauleiter von Berlin-Brandenburg, Joseph Goebbels, feierte 1927 erst seinen 30. Geburtstag – die Geschwister Klara Petersson und Hedwig Eggert waren dabei und berichten darüber in ihren Essays.[486] Die NSDAP präsentierte sich demnach glaubhaft als dynamische Partei der Jugend, der die Zukunft gehörte, und verwies die honorigen Politiker der DNVP, die der NSDAP programmatisch am nächsten stand, werbewirksam auf das Altenteil.

Tatkraft

Der Begriff »Bewegung« impliziert Energie, Dynamik und Aufbruch. Mit ihrem revolutionären Habitus – der sich auch auf den Putschversuch von 1923 gründete – und ihren emotions- und erlebnisorientierten Massenveranstaltungen vermittelte die »Hitlerbewegung« den Eindruck, sie bewirke eine gewaltige Umwälzung, woran teilzuhaben unbedingt erstrebenswert sei.[487] Die NS-Bewegung erzeugte eine »Aura des Jetzt-oder-nie«,[488] eine Ansprache, die Mädchen und junge Frauen ebenso erreichte wie ihre männlichen Altersgenossen.[489]

Aus dem Unbedingten resultierte schließlich die »Tat« als oberste Maxime – sie war das Zauberwort, das nicht nur die junge Generation beflügelte. Ihre Tatkraft demonstrierte die NS-Bewegung insbesondere mit der schnellen Taktfolge verschiedenster Aktionen, die die Autorinnen der Abel-Biogramme beeindruckte und »mitriss«.[490] In den Aufsätzen der jüngeren ebenso wie der älteren Frauen wirkt das Parteileben wie ein permanenter, berauschender Ausnahmezustand. So schreibt Maria von Belli: »Es war alle Augenblicke etwas los, daß geflaggt werden mußte, marschiert, gesungen.«.[491] Dadurch, dass geflaggt, marschiert, gesungen werden »mußte«, wurden diese Tätigkeiten wiederum zur

484 Sieben der vorliegenden Biogramme stammen von Verfasserinnen, die sich als teils minderjährige, ledige, noch im Elternhaus wohnende junge Mädchen für die »Hitlerbewegung« begeisterten.

485 Vgl. Wendt, S. 41.

486 Die Feier im Berliner Parkrestaurant Südende fand Ende Oktober 1927 statt. Ausführlich dazu Abel-Biogramm/Nr. 459/Hedwig Eggert, S. 9.

487 Das »gewaltige Erleben« benennt auch Erika Ullmann. Abel-Biogramm/Nr. 532/Erika Ullmann, S. 5. Vgl. auch Rohkrämer, S. 98.

488 Aly, S. 12.

489 Eine Zeitzeugin aus Norddeutschland bestätigt dies: »Ich wurde von dem Eindruck der Kraft dieser Partei angezogen, wenn mir auch vieles an ihr höchst zweifelhaft erschien.« Aufzeichnung einer Hausfrau aus einer norddeutschen Kleinstadt; zitiert nach Wendt, S. 31.

490 Das überwältigte Mitgerissenwerden oder die Erwartung »mitgerissen zu werden« ist ein häufig verwandter Topos der Biogramme. Vgl. u. a. Abel-Biogramm/Nr. 353/Meta Gruse, S. 9. Aktionen der NSDAP waren unter anderem Umzüge, öffentliche Versammlungen und Reden, Heimabende, Sammlungen und Feiern.

491 Abel-Biogramm/Nr. 212/Maria von Belli, S. 12.

verantwortungsvollen Aufgabe. Klara Petersson erinnert sich begeistert: »Nun ging es immer aus einer Versammlung zur andern, von einem Umzug zum andern, immer durch die rötesten Viertel Berlins«, und benennt auch den damit verbundenen »Tumult und Wirrwahr«.[492] Margarethe Schrimpff bestätigt: »Jetzt wird es immer interessanter. Unsere Versammlungen werden die reine Würze des Lebens«,[493] und mit den Worten »Es geht nun Schlag auf Schlag, Opfer auf Opfer werden gefordert«[494] leitet sie die Beerdigung Horst Wessels oder vielmehr die anschließende atemlose Verfolgungsjagd mit der Polizei durch Berlin ein. Erna Stoyke verlor sich regelrecht im Strudel der Ereignisse: »In dieser Zeit vergass ich ganz, dass ich ein Zuhause hatte [...].«[495] Klara Petersson zieht Bilanz: »Wenn man alles aufzählen wollte was man mit erlebt hat all die Jahre könnte man wirklich ein Buch schreiben.«[496]

Einige Autorinnen transportieren die erlebten Momente jugendlich-euphorischer Selbstvergessenheit auch sprachlich in ihre Essays. Gelegentlich verfallen sie in die Jugend- oder Umgangssprache ihrer Zeit: »Knorke«[497] sei Goebbels' Zeitung *Der Angriff* gewesen, schreibt Klara Petersson. Margarethe Schrimpff erzählt, jemand sei »verduftet«, bevor ein »Flitzer« kam und ihm »heimgeleuchtet« wurde.[498] Anna Nieke plaudert berlinerisch über drei Polizeibeamte, einem »Krimi« und zwei »Grünen«.[499]

Unabhängig von der politischen Ausrichtung bot das Treiben der NSDAP folglich eine willkommene Abwechslung im eintönigen Alltag, sowie die Möglichkeit, sich jung und »mitten im Leben« zu fühlen. Im guten Gefühl, nichts ausgelassen und nichts verpasst zu haben, bilanziert die 33-jährige Krankenschwester Erika Ullmann ihre zahlreichen Erlebnisse: »Und so machte ich laufend alle Höhepunkte in der Berliner Bewegung mit.«[500] Es war unter anderem das Rauschhafte der Kampfzeit, das Frauen für den Nationalsozialismus einnahm. Der Kampf wurde – losgelöst von Ziel und Folgen – nicht selten zum Selbstzweck und Lebensinhalt, ein Effekt, den Käthe Eiden in Worte fasst: »Welche Formen unsere Sehnsucht einmal nehmen würde war uns unklar. Wir fanden den Kampf schön und das Leben ohne ihn wertlos.«[501]

492 Abel-Biogramm/Nr. 588/Klara Petersson, S. 4.
493 Abel-Biogramm/Nr. 582/Margarethe Schrimpff, S. 7.
494 Ebd., S. 8.
495 Abel-Biogramm/Nr. 363/Erna Stoyke, S. 6.
496 Abel-Biogramm/Nr. 588/Klara Petersson, S. 8.
497 Ebd., S. 6.
498 Abel-Biogramm/Nr. 582/Margarethe Schrimpff, S. 5f. Mit einem »Flitzer« meint Schrimpff einen Streifenwagen oder ein Motorrad der Polizei. Götz Aly meint erkannt zu haben, dass die Mitglieder der NS-Bewegung »eine Verlängerung der Jungendbewegung« erlebten. Aly, S. 12.
499 Abel-Biogramm/Nr. 177/Anna Nieke, S. 12.
500 Abel-Biogramm/Nr. 532/Erika Ullmann, S. 5.
501 Abel-Biogramm/Nr. 244/Käthe Eiden, S. 5.

Abenteuer und Nervenkitzel

Der Nationalsozialismus entführte seine Anhängerinnen in abenteuerliche Vorstellungswelten, die Propaganda beschwor »apokalyptische Kämpfe«,[502] wie etwa Hitlers »Ringen mit den dunklen Mächten«,[503] für die auch die Verfasserinnen empfänglich waren.

Geboten wurde aber auch reales Abenteuer: Der Reiz des Illegalen, Nervenkitzel und Gefahr erhöhten die Anziehungskraft der NS-Bewegung – auch für zahlreiche Autorinnen der Abel-Essays. So enthalten etwa die Hälfte der Essays Schilderungen von abenteuerlichen oder verbotenen Aktionen der Nationalsozialisten. Die siebzehnjährige Lissy Schneider erlebte den Nationalsozialismus zunächst als eine Art Geheimbund: »Mein Onkel ging des Abends so plötzlich und eilig aus dem Haus und kam immer ziemlich spät und abgespannt nach Hause.«, woraufhin ihr erklärt wurde: »Du darfst es keinem sagen, Onkel geht zu den Nazis!«[504] Später begab sie sich ohne das Wissen ihrer Eltern selbst in Gefahr und Abenteuer:

> »In Wirklichkeit bin ich aber dann in die Versammlungen [der »Nazis«, K. K.] gegangen, in denen es immer Verletzte, entzweigehauene Stühle und klirrende Fensterscheiben gab.«[505]

Etliche Alte Kämpferinnen genossen illegale Propagandaaktionen als eine Art erregendes Räuber-und-Gendarm-Spiel mit der Polizei, so beispielsweise Maria Engelhardt, die sich als die »erste Schreibkraft«[506] der Frankfurter SS bezeichnet:

> »Wie oft lief man Gefahr wie so viele deutsche Volksgenossen in die Gefängnisse zu wandern. Ich erinnere nur an eines: ein SS-Führer war nachts verhaftet worden, morgens um 5 bekam ich die Nachricht, gegen 6 ½ Uhr stand ich mit einem Auto in der Nähe seiner Wohnung – und um 7 Uhr kam die Polizei zur Haussuchung – und – fand nichts! Wie oft hatte man irgendwo Karteien der Bewegung oder sonstiges versteckt, wäre man entdeckt worden, dann wäre es um einen geschehen gewesen. Wie oft verstand man es, deutsche Menschen, die ja nur das beste für unser Vaterland wollten, der polizeilichen Verhaftung zu entziehen.«[507]

502 Rohkrämer, S. 88.
503 Abel-Biogramm/Nr. 212/Maria von Belli, S. 4.
504 Abel-Biogramm/Nr. 107/Lissy Schneider, S. 1.
505 Ebd., S. 4.
506 Abel-Biogramm/Nr. 195/Maria Engelhardt, S. 10. Die Sekretärin nutzte ihren Arbeitsplatz heimlich zur Vervielfältigung von NSDAP-Schriften: »Ein Büro der SA bestand zu jener Zeit noch nicht, an eine Schreibmaschine war nicht zu denken, und so mussten halt meine Dienstschreibmaschine und die Dienstvervielfältigungsapparate herhalten. Ich wusste, dass ich meine Entlassung zu gewärtigen hatte, wenn meine Tätigkeit herauskam, aber es ging doch nun nicht anders!«, ebd., S. 10.
507 Ebd., S. 13. Aus der Perspektive der Beobachterin beschreibt Käthe Eiden einen illegalen Propagandaeinsatz, Abel-Biogramm/Nr. 244/Käthe Eiden, S. 9.

Die Genugtuung darüber, die Repräsentanten der verachteten Republik überlistet zu haben, ist offensichtlich. Ähnlich beschreibt Margarethe Schrimpff die Flucht vor dem Gegenspieler Polizei in rascher Szenenfolge:

> »Ich laufe zum Untergrundbahnhof. Aber halt. Hier stehen zu beiden Seiten der Treppe Schupos und knüppeln wahllos alles nieder, was die Treppe hinunter eilt. Ganz gleich ob Mann, ob Frau oder Kind. Wieder wird man gezwungen nach einer anderen Richtung zu rennen und ich steige in die erste beste Elektrische und danke meinem Schöpfer, daß ich aus diesem Hexenkessel entkommen bin.«[508]

Helene Radtke, selbst Ehefrau eines Polizisten, verrät stolz, sie habe zur Selbstverteidigung gegen Kommunisten eine Pistole mit sich geführt:

> »Einmal mußte meine Waffe sogar im Hosenbein verschwinden, da ich an einem Abend am Versammlungslokal merkte, daß etwas nicht in Ordnung sei und sogar Frauen die Handtaschen durchsucht wurden.«[509]

Klara Czirnik schildert das Verstecken von Gegenständen vor der Polizei ebenfalls als unterhaltsames Katz-und-Maus-Spiel:

> »[...] als Frau hatte man doch mehr Aufbewahrungsmöglichkeiten für mancherlei Gegenstände, die nicht jeder sehen brauchte und wenn sie unter den Hut gesteckt wurden und man Sorgen haben mußte, daß der Hut sich verschieben könnte, es machte doch Spaß, wenn man der verhaßten Schupo einen Streich spielen konnte.«[510]

Es ist davon auszugehen, dass diese spannenden Schilderungen – auch im Hinblick auf die Entscheidung der Wettbewerbsjury – besonders ausgeschmückt wurden. Im Zuge ihrer nationalsozialistischen Mission hoben die Teilnehmerinnen jedoch jene Aspekte des Nationalsozialismus hervor, die ihnen selbst interessant und imposant erschienen. Folglich waren der dargestellte Nervenkitzel, die dreisten Grenzüberschreitungen bis hin zum Düpieren der Staatsgewalt – alles in dem sicheren Gefühl, einer schlagkräftigen, siegreichen Truppe anzugehören – ein weiteres Moment, das sie für die Hitlerbewegung einnahm.

508 Abel-Biogramm/Nr. 582/Margarethe Schrimpff, S. 9. Vgl. auch Abel-Biogramm/Nr. 44/Hilde Boehm-Stoltz, S. 5.

509 Abel-Biogramm/Nr. 207/Helene Radtke, S. 10f. Radtke ist als Extremistin unter den Verfasserinnen anzusehen. In ihrem Essay stellt sie sich als eine Art nationalsozialistisches Enfant terrible der hessischen Stadt Bensheim dar: »Ich war dem roten Minister Leuschner ein Dorn im Auge. da so viele Briefe an daß damalige Ministerium über meine Person gingen, ich würde die ganze Geschäftswelt durch meine Propaganda auf den Kopf stellen. Außerdem ging ein Rundschreiben wegen meiner Person auf allen Bezirken, daß Beamte bestraft würden, wenn sie nochmals duldeten, daß ich auf den Bezirken Propaganda treiben würde und sie mich nicht entfernten. Je mehr ich aber bekämpft wurde, desto fanatischer wurde ich im Kampf für das kommende Dritte Reich.«, ebd., S. 8.

510 Abel-Biogramm/Nr. 547/Klara Czirnik, S. 5.

Gefahr und Bewährung

Bei aller Bereitschaft, die SA im Rahmen der traditionellen Frauenrolle eifrig oder übereifrig zu unterstützen, machte für viele Parteigenossinnen der gelegentliche Ausbruch aus dem klassischen Geschlechtermuster den Reiz der NS-Bewegung aus. Auch Nationalsozialistinnen mit wenig Eigeninitiative genossen es, im Dienste der großen Sache typisch männliche Tugenden, wie Tapferkeit und Unerschrockenheit, beweisen zu können. Mit bemerkenswerter Freude berichtet etwa die Hälfte der Autorinnen nicht nur von ihren Widerstandsaktionen gegen die Staatsgewalt, sondern auch von Auseinandersetzungen mit politischen Gegnern.[511] Dabei ergibt sich ein Erzählmuster, das geradezu autosuggestiv immer wieder durchgespielt wird: Gegen einen zumeist übermächtigen Feind gelang es der Autorin, sich mutig zu behaupten. Jenen Frauen, die sich vielfach gewünscht hatten »ein Mann zu sein«, um einmal in vorderster Front zu stehen, bot der nationalsozialistische Kampf die Gelegenheit, sich zu bewähren. Erstmals fand ihr Selbstkonzept als Kämpferinnen seine Erfüllung.

Die damalige Schülerin Erna Stoyke berichtet von nicht ungefährlichen Stolperfallen auf ihrem nächtlichen Heimweg, angebracht durch politische Kontrahenten:

> »Auf meinen Fahrten nach Hause musste ich immer sehr vorsichtig sein, denn der Weg ging durch Schluchten und nicht selten war Draht über den Weg gespannt oder Steine hingelegt, damit ich mit meinem Rad zum Sturz kam, aber mir ist selten etwas erhebliches dabei passiert, obgleich ich mir das Genick hätte brechen können.«[512]

Marianne Heimer stand dagegen in Wien ihren Angreifern direkt gegenüber. Durch ihr Parteiabzeichen hatte sie sich den »Feinden« furchtlos zu erkennen gegeben:

> »Beim Aufmarsch der Sozialdemokraten passierte es mir, von einer halbwüchsigen roten Horde umzingelt zu werden, da ich mein Parteiabzeichen trug. Einer schrie mich mehr an wie der andere, ›Saupreiß‹ (Saupreuße) ›Hitler verrecke‹, ›Nieder mit Hitler‹ und dergleichen mehr. Ich ließ sie ruhig ausschreien, wagten sie auch nicht mich anzurühren, meinten sie mit Anspucken ihre Schuldigkeit getan zu haben.«[513]

Genugtuung bereitete es zahlreichen Verfasserinnen, den Hass der Gegner auf sich zu ziehen. Beleidigungen und Vandalismus der »Anderen« verstanden sie als Chance, ihre Standhaftigkeit unter Beweis zu stellen, die »Führertreue« zu be-

511 Nach Evans waren »75 Prozent aller polizeilich erfaßten politischen Ausschreitungen in Preußen 1932 […] Auseinandersetzungen zwischen KPD und SA«. Reichhardt, Kampfbünde, S. 59-64 sowie S. 521-527.

512 Abel-Biogramm/Nr. 363/Erna Stoyke, S. 6.

513 Abel-Biogramm/Nr. 457/Marianne Heimer, S. 11.

weisen.[514] Deutlich wird dieses Denkmuster unter anderem bei der Duisburgerin Hilde Boehm-Stoltz:

> »Die Roten rissen uns die Elektr-Knipser, die Klingeln von der Tür, schmierten ihre Insignien an die Wand. Das ehrte uns, war es doch ein Zeichen, dass sie mich als ›Nazi‹ kannten u. hassten.«[515]

Entsprechend befriedigt blickt Marianne Meinecke auf ihr bestandenes »Martyrium« in Hannover zurück: »Wie befreit und glücklich gingen wir damals unseren Weg, durch die Hölle von Haß, Wut, Gemeinheit hindurch!«[516] Lisi Paupié aus Darmstadt trumpft damit auf, einem regelrechten kommunistischen Dauerbeschuss zäh die Stirn geboten zu haben:

> »Die Verfolgung wird immer schärfer. [...] Auf der Tür und Steinen vor dem Haus steht geschrieben rot ›Tod den Faschisten‹. [...] Eines Tages, bei einer Gelegenheit als die 3 mtr lange Hackenkreuzfahne raushing wurde sie von unten entzündet. Die Flamme kletterte herauf bis zum Dach. Aber fiel brennend ab. Eine andere wurde sofort heraus getan, wenn auch kleiner. [...] Auch ich erlebte oft, daß man mir Hitlerhure und dem Bub Hitlerbangart nach – rief und eines Tages als ich am Landtag vorbeiging der gerade tagte, erkannte mich eine Kommunisten Frau und spuckte mir ins Gesicht.«[517]

Schließlich erreicht Paupié mit einer Todesdrohung den dramatischen Höhepunkt ihrer Erzählung – sie überwand den »Feind« und erfüllte zum guten Ende sogar ihre Propagandamission:

> »Ich erhielt Drohbriefe vom Gegner, nun erst recht. Ich sollte als erste hängen. Aber ich hing nicht und ich habe diese Kommunisten überzeugt und sie kommen heute strahlend mit dem ›deutschen Gruß‹ zu mir [...].«[518]

Die dreifache Mutter Helene Radtke war sogar darauf vorbereitet, sich mit Waffengewalt zur Wehr zu setzen. Sie trug ihre leidenschaftliche Aversion gegen die »Anderen« auf der Zunge und einen Revolver in ihrer Handtasche:

> »Nun [1931, K. K.] setzte der Kampf in erhöhtem Maße ein. Allein konnte ich nach den Versammlungen nicht mehr nach Hause gehen. Ich wurde sehr oft mit Zusammenschlagen bedroht. So war ich gezwungen, mir Abwehrmittel einzustecken. [...] Ich mußte stets eine Pistole bei mir führen, um mich vor hinterlistigen Überfällen der entmenschten Bestien zu schützen.«[519]

514 Die märtyrerhafte Selbsterhöhung durch Selbstaufgabe und Selbstopferung ist ein wesentliches Motiv nationalsozialistischen Denkens.

515 Abel-Biogramm/Nr. 44/Hilde Boehm-Stoltz, S. 3.

516 Abel-Biogramm/Nr. 116/Marianne Meinecke, S. 7.

517 Abel-Biogramm/Nr. 187/Lisi Paupié, S. 12 f.

518 Ebd., S. 18.

519 Abel-Biogramm/Nr. 207/Helene Radtke, S. 11.

Helene Radtkes Erzählinhalt und ihre aggressive, stark von der NS-Propaganda gefärbte Wortwahl vermitteln einen Eindruck von der bereits fortgeschrittenen Eskalation der politischen Gewalt, in die auch die weiblichen Parteimitglieder involviert waren. Frauen wie Helene Radtke, die verbal und mittelbar an Gewalt teilnahmen, brachen damit aus dem traditionellen Verhaltenskodex aus, der von Frauen eine höhere Affektkontrolle erwartet, besonders hinsichtlich Aggressionen. Auf dieser Grenze bewegte sich auch die Berlinerin Klara Czirnik. Als einzige Verfasserin rühmt sie sich, durch Provokation und aktiven Widerstand mit der Polizei in Konflikt geraten zu sein. Czirnik wurde bei einem Straßentumult nach der bis dahin blutigsten NS-Großveranstaltung am 4. Mai 1927 von der Polizei festgenommen. Die im Präsidium am Alexanderplatz gegen sie verhängte Geldstrafe nahm sie entgegen wie eine Trophäe – besonders im Hinblick auf das nach der Versammlung gegen die NSDAP verhängte Parteiverbot. Klara Czirniks ironische Sprache erscheint wie der Nachklang einer zuvor gehörten Goebbels-Rede.

> »[…], z. B. landete ich nach der bewußten Stuckeversammlung auf dem ›Alex‹ wo ich auf die bekannte ›anständige‹ Weise behandelt wurde u. zur Gewöhnung an den lieblichen Ort bis zum anderen Nachmittag behalten wurde. Außerdem wurde ich zu 15 Mk. Geldstrafe verurteilt weil ich den Anordnungen der Polizei nicht Folge geleistet und den Verkehr behindert hatte.«[520]

Eine Gefahrensituation konnte sich für eine Alte Kämpferin auch so gestalten, dass sie sich als Retterin von männlichen Kameraden bewährte. So demonstriert Maria Engelhardt stolz ihre Gerissenheit und ihren Mut. Sie schildert, wie sie eines Nachts zwei Parteigenossen aus bedrohlicher Lage – offenbar eine Konfrontation mit KPD-Männern – befreite:

> »Ich höre von Ferne schreien. Ich laufe im schnellsten Tempo nach und sehe, dass Banditen ihnen unsere Fahne entreissen wollen. Ziehe schnellstens meinen Haustürschlüssel aus der Tasche und rufe: ›zurück oder ich schiesse‹ und verschwunden waren diese Diebe. Ja, so ging es tagtäglich.«[521]

Damit trat die Sekretärin aus dem Stereotyp des »schwachen Geschlechts« heraus und stellte sich als Beschützerin vor die Männer – eine Rolle, die ihr sehr gefiel. Durch die scheinbar beiläufige Nachbemerkung »so ging es tagtäglich«, macht sie glauben, das Leben im gefahrvollen Ausnahmezustand sei für sie Normalität gewesen. Damit unterstreicht sie ihr selbstempfundenes Heldentum. Die weibliche Überlegenheit als schützende Eskorte der »Braunhemden« dehnte sie zudem auf ihre weiblichen Familienmitglieder aus:

520 Abel-Biogramm/Nr. 547/Klara Czirnik, S. 4.
521 Abel-Biogramm/Nr. 195/Maria Engelhardt, S. 12.

»Wie oft brachten meine Mutter, Schwester und ich unsere Leute nach Versammlungen nach Hause, erst dann konnte man sich beruhigt zu Bett legen.«[522]

Der Lebenshunger, der nach dem Ersten Weltkrieg weite Teile der deutschen Bevölkerung erfasste, wurde als Gegenstand der Literatur vielfach thematisiert.[523] Die Autorinnen der Theodore-Abel-Essays bildeten hier keine Ausnahme. Die moderne Unterhaltungskultur lehnten sie jedoch als oberflächlich und »undeutsch« ab.[524] Die NS-Bewegung befriedigte das Bedürfnis dieser Frauen durch Erlebnisse unter nationalpolitischem Vorzeichen – eingeschlossen Aggression und Gewalt.

1.3.4 Unzufriedenheit, Aggression und Gewalt

> Es kam die Hoffnungslosigkeit, der Schlamm fing an zu steigen, und dann, es ist noch in der Erinnerung wie ein [...] Schmerz zu fühlen, der schmähliche Zusammenbruch in einer Form, die uns in einen [...] Zustand versetzte, gemischt aus Entsetzen, Scham, Wut, Verzweiflung, und stumpfer Resignation.
> [...] Da wurde dem Deutschen die Weltkenntnis beigebracht und eine Drachensaat des Hasses gesäht, die einmal Richtschwerter wachsen lassen mußte.
>
> *Marianne Meinecke*[525]

Mit diesen Worten beschreibt Marianne Meinecke das Chaos negativer Gefühle, die sie mit 21 Jahren bei Kriegsende durchlebte. Noch während der Niederschrift der Erinnerungen im Sommer 1934 ist sie innerlich derart aufgewühlt, dass ihre Handschrift fahrig und stellenweise unleserlich wird. Nachdem sie ihre Enttäuschung und ihr inneres Aufbegehren dargestellt hat, bekennt sich Marianne Meinecke unumwunden zu Hass und Rache, ihr wohl wichtigstes Motiv für den Eintritt in die NSDAP.[526] Wut und Hass angesichts der Ereignisse vom November 1918 drückt auch Maria Engelhardt aus:

»Ich kann nicht schildern, welcher Ekel und welcher Abscheu mich überkam, als ich am 9. November miterleben musste, dass unsaubere, vaterlandslose, halbwüchsige Elemente es wagen durften, unseren zur Zeit in der Heimat

522 Ebd.
523 Vgl. u.a. Thoß, S. 112-114.
524 Hilde Boehm-Stoltz äußert beispielsweise, sie habe sich gegen »all das zersetzend artfremde Getue und Gelebe« bewahrt. Abel-Biogramm/Nr. 44/Hilde Boehm-Stoltz, S. 3. In ähnlicher Weise gelobt Margarete Beckel: »Alles Undeutsche, Fremde will ich mir fernhalten.«, Abel-Biogramm/Nr. 130/Margarete Beckel, S. 4.
525 Abel-Biogramm/Nr. 116/Marianne Meinecke, S. 3.
526 Daneben war Marianne Meinecke empfänglich für das Frauenbild heroischer Mütterlichkeit, das einige führende Nationalsozialistinnen vertraten.

> weilenden Vaterlandsverteidigern die Achselstücke herunterzureissen, die in ehrlichem Kampfe verdienten Eisernen Kreuze von der Brust zu zerren und unsere schwarz-weiss-rote Fahne, unter der Millionen Deutscher gekämpft und ihr Leben gelassen hatten, geifernd durch die Gosse zu schleifen!«[527]

Anschließend benennt Maria Engelhardt die damals empfundene Wut als Auslöser ihres Interesses an Politik.[528]

> »Jene Stunden des 9. November werden mir unvergessen bleiben und waren für mich, meine Mutter und Schwester, die wir uns als Frauen nie um Politik gekümmert hatten, […] entscheidend.«[529]

Frauen der Kriegsgenerationen »Kriegsfrauen I« und »Kriegsjugend« waren biographisch kaum weniger kriegsgeschädigt als ihre Altersgenossen, die entlassenen Soldaten, und ähnlich perspektivlos. Wie Peter Merkl in seiner Studie aller 581 Abel-Essays feststellt, waren Frauen und Männer gleichermaßen von dem dringenden Bedürfnis erfüllt, jemanden zu hassen – für den Verlust an ideeller und materieller Sicherheit, für das Trauma der Niederlage, für ihre daran zerbrochenen Träume und ihr missglücktes Leben.[530]

Ihre Hoffnungslosigkeit und Erbitterung griff die Protestpartei NSDAP auf. Ihr Programm war in wesentlichen Punkten auf Vergeltung ausgerichtet, das heißt »Schuldige für die eigene Misere zu suchen und zu bestrafen«.[531] Der Nationalsozialismus bot seinen Anhängern die Möglichkeit, den aufgestauten, oft diffusen persönlichen Hass zunächst offen zu formulieren, in eine politische Ideologie zu übertragen und auf ein kollektives Feindbild zu projizieren. Im Umkehrschluss musste die NSDAP den Hass immer wieder neu schüren, um ihre Existenzberechtigung nicht zu verlieren.

Schon das Säbelrasseln, der aggressive Politikstil der Nationalsozialisten, weckte öffentliches Interesse. Noch glaubwürdiger wurden die Vergeltungsabsichten durch die Demonstration von militärisch gebändigter Kraft, einer unmissverständlichen Gewaltdrohung. »Its military, aggressive nature appealed

527 Abel-Biogramm/Nr. 195/Maria Engelhardt, S. 3.

528 Maria Engelhardt trat, wie sie schreibt, zunächst der völkischen DNVP und dem »Schutz- und Trutzbund« bei. Ab 1925 wirkte sie in der »Hitler-Bewegung« mit. Der Deutschvölkische Schutz- und Trutzbund war ein auf Initiative des Alldeutschen Verbandes gegründeter Zusammenschluss rechtsextremer Gruppierungen in der Weimarer Republik. Er hatte die Revidierung des Versailler Vertrages, die Bekämpfung der Demokratie und ihrer Regierungen, Antisemitismus und die Errichtung einer Diktatur auf seine Fahnen geschrieben.

529 Abel-Biogramm/Nr. 195/Maria Engelhardt, S. 3.

530 Merkl nennt dies »the urge to hate somebody«, Merkl, S. 125.

531 Brockhaus, Attraktion, S. 11. Der in den weiblichen Abel-Biogrammen am häufigsten genannte Grund für Wut und Hass ist die Demütigung der Kriegsniederlage. Der Wunsch nach Revanche ist groß. So hofft Emma Bierwirth beim Bürgerbräu-Putsch 1923: »Endlich, endlich wird die Schmach getilgt werden …«, Abel-Biogramm/Nr. 193/Emma Bierwirth, S. 4.

to many.«,[532] unterstreicht Theodore Abel – Frauen waren davon nicht ausgenommen. Und schließlich offerierte der Nationalsozialismus seinen Anhängern, ihre Aggression auch als Gewalt auszuagieren. Die Gelegenheit, aufgestaute Wut fließen zu lassen, der erregende Tabubruch, kurz leidenschaftliche Emotionen machten die NS-Bewegung enorm attraktiv. Die politische Ideologie hatte dabei die Funktion, das Ausleben des Hasses als politische Gewalt zu deklarieren und als nationale Aufgabe zu legitimieren.[533] Aus nationalsozialistischer Perspektive richtete sich Gewalt demnach gegen »vom Führer freigegebene Volksfeinde«[534] und rechtfertigte sich immer als »Rettung Deutschlands«. Für die Autorinnen der Abel-Essays war dabei die Polizei ein Gegenspieler, der überlistet oder provoziert werden musste; die Kommunisten jedoch waren die eigentlichen Gegner und das Ziel massiver Gewalt.[535] Obwohl einige erklärte Antisemitinnen unter den Schreiberinnen sind, werden Angriffe auf Juden oder jüdische Geschäfte nur in einem Essay thematisiert.[536] Judenfeindlichkeit tritt in den Gewaltbeschreibungen damit deutlich hinter den »enorm starken Affekt gegen Marxisten und Sozialisten«[537] zurück, da in dieser Zeit, vor 1933, noch um politischen Einfluss gekämpft, also vornehmlich der politische Gegner angegriffen wurde. Die Hauptstadt Berlin, in der elf der Abel-Autorinnen lebten, war 1926 von dem NSDAP-Gauleiter Berlin-Brandenburgs, Joseph Goebbels, zum Schauplatz des

532 »Ihre militärische, aggressive Natur sprach viele an.«, Abel, Why Hitler, 1938, S. 176.

533 Brockhaus, Attraktion, S. 18 und S. 24. Ergänzend zu der hier behandelten weiblichen Perspektive auf Aggression und Gewalt vgl. Daniel Siemens, Prügelpropaganda. Die SA und der nationalsozialistische Mythos vom »Kampf um Berlin«, in: Christoph Kreutzmüller/Michael Wildt (Hrsg.), Berlin 1933-1945. Stadt und Gesellschaft im Nationalsozialismus, München 2013, S. 33-50. Siemens behandelt u. a. die Motivation von SA-Gewalt sowie den Machtkonflikt zwischen NSDAP und SA bzw. die Disziplinierung der Aggressionsexzesse durch das Primat der Politik.

534 Brockhaus, Attraktion, S. 19.

535 »75 Prozent aller polizeilich erfaßten politischen Ausschreitungen in Preußen 1932 waren Auseinandersetzungen zwischen KPD und SA«, Evans, S. 312 mit Verweis auf Reichhardt, Kampfbünde 2002, S. 59-64 sowie S. 521-527.

536 Abel-Biogramm/Nr. 457/Marianne Heimer, S. 12 f. Eine andere Verfasserin, die Berlinerin und Antisemitin Margarethe Schrimpff, kommentiert einen Überfall auf eine kommunistische Kapelle auf dem Bahnhof Licherfelde am 20. März 1927. Unerwähnt lässt sie jedoch den nachfolgenden Siegeszug der Nationalsozialisten zum Kurfürstendamm, wo es vor dem Romanischen Café, einem beliebten Künstlertreff, erstmals zu einem NS-Pogrom gegen vermeintlich jüdische Passanten kam. Vgl. Abel-Biogramm/Nr. 582/Margarethe Schrimpff, S. 6 f. und Endnote 10.

537 Brockhaus, S. 10. Brockhaus reflektiert, der starke Affekt gegen die Linke während der »NS-Kampfzeit« sei heute kaum noch nachzuvollziehen und werde in den nachfolgenden Jahren von der Gewalt gegen Juden überlagert. Angegriffen wurde auch die demokratische Republik beziehungsweise die Polizei als deren Exekutive, wie bereits gezeigt wurde. Eine beispiellose Rufmordkampagne dieser Zeit initiierte Goebbels als Berliner NSDAP-Gauleiter gegen den jüdischen Polizeivizepräsidenten Berlins, Bernhard Weiß, der sowohl die Republik als auch ein erfolgreiches jüdisches Bürgertum verkörperte. Vgl. Abel-Biogramm/Nr. 532/Erika Ullmann.

entscheidenden Kampfes um die Macht im Deutschen Reich erklärt worden.[538] Im Folgenden wird untersucht, wie die Autobiographinnen die Person Goebbels sahen, wie sie den von ihm geschürten Hass und die durch ihn lancierten Terroreinsätze der SA wahrnahmen. Anschließend wird gefragt, auf welche Weise die Alten Kämpferinnen SA-Gewalt miterlebten, bewerteten und schließlich förderten.

»Unser lieber Dr.« – Goebbels als Agitator von Hass und Enthemmung

> Doch die Sache Hitlers konnte in Berlin nicht so recht Fuß fassen und wir atmeten auf, als mein Schwager die Kunde mit nach hause brachte: »Hitler schickt jetzt einen seiner bedeutensten Führer nach Berlin.« Da kam Dr. Goebbels nach Berlin und Schlag auf Schlag gings.
>
> *Hedwig Eggert*[539]

Im November 1926 wurde Joseph Goebbels, zuvor in Elberfeld parteipolitisch und publizistisch tätig, von Hitler zum NSDAP-Gauleiter Berlin-Brandenburgs berufen. »Es geht nun Schlag auf Schlag«,[540] erinnern sich Berlinerinnen wie Hedwig Eggert und Margarethe Schrimpff an die schnelle Abfolge der Ereignisse im Ersten Halbjahr 1927 – Massenversammlungen in »roten« Stadtvierteln, Propagandamärsche im Umland, Vandalismus in einem Künstlercafé, mehr als 30 Saal- und Straßenschlachten allein in den Monaten Februar bis Mai sowie das Erscheinen einer von Goebbels gegründeten Zeitung mit dem programmatischen Titel *Der Angriff* im Juli 1927. Von sieben Schreiberinnen der Abel-Biogramme wird Goebbels als Berliner Gauleiter erwähnt:

- H. Huhn, Klara Czirnik und Hertha von Reuss erlebten Goebbels, den sie vertraulich »unsern Dr.«[541] nannten, ab 1927 als Redner und als Organisator der Berliner NSDAP.
- Margarethe Schrimpff unterstützte das Erscheinen des *Angriff* und erhielt von Goebbels ein persönliches Dankschreiben.
- Hedwig Eggert und Klara Petersson nahmen an der Feier zu Goebbels' 30. Geburtstag im Berliner Parkrestaurant Südende teil.
- Erika Ullmann stand über ihren Bruder Alexander mit Goebbels in Kontakt. Alexander Ullmann begleitete Goebbels auf einigen Propagandafahrten in Brandenburg und lud Goebbels in das Pfarrhaus des Vaters ein. Schwester Erika wird in Goebbels' Tagebuch als Mitfahrerin bei einer

538 Vgl. Bernhard Sauer, Goebbels' »Rabauken«. Zur Geschichte der SA in Berlin-Brandenburg in: Uwe Schaper (Hrsg.), Berlin in Geschichte und Gegenwart, 25. Jahrbuch des Landesarchivs Berlin, Berlin 2006, S. 107-164, hier S. 107.

539 Abel-Biogramm/Nr. 459/Hedwig Eggert, S. 6.

540 Abel-Biogramm/Nr. 582/Margarethe Schrimpff, S. 8.

541 Abel-Biogramm/Nr. 291/H. Huhn, S. 4, Abel-Biogramm/Nr. 547/Klara Czirnik, S. 4.

Spritztour in Goebbels' Automobil erwähnt. Sie nahm auch an der von Goebbels gegründeten »Schule für Politik» teil.[542]

Für Erika Ullmann wurde die erste Goebbels-Rede, zu der sie ihr Bruder im Herbst 1926 mitnahm, »entscheidend für mein ganzes Leben!«[543] Die Parteigenossinnen waren von Goebbels' Auftreten begeistert – auch Klara Petersson, obwohl Goebbels schwächliche Statur sie zunächst verwirrte:

> »In der Hasenheide hörten wir glaub ich unseren lieben Dr. zum ersten mal, als er durch den Saal kam war ich sehr enttäuscht, nach dem war ich schon vom Dr. gehört hatte, stelle ich mir einen Hünen von Gestalt vor. Seine Rede aber hatte etwas so hinreißendes an sich, das es natürlich unsere Herzen im Sturm gewann.«[544]

Was die Verfasserinnen faszinierte, war die aggressive Energie, die der Gauleiter verkörperte, sein Aufgreifen der kollektiven Empörung und seine Angriffslust. Goebbels' Sarkasmus sprach sie an und belustigte sie mitunter. Seine Provokationen erzeugten Spannung. Wurden politische Gegner sprachlich marginalisiert und erschienen dadurch weniger bedrohlich, reagierten die Frauen mit gelöster Schadenfreude.[545] Was jedoch mehr als alles andere faszinierte, war der gezielte Tabubruch.

Schon mit seinem ersten Auftritt in Berlin am 11. Februar 1927 brach Goebbels ein solches Tabu: Als Veranstaltungsort buchte der Gauleiter die Pharus-Säle, einen traditionellen Versammlungsort der KPD, und drang damit in das Revier der Kontrahenten ein. Hedwig Eggert gefiel die Grenzverletzung, die sie durch ihre Teilnahme bestätigte und unterstützte:

> »Massenversammlungen in einem Ausmaß, wie sie Berlin noch nicht erlebt hat, wurden täglich bald im roten Osten und im noch röteren Norden abgehalten. Es war für uns Frauen immer eine große Freude, eine davon zu besuchen. […] In diese Zeit fiel die Pharusschlacht«.[546]

Wie beabsichtigt wurden die Nationalsozialisten vor und im Veranstaltungslokal von Kommunisten erwartet. Die sich provoziert entwickelnde Schlägerei brachte Goebbels' Antrittsveranstaltung wie von ihm kalkuliert in die Presse. Augenscheinlich teilten viele Berliner Hedwig Eggerts Freude an Goebbels' Dreistig-

542 Vgl. Kommentare/Endnoten der entsprechenden Biogramme.

543 Abel-Biogramm/Nr. 532/Erika Ullmann, S. 3.

544 Abel-Biogramm/Nr. 588/Klara Petersson, S. 4.

545 Wie einen gelungenen Scherz zitiert H. Huhn eine Bemerkung Goebbels' zur Gründung der SPD-nahen Eisernen Front, die im Dezember 1931 gegründet wurde: »Ich sehe unseren unvergleichlichen Dr. Goebbels vor mir, als er im Sportpalast sagte: ›Da hat sich in Magdeburg so ein General eine eiserne Front aufgetan. Nach meinem Dafürhalten ist aber mehr Blech als Eisen dahinter.‹«, Abel-Biogramm/Nr. 291/H. Huhn, S. 5.

546 Abel-Biogramm/Nr. 459/Hedwig Eggert, S. 6.

keit. Die »Pharusschlacht«[547] wurde zu einer der Legenden der NS-Kampfzeit und wird von einigen Verfasserinnen erwähnt.[548] Erika Ullmann, die während dieser Veranstaltung Verletzte versorgte, beeindruckte zudem, dass Goebbels während der Schlägereien entschlossen weitersprach und sich in der Intensität seiner Rede offenbar noch steigerte: »[…] u. der Dr. sprach dann weiter, wie ich ihn noch nie gehört.«[549] Die Augenzeugin Klara Petersson empfand die Situation ähnlich und bewunderte die demonstrierte Souveränität des Redners: »Trotz diesem Tumult und Wirrwahr stand unser geliebter Dr. Goebbels aufrecht auf der Bühne«.[550] Bei einer ähnlichen NS-Veranstaltung am 4. Mai 1927, der Gauleiter Goebbels zog gerade gegen das Judentum zu Felde, wagte der bekannte evangelische Pastor Friedrich Stucke den kritischen Zwischenruf: »siehst auch nicht aus wie ein germanischer Jüngling.«[551] Die SA schlug den Gottesmann daraufhin krankenhausreif – und beging damit ein Sakrileg. Goebbels' Bekanntheitsgrad stieg abermals, obschon zunächst als Negativfigur. Die NSDAP wurde daraufhin vorübergehend in Berlin verboten. Der Popularitätsgewinn war zweifellos willkommen, zentrale Bedeutung hatte Goebbels' Auftritt jedoch als Lehrstück für Tabubrüche. Das Verletzen des nach allgemeinem Verständnis Unantastbaren, wie hier des Kirchenmannes Stucke, zeigte der verblüfften Menge die Entschlossenheit und Rohheit des Nationalsozialismus. Die »Stuckeversammlung«[552] stellte klar, dass der Nationalsozialismus bereit war, sein Ziel sowohl mit psychischer Gewalt wie der Entwürdigung als auch mit physischer Gewalt wie der Niederschlagung zu erreichen – und zwar »rücksichtslos«,[553] das heißt ungeachtet gesellschaftlicher oder humanitärer Grenzen.

Zwischen den Zeilen der Einsenderinnen klingt Zustimmung an, wenn Klara Petersson euphemistisch erklärt, der Pfarrer habe eine »Ohrfeige eingeheimst«.[554] Obwohl Stucke aussprach, was auch Klara Petersson über Goebbels' Aussehen gedacht hatte, sieht sie keine Parallele und zeigt weder Mitgefühl noch Erschrecken. Stattdessen verharmlost sie den Vorfall und zieht den Geschädigten nach Goebbelsscher Manier ins Lächerliche, indem sie kindersprachlich von einer »eingeheimsten« Ohrfeige schreibt. Unter dem Eindruck der nationalsozialistischen Interpretation des Ereignisses bezweifelt ihre Schwester Hedwig Eggert den gesamten Tathergang. Lakonisch bemerkt sie: »Weil wir einen Provokateur, der angeblich ein Pfarrer sein sollte, in einer Versammlung an die frische Luft

547 Zweifellos gewollt ist die sprachliche Analogie zur Varusschlacht zwischen Germanen und Römern im Jahre 9 n. Chr.

548 Vgl. Schuster, S. 112.

549 Abel-Biogramm/Nr. 532/Erika Ullmann, S. 3.

550 Abel-Biogramm/Nr. 588/Klara Petersson, S. 5.

551 Ebd.

552 Abel-Biogramm/Nr. 547/Klara Czirnik, S. 4.

553 Der Adjektiv »rücksichtslos« kennzeichnete in der Sprache des Nationalsozialismus Grenzüberschreitung und Tabubruch.

554 Abel-Biogramm/Nr. 588/Klara Petersson, S. 5.

beförderten, wurde unsere Partei auf 1 Jahr verboten.«[555] Ungeachtet des Parteiverbots wurde das Beispiel Stucke auch von den einfachsten Parteigenossen als Freibrief für Grenzüberschreitung und politisch motivierte Gewaltausübung verstanden, insbesondere für die Terroreinheit SA.[556]

Die Entwicklung in der Hauptstadt blieb zweifellos nicht ohne Wirkung auf die NSDAP-Mitglieder im Reich und konnte im Hinblick auf ihren propagandistischen Erfolg als vorbildlich angesehen werden. Goebbels fungierte demnach durch die Polemik seiner Reden als Brandbeschleuniger des kollektiven Hasses und der Gewalt. Die Berliner Kämpferinnen förderten dieses Werk. Sie sicherten dem jungen Goebbels ihre Sympathien zu, etwa durch die Schwärmerei für »unser Dr. Goebbelchen«,[557] durch die respektvolle Nennung seines akademischen Titels oder durch den Besuch »der Wahlversammlungen, die mir nun schon zur Freude geworden waren«.[558] Darüber hinaus vergrößerten sie seine Reichweite, indem sie seine Zeitung *Der Angriff* finanziell unterstützten. Hedwig Eggert vermittelt einen Einblick in das vertrauliche Verhältnis der Alten Kämpferinnen zu Joseph Goebbels und in deren klares Bewusstsein vom Ziel ihrer Unterstützung:

> »Ich weiß noch wie wir den 30ten Geburtstag unseres Dr. Goebbels im Parkrestaurant Südende feierten. Er bekam allerhand neckische Sachen. So z. B. einen Maulkorb, da ihm ja das Reden verboten war, und einen Polizei Schacko alles in Spielzeuggröße. Aber auch eine große Überraschung wurde da unserem lieben Dr. zuteil. Wir Pgs. hatten Geld gesammelt und so konnten wir unserem Dr. der damals sehr schwach bei Kasse war, seine Zeitung, den Angriff, wieder finanzieren helfen. Der Angriff hatte uns über die Verbotszeit hinweg geholfen. Aus der Verbotszeit kamen wir doppelt so groß wieder zum Vorschein. Als wir dann schon 12 Abgeordnete in den Reichstag wählen konnten, glaubten wir schon sehr groß zu sein und waren schrecklich stolz.«[559]

555 Abel-Biogramm/Nr. 459/Hedwig Eggert, S. 9.

556 Die Verfasserinnen der hier zitierten Biogramme erwähnen noch weitere Beispiele für den von Goebbels forcierten Tabubruch und die von ihm vorausschauend geplante Gewalteskalation, darunter der Überfall auf eine kommunistische Kapelle am Bahnhof Lichterfelde als Nachspiel einer Parteikundgebung im brandenburgischen Trebbin. Erläuterungen zu den Ereignissen finden sich in den Endnoten der jeweiligen Biogramme.

557 Abel-Biogramm/Nr. 177/Anna Nieke, S. 15. Im Wortlaut heißt es hier »unser Dr. Goebbelchen, von unserer Frauenschaft wurde er Dr. Sepchen genannt.«

558 Abel-Biogramm/Nr. 291/H. Huhn, S. 4.

559 Abel-Biogramm/Nr. 459/Hedwig Eggert, S. 9.

Die »braunen Jungs«[560] – Gewaltausübung durch die SA

Das Instrument nationalsozialistischer Gewaltausübung war die 1920 gegründete SA. Wie bereits erwähnt, galt Berlin als Hauptkampfgebiet um die Macht im Deutschen Reich. Entsprechend massiv war hier der Einsatz der »Parteisoldaten«.[561] Martin Schuster bewertet die SA-Gewalt in seiner Dissertation zur Berlin-Brandenburger SA vor 1934: »Insbesondere die extreme und geradezu schrankenlose Gewalt, die ihre Mitglieder in die politische Auseinandersetzung hineintrugen, wurde zu ihrem hervorstechendsten Charakteristikum. Diese politische Gewalt löste die bürgerkriegsähnlichen Zustände des letzten Jahres der Weimarer Republik aus; die SA trug dadurch in hohem Maße zur Destabilisierung der Republik bei.«[562] Richard J. Evans stellt fest, dass für viele dieser Männer, die oft nur eine »verschwommene Vorstellung« davon hatten, wofür sie kämpften, Gewalt »wie eine Droge« war.[563] Für die weiblichen Parteimitglieder war das eigene Ausleben von Rachegefühlen und aufgestautem Hass, besonders das konkrete Ausüben von Gewalt, weitgehend tabu. Weibliche Aggression suchte sich meist andere, indirektere Wege. Dazu gehörten das Zusehen bei Gewalttaten, verbale Attacken und Provokationen sowie passiver Widerstand gegen politische Gegner. Im Folgenden wird gefragt, wie sich weibliche Aggression innerhalb der NSDAP ausagierte – wobei hier Partizipationsmotiv und Handlungsraum ineinanderfließen.

Zusehen und Miterleben

Das Zusehen bei Gewalttaten der SA-Schlägertrupps war den Alten Kämpferinnen aus nächster Nähe möglich und schaffte offenbar eine gewisse Befriedigung. Peter Merkl ist der Auffassung, dass die »weiblichen Mitkämpfer« bei der Schilderung von Gewalt zwar öfter ein Bedauern zeigten als ihre männlichen Kameraden, er bemerkt aber auch, dass sie mit insgeheimer Freude die »Kloppereien«[564] bei den Versammlungen erwarteten.[565] Tatsächlich werden Schlägereien und

560 Abel-Biogramm/Nr. 177/Anna Nieke, S. 15. Gemeint sind SA-Männer.

561 Die Berliner SA-Führer waren fast ausnahmslos fronterfahren (ebenso wie die Angehörigen des Rotfront Kämpferbundes und eine Mehrheit der Reichsbanner-Leute), die SA als solche hatte eine »starke Freikorpstradition«, vgl. Sauer, S. 107. Politik bedeutete für die ehemaligen Soldaten stets Kampf, ein »Kompromissprozess« war ihnen unbekannt, merkt Alexander Meschnig an. Alexander Meschnig, Die Sendung der Nation. Vom Grabenkrieg zur NS-Bewegung, in: Brockhaus, Attraktion, S. 29-44, hier S. 36. Sauer stellt anhand von Quellen des Landesarchivs Berlin einige der SA-Großeinsätze im Gau Berlin-Brandenburg dar, die auch von den Alten Kämpferinnen miterlebt und beschrieben wurden. Sauer, S. 115-117.

562 Schuster, S. 8.

563 Evans, S. 312. Fast alle Alten Kämpferinnen hatten dagegen eine klare Vorstellung davon, wofür sie kämpften.

564 Vgl. Abel-Biogramm/Nr. 588/Klara Petersson, S. 4f.

565 Merkl, S. 137. Die Essays »lead the reader to sense their secret pleasure at the expectation of *Klopperei* (brawls) at the rallies«.

Straßenschlachten – in aller Regel mit Kommunisten – in den Essays häufig erwähnt und manchmal detailreich nacherzählt. Die Verfasserinnen stellen sie als Tagesgeschäft beziehungsweise als wesentlichen Teil der SA-Propagandaarbeit dar. Marie Julie Horn, Ehefrau eines SA-Mannes, berichtet aus Gießen: »Schlägerein, Messerstecherein u. Schiesserein waren an der Tagesordnung«.[566] Klara Petersson schildert, wie diese üblicherweise und ohne Umschweife zustande kamen:

> »[…] bei dieser Versammlung war der halbe Saal mit Kommunisten gefüllt, als Pg. Daluege die Versammlung eröffnete, meldeten sich die Kommunisten zur Geschäftsordnung. Die Geschäftsordnung bestimmen wir, sagte Pg. Dalüge, da ging die Klopperei auch schon los, mit Tisch- und Stuhlbeinen, mit Biergläsern mit allem möglichen was nur zu erreichen war.«[567]

Ihre Freude an den blutigen Ausschreitungen und ihre Genugtuung verbergen die Verfasserinnen kaum, so wie hier die Berlinerin Margarethe Schrimpff:

> »In einer anderen Versammlung im Albrechtshof in Steglitz spricht Pg. Pfister. Der halbe Saal ist voll Kommune. Gleich am Anfang verlangt ein Moskowiter 1 Stunde Redefreiheit. […] Im Nu ist der Skandal fertig. Die Kommune drängt zum Lichtschalter und [Pg.] Jetter ruft die S.A. zum Saalschutz. Schon kommen Stühle, Tischbeine, Gläser pp gepflogen und die schönste Keilerei ist im Gange. Endresultat: ca. 80 Stühle, diverse Tische und Kommunenasen sind zu flicken.«[568]

Der von Schrimpff eingesetzte Sarkasmus war ein gängiges Stilmittel in der Sprache des Nationalsozialismus.[569] Der Feind wurde fühllosen Gegenständen gleichgesetzt und die Brutalität der Tat durch Kindersprache – »was auf die Nase kriegen« – beschönigt. Häufige Beobachterin politischer Auseinandersetzungen war die junge Grete Kircher aus Essen, die sich unter anderem als Chauffeurin von Parteirednern engagierte. Ihre Schilderung erweckt den Eindruck, hier würde ein sportlicher Wettkampf kommentiert:

> »Meistens waren wir in einer ganz geringen Minderzahl gegenüber Kommunisten und Sozialdemokraten, und unsere Versammlungen und Demonstrationen endeten durchweg mit einer wüsten Schlägerei. Aber unsere SA schlug

566 Abel-Biogramm/Nr. 390/Marie Julie Horn, S. 3.

567 Abel-Biogramm/Nr. 588/Klara Petersson, S. 4 f. Kurt Daluege war 1926 Mitbegründer und zu der hier genannten Zeit Führer der Berliner SA. Tatsächlich benutzt Petersson verschiedene Schreibweisen seines Namens.

568 Abel-Biogramm/Nr. 582/Margarethe Schrimpff, S. 10 f.

569 Peter Merkl stellt in seiner Auswertung der Abel-Biogramme fest, dass die Frauen sich verbal aggressiver äußerten als ihre Kameraden. Sie »versprühten ihr Gift«, wie Merkl sich ausdrückt, auch durch den stärkeren Gebrauch nationalsozialistischer Topoi wie »Untermenschen« oder »Schädlinge«. Vgl. Merkl, S. 136. Da in der vorliegenden Arbeit kein Vergleich der Männer- und Frauenbiogramme stattfindet, wird Merkls Ansatz an dieser Stelle nicht weiterverfolgt.

> sich gut, beseelt von dem Glauben an den Sieg der Idee unseres Führers. Niemals sind sie gewichen, auch wenn es Verwundete, ja sogar Tote gab. Wenn wir dann einen dieser Helden begraben mussten, und die Kommunisten standen an den Strassen und beschimpften den Leichenzug, dann wuchs unser Kampfeswille ins Ungeheuerliche.«[570]

Deutlich wird in Grete Kirchers Ausführung das Eingebundensein in die Gruppe und die starke Identifikation der nationalsozialistischen Frauen mit ihren »SA-Brüdern«.[571]

Im sicheren Schatten der Männer, durch deren Zuschlagen, aber auch auf Kosten von deren Gesundheit, war ihnen die emotionale Teilhabe an Gewalt gegeben. Die SA fungierte für die Alten Kämpferinnen als Stellvertreterin der eigenen Aggression, als ausführendes Medium im Straßenkampf. Das Gewalterlebnis wurde insgeheim erwartet und gewünscht. Die Brutalität fand demnach auch weibliche Zustimmung.

Rechtfertigung und Zustimmung

Etliche Verfasserinnen beschreiben Gewaltexzesse und rechtfertigen diese rückblickend. Die junge Hessin Marlene Heder schildert beispielsweise eine NS-Veranstaltung in Kassel, auf der Roland Freisler sprach.[572] Die anschließende Massenschlägerei, bei der es offenbar verletzte Gegner gab, nennt sie einen »häßlichen aber typischen Abschluß«.[573] Heder bilanziert lapidar:

> »Wir waren oft nicht böse drum, denn wer sich nicht vom Geist unsrer Bewegung bekehren ließ dem wurden oft durch ein derartiges Vorgehen die Augen gewaltsam wenn auch etwas schmerzlich geöffnet.«[574]

Das Einprügeln der NS-Ideologie sieht sie als legitimes Mittel politischer Überzeugungsarbeit.[575] Für Hertha von Reuss ist politische Gewalt eine Selbstverständlichkeit, die nicht weiter in Frage gestellt wird:

570 Abel-Biogramm/Nr. 46/Grete Kircher, S. 2

571 Abel-Biogramm/Nr. 207/Helene Radtke, S. 14.

572 Der Jurist Roland Freisler (1893-1945) wurde 1925 stellvertretender NSDAP-Gauleiter in Hessen-Nassau Nord. Ab 1933 bestimmte Freisler maßgeblich den Umbau der Justiz zum Instrument nationalsozialistischen Terrors. Als Präsident des Volksgerichtshofes führte er ab 1942 fanatische Schauprozesse gegen politische Gegner, meist mit dem Urteil der Todesstrafe, was ihn als »Blutrichter des Systems« bekannt machte. Er starb im Februar 1945 durch einen Luftangriff. Vgl. Weiß, S. 130-132.

573 Abel-Biogramm/Nr. 41/Marlene Heder, S. 3.

574 Ebd.

575 Dabei nehmen die Alten Kämpferinnen die Perspektive ihrer Kameraden ein: Befinden sich die Kameraden in der Opferrolle, loben die Verfasserinnen deren Tapferkeit und Leid. Margarethe Schrimpff berichtet beispielsweise von einem Parteigenossen, der »nach einer Hitlerversammlung im Sportpalast von den Kommunisten bestialisch zu Tode gequält wurde«, Abel-Biogramm/Nr. 582/Margarethe Schrimpff, S. 7. Agieren die SA-Männer jedoch als Täter, bemänteln die Frauen deren Brutalität.

> »Es war in Schönebergs Schlossbrauerei, eine recht blutig verlaufende Wahlversammlung, da Schöneberg noch sehr kommunistisch war.«[576]

Im gleichen Duktus toleriert und begrüßt die Krankenschwester Marianne Heimer auch die Aggressionen gegen Juden. Mit dem Zynismus nationalsozialistischer Propaganda, die den Angriff immer als Vergeltung darstellte, kommentiert Heimer Anschläge auf zwei renommierte Wiener Warenhäuser:

> »Platzte da auch einmal eine Stinkbombe in die jüdischen Kaufhäuser ›Gerngroß und Krupnik‹ hinein, oder wurden die jüdischen Caféhäuser durch eindringende S.A. einmal an den Ernst der Gegenwart erinnert, so waren es ja harmlosere Dinge zu denen, die die jüdische Presse dem Auslande gegenüber vorschwindelte.«[577]

Von vierzehn Autobiographinnen, die sich in ihren Zuschriften antisemitisch äußern, ist Heimer die einzige, die von Gewalt gegen Juden berichtet. Eingangs wurde dies bereits damit erklärt, dass Gewalt während der Kampfzeit noch größtenteils gegen den politischen Gegner, besonders gegen die KPD, gerichtet war.

Der von Marianne Meinecke erwähnten »Drachensaat des Hasses« verhalfen auch die hier vertretenen Nationalsozialistinnen zum Wachstum. Zwar lebten sie Hass und Aggressionen meist nicht selbst als physische Gewalt aus, sondern über die starke Identifikation mit der SA – was auch sie Vergeltung, Genugtuung und Triumph erleben ließ.[578] Doch in gegenseitiger Ergänzung wurden die Kameraden dafür von den Frauen psychisch und physisch aufgebaut, vor allem durch Lob und Bewunderung.[579] Die Parteigenossinnen zeigten damit ihre Zustimmung zur Gewalt und förderten diese durch ihre positiv verstärkende Erwartung. So hatten diese Frauen Anteil an einer gesellschaftlichen Enthemmung und Gewaltakzeptanz, die letztlich zur Etablierung des nationalsozialistischen Terrors beitrugen.

576 Abel-Biogramm/Nr. 36/Hertha von Reuss, S. 2.

577 Abel-Biogramm/Nr. 457/Marianne Heimer, S. 12f. Heimer arbeitete einige Zeit als »Privatpflegerin«, wie sie es nennt, bei einer jüdischen Familie in Österreich. Bei Gerngroß und Krupnik handelt es sich um Wiener Warenhäuser, deren Kunden am 18. Dezember 1932, einem verkaufsoffenen Sonntag in der Vorweihnachtszeit, von Nationalsozialisten mit Tränengas und Stinkbomben attackiert wurden. Es brach eine Massenpanik aus, da die Kunden annahmen, es bestehe Brandgefahr. Vgl. *Wiener Sonn- und Montagszeitung*, Nr. 51 vom 19. Dezember 1932, S. 2.

578 Genugtuung empfand beispielsweise Helene Radtke im März 1933, als das sozialdemokratische Volkshaus in ihrer Heimatstadt Bensheim von der SA besetzt und symbolträchtig die Flaggen der Arbeiterbewegung verbrannt wurden: »Es dauerte keine 10 Minuten so waren die Parteifahnen der Marxisten ein Raub der Flammen. Es war für mich ein großes Erlebnis da nun der lang ersehnte Sieg seinen Einzug hielt. Meine Hakenkreuzfahne wurde dann an Stelle der Drei Pfeilchenfahne aufgezogen.«, Abel-Biogramm/Nr. 207/Helene Radtke, S. 14.

579 »Hinter dem Lächeln [der Mädchen, K.K.] standen die Bestätigung und der Erfolg des männlichen Marschtritts.«, Reichardt, S. 678.

1.4 Zusammenfassung »Motive«

Die Teilnehmerinnen des Theodore-Abel-Wettbewerbs leiteten ihre Motive, die NSDAP zu unterstützen, fast ausnahmslos aus den politischen und gesellschaftlichen Entwicklungen in Deutschland seit dem Beginn des Ersten Weltkriegs im Sommer 1914 her. Die nationalen Ereignisse beeinflussten die biographischen Ereignisse während dieser Zeit in besonderer Weise. Die Autobiographinnen identifizierten sich stark mit der eigenen Nation, deren Schicksal eng mit dem ihren verbunden war. Als Folge fühlten sie sich für die Zukunft Deutschlands verantwortlich und zu dessen »Rettung« berufen. Interessiert verfolgte die Mehrheit der Verfasserinnen das nationale politische Geschehen. Viele sahen sich zu einer parteipolitischen Entscheidungsfindung gedrängt.

In ihren Essays wird der ambivalente Wunsch nach Kontinuität *und* Veränderung, in der Politik wie in der Gesellschaft, deutlich. Sie sehnten sich nach der Wiederherstellung von Sicherheit und Stabilität. Zugleich waren sie von der Notwendigkeit eines nationalen, manchmal auch biographischen Neuanfangs überzeugt, dessen Grundlage, nach ihrem Verständnis, eine »Idee« sein sollte, an die sie »glauben« konnten. Gemeint war ein umfassendes, tragfähiges gesellschaftspolitisches Konzept, das sowohl klare Orientierung bot als auch für Gerechtigkeit stand. Mit diesem Anspruch begaben sie sich auf eine intensive politische Suche. Einige waren bereit, sich auch über die Wahlbeteiligung hinaus für eine Partei zu engagieren.

Als ausschlaggebend für ihren NSDAP-Beitritt nannten fast alle Autorinnen politische Überzeugung. Ausgehend von einer mehrheitlich nationalistisch-konservativen Sozialisation im Elternhaus entwickelte sich zumeist in Jugend und Erwachsenenalter Interesse an Fragen sozialer Gerechtigkeit. Ausschlaggebend dafür war das persönliche Erleben oder das Miterleben von sozialer Ungleichheit und die Beobachtung zunehmender politischer Zersplitterung. Die Verfasserinnen fürchteten eine äußere Schwächung Deutschlands durch seine innere Zerrissenheit. Eine Partei, die Kontinuität im Nationalen mit Veränderung im Sozialen verband und auf dieser Grundlage eine starke Volkseinheit zu initiieren versprach, sahen sie als Ziel ihrer politischen Suche an. So sympathisierten sieben Autorinnen zunächst mit der nationalkonservativen DNVP, kritisierten die Partei jedoch zunehmend als elitär und wandten sich ab, als sich die aufsteigende NSDAP als Alternative anbot.

Den Nationalsozialismus verstanden diese Frauen buchstäblich als Sozialismus auf nationaler Ebene, mit nationalistischem Duktus. Was sie überzeugte und faszinierte, war in erster Linie das Konzept der national-sozialistischen Volksgemeinschaft. Diese intendierte eine harmonische Einheit der verschiedenen, aber gleichwertigen Bevölkerungsgruppen, wobei sich der Wert des Einzelnen nach dem Nutzen für die Gemeinschaft bemessen sollte. Die mit dem Konzept der Volksgemeinschaft verbundene Ausgrenzung all dessen, was nach nationalsozialistischer Definition als »undeutsch« oder »artfremd« galt, betrachteten die Autorinnen als notwendig für die Homogenisierung nach innen. Entsprechend nahmen sie die Volksgemeinschaftsidee weniger als ausgrenzend denn als einschließend wahr. Die Idee der Volksgemeinschaft bildete somit ein weiteres wesentliches Motiv des Parteibeitritts. Sie weckte Hoffnung und beflügelte den Idealismus der Alten Kämpferinnen als Quelle ihres Engagements.

Der Nationalsozialismus eröffnete Frauen vor 1934, bedingt durch seine beiden ineinandergreifenden Organisationsformen Partei und Bewegung, spezifische Partizipationsmöglichkeiten. Hier war eine Verbindung von praktischem und politischem Engagement möglich, das andere, politisch ähnlich ausgerichtete Parteien und Verbände nicht boten. Beispielsweise hielt die DNVP für weibliche Mitglieder kaum Mitwirkungsangebote bereit. Die NS-Bewegung eröffnete dagegen Handlungsräume, in denen Kontinuität und Veränderung verbunden waren: Tradiertes konnte weitergelebt oder Neues ausprobiert werden – manchmal beides zugleich. Gemäß ihrem weiblichen Rollenverständnis und Selbstkonzept endeckten alle Autorinnen Wirkungsbereiche, die ihnen entsprachen. Bedeutsam war für viele die Fortführung des Geschlechtermodells »Soldat und Schwester« aus dem Ersten Weltkrieg, das im Grenzbereich zwischen weiblicher und männlicher Lebenswelt, zwischen Sicherheit und Erlebnis lag.

Die sogenannte NS-Kampfzeit als evozierter nationaler Ausnahmezustand sahen die Nationalsozialistinnen als Legitimation, aus tradierten Geschlechtermustern auszubrechen und sich frei im öffentlichen Raum zu bewegen, sofern es, nach ihrer Ansicht, der »Rettung« Deutschlands diente. Besonders die jüngeren Autobiographinnen genossen diese nicht selten mit Abenteuer verbundene Freiheit. Die während der NS-Kampfzeit für Frauen noch sehr vielfältigen Partizipationsmöglichkeiten der NS-Bewegung machten einen Teil ihrer Anziehungskraft aus. Vor der Gründung der NS-Frauenschaft im Jahr 1931 war die weibliche Parteiarbeit noch nicht reichsweit organisiert und inhaltlich definiert. Auch dadurch fanden die Alten Kämpferinnen Handlungsfreiräume zur Gestaltung nach eigenem Ermessen. Die NSF bündelte und förderte den Einsatz der Parteigenossinnen, beschränkte aber zugleich die weibliche Eigeninitiative.

Stärker als andere Parteien der Weimarer Republik verband die NSDAP Politik mit Gefühl und emotionalem Erlebnis. Diese Verschmelzung sprach besonders die seelische Verfassung und die gesellschaftliche Situation der »verlorenen Generation« an, der mehr als die Hälfte der Alten Kämpferinnen angehörten: Da die meisten Verfasserinnen auf einschneidende biographische Brüche zurückblickten, banden sie sich gern emotional an die als familienähnlich empfundene Gemeinschaft der NSDAP-Ortsgruppen. Zudem konnten sie individuelle und generationsspezifische Gefühlslagen, die sich im Kontext der Zeitereignisse entwickelt hatten – insbesondere Sehnsüchte und Aggressionen – im Rahmen der nationalsozialistischen Ereigniskultur ausleben. Die rege Versammlungstätigkeit sowie die häufig damit verbundenen Ausschreitungen befriedigten ein ganzes Spektrum ihrer emotionaler Bedürfnisse: einerseits Vergnügen, Abenteuer, Bewährung – andererseits Vergeltung. Letztere fand ihren Ausdruck in verbaler und körperlicher Gewalt, die von den hier vertretenen

Frauen gutgeheißen und erwartet wurde. Diese Ansprache emotionaler Bedürfnisse erhöhte die Attraktivität des Nationalsozialismus enorm und war für die Teilnehmerinnen des Abel-Wettbewerbs – neben den politischen Aspekten – ein wesentliches Partizipationsmotiv.

2 »... und ich hielt den Kleistertopf«

Handlungsräume weiblichen Engagements für die NSDAP

Einführung

> Was zu tuen war wußte man ja nun. [...] S.A. u. Angehörigen Fürsorge, Kleiderbeschaffung, Lebensmittelsammlungen. Einrichtungen von S.A. Unterkünften, Gefangenenhilfe, Bergung Verfolgter, Bergung gesuchter Acten und Karteien, die fast allabentlichen Besuche von Versammlungen die meist tätlich durch Schupoeingriffe oder Störung der »Roten« auslief, heimliche Zusammenkünfte waren unser Tagewerk. Die dazwischen liegenden Stunden oder Minuten wurden verwandt um zu hämmern, zu hämmern, zu hämmern.
>
> *Hilde Boehm-Stoltz*[1]

Ein regelrechtes Feuerwerk an Aktivitäten beschreibt die Alte Kämpferin Hilde Boehm-Stoltz in ihrem autobiographischen Essay. Sie zeigt sich rastlos tätig inmitten einer geradezu konspirativen Subkultur: die Nationalsozialistinnen schienen eine Notstandsversorgung der Parteimitglieder zu organisieren und den Umsturz vorzubereiten. Im permanenten Einsatz für die Partei – hier sogar nachts – war offenbar auch Erna Stoyke, die beim heimlichen Plakatieren den Kleistertopf hielt.[2]

Das Handeln als solches stand im Mittelpunkt der NSDAP-Arbeit. Demonstrierte Tatkraft, eine nie dagewesene Vielzahl an Veranstaltungen und das paramilitärische Muskelspiel der SA beeindruckten allein schon manche Wählerinnen und Wähler.[3] Die NSDAP ließ keinen Zweifel daran, dass sie beabsichtigte, einen Umsturz herbeizuführen.

Eine Mitwirkung von Frauen an der »nationalsozialistischen Revolution«[4] war jedoch nicht vorgesehen. Schon in ihrem Grundsatzprogramm von 1920 lehnte die Parteiführung politisches Handeln von Frauen generell ab.[5] Doch bereits 1922 wurde die Unterstützung durch die ungebetenen Mitstreiterinnen in einer offiziellen Anweisung zur Ortsgruppengründung berücksichtigt. Aller-

1 Abel-Biogramm/Nr. 44/Hilde Boehm-Stoltz, S. 4.

2 Abel-Biogramm/Nr. 393/Erna Stoyke, S. 3.

3 Die NSDAP verfolgte die Strategie, durch ein punktuelles massives Propagandaaufgebot Präsenz zu zeigen und zu beeindrucken. So wurden etwa auf dem Land in Abfolge von wenigen Tagen Sprechabende in benachbarten Bauerschaften abgehalten, jeweils angekündigt von der lokalen Presse. Durch ihre konzentrierte Propagandaarbeit profilierte sich die NSDAP dort als »Partei der Tat«. Vgl. Stadtarchiv Halle (Westf.), Akte C 187 – Vereine und Versammlungen – Umzüge. Genehmigungen öffentlicher Versammlungen.

4 Koonz, S. 72.

5 Dazu ausführlich ebd., S. 70-72.

dings sah sie weibliche Teilhabe allein auf der untersten Parteiebene vor, innerhalb der Ortsgruppe. Dort wies sie ihnen ausdrücklich die niederen Tätigkeiten zu, wie im Absatz zur Durchführung von Versammlungen nachzulesen ist:

> »Die männlichen Mitglieder sind grundsätzlich nicht für untergeordnete Dienste zu verwenden, die keine körperliche Kraft beanspruchen. Kassendienst, Billettenabgabe sind, wenn irgend möglich, durch Frauen zu besorgen. Die Männer bemühen sich, im Saale die Ordnung aufrecht zu erhalten.«[6]

Mit bescheidenen Partizipationsmöglichkeiten, wie der »Billettenabgabe«, ließen sich engagierte Alte Kämpferinnen, wie die zitierte Hilde Boehm-Stoltz, jedoch nicht abspeisen. Sie waren bereit, deutlich größeren Einsatz für ihre Nation zu zeigen. Das Organisationsvakuum vor der Gründung der NS-Frauenschaft 1931 eröffnete ihnen Möglichkeiten zur Eigeninitiative. Ungefragt nutzten die frühen Parteigenossinnen diese Gestaltungsfreiheit. Sie etablierten Tätigkeiten, die ihren Interessen entsprachen und die sie selbst als Frauenaufgaben definierten. So entstand ein breites Spektrum an Handlungsräumen. Das Eingangszitat von Hilde Boehm-Stoltz bezeichnet einen Teil davon.

Weibliches Engagement für die Hitlerbewegung fand auf verschiedenen Ebenen statt. So unterschieden sich neben dem zeitlichen und finanziellen Aufwand vor allem das Maß an Verantwortung sowie der intellektuelle Anspruch der Aufgaben: Manche erforderten praktisches Geschick, andere geistige Fähigkeiten. Auf diese Weise konnte jede Nationalsozialistin ein ihr entsprechendes Handlungsfeld finden. Gemeinsam war allen Aktivitäten das, was viele Menschen suchten: die eigene Persönlichkeit einzubringen und Selbstwirksamkeit zu erleben. Oft war das Engagement ganz einfach mit Spaß verbunden, vielfach auch mit Stolz auf die eigene Leistung.

Drei Schwerpunkte weiblichen Engagements für die NSDAP lassen sich ausmachen: Frühere Kapitel beschäftigten sich mit der Gründung erster nationalsozialistischer Frauengruppen und der Entwicklung der NS-Frauenorganisationen. Anknüpfend daran soll nun die praktische Unterstützung von SA und Ortsgruppen skizziert werden, welche in der Regel von den Mitgliedern der Frauengruppen übernommen wurde – so etwa das gemeinschaftliche »Strümpfe stopfen für die SA«. Einen weiteren Beitrag zur Parteiarbeit leisteten die Nationalsozialistinnen durch das Spenden und Sammeln. Hier werden die Finanzierung der Ortsgruppen, NS-Spendenorganisationen und schließlich die Sammeltätigkeit der Autorinnen thematisiert. Das größte Gewicht erhält das Kapitel zur Propagandaarbeit der Alten Kämpferinnen.[7] Der große Anteil der weiblichen Werbetätigkeit am Aufstieg der NSDAP rechtfertigt

6 Anweisung zur Ortsgruppengründung vom 24. Februar 1922; Bayerisches Hauptstaatsarchiv Abteilung I, Sonderausgabe 1509, zitiert nach Tyrell, Dokument 11, S. 42.

7 Die Verfasserinnen nennen die Werbetätigkeit mehrheitlich »Propaganda«, darum soll diesem Begriff gegenüber der »Werbung« oder »Parteiwerbung« der Vorrang gegeben werden.

es, auf dieses Thema besonders detailliert einzugehen: Im Alleingang betrieben die Alten Kämpferinnen die intellektuell anspruchsvolle »Propaganda von Mund zu Mund«.[8] Dazu mussten sie ideologisch geschult und gefestigt sowie rhetorisch geübt sein. Zunächst sollen die Rahmenbedingungen der Werbetätigkeit geklärt werden. Danach wird anhand der Essays untersucht, wie die Einarbeitung der Verfasserinnen in die nationalsozialistische Ideologie verlief, die von ihnen sehr ernst genommen wurde. Im Mittelpunkt steht die Adaption und Vermittlung des Nationalsozialismus im »Propagandagespräch«. Fast jede Alte Kämpferin entwickelte dabei ihre persönliche Vorgehensweise. Es folgt eine Betrachtung, wie die Autobiographinnen über die Erfolge und Misserfolge ihrer Propagandaarbeit reflektierten. Im Anschluss werden einige weitere Möglichkeiten der Propaganda, beispielsweise durch Flugblätter, Schriften und Plakate, vorgestellt.

»Das gesamte Ausmaß der Hilfsleistungen läßt sich heute nicht mehr feststellen«,[9] befand Dorothee Klinksiek schon 1982. Auch die 36 Biogramme der Alte Kämpferinnen können hierzu keine quantitativen Angaben liefern. Ziel der Untersuchung ist es stattdessen, das weite Spektrum weiblicher Handlungsräume in der NSDAP abzubilden, ferner zu untersuchen, welches Gewicht die Autobiographinnen selbst ihrer Arbeit beimaßen und schließlich, am Beispiel einer kleinen Gruppe überzeugter Nationalsozialistinnen, eine Vorstellung davon zu vermitteln, mit welcher Intensität Frauen zum Aufstieg des Nationalsozialismus beitragen konnten und beigetragen haben.

2.1 »Strümpfe stopfen für die SA« – Unterstützung von SA und Ortsgruppen

> Im Oktober 1931 wurde die N.S. Frauenschaft gegründet; Gott sei dank, nun konnte ich der S.A. auch dienlich sein. Elberfelderstr. 21 war ein brauner Laden, dahinter haben wir Frauen gekocht, unten im Keller haben wir Frauen den Heimlosen braunen Jungs ein Heim eingerichtet, wir scheuerten Betten Wäsche Stühle Bänke. Wir Frauen hielten alles in bester Ordnung. Es machte mir viel Freude, für die Tapferen helfen zu können.
>
> *Anna Nieke*[10]

Insgesamt 24 Alte Kämpferinnen erwähnen oder beschreiben ihre Betätigung innerhalb der Ortsgruppen, in denen die SA während der NS-Kampfzeit noch tonangebend war. Die Versorgung der »Propagandasoldaten« stand für einige Verfasserinnen im Zentrum ihrer Parteiarbeit, darunter die oben zitierte Anna

8 Auch diese Formulierung benutzen die Verfasserinnen. Von »mündlicher Werbung« schreiben sie dagegen nicht.

9 Klinksiek, S. 117.

10 Abel-Biogramm/Nr. 177/Anna Nieke, S. 10.

Nieke. Im begeisterten Einsatz für das »große Werk«[11] übernahmen sie vertraute hausfrauliche Aufgaben: Ein Beispiel ist das von Nieke angeführte Putzen des SA-Heims, ein anderes der Aufruf einer Berliner NS-Jungmädchengruppe zum »Strümpfe stopfen für die SA«[12] im Mai 1930. Ihren Einsatz verstanden die Frauen als Beitrag zur Schaffung der Volksgemeinschaft: Dass ihre Partei »Gemeinnutz vor Eigennutz«[13] in ihrem Programm festgeschrieben hatte, war ihnen sehr präsent und bestimmte ihr Handeln. Welchen konkreten Tätigkeiten die Alten Kämpferinnen im Umfeld der SA nachgingen, wie sie ihr Verhältnis zu den Kameraden betrachteten und wie sie die Bedeutung ihrer Arbeit einschätzten, wird im Folgenden dargestellt.

Schauplätze

Für die Alten Kämpferinnen war ihr privater Lebensbereich ebenso ein Raum des politischen Handelns wie die Halböffentlichkeit der SA-Heime oder die Öffentlichkeit des Saales und der Straße. Die Übergänge gestalteten sich für die Mehrheit der Autobiographinnen fließend. Hier sollen die beiden ersten als Schauplätze des Einsatzes für SA und Ortsgruppe skizziert werden.

Praktische Politik begann für viele Autorinnen in ihren privaten Räumen. Der Mittelpunkt des häuslichen Lebens, die Küche, wurde beispielsweise zum Aufbügeln der Uniformen und zum Nähen der Hakenkreuzfahnen genutzt.[14] Für informelle Zusammenkünfte eigneten sich Wohnzimmer, Stuben und Dachböden: Hier hielten die Kinder von Therese Diebel ihre HJ- und BDM-Treffen ab, zu denen die Verfasserin »Puffer od. Salat«[15] beisteuerte. Die Leiterin des Steglitzer Frauenordens, Klara Petersson, nutze ihr Heim als DFO-Lagerraum: »Wir bescherten damals 62 Mann reichlich, unsere Wohnung sah vor Weihnachten aus wie ein Warenhaus, diese Mengen Pfefferkuchen [...].«[16] Die Versorgung verletzter SA-Männer wurde von Ehefrauen, Schwestern und Freundinnen zum großen Teil ebenfalls im privaten Bereich geleistet. Als unverdächtig galten die Wohnzimmer der Alten Kämpferinnen, wenn es darum ging, Gegen-

11 Abel-Biogramm/Nr. 305/Leokardia Rogalski, S. 3.

12 Vgl. »Strümpfe stopfen für die SA«. Aufruf der NS-Jungmädchengruppe Berlin-Mitte an die SA-Männer Berlins in der Zeitung *Der Angriff* vom 18. Mai 1930, in: Arendt/Hering/Wagner, Dok. 72, S. 135.

13 In der prägnanten Formel »Gemeinnutz vor Eigennutz« endet der Punkt Nr. 24 des »25 Punkte Programms der NSDAP«, das am 24. Februar 1920 von Adolf Hitler im Festsaal des Münchner Hofbräuhauses verkündet wurde. Vgl. Anweisung zur Ortsgruppengründung vom 24. Februar 1922; Bayerisches Hauptstaatsarchiv Abteilung I, Sonderausgabe 1509, zitiert nach Tyrell, Dokument 11, Anweisung zur Ortsgruppengründung, S. 40-42. Vgl. Ernst Deuerlein (Hrsg.), Der Aufstieg der NSDAP in Augenzeugenberichten, München 1974, S. 108-112.

14 Anna Nieke fertigte in einem Nähkeller Hakenkreuzfahnen an. Abel-Biogramm/Nr. 177/Anna Nieke, S. 10.

15 Abel-Biogramm/Nr. 589/Therese Diebel, S. 7.

16 Abel-Biogramm/Nr. 588/Klara Petersson, S. 9.

stände vor der Polizei zu verstecken: »Bei mir wohlverwahrt liegt in Ölpapier Material im Ofen, daß man bei mir als Alleinstehende nicht sucht«, ist von Lisi Paupié zu erfahren. Das »Kampfgebiet« der frühen Nationalsozialistinnen konnte folglich in der eigenen Küche beginnen, ein niedrigschwelliges Angebot politischer Partizipation. Auch in den Haushalten anderer Parteigenossen halfen die Nationalsozialistinnen bei Bedarf und leisteten damit ihre »sozialistische Tat«.[17]

Angemietete Wohnungen wurden als Krankenstuben des Deutschen Frauenordens[18] genutzt, auf die noch ausführlich eingegangen wird. Auch die SA-Heime befanden sich in Etagenwohnungen, ganzen Häusern oder umgebauten Gewerbegebäuden.[19] Erna Stoyke erklärt in ihrem Aufsatz die Funktion der seit Ende 1930 eingerichteten Heime:[20] »Es gab da viele junge Leute, die nicht nach Hause gehen durften, weil ihnen der Vater das Haus verboten hatte. Wir hatten ein Heim, ein SA-Heim. Hier hielten sich die Kameraden auf.«[21] Indem sie für Sauberkeit und Verpflegung sorgten, bewegten sich die Parteigenossinnen in dieser Männerdomäne auf vertrautem Terrain. Die Berlinerin Anna Nieke schreibt zudem von »braunen Läden«, in denen eine Kameradin unter anderem für »2 RM« selbstgenähte Hakenkreuzfahnen verkaufte.[22] Im Hinterzimmer eines solchen Ladens, so Nieke, sei für die Kameraden gekocht, im Keller das SA-Heim eingerichtet worden.[23] Es mag hier ein sogenanntes Sturmlokal gemeint sein, wie es von der Alten Kämpferin Klara Petersson um 1930 in Berlin-Moabit geführt wurde.[24] Bei den Sturmlokalen handelte es sich, wie der Historiker Bastian Hein erläutert, um »öffentliche Gaststätten, deren Wirtsleute die Nutzung als Treffpunkte, für Büroarbeiten und die Durchführung des ›Innendienstes‹ ebenso gestatteten wie die in aller Regel erfolgte Ausstattung der Räume mit Hakenkreuz-

17 Haushaltshilfe leistete beispielsweise die Bonner Studentin Ruth Grathwohl. Vgl. Abel-Biogramm/Nr. 145/Ruth Grathwohl, S. 5.

18 Schuster nennt als Adresse des DFO-Lazaretts eine Privatwohnung in der zweiten Etage des Hauses Steinmetzstraße 46 in Berlin-Tiergarten. Das Lazarett wurde dort nach seinen Angaben 1931 aufgelöst und zog nach Erkner um. Vgl. Schuster, S. 163. Hertha von Reuss und Klara Petersson waren DFO-Mitglieder in Berlin, Letztere als Leiterin. Julie Horn gehörte dem DFO in Gießen an.

19 Vgl. Bastian Hein, Elite für Volk und Führer? Die Allgemeine SS und ihre Mitglieder 1925-1945, München 2012, S. 63.

20 Vgl. Reichardt, S. 468.

21 Abel-Biogramm/Nr. 363/Erna Stoyke, S. 3. Stoyke schreibt, dass sich die Männer in den Heimen aufhielten, ohne zu erwähnen, womit sie sich währenddessen beschäftigten. Martin Schuster bemerkt zum Motiv der Männer, sich in der SA zu engagieren: »Es scheint, dass nicht so sehr ihre Bedürftigkeit viele Arbeitslose zum Eintritt in die SA bewogen hat, sondern ein anderer Aspekt der Erwerbslosigkeit: die Freizeit bzw. Langeweile.«, Schuster, S. 98.

22 Abel-Biogramm/Nr. 177/Anna Nieke, S. 10. Nieke nennt als Adresse Elberfelderstr. 21.

23 Ebd.

24 Abel-Biogramm/Nr. 588/Klara Petersson, S. 10. Petersson nennt als Adresse Lehrterstr. 31.

fahnen, Hitlerbildern und Waffenverstecken.«[25] Daneben gab es Sturmlokale, in denen die Nationalsozialisten eine geschlossene Gesellschaft bildeten. Vor der Tür solcher NSDAP-Stützpunkte konnten Wachen postiert sein, wie Martin Schuster erläutert, außerdem wurde »ein Streifendienst durch die umliegenden Straßen unterhalten, um auf der Straße – im Sinne der SA – für ›Ruhe und Ordnung‹ zu sorgen«.[26] Die Motive der Wirtsleute waren »teils politischer teils angesichts des Bierkonsums der SA-Männer ökonomischer Natur«,[27] erläutert Hein. Klara Petersson merkt an, dass sie ihr Lokal nach eineinhalb Jahren wieder habe schließen müssen, da sich viele Kämpfer auf Grund ihrer Erwerbslosigkeit den »Stiefel«[28] Bier nicht leisten konnten. Zu den Gästen der insgesamt 150 Berliner Sturmlokale[29] gehörten auch nationalsozialistische Frauen, wie Hertha von Reuss, die sich an die gesellige Wahlvorbereitung erinnert: »[…] manche Nacht sassen wir in den Sturmlokalen, besonders bei Schulz in der AMEISE, in der WESPE und später BAERENHOEHLE, und knifften Wahlzettel.«[30] Der alleinstehenden Hertha von Reuss scheinen die Sturmlokale ebenso zur »zweiten Heimat«[31] geworden zu sein wie den männlichen Parteigenossen. Dass die Kameradinnen den marschierenden SA-Trupps auch auf offener Straße »Kaffee und Stullen« zur Stärkung reichten und ihre Unterstützung damit öffentlichkeitswirksam in Szene setzten, erwähnt Martin Schuster in seiner Studie zur SA in Berlin-Brandenburg.[32] Spätestens hiermit hatten die nationalsozialistischen Frauen den Übertritt von der privaten in die öffentliche Sphäre vollzogen.

Aufgaben

Etwa die Hälfte der Verfasserinnen fügte sich in den Kanon weiblicher Zuarbeiten ein, der sich im Umfeld der Ortsgruppen einspielte. Die männlichen Parteigenossen ließen die nützlichen »Schwestern« gern gewähren.

25 Hein, S. 62. Hein weist an dieser Stelle auf den engen Zusammenhang zwischen der »Männlichkeitskultur« des Alkoholkonsums und der von der SA verübten Gewalt hin.

26 Schuster führt als Beispiel das Sturmlokal »Zur Hochburg« in Berlin-Kreuzberg an. Schuster, S. 220 mit Verweis auf Polizeipräsidium Berlin, Bericht über die Schließung des NS-Verkehrslokals »Zur Hochburg« am 16. April 1932, Geheimes Staatsarchiv, Preußischer Kulturbesitz, I. HA, Rep. 77, Tit. 4043, Nr. 314, Bl. 243 f. Das Postieren von Wachen auch vor den SA-Heimen bestätigt Erna Stoyke in ihrem Biogramm: Am Weihnachtsabend saß die Ortsgruppe zusammen »ausser der Wache, die stets an den Ausgängen auf Wachposten stand«. Abel-Biogramm/Nr. 363/Erna Stoyke, S. 4.

27 Hein, S. 62.

28 Abel-Biogramm/Nr. 588/Klara Petersson, S. 10.

29 Vgl. Hein, S. 63.

30 Abel-Biogramm/Nr. 36/Hertha von Reuss, S. 2. Hervorhebungen im Text.

31 Hein, S. 64.

32 Schuster, S. 98. Ihre Arbeit in einer SA-Küche erwähnt auch Margarethe Schrimpff, Abel-Biogramm/Nr. 582/Margarethe Schrimpff, S. 11.

Die intellektuell wohl anspruchsloseste Tätigkeit war das »versehen«[33] der SA-Heime, also für die Männer zu putzen und Ordnung zu halten. Die Heime verfügten meist über ein Büro, einen oder mehrere Mannschaftsräume sowie sanitäre Einrichtungen. Schlafplätze hielten nur wenige vor. Martin Schuster zufolge boten um 1931 in Berlin nur drei der etwa 50 SA-Heime Übernachtungsmöglichkeiten, insgesamt sollen es knapp 30 Betten gewesen sein.[34] Den Bedarf an Unterkünften konnten die SA-Heime damit kaum decken. Die Kleinstkasernen waren vor allem in Großstädten zu finden, seltener auf dem Land. Eine Ausnahme bildeten hier die »ostpreußischen Provinzen«.[35]

Obwohl die Reinigungsarbeit in der Hierarchie der Aufgaben wohl die niedrigste war, empfand Anna Nieke beim Scheuern des Mobiliars dennoch Stolz auf ihre gewissenhafte Arbeit: »Wir Frauen hielten alles in bester Ordnung«.[36] Unter den Verfasserinnen der Abel-Biogramme ist Nieke mit ihrer Zufriedenheit über die einfachen Zuarbeiten weitgehend allein – keine andere ging im Ortsgruppenleben so auf wie sie und schildert es ähnlich detailreich.

Den SA-Heimen angeschlossen waren die Suppenküchen, in denen Nationalsozialistinnen wie Leokardia Rogalski und Margarethe Schrimpff »frische Wurst und Pellkartoffeln«[37] servierten. Sie waren ebenfalls ein wichtiger Bestandteil des Parteilebens: Angesichts der hohen Zahl von Arbeitslosen unter den Parteigenossen konnte die Aussicht auf eine preiswerte warme Mahlzeit in geheizten Räumen eine Parteimitgliedschaft attraktiver machen.[38] Den Küchen kam daher auch die Bedeutung von Werbe- und Vorzeigeeinrichtungen zu. Der Tag begann in den Suppenküchen mit der Vorbereitung des Frühstücks. Anna Nieke erzählt: »Dann kommen die Wahltage, es hieß Frauen, früh um 5 heißts anfangen Kaffee kochen, damit unsere Jungens satt werden.«[39] Ein warmes Abendessen wurde, so berichtet Margarethe Schrimpff, um 20 Uhr ausgegeben.[40] Schrimpff zufolge arbeiteten die Parteigenossinnen nach einem Dienstplan. Nieke dagegen erhielt

33 Abel-Biogramm/Nr. 363/Erna Stoyke, S. 3.

34 Vgl. Schuster, S. 98. Schuster nennt hier die Stadtteile Spandau, Tiergarten und Weißensee. Abweichend davon hält eine Denkschrift des Preußisches Polizeiinstituts von 1932 fest, die SA-Heime seien ab Ende 1930 »kasernenmäßig mit Betten, Spinden und Kochgelegenheit« ausgestattet und durch Posten gesichert gewesen. Preußisches Polizeiinstitut (Hrsg.), Denkschrift über Kampfvorbereitungen und Kampfgrundsätze radikaler Organisationen von 1932; Geheimes Staatsarchiv Preußischer Kulturbesitz, I., HA, Rep. 77, MdI, Tit. 4143, Nr. 311, S. 76/77, zitiert nach Reichardt, S. 468. Zur Zahl das SA-Heime in Berlin vgl. Hein, S. 63.

35 Reichardt, S. 470. Vgl. ebd., S. 468-472.

36 Abel-Biogramm/Nr. 177/Anna Nieke, S. 10.

37 Abel-Biogramm/Nr. 582/Margarethe Schrimpff, S. 11. Leokardia Rogalski erwähnt ihre Küchentätigkeit, aber keine Einzelheiten. Vgl. Abel-Biogramm/Nr. 305/Leokardia Rogalski, S. 2.

38 Vor 1933 traten um 270.000 Arbeiter der NSDAP bei. Rund 120.000-150.000 davon waren arbeitslos. Vgl. Wendt, S. 38.

39 Abel-Biogramm/Nr. 177/Anna Nieke, S. 11.

40 Abel-Biogramm/Nr. 582/Margarethe Schrimpff, S. 11.

auch kurzfristige Anweisungen von der lokalen SA-Leitung. Die Umsetzung organisierte sie selbst:

> »Am Sonnabend vor dem Wahltag kam Pgn. und S.A. Mann Kurt Gabel Beusselstr. ich mußte nach der Huttenstr 23 kommen, und dort für Sturm 32 kochen und vorbereiten, ich suchte noch paar Frauen zusammen, und siehe da auch hier klapte alles, unsere Leutchen sind satt geworden.«[41]

Der Küchendienst bildete Anna Niekes Lebensmittelpunkt: »Tag Täglich war ich früh bis abends in der S.A. Küche und zur Nacht lief ich nach Plötzensee«.[42] Durch ihren Einsatz erlebte sie 1932 eine gewisse Parteikarriere durch die Ernennung zur Leiterin einer SA-Küche, und auch die Führung einer Gruppe NS-Frauenschaft wurde ihr zugetraut: »Der Sektionleiter Hermann Gote ließ mich nicht mehr, ich mußte die S.A. Küche über nehmen und die Frauenschaft aufbauen.«[43]

Sturmlokale, SA-Heime und -Suppenküchen waren ein häufiges Ziel polizeilicher Durchsuchungen, daher waren sie gemeinhin durch Wachen oder einen Alarm gesichert.[44] Gerade Küchen und Toiletten boten – so Sven Reichardt – geeignete Waffenverstecke.[45] Margarethe Schrimpff erlebte eine Razzia während ihres Küchendienstes im Winter 1931/32:

> »Gegen 8 Uhr abends decke ich den Tisch. […] Plötzlich ertönt die Alarmglocke und hereinstürzen 4 Kriminalbeamte und diverse Schupos. Es wird Haussuchung nach Waffen gehalten, aber nichts gefunden.«[46]

Für die Alte Kämpferin wurde die Suppenküche an diesem Abend zum politischen Kampfgebiet.

Besonderes Vergnügen bereitete manchen Nationalsozialistinnen das Ausrichten von Festen, das in den Biogrammen ebenfalls als weibliche Aufgabe in den Ortsgruppen erwähnt wird. Neun Verfasserinnen beziehen sich entweder auf ein solches Ereignis oder sie beschreiben dessen Vorbereitung. Sie sammelten Geld, um die SA und SS beschenken zu können oder stellten selbst Geschenke her. So bat etwa H. Huhn an Haustüren um Geld für Weihnachtsfeier und Präsente.[47] Beliebt war auch das »anheimelnde« Schmücken der Räumlichkeiten: Die Studentin Ruth Grathwohl blickt zurück: »Unser

41 Abel-Biogramm/Nr. 177/Anna Nieke, S. 12.

42 Ebd, S. 11. Anna Nieke lebte mit der Familie ihrer Schwester in einer Gartenlaube in Berlin-Plötzensee, etwa eine halbe Stunde Fußweg entfernt von der genannten SA-Küche.

43 Ebd. S. 12. Demnach war es der Leiter der örtlichen SA-Sektion, der diese Ämter verlieh.

44 Vgl. Hein, S. 63.

45 Vgl. Reichardt, S. 456.

46 Abel-Biogramm/Nr. 582/Margarethe Schrimpff, S. 11.

47 Vgl. Abel-Biogramm/Nr. 291/H. Huhn, S. 6. Die Studentin Ruth Grathwohl führt auch das Verpacken und Verteilen der Geschenke für SA und SS als Frauenaufgabe an. Abel-Biogramm/Nr. 145/Ruth Grathwohl, S. 5.

schönster Abend aber war eine Adventsfeier mit unendlich vielen selbstgemachten Tannenkränzen« – der Höhepunkt des Abends war dann ein Besuch des »Führers«.[48] Das gemeinsame Feiern aller Parteimitglieder blieb vielen in Erinnerung. Marlene Heder schwärmt: »[…] wundervoll war eine Sonnenwendfeier der Kampfzeit und ein gutgelungener Deutscher Abend unserer winzigen Ortsgruppe.«[49]

Mehrere Alte Kämpferinnen zählen Näh- und Handarbeiten auf, die sie für ihre Kameraden erledigten. Dabei wird deutlich, dass Bekleidung zum Teil noch von den Frauen selbst angefertigt wurde oder zumindest dann von ihnen hergestellt werden konnte, wenn das Geld für Konfektionsware fehlte, wie im Fall der arbeitslosen Parteisoldaten. Das Ausbessern von Kleidung galt als Selbstverständlichkeit, ebenso wie der Handarbeitsunterricht für Mädchen, der diese Fertigkeiten vermittelte. Hertha von Reuss erinnert sich gern an nationalsozialistische Frauenrunden, in denen »emsig«[50] genäht und geflickt wurde. Erna Stoyke benennt den Turnus der Treffen: »Zwei Abende in der Woche gehörten uns und unserer Arbeit, denn es gab viel Arme bei uns, denen wir helfen mussten […].«[51] Klara Petersson, Sturmlokal-Wirtin und Leiterin einer Berliner Ortsgruppe des Deutschen Frauenordens, beschreibt die Kleidungsstücke, die unter den Händen der Schwestern entstanden. Zugleich unterstreicht sie den Bedarf der NSDAP-Männer an wärmender Wäsche:

> »[…] wollne Unterwäsche, wollne Strümpfe und Handschuhe, ich konnte aber von meinen Ordensschwestern verlangen was ich wollte, wenn ich sagte, heute nacht wird durch genäht oder gestrickt, dann wurde es auch getan.«[52]

Gerade der Topos der Nachtarbeit markiert die von Klara Petersson empfundene Unentbehrlichkeit und Dringlichkeit der weiblichen Unterstützung. Auch hier klingt das Gefühl der Teilhabe an einem Kriegs- oder zumindest Ausnahmezustand an.

Die Fähigkeiten der Frauen nahm die Partei gern in Anspruch. Sie sparten bei der Einkleidung der SA-Trupps viel Geld. So kosteten die Originaluniformen der Reichszeugmeisterei einiges mehr als die »selbstgenähten«, die von Leokardia Rogalski und ihren Mitkämpferinnen geschneidert wurden.[53] Schon 1926 erlaubte ein Erlass der Obersten SA-Führung das Anfertigen der Uniformen durch NS-Frauengruppen vor Ort. Die braunen Woll- und Baumwollstoffe mussten

48 Ebd., S. 3. Es wird nicht deutlich, ob es sich bei dem erwähnten »Führer« um Hitler oder um den von Grathwohl ebenfalls erwähnten Hochschulgruppenführer Baldur von Schirach handelte.

49 Abel-Biogramm/Nr. 41/Marlene Heder, S. 7.

50 Abel-Biogramm/Nr. 36/Hertha von Reuss, S. 3.

51 Abel-Biogramm/Nr. 363/Erna Stoyke, S. 3.

52 Abel-Biogramm/Nr. 588/Klara Petersson, S. 9.

53 Vgl. Abel-Biogramm/Nr. 305/Leokardia Rogalski, S. 2.

allerdings zentral bestellt werden, um hinsichtlich der Farbe Einheitlichkeit zu gewährleisten.[54]

Von Nutzen waren die Pateigenossinnen der SA auch als Krankenschwestern. Für die medizinische Erstversorgung nach Schlägereien standen zwar oft SA-Männer als Sanitätstrupps bereit, um bei einer Weiterbehandlung jedoch keinesfalls an jüdische Krankenhausärzte zu gelangen, brauchte die NSDAP eigene Lazarette. Auch sogenannte Sturmapotheken wurden eingerichtet.[55] Das erste Lazarett für verletzte SA-Leute richtete der Deutsche Frauenorden im März 1927 in Berlin-Tiergarten ein, kurz nach der »Pharusschlacht«,[56] wie Parteigenossen die von Ausschreitungen begleitete Antrittsrede ihres Gauleiters Goebbels in den Berliner Pharus-Sälen nannten. Das Krankenzimmer befand sich bis 1931 in einer Mietwohnung und hielt sechs Betten bereit.[57] In braunen Schwesternuniformen versahen die Mitarbeiterinnen dort ihren Dienst. Ihre DFO-Mitgliedsbeiträge in Höhe von monatlich 50 Pfennig dienten der Finanzierung der Krankenstube. Die Pflege der Patienten übernahmen die braunen Schwestern ehrenamtlich.[58] Hedwig Eggert berichtet in ihrem Essay, dass der SS-Mann Edmund Behnke, der bei den Ausschreitungen in den Pharus-Sälen schwer verletzt worden war, hier bis zu seinem Tod »auf das liebevollste gepflegt« wurde.[59] Es folgten Eröffnungen weiterer DFO-Lazarette in den Berliner Außenbezirken.[60] Zur moralischen Wiederherstellung der Kranken schickten manche Verfasserinnen Genesungskarten oder Päckchen mit »Liebesgaben«.[61] Bei Bedarf weiteten die Alten Kämpferinnen ihre Tätigkeit auch auf die Familien

54 Schuster, S. 107, mit Verweis auf OSAF, SABE 10: Dienst-Anzug, 14. 11. 1926, BArch Bln, NS26, Nr. 302.

55 Schuster, S. 163, mit Verweis auf Polizeipräsidium Berlin (IA), Bericht, 28. 3. 1927, BArch Bln, NS51 Nr. 197.

56 Der erste Patient, Edmund Behnke, wurde am 11. Februar 1927 bei der Großschlägerei in den Berliner Pharussälen verletzt. Die Pflege in den Räumen des DFO, die vermutlich infolge dieses Ereignisses im März 1927 eingerichtet wurden, wird erwähnt in Abel-Biogramm/Nr. 459/Hedwig Eggert, S. 7.

57 Vgl. Schuster, S. 163.

58 Rösch, S. 462, Fußnote 8, mit Bezug auf: Bundesarchiv Berlin (BA), Sammlung Schumacher, Nr. 230: Rundschreiben Elsbeth Zander »An die Mitglieder des DFO« vom 20. Januar 1929 sowie *Völkischer Beobachter*, Nr. 20 vom 24. Januar 1929, »An alle Mitglieder des DFO«.

59 Abel-Biogramm/Nr. 459/Hedwig Eggert, S. 7. Der 1906 geborene Edmund Behnke starb 1930. Er galt seitdem innerhalb der NSDAP als »Blutzeuge der Bewegung«. Seine Lebensdaten finden sich heute auf mehreren rechtsradikalen Internetseiten. Die Angabe, Behnke sei SS-Angehöriger gewesen, findet sich im Abel-Biogramm/Nr. 588/Klara Petersson, S. 8.

60 Vgl. »Die Nationalsozialisten richten Lazarette ein«, in: *Die Welt am Abend*, Berlin, vom 20. Juni 1930; zitiert nach Arendt/Hering/Wagner, Dok. 74, S. 136.

61 Der Begriff der »Liebesgaben« entstand im Ersten Weltkrieg für Päckchen an Frontsoldaten. Diesen Begriff verwendet unter anderem die Alte Kämpferin Maria Engelhardt, Abel-Biogramm/Nr. 195/Maria Engelhardt, S. 13.

der Parteigenossen aus. Hilde Boehm-Stoltz erwähnt hier eine »Angehörigen Fürsorge«.[62]

Inhaftierten Kameraden erwiesen manche Nationalsozialistinnen durch einen Gefängnisbesuch ihre Solidarität, so etwa Hertha von Reuss.[63] Verstorbene »Kämpfer« auf ihrem letzten Weg zu begleiten, war für die Hannoveranerin Marianne Meinecke und mehrere andere Alte Kämpferinnen eine Ehrensache.[64] Ein Großereignis war die Beisetzung des 22-jährigen SA-Sturmführers Horst Wessel in Berlin am 1. März 1930. Gauleiter Goebbels gelang es, Wessel posthum zum wichtigsten »Märtyrer der Bewegung« aufzubauen und den Trauerzug über die gesperrten Straßen der Stadt in Anmutung eines Staatsaktes zu inszenieren. Die Augenzeuginnen Klara Petersson und Margarethe Schrimpff beschreiben, wie die Beerdigung in eine Auseinandersetzung mit Kommunisten und Schutzpolizei überging.[65] Somit lieferte die Veranstaltung einen neuerlichen Anlass zu politischer Gewalt und bot den nationalsozialistischen Frauen ein weiteres Erlebnis von Abenteuer und Gefahr.

Selbstbild

Anscheinend ohne ein Gefühl der Minderbewertung widmete sich Anna Nieke mit Bohnerbesen und Kochlöffel dem nationalsozialistischen Kampf. Für sie, wie für viele Verfasserinnen, galt hinsichtlich der Unterstützung der Hitlerbewegung, was die Historikerin Ute Planert für die vaterländische Tat während der Napoleonischen Kriege formuliert hat: »Der Bezug auf die Nation adelte hinfort so profane Tätigkeiten wie Kochen und Krankenpflege, Sticken und Stricken. Während Schillers Ältester 1813 Soldat wurde, strickte die Tochter Socken für die Armee.«[66] Anna Nieke griff die über Generationen

62 Abel-Biogramm/Nr. 4/Hilde Boehm-Stoltz, S. 4. Vgl. auch die »Haushaltshilfe« in Abel-Biogramm/Nr. 145/Ruth Grathwohl, S. 5.

63 Abel-Biogramm/Nr. 36/Hertha von Reuss, S. 3.

64 Marianne Meinecke schreibt rückblickend: »Wie brannten unsere Seelen, unsere Herzen an jeder Bahre, die die lange Reihe unserer Blutopfer vermehrte, mit […] Stolz trugen wir damals unser Zeichen.«, Abel-Biogramm/Nr. 116/Marianne Meinecke, S. 7. Meinecke bildet in dieser Passage ihres Essays deutlich die pathetische Sprache der NS-Propaganda ab, die die Trauerfeiern für sich vereinnahmte und die Bedeutung des Märtyrer- und Totenkultes im Nationalsozialismus kolportierte.

65 Von der Beisetzung berichtet die Nationalsozialistin Petersson empört: »[…] als wir bis ins innerste Mark getroffen bis zum Tode verletzt an seinem Grabe standen, fuhr die rote Meute mit Lastautos am Friedhof vorbei […].« Abel-Biogramm/Nr. 588/Klara Petersson, S. 8. Margarethe Schrimpff beschreibt, wie die Beerdigung in eine Auseinandersetzung mit Kommunisten und Schutzpolizei überging, an der auch sie am Rande beteiligt war: »Als der Sarg in die Gruft gesenkt wird, ertönt von der nahen Kirchhofsmauer Gelächter und Gejohle. Es wird laut gepfiffen und Schüsse fallen. Beim Verlassen des Friedhofes wird ein grosser Teil der Menschenmenge in eine enge Strasse zum Alexander-Platz abgedrängt. Hier bekleckert sich die Schupo wieder mit Ruhm.« Abel-Biogramm/Nr. 582/Margarethe Schrimpff, S. 8.

66 Planert, Germania, S. 29.

von Frauen tradierten Tätigkeitsmuster auf. Sie setzte ihre Arbeitskraft dafür ein, es den »braunen Jungs«[67] angenehm zu machen – gebunden an deren Einsatzbereitschaft als »Hitlersoldaten«.[68] Den gleichen Ansatz verfolgte die 19-jährige Ostpreußin Erna Stoyke: Sie war überzeugt, die jungen Männer seien »verfemt ihres Nationalsozialismusses wegen«. Aus diesem Grund war sie gern bereit, den vermeintlichen Idealismus zu honorieren und ihnen »ihr Los zu erleichtern«.[69] Viele Verfasserinnen, vom jungen Mädchen bis zur Rentnerin, zeigten eine ähnliche Haltung. Dem Anspruch vieler Hitleranhängerinnen werden die oben beschriebenen Zuarbeiten in der Ortsgruppe genügt und neben persönlicher Befriedigung auch ein positives Selbstbild verschafft haben.

In einigen Essays wird die Wichtigkeit weiblicher Kleinarbeit annähernd autosuggestiv wiederholt. Die Verfasserinnen schrieben sich geschlechtsspezifische hauswirtschaftliche und soziale Kompetenzen zu, aus denen sie eine zentrale Funktion innerhalb der NS-Bewegung ableiteten. Sie gewährleisteten die Grundversorgung der Kämpfer mit Essen, Kleidung, Schlaf und seelischem Beistand. Damit bildete ihr »mütterliches« Handeln den Motor des Ortsgruppenlebens. Gerade im Hinblick auf die Bewältigung von Krisensituationen – hier der realen wirtschaftlichen Not und des gedachten politischen Ausnahmezustandes »Kampfzeit« – sahen die nationalsozialistischen Frauen ihre Verantwortung darin, eine stabile Basis zu stellen, von der aus ihre »Bürgerkriegsarmee«[70] agieren konnte. Diese Selbstwahrnehmung führte bei einigen Autorinnen zum Gefühl der Überlegenheit gegenüber den »männlichen Pgs.«.[71] Entsprechend äußert sich die 20-jährige Marlene Heder in einem leicht herablassenden Ton:

> »Kraft brauchten wir zu jener Zeit, mehr Kraft, als wir vielleicht je wieder nötig haben werden, galt es doch auch, manchen armen, von zu Hause vertriebenen S.A.-Mann zu trösten und zu bemuttern.«[72]

Die selbstbewusste Helene Radtke bewertet die Bedeutung der weiblichen Zuarbeiten: »Der größte Teil unserer SA. und Parteigenossen war arbeitslos. Die

67 Abel-Biogramm/Nr. 177/Anna Nieke, S. 15. Gemeint sind SA-Männer.

68 Die Bezeichnung »Hitlersoldaten« verwendet Maria Engelhardt, Abel-Biogramm/Nr. 195/Maria Engelhardt, S. 11.

69 Abel-Biogramm/Nr. 363/Erna Stoyke, S. 4.

70 Reichardt, S. 467.

71 Den Begriff »männliche Pgs.« verwendet unter anderem Kater, S. 211. Das Motiv einer Überlegenheit der Frau als Hüterin, Versorgerin und Mutter in erweitertem Sinn erscheint in den Selbstkonzepten konservativer, völkischer und schließlich nationalsozialistischer Frauen immer wieder. Ein Beispiel dafür war Guida Diehl, die hitlertreue Gründerin des Neulandbundes, die 1928 schrieb: »Die hauswirtschaftliche Tüchtigkeit der Frau ist geradezu die Geburtsstube für die freudige Arbeitsleistung des Mannes und der übrigen Glieder des Hauses.« Guida Diehl, Deutscher Frauenwille, Gotha 1928, S. 65; zitiert nach Wagner, Frauenansichten, S. 93.

72 Abel-Biogramm/Nr. 41/Marlene Heder, S. 7.

Not wurde immer größer. So war die Frauenschaft eine der wichtigsten Organisationen innerhalb der Bewegung.«[73]

Förderlich für eine solch positive Beurteilung des eigenen marginalen Anteils am Aufstieg der Bewegung war das Konzept der Volksgemeinschaft, das den Wert des Individuums an seiner Funktionalität im übergeordneten Prozess maß. Nationalsozialistische Parolen wie »Du bist nichts – dein Volk ist alles« hatten auch die Autorinnen der Abel-Biogramme 1934 soweit verinnerlicht, dass sie ihre Person zwar bescheiden als »eine der vielen kleinen grauen Mäuse«[74] bezeichneten, ihrer Funktion aber – und sich selbst in Ausübung dieser Funktion – eine höhere Bedeutung zuschrieben und dadurch eine Aufwertung empfanden. So beschlossen Marlene und Rosemarie Heder ihr gemeinsames Biogramm in typischer Weise mit dem Hinweis auf ihr Verdienst am Aufstieg Hitlers: »[…] wir beide sind froh und stolz, mit unserem kleinen Können am großen Werk des größten Deutschen mitgeholfen zu haben«.[75]

Die weiblichen Zuarbeiten für SA und Ortsgruppen verleiteten Michael Kater zu der Einschätzung, es »drehte sich bei diesen Frauen doch alles um die männlichen Pgs.«.[76] Dass Kater das Engagement der Alten Kämpferinnen zu gering bewertet, bestätigen die beiden folgenden Kapitel.

2.2 »Fast überall erhalte ich etwas …« – Sammlungen

> Heute ist Donnerstagnachmittag und ich erhalte von dem Kreisleiter der NSDAP des Kreises Stuhm den Auftrag Spenden zu sammeln […]. Ich setze mich aufs Rad und schon geht es los, von Ort zu Ort, von Gehöft zu Gehöft. Fast überall erhalte ich etwas, die Leute sind zum Teil etwas freundlicher geworden, denn sie kennen mich jetzt schon […]. Sogar ein kleines Schweinchen haben wir einmal erhalten. Das nahmen wir aber gleich mit. Eine Kiste war bald gezimmert und wurde hinten aufs Rad gebunden. Das war eine Freude.
>
> *Erna Stoyke*[77]

Wie die Verwundetenpflege und die Versorgung der Soldaten mit Nahrung und Kleidung gehörten Spendensammlungen spätestens seit 1813 zu den patriotischen Aufgaben, mit denen deutsche Frauen am nationalen Geschehen

73 Abel-Biogramm/Nr. 207/Helene Radtke, S. 7. Vgl. auch ebd., S. 6 und S. 8.
74 Abel-Biogramm/Nr. 291/H. Huhn, S. 5.
75 Abel-Biogramm/Nr. 41/Marlene Heder, S. 8. In fast identischer Weise bilanzieren ihre Arbeit fast alle Autobiographinnen, unter anderem Abel-Biogramm/Nr. 305/Leokardia Rogalski, S. 3, Abel-Biogramm/Nr. 453/Susi Jost, S. 4, Abel-Biogramm/Nr. 547/Klara Czirmik, S. 4, Abel-Biogramm/Nr. 347/Emma Eberhardt, S. 1.
76 Kater, S. 211.
77 Abel-Biogramm/Nr. 363/Erna Stoyke, S. 9.

partizipierten.[78] In diese Tradition stellte sich die Sammlerin Erna Stoyke mit dem fröhlichen Erhalt des erwähnten »Schweinchens«.

Der Ursprung weiblicher Sammeltätigkeit lag in der christlich motivierten Caritas, einem Bereich, der Frauen seit jeher offenstand, ja sogar explizit von ihnen getragen wurde. Änderte sich der Zweck der Sammlung und zielte etwa wie 1813 auf die Ausrüstung der preußischen Soldaten, wandelte sich das Sammeln zum nationalen, politischen Handeln. Sofern Geld für Kriegszwecke eingenommen wurde, konnte die einzelne Sammlerin ihren Einsatz als »symbolische Kampfhandlung«[79] erleben. Die Historikerin Ute Planert ist der Auffassung, dass das Sammeln zu »einem der wichtigsten Medien weiblicher Politik« wurde.[80] Insbesondere das eingenommene Geld war als politisches Werkzeug annähernd universell einsetzbar und bot Frauen aller sozialen Schichten die Chance, ihre Anliegen finanziell zu fördern.

Im Ersten Weltkrieg bemühten sich Frauen zunächst um Geldspenden, etwa an Haustüren, mit einem Eintrag der jeweiligen Summe in eine entsprechende Liste, im Kriegsverlauf wurden zusätzlich Sachwerte und Rohstoffe erbeten. Hier traten Frauen und Mädchen nicht nur als Sammlerinnen auf, sondern auch als vaterlandstreue Spenderinnen, deren Broschen, Ohrringe und Haar der Rüstung zugute kamen.[81] Nach 1918 brachte die Demokratie ein weiteres begehrtes Sammelgut: Unterschriften. Der Zweck der Sammlung änderte sich, nicht jedoch die Form, wie die Beispiele Maria Engelhardts und Marie Wagas veranschaulichen.

Das Sammeln als patriotische Tat beziehungsweise praktische Politik hatten einige Verfasserinnen schon lange vor ihrem NSDAP-Beitritt eingeübt. Die Nationalistin Maria Engelhardt war eine erfahrene Sammlerin: Bereits als junges Mädchen bat sie im Ersten Weltkrieg um Geld- und Sachgeschenke für die Verwundetenfürsorge.

> »Wie glücklich fühlte ich mich, wenn ich nach des Tagesarbeit, die oft 14 und 16 Stunden dauerte, […] für unsere Verwundeten sammeln gehen konnte von einem Lokal zum anderen, […] wenn wir mit Blumen, Schokolade, Zigaretten usw. in die Lazarette gingen […].«[82]

78 Süchting-Hänger, S. 26.
79 Planert, Germania, S. 37.
80 Ebd.
81 Das Deutsche Rote Kreuz initiierte im Frühjahr 1917 eine »Deutsche Frauenhaarsammlung«. Haar wurde als Dichtungsmaterial im U-Boot-Bau benötigt, als durch die britische Seeblockade die Einfuhr von Kamelhaar zum Erliegen kam. Vor allem Schulmädchen sammelten das ausgekämmte, lange Haar und opferten oft auch ihre eigenen Zöpfe dem Vaterland. Vgl. Zeitungsaufruf »Deutsche Frauenhaarsammlung«, *Haller Kreisblatt* vom 6. März 1917. Firmenarchiv Verlagshaus Meyer & Beckmann, Halle in Westfalen.
82 Abel-Biogramm/Nr. 195/Maria Engelhardt, S. 2.

Im Jahr 1925 war sie erstmals für einen politischen Zweck, die Wahl Hindenburgs zum Reichspräsidenten, mit der Spendenbüchse unterwegs.[83] Nach dem gleichen Muster sammelte Engelhardt statt barer Münze Unterschriften: 1924 für Hitlers vorzeitige Haftentlassung, 1928 für die Aufhebung seines Redeverbots in Preußen. Die Sammeltätigkeit übte Maria Engelhardt folglich über Jahre aus. Drei ihrer Spendenzüge beschreibt sie in annähernd gleichem Wortlaut. Die Anlässe scheinen austauschbar, sofern sie mit der Gesinnung der Patriotin in Einklang standen.

Um die Weihnachtsfeiern der NSDAP zu finanzieren, lief die Frankfurterin abermals »wochenlang zuvor herum und bettelte und bettelte [...]«.[84] Als demütigend erlebte sie sowohl das Bitten um Spenden, als auch manche Begegnungen an den Haustüren: »Stundenlang nach meiner Büroarbeit war ich erfolglos herumgelaufen und des öfteren die Treppe hinuntergejagt worden [...].«[85] In ihrem Essay beklagt sie sich über die nervenaufreibende Tätigkeit, zu der sich Männer nicht herabließen: »Was machte man nicht alles als Frau«.[86]

Ganz ähnlich war auch für Marie Waga das Sammeln ein durchgehendes Motiv ihres politischen Engagements. Schon 1922 begann die Tilsiterin für den dortigen nationalistisch-vormilitärischen »Bund deutscher Jungmannen Preußen« zu sammeln. In gleicher Weise engagierte sich Waga wenig später für den »Schlageter-Gedächtnis-Bund« und ab 1925 für die NSDAP.[87] Im Sommer 1934 war das Sammeln schon ein Teil ihrer Biographie geworden. Stolz identifizierte sie sich mit der eigentlich negativ konnotierten Bezeichnung »Sammeltante«.[88]

Für alle erdenklichen Zwecke sammelten Nationalsozialistinnen Geld- und Sachspenden, denn Hitlers junge Partei stand fortwährend am Rande des finanziellen Ruins.[89] Wohl gab es zahlreiche Geldgeber aus Wirtschaft und Großbürgertum, aber an der Basis, in den Ortsgruppen kamen diese Zuwendungen nicht an.[90] Doch gerade hier war der Bedarf an Geld immens, wobei die Propaganda den Großteil der Ausgaben ausmachte. Dazu gehörten sämtliche Werbematerialien und deren Transport, die Durchführung von NSDAP-Veranstaltungen sowie Ausstattung und Fahrtkosten der werbenden Parteigenossen. Theodore Abel stellt fest, dass die Ortsgruppen ihren Bedarf weitgehend selbst finanzieren mussten: »The Ortsgruppen, on the other hand, were financed in the main by dues and contributions of party members and collections at meetings.«[91]

83 Paul von Hindenburg war 1925 von den Rechtsparteien als gemeinsamer Kandidat aufgestellt worden. Aus dem »Hindenburgfonds«, für den Engelhardt sammelte, wurde der Wahlkampf mitfinanziert.

84 Abel-Biogramm/Nr. 195/Maria Engelhardt, S. 13.

85 Ebd., S. 8.

86 Ebd.

87 Abel-Biogramm/Nr. 365/Marie Waga, S. 1. Erläuterungen zu den genannten Personen und Organisationen vgl. Kommentar zum Biogramm Marie Waga ebd.

88 Ebd. S. 2.

89 Abel, Why, S. 90.

90 Vgl. ebd.

91 Ebd.

Einnahmequellen der NSDAP waren:

- Aufnahmegebühr für neue Parteimitglieder: 1 Reichsmark (1925) – 3 Reichsmark (1932)[92]
- Monatliche Mitgliedsbeiträge: 50 Pfennig (1925) – 1,50 Reichsmark (1932). Hier gab es einige Sonderregelungen: Erwerbslose waren freigestellt oder zahlten einen verminderten Beitragssatz, Mitglieder der Parteiorganisationen wie SA oder SS erhielten zeitweise eine Ermäßigung.[93] Die Beitragserhebung der NS-Frauenschaft war uneinheitlich. Im Gau München-Oberbayern beispielsweise wurde den Aktivistinnen vor 1932 ein Nachlass gewährt, später dagegen musste ein Zusatzbeitrag von 20 Pfennigen gezahlt werden.[94]
- Eintrittsgelder aus öffentlichen Parteiveranstaltungen
- Sammlungen und Spenden

Die Einnahmen durften von den Ortsgruppen nicht vollständig einbehalten werden, sondern wurden nach einem festgelegten Schlüssel zwischen der Reichsleitung der NSDAP und den Ortsgruppen aufgeteilt: Die festen Größen, also Aufnahmegebühr und Monatsbeiträge, mussten vollständig an die Reichsleitung abgeführt werden. Anteile der Eintrittsgelder, Sammeleinnahmen und Spenden durfte die Ortsgruppe für sich verbuchen.[95] Entsprechend war es für die Ortsgruppen äußerst interessant, hohe Besucherzahlen bei ihren Veranstaltungen zu erreichen sowie stetig Anlässe für Sammlungen zu finden und diese von den Genossinnen durchführen zu lassen.

Die monatlichen Mitgliedsbeiträge der Parteifrauen flossen in die Kasse der Reichsleitung. Den Ortsgruppen kamen die zusätzlichen freiwilligen Mitgliederspenden zu. Letztere wurden vor allem bei den wöchentlichen geschlossenen Versammlungen gezahlt und stellten für die Ortsgruppen oft die wichtigste Einnahmequelle dar.[96] Alte Kämpferinnen wie Hilde Boehm-Stoltz waren sich der Bedeutung der freiwilligen Spenden für den Aufstieg der NSDAP durchaus bewusst:

> »Daß von denen, die es eben konnten, die weitgehendsten Geldopfer gebracht wurden, ist eine Tatsache, die nicht erwähnt zu werden braucht, da

92 Rösch, S. 556. Die erhobenen Gebühren und Beiträge waren in der Kampfzeit noch uneinheitlich. Die angegebenen Zahlen beziehen sich auf den Gau München-Oberbayern. Eine Reichsmark entsprach 1932 dem Stundenlohn eines einfachen Arbeiters. Vgl. ebd., S. 471.

93 Ebd, S. 556. Die angegebenen Zahlen beziehen sich auf den Gau München-Oberbayern.

94 Ebd., S. 462, mit Bezug auf: Staatsarchiv München, Polizeidirektion München, Nr. 6827, Rundschreiben der NSDAP Gauleitung München-Oberbayern vom 25. Februar 1932, Abschrift.

95 Vgl. ebd, S. 462-464.

96 Dies belegt auch Rösch am Beispiel der Ortsgruppen bzw. Sektionen im Gau München-Oberbayern für die Zeit bis 1929. Ebd., S. 465.

sich sonst die Bewegung von innen heraus nicht so durchschlagend hätte entwickeln können.«[97]

Die Spendenpraxis bei den Mitgliederversammlungen beschreibt ein männlicher Teilnehmer des Theodore-Abel-Wettbewerbs: Bevor die Mitglieder das jeweilige Lokal verließen, wurden am Ausgang zwei Tische aufgestellt, auf denen die Spenden hinterlassen werden konnten. Dem Beobachter fiel auf, dass auf den Tellern nur Scheine abgelegt wurden, was ihm, der nur Münzen bei sich hatte, sogleich ein schlechtes Gewissen bereitete.[98] Den sozialen Druck verstärkte in diesem Fall noch die unverblümte Empfehlung einer Parteigenossin, der Genosse solle doch weniger Zigaretten rauchen, um mehr spenden zu können.[99]

Da zusätzliche Eintrittsgelder und Geldspenden bei den öffentlichen Veranstaltungen der NSDAP zusammenkamen, bemühten sich die Nationalsozialistinnen, ihre Mitmenschen zu Sprech- und Unterhaltungsabenden einzuladen, notfalls über »Freikarten«. Dafür erwarben sie selbst Eintrittskarten, um diese weiterzuverschenken, in der Hoffnung, dass der Gast die Spendenbüchse am Ausgang nicht übersehen würde.[100] Solche zusätzlichen Geldspenden konnten ein Drittel der Gesamteinnahmen einer Ortsgruppe ausmachen.[101]

Den größten persönlichen Stellenwert hatten für die Verfasserinnen offenbar die Erträge der Haus- und Straßensammlungen, denn deren Höhe war der messbare Nachweis ihrer Überzeugungskraft, aus dem sie Bestätigung und Befriedigung schöpften. Entsprechend stolz erklärt Maria Wiebe: »auch die Bewegung gebrauchte zum Bestehen und zur Förderung Mittel. Sehr eifrig, darf ich wohl sagen, begann ich die Sammeltätigkeit.«.[102] Tatsächlich waren die Sammlungen in ihrer Gesamtheit ein beträchtlicher Einnahmefaktor für die Partei. Zahlen

97 Abel-Biogramm/Nr. 44/Hilde Boehm-Stoltz, S. 4.

98 Abel-Biogramm/Nr. 485/N. N., in: Abel, S. 91. Als Name ist bei Abel »unknown« angegeben, vgl. Online Archives of California, Inventory of the Theodore Fred Abel papers – 1930-1988; URL: http://www.oac.cdlib.org/findaid/ark:/13030/tf3489n5vz/entire_text/ [online am 17. Juli 2015].

99 Abel-Biogramm/Nr. 485/(unknown), in: Abel, S. 91. Dass die Spenden aus den eigenen Reihen in erster Linie für Propagandazwecke verwendet wurden, bestätigt Käthe Eiden: »Die Wahlpropaganda der Bewegung war nur durch die schwersten geldlichen Opfer, die bis zur Selbstlosigkeit gebracht wurden möglich. Nun wurden, wenn zum Versammlungsschutz gefahren wurde, die letzten Pfennige zusammen gelegt, um den Brennstoff für den Lastwagen zu bezahlen.« Abel-Biogramm/Nr. 244/Käthe Eiden, S. 11. Viele Wettbewerbsteilnehmerinnen und -teilnehmer drücken Selbstlosigkeit bzw. die Tiefe ihrer nationalsozialistischen Überzeugung durch die Beschreibung der erbrachten finanziellen Opfer aus. So auch im Abel-Biogramm/Nr. 232/Karl Nüss, in: Abel, S. 91.

100 Vgl. Abel-Biogramm/Nr. 145/Ruth Grathwohl, S. 4: »Ständig lief man ja mit Versammlungskarten herum, die man verkaufen oder verschenken wollte.«

101 Rösch belegt dies am Beispiel Sektionen Schwabing für die Jahre 1925-1927 und 1929. Rösch, S. 466.

102 Abel-Biogramm/Nr. 456/Maria Wiebe, S. 9.

liegen hier für die »Opferringsammlungen« aus dem Jahr 1932 vor.[103] So erreichte eine Sammlerin in München einen durchschnittlichen Spendenbetrag von 50 Pfennig und brachte in einer einzigen Sammlung 30 Reichsmark zusammen. Dabei war diese Frau »nicht einmal auf große Resonanz gestoßen«.[104]

Der »Opferring der NSDAP« entwickelte sich um 1931 von Bayern ausgehend zur reichsweiten nationalsozialistischen Spendenorganisation. Grundsätzlich war es politischen Parteien nicht gestattet, Haus- und Straßensammlungen durchzuführen. Um das Verbot zu umgehen, wurde der Opferring nicht in die Parteiorganisation eingegliedert. Sein Ziel war der Aufbau eines festen Kreises von Spendern (Nicht-Mitglieder der NSDAP), die in regelmäßigen Abständen 10 Pfennig, 50 Pfennig oder sogar eine Reichsmark gaben. Die Sammlerin erhielt einen entsprechenden Ausweis und händigte den Spendern eine Karte aus, in die als Beleg Wertmarken eingeklebt wurden. Sammlungen außerhalb des Opferrings verbot die NSDAP zu dieser Zeit. Alle Einnahmen mussten an die Gauleitungen abgeführt werden und wurden von dort nach einem variierenden Verteilerschlüssel an Ortsgruppen, SA und andere NS-Organisationen weitergeleitet, auch Wahlwerbung finanzierte die Partei auf diese Weise.[105] Zwei Verfasserinnen erwähnen den Opferring. Marie Waga zieht die Bilanz: »Tausende von Marken für den Opferring wurden gesammelt […]« und dadurch tatkräftig »Anteil an den Geschicken der Bewegung genommen.«.[106] Sammlerinnen waren allerdings nicht immer gern gesehen, wie Erna Stoyke berichtet. Manche potenziellen Spender hatten politische Gründe, andere fühlten sich genötigt.

> »Ich fuhr dann in die Dörfer, um Opferringmarken zu verkaufen. Nicht selten geschah es, dass, wenn ich auf einen Hof kam, freundlich empfangen wurde, aber kannten sie erst meine Wünsche, dann wurde ich von den grossen und grösseren Besitzern zum Teil höflich, zum Teil recht schroff vom Hof gewiesen oder von den kleineren Anwesen vom Hofe gejagt. Gut, dann versuche ich es eben ein Haus weiter.«[107]

Wenig schmeichelhaft waren auch die Motive derjenigen, die etwas gespendet hatten. Mathias Rösch zitiert in seiner Dissertation eine Münchner Spenderin, sie habe etwas gegeben, »da mich die Geißler [die Sammlerin, M.R.] schon früher 3-4 mal darum anbettelte und ich endlich von ihr Ruhe haben wollte.«[108]

103 Rösch, S. 471 f.
104 Ebd.
105 Ebd. Der sogenannte Verkauf von Opferringmarken findet sich in zwei Essays: Abel-Biogramm/Nr. 363/Erna Stoyke, S. 3, sowie Abel-Biogramm/Nr. 365/Marie Waga, S. 2.
106 Abel-Biogramm/Nr. 365/Marie Waga, S. 2.
107 Abel-Biogramm/Nr. 363/Erna Stoyke, S. 3. In Erna Stoykes Haltung spiegelt sich einmal mehr der nationalsozialistische Duktus märtyrerhafter Unverdrossenheit.
108 Rösch, S. 472, mit Bezug auf polizeiliche Vernehmungsprotokolle, StA PDM 6788, Vermerk PDM/Vid vom 18. Oktober 1932 sowie Protokolle der Vernehmung von sechs Personen vom 29. Oktober 1932.

Wie bei der Mund-zu-Mund-Propaganda machte sich die NSDAP auch für ihre Finanzierung die sozialen Bindungen ihrer Mitglieder zunutze.

Wie das von Erna Stoyke in Empfang genommene »Schweinchen« zeigt, verschmähten die nationalsozialistischen Sammlerinnen auch Naturalien nicht, die vor allem der Versorgung der SA dienten. Ertragreich und entsprechend durchorganisiert war das Sammeln von Lebensmitteln in ländlichen Gebieten. Erna Stoyke erklärt, wie dabei im Sommer 1934 vorgegangen wurde:

> »Lebensmittel und auch Geld wird gern entgegengenommen. Das Geld nehme ich gleich mit, und die Lebensmittel schreibe ich auf, denn ich kann sie nicht alle tragen, die vielen kleinen und grossen Gaben. Diese werden dann von den Leuten selbst zu einer Sammelstelle gebracht, wo sie dann nur abzuholen sind.«[109]

Vor 1933 wären die Spenden sicher noch abgeholt worden, nun war die Partei bereits in der Position, das Anliefern der Schenkungen einfordern zu können.

Einige Alte Kämpferinnen benennen konkrete Ziele ihrer Sammeltätigkeit und Spendenbereitschaft. In Frankfurt trug Maria Engelhardt zur Anschaffung einer Schreibmaschine und eines Motorrades für die SS bei.[110] In Berlin halfen die Frauen bei der Finanzierung von Joseph Goebbels' Wochenzeitung *Der Angriff*.[111] Mithilfe von Spendengeldern gelang es Goebbels kurze Zeit später sogar, die Zeitung täglich herauszubringen. Dazu leistete Margarethe Schrimpff ihren Beitrag durch weitere Geldsammlungen und wurde für ihre Mühe belohnt: »Ein persönliches Dankschreiben von Dr. Goebbels bestätigt meine erfolgreiche Arbeit in dieser Sache und berühren mich gerade diese Zeilen immer wieder mit Freude und Stolz.«[112] Auf diese Weise verschafften die nationalsozialistischen Frauen dem späteren Propagandaminister ein effektives Sprachrohr und trugen somit gezielt zum Aufstieg des Nationalsozialismus bei.

2.3 »Wir Frauen überzeugten die Mütter …« – Propaganda

> Ein Reisender meldete sich an meiner Türe um mir ein Versicherungsmodenblatt zu empfehlen. Ich gewährte ihm Einlaß in meine Wohnung. Im Gerede, daß ich stets bei jedem Besuch auf die Politik lenkte, erkannte ich in ihm einen Kommunisten.

109 Abel-Biogramm/Nr. 363/Erna Stoyke, S. 5.

110 Vgl. Abel-Biogramm/Nr. 195/Maria Engelhardt, S. 10. Auf dem Motorrad brachte der SS-Führer Engelhardt nachts einmal nach Hause – ein Erlebnis, das sie in einem Nebensatz erwähnt.

111 In ihr eigenes Portemonnaie griff dafür unter anderem die Zeitungshändlerin Hedwig Eggert: »Wir Pgs. hatten Geld gesammelt und so konnten wir unserem Dr. der damals sehr schwach bei Kasse war, seine Zeitung, den Angriff, wieder finanzieren helfen. Der Angriff hatte uns über die Verbotszeit hinweg geholfen.«. Abel-Biogramm/Nr. 459/Hedwig Eggert, S. 9.

112 Abel-Biogramm/Nr. 582/Margarethe Schrimpff, S. 12.

> Er aber erklärte mir, er sei Anarchist. Da wurde es zu meiner heiligen Pflicht, all meine häuslichen Arbeiten liegen zu lassen und hier meinen Dienst für mein Vaterland zu verrichten.
>
> *Helene Radtke*[113]

Als »Dienst am Vaterland« betrachtet Helene Radtke die nationalsozialistische Propaganda, und explizit die Verbreitung des Nationalsozialismus »von Mund zu Mund«.[114] Beseelt von der Vorstellung, sich im Überzeugungskampf um das Vaterland zu befinden, schildert sie ein politisches Gespräch mit einem Handlungsreisen an ihrer Haustür. Damit war sie eine von vielen Alten Kämpferinnen, die sich insbesondere in Ausübung der Parteiwerbung als »weibliche Soldaten«[115] der Hitlerbewegung verstanden. Andere Verfasserinnen, wie etwa Maria Engelhardt, waren eher religiös geprägt und sahen ihre Werbetätigkeit dementsprechend als nationalsozialistische »Mission«.[116] Ob »Soldatin« oder »Missionarin« – die Autorinnen der Abel-Essays nahmen die Vorbereitung und Ausübung mündlicher Propaganda überaus ernst. Nicht zuletzt hoben sich ihre propagandistischen Feld- oder Kreuzzüge als intellektuell anspruchsvolle Aufgabe deutlich von den sonst weitgehend profanen weiblichen Kleinarbeiten ab.

Mit dem Terminus Propaganda ist hier jede Art von Werbung für den Nationalsozialismus gemeint, die von den Alten Kämpferinnen absichtsvoll betrieben wurde. Den Verfasserinnen galt selbst ein Alltagsgespräch als »Propagandaarbeit«, sofern es ihrerseits darauf abzielte, Interesse für Hitlers »Weltanschauung« zu wecken und eine weitere Wählerstimme zu gewinnen. In einer Partei, deren gesamte Aktivität auf den Zuwachs an Wählern und Unterstützern ausgerichtet war, um letztendlich diktatorische Macht zu erringen, stand zwangsläufig auch jedes Handeln der Parteigenossinnen – mittelbar oder unmittelbar – im Zeichen der propagandistischen »Daueragitation«.[117] Auf welche Weise die Alten Kämpferinnen den Wirkungskreis der NS-Propaganda zu vergrößern suchten und damit letztendlich zum Aufstieg der NSDAP beitrugen, geht aus vielen Theodore-Abel-Biogrammen hervor.

Dilemma Frauenwahlrecht

Der demokratische Weg zur Macht führte zwangsläufig über das Votum der deutschen Frauen, denn sie stellten mehr als die Hälfte der wahlberechtigten Bevölkerung im Deutschen Reich. Die Wählerinnen hielten sich jedoch eher an gemäßigte Parteien. Extremistische »Männerparteien« wie die NSDAP lehnten sie überwiegend ab. Obendrein hatte sich Hitler grundsätzlich gegen das

113 Abel-Biogramm/Nr. 207/Helene Radtke, S. 11.

114 Von »unermüdlicher Kleinarbeit von Mund zu Mund« schreibt unter anderem Abel-Biogramm/Nr. 459/Hedwig Eggert, S. 7.

115 Vgl. Abel-Biogramm/Nr. 44/Hilde Boehm-Stoltz, S. 4: »Der unbedingte Gehorsam zum Einsatz reihte auch uns weibliche Mitkämpfer zu einer Art Soldaten ein.«

116 Abel-Biogramm/Nr. 195/Maria Engelhardt, S. 15.

117 Tyrell, S. 8.

Frauenwahlrecht ausgesprochen. Für die Nationalsozialisten ergab sich daraus das Dilemma, für die meisten Frauen besonders unattraktiv, aber dennoch von ihrer Wahlentscheidung abhängig zu sein. Interessant waren für sie speziell die Stimmen der Nichtwählerinnen. Obwohl die Wahlbeteiligung in der Weimarer Republik generell hoch war, blieb die Teilnahme der Frauen hinter der der Männer zurück. Die NSDAP musste die weiblichen Stimmenanteile folglich besonders im Visier haben. Bei der Ansprache und Überzeugung potentieller Wählerinnen kam den Alten Kämpferinnen eine bedeutende Rolle zu, denn sie hatten Zutritt zu einer »weiblichen Lebenswelt«, die den Parteimännern verschlossen war.

Die Ortsgruppe als »Propagandazelle der Bewegung«

Obwohl sie von allen Parteiämtern ausgeschlossen waren, wurde es den weiblichen NSDAP-Mitgliedern dennoch gewährt, an den Aktivitäten ihrer Ortsgruppen teilzunehmen. Über die Bedeutung der Ortsgruppen informierte der *Völkische Beobachter* seine Leser im November 1926: »Die *Ortsgruppe* (O. Gr.), Sie ist die Propagandazelle der Bewegung und die Keimzelle für das Wachsen der Partei.«[118] Ihr oblag es also, den propagandistischen »Kampf« der NSDAP zu führen – vor Ort, in jedem Dorf und jeder Stadt. Und dieser Leitgedanke sollte nicht nur für die Männer gelten: Auch die Parteigenossinnen fühlten sich als Mitglieder der Ortsgruppen für das Wachsen der NSDAP verantwortlich.[119]

Die Propaganda war demnach die wichtigste und wesentliche Tätigkeit der NSDAP-Mitglieder. Sie diente vielen Verfasserinnen als Messlatte ihres Engagements und wird in den Biogrammen häufig als Beweis für die Tiefe ihrer nationalsozialistischen Überzeugung angeführt.

Vermittlungsformen

Der Propagandafeldzug der NSDAP fand auf unterschiedlichen Ebenen und über verschiedene Kommunikationskanäle statt. Der Soziologe Dieter Ohr unterscheidet in seiner Untersuchung zur nationalsozialistischen Propaganda

118 »Aufgaben und Gliederung der NSDAP«, in: *Völkischer Beobachter* Nr. 272 vom 24.11.1926, S. 3; zitiert nach: Tyrell, Dokument 83a, S. 230. Hervorhebung im Original.

119 Zur Propaganda als Hauptaufgabe des Parteigenossen vgl. Tyrell S. 214 f. sowie ebd., Dokument 100a. »Lehrgang zum Nationalsozialistischen Sprecher, (1) Das Anwachsen der Nationalsozialistschen Bewegung […] wird im wesentlichen bestimmt durch Aufklärungsarbeit.«, S. 257 f. Vgl. auch Ernst O. Bräunche, Die NSDAP in Baden 1928-1933. Der Weg zur Macht, in: Thomas Schnabel (Hrsg.), Die Machtergreifung in Südwestdeutschland. Das Ende der Weimarer Republik in Baden und Württemberg 1928-1933, Stuttgart 1982, S. 15-48, hier S. 18.

öffentliche und private Kommunikationswege sowie indirekte und direkte beziehungsweise »face-to-face«-Vermittlung politischer Inhalte.[120]

	Indirekt	*Direkt (face-to-face)*
Öffentlich	Rundfunk, Plakate, Zeitungen	Öffentliche politische Versammlungen
Privat	Briefe	Persönliche Gespräche

Typologie politischer Kommunikationsformen nach Dieter Ohr[121]

Von den 36 Verfasserinnen der Abel-Biogramme unterstützten 30 aktiv die nationalsozialistische Propaganda und hatten damit Anteil am Stimmenzuwachs der NSDAP. Sie beschritten dabei drei unterschiedliche Kommunikationswege.[122] Wenigstens elf nahmen die öffentlich-indirekte Kommunikationsform wahr, etwa beim Verteilen von Flugblättern, dem Verkauf von Zeitungen, beim Verleih ihrer nationalsozialistischen Bücher oder auch beim »Schmiere stehen« während des illegalen Klebens von Wahlplakaten. Öffentlich-direkt beteiligten sich die 36 Verfasserinnen wohl ausnahmslos, indem sie beispielsweise bei Kundgebungen und SA-Aufmärschen Präsenz und Zustimmung zeigten. Die Akteure dieser männlich-martialischen Inszenierungen waren Parteiführer und SA-Männer. Die nationalsozialistischen Frauen wirkten im öffentlichen Raum meist nur unterstützend im Hintergrund.[123]

Ganz anders gestaltete sich für die Nationalsozialistinnen die privat-direkte Kommunikationsform der Propaganda von Mund zu Mund. So schildern 15 Kämpferinnen ausführlich, wie sie innerhalb der privaten Sphäre als Hauptakteurinnen, eigenständig und mit einigem Gestaltungsspielraum, agierten.[124] Die Gespräche, die sie führten, waren auf eine einfühlsame, individuelle und dadurch besonders nachhaltige Überzeugung ausgerichtet. Diese »Propaganda

120 Ebd.

121 Tabelle in Dieter Ohr, Nationalsozialistische Propaganda und Weimarer Wahlen. Empirische Analyse zur Wirkung von NSDAP-Versammlungen, Opladen 1997, S. 68.

122 Nicht erwähnt wird von den Verfasserinnen der Briefwechsel als privat-indirekte Kommunikationsform.

123 Die Nationalsozialistinnen bereiteten beispielsweise ihre »Kämpfer« für Propagandafahrten vor, indem sie deren Ausrüstung pflegten, für kräftige Mahlzeiten sorgten und durch ihren Zuspruch und ihre Erfolgserwartung ein psychisches Korsett schnürten. Ferner übernahmen sie Hilfstätigkeiten, wie etwa den Kartenverkauf für Veranstaltungen.

124 Wenn eine Alte Kämpferin Nachbarn zu sich einlud, mit dem Vorsatz, aus der Plauderei heraus ein Propagandagespräch zu entwickeln, war der private Rahmen die Kulisse der Parteiarbeit, die gute Stube vielmehr ein Arbeitszimmer. Vgl. Abel-Biogramm/Nr. 363/Erna Stoyke, S. 6.

im Kleinen« schien auch nach den Grundsätzen der NS-Frauenschaft »für die Frau angemessen« zu sein.[125]

2.3.1 *Propaganda von Mund zu Mund*

Voraussetzungen und Richtlinien

Niemand eignete sich zur persönlichen Ansprache potenzieller NSDAP-Wählerinnen besser als die weiblichen Mitglieder selbst: Bereits durch ihre eigene Person zeigten sie beispielhaft, dass Weiblichkeit und Nationalsozialismus vereinbar waren. Ihre Bedeutung für die Verbreitung des Nationalsozialismus ist nicht zu unterschätzen, denn das persönliche, vertraulich geführte Gespräch war ein psychologisch hochwirksames Werbemittel. Schon 1922 erkannte und nutzte die Parteispitze dieses Potenzial und gab detaillierte Anweisungen dafür heraus.[126] Diese richteten sich zwar an Männer, wurden aber von den Alten Kämpferinnen in gleicher Weise umgesetzt, denn erst die NS-Frauenschaft veröffentlichte 1931 einen Leitfaden für die weibliche Propaganda.

In der »Anweisung zur Ortsgruppengründung« vom 24. Februar 1922 erläuterte die Münchner Parteileitung, wie das Parteimitglied bei der persönlichen Werbung immer größere Bahnen um den eigenen Lebensmittelpunkt zu ziehen habe. Nach dem Kreis der Verwandten und Bekannten waren die Stammtischbrüder im Wirtshaus als Zielgruppe vorgesehen, anschließend Arbeitskollegen und letzten Endes alle zufälligen Kontakte, wie etwa Mitreisende in der Eisenbahn.[127] Einen Leitfaden für die Gesprächsanbahnung lieferte die Richtlinie gleich mit: Im privaten Rahmen sollte im »Verlaufe des täglichen Gesprächs« die Partei und ihr Programm erwähnt werden, verbunden mit dem »Lesenlassen« nationalsozialistischer, insbesondere antisemitischer Schriften. Im öffentlichen Leben, im »Geschäft und an der Arbeitsstelle«, durfte es schon deutlicher werden, »durch ununterbrochene Kritik an den heutigen Zuständen«. Auch die »Judenfrage« sei permanent zu thematisieren. Wichtig war dabei ein genaues Zuhören und Beobachten des Gegenübers, um jede »auch die kleinste gefühlsmäßige Abneigung [...] sofort rücksichtslos auszunützen.«[128] Die mündliche Überzeugungspropaganda war nicht nur wirkungsvoll, sondern auch

125 Klinksiek, S. 117, mit Verweis auf Grundsätze und organisatorische Richtlinien der Nationalsozialistischen Frauenschaft, o. J., S. 2, BArch, NS 26/254.

126 Anweisung der NSDAP zur Ortsgruppengründung aus dem Jahre 1922 zur »Propaganda des Vertrauensmanns«. Vgl. Anweisung zur Ortsgruppengründung vom 24. Februar 1922; Bayerisches Hauptstaatsarchiv Abteilung I, Sonderausgabe 1509, zitiert nach Tyrell, Dokument 11 – Anweisung zur Ortsgruppengründung, S. 40-42.

127 Ebd.

128 Ebd. Gefordert wurde hier explizit die Überschreitung gesellschaftlicher Konventionen und die Verletzung moralischer Grenzen »durch ätzende, unbarmherzige, grausame Kritik«.

kostenlos, ein Faktor, der angesichts der chronischen Finanznot der NSDAP nicht unerheblich war.

Die NS-Frauenschaft legte 1931 in ihren Grundsätzen eine spezielle propagandistische Schulung ihrer Mitglieder und den Ablauf weiblicher »Propaganda im Kleinen« fest. Die nationalsozialistische Ideologie sollte dabei nicht abstrakt vorgetragen, sondern »der Mentalität der Frau entsprechend«[129] an der Person Hitlers festgemacht, also aus seinem Lebenslauf entwickelt und als seine »Idee« dargestellt werden:

> »Die Frau vertraut da unbedingt, wo sie die Idee am reinsten in der Persönlichkeit vertreten sieht. Deshalb wird ein Betrachten des organischen Wachstums der Idee in der Persönlichkeit des Führers zur Festigung der Anhängerschaft führen. Die Darstellung von Weg und Ziel hat möglichst klar und packend zu geschehen. Schwierigkeiten und Blutopfer müssen als selbstverständlich und unbedingt nötig dargestellt werden.«[130]

Die Wirkung der NSF-Richtlinie ist an den Zuschriften des Abel-Wettbewerbs ablesbar. Etliche Verfasserinnen wurden über die konstruierte Figur »Hitler« – als eine Personifizierung der nationalsozialistischen Ideologie – für die NSDAP geworben und nutzten diesen »organischen«, emotionalen Zugang anschließend selbst in ihren Werbegesprächen. Mit einer enormen Leistungsbereitschaft stürzten sich viele Verfasserinnen in diese Überzeugungsschlacht, denn hier fand ein »Kampf ums Vaterland« statt, von dem sie dieses eine Mal nicht ausgeschlossen waren! Im Gegenteil, ihre als spezifisch weiblich betrachteten Fähigkeiten und Ressourcen bildeten die wichtigste Voraussetzung für den Erfolg: kommunikative und soziale Kompetenz. Zudem blieben sie in einer quasi privaten Sphäre und befanden sich damit auf sicherem Terrain, was ihnen zusätzliches Selbstvertrauen gab.

Ihrer Bedeutung als Propagandistinnen waren sich manche Alte Kämpferinnen durchaus bewusst. So schreibt Hertha von Reuss, eine Aktivistin der ersten Stunde: »Frühjahr 24 konnte ich durch Haus bei Haus gehen, viel helfen, dass die NSDAP so zahlreich in die Wahl trat.«[131]

Die Biogramme der Theodore-Abel-Sammlung zeigen, wie sich die Alten Kämpferinnen über die Ziele der NSDAP informierten, sich auf ihre Überzeugungsarbeit vorbereiteten und beschreiben sehr detailliert, wie diese im Einzelnen ablief. Ihre Lebenswelt bot eine Vielzahl an Möglichkeiten, ihre Mitmenschen in Propagandagespräche zu verwickeln. Doch Propaganda wirkt konditional, das bedeutet, sie hat nur dann Erfolg, wenn bestimmte Voraussetzungen gegeben sind, wie in diesem Fall eine nationalistische, antikommunis-

129 Klinksiek, S. 117, mit Verweis auf Grundsätze der NSF, S. 2.

130 Ebd.

131 Abel-Biogramm/Nr. 36/Hetha von Reuss, S. 2. Die aus der Mund-zu-Mund-Propaganda gelegentlich resultierende Werbung weiblicher Parteimitglieder war dagegen eine Nebenerscheinung.

tische und antidemokratische Grundeinstellung des Gegenübers.[132] Dies mussten auch die Verfasserinnen der Abel-Biogramme feststellen und lernen. In ihren Essays nennen sie meist ihre Zielgruppen und berichten über das Echo, das sie dort auf ihre Ansprache bekamen.

Einarbeitung in die nationalsozialistische Ideologie

Die Propagandatätigkeit setzte voraus, dass sich die »Kämpferinnen« eingehend mit der NS-Ideologie auseinandergesetzt hatten und auch schlagkräftige Gegenargumente parieren konnten. Käthe Eiden erläutert:

> »Von allen Seiten wurden die Anhänger [der NSDAP, K. K.] als die wir nun erkannt waren angegriffen. [...] Um mich verteidigen zu können, setzte ich mich mit den Einstellungen der Parteien der Machthaber einmal näher auseinander.«[133]

Die Einarbeitung verlief informell und weitgehend autodidaktisch. Eine regelrechte Ausbildung oder Einweisung beschreiben die Autobiographinnen nicht.[134] Stattdessen verkaufte die NSDAP ihren Mitgliedern neben den erwähnten Richtlinien verschiedene Informations-Broschüren, anhand derer sie sich individuell einlesen konnten. Gelegentlich kam es auch vor, dass Nationalsozialistinnen diese Schriften untereinander besprachen. Besonders Engagierte schulten sich überdies anhand nationalsozialistischer Standardwerke oder trafen sich zum gegenseitigen Vorlesen.[135] Verschiedene Einzelaspekte des Nationalsozialismus wurden durch die Referenten der Parteiversammlungen erläutert und durch »Aussprachen« vertieft. Über das Tagesgeschehen und dessen Interpretation informierten sich die Parteigenossinnen aus der nationalsozialistischen Presse.[136] Helene Radtke beschreibt, wie sie sich auf ihre »Aufklärungsarbeit«[137] vorbereitete:

132 Ohr, S. 17.
133 Abel-Biogramm/Nr. 244/Käthe Eiden, S. 4.
134 In diesem Punkt waren andere Organisationen, wie etwa Guida Diehls reichsweit agierender Neulandbund, der NSDAP weit voraus. Bei den regelmäßigen lokalen Treffen der Studien- und Neulandkreise »wird großer Wert auf die Entwicklung rednerischer Kompetenzen gelegt, denn die Neulandanhängerinnen müssen [...] in der Lage sein, das Neuland-Programm nach außen hin argumentativ zu vertreten und zu werben«, wie Silvia Lange berichtet. Lange, S. 36. Die Mitglieder übernahmen zur Übung reihum die Leitung des Treffens und referierten ein Thema, das anschließend von allen diskutiert wurde. Ebd. Die ideologische, sprich propagandistische Schulung war das Hauptanliegen des ab 1929 nationalsozialistisch orientierten Neulandbundes.
135 Vgl. Koonz, S. 90.
136 Belege dafür siehe unten. Die Titel der meist »Schriften« genannten Broschüren erwähnen die Verfasserinnen nicht.
137 »Aufklärung« bzw. »Aufklärungsarbeit« als Synonym für Propaganda war eine gängige Vokabel der »NS-Kampfzeit« und wird von mehreren Verfasserinnen in diesem Sinne verwandt. Vgl. u. a. Abel-Biogramm/Nr. 187/Lisi Paupié, S. 17, Abel-Biogramm/Nr. 207/Helene Radtke, S. 6, Abel-Biogramm/Nr. 244/Käthe Eiden, S. 9.

> »Von 1927 an besuchte ich dann so oft es mir die Gelegenheit bot die Versammlungen der Bewegung. Kaufte mir Zeitungen und Schriften um mich in der Sache auszubilden, um auch andere Volksgenossen aufklären zu können.«[138]

Auch die nationalsozialistische Studentin Ruth Grathwohl bereitete sich im Selbststudium vor:

> »Nun drang ich durch Schriften, Bücher, Sprechabende und Versammlungen, so schnell es ging, in das Wesen des NS ein und dann konnte das Werben von Mund zu Mund […] beginnen.«[139]

Selbst die jüngsten Nationalsozialistinnen erkannten den hohen Stellenwert der Propaganda für die Partei und versuchten, sich in Hitlers »Weltanschauung« zu schulen. Marlene Heder und ihre jüngere Schwester informierten sich schon mit etwa fünfzehn und sechzehn Jahren durch die Teilnahme an Veranstaltungen der NSDAP. Daneben besuchten sie auch Zusammenkünfte anderer Gruppierungen, um deren Argumentation kennen und widerlegen zu lernen:

> »Von da ab fing unsere Propagandatätigkeit innerhalb der Bewegung an, wir […] hörten uns jede Rede für und manche gegen die Bewegung an, lernten immer mehr dazu und trugen das Gehörte weiter.«[140]

Versammlungen und Vorträge nutzte Lisi Paupié als Einführung in den Nationalsozialismus, indem sie sich Notizen machte: »Im Saalbau Darmstadt hörte ich 1926 zum ersten Mal einen Kämpfer für den Nat. Soz. sprechen. Ich ging mit Feder und Papier bewaffnet hin.«[141]

An einer besonderen ideologischen Ausbildung nahm die Berliner Krankenschwester Erika Ullmann teil. Sie erwähnt in ihrer Zuschrift zu Abels Schreibwettbewerb den Besuch der »Schule für Politik«. Dabei handelte es sich um eine Vortragsreihe, mit der Joseph Goebbels, der damalige NSDAP-Gauleiter in Berlin-Brandenburg, das gegen ihn verhängte öffentliche Redeverbot zu umgehen suchte.[142] Das Eröffnungsreferat hielt er selbst am 5. Oktober 1927 zum Thema »Was ist Politik?«. In vierzehntägigem Rhythmus folgten weitere Vorträge.[143] Erika Ullmann erläutert:

138 Abel-Biogramm/Nr. 207/Helene Radtke, S. 6.

139 Abel-Biogramm/Nr. 145/Ruth Grathwohl, S. 2.

140 Abel-Biogramm/Nr. 41/Marlene Heder, S. 2f.

141 Abel-Biogramm/Nr. 187/Lisi Paupié, S. 5.

142 Das Redeverbot von Mai 1927 bis April 1928 umging Goebbels außerdem mit der im Juli 1927 erstmals erschienenen Wochenzeitung für den NSDAP-Gau Berlin-Brandenburg, *Der Angriff*.

143 Vgl. Fröhlich, Tagebücher, Einträge vom 5., 17. und 30. Oktober 1927, S. 275-286. In seinem Tagebuch vermerkt Goebbels bei seinem Eröffnungsvortrag 300 Teilnehmer. Weitere Referate behandelten die Themen »Grundlagen des Staates« oder »Wesen und Ziele deutscher Außenpolitik«. Als Gastreferenten sprachen Parteigrößen wie

»Herrlich war die Schule für Politik, die ich regelmäßig besuchte u. die der Dr. in seiner Redeverbotszeit, die er ja häufig hatte, gründete. Alle Gebiete der Politik u. des öffentl. Lebens wurden behandelt [...] erste Redner: Goebbels, Göring, Frick, Epp, Willikens usw.«[144]

Wenige Zeilen später berichtet sie von ihrem ersten Erfolg, Arbeitskolleginnen für den Nationalsozialismus geworben zu haben. Goebbels' Vortragszirkel wird jedoch in keinem anderen Essay erwähnt – es kann sich bei dem Besuch um eine Ausnahme gehandelt haben, die mit Erika Ullmanns persönlichem Kontakt zu Goebbels zusammenhing.[145]

Minderjährige Nationalsozialistinnen, die noch nicht an Versammlungen teilnehmen durften, mussten sich dagegen mit Informationen aus zweiter Hand begnügen. Die Schülerin Lissy Schneider gibt an, sich bereits mit vierzehn Jahren für Hitler und seine Ideologie interessiert zu haben. Eingehend befragte sie ihren Onkel, einen SA-Mann, bei dem sie die Ferien verbrachte:

»Jeden Abend, bevor ich schlafen ging, mußte er mir etwas von Adolf Hitler und seinem Kampf erzählen. [...] Ihn hatte ich in mein kleines Herz geschlossen und mir vorgenommen, nicht eher zu ruhen, bis ich den Sinn seiner Idee und seines Kampfes endgültig verstehen würde.«[146]

Dabei war auch ihr erklärtes Ziel, den Nationalsozialismus weiterzutragen – auf dem Schulhof.

Inspiration und Inhalte ihrer Propagandatätigkeit schöpften die Autorinnen oft aus ihrem Erstgespräch mit einem NSDAP-Mitglied. Vorbilder waren jene, an deren Lippen sie selbst gehangen hatten, als »ob mir meine Großmutter Ge-

Reventlow und Frick. Die Vorankündigungen erfolgten in der Parteizeitung *Der Angriff*. Auch nach der Redeverbotszeit wurde die Reihe fortgesetzt. Vgl. Ralf Georg Reuth, Goebbels, München 1990, S. 131.

144 Abel-Biogramm/Nr. 532/Erika Ullman, S. 5.

145 Die Pfarrerskinder Erika und Alexander Ullmann gehörten in den späten 1920er Jahren zu einem näheren Kreis um Joseph Goebbels. So wurde Erika 1928 beispielsweise zu einer abendlichen Spritztour mit dem Gauleiter eingeladen. An der Autofahrt nahmen zwei weitere junge Damen, Ilse Bettge und Ingeborg Weißermel, teil. Eine weitere Person bezeichnete Goebbels in seinem Tagebuch als »Rittmeister«. Vgl. Fröhlich, Tagebücher, Eintrag vom 23. Mai 1928, S. 374. Der Bruder Erika Ullmanns und ein Kommilitone begleiteten Goebbels auf einer Reise nach Leipzig im Sommer 1927. Auf der Rückfahrt machten sie bei der Pfarrersfamilie in Brandenburg Halt. In seinem Tagebuch notiert Goebbels: »Ab nach Leipzig. Eine herrliche Fahrt. Studentkowski und sein Freund [...] sind liebe Begleiter. [...] Einkehr in einem kleinen Kaff bei Ullmanns Eltern. Vater Pastor. Welch ein Friede. Die Leute kennen mich alle schon. Bin gleich zu Hause!«. Vgl. Fröhlich, Tagebücher, Eintrag vom 26. Juni 1927, S. 237 f.

146 Abel-Biogramm/Nr. 107/Lissy Schneider, S. 2. Ebd. auch Beleg für ihre Propagandatätigkeit auf dem Schulhof. Lissy Schneider schafft sich in ihrer Selbstdarstellung mehr als andere Verfasserinnen einen biographischen Entwicklungsmythos, was hinsichtlich der Glaubwürdigkeit ihres Essays zu berücksichtigen ist.

schichten erzählte«.[147] Anschließend vertieften sie Inhalte und Argumentation meist durch die Parteipresse und -literatur. Die grundlegenden und von vielen Verfasserinnen wohl tatsächlich gelesenen Publikationen waren das Parteiprogramm der NSDAP und Hitlers programmatische Schrift *Mein Kampf*. Beliebt war offenbar die gemeinsame abendliche Lektüre. Maria Engelhardt schildert eine häusliche Szene mit ihrer Mutter und ihrer Schwester:

> »Inzwischen war das Programm der NSDAP und Hitlers Buch ›Mein Kampf‹, in der Festungshaft geschrieben, herausgekommen. Das Buch wurde uns zur Bibel! [...] Und das, was unser Führer in seinem Buche geschrieben hatte, es musste Wahrheit werden. Das alles, seine Idee, fand in unserem Innern einen solchen Anklang, ja wie oft, wenn wir gemeinsam einzelne Stellen daraus lasen, sahen wir uns an, Ja das ist es ja gerade, was wir suchen, er verleiht in seinem Buche ja all dem Ausdruck, was wir innerlich empfinden und nicht in Worte kleiden konnten!«[148]

Auch Hedwig Eggert lag daran, Hitlers Ansichten und Ziele aus erster Hand zu erfahren und zu verbreiten:

> »Mein Schwager, Adolf Petersson, [...] kaufte Hitlers ›Mein Kampf‹, den er uns dann abends vorlas. [...] Als dann Hitlers ›Mein Kampf‹ in Volksausgabe für 7.- Mk. erschien, kaufte ich es, um es anderen Volksgenossen zu leihen, damit auch sie von dem Wollen unseres Hitler unterrichtet sein sollten.«[149]

Das Abonnement einer Parteizeitung gehörte für einige Verfasserinnen ebenfalls zur nationalsozialistischen Pflicht. Bereits 1923 hielt sich die Krankenschwester Erika Ullmann mithilfe des *Völkischen Beobachters* auf dem Laufenden. Gertrud Michael und H. Huhn waren Leserinnen der von Goebbels herausgegebenen Zeitung *Der Angriff*. Die öffentliche Lektüre, wie Gertrud Michael sie praktizierte, erregte offenbar einiges Aufsehen, da die NSDAP noch nicht gesellschaftsfähig war und weibliches Interesse daran als ungewöhnlich empfunden wurde.[150] Manche »Kämpferin« provozierte auf diese Weise gezielt ihre Propagandagespräche.

Propagandagespräche – Adaption der nationalsozialistischen Ideologie

Die werbende Nationalsozialistin sollte jedoch nicht nur kompetent, sondern auch sympathisch und vertrauenerweckend wirken und die Glaubwürdigkeit der NSDAP durch ihre Persönlichkeit unterstreichen. Dadurch eröffnete sich den nationalsozialistischen Frauen ein Gestaltungsspielraum, der der Propagandaarbeit besondere Attraktivität verlieh. Nach eigenem Ermessen, manchmal sogar

147 Abel-Biogramm/Nr. 207/Helene Radtke, S. 6.
148 Abel-Biogramm/Nr. 195/Maria Engelhardt, S. 9.
149 Abel-Biogramm/Nr. 459/Hedwig Eggert, S. 5 f.
150 Vgl. Abel-Biogramm/Nr. 574/Gertrud Michael, S. 1 ff.

nach einem ausgeklügelten System, suchten sie ihre Zielpersonen, entwickelten eine Taktik für die Gesprächsführung, wählten die von ihnen bevorzugten Themen und erläuterten diese nach eigenem Verständnis. Situationsgerecht passte die Werberin den facettenreichen Nationalsozialismus den unterschiedlichsten Menschen und ihrem Lebensumfeld an. Sie nahm deren Stimmung auf und traf idealerweise immer den richtigen Ton, um ihnen die NS-Ideologie nahe und schließlich, mit den Worten Hitlers, »zum Herzen« zu bringen.[151]

Anders als eine öffentliche Wahlrede, die in unverbindlicher Anonymität gehört wurde, drang die Propaganda von Mund zu Mund tief in die persönliche Lebenswelt der Zuhörerin ein: Die werbende Nationalsozialistin war zumeist eine Bekannte, der man, auch im übertragenen Sinne, die Tür nicht verschloss. Während eines solchen »Hausbesuchs« vermochte sich die unfreiwillige Gastgeberin der werbenden Person, sowie deren Fragen und Erläuterungen, weit weniger zu entziehen als im öffentlichen Raum. Auch am Arbeitsplatz konnte man einer Nationalsozialistin schwer aus dem Wege gehen. Zudem standen die Umworbenen unter einem gewissen sozialen Druck, mochten sie es sich nicht mit der Nationalsozialistin und ihren Angehörigen verscherzen, auf die man im gesellschaftlichen Gefüge vielleicht einmal angewiesen war.[152]

Verbrämt durch die Bezeichnungen »Besuch«[153] und »Erzählen«,[154] was gemeinhin mit einer vertraulichen, angenehmen Atmosphäre assoziiert wird, wurde der nur scheinbar apolitische Charakter des Gesprächs noch betont – die Unterhaltung schien keine Propaganda zu sein. Die Parteigenossin, und mit ihr die nationalsozialistische Ideologie, trat somit direkt in den Alltag oder gar in die private Umgebung der Zuhörerinnen ein. Ob am Kaffeetisch bei Verwandten, in der Frühstückspause mit den Kolleginnen, beim geselligen Plaudern unter Nachbarinnen, im vertraulichen Gespräch »von Frau zu Frau« konnten, da man sich kannte, individuelle Lebensverhältnisse thematisiert und an politische Einstellungen oder Zukunftssorgen angeknüpft werden. Durch die Werberin wurde der Nationalsozialismus in die jeweilige vertraute, gemeinsame Sprache übersetzt, mit allen regionalen, schicht- und generationsspezifischen Nuancen, meist sogar mit dem Anklang eines gemeinsamen Erfahrungshintergrundes. Der eigenen Wesensart und der des Gegenübers entsprechend nahm die National-

151 »Gerade darin liegt die Kunst der Propaganda, daß sie, die gefühlsmäßige Vorstellung der breiten Masse begreifend, in psychologisch richtiger Form den Weg zur Aufmerksamkeit und weiter zum Herzen der breiten Masse findet.« Adolf Hitler, Mein Kampf, S. 198, zitiert nach Wendt, S. 29.

152 Beispielsweise hatten einige Verfasserinnen Ehemänner in relativ einflussreichen Positionen: Helene Radtkes Ehemann war Polizist, Meta Gruse war die Gattin eines Fabrikbesitzers, die Söhne Susi Josts gehörten der schlagkräftigen SA an.

153 Vgl. Abel-Biogramm/Nr. 207/Helene Radtke, S. 8f. »Ich besuchte dort noch Bekannte von denen ich wußte, daß sie unserer Bewegung noch fern standen.«

154 Abel-Biogramm/Nr. 363/Erna Stoyke, S. 6. »Wir unterhielten uns dann über Politik. Gewöhnlich musste ich Ihnen dann von den letzten Nachrichten erzählen.«

sozialistin die passende Haltung ein – hier fröhlich und mitreißend, dort ernst und seelenvoll.

Die Alte Kämpferin erreichte einen sehr persönlichen Einstieg in eine nationalsozialistische Indoktrination – und der Nationalsozialismus erreichte durch die weibliche Einzelpropaganda tiefere Persönlichkeitsschichten.[155] So überzeugte beispielsweise Lissy Schneider gleichaltrige Mädchen auf dem Pausenhof mit der unnachahmlichen Sprache und Argumentation eines Teenagers.

> »Als ich dann wieder in die Schule kam, begann auch für mich der Kampf für die Bewegung. Allerdings nicht mit so großen Opfern und so großer Gefahr, wie es die S.A. und S.S. getan hat. Aber ich war stolz darauf, daß ich mit meinen 14 Jahren schon mithelfen konnte. Eifrig versuchte ich, meinen Mitschülerinnen etwas über die nat. soz. Bewegung zu erzählen und sie, so gut ich konnte, darüber aufzuklären.«[156]

Ein interessanter Nebenaspekt war für die Mädchen die Verlockung jugendlicher Heimlichkeit, wie »von Zuhause ausrücken« oder sich »nicht verplappern«, um sich Zugang zu der noch verschlossenen Welt der Erwachsenen – in diesem Fall zu nationalsozialistischen Versammlungen – zu erschleichen.[157] In der Strategie der NS-Propaganda fungierte die Persönlichkeit der Werberin als kalkuliertes Adaptionsmoment – so auch der Habitus eines Backfisches wie Lissy Schneider. Nur vordergründig war das Verhalten der Schülerin harmlos, ja geradezu naiv. Durch Provokationen mit nationalsozialistischem Anstrich, wie etwa einem »Heil Hitler!« unter einem Schulaufsatz, spaltete sie schließlich ihre Mädchenklasse in verfeindete politische Lager. Dies bot Lissy Schneider die Gelegenheit, ihre Freundinnen gegen jüdische Mitschülerinnen einzuschwören.[158]

In den Richtlinien für die Propaganda wurde das Parteimitglied angewiesen, erst in der Familie, dann in allmählich größer werdenden sozialen Kreisen zu werben. Dabei wurde mehrfach darauf hingewiesen, die Propaganda aus dem Kontext eines »täglichen Gesprächs« zu entwickeln oder durch »ununterbrochene Kritik der heutigen Zustände« zu provozieren.[159] Die genaue Umsetzung dieser Richtlinien spiegelt sich in zahlreichen Essays der Theodore-Abel-Sammlung. In ihrer Freizeit gingen viele Nationalsozialistinnen »von Haus zu Haus«.

155 Ob allzu ausufernde Aufklärungsarbeit auf Gegenliebe stieß, ist jedoch fraglich. So schildert Helene Radtke einen Propagandabesuch bei einer Familie im Nachbarort: »Mir machte es großen Spaß so einen politischen Vortrag von ungefähr 3. Stunden führen zu dürfen. Es war so interessant zu hören, was man über uns bösen Nazis so dachte. Die Zeit ging so schnell vorüber, daß ich beinahe meinen letzten Zug versäumt hätte.« Abel-Biogramm/Nr. 207/Helene Radtke, S. 9.

156 Abel-Biogramm/Nr. 107/Lissy Schneider, S. 2.

157 Ebd.

158 Ebd.

159 Anweisung zur Ortsgruppengründung vom 24. Februar 1922, Bayerisches Hauptstaatsarchiv Abteilung I, Sonderausgabe 1509, zitiert nach Tyrell, Dokument 11 – Anweisung zur Ortsgruppengründung, S. 40-42.

Einige besuchten gezielt befreundete Frauen und Familien oder luden diese zu sich ein. Dort saßen sie mit ihnen in kleiner Runde in der Küche oder Stube, um »von Hitler zu sprechen«.[160] Den Ablauf und Erfolg dieser Propagandagespräche beschreibt die junge Erna Stoyke:

> »Wenn ich irgend Zeit hatte, lud ich mir die Nachbarn ein oder ging zu ihnen hin. Wir unterhielten uns dann über Politik. Gewöhnlich musste ich Ihnen dann von den letzten Nachrichten erzählen. Es war manchmal sehr schwer, den Leuten unsere Arbeit, unser Schaffen klar zu machen. Und doch freute ich mich, wenn ich sah, wie sie zuhörten und dann nach und nach anfingen, mich dieses oder jenes zu fragen. Wenn auch zaghaft und langsam, aber sie trugen doch Früchte, diese Auseinandersetzungen. Gross war dann die Freude, wenn unser kleines Örtchen durch Wahl nachweislich an Nationalsozialisten gewonnen hatte. Wenn auch nicht in der Partei, so doch an der Wahlurne.«[161]

Besondere Bedeutung hatte die weibliche Propaganda, als die NSDAP zeitweise verboten war, wie Hedwig Eggert bestätigt:

> »Es gab aber auch schlimme Zeiten für die Bewegung. Z. B. die Verbotszeit hier in Berlin. […] Aber konnten wir nun nicht öffentlich für unsere Sache arbeiten, so taten wir es um so eifriger von Mund zu Mund.«[162]

Möglichkeiten für die Propaganda von Mund zu Mund ergaben sich für die Alten Kämpferinnen allerorten. So betrieb Helene Radtke, die meist ans Haus gebunden war, nationalsozialistische Propaganda in Heimarbeit:

> »Kein Lieferant, Hausierer, Bettler oder wer sonst an meine Türe kam, blieb von der Politik meinerseits verschont. Manchmal kochte mir die Milch über, aber das schadete alles nichts, denn es mußte gearbeitet werden.«[163]

Auf diese Weise fand das propagandistische, politische Engagement im intimen Kreis in einer privaten Umgebung statt, in einer Sphäre also, die nach konservativer und nationalsozialistischer Vorstellung dem weiblichen Geschlecht entsprach. Das traditionelle Bild der unpolitischen Frau wurde durch diese Form politischer Tätigkeit allem Anschein nach gewahrt. Bezeichnend erscheint jedoch die Gegenüberstellung von Hausarbeit und Parteiarbeit in Helene Radtkes

160 Diese Redewendung findet sich unter anderem im Abel-Biogramm/Nr. 177/Anna Nieke, S. 10. Nieke ist durch eine Bekannte selbst auf diese Art für den Nationalsozialismus gewonnen worden. Sie beschreibt die Anwerbung mit den Worten: »Frau Herford besuchte uns in Plötzensee, sie sprach viel von Hitler, ich fragte sie, ob ich nicht auch eintreten könnte. Ich durfte mit ihr mal nach dem Sportpalast, ich war glücklich.« Abel-Biogramm/Nr. 177/Anna Nieke, S. 10.

161 Abel-Biogramm/Nr. 363/Erna Stoyke, S. 5.

162 Abel-Biogramm/Nr. 459/Hedwig Eggert, S. 8. Das Parteiverbot galt dort vom Mai 1927-April 1928.

163 Abel-Biogramm/Nr. 207/Helene Radtke, S. 6.

Küchenszene und ihre eindeutige Wertung durch das Sinnbild der überkochenden Milch: Die politische Arbeit war es, die die Nationalsozialistin überhaupt als »Arbeit« bezeichnete und die sie, nach eigener Darstellung, vorrangig erledigte.[164]

Helene Radtke entwickelte ein eigenes Werbekonzept, das speziell auf Frauen abzielte. Hier gab es ähnliche Lebenssituationen und damit eine Fülle von Anknüpfungspunkten. Man wusste um die Sorgen, Ängste und Sehnsüchte der anderen und konnte hier die Propagandawerkzeuge ansetzen, wie etwa das gemeinsame Klagen, das alsbald ins Politische übergeleitet wurde, um endlich »Hitlers Idee« ins Gespräch zu bringen.[165] Von Interesse war jedoch nicht allein das Votum oder der Parteibeitritt der angesprochenen Frau, sondern auch deren Funktion als Multiplikatorin, wie Helene Radtke erklärt:

> »[…] ich hatte mir schon so viele Erfahrungen gesammelt, daß wenn die Frau zu unserer Sache bekehrt war, der Mann mir nach einiger Zeit auch sicher war.«[166]

Ein Beispiel für den Erfolg dieser Strategie war Helene Radtkes eigener Ehemann. Als seine impulsive Gattin den Nationalsozialismus für sich entdeckte, wurde er noch am gleichen Tag von ihr ins Gebet und anschließend in die Pflicht genommen: »Ich erklärte nun alle diese Vorgänge meinem Mann, der mir auch gleich in Allem zustimmte, und mir versprach das Gleiche für Führer und Vaterland zu tun.«[167] Meta Gruse verfolgte ebenfalls die Taktik, gezielt Ehefrauen und Mütter anzusprechen: »Wir Frauen trieben Mundpropaganda, überzeugten die Mütter, diese wieder ihre Familien und so ging es weiter.«[168]

Die NSDAP bediente sich folglich nicht nur der gängigen Mittel der politischen Meinungsbildung »von oben«, etwa durch Publikationen, Reden und andere Werbeveranstaltungen. Sie betrieb, anders als alle anderen Parteien, durch die Propaganda von Mund zu Mund eine organisierte Unterwanderung der Gesellschaft mit nationalsozialistischem Gedankengut.[169] So bereiteten gerade die weiblichen Parteimitglieder, mit ihrer Affinität zu Privatheit und Familie, den Boden für den Nationalsozialismus.

164 Dass sie ihren häuslichen Aufgaben nicht gerecht wurde, »schadete alles nichts«, sondern trat zurück hinter den »Dienst am Vaterland«. Formal lebte Radtke als dreifache Mutter noch das NS-Frauenideal. Inhaltlich jedoch nahm sie, wie alle anderen Alten Kämpferinnen auch, längst die modernen Rechte und Freiheiten der Frau in Anspruch, wie das auf politische Partizipation.

165 Siehe oben: Tyrell, Dokument 11 – Anweisung zur Ortsgruppengründung, S. 40-42.

166 Abel-Biogramm/Nr. 207/Helene Radtke, S. 9.

167 Ebd., S. 6.

168 Abel-Biogramm/Nr. 357/Meta Gruse, S. 5.

169 Bräunche, S. 18. Die Verpflichtung zur Mund-zu-Mund-Propaganda findet sich ebenfalls in der Anweisung der NSDAP zur Ortsgruppengründung aus dem Jahre 1922, zitiert nach: Tyrell, Dokument 11, S. 40 f.

Erfolge und Misserfolge

»Die Propaganda war insbesondere dort wirkungsvoll, wo sie sich auf bestehende Werte und Einstellungen stützte, anstatt ihnen entgegenzuarbeiten«,[170] erläutert der britische Zeithistoriker Ian Kershaw Erfolg und Misserfolg von Propaganda. Diesen Effekt hatten fast alle Verfasserinnen bereits an sich selbst erlebt und beschreiben ihn als einprägsamen Moment der Erkenntnis. Der Werber schien ihnen »aus der Seele« zu sprechen und in Worte zu fassen, was sie glaubten, »immer schon gedacht« zu haben.[171]

Entsprechend wählten die Alten Kämpferinnen solche Adressaten für ihre Parteiwerbung, von denen sie annahmen, dass sie aufgrund ihrer Erfahrungen und Überzeugungen für den Nationalsozialismus empfänglich seien. Eine Zielgruppe weiblicher Propaganda stellten all jene, die sich um ihr Lebensglück betrogen sahen, sei es durch den Weltkrieg und seine Nachwirkungen, durch wirtschaftliche Not oder aus ganz persönlichen Gründen. Im Kampf um deren Wählerstimmen stand einmal mehr Helene Radtke in vorderster Front. Bewusst suchte sie Orte auf, an denen sie solche Frauen und Männer treffen würde, und nahm zum Teil deren Verhalten an, um abermals durch Gemeinsamkeiten Vertrauen zu schaffen.

> »Wo ich nur konnte, setzte ich meine Propaganda ein. Selbst in dem Herrengarten habe ich manche schöne Arbeit zu verzeichnen. Oft sass ich auf einer Bank am Prinzeßchendenkmal zwischen Sozial und Kleinrentnern. Diese Leute warteten schon immer, auf meine Zeitungen und Programme die ich ihnen brachte.«[172]

Menschen, die nach einem Fürsprecher in der Politik und nach politischer Orientierung suchten, wurden ebenfalls gezielt angesprochen: »Wir gingen in kommunistische Versammlungen, um uns dort die Sucher, auch hier gab es solche, herauszuholen.«[173] Eine Phase politischer Suche hatten die Verfasserinnen vormals selbst erlebt und konnten ihre Erfahrung in der Gesprächsführung nutzen.

Generell waren Gemeinsamkeiten oft die Basis erfolgreicher Propagandagespräche. So wandte sich beispielsweise Meta Gruse, Ehefrau und Mutter eines Sohnes, bewusst an andere Mütter. Ähnlich zielführend warben Marlene und

170 Kershaw, S. 17.

171 Vgl. Abel-Biogramm/Nr. 212/Maria von Belli, S. 13.

172 Abel-Biogramm/Nr. 207/Helene Radtke, S. 8.

173 Abel-Biogramm/Nr. 195/Maria Engelhardt, S. 11. Maria Engelhardt kannte politische Orientierungslosigkeit aus eigener Erfahrung. Sie erinnert sich an ihre eigene Begegnung mit dem Nationalsozialismus nach einer Zeit der Entscheidungsfindung: »Hier fanden wir, die wir seit den Novembertagen 1918 uns nach einem wahren Deutschland gesehnt hatten, alles, was wir innerlich suchten, wir waren ja wirkliche Sucher geworden.« Abel-Biogramm/Nr. 195/Maria Engelhardt, S. 9.

Rosemarie Heder: Als minderjährige, »grüne Dinger«[174] wurden sie von Erwachsenen im Allgemeinen nicht ernst genommen – auf Augenhöhe sprachen sie dagegen mit Gleichaltrigen. Aus eigener Erfahrung wussten sie, »daß die Begeisterungsfähigkeit der Jugend grenzenlos ist«.[175] Daher überzeugten die Geschwister mit ihrer rebellischen Leidenschaft zunächst einmal andere Jugendliche. Sie rechneten allerdings bewusst mit deren Einfluss innerhalb der Familie: »Mehr wollten wir ja anfangs nicht, erst wollten wir die Jungen haben, mehr als einmal haben diese dann die Alten mit fortgerissen.«[176]

Aber nicht immer wählten die Verfasserinnen ihre Zielpersonen mit Bedacht aus. Manche mussten feststellen, dass ihnen Feindseligkeit entgegenschlug, wenn sie sich bei ihrem Gegenüber nicht auf »bestehende Werte und Einstellungen« stützen konnten. Ihre Propagandatätigkeit innerhalb der traditionellen weiblichen Sphäre, im privaten Umfeld, stellen die Verfasserinnen oft als mühsam, aber letztlich erfolgreich dar. Im öffentlichen Raum dagegen ging die Überzeugungsarbeit vielfach ins Leere. Nicht wenige Alte Kämpferinnen machten hier die Erfahrung, als politisch interessierte und, nach nationalsozialistischer Auffassung, informierte Frau nicht akzeptiert zu werden. Besonders von konservativen Männern wurde ihr Engagement als befremdlich, unweiblich oder überdreht empfunden. Helene Radtke erntete für ihre Parteiwerbung am »Prinzeßchendenkmal« entsprechend zynisch-diskriminierende Bemerkungen:

> »Ein Spießer der sich hierbei in seiner Ruhe gestört fühlte, erklärte mich als eine schreckliche Person. Er machte die Bemerkung, ich solle lieber heim gehen und das Essen kochen, oder mich in den Reichstag wählen lassen.«[177]

Gerade junge Nationalsozialistinnen sahen sich mit dem Vorurteil politischer Inkompetenz konfrontiert. So ließen Arbeitskollegen die engagierte Erna Stoyke abblitzen:

> »Die Verkäufer lachten mich aus, wenn ich von den Ideen unseres Führers erzählte und ihnen klar machen wollte, das sie einsehen müssten, dass dieses Regim nicht so bleiben könnte. […] Es fruchtete nichts. Sie meinten, ich wäre zu jung, um darüber überhaupt reden zu können.«[178]

Auf den Bauernhöfen, die Stoyke als Spendensammlerin aufsuchte, wurde man ihr gegenüber noch deutlicher: »dumme Margell, lässt sich auch von den Nazis dammlich machen.«[179] Modern denkenden Männern hingegen konnte es suspekt sein, dass Frauen sich für ein reaktionäres, sprich misogynes Parteiprogramm

174 Abel-Biogramm/Nr. 41/Marlene Heder, S. 2.
175 Ebd., S. 3.
176 Ebd., S. 4.
177 Abel-Biogramm/Nr. 207/Helene Radtke, S. 8.
178 Abel-Biogramm/Nr. 363/Erna Stoyke, S. 5. Orthographische Eigenheiten im Original.
179 Abel-Biogramm/Nr. 363/Erna Stoyke, S. 4. »Margell« (sprich: Marjell) ist die ostpreußische Bezeichnung für Mädchen.

starkmachten, wie Gertrud Michael als Angestellte beim Amtsgericht Berlin erfuhr:

> »Man las in der Mittagspause Zeitung, meist die ›Morgenpost‹, ich hatte den ›Angriff‹. Einer der Beamten, ein junger Justizsekretär fing folgende Unterhaltung im allgemeinen an: ›Wenn ein Mann Nationalsozialist ist, dann ist er ja hübsch verrückt, aber wenn eine Frau sich dazu bekennt, dann ist die entweder total meschugge oder verrückt.‹«[180]

Auf Kollisionskurs zu bestehenden Einstellungen begaben sich die Verfasserinnen auch bei ihren Hausbesuchen in kommunistischen Stadtvierteln. Diese Aufklärungsversuche blieben jedoch von zweifelhaftem Erfolg. Immer wieder finden sich Schilderungen von verbalen oder tätlichen Angriffen »mit Blumentöpfen und sonstigen Flüssigkeiten«.[181] Maria Engelhardt betrieb ihre »Mission« sogar ohne explizite Zielgruppe auf offener Straße: »Wie oft stand ich vor den Wahlen an Litfassäulen und predigte den Nationalsozialismus oftmals schwerstens bedroht.«[182]

Den in den Abel-Biogrammen ungewöhnlichsten Propagandafeldzug unternahm Lisi Paupié: Am 6. Dezember, dem Nikolaustag, marschierte sie verkleidet als »Hitolaus« – als solcher erkennbar an den SA-Stiefeln – durch die Darmstädter Altstadt und besuchte die dort wohnenden mehrheitlich kommunistisch geprägten Familien. Über kleine Geschenke für die Kinder beabsichtigte sie, deren Eltern für den Nationalsozialismus zu gewinnen oder zumindest wohlwollend zu stimmen. Auch Paupiés Sohn wirke bei der vorweihnachtlichen Parteiwerbung mit:

> »Im Hause bei uns wurde ich mit Hilfe von ›Nazi‹s geschwärzt und zurecht gemacht. Ein Sack mit herrlichen Sachen die wir gespart für den Zweck ging es los. […] Der ›Nazi Nikolaus‹ wird alljährlich erwartet und auch kein Kommunist hatte mich angegriffen, obgleich in der dicken Altstadt mein Hauptquartier hatte, es war für eine Frau kein ungefährliches Treiben. Für dieses Jahr habe ich von der Stadtgärtnerei ein Esel erbeten.«[183]

NS-Extremistinnen wie Maria Engelhardt, Helene Radtke und Lisi Paupié hatten verinnerlicht, dass »Schwierigkeiten und Blutopfer« bei der Propagandaarbeit »selbstverständlich und unbedingt nötig«[184] seien, worauf die Denkschrift der NSF zur weiblichen Propaganda explizit hinwies. Offenbar suchten sie Herausforderungen und Konfrontationen als Beleg ihres überdurchschnittlichen Einsatzes für die Partei und ihren »Führer«.

180 Abel-Biogramm/Nr. 574/Gertrud Michael, S 1 f. Hervorhebungen im Original.
181 Abel-Biogramm/Nr. 195/Maria Engelhardt, S. 11.
182 Ebd., S. 12.
183 Abel-Biogramm/Nr. 187/Lisi Paupié, S. 14 f. Der Verzicht auf das Personalpronomen gehört zum Sprach- bzw. Schreibstil der Verfasserin.
184 Klinksiek, S. 117, mit Verweis auf die Grundsätze der NSF, S. 2.

2.3.2 Propaganda durch Flugblätter, Schriften und Plakate

Die Propagandarichtlinien der NSDAP von 1922 sahen vor, dass das Werbegespräch durch Handzettel, Broschüren und Parteiliteratur unterstützt wurde.[185] Das benötigte Werbematerial wurde nicht kostenlos zur Verfügung gestellt, sondern musste von den Mitgliedern in den NSDAP-Geschäftsstellen gekauft werden. Die Partei profitierte dadurch in doppeltem Sinne von ihren Propagandistinnen: Die Frauen opferten nicht nur Zeit für ihre politische Überzeugung, sondern auch manche Reichsmark. Auf diese Weise refinanzierte die Partei ihre Druckkosten.

Die meisten Alten Kämpferinnen nahmen das Prozedere klaglos hin. Hedwig Eggert, die als Zeitungsverkäuferin über ein kleines Einkommen verfügte, erstand zudem Eintrittskarten, um sie zu verschenken: »Ich kaufte einige Theaterkarten zu Goebbels Theaterstück ›Der Wanderer‹ und gab sie Arbeitskolleginnen um auch sie für Hitlers Sache zu gewinnen.«[186] Lisi Paupié, als Alleinerziehende ebenfalls in bescheidenen Verhältnissen lebend, zeigte mit der Investition ihren Diensteifer. Durch die Ausstattung ihres Sohnes mit Werbematerial vergrößerte sie gleichzeitig das Propagandaheer der NSDAP:

> »Bub kaufte ich von meinen paar Pfennigen Aufklärungsschriften und Klebemarken mit dem Kampfgruß unseres National Dichters ›Dietrich Eckhart‹ *Deutschland erwache*. Er verteilte in Briefkästen und klebte fleißig.«[187]

Helene Radtkes Fanatismus griff auf das Haushaltsgeld der Familie und auf das persönliche Budget ihres Ehemannes über: »Was ich von meinem Wirtschaftsgeld herauswirtschaften konnte, verwandte ich zum Kauf von Propagandamitteln. Mitunter mußte auch noch das Taschengeld meines Mannes herhalten.«[188] Die Büroangestellte Maria Engelhardt erwarb und verschenkte die nationalsozialistischen Druckerzeugnisse nicht nur, sie finanzierte darüber hinaus eine Neuerscheinung mit:

> »Wir bekamen eine Zeitung! Welcher Jubel! Monatlich verpflichteten wir uns einen bestimmten Betrag für unsere Presse zu geben, denn wie schwer fiel es, diese für 10 und 20 Pfennige zu verkaufen. Wie oft kauften wir (Mutter, Schwester und ich) für einige Mark Zeitungen und benutzten diese zu Werbezwecken.«[189]

Andere waren sich ihres finanziellen Opfers durchaus bewusst. Ruth Grathwohl bemerkt mit kritischem Unterton: »und dann konnte [...] das reichlich kostspielige Verschicken von Broschüren und Zeitungen an alle erreichbaren Be-

185 Vgl. Bräunche, S. 18.
186 Abel-Biogramm/Nr. 459/Hedwig Eggert, S. 7.
187 Abel-Biogramm/Nr. 187/Lisi Paupié, S. 16.
188 Abel-Biogramm/Nr. 207/Helene Radtke, S. 8.
189 Abel-Biogramm/Nr. 195/Maria Engelhardt, S. 9.

kannten und Verwandten beginnen.«[190] Die Studentin beschwert sich weiterhin über die mangelnde Resonanz auf ihre Ausgaben:

> »Als Nationalsozialistin wurde man von vielen ›Kommilitonen‹ und ›Kommilitoninnen‹ natürlich für halb verrückt gehalten. Ständig lief man ja mit Versammlungskarten herum, die man verkaufen oder verschenken wollte. Man lieh seine natsoz. Bücher den unbekanntesten Menschen, ja, drängte sie ihnen geradezu auf, und häufig habe ich nichts mehr von meinem Eigentum wiedergesehen.«[191]

Das von Ruth Grathwohl erwähnte Verschicken von Parteiwerbung an Bekannte war eine Form der indirekt-privaten Propaganda. Zum Reichstagswahlkampf 1930 rief Goebbels die Ortsgruppen auf, durch persönlich abgefasste Briefe für die NSDAP zu werben. Diese sollten nicht nur an die Menschen versandt werden, mit denen die Parteigenossinnen in persönlichem Kontakt standen, sondern an alle Einwohner des Einzugsbereiches.[192] In den weiblichen Abel-Biogrammen findet diese Werbemaßnahme jedoch keine Erwähnung.

Geschildert wird dagegen das Verbreiten der NSDAP-Druckerzeugnisse. Ruth Grathwohl versuchte, »die aufreizenden roten Riesenplakate«[193] und Aushänge der Partei an der Universität zu platzieren. Das Gegensteuern eines Hausmeisters weckte ihren Unmut:

> »Unsere Plakate, die wir in der Universität und in den einzelnen Instituten anbringen wollten, waren nach deren Meinung in Größe, dann in Farbe oder Form nicht der Würde einer alma mater entsprechend. Sie waren eben auffallend, und das sollten und mußten sie sein! [...] Ganze Tage brauchte man dazu, bis der Herr sozialdemokratische Pedell die Güte hatte, sie seiner Magnifizenz vorzulegen und dann kamen wieder Schwierigkeiten, so daß schließlich die Zeit, während der die Plakate hätten wirken und werben sollen, unendlich kurz wurde.«[194]

Eine Genehmigung stellte für Anna Nieke auf den Straßen Berlins kein Problem dar, wohl aber die Präsenz der dortigen Kommunisten. Kurzum hielt sie ihr NSDAP-Plakat »fest« in ihren Händen »und blieb vor dem Wahllokal damit stehen.«[195] In zwei weiteren Wettbewerbsbeiträgen wird beschrieben, dass das Verteilen der Flugblätter und das Ankleben der Plakate im öffentlichen Raum

190 Abel-Biogramm/Nr. 145/Ruth Grathwohl, S. 2.
191 Ebd., S. 4.
192 Ohr, S. 69, mit Bezug auf Thomas Childers, The Nazi Voter. The Social Foundations of Fascism in Germany 1919-1933, Chapel Hill 1983, S. 139.
193 Abel-Biogramm/Nr. 145/Ruth Grathwohl, S. 2. In der Weimarer Republik war politische Werbung an Universitäten verboten. Hier besteht eine Unstimmigkeit zu Ruth Gratwohls Erinnerungen.
194 Ebd., S. 4.
195 Abel-Biogramm/Nr. 177/Anna Nieke, S. 13.

nicht selten nach Einbruch der Dunkelheit stattfand oder aber als nächtlich-konspirative Tat besonders in Erinnerung blieb. Käthe Eiden beschreibt als gängiges Vorgehen der SA-Trupps, dass Werbematerial »in der nächsten Nacht wieder unter jede Tür geschoben«[196] wurde. Maria Engelhardt bildete gemeinsam mit ihrer Mutter und ihrer Schwester einen weiblichen Propagandatrupp. Bei ihrem nächtlichen Einsatz für den Nationalsozialismus wurden die Frauen, so schildert Engelhardt, von KPD-Anhängern gestört.

Erna Stoyke verteilte per Fahrrad Propagandamaterial in ihrer Umgebung. Das ohne behördliche Genehmigung verbotene Plakatieren besorgte sie tagsüber selbst, nachts in der Gruppe. Mit Freude am Abenteuer berichtet die junge Frau von einem Einsatz, der von der Schutzpolizei bemerkt wurde. Unmittelbar hatte sie Anteil am Geschehen:

> »Inzwischen musste ich auch versuchen unsere Werbeplakate an geeigneten und sichtbaren Stellen anzubringen. Auf dem Lande tat ich das zumeist öffentlich. In der Stadt machten wir es dann gemeinsam heimlich, weil die Polizei scharf aufpasste und viele Spitzel uns verrieten. Eines Nachts als wir gerade beim kleben waren, einer stand unten mit den Plakaten, ich hielt den Kleistertopf auf eine der unteren Stufen der Leiter, die wir mitgenommen hatten und ein anderer klebte die Plakate an, da kommen plötzlich Schupo. Wir beide da unten waren wie der Blitz verschwunden, aber der andere Kamerad? den würden sie sicher mitnehmen. Nein, sie hatten ihn laufen lassen, weil er sich betrunken gestellt hatte.«

Sich selbst inszeniert die engagierte Nationalsozialistin als gleichwertige Protagonistin zwischen den SA-Kameraden – mit dem »Kleistertopf« in der Hand, dem Symbol ihrer politischen Teilhabe.

2.4 Zusammenfassung »Handlungsräume«

Die nationalsozialistische Bewegung bot ihren weiblichen Mitgliedern eine Vielzahl von Möglichkeiten, durch praktische Tätigkeiten politisch aktiv zu werden. Die Verfasserinnen der Abel-Biogramme ergriffen diese entsprechend ihren Interessen und Kompetenzen. Die Untersuchung brachte Einblick in unterschiedliche Partizipationsfelder: die Versorgung der SA, das Sammeln von Geld- und Sachspenden und die Parteiwerbung insbesondere durch das Gespräch.

Den leichtesten Zugang zur Parteiarbeit stellten für viele Frauen die SA-Zuarbeiten dar. Hier war keinerlei Vorwissen gefragt, wenngleich hausfrauliche Fertigkeiten nützlich waren, und manche Arbeiten konnten sogar in der eigenen Wohnung erledigt werden. Das alltägliche, scheinbar unpolitische Handeln erhielt eine politische Bedeutung – ohne die traditionell weibliche Sphäre verlassen zu müssen. Im Rahmen der SA-Unterstützung konnten auch verantwor-

196 Abel-Biogramm/Nr. 244/Käthe Eiden, S. 9.

tungsvollere, beispielsweise organisatorische Aufgaben übernommen werden. Angesichts der wirtschaftlichen Not und der hohen Arbeitslosigkeit unter den Parteigenossen sahen sich die Alten Kämpferinnen in der Rolle der zuverlässigen Versorgerinnen und als Rückgrat der Ortsgruppen. Mehrere waren der Ansicht, die erträumte Volksgemeinschaft mit zu schaffen, wenn zunächst auch nur im Kleinen, unter Nationalsozialisten.

Weniger beliebt war unter den Autorinnen die Sammeltätigkeit. Obschon sie in ihren Essays nicht direkt klagen, deuten einige ihren Verdruss über die damit verbundene Mühsal und die erfahrenen Anfeindungen an. Andererseits blickten sie mit Stolz auf ihre Einnahmen, in dem Bewusstsein, dass sie die Partei auf diese Weise beträchtlich mitfinanzierten. Die NSDAP bestritt durch die Spenden zu einem großen Teil ihre Propagandaausgaben – Goebbels' Zeitung *Der Angriff* ist nur ein Beispiel dafür – so dass die nationalsozialistischen Sammlerinnen ihren Teil zur Verbreitung des Nationalsozialismus beitrugen.

Die SA-Unterstützung und die Sammeltätigkeit von Frauen war seitens der Partei erwünscht. In einer Grauzone bewegte sich die weibliche Propagandatätigkeit, für die erst 1931 Richtlinien herausgegeben wurden und Schulungen stattfanden. Dessen ungeachtet fühlten sich die frühen Nationalsozialistinnen verpflichtet, ebenso wie die männlichen Parteigenossen in den Propagandakampf zu ziehen. Sie nahmen ihre Aufgabe überaus ernst: ihnen war bewusst, dass eine nationalsozialistische Machtübernahme in Deutschland – auf legalem Wege – nur über das Werben um Wählerstimmen zu erreichen war. Einige erkannten, dass sie besonders erfolgreich bei der Ansprache von Frauen sein konnten. Sechzehn Autobiographinnen berichten von ihrer Propagandaarbeit. In Eigeninitiative bereiteten sie sich auf ihre Überzeugungsarbeit vor, meist durch die Lektüre nationalsozialistischer Schriften. Gelegenheiten für ihre Überzeugungsarbeit ergaben sich zufällig im Alltag oder wurden bewusst herbeigeführt, etwa durch Einladungen, gezieltes Ansprechen an Haustüren oder im öffentlichen Raum. Einige Verfasserinnen weckten Interesse durch ein provokantes Auftreten.

Die Alten Kämpferinnen stellten der Partei ihre kommunikative und soziale Kompetenz zur Verfügung, indem sie den Nationalsozialismus ihrem jeweiligen Gegenüber entsprechend adaptierten und vermittelten. Sie hatten Zutritt zu »weiblichen Lebenswelten« und verstanden es, thematisch und emotional auf ihre Zuhörerinnen einzugehen. Damit erreichten sie Wählerkreise, oder vielmehr Wählerinnenkreise, die den Parteimännern verschlossen blieben.

Propagandaarbeit durch Werbematerial wird von den Autorinnen weniger oft erwähnt als die mündliche Überzeugungsarbeit. Die Essays vermitteln den Eindruck, dass gerade die jüngeren Nationalsozialistinnen sowohl legalen Tätigkeiten nachgingen, wie dem Verteilen von Handzetteln, als auch an illegalen Werbeaktionen teilnahmen, wie dem Anpinseln von Parolen und Plakatieren – in annähernd gleicher Weise wie ihre Kameraden und oft an deren Seite. Im »Propagandakampf« erlebten die Alten Kämpferinnen eine politische Teilhabe, die sie der ihrer Parteigenossen als gleichwertig empfanden.

Der am Ende vieler Essays angeführte Bescheidenheitstopos, nur »ein Rädchen im Getriebe« gewesen zu sein, trügt: Die Ausführlichkeit, mit der die Autobiographinnen ihre Tätigkeiten beschreiben, und der darin ausgedrückte Stolz auf die eigene Leistung verdeutlicht, dass diese Frauen nicht an der hohen Bedeutung ihres Engagements für den Nationalsozialismus zweifelten.

Zusammenfassung

The spectacular rise of the nazi movement remains a puzzle.
Theodore Abel, 1938

Im Sommer 1934 verfassten 36 frühe Nationalsozialistinnen ihre Lebensläufe unter der Fragestellung »Warum ich vor 1933 der NSDAP beigetreten bin« – ohne zu wissen, dass es sich bei diesem vermeintlichen »Aufsatzwettbewerb« um eine Datenerhebung des amerikanischen Soziologen Theodore Abel handelte. Abel schrieb in seiner Studie –, nach der Durchsicht der über 600 Zuschriften von Männern und Frauen – der Aufstieg des Nationalsozialismus bleibe am Ende ein »puzzle« (Rätsel). Die Edition der weiblichen Autobiographien der Theodore-Abel-Collection und eine erste Auswertung stellen in diesem Sinne ein Puzzleteil dar, um eine Antwort zu finden.

Die Teilnehmerinnen des Wettbewerbs, wegen ihres Engagements während der »Kampfzeit« des Nationalsozialismus Alte Kämpferinnen genannt, waren überwiegend unauffällige Durchschnittsbürgerinnen mit zeittypischen Biographien. Um den Aufstieg des Nationalsozialismus und die Motivation ihres Engagements mit der Methode des Verstehens zu untersuchen, wurde nach ihren inneren Beweggründen gefragt, nach ihrer individuellen Erfahrungsgeschichte, nach politischer Sozialisation und Überzeugungen, nach ihren Hoffnungen und Partizipationswünschen. Es wurde möglich, einen Einblick in das Seelenleben der Autobiographinnen und damit in die zeitgenössische Wahrnehmung zu gewinnen. Obwohl die Zuschriften, von Abel als Biogramme bezeichnet, nicht nach systematischen Kriterien erhoben wurden, erweisen sie sich als eine wertvolle und ergiebige Quelle, wegen ihrer zeitlichen Nähe zu den Ereignissen der NS-Kampfzeit und der Unbekümmertheit ihrer Verfasserinnen. Nach dem Machtantritt der NSDAP fühlten sie sich als Siegerinnen und hatten das Bedürfnis, ihre Beteiligung an diesem Erfolg hervorzuheben.

Mit wenigen Ausnahmen stammten die Wettbewerbsteilnehmerinnen aus einem bürgerlichen, oft auch schreibgeübten Milieu. In der Sammlung sind Frauen jeden Alters vertreten, besonders stark die weiblichen Pendants der »Frontgeneration«. Mehr als die Hälfte der Biogramme kamen aus Berlin. Deren Verfasserinnen waren meist als junge Erwachsene in die Metropole gezogen. Auffällig viele Einsenderinnen blickten auf mehrere Wohnortwechsel zurück, unter anderem aus den in Folge des Ersten Weltkriegs an Polen abgetretenen oder französisch besetzten Gebieten ins Reichsgebiet. Signifikant erscheinen auch die meist kriegsbedingten biographischen Brüche in den Aufsätzen der Alten Kämpferinnen. Der Anteil der Alleinstehenden, Alleinerziehenden und Erwerbstätigen war überdurchschnittlich hoch. Mehr als ein Drittel erfuhr eine räumliche oder soziale Entwurzelung. Diese Frauen können als Angehörige einer »verlorenen Generation« gesehen werden.

Die Verfasserinnen erlebten die politisch aufgeladene Zeitatmosphäre der Weimarer Republik. Unter dem Eindruck von Putschversuchen und dem raschen Wechsel demokratischer Regierungen begannen sie sich mit Politik zu beschäftigen und schildern es zum Teil als Druck, sich für eine Partei entscheiden zu müssen. Viele von ihnen beschreiben ihre intensive politische Suche auf eigene Initiative, meist durch Zeitungslektüre oder den Besuch von Parteiversammlungen. Auf die NSDAP wurde die Mehrheit der Alten Kämpferinnen durch männliche Familienmitglieder aufmerksam. Dabei spielten ältere Brüder oft eine Rolle, besonders wenn diese in Freikorps oder in der SA organisiert waren.

Die Autobiographinnen betonen jedoch, sich aus eigener Überzeugung für das Engagement in der NS-Bewegung entschieden zu haben. Dazu legen sie ausführlich ihre politische Sozialisation und Grundhaltung dar: Der überwiegende Teil wurde bereits im Elternhaus konservativ oder deutschnational geprägt, einige erwähnen Antisemitismus als »Familientradition«. Als Heranwachsende sammelten sie aber auch Erfahrungen mit sozialer Ungleichheit, die sie empörte und ihren Wunsch nach Gerechtigkeit und sozialer Verständigung weckte. In der Folge »probierten« einige von ihnen, auch durch kurzzeitige Mitgliedschaften, verschiedene Parteien aus. Die Deutschnationale Volkspartei stand ihnen politisch nahe, aber auch die Kommunistische Partei machte einige neugierig. Den Nationalsozialismus, auf den ihre Wahl schließlich fiel, verstanden sie wörtlich als nationalen Sozialismus. Er verband ihr Bedürfnis nach Sicherheit und Kontinuität, wie es der Nationalismus verhieß, mit ihrer Hoffnung auf gesellschaftliche Veränderung durch den Sozialismus. Die NSDAP ordnete sich keinem bestimmten sozialen Milieu zu. Sie galt als junge Partei, die einen Neubeginn symbolisierte. Die »Entdeckung« des Nationalsozialismus wird in vielen autobiographischen Essays als Erlösung und Glücksmoment beschrieben.

Besonders faszinierend wirkte auf die Verfasserinnen die Idee der Volksgemeinschaft. Sie bildete ein zentrales Motiv ihres nationalsozialistischen Engagements. Ihre Vorstellung einer Volksgemeinschaft entsprach der eines sozial gerechteren Gesellschaftssystems zur Überwindung der fortschreitenden Zersplitterung in Interessengruppen, die Deutschland gegenüber äußeren Feinden schwächte. Innere Einheit wurde von ihnen mit äußerer Stärke gleichgesetzt. Sie teilten die Auffassung, dass, um eine volksgemeinschaftliche Harmonie zu erreichen, innere Feinde bekämpft werden müssten. Sie stimmten damit dem Konzept der nationalsozialistischen Volksgemeinschaft als Exklusionsgemeinschaft zu und rechtfertigten die nationalsozialistische Ausgrenzungspolitik, die bereits zu diesem Zeitpunkt praktisch umgesetzt wurde: aggressiv, hemmungslos und menschenverachtend – gerade in Berlin seit dem Amtsantritt des dortigen Gauleiters Joseph Goebbels im Herbst 1926.

Die Ausgrenzung richtete sich vornehmlich gegen Juden und die politische Linke, namentlich gegen Kommunisten. Antisemitische Einstellungen finden sich in knapp der Hälfte der Biogramme, unterschiedlich stark ausgeprägt. Im

Vordergrund stand dabei fast ausnahmslos die Ablehnung von Materialismus und Moderne, Kapitalismus und Kommunismus sowie weiteren »volksschädigenden« Einflüssen, für die, als Initiatoren und Profiteure, Juden verantwortlich gemacht wurden. Die Ausgrenzung von Juden blieb in der NS-Kampfzeit, und in den autobiographischen Essays, jedoch weitgehend abstrakt. Als konkrete Widersacher erschienen die Kommunisten. Tatsächlich sahen die frühen Nationalsozialistinnen Gemeinsamkeiten zwischen dem Kommunismus und ihrem nationalen Sozialismus. Die extremistischen Parteien, KPD und NSDAP, konkurrierten zum Teil um dieselbe Zielgruppe. Einige Schreiberinnen gingen auf Kommunisten zu, um sie von ihrer Auslegung des Sozialismus zu überzeugen, was offenbar gelegentlich gelang. Zeigten sich die Linken unbelehrbar, wurden sie in den Augen der Autorinnen zu verhassten Brüdern, zu bisweilen ebenbürtigen Gegnern, die »rücksichtslos« auch mit physischer Gewalt bekämpft wurden. Dennoch empfanden die Autobiographinnen die nationalsozialistische Volksgemeinschaft vor allem als einheitsstiftend und fühlten sich an die von ihnen erlebte »Schicksalsgemeinschaft« im Ersten Weltkrieg erinnert. Als Vorboten der ersehnten Volksgemeinschaft galten ihnen die NSDAP-Ortsgruppen. Hier konnte der nationale Sozialismus bereits im Kleinen praktiziert werden, als gegenseitige Hilfe und Fürsorge unter Nationalsozialisten.

Die NS-Kampfzeit bot den nationalsozialistischen Frauen in mehrfacher Hinsicht emotionale Attraktionen. Dabei bleibt das vielbeschworene Charisma Hitlers in den Essays fast unerwähnt. Hitler beeindruckte seine Anhängerinnen vielmehr dadurch, sich als nationaler Verantwortungsträger anzubieten und folglich Sicherheit sowie eine Art paternalistischen Schutz zu verkörpern. Soziale Heimat und Geborgenheit fand manche Autorin in ihrer Ortsgruppe: In vielen autobiographischen Essays werden Gemeinschaftserlebnisse erwähnt und als beglückend beschrieben.

Die Ortsgruppen wie auch die NS-Bewegung generell boten den Frauen einen festen Platz, gerade durch die klare Aufgabenteilung zwischen den Geschlechtern. Hier fanden die Verfasserinnen der Abel-Biogramme, insbesondere die Jahrgänge der »Frontgeneration«, einen Rahmen, um das Rollenmodell des Weltkrieges »Soldat und Schwester« wiederaufleben zu lassen. Die NS-Kampfzeit, verstanden als Krieg gegen einen inneren Feind, wurde von den Nationalsozialisten analog zum Kampf gegen den äußeren Feind im Ersten Weltkrieg begriffen. Bemerkenswert viele Autobiographinnen hatten die Mobilmachung 1914 mit Neid auf ihre einrückenden Alterskameraden erlebt. Um sich ebenfalls für das Vaterland einzusetzen, meldeten sich etliche als Lazarettschwestern oder für Kriegshilfsdienste. Der von den Nationalsozialisten ausgerufene »Kampf um Deutschland« offerierte den älteren Verfasserinnen das vertraute Gebiet, die Pflege und Versorgung des (Partei-)Soldaten, neu zu besetzen. Den jüngeren eröffnete er die Chance, an diesem neuerlichen, als national bedeutend empfundenen »Kampf« teilzuhaben. Zudem ließ sich nun das verpasste »Fronterlebnis« kompensieren, denn der Kampf gegen den inneren Feind fand unmittelbar vor der Haustür statt und gewährte Frauen eine Teilhabe an vorderster Front.

Das »Erleben« des Nationalsozialismus spielte eine wesentliche Rolle für die Alten Kämpferinnen. Die rastlose Veranstaltungs- und Ereigniskultur des Nationalsozialismus bediente ihren Lebenshunger und ihr Bedürfnis nach großen Gefühlen. Nationalsozialismus war demnach ein Gesamtkonzept aus Politik und Erlebnisangebot – auch Volksvergnügen und Spaß kamen nicht zu kurz. Der evozierte Ausnahmezustand legitimierte zudem ein weibliches Ausnahmeverhalten, ein Abweichen von der Normalität, solange dies als Beitrag zur »Rettung Deutschlands« zu rechtfertigen war. Mit ausgesprochener Schreibfreude berichten die Nationalsozialistinnen von Abenteuer, Gefahr und subversiven Aktionen. Das Schmieden der Volksgemeinschaft, sprich das Bekämpfen des inneren Feindes, eröffnete der »verlorenen Generation« zudem Aggressionen auszuleben, wenn auch im Fall der Frauen weitgehend mittelbar. Die Autorinnen der Abel-Biogramme ließen Enttäuschung, Wut und Hass freien Lauf, indem sie Goebbels' zynische Hetzreden mit Genugtuung verfolgten oder bei den enthemmten Gewaltexzessen der SA mitfieberten. Sie stellten das Publikum, wenn Gesundheit und Würde der »Volksfeinde« verletzt wurden. In den Essays werden zahlreiche Saal- und Straßenschlachten nacherzählt. Die von den Opfern erlittene Gewalt ließ die Frauen, meist mit dem Hinweis, es handele sich um eine berechtigte Vergeltungstat, ungerührt. Durch ihre Zustimmung trugen die Alten Kämpferinnen dazu bei, dass die moralischen und physischen Grenzverletzungen immer weiter getrieben werden konnten und zunehmend gesellschaftlich akzeptiert wurden.

Neben den NS-Veranstaltungen gab es zahlreiche weitere Handlungsräume für Frauen in der NSDAP. Der Nationalsozialismus unterschied sich von den meisten anderen Parteien der Weimarer Republik durch sein Auftreten als »Bewegung«. Als solche forderte er seine Anhänger zu politischem Handeln durch praktische Tätigkeiten auf. Annähernd jede der Autobiographinnen fand oder entwickelte hier ein Aufgabenfeld, das ihren Neigungen und Fähigkeiten entsprach.

Das Rollenmodell »Soldat und Schwester« bestimmte den Handlungsraum, der SA zuzuarbeiten. Einige der Schreiberinnen waren vor 1931 im unabhängigen hitlertreuen »Deutschen Frauenorden – Rotes Hakenkreuz« organisiert, viele erwähnen ab 1931 ihre Mitgliedschaft in der nationalsozialistischen Frauenschaft. Innerhalb der NS-Bewegung wirkten sie in der Funktion der »Etappe«: sie pflegten und versorgten die »Parteisoldaten«. Dazu gehörten beispielsweise die Bewirtschaftung von SA-Heimen, das Führen eines sogenannten Sturmlokals, das Schneidern von Uniformen und Fahnen sowie die Ermutigung der Kameraden. Die Erfüllung dieser Aufgaben versprach Anerkennung und wird von vielen Frauen als sehr befriedigend beschrieben.

Ein weiteres Einsatzgebiet war das Sammeln von Spenden. In den Biogrammen wird die Sammeltätigkeit oft mit Stolz auf die erzielten Summen erwähnt, manchmal aber auch als Beschreibung der Mühsal und als Klage über erlebte Ablehnung. Ein wesentlicher Teil der Einnahmen diente der Finanzierung der Parteipropaganda. Auch die Alten Kämpferinnen beteiligten sich am Verteilen von Flugschriften, am Plakatieren – und am Abreißen der Plakate anderer Parteien – sowie am illegalen Pinseln von Parolen.

Ihre anspruchsvollste Parteiarbeit war die mündliche Propaganda, von der mehr als die Hälfte der Verfasserinnen berichtet. Eigeninitiativ arbeiteten sie sich in die nationalsozialistische Ideologie ein, in erster Linie durch Publikationen, zu denen oft auch Hitlers Programmschrift *Mein Kampf* gehörte. Gezielt besuchten manche die Veranstaltungen anderer Parteien, um sich für Gegenargumente zu wappnen. Das Gespräch bildete das wichtigste Propagandamedium der Alten Kämpferinnen. Überall im Alltag fanden sie Gelegenheiten für eine Unterhaltung, die von ihnen alsbald auf das Thema Politik gelenkt wurde. Sie waren unauffällige Multiplikatorinnen, denen es durch ihre soziale und kommunikative Kompetenz gelang, die nationalsozialistische »Weltanschauung« ihrem Gegenüber nahezubringen. Auf diese Weise trug jede von ihnen den Nationalsozialismus in ihre Nachbarschaft und nähere Umgebung. Einige Autorinnen sprachen gezielt Mütter an, um über diese die ganze Familie zu gewinnen. Für die Partei war es von besonderem Interesse, dass durch die Gespräche »von Frau zu Frau« Wählerinnen und mehr noch Nichtwählerinnen davon überzeugt wurden, der NSDAP ihre Stimme zu geben.

Wird nach der Bedeutung der Alten Kämpferinnen am Aufstieg der NSDAP gefragt, ist nicht zu unterschätzen, in welchem Maße sie durch ihre mündliche Propaganda dazu beitrugen, Haus um Haus für den Nationalsozialismus zu erobern.

Die Teilnehmerinnen an Theodore Abels »Schreibwettbewerb« bilden nur eine kleine, nicht repräsentative Gruppe. Ihre Schilderungen – mit allen Ähnlichkeiten und Abweichungen – können aber dennoch als beispielhaft für das Wirken früher Nationalsozialistinnen gelten.

Diese Quellenedition möchte dazu beitragen, die Attraktion und den Aufstieg des Nationalsozialismus zu verstehen – durch die Wahrnehmung von Zeitgenossinnen. Mit der vorliegenden Auswertung wurde ein erster Versuch dazu unternommen. Auf der Basis dieses Quellenmaterials werden, so ist zu hoffen, weitere folgen, unter anderen Fragestellungen und in anderen Fachgebieten. Zu erwarten ist über kurz oder lang auch eine Edition der von Männern verfassten Biogramme der Theodore-Abel-Collection.

Besonders interessant erschiene es mir, die Lebensgeschichten der Autobiographinnen nach 1934 zu verfolgen. Zu recherchieren wäre, welche Aufgaben sie während der NS-Herrschaft übernahmen. Es stellt sich auch die Frage, wie diese Frauen den Zweiten Weltkrieg erlebten, den Zusammenbruch des nationalsozialistischen Deutschland und die anschließende »Entnazifizierung«. Aufschlussreich wäre auch eine Betrachtung ihrer Lebensläufe bis hinein in die Bundesrepublik oder die DDR.

Ein eindrucksvolles Beispiel dafür bietet die Biographie der 1913 geborenen Erna Stoyke. In dieser Arbeit wurde sie als junge Ostpreußin vorgestellt, die vorzugsweise mit ihrem Fahrrad für die NSDAP unterwegs war. Als Kind erlebte sie die Ausweisung aus ihrem Heimatort, da dieses Gebiet nach dem Ersten Weltkrieg von Deutschland an Polen abgetreten wurde. Erna Stoyke heiratete 1940 einen Rheinländer und wurde Mutter dreier Kinder. Die Flucht aus Ostpreußen 1945 endete für sie und ihre Kinder in Thüringen – damit wurde sie Bürgerin der DDR. Ihr Ehemann dagegen kehrte nach dem Krieg ins Rheinland zurück. Über den Nationalsozialismus und Erna Stoykes Engagement in der NSDAP wurde in der Familie »aus Sicherheitsgründen« nicht gesprochen, wie sich ihr Sohn erinnert. Als 1948 die Nationaldemokratische Partei Deutschlands (NDPD), eine der DDR-Blockparteien, gegründet wurde, trat Erna Stoyke ein, nahm an Fortbildungen teil und arbeitete dort viele Jahre als Sekretärin. Sie erlebte 1989 das Ende der DDR und schließlich, als fünften deutschen Staat, die Bundesrepublik. Erna Stoyke starb 2003 in Thüringen. Ihre Lebensgeschichte war aufs Engste mit der deutschen Geschichte des 20. Jahrhunderts verbunden.

Erna Stoyke mit Ihren Kindern Hans-Peter und Brigitte, 1944

Teil III
Quellensammlung

Die von Frauen verfassten Biogramme
der Theodore-Abel-Collection

Anmerkungen zur Quellensammlung

Reihenfolge

Die 36 Frauenbiogramme der Theodore-Abel-Collection wurden beim Eingang an der Columbia University numeriert. Ein Ordnungskriterium ist hier nicht offensichtlich. Dennoch hat sich diese Numerierung etabliert und wurde von den Hoover Institution Archives beibehalten, die den Nachlass Theodore Abels heute betreuen. Frühere Studien, beispielsweise die Peter Merkls, nennen die Namen der Verfasserinnen und Verfasser nicht, sondern nur die Biogrammnummer. Daher ist diese Reihenfolge gegenüber der alphabetischen vorzuziehen und wird auch hier übernommen.

Aufbau

Jedem Essay vorangestellt ist eine tabellarische Zusammenfassung der Lebensdaten seiner Verfasserin, so dass eine schnelle Orientierung möglich ist.

Es folgt die Transkription des Biogramms, nach den unten aufgeführten Grundsätzen. Die Endnoten eines jeden Biogramms bilden den Kommentar. Hier finden sich die Belege zur Authentizität sowie Erläuterungen zu genannten Namen, Orten und Ereignissen, deren Kenntnis heute nicht mehr vorausgesetzt werden kann.

Transkription

Von 36 Biogrammen wurden 22 handschriftlich verfasst, 18 in deutscher Schrift, vier in lateinischer Schrift. Die 14 maschinenschriftlichen Biogramme wurden zum Teil handschriftlich ergänzt.

Die Transkriptionen übernehmen alle sprachlichen und orthographischen Eigenheiten der Verfasserinnen, ebenso Hervorhebungen durch Unterstreichungen oder Sperrschrift, um die Authentizität der Quellen zu erhalten. Das ursprüngliche Schriftbild mit seiner Platzierung von Datum, Grußformel oder Unterschrift wird weitgehend wiedergegeben. Einzelne nicht lesbare Wörter sind durch [...] ersetzt.

Authentizität

Um die Authentizität der biographischen Daten zu prüfen, zu vervollständigen und zu erläutern, habe ich umfangreich recherchiert: im Bundesarchiv Berlin (ehemals Berlin Document Center, hier NSDAP-Mitgliederkarteien und

NSDAP-Partei-Korrespondenz) sowie durch Anfragen bei zahlreichen Stadtarchiven, bei Standesämtern, Schulen und lokalen Geschichtsvereinen. Als hilfreich haben sich auch die Berliner Adressbücher der Zentral- und Landesbibliothek Berlin erwiesen.

Zudem durfte ich längere Gespräche mit den Angehörigen von Käthe Eiden und Erna Stoyke führen, für die ich ihnen danke.

Maria Bauer

Abel-Biogramm/Nr. 30/Maria Bauer
Fünf Seiten, maschinenschriftlich, datiert 14. August 1934.
Die Identität der Verfasserin ist authentisch.[1]

Name:	Maria Bauer, geb. Schleger
Geburtsdatum:	31. Dezember 1860
Geburtsort:	Düsseldorf
Alter:	73 Jahre
Familienstand:	verwitwet, zwei Kinder
Wohnort:	Hannover
Elternhaus:	unbekannt
Ausbildung	unbekannt
Beruf:	Geschäftsführerin des familieneigenen Großhandels, Rentnerin
NSDAP-Beitritt:	1. Januar 1933 (NSDAP-Zentralkartei)
Mitgliedsnummer:	1 429 623
Werber:	unbekannt
Funktionen:	Mitglied

Charakteristische Aspekte des Biogramms:
Maria Bauer war eine Verehrerin Bismarcks. Sie erlebte das Kaiserreich, den Weltkrieg und die Ruhrbesetzung in der Nachkriegszeit aus der Sicht einer Großhandelskauffrau. Von der Hitlerbewegung hörte sie erst 1930. Maria Bauer stellt die nationalsozialistische Ideologie in einen astrologischen Kontext, mit dem Ziel der Schaffung eines »neuen Menschen«.

Frau Pgn. Maria Bauer, Hannover, Escherstrasse 2.
14. August 1934.
[Eingangsstempel][2]

An die Landesstelle Süd-Hannover-Braunschweig
des Reichsministeriums für Volksaufklärung
und Propaganda,
Hannover
==============
Dincklagehaus[3]

Am 31. Dezember 1860 in Düsseldorf geboren, starb meine Mutter als ich 4 Jahre alt war. Die unverheiratete Schwester meines Vaters erzog mich. Mein Vater königstreu, brachte als Oberhaupt unserer kleinen Familie alles Gute über das Königshaus mit heim. 1870/71 als Bismarck Deutschland zum Kaiserreich erhob, da wußte man auch am Rhein, was Bismarck für ein einiges Deutschland bedeutete.

Am 5. IX. 1885 heiratete ich nach Dortmund und mein Mann war gleichfalls ein großer Bismarck Verehrer. Am 19. Juni 1886 wurde uns ein Sohn geboren, der heute noch in Dortmund wohnt und am 13. Februar 1891 eine Tochter. Im Jahre 1893 starb mein Mann nach langem, sehr schwerem Leiden. Auf seinen besonderen Wunsch führte ich das Geschäft weiter, Grosshandel in technischen Oelen und Fetten. Das Geschäft blühte, ich konnte meinen Kindern eine gute Erziehung geben, reiste jedes Jahr mit ihnen, damit sie Land und Leute kennen lernten. Das Jahr 1914 brachte dann überraschend den Krieg. Mein Sohn, der bei der Feld-Artillerie angemeldet war, erkrankte 2 x kurz hintereinander an Rippenfellentzündung. Er meldete sich nun freiwillig als Autofahrer, kam nach Düsseldorf zur sechswöchentlichen Ausbildung. Da er nicht marschieren konnte, kam er in die Klinik zur Untersuchung und dort wurde festgestellt, dass er infolge der Rippenfellentzündung eine Herzverschiebung bekommen hatte.

Nun war es selbstverständlich, dass für bekannte und unbekannte Soldaten doppelt gesorgt und sie bedacht wurden.

Zu Beginn des Krieges hatten wir ein Schiff mit Oel direkt aus Amerika unterwegs nach Rotterdam, das neutrale Holland, lieferte nicht aus, und so blieb das Oel für uns unerreichbar, erst nach Schluss des Krieges erhielten wir das Geld erstattet.

Kleine und große Werke arbeiteten mit Volldampf und mussten wir früher reisen, um zu verkaufen, kamen die Fabrikanten zu uns und baten um Schmiermittel, und wir mussten Reisen um Ware zur Stelle zu schaffen.

Der furchtbare 18. November 1918 mit all seinen bösen Folgen trat an.[4] Soldatenräte u.s.w. machten von sich reden, in den Strassen unmögliche Menschen in Uniform, natürlich mit Weibern am Arm und doch sollte noch schlimmeres kommen.

Februar 1920 heiratete meine Tochter nach Hannover und März war der Kommunistenputsch.[5] Rings um die Reinoldikirche im Mittelpunkte der Stadt

Dortmund, wurden Maschinengewehre nach allen Richtungen der Strassen und Gassen ringsum aufgestellt um sich zum letztenmale auszutoben, denn die Bayern rückten an, und bekam ich damals auch einen Studenten in Quartier, ein lieber, prächtiger Mensch! Als die Bolschewisten zur Ruhe gebracht waren, zogen mit Bagage und Kanonen die Franzosen ein. Nun gab es keine Ware hinein und hinaus. Also musste mit allen Finessen der Handel aufrecht erhalten werden. Schlageterzeit![6]

Das erste war, das Geld wurde verteilt und nach dem unbesetzten Gebiet in Sicherheit gebracht, nach Hannover und Hamburg. Die Franzosen erhoben Zoll auf alles nur Mögliche. Auf der Strasse beanspruchten sie den Bürgersteig und Deutsche mussten auf den Fahrdamm gehen. Natürlich übersah man die Strasse und machte lieber einen Umweg, als sich verdrängen zu lassen. Denn gegen Befehl sich auflehnen hatte böse Folgen. Die Dortmunder fahren sehr viel mit dem 1 Uhr Zuge Sonntags nach dem Ardeygebirge, in die Wälder oder nach Hagen i. Westfalen. An einem Sonntage verhängen die Franzosen Belagerungszustand, und als die Ausflügler nichts ahnend zwischen 7 und 8 Uhr von der Bahn kommen, wird hineingeschossen. 1923 kommt dann die Inflation. Banken, Postscheck schicken Kontoauszüge - - entwertet ! Das ist ja nun wohl allen Deutschen im Gedächtnis geblieben! Die kleinen Werke kommen in Konkurs, die großen Werke verbrauchen die Vorräte, vor und nach schreitet man zum Stillegen, Einschränken der Arbeit, dann mit den Jahren kommt alles zum Erliegen. Inzwischen hatte ich das Geschäft meinem Sohne übertragen und er nahm den Geschäftsführer als Teilhaber auf. Das fiel ins Wasser, die beiden konnten nicht zusammen fertig werden und 1921 trennten sie sich. Ich arbeitete dann wieder mit meinem Sohne zusammen, doch 1930 war Schluss. Geldverluste, keine Lieferungen, so kam das Ende, ein gerichtlicher Vergleich. Völlig zusammengebrochen zog ich nach Hannover zu meiner Tochter. Mein Sohn kämpfte sich durch, heiratete 1932 und lebt sehr bescheiden, aber das Geschäft hat er trotz allem gerettet, nicht in der alten Grösse, sondern klein und bescheiden, aber eine Besserung sei da.

Und nun kommt der letzte Teil, warum bin ich Nationalsozialistin? Ich werde häufig danach gefragt, bei meinem Alter.

Also das Einleben in Hannover war sehr schwer für mich; zum Sterben kam ich nicht, so erinnerte ich mich, 1925 besuchte ich die Astrologenschule in Dortmund und bei einem Vortrage wurde über die Zeiten- und Weltenwende gesprochen, über das sterbende Fischzeitalter und das beginnende Wassermannzeitalter. Es gebe neue Lebensansichten, neue Menschen sozusagen, der Beginn sei nicht festzustellen, habe aber jedenfalls schon mit dem Weltkriege begonnen und werde wohl bis 1940 sich hinausziehen.

In Dortmund hörte man bis 1930 nicht allzuviel vom Nationalsozialismus, über die völlig unzulängliche Regierung von 1918-1932, als keiner mehr Lebensmut und Unternehmungsgeist hatte, dabei der eine Mann, der es fertig brachte im Staate, seine braunen Kolonnen aufmarschieren zu lassen. Das zerrissene Deutschland hier, Adolf Hitler mit seinem unendlichen Glau-

ben an den Aufstieg Deutschlands dort, bringt der Mann mit seinen paar Getreuen es fertig, Hunderttausende den Glauben an sich und seine Mission, seinen Willen beizubringen, dann muss dieser Mann uns vom Schicksal, uns von Gott gesand sein! Ich besuchte Vorträge, hörte Dr. Haupt[7], Dr. Lambert[8] und viele andere sprechen, und es nahm mich immer mehr gefangen. Ich schrieb, ob ich als Mitglied eintreten könne, da ich die Vorträge nicht nur als Gast besuchen möchte. Auch sagte ich den Bekannten, jetzt können wir Hitler noch mit jeder Mark helfen, hat er die Macht, dann hat er uns nicht mehr nötig. Und als dann die Novemberwahl 1932 einen kleinen Rückschlag brachte, der aber durch die Juden ja Aufklärung hatte, da war es ausser aller Frage: »Nun alle Mann an Bord!« Ich freue mich vor Toresschluss mich öffentlich zu der Partei bekannt zu haben! Wie Bismarck sagt: »Unser Herrgott verlässt keinen guten Deutschen,« so wissen wir Deutschen heute, Hitler hält uns die Treue und jeder gute Deutsche hält unserm Führer die Treue!
Heil Hitler!

Witwe Ernst Bauer
Maria geb. Schleger

1 *Maria Bauer*: Vgl. BArch NSDAP-Zentralkartei, Bauer, Maria 31.12.1860, Film 31XX/A0130/2298 (mit Foto).

2 *Eingangsstempel:* »16. Aug. 1934«. Mittig findet sich handschriftlich der Vermerk »Wolfgehr«.

3 *Dincklagehaus*: Das Karl-Dincklage-Haus war der Sitz der Gauleitung Süd-Hannover-Braunschweig. Es lag in der damaligen Hannoveraner Dincklagestraße (heute wieder Kurze Straße). Karl Dincklage (1874-1930) nahm als Major am Ersten Weltkrieg teil. Über die Deutsch-Völkische Freiheitspartei gelangte er 1925 in die NSDAP und wurde Gauleiter von Hannover-Nord. Dincklage betrieb regelrechte »Graswurzelpropaganda«. Seine Zielgruppe war die niedersächische Landbevölkerung. Er reiste zu seinen Reden mit dem Fahrrad an, versuchte vor Ort ins Gespräch zu kommen und nächtigte privat bei neugewonnenen NSDAP-Anhängern. Vgl. Klaus Mlynek/Waldemar R. Röhrbein (Hrsg.), Geschichte der Stadt Hannover. Vom Beginn des 19. Jahrhunderts bis in die Gegenwart (Bd. 2), Hannover 1994, S. 534; sowie: Dirk Böttcher, Hannoversches biographisches Lexikon. Von den Anfängen bis in die Gegenwart, Hannover 2002, S. 96; sowie: Jürgen Kumlehn, NS-Spurensuche im Lande Braunschweig-Wolfenbüttel 1933, Das erste Jahr der Diktatur – Jugend und Helden, URL: http://www.ns-spurensuche.de/index.php?id=4&topic=15&key=20 [online am 1. September 2015].

4 *18. November 1918*: Hier handelt es sich um einen Schreibfehler. Gemeint ist der 9. November als Tag der Abdankung des Kaisers und der Ausrufung der Republik oder der 11. November, an dem das Waffenstillstandsabkommen von Compiègne in Kraft trat.

5 *Kommunistenputsch*: Als Reaktion auf den Putschversuch rechtsgerichteter ehemaliger Militärs und Freikorps am 13. März 1920 (sogenannter Kapp-Putsch) schlossen sich KPD, USPD und SPD zusammen, um die drohende Militärdiktatur durch einen Generalstreik zu stoppen, der das gesamte Wirtschaftsleben lahmlegen sollte. Unterstützt durch die bewaffnete »Rote Ruhrarmee« gelang es den linksgerichteten Arbeitern bis Ende März, erst einzelne Städte, dann das gesamte Ruhrgebiet zu erobern. Der soge-

nannte »Ruhraufstand« wurde von anrückenden Reichswehrtruppen, unterstützt durch die Freikorps, blutig niedergeschlagen.

6 *Schlageterzeit:* Im März 1921 besetzten französische und belgische Truppen das entmilitarisierte Ruhrgebiet, um die Lieferung der im Versailler Vertrag festgeschriebenen Reparationen, vornehmlich Kohle und Stahl, zu kontrollieren. Albert Leo Schlageter (1894-1923) war 1923 in leitender Funktion an Sabotageakten beteiligt, die sich gegen die Besetzung und den Abtransport der Güter richteten. Im Rahmen des mehrmonatigen »Ruhrkampfes« verübte er im März 1923 unter anderem Sprengstoffanschläge an Eisenbahnlinien. Schlageter wurde gefasst, von einem französischen Militärgericht zum Tode verurteilt und am 26. Mai 1923 hingerichtet. Die deutsche Öffentlichkeit, insbesondere die politische Rechte, erhob Schlageter zum deutschen Märtyrer. In den Folgejahren stifteten Nationalsozialisten, Bruderschaften des Jungdeutschen Ordens sowie Stahlhelm-Verbände seinem Andenken reichsweit knapp 100 Denkmale. Maria Bauer verwendet den politisch gefärbten Begriff »Schlageterzeit« als Synonym für den »Ruhrkampf«. Die Besatzung endete im Sommer 1925.

7 *Dr. Haupt:* Der Zeitungsredakteur Joachim Haupt (1900-1989) engagierte sich bereits ab 1921, während seines Philosophiestudiums, für die NSDAP. Bis 1928 war er Hochschulgruppenführer des Nationalsozialistischen Deutschen Studentenbundes in Kiel. Mit Baldur von Schirach konkurrierte er um die Führung des NS-Studentenbundes, später um die der Hitlerjugend, in beiden Fällen erfolglos. In den von Maria Bauer beschriebenen Jahren 1931-1933 arbeitete Haupt als Chefredakteur der *Niedersächsischen Tageszeitung – Kampfblatt für den Nationalsozialismus*, dem Nachfolgeblatt des »Niedersächsischen Beobachters«. Haupt war der geistige Vater der nationalsozialistischen Eliteschulen (Nationalpolitische Erziehungsanstalt, NAPOLA), die er, entgegen der Absicht der Parteiführung, unabhängig von HJ und SS halten wollte. Im Zuge des »Röhm-Putsches« im Juni 1934 drohte dem Freund Ernst Röhms die Ermordung. 1938 wurde er aus der NSDAP ausgeschlossen. Nach dem Zweiten Weltkrieg unterrichtete Haupt an der Bundeswehrfachschule in Hannover-Bothfeld. Er starb 1989 in Neustadt am Rübenberge. Vgl. Michael Grüttner, Biographisches Lexikon zur nationalsozialistischen Wissenschaftspolitik, Heidelberg 2004, S. 71.

8 *Dr. Lambert:* Der Jurist Helmut Lambert (1904-1944) trat 1925 in die NSDAP ein und begann seine Karriere in der SA. Maria Bauer erlebte ihn zwischen 1930 und 1933 als SA-Redner in Hannover. Im Mai 1933 wurde Lambert Landrat des Landkreises Hameln. Es folgten Tätigkeiten als Regierungsvizepräsident in Erfurt (ab 1939) und als Regierungspräsident in Aurich (ab 1943). Im Sommer 1944 erhielt er seinen Gestellungsbefehl an die Ostfront und galt drei Monate später als vermisst. Vgl. Michael Rademacher, Handbuch der NSDAP-Gaue 1928-1945. Die Amtsträger der NSDAP und ihrer Organisationen auf Gau- und Kreisebene in Deutschland und Österreich sowie in den Reichsgauen Danzig-Westpreußen, Sudetenland und Wartheland, Vechta 2000, S. 107.

Hertha von Reuss

Abel-Biogramm/Nr. 36/Hertha von Reuss
Drei Seiten, maschinenschriftlich, undatiert. Eingangsstempel.
Die Identität der Verfasserin ist authentisch.[1]

Name:	Hertha von Reuss
Geburtsdatum:	11. Juli 1886
Geburtsort:	unbekannt
Alter:	48 Jahre
Familienstand:	ledig
Wohnort:	Berlin-Schöneberg, Vorbergstraße 10
Elternhaus:	unbekannt
Ausbildung:	unbekannt
Beruf:	Erster Weltkrieg: Leitung eines Soldatenheims in Flandern, Besitzerin eines größeren Anwesens in Thüringen
NSDAP-Beitritt:	1931 (Abel-Biogramm)
Mitgliedsnummer:	unbekannt
Werber:	Dr. Ernst Schlange (NSDAP)
Funktionen:	Mitglied (in NSDAP und NS-Frauenschaft)

Charakteristische Aspekte des Biogramms:
Hertha von Reuss sympathisierte schon 1920 mit der Hitlerbewegung. Sie erwähnt, Hitler ihr Haus als Quartier angeboten und Goebbels persönlich kennengelernt zu haben. Mit dem Reichspräsidenten Paul von Hindenburg, so berichtet von Reuss, war sie über ihren Vater und ihre Großväter bekannt.

Berlin Schöneberg, Vorbergstr. 10
[Eingangsstempel][2]

Wie ich zur N. S. D. A. P. kam.

Als Soldaten und Landkind trug ich von jeher das blutsmässige Erbe, dem Vaterlande zu dienen und zu opfern, in mir. Ihm gab ich meinen Verlobten im Weltkrieg und nach dessen Heldentod, stellte ich mich selbst in die tätige Arbeit. Fast als eine unbewusste Vorbereitung auf meine Arbeit in der Partei, war ich die Erste, die nach vielem Kampf im Westen, ein Heim für Offiziere und Mannschaften führte, unterstützt von treuen, vlämischen Leuten. Als letzte deutsche Frau, die bis November 18 Tag und Nacht den zurückflutenden Truppen Verpflegung bereitete, flüchtete auch ich endlich unter Zurücklassung meines wertvollen Eigentums.

In Berlin fand ich viele Getreue den roten Horden zähneknirschend »Gewehr bei Fuß« gegenüber. Anfang 1919 ging ich nach München und erlebte dort dasselbe, bis Württemberger und Bayern der Schreckensherrschaft ein Ende machten. Ich stand mit auf der Strasse, als Gen. von Epp[3] einritt.

Immer quälte mich Deutschlands Schmach, da wurde mir von Bekannten im Kriegsministerium Frühjahr 20. eine Karte zu einer Versammlung gegeben, wo ein Adolf Hitler sprechen wolle. Wir kamen in einen gut besetzten Saal, wo ungeheurer Tumult herrschte. Es sprach als zweiter Redner ein schlanker, uns alle begeisternder Mann, der Hitler hiess. Und stiller und stiller wurde es im Raum, immer mehr Begeisterungsrufe ertönten, und als er dann sein Programm verkündete, setzte grosser Jubel ein. Seit dem Tage hatte Deutschland seinen Führer und Retter. Auch ich habe seitdem für ihn geworben, gekämpft, gearbeitet und auch gern geopfert, ihn in mein Gebet geschlossen. Grade wir Frauen konnten nun endlich wieder wirklich helfen.

Ich war viel im Chiemgau und in Garmisch; wie glücklich war man in diesem Kampf, waren wir meist auch nur kleine Trüppchen.

1922 übernahm ich mein Thüringer Heim, wie nötig war da die Propaganda, wie lauerten da Herbst 23 die Roten in den Wäldern, die aus Bayern Anrückenden zu erwarten.[4] Entsetzliche Tage mitzuerleben! Ich aber konnte mit meinen unbedingt treuen Hofleuten mein sehr geräumiges Heim Hitler als sicheres Freiquartier anbieten. Es kam dann der Verrat an der Feldherrnhalle. Wir, die nur an ihn glaubten, litten zwar schwer, aber verzagt habe ich nie, und genügend Zeugen, dass mein Glaube an Hitler und seinen Sieg nicht zu erschüttern gewesen ist. Frühjahr 24 konnte ich durch Haus bei Haus gehen, viel helfen, dass die NSDAP so zahlreich in die Wahl trat. Leider verlor ich in der Inflation dort meinen schönen Besitz und mein Vermögen. Aber für die Kämpfer fand ich immer Geld, das Bekannte mir helfend gaben.

Im Frühjahr 1925 wohnte ich in Berlin Wilmersdorf war oft im Lokal Heinrich Kaiserallee. Dort hörte ich auch Berlins Gauführer Dr. Ernst Schlange[5] sprechen. Wie staunte ich, diesen Schwerkriegsverletzten, so rüstig kämpfen zu sehen, war doch die Partei noch ziemlich klein. Ich habe Dr. Schlange gekannt, als er als Patient im Lazarett lag, zerschossen, seines rechten Armes beraubt und staunte und freute mich, wie tapfer er dies Unglück erträgt, als einer, das kann ich wohl sagen, von Hitlers Treuesten.

Mai 27 nahmen mich alte Kämpfer zur Mitgliederversammlung in den Clou und durfte ich Hitlers erste grosse Berliner Rede miterleben![6]

September 27 hatte ich die grosse Freude, auch Berlins neuen Gauleiter Dr. Goebbels zu sehen, der grade Redeverbot hatte. Es war in Schönebergs Schlossbrauerei, eine recht blutig verlaufende Wahlversammlung, da Schöneberg noch sehr kommunistisch war. Schon damals bewunderte ich, wie später noch oft, die Macht der Disciplin, die Dr. Goebbels auch dort ausübte. Ich lernte ihn auch bald persönlich kennen.

Als ich Oktober 28 von einem schweren Autounfall erholt, nach Berlin übersiedelte, widmete ich mich seitdem ganz der hiesigen Frauenarbeit; erst Frauenorden, dann FAG. und jetzt Frauenschaft.[7] Seelisch vereinsamt durch Verständnisslosigkeit der rechts stehenden Angehörigen, war ich auch nur zu bald in der Schöneberger Kommune bekannt, die mich manches Mal beschimpft und bespuckt hat. Und doch konnten grade wir Frauen so viel helfen, manchen S.A.Mann decken, beim Zettelkleben oder verteilen, wie manche Nacht sassen wir in den Sturmlokalen, besonders bei Schulz in der AMEISE, in der WESPE und später BAERENHOEHLE, und knifften Wahlzettel. Oder wir gingen unter die Menschen und machten Propaganda von Mund zu Mund. Wie sassen wir einig und emsig zusammen, kochten, nähten, flickten, sammelten, pflegten, machten Gefängnisbesuche oder Päckchen dafür und bauten Weihnachten [ein] schönes grosses Familienfest. Und glaubten und beteten für Hitler! Still und freudig ohne alles Ueberheben. Jeder gab sein Bestes, war diese unsere herrliche Arbeit; erst waren wir wenige, dann immer mehr, gleich ob arm oder reich.

Ich selbst bin auf Zureden vom damaligen Gauleiter Brandenburgs Dr. Schlange 31 dann auch nummernmässig in die Partei eingetreten. Aber ich kann ehrlich sagen, mein Glaube an Deutschland wurde mir nur durch unsern herrlichen Führer selbst wieder geschenkt, als ich Hitlers grosse Rede 1920 hörte.

Als endlich am 30 Jan. 1933 der greise Reichspräsident den jungen Kanzler Hitler berief, erinnerte ich mich des Zusammenseins mit ihm, der sich in Güte und fabelhafter Gedächtnisfrische mit mir von Vater und Großvätern, die er beide sehr schätzte, unterhielt. Hindenburg rief und Hitler kam und unserm Dank an die Vorsehung schliesst sich jetzt das ganze deutsche Volk an, […] MILLIONEN Deutsche Menschen jubeln dem Führer und Kanzler Adolf Hitler zu!

Gott erhalte ihn uns!

Heil Hitler
Hertha von Reuss

1 *Hertha von Reuss*: Vgl. BArch NSDAP-Ortsgruppenkartei, Reuß, Hertha von 11.7.1886, Film 32xx/S0002/1554. Hier findet sich ein durch das ehemalige Berlin Document Center erstellter Verweis auf einen Vorgang zu Hertha von Reuß unter C – Parteistatistische Erhebung. Die Mitgliedskarte fehlt.
Eintrag im Berliner Adressbuch von 1934 »v. Reuß, Hertha Frl. Schönebg. Vorbergstr. 10 T.« Vgl. Zentral- und Landesbibliothek Berlin: Berliner Adressbücher, 1934, S. 2030; URL: http://adressbuch.zlb.de/viewAdressbuch.php?CatalogName=adre2007&ImgId=318602&intImgCount=-6&CatalogCategory=adress&Counter=&CatalogLayer=6 [online am 2. Juli 2014].

2 *Eingangsstempel:* Eingangsnummer und Unterschrift unleserlich, Eingangsdatum »Eing. 1. Sept. 1934«.

3 *Gen. von Epp*: Generalleutnant Franz Ritter von Epp (1868-1946) begann seine Karriere als Kompanieführer in Deutsch-Südwestafrika während der Vernichtung der Herero (1904-1906). Wegen seiner Verdienste vor Verdun wurde er 1916 mit dem Ritterkreuz geehrt und in den persönlichen Adelsstand erhoben. Als konservativer Monarchist war er zunächst Gegner der NSDAP. 1928 erfolgte sein Parteibeitritt, um ein Reichstagsmandat für die NSDAP übernehmen zu können. Er nahm 1932 an der Abrüstungskonferenz in Lausanne teil. Ab 1933 fungierte er als Reichsstatthalter in Bayern (bis 1945).

4 *Herbst 23*: Die Kommunistische Internationale plante von Moskau aus eine kommunistische Revolution in Deutschland. Die KPD, die in Sachsen und Thüringen an den Länderregierungen beteiligt war, versuchte im Oktober 1923 die instabile politische Lage für einen Sturz der demokratischen Regierung zu nutzen, flankiert durch die paramilitärischen »Proletarischen Hundertschaften«. Reichspräsident Friedrich Ebert hatte den Ausnahmezustand verhängt und setzte die Reichswehr ein, um den bewaffneten Aufstand zu beenden. Kurz darauf, am 9. November, kam es zum Putschversuch Hitlers in München.

5 *Dr. Ernst Schlange:* Der Jurist Ernst Schlange (1888-1947) war ein Vertreter des linken Flügels der NSDAP und der Vorgänger Goebbels' als Gauleiter von Berlin-Brandenburg (1925-1926). Von 1933 an verlor er seinen politischen Einfluss.

6 *in den Clou*: Zur ersten offiziellen Rede Hitlers am 1. Mai in Berlin vgl. Paul Brupbacher, Adolf Hitler und die Geschichte der NSDAP. Eine Chronik, Teil 1: 1889-1937, Norderstedt 2009, S. 160f. Das Konzerthaus »Clou« war eine zum Vergnügungslokal umgebaute Markthalle mit 3000 Sitzplätzen. Vgl. Luisenstädtischer Bildungsverein e.V.: Berlin von A-Z, Lexikon zur Stadtentwicklung, Chronik und Gegenwart, Mitte, URL: http://www.luise-berlin.de/lexikon/mitte/m/markthalle_iii.htm [online am 1. September 2015].

7 *Frauenorden, FAG, Frauenschaft*: Vgl. Kapitel 1.3. Zwischen »Frauenkränzchen« und »Kampf« – Nationalsozialistische Frauenorganisationen vor der Gründung der NS-Frauenschaft 1931.

Marlene Heder

Abel-Biogramm/Nr. 41/Marlene Heder
Acht Seiten, maschinenschriftlich mit handschriftlichen Ergänzungen (deutsche Schrift), undatiert. Die Identität der Verfasserin ist authentisch.[1]

Name:	Marie-Luise Heder
Geburtsdatum:	16. Oktober 1913
Geburtsort:	Gombeth/Kreis Fritzlar
Alter:	20 Jahre
Familienstand:	ledig
Wohnort:	Kleinenglis/Kreis Fritzlar
Elternhaus:	Vater Mühlenbesitzer, Mutter Hebamme
Ausbildung:	Katholische Klosterschule, Ausbildung in Kassel
Beruf:	unbekannt
NSDAP-Beitritt:	1. Dezember 1930 (NSDAP-Ortsgruppenkartei)
Mitgliedsnummer:	373 730
Werber:	unbekannt
Funktionen:	Mitglied

Charakteristische Aspekte des Biogramms:
Marlene Heder schreibt aus der Perspektive einer Jugendlichen. Sie stellt ihren politischen Werdegang ausführlich dar. Nationalsozialistische Ereignisse, darunter das Rahmenprogramm eines Hitlerauftritts, werden von ihr detailliert geschildert.

Marlene Heder , Kleinenglis, Kreis Fritzlar[2]

Wie es kam, daß wir 2 Schwestern mit 19 und 20 Jahren schon zu den alten oder wenigstens älteren Kämpfern der Bewegung gehören, wollen wir hier wahrheitsgetreu berichten.

Weltkrieg. Ende 1913 und Anfang 1915 geboren, waren wir noch sehr klein und winzig als der Weltkrieg über Europa hinwegbrauste und viele deutsche Männer hinwegraffte. Unter ihnen war auch unser Vater, der im Aug. 15 bei Ostrolenka als Leutnant d. R. und Kompanieführer fiel.[3] Mit Bewußtsein jedoch erlebten wir dies alles nicht, nur eins ist uns in Erinnerung geblieben u. zw. daß Mutter viel weinte und alle schwarze Kleider trugen. Erst später sollten wir erfahren, was es heißt, ohne Vater groß zu scin.

Revolution u. Inflation. Auch die Deutschland schwer erschütternden Ereignisse der roten Revolution und der folgenden Inflation erlebten wir noch als nicht schulpflichtige Kinder. Immerhin ist uns die Inflation noch in lebhafter Erinnerung, verstand doch bei uns zu Hause kein Mensch richtig mit dem Geld umzugehen, nur wir konnten es und wurden deshalb beim Geldwechseln stets zu Rate gezogen, wie es damals überhaupt öfters anzutreffen war, daß die Kinder sich in der neuen Zeit besser zurecht fanden als die Alten, ihnen war eben innerlich nicht so viel zerschlagen worden. Sie kannten es zum größten Teil nicht anders und waren mit den Verhältnissen vertraut. Eins müssen wir vielleicht noch sagen, uns ging es wirtschaftlich nicht so schlecht, wie vielen anderen deutschen Familien und das macht viel aus in der ganzen Anschauung und Erziehung.

Schulzeit u. Schulerziehung. Die ersten Schuljahre lebten wir wie alle Kinder ziellos und gedankenlos, doch zeigten wir von Anfang an schon lebhaftestes Interesse für Geschichte, besonders deutsche Geschichte und diese Vorliebe befestigte sich im Laufe der Jahre immer mehr und wurde durch die rege Anteilnahme am pol. Leben nur noch gesteigert. Außerdem hatten wir Glück mit unsern Lehrkräften in Geschichte, denn selten fand man zu jener Zeit, daß gerade Geschichte nicht vom marxistischen oder vom Zentrumsgeist[4] verseucht der Jugend aufgetischt wurde. Ihnen haben wir es zu verdanken, daß unsere gesunden Ansichten nicht verloren gingen.

Die 1. Anfänge der Politik. In unsre Schulzeit fielen auch die ersten Auseinandersetzungen mit der Politik. Es klingt vielleicht merkwürdig, wenn man bei Kindern von Auseinandersetzungen redet und doch war es so. Wir beide waren in der Hinsicht allen anderen gleichaltrigen Gefährten weit voraus und überlegen, sogar unsrer Mutter waren wir überlegen, die sich überhaupt nicht um Politik kümmerte und aus Tradition heraus der D. V. P. oder D. N. V. P. zuneigte. Wir dagegen machten uns trotz unsrer Jugend schon ernstliche Gedanken und lasen sämtliche Zeitungen die wir erwischen konnten mit Feuereifer. (Daß wir auch oft, ja sehr oft falsch beeinflußt waren, ließ sich in u/ roten Dorf gar nicht vermeiden. So weiß ich z. B. noch, daß wir bei der Reichspräsidentenwahl frei weg für Marx[5] begeistert waren und uns erst nachher für Hdbg.[6] bekehren ließen, das dann aber auch voll und ganz. Ebenso sangen wir in den Jahren schon voller Begeisterung das bek. »Hakenkreuz am Stahlhelm«[7] ohne uns auch nur die geringste Vorstellung vom Hakenkreuz machen zu können, aber das Schwarzweißrote Band[8] hatte es uns angetan. Unsere Gesinnung nach rechts brach sich Bahn.) Immer wieder wurde versucht, unsere Anschauung umzubiegen nach links, aber sie fingen es verkehrt an, indem sie in den Dreck zogen was uns hoch und heilig war. Unvergeßlich blieb uns der Ausspruch eines »Roten«: Alle die im Krieg waren müßten Schläge haben, sie waren ja alle verrückt, und die Gefallenen haben es ja nicht besser verdient. Das war zu viel. Und von der Zeit her rührt unsre Opposition gegen alles was von links kam, eine Opposition die Jahre hindurch hielt. Geschickter gingen die Zentrumsleute in der kath. Klosterschule vor, aber auch sie konnten uns von unserem »nationalen Standpunkt« nicht runterkriegen.[9] Ganz schlimm wurde es erst, als wir dann Nazis waren; zu allem Überfluß fielen dann auch noch unsere deutschnat. und volkspart. Verwandten über uns her.[10] Wir waren eben ganz aus der Art geschlagen.

Unser 1. Zusammentreffen mit der Bewegung u. erste Tätigkeit. In 1929 war es, als wir zum ersten Mal in unserm Leben SA-Männer sahen. 14 und 15 Jahre alt waren wir. Begeistert kamen wir nach Hause gestürzt. »Heute abend ist Versammlung von den Nazis, da müssen wir hin«. Die Abkühlung kam dann sofort. »Was wollt ihr grünen Dinger denn dort, versteht ja doch nichts davon.« Bei der 2. Versammlung ließen wir uns nicht so abspeisen. Allen zum Trotz waren wir und mehrere Schulkameradinnen dort unter lauter Erwachsenen so ziemlich die einzigsten jungen Menschen. Sehr stolz waren wir, aber noch viel begeisterter. Von da ab fing unsere Propagandatätigkeit innerhalb der Bewegung an, wir verteilten Flugblätter, und verkauften Zeitungen oder Zeitschriften, hörten uns jede Rede für und manche Rede gegen die Bewegung an, lernten immer mehr dazu und trugen das Gehörte weiter, wir opferten gern und freudig bei den Kampfschatzsammlungen[11] wenn auch nicht viel, aber das was wir hatten. Was scherte es uns, daß wir zu Hause ausgelacht wurden, daß wir lächerlich gemacht wurden, eben weil wir noch so jung waren, was scherte es uns, daß sie uns später das Abzeichen verbieten wollten, wir ließen es uns eben nicht verbieten, von keinem Lehrer und niemandem, wir kümmerten uns nicht darum, daß man uns den Ausschluß aus der Schule androhte, nach wie vor liefen wir in die Versammlungen und leisteten unsere Kleinarbeit. Konnten sie zu Hause und in der Schule reden, lachen und schimpfen wie sie wollten. Sie verstanden eben nicht, daß man, obwohl noch sehr jung, doch den Glauben an eine Idee haben konnte, sie verstanden und verstehen zum Teil heute noch nicht, daß die Begeisterungsfähigkeit der Jugend grenzenlos ist und das sie immer im Leben an das Kühne und Starke glauben wird. Die anderen taten nichts als hetzen und in den Dreck ziehen, allenfalls ergaben sie sich darein, daß es doch kein Mensch besser machen könnte, aber die junge Bewegung des Führers gab uns, gerade uns Jungen, den Glauben an die Vergangenheit und die Zukunft wieder.

Aufnahme in die Partei. Und dann kam der 30. Dezember 1930, der Tag, an dem wir in die Partei aufgenommen wurden, der Tag, an dem wir vor aller Öffentlichkeit das Hakenkreuz tragen durften. Niemanden hatten wir gefragt, sondern auf eigne Faust gehandelt. Erst nach 5 Monaten, nachdem wir unsre Mutter so ziemlich auf unsre Seite bekommen hatten und wir endlich auch einmal Beiträge bezahlen mußten, haben wir es zu Hause gestanden. Und Mutter hat es zugegeben, aber immer noch 2 Jahre dauerte es, bis sie auch Mitglied wurde.

Bauerntreffen. Unser erstes größres Erlebnis war das Bauerntreffen in unsrer Ortsgruppe. Über 1000 Mann SA. war viel für damalige Verhältnisse und wir durften sie verpflegen helfen. Das war Arbeit. Nie vergessen werden wir die Rede Roland Freislers[12], den wir damals zuerst hörten. Mit ungeheurer Wucht schleuderte er die Worte und Anklagen in die Massen und rief ein über das andere Mal tosenden Beifall hervor. Aber auch noch manches böse Wort fiel auf d. Gegenseite. Leider verhalf das Überfallkommando von Kassel diesem herrlichen Tag zu einem häßlichen aber typischen Abschluß. Friedliche ahnungslos heimgehende Menschen wurden von der Polizei angerempelt und mußten in fremde Häuser flüchten, denn Gummiknüppelsuppe schmeckte nicht gerade gut. Wir waren oft nicht böse drum, denn wer sich nicht vom Geist unsrer Bewegung bekehren ließ dem wurden oft durch ein derartiges Vorgehen die Augen gewaltsam wenn auch etwas schmerzlich geöffnet.

Kassel 1931 bis 1932. Unser an Erleben reichste Zeit fiel in die Jahre 31 und 32, die wir in dem roten Kassel verbrachten. Erst dort sah und erlebte man zutiefst den gigantischen Kampf um den Deutschen Menschen, um seine Seele. In den Städten wurde eben mit ganz anderen Mitteln gekämpft als auf dem Lande. In diesen meistens vom Heimatboden losgelösten Menschenmassen prallten die verschiedenen Weltanschauungen viel krasser aufeinander. Auf dem Lande blieben es doch immerhin nur einzelne gänzlich verseuchte Individien die das Volk aufputschten und verhetzten, aber der gute Kern blieb der großen Masse zu eigen. Sie waren durch Blut und Boden eng mit der Heimat und, ihnen selbst zwar noch unbewußt, mit dem ganzen Volk verbunden, sie waren durch Kino und Kaffees nicht so versaut wie die in der Stadt. Wir sahen und hörten manches in den 2 Jahren und konnten oft nicht begreifen, daß so manches von oben herunter geduldet wurde. Freilich gab es in der Stadt auch vieles, was das Land nicht aufweisen konnte. Und das waren vor allen die herrlichen großen Versammlungen der Kampfzeit, die Propagandazüge der SA. u. dergl. mehr. Wie oft schüttelte unsre Pensionsmutter den Kopf, wenn wir zu den Versammlungen liefen, aber sie duldete es wenigstens, wenn wir von Zeit zu Zeit ihre Tochter mitnahmen. Mehr wollten wir ja anfangs nicht, erst wollten wir die Jungen haben, mehr als einmal haben diese dann die Alten mit fortgerissen.

Rotmord in Kassel. In trauriger Erinnerung ist uns noch der 28. Juni 1930, als in Kassel Messerschmidt durch rote Mörderhand fiel.[13] Zwar erlebten wir jene Blutnacht nicht aktiv mit, doch ließen wir uns durch eine bekannte PGn. immer wieder davon erzählen. Nur zu gut wußte diese Bescheid, hatte man sie doch selbst in jener Nacht eingesperrt. Selbst miterlebt haben wir die Zeit in der in Kassel der Stahlhelmkamerad Leck ermordet wurde. Bei seiner Trauerfeier lernten wir Roland Freisler von der anderen Seite kennen, diesmal nicht Kampfredner sonder tief mitfühlender Mensch. Am nächsten Tag war Beerdigung, wohl noch nie hat der Friedhof so viele Menschen gesehen, Menschen, die dem Toten das letzte Geleit geben wollten aber auch Menschen, die ihm den letzten Frieden noch zuschanden machen wollten. Tief empört waren wir, als es Kommunisten wagten ihm ins Grab hinein ihre Gemeinheiten nachzurufen. Und doch, was konnten wir alle machen? Wir mußten stillschweigend zusehen, weil eine Regierung Severing[14] und Genossen ihre Hand über solche Schurken hielt. In jener Zeit glich Kassel einem aufgescheuchten Wespennest. Nie war man ganz sicher auf der Straße. Meine Schwester ist unzählige Male bei ihrem gefährlichen Schulweg von männlichen und weibl. Kommunisten verfolgt worden, die versuchten, ihr das Abzeichen zu entreißen und Worte wie: Nazimensch, Bluthund, braune Schweine usw. waren keine Seltenheit. Aber das machte uns nichts aus, denn wir glaubten unverbrüchlich an Adolf Hitler. Ganze Straßenviertel waren zu der Zeit abgesperrt und nachts rasselte ein über das andere Mal Überfallkommando und berittene Polizei an unserem Haus vorbei, und hier und da flackerten Schüsse auf. Ein braver Polizist hat dabei sein Leben lassen müssen. Diese hatten schwersten Dienst in der Zeit, war doch ein großer Teil mit dem Herzen auf der Seite des Führers und mußten mit der Tat gegen ihn sein.

1931 Die erste Führerrede. Und dann kam eines Tages 1931 unser aller größtes Erlebnis: Der Führer kam nach Kassel, Adolf Hitler wollte zu uns sprechen. Fieberhafte Erregung pulsierte in allen Menschen und auf den Gesichtern der Pgn. strahlte die Freude nur so. Tagelang trugen wir unsre Eintrittskarten schon bei uns und konnten doch nicht abwarten, bis der ersehnte Tag kam. Und als es soweit war, hielt uns nichts auf der Welt mehr. Abends sollte der Führer reden, um 3 Uhr war Zeltöffnung und um ½ 1 Uhr waren wir schon vor dem Riesenzelt und warteten. Wir waren nicht die ersten, vor uns stand schon eine Menschenmauer. Und dann warteten und warteten wir alle mit einer Engelsgeduld. Es war uns einerlei, ob wir durch den ungeheuren Druck der Menschenmassen halb tot gequetscht wurden, wir waren es ja nicht allein. Kein böses Wort fiel, alle trugen eine große Freude, zum mindestens aber eine große Spannung in sich. Als dann das Zelt geöffnet wurde, stürzte alles nach vorn um sich gute Plätze zu sichern. Wir hatten alle 3, u/ Mutter war auch mitgekommen, Glück gehabt und sahen und hörten gut, obwohl wir getrennt saßen. Und dann wieder Warten und Warten. Die Fülle wurde gegen abend immer beängstigender, die Luft immer schlechter, der Ohnmächtigen immer mehr, aber die Stimmung immer besser. Wir hatten unsre Schularbeiten gemacht und dann hielten wir es mit den anderen, aßen sämtliche Vorräte und sangen die alten Kampflieder, bis es dann endlich soweit war, daß Freisler die Versammlung um 8 Uhr eröffnete. Um 10 Uhr hatte die Spannung ihren Höhepunkt erreicht, jeden Augenblick mußte der Führer kommen. Es stand schon immer alles auf den Bänken. Und dann auf einmal war er da Hoch auf brauste der Jubel und die Begeisterung und die Heilrufe nahmen gar kein Ende. Manches Auge hat sich da mit Tränen gefüllt, manchen Alten war ein Lebenswunsch in Erfüllung gegangen, sie sahen und hörten den Führer. Da war ein altes 70 jähriges Mütterchen, hören konnte sie nicht mehr, nur einmal noch wollte sie den Führer sehen, mehr wünsche sie nicht mehr. Als dann die ersten klangvollen und warmen Worte fielen, lag tiefe Stille über dem Raum. Noch nie wieder im Leben hat uns ein Ereignis so tief gepackt, wie diese erste Führerrede. Und dann fielen die Worte, vernichtend und anklagend, lodernd und aufrüttelnd, jeden, auch die Zweifelnden mit sich reißend. Eindringlich sprach er zu der Masse und doch wieder zu jedem Einzelnen und zog sie in seinen Bann. Fest gruben sich seine schicksalsschweren Worte in u/ Herzen. Immer wieder zerriß die Begeisterung die Stille und pflanzte sich fort zu den Tausenden, die außerhalb des Zeltes die Übertragung hörten. Und dann war Schluß. Aufbrauste d. Horst-W. Lied. Wir sahen noch Blumen über Blumen, aber der Mann in der schlichten braunen Uniform und dem von unbeugsamen Willem geprägten Gesicht und den schmalen sprechenden Händen war nicht mehr da. Wie wir nach Hause kamen, wissen wir nicht. Den Abend konnten wir lange nicht einschlafen, noch war das Erleben zu stark. Manches Gebet wird diesen Abend zum Himmel gestiegen sein, den Führer zu behüten. Dieselbe Begeisterung und Liebe schlugen dem Führer bei der 2. großen Zeltversammlung entgegen und wieder gewann er die Herzen von Hunderten von Volksgenossen bis es mehr und mehr wurden und der Sieg immer näher rückte.

Eine Versammlung der »Deutschen Friedensgesellschaft«. Aber diese helle und reine Begeisterung war nicht auf der ganzen Linie zu finden. Eins Tages beschlossen wir, eine rote Versammlung zu besuchen. Warum nicht, man konnte nur lernen. Als wir dann hinkamen, fanden wir die mit großem Geschrei angekündigte Versammlung nur mäßig besetzt, viel Gesindel aber auch noch manch guter Kopf dabei, um den es schade war, daß er nicht zu uns gehörte. Und dann fing der Redner der »Deutschen Friedensgesellschaft«[15] an zu schimpfen und zu hetzen. Erst mußten wir über all den Salat lachen, aber nachher waren wir doch entsetzt, wie hier der Schmutz kübelweise über die Menschheit gegossen wurde und wie unser so hoch über allem stehender Führer in den Dreck gezogen wurde. Dazu wurde dann auch noch geklatscht. Längst hatten die roten Pgs. gemerkt, aus welcher Richtung wir und noch 5 bis 6 andere kamen und manches unflätige Wort traf uns, aber es gab ja einen Befehl: nicht provozieren lassen. Mochten sie also reden. Die Hälfte der Versammlung war herum, als plötzlich am Eingang und in der Nähe ein Geraune und Gezische anfing. Hatte es doch tatsächlich so ein »Nazischwein« gewagt, mit Abzeichen und brauner Hose und unserm Kampfblatt zu erscheinen. (Wir waren doch als Mädchen etwas ängstlich gewesen und trugen das Abzeichen unsichtbar) Es dauerte auch gar nicht lange, da fingen die Anpöbeleien an und bald war vor der Tür die Klopperei im Gange, während drinnen die Hetzkanonade weiterging. Nach kurzer Zeit jedoch war unser PG. wieder drinnen, zwar blutig gekratzt und vermöbelt. Plötzlich hatten wir anderen alle das Abzeichen heraus und saßen alle zusammen. Als die Roten den mit der braunen Hose ein 2. Mal angriffen, scharten wir uns alle zusammen und gingen fort, nachdem in der Zwischenzeit der 2. Redner dieselbe Leier noch einmal wiederholte.

Die Zustände zu Hause. In unserem Dorf war der Hitzegrad der Bevölkerung auch gestiegen. Wenn wir sonnabends oder in den Ferien oder später tägl. zu Hause waren, waren wir nie sicher. Mit den Rädern sind sie nachts hinter uns her und aus den Fenstern warfen sie Holzklippern nach uns. Die Kinder spuckten auf der Straße vor uns aus und die Eltern drohten mit geballter Faust. Aber das war alles nicht das schlimmste. Schlimmer war es, daß uns langsam aber sicher unser Brot verloren ging. Mutter war nach Krieg u. Inflation Hebamme geworden und ihr Bezirk bestand aus ¾ zu roten Arbeitern. Diese nahmen sich dann jemand anders, so daß es vorgekommen ist, daß Mutter 3 Monate und länger nichts zu tun hatte und wir von dem bißchen arg gekürzter Pension leben mußten. Dazu kam noch, daß ihre Nerven durch die dauernden Aufregungen und Sorgen so herunter gewirtschaftet waren, daß sogar Mutter und wir mit dazu manchmal anfingen, an unsrer Sache zu zweifeln. Aber dann wurden die Zähne wieder zusammen gebissen und weiter gings. Nur nicht den anderen zeigen, daß es uns nicht gut ging, die Freude sollten sie dann doch nicht [haben/erleben]. Hätte wir zu jener Zeit nicht immer wieder den Führer und die Toten der Bewegung als Vorbild gehabt, wer weiß wie es geworden wäre. Aber auch unsre stillen Feiern im engsten Kreise frischten wieder auf und gaben von neuem Mut, wundervoll war eine Sonnenwendfeier der Kampfzeit und ein gutgelungener Deutscher Abend unserer winzigen Ortsgruppe. Kraft brauchten wir zu jener Zeit, mehr Kraft, als wir vielleicht je wieder nötig haben werden, galt es doch auch, manchen armen, von zu Hause vertriebenen S. A.-Mann zu trösten und zu bemuttern. Sie hatten es ja viel schwerer, alle die, die kein zu Hause mehr besaßen.

Die vielen Wahlen. Am meisten zerrten die Aufregungen der Wahlen an unseren Nerven. Wie würden sie ausfallen? Warum reicht uns wenigstens Hindenburg nicht die Hand? Da war es, daß viele gute Deutsche den Alten vom Preußenwald[16] nicht verstanden und anfingen zu zweifeln und anfingen, hin und hergezerrt zu werden von ihren Gefühlen. Und die R.-Pr. Wahl[17] zeigte dann, daß mancher dem Führer untreu geworden und dem doch von allen verehrten Hindenburg zu Liebe umgefallen war. Bittere Stunden verbrachten wir dann am Radio und noch bitterere draußen an der Straße, wenn alle höhnisch lachten und spotteten, wegen der Schlappe, die wir erlitten hätten. Da wurden viele Augen der Unseren dunkel und manche Faust ballte sich krampfhaft, aber immer wieder beherrschten sie sich mustergültig. Von neuem tobte der Kampf um die Herzen dieser verhetzten Arbeiter, Stimme um Stimme wurde ihnen abgerungen, Nächte wurden geopfert und die Gesundheit aufs Spiel gesetzt. Was galt das schon, einmal mußte dennoch der Sieg kommen. Schon die nächste Wahl brachte ihn. Die Zahl der Braunhemden im Reichstag stieg von 107 auf 230. Aber noch immer war der Endsieg nicht errungen, noch immer wurde das Land zerrissen durch innere Kämpfe. Noch mancher Brave fiel für die Bewegung. Einmal sollte der Führer Vizekanzler werden, er aber lehnte ab. Wie so manche verstanden auch wir nicht warum. Monate später schämten wir uns, daß wir auch nur einen Augenblick an ihm und seinen Entschlüssen gezweifelt hatten und im Stillen haben wir ihn um Verzeihung gebeten. Er ist doch klüger und weitsehender als alle zusammen. Er hat noch stets das Richtige unternommen und wird es auch in alle Zukunft tun.

Der Winter 1932 brachte auf der ganzen Linie den Höhepunkt der Verzweiflung, Spannung und Hoffnung. Wieder war einmal gewählt worden, aber das Volk war es längst müde und dem Anschein nach unsre Anhänger besonders. Die Spreu hatte sich vom Weizen geschieden, wir waren um mehrere Reichstagssitze gekommen. Ein gefundenes Fressen für unsre Gegner. Doch nun erst recht. Durchhalten hieß die Parole, durchhalten bis zum äußersten, es konnte ja nicht mehr lange so weitergehen im Deutschen Reich. Bald, bald mußte doch auch für das Deutsche Volk Frühling werden. Unser Stimmungsbarometer wurde nachgerade wechselnd und launenhaft. Einmal freudige Hoffnung zum andern Mal tiefste Niedergeschlagenheit. Auch das Kabinett Schleicher hielt nicht was es versprach.

Der 1. entscheidende Sieg. So kam man i. den Januartagen des Jahres 1933 immer näher. Wir wissen heute gar nicht mehr, wie es dann eigentlich gekommen war, wir wissen nur noch, daß die SA. immer Wache schieben mußte, daß wir immer am Radio hingen, und daß es plötzlich hieß, das Kabinett Schleicher ist zurückgetreten. Unsre Nerven waren zum Zerreißen. Was würde es nun geben? Hilft uns der greise Reichspräsident dieses Mal? Wird Adolf Hitler endlich Führer der gesamten Nation? Und dann trat der historische Augenblick ein. Hindenburg rief den Führer [...][18] sich in nächtlicher Stunde und vertraute ihm, dem jungen [...] des jungen Deutschland, den Kanzlerposten des [...] an. Stets werden wir es dem »großen alten Mann« danken, daß er in jener Stunde unsrer heiß erkämpften Bewegung zum endgültigen Siege verhalf. Wie vom schweren Alpdruck befreit atmeten wir auf, jetzt war ein Teil geschafft, und dann erst konnten wir uns freuen. Mit dem jubelnden Dankesläuten der Kirchenglocken zog ein neuer Frühling in Deutsche Lande und wir beide sind froh und stolz, mit unsrem kleinen Können am großen Werk des größten Deutschen mitgeholfen zu haben. Und nun geht es weiter, denn der schwerste Kampf ist noch zu bestehen.

M. C. Heder[19]

1 *Marlene Heder*: Vgl. BArch NSDAP-Ortsgruppenkartei, Weber, Marlies (Maria Luise geb. Heder) 16.10.1913, Film 32xx/Y032/1018, sowie Geburtenregister des Standesamts Borken. Dort sind die Schwestern Heder wie folgt eingetragen: Marie Luise Karoline Heder, geb. am 16. Oktober 1913 in Gombeth sowie Auguste Viktoria Rose Marie Henriette Heder, geb. am 2. März 1915 in Gombeth. Vermutlich war »Marlene« der Ruf- bzw. Kosename der älteren Schwester.

2 *Kleinenglis*: Die Gemeinden Gombeth und Kleinenglis gehören heute zur Stadt Borken (Hessen).

3 *Vater*: Der Vater der Mädchen war Karl Heder, Mühlenbesitzer im Kirchspiel Kerstenhausen, einem Nachbarort von Kleinenglis. Auskunft per Mail von Horst Blum (Fritzlar) am 15. August 2013.

4 *Zentrumsgeist*: Den Zielen der katholischen Zentrumspartei entsprechend.

5 *Marx*: Der Zentrumspolitiker Wilhelm Marx (1863-1946) war insgesamt viermal deutscher Reichskanzler (zwischen 1923 und 1928, jeweils Koalitionsregierungen). Die Wahl zum Reichspräsidenten verlor er 1925 gegen Paul von Hindenburg.

6 *Hdbg.*: Abkürzung für Hindenburg.

7 *Hakenkreuz am Stahlhelm*: hieß das sogenannte Kampflied der »Marine-Brigade-Erhardt«. Das Freikorps war 1918 vom Korvettenkapitän Hermann Erhardt aus 300 Marineoffizieren gebildet worden. Die Mitglieder trugen als Zeichen ihrer völkischen Gesinnung ein Hakenkreuz auf dem Helm. Die Regierung der Weimarer Republik setzte den Stoßtrupp im März 1920 gegen aufständische kommunistische Arbeiter ein. In der letzten Strophe des Liedes heißt es »Hakenkreuz am Stahlhelm/schwarz-weiß-rotes Band/Die Brigade Erhardt werden wir genannt/Die Brigade Erhardt schlägt alles kurz und klein/Wehe Dir, wehe Dir, Du Arbeiterschwein«. Nach der im Versailler Vertrag festgeschriebenen offiziellen Auflösung aller Freikorps im Frühjahr 1920 wurde das Lied von der SA übernommen, mit folgender Veränderung des Textes: »Hakenkreuz am Stahlhelm/Blutig-rot das Band/Sturmabteilung Hitler werden wir genannt«. Vgl. Deutsches Historisches Museum Berlin, LeMO, Bestand, Biographien, Hermann Ehrhardt; URL: https://www.dhm.de/lemo/bestand/objekt/hermann-ehrhardt.html [online am 22. August 2015].

8 *Schwarz-weiß-rotes Band:* Dieses Zitat aus dem Lied »Hakenkreuz am Stahlhelm« bezieht sich auf die von 1871-1919 gültigen Nationalfarben des deutschen Kaiserreichs und seiner Flagge. Mit der Weiterverwendung dieser Farbstellung in der Weimarer Republik bezogen Monarchisten und Rechtskonservative politisch Stellung gegen die Republik und deren Farben schwarz-rot-gold. Auch rechtsextreme Freikorps, wie die Brigade Erhardt, traten hinter der alten schwarz-weiß-roten Reichsflagge an. Die Nationalsozialisten griffen diese Farben in der Hakenkreuzfahne wieder auf.

9 *Kath. Klosterschule*: Gemeint ist die Ursulinenschule in Fritzlar. Die Nonnen haben die Namen der Schülerinnen in einem Buch verzeichnet, darunter Marie-Luise Heder (Oktober 1928 – Oktober 1930) und Rosemarie Heder (Oktober 1929 – Oktober 1931). Auskunft per Mail von Schulleiterin Jutta Ramisch und Lehrer Horst Blum von der Ursulinenschule in Fritzlar am 15. August 2013.

10 Satzteile durch die Verfasserin umgestellt. Der so hergestellte Satzbau wird wiedergegeben.

11 *Kampfschatzsammlungen*: Als »Kampfschatz« bezeichnete die NSDAP ihren Wahlwerbefonds. Einmal mehr wird hier die Propaganda als Kampf verstanden. Vgl. Kapitel 1.1. Definition.

12 *Roland Freisler*: Der Jurist Roland Freisler (1893-1945) war 1924 zunächst Stadtverordneter für den »Völkisch-sozialen Block« in Kassel. Er wurde 1925 Mitglied der NSDAP und noch im gleichen Jahr deren stellvertretender Gauleiter in Hessen-Nassau Nord. Als Anwalt verteidigte er straffällige Nationalsozialisten. 1932 wurde er Abgeordneter im Preußischen Landtag. Ab 1933 leitete er die Akademie für Deutsches Recht sowie die Personalabteilung des preußischen Justizministeriums. Freisler bestimmte maßgeblich den Umbau der Justiz zum Instrument nationalsozialistischen Terrors. Als Präsident des Volksgerichtshofes führte er ab 1942 fanatische, gezielt entwürdigende Schauprozesse gegen politische Gegner, meist mit dem Urteil der Todesstrafe, was ihn als »Blutrichter des Systems« bekannt machte. Vgl. Weiß, Biographisches Lexikon, S. 130 ff.

13 *Messerschmidt*: Heinrich Messerschmidt (†1930), ein politischer Weggefährte Freislers, war 1924 zunächst Stadtverordneter für den »Völkisch-sozialen Block« in Kassel. Bei

einer Straßenschlacht zwischen Kommunisten, Nationalsozialisten und dem Reichsbanner Schwarz-Rot-Gold am 18. Juni 1930 in der Kasseler Altstadt wurde Messerschmidt schwer verletzt und starb am 27. Juni 1930. Die NSDAP erhob ihn zum Märtyrer ihrer Bewegung. Marlene Heder gibt als Datum der Straßenschlacht fälschlich den 28. Juni 1930 an. Vgl. Staatsarchiv Marburg: Digitales Archiv Marburg; URL: http://www.digam.net/einfuehrung.php?lput=845. Das Landesgeschichtliche Informationssystem Hessen (lagis) zeigt Fotos von der Beisetzung Messerschmidts sowie einer nationalsozialistischen Messerschmidt-Gedenkfeier in Kassel. Vgl. Hessisches Landesamt für geschichtliche Landeskunde: Landesgeschichtliches Informationssystem Hessen (lagis), Historische Bilddokumente, Messerschmidt Gedenkfeier in Kassel; URL: http://www.lagis-hessen.de/de/subjects/xsrec/current 41/sn/bd?q=YToxOnt zOjU6InNhY2hlIjtzOjE2OiJIYWtlbmtyZXV6ZmFobmVuIjt9 [online am 22. August 2015].

Reichsbanner: Das Reichsbanner Schwarz-Rot-Gold war unter den zahlreichen parteinahen Kampfverbänden der Weimarer Zeit jener, der der SPD nahestand. Dabei drückt sich dessen Treue zur demokratischen Republik durch die Nennung der neuen deutschen Nationalfarben im Verbandsnamen aus. Vgl. Evans, S. 138.

14 *Regierung Severing*: Der Sozialdemokrat Carl Severing (1875-1952) war von 1919/20 bis 1933 Abgeordneter des deutschen Reichstages und des preußischen Landtages. Seine Stärken waren geschickte Verhandlungsführung, Deeskalation und Schlichtung. Severing, der zum rechten Flügel der SPD gehörte, arbeitete gegen politische Radikalisierung. In den Jahren 1920-1926 und 1930-1932 war Severing preußischer Innenminister, sowie von 1928-1930 Reichsinnenminister. In diesen Funktionen unterstanden ihm Verwaltung und Polizei, die er auf demokratischen Kurs brachte. Er setzte sich für die Unabhängigkeit von Radio und Wochenschau ein und damit gegen das rechte Medienimperium Alfred Hugenbergs. Das sogenannte »System Severing« war ab 1929/30 Zielscheibe nationalsozialistischer Propaganda. Dies verstärkte sich unter anderem durch Severings Vorschlag, Hitler als unerwünschten Ausländer abzuschieben. Ferner ordnete er Durchsuchungen von NSDAP-Zentralen an. Goebbels stilisierte Carl Severing im Wahlkampf zum Preußischen Landtag 1932 zu seinem persönlichen Widersacher. Vgl. Thomas Alexander, Carl Severing. Sozialdemokrat aus Westfalen mit preußischen Tugenden, Bielefeld 1992.

15 *Deutsche Friedensgesellschaft* (1892-1933): Die spätere Friedensnobelpreisträgerin Bertha von Suttner und Alfred Herrmann Fried gründeten die DFG 1892 in Berlin; kurz darauf tritt die spätere Frauenrechtlerin Helene Stöcker bei. Nach dem Ersten Weltkrieg wandten sich die Pazifistinnen und Pazifisten gegen den preußischen Militarismus und traten für einen Weltfrieden durch Völkerrecht und Demokratie ein. Konkret bedeutete dies die Anerkennung der Mitschuld Deutschlands am Weltkrieg, eine Verständigung mit Frankreich und den Beitritt Deutschlands zum Völkerbund. In den letzten Jahren vor 1933 machte sich die Friedensgesellschaft für die Erhaltung der demokratischen Republik stark. Es kam zu Verfolgungen, Misshandlungen und Ermordungen durch die Nationalsozialisten. Nach 1933 starben einige Mitglieder der Friedensgesellschaft in Konzentrationslagern, unter ihnen Carl von Ossietzky.

16 *Der Alte vom Preußenwald:* Bezug auf die Hindenburg-Biographie von Alfred Hein, Der Alte vom Preußenwald. Hindenburgs siegreiches Leben, Langensalza 1934.

17 *R.-Pr.-Wahl:* Gemeint ist die Reichspräsidentenwahl 1932. Die Amtszeit des Reichspräsidenten Hindenburg lief im Frühjahr 1932 aus. Als neue Kandidaten traten im zweiten Wahlgang an: Ernst Thälmann (KPD), Adolf Hitler (NSDAP) und Paul von Hindenburg (parteilos). Thälmann und Hitler polarisierten die Wählerschaft. Der Nationalist und Republikskeptiker Hindenburg wurde damit zum Kandidaten von SPD und bürgerlicher Mitte. Letzterer gewann die Wahl mit 53% der Stimmen und

wurde für weitere sieben Jahre im Amt bestätigt. Es folgten Hitler mit 37 % und Thälmann mit 10 % der Stimmen. Vgl. Evans, S. 378 f.

18 Drei Wörter unleserlich durch einen Tintenfleck.

19 *M. C. Heder*: Die Verfasserin starb am 6. Juli 1998 in Bad Hersfeld, ihre Schwester am 19. November 2009 ebenfalls in Bad Hersfeld.

Hilde Boehm-Stoltz

Abel-Biogramm/Nr. 44/Hilde Boehm-Stoltz
Fünf Seiten, maschinenschriftlich mit handschriftlichen Ergänzungen und Adressaufkleber, undatiert. Die Identität der Verfasserin ist authentisch.[1]

Name:	Hilde Boehm-Stolz
Geburtsdatum:	8. August 1894
Geburtsort:	Duisburg-Ruhrort
Alter:	44 Jahre
Familienstand:	getrennt lebend, mindestens zwei Kinder
Wohnort:	Berlin-Schöneberg
Elternhaus:	unbekannt
Ausbildung:	unbekannt
Beruf:	Bahnhofsdienst im Ersten Weltkrieg, sonst unbekannt
NSDAP-Beitritt:	1. Februar 1932 (NSDAP-Ortsgruppenkartei)
Mitgliedsnummer:	429 341
Werber:	Rede Hitlers im »Leipziger Prozess«
Funktionen:	Mitglied

Charakteristische Aspekte des Biogramms:
Hilde Boehm-Stoltz' sprachlicher Duktus ist stark an die NS-Propaganda angelehnt. Die Verfasserin erhebt die NS-Rassenideologie zum religiösen Glaubensbekenntnis. Hilde Boehm-Stoltz war kurzzeitig Mitglied der Deutschen Volkspartei (DVP). Nach 1934 betätigte sie sich, einer parteistatistischen Erhebung von 1939 zufolge, als ausgewiesene Rednerin des Rassenpolitischen Amtes der NSDAP (Propagandaabteilung).[2]

Frau Hilde Boehm-Stoltz
Berlin-W. 35
Derfflingerstr. 7, I.
Fernruf B 2 5800
Pgn. 429341

Warum und wie ich zum Nationalsozialismus kam[3]
Pgn. 429341

Deutschland hat schon als Kind meine ganze, tiefe Liebe gegolten. Absolut nicht, dass wir auf »Hurra« dressiert worden wären, im Gegenteil, es war sicher viel mehr das uns Vorleben meiner Eltern und einige gehaltvolle Aussprüche meines Vaters, die uns Deutschland so verhafteten. Vielleicht war es auch – so sehe ich es heute – die ungebrochene Erbmasse die uns grundgesund empfinden liess. Typisch für meine Kinder- und Jungmädchenzeit war: Wurden wir in Gesang geprüft und mein Name aufgerufen, so brüllte der gesamte Chor schon immer: »Deutschland, Deutschland über alles!« Sie wussten, dass ich das Lied stets wählen würde. Es war mir Herzensbedürfnis und keine Eitelkeit.

Der Krieg brach aus, ich beneidete brennend meine männlichen Bekannten, die das Glück hatten mit hinaus zu ziehen. Niemals werde ich den tiefernsten Blick vergessen mit dem einer dieser Bekannten mich ansah, als ich ihm zurief: »Oh, Du Glücklicher, dass Du mit raus darfst, wie ich Dich beneide!«. Er verstand wohl nicht mein strahlendes Gesicht, mit dem ich mich verabschiedete. Dachte ich doch ganz daran, dass Deutschlands Feinde bekämpft werden müssten.

Während des Krieges taten wir Bahnhofsdienst.[4] Ich war in einer Gruppe in der fast nur Jüdinnen waren. Es ging zunächst tadellos das Zusammenarbeiten. Aber dann horchte ich auf. Die Schlappe des Durchhaltens begann tropfenweise. Eine hatte ihren Bruder verloren in Polen. Die Angehörigen der andern waren meist in der Etappe! Meine Wortkämpfe gegen sie wurden immer häufiger. Die Vaterlandspartei wurde gegründet.[5] Da trat der jüdische Ungeist vollends zu Tage. Ich brach jeden Verkehr mit ihnen ab. Von dem Tag an achtete ich auf alles was von dort geschah. Die Revolution brach aus, ich gliederte mich sofort in die D. V. P.[6] ein, die von »den Rechten« im Industriegebiet am stärcksten war und rannte in die Arbeiterviertel. Trepp auf. Trepp ab. Viel Erfolg, viel selbstverständlicher Misserfolg. Ich kannte das Landleben von Ostpreussen her, ich sah jetzt mit klaren Augen in das Leben derer, die ich bisher nur oberflächlich gekannt hatte. Ich sah vielfach wie sie sich zeigten und wie sie in Wirklichkeit gern gewesen wären. Ich sah aber auch alle, von denen sie im Leben abhängig waren, Mischgesellen mit Verbrechergesichtern und durch elendes Leben Gebrochene. Ein langer Weg, hier bis zur Klarheit durchzufinden. Schon in jungen Jahren setzte ich mir das Ziel: Wir müssen helfen! Es ward mir Beruf um die Deutsche Seele zu werben. Viereinhalb Jahr setzte ich meine ganzen Kräfte ein um das Deutsche heraus zu schälen. Leider blieb innerhalb der »Parteien« nichts

»Idee«, sondern wurde Interessen-Wirtschaft. 1923 schied ich aus dem »Beruf« aus, der nunmehr ein äusserlicher geworden, denn innerlich war ich enttäuscht. Die Männer tateten nicht, was ihr Mund dem Volke vorsprach. Ich heiratete aufs Land nach Ostpreussen u. blieb Jahre rein äusserlich völlig von politischem Treiben fern. Die D.N.V.P. war mir nicht wahrhaft sozial in der Gesinnung. Die Vertreter der D.V.P. nur in egoistischem Sinne. Ich wollte nichts mehr wissen, zergrübelte mich aber innerlich unablässig, wie und was werden solle und könne! Die wirtschaftliche Notlage auf unserem kleinen Besitz hielt mich gefangen. Es spitze sich alles zu, wir mussten runter. Mein Lebensgefährte ging nach Afrika, ich mit meinen Kindern zurück in die westliche Industrie zu meiner Mutter. Hier kam ich natürlich mit den politischen Ereignissen wieder in Berührung und hörte von den »Nazis«, die, wo sie hinkamen, alles kurz und klein schlügen. Im März oder Mai 1930 sah ich zum ersten Mal die Braunhemden. In wundervoller Disziplin sah ich sie auf Lastautos in das Innere der Stadt fahren. Sie hatten ein Treffen. Leider konnte ich krankheitshalber nicht auf die Strasse. Tränen traten mir in die Augen vor Scham, dass ich sie bisher nicht gekannt hatte und erfüllte mich derart, dass ich ausrief: »Und die sollen Rawdies sein???!! Solch gemeine Verleumdung, das ist nun und nimmermehr wahr!!!!«[7]

Eine mehrmonatliche Reise nach Ostpreussen hielt mich davon ab, mich intensiv mit ihren Zielen zu beschäftigen. Auf den großen Gütern war ohne Befremdung keine Möglichkeit dazu. Ich war Gast, hatte Rücksicht zu nehmen. Der Leipziger Prozess kam; es kam die Verurteilung der beiden Reichswehroffiziere.[8] Das schlug bei mir dem Fass den Boden aus. Keine, aber auch keine der Rechtsparteien regte sich gegen dieses himmelschreiende Urteil. Ohne zunächst den tiefsten Wesenskern des N.S. zu kennen; die Reden Adolf Hitlern bargen etwas, was mich wieder glauben liess. Es war etwas Neues dabei, was die anderen 1000 ebenso guter Redner vor ihm in den Jahren niemals berührt hatten, die Rassenfrage !!!! Damit konnte man kein *Geld* verdienen als Führer einer Anschauung, dazu gehörte Idealismus, dazu gehörte Glaube an letzte Wahrheiten nach denen wir schon all die Jahre so heiss verlangten, wissentlich oder unwissentlich.

Ja, Idealismus brauchte unser Volk, es brauchte das Wissen um den Sinn dessen was es hiess: Angehöriger eines bestimmten Volkes zu sein !!!! Das Erkennen und Wissen darum, das war die *Notwende*, musste die Notwende unseres Volkes werden! Wie eine brennende Pechfackel schlugen diese Reden und Erkenntnisse Adolf Hitlers in unsere Herzen ein, sahen wir beschämt und voll zehrenden Feuers, dass etliche Tausende schon vor uns das Glück gehabt hatten, mit ihm in Berührung gekommen zu sein!!! Doppelt nun musste eingeholt werden, was man gezwungener Maassen hatte versäumen müssen. Wenn wir's bisher empfunden hatten, all das zersetzend artfremde Getue und Gelebe, wenn wir uns selbst dagegen bewahrt hatten, nun aber stellten wir uns hinein in die Reihen derer, die schon länger sich kannten als Kämpfer um die echte artreine Rassenseele. Ja, hier war, musste Idealismus sein, denn die Menschen, die sich zur Bewegung bekannten, setzten ja täglich ihr Leben aufs Spiel! Das liess uns fest glauben, das begeisterte uns so, dass wir imstande waren, das Letzte auch aus uns heraus zu holen. In den Industriestädten begann ja erst sowieso in der Hauptsache jetzt der eigentliche Kampf den deutschen handarbeitenden Menschen dem Marxismus zu entreissen, und, was übler war, den Spiessbürger jeder Gattung seiner feigen Selbstgefälligkeit zu entreissen. Es gab keine freie Minute mehr in unserm Leben und das gab unserm Leben erst die kampffrohe Stimmung und Freude, sowie die Erkenntnisse um den Sinn des Lebens überhaupt u. eine unversiegbare Kraft. Was zu tuen war, wusste man ja nun. Der unbedingte Gehorsam zum Einsatz reihte auch uns weibliche Mitkämpfer zu einer Art Soldaten ein. S.A. u. Angehörigen Fürsorge. Kleiderbeschaffung, Lebensmittelsammlungen. Einrichtungen von S.A. Unterkünften, Gefangenenhilfe, Bergung Verfolgter, Bergung gesuchter Acten und Karteien, die fast allabentlichen Besuche von Versammlungen die meist tätlich durch Schupoeingriffe[9] oder Störung der »Roten« auslief, *Die Roten rissen uns die Elektr-Knipser, die Klingeln von der Tür, schmierten ihre Insignien an die Wand. Das ehrte uns, war es doch ein Zeichen, dass sie [mich] als [»Nazi«] kannten u. hassten.*[10] heimliche Zusammenkünfte waren unser Tagewerk. Die dazwischen liegenden Stunden oder Minuten wurden verwandt um zu hämmern, zu hämmern, zu hämmern. Das von denen, die es eben konnten, die weitgehendsten Geldopfer gebracht wurden, ist eine Tatsache, die nicht erwähnt zu werden braucht, da sich sonst die Bewegung von innen heraus so durchschlagend nicht hätte entwickeln können. Dann mußte noch Zeit gefunden werden, sich wirklich geistig in das Wesen und die Urgründe der Bewegung einzufühlen. Rasseforscher aller Art vergangener Zeit, die Rufer der Bewegung – allen bekannt, die Kreise der Germanisten u. Altertumsforscher, junge Forscher aus der Jugendbewegung hervorgegangen, jetzt dem »Nordischen Ring«[11] angehörend – unendlich viel war uns bereitet um unser Unbewusstsein ins Bewusstsein des Wissens und Erkennens zu heben. Die Erkenntnisse der Forscher beobachtet am Wesen all der unbekannten jungen Helden und Heldinnen von Müttern und Mädchen, liess uns jubelnd wissen: Unsere Art war noch nicht so gebrochen, wie unsere vielen, unsichtbaren Feinde durch die Systemarbeit der letzten Jahrhunderte glaubten Erfolg gehabt zu haben. Die im Intellect unverdorbene Bevölkerung wusste aus gesundem Instinkt viel eher als die anderen worum es ging, und ohne es zu wissen ging es den jungen Leuten auch um das Letzte und Höchste im schaffenden und kämpferischen Dasein: um den religiösen Lebensausdruck des gesamten deutschen Volkes. Ueberall empfand man, wo man still hinein horchte in das Wesen des Einzelnen: die Sehnsucht nach dem eigenen selbstständigen Gewissen in seiner verantwortlichen Beziehung zum Göttlichen. Hier liegen die Urquellen des wahren Nationalsozialismus, die ungebrochen immer wieder aus dem misshandelten vom Fremdgeist überzogenen Germanentum hervorbrechen. Über Ekkehart, Luther, Friedrich dem Grossen und all den anderen Dichtern und Denkern deutscher Art. Und so wurde uns Adolf Hitler zu dem grossen Warner und Wecker! Wir wissen, dass nicht er allein es schaffen kann, dass nicht wir uns auf ihn verlassen müssen, sondern er muss sich auf uns verlassen können, wir müssen jeder an unserem Teil die Erkenntnisse pflegen, müssen sie anderen vermitteln, dass die Bande des Blutes und des Geistes unzerreissbare werden, dass, komme was mag, unsere sichtbaren und unsichtbaren Feinde an unserer Geschlossenheit zerbrechen und verzweifeln werden. Der Weg bis dahin wird hart, er wird lange dauern. Aber weil er hart wird und langwierig, deshalb wird er von nachhaltiger Dauer sein. Weil der Nationalsozialismus nichts materielles im ersten Wesensgrunde ist, sondern weil er die von Gott gewollte rassenseelische Gesetzmässigkeit in sich birgt, daher uns zurückzuführen im stande ist an die Lebensquellen und auf den Heimatboden arteigenen Glaubens, darum wird er einst Deutschland in den Stand setzen, Befreier aller nordisch bedingeten Völker zu werden und ihnen den Weg zu weisen zu einer stolzen, freien, von jeder zersetzenden Fremdgeistigkeit sich freihaltenden *Volkheit.*

Durch Adolf Hitlers Idee, seiner plastischen Neugestaltung der Rassischen Gesetzmässigkeit im Nationalsozialismus ist uns unser Leben sinnvoll geworden. Im Wissen um den ewigen Kampf der Arterhaltung, um den Kampf an sich durch den allein Leben ist, ist uns unser Leben in der völligen Hingabe an Volk und Vaterland zur tiefsten Religion geworden, durch die wir nicht Menschen, sondern dem ewigen Schöpferwillen verhaftet sind.

1 *Hilde Boehm-Stoltz:* Vgl. BArch NSDAP-Ortsgruppenkartei, Boehm-Stoltz, Hilde 8.8.1894, Film 32xx/B0063/0591 sowie BArch NSDAP-Parteikorrespondenz, Boehm-Stoltz, Hilde, Film PK/A 412.

2 Vgl. Parteistatistische Erhebung der NSDAP 1939: BArch NSDAP-Parteikorrespondenz, Boehm-Stoltz, Hilde, Film PK/A 412. Die Verfasserin wurde nach 1934 als Kreisschulungsreferentin und Kreispressewartin des Kreises Dortmund tätig, anschießend als Fachrednerin des Gaues Groß-Berlin mit dem Schwerpunkt Rassefragen.

3 Hervorhebungen (Unterstreichungen und Sperrschrift) durch die Verfasserin.

4 *Bahnhofsdienst*: Durchreisende Truppen wurden in den Bahnhöfen von Helferinnen mit »Erfrischungen« versorgt, zumeist organisiert durch das Deutsche Rote Kreuz und andere gemeinnützige Vereinigungen. Vgl. Süchting-Hänger, S. 101. Gelegentlich werden diese Frauen als »friedliche Kämpferinnen« bezeichnet, so in der Heilbronner *Neckar-Zeitung* am 3.5.1916. Vgl. Elke Koch, »Jeder tut was er kann fürs Vaterland«. Frauen und Männer an der Heilbronner Heimatfront, in: Gerhard Hirschfeld, Gerd Krumeich, Dieter Langewiesche, Hans-Peter Ullmann (Hrsg), Kriegserfahrungen. Studien zur Sozial- und Mentalitätsgeschichte des Ersten Weltkrieges, Essen 1997, S. 36-52.

5 *Vaterlandspartei*: Die Deutsche Vaterlandspartei wurde am 2. September 1917 in Königsberg gegründet. Sie versammelte Monarchisten, Ultranationalisten und Alldeutsche, die sich gegen einen Verständigungsfrieden stellten und unbeirrt eine Erweiterung des Deutschen Reiches durch einen Sieg erzwingen wollten. Innerhalb eines Jahres gewann sie 445.000 Mitglieder. Wenige Monate nach Kriegsende, im Dezember 1918, löste sich die DVP auf. Ihre führenden Köpfe, Alfred von Tirpitz, Alfred Hugenberg und Wolfgang Kapp, gründeten nun die republikfeindliche Deutschnationale Volkspartei (DNVP). Vgl. Evans, S. 131f.

6 *D. V. P.*: Die nationalliberale Deutsche Volkspartei (DVP) entstand nach Kriegsende 1918. Zunächst stand sie der jungen Republik ablehnend gegenüber. Der Friedensvertrag von Versailles wurde nicht akzeptiert. Der Parteivorsitzende und langjährige Außenminister Gustav Stresemann bewirkte durch seine »Realpolitik«, dass die DVP die neue Staatsform schließlich hinnahm und eine Verständigung mit den Siegermächten möglich wurde. Vgl. Evans, S. 164f.

7 *Rawdies*: Gemeint ist der Begriff »Rowdies«. Nach der schweren Körperverletzung des Pfarrers Friedrich Stucke durch die SA am 4. Mai 1927 bezeichnete der preußische Innenminister Albert Grzesinski die Kampfmethoden der Nationalsozialisten als »politisches Rowdytum«, was das vorübergehende Verbot der Partei und ihrer Unterorganisationen nach sich zog. Vgl. Reuth, S. 120.

8 *Leipziger Prozess*: Vor dem Reichsgericht in Leipzig wurden im Oktober 1930 die Ulmer Reichswehroffiziere Richard Scheringer, Hanns Ludin und Friedrich Wendt der »Vorbereitung zum Hochverrat« angeklagt, begangen durch nationalsozialistische Propaganda innerhalb der Reichswehr. Der als Zeuge geladene Hitler nutzte den Prozess als Bühne. Unter Eid beschwor er, auf legalem Wege an die Macht gelangen zu wollen (»Hitlers Legalitätseid«). Die Angeklagten wurden trotzdem zu 18 Monaten Haft verurteilt. Vgl. Kurt Zentner, Illustrierte Geschichte des Dritten Reiches, Band 1, Köln o. J. (Sonderausgabe).

9 *Schupoeingriffe*: Schupo: umgangssprachliche Abkürzung für Schutzpolizei. Diese hatte unter anderem die Aufgabe, für öffentliche Sicherheit und Ordnung zu sorgen. Dazu gehörte auch die Begleitung und Überwachung öffentlicher Veranstaltungen.

10 Handschriftlicher Zusatz.

11 *Nordischer Ring*: Die Gesellschaft hatte das vornehmliche Ziel, die Rassenlehre des Eugenikers Hans Friedrich Karl Günther (1891-1968) zu verbreiten. Dieser gilt als Vordenker der nationalsozialistischen Rassenideologie. Auf ihn geht eine Unterscheidung europäischer Rassentypen und deren Wertigkeitsskala zurück. In seinem Maßnahmenkatalog zur »Rassenhygiene« waren bereits die Zwangssterilisation und der Völkermord vorgesehen. Günther stand in Kontakt zu Alfred Rosenberg und Heinrich Himmler. Die Zeitschrift des Nordischen Rings *Rasse. Monatsschrift der Nordischen Bewegung* wurde von Günther herausgegeben. Vgl. Claus-Ekkehard Bärsch, Die politische Religion des Nationalsozialismus, 2. Auflage, München 2002.

Grete Kircher

Abel-Biogramm/Nr. 46/Grete Kircher
Drei Seiten, maschinenschriftlich, undatiert.
Die Identität der Verfasserin ist nicht belegt.[1]

Name:	Grete Kircher
Geburtsjahr:	1909
Geburtsort:	Essen-Bredeney
Alter:	25 Jahre
Familienstand:	ledig
Wohnort:	Essen
Elternhaus:	Vater Kaufmann (Baustoffhandel)
Ausbildung:	Einjähriges (Mittlere Reife), Handelsschule, Auslandsaufenthalt
Beruf:	Handelsgehilfin in der elterlichen Firma
NSDAP-Beitritt:	vor 1931
Mitgliedsnummer:	unbekannt
Werber:	Fahrlehrer/Automechaniker der elterlichen Firma
Funktionen:	Mitglied, gelegentlich Chauffeurin der Parteiredner

Charakteristische Aspekte des Biogramms:
Grete Kirchers Essay ist antikommunistisch geprägt, wobei sie dem nationalsozialistischen Konstrukt folgt, hinter dem Kommunismus stehe das Judentum. Als Autofahrerin und Besitzerin eines eigenen Wagens fuhr sie mit NSDAP-Rednern zu Veranstaltungen.

Lebenslauf

Ich bin im Jahre 1909 als Tochter des Kaufmanns Karl Kircher in Essen geboren. Nachdem ich das Einjährigenzeugnis[2] erlangt hatte, schickte mich mein Vater zur Handelsschule und darauf ein Jahr in die Schweiz und nach Italien. Anfang 1927 kehrte ich nach Deutschland zurück. Ich machte mir damals über alles, was ich draussen gesehen hatte keine besonderen Gedanken. Mein Vater hatte ein gutgehendes Baumaterialiengeschäft[3] und ausserdem waren meine Eltern sehr vermögend, sodass ich keinen Grund hatte für meine Zukunft irgendwelche Sorgen zu haben. Da ich aber nicht müssig leben wollte, bat ich meinen Vater mich in seinem Büro zu beschäftigen, was auch ohne weiteres geschah. Ich stellte nach ganz kurzer Zeit fest, dass unser Geschäft nicht nur nicht mehr voran ging, sondern ganz auffallend nachliess. Trotzdem ich mich bemühte die Gründe für diesen Rückgang zu finden, merkte ich nicht, dass ich sie auf dem politischen Gebiet hätte suchen müssen, insbesondere, weil die damaligen Regierungen ihre eigene Unfähigkeit und die Uneinigkeit der Parteien damit verdecken wollten, dass sie von Wirtschaftskrise, Wirtschaftsankurbelung und letzten Endes von Weltwirtschaftskrise redeten.

Um diese Zeit war ich als junges Mädchen bestrebt auch auf sportlichem Gebiet etwas zu leisten, und da mein Vater mehrere Automobile besass, lernte ich fahren. Mein Fahrlehrer war unser damaliger Mechaniker und Kraftfahrer. Durch das zwangsläufige Zusammenarbeiten und die daraus sich ergebenden Unterhaltungen, kamen wir oftmals auf politische Fragen zu sprechen. Er machte mich auf die augenblicklichen Unruhen der Strasse und auf den Kampf des Arbeiters gegen den Kapitalismus aufmerksam. Er schilderte in einfacher aber klarer Weise den Klassenunterschied und den Klassenkampf. Er zeigte mir auf der einen Seite die grosse Verelendung der Massen und auf der anderen den verderblichen Standesdünkel der Kreise, zu denen ich auch zählte. Er schilderte zielklar, dass dieser Zustand zum sicheren Untergang unseres Vaterlandes und somit zum Ruin einer jeden Existenz führen müsse. Ich begann nun meine Umgebung kritisch zu betrachten, und nach und nach wurde es mir immer klarer, dass dieser einfache Mann mit seinen Ausführungen recht hatte. Ich wunderte mich über den grossen und revolutionären Gedankengang dieses Mannes und stellte später fest, dass er Nationalsozialist war. Ich war überrascht, dass die Idee Adolf Hitlers, die doch in meinem Bekanntenkreise verhasst, ja oft verlacht und verspottet war, in der Arbeiterschaft sich einen festen und zielklaren Weg suchte. Ich begann nun nationalsozialistische Schriften zu lesen und Versammlungen zu besuchen, was bei meinen Eltern begreiflicherweise grosse Bestürzung hervorrief. Als ich ferner erkannte, dass gerade die ärmsten Volksgenossen bereit waren und unter Beweis stellten, dass sie die Idee Adolf Hitlers im Kampf auf der Strasse mit ihrem Leben verteidigten, dass auf der anderen Seite aber am Biertisch und hinter verschlossenen Türen gegen diesen großen Mann gehetzt wurde, wurde ich überzeugte Nationalsozialistin. Gegen den Willen meiner Eltern trat ich in die Partei ein und stellte mich ganz in den

Dienst der Bewegung. Die Partei war damals noch klein und vor allen Dingen arm. Ich stellte daher meinen Wagen gern zur Verfügung und bei dieser Gelegenheit fuhr ich dann mit unseren Rednern zu den Versammlungen, die oft – besonders die kommunistischen – sehr stürmisch verliefen. Unser Kampf richtete sich hauptsächlich gegen den von den Juden unterstützten Marxismus, da dieser gewillt war, seine Macht bis aufs äusserste mit brutaler Gewalt zu verteidigen. Meistens waren wir in einer ganz geringen Minderzahl gegenüber Kommunisten und Sozialdemokraten, und unsere Versammlungen und Demonstrationen endeten durchweg mit einer wüsten Schlägerei. Aber unsere SA schlug sich gut, beseelt von dem Glauben an den Sieg der Idee unseres Führers. Niemals sind sie gewichen, auch wenn es Verwundete, ja sogar Tote gab. Wenn wir dann einen dieser Helden begraben mussten, und die Kommunisten standen an den Strassen und beschimpften den Leichenzug, dann wuchs unser Kampfeswille ins Ungeheuerliche, und gerade bei solchen Gelegenheiten erkannten viele durch den Bolschewismus irregeleiteten deutsche Arbeiter das wirkliche Gesicht des Kommunismus und des dahinterstehenden Juden. Und aus ihren Reihen kamen dann die besten und entschlossensten Mitkämpfer zu uns.

Inzwischen hatte sich die wirtschaftliche Lage in Deutschland dermassen zugespitzt, dass nicht nur mittlere, sondern auch alte, gute Geschäfte vernichtet wurden. Auch mein Vater war gezwungen einen Vergleich abzuschliessen, und verlor dadurch sein ganzes Vermögen. Mein Kampf in der NSDAP und die nun eintretende Not halfen zum grössten Teil meine Eltern von der Richtigkeit der Idee unseres Führers zu überzeugen. So wurden 1931 auch meine Eltern Nationalsozialisten und aktive Mitkämpfer.

1932 ist wohl das schwerste Jahr für uns gewesen. Der Bolschewismus sammelte seine Massen zum entscheidenden Schlag. Wir Nationalsozialisten errangen uns in ungeheuren Werbe- und Propagandafeldzügen die besten Teile der Arbeiterschaft. Wir waren bereit den letzten Schlag gegen den Bolschewismus zu führen. Umso trauriger musste es uns stimmen, als angeblich Deutsche Parteien in der gehässigsten Art und Weise gegen uns auftraten. Das ist wohl der härteste Kampf unseres Führers gewesen: auf der einen Seite den volksfremden Bolschewismus und auf der anderen Seite der Parteienklüngel und der feige, satte, ewig kritisierende Bürger.

Ich freue mich die Idee unseres Führers so früh erkannt zu haben. Ich bin auch stolz darauf, in den härtesten Notjahren als Mädchen meine bescheidene Kraft dem Führer zur Verfügung gestellt und erst ungewollt, später zwangsläufig an der Befreiung unseres Vaterlandes mitgewirkt zu haben.

Zum Schluss gedenke ich als Nationalsozialistin der vielen gefallenen und verwundeten Kameraden und Volksgenossen, die das Höchste, das Leben und die Gesundheit, für die Idee unseres Führers und somit für ihr Vaterland gegeben haben. Diese Opfer können durch keine noch so grossen, finanziellen Unterstützungen wieder gut gemacht werden, sondern nur dann sind sie nicht umsonst gewesen, wenn all die später zu uns gekommenen wirkliche

Nationalsozialisten werden und sich restlos einsetzen für unseren Führer und für Deutschland.

Grete Kircher
Essen, Frühlingstr. 36

1 *Grete Kircher*: Weder in der NSDAP-Zentralkartei noch in der -Ortsgruppenkartei im Bundesarchiv Berlin findet sich ein Eintrag, der die Authentizität der Person belegt.

2 *Einjährigenzeugnis*: Der Ausdruck »Einjähriges« bezeichnete eigentlich einen Schulabschluss, der zu einem Militärdienst von nur einem Jahr berechtigte; regulär dauerte der Dienst drei Jahre. Dieser Schulabschluss entsprach der Mittleren Reife. Grete Kircher übernimmt diesen Begriff.

3 *Baumaterialiengeschäft*: Eine Firma »Kircher & Osterhoff – Großhandlung für Baustoffe« war noch 2015 in Essen ansässig. Vgl. Dirk Latz (ViSdP): Firmendatenbank »firmendb«, Firmenverzeichnis, Deutschland, Nordrhein-Westfalen, Essen, Firmenportrait 417789; URL: http://www.firmendb.de/firmen/417789.php [online am 1. September 2015].

Agnes Mosler-Sturm

Abel-Biogramm/Nr. 100/Agnes Mosler-Sturm
Fünf Seiten (erste Seite fehlt), maschinenschriftlich, datiert August 1934.
Die Identität der Verfasserin ist authentisch.[1]

Name:	Agnes Mosler-Sturm
Geburtsjahr:	1892
Geburtsort:	unbekannt
Alter:	42 Jahre
Familienstand:	verheiratet
Wohnort:	Berlin
Elternhaus:	Privatiers, durch Inflation finanzieller Abstieg
Ausbildung:	Musikstudium (abgebrochen)
Beruf:	Pianistin, Klavierlehrerin
NSDAP-Beitritt:	1. Februar 1933 (NSDAP-Parteikorrespondenz)
Mitgliedsnummer:	2 673 698
Werber:	befreundete Musiker
Funktionen:	Mitglied

Charakteristische Aspekte des Biogramms:
Agnes Mosler Sturm fand Zugang zum Nationalsozialismus über die vermeintliche Gefährdung der klassischen Musik durch die – ihrer Ansicht nach – »artfremde« Moderne.

first page missing[2]

seiner gesunden, natürlichen Körperertüchtigung war noch nicht in Deutschland vorgedrungen – sein bahnbrechendes Werk »Die natürliche Klaviertechnik«[3] herausgegeben hatte, wurde technischer Führer und Berater.

Doch die glückselige Zeit ungestörten, ernsthaftesten Studiums war allzu kurz. Ein schweres unheilbares Leiden der Mutter umdüsterte mir Jugend und Studium. Tag und Nacht marterten schier unbeschreibliche Schmerzen den geliebten Körper und liessen nicht mehr nach bis zu ihrem Tode – der nach 17 qualvollen Jahren erfolgte. Es war jene – gottlob seltene Krankheit welche, bei unmenschlichen Schmerzen, zur restlosen Versteifung des Körpers führt, falls nicht, wie bei uns, ein gnädiger Tod Erlösung bringt.

Doch sie war erst im Anfang ihrer Leidenszeit, als der Weltkrieg über Deutschland hereinbrach. Hatte die geliebte Kranke ausser den ewigen, schrecklichen Schmerzen, die sie mit einer Selbstentäusserung ohnegleichen vor mir zu verbergen suchte, hinter einem Lächeln, welches mir fast das Herz zerriss, nur den Gram mir Jugend und Studium so ungewollt zu zerbrechen, so kam nun noch Angst um das geliebte Vaterland hinzu!

Und auch Frau Sorge kam zu uns ins Haus!

Es war jene Zeit, da Hunderte von Häusern für ein Butterbrot in jüdische und ausländische Hände übergingen und Hunderte von Hauseigentümern sich das Leben nahmen. Eine gewissenlose, schurkige Regierung wusste es einzurichten, das die steuerliche Belastung des Grundbesitzers die Einnahmen überstiegen. Das war der sichere Ruin all derjenigen – meist alten Leuten – die nach arbeitsreichem Leben von dem Ertrag ihres Hauses lebten.

Die Jahre, die wir nun durchlebten kann, glaube ich, ein Mensch der in der damaligen Zeit nicht in Deutschland war, sich nicht vorstellen! Vater war nahezu 80 Jahre alt und für irgend eine Arbeit nicht mehr zu gebrauchen und die schwer kranke Mutter – während ich nach abgebrochenem Studium unterrichtete[4], um nicht vollends dem Hunger preisgegeben zu sein, mit ihrem furchtbar verkrüppelten Körper, recht und schlecht im Haushalt arbeiten.[5] Wie oft ist sie vor Schmerzen ohnmächtig zusammengebrochen! Es war eine Zeit wo ich mir den Wahnsinn, der mich oft befallen zu wollen schien, fast wünschte, um das schier masslose Elend nicht länger ertragen zu müssen.

Da schrieb ich an den damaligen Reichspräsidenten Ebert und nannte seine Minister Hirtsiefer und Staegerwalt Volksbetrüger![6] In meiner wilden Verzweiflung hoffte und wünschte ich, daraufhin abgeführt zu werden. Aber der Ehrbegriff dieser Herren schien sich mit dem unsren nicht zu decken!

Man kam recherchieren – wunderte sich über die Not und stiftete – einmalig 100 *M.*

Das war die Liebe und Hilfe der Herrn Socialdemokraten!

Da kam uns – fast wie ein Wunder – Hilfe aus Schweden.

Ich lernte ein paar ev. Schwestern aus Stockholm und später durch sie den schwedischen Staatsrat Hammarskjöld[7], in dessen Familie ich im Sommer 1923 längere Wochen zu Gast sein durfte – kennen. Die gütige, warmherzige Hilfe dieser mir ganz fremden Menschen, hat uns vor der letzten Verzweiflungstat bewahrt und ich möchte den schlicht-gütigen Menschen und dem schwedischen Volke, welches uns Deutschen damals – wohin wir auch in Schweden kamen – so warmes, tiefes Mitgefühl entgegenbrachten, nur immer wieder von ganzem Herzen danken. Auch eine deutsch-amerikanische Familie, die vor vielen Jahren aus Deutschland ausgewandert war, gedachte in rührender Liebe unser, und so kam es, dass wir wenigstens unser Haus – dank fremden Menschen – erhalten konnten!

Da Mutter in ihrer schlichten Gerechtigkeit nichts von dem fremden Gelde für sich zur Pflege nehmen wollte, weil doch Hunderttausende von Volksge[nossen] gleich uns darbten, so legten wir sie, die gütige, Ende 1923, als sie endlich von ihrem furchtbaren Leiden erlöst wurde, fast verhungert ins Grab. Sie hat den Begriff Adolf Hitler nicht mehr miterlebt.

In dieser Zeit, da alles in mir umdüstert u. zusammengebrochen war, sandte mir das Schicksal einen jungen, hochbegabten Menschen ins Haus.[8] Seine grosse musikalische Begabung, die auszubilden er mir anvertraute, gab mir neuen Lebensinhalt. Auch hier trat mir wieder bitterste Not und Entbehrung entgegen. Nach Abschluss des humanistischen Gymnasiums war er als junger Kriegsfreiwilliger ins Feld gezogen, um sich nach Kriegsschluss – völlig mittellos – dem Studium der Musik zu widmen. So kam er zu mir, voll von heiligem Ernst der deutschen Kunst gegenüber. Aber Not und Armut verhinderten auch zunächst ein ernsthaftes Studium. Da hiess es in Kaffees und Kinos spielen, in einer verfallenen Mansarde hausen und hungern. Aber die heilige Liebe zur Musik blieb lebendig. Und endlich konnte auch – ach, wie spät – ein ernsthaftes Studium beginnen. Die deutsche Wirtschaft stand damals in Scheinblüte. Wir hatten unsern Schülerkreis und da wir längst beschlossen hatten unsern Lebensweg gemeinsam zu gehen, stand unserer Hochzeit nichts mehr im Wege.

Eine schöne Zeit begann nun Ich konnte die schöne musikalische Begabung meines Mannes entfalten helfen, und mein heissester Jugendwunsch, der mir selber versagt geblieben ist, ging endlich – endlich in Erfüllung – mein Mann durfte Edwin Fischer[9] vorspielen!

Eine unbeschreibliche Zeit folgte nun, die wohl nur der ermessen kann, der den fascinierenden, grossen und edlen Menschen und Künstler Edwin Fischer kennt. Seine glutvolle, echte und wunderbare Künstlerschaft und Menschlichkeit durchströmte und durchglühte uns nach all den schrecklichen Jahren des äusseren und inneren Hungers. Unser Leben glich einem wunderbaren Traum. Da die Kunst – so betrieben – kaum mehr einem Beruf sondern eine geistige Idee bedeutet, bedurfte es erst all der furchtbaren Zersetzungserscheinungen, innerhalb der deutschen Kunst, bis wir politisch sehend wurden!

Zuerst konnten und wollten wir nicht glauben, dass da ein furchtbares System zersetzend am Werke sei, bis es uns nur allzu klar wurde, dass artfremde Mächte, wie überall in Deutschland so auch hier an Deutschlands höchstem Geistesgut – der deutschen Musik – vernichtend wirkten. Nun erst, sehend geworden, erkannten wir den grausigen Vernichtungsprozess, der unter dem jüdisch-marxistischem Regime auf allen Gebieten begonnen hatte.

Sollte dies Sinn und Zweck all der unsagbaren Leidensjahre sein? Wir konnten es nicht glauben. So jämmerlich konnte das deutsche Volk nicht unter-gehen!

Aber da stand ja schon längst leuchtend und leuchtender werdend, ein Name am politischen Himmel Deutschlands:

Adolf Hitler!

Hunderttausende bester Deutscher kämpften bereits jahrelang mit ihm für seine Idee, seinen Nationalsozialismus – für Deutschland!

Wie eine Offenbarung durchleuchtete es auch uns – er allein ist der Retter Deutschlands – und damit der Retter Europas!

Auf den Strassen tobte der Mob. Bürgerkrieg wütete, alles was hoch und heilig war, wurde von der vertierten, jüdisch-marxistisch verblendeten und verseuchten Masse johlend in den Kot geworfen. Von Grausen erfüllt und heiligster Empörung voll, kämpften wir für Adolf Hitler und seine Idee!

Aber der bereits in den vielen Jahren des Elends verbrauchte Körper ertrug diese doppelte, unerhörte Nervenbelastung nicht mehr. Ein schwerer Nervenzusammenbruch zwang meinen Mann längere Zeit in ein Sanatorium. Nun ruhte wieder alles auf meinen Schultern – und draussen raste der Vernichtungskampf. Da rissen auch meine Nerven.

Und der Kampf raste weiter, schier nicht mehr erträglich!

Deutschland war zum Bersten politisch geladen! Jede Minute konnte die furchtbare Explosion bringen.

Da in allerletzter Minute ein einziger Schrei der Erlösung:

Adolf Hitler ist vom Reichspräsidenten zum Kanzler des deutschen Volkes erwählt!

Man muss die Stunden und Wochen die nun folgten miterlebt haben, um sie begreifen zu können:

Ein Jubel ohnegleichen durchtobte das deutsche Volk!

Fremde Menschen, schüttelten sich auf der Strasse mit tränenfeuchten Augen die Hände!

Neue Hoffnung, neuer Glaube, neue Kraft brachen aus dem deutschen Volke hervor, wie ein urgewaltiger Strom.

Was waren all die Leiden der Krieges und Nachkriegsjahre gegen die Grösse und Herrlichkeit dieses Aufbruchs?

Ein grosses, gutes und starkes Volk reckte sich mutig auf, seinem einzigen gottgegebenen Führer und Erretter – Adolf Hitler – zu folgen und mit ihm zu kämpfen für Deutschlands Ehre, Deutschlands Glück und Deutschlands Freiheit!

Frau Agnes Mosler-Sturm
Berlin-Spandau August 1934

Stresowplatz 17

1 *Agnes Mosler-Sturm*: Vgl. BArch NSDAP-Parteikorrespondenz, Mosler-Sturm, Agnes, Film PK/I0144, sowie der Eintrag im Berliner Adressbuch von 1934: »Mosler-Sturm, Agnes Pianistin Spandau Stresowplatz 17 E.T.« Der Zusatz »E.T.« weist sie als Eigentümerin des Hauses aus. Vgl. Zentral- und Landesbibliothek Berlin: Berliner Adressbücher, 1934, S. 1694, URL: http://adressbuch.zlb.de/viewAdressbuch.php?CatalogName=adre2007&ImgId=318602&intImgCount=-6&CatalogCategory=adress&Counter=&CatalogLayer=6 [online am 2. Juli 2015].

2 Handschriftlicher Zusatz.

3 *Die natürliche Klaviertechnik*: Dieses Handbuch des Pianisten Rudolf Maria Breithaupt (1873-1945) erschien 1913 in Leipzig. Breithaupt lehrte in den Jahren 1918-1929 am renommierten Stern'schen Konservatorium in Berlin, benannt nach seinem Gründer, dem jüdischen Musikpädagogen Julius Stern (1820-1883). Dass Agnes Mosler-Sturm hier über Breithaupt schreibt, kann als sicher gelten. In welcher Beziehung sie zu diesem Musiker stand, kann aufgrund der fehlenden ersten Seite nicht rekonstruiert werden. In den Schülerlisten des Konservatoriums werden weder sie noch ihr Ehemann aufgeführt. Vgl. Universität der Künste Berlin/Musikwissenschaft: Forschung, Berlin als Ausbildungsort, Personendatenbank des Stern'schen Konservatoriums; URL: http://www.udk-berlin.de/sites/musikwissenschaft/content/forschung/forschungsprojekte/berlin_als_ausbildungsort_personen_datenbank_des_sternschen_konservatoriums/index_ger.html [online am 24. August 2015].

4 *Unterricht*: Zu ihren Klavierschülern gehörte 1931-1934 der junge Heinz Alisch (1917-1993), der als »Halbjude« 1935 aus der Reichsmusikkammer ausgeschlossen wurde und ab 1944 Zwangsarbeit leisten musste. Ab 1946 gehörte dieser dem RIAS-Tanzorchester an und war als Komponist der Unterhaltungsmusik der 1950er und 1960er Jahre erfolgreich. Vgl.: Universität Hamburg/Musikwissenschaftliches Institut: LexM – Lexikon verfolgter Musikerinnen und Musiker der NS-Zeit; URL: http://www.lexm.uni-hamburg.de/object/lexm_lexmperson_00001558;jsessionid=dm2r3na7c8lexmperson_all?wcmsID=0003&XSL.lexmlayout.SESSION= [online am 1. September 2015].

5 Unvollständiger Satzbau im Original.

6 Minister Hirtsiefer und Staegerwalt: Der Gewerkschafter und Politiker Heinrich Hirtsiefer (1876-1941) gehörte der katholischen Zentrumspartei an. Er war von 1921-1933 Mitglied des Preußischen Landtages und während dieser Zeit Wohlfahrtsminister in Preußen. Hirtsiefer engagierte sich besonders für eine gemeinnützige Wohnungsbaupolitik. Forciert von der politischen Rechten, wurde er 1932 abgesetzt. In seiner Heimatstadt Essen kam es 1933 zur öffentlichen Demütigung durch die Nationalsozialisten, es folgte eine KZ-Haft. An den Haftfolgen starb Hirtsiefer 1941.
Adam Stegerwald (1874-1945) war Hirtsiefers Vorgänger im Amt. Auch er kam aus der katholischen Gewerkschaftsbewegung. Vgl. Wolfgang Neugebauer (Hrsg.), Handbuch der preussischen Geschichte. Vom Kaiserreich zum 20. Jahrhundert, (Band 3), Berlin/New York 2000, S. 251.

7 *Staatsrat Hammarskjöld*: Der schwedische Völkerrechtler und Politiker Hjalmar Hammarskjöld (1862-1953) war ab 1912 Richter am Internationalen Gerichtshof in Den Haag (Ständiges Schiedsgericht) und von 1914-1917 Ministerpräsident von Schweden. Sein jüngster Sohn, der spätere Friedensnobelpreisträger Dag Hammarskjöld (1905-1961), hatte in dem von der Verfasserin erwähnten Jahr 1923 gerade sein Abitur bestanden. Vgl. Dag-Hammarskjöld-Oberschule Berlin: Geschichte, Dag Hammarskjöld; URL: http://www.dag-hammarskjoeld-os.de/geschichte.php?inhalt= hammarskjoeld [online am 1. September 2015] sowie Richard N. Sheldon, Dag Hammarskjöld, New York 1987, S. 17f.

8 *... einen jungen, hochbegabten Menschen*: Es handelt sich bei diesem Schüler um ihren späteren Ehemann, Rudolf Mosler. Er findet sich im Berliner Adressbuch von 1934 mit dem Eintrag »Mosler, Rudolf Pianist Spandau Stresowplatz 17 T.« Vgl. Zentral- und

Landesbibliothek Berlin: Berliner Adressbücher, 1934, S. 1694, URL: http://adressbuch.zlb.de/viewAdressbuch.php?CatalogName= adre2007&ImgId=318602&intImgCount=6&CatalogCategory=adress&Counter=&CatalogLayer=6 [online am 2. Juli 2015].

9 *Edwin Fischer*: Der Pianist und Musikpädagoge Edwin Fischer (1886-1960) lehrte von 1932-1942 am Stern'schen Konservatorium in Berlin. Er war ein enger Freund des Dirigenten Wilhelm Furtwängler (1886-1954). Fischer nahm ab 1933 zahlreiche Schallplatten auf. Er gilt als einer der besten Pianisten des 20. Jahrhunderts. Vgl. Aryeh Oron: Website Bach-Cantatas, Biographies of Performers, Edwin Fischer; URL: http://www.bach-cantatas.com/Bio/Fischer-Edwin.htm. [online am 1. September 2015].

Lissy Schneider

Abel-Biogramm/Nr. 107/Lissy Schneider
Fünf Seiten, handschriftlich (lateinische Schrift), datiert 28. Juli 1934.
Die Identität der Verfasserin ist authentisch.[1]

Name:	Luise Schneider
Geburtsdatum:	21. September 1916
Geburtsort:	Duisburg
Alter:	17 Jahre
Familienstand:	ledig
Wohnort:	Duisburg
Elternhaus:	Vater Ingenieur
Ausbildung:	Lyzeum bis Untersekunda (10. Klasse)
Beruf:	unbekannt (bis 1933 Schülerin)
NSDAP-Beitritt::	1. September 1937 (NSDAP-Zentralkartei)
Mitgliedsnummer:	5504066
Werber:	Onkel
Funktionen:	Mitglied im NS-Schülerinnenbund (NSSi)

Charakteristische Aspekte des Biogramms:
Lissy Schneider ist die jüngste Verfasserin eines Abel-Biogramms. Ihre Perspektive wechselt zwischen der eines Kindes und einer Jugendlichen. Sie beschreibt unter anderem ihr nationalsozialistisches Engagement im Kontext Schule, wie die Gründung einer NSSi-Gruppe 1932.

Duisburg, den 28. 7. 1934
Sternbuschweg 23 c

Am 21. September 1916 bin ich als Tochter des Ingenieurs Eduard Schneider zu Duisburg geboren. Mit 6 Jahren besuchte ich die Volksschule, die ich mit 10 Jahren, nachdem ich die Aufnahmeprüfung für das Städt. Lyzeum bestanden hatte, verließ, um auf diesem weiter zu lernen. Als ich 13 Jahre alt war, weilte ich während meiner großen Ferien bei meinen Verwandten im Neanderthal[2], welche Bauern sind und nach und nach ihren Bauernhof verloren hatten.

Ich hatte schon oft, aber für mich unverständlich, etwas von den »Nazis«, von der »Kommune« und von den »Sozis« gehört. Aber was das eigentlich für Leute waren, konnte ich mir nicht erklären. Hier bei meinen Verwandten bin ich zum ersten Mal mit braunen Kämpfern, mit Nationalsozialisten und auch mit Kommunisten zusammengekommen. Mein Onkel ging oft des Abends so plötzlich und eilig aus dem Haus und kam immer ziemlich spät und abgespannt wieder nach Hause. Einmal habe ich denn meine Tante gefragt, wo er denn hingehe, da hat sie mir geantwortet: »Du darfst es keinem sagen, Onkel geht zu den Nazis!« Dann habe ich meinen Onkel bestürmt, er solle mir doch einmal etwas von diesen Leuten erzählen. Da hat er mir erzählt von dem unbekannten Soldaten des Weltkrieges, der die Idee des Nationalsozialismus gehabt hat, der die N. S. D. A. P. mit einigen Kameraden gegründet hat und wie diese dann zu einer gewaltigen, deutschen Bewegung herangewachsen ist, in der schon Millionen deutsche Männer und Frauen, vom schwarz-rot-goldenen System unterdrückt, für ein neues Deutsches Reich kämpfen.

Während mein Onkel das alles erklärte, leuchteten seine Augen in Begeisterung und Liebe zu seinem Führer, Adolf Hitler, dessen Namen er immer wieder erwähnte. Jeden Abend, bevor ich schlafen ging, mußte er mir etwas von Adolf Hitler und seinem Kampf erzählen. Er hatte mir ein kleines Bild von ihm geschenkt, das ich hielt, wie ein Heiligtum, zu dem ich in Verehrung aufsah. Ihn hatte ich in mein kleines Herz geschlossen und mir vorgenommen, nicht eher zu ruhen, bis ich den Sinn seiner Idee und seines Kampfes endgültig verstehen würde. An einem Samstagnachmittag machte die Mettmanner S. A. auf Lastwagen eine Propagandafahrt. Auf der Mettmanner Landstraße kam es zum Tumult zwischen ihnen und Kommunisten, denen es gelang, einen der Wagen umzuwerfen, wobei mehrere S. A.-Männer verunglückten. Auch mein Onkel kam mit verbundener Stirne nach Hause. Einige S. A. Männer wurden von den Moskaubanditen verfolgt und so mancher ist den feigen Kadetten zum Opfer gefallen. Dies alles grub mir damals schon den Haß gegen das Mordgesindel mit ihrem Gebrüll »Rot-Front!« und »Heil Moskau!« ins Herz. Als ich dann wieder in die Schule kam, begann auch für mich der Kampf für die Bewegung. Allerdings nicht mit so großen Opfern und so großer Gefahr, wie es die S. A. und S. S. getan hat. Aber ich war stolz darauf, daß ich mit meinen 14 Jahren schon mithelfen konnte. Eifrig versuchte ich, meinen Mitschülerinnen etwas über die nat. soz. Bewegung zu erzählen und sie, so gut ich konnte, darüber aufzuklären.

Aber ich fand nur verstopfte Ohren und mußte Gelächter über mich ergehen lassen, und mich als »nicht ganz richtig« ausschimpfen lassen. In meiner Klasse waren 3 Jüdinnen, die (das habe ich ihnen nie vergessen) immer am lautesten geschimpft haben. Kurz vor der Reichspräsidentenwahl im Jahre 1932 mußten wir in der Deutschstunde einen Aufsatz schreiben über das Thema: »Was ich von der bevorstehenden Reichspräsidentenwahl weiß!« Diese Sache war für mich damals sehr gefährlich, denn man konnte als Nationalsozialist leicht von der Schule fliegen, wie es einigen Schülern in Essen ergangen war. Aber ich konnte doch auch nicht gegen meine Überzeugung, die ich doch nun einmal hatte, schreiben. Und so schrieb ich denn tapfer drauf los, daß meiner Meinung nach nur Hitler in Frage käme und begründete auch diese Meinung. Als ich als Schlußwort unter meinen Aufsatz schrieb: »Heil Hitler!« kam gerade der Herr Lehrer vorbei, erblickte eben noch dieses Wort und fragte in strengen Ton: »Was??! Hitler!!?« Da stand ich stramm auf, so wie ich es von der S.A. gesehen hatte und sagte, mit dem rechten Arm grüßend: »Jawohl, Heil Hitler«! Da gab es einen Tumult in der Klasse. Die Juden hätten mir am liebsten die Augen ausgekratzt und bei den anderen entpuppte sich nun ganz plötzlich die Parteizugehörigkeit der Eltern oder der Leute, von denen sie beeinflußt worden waren. Einige haben schrecklich auf Hitler geschimpft und andere haben es mit höhnischem Lächeln abgetan und gemeint: »Total verrückt, kommt ja gar nicht in Frage!« Der Lehrer hatte Mühe, die Hitzköpfe zu beruhigen und sagte dann versöhnend: »Ihr müßt die Meinung eines jeden Menschen gelten lassen!« Ich habe dann nur ganz ruhig gesagt: »Regt Euch nur nicht auf! Ich werde Euch später mal an diesen Vorfall erinnern!« Seit dieser Zeit war ich in der Klasse die Geächtete. Aber das hat mich wenig gestört. Im Juli 1932 gründeten Lilo Zingler, Erika Zingler, Grete Heiland, Lotte Heiland und ich den N.S. Schülerinnenbund,[3] der dem N.S. Schülerbund, mit dem wir unsere Versammlungen im Burgacker abhielten, unterstellt war.[4] (Aus dem N.S.S.i ging später der B.D.M. hervor.) Dann haben wir eifrig in unserer Schule geworben und im August 1932 hatten wir schon ungefähr 40 Mädels. Im Bauschen-Heim hielten wir unsere Heimabende ab.[5]

Meine Eltern wußten von alledem nichts und duften auch noch vorläufig nichts davon erfahren. Denn ich war das einzige Kind und meine Eltern hatten Angst, daß mir etwas zustoßen könnte, wenn ich an den Versammlungen teilnähme oder mich »gar so auffällig« als Hitlermädel benehme. Da habe ich denn eben zur Beruhigung gesagt, ich ginge zum Gemeindehaus in einen Film, oder mal ins Theater oder ich schlief bei einer Freundin. In Wirklichkeit bin ich aber dann in die Versammlungen zur Tonhalle oder zum Burgacker gegangen, in denen es immer Verletzte, entzweigehauene Stühle und klirrende Fensterscheiben gab.[6] Als Adolf Hitler hier im Stadion sprach, bin ich auch unter irgendeinem Vorwand zu Hause ausgerückt. Als ich aber wieder nach Hause kam, konnte ich das Erlebte nicht für mich behalten, habe mich damit verplappert und dann meinen Eltern gebeichtet, wo ich an so manchem Abend gewesen war. Meine Eltern waren mir auch nicht böse, sondern froh, daß ich immer noch mit heiler Haut davongekommen war. – Wir wohnten auf dem Sternbuschweg direkt neben der Barackensiedlung, die durch und durch kommunistisch war. Ich habe immer geschimpft, wie ein Rohrspatz, wenn ich deren rote Fetzen auf den Dächern wehen sah. So mancher Stein war auf mich von den Kommunistenweibern- und Kindern gezielt worden; aber es hat mich gottlob keiner getroffen. Bei jedem Propaganda- und Demonstrationszug war ich mit dem Herzen dabei. Jede Wahl, vor der immer die kritischsten und gefährlichsten Tage waren, wurde von mir mit offenen Augen und Ohren verfolgt, und wie eifrig habe ich am Radio gesessen, um die Zahlen zu notieren und zu vergleichen. Wie oft habe ich von Tanten und Großmüttern einen Erguß über mich ergehen lassen müssen, es zieme sich nicht, daß ein junges Mädel sich mit Politik befasse. Aber das hat mich alles nicht hindern können, mich als junges Mädel mit ganzem Herzen und ganzer Seele, mit dem Glauben an Hitlers Idee, für den Sieg der Bewegung einzusetzen. Und als dann der 30. Januar und der 5. März 1933 kamen, da war auch ich stolz, ein wenig für diese Siege mitgekämpft zu haben!

Heil Hitler!
Lissy Schneider

1 *Lissy Schneider*: Vgl. BArch, NSDAP-Zentralkartei, Ertz, Luise geb. Schneider 21.9.1916, Film 31XX/G0069/2554. Im Jahr 1937, mit 21 Jahren, trat Luise Schneider der NSDAP bei.
Stadtarchiv Duisburg, Melderegister, Eintrag Luise Schneider. Luise Schneider wurde am 21. September 1916 in Duisburg geboren und starb am 18. April 2000 in Stuttgart/Bad Cannstadt.
Archiv der Frau-Rat-Goethe-Schule, Schullaufbahnbögen des Städtischen Lyzeums Duisburg, Bogen Nr. 418/30, Luise Schneider. Von Ostern 1927 bis Ostern 1933 besuchte Luise Schneider das »Städtische Lyzeum mit Frauenschule des Oberlyzeums und Realgymnasiale Studienanstalt zu Duisburg«. Diese war untergebracht in der dortigen Landgerichtstraße 17.

2 *Neanderthal*: Das Tal, durch das die Düssel fließt, liegt im niederbergischen Land, etwa fünf Kilometer südlich von Mettmann. Die namengebende Schlucht wurde durch Kalkabbau bis 1945 vollständig zerstört. Bekanntheit erlangte das Tal 1926 durch den Fund eines Urzeitmenschen.

3 *N. S. Schülerinnenbund*: Der NS-Schülerinnenbund (NSSi), war zur Zeit seiner Gründung 1929 eine von mehreren nationalsozialistischen Mädchenorganisationen. Er unterstand auf Reichsebene dem NS-Schülerbund und war ansonsten eigenständig. Die Zielgruppe waren insbesondere ältere Schülerinnen, also Jugendliche, deren Familien sich einen weiterführenden Schulbesuch leisten konnten. Damit stand der NSSi in Abgrenzung zum konkurrierenden BDM, der auch berufstätigen Jugendlichen offenstand. Mitgliederzahlen 1931: BDM – 1800 Mitglieder, NSSi – 1600 Mitglieder. Zu den Aktivitäten des NSSi gehörten neben praktischen Handarbeiten und Sammlungen auch Sport, Sanitätskurse und die politische und kulturelle Ausbildung. Am 10. August 1932 wurde der NSSi aufgelöst und seine Mitglieder in den BDM übernommen. Vgl. Birgit Jürgens, Zur Geschichte des BDM (Bund Deutscher Mädel) von 1923 bis 1939, Dissertation, 2. Auflage, Frankfurt a. M. 1996, S. 38-41. Dagmar Reese, Die BDM-Generation. Weibliche Jugendliche in Deutschland und Österreich im Nationalsozialismus, Berlin 2007, S. 97.

4 *Burgacker*: Die Straße »Am Burgacker« liegt in der Duisburger Altstadt und mündet auf die Köhnenstraße, die 1933-1945 nach einem NSDAP-Ortsgruppenleiter Bauschenstraße hieß (siehe Bauschen-Heim). Der Straßenzug wurde im Zweiten Weltkrieg vollständig zerstört.

5 *Bauschen-Heim*: Der Arbeiter Heinrich Bauschen war ab 1926 NSDAP-Ortsgruppenleiter in Duisburg. Bei politischen Auseinandersetzungen kam er am 19. Oktober 1929 ums Leben. Das von Lissy Schneider erwähnte NSDAP-Heim ist nach diesem Duisburger »Märtyrer der Bewegung« benannt. Vgl. Bürgerzeitung Duisburg, Straßennamengeschichte, Altstadt/Köhnenstraße; URL: http://www.duisburgweb.de/Du_strassen_plz/Du_Ortsteile_strassennamengeschichte/Altstadt_K.htm [online am 25. August 2015].

6 *Tonhalle*: Das 1887 eingeweihte Duisburger Konzertgebäude an der Königstraße wurde durch einen Bombenangriff am 6. Oktober 1942 zerstört. Vgl. Stadt Duisburg, Tourismus & Freizeit, Historisches & Persönlichkeiten; URL: http://www.duisburg.de/freizeit/tourismus_freizeit/historisches_persoenlichkeiten/duisburg_frueher/102010100000092771.php [online am 25. August 2015].

Marianne Meinecke

Abel-Biogramm/Nr. 116/Marianne Meinecke
Neun Seiten, handschriftlich (deutsche Schrift), datiert 16. August 1934.
Die Identität der Verfasserin ist authentisch.[1]

Geburtsdatum:	28. August 1897
Name:	Marianne Meinecke, geb. Frühsorge
Geburtsort:	Groitzsch bei Leipzig
Alter:	36 Jahre
Familienstand:	verheiratet
Wohnort:	Hannover, Stolzestraße 20 II
Elternhaus:	Selbständige Kaufleute
Ausbildung:	Schultyp wird nicht genannt, hauswirtschafliches Jahr, Gesangsstudium (abgebrochen)
Beruf:	Küchenhilfe im Lazarett, Haustochter, Ehefrau
NSDAP-Beitritt:	1. August 1932 (NSDAP-Ortsgruppenkartei)
Mitgliedsnummer:	125 002
Werber:	Redner der NSDAP 1931
Funktionen:	Mitglied

Charakteristische Aspekte des Biogramms:
Marianne Meinecke spricht ihre Adressaten direkt an (Columbia-University, New York). Sie erlebte die 1920er Jahre als eine Zeit persönlicher Verunsicherung. Die politischen Entwicklungen schildert sie auch aus kaufmännischer Sicht. Marianne Meinecke teilte das Frauenbild von NS-Publizistinnen wie Guida Diehl.

H., 16.8.1934

Frau M. Meinecke
Hannover, Stolzestr. 20 II

Ich beglückwünsche die Columbia Universität Newyork zu ihrem Entschluß und möchte zu meinem bescheidenen Teil dazu beitragen, Klarheit zu verbreiten über das große Erleben der deutschen Menschen der Gegenwart. –

Am 28.8.1897 ½ 7 Uhr nachmittags an einem Sonnabend bin ich geboren. als Tochter evangelischer Eltern in einem Städtchen bei Leipzig im damaligen Königreich Sachsen und als ältestes von 4 Geschwistern. – Um seine Lage zu verbessern, gab der Vater seine Stellung auf als Leiter einer bekannten Schuhfabrik als ich 7 Jahre alt war, und zog nach Hannover um dort als selbständiger Kaufmann anzufangen; da er auf die Mithilfe seiner neuen Lebensgefährtin beim schweren Anfang nicht verzichten konnte, haben wir 3 Kinder eins war ganz jung verstorben –seit der Übersiedlung nach H. nicht viel von unsren Eltern gehabt. Sie mußten hart kämpfen, um in der [...][2] Niedersachsenstadt Fuß zu fassen. Bis spät abends waren vor d. Krieg die Läden geöffnet, sogar Samstags auf 2 Stunden, das bedeutete eine ungeheure Kraftanstrengung besonders für Mutter. Und doch gehörten d. Sonntage nicht der verdienten Ruhe, sondern wurden den Kindern gewidmet, und so zogen wir dann hinaus in d. Natur, vom naturliebenden und kenntnisreichen Vater auf alles Schöne aufmerksam gemacht. So lernten wir die Heimat, die uns Kindern jetzt »Niedersachsen« hieß kennen u. lieben und damit unser Vaterland, von beiden Eltern und Großeltern her lag uns diese Liebe im Blute. – Nach erfolgreicher Beendigung der Schulzeit, wo mich vor allem Geschichte, Erdkunde, Deutsch als Lerngebiete fesselten, schickten mich die Eltern auf 1 Jahr in ein befreundetes Haus zum praktischen Erlernen des Haushalts und Erweiterung der Blickfelder auf jedem, mir zugänglichen Gebiet. In der Mark Brandenburg, des »hl. römisch. Reiches Streusandbüchse«[3] bin ich 1 Jahr lernfroh und glücklich gewesen und habe »märkische Heide ud. märkischen Sand«[4] mitsamt den dunklen Kiefernwäldern herzlich lieb gewonnen. Es was das Jahr 1913-14, des Reiches Höhepunkt an Macht und Herrlichkeit. Nichts konnte ein 16 jähr. Mädl hindern, sich die Zukunft so heiter wie möglich zu malen. Keiner von uns ahnte etwas vom drohenden Unheil, das schon so lange über unserm Himmel hing, bis die Schüsse in Sarajewo alle Welt aufschreckten.[5] Grade ein paar Wochen war ich wieder im Elternhaus, als der Krieg ausbrach. Die Tür zum sorglosen Jugendland fiel zu, unsre Jugend wurde in den Strudel eines Weltunterganges und den schmerzvollen, langdauernden Wehen des Neuwerdens hineingerissen. – Hoch schlugen die Wogen der Begeisterung, die männliche Jugend drängte zum Schwertertanz – wir Mädels halfen, wo unsre schwachen Kräfte nur irgend gebraucht wurden. Wir haderten mit uns. jungen Jahren, daß sie uns Hindernis waren, als Schwestern hinaus zu gehen ins Feld. – Um wenigstens ein bißchen näher dem Kriege zu sein, ging ich als Küchenhelferin ins Lazarett. Es kamen die Jahre, wo die Begeisterung in die Gräben der Bewährung, der Geduld geleitet werden mußte, – es kamen noch später die finstren Tage der Erkenntnis, daß die Zermürbung der Heimat durch planmäßige Zerstörungsarbeit – deren Ausmaß damals keiner übersah, eingesetzt hatte. Es kam die Hoffnungslosigkeit, der Schlamm fing an zu steigen, und dann, es ist noch in der Erinnerung wie ein körperlicher Schmerz zu fühlen, der schmähliche Zusammenbruch in einer Form, die uns in einen grauenvollen Zustand versetzte, gemischt aus Entsetzen, Scham, Wut, Verzweiflung, und stumpfer Resignation »Das kann nicht wahr sein, nie, nie, nie.« – schrie es in uns, als die Ereignisse von 1918-19 sich zeigten, eines fürchterlicher als das andere, und wir konnten damals noch nicht einmal ihre Auswirkung und ihre ganze Furchtbarkeit auch nur ahnen!

Da wurde dem Deutschen die Weltkenntnis beigebracht und eine Drachensaat des Hasses gesäht, die einmal Richtschwerter wachsen lassen mußte. – Der Irrsinn schien auf allen Gebieten zum Herrscher eingesetzt zu sein! – Allmählich zog dann eine Friedhofruhe und Stumpfheit in unseren Hirnen und Herzen ein. – Ich hatte inzwischen einen Lebensabschnitt beschlossen, ein übereiltes Herzensbündnis lösen müssen, das, im ersten Überschwang der Jugendliebe geschlossen, im Laufe der Entwicklung beider Partner ein Auseinanderwachsen gezeitigt hatte. Da die Mutter nach wie vor angestrengt im Geschäft sein mußte, kam es der Tochter natürlich zu, den Hausstand zu führen. Nebenher lief noch ein Gesangsstudium, lässig betrieben, ohne jeden Ehrgeiz, und dann doch, auf Treiben der Lehrerin, zum öffentlichen Auftreten führend, das einen aufmunternden Erfolg als Konzertsängerin brachte. […] fehlte es mir an Selbstvertrauen ud. Zielstrebigkeit, es war ein verschwommener Zustand von […] und Unsicherheit, in dem ich mich befand. Irgendein verständnisvoller Mensch als treibende Kraft stand mir nicht zur Seite, kurz u gut, es kam nicht zum Aufraffen, zum Streben auf ein Ziel, ich ließ mich treiben, mit der unklaren Empfindung, daß die Vorsehung sich wohl vielleicht etwas deutlicher ausnehmen würde, wenn sie etwas mit mir vorhabe. Eigentlich die ganzen Jugendjahre durch habe ich unter diesen Hemmungen gestanden, im halben Dämmerzustand gelebt, trotz fleißiger Arbeit, die den Tag voll ausfüllte.

Irgendwelche größeren Erlebnisse brachte das zurückgezogene Leben des Hausmütterchens natürlich nicht mit sich, ich war auf dem besten Wege, einseitig zu werden und langsam zu versauern. Hin u. wieder rebellierte die Jugend in mir, aber das angeborene ud. anerzogene Pflichtgefühl ließ nicht zu, den vorgezeichneten Weg zu verlassen. Der Mangel an Mut ud. Selbstvertrauen, den die heutige weibliche Jugend ja nicht kennt, trat aber immer wieder hemmend auf vor jedem Entschluß. In irgendeinen der vaterländischen Verbände einzutreten, konnte ich nicht über mich bringen, denn nun drängte sich schon immer mehr das soziale Problem, das unserem Jahrhundert d Stempel aufdrückte, dem Nachdenken des jungen Menschen auf, und hier traf ich eben auf die bewußte Ablehnung des Sozialismus einerseits und den hohlen Patriotismus andererseits, der sich erschöpfte in der Pflege äußerlicher Dinge ud. abgelebter Formen, und gewisses schmückendes Ornament einer kleinen Klasse zu sein schien. Auf der linken Seite trat immer deutlicher und krasser hervor der Gegensatz zwischen den socialen Phrasen der menschenbeglückenden Lehre und der in Praxis umgesetzten Tat. Tünche und Stückwerk, Prassen und Schlemmen – Verelendung der Massen in rasendem Tempo.

Ich suchte und suchte einen festen Halt in all dem wirren Leben um mich herum, aber es war in all dem Suchen auch kein Wille, es erstickte in Lauheit, die dem rettungslosen Versinken im Zeitgeist, der trägen Anpassung an die gegebenen Tatsachen vorangeht. Zu all diesen meinen Empfindungen kam nun noch eine nagende Sorge um die Existenz. Ich fühlte lange [...], daß die Eltern den veränderten Anforderungen der Zeit in Bezug auf Geschäftsführung usw., [...] mußten, sie waren erzogen ud. alt geworden in einer anderen Atmosphäre, in einem anderen Tempo, es war die Tragödie so vieler älterer Geschäftsleute damals, die sich vielleicht an allen Generationen abspielt, aber sich noch nie in so krasser Form zutrug wie in dieser Zeit, als es nicht nur den natürlichen Gegensatz zwischen alt und jung zu überwinden galt, sondern den Abgrund zwischen altem und neuem Geschäftsgeist. Vaters idealistisch-philosophische Veranlagung hat diese Schwierigkeit nur vergrößert. Der ältere Bruder, heil aus dem Kriege heimgekehrt, studierte damals die Rechte, der jüngere eben schulentlassen. Mich packte oft nun die Lebensangst, weil ich mich schlecht gerüstet fühlte den Verhältnissen gegenüber. – Im Jahre 1921 verlobte ich mich mit einem tüchtigen Kaufmann desselben Handelszweiges, wie ihn Vater vertrat. Ich erhoffte vom Einsatz der jüngeren Kraft und der wirklichkeitsnahen Veranlagung meines Verlobten eine wesentliche Stützung des elterlichen Geschäftes, jedoch scheiterte diese Hoffnung eben auch am Gegensatz »Jung ud. alt« und an der zu großen Spannung zwischen den Temperamenten. So nahm das Geschick dann seinen Lauf, unter dem Druck des nahenden Verhängnisses und der Disharmonie, die durch oben genannte Tatsachen hervorgerufen wurde, habe ich damals schwerste seelische Leiden durchgemacht. – Die Fährlichkeiten der Inflation überstanden beide Geschäfte noch leidlich, dann aber vertrieb der Karstadt Konzern, der große Grundstückskäufe wegen Bauabsichten gemacht hatte, meinen Vater aus diesen Gründen aus der Stätte seiner Lebensarbeit. Es fand sich kein passendes, der Eigenart des Geschäftes u. Struktur des Kundenkreises entsprechendes Lokal mit erschwinglicher Miete. – Vater war zermürbt, seine weiche Gemütsart bot den Schicksalsschlägen der letzten Jahre nicht den nötigen Widerstand – es kam, wie ich es jahrelang gefürchtet hatte. Die Eltern sind im Alter auf die Hilfe der Kinder angewiesen. Es ist eine für sie schwer tragbare Last, diese Bilanz eines ehrlichen, rastlos fleißigen Lebens. – Der Kampf ums nackte Dasein griff nun auch immer härter in unser, das meines Mannes ud. meines Lebens hinein.

Die Zahl der Arbeitslosen stieg ins Ungeheuerliche, eine Verlumpung der Gesinnung, der Geschäftsmoral griff um sich, die es einem ehrlichen Kaufmann bald unmöglich zu machen schien, überhaupt noch weiter zu leben. Man bezog Ware solange der Lieferant noch gutgläubig war, lebte gut davon, [...] sein [...] Leben ins Irrsinnige, nach der Parole: »genieß deine letzten Tage, morgen sind wir tot, nach uns d. Sintflut!« Und wenn es dann soweit war, hob man ohne jede Hemmung den Finger hoch, machte einen gesunden Konkurs und – lebte weiter, besser als der dumme Gläubiger, dem langsam die Luft ausging. Wir waren so als Großhändler ein paar Jahre die melkende Kuh dieser demoralisierten Zeitgenossen, wußten nicht ob wir weinen oder lachen sollten, über Aufträge. Die Hälfte unsres Betriebskapitals ging in knapp 3 Jahren verloren und unser Geschäft bekam den Anstrich eines Rechtsanwaltsbüros, ein Angestellter hatte sein Brot nur durch das Mahn- und Klagewesen bei uns. – Es war förmlich mit den Händen zu greifen und zu fühlen, das Abbröckeln der Existenz! – Dazu kamen immer häufiger die Zweifel an sich und der Welt überhaupt, immer öfter drängte sich mir die Frage auf: Hast du denn noch ein Recht dich gegen den Geist deiner Zeit zu stemmen? Sind denn Ideale nicht längst überholt und altes Gerümpel?

Kann es denn in dem Zeitalter der Technik, der Mechanisierung auf allen Lebensgebieten ein »zurück« geben? Mehr als einmal war ich nahe daran, mich selbst aufzugeben. War es ein guter Geist, der es verhinderte, oder war die durch Generationen vererbte innere Haltung doch fester verankert, als mir bewußt werden konnte? –

Oder – sprach schon eine innere Stimme von dem, was in der Luft lag, der Weltwende? – Mit fatalistischer Ergebung sah man den Ruin auf sich zukommen, unerträglich war die Luft mit Spannungen und Hoffnungslosigkeit erfüllt. Da aber schlug für mich die glückliche Stunde, in der ich mich einreihte in die Gefolgschaft der Besten unserer Zeit, unseres jubelnden Herzens sei es gerufen! unser Führer! Wohl hatten wir schon bei mehreren Wahlen in den Reihen seiner Wähler gestanden, aus dem Gefühl heraus, irgendwie muß es anders werden; unsere damalige politische Führung gab zu beschämende Beweise ihrer […] ud. geistigen Unfähigkeit. Aber noch fehlte mir die innerste Erkenntnis dessen, was es nun die wahre Mission dieses Mannes sei. Diese Stunde kam mir in einem kleinen Landflecken in der Wesergegend. Ich buche sie als einen Höhepunkt meines Lebens.

Zum ersten Male hörte ich einen Redner Adolf Hitler; von der Macht der Gedanken, der stählernen Eindringlichkeit einer nie gehörten Sprache, von dem fanatischen Leuchten der Augen dieses Mannes durch und durch gerüttelt und zugleich beschenkt wie ein seliges Kind zu Weihnachten, ging nach Haus. Der Blick durch ein weit geöffnetes Tor in das verschüttete Land der deutschen Seele nahm mir in dieser Nacht den Schlaf.

Mein einziger Gedanke war: ich dank dir, Gott, daß du mir den Führer gabst. Weiter nichts konnte ich denken. Kurz darauf setzte der Kampf um das deutsche Volk mit ungeheurer Wucht ein, zugleich wuchs der Terror ins […], es ging der letzten Entscheidung entgegen, alle Kräfte der Guten und Bösen standen auf zu einem gigantischen Ringen. Der Schlag einer neuen Weltstunde hob an zu klingen und zu dröhnen.

Mit heißem Herzen habe ich diese letzte Phase des Kampfes von Ende 1931 bis zum letzten Sturm und Sieg 1933 mitgelebt, im Glück eines erwachten, bewußt lebenden Deutschen, der ein neues Hoffen u. Ziel sieht. Wie versanken in der Zeit alle kleinlichen, eigensüchtigen Bedenken und Bequemlichkeiten des bürgerlichen Daseins in diesem Schmelzofen des wahren Menschenwertes! Wie formte die Meisterhand des Führers uns zu verantwortungsstolzen Mitbürgern! Wie befreit und glücklich gingen wir damals unseren Weg, durch die Hölle von Haß, Wut, Gemeinheit hindurch! Wie brannten unsere Seelen, unsere Herzen an jeder Bahre, die die lange Reihe unserer Blutopfer vermehrte, mit Stolz trugen wir damals unser Zeichen. Nur ein Versäumnis meines Lebens habe ich zu beklagen bis ans Ende. Daß nicht alle die langen Jahre, 10 sind es, ich in der Gefolgschaft des Führers stand. Und dieses Versäumnis bleibt mein lebenslanges Mahnen zur fanatischen Treue für den Mann, dessen gesegnete Hand alle die Werte, deren Hüterin und Trägerin nach dem Gebot der Allmacht die Frau zu sein hat, dem Schutt u. Schlamm einer verrotteten Zeit entriß, der der Frau den Glauben wieder schenkte an die Macht der Reinheit und Güte, des Guten überhaupt! Es lohnt wieder, Weib zu sein in diesem Sinn der mütterlichen Kraft an Leib und Seele, nicht »Weibchen« mit dem aufdringlich animalischen Stempel der Erotik in Haltung und Geistesrichtung. Wir dürfen wieder ein Geschlecht von Männern heranziehen, denen wir von Selbstzucht, Stolz, von Ehrlichkeit u. Reinheit sprechen können. Wir nehmen unsere Kinder an die Hand, und zeigen ihnen das Land des Vaters, in das sie nicht zufällig hineingestellt sind, sondern sagen ihnen, daß sie dem Lebensgesetz dieses ihres Volkes gehorsam, ihm dienen sollen, weil dieses dereinst als einziger echter Gewinn am Ende ihres Lebens stehen wird, hoch erhaben über allen äußeren Erfolgen. Wir kleiden sie in die braune, die Farbe der Mutter Erde, die der Führer als einigendes Band um alle Kinder dieser unserer deutschen Erde geschlungen hat.

Wir haben im Herzen das Wissen: diese Erde Deutschlands trägt das leidensfähigste Volk; seine Mission ist es, den Völkern der Welt den Spiegel vorzuhalten, ihnen alles vorzuleben u. vorzuleiden, den Haß, die Selbstzerfleischung, die Erniedrigung, und – die Selbstbesinnung, die Erhebung, den Befehl des Christentums in der Sprache uns. Zeit: Gemeinnutz geht vor Eigennutz! Wohl uns! Wir sind das glücklichste Volk der Erde! Trotz Not! Trotz Bedrückung! In unserem Land brennt zuerst das Licht, was eines Tages die finstere Welt erleuchten wird! Dies Wissen ist zugleich eine Bürde, aber wir tragen sie mit dem Stolz, Werkzeug zu sein eines großen Meisters! Eine unsichtbare Hand schreibt Geschichte in gewaltigen Buchstaben, so groß, daß viele sie nicht erkennen können, aber mehr sind es schon, die sie erfühlen, und daraus die Kraft zum Kämpfen und Tragen schöpfen. Noch einen beglückenden Gewinn unseres Erleben haben wir zu bekennen. Unser Führer ist ein Beter. Einer unserer Dichter sagt: »Wer ist ein Mann? Der beten kann!« Und die beiden großen Männer unserer Gegenwart, aller Welt sichtbar stehen sie im Lichte der Zeit: Hindenburg ud. Hitler, zwei Männer, die die Kraft des Betens an sich erlebten! –

Und dann wird der Ansturm der Bosheit, der Gemeinheit, der Niedertracht einer ganzen Welt gegen uns, einmal zerschellen, so gewiß wie Gott im Himmel ist. Nur, wen er liebt, den prüft er, wie er den Führer prüfte! Zu seiner Stunde wird er sprechen! Wir kämpfen weiter.

Heil Hitler!

Marianne Meinecke geb. Frühsorge[6]
Hannover, Stolzestr. 20 II.

1 *Marianne Meinecke*: BArch, NSDAP-Ortsgruppenkartei, Meinecke, Marianne 28.8.1897, Film 32xx/O0055/2329.

2 *[...]* bezeichnet ein nicht lesbares Wort.

3 »*Des heiligen römischen Reiches Streusandbüchse*«: Die sandige Mark Brandenburg erhielt diesen Spott- und Kosenamen vom Volksmund lange vor 1806, dem Ende des »Heiligen römischen Reiches Deutscher Nation«. Eine Streusandbüchse gehörte zu dieser Zeit zu den Schreibutensilien. Durch das Überstreuen mit feinem Sand wurde die Tinte getrocknet.

4 *Märkische Heide, märkischer Sand*: Mit diesen Worten beginnt das beliebte Wandervogellied »Märkische Heide«, geschrieben 1923 von Gustav Büchsenschütz. Seit 1990 ist es die Hymne des deutschen Bundeslandes Brandenburg. Vgl. Michael Zachcial, Deutsches Volksliederarchiv, Heimatlieder, 1919-1932 Weimarer Republik; URL: http://www.volksliederarchiv.de/text1240.html [online am 2. September 2015].

5 *Schüsse in Sarajewo*: Marianne Meinecke bezieht sich hier auf das Attentat auf Franz Ferdinand, den Thronfolger Österreich-Ungarns (zu dem auch Bosnien gehörte), und seiner Frau, durch bosnisch-serbische Nationalisten am 28. Juni 1914. Das Attentat wurde zum Auslöser des Ersten Weltkriegs.

6 *Marianne Meinecke nach 1934*: Die Verfasserin übernahm nach 1934 das Amt der Frauenschafsleiterin. Als solche ist sie im Adressbuch der Stadt Hannover von 1941 verzeichnet. Vgl.: Adressbuch der Stadt Hannover Jg. 1941, S. 398; in: Verein für Computergenealogie e.V. (Hrsg.), GenWiki – Genealogienetz, Datei: Hannover AB 1941; URL: http://wiki-de.genealogy.net/w/index.php?title=Datei:Hannover-AB-1941-scan.djvu&page=398&page=398 [online am 2. September 2015].

Margarete Beckel

Abel-Biogramm/Nr. 130/Margarete Beckel
Vier Seiten, handschriftlich (deutsche Schrift), undatiert.
Die Identität der Verfasserin ist authentisch.[1]

Name:	Margarete Beckel geb. Schwartz
Geburtsdatum:	2. Februar 1879
Geburtsort:	Merseburg/Saale
Alter:	55 Jahre
Familienstand:	verheiratet, drei Kinder im Säuglingsalter verstorben
Wohnort:	Oberzwehren (1936 eingemeindet nach Kassel)
Elternhaus:	Vater Stellmachermeister, Mutter Hausfrau
Ausbildung:	Mädchenschule (bis 10. Klasse), Mädchenpensionat, Kurs in Handelslehre
Beruf:	Ehefrau, während des Krieges Leiterin einer Obstbau-Genossenschaft
NSDAP-Beitritt:	1. November 1932 (NSDAP-Zentralkartei)
Mitgliedsnummer:	1360832
Werber:	Rede des NSDAP-Reichsorganisationsleiters Gregor Strasser
Funktionen:	Mitglied

Charakteristische Aspekte des Biogramms:
Margarete Beckel war in den 1920er Jahren DNVP-Wählerin, ihr Ehemann DNVP-Ortsvorsitzender. Beckels Schlusspassage ist ein Bekenntnis zum nationalen Sozialismus, im Duktus eines Glaubensbekenntnisses.

Lebenslauf.

Am 2. Februar 1879 wurde ich zu Merseburg a/Saale als 2. Tochter des Stellmachermeisters Gustav Schwartz geboren. Meine Ausbildung bestand aus dem Besuch einer 10 klassigen Mädchenschule, einem Jahr Mädchenpensionat im Harz u. mütterlicher Unterweisung in allen praktischen hausfraulichen Arbeiten. Außerdem in einem halbjährlichen Kursus für Handelslehre.

Am 14. Januar 1905 heiratete ich den an der Gartenbauschule in Wittstock a.d. Dosse tätigen Obstbaulehrer Adolf Beckel[2] aus Wiedenbrück i/Westf. u. siedelte mit ihm nach W. über. Mein erstes Kind starb einjährig, das zweite u, dritte infolge schwerer Entbindungen.

Im Juli 1907 wurde mein Mann zur Leitung der ca 60 Morgen großen Obst- u. Weinbau-unter-Glas-Genossenschaft durch die daran beteiligte Landes-Kammer-Berlin berufen, weshalb wir von Wittstock zum neuen Wirkungskreis Gransee i/Mark übersiedelten.[3]

Am 4. Mobilmachungstage rückte mein Mann, als gedienter Soldat, ins Feld u. zwar sofort an die Front, an der er ununterbrochen den ganzen Krieg über verblieb. Die Leitung der Genossenschaft wurde von der Landes-K. mir übertragen, die sich dazu eignete durch die jahrelange, unbewußte Aufnahme aller praktischen Vorkommnisse im Betrieb einmal, zum andern durch vorhandene kaufmännische Befähigung u. Kenntnisse. Außerdem wurde ich von der Front aus laufend durch meinen Mann schriftlich angewiesen u. erhielt, weil es sich um einen für die Volksernährung wichtigen Betrieb handelte, 4 Mal die Zureiseerlaubnis zur Front zwecks Aussprache mit meinem Mann. Dadurch lernte ich den Krieg aus eigener Anschauung kennen. – Zuletzt, kurz vor dem furchtbaren Ende, holte ich meinen Mann zu dreiwöchigem Urlaub zur Erholung von schwerer Erkrankung aus dem Lazarett aus Forbach i/E. Nach Ablauf desselben brauchte er nicht wieder ins Feld, unser Heer befand sich auf dem Rückzuge u. mein Mann mußte sich auf der Abwicklungsstelle seines Regiments in Angermünde melden. Auf dieser Fahrt begleitete ich ihn u. mußte miterleben wie gleich ihm vielen im schweren Frontkampfe ergrauten Kriegern alle Ab- u. Ehrenzeichen abgerissen wurden. Mein Mann ist nur durch List diesem Schicksal doch noch entgangen.

Dieses u. weit Schrecklicheres habe ich, deren nächste Verwandte in Berlin wohnten, mitansehen müssen, nachdem wir 2 Brüder meines Mannes u. meiner einzigen Schwester einziges Kind dem Vaterland zum Opfer gebracht hatten.

Gern und mit Stolz hatte ich alle meine Kräfte in den Dienst der heiligen Sache gestellt, mußte demgegenüber aber auch all die Jahre zusehen, wie gesunde, wehrfähige Männer aus den besten Kreisen der Stadt sich die 4 ½ Jahre von ihrer Kriegspflicht zu drücken, sich Wohlleben u. Vermögen zu beschaffen verstanden, in deren Genuß sie heute noch stehen. Dieses goß mir die erste Bitterkeit ins Herz, das in tiefer Vaterlandsliebe u. in höchstem Stolz auf unser herrliches Vaterland schlug.

Im täglichen Umgang der 4 ½ Jahre mit ca 40 Arbeitsleuten lernte ich den Geist unter ihnen kennen u. auch die Methoden, mit denen Demokratie u.

Sozialdemokratie das Verderben vorbereiteten. Die von Hause aus anerzogene Abneigung dagegen schlug in glühenden Haß um, als die Verräter ihr Ziel erreichten u. Deutschlands furchtbarer Niedergang in Schmach u. Schande durch sie erfolgte.

Mein Mann kam unverändert national aus dem Kriege zurück u. ihm, als dem unantastbaren Frontkämpfer übertrug man das Amt eines Vorsitzenden der Deutschnationalen Partei in Gransee, als welcher er manchen Strauß auszufechten hatte.

1920 wurde mein Mann zum Leiter der Obstbauanstalt Oberzwehren berufen u. so kamen wir hierher, wo damals ein Scheidemann[4] sein unheilvolles Wesen trieb.

Es folgten die Jahre vollkommener innerer Zerrissenheit unseres Volkes; die Massen wurden auf alle erdenkliche Art verhetzt, Partei auf Partei gegründet, Reichskanzler auf Reichskanzler gewählt u. alle erfüllten aufs Geratewohl ihre Kunst am armen kranken Deutschland. Ich wählte mit meinem Mann treu deutschnational, mußte aber zu der Einsicht gelangen; daß diese Partei Deutschland nicht zu retten vermochte. Der Kommunismus fing an, sich dreist auf den Straßen breit zu machen u. Haß u. Wut lohten einem aus ihren Blicken entgegen.

Da ging ich zum ersten Mal in meinem großen Schmerz um mein Deutschland, dessen Größe ich von Jugend auf erlebt hatte, in eine N.S.D.A.P. Versammlung u. von da an mit meinem Mann in jede. Wir hörten zum ersten Male im großen Zelt den Führer sprechen u. zum zweiten Male. Ich machte keinen Hehl mehr daraus, zu wem wir uns bekannten u. erfuhren öffentliche Anfeindung deswegen im Volksblatt u. Anpöbelungen in den Straßen Oberzwehrens. Der Wahlkampf für die Reichtagswahl im Juli 1932 kam u. nach der Rede Strassers[5] meldete ich mich tags darauf bei der Ortsgruppe zur Aufnahme in die Partei.

Seitdem bemühe ich mich Nationalsozialistin zu sein. Ich stelle mich willig unter die Gebote der Partei, helfe so viel ich kann armen Volksgenossen u. kenne keinen Standesunterschied. Sehe Sorglosigkeit im Lebenskampf als unverdiente Bevorzugung, Armut als bemitleidenswerte Benachteiligung des Schicksals an. Jeder deutsche Mensch hat die gleiche Berechtigung auf auskömmliche Lebensführung u. keiner ist berechtigt, auf Armut gedankenlos mit selbstverständlicher Überhebung herabzusehen. Auf diese Weise will ich mithelfen an der inneren Einigung unseres Volkes, weil keine Schicht des Volkes seine Berechtigung außerhalb der Gemeinschaft führen darf. Alles Undeutsche, Fremde will ich mir fernhalten.

Über alles aber erstrahlt die Liebe zu meinem Führer, der Deutschland gerettet u. geeint hat.

Heil Hitler!
Margarete Beckel.[6]

1 *Margarete Beckel*: BArch, NSDAP-Zentralkartei, Beckel. Margarete 12.2.1879, Film 31XX/B0005/1070 (mit Foto). Als Gebutsdatum ist auf der Karteikarte der 12.2.1879 angegeben, abweichend zu Margarete Beckels Biogramm, in dem der 2.2.1879 als Geburtsdatum genannt wird. Vgl. auch Melderegister der Stadtarchive Wiedenbrück und Kassel, siehe unten.

2 *Adolf Beckel*: Adolf Beckel wurde am 14. Januar 1877 im westfälischen Wiedenbrück geboren. Stadtarchiv Wiedenbrück, Melderegister, Meldekarte Beckel, Adolf. Auf der Meldekarte der Gemeinde Oberzwehren ist der Beruf »Garteninspektor« angegeben. Außerdem findet sich hier die Nummer der Spruchkammerakte zum Entnazifizierungsverfahren. Beckel wurde der Gruppe 4 »Mitläufer« zugeordnet. Im Mai 1946 kehrte er zurück nach Wiedenbrück. Vgl. Stadtarchiv Kassel, Melderegister, Meldekarte Beckel, Adolf.

3 *Gransee*: Die Obstbauanstalt lag an der Fürstenallee 7, dies war zugleich die Meldeadresse des Ehepaares Beckel. Vgl. Stadtarchiv Kassel, Melderegister, Meldekarte Beckel, Adolf.

4 *Scheidemann*: Der führende SPD-Politiker Philipp Scheidemann war 1865 in Kassel geboren worden. Während des Weltkrieges trat er für einen Verständigungsfrieden ein – gegen den rechtsgerichteten Alldeutschen Verband. Er war 1919 der erste demokratisch legitimierte Ministerpräsident der jungen deutschen Republik. Von 1920-1925 hatte er das Amt des Oberbürgermeisters von Kassel inne, zudem vertrat er Hessen-Nassau von 1920-1933 als Mitglied des Reichstages.

5 *Strasser*: Es handelt sich um Gregor Strasser (1892-1934). Strasser war tonangebend im »linken« Flügel der NSDAP. Als Reichsorganisationsleiter betrieb er überaus erfolgreich die deutschlandweite Ausdehnung der NSDAP von der Splitter- zur Massenpartei. Als Reichstagsabgeordneter der NSDAP stellte er am 10. Mai 1932 ein »wirtschaftliches Sofortprogramm der NSDAP« vor. Angelegt waren darin unter anderem das Autarkiekonzept und die Arbeitsbeschaffung etwa durch Landschafts- und Wohnungsbau sowie Verkehrsprojekte. Zu dieser Zeit war Strasser der wohl einflussreichste Mann nach Hitler innerhalb des parteiinternen Machtgefüges. Am 8. Dezember 1932 kam es zwischen Hitler und Strasser zu einer Grundsatzdebatte über die zukünftige Linie der Partei. Strasser legte daraufhin alle Parteifunktionen nieder. Er wurde am 30. Juni 1934 von einem SS-Kommando ermordet. Vgl. Weiß, Biographisches Lexikon, S. 447.

6 *Margarete Beckel* starb am 28. Dezember 1945. Vgl. Stadtarchiv Kassel, Melderegister, Meldekarte Beckel, Adolf.

Gertrud von Bardeleben

Abel-Biogramm/Nr. 141/Gertrud von Bardeleben
Vier Seiten, handschriftlich (deutsche Schrift), datiert 14. August 1934
Die Identität der Verfasserin ist authentisch.[1]

Name:	Gertrud von Bardeleben, geb. Steinberg
Geburtsdatum:	5. August 1876
Geburtsort:	Berlin
Alter:	58 Jahre
Familienstand:	verwitwet, ein Sohn
Wohnort:	Berlin-Tiergarten
Elternhaus:	Vater Gymnasiallehrer
Ausbildung:	Höhere Töchterschule
Beruf:	Tätigkeit im Gesundheitswesen, Ehefrau
NSDAP-Beitritt:	1. Dezember 1931 (NSDAP-Zentralkartei)
Mitgliedsnummer:	861448
Werber:	unbekannt
Funktion:	Mitglied, lokale Leitungsfunktion in der NS-Volkswohlfahrt

Charakteristische Aspekte des Biogramms:
Gertrud von Bardeleben erwähnt, sie sei Hitler 1932 in Weimar »vorgestellt« worden, auf die näheren Umstände geht sie nicht ein. Während der 1920er Jahre wohnte von Bardeleben in der Mönchstraße 18 in Eisenach, unweit des von Guida Diehl geleiteten Neulandhauses. Eine Verbindung zu dieser wird allerdings nicht genannt.

Berlin W. 62, Wichmannstr. 27 II
den 14. August 1932.[2]
Lebenslauf.

Geboren den 5. August 1876 wurde mir, da mein Vater Professor am hiesigen Königl. Wilhelmsgymnasium[3] war u. ein gutsituierter Bürger, die früheste Jugend zu einer sehr sonnigen gestaltet. Wie damals üblich wurde ich als sogenannte »Höhere Tochter« in eine Privatschule getan. Schon frühzeitig wurde ich eine Judengegnerin, da in dieser Schule vorwiegend jüdische Schülerinnen waren, die sich recht mißliebig hervortaten. Noch stark in Erinnerung steht mir ein Besuch des Schahs v. Persien,[4] wo eine ganz unangenehme jüd. Schülerin den Auftrag bekam, diesen Fürsten mit einem Gedicht zu begrüßen. Instinktiv dachte ich, warum sich im deutschen Vaterland kein deutsches Mädchen finden sollte, was doch am natürlichsten gewesen wäre. Als ich die Schule beendet hatte, die ich noch aus Lernbegier 1 Jahr nach der Einsegnung[5] besuchte, wollte ich gern Musikstudieren oder auch Kranken- bes. Kinderpflege erlernen. Doch als einzige Tochter war es damals verpönt, irgend einen Beruf zu ergreifen. Da ich mich daheim aber nicht befriedigt fühlte, stellte ich mich ohne Wissen meiner Eltern der Wohltätigkeit zur Verfügung, kam in die Fürsorgearbeit u. somit wurde mir ein großer Wunsch erfüllt, daß ich mit den Menschen in Fühlung trat, die in »unseren Kreisen«, wie es damals immer hieß, nicht die Achtung bekamen, die jedem anständigen Menschen, der für sein Vaterland lebt u. arbeitet, gebührt. Außer den Jahren meiner Ehe waren es wohl die schönsten u. mich befriedigendsten. In einer Klinik durfte ich mir dann noch einige Kenntnisse in Krankenpflege aneignen, wo aus ½ Jahr 3 Jahre wurden. All die Kämpfe, die mir deswegen zu Haus wurden, habe ich tapfer überwunden; wo ich etwas lernen konnte, um später die furchtbare Not überall lindern zu helfen, habe ich zugepackt. Ich stand eben immer mit beiden Füßen auf dem Erdboden, trotzdem ich ein durch u. durch idealistischer Mensch bin.

Vor Eingang meiner Ehe, die ich 1908 als vollständig reifer u. abgeklärter Mensch schloß, war ich noch 2 ½ Jahr bei einem gynäkologischen Professor, Mann meiner Freundin, tätig, wo ich noch unendlich viel gelernt habe für die Entwickelung meiner ganzen Lebensanschauung u. Einstellung. Als er mich noch für seine Poliklinik haben wollte, kam ein ganz energisches Veto meiner Eltern. Ihr Töchterchen könnte sich dort doch anstecken od. schlechte Eindrücke empfangen. Das empfand ich schon frühzeitig als schädlich, so konnte ja niemals eine Verständigung u. Einigung im Volk vor sich gehen; so grübelte ich immer, wie wohl ein solcher Schritt zu verwirklichen wäre.

Meine Ehe war sehr glücklich, weil wir sie so aus uns heraus gestalteten. Denn schwere Erkrankung meinerseits nach der Geburt unseres Jungen, der Krieg, den mein Mann 4 Jahre mitgemacht hat u. von 1927 an die schleichende Erkrankung meines Mannes, Amtsrichter in Eisenach,[6] der 1930 am Darmkrebs starb, hätten das Glück in der Ehe stark beeinträchtigt, wenn wir nicht selbst in gleicher Lebensanschauung u. gleichgesinnter Lebensführung das Glück festgehalten hätten.

Wie ich nun zur Partei kam!

Ja, eigentlich bin ich seit meinem 17. Lebensjahr »Nationalsozialistin«. Das Nationale hat man schon mit der Muttermilch eingesogen u. das sozialistische, das in »unseren Kreisen« verpönt war, ja das bekam ich folgendermaßen: es ist zwar etwas Intimes aus meinem Leben, aber das schadet ja nichts. Sommer 1893 lernte ich einen Menschen kennen, dem bald mein ganzes unberührtes Herz sich zugewandt hat, wie das seine zu mir. Gestärkt wurde es durch unser beiderseitigen Idealismus u. unsre große Musikliebe. Doch meine Eltern hinderten dies weil der Mann kein Akademiker war, sondern ein »Volksschullehrer« und das hätte doch allen ins Gesicht geschlagen. Noch heut kann mich die Wut packen über solche unedle u. egoistische Gesinnung. Erst die Arbeit hat mich wirklich über dies alles hinweggebracht. Da schwor ich mir, daß meine größte Aufgabe sein soll, dem Volk zu dienen. Und mit dieser selben Anschauung hatte auch mein Mann sich von seinem Elternhaus freigemacht: mit einem andersgesinnten Menschen hätte ich mein Leben nie vereinen können. Nur in einem waren wir verschiedener Meinung; er wollte in keine Partei eintreten u. ich wäre auch äußerlich dem Führer von seinem ersten Auftreten an gern gefolgt. Doch wollte ich meinem Mann darin nicht entgegentreten. Innerlich haben wir von Anfang an dem Führer die Treue geschworen, ihn unterstützt an seinem Werk wo es ging, so daß wir schließlich in Eisenach bei Collegen u. Freunden als »Außenstehende« betrachtet wurden. Denn dort war alles »deutschnational«. Unser Junge wurde aber vorübergehend Hitlerjugendführer in Eis., doch ließ sich das mit d. Schule nicht vereinen, zumal die meisten Lehrer links eingestellt waren.[7] Nach dem Tode meines Mannes trat er 18jährig in die Partei ein u. zugleich in d. S. S. Ich war stolz, daß mein Heim von den Deutschnationalen u. auch anderen »die Hochburg der Nationalsozialisten« genannt wurde, wenngleich ich oft gefragt wurde, ob mir das nicht unangenehm wäre. Worauf ich ein frohes Leuchten hatte und ein mitleidiges Lächeln für die Anderen. 1931 hielt mich nichts mehr zurück u. ich zeigte durch meinen Beitritt auch äußerlich die innige Verbundenheit mit meinem Führer.[8] 1932 wurde mir das höchste Glück zu teil, ich wurde in Weimar dem Führer vorgestellt u. durfte 3 Std. mit ihm an einem Tisch sitzen.[9] Von diesem Erleben muß ich schweigen! Nun arbeite ich mit all meinen Kräften für ihn u. seine Idee, habe den Winter im Winterhilfswerk geholfen u. habe jetzt einen Amtswalterposten in der »N. S. Volkswohlfahrt«. So glaube ich mein Leben noch nützlich zu verbringen zum Wohl des geliebten Vaterlandes & als Dank gegen unseren Führer.

Pgn. Gertrud v. Bardeleben

1 *Gertrud von Bardeleben:* Die Identität der Verfasserin Gertud von Bardeleben und ihre Angaben zu Wohn- und Familiensituation sind durch verschiedene Quellen belegt, darunter die Geburt des Sohnes Werner 1912 in Eisenach. Stadtarchiv Eisenach, Geburtenregister, Eintrag 89/1912, Werner von Bardeleben. Es folgt der Eintrag des Ehemannes

im Eisenacher Adressbuch von 1920, gemeldet als »Walter von Bardeleben, Amtsrichter, Mönchstraße 18«. Vgl. Abschrift des Adressbuches unter Ahnenforschung.net (Hrsg.), Ahnenforschung.net, Forum, Foren für Bundesländer der heutigen BRD, Thüringen Genealogie, Adressbuch Eisenach 1920., URL: http://forum.ahnenforschung.net/showthread.php?t=44505 [online am 2. September 2015]. Aus dem Jahr 1931 stammt ein in Eisenach verfasster Brief Gertrud von Bardelebens an den thüringischen Staatsminister, mit der Bitte um finanzielle Unterstützung nach dem Tod des Ehemannes. Vgl.: Hauptstaatsarchiv Weimar, Thüringer Ministerium für Volksbildung, Akte B 2804. Den Mädchennamen Gertrud von Bardelebens, Gertrud Steinberg, belegt eine Karteikarte, angelegt auf Grundlage des Entlassungsscheins des Sohnes, Werner von Bardeleben, aus russischer Kriegsgefangenschaft, im Bundesarchiv Berlin (ehemals MfS-Archiv) Akte ZB II 1086.

Den Parteibeitritt der Verfasserin am 1. Dezember 1931 in Eisenach belegt der Eintrag BArch, NSDAP-Zentralkartei, Bardeleben, Gertrud von 5.8.1876, Film 31XX/A0088/2536 (mit Foto).

Die Rückkehr Gertrud von Bardelebens von Eisenach nach Berlin kann nicht genau datiert werden, da die betreffenden Akten des Stadtarchivs Eisenach verbrannt wurden [Auskunft des Stadtarchivars Dr. Reinhold Brunner vom 17. Dezember 2013]. Im Jahr 1933 trat sie jedoch noch einmal als Zeugin vor dem Sondergerichtshof Eisenach in Erscheinung. In einem Fall von »Verbreitung unwahrer Behauptungen« sagte sie gegen einen NS-kritischen Eisenacher Pfarrer aus. Vgl. Stadtarchiv Eisenach, Eisenacher Zeitung vom 18. August und 23. September 1933.

2 *14. August 1932*: Es ist davon auszugehen, dass hier ein Schreibfehler vorliegt.

3 *Königl. Wilhelmsgymnasium*: Das Königliche Wilhelms-Gymnasium befand sich von 1858-1924 an der Bellevuestraße 15 nahe dem Potsdamer Platz in Berlin-Tiergarten. Die Schüler stammten aus gut situierten evangelischen und jüdischen Kaufmanns-, Offiziers- und Beamtenfamilien, darunter Walther Rathenau und Kurt Tucholsky. 1935 zog der »Volksgerichtshof« in das Gebäude ein, das im Februar 1945 ausgebombt wurde. Seit 2000 steht an dieser Stelle der Gebäudekomplex »Sony-Center«.

4 *Schah v. Persien*: Der persische Herrscher Naser ad-Din Schah (1831-1896, auch Nassr ed-din Schah oder Nasreddin Schah) besuchte Berlin im Juni 1889, wo er mit Kaiser Wilhelm II. zusammentraf. Vgl. John C.G. Röhl, Wilhelm II. Der Aufbau der persönlichen Monarchie 1888-1900, München 2001, S. 114.

5 *Einsegnung*: Konfirmation.

6 *Amtsrichter in Eisenach*: siehe Kommentar 1 ► Gertrud von Bardeleben.

7 *Hitlerjugendführer in Eis.*: Werner von Bardeleben beteiligte sich schon im Oktober 1930 an Auseinandersetzungen zwischen NSDAP und SPD in Eisenach und bezeichnete sich in einer anschließenden Vernehmung als HJ-Führer. Am 24. März 1931 wandte sich seine Mutter Gertrud von Bardeleben mit einem Brief an den Thüringischen Staatsminister, in dem sie um die Versetzung ihres Sohnes in die Oberprima (Abiturklasse) bat, obwohl dessen schulische Leistungen nicht ausreichten. Sie erklärte seine Unkonzentriertheit mit seinem Einsatz als HJ-Führer und schloss: »ich kann da gar nichts machen.«. Vgl.: Hauptstaatsarchiv Weimar, Thüringer Ministerium für Volksbildung, Akte B 2804.

8 *NSDAP-Beitritt*: Laut NSDAP-Zentralkarteikartei trat Gertrud von Bardeleben zum 1. Dezember 1931 der Partei bei und erhielt die Mitgliedsnummer 861448 (siehe Kommentar 1 ► Gertrud von Bardeleben).

9 *in Weimar dem Führer vorgestellt*: Die NSDAP hielt seit 1925 Gauleiter- und Reichsführertagungen in Weimar ab. Thüringen hatte für die NSDAP Modellcharakter, da die Partei hier erstmals im Landtag vertreten war. Im Jahr 1932 hielt sich Hitler außerdem mehrmals zu Kurzurlauben in Weimar auf. Bei welcher Gelegenheit von Barde-

leben mit Hitler zusammengetroffen sein will, ist nicht zu rekonstruieren. Vgl. Holm Kirsten, Weimar im Banne des Führers. Die Besuche Adolf Hitlers 1925-1940, Köln/Weimar/Wien 2001, S. 41 ff.

Ruth Grathwohl

Abel-Biogramm/Nr. 145/Ruth Grathwohl
Sechs Seiten, handschriftlich (deutsche Schrift), datiert 30. Juli 1934
Die Identität der Verfasserin ist authentisch.[1]

Name:	Ruth Grathwohl
Geburtsdatum:	10. Juni 1908
Geburtsort:	Berlin
Alter:	26 Jahre
Familienstand:	ledig
Wohnort:	Moers-Repelen/Niederrhein
Elternhaus:	Selbständige (Gärtnerei)
Ausbildung:	Abitur, Studium
Beruf:	Referendarin (Lehramt)
NSDAP-Beitritt:	1. Juni 1928 (NSDAP-Ortsgruppenkartei)
Mitgliedsnummer:	95 002
Werber:	Gärtnergehilfe (SA-Mann)
Funktionen:	Mitglied im NS-Studentenbund (NSDStB), Mitgründerin und Referentin der Arbeitsgemeinschaft nationalsozialistischer Studentinnen (ANSt)[2] Bonn, Mitarbeit in der NSF Moers, BDM-Schulungsleiterin.

Charakteristische Aspekte des Biogramms:
Ruth Grathwohl gelangte über ihr Interesse an Rassentheorien zum Nationalsozialismus. Die Studentin engagierte sich vor allem im universitären Bereich für die NSDAP und hielt selbst Vorträge über NS-Frauenpolitik und Rassenhygiene. Detailliert beschreibt sie die Durchführung verschiedener NS-Propagandaaktionen.

Mit 15 Jahren schrieb ich voll Bedauern und Trauer in mein Tagebuch: »Der Hitler-Putsch ist leider mißglückt.« denn, daß es einmal in Deutschland anders werden mußte, das fühlte ich. Ich wuchs in einer nationalen, völkischen Familie auf. Meine Eltern sind Gärtnersleute. Unsere Gärtnerei liegt zwischen einzelnen Bauerngehöften weitab von der Stadt und der Großstadt.[3] Da ich aber dorthin zur höheren Schule ging, kam ich durch kommunistische Mädel meiner Schulklasse auch mit deren Ideen in Berührung. Ich lernte den Kommunismus dort in seiner intellektualistischen Abart kennen und lehnte instinktiv mit fast allen übrigen Mädels der Klasse die kommunistische Beeinflussung, insbesondere Freud'scher Art, ab. Zufällig bekam ich Hans F. K. Günthers »Rassenkunde des deutschen Volkes«[4] in die Hand, studierte sie gründlich und wurde gepackt von der Notwendigkeit der Rassenhygiene und des nordischen Gedankens.

Nach der Reifeprüfung verbrachte ich mein erstes Hochschulsemester in Bonn. Ich begann, Biologie und Erdkunde zu studieren. Doch ich hatte weder am Studium noch am übrigen Leben in einer Universitätsstadt rechte Freude, denn der Sinn von Studium und Leben war mir noch nicht klar geworden. Das Bonner Studentenleben war für mich schal und leer. Nun hörte ich aber zu Hause von unserem neuen Gärtnergehilfen, der schon längere Zeit SA-Mann war, daß es eine Hitlerbewegung gebe und daß Hitler selbst in München wirke. Ich wußte vom Nationalsozialismus damals tatsächlich nur, daß er da war, aber Hitlers Idee zog mich, obwohl ich sie nicht kannte, unwiderstehlich an. Mein Plan war fertig. Auf nach München, heraus aus dem sinnlosen Bonn! In München, das wußte ich aus Günthers Werk, lehrte an der Universität auch der Professor Lenz, der Kämpfer für Rassenhygiene.[5] So zogen mich Hitler und Lenz nach München. Das war im Herbst 1927. Ich kannte dort keinen Menschen, aber ich suchte nach dem Sinn der Aufgabe für mein Leben, und die fand ich.

Kaum war ich da, da sah ich schon die aufreizenden roten Riesenplakate, die zu einer Versammlung der NSDAP in den Bürgerbräukeller riefen. Es würden Pg. Hitler und Pg. Esser[6] sprechen! Ich ging hin. Hitler und alles übrige machten mir einen guten Eindruck, aber begeistert und gewonnen war ich noch nicht, denn es ging um ganz spezielle Münchner politische Dinge, von denen ich nichts wußte. Aber einige Tage danach war eine Wahl-Versammlung des nationalsozialistischen Studentenbundes (NSDStB) im Hofbräu-Festsaal, und wieder redete Adolf Hitler. Nun aber sprach er von der Not und dem Leben unseres Volkes, von der Schmach von 1918 und rief auf den Freiheitswillen und die Ehre der Deutschen. Das packte mich. Am nächsten Tag schrieb ich an den Führer des NSDStB einen Brief und bat um Aufnahme in den Bund.

So kam ich zur Hitler-Bewegung.

Nun drang ich durch Schriften, Bücher, Sprechabende und Versammlungen, so schnell es ging, in das Wesen des NS ein und dann konnte das Werben von Mund zu Mund und ebenso das reichlich kostspielige Verschicken von Broschüren und Zeitungen an alle erreichbaren Bekannten und Verwandten beginnen. Die Diskussionen mit bekannten Studenten und Studentinnen zogen sich oft bis in die Nacht hinein. Meist ging es um die Judenfrage und das Führerprinzip.

Daneben war die Propagandaarbeit für die Partei und die NSDStB-Versammlungen zu leisten, d. h. man verteilte Flugzettel, was meistens verboten war und viel Umsicht kostete, man schrieb Einladungen, man schleppte Bekannte mit in die Sprechabende usw. Man ging natürlich auch in gegnerische Veranstaltungen, lernte dort den Gegner kennen, äußerte sein Mißfallen, wenn's nötig war, und unterstützte recht kräftig die eigenen Diskussionsredner. Die natsoz. Studenten und Studentinnen arbeiteten vorzüglich zusammen. Uns wenigen Mädels fiel es natürlich zu, unsere Sprechabende, die unter dem Hochschulgruppenführer Baldur von Schirach häufig zu Dichterabenden ausgestaltet wurden, auch äußerlich anheimelnd zu machen. Unser schönster Abend aber war eine Adventsfeier mit unendlich vielen selbstgemachten Tannenkränzen, denn hier sprach unser Führer zu uns allein!

Unser größter Feind war die Gleichgültigkeit der anderen, aber manchmal kam's auch grober. Zum Beispiel trug ich wie immer so auch auf einer mehrtägigen Studienfahrt das Parteiabzeichen am Mantel, 1928. Das empörte die jüdischen Studenten. Einer stahl mir in der Eisenbahn das Abzeichen. Darauf steckte ich wieder eins an, das ich zum Glück noch bei mir hatte. Nun folgte die Beschwerde beim Herrn Professor über mich frechen Nazi. Der Professor bedeutete mir dann in einer stillen Ecke, daß ich das »Dingsda« abzulegen habe, weil auf einer Exkursion keine politischen Abzeichen getragen werden dürften. Diese Schikaniererereien wuchsen mit dem Anwachsen der Bewegung. Wer erinnert sich nicht noch daran, daß Briefe nicht mehr befördert wurden, weil Briefverschlußmarken mit »Deutschland erwache«, »Freiheit und Brot« und Ähnlichem staatsgefährlich waren! Wie haben uns auch so mancher Rektor und Pedell mit Vorbedacht Steine in den Weg gelegt. Unsere Plakate, die wir in der Universität und in den einzelnen Instituten anbringen wollten, waren nach deren Meinung in Größe, dann in Farbe oder Form nicht der Würde einer alma mater entsprechend. Sie waren eben auffallend, und das sollten und mußten sie sein! Und dann das Abstempeln der Anschläge! Ganze Tage brauchte man dazu, bis der Herr sozialdemokratische Pedell die Güte hatte, sie seiner Magnifizenz vorzulegen und dann kamen wieder Schwierigkeiten, so daß schließlich die Zeit, während der die Plakate hätten wirken und werben sollen, unendlich kurz wurde. Als Nationalsozialistin wurde man von vielen »Kommilitonen« und »Kommilitoninnen« natürlich für halb verrückt gehalten. Ständig lief man ja mit Versammlungskarten herum, die man verkaufen oder verschenken wollte. Man lieh seine natsoz. Bücher den unbekanntesten Menschen, ja, drängte sie ihnen geradezu auf, und häufig habe ich nichts mehr von meinem Eigentum wiedergesehen.

Höhepunkte im Kampf um die Universität waren die alljährlichen Asta-Wahlen, die die häufig arg systemtreuen und -frommen Selbstverwaltungskörperschaften – erste kleine Parlamente mit all ihrer Lächerlichkeit und Schieberei – in unsere Hand bringen sollten. Kolleg und Schlaf gab's da manchmal nicht mehr, denn der Papierkrieg durch Handzettel, Plakate und ins Haus geschickte oder getragene Briefe forderte stündlich neuen Angriff und neue Abwehr. Da hieß es überlegen, einen Schriftsatz aufsetzen, zur Druckerei laufen, die neuen Handzettel, oder was es war, vor allen Instituten verteilen, die Wirkung beobachten und im Kleinkrieg fortfahren. Nach meinen Münchner Semestern kehrte ich nach Bonn zurück und blieb dort bis zu meinem Staatsexamen.[7] Dort gründete ich mit anderen die natsoz. Studentinnengruppe, ANSt genannt, die mehr oder weniger eng mit dem NSDStB zusammen arbeitete. Die Arbeit, die studierenden Mädels für den NS zu gewinnen, war außerordentlich mühselig. Die Vorträge und Diskussionen bestritten wir natürlich alle selbst. Ich sprach z. B. über »Die Frau im Faschismus«, »Rassenhygiene«, »Gas- und Luftschutz«, »Kulturbolschewismus« u. a. – Daneben sangen und wanderten wir, soweit uns das unser natsoz. Propaganda-Gewissen erlaubte. In der Partei arbeitete ich in Bonn auch, d. h. ich war Zellenwart, sammelte Geld ein, verkaufte Karten, verteilte Propagandamaterial usw. Nie werde ich unsere Reichstagswahlpropaganda vor dem 14. 9. 1930 vergessen. Die Nächte wurden da auch für uns natsoz. Mädel zum Tag. Wir verteilten Flugzettel, klebten Marken usw., entfernten möglichst die Plakate der gegnerischen Klebekolonnen und gingen dabei bis in die äußersten Vororte und die Dörfer der Umgegend, wobei wir dann öfter als einmal das Hasenpanier ergreifen mußten. Auch zum Farbtopf, zur Schablone und schließlich gar zur Leuchtfarbe griffen wir.

Wahlen und der Wille, der nationalsozialistischen Idee zum Siege zu verhelfen, machten erfinderisch!

Zu Hause – wenn ich vor einer Wahl mal zu Hause war – machte ich es ebenso, wenn Not am Mann war. Ich erinnere mich z. B. an das Flugblattverteilen vor unserer Nachbarzeche, was ja nicht so ganz gemütlich war, wie es sich jetzt niederschreibt. Natürlich halfen wir den anderen natsoz. Organisationen, so gut wir konnten; ich denke gerade an Weihnachtsfeiern der SA, SS, das Geschenkepacken und -verteilen, Sorge für verwundete Parteigenossen, auch Haushaltshilfe.

Als ich nach meinem Staatsexamen, im Juli 1932, wieder nach Hause kam, begann ich in meiner Heimat-natsoz. Frauenschaft mitzuarbeiten, Ausgestaltung der Pflichtabende, Vorträge, Festgestaltung usw. Nach dem 30. Januar 1933 war ich einige Zeit auch in der Kreisleitung der NSFr als Kulturwartin tätig und behielt das Amt, bis es durch Verfügung der Reichsleitung der NSFr wieder fortfiel. Ich widmete mich darauf ganz, d. h. soweit mir meine Studienreferendarausbildung Zeit ließ und läßt, meinen BDM-Jungmädeln. Augenblicklich bin ich Schulungsleiterin eines BDM-Untergaues.

Ob mit oder ohne Amt werde ich mein ganzes Leben lang für die natsoz. Weltanschauung kämpfen, dessen bin ich sicher. Meine natsoz. Lehrer waren und sind neben meinem Führer vor allem Graf Reventlow[8] und Alfred Rosenberg. Ich will versuchen, so viel Deutsche, wie ich kann, zu Mythus des 20. Jahrhunderts, zu deutschen Leben aus Blut und Boden hinzuführen.

30. 7. 1934.
Ruth Grathwohl.
Moers/Rheinl.

1 *Ruth Grathwohl:* Vgl. BArch, NSDAP-Ortsgruppenkartei, Grathwohl, Ruth 10.6.1908, Film 32xx/G0012/1624. Die biografischen Angaben der Verfasserin sind auch durch die entsprechende Meldekarte der Stadt Moers belegt. Vgl. Stadtarchiv Moers, Melderegister, Ruth Grathwohl.

2 *ANSt und NSDStB in Bonn:* Die ersten Gruppen der Arbeitsgemeinschaft nationalsozialistischer Studentinnen (ANSt) entstanden im Wintersemester 1930/31 an mehreren Hochschulen, initiiert vom Reichstudentenbundführers Baldur von Schirach. Die Studentinnen waren damit de facto aus dem NS-Studentenbund ausgeschlossen und von dessen Einfluss auf die Hochschulpolitik abgeschnitten. Punktuell arbeiteten die nationalsozialistischen Studierenden weiterhin zusammen, etwa im Bereich der Propaganda. Vgl. Karin Fontaine, Nationalsozialistische Aktivistinnen (1933-1945), Würzburg 2003, S. 95-97. Die ANSt der Universität Bonn wurde am 1. November 1930 gegründet. Ansprechpartnerin war die angehende Medizinerin Hilde Aßmann. Vgl. N. N., Bonner Studentenführer, Bonn 1931. Recherche und Auskunft per E-Mail durch den Archivmitarbeiter Michael Holz am 24. April 2014.
Der NSDStB war unter Bonner Studierenden, verglichen mit anderen Universitäten, wenig erfolgreich. Bei den studentischen Wahlen erreichten die Nationalsozialisten am 2. Februar 1932 nur 26,4 Prozent und am 7. Februar 1933 sogar nur 21,8% der Stimmen, und damit »das schlechteste Ergebnis reichsweit«. Vgl. Landschaftsverband Rheinland (Hrsg.), Rheinische Geschichte. Die Medizinische Fakultät der Universität Bonn im »Dritten Reich« (1933-1945); URL: http://www.rheinische-geschichte.lvr.de/themen/Das%20Rheinland%20im%2020.%20Jahrhundert/Seiten/Medizinische Fakultaet.aspx?print=true#3 [online am 2. September 2015].

3 *Stadt und Großstadt*: Gemeint sind offenbar die Städte Moers und Duisburg. Die Höhere Mädchenschule in Moers, das Grafschafter Lyzeum, baute erst ab 1927 eine Oberstufe auf. Ruth Grathwohl wird daher ein Mädchengymnasium im etwa 15 Kilometer entfernten Duisburg besucht haben. Vgl. Grafschafter Gymnasium (Hrsg.), Geschichte des GGM; URL: http://www.grafschafter-gymnasium.de/geschichte-des-ggm [online am 2. September 2015].

4 *Hans F. K. Günther*: der Anthropologe und Eugeniker Hans Friedrich Karl Günther (1891-1968) gehört ebenso wie der Eugeniker Fritz Lenz zu den rassentheoretischen Vordenkern des Nationalsozialismus. Sein Hauptwerk »Rassenkunde des deutschen Volkes« (1922) propagierte Maßnahmen zur »Aufnordung« des deutschen Volkes und soll die Nürnberger Rassegesetze von 1935 direkt beeinflusst haben. Die nach 1933 im Schulunterricht vermittelte Rassentypologie geht ebenfalls auf Günther zurück. Vgl. Weiß, Biographisches Lexikon, S. 169.

5 *Professor Lenz*: Der Eugeniker Prof. Dr. Fritz Lenz (1887-1976) hatte ab 1923 an der Universität München den ersten Lehrstuhl für Rassenhygiene in Deutschland inne. Gemeinsam mit Eugen Fischer und Erwin Baur verfasste er die Schrift »Menschliche Erblichkeitslehre und Rassenhygiene« (1921) und lieferte damit die vermeintlich wissenschaftliche Grundlage für die spätere nationalsozialistische Rassen- und Bevölkerungspolitik, namentlich die sogenannte Euthanasie, und den Völkermord an den europäischen Juden. Vgl. Weiß, Biographisches Lexikon, S. 296f.

6 *Pg. Esser*: Der Münchner Hermann Esser (1900-1981) war ein Duzfreund und bereits ab 1919 ein enger Mitarbeiter Hitlers. Er war ab 1920 Schriftleiter des *Völkischen Beobachters*, wirkte am Parteiprogramm der NSDAP mit und nahm am Putschversuch im Münchner Bürgerbräukeller teil. Als Propagandaleiter (1923-1925) versuchte er, die NSDAP über Bayern hinaus bekannt zu machen. Ab 1932 saß Esser als NSDAP-Abgeordneter in bayerischen Landtag. Vgl. Weiß, Biographisches Lexikon, S. 113f.

7 *Studium in Bonn:* Ruth Grathwohl studierte vom 25. April 1929 bis 31. Juli 1932 in Bonn Naturwissenschaften, wie aus ihrem Exmatrikulationsbescheid hervorgeht, der im

Archiv der Universität Bonn erhalten ist. Im Wintersemester 1931/32 war die Studentin beurlaubt. Den dortigen Belegübersichten ist außerdem zu entnehmen, dass Ruth Grathwohl viele Veranstaltungen des Geographen Leo Waibel besuchte. Waibel stand dem Nationalsozialismus kritisch gegenüber. Vgl. Archiv der Universität Bonn, Recherche und Auskunft per E-Mail durch den Archivmitarbeiter Michael Holz am 24. April 2014.

8 *Graf Reventlow*: Ernst Graf zu Reventlow (1869-1943) betätigte sich nach seiner Karriere in der kaiserlichen Marine als Journalist, Schriftsteller und Politiker. Er trat 1927 von der Deutschvölkischen Freiheitspartei (DVFP) zur NSDAP über und vertrat diese im Reichstag bis zu seinem Tod. Reventlow gehörte wie Gregor Strasser zum sozialistischen Flügel der Partei. Er verfasste zahlreiche Bücher, von denen Ruth Grathwohl zwei beeinflusst haben können: »Deutscher Sozialismus« (1930) und »Der Weg zum neuen Deutschland – Ein Beitrag zum Wiederaufstieg des deutschen Volkes« (1931). Vgl. Weiß, Biographisches Lexikon, S. 373 f.

Erna Siegfried

Abel-Biogramm/Nr. 175/Erna Siegfried
Acht Seiten, handschriftlich (deutsche Schrift), datiert 16. August 1934.
Die Identität der Verfasserin ist authentisch.[1]

Name:	Erna Elisabeth Siegfried
Geburtsdatum:	15. März 1883
Geburtsort:	Singapur
Alter:	51 Jahre
Familienstand:	ledig
Wohnort:	Berlin-Niederschönhausen
Elternhaus:	Vater um 1880 Hotelkaufmann und -besitzer, um 1900 Privatier; Mutter adliger Herkunft
Ausbildung:	Höhere Töchterschule, Pensionat, kaufmännische Ausbildung
Beruf:	Sekretärin (Universität), ab 1929 arbeitslos
NSDAP-Beitritt:	1. Januar 1932 (NSDAP-Ortsgruppenkartei)
Mitgliedsnummer:	855 499
Werber:	unbekannt
Funktion:	Mitglied

Charakteristische Aspekte des Biogramms:
Erna Siegfried wurde bedingt durch den finanziellen Abstieg ihrer ehemals wohlhabenden Familie berufstätig. Als Sekretärin eines Professors der Technischen Hochschule Berlin reiste sie viel. Kurzzeitig war Erna Siegfried Mitglied der DNVP, wechselte jedoch 1932 in die NSDAP, deren demonstrative Einsatzbereitschaft sie beeindruckte.

Erna Siegfried
Mitgl. Nr. 855499
Eintritt: 4.12.31/1.1.32[2]

Berlin-Niederschönhausen, 16.8.1934
Lutherstr. 1a

Mein Lebenslauf und die Beweggründe
die mich zum Eintritt in die Nationalsozialistische
deutsche Arbeiterpartei veranlaßten.

Ich bin am 15.3.1883 zu Singapore (Britisch Hinterindien, Straits Settlement) geboren. Mein Vater, Wilhelm Heinrich Ludwig Siegfried, war gebürtiger Bremer, mein Großvater Offizier in hannoverschen Diensten gewesen. Meine Mutter Emilie geb. von Hövell entstammte einer Berliner Familie.[3] Außerdem habe ich noch zwei mehrere Jahre ältere Brüder, die noch am Leben sind. Mein Vater starb im Jahr 1907, meine Mutter verließ mich 1919.

Mein Vater war Mitbesitzer und kaufmännischer Leiter des Hotel de l'Europe in Singapore. Er wartete mit meiner Taufe, bis ein deutsches Schiff den Hafen anlief, und das war im August 1883 S.M.S. »Elisabeth« unter Kommandant Kapt. Ltn. Herbing. Marinepfarrer Heims taufte mich auf die Namen Erna Elisabeth. Kapt. Ltn. Herbing wurde mein Pate. Mit 1 ½ Jahren wurde ich nach Deutschland gebracht und bei der Schwester meines Vaters in Hamburg erzogen. Meine Eltern kamen erst 1889 endgültig nach Deutschland zurück; wir lebten nach einander in den Städten Dresden, Bln, Blankenburg a/Harz, Wiesbaden und wieder Berlin. In Berlin machte ich von 1889 bis 1899 die Schule durch, die letzte Klasse in Blankenburg a/H., besuchte dann anschließend in Rolles am Genfer See (frz. Schweiz) eine Pension, wo ich mich kreuzunglücklich fühlte. Bis 1905 lebte ich im Elternhaus. Meine Eltern lebten von den Zinsen ihres in Indien im Geschäft eines Freundes belassenen Vermögens. Mein Vater verlor einen Teil seines Vermögens und ich ergriff 1905 den kaufmännischen Beruf, um auch meinen Teil zum Lebensunterhalt beizutragen.

Nach dem Tode meines Vaters wurde das ungefähr 100000 dtsch. Mark betragende Vermögen von der Deutsch-Asiatischen Bank in Singapore verwaltet, doch im Kriegsverlauf von den Engländern beschlagnahmt, die Wertpapiere (Zinnaktien, Straits Trading Shares) verkauft (für diese hervorragende Tätigkeit rechneten sich die Engländer noch extra 1000 Straits £ zu ihren Gunsten an!) Meiner Mutter standen keine Geldmittel mehr zur Verfügung, wie gut, daß ich eine Tätigkeit hatte und uns so erhalten konnte! Mein ältester Bruder, Landsturmmann, da invalide, mußte selbst seine Familie unterhalten, mein zweiter Bruder, verheiratet und als Landwehrmann eingezogen, konnte auch nur wenig abgeben.

Von 1915 im Februar bis Oktober 1916 arbeitete ich in der Presse-Abteilung des Stellvertretenden Gr. Generalstabes als Stenotypistin. Ende 1916 trat ich als Sekretärin in die Dienste des o. Prof. a.d. Technischen Hochschule Geh. Reg. Rat Adolf Miethe († 1927).[4] Derselbe wirkte auch als Lehrer für die Beobachtungsoffiziere der Marineflugzeuge in Photographie vom Flugzeug aus. Daneben führte er auch Sonderkommissionen so z.B. für den Chef der Hochseeflotte wurden Versuche zur Photographie der Minen vom Flugzeug aus unternommen u. anderes mehr. Zur Ausarbeitung der Vorträge hierüber, die gedruckt wurden und zur Verwaltung der Akten begleitete ich meinen Chef auf die Flugstationen Stralsund, List a/Sylt, wo wir den Winter 1917 auf 1918 arbeiteten, und nach Kiel/Holtenau. Mai 1918 kehrten wir an die Technische Hochschule Berlin zurück.

Nach dem Zusammenbruch 1918 habe ich mich nur mit äußerstem Widerstreben den neuen Machthabern gefügt, sah ich doch auch, wie Geh. Rt. Miethe, ein Mann, der sein Vaterland von ganzem Herzen liebte, trauerte. Wie oft fürchtete ich, daß sich dieser Mann ein Leid antat und wie oft habe ich ihn an seine Studenten erinnert, daß sie ihn brauchten in diesen schweren Zeiten; denn um deren Wohlergehen sorgte er sich immer, für sie hatte er immer Zeit! Und sie kamen auch oft zu ihm! Hätte Geh. Rt. Miethe, mein gütiger Chef, doch noch erleben dürfen, daß unsere Bewegung zum Siege kam, daß wieder Ordnung herrscht und alles vorwärts strebt, daß Wahrheit, Ehrlichkeit, Einfachheit wieder hochgehalten werden, daß wir einer neben dem anderen marschieren und wir mit Stolz auf unseren Führer blicken. Auch Miethe wäre ihm freudig gefolgt!

Da mein Chef nach dem Umsturz 1918 nur seinen Forschungen lebte, und jede politische Betätigung ablehnte, das herrschende System wie wohl die meisten seiner Kollegen verdammte, so folgte ich auch seinem Beispiel. Es war keine Beeinflussung meines Denkens oder Handelns von irgend welcher Seite im Spiel. Von Anfang an habe ich immer stärker gegen die Leute im Widerspruch gestanden, die unser Vaterland verrieten, die zu allem ja sagten; ich konnte nicht verstehen, wie man ihnen Erfolge andichtete, wo doch keine waren. Oben redeten sie große Worte und unten hungerte die große Masse des Volkes immer mehr und wehrte sich nicht! 1927 starb Geh. Rt. Miethe. Ich war bis 1928 noch für die Verwaltung des Nachlasses tätig. Dann trat ich in die Dienste der Universitätsbehörde, deren Geschicke sr. Zt. von Minister Becker[5] (auch bereits verstorben!) geleitet wurden. Ich erlebte seinen berühmten Erlaß an die Beamten und Angestellten in Sachen Volksbegehren Dawesplan[6] (habe mich aber doch eingetragen!)

Man wurde beobachtet, ausgehorcht. Es bestand damals ein großer Gegensatz zwischen Beamtenschaft und Angestelltenschaft, wohl auch infolge des herrschenden Systems, zudem litt ich seelisch unter der mir nicht zusagenden mechanischen Abschreibearbeit, daß ich infolge Erkrankung meine Stellung aufgab.

Frühjahr 1931 sollte ich bei einer leitenden Persönlichkeit der deutschnationalen Volkspartei eine Anstellung erhalten, mußte aber Parteimitglied werden. Dies tat ich mit gutem Gewissen, da ich ja immer vaterländisch gesinnt und auch bei den Wahlen meine Stimme dieser Partei gegeben hatte. Die Anstellung bekam ich nicht. Dagegen erhielt ich nun mehr Einblick in politische Vorgänge, bekam Fühlung auch mit anderen Volksgenossen, auch mit solchen die Mitglieder der Nationalsozialistischen deutschen Arbeiterpartei waren. Ich hörte von ihnen über die Ziele dieser Partei und stellte Vergleiche an. Inzwischen wurden die Kämpfe immer heftiger, die feigen Morde immer zahlreicher!

Im Herbst 1931 wohnte ich einer Versammlung der deutschnationalen Volkspartei bei. Von dem was ich dort sah (es handelte sich in der Hauptsache um die Besetzung eines Parteipostens) und auch von der Zusammensetzung der Mitgliedschaft, war ich schwer enttäuscht; ich hatte das Gefühl, hier ist kein Leben in der ganzen Sache, und beschloß so bald als möglich auszutreten.

Inzwischen kämpfte und litt die SA für ihren Führer; derer, die ihr Leben hingaben, wurden immer mehr. Ich begriff nicht, daß man diese Menschen, die doch für eine gute Sache kämpften, nicht schützte, daß man nichts behördliches gegen die Mordpest tat. Ich begriff nicht, daß nicht jeder anständig denkende Deutsche aufstand und an ihre Seite trat und mit ihnen kämpfte. Statt dessen mußte ich mit anhören wie sonst ehrlich denkende Menschen äußerten: »Ist ja ihre Schuld, weshalb fangen sie an, sollen sie die Finger davon lassen« und kaltblütig über ein neues Opfer des roten Gesindels zu ihren Tagesgeschäften übergingen. Ich war hoffnungslos über dies Nichtverstehenwollen, was sich da vorbereitete, wofür diese jungen Menschen kämpften und bluteten. Ich liebte sie, ich wäre am liebsten mit jedem einzelnen mitgegangen und hätte an ihrer Seite gestanden. Ich fühlte, daß das eine gerechte Sache sein müßte, für die hier gekämpft und gestorben wurde, bewunderte und liebte diese Menschen. Ich stand allein, denn in meiner ganzen näheren Umgebung habe ich nie Zustimmung wohl aber Ablehnung der Bestrebungen der neuen großen Bewegung gefunden.

Ich trat aus der deutschnat. Volkspartei aus und am 4.12.1931 trat ich der NSDAP Ortsgruppe Lankwitz bei und bekam als Eintrittsdatum in mein Mitgliedsbuch den 1.1.1932. Schon sehr bald durfte ich dann meinem Führer dch. Mitarbeit in der Ortsgruppe dienen. Anpöbeleien und Anfeindungen meiner Mitmenschen, die nicht ausblieben, muß ich auch noch erwähnen. Es war dasselbe, was alle anderen auch durchmachen mußten, um immer fester auf unseren Führer zu vertrauen. Man entzog mir die Wohngelegenheit, in die man mich in meiner Erwerbslosigkeit aufgenommen hatte, vor Angst vor dem Hausverwalter, weil ich den Herrn ärgern könnte: der saß nämlich damals noch an der SPD-Futterkrippe und war ein ganz bekanntes Scheusal! Und anderes mehr!

Dafür hatte ich das glückliche Bewußtsein, mich zu der großen Bewegung unseres geliebten und verehrten Führers Adolf Hitler gemeldet zu haben und mit für diese Bewegung kämpfen zu dürfen. Jeden Augenblick, ob Tag oder Nacht, auch bis zur Hingabe meines Lebens bin ich bereit, für diesen Führer zu tun, was von mir gefordert wird. Jeder Augenblick seines Lebens sei gesegnet; dieser Führer, der uns Deutschen erstanden ist!

Heil Hitler!
Erna Siegfried

1 *Erna Siegfried:* Vgl. BArch, NSDAP-Ortsgruppenkartei, Siegfried, Erna 15. 3. 1883, Film 32xx/V0053/0210. Die Verfasserin ist zudem von 1924-1930 im Berliner Adressbuch gemeldet als »Siegfried, Erna Bürovorsteherin Charlottenburg Kaiserin-Augusta-Allee 88 IV«. Ab 1931 fehlt ihr Eintrag. Vgl. Zentral- und Landesbibliothek Berlin (Hrsg.): Berliner Adressbücher, Jahrgang 1924, S. 2091; URL: http://adressbuch.zlb.de/viewAdressbuch.php?CatalogName=adre2007&ImgId=251429&intImgCount=-3&CatalogCategory=adress&Counter=&CatalogLayer=5 [online am 6. April 2014].

2 *Eintritt:* Genannt werden das Datum der Antragstellung sowie das der Aufnahme.

3 *von Hövell*: Die Familie von Hövell führte in Berlin ein Teekontor. Außerdem stellte sie in einer eigenen Fabrik Schokoladen und Konfitüren her. Vgl. Zentral- und Landesbibliothek Berlin (Hrsg.): Berliner Adressbücher, Jahrgang 1880, S. 383; URL: http://adressbuch.zlb.de/viewAdressbuch.php?CatalogName=adre2007&ImgId=60388&intImgCount=6&CatalogCategory=adress&Counter=&CatalogLayer=5 [online am 6. April 2014].

4 *Adolf Miethe*: Der Professor für Fotochemie und Kinotechnik Adolf Miethe (1862-1927) lehrte ab 1899 an der TU Berlin. Er gilt als Erfinder des Magnesiumblitzlichtes, forschte zur Farbfotografie und entwickelte optische Geräte, darunter ein eigenes Teleskop. Miethe unternahm zahlreiche Expeditionen, gab Zeitschriften zur Fotografie heraus und veröffentlichte Bücher und Aufsätze. Vgl. Technische Universität Berlin (Hrsg.), The shoulders on which we stand, 125 Jahre Technische Universität Berlin, Adolf Miethe; URL: http://opus.kobv.de/tuberlin/volltexte/2008/2012/html/festschrift/miethe_e.htm [online am 2. September 2015].

5 *Minister Becker*: Der Islamwissenschaftler und Hochschulreformer Prof. Dr. Carl Heinrich Becker (1876-1933) war von 1921-1925 Staatssekretär und von 1925-1930 preußischer Kulturminister. Der von Erna Siegfried erwähnte Erlass erging offenbar an die Mitarbeiterinnen und Mitarbeiter der Hochschule. Vgl. Humboldt-Universität-Berlin (Hrsg.), Hermann von Helmholtz-Zentrum für Kulturtechnik, Katalog der wissenschaftlichen Sammlungen der Humboldt-Universität zu Berlin, Biographie Carl Heinrich Becker, URL: http://www.sammlungen.hu-berlin.de/dokumente/14916 [online am 6. April 2015].

6 *Volksbegehren Dawesplan*: Hier liegt ein Fehler Erna Siegfrieds vor. Zeitlich und inhaltlich muss es hier »Volksbegehren Youngplan« heißen. Wie bereits der Dawes-Plan von 1924, erleichterte der Young-Plan von 1929 Deutschland noch einmal die Reparationszahlungen. Der Plan sah die jährliche Zahlung von zwei Milliarden Reichsmark bis 1988 vor. Die politische Rechte forderte dagegen ein Ende jeglicher Verpflichtungen des Versailler Vertrages. Sie verlor jedoch den diesbezüglichen Volksentscheid am 22. Dezember 1929.

Anna Nieke

Abel-Biogramm/Nr. 177/Anna Nieke
Sechzehn Seiten, handschriftlich (deutsche Schrift), datiert 28. August 1934. Eingangstempel. Die Identität der Verfasserin ist authentisch.[1]

Name:	Anna Nieke, geb. Borkowski
Geburtsdatum:	21. August 1898
Geburtsort:	Gorlowken, Masuren (Ostpreußen)
Alter:	36 Jahre
Familienstand:	verheiratet
Wohnort:	Berlin-Plötzensee
Elternhaus:	Mutter Tagelöhnerin (Landwirtschaft), Vater Kätner (früh verstorben)
Ausbildung:	Volksschule
Beruf:	Kindermädchen, Verkäuferin, Filialleiterin
Parteibeitritt:	1. August 1931 (NSDAP-Ortsgruppenkartei)
Mitgliedsnummer:	602 554
Werber:	Freundin oder Bekannte
Funktion:	Mitglied, Leiterin einer SA-Küche, Aufbau und Leitung einer der NS-Frauenschaft

Charakteristische Aspekte des Biogramms:
Anna Niekes Lebenslauf folgt in Tonfall und Satzbau einem mündlichen Erlebnisbericht. Ihre eigenwillige Orthographie wurde unverändert übernommen. Nieke schildert ihre Flucht 1914/15 aus Ostpreußen und ihr NSDAP-Parteileben in lebensnahen Bildern und Dialogen, zunächst mit Ostpreußischem, dann mit Berliner Lokalkolorit. Den Berliner Kommunisten begegnet sie kameradschaftlich und versucht, sie auf die eigene politische Seite zu ziehen.

Plötzensee 28. August 1934
[Eingangsstempel][2]

Mein Lebenslauf!

Anna Nieke geb. Borkowski am 21. August 1898 zu Gorlowken Kreis Lyck Ostpr,[3] als Tochter des Kätners Johann Borkowski und dessen Ehefrau Charlotte Borkowski, geb. Kopruch.

Meine Eltern sind auch in Ostpr. geboren. Bin evgl. getauft. Als ich zur Schule kam starb mein Vater, er hinterließ uns 4 kleine Kinder, Gostav war der älteste 8 Jahre alt. Da Mutter nun mit uns sehr schwer hatte, um uns satt zu bekommen, mußten wir schon als Schulkinder tüchtig mitarbeiten. Ich weiß auch, daß Mutter sich vom Amtsvorsteher Knust, Bescheinigung geben ließ um vom Bauern zum Bauer zu gehen und für uns um Stückchen Brot bat. Ich war an Englischer Krankheit[4] erkrankt, so daß ich mehrere Wochen liegen blieb, als ich aufstand und zur Schule wollte, wurde ich, da ich zu schwach war nicht angenommen. Erst ½ Jahr später durfte ich zur Schule. Gelernt habe ich nicht viel, denn es hieß arbeiten gehen. Schulbücher wurden zu Hause hingeworfen, dann ging es heidi über die Felder auf das Gut Herrn Wexs zur Arbeit. So ging das tagein, tagaus. Mutter freute sich, das wir ihr ein paar Dittchen verdient haben. Als ich 10 Jahre alt wurde gab mich Mutter nach Polomen als Kindermädchen, und Maria kam zu dem Bauer Knust unter; so hatte Mutter zwei Trabanten untergebracht. Im Winter 1908 kam ich auf eine Weile nach Hause, hier war die Schule schwerer, als in Polommen, hier kam ich mit den Aufgaben nicht mit und wurde immer ein Platz runter gesetzt. Darüber ärgerte ich mich, oft lag ich schlaflos im Bett und betete, ich wollte doch nun tüchtig werden, auch habe ich mich selbst gefragt, warum wir so arm wären, keiner konnte mir natürlich antworten, wir blieben arm.

Im Winter hatte Mutter auch ihre liebe Not, da fehlte dies u das; sie ist immer früh bis spät, zu den Bauern arbeiten gegangen, uns hat sie streng und einfach zur Arbeit erzogen, wehe wenn sie nach Hause kam und nicht sauber aufgeräumt war, einmal vergaß ich ein Löffel abzuwaschen, ich bekam damit um die Ohren. Ich habe meine Mutter, weil sie so streng war gefürchtet; als ich aber die Nachbarskinder ihren Eltern gegenüber ungezogen sah, freute ich mich über Mutter, daß sie uns gut erzogen hat. Ich besuchte nun die Volksschule, 1912 wurde ich eingesegnet,[5] und kam nach Zeysen b. Stradaunen zu Frau Kieper in Stellung, hier blieb ich bis 1914 als der Krieg ausbrach, mußten wir uns trennen.

Herr Kieper wollte sein Haus nicht verlassen, nur seine Frau ist fort gefahren, zu ihrer Tochter nach Berlin. Da ich zu Mutter, die 1913 nach Wischnewen in der Nähe an die russische Grenze[7] gezogen war, nicht mehr zu ihr konnte, nahm mich Frau Brodowski hier in Zeysen auf, ich konnte ihr Kindchen beaufsichtigen, Herr Brodowki hat sich freiwillig zum Militär gestellt. Die Russen[6] donnerten mit ihren Maschienengewehren in Richtung Margrabowa. Tag und

Nacht ein unhaltsamer Krach, ein Aufleuchten des Nacht's, wir in Angst und Sorge, um die Männer, die eilig davon flüchteten. Nun hieß es in Lyck, hausen nicht nur Russen, auch deren Frauen räumen die Geschäfte; mit Vorliebe rauben sie das ganze Salz aus. Hier im Dorf hieß es, die Straßen mit Gerümpel sperren, die alten Männer, die noch hier waren häuften Kähne, eines über das andere so hoch wie ein Haus auf. Sie wollten die Spione abfassen. Tag und Nacht standen wir auf der Straße, denn in Lyck ging es auch schon los, und das Krachen, war gefährlich. Am 14. August kommen die ersten Flüchtlingswagen durch, sie mahnten uns, mit zuflüchten, wir aber nahmen uns zwei große Kähne, luden die mit nötigsten Sachen die wir brauchten und ab damit in das Schilff.

Kaum das wir uns versteckt haben, entdeckten wir eine Staubwolke. Herr Kieper hatte ein Fernglas, er nahm Ausschau und wurde blaß, Kinder flüsterte er, alles nun Mäuschenstill, die Russen kommen.

Wir legten uns lang, als die näher kamen, wurde das Wasser von der Fülle und der Last der Maschinengewehre furchtbar erschüttert. Links und rechts war Wald, uns im Rücken, unabgemähte Sumpfwiese, hier fühlten wir uns am sichersten. Eine Stunde mindestens dauerte der Zug, endlich nachts wurde es still. Am 15. August früh hörten wir, rechts im Wald, am Wasserrand Stimmen, als dann dort noch lebendiger wurde, entdeckten wir dort Flüchlingswagen. Wir verständigten uns gegenseitig als wir im Dorf nicht's verdächtiges durch Fernglas erreichen konnten, nahmen wir unser Reservekahn, und fuhren zu die Flüchtlinge. angekommen suchte Kieper sich davon den ältesten Mann aus, der Posten stehen mußte, wir blieben mehrere Stunden bei ihnen, als einer ein Pfiff gab, wir nun schnell ab, nach unserer schaukelnden Willa. Kaum angekommen kam es links vom Fichtenwald, über unsere Köpfe ping, ping, ping, wir legten uns lang. Stundenlang blieben wir in einer langgestreckten Stellung liegen. Kieper war der erste der sich aufrichtete, dann folgten wir einer nach dem anderen. Wir konnten beobachten, wie Großvater wieder auf seinen Posten zu schleichen versuchte. als er 3 Russen zu Pferde, auf sich zukommen sah, machte er sich an Kartoffelfeld zu schaffen. Die haben den alten Mann wohl etwas gefragt, denn die zeigten hin und her; später hörten wir von Großvater was die wollten. Ob der Weg hier zum fahren fest wäre. Der Mann sagte denen, hier liegt Sumpf und Wasser. Die sind verschwunden zurück ins Dorf. Am 18. August, kamen wieder Russen aus Lyck und marschierten sehr vorsichtig, plötzlich machten sie Halt, was nun, mit ihren Ferngläsern äugten sie nach einer Richtung, sie entdeckten wohl Soldaten, denn zum Schreck richteten sie ihre Gewehre und es ging Töng, Töng, Töng, Töng, wir uns wieder lang hingelegt, unsere Willa schaukelte eifrig mit uns, vor Erschütterung. Wieder war dann ruhig geworden. Großvater rief uns zu, wir können kommen, wieder hatten wir festen Boden, wieder konnten wir uns mit den Leutchen unterhalten. Wir holten Fichtenäste zusammen, und die Männer fingen an eine Hütte zu bauen. Auf einem Dreifüßler kochten wir uns Kartoffel und holten uns die mitgenommenen Zutaten, der eine hatte dies, der andere Heringe usw. Wir begaben uns zum schlafen nach unserer Willa. früh am 21. August hörten wir in der Sumpfwiese ein Jammern. Kieper faste sich und rief, wer ist dort, hier sind 6 Mann die nicht gerieten zur Bahn, um fort zukommen, auch haben wir Hunger. Seid man noch ein Weilchen ruhig, wir rufen Euch dann nach recht in den Wald. Da bringen wir auch zu Essen. Wir hatten ein Eimer voll, eingekochten Welz mit, diesen nahmen wir, Großvater mußte von Feld der zum Glück in Nähe vom Wald lag und Kartoffel holte. Wir Frauen wuschen dieselben, als es fertig wurde, verständigten wir die Männer, die rutschten auf den Knien zu uns. Alles ran an die Schüssel, wie die gierigen Wölfe fielen sie über Kartoffel und Fisch. Nun wunderten wir uns, warum es um Mittagszeit so dunkel wurde, Kieper nahm ein Stck Glas ließ es vorn unter Dreifüßler von dem Rauch bedecken, er sah durch zur Sonne u. sprach es ist Sonnenfinsternis, wir konnten uns auch überzeugen das die Sonne ¾ mit einem dunklen Schein bedeckt war. Die Männer haben sich gesättigt und wollten versuchen sich zu sichern, wir blieben noch einige Tage, dann kam aus dem Dorf ein alter Mann mit der Nachricht es wären keine Russen mehr im Dorf. Darüber freuten wir uns und machten nach Hause, wir fanden alles drunter und drüber, alte schmutzige fremde Wäsche die die Russen zurück gelassen und unsere mit genommen haben.

Wir freuten uns, das wir endlich Dach über dem Kopf hatten denn im Schilff war des Nachts schon sehr kalt. In Lyck ging es wieder los, in den Häusern durften wir uns nicht aufhalten, wir hatten Angst, daß das von der Erschütterung zusammen fällt. Wir Mädchen haben uns Wochenlang nicht gewaschen, von alten Müttern Kleider angezogen, damit wenn die Russen wieder kommen uns nicht erkennen sollten.

Ach war das schaurig, wochenlang die Kleider nicht vom Leibe, vor Dreck konnten wir nicht sehen, auf dem Lager nachts hat man sich geschubbert, denn es gesellten sich zu uns Ficher, die uns in den Kleidern zuschaffen machten. Inzwischen überrumpelten uns wieder die Russen, Gott sei Dank hatten die sehr eilig und haben sich nicht aufgehalten. Die letzten zwei zu Pferde hatten einen jungen deutschen Mann angebunden, uns war das Herz zum zerspringen, als wir zusehen mußten, das die ihn mitschleppten. Das Donnern hörte nicht auf immer näher rückten die Feinde. einzelne deutsche Soldaten ließen sich, Gott segne endlich sehen, die weiterzogen, wir gaben denen alles hin.

An einem Sonntag, inzwischen ruhig geworden war, erlaubte ich mir mich endlich mal zu waschen, und mein rotes Sonntagskleid anzuziehen.

Gegen Mittag legte ich mich hin, die alten Fischer, der Gutsherr und andere älteren Männer kamen zu Kieper, ich bin eingeschlafen plötzlich hörte ich, daß niemand im Hause war. So vom Schlaf auf und Angst das man mich allein gelassen hat, stürzte ich auf die Straße. Ich war noch nicht ganz bei mir, als ich zum[8] lief, oh Schreck sa ich den Kieper am Tor stehen, ihm gegen über ein Russe. auf der Straße in Reih und Glied die andern Männer, denen gegenüber 4 Russen mit angelegten Gewehren. Zitternd vor Angst, die Augen zu dem Leutnant der Kieper, mit der linken Hand an der Weste hin und her schaukelte mit den Worten, was macht ihr hier? schob ich mich dazwischen und nahm sie davon, ich wankte als ich seine rechte Hand erblickte, in der sich ein Revolver befand.

Als ich zum Boden die Augen verschleiert sinken wollte, um den Russen anzubeten, hob der mich hoch, winkte die andern ab und sagte zu mir, Kleine du gefällst mir, ich werde dich noch mir holen. Der Leutnant winkte nochmals den andern Russen, die immer noch unsern Männern gegenüber, zum Schuß bereit dastanden, ab, er lachte mich an und die gingen.

Unsere alten Männer noch zitternd und bleich vor Angst und Schreck, nahmen mich dann im Hause, einzeln und küsten mich vor Freude ab. Der eine sagte Märjälchen wenn du nicht gekommen wärst, wären wir kaput.

Ich habe mir wieder die alten Fichersachen angezogen, mein Gesicht beschmutzt, die andern drängten mich in den Keller mit den andern beiden Frauen. Jetzt barmten die um mich, sie beteten, das der Russe mich nicht holen soll.

Es wurde Nacht, wir hörten Pferdegetrampel mein Herz schlug mir vor Angst, die Frauen umarmten mich und wir hielten uns fest, lauschten was nun geschied. Gott sei Dank, Pferdegetrampel verstummte, ich schlief ein und wir wurden von den Männern mit Milchsuppe versehen. Die Russen fühlten sich doch unsicher, es war nur eine Patrollie.

So vergingen unsere Tage immer lauter kam das Gedonner, ab und zu ein deutscher Soldat, am 6. Oktober 1914 wurden wir von unsern letzten Soldaten auf gefordert, zu flüchten. Unsern Wagen mit nötigen Sachen haben wir bereit zu stehen gehabt, ich half noch das Vieh von den Ketten zulösen. Frau Brodowki mit ihrem kl. Knaben ich und Kieper flüchteten damit, die andern mit 2 andern Wagen. Als wir in den Wald kamen, war die Straße von Vieh, Flüchtlingen und Soldaten überfüllt, es hieß vorwärts, doch wie? Die Soldaten ritten Seitlich im Wald durch uns zurufend nach Groß Gabblick.[9] wir jungen Mädels sprangen von den Wagen und auch durch den Wald durch nach Polomen. Gelaufen.

Hinter Polomen warteten wir auf unsern Wagen, es war schrecklich kalt, ich hauchte eine Hand in die andere. Als die Wagen ran waren, fuhren wir mit, es hieß, schneller vorwärts. In Klein Stürlack angekommen machten wir in einer Meierei Halt, da stärkten wir uns, nun hieß es schnell fort, die Russen kommen. Als wir fort waren, sahen wir hinter uns nur Rauch und Flammen, wir kamen nach Widmenen, hier war von der ersten Russenhausung alles drunter und drüber. wir blieben hier eine Nacht, dann hieß es wieder von unsern Soldaten, los wieder davon. Wir zogen nun weiter, bei Nacht und Nebel, beim Mondschein, konnten wir Drahtverhaue sehen. es war kurz vor Festung Lötzen, Boyn in der Hoffnung hier Unterkunft zufinden, langten wir hier an.[10] Da hier aber auch alles von Flüchtlingen überfüllt war, mußten wir nur die eine Nacht auf unsern Wagen übernachten und nächsten Früh, hieß uns die Polizei weiterfahren.

Immer weiter hieß es, es ist alles überfüllt; im Dorf Klein Stürlack machten wir wieder Halt, da hieß es, ja auch hier ist alles von Flüchtlingen überfüllt. Da sagte ein Mann aber auf dem Abbau[11] ist noch ein Bauer der keine angenommen hat fahren sie mal zu dem Gabriel […] Raddatz hin. Wir machten uns dort hin, erst wollten wir es nicht aber der Kieper sagte, wir bleiben, der Bauer gab uns eine Viehküche, am Tage hielten wir uns darin auf. Für die Nacht mußten wir den Kindern mit ihren Müttern den Platz lassen, wir holten ihnen Stroh herbei und machten dann darin ein Lager.

Wir andern übernachteten auf unsern Wagen, es war füchterlich kalt, verwundert über die Ruhe, denn hier hörte man nur ganz dumpf den Donner der Kanonen.

Oh Gott, meine Füße juckten und brannten, meine Hände, Wangen, Nase und Ohren nicht minder, es war noch kälter geworden, die zweite Nacht logierten wir uns in die neue Scheune ein, hier zog es wie Hecht und Suppe, der Schnee flog durch die Bretter auf's Gesicht. Jeden Abend bat ich den lieben Gott, er möchte mir meine Mutter erhalten, von der ich nicht's wußte, wo und ob sie noch lebt. Meine erfrorenen Füße und Hände, bekommen, Wasserblasen, die dann später aufgingen, und ich lauter Erbsgroße Löcher behalten habe, die immer tiefer und größer wurden. Hier blieben wir mehre Wochen; als wir in der Scheune vor Kälte nicht aushalten konnten, machten wir uns ein Lager, über dem Schweine und Pferdestall auf dem Heuboden. Hier war es zum schlafen wärmer; ab und zu kam ein Mäuschen über uns gehuscht, auch gesellten sich zu uns Flöhe, die habens am allerbesten gehabt. Da wir uns nie ausgezogen haben, hatten die Biester eine feste Wohnung und fühlten sich mollig, nur beim hin und her schubbern wechselten sie ihren Sitz. Am Tage holte uns der Bauer zum Getreide dreschen. Für Essen sorgte Kieper, der war der reichste von Zeysen durch seine Groß-Fischerei.

An einem Sonntag, strolchten wir in der Umgegend, in einem Fichtenwald entdeckten wir eine Pyramide, hoch und eigen von Fichten auf gebaut, dann entdeckten wir nicht weit davon ein Schützengraben zu dem ein sauberer grüner Fichtengang führte, sogar auch eine Tür und innen Bänke und Tisch hatte. Hier hielten wir uns oft auf, ich sagte so vor sich hin, ob hier fremde oder sogar verwandte Soldaten gelegen haben?

Nun mußten wir auch eines Nachts vom Heuboden türmen, denn der Regen hat uns überrascht, das Dach war undicht. wir flitzten in den Gang in den Pferdestall runter, und machten uns hier ein Lager.

Im Dezember 1914 mußten wir wieder weiter, wir kamen nach Rastenburg, hier mieteten sich die andern Leutchen eine Wohnung. Herr Kieper mietete für Frau Brodowski ihr Kindchen und sich und mir eine Dachstube.

Wir versuchten nach Hause zuschreiben, erhielten die Post zurück.

Als ich sah, das es nicht so weiter geht, meldete ich mich Anfang Februar 1915 auf der Polizei, ich wollte dem Vaterlande nützlich sein. Ein Wachmeister ging mit mir zum Rathaus, hier bekam ich ein Freischein, nach Osnabrück, in Osnabrück sollte ich für Militär stricken.

Ich ließ mir von Frau Brodowski 3.00 R. M. geben und verabschiedete mich. oft wurden wir Flüchtlinge, auf den Bahnhöfen raus geholt, denn die Soldatenzüge gingen vor. Ich blieb mit meinen 4 Schrippen in der Tüde am Gleis stehen, die Bahnhöfe waren voll von Flüchtlingen, Kinder, Sack und Pack.

Endlich durfte ich, da es noch ein Plätzchen in der Bahn gab, mitfahren, das heißt man konnte drinnen nicht stehen und sitzen, sondern hing direkt zwischen den andern Menschen. Da ich über Stettin mußte, und umsteigen sollte, fragte ich eine ältere Frau, wie ich nach Berlin komme, ob es noch weit wäre und was es kosten würde. Nur 2,70 R. M. antwortete sie mir, sie fahre mit, kommen sie nur.

Am Sonntag den 15. Februar 1915 landete ich in Berlin, die Frau, der ich sagte, ich möchte nach der Möckernstr. 31 zu meiner Schwester Frau Toberer, brachte mich in die Straßenbahn und sagte dem Schaffner, wo er mich aussteigen lassen soll. morgens um ½ 8 Uhr kam ich hier bei meiner Schwst. an, mein Schwager war im Felde. nach 14 Tagen bekam ich Stellung bei einer alten Dame, hier blieb ich. 1916 schrieb Mutter an meine Schwester, der älteste Stiefbruder Johann ist gefallen. 1917 im März fiel mein Bruder Gostav; der einzigste Ernährer meiner Mutter kam auch nicht. Gostav hat sich von 18 Jahren freiwillig gestellt.

1918 bis 1919 erlernte ich den Beruf als Butterverkäuferin, bis 1924 blieb ich im Geschäft erst als Verkf. dann später als Leiterin. Im August heiratete ich den Verwaltungs Obergehilfen Oskar Richard Gumpert in Schmargendorf (Gaswerk).[12] Da meine Ehe mit Gumpert nicht glücklich war, wurde ich 1927 auf eigenen Wunsch geschieden. Inzwischen kam mein jüngster Bruder, Adolf, nach Berlin. 1925 holte ich Mutter, zu mir, denn sie hat sich bei den Bauern immer quälen müßen.

Ich war wieder in Stellung. 1928 starb meine Mutter. Adolf, der vor den Komunisten einige Zeit flüchten mußte, besuchte uns. er zeigte uns eine Hakenkreuzbinde, ich interessierte mich dafür, doch Adolf sagte, Anni sei vorsichtig, Berlin ist noch rot, auch gab mir Adolf ein rotes Büchlein freudestahlend in die Hand und sagte, hier Schwst lese; ich laß Adolf Borkowski Mitgld. N. 46833 NSDAP. auch zeigte er mir eine Aufnahme in Uniform.

Weißt du Anni sagte Adolf, du bist in Stellung, ja sagte ich aber hier bleibe ich nicht lang, denn die Leute sind Juden und die schimpfen so viel auf unsern und deinen Führer Adolf Hitler. 1929 bin ich hier fort, Adolf ist von den Komunisten überfallen, lag im Krankenhaus, ich habe mich wieder bei Bruno Ferche vorgestellt, erst als Verkf. dann leitete ich die Filiale in Misdroy. 1930, 1. November wurde ich arbeitslos, meine jüngste Schwst hat hier in Plötzensee sich 1928 eine Hütte gekauft um, mit ihrer Familie billiger wohnen zukönnen.[13]

Nun stand ich arbeits und heimatlos, ich fand bei Maria Aufnahme, Adolf kam auch und bat Maria um Bleibe, sie nahm uns beide herzlich auf. blos für Adolf war es sehr gefährlich und mußte in Alt-Moabit bleiben; und irgend wo wohnen. Frau Herford, Alt-Moabit, gab ihm Unterkunft, Walter und Franz Herford waren seine Kameraden von Sturm 6. Frau Herford besuchte uns in Plötzensee, sie sprach sehr viel von Hitler, ich fragte sie, ob ich nicht auch eintreten könnte; sie strahlte, ich durfte mit ihr mal nach Sportpalast,[14] ich war glücklich. Spät um ½ 2 Uhr kam ich nach Plötzensee die ganze Tour gelaufen. Am 1. August 1931 habe ich mich von Walter Herford eintragen lassen, nun hieß es, wir besuchen auch in Alt-Moabit Frauen. Im Oktober 1931 wurde die N. S. Frauenschaft gegründet; Gott sei dank nun konnte ich der S. A. auch dienlich sein. Elberfelderstr. 21 war ein brauner Laden, dahinter haben wir Frauen gekocht, unten im Keller haben wir Frauen den Heimlosen braunen Jungs ein Heim eingerichtet, wir scheuerten Betten Wäsche Stühle Schränke Bänke. wir Frauen hielten alles in bester Ordnung. Es machte mir viel Freude, für die Tapferen helfen zukönnen.

Ich erhielt 9 R. M. Unterstützung, oft kam ein S. A. Mann zu mir, mit Gumpertchen nannten sie mich, gib mir mal ein Groschen.

Gumpertchen mach mir dies und das, alles war wie eine große Familie. Wehe dem, wenn ein Kamerad den andern verpetzte, dann sagte Moritz Kraut,[15] du Sack darfst heute barfus zu Bett gehen.

Die S. A. hing an Moritz Kraut und wir Frauen an unserer lieben Leiterin Frau Faul. Dann kommen die Wahltage, es hieß Frauen, früh um 5 Uhr heißts anfangen Kaffee kochen, damit unsere Jungens satt werden. Ich stand um ½ 4 auf, schlich mich hier durch die Lauben, durch die Haide zum Königsdamm und dann drapp nach der S. A. Küche um helfen zukönnen. Tag Täglich war ich früh bis abends in der S. A. Küche und zur Nacht lief ich nach Plötzensee, damit Maria nicht Angst um mich haben sollte. Für Grünstr. habe [ich] mir einen Stoß Propagandazettel geben lassen, und nach dem stempeln in der Grünstr. auf der Hintertreppe für die raus gehenden verteilt, ich erhielt allerliebste Worte, Naziricke Nazischwein, und vieles mehr an den Kopf geworfen; Zwei Koleginnen die zu mir hielten mich mit Heil Hitler begrüßten blieben bei mir solange, bis ich verteilt habe.

Von Grünstr. schnell nach der S. A. Küche, Gumperchen mußte im Keller bei Frau Löfler Hackenkreuzfahnen nähen, über dem Keller war Polizei Revier, ich habe hier unten fleißig genäht, Frau Faul hat eine nach der andern für 2 R. M. verkauft, die Leute haben im braunen Laden darauf gewartet.

Am Sonnabend vor dem Wahltag kam Pgn. und S. A. Mann Kurt Gabel Beusselstr. ich mußte nach der Huttenstr 23 kommen, und dort für Sturm 32 kochen und vorbereiten, ich suchte noch paar Frauen zusammen, und siehe da auch hier klapte alles, unsere Leutchen sind satt geworden. (Pgn. Hanke hat uns besucht) Der Sektionleiter Hermann Gote ließ mich nicht mehr, ich mußte die S. A. Küche über nehmen und die Frauenschaft aufbauen.

Als ich am 24. April 1932 von der S. A. Küche um ½ 5 Uhr nach Plötzensee die Beusselstr. ging, sa ich am Eiswagen an der Kirche mehrere junge Mädchen und Männer stehen. Ich bin mit meiner Kletterweste u. Abzeichen an die ran gegangen, und wollte sie zum Sportpalast einladen, einige Karten hatte ich bei mir. Als ich mich zum gehen wandte, kam aus diesen ein junges Mädchen hinter mir her beschimpfte mich auf gemeinste. Hinterrücks griff sie nach meinem Abzeichen und riß mir im vollen Verkehr von der Brust, sie wurde sofort von Komune ab geschoben. Als der grüne[16] kam war sie fort. Am 2. Tag darauf ging ich Nachmittag auf die Suche nach dem Mädel. als ich grade die Emdenerstr. durchqueren wollte, erblickte ich sie in der Wicklefstr. mit einer Tüte Schrippen in der Hand, mit zwei Komunisten an kommen. Zum Glück kamen zwei Grüne, ich zu die hin, und habe das Mädchen verhaften lassen. Wir wurden zur Waldwache geführt, hier erfuhr ich das sie Hildegard Hägeler heißt, ich durfte nach Hause und Hilde nahm ein Krimi[17] in Empfang.

Nächsten Tag früh kam ein grüner, alles kam raus und machten sich lustig das, das Nazischwein abgeholt wird. Als der Grüne allein abzog verkrochen sich die Nachbarinnen. Ich mußte um 9 Uhr nach dem Alex[18] kommen Zimmer 261, da wurde ich verhört, etwas später brachte ein Beamter Hägeler aus der Zelle. Sie bat mich Himmelhoch von einer Strafe absehen zu wollen. Unter der Bedingung das sie mir mein Abzeichen und Selbstbinder[19] wiederbringt, ließ ich sie mitkommen. Da sie dieses der Komune weiter gab, bat sie mir bestimmt in drei Tagen wieder zubringen. Ich nahm sie mit da sie kein Fahrgeld hatte, ich überzeugte sie, ich habe sie eingeladen, sie kam mit ihrer Freundin, sie brachte mir das geraubte.

Hilde und ihre Freundin wurden bei uns tüchtige Mädels, sie brachten ihre Freunde von der K.P.D. die sind zu S.A. übergetreten, sind brave Leute geworden. Wenn ich Fußtritte u. Backzähne schlucken, erhalten habe, habe ich nur stetzt gesagt, Mensch mein Lieber, du siehst so anständig aus, deine Eltern haben dich bestimmt dazu nicht erzogen. Du willst doch mal ein tapferer S.A.M. werden. Komm heute nach der Huttenstr. 23 zu Versammlung dir passiert dort nicht's, ich bin da. So haben wir immer geworben. Artur Scheffler der Kommunist wurde S.A.M. (1933 arbeitete) Im Juli 1932 in der Wahlwoche, verteilten Sturm 6,7, u. 32 im Beusselkietz[20] Propagandazettel, ich sa die armen durstigen braunen Jungens, holte mein Geldbeutel raus und überlegte; Gott sei Dank 2,50 R.M. habe ich noch.

Kurt Hoffmann der S.A.Mann und Neffe von mir kam grade von Bolle[21] nach Hause, ich hielt ihn an, und bat ihn mir zuhelfen. Siehe mal Kurtchen, wie die Kameraden schwitzen, komm im Milchladen wir holen Buttermilch, Muttchen Krause holte ich alle Gläser fort und begab mich an zuverteilen. Die S.A. rückte zu uns einer nach dem andern stillte seinen Durst und verteilte seine Zettel.

Als der andre Schwung kam, war einer von ihnen ungeschickt und die Buttermilch rieselte meinen blauen Rock runter.

Die andern nahmen ihre Taschentücher knieten vor mir und rieben den Schandflecken von meinem Rock. Ach Gumpertchen sagten viele sei nicht böse, wir danken dir. ich aber bedauerte das von diesem Tag keine Aufnahme gemacht wurde, es wäre ein schönes Bild sagte Kurt Hoffmann geworden. Lieber Kurtchen sagte ich siehe mal unsere Milch ist alle und dort kommen noch mehr S.A. die haben doch auch großen Durst und ich habe kein Geld mehr.

Das hörte der Mein-Schmidt, Herr Schmidt Beussel[...][22], winkte mir zu und sagte, hier holen sie noch 10 Lt Milch für unsere Jungens, ich strahlte vor Freude und unsere Jungens waren uns dankbar. (Schade ich hätte zu gern ein Bild vom Wahltag im Juli. Am Wahlsonntag, am Haideschlößchen[23] stand der junge S.A.M. Gille mit Plakat, ich bin öfters zu dem raus gegangen, weill ich wußte wie, rot rings um ihn stand. Gille bat mich, da er bedroht wurde, um Hilfe. Mein kl. Neffe Gerhard mußte den Leipold vom Platz »Degen«[24] holen, ich nahm das Plakat ihm ab. Hielt es fest in meinen Händen, und blieb vor dem Wahllokal damit stehen. Leipold nahm den kl. S.A.Mann zu sich und beschützte ihn, solange bis Ablösung kam. Ich schickte die Ablösung nach Gille, er wurde mit dem Auto von Schmidt mitgenommen, und zwei S.A. stand dann mit Plakat hier. Gott sei Dank konnte ich nun wieder nützlich sein, ich war auch zufrieden, das nicht ein sondern zwei S.A. Männer hier standen. Das muß auch ausgesehen haben, ich mit meinem weißen Kittel, und mit Plakat stehen. Frau Mayer die vorbei kam staunte. Sie begrüßte mich und ging weiter.

1933 arbeitete ich wieder in der Frauenschaft Wicking in der Nähstube. Am 30. Septb. 33 heiratete ich den S.A. Mann Reinhard Nieke Mitglied d. N.S.D.A.P. seit Januar 1932. wir zählen zu den glücklichen Eheleuten Dank unserm Führer die ihr Heim durch Ehestandsdarlehen[25] einrichten konnten.

Am 29. November 1933 gründete unsere Kreisleiterin hier in Plötzensee die N.S. Frauenschaft. Unsere Kreisleiterin Frau Hees und unser Ortsgruppenleiter Walter Meyer, gaben mir das Vertrauen zum Aufbau dieser Frauenschaft, mit 23 Frauen habe ich angefangen, heute sind wir schon 105 Mitgld.

Gott helfe weiter treu und fest für unsern Führer und Reichskanzler für Gerechtigkeit zu kämpfen.

Gott erhalte uns unsern
Führer
Heil Hitler!
Anna Nieke,
NSDAP. Mitgld. N.
602554.
Plötzensee, a/Königsdamm
Haus »Bornemann«

Falls nötig schicke ich zwecks Abbildung den Freischein und ein Abstimmungsschein von Ostpr.

Nachtrag

1931 zur Weihnachtsfeier unserer Sektion Arminius[26] Bescherung der S. A. im Tiergartenhof[27] kamen August Wilhelm,[28] Graf Helldorf[29] und unser Dr. Goebbelchen, von unserer Frauenschaft wurde er Dr. Sepchen genannt. Pfarrer Nebel sprach an diesem Abend und Dr. Goebbelchen.

Wir Frauen bedienten die braunen Leutchen, die leider die Uniform nicht anziehen durften, mit Kaffee und Kuchen. August Wilhelm unterhielt sich lebhaft mit den Kameraden, er strahlte vor Freude, er blieb recht lange bei uns, kurz vor Schluß verabschiedete er sich.

Tag zuvor konnte ich, mit Frau Kranz u. Frau Faul, für die bedürftigen Volks- und Parteigenossen Pakete packen helfen, bis spät in die Nacht arbeiteten wir. Ich mußte dann noch so spät von Frau Faul, Jagowstr 3, nach Plötzensee laufen an den Gefängnishäusern schlich ich mich, bis an den Weg durch die Haide, vor Angst betete ich, bin Gott lob gut nach Hause gekommen;

Maria hielt auch schon öfters Ausschau nach mir, sie war zufrieden, als ich heil ankam.

Frau Faul hat eine Frauenschafts Versammlung angesetzt, die im Crefelderhof stattfinden sollte, leider durften wir die nicht abhalten, die Polizei löste dieselbe auf. Unsere Frau Faul, ließ uns nicht nach Hause, sondern nahm uns alle in ihre Wohnung Jagowstr. 3 v. IV.

An 70 Frauen fanden bei ihr Platz, sie gab an diesem Abend Kaffeekränzchen, Pgn. Fischer sprach zu uns über das Thema, eine nationalsozialistische Frau wie sie sein soll und muß.

Am 30. Januar 1933 Tag der nationalen Erhebung, als es hieß, Unser Führer wird Reichskanzler, umarmten wir uns vor Glück und Freude darüber gegenseitig. Unwillkürlich wurden unsere Augen feucht, denn es verging kein Tag, an dem man nicht für unsern Führer bat und barmte. Am Abend an diesem Tag, hieß es am großen Stern sich sammeln, unsere braune Front, mit ihren Fackeln marschierten durch Brandenburger Tor zum Wilhelmplatz. Jeder wollte unsern guten Führer sehen, die Begeisterung war unbeschreiblich groß, ein unhaltsames Heil rufen, unser Führer dankte uns, an diesem Tage sahen wir unsern Führer zum erstenmal lachen: alles atmete erleichtert auf.

Dann kamm der 1. Mai,[30] zum erstenmal – nur durch Adolf Hitler ist auch dieser Tag, gesetzlicher Feiertag geworden; den uns niemand mehr aus unsern Herzen auslöschen wird.

1. Oktober 1933 zum Ernte Dankfest, dankte das deutsche Volk unserm Gott für die gelungene Ernte, und das deutsche stolze Volk dankte unserm großen Führer Adolf Hitler für den errungenen Sieg Deutschlands. Am 12. November bekannte sich das deutsche Volk, nur zu unserm Führer mit einem festen und treuen »Ja.«[31]

Wir wissen, der Reichskanzler Adolf Hitler hat einen schweren Beruf. Er steht an sehr verantwortungsvoller Stelle. Um sein Amt gerecht und segensbringend auszufüllen, bedarf er Heil, Kraft und Beistand von Gott.

Der liebe Gott möge ihm beistehen, ihn beschützen und ihm Glück geben, damit er das deutsche Volk gut lenken und regieren kann.

»Heil Hitler.«
ANieke.

1 *Anna Nieke*: Vgl. BArch, NSDAP-Ortsgruppenkartei, Nieke, Anna 21.8.1898 (der Nachname Gumpert ist durchgestrichen), Film 32xx/P0081/0343.
2 *Eingangsstempel:* »Eingegangen 30. Aug. 1934«, Eingangsnummer und Unterschrift unleserlich.
3 *Gorlowken, Kreis Lyck*: Die 1938 in Gorlau umbenannte Ortschaft lag in der masurischen Seenlandschaft, etwa 40 Kilometer westlich der damaligen deutsch-russischen Grenze. Weitere Orte, die Anna Nieke nennt, befanden sich im Umkreis von 10-20 Kilometern von Gorlowken, darunter Polommen (ab 1938 Herzogsmühle), Zeysen am Laschmiede-See, Groß Gablick, Widminnen und die Kreisstadt Marggrabowa (ab 1928 Treuburg). Da Nieke ihre Heimat bereits 1914/15 verlassen hat, verwendet sie weiterhin die damaligen Ortsnamen, teils jedoch in ungewöhnlicher Schreibweise. Vgl. Rolf Jehke, Territoriale Veränderungen in Deutschland und deutsch verwalteten Gebieten 1874-1945, Amtsbezirk Gorlau; URL: http://www.territorial.de/ostp/lyck/gorlau.htm [online am 2. September 2015].
4 *Englische Krankheit*: Rachitis.
5 *eingesegnet*: konfirmiert.
6 *Die Russen …*: Anna Nieke beschreibt im Folgenden ihr Erleben der russischen Offensive und der deutschen Gegenoffensive in Ostpreußen von Mitte August 1914 bis Februar 1915. Die russische Offensive in Ostpreußen begann am 12. August 1914. Um einer drohenden Einkesselung zu entgehen, zog sich die deutsche 8. Armee aus Ostpreußen zurück, wodurch das Land der russischen Besatzung preisgegeben war: »In zum Teil panikartiger Flucht suchte sich die Bevölkerung vor den Übergriffen der Russen zu retten«. Vgl. Deutsches Historisches Museum Berlin, LeMo, Erster Weltkrieg, Kriegsverlauf 1914, URL: http://www.dhm.de/lemo/html/wk1/ kriegsverlauf/index.html#1914 [online am 2. September 2015].
Mit dem anschließend neu eingesetzten Oberbefehlshaber Paul von Hindenburg gelang es den deutschen Truppen in den Schlachten von Tannenberg (26.-30. August) und an den Masurischen Seen (8.-15. September), die Russen zurückzudrängen. Dieses wurde als siegreiche »Schlacht von Tannenberg« propagandistisch genutzt.
Im Zuge einer deutschen Gegenoffensive ab November 1914 kam es zur Winterschlacht in Masuren, die im Februar 1915 mit einem deutschen Sieg endete. Ostpreußen war damit zurückerobert. Vgl. ebd.
7 *russische Grenze*: Der Ort Wischnewen, 1938 in Kölmersdorf umbenannt, lag südöstlich von Lyck, etwa 10 Kilometer von der russischen Grenze entfernt. Diesen erreichten russische Truppen bereits am 12. oder 13. August 1914. Vgl. Jehke, URL: http://www.territorial.de/ ostp/lyck/koelmers.htm [online am 2. September 2015].
8 Fehlendes Wort.
9 Hier nachträglich eingefügt: »bis Klein Stürlack«. Dieser Ort war jedoch noch 20 Kilometer von Groß Gablick entfernt.
10 *Festung Lötzen, Boyn*: Gemeint ist die Festung Boyen in der Stadt Lötzen, eine Verteidigungsanlage in Masuren aus der 2. Hälfte des 19. Jhd. Vgl. Stadtamt Giżycko, Die Festung Boyen; URL: http://www.boyen.gizycko.pl/de/main_de.html [online am 2. September 2015].

11 *Abbau*: Dieser Begriff war in Pommern und Ostpreußen geläufig für Bauernhöfe, die im Zuge der Gemeinheitsteilung im 17. und 18. Jhd. aus dem Dorf in die Feldmark verlegt wurden, um diese urbar zu machen. Ein Abbau hatte daher oft eine einsame Lage.

12 *Oskar Richard Gumpert*: Im Berliner Adressbuch von 1925 gemeldet als »Gumpert, Richard, Verwalt. Ob. Geh., Schmargendf., Forckenbeckstr. 12, Untg., Städt. Gasanst«. Vgl. Zentral- und Landesbibliothek Berlin: Berliner Adressbücher, 1925, S. 1001; URL: http://adressbuch.zlb.de/viewAdressbuch.php?CatalogName=adre2007&ImgId=253969&intImgCount=7&CatalogCategory=adress&Counter=&CatalogLayer=5 [online am 14. April 2014].

13 *Hütte:* Die überbelegte Hütte der Schwester Maria gehörte zu einer Laubenkolonie in Plötzensee, sehr wahrscheinlich zum dortigen »Degenhof«. Dieser befand sich, wie auch das unten als Postadresse angeführte »Bornemannhaus«, am Königsdamm. Auf Grund der Wohnungsnot hatten hier über 150 Familien ein dauerhaftes Domizil in einer Gartenlaube. Vgl. Zentral- und Landesbibliothek Berlin: Berliner Adressbücher, 1934, S. 1081; URL: http://adressbuch.zlb.de/viewAdressbuch.php?CatalogName=adre2007&ImgId=318689&intImgCount=2&CatalogCategory=adress&Counter=& CatalogLayer=6 [online am 14. April 2014].

14 *Sportpalast*: Der 1909 erbaute Berliner Sportpalast fasste mehr als 10.000 Menschen. Ab 1928 nutzte die NSDAP die Halle für zahlreiche Großveranstaltungen.

15 *Moritz Kraut*: Der gelernte Tischler Moritz Kraut (1905-1941) trat 1928 in die NSDAP ein. Er war SA-Standartenführer in Berlin-Brandenburg. Im Februar 1936 löste er Walther Schulze-Wechsungen, Theodore Abels Berliner Ansprechpartner, im (nationalsozialistischen) Reichstag ab. Vgl. Martin Döring/Joachim Lilla/Andreas Schulz, Statisten in Uniform. Die Mitglieder des Reichstags 1933-1945. Ein biographisches Handbuch. Unter Einbeziehung der völkischen und nationalsozialistischen Reichstagsabgeordneten ab Mai 1924, Düsseldorf 2004, S. 339.

16 *Grüne*: Polizisten.

17 *Krimi*: Kriminalbeamter.

18 *Alex*: Am Alexanderplatz befanden sich das Berliner Polizeipräsidium und das Polizeigefängnis.

19 *Selbstbinder*: Eine Form der Krawatte oder ein als Krawatte getragenes Halstuch.

20 *Beusselkietz*: Das Stadtviertel »Beusselkiez« an der namensgebenden Beusselstraße hatte um 1934 die höchste Bevölkerungsdichte in Berlin. Hier lebten Arbeiter und Angestellte in Mietskasernen mit zahlreichen Hinterhöfen. Der südliche Teil des Quartiers gehörte bis 1938 zum Stadtteil Berlin-Charlottenburg. Vgl. Luisenstädtischer Bildungsverein e.V., Berlin von A-Z, Lexikon zur Stadtentwicklung, Chronik und Gegenwart, Mitte, URL: http://www.luise-berlin.de/lexikon/mitte/b/ beusselkiez.htm [online am 2. September 2015].

21 *Bolle*: Die Groß-Meierei Carl Bolle versorgte Berlin zu dieser Zeit per Milchwagen und -läden mit Molkereiprodukten.

22 Unleserliche Abkürzung Ohf. oder Ahf.

23 *Haideschlößchen*: Kolonie »Heideschlösschen«, eine an den Degenhof (siehe *Hütte*) angrenzende Laubenkolonie.

24 *Platz »Degen«*: Degenhof (siehe *Hütte*).

25 *Ehestandsdarlehen*: Ein Instrument nationalsozialistischer Wirtschafts- und Familienpolitik war das zum 1. Juni 1933 eingeführte Ehestandsdarlehen. Es betrug 1000 RM, erhältlich in Bezugsscheinen zur Haushaltsgründung. Voraussetzung war, dass die Ehefrau ihre Erwerbstätigkeit aufgab. Die zu tilgende Summe reduzierte sich pro Geburt um 25 Prozent. Vgl. Schmitz-Berning, Vokabular des Nationalsozialismus, S. 161.

26 *Sektion Arminius*: Sektionen waren nach den Straßenzellen die kleinste organisatorische Einheit der NSDAP. Die Sektion Arminius hatte ihren Sitz in Berlin-Hermsdorf. Zu ihr

gehörte u. a. Max Cronauer, der den NSDAP-Stützpunkt Berlin-Hermsdorf gründete. Er trat auch als Redner der Sektion Arminius auf, bei der er insbesondere Arbeiter für die Partei warb. Vgl. Stadt Ückermünde, Geschichtsdatenbank der Stadt Ückermünde, Persönlichkeiten, Max Cronauer; URL: http://www. schwedisch.ueckermuende.de/geschichte/user/user.cgi?action=listenansicht&tabelle=geschichte_personen&seite_nr=4 [online 14. April 2014].

27 *Tiergartenhof*: Das Restaurant »Tiergartenhof« in der Berliner Straße 1 (Berlin-Charlottenburg) verfügte über mehrere Säle und war seit der Jahrhundertwende ein beliebter Versammlungsort.

28 *August Wilhelm*: Prinz August Wilhelm von Preußen (1889-1949) war der vierte Sohn von Kaiser Wilhelm II. Er trat 1930 in die NSDAP ein und vertrat diese ab 1932 im Preußischen Landtag, später im Reichstag. Daneben war er als SA-Führer tätig und sollte monarchistische Kreise für die NSDAP gewinnen. Vgl. Weiß, Biographisches Lexikon, S. 24.

29 *Graf Helldorf*: Wolf Heinrich Graf von Helldorff (1896-1944) gehörte ab 1918 mehreren Freikorps an und beteiligte sich am Kapp-Putsch. Zeitweise vertrat er die NSDAP als Abgeordneter im Preußischen Landtag. Helldorff wurde 1931 SA-Führer in Berlin und 1935 Polizeipräsident von Berlin. In dieser Funktion arbeitete er mit dem militärischen Widerstand zusammen. Im Nachgang des Hitler-Attentats vom 20. Juli 1944 wurde auch Helldorff hingerichtet. Vgl. Weiß, Biographisches Lexikon, S. 196.

30 *1. Mai*: Der ursprüngliche Kampftag der sozialistischen Arbeiterbewegung wurde als nationalsozialistischer Feiertag adaptiert und 1933 zum ersten Mal als »Tag der nationalen Arbeit« begangen. Dazu fand auf dem Tempelhofer Feld in Berlin eine groß inszenierte Kundgebung statt, an der mehr als eine Million Menschen teilgenommen haben sollen. Am Morgen danach wurden die freien Gewerkschaftsorganisationen durch SA und SS zerschlagen: Büros und Redaktionen wurden geplündert, Vermögen beschlagnahmt und führende Gewerkschafter in »Schutzhaft« genommen. Vgl. Wendt, Deutschland 1933-1945, S. 107 f.

31 *12. November 1933*: Angesprochen ist hier eines der nationalsozialistischen Pseudo-Plebiszite. An diesem Sonntag fand eine sogenannte Reichstagswahl statt, bei der es lediglich galt, die Politik Hitlers zu bestätigen oder abzulehnen sowie in einer Volksabstimmung über den Austritt Deutschlands aus dem Völkerbund abzustimmen. Hier bekam die NSDAP eine Zustimmung von mehr als 95 Prozent. Vgl. ebd., S. 119.

Lisi Paupié

Abel-Biogramm/Nr. 187/Lisi Paupié
22 Seiten, handschriftlich (eine Seite in lateinischer Schrift, sonst deutsche Schrift), datiert August 1934. Die Identität der Verfasserin ist authentisch.[1]

Name:	Luise Paupié, geb. Müller
Geburtsdatum:	16. April 1891
Geburtsort:	Büdingen
Alter:	43 Jahre
Familienstand:	verwitwet, ein Sohn
Wohnort:	Darmstadt
Elternhaus:	Vater Kammerdirektor, Mutter früh verstorben
Ausbildung:	Krankenpflegeexamen, Fortbildung zur Diätschwester
Beruf:	Krankenschwester
NSDAP-Beitritt:	1. November 1932 (NSDAP-Ortsgruppenkartei)
Mitgliedsnummer:	1394006
Werber:	Eigeninitiative
Funktionen:	Mitglied

Charakteristische Aspekte des Biogramms:
Lisi Paupié erlebte als Kriegerwitwe einen sozialen Abstieg. Dessen Ursache sieht sie rückblickend in der Arroganz des Adels und dem Egoismus der Juden. Auch den »Standesdünkel« des gehobenen Bürgertums – aus dem sie selbst stammt – kritisiert sie scharf. Ihre Hoffnung auf soziale Gerechtigkeit gilt der nationalsozialistischen Volksgemeinschaft. In ihrem Essay erläutert sie ausführlich die Erziehung ihres Sohnes nach nationalsozialistischen Grundsätzen. Lisi Paupié erwähnt ihren Cousin Hans Rickmers, der bei Hitlers Putschversuch 1923 starb.

Lisi Paupié
Pgn. No.: 1394006
Darmstadt Peter-Gemeinderstr. 35 II

Darmstadt im August 1934

16.4.1891 wurde ich als Tochter eines Beamten in Oberhessen geboren. Wir waren 6 Geschwister. 1 Bruder starb früh. Leider verlor ich mit 6 Jahren meine Mutter die mir eine so echte deutsche Mutter war. Wir verloren viel. Ich alles. Das Vorbild meiner Mutter lebte in mir, denn sie hatte mich immer zu Armen und Kranken mitgenommen. Es war nun schwer es ihr so nachleben wie ich es mir dachte, denn zuerst die Haushälterin später meine 2. Mutter wollten von meiner Idee dieser Art nicht viel wissen. War im Schloß mein Vater war fürstl. Beamter ein Fest oder Ball so erleichterte ich den Weinkeller […][2] und schleppte es zu alten Mütterchen des ärmsten Stadtteils, […] und war trotz etwas bösem Gewissens glücklich. Ein eigenartiges Glück, aber es war mir so wohl, was Gutes getan zu haben, bei denen die nie eine Möglichkeit hatten jemals sich etwas derartiges zu beschaffen. Ich besuchte 3 Jahre die Volksschule und dort hatte ich meine besten Freunde. Aber spielen durfte ich mit den Kindern nicht, das »schickt sich nicht« und das große Tor schloß sich vor ihnen. Aber Kinder aus gesellschaftlichen Kreisen und so weiter mit denen mußten wir spielen; die oft unoffen und berechnend waren. Waren z. Bspl. das Obst im Garten reif oder sonst etwas bei uns was Vorteil brachte, da hatte man Freundinnen, oder meine Brüder waren in Ferien zu Hause. Das begriff ich schon sehr früh und blieb für mich. Bei Schustern u. ander Handwerker und Bauern war ich besonders gern und darüber gab es viel Schelte und oft Schläge. – Der Klassenunterschied wurde damals ganz bewußt groß gezogen in unseren Kreisen u. dagegen wehrte ich mich instinktiv. Ich träumte von dem Tag, wo ich groß sein werde. Aber dann! Ich erfüllte bis zum 21. Jahre meine Pflicht im Elternhause.

Die Zeit vor dem Krieg gefiel mir nicht, eben wegen dem Standesunterschied, der sich bis ins Ekelhafte steigerte.

z. Bspl. Meine Schwester hatte hellblondes langes Haar und sollte mitwirken, wo der Engel in der Kunst im Bild gezeigt werden sollten. Das Urteil fiel auf sie, aber ein Sturm der Entrüstung. Nein es geht nicht, wir können nicht auf das Programm den Namen Müller setzen, wo soviel adlige mitwirken. Müller ist mein Vatername (aber meine Mutter war eine Adlige). Ebenso lernte mein Bruder als Lehrling auf einer Bank. Es sollte im »Kasino« Teater gemimt werden. Mein Bruder sollte mitwirken. Ebenfalls ein Sturm im Wasserglas. Es vereinigt sich nicht mit unserem kollegialen Gewissen mit einem Kaufmannslehrling zu spielen, sagten die Beamten. So und einiges mehr genügte mir darüber nachzudenken, daß das auf die Dauer so nicht bleiben könnte. –

Ich hatte Möglichkeit in Schlößern bei Standesherrschaften zu sein, dort war man einfacher, gütiger und menschlicher wie bei Beamten u. sonstigen Kreisen. Mit 17 Jahren verlor ich mein Herz an einen Volksschullehrer.

So ein Schulhaus auf dem Land war mein Traum und ich sah mich schon dort herumlaufen. Immer gefielen mir Schulhäuser und das Leben. Hatten sie doch die heiligste Aufgabe Volkserzieher zu sein. Aber es sollte anders kommen. Meine Träume vergingen mir, ich mußte mich da nicht volljährig fügen u. so zertrümmerte man 2 Menschen eine Hoffnung die nur daran scheiterte, daß ich unter meinem Stande nicht heiraten durfte. Auch hier wieder eine Grausamkeit 2 Menschen aus solchem Grunde zu hemmen. Noch mehr verstärkte sich der innere Abstand gegen eigne Angehörige die das Gottgewollte zurück dämmten, ich wurde Opfer einer verfluchten Einstellung. Nun faßte ich den Entschluß in die Welt zu gehen. Ich ging in ein Krankenhaus als Schwester, um dort meine ganze Kraft meinen Mitmenschen zu geben. 1912 trat ich ein. 1913 machte ich mein Staatsexamen. 1914 kam nun der unselige, aufgezwungene Krieg mit allen seinen Schmerzen. Täglich das Elend zu sehen, frevelhaft soviel unschuldige Menschen so ins Leid zu bringen. Die Besten fielen. Jahre vergingen in diesem Dienst. Dann war ich als Garnisonschwester[3] tätig, 2 mal wurde ich durch Nerven zerrüttete Soldaten im Tobsuchtsanfall schwer verletzt. Später kam ich nach Frankfurt a/M Vereinslazarett Gutleutstr. 12, jetzt »Adolf Hitler Haus« und hatte dort 250 zu verpflegen.[4] Eine schwere Aufgabe wo alles so knapp: Es fiel dort im Lazarett auf, daß alle Bürobeamte, Unteroffiziere usw. […], Israel heißen und so Kugelsicher waren. Alle Ärzte Juden, u. so fort.

Ich mußte mich einer Operation unterziehen und sagte zum Entsetzen aller, dauernd im Rausch, ach, was Juden, lauter krumme Nasen, nix wie Juden. 4 Ärzte waren allein im Operationssaal, der letzte Eindruck. […] Frankfurt.

Es wäre nicht zu ertragen gewesen, wenn wir nicht auch Freude an unseren Feldgrauen gehabt hätten. Das versöhnte. 1916 wurde ich an eine Diätklinik Frankfurt a/M abgerufen.[5] Dort war nun etwas, was mir ganz gegen meine innere Einstellung ging. Großer Luxus, 4 Gänge Mittags, 3 Gänge Abends. Wo ich für meine armen Feldgrauen kaum genug Kartoffel u. Brot hatte, vorher im Vereinslazarett, so lebte man hier im Übermaß. Die Patienten waren nur Juden oder sogenannte »Deutsche« die an der Schützengraben Krankheit[6] litten u. deren begüterte Papas alles bezahlten, um ihre Söhne in kugelsicherem Unterstand zu wissen. Unsummen wurden da bezahlt. Einige Offiziere mußte die Klinik pflichtgemäß aufnehmen, zum Verdruß aller.

Sie aßen das weg, was eigentlich die »guten Zahlen« durch Schwarzschlachten u. Einkauf beschafften. Gewiß zahlte man vom Lazarett aus diese Luxuspreise nicht. Also waren hier unsere tapferen Offiziere im Wege. So habe ich dort mehr und mehr den Juden hassen gelernt. Auch von der moralischen Seite: Jeder hatte neben seiner Frau eine blonde Liebe und schamlos konnte man sie sich ins Apartement mitnehmen. Alles für Geld! – Sie schändeten, praßten, betrogen, während unsere Feldgrauen hungerten und starben. Himmelschreiende Zustände. 1 Jahr lautete mein Vertrag. Erlöst ging ich dort fort. Heiratete. Mein Mann war Hochbauingenieur. Reserveleutnant mit einer Kriegsbeschädigung. Nach 1½ jähr. Ehe starb er an seiner Kriegsbeschädigung und ich blieb mit einem ¼ jährigen Jungen allein. 4 Wochen vor der »Revolte«[7] 1918, am 8. Okt. 18 starb er. Er fühlte schon Wochen voraus die Luft, die im inneren des Vaterlands wehte und wollte nichts mehr von dem allen wissen. Er sagte nur immer tief bewegt »dafür sterben«, was wird aus Euch? Er starb mit vollem Bewußtsein. Im Lande selbst war schon alles zersetzt, so folgten weder Soldat noch Offizier seinem Sarge. Es wurde ihm abgesagt. So ging er einsam zu Grabe, selbst ohne mich und meine Angehörigen, die alle krank lagen. Ich selbst lag auf dem Tod, als ich zum Bewußtsein kam, war er begraben und die Revolte im Gange.

Was nun? Die schwerste Zeit meines Lebens begann.

Armes Deutschland, wie sah es aus. Schutz und Mittellos stand ich da, allein ohne Heimat für mein Kind. Ich als Frau konnte es nicht fassen, daß alles so gehen sollte und leben konnte und viele Männer fanden gar nichts dabei und sagten, es ist halt so. – Ich hoffte immer wenn alle mal wieder satt wären dann wird es besser, alle sind zu mürbe. Mit sowas konnte ich auf Dauer nicht zufrieden geben. Ich suchte im Geiste nach dem Mann der uns erretten sollte. Wann wird er kommen! So saß ich dann 2 Jahre ohne Geld, auf die Gnade Verwandter angewiesen. Die Regierung benötigte lange Zeit um auszurechnen was mir als Kriegswitwe zukam. Wieviel Schikanen der Beamten mußte man vertragen und man verliert, als alleinstehende Frau ganz das Frauenhafte, denn man muß alles durchfechten, was sonst der Mann tut. –

Ich mußte außerdem im Industrie Gebiet meine Wohnung verlassen.[8] Wo ich nur 1 ½ Jahr glücklich sein durfte. Wohin! Ich versuchte bei meinen Eltern zu landen, wo zwar eine zweite Mutter oft wenig Verständnis hatte, was hier auch der Fall war. Aber es blieb mir nichts andres. Vom Werk bekam ich mit Mühe ein Auto gestellt, da Eisenbahnstreik war. Ich fuhr ab Wetzlar bis Gronau, da saß ich nun mit einem ½ jährigen Kinde im Januar. Ich mußte mir weiter helfen bis Darmstadt. In Darmstadt waren die Franzosen.[9] Mein Bruder nahm mich in seine Oberförsterei, da er ledig und wollte solange sorgen für uns wie es ging. Endlich eine Heimat. So zog ich mit allen Möbeln hin u. landete dort Januar 1919. Jedoch die Verhältnisse meines Bruders änderten sich und ich war wieder ohne Heim. Da fand ich in einer kl. Stadt[10] in einem früheren Bauernhaus eine so genannte Wohnung für mein Kind und mich. Die Wohnung war vollkommen roh und im Hausgang konnte ich als Lüftung nur Dachziegel rausziehen und die schiefe Wohnung hatte nur die primitivsten Fenster die eine Aussicht ins Freie boten. Froh doch eine eigene Ecke zu haben, saß ich Weihnachten 1919 ohne Licht (den dort gab es keine Elektr.) ohne Brand, nur mit Kartoffel im tiefen Odenwald auf besseres hoffend. In Darmstadt schrieb ich mich als Wohnungssuchende ein, da ich vorhatte mal dorthin zu ziehen. Als mein Junge 6 Jahre, zog nach Darmstadt auch wieder in ein schiefes Bodenzimmer immer hoffend für mein Kind mal eine kleine aber gerade Wohnung zu finden. Denn er lebte Zeit seines Lebens so elend. – In diesem Zimmer wohnte ich bis 1931 wo gekocht, gelernt, genäht wurde und auf Grund meiner politischen Einstellung kam für mich keine Wohnung in Frage, obgleich ich Kriegswitwe und durch die Verhältnisse bei uns viel Krankheit war. So wartete ich 11 Jahre umsonst und sah wie andre längst Wohnung hatten die nach mir sich gemeldet. Im Odenwald standen meine Möbel all die Jahre unter, ich war jedes Jahr dort. Dort hörte ich zuerst von unserem Führer, Adolf Hitler. Ich verband mich sehr begeistert mit den Männern dort, die für diese Idee arbeiteten und diese kl. Stadt war die erste Stadt in Hessen die sich zu der Idee bekannte. Zur Zeit sind 28 Pg. dort mit dem goldenen Ehrenabzeichen und ich durfte manche [...] Stadtsitzung miterleben. Ich lebte gefühlsmäßig in der sicheren Hoffnung, hier wird die rettende Partei erstehen. Ich hielt ohne damals schon Mitglied fest und treu verfolgte ich die Idee. Als 1923 mein angeheirateter Vetter Hans Rikmers[11] in München an der Feldherrnhalle fiel, wurde das Gefühl immer mehr bestärkt. Denn für etwas unechtes oder unrechtes hätte er nie gekämpft. Ich bedauerte kein Mann zu sein. Sah um mich die »schlafenden« Menschen. Ich weiß, daß ich von meinem verstorbenen Mann ein Erbe übernommen. Ich tat meine Pflicht und trauerte nicht sondern lebte ganz der Erziehung meines Jungen. Er sollte ein echt deutscher Bub werden, ein brauchbares Mitglied der Volksgemeinschaft. Meine Erzieher Grundsätze waren, Treue, Glaube, Disziplin, Gehorsam, Pflichtbewußtsein, Menschenliebe, Tierliebe. Achtung vor den Geschöpfen Gottes, in Natur, und Tierleben. All diese Grundsätze fand ich später in dem Buch des Führers »Mein Kampf« Seite 467 niedergelegt, was ich erst später las. –

Ich lehrte ihn in dem Menschen, den Menschen sehen, gleich welchen Standes u. gab ihm als wichtigstes mit auf den Weg, gegen jedermann gleich freundlich u. aufmerksam zu sein und daß er niemals im Leben das Recht hätte andere von oben herab zu behandeln oder mit besser dünken. Sportlich ließ ich ihn alles lernen was möglich in seinem Alter und mit 10 Jahren legte die Prüfung der Deutschen Lebensrettungsgesellschaft ab. Er wurde bei der Polizei (freiwillig ausgebildet) im Wehrkampf durch die Faust usw. ausgebildet, und heute mit 16 Jahren ist er in der Lage, den größten Mann zu werfen. – Dabei ein aktiver Sportschwimmer u. Ruderer. – Daß seine Einsamkeit unterbrochen als einziges Kind, so hielt ich Tiere. Er mußte sie hüten, pflegen hatte für sie Pflichten und das nahm ihm die Selbstliebe, vielmehr sie konnte nicht gedeihen. Auch hatte ich immer in den Ferien 2-3 Kinder bei mir um so ihn an den Gemeinschaftsgeist zu gewöhnen. In der Schule hatte er es durch diese Erziehung nicht sehr leicht und litt unter dem Spott der anderen oft. Jetzt nach der Revolution hatte er nicht mehr umzulernen.

Im Saalbau Darmstadt hörte ich 1926 zum ersten Mal einen Kämpfer für den Nat. Soz. sprechen, ich ging mit Feder und Papier bewaffnet hin. Es war ein russischer Professor.[12] Damals waren noch wenige S.A. in Darmstadt und von Frankfurt a/M wurde Saalschutz zugezogen. Es war ein banges Warten, denn die S.A. hatte sich verirrt und man saß in dem gefüllten Saal mit größter Spannung, sie erwartend. Vor uns in dem Saal vom Gegner umgeben es war bei Gott nicht sehr gemütlich. Als nun alles im Gange, äußerte der Professor, daß er nicht weiche, auch wenn man ihn angreifen würde, er sprach trotz der Spannung bis zum Schluße und zeugte für den Nat. Sozialismus.

Inzwischen hatten wir die furchtbare Inflation erlebt u. gehungert. Es war mit das schwerste, wenn ein Kind um Brot bittet und ich erhielt für meine Rente noch nicht einen Laib Brot, das ganze Geld des Monats. Mit Eintausch der Leibwäsche meines verst. Mannes Kleider u. Schuhe bezahlte ich die Lebensmittel. Der letzte Notpfennig ging uns Witwen auch noch verloren. Immer stärker wurde der Wunsch recht viele von unserer Weltanschauung zu bekehren, aber es war nicht leicht. Man hatte in der großen Masse an die Verlogenheit u. Schlechtigkeit der Zeit gewöhnt, auch in vielen Kreisen an ein gewisses Wohlleben. Wo da oft die Mittel herkamen war Rätselhaft. Man fürchtete schon blos die Änderung und wer gibt so leicht sein eignes Ich auf. Ihr seid Idealisten und Phantasten und werdet nie das erreichen was ihr vorhabt. Oh, ja wir glaubten an unsern Führer, seine Lehre ist so einfach und unschwer zu begreifen, Liebe zum Nächsten, Treue, Pflichterfüllung und ein starker Glaube. Das ist Religion leben.

1929 gehe ich mit meinem 11jährigen Bub und meiner Kriegsrente nach Berlin, um in einem einjährigen Kursus eine Diätschule zu besuchen. Was das für ein Opfer, läßt sich leicht ermessen. Doch ich wollte die Diätwissenschaft erlernen, um meinen Mitmenschen zu helfen die nicht die Mittel haben in eine Diätklinik zu gehen. Tag für Tag mußte ich durch die Großstadt zu meiner Diätschule fahren. Das Kind ging ins Gymnasium in Moabit eine unruhige Gegend. Besonders in diesem Jahr. Der Bub manchmal betreut doch meistens bis zum Abend sich selbst überlassen. Abend für Abend war ich dankbar ihn froh und gesund wieder zu sehen. 1. Mai 1929 mußte ich über Barikaden abends versuchen heim zu kommen. In Sorge um den Bub hatte ich die Kraft. Es war die Zeit da Horst Wessel[13] schon verfolgt wurde. 2 Monate danach, als ich wieder daheim war, starb er für diese Idee. So geht nun der Kampf Jahr um Jahr weiter, die Zahl der Mitkämpfer wird größer. Seit 1930 wohnte ich nun endlich in einem einiger Maßen bessren Verhältnisse. Es ist eine freie Neubauwohnung die nur 85 Mk kostet, aber da ich keine Hoffnung auf eine andre gesetzliche Wohnung hatte, mußte ich es nehmen aus Gesundheitsrücksicht für mein erkranktes Kind und nicht mehr in der Dachstube hausen konnte. Ich mußte halt versuchen dazu verdienen. In unserm Hause der damalige Kreisleiter A. der NSDAP Darmstadt, der Hausbesitzer ein Schuster, alter Kämpfer.[14] Wir alle hielten zusammen wie Pech. Einer half dem andern. Es ist wie eine große Familie, so wie es der Geist der Bewegung gebietet. Heute lieben wir uns alle sehr, wie fast Verwandte es nicht erleben. Die Verfolgung wird immer schärfer. Da die Wohnung abgelegen hat man Angst, allein abends heim zu gehen. Der Kreisleiter wird oft nachts angefallen und verfolgt. Auf der Tür und Steinen vor dem Haus steht geschrieben rot »Tod den Faschisten«. Tägl. Polizei im Hause die den Kreisleiter sucht, oder sonst was suchen. Natürlich bei allen im Hause. Bei mir wohlverwahrt liegt in Ölpapier Material im Ofen, daß man bei mir als alleinstehende nicht sucht. Ich halte den Atem, oft geht gut aus.

Bald hatte ich 3 Tage sitzen müssen. Die Polizisten und Kommunisten kannten einen wie einen bunten Hund und mein Junge und ich erlebten oft Zurückweisung durch Polizei bei Veranstaltungen wo andere ruhig stehen durften, mußten wir den Schauplatz verlassen. Erst später wurde uns alles klar. Eines Tages, bei einer Gelegenheit als die 3 mtr lange Hackenkreuzfahne raushing wurde sie von unten entzündet. Die Flamme kletterte herauf bis zum Dach. Aber fiel brennend ab. Eine andere wurde sofort heraus getan, wenn auch kleiner. Kanonenschläge des Nachts an der Haustür waren nicht selten. Mein Bub wurde damals zum ersten Mal als Hitlerbekenner mißhandelt von 3 Kommunisten. Es genügte schon daß er im Hause nur wohnte. Auch ich erlebte oft, daß man mir Hitlerhure und dem Bub Hitlerbangart nach rief und eines Tages als ich am Landtag vorbeiging der gerade tagte, erkannte mich eine Kommunisten Frau und spuckte mir ins Gesicht. Man kennt mich durch meine Tätigkeit als Schwester und auch habe ich oft Kommunistische Versammlungen besucht wo Thälmann[15] sprach um mich von ihrer Idee zu überzeugen. Es sind arme verhetzte Menschen und durch die Behandlung der obersten 10000 durch ihren Klassenstolz so geworden. Ich war ihnen nicht so böse, wußt ich doch selbst wie verletzend diese Klasse sein konnte u. noch war. Wie ging man oft mit ihnen um, leider leider. Diese Klasse zog selbst sie groß. –

Nun kommen Wahlen, wir nahmen zu. Der Führer voran, tapfer und zielbewußt. Er ist schwer der Kampf doch den Mut nicht verlieren. Hier und da findet wieder einer zu uns –

Verwandte und Bekannte meiden oft einem. Um Gottes willen, ihr habt ja die Hackenkreuzfahne raus, das ist doch nur ein Witz vom Wernerli. Nein, das war kein Witz! Still steht jetzt die neue Fahne am Schreibtisch neben mir zerfetzt, sturmgeprüft schmutzig aber wertvoll für uns. Sie spricht das wir alte Kämpfer sind auch noch ohne Parteibuch. –

Man lebt es vor. Ich besuchte die Altstadt habe dort Freunde und Feinde. Als jährliche Tradition gehe ich 6. Dezember als »Hitolaus« zu meinen Altstadtkindern. Ein Paar S. A. Stiefel an. (Noch damals erkannte an Hosen und Stiefel den S. A. Mann auch ohne Braunhemd.) So nannte man mich, da niemand wußte wer ich bin den »Nazi Nikolaus«. Ob er dieses Jahr wieder kommt? So ging die Frage schon. Im Hause bei uns wurde ich mit Hilfe von »Nazi's« geschwärzt und zurecht gemacht. Ein Sack mit herrlichen Sachen die wir gespart für den Zweck ging es los. Das war eine Freude, die Kinder einmal glücklich zu sehen. Alles hatte seinen Dank in sich. Viele frugen bist du der richtige Nikolaus. Komme auch zu meiner kl. Schwester nach Hause. Auf die Frage wo er wohnt kam das Gegenende der Stadt heraus. Ich versprach zu kommen und lief so oft 3-4 Stunden in der Stadt herum, mein Bub folgte mit dem Sack als mein Knecht Ruprecht. Voriges Jahr brach mein Sohn auf einer dunklen Treppe dabei den Arm, – aber ich brachte ihn heim und ging trotzdem noch zu den versprochenen Stellen wo man auf mich wartete. Kinder Gesichter. – Einmal kam ich so spät nach Hause und hatte einen Vortrag über Diät zu halten, brachte die hohen Stiefel allein nicht aus und mußte mit Reitstiefel meinen Vortrag vollenden. – Es ging auch. So gab es trotz schwerer Zeit doch Möglichkeiten genug Freude zu schaffen den Ärmsten. Der »Nazi Nikolaus« wird alljährlich erwartet und auch kein Kommunist hatte mich angegriffen, obgleich in der dicken Altstadt mein Hauptquartier hatte, es war für eine Frau kein ungefährliches Treiben. Für dieses Jahr habe ich von der Stadtgärtnerei ein Esel erbeten. Das gibt erst was am 6. Dezember* (*leider machte ich bei Hausbesuchen die Erfahrung daß kein Kind ein Gebet konnte bei 14 Kinder eins, sie konnten nur Spottlieder. Traurig.)

1932 mußte ich meine Eltern zu mir nehmen die auch durch die Verhältnisse arm geworden. Das war schwer. Ich bekam zeitweilig für 2 Personen Rente und mußte 4 satt machen. –

Dort in der neuen Wohnung ging nun der Kampf weiter, im Hause wohnten Juden und es entstand ein Kampf wegen der Fahne von uns. Es gingen Briefe ein beim Hausbesitzer. Er verlangte Fahne rein. Bub, wie Buben sind tat sie heimlich hoch aufs Dach, wieder Teater. Oder an der Seite raus. Da kam der Nachbar. Bub kaufte ich von meinen paar Pfennigen Aufklärungsschriften und Klebemarken mit dem Kampfgruß unseres National Dichters, »Dietrich Eckharts«[16] Deutschland erwache. Er verteilte in Briefkästen und klebte fleißig. Ich erhielt Drohbriefe vom Gegner, nun erst recht. Ich sollte als erste hängen. Aber ich hänge nicht und ich habe diese Kommunisten überzeugt und sie kommen heute strahlend mit dem »deutschen Gruß« zu mir und sagten. Ihr habt doch recht gehabt, eure Sache war richtig, u. sie rechnen mit zu unsern Besten eben. Natürlich nicht alle. Aber manch wertvoller Mensch ist dabei.

1932 war ein schlimmes Jahr. Erst Stimmenzunahme, dann die Abnahme, das heißt, nein es waren nur die Zuläufer die uns nichts nutzen konnten die abgefallen waren, und es gab uns ein klares Bild. Der Führer führte mit seinen Getreuen einen harten Kampf, gegen Lüge und Falschheit u. Alljuda. Wir auch für ihn an unserem Teil. Wie sah es im Teater aus u. es gab Menschen die ganz einfach sich alles anhörten im Teater, Film u. Radio ohne die Verhöhnung der wahrhaft deutschen Eigenart heraus zu hören u. in der Literatur zu lesen. Oder waren sie zu faul! Wann es möglich war, daß in einem Weihnachtsmärchen ein »Wunderhund« den Christbaum brachte und man über das alles noch Beifall klatschte, das Elternpaar mit 6 Kindern verlachte. (Eine Jüdin schrieb das Stück) Das waren viele, und oft gerade die, die zuerst bei uns mit dem Urteil über den Nat. Soz. losgingen. Bei den andern Schweinereien u. Verhöhnungen erlaubte man sich kein Urteil. Das war halt eben modern! Bei einer Aufklärung meinerseits, sagte man dann, ja jetzt begreife ich es schon eher, wenn du es so erklärst! Ja, wer gut es mir erklärt! Ein echt Deutscher muß das fühlen, alles was gegen unsere Eigenart geht. Aber die war verdorben.

Der Kampf wurde immer ernster und man sah die Not anwachsen zur Unerträglichkeit. Wir beteten. Obgleich meine Rente klein ging ich nun als zahlendes Mitglied u. ließ mich einschreiben im August 1932, weil jede feste Einnahme der Bewegung von Nöten war, mußten wir auch so helfen. Nationalsozialist kann man sein auch ohne Buch, das lasen sie aus meiner Vorbeschreibung.

Inzwischen saß mein Bub daheim und lebte u. arbeitete für seinen Führer ein Schiff. Ein Meter lang. Schicken konnte man es nicht, es war zu empfindlich. So vertröstete ich ihn auf später.

Nun kam der 30. Januar und unser greiser Feldmarschall u. Reichspräsident machte unsern Führer zum Reichskanzler. Nun war man am Ziel. Einige Tage darauf wo noch die bezahlten Sowjets durch die Straßen zogen und »nieder mit Hitler schrien«, brachte man mir meinen Bub von einem Kommunisten gewürgt nach Hause. Bange Stunden der Sorge um das Leben was ich für den Führer

d. h. sein Vaterland groß ziehen durfte. – Durch die Kratzwunden gab es eine Blutvergiftung, alles ging gottlob zum Besten aus. Er hatte »Heil Hitler« gesagt das genügte, um ein Kind zu würgen.

Deutschland ist vor dem schlimmsten gerettet. Doch was unser Führer vorfand war ein schlimmes Erbe u. wir alle, alle müssen ihm helfen und unser ganzes Leben so leben wie er. Als Mutter eines einzigen Kindes bin ich heute noch bereit, es dem Führer zu geben, u. wenn es Maßnahmen zum Wohle der Allgemeinheit fordern, von meiner Rente die Hälfte abzugeben. Es geht auch mal besser.

Unsre Kinder sind nicht Eigentum, sondern anvertrautes Gut und wir müssen Rechenschaft darüber abgeben, wie wir das anvertraute Gut verwaltet. Noch eine kleine Episode aus der Zeit wo unser Führer kaum an der Macht. Eine Dame lies fragen, ob ihr Sohn Jungstahlhelmer bei meinem Jungen, wenn er spät Dienst hätte, und nicht mehr über Land nach Hause könnte übernachten dürfte. Er ist mit Bub im Gymnasium. Ich bejahte. Frau Baronin F. kam persönlich und wollte berechtigter Weise sehen, wo ihr Sohn sein Haupt niederlegte. Sie sah sich die Behausung bei mir an. Als sie plötzlich in der Ecke die alte, treue Kampffahne sah, da sagte sie plötzlich, steinern, oh verzeihen Sie, ist ihr Junge Hitlerjunge? Ja, begeisterter, war meine Antwort. Da rauschte man hinaus. Das ging nicht, das war noch unterm Stande u. unmöglich. Ohne Dank für den Willen zur Aufnahme verschwand man auf nimmer Wiedersehn. Das war noch eine Dame der Klasse die wir bekämpfen noch heute. Nicht lange u. der junge Herr wird im Arbeitsdienst stehen, u. die alten werden mal nicht mehr sein.

Die unblutige Revolution steht einzig da nur erbost es sehr wenn man vom Ausland diese Lügen hört über Quälereien der Juden. Die Juden sind unser Unglück das ist uns klar und wir müssen uns dagegen wehren. –

Was wäre aus allem geworden? Die Ohnmacht läßt sie hetzen, aber wir wachen. In unserm Dritten Reich soll wieder Sauberkeit, Treue und Glaube groß werden. Die kommende Generation wird es zeigen. Wir sind Gott dankbar für diesen Führer und wir erkennen die Sendung von oben. Er ist in seiner Größe das was Gott uns zeigen will. Ein Mensch, der so lebt wie Gott es von uns allen will. –

Tut Eure Pflicht wie er,
seid selbstlos wie er.

Betet wie er, so helft ihr ihm sein schweres Werk vollenden u. wir wollen ja nicht vergessen, daß das Leben verpflichtet das nur Gott zugetan u. wir nicht nach unsrer Fasson nur leben dürfen zum Schaden der Nächsten.

Wer zur Fahne schwört, dem nichts mehr gehört. Das ist der klarste Schwur, den wir bei der Vereidigung abgelegt. Über unsrer Wand, hängt das Wort: ich will und Bub hat über seinem Bett das Wort von mir geschrieben »was würde der Führer dazu sagen?« Er ist so täglich gemahnt in allem Tun.

Eine Freude durften wir erleben. Ich brachte dem Führer auf einer Reise nach Berlin Bubs Schiff, das er 1932 gebaut. Obwohl Bub in einem Schreiben an seinen Führer geschrieben, ihm nicht zu danken er habe es nur gemacht um ihm eine Freude zu machen, denn Freude brauchte man zum weiter schaffen, erhielt er ein Original Bild des Führers.

Wenn ich mal größer bin besuche ich mal den Führer ist sein tgl. s Stoßgebet gewesen. – Ich erlaubte es ihm. So fuhr er Ostern per Rad allein nach Berchtesgaden und er hatte die Freude ihn zweimal zu sehen und zu sprechen. Ein großes Glück für den Bub. Er kam ganz verklärt heim, wohlbehalten u. gesund. – Er hat fein nicht erzählt daß er der Schiffbauer sei, der einzelne gilt nichts, er stand vor ihm an Ostern als einer von den vielen die ihren Führer d. h. Deutschland über alles lieben, für ihn leben oder fallen.

10 Tage war ich in meinem alten Beerfelden und besuchte das kleine Hitler Haus wo unser Führer in dem Marbachtal 1932 ausruhen wollte. Dort traf ich 6 evangelische Schwestern aus Frankfurt, die leider von dem Buch »Mein Kampf« noch nichts wußten. Ich las ihnen in schönen Stunden das für sie wichtige heraus, auch über die konfessionelle Zwietracht Seite 630. Die Ärmsten waren gerade in diesem Punkte irrgeführt. Ich las ihnen die Stellen vor, das man nicht nur immer äußerlich von Gottes Willen redet, sondern auch tatkräftig Gottes Willen erfüllen und Gottes Werk nicht schänden lassen.- und auch das der Führer den schärfer verwirft der die völkische Bewegung in die Krise religiöser Streitigkeiten hinein zieht, ihm ein schlimmer Feind ist, als der nächstbeste internationale eingestellte Kommunist. Dankbar waren sie und unser Führer hat 6 treue Beter für seine Sache mehr. So war meine Erholung doch eine Befriedung. Ich habe auch da unserem Führer helfen können. So lebt ein wahrer Nationalsozialist. Immer zuerst an sich arbeitend u. durch Vorleben wirken.

So schließe ich einen Lebenslauf einer Frau die die schwerste Zeit allein stand, Vater u. Mutter vertreten, arm an Gütern, aber überreich im Besitze eines gesunden durch Gottes Gnade wohlgeratenen Jungen und in sich selbst noch die Kraft vieles an den Mitmenschen für unsern Führer d. h. Deutschland zu leisten, bis mein Leben vollendet.

Heil dem Führer
L. Paupié

1 *Lisi Paupié*: Vgl. BArch, NSDAP-Ortsgruppenkartei, Paupié, Lisi 16.4.1891, Film 32xx/Q0054/0263. Vgl. auch Stadtarchiv Darmstadt: Polizeilicher Meldebogen Luise Paupié geb. Müller sowie ebd. Adressbücher der Stadt Darmstadt. Auskunft per E-Mail durch die Archivarin Sabine Lemke am 6. Januar 2014: Luise Paupié, geb. Müller, geb. 16. April 1891 in Büdingen/Hessen. Eltern: Christian Müller, Kammerdirektor und Luise geb. Strzemieczna. Heirat: 1917 in Frankfurt mit Konrad Paupié, Ingenieur. Kind: Werner, geb. 1918 in Burgsolms.
Luise Paupié kam 1922 mit ihrem Sohn von Beerfelden/Odenwald nach Darmstadt. Innerhalb der Stadt wechselten sie sechs Mal ihre Wohnung, dazwischen lagen außerdem mehrmonatige Aufenthalte in Beerfelden und Berlin. Zuletzt wohnten sie in der Wilhelminenstraße 35 im II. Stock. Zwischen 1934 und 1945 hieß die Wilhelminenstraße »Peter-Gmeinder-Straße«. Der Meldebogen endet mit dem Eintrag des Jahres 1932. Im städtischen Adressbuch findet sich ihr Eintrag noch bis 1936. Der Eintrag

in die NSDAP-Ortsgruppenkartei, in der die Verfasserin als Lisi Paupié geführt wird, nennt als letzte Adresse »Horst Wesselstr. 4, Ortsgr. Beerfelden«.

2 *[…]*: ein oder zwei nicht lesbare Wörter. Lisi Paupié hat einen eigenwilligen grammatischen Stil, der hier unverändert wiedergegeben wird. Insbesondere fehlen gelegentlich Personalpronomen und Hilfsverben.

3 *Garnisonschwester*: Gemeint ist die Tätigkeit als Krankenschwester in einem Garnisonslazarett. Bei diesen Lazaretten handelte es sich um eine feste Einrichtung, die auch in Friedenszeiten unterhalten wurde. Im Krieg waren die zusätzlichen Reservelazarette wichtig, um die erhöhte Anzahl an Verwundeten zu versorgen. In der Regel waren dies zivile Krankenhäuser, die zum Teil oder im Ganzen zu Militärkrankenhäusern umfunktioniert werden konnten.

4 *Vereinslazarett/»Adolf Hitler-Haus«*: Ein Vereinslazarett war ein von einem zivilen Verein oder Orden geführtes Krankenhaus, das im Kriegsfall eine bestimmte Anzahl Betten für verwundete Soldaten freihielt. Die Oberaufsicht hatte ein hochrangiger Militärarzt. Es handelte sich im Gegensatz zum Garnisons- und Reservelazarett jedoch nicht um ein Militärkrankenhaus. Vgl. Rolf Bechtler, Lazaretteinrichtungen im 1. Weltkrieg, Allgemeines; URL: http://www.arge-deutsche-geschichte.de/ neuzeit/lazarette-trier.htm. [online am 2. September 2015].
Das erwähnte Gebäude Gutleutstraße 8-12 befindet sich in der Nähe des Frankfurter Hauptbahnhofs. Unter dem Namen »Adolf Hitler-Haus« nutzte die NSDAP es 1933-1939 als Frankfurter Parteizentrale. Vgl. Lutz Becht / Institut für Stadtgeschichte Frankfurt am Main, Vortrag »Das Haus Frankfurt am Main, Gutleutstraße 8-14 im Nationalsozialismus«, URL: http://basis-frankfurt.de/content/vortrag-und-diskussion-%C2%BBdie-gutleutstrasse-8-14-im-nationalsozialismus%C2%AB-lutz-becht [online am 18. Dezember 2014].

5 *Diätklinik*: Eine Diätklinik ist eine auf Ernährungstherapien spezialisierte Einrichtung. Deren Ziel kann die Heilung eines konkreten Leidens sein oder aber eine allgemeine Stärkung der Gesundheit. Zu der von Paupié erwähnten Frankfurter Klinik gibt es im Archiv des Instituts für Stadtgeschichte in Frankfurt a. M. keine Unterlagen.

6 *Schützengrabenkrankheit*: Als Schützengrabenkrankheiten wurden solche Krankheitsbilder bezeichnet, deren Ursache auf die widrigen Lebensumstände an der Front zurückzuführen waren. Beispiele sind Nervenleiden (traumatische Erlebnisse), Rheuma (Kälte und Feuchtigkeit), Infektionen (Gruppenunterbringung), Mangelkrankheiten (Fehlernährung) oder Ekzeme (Militärstiefel). Abweichend dazu verwendet Paupié den Begriff als Synonym für das Vortäuschen von Krankheiten als Verweigerung des Kriegseinsatzes. Vgl. Dinglers polytechnisches Journal, Band 330, Gotha 1915, S. 226.

7 *Revolte:* Gemeint sind die revolutionären Ereignisse um den 9. November 1918.

8 *Wohnung*: Offenbar war Paupiés Ehemann in einem Industriebetrieb angestellt, der ihrer Familie für die Dauer seiner Beschäftigung eine Werkswohnung zur Verfügung gestellt hatte. Dieser Anspruch erlosch durch den Tod des Betriebsangehörigen.

9 *Franzosen*: Entsprechend den Waffenstillstandsbedingungen der Alliierten (Vertrag von Compiègne) vom 11. November 1918 wurden im Winter 1918/19 entmilitarisierte Zonen im Umkreis von 30 Kilometern um die Rheinübergänge eingerichtet. Darunter war der Brückenkopf Mainz, der etwa 30 Kilometer von Darmstadt entfernt liegt. Zur Kontrolle dieser Maßnahme waren französische Truppen in Darmstadt.

10 *kl. Stadt*: Dies kann die Gemeinde Beerfelden im Odenwald sein, die Paupié auf Seite 21 ihres Essays erwähnt. Hier wurde bereits 1924 eine NSDAP-Ortsgruppe gegründet. Vgl. Schulserver Hessen, Oberzehnt-Gesamtschule Beerfelden, Seid wachsam und kritisch! Reichpogromnacht in Beerfelden, URL: http://www.schulserver.hessen.de/ssa_bow/beerfelden/oberzent/archiv2008-2009/pogromnacht.html [online am 18. Dezember 2014].

11 *Hans Rickmers:* Der Rittergutbesitzer und Weltkriegsveteran Hans Rickmers (1881-1923, eigentlich Johann Rickmers) wurde als Sohn einer Bremer Reederfamilie geboren. Er war ein Mitglied des völkischen Bundes Oberland, der sich am Putschversuch in München am 9. November 1923 beteiligte. Dabei wurde Rickmers in einem Schusswechsel mit der Polizei tödlich verletzt. Zunächst wurde er nahe seinem Wasserschloss im westfälischen Vortlage bei Ibbenbüren beigesetzt. Im Zuge des nationalsozialistischen Totenkultes um die sogenannten »Märtyrer der Bewegung« fand 1935 eine Überführung nach München statt. Hans Rickmers war der Ehemann einer Cousine Lisi Paupiés. Vgl. Stadtmuseum Ibbenbüren, Ibbenbüren gestern & heute, Klosterstraße (von 1933 bis 1946 Hans-Rickmers-Straße), URL: http://www.stadtmuseum-ibbenbueren.de/ibbenbueren_gestern_heute_ klosterstrasse.htm [online am 2. September 2015].

12 *ein russischer Professor*: Obwohl die Handschrift der Verfasserin hier deutlich und »ein russischer Professor« zu lesen ist, könnte in diesem Kontext auch »ein rassischer Professor« gemeint sein. Da eine Datumsangabe fehlt, kann kein Rückschluss gezogen werden, um welchen Redner es sich handelte.

13 *Horst Wessel*: Der SA-Sturmführer Horst Wessel (1907-1930) fiel in den politisch linken Arbeitervierteln Berlins durch provozierende SA-Propagandamärsche auf. Er hatte Kontakt zum dortigen NSDAP-Gauleiter Joseph Goebbels. Streitigkeiten zwischen Wessel und seiner Vermieterin, die mit der KPD sympathisiert haben soll, veranlassten eine Gruppe junger Kommunisten zum Überfall auf Wessel. Bei einem Schusswechsel wurde dieser schwer verletzt und starb kurz darauf. Vgl. Weiß, Biographisches Lexikon, S. 487.

14 *Kreisleiter A.*: Gemeint ist Karl Ferdinand Abt (1903-1945), ein Verlagsangestellter bei der Hessischen Landeszeitung. Bis 1932 fungierte Abt als Kreisleiter der NSDAP in Darmstadt, anschließend von 1932-33 als Abgeordneter des Hessischen Landtages. Vgl. Ancestry-Rootsweb, Der Gau Hessen-Nassau der NSDAP, Die Kreisleitungen der NSDAP; URL: http://freepages.family. rootsweb.ancestry.com/~dettweiler/webdocs/e055.htm#Darmstadt sowie Wikipedia, Ferdinand Abt, URL: http://wikipedia.org/wiki/Karl_Ferdinand_Abt [online am 2. September 2015].

15 *Thälmann*: Der Hamburger Gewerkschaftsfunktionär Ernst Thälmann (1886-1944) war von 1925-1933 Parteivorsitzender der KPD. 1925 kandidierte er für das Amt des Reichspräsidenten. Zudem vertrat er die KPD von 1919-1933 in der Hamburger Bürgerschaft. Auf Befehl Hitlers wurde Ernst Thälmann 1944 im KZ Buchenwald ermordet.

16 *Dietrich Eckart*: Der völkische Schriftsteller und Journalist Dietrich Eckart (1868-1923) gilt als Mentor Hitlers. Er knüpfte für Hitler Verbindungen zu einflussreichen Personen und beschaffte der NSDAP Geldgeber. Eckart veröffentlichte seine politischen Ansichten bereits ab Dezember 1918 in seiner Zeitschrift *Auf gut deutsch … – Wochenschrift für Ordnung und Recht*, ab 1921 im aufgekauften *Völkischen Beobachter*. Nach seiner Vorstellung war das besiegte Deutschland ein Opfer des Materialismus der höheren Bürgertums und der jüdischen »Weltverschwörung«. Hoffnung auf Erneuerung setzte er in die Arbeiterklasse. Diese Haltung findet sich im Essay seiner Leserin Lisi Paupié wieder. Eckart prägte bereits um 1919 die Parole »Deutschland erwache!«. Vgl. Weiß, Biographisches Lexikon, S. 102 ff.

Emma Bierwirth

Abel-Biogramm/Nr. 193/Emma Bierwirth
Sieben Seiten, handschriftlich (deutsche Schrift), undatiert (zwischen 3. und 19. August 1934).
Die Identität der Verfasserin ist authentisch.[1]

Name:	Emma Bierwirth
Geburtsdatum:	24. Juli 1896
Geburtsort:	Frankfurt am Main
Alter:	38 Jahre
Familienstand:	verheiratet, zwei Kinder
Wohnort:	Frankfurt am Main
Elternhaus:	Gastwirte
Ausbildung:	unbekannt
Beruf:	Hausfrau
NSDAP-Beitritt:	1. Juni 1928 (NSDAP-Zentralkartei)
Mitgliedsnummer:	90435
Werber:	unbekannt
Funktionen:	Mitglied, Verleihung »Ehrenzeichen« am 2. März 1934

Charakteristische Aspekte des Biogramms:
Emma Bierwirth und ihre Geschwister nahmen an der Formierung und dem Aufstieg der NSDAP in Frankfurt am Main teil. In ihrem Essay stellt sich Bierwirth als politisch interessierte Frau dar und spricht sich für ein politisches Engagement von Frauen (und Männern) aus. Sie nimmt Bezug auf die damals aktuellen Ereignisse, die Ermordung Ernst Röhms und den Tod Paul von Hindenburgs.

Pgn. Emma Bierwirth, geb. am 24. Juli 1896
Frankfurt a/M., Böttgerstr. 5 II
Mitgl. N° 90435

Mein Lebenslauf

Meine Eltern kamen beide vom Lande in die Stadt. In den 90er Jahren gründeten sie ihre Ehe die mit acht gesunden Kindern gesegnet war. Mein Vater ist Gastwirt. [Schon] vom Urgroßvater her ist dieser Beruf immer auf den ältesten der Söhne übergegangen, nur mit dem Unterschied, daß mein Vater das Land verließ u. in die Stadt ging. Wir waren 6 Mädchen und 2 Buben. Bei uns herrschte ein strenges Regiment. Da die Mädchen die älteren waren, mussten wir die Arbeiten, die sonst eigentlich den Buben zukamen, mitverrichten; und waren wir somit auch nicht verwöhnt. Mit großer Liebe hingen wir an den Eltern, die trotz der Strenge gerecht und gütig waren. Wir wurden von der Mutter her auf die Armen und Kranken aufmerksam gemacht und so erzogen, daß wir auch opfern und entbehren gelehrt wurden. In der Schule hatte ich besonders gern den Unterricht Religion, Geschichte und Heimatkunde, doch wurde uns das letztere auf eine trockene Art beigebracht. Nur vaterländische Geschichte war begeisterter, so legte sich früh eine große Liebe für unsere große Vergangenheit unseres Volkes in mein Herz. Allerdings entsinne ich mich noch ganz genau, daß bei Kaisergeburtstagsfeiern ich nie in ein Hoch einstimmen konnte. Mein Vater las abends immer seine Zeitung und wollte ich dasselbe auch immer tun. Meine Spezialität waren die Berichte des Reichstages, ich wollte immer wissen, was im Lande vorging. Mein Vater meinte, dies passe für ein Mädchen nicht und solle ich lieber nähen und flicken. Unter der Aufsicht der Mutter lernten wir dies auch, aber mein Interesse für Politik war doch wach. Was ich diesbezüglich kriegen konnte las ich. Als 18jähr. Mädel erlebte ich den Krieg mit einem Ernst, den ich heute noch vielmehr in mir habe. Ich bedauerte damals kein Junge zu sein, um mithinauszugehen und das Vaterland zu verteidigen. Doch wurden auch an uns zu Haus erhöhte Anforderungen gestellt, die wir alle freudig auf uns nahmen. Angefangen vom Strümpfe stricken bis zum Liebesgaben verschicken. Oft mußte man in den Jahren 1915/17 den Miesmachern entgegentreten die man mit dem Namen »Jammerlappen« belegte. Damals habe ich schon den Standpunkt vertreten, daß wir es unseren Feldgrauen nie gutmachen können, was sie für uns gelitten haben. Als nun unser Vater 1917 in den Krieg zog, da galt es der Mutter eisern eine Stütze zu sein. Und das waren wir alle. Nie vergesse ich die Novembertage 1918. An der Hauptwache war ich Zeuge, wie rote Soldatenräte heimkommenden Soldaten u. Offizieren die Achselklappen – u. Stücke abrissen und wie musste ich mich da schämen. Weinend ging ich nach Haus. Ich empörte mich, aber es schien, als sei es umsonst. Am 9. Nov 18 als ich nachmittags ins Geschäft ging, kam die Schillerstraße her mehrere Auto's mit rotem Gesindel die an der Anlage am Eschenheimerturm haltmachten und eine Rede hielten die ausklang in der Internationalen und, daß man nun die Gefangenen in Preungesheim holen wolle.[2] Ich schrie aus Leibeskräften »Pfui« so ekelte mich dies ganze Theater an. Sollten dafür unsere Braven draußen gefallen sein und gekämpft haben. Nein sagte ich mir, niemals kann dies sein. Als am 2. Dez. 1919 unsere Truppen hier durchkamen konnte ich nicht dabeistehen, so habe ich mich damals vor diesen Männern geschämt. Dann kam der Zusammenbruch eines bewußt unterhöhlten Systems.[3] An Stelle dessen ein schon die Zersetzung insichtragendes trat. Das deutsche Volk wurde von einer Horde Verbrecher geführt und diese wiederum von den Drahtziehern der Internationale, dem Judentum. 14 Jahre der Schmach kamen dann für uns die mit dem November 1918 anfingen und weitergingen über den »Vertrag von Versailles« am 28. Juni 1919 über »Dawes« und »Young«[4] bis zu dem unvergeßlichen 9. Nov. 1923 als noch einmal die deutschesten unter den Deutschen den Versuch machten sich zu erheben.

Jene Schüsse des Verrats an der Feldherrnhalle zu München wirkten in Deutschland als ein bedeutendes Fanal. Endlich, endlich wird die Schmach getilgt werden - - – und doch war auch da das deutsche Volk noch nicht reif zur Erhebung. Aber es glimmt weiter das Feuerchen immer lauter knistert es, erst in Bayern, dann in den Grenzlanden, dann an der Mainlinie und immer weiter. Man hört jetzt mehr von Adolf Hitler, dem unbekannten Soldaten des Weltkrieges. Dessen Herz mit uns schlägt und mit uns fühlt. Der in den Stahlgewittern des Krieges an Deutschland denkt und nichts als Deutschland kennt. - - - Wir Mädel, jetzt schon Frauen geworden setzten uns ein für ein sauberes, freies Deutschland. Wir lasen über die Judenfrage, Rassenfrage, Jesuitismus.[5] Dann die ersten Bücher über den Nationalsozialismus, vor allem Adolf Hitler's Werk »Mein Kampf.« Instinktsicher fühlten wir uns da angezogen, und unsere beiden Brüder, die jüngsten traten als halbe Jungens aber ganze Kerle, in die S.-A. ein. Dies war 1923/24. Beim ersten deutschen Tag in Ffm. 1925 marschierte ein kleines Häuflein unserer damals so geschmähten S.-A. mit und nie vergesse ich wie wir an der Hochstraße uns die Kehlen heiser schrien.[6] Die gerechte Sache marschierte. Ein Führer war da. Es war wie eine Erlösung. Überall sprach man von den Hitlerleuten und ihrer Bewegung, diese Sache durfte nicht mehr einschlafen im Volke, es galt zu rütteln und unser Ruf: »Deutschland erwache!« scholl dann immer lauter durch die Straßen, ohne Rücksicht auf den Terror, der von Jahr zu Jahr immer stärker werdend, einsetzte. Der Kampf ging vorwärts, oft über Gräber vorwärts. (Die Bewegung hatte Ende 1932 über 400 Tote!). Im Jahr 1926 als wir unsere S.-A. an die Bahn brachten die zum Parteitag nach Weimar fuhr, waren wir stolz, dass es auch von Ffm. Ein großer Teil war.[7] Damals wollte ich dort dabei sein, aber es hieß, dies sei nichts für Frauen. 1929 ließ ich mich dann nicht mehr halten. Wer diesen Parteitag in Nürnberg erlebt hat, wird ihn nie vergessen, es war mitten im dicksten Kampf. Damals hatten wir dort 2 Tote. (Darunter eine Frau, Pgn. aus Ffm.)[8] Ich war immer dafür, daß Mann und Frau den Kampf gemeinsam aufnehmen und führen und jeder an der ihm entsprechenden Stelle seinen Platz auszufüllen hat und seine Pflicht zu tun hat bis zum äußersten, haben wir doch in unsren Soldaten da draußen die leuchtenden Vorbilder gehabt. Sollten wir da weniger treu sein können. Das Erleben des Parteitages 1929 in Nürnberg (bei dieser Gelegenheit sah ich den Führer Adolf Hitler zum 1. mal.) klingt noch heute so mächtig in mir und ließ mich zu einer Kämpferin für die Bewegung und den Nationalsozialismus und Adolf Hitlers's werden. Die Leiden und die Freuden die trotz allem immer überwiegen, selbst den Hunger stillten, gaben uns die Kraft auszuhalten und trotz allem Schweren nicht müde zu werden. Als dann endlich in den Jahren 1930/32 das Volks am Erwachen war und es noch einmal zum Endkampf antrat, da gab jeder an seinem Platz sein Teil dazu bei, daß dann endlich am 30. Januar 1933 der Reichspräsident von Hindenburg unserem Führer Adolf Hitler den Posten des Reichskanzlers übergab. In Ffm. kannte die Begeisterung keine Grenzen. Wir waren erlöst.

Als am 30.I.33 abends die S.-A. u. S.-S. zum Fackelzug antrat und marschierte, da gingen sie fast in Blumen unter trotz des kalten Januartages. Der Kampf ging weiter. »Nürnberg 1933 der Parteitag des Sieges«. Es ist dies keine Überheblichkeit. Wer Adolf Hitler und seine Bewegung kennt weis, daß sie das geblieben ist was sie immer war, einfach und bescheiden. Darin liegt die Größe. In ganz Deutschland erlebte man diese Tage, und wer sie an Ort und Stelle erlebt hat, dem fehlen tatsächlich die Worte um es zu schildern. Es war ein Erlebnis! - - -

Als dann am 12. März das Volk befragt wurde ob seines Einverständnisses mit den Maßnahmen der Regierung, da war es ein Volk, ein Wille u. ein Führer.[9] Das Ausland aber horchte gespannt auf. Inzwischen stehen wir im 2. Jahr der nationalsozialistischen Aufbauarbeit und erleben wie der Führer mit eiserner Energie gegen die Arbeitslosigkeit vorgeht. Wir erleben den 30. Juni 1934 an dem ein paar elende Egoisten und Meuterer ihre verdiente Strafe erhalten.[10] Der Führer wächst riesengroß und mit ihm sein Ansehen im In- und Ausland. Als nun gar am 2. August 1934 an der 20jährigen Wiederkehr des Mobilmachungstages des großen Krieges der greise Generalfeldmarschall von Hindenburg zu Ewigkeit eingeht, da ahnt das deutsche Volk erst ganz was ihm Adolf Hitler geworden ist. Der Tag der Volksabstimmung am 19.8.34 wird der ganzen Welt zeigen ein geeintes Volk unter der Führung unseres geliebten Führers Adolf Hitler![11]

Heil Hitler!
Frau Emma Bierwirth

1 *Emma Bierwirth*: Vgl. BArch NSDAP-Zentralkartei, Bierwirth, Emma 24.7.1896, Film 31XX/B0134/1822 (mit Foto).

2 *Hauptwache, Schillerstraße, Eschenheimerturm*: Ortsbezeichnungen in der Frankfurter Altstadt. Beim Eschenheimerturm handelt es sich um ein mittelalterliches Stadttor. *Preungesheim*: In diesem nördlichen Frankfurter Stadtteil entstanden seit dem Ende des 19. Jahrhunderts mehrere Strafgefängnisse.

3 *Zusammenbruch eines bewußt unterhöhlten Systems*: Emma Bierwirth meint hier das Ende des Kaiserreiches, obwohl der Begriff »System« in der Sprache des Nationalsozialismus gemeinhin für das demokratische Staatssystem der Weimarer Republik stand.

4 *»Dawes«/»Young«*: Vgl. Abel-Biogramm/Nr. 353/Meta Gruse, Kommentar 9 ► Daves-Plan, Kommentar 10 ► Young-Plan.

5 *Jesuitismus*: Dieser Begriff bezeichnet eine völkische Weltverschwörungstheorie, nach der sich nicht allein Juden und Freimaurer im Geheimen organisierten, um die Weltherrschaft zu übernehmen, sondern auch die als intellektuell geltenden katholischen Jesuiten. Die Verbreitung dieser Vorstellung richtete sich nicht zuletzt gegen die deutsche Zentrumspartei, so etwa in der 1923 erschienenen Broschüre »Der Jesuitismus als Volksgefahr«, in der Alfred Miller die Jesuiten als »geistige[...] Berater« des Zentrums und das Zentrum als »Schutztruppe des Jesuitismus« bezeichnet. Alfred Miller, Der Jesuitismus als Volksgefahr München 1923, S. 25f. Wolfgang Benz erläutert das Phänomen der völkisch-nationalsozialistischen Verschwörungstheorien: »Solche Vorstellungen können bei Unkenntnis, Ablehnung und Haß fremdartig erscheinender Kulturgemeinschaften entstehen, besonders, wenn diese in einer Diaspora leben. Ganz ähnlich verhielt es sich mit der in protestantischen Kreisen entstandenen und verbreiteten Idee einer jesuitischen Weltverschwörung. Mathilde Ludendorff verband beides in der Propagierung einer jüdisch-freimaurerisch-jesuitischen Weltverschwörung.« Wolfgang Benz (Hrsg.), Legenden, Lügen, Vorurteile. Ein Wörterbuch zur Zeitgeschichte, 13. Auflage (1. Auflage 1992), München 2006, S. 217f.

6 *Deutscher Tag*: Gemeint ist der »Tag des Frontsoldaten«, auch »Stahlhelmtag« genannt, am 10. Mai 1925 auf dem Festhallengelände in Frankfurt am Main. Neben der Ehrung der Gefallenen des Weltkrieges wurde Marschmusik gespielt und Paraden abgehalten. Der paramilitärische »Stahlhelm – Bund der Frontsoldaten« dominierte die Veranstaltung, an der verschiedene rechtsgerichtete Gruppierungen teilnahmen. Auch die »Hakenkreuzler« traten an, wie die linkskatholische *Rhein-Mainische-Zeitung* berichtete: »Man sah die Gruppen des Stahlhelm, Wehrwolf, Wicking, Jundo [richtig: Jungdo = Jungdeutscher Orden, K.K.], auch die Vertreter der Mörderorganisation Consul fehlten nicht. Sonderbar war, daß man im Heer der Kriegsteilnehmer weder Kriegskrüppel noch Verwundete sah. Besonderen Eindruck machten die mit der roten Hakenkreuzfahne geschmückten ›Männer‹, die begeistert das Deutschlandlied sangen. Die Bevölkerung beantwortete ihr provozierendes Auftreten mit stürmischen Pfuirufen.«, Rhein-Mainische-Zeitung, Frankfurt a.M. 12. Mai 1925.

7 *Parteitag in Weimar 1926*: Der NSDAP-Parteitag fand vom 3.-4. Juli 1926 in Weimar statt. Hier sprach auch Elsbeth Zander, die Gründerin des Deutschen Frauenordens (DFO) zu ihren hitlertreuen Anhängerinnen.

8 *Tote beim Parteitag im Nürnberg 1929*: Katharina Grünewald (*1904), die Ehefrau des Ortsgruppenleiters von Lampertheim, wurde am Freitag, den 2. August 1929 auf dem Weg in ihre Unterkunft in Nürnberg erschossen. Vgl. Adalbert Gimbel/Karl Hepp (Hrsg.), So kämpften wir! Schilderung aus der Kampfzeit der NSDAP im Gau Hessen-Nassau, Frankfurt a.M. 1941, S. 81ff. Tödlich verwundet wurde ebenfalls bei diesem Parteitag Erich Jost (*1909), der Sohn von Susanne (Susi) Jost. Vgl. ebd. sowie Abel-Biogramm/Nr. 453/Susi Jost.

9 *12. März*: Am 12. März 1933 fanden in Frankfurt Kommunalwahlen statt, bei denen die NSDAP 47,9 Prozent der Stimmen erhielt. Vgl. Institut für Stadtgeschichte Frankfurt am Main, Frankfurt 1933-1945, Politischer Rechtsextremismus nach 1945, URL: http://www.ffmhist.de/ffm33-45/portal01/portal01.php?ziel=t_ak_parteien_1945_srp_drp_ndp [online am 16. Juli 2015]. Denkbar ist auch, dass Emma Bierwirth die Reichstagswahl am 5. März 1933 meint, durch die Hitler im verliehenen Amt des Reichskanzlers durch eine Wahl bestätigt wurde.

10 *30. Juni 1934*: In den frühen Morgenstunden des 30. Juni 1934 begann eine drei Tage andauernde, von Hitler angeordnete Mordwelle, die in erster Linie die Entmachtung der SA zum Ziel hatte. Insgesamt führte die SS etwa 200 Morde aus. Erschossen

wurden der SA-Chef Ernst Röhm, dem man Planung eines Putsches durch die SA vorwarf, sowie zahlreiche Führer einer kaum noch kontrollierbaren SA, außerdem der ehemalige Reichsorganisationsleiter Gregor Strasser sowie weitere frühe Weggenossen, Kontrahenten und Gegner Hitlers. Auch der ehemalige Reichskanzler General Kurt von Schleicher und seine Ehefrau wurden hingerichtet. Vgl. Ian Kershaw, Der Hitler-Mythos. Führerkult und Volksmeinung, Stuttgart 1999, S. 113, sowie Wolfgang Benz, Geschichte des Dritten Reiches, München 2000, S. 49-57, und Peter Longerich, Die braunen Bataillone. Geschichte der SA, München 2003, S. 219. Die Parteipresse stellte Hitler anschließend als Opfer eines Verrats dar. Kershaw, S 109.

11 *19. 8. 34*: Als Paul von Hindenburg am 2. August 1934 verstorben war, übernahm der Reichskanzler Hitler von diesem auch das Amt des Reichspräsidenten. Durch eine Volksabstimmung am 19. August 1934 ließ er sich in dieser Doppelfunktion als Staatsoberhaupt mit uneingeschränkter Macht bestätigen und legitimieren.

Maria Engelhardt

Abel-Biogramm/Nr. 195/Maria Engelhardt
Sechzehn Seiten, maschinenschriftlich, undatiert.
Die Identität der Verfasserin ist authentisch.[1]

Name:	Maria Engelhardt
Geburtsdatum:	23. Juli 1898
Geburtsort:	Frankfurt am Main
Alter:	36 Jahre
Familienstand:	ledig
Wohnort:	Frankfurt am Main
Elternhaus:	unbekannt
Ausbildung:	Mittelschule, Handelsschule
Beruf:	Sekretärin, Beamtin
NSDAP-Beitritt:	1. September 1928 (NSDAP-Zentralkartei/ -Gaukartei)
Mitgliedsnummer:	98 082
Werber:	unbekannt
Funktionen:	Mitglied

Charakteristische Aspekte des Biogramms:
Maria Engelhardt war zu Beginn der 1920er Jahre Mitglied der DNVP und gehörte 1923 kurzzeitig dem Deutschvölkischen Schutz- und Trutzbund an. Für die NSDAP engagierte sich Engelhardt durch Schreibarbeiten, Sammlungen und mündliche Werbung. Detailreich beschreibt sie in ihrem Essay die NS-Kampfzeit in Frankfurt am Main.

Politischer Lebenslauf des Mitgliedes der N. S. D. A. P. 98082 Maria Engelhardt, Frankfurt a. M., Arnsburgerstr. No. 27, ab 1. 9. 1934: Lindenstrasse 34.

Wenn ich heute mit meiner Mitgliedsnummer 98082 zur »Alten Garde der NSDAP« zähle und im Besitze des Ehrenzeichens der Bewegung bin, so muß ich sagen, all die Geschehnisse, die in den letzten 20 Jahren über unser Vaterland hinwegbrausten, konnten mich zu keiner anderen Bewegung bringen, als zur Freiheitsbewegung Adolf Hitler's. Doch dies »warum« will ich in nachstehendem kurz zusammenfassen:

Am 23. 7. 98 zu Ffm. geboren, musste ich, nachdem ich eine Mittelschule und die Einjährige Handelslehranstalt besucht hatte, meinen Lebensunterhalt als Büroangestellte verdienen.

Es kam der Kriegsausbruch 1914: Wie erhebend war es, jene Stunden miterleben zu dürfen, als unter Glockengeläute die Frankfurter Bevölkerung blumengeschmückt, mit dem Deutschlandlied auf den Lippen durch die Strassen zog, angeführt von einem alten Veteranen von 1866 und 1870, dessen Brust mit dem Eisernen Kreuze geschmückt war, alle vereint, ohne Ansehen des Standes, in dem einen Gedanken »Deutschland, Deutschland über alles!«. Wie schmerzlich, aber wie auch beglückend war es für mich, den Auszug der 63er[2] miterleben zu können; sie zogen blumengeschmückt, Abschied nehmend von den Liebsten hinaus, nicht wissend, ob sie noch einmal Deutschlands Erde wiedersehen, aber alle mit der heiligen Begeisterung »es gilt unser Deutschland zu schirmen!«

Es kamen die Kriegsjahre! Das Eiserne Kreuz durfte ich bereits in den letzten Augusttagen 1914 sehen! Ich wagte nicht, es zu berühren, ein Schauer überlief mich, hatte es doch einer jener deutschen Krieger bekommen, der nun, des Augenlichtes beraubt in einer Bonner Klinik lag; er wurde nun von uns mit Liebespaketen reichlich bedacht.

Wie glücklich fühlte ich mich, wenn ich nach des Tagesarbeit, die oft 14 und 16 Stunden dauerte (ich war zu jener Zeit in einer Lebensmittel en gros-Firma, die Heereslieferungen hatte), entweder für unsere Verwundeten sammeln gehen konnte von einem Lokal zum anderen, wenn wir zu Hause bis in die späten Abendstunden hinein Liebespakete packten oder mit der Stricknadel alles erdenkliche zusammenarbeiteten, wenn wir mit Blumen, Schokolade, Zigaretten usw. in die Lazarette gingen und unseren tapferen schwer verwundeten Vaterlandsverteidigern einen Liebes- und Dankesgruss mit einem Händedruck still auf das Bett legen konnten. Wie oft sassen meine Mutter und ich zu Hause während der Fliegerangriffe und bangten um meine Schwester, die während des ganzen Krieges beim Roten Kreuz in Frankfurt a. M. tätig war und erst spät nachts von ihrer Arbeit zurückkehren konnte. Wie fühlten wir alle mit Jenen, denen ein Liebes draußen geblieben war, wie jubelte man, wenn die Glocken Siege verkündeten. Es war eine grosse heilige Zeit für uns, die wir uns mit unserer Front und unserer Heimat verbunden fühlten und ich glaube nicht zuviel zu sagen, wenn ich behaupte, dass die ersten Kriegsjahre den wahren Gemeinschaftsgeist unter einem grossen Teil des deutschen Volks in sich bargen, von dem man heute mit der Bezeichnung »Fronterlebnis« spricht.

Jedoch leider, nach den ersten Kriegsjahren, wagten solche Elemente, die entweder verstanden sich reklamieren zu lassen, dienstuntauglich waren oder aus sonstigen Gründen nicht zum Heeresdienst eingezogen wurden, die schlechte Lage der Lebensmittelversorgung »Blockade durch England«[3] auszunutzen und gerade die Frauen für ein Miesmachertum zu gewinnen, das sich dann in Jammerbriefen an die an der Front Kämpfenden ausdrückte. Gewiss, wir alle, die wir unser Volk und Vaterland liebten, baten jeden Tag unseren Herrgott um Frieden, aber wir konnten nicht verstehen, dass es sogenannte Deutsche geben sollte, die ihr Vaterland in der grössten Gefahr um leiblicher Interessen willen im Stiche lassen konnten. Oh, in jener Zeit lernte man schon die gewissen Elemente kennen, die sich vom Kriegsdienst gedrückt hatten, Lebensmittelschiebungen vornahmen und kraft ihres Geldes die in der Heimat Zurückgebliebenen, insbesondere die Frauen, mit ihren vaterlandslosen Ideen verseuchten, ja, es ist furchtbar traurig es sagen zu müssen, sogar die deutsche Frauentreue in den Schmutz traten.

Es kam der 9. November 1918! Das bei Kriegsausbruch von dem Deutschen Kaiser gesprochene Wort: »Ich kenne keine Parteien mehr, ich kenne nur Deutsche!«[4], es war in alle Winde verweht!

Ich kann nicht schildern, welcher Ekel und welcher Abscheu mich überkam, als ich am 9. November miterleben musste, dass unsaubere, vaterlandslose, halbwüchsige Elemente es wagen durften, unseren zur Zeit in der Heimat weilenden Vaterlandsverteidigern die Achselstücke herunterzureissen, die in ehrlichem Kampfe verdienten Eisernen Kreuze von der Brust zu zerren und unsere schwarz-weiss-rote Fahne, unter der Millionen Deutscher gekämpft und ihr Leben gelassen hatten, geifend durch die Gosse zu schleifen! Wo war unser einiges deutsches Volk von 1914 geblieben?

Jene Stunden des 9. November werden mir unvergessen bleiben und waren für mich, meine Mutter und Schwester, die wir uns als Frauen nie um Politik gekümmert hatten, die wir ganz allein standen, da unser Vater bereits 1911 verstorben, entscheidend. Wir empfanden tiefinnerlich dass wir nie im Leben etwas gemein haben könnten mit jenen, die die heiligsten Symbole des deutschen Frontsoldaten und des gesamten deutschen Volkes schändeten![5] Ja, es überkommt mich heute noch ein Schamgefühl in Erinnerung als dieser erniedrigenden Stunden des 9. November 1918, dass es sogenannte Deutsche gewesen sein sollen, die diese schändliche Tat vollbringen konnten. Mit tiefster Empörung gaben am 9. November 1918 meine Mutter und ich dieser fürchterlichen Handlungsweise der Volksverräter Ausdruck und nur das Dazwischentreten von Nachbarn konnte das Schlimmste verhüten.

Ja, ich kann mich noch gut erinnern, dass ich (ich war zu jener Zeit Sekretärin eines Dezernenten des hiesigen Lebensmittelamtes, das die Zuteilung der Lebensmittelkarten an die Bevölkerung vornahm) die sogenannten Volksbeauftragten bezw. Arbeiter- und Soldatenräte, die mit roten Armbinden und umgehängten Gewehren auf unserer Dienststelle ein- und ausgingen, aus meinem Dienstzimmer zum Warten auf den Flur verwies. Ich glaube, man nahm mich damals als »Mädel« nicht ernst, sonst wäre mir anderes geschehen.

Und trotz all diesem Jammer in den Novembertagen 1918, als alles in Deutschland drunter und drüber ging, als die Heere zurückfluteten, als erbärmliche Menschen sich am Volks- und Heeresgut bereicherten, überkam mich doch manchmal ein freudiges Gefühl »es gibt doch noch anständige Deutsche« und zwar aus folgendem Grunde: ich war damals von meiner Dienststelle beauftragt worden, die Meldungen der aus dem Felde zurückkommenden Lebensmittel aufzunehmen und wie oft erschien da ein einfacher Gefreiter, ein Unteroffizier, ein Offizier und meldete soundsoviel Waggons von der Westfront, die er vor den Händen der Diebe und Banditen gerettet hatte; er legte bei seiner Meldung weniger Wert auf die Festlegung seines Namens als darauf, dass diese dem deutschen Volke so dringend nötigen Lebensmittel erhalten blieben.

Wie schwer hatte ich bereits schon zu jener Zeit auf meiner Dienststelle zu kämpfen, wollten mich doch solche Elemente, die nie eine Front gesehen hatten und nun die grössten Schauerromane erzählten, unbedingt für die »angebrochene köstliche Zeit der Freiheit, Gleichheit und Brüderlichkeit« gewinnen. Man drohte mir sogar mit Entlassung, wenn ich nicht aufhören würde die Heldentaten unserer Frontsoldaten zu verteidigen und nicht in die sozialdemokratische Partei einträte. Da man mir aber in Bezug auf meine Arbeit nichts anhaben konnte und ich darf es wohl sagen, tüchtige Kräfte brauchte, beliess man mich in meiner Stellung, denn zu jener Zeit musste ich von morgens 7 bis manchmal nachts 12 Uhr durcharbeiten, um mit der Arbeit nachzukommen und dies alles bei der kärglichsten Ernährung, denn wir hatten doch nichts mehr zu leben in Deutschland, Dörrgemüse und ähnliche angenehme (!) Mahlzeiten.

Wie freuten wir (meine Mutter, Schwester und ich) uns, als wir in einer hiesigen Tageszeitung so ganz schüchterne kleine Artikel und Gedichtchen über deutsches Heldentum lasen. – Wir ergründeten den Verfasser und fanden ein ganz kleines Häuflein aufrechter deutscher Menschen, die es sich zur Richtschnur gemacht hatten, die Schande, die über unser Vaterland hereingebrochen, wieder gut zu machen. Es war schier aussichtslos, aber unentwegt und treu standen wir zusammen und mit täglicher Werbung im engsten Kreise konnten wir nach und nach unseren kleinen Kreis erweitern. Dies war im Jahre 1919/1920. Es war jene kleine Gruppe, die später die Deutschnationale Volkspartei bildete. Sofort nach der Gründung schlossen sich meine Mutter, Schwester und ich dieser bis dahin hier in Frankfurt a. M. einzig bekannten deutschen Partei an, die in einem jungen Studenten, der seiner vaterländischen Gesinnung wegen sein Studium aufgeben musste, ihren eifrigsten Mitführer fand. Wir schmückten uns mit kleinen schwarz-weiss-roten Bändern und mussten uns daher der unflätigsten Belästigungen und Beschimpfungen aussetzen lassen.[6] Da fällt mir eben ein, als man die Auslieferung unserer Heerführer des Weltkrieges forderte, da schloss sich wieder solch ein Grüppchen zusammen, das gegen diese Auslieferung protestierte und auch hier darf ich sagen, meine

Mutter, Schwester und ich waren mit die Ersten, die ihre Namen in die betreffende Liste einzeichneten.

Wir beriefen Versammlungen ein! Geld hatten wir keines oder nur sehr sehr wenig und mußten von Mund zu Mund unsere Versammlungen ankündigen. Und wieviel Leutchen erschienen da, waren es 20, so war man stolz auf diese große Zahl. Doch unserer rührigen Arbeit war es zu verdanken, dass wir nach und nach mehr Anhänger gewannen und grössere Versammlungen einberufen konnten. Eine Tageszeitung stand uns ja nicht zur Verfügung, so mussten wir die Menschen, die wir für einigermassen deutsche hielten, mit Flugblättern bearbeiteten. Bis spät in die Nacht hinein (2 Uhr) stand ich manchmal an dem Abziehapparat und vervielfältigte solche Flugblätter, um sie am nächsten Abend im Schutze der Dunkelheit der Nacht mit Freunden in die Briefkästen zu stecken. Und hatten wir dann glücklich eine Versammlung zusammengebracht, so kamen bezahlte Elemente, versuchten unsere Versammlungen zu sprengen, schlugen mit Stühlen, Biergläsern auf uns ein, schossen in uns – und die Polizei kam – schloss unsere Versammlung – und verhaftete unsere Freunde!

Da auf einmal hörte man von einem einfachen Manne in München, der es sich zur Aufgabe gemacht haben sollte, Deutschland aus all diesem Elend zu befreien. Wir, die wir für ein anständiges Deutschland kämpfen wollten, horchten auf, was konnte uns dieser Mann bringen? Er hatte in Bayern bereits schon viele Freunde um sich gesammelt. Die ersten nationalsozialistischen Zusammenkünfte (von Versammlungen kann hier keine Rede sein) wurden einberufen! O, ich erinnere mich noch zu gut der beiden ersten Lokale in Frankfurt, in denen wir unsere Versammlungen abhielten. Wie Verbrecher mussten wir hineingehen, denn unsere politischen Gegner hatten bereits diese Zusammenkunft ausspioniert und belagerten das Lokal. Der Wirt, der es uns zur Verfügung gestellt hatte, wurde boykottiert. Und wenn wir dann glücklich 20-30 Menschen zusammen waren, dann wurde die Idee unseres Führers Adolf Hitler verkündet. Ueber allem stand der Leitsatz »Gemeinnutz geht vor Eigennutz«, »Abschaffung des Klassenkampfes und des Klassenhasses«, »Brechung der Zinsknechtschaft«![7] Zu jener Zeit bestanden noch lauter kleine Grüppchen, die sich erst später in der NSDAP zusammenfanden, ich erinnere hier nur an den »Verein zur Brechung der Zinsknechtschaft«, »Deutsche Partei«, »Bund Oberland«, »Schwarze Raben«, »Eiserne Schar«, »Wickinger« und wie sie alle hiessen![8]

In Deutschland hatten sich die Verhältnisse ganz verheerend entwickelt! Regierung wechselte auf Regierung, deutsches Eigentum wurde verschleudert, unsere Goldmark hatte ihren Wert verloren, die Papiermark stieg bis in die Billionen, Wucherer und Volksaussauger machten sich in deutschen Landen breit, die Frontsoldaten, die ihr Blut für Deutschland geopfert hatten, wurden als Idioten und Mörder beschimpft hinterlistig wurden unsere für die deutsche Sache kämpfenden Männer überfallen und niedergestochen; es war einfach zum Verzweifeln, und dennoch, mutig und unentwegt arbeiteten wir weiter.

Es kam das Jahr 1923 – der 9. November 1923![9]

Vor Jahren war der Kapputsch[10] niedergeschlagen worden und nun hörte man auf einmal, es soll was in Deutschland vor sich gehen, die Regierung soll gestürzt werden, aber genaues wußte man nicht. Meiner Mutter, Schwester und mir wurde nur gesagt, bringt an einem bestimmten Tage Lebensmittel nach einem von unseren Getreuen des öfteren besuchten Lokal (es war ein Lokal des »Oberlandes«) und prompt wurde der Auftrag ausgeführt.

Doch, all unsere Hoffnungen waren zunichte geworden! Ich entsinne mich noch gut jenen Morgens, als ich zum Büro kam und eine mit mir dort angestellte Jüdin, mir triumphierend die Frankfurter Zeitung unter die Nase hielt und sagte »aus ist's mit dem Sturz unserer Regierung!« Adolf Hitler wollte mit seinen Getreuen in München den 9. November 1918, den Schandtag des Deutschen Volkes, mit dem 9. November 1923 als »Befreiungstag des Deutschen Volkes« auslöschen, aber vergebens, auch hier fanden sich Verräter. Doch sonderbarerweise, entmutigt waren wir nicht, sondern wir hoben stolz unsere Köpfe, kämpften weiter und sagten uns, einmal muss es doch werden!

Die NSDAP wurde verboten, unsere politischen Feinde triumphierten und glaubten uns erledigt, aber sie hatten sich verrechnet! Es wurde der »Deutsche Schutz- und Trutzbund«[11] gegründet, in diesem sammelten sich alle Hitlerdeutschen und auch wir drei zu Hause, obwohl noch der Deutschnationalen Volkspartei angehörend, waren gleichfalls Mitglieder dieses Bundes. Ein persönliches Erinnern: ich hatte von einem draussen Gebliebenen während des Krieges ein goldenes Swastika,[12] ein sogenanntes Glückszeichen bekommen, dieses Zeichen trug ich jeden Tag seit dem Jahre 1919 an einem goldenen Kettchen um den Hals und gerade in jenen Verbotszeiten der Bewegung, denn es war doch kein »Hakenkreuz«, (Parteiabzeichen) sondern ein Glückszeichen für die anderen, mir bedeutete es innerlich natürlich nur das Hakenkreuz. Erbärmliche Feiglinge versuchten des öfteren mir dieses Zeichen vom Halse zu reissen, sie scheuten also noch nicht einmal vor dem sogenannten schwachen Geschlechte zurück! Jedes kleinste Zeichen eines deutschen Deutschlands wurde unterdrückt!

Zu meinem geschäftlichen Leben darf ich sagen, dass man überall versuchte mich zu schädigen, da ich für die sogenannten freiheitlichen Ideen nicht empfänglich war. Da man mir jedoch in meiner Büroarbeit nichts anhaben konnte, verschrie man mein Zimmer (ich arbeitete mit einem Offizier a.D. zusammen) als »Preussenzimmer«. Es ging so weit, dass ich wechseln mußte. In meiner neuen Firma riss man mir mein schwarz-weiss-rotes Schleifchen vom Mantel. Ich erklärte, sofern jemand schwarz-weiss-rotes Band benötige, ich könne noch mit einigen Metern dienen. Die Folge: man kündigte mir unter den Vorwand, meine Stelle als ausländische Korrespondentin sei zu hoch bezahlt und die Firma müsse abbauen.

Nun kam ich wieder zur Stadtverwaltung. Bei meiner Eidesleistung wies ich besonders auf meine nationale Gesinnung hin (ich musste nämlich nun den Eid auf die Weimarer Verfassung ablegen, früher im Jahre 1918 hatte ich den Eid auf den König von Preussen abgelegt); der vereidigende Beamte drückte mir die Hand; er hatte mich verstanden, sagen durfte er nichts.

Wir hatten inzwischen Unterschriften für unseren Führer Adolf Hitler gesammelt auf Abkürzung seiner Festungshaft in Landsberg und hierdurch eine frühere Entlassung erwirkt.[13] Er traf, aus der Haft kommend, nicht wie seine Gegner gehofft nichts mehr an, sondern eine ganz stattliche Zahl aufrechter deutscher Menschen, die in seinem Sinne gearbeitet hatten, und ihm unentwegt die Treue gehalten hatten.

Es kam die Reichspräsidentenwahl![14] Gerade in diesen Tagen des Hinscheidens des Generalfeldmarschalls von Hindenburg muss ich zu lebhaft an jene Kampfzeiten zurückdenken. Immer noch der Deutschnationalen Volkspartei angehörend setzten wir (meine Mutter, Schwester und ich) mich lebhaft für seine Wahl ein. Was machte man nicht alles als Frau. Ich lief wochenlang von Türe zu Türe warb und sammelte für einen sogenannten Hindenburgfonds, der uns die Wahlgelder einbringen sollte, denn wir waren ja arm in Deutschland! Während man bei dieser Werbetätigkeit sogar mit dem Tode bedroht wurde, fand man auch Menschen, die einem wieder Mut zu seiner schweren Aufgabe machten. Ich denke gerade an einen Fall: Stundenlang nach meiner Büroarbeit war ich erfolglos herumgelaufen und des öfteren die Treppe hinuntergejagt worden, bis ich auf einmal zu einem steinalten Mütterchen kam, dem ich meine Bitte um Scherflein vortrug. Sie fing an zu weinen und brachte mir mit den Worten »das ist doch wohl zu wenig« ganze 6 Kupferpfennige. Ich war gerührt! – Mit den Worten »wenn es auch nicht viel ist, so ruht doch der Segen unseres Herrgotts darauf« nahm ich ihr Scherflein auf meine Sammelliste. Freudigen Herzens nahm ich meine Sammeltätigkeit wieder auf, denn ich nahm das Bewusstsein mit mir, wenn es noch Menschen im deutschen Vaterlande gibt, die ihr Letztes für ein nationales Deutschland opfern, dann kann es nicht schlecht um uns bestellt sein.

Wir hatten zur Hindenburgwahl zu Hause schwarz-weiss-rote Fähnchen herausgehängt. Zirka 200 Untermenschen belagerten 2 Tage lang unsere Wohnung, um die kleinen Fähnchen herunterzuholen. Zwei Tage verteidigten meine Mutter, Schwester und ich unsere ehrliche schwarz-weiss-rote Fahne bis wir jedoch genötigt waren polizeilichen Schutz in Anspruch zu nehmen. So sah es noch 1925 in Deutschland aus!

Mit der Wahl Hindenburgs konnte die Aktivität der Nationalsozialistischen Bewegung sich etwas mehr an das Tageslicht wagen! In kleinen Sälen fanden wir uns zusammen, immer waren es dieselben Anhänger, die sich glücklich schätzten, wenn sie einen weiteren Freund werben und mitbringen konnten. Von Mund zu Mund gingen hier unsere Einladungen, wir hatten doch kein Geld eine Zeitung ins Leben zu rufen, auch verfügten wir noch nicht einmal über eine Schreibmaschine. In der Wohnung alter treuer Kämpfer befand sich die sogenannte Geschäftsstelle.

Inzwischen war das Programm der NSDAP[15] und Hitlers Buch »Mein Kampf« in der Festungshaft geschrieben, herausgekommen. Das Buch wurde uns zur Bibel! Hier fanden wir, die wir seit den Novembertagen 1918 uns nach einem wahren Deutschland gesehnt hatten, alles, was wir innerlich suchten, wir waren ja wirkliche Sucher geworden. Und das, was unser Führer in seinem Buche geschrieben hatte, es musste Wahrheit werden. Das alles, seine Idee, fand in unserem Innern einen solchen Anklang, ja wie oft, wenn wir gemeinsam einzelne Stellen daraus lasen, sahen wir uns an, Ja das ist es ja gerade, was wir suchen, er verleiht in seinem Buche ja all dem Ausdruck, was wir innerlich empfinden und nicht in Worte kleiden konnten! Unsere kleine Gemeinde (so darf ich wohl unsere ersten Nazis in Frankfurt a. M. nennen) vergrösserte sich langsam und stetig. Inzwischen hatte sich die SA in Frankfurt a. M. gebildet. Ich schätze mich glücklich, die ersten Befehle geschrieben und später, als die SA immer grösser wurde, vervielfältigt zu haben. Ein Büro der SA bestand zu jener Zeit noch nicht, an eine Schreibmaschine war nicht zu denken, und so mussten halt meine Dienstschreibmaschine und die Dienstvervielfältigungsapparate herhalten. Ich wusste, dass ich meine Entlassung zu gewärtigen hatte, wenn meine Tätigkeit herauskam, aber es ging doch nun nicht anders! Die SS wurde gebildet! Auch hier war ich die erste Schreibkraft! In dem Schlafzimmer eines hiesigen Führers arbeiteten wir manchmal bis nachts 2 Uhr und legten wie oft unsere letzten Pfennige zusammen, um überhaupt das Porto für unsere Briefe zusammen zu bekommen. Wir hatten in Freundeskreisen gebettelt, wir konnten uns, oh welcher Stolz eine Schreibmaschine kaufen; wir hatten wieder gebettelt, waren von Türe zu Türe gelaufen bei allen Bekannten und hatten sogenannte selbstangefertigte Bausteine verkauft, es wurden Wechsel unterschrieben und »der Stolz der SS war da!«, wir hatten ein Motorrad!, wenn es auch teils erhungert war, aber es war da! Wurde ich dann nachts von diesem Führer mit dem Motorrad nach Hause gebracht, dann wurden uns von niedrigen anders gerichteten Menschen noch Kosenamen der schönsten Art nachgerufen, ja, man brachte es sogar fertig, mich mit diesem Nationalsozialisten in einer Linkszeitung in ein schmutziges Verhältnis zu bringen! Aber, was tat es uns, wir kämpften weiter! Inzwischen hatten wir es in Frankfurt a. M. fertiggebracht, unser politisches Büro auszustatten. In einem Zimmer, die Möbel hatten wir zusammengebettelt, hausten »Politische Leitung« und »Presse«, man denke in einem Zimmer! Die Presse bestand in einem Schapirographen![16]

Und dann durften wir leihweise bei einer Druckerei die Typen zum setzen benutzen. In Frankfurt a. M. ist heute noch dieser betreffende Führer tätig, der nach des Tages Arbeit nachts in dieser Druckerei sass und trotz seines schlechten Augenlichtes eine Type an die andere reihte, obwohl er von der ganzen Sache nicht viel verstand. Wir bekamen eine Zeitung! Welcher Jubel! (Monatlich verpflichteten wir uns einen bestimmten Betrag für unsere Presse zu geben, denn wie schwer hielt es, diese für 10 und 20 Pfennige zu verkaufen. Wie oft kauften wir (Mutter, Schwester und ich) für einige Mark Zeitungen und benutzten diese zu Werbezwecken.

Das Jahr 1928 hatte meinen endgültigen Austritt aus der Deutschnationalen Volkspartei gebracht. Man bat mich nämlich, ein Stadtverordnetenmandat zu übernehmen, ich musste dies ablehnen, da ich mein wahres Ideal nur in der Bewegung Adolf Hitlers sah, dies erklärte ich auch unumwunden.

Es mag sonderbar anmuten, dass ich jede Versammlung der nationalsozialistischen Bewegung besucht hatte und bereits seit dem Jahre 1925 aktiv (SA und SS + HJ) tätig war und immer noch nicht meinen offiziellen Uebertritt erklärt hatte. Aber dies ist damit zu begründen, dass ich auf Wunsch einiger Führer der NSDAP solange in der Deutschnationalen Volkspartei bleiben sollte, bis ich den wertvollsten und für die Hitlerbewegung geeignetsten Teil der dortigen Mitglieder mitbringen konnte. Und ich darf sagen, die Hitlerbewegung hatte sich nicht getäuscht. Nach unserer Familie Austritt aus der Deutschnationalen Volkspartei wuchs die Mitgliederzahl der NSDAP ganz schön an.

Die Parteikämpfe setzten ein. Wir marschierten! SA, SS und Parteigenossen! Vor uns, hinter uns, neben uns eine johlende keifende Menge. In der Altstadt begrüsste man uns mit Blumentöpfen und sonstigen Flüssigkeiten. Unsere Fahne flatterte uns voran und trutzig klang von unseren Lippen unser Kampflied: »Wir sind das Heer vom Hakenkreuz, hebt stolz die roten Fahnen!« Ja, wir waren stolz auf unser Hakenkreuzbanner, mochten sie uns beschiessen, mit Steinen bewerfen, mochte uns die Polizei mit Gummiknüppeln bearbeiten, mochten sie uns meuchlings überfallen, wir waren da und kamen immer wieder.

Ich denke an ein persönliches Erlebnis, das mich mit Stolz erfüllte und uns auch heute noch erfüllt: Wir waren nach einer Versammlung nach Hause gegangen. Zwei Hitlersoldaten mußten mit einer Fahne gleichfalls in ihre Behausung und zwar durch eine dunkle Strasse gehen. Ich höre von Ferne schreien. Ich laufe im schnellsten Tempo nach und sehe, dass Banditen ihnen unsere Fahne entreissen wollen. Ziehe schnellstens meinen Haustürschlüssel aus der Tasche und rufe: »zurück oder ich schiesse« und verschwunden waren diese Diebe. Ja, so ging es tagtäglich. Wie oft brachten meine Mutter, Schwester und ich unsere Leute nach Versammlungen nach Hause, erst dann konnte man sich beruhigt zu Bett legen. Wenn unsere Braunhemden auf schier unglaublichen Lastautos ihre Propagandafahrt antraten, dann musste jeder erst seine Fahrtkosten entrichten. Wir waren immer noch zu arm, um diese Kosten übernehmen zu können, unsere SA und SS-Männer mussten sich die Pfennige abhungern und freudigen Herzens taten sie es, denn es galt ja, auf dem flachen Lande die Idee unseres Führers zu predigen. Klopfenden Herzens standen wir Frauen dabei »werden sie noch einmal heil nach Hause kommen?« aber ein kleiner Verzehr für die Fahrt brachte ihnen wenigstens etwas Freude. Mit einem Heil und von Segenswünschen begleitet traten sie ihre Fahrt an und bangen Herzens wartete man des Sonntags abends auf ihre Rückkunft.

Jene Kampfzeit hatte uns alte Nationalsozialisten zusammengeschmiedet und keine Macht der Welt konnte uns auseinanderreissen!

Wir lebten den wahren Nationalsozialismus vor und konnten so immer deutsche Menschen für uns gewinnen. »Gemeinnutz geht vor Eigennutz«, »Abschaffung des Klassenhasses und Klassendünkels«, dies waren unsere Hauptparolen. Wir gingen in kommunistische Versammlungen, um uns dort die Sucher, auch hier gab es solche, herauszuholen.

Wie oft stand ich vor den Wahlen an Litfassäulen und predigte den Nationalsozialismus oftmals schwerstens bedroht. Wie oft ging ich nachts mit meiner Mutter Plakate kleben, Flugblätter einstecken, oftmals von der roten Meute verfolgt. Ich weiss heute manchmal garnicht mehr zu erklären, wie man so oft den grössten Gefahren mutig ins Auge schaute, man war einfach Fanatiker geworden. Ja, ich musste mich sogar einmal in einer Versammlung von einem Juden schlagen lassen, so weit war es noch im Jahre 1929-1930.

Wie oft lief man Gefahr wie so viele deutsche Volksgenossen in die Gefängnisse zu wandern. Ich erinnere nur an eines: ein SS-Führer war nachts verhaftet worden, morgens um 5 bekam ich die Nachricht, gegen 6 ½ Uhr stand ich mit einem Auto in der Nähe seiner Wohnung – und um 7 Uhr kam die Polizei zur Haussuchung – und – fand nichts! Wie oft hatte man irgendwo Karteien der Bewegung oder sonstiges versteckt, wäre man entdeckt worden, dann wäre es um einen geschehen gewesen. Wie oft verstand man es, deutsche Menschen, die ja nur das beste für unser Vaterland wollten, der polizeilichen Verhaftung zu entziehen.

Und unser Zusammenhalt in der Bewegung; es war wirklich »Gemeinnutz geht vor Eigennutz«! Wie oft teilten wir die letzten Bissen zusammen, war Not in einer Familie so half man, lag einer schwer verwundet im Krankenhaus so brachte man ihm Linderung. War Weihnachten, so lief man wochenlang zuvor herum und bettelte und bettelte und wie strahlten die Augen unserer SA und SS-Leute, wenn unterm brennenden Lichterbaum in Hakenkreuz geschmückten Sälen vor dem Bild des Führers die schlichten kleinen Liebesgaben verteilt wurden. Jahrelang hatten meine Mutter, Schwester und ich auf eigene Weihnachtsgeschenke verzichtet, dafür brachten wir den ärmsten SS-Leuten ein Weihnachten. Oh, sie waren herrlich diese Weihnachtsfeiern, ein wahres Fest der Liebe unter Nationalsozialisten.

Das erste Mal durfte ich den Führer auf dem Reichsparteitag 1929 in Nürnberg sehen und ihm die Hand drücken. Ich kann nie diesen Augenblick vergessen, es war zu überwältigend, jenem Manne, der sein alles für Deutschland gab und nur das Beste für unser Vaterland wollte, mit einem Händedruck für alles zu danken.

Es kam die Wahl 1930![17] Ob wohl je Menschen, die zu jener Zeit nicht in unseren Reihen standen, diese Glückseeligkeit ermessen können! Wir waren über die uns gewordene Stimmenzahl alle in einen Taumel geraten, wir umhalsten uns küssten uns! Unser Führer hatte den Weg zu den Herzen der Deutschen gefunden und erst recht ans Werk!

Dem Mutigen gehört die Welt! und wir hatten ja allen Grund mutig zu sein, denn wir glaubten an unseren Führer und seine Mission.

Ich war zu jener Zeit Beamtin und hatte in eifrigster Werbearbeit meine Dienststelle so weit gebracht, dass zu jener Zeit diese von anders gerichteten Stadtverordneten als »nationalsozialistische Hochburg« bezeichnet wurde, denn ich hatte durch gemeinsame Arbeit mit dem Gründer der Reichsbeamtenabteilung innerhalb der NSDAP die ersten Vorarbeiten für diese Parteiabteilung geleistet und so sehr wichtiges Propagandamaterial in die Hände bekommen. Uns Beamten wurde verboten, der NSDAP anzugehören. Man liess mich rufen und bat mich, ich möchte doch meinen Austritt aus der Bewegung erklären, sonst könne ich eventuell entlassen werden; ich solle doch an meine betagte Mutter denken, die dann ohne Ernährer stünde. Tagelang rang ich mit mir und kam zu der folgenden Erklärung: »Nein, ich werde nie aus den Reihen Adolf Hitlers ausscheiden, ich habe mich der Bewegung verschrieben, mögen sie mich entlassen, unser Herrgott wird weiterhelfen, aber soviel schwöre ich, sollte ich entlassen werden, dann gehe ich von Ort zu Ort, von Land zu Land und predige den Nationalsozialismus!« Man hat mich nicht entlassen! Und so bin ich stolz darauf, die erste Beamtin der Stadt Frankfurt a. M. gewesen zu sein, die der Bewegung Adolf Hitlers angehörte.

Und nun ging es bergauf! Der Führer konnte in Versammlungen in Preussen sprechen. Wir hatten vor einigen Jahren bereits Unterschriften gesammelt, damit das Redeverbot auch für Preussen aufgehoben wurde. Nun musste der Sieg unser sein, denn wer unseren Führer sprechen hörte und ihm in die Augen sah und wirklich reinen Herzens war, der musste sich einfach zu ihm bekennen. Er, der einfache Mann aus dem Volke, der einfache Gefreite des Weltkrieges, er hat es verstanden, unser deutsches Volk aus all der Knechtschaft und dem Jammer herauszuholen und ihm einen Weg nach der Höhe zu weisen.

Und für mich, die ich alles vorgeschilderte selbst miterlebte, – ich könnte noch viel viel mehr erzählen – war es der beglückendste Tag meines Lebens, als am 21. März 1933-10 Jahre nach dem erstmaligen Befreiungsversuch – unser Hitler in der Garnisonskirche zu Potsdam die Krönung seines Lebenswerkes erfuhr.[18] Mit zu den erhebensten Augenblicken meines Lebens gehörte auch der 9. November 1933,[19] als ich vor der Feldherrnhalle in München stehen durfte und in stillem Gebet jenen 16 Helden dankte, die durch ihren Heldentod vor 10 Jahren eine Saat ausgestreut hatten, dem nun der wahre deutsche Geist entsprossen war!

Und wenn wir heute auch noch am Anfang unserer Mission stehen, so wissen wir doch, dass der endgültige Sieg unser sein wird! Der Nationalsozialismus hat angefangen Allgemeingut des deutschen Volkes zu werden, das deutsche Volk, das 15 Jahre lang zum grössten Teil dem Grundsatz »Eigennutz geht vor Gemeinnutz« hundigte, standen doch auf der einen Seite hungernde, darbende, erwerbslose Menschen und auf der anderen Prasser und Geniesser, hat nun den obersten Grundsatz unserer Bewegung »Gemeinnutz geht vor Eigennutz« unter der Führung unseres Adolf Hitler verstehen gelernt!

Und fragt man mich heute, was hat dich in die Reihen Adolf Hitlers gebracht? Ja, ich kann es nicht in Worte kleiden und muss behaupten, der Nationalsozialismus ist im tiefsten Wesen des deutschen Menschen verankert, er entspricht seinen ureigensten Empfindungen und seinem Fühlen, der Nationalsozialismus ist nichts neues, er ist nur die alte treue deutsche hilfsbereite und edle Art, die jahrelang verschüttet lag und durch unseren Führer wieder ans Tageslicht hervorgeholt wurde.

Und wenn ich beim Niederschreiben dieser wenigen Erlebnisse, die ich noch viel ausführlicher hätte bringen können, mich frage, hättest Du je zu einer anderen Bewegung als zur nationalsozialistischen stoßen können, so muss ich, wie anfangs erwähnt sagen, nein und wieder nein, es gab nie eine Partei in Deutschland, die so den deutschen Menschen in seinem ganzen Wesen erfasste, wie die Freiheitsbewegung Adolf Hitlers, er allein war und ist berufen, unser Vaterland wieder zur Höhe zu führen und mit mir denken so, Gott seis gedankt, die besten aller Deutschen!

Heil Hitler!
Maria Engelhardt

1 *Maria Engelhardt*: Vgl. BArch, NSDAP-Zentralkartei, Engelhardt, Maria 23.7.1898 (mit Foto) sowie BArch, NSDAP-Gaukartei, Engelhardt, Maria 23.7.1898 (Sonderstandort). Ihre Karte in der NSDAP-Zentralkartei trägt den Stempel »Ehrenzeichen verliehen: 29.1.33«.

2 *63er*: Zweites Nassauisches Feld-Artillerie-Regiment (FAR) Nr. 63. Das Regiment hatte seinen Standort seit 1903 in Frankfurt am Main. Vgl. GenWiki, Genealogienetz.de, URL: http://wiki-de.genealogy.net/FAR_63 [online am 27. August 2015]. Die Beziehung zwischen Soldaten und Bevölkerung war in der Regel eng genug, dass eine Identifizierung stattfand. Der Kriegsverlauf, insbesondere die Einsätze des Heimatregimentes, wurden in der Heimat mitverfolgt.

3 *Blockade durch England*: Die britische Seeblockade zielte darauf, Deutschland von sämtlichen Rohstofflieferungen abzuschneiden. Die Lebensmittelknappheit in Deutschland wurde im »Steckrübenwinter« 1916/17 dramatisch.

4 *ich kenne nur noch Deutsche*: Mit dieser Sentenz schwor Kaiser Wilhelm II. sein Volk zu Beginn des Ersten Weltkriegs auf innenpolitischen Frieden (Burgfrieden) ein.

5 *heiligste Symbole*: Gemeint sind die Uniformabzeichen der Kriegsheimkehrer sowie die schwarz-weiß-roten Flaggen des Kaiserreiches, die im Zuge der Revolution im November 1918 Gegenstand von Übergriffen der politischen Linken wurden. Die Missachtung der Abzeichen wird von vielen Verfasserinnen der Abel-Biogramme als symbolisch für den Zusammenbruch alter Ordnungen angeführt.

6 *Schwarz-weiß-rot*: Die alte schwarz-weiß-rote Fahne des Kaiserreichs war im November durch die schwarz-rot-goldene Flagge der Republik abgelöst worden. Mit Bändern oder Abzeichen in den alten Reichsfarben wurde eine nationalistische, antirepublikanische Einstellung ausgedrückt.

7 *Brechung der Zinsknechtschaft*: Diese Forderung nach zinslosen Darlehen für den Staat gehörte zum 25-Punkte-Programm der NSDAP vom 24. Februar 1920. Damit sollte eine Bereicherung der Kapitalgeber auf Staatskosten unterbunden werden. Gemeint waren insbesondere wohlhabende jüdische Geldgeber, wie der spätere Wirtschaftsexperte der NSDAP, Gottfried Feder, etwa zeitgleich in seinem »Manifest zur Brechung der Zinsknechtschaft« ausführte. Feder war es auch, der 1920 den von Maria Engelhardt erwähnten »Kampfbund zur Brechung der Zinsknechtschaft« gründete. Vgl. Abel-Biogramm/Nr. 207/Helene Radtke Kommentar 23 ► Gottfried Feder.

8 *lauter kleine Grüppchen, die sich erst später in der NSDAP zusammenfanden*: Es handelt sich hier um verschiedene rechtsextreme Kampfbünde und ehemalige Freikorps, die um 1920 aktiv waren:

Bund Oberland: Die Vorläuferorganisation, das Freikorps Oberland, war zwischen 1919 und 1921 in Bayern sehr aktiv und für seine Brutalität berüchtigt. Der im Oktober 1921 gegründete Bund Oberland war auf eine zivilere Außenwirkung ausgerichtet. Vgl.

Bayerische Staatsbibliothek, Historisches Lexikon Bayerns, Christoph Hübner, Bund Oberland, URL: http://www.historisches-lexikon-bayerns.de/artikel/artike_44349 [online am 27. August 2015].

Eiserne Schar: Das Freikorps »Fränkisches Bauerndetachement Eiserne Schar« nahm 1920 am Kapp-Putsch teil, mit dem Auftrag, Harburg (Elbe) zu übernehmen, was jedoch misslang.

Wickinger: Gemeint ist vermutlich der »Bund Wiking«, die 1923 gegründete Nachfolgeformation der »Organisation Consul«. Unter der Führung des prominenten Korvettenkapitäns Hermann Ehrhardt hatte diese den deutschen Finanzminister Matthias Erzberger ermordet und war daraufhin verboten worden.

Deutsche Partei, Schwarze Raben: Welche Vereinigungen hier gemeint sind, bleibt unklar.

9 *9. November 1923*: An diesem Tag fand im Münchner Bürgerbräukeller der misslungene Putschversuch der Nationalsozialisten statt.

10 *Kapputsch*: Der Putschversuch rechtsgerichteter ehemalige Militärs und Freikorps am 13. März 1920 war der erste Versuch, die demokratische Weimarer Regierung zu stürzen.

11 *Deutscher Schutz- und Trutzbund*: Gemeint ist der aus dem Alldeutschen Verband hervorgegangene antisemitische Deutschvölkische Schutz- und Trutzbund, gegründet 1919. Sein politisches Symbol war das Hakenkreuz. Auf Veranlassung des preußischen Innenministers Carl Severing mußte der Deutschvölkische Schutz- und Trutzbund seine Tätigkeit 1922 einstellen. Vgl. Maser, Zwischen Kaiserreich und NS-Regime, S. 141.

12 *Swastika*: Die Form des Hakenkreuzes ist dem indischen Swastika-Zeichen nachempfunden, das für Glück stehen soll. Schon 1912 verwandte es der geheimbündlerische Germanenorden als Sinnbild des »Arischen«, ebenso seine Nachfolgeorganisation, die Thule-Gesellschaft. Der 1919 gegründete Deutschvölkische Schutz- und Trutzbund nutzte das Symbol, ebenso die Marinebrigade Ehrhardt, die das Zeichen während des Kapp-Putsches am Stahlhelm trug. Vgl. Evans, S. 90, 242, 254 und 258.

13 *Festungshaft*: Nach seinem Putschversuch 1923 verbüßte Hitler eine neunmonatige Haft auf der Festung Landsberg. Dass die von Engelhardt erwähnten Unterschriftensammlungen zu seiner vorzeitigen Entlassung beigetragen haben sollen, ist unwahrscheinlich.

14 *Reichspräsidentenwahl*: Paul von Hindenburg wurde am 26. April 1925 als Kandidat der Rechtsparteien zum Reichspräsidenten gewählt.

15 *Programm der NSDAP*: Das »25-Punkte-Programm der NSDAP« war bereits mit der Umbenennung von DAP in NSDAP am 24. Februar 1920 als Grundsatzprogramm der neuen Partei verabschiedet worden.

16 *Schapirograph*: Es handelt sich dabei um einen Vervielfältigungsapparat für Schriftstücke. Ende des 19. Jahrhunderts wurden die ersten dieser Kopiermaschinen in Deutschland angeboten.

17 *Wahl 1930*: Gemeint ist die Reichstagswahl am 14. September 1930. Dabei erreichte die NSDAP 18,6 Prozent der Stimmen. Damit lag sie hinter dem Wahlsieger SPD und vor der KPD. Vgl. Andreas Gonschior, Wahlen und Abstimmungen in der Weimarer Republik, Reichstagswahlen 1919-1933, URL: http://www.gonschior.de/weimar/Deutschland/Uebersicht_RTW.html [online am 26. März 2015]. Die Gewinne der NSDAP werden unter anderem als Reaktion auf die Weltwirtschaftskrise 1929 gesehen. Nach der erfolgreichen Wahl stieg die Mitgliederzahl der NSDAP sprunghaft.

18 *21. März 1933*: Gemeint ist der »Tag von Potsdam«, an dem der am 5. März 1933 gewählte Reichstag erstmals zusammentrat. Vor der Garnisonkirche, dem symbolischen Ort der preußischen Monarchie, kam es zum Handschlag zwischen Reichspräsident Hindenburg und dem in Zivil auftretenden Reichskanzler Hitler. Die Veranstaltung mit der Anmutung einer Inthronisierung diente der Legitimierung Hitlers. Sie war die

erste von Goebbels geplante Großinszenierung in seiner Funktion als Propagandaminister. Der Rundfunk übertrug das Ereignis. Vgl. Evans, S. 463f.

19 *9. November 1933*: Mit einer Totenfeier und der Einweihung eines Mahnmals für die »Blutzeugen der Bewegung« erinnerte die NSDAP an den zehnten Jahrestag des Hitlerputsches.

Helene Radtke

Abel-Biogramm/Nr. 207/Helene Radtke
Vierzehn Seiten, maschinenschriftlich, datiert 6. August 1934.
Die Identität der Verfasserin ist authentisch.[1]

Name:	Helene Radtke, geb. Schrantz
Geburtsdatum:	4. Mai 1896
Geburtsort:	Holzheim im Elsass
Alter:	38 Jahre
Familienstand:	verheiratet, drei Kinder
Wohnort:	1932-1933 Bensheim/Hessen; 1934 Darmstadt
Elternhaus:	Vater Bahnbeamter
Ausbildung:	Volksschule
Beruf:	während des Ersten Weltkriegs Bahnwärterin, Hausfrau, Mutter
Parteibeitritt:	1. April 1930 (NSDAP-Ortsgruppenkartei)
Mitgliedsnummer:	218 054
Werber:	Exil-Elsässer
Funktionen:	Mitglied (NSDAP und NS-Frauenschaft)

Charakteristische Aspekte des Biogramms:
Helene Radtke wuchs im Elsass auf, das sie beim Anrücken französischer Truppen 1918 überstützt verließ. Radtke betrieb in Eigeninitiative eine intensive politische Suche. Als Besucherin verfolgte sie Debatten des Hessischen Landtages. Kurzzeitig sympathisierte sie mit der KPD. Mit großer Intensität setzte sich Helene Radtke durch mündliche Propaganda für den Aufstieg des Nationalsozialismus ein.

Darmstadt, den 6. August 1934.

Lebenslauf der Pg. Helene Radtke, Mitgliedsnummer 218054, wohnhaft in Darmstadt, Moosbergstrasse Nr. 94. geb. am 4. Mai 1896.

Auf der rechten Seite der Breusch, unweit der Stadt Strassburg i. Els, liegt mein Geburtsort Holzheim.[2] Von meinem 6-14 Lebensjahre besuchte ich die Volksschule. Meine Kinderjahre waren ungetrübt, da meine Eltern in guten wirtschaftlichen Verhältnissen lebten. Als 1914 der Krieg ausbrach, war ich 18 Jahre alt. Für mich begann von da ab ein anderer Lebensabschnitt. Ich liebte mein Vaterland und meine Heimat unbeschreiblich. Und als ich so manchen Krieger ins Feld ziehen sah, wurde es mir manchmal weh ums Herz. Mein Vater war zu dieser Zeit unweit der Front an einem Bauernhof als Vorsteher stationiert, in diesem sich auch unsere Wohnung befand. Die Bahnstrecke führte zur Westfront. Durch die vielen Militärtransporte, die Tag und Nacht der Westfront zurollten, wurde in mir der Wunsch wach: »ach wäre ich doch auch ein Junge,« und könnte für unseren geliebten Heimatboden kämpfen.

Verschiedene Jungens von meinem Jahrgang meldeten sich freiwillig. Alsbald hatte ich erkannt, daß man auch als Mädel sich der Heimat nützlich machen kann. Denn an dem 4ten Mobilmachungstage kamen die ersten Verwundetenzüge. Es gab Händevoll zutun, unseren lieben verwundeten Brüdern und auch so manchem feindlichen Soldat Liebesgaben zu reichen.

Am 15. August 1914 kam die Nachricht, daß sich die Zivilbevölkerung zum flüchten bereit halten sollte und sich nur mit dem Notwendigsten zu versehen. Dank unserer tüchtigen Truppen konnte dies verhindert werden, denn in der Nacht vom 15 auf 16. August kam die Nachricht, daß die Franzosen zurück geschlagen wurden. Als im Jahre 1915 ein Bahnbeamter der mit meinem Vater zusammen bedienstet war zur Truppe eingezogen wurde, übernahm ich den Dienst dieses Beamten, der für mich als 19 jähriges Mädchen sehr verantwortungsvoll war. Ich hatte nicht nur den innern, sondern aus Sparmaßnahmen auch den Außendienst zu versehen. Abwechselnd mit meinem Vater Tag und Nachts gehorchte ich meiner Pflicht. Ich fühlte mich glücklich hinter der Front dies tun zu dürfen.

Öfters überflogen feindliche Flieger unsere Bahnstrecke. Unser Bahnhof lag dann ganz ohne Licht, nur ganz kleine Kerzen durften gebrannt werden, was mir den Dienst sehr erschwerte. Eines Tages als gerade ein Personenzug in unserem Bahnhof hielt, überflogen wieder feindliche Flieger den Bahnhof. Diese Flieger wurden von Flakgeschützen des Mutziger Forts[3], daß sich in der Nähe befand, beschossen. Daß Zugpersonal flüchtete in Deckung, doch ich konnte meinen Platz nicht verlassen. Dicht neben mir flog ein Stück von einem Schrabnell[4] runter. Später erfuhr ich, daß diese Flieger den Hausberger Bahnhof (Strassburg) bombardiert hatten, wobei ein Mädchen, daß auch den gleichen Dienst versah wie ich, getötet wurde.

Am 29. August 1917 verheiratete ich mich.[5] Mein Mann war Berufssoldat und stand an der Westfront. Trotzdem blieb ich im Bahndienst tätig, bis zum

November 1918, als unser herliches Deutschland durch Landesverräter den Dolchstoß bekam. Am 9. November 1918 hatte ich dienstlich in Strassburg zu tun. Beim Verlassen des Strassburger Bahnhofs entbot sich mir vor diesem nach menschlichem Ermessen ein ungeheuerliches Bild. Ich wurde Augenzeuge, wie einem alten Offizier die Achselstücke abgerissen und ihm der Degen mit Gewalt abgenommen wurde, der dann von diesen Hallunken zerbrochen wurde. Dem alten Herrn kamen die Tränen. Schmerzerfüllt mußte ich sehen, daß auch nicht ein beherzter Mann da war, der diesem Treiben halt bot. Diese Leute gebärdeten sich, als seien sie aus einem Irrenhaus losgelassen. Ob dieses Treibens sah ich mit banger Sorge in die Zukunft. Am 14. November 1918 kam mein Mann mit einem Fahrrad von der Westfront, um noch zu retten, was zu retten war. Die Franzosen waren ihm schon auf den Versen.[6] Wir packten das Nötigste zusammen. Mein Mann wollte mich nicht zurück lassen und so fuhren wir am 17. November schwergedrückt von der Heimat fort.

Die Fahrt ging ins Blaue, da mein Mann nicht wußte, wo sein Regiement stationiert wurde. Wir fuhren nach Kassel. Der Zug war überfüllt. Ich sagte mir, wenn das nur gut geht. Die Dächer des Zuges, die Bremserhäuschen, die Trittbretter, alles war mit Soldaten besetzt. Die Achsen der Wagen krachten ständig. Zwischen Frankfurt und Kassel blieb der Zug auf freier Strecke 7. Stunden liegen, weil in der Nähe auf der Strecke etwas nicht in Ordnung war.

In Kassel erfuhren wir dann, dass das Regiement meines Mannes nach Grebenstein b. Kassel käme. Nach ungefähr 14. tägigem Marsch rückte das Husarenregiement in Grebenstein ein.

Da mein Mann wie ich schon erwähnte Berufssoldat war, wollte er seine 12 jährige Dienstzeit beenden, denn er hatte nur noch 1 ½ Jahre. Im Frühjahr 1919 ging das Regiement meines Mannes auf den Truppenübungsplatz Ohrdruf i. Thür.[7] Da ich nun Heimatlos geworden war, ging ich auch mit meinem Mann dorthin.

Nun bekam ich große Sehnsucht nach meinem Kinde, das ich bei meinen Eltern im Elsaß zurück gelassen hatte.[8] Briefe gingen zu dieser Zeit noch nicht dorthin. Ich entschloß mich dann bei dem französischen Konsulat mir die Erlaubnis zu erbitten, mir mein Kind zu holen, doch ich kam das verweigert. Jetzt mußte ich es mit einer Raffinesse versuchen. Ich reiste nun auf meinen Mädchennamen. Am Donnerstag vor Pfingsten 1919 vormittags 11 Uhr mußte ich mich in Frankfurt am Bahnhof melden. Von da ging es mit einem Transport nach Griesheim b. Darmstadt.

Ich wußte erst garnicht was das zu bedeuten hatte. Doch in Griesheim angekommen warteten ungefähr 50 franz. Soldaten mit Gewehren auf unseren Transport. Es ging in die Quarantäne nach dem Griesheimer Truppenlager.[9] Dort angekommen, wurde uns das Gepäck abgenommen und desinfiziert. Nun mußten wir immer zwei Frauen zusammen mit Kindern nackt unter die Wasserdusche. Der Körper war von der großen Hitze naßgeschwitzt. So standen wir lange und warteten auf unsere Kleider, die noch im Desinfektionsraum waren. Nachdem wir die Kleider wiederbekommen hatten, wurden wir allesamt geimpft und untersucht, besonders nach Läuse. Eine Frau mit zwei Kindern und Dienstmädchen die Kopfschuppen hatten, mußten in die Läusebarake. Ich hatte mich überzeugt, die Frau war sehr sauber. Aber eine Wärterin erklärte mir, daß wären Amerikanische Läuse. Die Untersuchung wiederholte sich jeden Morgen um dieselbe Zeit. Die Galle ist mir manchmal dabei gestiegen, aber man mußte schweigen. Da habe ich den richtigen Geschmack von den Franzosen bekommen. Das Essen war reichlich und gut, aber der Appetit fehlte. Nachts getraute man sich nicht zu schlafen, den ringsum standen Soldaten als Wachposten und die Türen konnten nicht verschlossen werden. Die Mäuse machten des nachts über den Betten her, weil die Lebensmittel umherlagen.

Ich besonders wurde von den Franzosen unter die Lupe genommen, da sie meinen Angaben nicht glauben schenkten. Ich mußte mehrmals vor dem Kapitänleutnant erscheinen und wurde dort verhört. Hierauf mußte ich ein Gesuch an den General Mangin[10] in Mainz machen, daß dann endlich telegrafisch genehmigt wurde. Am Pfingstdienstag 1919 ging es glücklich wieder in Begleitung von Soldaten mit aufgepflanztem Seitengewehr nach dem Griesheimer Bahnhof. Mir blieb die Erholung in der Quarantäne noch lange in Erinnerung. Ich bekam einen heftigen Husten, der mehrere Wochen anhielt und bekam einen Lungenspitzenkarthar, der nie ganz verschwand. Im September 1919 schrieb mir mein Mann aus München, daß er mit seinem Truppenteil zur Niederwerfung des Spartakus dorthin beordert gewesen sei.[11] Er bat mich dann, nachdem wieder Ruhe in Deutschland eingetreten sei, mit meinem Kinde zurück zukommen. Da meine Eltern Altelsässer sind, war es schwer die Ausreise zu bekommen.[12] Es kostete mich viel Mühe. Aber ich bestand darauf, daß ich Deutsche bin und zu meinem Mann zurück wolle. Am 4. Oktober 1919 wurde ich dann ausgewiesen und hatte somit alle Rechte in meiner Heimat verloren.

Am Bahnhof Neudorf wurden wir mit noch vielen Deutschen Volksgenossen verladen.[13] Drei Stunden lang stand ich mit meinem Kinde auf dem Arm, bis man mich ausgesucht hatte. Ich mußte mich samt dem Kinde, daß im Alter von 14. Monaten stand vollständig entkleiden. Mit 35 kg. Gepäck mußte ich meine Heimat verlassen. Ich war froh, als sich der Zug endlich nach Offenburg (Baden) in Bewegung setzte und ich so dem Mutterlande zufuhr. Ich fuhr dann nach Immenhausen b. Kassel wo mir vaterlandsliebende Menschen eine 2te Heimat boten.

Im Juni 1920 ließen wir uns nachdem mein Mann eine Stelle bei der Polizei in Darmstadt erhalten hatte, nieder.[14] Ich hatte mich in dem politischen Gewoge bald zurecht gefunden und ging meinen nationalen Weg, den ich von meinen Eltern anerzogen bekommen hatte weiter. Da ich als Kind gern die Weltgeschichte lernte und für alles was an solches grenzt mich interessierte, gestärkt noch durch das Frauenwahlrecht, was ja leider für Deutschland ein Nachteil war, interessierte mich auch die Politik. Ich hätte mir als Deutsche Frau ein Gewissen daraus gemacht, an die Wahlurne zu gehen, ohne mich selbst vergewissert zu haben, tue ich meinem Vaterlande kein Unrecht an. Leider wurde ich in den Jahren bis 1924 oft von Krankheit heimgesucht. Und so konnte ich mich schlecht orientieren, über manches was mir Kopfzerbrechen gab. Ich wohnte zu dieser Zeit in einen Villenviertel in Darmstadt, wo man den Klassenkampf oft zu spüren bekam, was mir bis zu dieser Zeit unbekannt geblieben war. Ich sagte mir, so sieht die Deutschnationale Partei aus.[15]

Mein Interesse für Politik wurde immer stärker. Als ich mich gesundheitlich wohler fühlte, besuchte ich regelrecht die Landtagssitzungen. Bei den Landtagssitzungen war an den Tagen um 4 Uhr morgens meine Nacht zu ende, denn ich mußte vorkochen und meine drei Kinder versehen. Auch besuchte ich des öfteren politische Versammlungen verschiedener Richtungen. Ich fragte mich oft, ist denn garnichts da was national ist, und doch auch für die ärmere Bevölkerung. Durch diesen Klassenkampf, den ich zu dieser Zeit, da ich unter solchen Menschen wohnte so recht zu spüren bekam, wäre ich bald ins Kommunistenlager geraten. Es gab für mich große seelische Kämpfe. Ich erklärte meinem Mann zu seinem Entsetzen, ich sei Kommunist. Ich konnte diese Schlemmerei nicht mehr mit ansehen, die sich diese Leute leisteten und andere dagegen hungern mußten.

Da es nun zu einer Wahl ging, wurde ich immer unruhiger. Ich wollte doch für Volk und Vaterland meine Stimme abgeben, was für meine Begriffe Gewissenssache ist. Bis zu dieser Zeit hatte ich Versammlungen aller Richtungen besucht, nur noch keine kommunistische. Ich entschloß mich, einmal zu sehen, ob es mit meiner Gesinnung übereinstimmt. Aber »o schreck« ich war noch keine Viertelstunde in einer Kommunistenversammlung drin die im Gewerkschaftshaus stattfand, so fiel es wie Schuppen von meinen Augen, daß ich keine Kommunistin war. Denn was bot sich meinen Ohren und Augen. Ich schämte mich vor mir selbst, daß ich einmal geäußert habe, Kommunistin zu sein.

Von Adolf Hitler hatte ich seinerzeit zu meinem größten Bedauern noch keine Ahnung. Ich hatte wohl 1923 von meinem Mann von dem Putsch erfahren und bedauerten seinerzeit lebhaft, daß dieser nicht gelungen sei. Trotzdem blieb mir fremd, daß Hitler eine Partei führte. Die Inflation und der Parteihader der immer mehr einsetzte und Kuruption um Kuruption überhand nahm, brachte mich immer mehr zu der Erkenntnis, daß in Deutschland der rechte Mann am Steuer fehlte.

Als 1925 die Reichspräsidentenwahl stattfand, da hatte ich kein zögern, denn Generalfeldmarschall v. Hindenburg kam für mich als Kandidat nur in Frage. Das hatte ja auch nichts mit Partei zutun.[16] Einmal ging ich zur Wahl, wenn ich nicht irre, war es im Jahre 1926, da wollte ich nur einen weißen Zettel einwerfen.

Ich bekam aber unter diesen vielen Parteiangeboten bei der Wahl auch einen Zettel, worauf der Völkische Block verzeichnet war.[17] Ich studierte diesen Zettel mindestens ¼ Stunde und wußte nun als ich lange genug überlegt hatte, daß Völkisch vaterländisch bedeutet und so wählte ich Völkischer Block.

An diesem Abend ging ich befriedigt und ruhig schlafen, da ich nun einen kleinen Anhaltspunkt hatte.

Im Jahre 1926 nahm ich an einer Weihnachtsfeier des Vereins der Elsass Lothringer teil. Ich traf mit einem ausgewiesenen Volksgenossen zusammen.[18]

Dieser unterhielt sich mit mir über Politik. Obschon ich bei Veranstaltungen gerne mal lustig war, kam es mir den Abend wichtiger vor, über solches mich zu unterhalten. Ich hatte einen Volksgenossen vor mir, der durch und durch den Nationalsozialismus kannte. Ich saß vor diesem Mann und laß ihm jedes Wort vom Munde ab. Genau so, als ob mir meine Großmutter Geschichten erzählte. Ich hätte diesem Herrn die ganze Nacht zuhören können. In meinem Innern wurde öfters die Stimme vernehmbar: »Ja ganz recht, so meinte ich es schon immer«. In dieser Stunde wußte ich endlich, nach vielem Suchen und Kopfzerbrechen wo ich hingehörte. Denn es war mir sehr leicht das zu werden, da ich es ja schon immer war ohne daß ich es wußte.

Da Adolf Hitler Leute brauchte, die gerne bereit waren, als Kämpfer gegen den Marxismus zu stehen und die bereit waren für die heilige Idee unseres geliebten Führers gerne zu bluten und zu sterben, war es mir klar, daß hier mein Ziel und Wunsch erreicht. Es war mir als entzündete sich in mir ein Feuer für diese Bewegung und ich spürte, daß man den Nationalsozialismus nicht lernen sondern erleben müsse. Und ein Zweitesmal im Leben, genau wie im Krieg bedauerte ich, daß ich kein Mann sei.

Zu dieser Stunde kam mir der Schwur über die Lippen, auch als Frau alles dran zusetzen um Schritt für Schritt, diese Partei und Führer mit meiner ganzen Kraft zu unterstützen. Ich erklärte nun alle diese Vorgänge meinem Mann, der auch mir gleich in Allem zustimmte, und mir versprach das Gleiche für Führer und Vaterland zu tun. Ich sagte jedem der sich mir in der Sache entgegenstellte, den Kampf an. Mit Stolz trug ich die kleine Hakenkreuznadel. Von 1927 an besuchte ich dann so oft es mir die Gelegenheit bot die Versammlungen der Bewegung. Kaufte mir Zeitungen und Schriften um mich in der Sache auszubilden, um auch andere Volksgenossen aufklären zu können. Die Kleinarbeit in der Bewegung war sehr wichtig. Kein Lieferant, Hausierer, Bettler oder wer sonst an meine Türe kam, blieb von der Politik meinerseits verschont. Manchmal kochte mir die Milch über, aber das schadete alles nichts, denn es mußte gearbeitet werden.

Mein Mann der im Polizeidienst stand, konnte nur im Geheimen arbeiten und so mußte ich doppelte Aufklärungsarbeit leisten.

Im Jahre 1929 setzte der Kampf in Hessen heftig ein. Wir bekamen Stadtratwahlen. Unsere Arbeit lohnte sich, denn wir bekamen 5. Sitze in das Stadtparlament, wo wir bis jetzt noch keinen hatten. Jetzt wurden die Gegner sehr verbittert auf uns Nazis.

Im Oktober 1929 wurde hier eine Frauenschaft gegründet, der ich mich auch anschloß und die Mitgliedsnummer 27. bekam. Der größte Teil unserer SA. und Parteigenossen waren arbeitslos. Die Not wurde immer größer. So war die Frauenschaft einer der wichtigsten Organisation innerhalb der Bewegung. So wurde zur Linderung der Not viel beigetragen und jeder teilte gern mit dem der nichts hatte. So wurde diese Not zu einer rechten Kameradschaft geschweißt.

Um die Verbundenheit mit der SA. und der Bewegung auch äußerlich zum Ausdruck zu bringen kam mir der Gedanke mir eine braune Frauenbluse zu nähen, wo sich auch gleich 2 gute Bekannte anschlossen und das Gleiche taten. So führte ich in Darmstadt die braune Bluse ein. Ich trug sie von morgens bis zum Bett gehen. Eines Tages als ich auf dem Markt erschien, gab es ein Hallo. Die Gegner geiferten vor Wut, daß nun auch schon die Frauen in Uniform kämen. Zwei Kommunistenweiber machten mir nach, unter den größten Beschimpfungen. Spezialausdrücke wie: »Hitlermensch, Hitlermatratze, Hitlersäue« und andere schamlose Wörter prasselten auf mich hernieder, die ich unerwähnt lassen will. Ich war gezwungen in die Straßenbahn zu flüchten. An diesem Tag mußte ich an der Stadtkasse das Schulgeld für meinen Jungen bezahlen. Auf der Straße wurde ich schon von einer Horde des Untermenschentums verfolgt. Nach dem ich wieder aus der Stadtkasse herauskam, versperten mit diese Halunken den Weg, sodaß ich mich hindurchzwingen mußte. Als ich nach Hause kam machte ich die Wahrnehmung, daß ich auf dem Rücken verspuckt war, was dann öfters vorkam. Aber desto härter wurde ich, da ich doch täglich hören und sehen mußte, daß meinen SA. Brüdern tagtäglich viel schlimmeres wiederfuhr.

Im Dezember 1929 Anmeldungsdatum 1.4.1930 trat ich für meinen Mann in die Partei ein, da er selbst für sich persönlich nicht in Anspruch nehmen konnte, da die Behörde zu sehr auf uns Aufmerksam gemacht wurde. Ich erhielt die Mitgliedsnummer 218054. Am 3. August 1930 sprach Adolf Hitler in der Frankfurter Festhalle vor 22000 Menschen.[19] Ich habe den Führer das erste Mal gesehen. Um 4 Uhr nachmittags war ich in der Halle. Um ½ 9 Uhr erschien der Führer. Die Freude in mir war unbeschreiblich. Diesen einfachen Mann mit einem treuen aufrichtigen Blick strahlte Sonnenwärme von sich in die 22000 begeisterten Menschen. Ich werde diesen Tag im Leben nie vergessen. Denn wer einmal Adolf Hitler gehört hat, war ihm ergeben.

Am 14. September 1930 war die Reichstagswahl. Wir hatten großen Sieg zu verzeichnen. Man merkte es den Gegnern an den Gesichtern, daß in Deutschland ein anderer Wind weht. Aber auch der Kampf wurde schwerer. Selbst der Kampf um die Erhaltung der Existenz meines Mannes wurde schwieriger. Mein Mann wurde von seiner Behörde gedrückt wo sie nur konnten. Selbst seine Kollegen scheuten nicht zurück ihm Vorwürfe über meine Tätigkeit zu machen. Ich war dem roten Minister Leuschner[20] ein Dorn im Auge. da so viele Briefe an daß damalige Ministerium über meine Person gingen, ich würde die ganze Geschäftswelt durch meine Propaganda auf den Kopf stellen. Außerdem ging ein Rund-schreiben wegen meiner Person auf allen Bezirken, daß Beamte bestraft würden, wenn sie nochmals duldeten, daß ich auf den Bezirken Propaganda treiben würde und sie mich nicht entfernten. Jemehr ich aber bekämpft wurde, desto fanatischer wurde ich im Kampf für das kommende Dritte Reich.

Trotz Anfeindungen und Bedrohungen denen ich täglich ausgesetzt war, ging ich unbeirrt meinen geraden Weg weiter. Wo ich nur konnte, setzte ich meine Propaganda ein. Selbst in dem Herrengarten habe ich manche schöne Arbeit zu verzeichnen.[21] Oft sass ich auf einer Bank am Prinzeßchendenkmal zwischen Sozial und Kleinrentnern.[22] Diese Leute warteten schon immer, auf meine Zeitungen und Programms die ich ihnen brachte.

Was ich von meinem Wirtschaftsgeld herauswirtschaften konnte, verwandte ich zum Kauf von Propagandamittel. Mitunter mußte auch noch das Taschengeld meines Mannes herhalten. Ein Spießer der sich hierbei in seiner Ruhe gestört fühlte, erklärte mich als eine schreckliche Person. Er machte die Bemerkung, ich solle lieber heim gehen und das Essen kochen, oder mich in den Reichstag wählen lassen. Darauf erwiederte ich ihm: »Wenn wir lauter solche Leute heben wie Sie, dann hätten wir Frauen bald ausgekocht, dann können Sie schlafen und die Kommunisten nehmen Sie samt ihrem Bett weg.« Wir wollen das Deutsche Volk aus seinem Dornröschenschlaf wecken und dazu ist auch die Frau berufen.

Meine Kinder sollen nicht einmal sagen, Mutter wo hast du gestanden als Deutschland der Ruin drohte.

Im Mai 1931 nahm ich an einem Aufmarsch der SA. in Reinheim i. Odw. teil. Ich bin früh morgens hingefahren um unseren Darmstädter SA. Männern beim Einmarsch in Reinheim ein kräftiges »Heil Hitler!« zu zurufen. Die Propaganda auf dem Land war von großer Wichtigkeit. Ich besuchte dort noch Bekannte von denen ich wußte, daß sie unserer Bewegung noch fern standen.

In dieser Familie waren verschiedene Parteirichtungen vertreten, nur nicht die unsrige. Mir machte es großen Spaß so einen politischen Vortrag von ungefähr 3. Stunden führen zu dürfen. Es war so interessant zu hören, was man über uns bösen Nazis so dachte. Die Zeit ging so schnell vorüber, daß ich beinahe meinen letzten Zug versäumt hätte. Den Abend hatte ich schnell beim Schlafengehen mein Gewissen erforscht, da ich wußte, daß meine Arbeit nicht ohne Früchte bleiben werde. Denn ich habe stets des Abends im Bett meine geleistete Arbeit für die Bewegung überprüft. Konnte ich hierbei feststellen, daß ich evtl. noch mehr hätte leisten können, so wurde dieses am nächsten Tage doppelt nachgeholt.

Bald darauf war eine Versammlung in Ober-Ramstadt. Es sprach unser Programmatiker Gottfried Feder.[23] Da gab es für mich kein Daheim bleiben. Mein Mann unterstützte mich ständig im Haushalt, so daß es mir auch möglich war, Versammlungen außerhalb zu besuchen. Gottfried Feder war für mich der Mann, dem ich am liebsten zuhörte. In Ober-Ramstadt mit noch einigen Darmstädter Parteigenossinnen angekommen, stand vor dem Versammlungslokal alles voll S!P!D. und Kommunen und johlten, als sie uns Frauen sahen. Wir gingen durch den Saal, wo bis dahin keine weibliche Person außer uns zu sehen war. Frauen auf dem Land waren halt ängstlicher wie wir Stadtfrauen. Durch uns bekamen sie Mut, und kamen eine nach der anderen in die Versammlung. Daß war mein Prinzip an den Versammlungen auf dem Land teilzunehmen. Denn ich hatte mir schon so viele Erfahrungen gesammelt, daß wenn die Frau zu unserer Sache bekehrt war, der Mann mir nach einiger Zeit auch sicher war.

Nicht unerwähnt möchte ich lassen, daß ich auch an manchen politischen Gerichtsverhandlungen teilgenommen habe, die gegen Führer und Redner unserer Bewegung geführt wurden. Es war manchmal sehr schwer seinen Mund zu halten, wenn man diese einseitigen Urteile der Richter hörte. Einmal wurde ich und eine Parteigenossin gemaßregelt, wenn wir uns nicht ruhig verhielten, wir vorgeführt und bestraft würden. Beim Verlassen des Gerichtssaales gab es erst recht ein kräftiges »Deutschland erwache«.

Im Juli 1931 kam eines Morgens ein blauer Brief für meinen Mann. Es war die Strafversetzung für ihn, wegen meiner politischen Tätigkeit. Aber auch das konnte mich nicht von meinem fanatischen Kampf abhalten. Aus Protest nähte ich mir eine 4 ½ mtr. Hakenkreuzfahne um sie bei jeder sich bietenden Gelegenheit in Verbindung mit Hakenkreuzlampions zu hissen, worüber der rote Minister Leuschner sehr aufgebracht war, da er gerade in der Straße wohnte. Für mich war es eine Genugtuung. Es war die erste Hakenkreuzfahne, die von einem Polizeibeamten der im Dienst stand in ganz Hessen gehißt wurde. Auch veranlaßte ich meinen Jungen der im 12. Lebensjahre stand in das Jungvolk einzutreten, obschon er seit dem Jahre 1929 das Braunhemd trug. Damit die Herrn am damaligen Ministerium nicht der Meinung waren, sie hätten mich durch ihre Maßnahmen gegen meinen Mann unschädlich gemacht, so erklärte ich diesen, daß ich durch die Versetzung meines Mannes nur einen neuen Wirkungskreis bekommen hätte. Allerdings erregte die Versetzung meines Mannes eine Gemütsverstimmung in der ganzen Familie, da wie ich Eingangs schon erwähnte, schon einmal und zwar von den Franzosen vertrieben wurden. Darmstadt war daher für uns eine zweite Heimat geworden.

So hart wie diese Versetzung meines Mannes auch war, da stärkend war für uns auch das Versprechen des ehm. Gauleiters Peter Gemeinder,[24] daß das Unrecht wieder gut gemacht würde. Leider kurz darauf erlebte ich einer meiner schwersten Tage im Leben da unser ehm. Gauleiter Peter Gemeinder verstarb. Peter Gemeinder der ein streng gläubiger Katholik wurde daß kirchliche Begräbnis verweigert, da er ein Kämpfer für das Dritte Reich war und der NSDAP angehörte. Ich stand am Grabe mit noch drei Frauen der Frauenschaft. Da ich selbst Katholik bin, glaubte ich in Stücke gehen zu müssen, daß man uns Katholiken auch noch von Seiten der Kirche drückt. Ich trug mich mit dem Gedanken herum, wenn dieser unkanonische Geist der Klerikalen nicht aufhörte, aus der Kirche auszutreten. Es waren große seelische Kämpfe für mich. Meinen Glauben habe ich nicht verloren doch die äußeren Formen unserer Kirche sind mir damals doch verloren gegangen. Und dennoch, auch dieses Opfer mußte gebracht werden.

Nach all diesen Erlebnissen mußte wieder mit neuer Kraft weiter gearbeitet werden, denn die Hessische Landtagswahl November 1931 stand vor der Türe. Nun setzte der Kampf in erhöhtem Maße ein. Allein konnte ich nach den Versammlungen nicht mehr nach Hause gehen. Ich wurde sehr oft mit Zusammenschlagen bedroht. So war ich gezwungen mir Abwehrmittel einzustecken. Denn mein Begleiter ein Volksgenosse, den ich auch unserer Bewegung zugeführt hatte, durfte nichts einstecken, da man es ihm bei einer Leibesvisitation abgenommen und ihn dafür bestraft hätte. Ich mußte stets eine Pistole bei mir führen, um mich vor hinterlistigen Überfällen der entmenschten Bestien zu schützen. Einmal mußte meine Waffe sogar im Hosenbein verschwinden, da ich an einem Abend am Versammlungslokal merkte, daß etwas nicht in Ordnung sei und sogar Frauen die Handtaschen durchsucht wurden.

Eines meiner weiteren Erlebnisse soll nicht vorenthalten bleiben. Ein Reisender meldete sich an meiner Türe um mir ein Versicherungsmodenblatt zu empfehlen. Ich gewährte ihm Einlaß in meine Wohnung. Im Gerede, daß ich stets bei jedem Besuch auf die Politik lenkte, erkannte ich in ihm einen Kommunisten. Er aber erklärte mir, er sei Anarchist. Da wurde es zu meiner heiligen Pflicht all meine häuslichen Arbeiten liegen zu lassen und hier meinen Dienst für mein Vaterland zu verrichten. Hier habe ich meine ganze politische Kunst angewandt um ihn von unserer Sache zu überzeugen. Diese Debatte dauerte mehrere Stunden. Wenn auch die Gegensätze groß waren, mußte es ihn doch interessiert haben, denn er bat mich, des Abends an einem Sektionsabend unserer Partei teilnehmen zu dürfen, der im Hansahotel Rheinstrasse stattfand. Meine Arbeit dürfte auch hier nicht umsonst gewesen sein, denn er nahm an dem Sektionsabend teil. Und wie ich später von einer Parteigenossin erfahren habe, hat dieser Mann sich später das Programm der NSDAP. gekauft.

Nachdem mein Mann nach seiner Versetzung 4. Monate in Viernheim verbracht hatte, wurde er am 1. Januar 1932 von dort aus nach Bensheim a. d. B. versetzt.[25] Nun entschloß ich mich mit meinen Kindern am 19. März 1932 nach Bensheim zu übersiedeln. Hier fing für mich und meine Kinder eine Leidenszeit an, denn Bensheim war eine der größten Zentrale des Leuschnerschen Systems. Eine Wohnung wurde mir zugewiesen gegenüber dem Volkshaus, um scheinbar unter ständiger marxistischer Kontrolle zu stehen. Auch hier ließ ich mich in meiner Tätigkeit keine Schranken setzen. Ich sowie meine Kinder wurden täglich bespuckt und beschimpft. Was ich während der Kampfzeit in Bensheim erlebte, kann ich nicht alles berichten, es würde zu weit führen. Doch soll hier einiges davon erwähnt werden.

Am 13. April 1932 wurde die SA. verboten. Das kam unseren Gegnern so recht. Nun glaubte der ehemalige Reichsbannerführer[26] von Bensheim, er müßte seine Freude darüber zum Ausdruck geben, daß er mich samt seinen Komplizen ungefähr 20 Mann vor meiner Wohnung, dermaßen belästigen und beschimpfen zu müssen, so daß eine Straßen-Zusammenrottung entstand. Man forderte mich mehrmals auf, die Straße zu verlassen, was ich entschieden ablehnte, da ich meinen Jungen, der im H. J. Dienst war, erwartete. An diesem Tage bestand insbesondere die Gefahr, daß sie meinen Jungen zusammenschlagen würden. Die schmutzigsten Witze, die mehr denn unerhört waren, wurden über unseren geliebten Führer losgelassen. Beleidigungen der übelsten Art fielen auf mich herunter. Selbst mit Zusammenschlagen wurde ich bedroht. Da sich diese drohende Haltung immer mehr zuspitzte, sah sich eine in der Nähe wohnende Wirtsfrau veranlaßt meinen Mann der sich gerade im Dienst befand, zu Hilfe zu rufen. Doch diese tel. Mitteilung erreichte meinen Mann nicht, da er gerade sich im Außendienst befand. Furchtlos hielt ich gegen diesen Abschaum der Menschheit stand und verließ nicht eher die Straße bis der letzte

Mann vor meinem Hause sich entfernt hatte. Nach diesem Zwischenfall begab ich mich in das Café »Braunes Haus« wo ich unsere Leidensgenossen vorfand.

Infolge der polizeilichen Durchsuchungen, die fast bei jedem SA. Mann vorgenommen wurde und selbst unsere Geschäftsstellen nicht verschont blieben, wurde ich von dem damaligen Gauschatzmeister gebeten, die Kartothekkarten der Partei in der Nacht in Empfang zu nehmen um diese für kurze Zeit aufzubewahren. Da mein Mann Polizeibeamter war, wäre diese bei uns am sichersten aufbewahrt gewesen. Ich wartete die ganze Nacht umsonst und erfuhr am nächsten Tage, daß sie nicht mehr durchkonnten und die Kartothek anderweitig untergebracht werden mußte. Dennoch freute ich mich dieses Vertrauens.

Mit welchen Mitteln uns das Untermenschentum in Bensheim zu bekämpfen versuchte, ergibt sich aus folgendem Vorfall: Am 12. Juni 1932 klingelte es an meiner Haustüre unaufhörlich. Man steckte in die Klingel an der Haustüre ein Streichholz. Ich konnte die Klingel nicht abstellen, da in meiner Wohnung keine Vorrichtung vorhanden war. Man wollte mich anscheinend aus der Wohnung locken. Als ich am Flurfenster herunterschaute, bemerkte ich unten hinter dem Zaungitter 3. Kerle stehen, die nur warteten bis ich die Haustüre aufschloß. Infolge der Dunkelheit, hätten mich diese Halunken zusammenschlagen können, ohne daß es von jemandem bemerkt worden wäre. Doch ich kannte die Methode dieser Menschen, deshalb ging ich wieder in meine Wohnung, und wickelte um die elektr. Klingel einen Lappen um das andauernde Schellen zu unterbinden.

Sogar die moralische Verkommenheit der Kinder trat in allen ihren Erscheinungen klar zu Tage. Sehr oft kam es vor, daß ich von diesen auf der Strasse belästigt und vom Fahrrad herunter gerissen wurde, nur um des Hakenkreuzwimpels willen, den ich am Rade hatte. Ich bemühte mich die Lehrerschaft und den Rektor auf diesen unhaltbaren Zustand aufmerksam zu machen, doch begegnete man mich nur mit einem Achselzucken. Selbst Beschwerden bei der Polizei waren erfolglos.

Am 4. August 1932 fuhr ich mit einem Frl. Keil aus Bensheim, mit dem Fahrrad nach Darmstadt. Wir mußten durch sehr rote Ortschaften fahren. Auf dem Hinwege nach Darmstadt, ging es noch mit gemeinen Beschimpfungen ab. Aber auf dem Rückwege von Darmstadt nach Bensheim sollte es etwas anders werden. Als wir Bickenbach durchfuhren, damals ein echtes kommunisten Nest, bekam ich von der dort lauernden roten Meute einen Pflasterstein in die Nierengegend. Ich konnte mir vor Schmerz nur mit der größten Energie auf dem Rade halten, und weiterfahren, da ich ja sonst schlimmerem ausgesetzt gewesen wäre. Ein Autobesitzer der diesen Vorfall mitansah und gerade vorbeifuhr, ermäßigte sein Tempo um uns noch schützend eine Strecke zu begleiten, bis wir außer Gefahr waren. An den Folgen des Steinwurfs habe ich heute noch manchmal schwer zu leiden.

Die Lage in Bensheim war manchmal zum Verzweifeln. Wenn ich nicht so einen festen Glauben gehabt hätte, daß der Sieg doch noch kommt hätten mich meine Nerven im Stich gelassen. Ich hielt mich an dem Grundsatz unseres

Führers: »es ist nicht unbedingt nötig daß wir leben, aber wenn wir leben unsere Pflicht tun.«

Infolge der gesundheitlichen Schäden die ich durch den Kampf erlitten hatte, wurde für mich eine Erholung notwendig. Da ich durch die Opfer des Kampfes keine Mittel besaß, war ich gezwungen, eine Erholung bei meinen Eltern im Elsass zu suchen. Wie ich gerade auf Erholung war erfuhr ich durch Rundfunk, daß unser geliebter Führer Adolf Hitler, am 30. Januar 1933 zum Reichskanzler ernannt wurde. Ich packte schleunigst meine Koffer, denn ich konnte es kaum erwarten diese Freude in Deutschland miterleben zu dürfen. Alles Leid war vergessen.

Am 7. März 1933 hatte ich einen meiner schönsten Tage meines Lebens und der Kampfjahre zu verzeichnen. Gegen 7 Uhr morgens wurde ich durch Gesang auf der Strasse geweckt. Beim Öffnen der Fensterläden traute ich kaum meinen Augen, unsere SA. aus Bensheim hatte das Volkshaus besetzt.[27] Es dauerte keine 10 Minuten so waren die Parteifahnen der Marxisten ein Raub der Flammen. Es war für mich ein großes Erlebnis da nun der lang ersehnte Sieg seinen Einzug hielt. Meine Hakenkreuzfahne wurde dann an Stelle der Drei Pfeilchenfahne aufgezogen. Es gab nun viel zu tun und das tat ich von Herzen gerne. Ich hatte diesen Tag die Ehre, meine SA-Brüder die das Volkshaus besetzt hielten zu bewirten. Unermüdlich kochte ich Kaffee und schleppte Lebensmittel zusammen denn manche von ihnen waren durch den Wahlkampf vollkommen entkräftet.

Der Kampf mit all seiner Tragik war nun beendet. Doch die Erinnerung wird in mir weiterleben in dem Bewußtsein, meine Pflicht den Vaterland gegenüber getan zu haben.

Das Unrecht, das uns durch das marxistische System angetan war, wurde dadurch gut gemacht, daß mein Mann von Bensheim wieder nach Darmstadt und zum Trotz unserer Gegner zurück versetzt wurde. So konnten wir die Revolution mit all den folgenden Siegesfeiern am Ausgangspunkt unseres Kampfes miterleben.

Pg. Frau Helene Radtke
Darmstadt
Moosbergstrasse 94 II

1 *Helene Radtke*: Vgl. BArch, NSDAP-Ortsgruppenkartei, Radtke, Helene 4.5.1896, Film xx32 (MFok) R0044 sowie Archiv der Stadt Bensheim, Melderegister, Helene Radtke, geb. Schranz, geb. 4. Mai 1896 in Holzheim/Elsass.

2 *Holzheim*: Die Kleinstadt Holzheim war von 1871-1918 ein Teil des Deutschen Reiches und fiel, wie das gesamte Elsass, 1919 an Frankreich. Sie trägt heute den Namen Holtzheim.

3 *Mutziger Fort*: Das Mutziger Fort, eigentlich »Feste Kaiser Wilhelm II.« (heute: Fort de Mutzig), wurde ab 1893 zur Sicherung Elsass-Lothringens gegen Frankreich auf einem Berg nahe der Stadt Mutzig gebaut. Es diente insbesondere dem Schutz des nahen Eisenbahnknotenpunktes Molsheim und war die (bau-)technisch modernste Festung des Deutschen Reiches Im August 1914 wurde der von Helene Radtke erwähnte fran-

zösische Vormarsch mit Hilfe des Forts gestoppt. Vgl. Association Fort de Mutzig/ Förderverein Feste Kaiser Wilhelm II., Die Feste, Geschichtsabriss, URL: http://www.fort-mutzig.eu/pages/_menu/menu_d.html# [online am 2. September 2015].

4 *Schrabnell*: Gemeint ist das Schrapnell, eine mit Metallkugeln gefüllte Granate, die kurz vor dem Ziel explodierte. Diese Artilleriemunition wurde im Ersten Weltkrieg bis etwa 1916 eingesetzt und wirkte im Einsatz gegen Menschen und Tiere verheerend.

5 *... verheiratete ich mich*: Die Verfasserin heiratete am 29. August 1917 in Molsheim/ Elsaß Polizeihauptwachtmeister Emil Hermann Richard Radtke. Vgl. Archiv der Stadt Bensheim, Melderegister, Helene Radtke, geb. Schranz.

6 *... auf den Versen*: Die deutschen Truppen räumten vom 11. November 1918 an das Elsass. Die französische Armee rücke nach und war damit den deutschen Uniformträgern auf den Fersen.

7 *Ohrdruf i. Thür.*: Auf dem Truppenübungsplatz Ohrdruf in Thüringen wurde zu der genannten Zeit, Frühjahr 1919, auf Veranlassung des Reichswehrministers Gustav Noske das Freikorps Hessen-Thüringen-Waldeck aufgestellt, unter dem Kommando von Franz Ritter von Epp. Eine Beteiligung von Emil Radtke ist möglich (vgl. Kommentar 11 ► Niederwerfung des Spartakus). Dieses 700 Mann starke, sogenannte Freikorps Epp war am 2. Mai 1919 maßgeblich an der blutigen Zerschlagung der Münchner Räterepublik beteiligt. Vgl. Wikipedia, Truppenübungsplatz, Thüringen, URL: http://de.wikipedia.org/wiki/Truppen%C3%BCbungsplatz#Th.C3.BCringen [online am 2. September 2015].

8 *Kind*: Die Kinder Helene Radtkes, zwei Söhne und eine Tochter, wurden zwischen 1918 und 1924 geboren. Vgl. Melderegister des Stadtarchivs Bensheim (Archiv der Stadt Bensheim, Melderegister, Helene Radtke, geb. Schranz.).

9 *Griesheimer Truppenlager*: Der Südwesten Hessens war von Ende 1918 bis 1925 französisch besetzt. Die Stadt Griesheim fungierte als Grenzübergang. Der dortige Truppenübungsplatz verfügte über einen Gleisanschluss und ein eingezäuntes Barackenlager, in dem ab Mitte August 1914 bis zu 15.000 meist französische, Kriegsgefangene untergebracht waren. Nach Kriegsende nutzten die französischen Besatzungstruppen die Einrichtung als Durchgangslager. Vgl. Hessisches Staatsarchiv Darmstadt, Digitales Archiv Hessen-Darmstadt, Darmstadt im Ersten Weltkrieg, Mobilmachung und »Augusterlebnis«, Die ersten Kriegsgefangenen: URL: http://www.digada.de/index.php?markup Text=griesheim&content=./wk1/kap3/augusterlebnis.htm [online am 2. September 2015].

10 *General Mangin*: Charles Mangin (1866-1925) war der kommandierende General der französischen Besatzungstruppen am Rhein (Rheinarmee), mit Sitz in Mainz. Vgl. Das Bundesarchiv, Akten der Reichskanzlei. Weimarer Republik, Biographien, URL: http://www.bundesarchiv.de/aktenreichskanzlei/1919-1933/0a1/adr/adrmr/kap1_1/para2_30.html [online am 2. September 2015].

11 *Niederwerfung des Spartakus*: Gemeint sein kann hier nur die oben erwähnte Zerschlagung der zu diesem Zeitpunkt von der KPD geführten Münchner Räterepublik durch das Freikorps Epp am 1. Mai 1919. Offenbar hatte Helene Radtke, die die gemeinsame Wohnung erst am Donnerstag vor Pfingsten, dem 5. Juni 1919, verließ, in dieser Zeit keinen Kontakt zu ihrem Ehemann. Der etwas irreführende Begriff Spartakus bezeichnet hier die KPD. Der linksextreme Spartakusbund war am 1. Januar 1919 in der neugegründeten KPD aufgegangen.

12 *Altelsässer*: Der Begriff bezeichnete jene, die vor der Angliederung des Elsass an Deutschland 1871 dort geboren wurden, sowie deren Nachfahren. Nach 1871 Zugezogene aus anderen Teilen des Deutschen Reiches waren von der Ausweisung aus dem Elsass betroffen, die auf Veranlassung der französischen Regierung zwischen 1918-1925 stattfand. Vgl. Manfred Höfer, Freiburgs Geschichte in Zitaten, Weimarer Republik, Nicht

ausreichend tricolor, URL: http://www.freiburgs-geschichte.de/1918-1933_Weimarer_Republik.htm [online am 2. September 2015].

13 *Bahnhof Neudorf*: Der Bahnhof Straßburg-Neudorf lag in unmittelbarer Nähe des Rheins und an der heutigen deutsch-französischen Grenze.

14 *Stelle bei der Polizei in Darmstadt*: Emil Radtke war von 1921 bis 1938 als Polizist in Darmstadt tätig. Eine Beförderung vom Polizeiwachtmeister zum Kriminalhauptwachtmeister erfolgte im November 1933. Hessisches Staatsarchiv Darmstadt: Findbuch zu Bestand G 12 C Polizei-Personalakten, Akte 2516: Radtke, Emil.; URL: https://arcinsys.hessen.de/arcinsys/einfachsuchen. action [online am 2. September 2015].

15 *Deutschnationale Partei*: Deutschnationale Volkspartei (DNVP).

16 *... nichts mit Partei zutun*: Am 26. April 1925 wurde Generalfeldmarschall Paul von Hindenburg vom deutschen Volk zum Reichspräsidenten gewählt. Hindenburg selbst war parteilos, kandidierte aber für die Rechtsparteien.

17 *Völkischer Block:* Der Völkische Block war ein Wahlbündnis völkischer Gruppierungen in Bayern, das Anfang 1924 gegründet wurde und bis Anfang 1925 bestand. Ihm gehörten führende Mitglieder der damals verbotenen NSDAP an, darunter Gregor Strasser und Julius Streicher. Der Völkische Block war der erste Versuch von Nationalsozialisten, auf legalem, parlamentarischem Wege an die Macht zu gelangen. Vgl. Kurt Bauer, Nationalsozialismus. Ursprünge, Anfänge, Aufstieg und Fall, Wien/Köln/Weimar 2008, S. 128.
In Hessen trat ein Bündnis aus NSDAP und DVFP (Deutschvölkische Freiheitspartei) bei den Reichstagswahlen am 6. Mai 1924 als »Völkischsozialer Block« an, bei den Reichstagswahlen vom 7. Dezember 1924 als »Nationalsozialistische Freiheitsbewegung«. Sein Stimmenanteil lag bei 2,9 Prozent bzw. 1,3 Prozent. Vgl. Andreas Gonschior, Wahlen in der Weimarer Republik, Hessen/Reichstag, URL: http://www.gonschior.de/weimar/Hessen/Uebersicht_RTW.html [online am 2. September 2015]. Die von Helene Radtke erinnerte Wahl hat demnach nicht 1926, sondern schon im Mai 1924 stattgefunden.

18 *ausgewiesene Volksgenossen*: Vgl. Kommentar 12 ► Altelsässer.

19 *Hitler in Frankfurter Festhalle*: Dies war Hitlers erster Auftritt in der Frankfurter Festhalle. Vgl. Hessisches Landesamt für geschichtliche Landeskunde, Landesgeschichtliches Informationssystem Hessen (LAGIS), Historische Bilddokumente, Hitler in der Frankfurter Festhalle 30. 8. 1930; URL: http://www.lagis-hessen.de/de/subjects/gsrec/current/1/sn/bd?q=Frankfurter+Festhalle+1930 [online am 2. September 2015]. Die 1909 eröffnete Frankfurter Festhalle diente zahlreichen Großkundgebungen der NSDAP. 1938 wurden jüdische Bürger, vor ihrer Deportation in Gefängnisse und Konzentrationslager, hier versammelt.

20 *Minister Leuschner*: Der Sozialdemokrat Wilhelm Leuschner (1890-1944) war von 1928 bis März 1933 hessischer Innenminister. Ihm unterstand die Polizei in Hessen und damit auch der Darmstädter Polizeiwachtmeister Emil Radtke, der Ehemann der Verfasserin. Leuschner veröffentlichte 1931 die geheimen »Boxheimer Dokumente« (Pläne zur gewaltsamen Machtübernahme) der NSDAP. Damit war er Zielscheibe nationalsozialistischer Hasspropaganda und Gewalt. Anfang 1933 verweigerte Leuschner in seiner Funktion als freier Gewerkschaftsführer die Zusammenarbeit mit der nationalsozialistischen Deutschen Arbeitsfront (DAF). Von Mai 1933 bis Juni 1934 wurde er in verschiedenen Konzentrationslagern gefangen gehalten. Anschließend arbeitete Leuschner im gewerkschaftlichen Widerstand und stand in Kontakt zum militärischen Widerstand (Kreisauer Kreis) sowie zum zivilen Widerstand (Gruppe um Carl Friedrich Goerdeler). Er wurde schnell mit dem Hitler-Attentat vom 20. Juli 1944 in Verbindung gebracht, da er in der von Goerdeler geplanten Regierung als

Vizekanzler vorgesehen war, und im September 1944 in Berlin-Plötzensee hingerichtet. Vgl. Weiß, Biographisches Lexikon, S. 298.

21 *Herrngarten*: Der Herrngarten ist ein ehemals großherzoglicher Park in Darmstadt. Das dortige »Prinzeßchendenkmal« erinnert an Prinzessin Elisabeth von Hessen, die 1903 im Alter von acht Jahren starb. Vgl. Stadt Darmstadt, Darmstadt erleben, Sehenswürdigkeiten, Gärten und Parks, URL: http://www.darmstadt.de/darmstadt-erleben/sehenswuerdigkeiten/parks-und-gaerten/herrngarten [online am 2. September 2015].

22 *Sozial und Kleinrentner*: Dieses waren gesellschaftliche Gruppen, die durch Weltkrieg und Inflation besonders betroffen waren. Zum Beispiel Kriegsinvaliden und -hinterbliebene, Inflations- und Liquidationsgeschädigte. Vgl. Eckard Reidegeld, Staatliche Sozialpolitik in Deutschland, Band 2, Sozialpolitik in Demokratie und Diktatur, Wiesbaden 2006, S. 135.

23 *Gottfried Feder*: Der Bauingenieur und NSDAP-Wirtschaftsexperte Gottfried Feder (1883-1941) entwickelte 1918 eine antikapitalistische Theorie, die die Verstaatlichung der Banken und die Abschaffung der Kreditzinsen vorsah. Teil seiner Forderungen war die Enteignung der Juden. (»Brechung der Zinsknechtschaft«, vgl. Abel-Biogramm/Nr. 195/Maria Engelhardt, Kommentar 7 ► Brechung der Zinsknechtschaft). Feder propagierte ferner einen »deutschen Sozialismus«, der bei der politischen Rechten, insbesondere beim linken Flügel der NSDAP, Anklang fand. Feder war von 1924-1936 Reichstagsabgeordneter der NSDAP. Vgl. Weiß, Biographisches Lexikon, S. 119 f.

24 *Peter Gemeinder*: Peter Gemeinder (1891-1931) war Gründungsmitglied und Ortsgruppenleiter der Frankfurter NSDAP, ab 1930 Reichstagsabgeordneter und ab Januar 1931 Gauleiter der NSDAP in Hessen-Darmstadt. Gemeinder starb nach einer Parteiveranstaltung am 30. August 1931 an einem Schlaganfall. Seine Beisetzung, an der Helene Radtke teilgenommen hat, fand am 2. September als nationalsozialistisches Großereignis auf dem Waldfriedhof in Darmstadt statt. Hessisches Landesamt für geschichtliche Landeskunde, Landesgeschichtliches Informationssystem Hessen (LAGIS), Peter Gemeinder, URL: http://lagis.online.uni-marburg.de/de/subjects/xsrec/current/7/ sn/bd?q=YToxOntzOjU6InNhY2hlIjtzOjI6IlNTIjt9 [online am 2. September 2015].

25 *Bensheim a. d. B.*: In der Stadt Bensheim an der Bergstraße, Rodensteinstraße 83, lebte Helene Radke bis Mai 1933. Ab Mai 1933 wohnte in diesem Haus die Alte Kämpferin Susi Jost. Vgl. Abel-Biogramm/Nr. 453/Susi Jost.

26 *Reichsbanner*: Vgl. Abel-Biogramm/Nr. 41/Marlene Heder, Kommentar 13 ► Reichsbanner.

27 *Volkshaus*: Gemeint ist das Haus Rodensteinstraße 90, damaliger Sitz der Arbeiterwohlfahrt, des Arbeitervereins und der Gewerkschaft.

Maria von Belli

Abel-Biogramm/Nr. 212/Maria von Belli
13 Seiten, maschinenschriftlich, undatiert.
Die Identität der Verfasserin ist authentisch.[1]

Name:	Maria von Belli, geb. Freiin von Perfall
Geburtsdatum:	unbekannt (1885-1900)
Geburtsort:	unbekannt
Alter:	34-50 Jahre
Familienstand:	verheiratet, ein Sohn
Wohnort:	Berlin
Elternhaus:	unbekannt
Ausbildung:	unbekannt
Beruf:	Ehefrau, Mutter, kurzzeitig Bäuerin
Parteibeitritt:	unbekannt
Mitgliedsnummer:	unbekannt
Werber:	unbekannt
Funktionen:	unbekannt

Charakteristische Aspekte des Biogramms:
Maria von Bellis Essay ist literarisch aufgebaut. Anhand von Impressionen ihres Lebens vermittelt sie ihre Anteilnahme am Aufstieg des Nationalsozialismus. Einige Jahre verbrachte die Verfasserin als Bäuerin in Bayern. Sie beschreibt das Dorfleben als Inbegriff sozialer Harmonie. Demgegenüber kritisiert sie den Materialismus und die Oberflächlichkeit des Lebens in der Hauptstadt Berlin. Maria von Belli gibt keine Informationen über ihre Kindheit und Jugend, sie nennt weder Orts- noch Personennamen.

Wie ich zum Nationalsozialismus kam

Als mir diese Frage vorgelegt wurde, musste ich mich ernsthaft besinnen. Es liegt soweit zurück, so unlösbar verankert in meinem Nachkriegsleben, dass ich es nur aus diesem heraus erklären kann. Ich kam zum Nationalsozialismus auf die allernatürlichste, einfachste Weise: Durch das Leben und das Aufhorchen auf die Vorgänge des Lebens und durch das Nachdenken und Vergleichen über Hitlers Einstellung und Gedankengänge darüber. So kam es.

Wir hatten im Juli 1918 geheiratet, während eines kurzen Urlaubes meines Mannes, der damals Hauptmann im Generalstabe[2] war. Mitte Oktober kam er verwundet in die Heimat zurück. Während er mit einem Beinschuss im Roten Kreuze in München lag, machten fremde, unheimliche Menschen Revolution. Sie sprachen ein gebrochenes Deutsch, traten als Matrosen gekleidet auf, eine Uniform, die man in Münchens Strassen kaum jemals gesehen hatte. An meines Mannes Krankenlager trafen sich die Offiziere des Lazaretts, die auf Krücken und Stöcken gehen konnten. Was nun? – Den Abschied nehmen. – Was dann? – Abwarten. – Aber wie lange? – Was konnte man unternehmen um indessen die Familie zu erhalten?

Mein Mann war entschlossen. Er wollte Landwirt werden. Er war Soldat aus innerster Überzeugung von seinen Jungensjahren an bis zu diesem 9. November 1918 gewesen. Bauer zu werden schien ihm jetzt das Alleindenkbare. Der Hunger hatte die Kraft der Heimat ausgesogen. Der Soldat, der nicht mehr kämpfen durfte, wollte als Bauer an die Wiederaufrichtung des Landes herangehen, sowie er wieder auf seinen Füssen stehen konnte. Es kamen zwei Lehr- und Wanderjahre. Wir lernten auf Gütern und Burgen. Wir sahen unsere Standesgenossen ganz nahe in ihrem täglichen Denken und Tun, im Verkehr mit ihren Untergebenen. Zu diesen gehörten nun ja auch wir.

Mein Mann übernahm ein Ochsengespann, verpflegte es und arbeitete damit wie die anderen Knechte. Er hatte in nichts etwas vor diesen voraus an seiner ersten Lehrstelle. Wenn er mehr galt, so war es, weil er bei geringerer Vergütung mehr zur Arbeit herangezogen werden konnte, nach des Tages Arbeit die nächtliche Stallwache bei einer tragenden Stute übernahm oder Sonntag Nachmittag den Leuten zur Verfügung stand, die dann Zeit hatten schuldige Beträge zu bezahlen. Er stahl keinen Hafer, nahm weder Milch noch sonst etwas heimlich für seinen Hausgebrauch und wenn man ihm das Versprochene an Naturalien nicht gab, so sprach er nicht darüber. Das Gesinde konnte sich nicht gleich daran gewöhnen, dass er ihm zugezählt wurde. Es begegnete ihm zunächst voll Misstrauen. Es fühlte, dass er kein Kamerad ihrer kleiner Unredlichkeiten und Faulenzereien werden würde. Auch nicht gegen den Herren mit ihnen auftreten wollte. So empfanden sie ihn zunächst einmal als störend. Aber seine Willigkeit, ihre Geschicklichkeit anzuerkennen, ihr Können gelten zu lassen, sein ruhiges Hinwegsehen über äusserliche Fremdheiten ihres Wesens, brachten ihn ihrem Verständnis näher. Zwischen Herren und Knechten arbeitend, beurteilte er schliesslich beide von einer höheren Warte aus. Freilich reiften diese Erkenntnisse und Duldsamkeiten viel langsamer wie die Früchte auf den Feldern, sonst wären wir lange vorher alle Hungers gestorben. Es war ein steter Kampf gegen das Verbittertsein und Hartwerden. Allein es bahnte uns den Weg zum Verständnis des Nationalsozialismus. Das Leben hatte uns in die Hand genommen und in die erste Schulklasse des Nationalsozialismus geführt. Dort stand das Eine an die Wand geschrieben: Uns schuf aus einem Stoffe die Natur!

Als mein Mann sich auf eigener Scholle selbständig machen wollte, zeigte es sich, das der Teufel im Lande umgegangen war und alles Geld zu einem dünnen, wertlosen Brei verschmolzen hatte, mit dem nichts mehr anzufangen war.[3] Was wir noch besassen, reichte eben noch zum Erwerb eines halb zerfallenen kleinen Bauernhäuschens im Isarmoos in Niederbayern mit 25 Tagwerk armen verwahrlosten Landes.[4] Es waren Einzelhöfe unter der Bezeichnung »die Oed« zusammengefasst. Das Kirchdorf lag eine Wegstunde entfernt.

Die Rittmeisterspension, die sich schliesslich in Milliarden ausdrückte und ein dickes Bündel Scheine darstellte, war äusserst gering. Aber ein eigenes Heim umschloss nun unsere kleine Familie mit dem zweijährigen Söhnchen.[5] Wir arbeiteten und mühten uns um Land, das uns gehörte und hatten die Weite und Stille um uns. Freilich vieles Streben erstickte in Unkraut, vieles Hoffen ging in Sorgen unter. Der Tag hatte weit mehr Arbeitsstunden als die Nacht Ruhepausen. Wir rückten höher hinauf in der Schule des Nationalsozialismus. Es wurde etwas freier um uns, aber die Aufgaben nahmen zu und wurden schwieriger. Allein daraus erwuchs der Mut und die Zähigkeit wie Adolf Hitler sie besass, der sich den steinigsten Acker, unser Deutschland, als Arbeitsfeld ausersehen hatte. Von ihm wusste man schon im Jahre 1923 in der Oed. Zwar hatte keiner ihn gesehen, aber jeder hatte von ihm gehört. Die Zeitung, den »Boten« des nächsten Landesstädtchens, las man nur im Winter. Im Sommer hatte man hierfür weder Zeit noch Geld. Man ärgerte sich auch nur über seinen Inhalt. Denn es ging von Fehlschlag zu Fehlschlag, von Schwäche zu Ohnmacht, von Nachgiebigkeit zu Ehrlosigkeit, von Willkür zu Zügellosigkeit auf allen Gebieten im Reiche. Aber in der Oed gab es wie in patriarchalischen Zeiten die mündliche Ueberlieferung. Durch sie hörte man von Hitler, über den nichts geschrieben stand. Von seinem Ringen mit den dunklen Mächten, die das Volk seinen Feinden preisgaben, wenn nur die Feinde diese Büttel ihre Rolle weiter spielen lassen wollten. Wir gingen einig mit Hitler in tiefem Abscheu vor dem Tun dieser Regierungen.

Wir lebten einsam, von unsern Nachbarn durch Gärten getrennt, durch menschliches Verstehen mit ihnen verbunden. Die Anrede war Nachbar oder Nachbarin, Bauer oder Bäuerin. Der Verkehr ging sehr einfach über die Zäune hinweg. Unsere Kleidung passte sich unserem neuen Leben an. Man lebte möglichst bargeldlos durch Tausch. Gerät und Werkzeug, die Weckeruhr und sogar die Tinte wurde ausgeliehen. Man ergänzte sich gegenseitig. Wir übertrugen das Schreiben der Behörden in ein dem bäuerlichen Verständnis zugängliches Deutsch. Die alte Fischermutter übernahm die Einsaat des Klees in unseren Hafer, eine schwierige Kunst. Ich lernte das Melken und das Umgehen mit Bruthennen und Kälbern und half dagegen an Krankenbetten. Wir liehen im

Winter unsere Bücher aus, Wilhelm Raabes »Leute aus dem Walde«[6] und Selma Lagerlöfs »Christuslegenden«[7] und vieles andere. Ja, die Nachbarn fassten sogar Zutrauen zu unseren landwirtschaftlichen Büchern und liessen sich durch meinen Mann die Kunstdüngermischung berechnen.

Unser Kind unterschied sich wenig von den vielen Flachsköpfen, welche die Oedhöfe bevölkerten. Es lief barfuss wie sie mit einem Stück trockenem Schwarzbrot in der Hand durch die Pfützen und spielte des ganzen Tag mit ihnen. Die alte Nachbarin prophezeite: das wird a mal a richtiger Knecht, um mir etwas Liebes zu sagen und auf sein gesundes Wachstum und sein blühendes Aussehen hinzuweisen. Einstweilen waren die Bilderbücher, die Verwandte ihm schenkten, der köstlichste Besitz aller Kinder in der Oed. Auch die Erwachsenen, selbst Handwerker, die auf dem Hofe zutun hatten, sassen in den Arbeitspausen ganz beglückt darüber.

Es siedelten sich auch andere ehemalige Offiziere im Isarmoos an. Einige Stunden entfernt hatten Regimentskameraden mit ihren Familien einige Höfe erworben. Sie arbeiteten gemeinsam, unterrichteten ihre Kinder selbst und hielten tunlichst keine Dienstboten. Wir wussten von ihnen etwa so, wie man als Kind wusste: das begab sich hinter den Bergen bei den sieben Zwergen. Aber nicht weit von uns siedelte sich ein ehemaliger Fliegeroffizier an, ein junger, fröhlicher Mann der ein Bein verloren hatte. Er war Nationalsozialist wie sein Vater, ein ehemaliger Pastor, der etwas weiter ab, wo das Land fruchtbarer wurde, eine Obstsiedlung erwarb. Ein baltischer Baron kaufte in unserem Kirchdorfe einen Gasthof, den er aber nur als Landwirt betrieb. Er hiess gleichwohl der »Schimmerlwirt«. Er schrieb in kurzen Skizzen von unserem Alltag und hielt darin die sonnigen Seiten fest. Die Schatten erhellte der Witz seiner Darstellung. Kam einer am Wochentage, dann half er sogleich bei der Arbeit mit. Ich sehe noch den »Schimmelwirt«, der sich eine blaue Schürze von mir umbindet. Sein Monokel festklemmt und Saatkartoffeln in Stücke schneidet. Dabei sprach er von Hitlers Kampf über den Unverstand, über die törichte, mannesunwürdige Angst vor unseren Peinigern an Rhein und Ruhr.

Es entwickelten sich zwei Klassen Menschen in dieser Zeit. Die einen waren die »Hitlerschen«. Es waren ihrer schon sehr viele im Sommer 1923 bis 1925. Sie kannten sich alle untereinander, Gott weiss, woran. Ganz unerwartet wurde man daraufhin angesprochen. Die Leute reden dort so unvermittelt aus ihrem Denken heraus, und man muss das Vorhergegangene ergänzen. Da stiess einer zur Einleitung meinen Mann an, der auf dem Markt stand, unsere Ferkel zu verkaufen und sagte: »Woasst scho, dass man auf der Fabrik hinten Hakenkreuzl ang'malt hat?« Seine Pfeife behielt er dabei geschickt im Munde. Oder es lehnte einer plötzlich am Zaun des Gemüsegartens und sah eine Weile beim Jäten zu. Dann gab er seiner Mütze einen sachten Ruck mit dem Zeigefinger wie um seinen Gedanken Luft zu geben, ehe er schliesslich damit herauskam: »Hat nachher der Flieger was Neu's vom Hitler, bracht? Er war doch bei Euch und ist erst in München g'wesen, hat man erzählt. Mir san so hungrig auf Nachricht vom Hitler«.

Alles war begierig von Hitler zu hören, aber es war nur spärlich, was wir an Nachrichten bekamen. Wenn wir zusammen sassen nach Feierabend mit dem Flieger oder dem Pastor, sonntags wenn noch andere dazu kamen, redeten wir von Hitler. Unsere Wünsche gingen immer zu dem einsamen, grossen Manne. Aber wir waren wohl eben auch Bauern geworden, schwerfällige, scheue Oedbauern; nie dachten wir daran, ihm zu schreiben. Der Gedanke, uns ihm als ein Häuflein der Getreuen zu erkennen zu geben, ihm wissen zu lassen, dass sein Denken unser Denken und Fühlen berührt hatte, kam uns nicht. Der nachdenkliche, lange Baron aus Mamming[8] kam auch nicht darauf und die lebhaften Frauen, die mit roten Köpfen in unserer niedrigen Stube Volksreden hielten, ebenfalls nicht.

Aber eines Novembermorgens als mein Mann seine Pferde fütterte, kam der Briefbote mit der Zeitung. In grossen Lettern stand da von Hitlers Rede und Aufbruch in München![9] Ich sitze am Melken, wie mein Mann nur den ersten Satz vorliest, nichts weiter sagt, aus dem Stalle stürzt, den alten grünen Hut nimmt und das Haus verlässt. Ich springe ihm nach: »So höre, doch, warte!« – »Ich laufe in die Stadt«, ruft er am Gartenzaun sich umwendend, »ich gehe direkt zu Hitler«. »Auf geht's!«, ergänzt er im niederbayerischen Dialekt, den wir in guter Stimmung zuweilen untereinander reden.

»Reite doch, dann bist Du rascher dort«, rufe ich ihm nach. »So geht's rascher« meint er, »bis die ausgefressen haben, dauerts noch«.

So verschwand er in dem Novembernebel. Ich musste mich erst mühsam bei meiner und seiner Arbeit zurechtfinden, Herrgott, wäre das schön! Ich schickte ein Schulkind, das vorüberkam, mit einem Glücksbriefchen, wie ich meinte, zu dem Flieger.

Aber mein Mann kam nach Stunden mutlos zurück. »Verrat! Alles auf lange Zeit vorbei und schlechter als vorher!« – Wer das einmal erwägen wollte, was deutsche Offiziere nach den 4 Jahren äusserster Nervenanstrengung im Kriege seelisch gelitten haben, Jahr um Jahr in unserem, um Sieg und Frieden betrogenen Deutschland, der müsste sich nur über eines wundern, dass sie darüber nicht den Verstand und den Lebensmut verloren haben. Aber alles andere war wirklich untergegangen damals. Diesen Tag ruhte der Pflug, standen die Pferde vor der Krippe, obgleich es vor dem Winter eigentlich galt, jede Stunde auszunutzen. Aber es war wie eine grosse Trauer über alle gekommen. Unsere kleine Stube füllte sich. Einer nach dem anderen schlich sich herein, dass es dunkel und heiss drinnen wurde. – Hitler! – Was jetzt! – Hätte er unserer Männer Fäuste gerufen, wie wären sie befreit gewesen von lastender, kaum zu bändigender Kraft. Die nächsten Zeitungen waren Hohn und Spott für unsere Nöte. Man hätte gewünscht, der Briefbote würde uns im Nebel nie wieder auffinden.

Wir Frauen mussten des gequälten Lebens Faden wieder aufnehmen und weiterspinnen um der Kinder willen. Hitler würde am Leben bleiben, hofften wir, und damit war ja alles nur eine Frage der Zeit. Aber die Männer wollten die Wände einrennen, um alles zu beschleunigen. Es war damals, als wäre in unserem Kreise ein Todesfall eingetreten, ein Kind gestorben, das sich Tat nannte und das nicht lebensfähig gewesen war. Dessen Geburt man aus Not zu sehr beschleunigt hatte, und wir weinten und mussten uns fügen lernen unter Gottes Willen. Dann konnte das Kind wieder geboren und als Renatus unser Segen werden.

Zunächst triumphierte natürlich nun die andere Klasse Menschen, die heimlich mehr gezittert hatte als sie zugeben wollte. Das waren die Geldmenschen. Unter Geld verstand man nicht nur das gleissende Gold, das unsere Staatsmänner als Allheilmittel priesen. Geld war schlankweg alles, was glänzte ohne echt zu sein, was sich laut und überlegen gab ohne eine innere Berechtigung nachweisen zu können. Der ungerechte Friede, der Marxismus, der Völkerbund, die Regierungen, die das entwaffnete Deutschland nicht gegen die Demütigungen und Ausbeutungen seiner Feinde schützen konnten, das war alles gleichwertig mit Geld. Talmi wäre das treffendere Wort gewesen, aber das kannte man nicht in der Oed.

Die Geldmenschen waren vor allem die Menschen in den Städten, Leute, die noch tanzen mochten, bei Ausländern Geltung finden, feilschen und schieben wollten, nur recht viel essen und trinken nach den langen Zeiten der Entbehrung. Von nichts anderen hören und wissen. Negermusik übertönte alles am besten. Vor allem keine Zukunftsgedanken. Denn dann hatten selbst die Geldmenschen nichts mehr zu lachen oder zu schlafen. Es gab deren sogar auch auf dem Lande. Sie bezeichneten die Anleihen als Siege. »Früher galt es als verwerflich, wenn ein Leutnant Schulden machte. Es war der Anfang seines moralischen Untergangs.«, sagte mein Mann sehr trocken zu einem Geldmenschen, der voll Aufregung solch eine Siegesnachricht brachte. Das Misstrauen ging im Lande um. Man forschte in jedem Gesicht, an jedem Gewand, wohin gehörst Du? – Bist Du zufrieden, siehst Du Silberstreifen? – Na, dann fehlst Du gewiss nicht, wenn Du uns nicht aufsuchst. Man wurde einsam, arbeitete hart und wartete. Wartete unablässig auf den Einen, der ohne Gold alles zu Guten wenden würde. Auf rein deutsche Art! Man wartete lange. – –

Wie man es auch anfangen wollte, wenn drei oder mehr Menschen zusammenkamen, sprach einer von Hitler und seiner Weltanschauung. So auch als einmal der Dorfpfarrer bei uns sass. Ein grosser, breitschultriger Mann mit starkem Profil, leicht ergrautem, dichtem Haar. Selbst ein Bauernsohn aus dem Niederbayrischen. »Ja freilich«, meinte er begütigend, »der Hitler ist ein richtigs Mannsbild«. Dies war das höchste Lob, das einem Manne in Niederbayern werden konnte. Wie dort die Bezeichnung Kommunist das beleidigenste Schimpfwort war.

»Aber was er will, die Menschen besser machen, ehrlicher, anständiger und so weiter, ja, wenn das so einfach zu machen wäre! Schaun Sie ihn doch an, so ein junger Mann, und will das zuweg bringen, ja wie denn und wo denn?«

»Natürlich hat Hitler es sehr schwer, hat sehr viele Gegner«, sagte der Flieger und sah düster vor sich hin. Gegner in allen Lagern hatte er wohl sagen wollen. Aber der Pfarrer schnitt ihm die Rede ab.

»Gegner«, rief er und beugte sich über den Tisch, als wollte er den Mann, der dies gesagt hatte ganz genau besehen. »Gegner, sagen Sie, ja freilich hat der Gegner. Jeder der Gutes will, der Aufgaben stellt, nicht der Masse schmeichelt und Versprechungen macht, hat Gegner. Das ist doch ein alter Schnee. Aber der junge Mann da, der wird's doch noch mit seinen Gegnern aufnehmen können. Der wird doch noch kämpfen können! Das ist doch kein Grossvater, den der Schlag trifft, wenn der Bub mal laut wird«. –

Der Pfarrer war sehr laut geworden. Wir sassen betroffen, sahen still in sein rotes, gutes Gesicht. Dann brach nach einer halben Minute Pause ein dröhnendes Männerlachen los. Genagelte Stiefel traten den Boden wie stampfende Pferde. Eine wilde Heiterkeit brach hervor, die das kleine Kind zur Mutter flüchten liess. Aber es war herzerquickend. Der Flieger wollte dem Pfarrer die Hand über den Tisch reichen, aber der sah plötzlich ratlos, mit runden Augen von einem zum anderen. Dann räusperte er ich einigemale, um seine Würde wieder herzustellen, und schliesslich meinte er: »Das ist halt so. Der Hitler will wieder eine neue Partei aufmachen, wo wir doch schon soviele haben. Legt man aber dem Bauern einen grossen Speisezettel vor, dann will er jedesmal etwas anderes, um alles auszuprobieren, verstehen Sie. Und das taugt doch nichts. Wir haben jetzt eine Wahl um die andere. Ich muss dem Bischof darüber berichten. Ja, was meinen Sie, wenn einmal ebensoviele Nazis auf der Liste stünden wie Mitglieder der Bayrischen Volkspartei? – Da kunnt a feins Donnerwetter runterkommen auf den Pfarrer! Und was soll ich machen mit den jungen Burschen?« – Er war ehrlich bekümmert und man erwiderte ihm nichts. Zur Erleichterung der Lage stand er bald auf und verabschiedete sich.

Prüfend sah er unter der niederen Haustüre, die er ganz ausfüllte, nach dem grauen Himmel. Er trug seinen guten Rock und hatte eine Stunde Weg vor sich. »Ja, ja« sagte der Flieger, »man wird ängstlich allem gegenüber was von oben kommen kann. Mir graut es jeden Tag vor dem, was der Briefbote von oben zu bringen hat. Steuern ohne Ende, damit man dem Feinde nur Geld in den Rachen werfen kann. Es gibt immer noch Leute, die glauben, dass er einmal satt werden wird«. –

Im Herbst 1925 lösten wir uns von der Scholle und aus dem Kreise dieser Volksgemeinschaft. Meinem Manne war in Berlin eine wehrwissenschaftliche Tätigkeit angeboten worden. Zwar hatte er den Bauernstand als den ersten im Lande neben dem des Soldaten schätzen gelernt, endlich dem Boden eine gute Ernte abgerungen, allein die Zukunft des Kindes, das zur Schule kommen sollte, entschied für die Trennung von der Oed. Sie fiel uns schwerer als man hätte annehmen können. –

Wir kamen aus der reinen Stille mitten in das Gewühle. Das Grauen packte uns. Der Sinn deutschen Lebens schien zum Irrsinn ausgeartet. Schliesslich traf man aber auch hier auf Hitlers Spuren, und endlich erlebten wir ein befreiendes Wunder in einem kleinen Orte in der Mark.

Dort war im Sommer 1931 der einzig geltende Gruss »Heil Hitler«! – Offener Gedankenaustausch, ungehemmte Begeisterung bei jung und alt. Jedes Kind, das die Strasse entlang trollte, sang oder pfiff: »Die Fahne hoch«! Es war alle Augenblicke etwas los, dass geflaggt werden musste, marschiert, gesungen.

Aber eines Tages hiess es: 400 Kommunisten werden Sonnabend eintreffen, auf dem Sportplatze Sonntag ihr Sportfest abzuhalten. Der alte Nazibürgermeister konnte sich drehen und wenden wie er wollte, es half nichts. Der Wirt hatte kein Quartier frei, der Bäcker konnte die riesige Menge vorbestellten Brotes des Sonntags wegen unmöglich liefern. Der Fleischer hatte der Sommerhitze wegen keine Vorräte. Aber trotz alledem, sie kamen. In Lastwagen trafen etwa 200 Leute ein. Jugendliche zumeist, schmutzig und blass, aber nichts destoweniger verwegen. Die Mütze schief, die Zigarette im Mund, die rote Blume hinter dem Ohr. Mädchen darunter, im Badetrikot, mit wildem, fremden Gesichtsausdruck. Sie brachten Fahnen und Wimpeln mit und tauchten den kleinen Ort in aufreizendes Rot. Strassenverkäufer aus der Kreisstadt waren gekommen und hatten ihre Zigaretten, wertlose Ringe und Ketten, Schokoladen und Zuckerzeug mit Alkoholfüllung auf den Tischen an der Strasse aufgebaut. Schrille Musik führte den Propagandazug durch alle Strassen. Die lagen leer und verödet. Der Bürgermeister hatte die Bevölkerung aufgefordert, sich in den Häusern ruhig zu verhalten. Fenster und Gardinen blieben geschlossen. Der Badeplatz sollte den »Gästen« vorbehalten bleiben, ebenso natürlich der Sportplatz. Die jungen Burschen, SA-Leute, waren 2 Tage fort auf einer Fusswanderung.

Unser, nun elfjähriger Junge, war ganz Wut und Empörung, Unruhe und Zorn. Er knurrte zwischen den Zähnen, nachdem ihm jede laute Bemerkung verboten worden war, von den »Moskauer Affen« und von der Schande, dass man sich durch sie stören liesse. Er musste im Zimmer bleiben. Lesen könnte er heute nicht, versicherte er, spielen oder schlafen wollte er nicht. So lag er unglücklich in seinem Zimmer auf dem Diwan. Es war ganz dunkel geworden. Die Wirtin berichtete von zunehmendem Regen, von den obdachlosen Kommunisten, die bis an den Villengarten unter den schützenden Bäumen in Decken gewickelt lagen.

Plötzlich hörten wir kräftige Jungmännerstimmen aus dem Dunkel heraus das Horst-Wessellied singen.[10] Es kam aus der Mitte des Sees. Aber man hörte keinen Ruderschlag. Es brach nicht ab. »Kameraden, die Rotfront ...«. –

»Heil Hitler! – Heil Hitler! – Heil Hitler!«, – rief jetzt eine helle Stimme dazwischen. Wir hatten die Rolladen heruntergelassen und konnten nichts sehen. Ich lief zu unserem Jungen, fand die Türe offen, lief durch den Garten, über die Strasse und fasste ihn am Arm. Er stand auf dem schmalen Anlegesteg, hielt beide Hände an den Mund und rief triumphierend durch Regen und Dunkel den Singenden zu. Ich zog ihn schnell herein. Neben der Gartenpforte standen jetzt junge Männer. »Heil Moskau« rief einer und sogleich fielen andere mit ein. »Affen« knirschte der Junge, dem ich mit der Hand den Mund verschlossen hielt.

»Seit wann hältst Du schon so treu zu Hitler?« fragte ich meinen Jungen. »Ach, doch immer schon« sagte er, sich besinnend. »Seitdem ich von ihm weiss, ganz einfach.« – Diesen Worten schloss ich mich aus vollem Herzen an: »Seitdem ich von ihm weiss, ganz einfach!«. –

Maria von Belli
geb. Freiin von Perfall[11]

1 *Maria von Belli*: In der NSDAP-Zentralkartei, der NSDAP-Ortsgruppenkartei und der NSDAP-Parteikorrespondenz finden sich keine Einträge zu Maria von Belli.

2 *Heirat:* Der Ehemann ist Anton von Belli de Pino, der 1899 das Abitur am Münchner Wilhelmsgymnasium ablegte und eine militärische, später militärstrategische Laufbahn einschlug. Im Berliner Adressbuch auf das Jahr 1934 findet sich ein entsprechender Eintrag mit dem vollständigen Familiennamen: »v. Belli de Pino, Anton, Major a. D., Schöneberg, Wartburgstraße 29, T.« Im Berliner Adressbuch auf das Jahr 1940 lautet der Name »Belli von Pino, Anton« bei gleicher Anschrift. Vgl. Peter Kefes, Forschungen zur Geschichte des des Wilhelmsgymnasiums München. Absolventen 1562-1940; URL: http://www.peterkefes.de/AbsBe.htm [online am 14. April 2014] sowie Zentral- und Landesbibliothek Berlin/Berliner Adressbücher/1934/S. 134, URL: http://digital.zlb.de/viewer/image/10089470_1934/143/ sowie ebd. URL: http://digital.zlb.de/viewer/ image/10089470_1940/183/[online am 11. April 2014]. Belegt ist auch seine Tätigkeit ab 1931 am Wehrwissenschaftlichen Institut in Berlin.
Generalstab: In welcher Funktion und Position Hauptmann von Belli im Großen Generalstab tätig war, ist nicht belegt.

3 *Teufel*: Gemeint ist die Inflation von 1923.

4 *Isarmoos*: Die niederbayerische Landschaft Isarmoos liegt im Isartal zwischen Landshut und Deggendorf. Sie erstreckt sich über etwa 70 Kilometer.

5 *Söhnchen*: Der Sohn Erhard Dietrich Anton Maria Belli von Pino wurde am 9. Januar 1920 in Hof geboren. Er starb mit 23 Jahren im Kriegsgefangenenlager Frolowo bei Stalingrad. Vgl. Standesamt Hof, Geburtsregister, Eintrag: Belli von Pino, Erhardt Dietrich Anton Maria, Sohn der Eheleute Anton und Maria Belli von Pino. Auskunft der Standesbeamtin per E-Mail am 27. August 2015, sowie Volksbund Deutsche Kriegsgräberfürsorge, Gräbersuche online, Detailansicht zu Belli von Pino, Erhard Dietrich Anton Maria; URL: http://www.volksbund.de/index.php?id=1775&tx_igverlustsuche_pi2[gid]=bd549e344c5132d4cf9602edc1aa9d2b [online am 11. April 2014].

6 *Leute aus dem Walde*: Wilhelm Raabe, Die Leute aus dem Walde, ihre Sterne, Wege und Schicksale, Braunschweig 1863. Der Entwicklungs- und Abenteuerroman erzählt die Geschichte eines jungen Aufsteigers.

7 *Christuslegenden*: Selma Lagerlöf, Kristuslegender, Stockholm 1904. Erzählungen über Nächstenliebe und das unbemerkte Erscheinen Christi.

8 *Mamming*: Die Gemeinde Mamming an der Isar gehört zum Landkreis Landau-Dingolfing in Niederbayern. Sie liegt etwa elf Kilometer östlich von Dingolfing.

9 *Aufbruch in München*: Die Verfasserin bezieht sich hier auf den nationalsozialistischen Putschversuch vom 9. November 1923.

10 *Horst Wessel*: Vgl. Abel-Biogramm/Nr. 187/Lisi Paupie, Kommentar 13 ► Horst Wessel.

11 *Freiin von Perfall*: Die Freiherren von Perfall sind ein altes bayerisches Adelsgeschlecht. Unterschrift handschriftlich.

Käthe Eiden

Abel-Biogramm/Nr. 244/Käthe Eiden
Zwölf Seiten, maschinenschriftlich, datiert 13. August 1934.
Die Identität der Verfasserin ist authentisch.[1]

Name:	Katharina Eiden
Geburtsdatum:	25. November 1903
Geburtsort:	Hermeskeil/Kreis Trier
Alter:	30 Jahre
Familienstand:	ledig
Wohnort:	Hermeskeil/Kreis Trier
Elternhaus:	Kleinbauern
Ausbildung:	Volksschule, zweijährige Tätigkeit als Hausangestellte
Beruf:	Mithelfende Familienangehörige in der Landwirtschaft, Lernschwester[2]
Parteibeitritt:	1. August 1932 (NSDAP-Zentralkartei)
Mitgliedsnummer:	1 282 648
Werber:	Brüder
Funktionen:	BDM-Ringführerin im Kreis Trier-Ost ab Mai 1933

Charakteristische Aspekte des Biogramms:
Käthe Eiden war Anfang der 1920er Jahre Anhängerin der katholischen Zentrumspartei. Da sie die NS-Rassenideologie als »unchristlich« empfand, lehnte sie die NSDAP ab, bis ihr Bruder 1926 in die Partei eintrat und sie überzeugte. Als einzige Verfasserin nimmt Eiden Bezug auf die Warnungen von NS-Gegnern vor den Euthanasie-Plänen der Nationalsozialisten.

Hermeskeil, den 13. August 1934.

Lebenslauf.

Am 25.11.1905[3] wurde ich als ältestes von 4 Kindern des Kleinbauern Johann Eiden und seiner Ehefrau Katharina geb. Jakobs in Hermeskeil, Kreis Trier geboren. Von meinem 6 bis 14. Lebensjahr besuchte ich die Volksschule meines Heimatortes mit gutem Erfolg. Nach Entlassung aus derselben betätigte ich mich in Haus- und Ackerwirtschaft meiner Eltern. Da die geldlichen Verhältnisse meines Elternhauses eine bezahlte Ausbildung in Hauswirtschaft nicht zuließen, war ich von Oktober 1924 bis Juli 1925 als Hausmädchen in Saarbrücken und von November 1925 bis Oktober 1926 in derselben Tätigkeit in Köln. Dann wurde ich bis heute wieder in meinem Elternhause benötigt. Von Juli bis Dezember 1932 war ich eingeschriebenes Mitglied der N.S.D.A.P. Da wir durch eine plötzliche Versetzung meines Bruders wirtschaftlich zu kämpfen hatten und noch ein weiterer Bruder der Bewegung angehörte trat ich aus der Partei aus und der N.S. Frauenschaft bei.[4] Im Mai 1933 wurde ich zur Führerin der neugegründeten Ortsgruppe des B.D.M. bestimmt und im September desselben Jahres zur Führerin des Ringes Trier-Land-Ost, der heute 34 Ortsgruppen zählt.[5]

Zum ersten Male hörte ich den Namen Hitler kurz nach Weihnachten 1923 in einer Zentrums-Schulungsversammlung, zu der auch die nicht wahlpflichtigen Mitglieder[6] der katholischen Vereine eingeladen waren. Ein Parteisekretär schimpfte furchtbar auf den Putschkerl in München, der durch seinen Staatsstreich unser Volk wieder in Misskredit gebracht hätte. Ich sprach darüber mit meinem damals achtzehnjährigen Bruder und war erstaunt und entrüstet, dass nach seinem festen Glauben Hitler der Mann sein sollte, dessen Idee allein unser Volk und Vaterland vor dem Chaos retten könne. In einer katholischen Gegend aufgewachsen, vom Elternhaus streng katholisch erzogen war es für mich eine Selbstverständlichkeit politisch auf das Zentrum zu schwören. Bei den vielen Wahlen der Nachkriegsjahre wurde das Denken auch der Jugend auf das Parteigezänk gelenkt und ohne tiefer nach zu denken, bekannte ich mich zu der Partei, die meine Eltern wählten. Damals selbst noch nicht wahlberechtigt, besuchte ich doch jede Zentrumsversammlung. Dank seiner geistlichen Führung behauptete es allein christliche Grundsätze zu vertreten, für menschliche und wirtschaftliche Sauberkeit zu sorgen, und aussenpolitisch den einzig gangbaren Weg der Erfüllungspolitik[7] zu gehen, sodass auf sein Konto ganz allein die zwar langsame aber sichere Gesundung des Volkes in allen Lebenslagen käme.

Nun rückte mein Bruder plötzlich vom alten Kurs, der in der Familie Tradition war ab. Als er mir die Zeitung brachte mit der Gerichtsverhandlung, die Hitler zu einer jahrelangen Festungshaft verurteilte, sagte ich, dass ist verkehrt, sie hätten ihn an die Wand stellen sollen. Er lachte darüber, dass auch diese Zeit vorüber gehe und Hitler sein Werk neu beginnen würde. Die Verteidigungsrede Hitlers erschütterte mich.[8] Ich hatte den Eindruck, dass ein Mann sprach der bereit war, das Letzte einzusetzen für ein darniederliegendes Volk, ein Mann, der eine ungeheure Sehnsucht nach Befreiung verkörperte und ihrem Drängen Ausdruck durch die Tat gab.

In diesen Tagen las ich öfters Zeitungen, die behaupteten, die Sendung Hitlers sei nicht zu Ende, sie beginne erst. Wenn das deutsche Wesen noch im deutschen Volk schlummere, dann würde es diesen Führer einmal hören und anerkennen. In den beiden folgenden Jahren kümmerte ich mich, abgelenkt durch das Leben in der Stadt nicht um Politik. Während ich in Saarbrücken war, feierte das Saargebiet die Jahrtausendfeier der Zugehörigkeit des Saarlandes zu Deutschland, die mir als fanatisches Treuebekenntnis für Deutschland unvergessen bleiben wird.

Im November 1926 trug mein Bruder eine Anstecknadel mit Hakenkreuz und erklärte auf mein Befragen, dass es das Zeichen des Kampfes um den Sieg der Hitlerbewegung sei, der er sich verschrieben habe. Das Hakenkreuz sei das alte germanische Zeichen des Sieges des Guten über das Böse. Die rote Farbe das Bekenntnis zum Sozialismus und weiss das Symbol der Ehre und der Reinheit der Absicht. Das ewige Rassezeichen und die heldenhaften deutschen Ehrenfarben in neuer und doch uralter Form. Von da an kam ich ohne dass ich es wollte nicht mehr los von der Idee der Bewegung. Der Freundeskreis meines Bruders, der ganz in der Bewegung stand, traf sich oft zu Besprechungen in meinem Elternhause. Ich glaubte, angeregt durch die Zentrumshetze, die gelegentlich der ersten nat. Versammlung in unserem Ort einsetzte, eine heilige Pflicht zu erfüllen, wenn ich ebenfalls mit aller Kraft mich gegen die Lehre des Nationalsozialismus stemmte. Unchristlich und ungerecht dünkte mich die Rassen- und vor allen Dingen die Judenfrage. Ich sah im Judentum lediglich eine Religionsform. In oft endlosen Auseinandersetzungen erkannte ich es als eines der grössten geschichtlichen Irrtümer, dass Verwechseln von Religion und Rasse ist. Ich verstand den Punkt 4) des Programms: »Deutscher Volksgenosse kann nur sein, wer deutschen Blutes ist.«[9] Diese Erkenntnis gab uns den Glauben, dass kein Volk untergeht, wenn es seine ihm vom Schöpfer gegebene Aufgabe erkennt, sich rassig rein zu erhalten und dadurch die Höhe seiner Kultur zu erreichen. Ich lernte den Satz verneinen: »Es ist alles gleich was Menschenantlitz trägt.«[10] Wenn ich an eine sinnvolle Ordnung alles Geschaffenen glaube, dann besteht sie auf unbedingtem Unterschied der Rassen. Wenn sich diese Lehre in allen noch gesunden Völkern durchsetzt, dann ist es dem Judentum nicht mehr möglich, der Welt klar zu machen Staatsbürger jüdischen Glaubens zu sein und dann wird seine verhehrende Macht von selber ein Ende haben. In der kleinen aber verschworenen Gemeinschaft der Mitglieder der Bewegung unseres Ortes, lernte ich das Programm der Bewegung kennen, das mir imponierte und besuchte zum ersten Male eine Versammlung. Es sprach der heutige Leiter der deutschen Arbeitsfront Pg. Dr. Ley, über Ziel und Wollen der Bewegung.[11] Es lag etwas unwiderstehlich revolutionäres in seinen Ausführungen und ich wusste, als ich nach Hause ging, dass ich mich auch nach aussen hin zu der Bewegung bekennen würde. Dazu sollte ich bald Gelegenheit haben. Von allen Seiten wurden die Anhänger als die wir nun erkannt waren angegriffen. Von den einen verspottet und verlacht, von den anderen verachtet, von gewissen Seiten als die Heiden und Antichristen bezeichnet, von den Juden des Ortes auf offener Strasse herausgefordert. Um mich verteidigen zu können, setzte ich mich mit den Einstellungen der Parteien der Machthaber einmal näher auseinander. Während der Marxismus den sozialistischen Gedanken in der Gleichheit zwischen Deutschen und Franzosen, Negern und Juden predigte, lehrte er den Kampf bis aufs Messer zwischen Schichten desselben Volkes. Er gab vor das Kapital zu bekämpfen und arbeitete Hand in Hand mit Grossbanken und Börsen und dem Juden, der es verstand durch Schlagworte die Masse zu blenden. Sie gründeten Gewerkschaften- und Arbeiterzeitungen, hetzte den Arbeiter auf den Unternehmer, den Bürger gegen den Bauern, Konfession auf Konfession, um durch Zersplitterung selbst zu herrschen.

Er leugnete den Wert der Persönlichkeit und setzte an ihre Stelle die Masse. Hitler lehrte: »Echter Sozialismus beruht auf der Auffassung, dass Gemeinwohl vor Eigenwohl geht.« Die Gemeinschaft aber, in der sich dieser Grundsatz vollzieht ist die Nation verkörpert im Staat. Der nationale Sozialismus ist durchdrungen vom Geiste der Volksgemeinschaft. Nationalsozialismus ist Dienst am Volke, Hingabe an das Volk, Kampf für das Volk und nicht für eine Klasse oder einen Stand. Die Falschheit der marxistischen Lehre sah ich ohne weiteres ein. Ich erkannte auch die Widersprüche im Zentrum. Sein Wahlspruch womit es immer wieder, besonders von den Kanzeln der katholischen Kirche appellierte war, Sozialdemokratie und Zentrum stehen sich gegenüber wie Feuer und Wasser und nach und nach jeder Wahl verband es sich auf Gedeih' oder Verderb' mit dieser Partei. Der Verrat eines Erzberger[12] war der Anfang der furchtbaren Unterwerfungspolitik, die in der Hauptsache seine Politik war und jetzt spannte es gemeinsam mit der Partei, auf deren Zugehörigkeit seine geistlichen Vertreter die Strafen der Hölle setzten, seine ganze Kraft an, die deutsche Freiheitsbewegung zu unterdrücken.

Die anderen Parteigebilde fielen für mich nicht in die Waagschale, da sie in unserer Gegend keine Vertreter hatten. In der Folge besuchte ich alle nationalsozialistischen Versammlungen und sah ein, dass wir alle zusammen schuld waren an Deutschlands Unglück, dass man erfühlen muss, dass wir ein einiges Volk werden müssen, um uns innerlich frei zu machen von allem fremden und nach aussen von ungerechter Knebelung. Allmählich schlossen sich immer mehr erwachende der deutschen Freiheitserhebung an. Wir fühlten uns untereinander als Verwandte, durchglüht von einem Glauben, Opfersinn und einem unbändigen Willen, für einen grossen Gedanken zu kämpfen. Der Verleumdungsfeldzug der Gegner wurde immer bestimmter. Die einen behaupteten wir seien schlimmer als die Kommunisten die anderen sagten reaktionär, monarchistisch, grosskapitalistisch aber Hitler ging seinen Weg ohne Rücksicht auf rechts und links.

Wir wussten, dass wir zu ihm gehörten. Was die Zukunft dem einzelnen bringen würde, wussten wir nicht. Welche Formen unsere Sehnsucht einmal nehmen würde war uns unklar. Wir fanden den Kampf schön und das Leben ohne ihn wertlos.

Der Parteitag 1927 wurde mit grösstem Interesse verfolgt. Wütend sahen die Parteien und Persönlichkeiten, dass die Volksgemeinschaft im Hakenkreuzheer schon Tatsache geworden war. Inzwischen wurde ein zäher Kampf um jeden Ort, um jeden einzelnen Menschen geführt. Manche Anhänger hatten den härtesten Kampf in der eigenen Familie. Als 1928 ein jüngerer Bruder in die Partei gehen wollte, riet ich ihm selbst eine Zeitlang zu warten und der Mutter die Aufregung zu sparen, dass nun auch er ein Abfälliger sei. Später wusste ich allein um seinen Eintritt in die Bewegung, bis er 1931 in die SA eintrat und nun fast täglich im Dienst war. Ein Teil unserer Verwandtschaft mied uns vollständig. Auf eine Einladung zur Kirmes – einem Volksfest zu dem alle auswärtigen Bekannten und Verwandten kommen – blieben sie fort, aber der Bruder brachte zum Ersatz SA Kameraden mit und wir waren in bester Stimmung. Zwei dreimal in der Woche fuhren oder gingen die Parteimitglieder in die Nachbarorte, um neue Volksgenossen für die Idee zu werben.

Nach und nach entstanden neue Ortsgruppen, aber die Anhänger blieben überall kleine Minderheiten. Unentwegt erscholl immer wieder der Ruf: »Gross Deutschland erwache«. Im Juni-Juli 1929 begann die Vorbereitung zum Parteitag in Nürnberg.[13] Wie wurde jeder Pfennig zusammen gehalten, zur Anschaffung neuer Uniformstücke, exerziert und trainiert. Wie wünschten wir Frauen damals Männer zu sein, um mitfahren zu können und den Führer zu sehen. Mit begeisterten Heilrufen rollten die Teilnehmer am Parteitag unseres und der Nachbarorte im Lastwagen ab, der sie bis zur nächsten Stadt brachte, von wo sie mit der Bahn nach Nürnburg fuhren. Ungeduldig warteten wir auf Post. Am zweiten Tag schrieb der Bruder man lebt in einer neuen Welt, die ganze Stadt ein braunes Heerlager. Am nächsten Tag: Heute marschiert hier das kommende Deutschland, und dann schrieben sie alle, nun werden wir nicht mehr weichen, unser wird der Sieg, es gibt kein zurück mehr. Stundenlang marschierten damals die braunen Kolonnen am Führer vorbei – ihm Treue und Gefolgschaft schwörend, es war ein Bekenntnis unerhörter Eindringlichkeit des Freiheitswillens des erwachenden Deutschlands. Für die Systemparteien, die glaubten durch Lächerlichkeit und Verleumdung die Bewegung unschädlich machen zu können, gab es kein Ausweichen mehr. Sie mussten sich damit abfinden, dass die Männer, die Nürnberg 3 Tage lang unter das Zeichen des Hakenkreuzes gestellt hatten sich mit Herz und Hand der Bewegung verschrieben hatten. Und diese Tage waren für tausende das Zeichen sich in die nat. Front zu stellen und sie zur grössten Volkserhebung anwachsen zu lassen. Anfang März 1930 starb an den Folgen eines kommunistischen Überfalles der grosse Held der Bewegung Horst Wessel,[14] der uns das unsterbliche Sturmlied der Bewegung: »Die Strasse frei den braunen Bataillonen, die Strasse frei dem Sturmabteilungsmann.«[15] geschenkt hat. Mit Blut und Leben hat er die Blutsbruderschaft zwischen Student und Arbeiter besiegelt. Für uns war er nicht tot. Sein glühender Wille zum Vaterland ging über auf uns, seine Mitkämpfer und die hinzukommenden. Reichstagswahl 1930. Die Bewegung kämpfte mit ungeheurer Zähigkeit und Anstrengung, aber zielklar und stahlhart. Die SA sah es als selbstverständlich Abend für Abend Saalschutz in Versammlungen zu stehen, oft unter Lebensgefahr, da die Gemüter, besonders der marxistischen Gegner aufs höchste erregt waren, die empfindlichsten Opfer waren zu bringen, da der Wahlkampf vollständig von freiwilligen Spenden der Mitglieder bestritten wurde. Die Hetze, besonders von Zentrumsseite nahm die gemeinsten Formen an. Keine Lüge war zu unglaublich, dass sie nicht als Mittel zum Zweck benutzt wurde.

Aber als wir abends am Rundfunk sassen, empfanden wir es stolz, dass kein Opfer um sonst gebracht war. Von nicht ganz 900 000 Menschen im Jahre 1928 stieg die Bekennerzahl am 14. September auf 6 ½ Mill. Die Zahl der Reichstagsvertreter wächst von 12 auf 107. Die Bewegung hat das Recht erhalten, der Welt zu sagen: »Bei uns steht das Deutschland der Zukunft. Macht Platz ihr seid überlebt.«

Für die Leiter der Ortsgruppen gab es nun eine Riesenarbeit, den Sieg organisatorisch auszubauen. Wir gingen stolz und erhobenen Hauptes über die Strasse und ich freute mich der Verblüffung und der Wut der Gegner, die schier unfassbar waren. Wir hatten das Gefühl einer neu erkämpften Gemeinsamkeit, das Bewusstsein einer grossen Sendung im Dienste des deutschen Volkes. Die gesamte gegnerische Presse erging sich nun in der Behauptung, dass eine Mitarbeit der Partei an der Regierung weder erwünscht noch möglich sei. Das wirtschaftliche Elend wurde täglich grösser, die Stimmung im Volk täglich verbitterter. SA Mann sein hiess, stündlich bereit sein, sein Leben für die Idee einzusetzen. Der rote Mord forderte immer neue Opfer in der Bewegung. Reichskanzler Brüning[16] glaubte, mit einschneidenden Massnahmen die Lage retten zu können und verhängte ein Uniformverbot für alle Parteien. Doch konnte dieses Verbot die Angriffswut der Kommunisten nicht lähmen. In einem Zeitraum von wenigen Wochen hatte die Bewegung 50 Tote als Opfer des roten Terrors zu beklagen. Unsere SA trug statt braune, weisse Hemden,[17] statt des Hakenkreuzes eine weisse Nelke. Während dieser Zeit hatten wir auch in Hermeskeil einen Aufmarsch. Ein Trierer Musikzug trug ebenfalls das weisse Hemd, während die anderen Teilnehmer nicht einheitlich gekleidet waren. Die weissen Hemden wurden als staatsgefährlich angesehen und unser verantwortlicher Ortsgruppenleiter zu 3 Monaten Gefängnis im Schnellverfahren verurteilt. Das alles konnte unserer heiligen Ueberzeugung keinen Abbruch tun, dass einmal der Sieg doch unser, das dritte Reich doch Wirklichkeit werden musste. Die braunen Uniformen, waren in sicheren Verstecken, denn man konnte nicht wissen, einmal hätte es Brüning einfallen können sie mit Stumpf und Stiel vernichten zu lassen, um so endlich dem Nationalsozialismus den Garaus zu machen. Ich erinnere mich noch all der Schadenfreude der kleinen Systemanhänger, die jede Gelegenheit wahrnahmen uns zu erklären, dass wir nun verspielt hätten. Diese Kümmerlinge die glaubten mit Uniformen Herz und Gesinnung ausziehen zu können, ohne zu bedenken, dass die Fortführung der Systempolitik im Bolschewismus enden und einen Chaos nicht nur über Deutschland, sondern über ganz Europa bringen müsste. Ich selbst war in dieser Zeit gedrückt und niedergeschlagen und glaubte, dass wir noch viele, viele Jahre kämpfen müssten. In den Städten liefen in diesen Tagen überall SA Trupps mit entblöstem Oberkörper, weil ihnen die

Polizei die staatsgefährlichen Hemden ausgezogen hatte. Von Oktober 1931 bis Januar 1932 wurde in der Presse der Briefwechsel Brüning-Hitler mit Interesse verfolgt, d.h. Hitler antwortete Brüning auf dessen Reichstags- und Rundfunkreden. Die Ausführungen des Führers waren so klar, zielbewusst und eindeutig, dass ich es von da ab nicht verstehen konnte, dass sich die Träger des Verstandes und der Denkfähigkeit bewusst seinem Einfluss versagten, während immer mehr einfache Menschen in Liebe und Verehrung dem einzigen Manne unwandelbare Treue schworen, ihm der nur eines kannte, sein deutsches Vaterland,[18] sein Volk und dessen Freiheit. Dann kam der gewaltigste Wahlkampf, den die Partei führte, um die Reichspräsidentenschaft Hitlers.[19] Die Richtlinien waren fürs ganze Reich einheitlich herausgegeben. Unsere SA war Tag und Nacht unterwegs. Morgens früh packten wir die verbotenen Zeitungen in Rucksäcke, dann schoben die Jungens ab von Ort zu Ort von Tür zu Tür zur Aufklärungsarbeit. Abends wurden sie von der Polizei nach Hause gebracht, verhört woher sie die Zeitungen hätten, um am nächsten Tag wieder andere aus sicherem Versteck zu holen und weiter zu verteilen. Einmal hielt der Lastwagen der neues Material brachte mitten im Ort, in 3 Minuten war der Vorrat verteilt und verstaut und es gelang der Polizei nicht trotz unzähliger Haussuchen der Plakate und Zeitungen habhaft zu werden, die dann in der nächsten Nacht wieder unter jede Tür geschoben wurden, während ein SA Mann dem durch die Strassen auf und ab gehenden Polizisten Gesellschaft leistete und ihn so balancierte, dass die Kameraden während der Zeit die anderen Strassen bearbeiten konnten. Eine Versammlungswelle ergoss sich bis in den kleinsten Ort. Bei aller Hochachtung vor dem greisen Feldmarschall glaubten wir den Augenblick für richtig, Hitler durch diese Wahl an die Macht zu bringen. Ich selber zweifelte keinen Augenblick an dem Wahlsieg für ihn. Auf die unzähligen Fragen, die einer dem anderen stellte, was meinst du wie wird es gehen, hatte ich nur eine Antwort: Ich sagte mit unerschütterlicher Ueberzeugung, Hitler wird Reichspräsident. Als ich in diesen Tagen zum Besuch nach einem Nachbarort ging, schrieb ich unterwegs dauernd in den Schnee: »Hitler wird Reichspräsident.« Die Lobhudeleien der vereinten Systemlinge für Hindenburg, den sie als er zum ersten Mal Reichspräsidentskandidat war verhöhnten, verleumdeten, begeiferten, zertraten, ihn Mörder, Kriegsgewinnler und alles mögliche nannten, zeigten so recht ihre ganze Verkommenheit. Sie alle hassten Hindenburg genau wie früher. Nur um Hitler nicht zur Macht kommen zu lassen, waren sie plötzlich alle, die sich bis dahin 14 Jahre lang zankten und bekämpften einig. Unsere Zeitungen waren tagelang immer wieder verboten, die Nerven waren bis aufs äusserte angespannt. Die kleinen Schikanen und Hetzen wurden unerträglich. In anonimen Briefen wurde auch ich bei Gott und allen Heiligen beschworen, Hindenburg zu wählen. Hitler wurde als blutrünstiger Mörder hingestellt, der im dritten Reich einen Teil der Neugeborenen töten liesse, um die Rassenauslese zu beschleunigen und die alten Leute und Krüppel an die Wand stellen liess, um Raum zu schaffen für die Jungen und Gesunden.[20] Das Wahlergebnis war für mich am ersten Abend niederschmetternd. Wir hatten alle zu sehr an den Sieg geglaubt und rechneten nicht damit, dass die Verblendung des Volkes so gross war, dass sich eine Scheidung der Geister nur langsam vollziehen kann. Nie werde ich den Vormittag des nächsten Tages vergessen. Die Juden feierten Feste. Zentrumsanhänger, Sozialdemokraten, Kommunisten standen in allen Ecken und besprachen in einmütiger Freude den gewaltigen Sieg. In diesen Tagen empfand man es wieder so recht, dass unser Glaube, unser Opfergeist und unsere Geschlossenheit doch siegen mussten über diese Kleinheit und Erbärmlichkeit. Mit ungebrochenem Mut schmetterte ein paar Tage nach der Wahl bei einer Besprechung die SA ihre alten Kampflieder. In gewohnter Zähigkeit und Ausdauer wurden die Vorbereitungen zum zweiten Wahlgang getroffen, der Hindenburg zwar die Bestätigung, Hitler aber 2 Mill. Stimmen mehr brachte. 14 Mill. standen nun in einer Front. In der Folge löste nun ein Wahlkampf den anderen ab. Der rote Mord nahm Formen an, dass sich jeder Anhänger in seinem Leben bedroht fühlte. Brünings Rücktritt wurde von uns mit Jubel begrüsst und wir verstanden den Führer vollkommen, wenn wir auch vielleicht die richtigen Zusammenhänge nicht klar sahen, als er den Vizekanzlerposten unter der Kanzlerschaft von Papen ausschlug.[21] Die nervöse Unfähigkeit der Regierung wurde immer spürbarer. In den Wahlen ging die Stimmenzahl der Bewegung wieder etwas zurück. Die Konjunkturmenschen fielen ab, die Echten blieben. Aus Kampf wurde Krampf. Die finanzielle Seite fing an äusserst drückend zu werden. Die Wahlpropaganda der Bewegung war nur durch die schwersten geldlichen Opfer, die bis zur Selbstlosigkeit gebracht wurden möglich. Nun wurden, wenn zum Versammlungsschutz gefahren wurde die letzten Pfennige zusammen gelegt, um den Brennstoff für den Lastwagen zu bezahlen. Reichskanzler Schleicher der Nachfolger von Papens hob das Uniformverbot auf.[22] Als zum ersten Mal eine Andeutung davon in der Zeitung stand, wurden die Uniformen hervorgeholt, gewaschen und gebügelt. Mit der Stunde des Aufhebens des Verbotes, stand die SA unseres Ortes wie auf Befehl in Uniform. Das war ein Jubel eine Freude und eine Genugtuung. Unser Nachbarländchen Oldenburg wählte in dieser Zeit seinen Landtag und erhielt als erstes eine vollständig nationalsozialistische Regierung.[23] Andere Länderwahlen fielen ebenfalls gut aus. Eine frohe Zuversicht umfasste uns alle. Als nach dem Weihnachtsfrieden 1932 die Bewegung einen Aufklärungsfeldzug propagierte setzten sich mit alten Fanatismus und Begeisterung alle wieder ein. Die Stimmung war besser als je, man fühlte die kommende Krönung des Kampfes. Vom 5. – 30. Januar wurden von der SA unseres Ortes in mehr als 20 Versammlungen Saalschutz gestanden. Am 30. Januar betraute der Reichspräsident von Hindenburg den Führer Adolf Hitler zum Reichskanzler. Der heissersehnte Tag war da. Hunderttausende jubelten am Abend spontan dem Führer und den Reichspräsidenten in ungeheurer Liebe und Begeisterung zu. Es war für uns die wir am Rundfunk sassen, eine Stunde heiligsten Erlebens. Wir weinten vor Glück und heisser Freude und konnten es kaum glauben, dass der geliebte Führer an der Spitze des Reiches stand und dass das dritte Reich Tatsache war. Und durch das ganze deutsche Vaterland bewegten sich an den Abenden der nächsten Tage Fackelzüge als Huldigung an den Führer. Es war eine Hochzeit höchster Begeisterung, die das ganze Volk erfasst hatte. Wir waren bereit, um des endlichen Sieges willen alle Leiden der Kampfjahre zu vergessen. Es lag eine magnetische Kraft über allem, die auch jene mitreissen musste, die innerlich noch Widerstand leisteten. Das Ergebnis der Volksbefragung des Führers zeigte, dass ein neuer Lebenswille deutsches Geschick bestimmen wird und ein widersetzen sinnlos ist.[24] Es war für uns ein unsagbar wonnesames Hochgefühl als zum ersten Mal unsere verpöhnte und geschmähte Fahne von allen öffentlichen Gebäuden wehte. Erwachte deutsche Arbeiter verbrannten am 21. März ihre roten Fahnen öffentlich auf den Marktplätzen. Dieser Tag war ein Ehre- und Weihetag der dem Führer die Nation verband.[25] Am Grabe des grossen Preussenkönigs wurde das Bekenntnis zur Ewigkeit des deutschen Volkes abgelegt.[26] Am Nachmittag des 23. März musste die Welt bei der Regierungserklärung des Kanzlers erkennen, dass hier der geborene Führer sprach, der unbeirrbar bereit war zu vernichten was ihn hindert, aber auch bereit ist zu versöhnen, was guten Willens ist. Man fühlte seinen unbändigen Willen nicht mehr zu weichen, sondern seine Mission für das deutsche Volk zu erfüllen. Die Parteien erkannten ihre Nichtigkeit und Kleinheit und stimmten dem Ermächtigungsgesetz zu.[27] Damit waren alle Widerstände gebrochen. Der äussere Kampf der Bewegung war beendet, wir sind hinein gestellt in einen neuen Kampf, – um die Erringung des deutschen Menschen, das Erwecken der Charakterwerte und der Wiederherstellung der deutschen Ehre. Wir wollen vor allem der Jugend die Weltanschauung geben, die zutiefst im deutschen Wesen liegt. Diese Jugend lehren, dass alle politische Kraft wächst aus dem Wissen um die Grösse unseres Volkes. Das bisherige Leben unseres Volkes verstehen heisst, das eigene Leben als Verpflichtung fühlen, mit Sicherheit den Weg in die Zukunft gehen, denen die nach uns kommen die Hand reichend, damit sie den Kampf weiter führen und so von Generation zu Generation das nationalsozialistische Wollen immer vollkommener verkörpert wird in einem ewigen Deutschland zum Segen der Welt.

Käthe Eiden
Ringführerin im B. D. M. Trier Land Ost.

1 *Käthe Eiden*: Vgl. BArch, NSDAP-Zentralkartei, Eiden, Katharina 25.11.1903, Film 31XX/F0151/0870 sowie ein Gespräch mit der Tochter Käthe Eidens am 14. Februar 2012.

2 *Lernschwester*: Als »Lernschwester« weist sie die NSDAP-Zentralkartei schon ab 1. August 1932 aus. Auf der Karteikarte wurden allerdings zahlreiche handschriftliche Änderungen vorgenommen, so dass auch ein Nachtrag denkbar ist. Käthe Eiden erwähnt ihre Pflegetätigkeit nicht.

3 *1905*: Tatsächlich wurde Käthe Eiden bereits 1903 geboren, ihre Schwester Gertrud folgte 1905. Vgl. Standesamt Hermeskeil, Geburtenregister, Eiden, Katharina. Recherche und telefonische Auskunft durch die Familienforscherin Katharina Eiden aus Hermeskeil, eine Verwandte Käthe Eidens, im Januar 2012.

4 *trat ich aus der Partei aus*: Diese kurzzeitige Mitgliedschaft sowie den Wiedereintritt in die NSDAP im Jahr 1937 bestätigt die NSDAP-Zentralkartei. Die Parteiaufnahme vom 1. August 1932 wurde »lt. R. L. Kobl. Tr. v. 25.10.38« für ungültig erklärt, woraufhin

eine Neuaufnahme erfolgte. Käthe Eiden wurde nun ohne Zweifel mit der Berufsangabe »Lernschwester« geführt. Vgl. ebd.

5 *Führerin des Ringes*: Als Ringführerin betreute Käthe Eiden einen »Mädelring« im BDM. Dieser war die vierthöchste Hierarchiestufe in der Organisationsstruktur des BDM und umfasste 320-800 Mädchen. Vgl. Schmitz-Berning, S. 442.

6 *die nicht wahlpflichtigen Mitglieder*: Wahlberechtigt waren in der Weimarer Republik Frauen und Männer ab dem 21. Lebensjahr. Käthe Eiden war Weihnachten 1923 erst 20 Jahre alt und damit noch nicht wahlberechtigt. Die demokratische Teilhabe wurde von Gegnern der Demokratie nicht als Recht, sondern als Pflicht wahrgenommen.

7 *Erfüllungspolitik*: Gemeint ist die Einhaltung des Versailler Vertrages. Die Erfüllung der darin festgeschriebenen Forderungen der Alliierten wurde von der NSDAP in den Vordergrund gestellt und die kooperative Arbeit der bürgerlichen Parteien als »Erfüllungspolitik« scharf kritisiert.

8 *Verteidigungsrede Hitlers*: Diese erste Selbstinszenierung Hitlers als Macher und Märtyrer beeindruckte zahlreiche Verfasserinnen.

9 *Programm*: Gemeint ist das 1920 aufgesetzte Grundsatz- und spätere Parteiprogramm der NSDAP, das 25 Punkte umfasste.

10 *Es ist alles gleich was Menschenantlitz trägt*: Die Idee der Freiheit, gegründet auf »Gleichheit alles dessen, was Menschenantlitz trägt«, hat ihre Wurzeln in der Aufklärung und wird in diesem Wortlaut Johann Gottlieb Fichte zugeschrieben. Vgl. J. H. Fichte (Hrsg.), Johann Gottlieb Fichte's sämtliche Werke, Bd 2, Berlin 1965, unveränderter Nachdruck der Ausgabe von 1845, S. 423.
Friedrich Ebert zitierte Fichtes Grundsatz in seiner Eröffnungsrede zur Weimarer Nationalversammlung 1919. In den 1920er und 1930er Jahren wurde der Gedanke viel diskutiert. 1929 verhöhnte Joseph Goebbels den Grundsatz der Gleichheit in seiner antisemitischen Hetzschrift »Das Buch Isidor«. Offenbar steht Käthe Eiden unter den Eindruck dieses oder eines ähnlichen nationalsozialistischen Pamphlets. Goebbels, S. 88.

11 *Dr. Ley*: Der promovierte Chemiker Robert Ley (1890-1945) war Aufsichtsratsmitglied der IG Farben und ab 1925 Mitglied der NSDAP. Er löste 1932 Gregor Strasser als Reichsorganisationsleiter ab. In dieser Funktion unterstand ihm die Leitung der Deutschen Arbeitsfont mit rund 25 Millionen Mitgliedern. Er hatte damit eine der mächtigsten Positionen im NS-Staat inne. Ley, der 1945 vom Internationalen Militärgerichtshof in Nürnberg als Hauptkriegsverbrecher angeklagt war, beging noch vor Prozessbeginn Selbstmord. Vgl. Weiß, Biographisches Lexikon, S. 299 f.

12 *Erzberger*: Der Zentrumspolitiker Matthias Erzberger (1875-1921) leitete 1918 die deutsche Waffenstillstandskommission und war der deutsche Verhandlungspartner des alliierten Oberbefehlshabers Ferdinand Foch. Erzberger unterzeichnete am 11. November 1918 als Erster das Waffenstillstandsabkommen von Compiègne und akzeptierte damit im Namen Deutschlands die bedingungslosen Bestimmungen der Alliierten. Als Reichsminister ohne Geschäftsbereich war er für Waffenstillstandsfragen verantwortlich. Seine Ermordung durch Marineoffiziere der Brigade Ehrhardt hatte entsprechend starken Symbolcharakter. Deutsches Historisches Museum, LeMO – Lebendiges Museum online, Biographien, URL: http://www.dhm.de/lemo/html/biografien/ErzergerMatthias [online am 3. September 2015].

13 *Parteitag in Nürnberg*: Dieser NSDAP-Parteitag 1929 fand vom 1.-4. August statt. Vgl. auch Abel-Biogramm/Nr. 193/Emma Bierwirth, Kommentar 8 ► Tote beim Parteitag im Nürnberg 1929.

14 *Horst Wessel*: Vgl. Kommantar zu Abel-Biogramm/Nr. 187/Lisi Paupie, Kommentar 13 ► Horst Wessel.

15 *Die Straße frei*: Anfang der zweiten Strophe des Horst-Wessel-Liedes.

16 *Reichskanzler Brüning*: Der Fraktionsvorsitzende des Zentrums, Heinrich Brüning (1885-1970), war von März 1930-Mai 1932 Reichskanzler. In seine Regierungszeit fiel der von Käthe Eiden erwähnte Wahlerfolg der NSDAP von 14. September 1930. Im Oktober 1931 übernahm Brüning zusätzlich das Amt des Außenministers. Als Finanzfachmann verfolgte er eine strenge Sparpolitik sowie den Aufschub der Reparationszahlungen. Brüning war Monarchist. Er begann, demokratische und Bürgerrechte einzuschränken, insbesondere die Pressefreiheit. Vgl. Evans, S. 348 f.

17 *Weiße Hemden*: Am 7. Dezember 1931 verbot Reichskanzler Brüning das Tragen politischer Uniformen, als Antwort auf die Gewalttaten der SA. Die Nationalsozialisten trugen stattdessen weiße Hemden und setzten ihre Gewalttätigkeit unverändert fort. Es folgte am 13. April 1932 ein Verbot der SA. Vgl. Evans, S. 289, S. 375.

18 *Vaterland*: Tatsächlich wurde Adolf Hitler erst am 26. Februar 1932 deutscher Staatsbürger. Seine nur zu diesem Zweck veranlasste Verbeamtung (als Regierungsrat in Braunschweig) zog automatisch die Verleihung der Staatsbürgerschaft nach sich. Hitler schwor an diesem Tag den Eid auf die Weimarer Verfassung. Vgl. Evans, S. 379.

19 *Reichspräsidentenschaft Hitlers*: Vgl. Abel-Biogramm/Nr. 41/Marlene Heder, Kommentar 17 ► R.-Pr.-Wahl.

20 *Rassenauslese*: Die von Käthe Eiden beschriebene negative Eugenik, durch Zwangssterilisation, Sterbenlassen bis hin zur Tötung, wurde in der Weimarer Republik viel diskutiert. Dabei sprach sich die katholische Kirche, der die Eidens angehörten, entschieden gegen diese Maßnahmen aus.

21 *Brünings Rücktritt*: Reichskanzler Heinrich Brüning wurde infolge einer politischen Intrige im Sommer 1932 aus dem Amt entlassen. Als sein Nachfolger wurde Franz von Papen (1879-1969) eingesetzt, der den rechten Flügel des Zentrums vertrat. Eine erneute Reichstagswahl sollte von Papen im Amt bestätigen. Dabei vereinbarten von Papen und General Kurt von Schleicher mit Hitler, dass die NSDAP die Regierung von Papens als »Juniorpartner« tolerieren werde. Hitlers Bedingung war die Aufhebung des SA-Verbots, das im Juni 1932 in Kraft trat. Die NSDAP wurde am 20. Juli 1932 mit 37,3 Prozent der Wählerstimmen stärkste politische Kraft, hatte die absolute Mehrheit jedoch nicht erreicht. Nach diesem Erfolg schlug Hitler eine Regierungsbeteiligung aus und forderte stattdessen eine Neubildung des Kabinetts unter seiner Führung. Dies scheiterte vorerst am Veto des Reichspräsidenten Hindenburg. Vgl. Ludger Grevenhörster, Kleine Geschichte der Weimarer Republik 1918-1933. Ein problemgeschichtlicher Überblick, Münster 2000, S. 173 f.

22 *Uniformverbot*: Das Verbot der SA sowie das Verbot politischer Uniformen wurde im Juni 1932 aufgehoben. Hindenburg segnete die Aufhebung ab. In einzelnen Ländern des Deutschen Reiches wurde das Verbot noch darüber hinaus aufrechterhalten. Bayerische Staatsbibliothek, Historisches Lexikon Bayerns, hier: Stefan Jelic, Uniformverbot; URL: http://www.historisches-lexikon-bayerns.de/artikel/artikel_44631 [online am 3. September 2015].

23 *Nachbarländchen Oldenburg*: Es handelt sich hier um das ehemalige Fürstentum Birkenfeld (1815-1937) im heutigen Bundesland Rheinland-Pfalz, östlich von Hermeskeil. Es wurde durch den Wiener Kongress dem Großherzogtum Oldenburg zugeschlagen, als Entschädigung für die Aufhebung der Weserzölle. Die oldenburgische Exklave bestand bis 1937. Bei den von Käthe Eiden erwähnten Wahlen zum Oldenburgischen Landtag am 29. Mai 1932 erreichte die NSDAP 48,4 Prozent der Stimmen, vor der SPD mit 18,8 Prozent.
Vgl. Geheimes Staatsarchiv Preußischer Kulturbesitz: Bestände, Nachlässe & Sammlungen, Geographische Suche, Fürstentum Birkenfeld; URL: http://www.gsta.spk-berlin.de/geographische_suche_detail.php?KARTE=2&PAGE_ID=464&GEBIET=birkenfeld [online am 27. August 2015], sowie Andreas Gonschior, Freistaat Oldenburg. Wahl zum 7. Landtag; URL: http://www. gonschior.de/weimar/

Oldenburg/LT6.html [online am 3. September 2015] mit Verweis auf das Statistische Jahrbuch des Deutschen Reiches 1932, S. 544f.

24 *Volksbefragung des Führers*: Gemeint ist die Reichstagswahl vom 5. März 1933, die nicht mehr als freie Wahl angesehen wird. Die NSDAP erreichte 43,9 Prozent der Wählerstimmen und verfehlte damit die absolute Mehrheit. Vgl. Gonschior, Wahlen und Abstimmungen, URL: http://www.gonschior.de/weimar/Deutschland/Uebersicht_RTW.html [online am 3. September 2015].

25 *21. März 1933*: Gemeint ist der »Tag von Potsdam«, vgl. Abel-Biogramm/Nr. 195/Maria Engelhardt, Kommentar 18 ► 21. März 1933.

26 *Grab des grossen Preussenkönigs*: Friedrich II. von Preußen (»Friedrich der Große«) wurde 1786, gegen seinen ausdrücklichen Wunsch, in der Gruft der Potsdamer Garnisonkirche beigesetzt.

27 *23. März/Ermächtigungsgesetz*: Der neue Reichstag stimmte am 23. März 1933 über das »Gesetz zur Behebung der Not von Volk und Reich« ab. Ziel war eine Verfassungsänderung, welche die Regierung ermächtigte, ohne die Zustimmung von Reichstag, Reichsrat und Reichspräsident Gesetze zu erlassen. Hitler sagte zu, von diesem »Ermächtigungsgesetz« nur »zur Durchführung lebensnotwendiger Maßnahmen« Gebrauch zu machen. Bei der Reichstagssitzung fehlten die KPD-Abgeordneten sowie 26 vom neuen Regime bereits festgenommene Sozialdemokraten. Unter einer Hakenkreuzfahne an der Stirnseite des Saales, der von der SS abgeriegelt worden war, und in Anwesenheit aufmarschierter SA-Verbände verabschiedeten die Abgeordneten mit der notwendigen Zweidrittelmehrheit die Verfassungsänderung. Hitler hatte in diesem Moment die uneingeschränkte Macht erreicht. Zitat Hitler nach Wendt, Deutschland 1933-1945, S. 101.

H. Huhn

Abel-Biogramm/Nr. 291/H. Huhn
Sechs Seiten, maschinenschriftlich, undatiert.
Die Identität der Verfasserin ist nicht authentisch.[1]

Name:	H. Huhn
Geburtsdatum:	unbekannt
Geburtsort:	unbekannt
Alter:	48-65 Jahre
Familienstand:	verheiratet, zwei Kinder
Wohnort:	Berlin-Neutempelhof
Elternhaus:	unbekannt
Ausbildung:	unbekannt
Beruf:	Kindermädchen
Parteibeitritt:	1932 (Abel-Biogramm)
Mitgliedsnummer:	unbekannt
Werber:	Briefträger
Funktionen:	Mitglied

Charakteristische Aspekte des Biogramms:
H. Huhn lebte um 1902 einige Zeit als Kindermädchen in Brasilien. Ein Briefträger warb sie für die NSDAP. Auch ihr Ehemann und die erwachsenen Kinder sympathisierten mit den Nationalsozialisten. Durch Geldsammlungen engagierte sich H. Huhn für die NSDAP und erwähnt in diesem Zusammenhang die »Unersättlichkeit« der NS-Volkswohlfahrt.

Lebenslauf

Was Deutsche sein heisst und sich als solche zu fühlen wurde mir zum ersten Male bewusst, als ich 1902 in Rio de Janeiro bei einem Spaziergang mit einer mir befreundeten Engländerin plötzlich hinter uns die Worte hörte »dies ist eine Deutsche, das andere nur eine Engländerin«. Noch heute nach soviel Jahren höre ich genau so wie damals den verletzenden Ton, der in dem Wörtchen nur lag. Ob wohl der damals von England so hochgepriesene Burenkrieg[2] daran Schuld war, dass meine Bekannte nur eine Engländerin war, oder ob es in dem so wunderbaren wie auch unermesslich grossen Brasilien schon bekannt war, dass in Sao Paulo, Santa Catherina und Rio Grande do Sul fleissige, gewissenhafte Deutsche dort blühende Kolonien geschaffen hatten?[3] In einem grossen Haushalt, mit drei französischen Knaben, 11, 12 und 14 Jahre alt, sollte ich ausschliesslich deutsch sprechen. Das Personal, bestehend aus einer französischen Kammerfrau, einem portugiesischen Zimmermädchen und vier Negerinnen mit ihren Männern und Kindern sprach nur portugiesisch und ich nur deutsch. Welch herrlicher Zeichensprache musste ich mich bedienen und welch drollige Verwechslungen der Dinge passierten, ehe ich portugiesisch lernte, denn deutsch wollte keiner lernen, das war eine Sprache, viel zu schwer für die Brasilianer seiner Zeit. Nur meine drei Zöglinge lernten ebenso schnell deutsch, wie ich portugiesisch. – Märchenhaft schön wohnten wir, hoch oben auf der Tijucca.[4] Der Berg fiel steil ab, hinunter in den atlantischen Ozean. Jedes Schiff, das aus Europa kam oder nach Europa auslief, sah ich am Horizont kommen oder gehen und wenn bei solchem Anblick das Heimweh übermächtig wurde, dann hingen sich meine drei Knaben in meine Arme und sie sangen »Die Wacht am Rhein«[5] oder »Deutschland, Deutschland über alles«. Ob meine Zöglinge während des Weltkrieges sich daran erinnert haben? Sie müssen alle drei als Franzosen im Felde gestanden haben und ich habe nie wieder von ihnen gehört. Oder sind sie vielleicht in Brasilien, weitab vom Kriegsschauplatz geblieben?

Ich selbst kehrte nach viereinhalb Jahren nach Deutschland zurück. So übermächtig das Heimweh nach dem Vaterlande war, so kam doch, als ich dann eine zeitlang in Deutschland war, eine stille Sehnsucht nach dem Wunderlande Brasilien wieder auf, die mich bis auf den heutigen Tag nicht restlos verlassen hat. Meine Absicht, mit einer englischen Familie nach Tokio zu gehen, machte der russisch-japanische Krieg[6] zunichte und ich verheiratete mich.

Mein Wunsch, einmal mit meinem Mann eine Oceanreise, wenn auch nur bis Teneriffa oder Madeira machen zu können, ist Wunsch geblieben.

Den Kriegsausbruch erlebte ich hier in Berlin. Mein Mann brauchte infolge seines Alters und als ungedienter Landsturmmann nicht an die Front, hat aber als Hilfsdienstpflichtiger so gut unserem Vaterlande gedient, wie es von ihm verlangt wurde.[7] Eine tiefe Empörung gegen die Unterzeichner des schmachvollen angeblichen Friedensvertrages von Versailles machte mich nach und nach hellhörig für die Politik in Deutschland.

Das Wort national war meinem Mann und mir kein leeres Wort, das Wort social musste ich erst begreifen lernen. Als uns Frauen das Wahlrecht gegeben wurde, haben wir gemeinsam Wahlversammlungen von der rechtesten Rechten bis zur äussersten Linken besucht, um zu begreifen, um was es geht. Ich habe da verstehen gelernt, was Schiller in seinem herrlichen Gedicht von der Glocke sagt: »Verderblich ist's, den Leu zu wecken, gefährlich ist des Tigers Zahn, jedoch der schrecklichste der Schrecken ist der Mensch in seinem Wahn.« Mein tiefer Stolz auf das »das ist eine Deutsche« wurde geradezu gefoltert, denn nichts aber auch gar nichts war der Mensch der Vorkriegszeit, aus der auch ich stammte, wert. Und was waren es für Deutsche, die uns unseren Unwert so plausibel machen wollten? Ein prominenter Vertreter dieser Sorte wohnte bei uns im Hause. Das Wort social schrieb er in der von ihm geleiteten Zeitung riesengross und wie anders handhabte es seine Frau in ihrem Haushalt! Lange sogenannte Aufklärungen über Religion musste ich über mich ergehen lassen, weil meine beiden Kinder selbstredend den Religionsunterricht in der Schule mitnahmen. Man versuchte immer wieder, mir meine Grausamkeit meinen Kindern gegenüber wegen eben dieses Religionsunterrichtes vor Augen zu führen.

Es war jedoch ein zu steiniger Boden, auf den diese Bekehrungsversuche fielen, denn auch nicht das geringste grüne Hälmchen der Erkenntnis des religionslosen Daseins spriesste empor, also aus der Traum, ich wurde keine Genossin, sondern Anhängerin und Wählerin der deutschvölkischen Freiheitspartei.[8] Im Jahre 1927 hatte ich einen unbändigen Zorn gegen eine gewissenlose jüdische Ärztin und diesen Zorn machte sich unser ganz junger Briefträger zunutze. Er hatte wohl schon lange das Bedürfnis gehabt, mir über Hitler zu berichten, denn das Herz und Ohren begierig bei mir waren, über Hitler, seine Partei und deren Richtsätze zu hören, das war ihm wohl bekannt. Wie bangten wir um ihn, wenn er montags keinen Bestelldienst versah und dann war es immer so, dass er sonntags mit seiner kleinen S.-A.-Schar einen Propagandamarsch unternommen hatte, verpetzt worden war bei einem seiner kleinen, fanatisch sozialdemokratischen Vorgesetzten und dann zur Strafe, die für ihn aber mehr Ehre war, Briefkasten waschen musste. Leider war er eines Tages aber aus dem Postdienst ganz entfernt worden und ich hörte zu meinem eigenen grossen Nachteil nichts mehr von ihm. Mein Interesse für den Nationalsozialismus aber blieb. Unsere Stimmen wechselten wir von der deutschvölkischen Freiheitspartei zur nationalsozialistischen deutschen Arbeiterpartei. Heimlich wurde uns der Angriff[9] ins Haus gebracht, denn der beinahe kommunistische Portier hätte doch den »Angriff-Nazi« nicht ins Haus gelassen.[10]

Inzwischen waren wir schon so weit in Deutschland, dass eine Wahl die andere jagte. Bis frühmorgens sassen wir d.h. mein Mann, ich und meine beiden nun wahlberechtigten Kinder am Lautsprecher und notierten Stimmen. Meist nicht ohne kleine Konflikte, denn jeder hörte immer eine andere Zahl zu Gunsten der Nazis, als der andere. Jede der Wahlversammlungen, die mir nun schon zur Freude geworden waren, wurde besucht. Ich sehe unseren unvergleichlichen Dr. Goebbels vor mir, als er im Sportpalast sagte: »Da hat sich in Magdeburg so ein General eine eiserne Front aufgetan. Nach meinem Dafürhalten ist aber mehr Blech als Eisen dahinter.«[11] Der Tonfall dieser Worte war einfach niederschmetternd und prompt erhob sich ein Polizeioffizier, legte Dr. Goebbels die Hand auf die Schulter und hob die Versammlung auf. Pfeifen, Johlen setzte bei der Masse der Menschen ein, aber Dr. Goebbels befahl uns, still zu sein und nach Hause zu gehen. Wir gehorchten. Eine andere Versammlung dauerte für uns genau 12 Stunden. Mittags um 1 Uhr machten wir uns auf den Weg ins Stadion im Grunewald. Der Führer sollte sprechen, abends um ½ 9 Uhr. Innerlich etwas furchtsam, wir könnten die allerersten sein, näherten wir uns dem Stadion. Aber siehe da, es war bereits um die Rednertribühne voll besetzt, und das mittags um 2 Uhr. Ein Immer-mehr-zusammenrücken der Menschen zeitigte dann das herrliche Resultat, dass 176000 Menschen Platz gefunden haben sollten, die dem Führer und Dr. Goebbels, die beide sprachen, in einem Orkan von Begeisterung zujubelten. Am anderen Tage hatte dann mein Mann das grosse Glück, dem Führer beim Abflug im Tempelhofer Flughafenrestaurant eine Erfrischung reichen zu dürfen. Das war Anfang Juli 1932 und ich trug nun ganz stolz immer und überall mein Parteiabzeichen und war glücklich, eine der vielen kleinen grauen Mäuse zu sein, die für das Werk unseres Führers mitarbeiten durften. Denn arbeiten mussten wir alle. Oft mussten wir sonntags früh bei der Geschäftsstelle sein und erhielten Propaganda-Material zugeteilt. Dieses mußte noch schnell in die Häuser getragen werden, ehe die *mitunter richtigen Spiesser* ihren Morgenkaffee einnahmen.

Denn solchen Spiessern war der Sonntagsmorgenkaffee versalzen, wenn sie ihr Spiegelbild in unserer Propaganda fanden. Kosenamen wie »olle Hitlerjuhle«, dumme »Nazigans« u. a. m., die einem nachgerufen wurden, hörte man einfach nicht.

Der Winter 1932 war noch recht schwer für uns Frauen. Immer und immer wieder gingen wir von Tür zu Tür sammeln für die S. A., für die ausgesperrten B. V. G.-Arbeiter[12] und nicht zuletzt für das Weihnachtsfest. Wenn wir aber glaubten, nach dem 30. Januar würde unsere Hilfe nicht mehr gebraucht werden, so war das ein grosser Irrtum. Denn nach wie vor trabe ich treppauf, treppab, jetzt für die N. S. Volkswohlfahrt, die geradezu unersättlich ist im Nehmen und durch diese Unersättlichkeit vielen, vielen armen Volksgenossen im Sinne unseres Führers helfen kann. Wenn alle Volksgenossen sich des Wortes unseres Führers »Gemeinwohl geht vor Eigennutz« bewusst wären, dann könnten noch viele, viele geben.

Heil Hitler!
Pgn. H. Huhn
Berlin-Neutempelhof,
Hohenzollernkorso 10

1 *H. Huhn*: Vor- und Geburtsname der Verfasserin sind nicht bekannt. In der NSDAP-Mitgliederkartei konnte keine entsprechende Karteikarte (Initiale des Vornamens/Zeitraum der Geburt) gefunden werden. Im Berliner Adressbuch findet sich jedoch der Name des Ehemannes, Hermann Huhn. Vgl. Kommentar 7 ► »Mein Mann …«.

2 *Burenkrieg*: Gemeint ist der »Zweite Burenkrieg«. Die südafrikanischen Buren standen 1899 einer Übermacht des britischen Empires gegenüber. Die Kämpfe wurden mit großer Grausamkeit geführt und zogen die Zivilbevölkerung, Frauen und Kinder in Mitleidenschaft. Der Friedensschluss fand im Mai des von H. Huhn erwähnten Jahres 1902 statt.

3 *fleissige, gewissenhafte Deutsche*: Die Vorstellung, deutsche Siedler vollbrächten im Ausland bemerkenswerte und in jeder Hinsicht förderliche Kulturleistungen, hatte im Kaiserreich wie auch in der der Weimarer Republik Konjunktur. Vgl. u.a. Angelika Schaser, Das Engagement des Bundes Deutscher Frauenvereine für das »Auslandsdeutschtum«. Weibliche Kulturaufgabe und nationale Politik vom Ersten Weltkrieg bis 1933, in: Ute Planert (Hrsg.), Nation, Politik und Geschlecht. Frauenbewegungen und Nationalismus in der Moderne, Frankfurt am Main 2000, S. 254-274, hier S. 258.

4 *Tijucca*: Die »Floresta da Tijuca« (Wald von Tijuca) ist ein Teil der Stadt Rio de Janeiro. Im heutigen Nationalpark Tijuca sind Wasserfälle, Höhlen, Leguane und Affen zu sehen.

5 *Die Wacht am Rhein*: Das 1840 von Max Schneckenburger geschriebene Lied mit der einprägsamen Refrainzeile »Lieb Vaterland magst, ruhig sein«, galt Ende des 19. Jahrhunderts als zweite, inoffizielle deutsche Nationalhymne. Es thematisiert den Rhein als deutschen Fluss, der gegen den Erzfeind Frankreich verteidigt werden muss. Das Lied soll im Zuge des Putschversuches vom 9. November 1923 beim »Marsch auf die Feldherrnhalle« von Hitlers Anhängern gesungen worden sein.

6 *Russisch-japanischer Krieg*: Der Krieg, den die beiden Kaiserreiche um die Mandschurei und Korea führten, begann im Februar 1903 und endete im März 1904.

7 *Mein Mann*: Im Berliner Adressbuch von 1934 findet sich der Eintrag des Ehemannes: »Huhn, Hermann, Ob Kellner, Hohenzollernkorso 10«. Vgl. Zentral- und Landesbibliothek Berlin/Berliner Adressbücher/1934/S. 1026, URL: http://adressbuch.zlb.de/viewAdressbuch.php?CatalogName=adre2007&ImgId=317934&intImgCount=-5&CatalogCategory=adress&Counter=&CatalogLayer=6 [online am 6. Juli 2014].
Ungedienter Landsturmmann/Hilfsdienstpflichtiger: Dem Landsturm gehörten Wehrpflichtige von 18-42 Jahren an, die, meist aus gesundheitlichen Gründen, nicht in Heer oder Marine dienten. Während des Ersten Weltkrieges wurde der Landsturm teilweise mobilisiert, ein Teil blieb jedoch freigestellt, bzw. »ungedient«. Das »Gesetz über den vaterländischen Hilfsdienst« vom Dezember 1916 verpflichtete alle Männer vom vollendeten 17. bis zum vollendeten 60. Lebensjahr. Der Dienst wurde in allen kriegswichtigen Institutionen, Einrichtungen und Betrieben versehen.

8 *Deutschvölkische Freiheitspartei*: Die radikal nationalistisch-völkische DVFP spaltete sich im Dezember 1922 von der Deutschnationalen Volkspartei (DNVP) ab. Die DVFP kann als das norddeutsche und ostelbische Pendant der in Süddeutschland operierenden NSDAP gesehen werden. Sie war entschieden republikfeindlich und forderte eine »völkische Diktatur«. Vertreter der DNFP waren u.a. Gottfried Feder, Erich Ludendorff und Ernst Röhm. Die Partei wurde Mitte der 1920er Jahre auch in Norddeutschland von der NSDAP überholt. Sie verlor viele (namhafte) Mitglieder sowie Wähler und Wählerinnen, darunter H. Huhn und ihren Ehemann, an die Nationalsozialisten.
H. Huhn kann die DVFP nur bei der Reichstagswahl vom 4. Mai 1924 gewählt haben, als diese gemeinsam mit der NSDAP in einer vereinigten Liste antrat. Bei der zweiten Reichstagswahl des Jahres 1924 trat die Nationalsozialistische Freiheitsbewegung an diese Stelle, ab 1928 die NSDAP. Vgl. Andreas Gonschior, Wahlen in der Weimarer Repu-

blik, URL: http://www.gonschior.de/weimar/Preussen/Uebersicht_RTW.html [online am 17. September 2015].

9 *Angriff*: Die nationalsozialistische Wochenzeitung des Gaues Berlin-Brandenburg wurde von dessen Gauleiter Joseph Goebbels gegründet und erschien erstmals am 4. Juli 1927. Goebbels nutzte den »Angriff« während des Parteiverbots durch die Polizeibehörde in Berlin (Mai 1927-April 1928) als Sprachrohr. Die Wochenzeitung enthielt einen von Goebbels verfassten Leitartikel sowie zahlreiche Karikaturen. Zielscheibe war insbesondere der jüdische Polizeivizepräsident Bernhard Weiß. Der »Angriff« stand in Konkurrenz zur *Berliner Arbeiterzeitung*, die vom »Reichsorganisationsleiter der NSDAP«, Gregor Strasser, herausgegeben wurde. Vgl. Bernhard Sauer, Goebbels' »Rabauken«. Zur Geschichte der SA in Berlin-Brandenburg, in: Uwe Schaper (Hrsg.), Berlin in Geschichte und Gegenwart, 25. Jahrbuch des Landesarchivs Berlin, Berlin 2006, S. 107-164, hier S. 117.

10 *Angriff-Nazi*: Dies bezieht sich auf die von Goebbels in Berlin herausgegebene NS-Zeitung »Der Angriff«.

11 *»eiserne Front*: Die »Eiserne Front« wurde im Dezember 1931 als Kampfbund mehrerer sozialdemokratischer Organisationen gegründet, darunter das von Magdeburg aus organisierte Reichsbanner-Schwarz-Rot-Gold. Die Front sollte als republiktreues Gegengewicht zur NSDAP, insbesondere zur SA und anderen rechtsgerichteten Schlägertrupps fungieren. Die Führung der »Eisernen Front« scheute letzten Endes jedoch Blutvergießen und bürgerkriegsähnliche Straßenschlachten. Vgl. Evans, S. 392.

12 *B. V. G.*: Die Berliner Verkehrsbetriebe, gegründet 1928, wurden vom 3. bis 7. November 1932 bestreikt, aus Protest gegen eine Lohnkürzung von zwei Pfennig pro Stunde. Zum Streik hatten KPD und NSDAP in einer einmaligen Kooperation aufgerufen. Vgl. Axel Weipert, Das rote Berlin. Eine Geschichte der Berliner Arbeiterbewegung 1830-1934, Berlin 2013, S. 218.

Leokardia Rogalski

Abel-Biogramm/Nr. 305/Leokardia Rogalski
Drei Seiten, handschriftlich (deutsche Schrift), datiert 12. August 1934.
Die Identität der Verfasserin ist authentisch.[1]

Name:	Leokardia Rogalski
Geburtsdatum:	3. Juni 1894
Geburtsort:	Waldow/Provinz Posen
Alter:	40 Jahre
Familienstand:	ledig
Wohnort:	Berlin-Moabit
Elternhaus:	Vater Beamter (Eisenbahn)
Ausbildung:	Mittelschule, Haushalt, Schwesternexamen
Beruf:	Krankenschwester
NSDAP-Beitritt:	1. März 1932 (NSDAP-Zentralkartei)
Mitgliedsnummer:	1 010 683
Werber:	Bruder
Funktionen:	Mitglied

Charakteristische Aspekte des Biogramms:
Leokardia Rogalski arbeitete im Ersten Weltkrieg als Lazarettschwester an der Ostfront. Ihre Heimat, die preußische Provinz Posen, wurde 1919 an Polen abgetreten. In diesem Zusammenhang erlebte Rogalski bewaffnete Auseinandersetzungen zwischen den beiden Bevölkerungsgruppen und schließlich die Ausweisung ihrer deutschsprachigen Familie. Einer ihrer Brüder gehörte dem rechtsextremen Freikorps »Wehrwolf« an.

Berlin, den 12. 8. 34

Lebenslauf.

Die Schulzeit bis zum 16. Lebensjahr, Haushalt usw. habe ich richtig durchgemacht. Nationale Gesinnung und Denkungsweise war stets […] Selbstverständlichkeit in unserem Hause. Die Sonntagsspaziergänge meines Vaters mit seinen 7 Kindern, in Kinderanzügen gekleidet, blieben mir als standfeste Erinnerung. Erzählungen aus seiner aktiven Soldatenzeit. Als Eisen-Bahn-Beamter wurde er 1915 von einem Lazarettzug zu Tode geschleift. Mein Bruder 1913 Unteroffizierschule, 1914 freiwillig ins Feld kam als schwer Kriegsbeschädigter zurück. Ich diente dem Vaterland mit meinen schwachen Kräften und erledigte ehrenamtlich 1914-16 im Artillerie-Depot-[…] die Lohnabrechnung für die Munitionsarbeiter und Arbeiterinnen. 1916 übersiedelten wir nach Güldenhof Pr. Posen.[2] Daselbst stellte ich mich dem Vaterländischen-Frauenverein, Rotes Kreuz zu Hohensalza zur Verfügung und diente dem von 1916-18. Darunter fallen 9 Monate Frontdienst im Osten, Dünaburg, auch Schaulen herum.[3] Sehr gut in Erinnerung bleibt mir, ich verband einem Soldaten den Oberarm, dabei wurde meine Haube abgeschossen, dem Soldaten ging ein Schuß in die Brust. Diese unangenehmen Erlebnisse und Eindrücke dieser Zeit waren es auch, die mich veranlaßten mich mit den politischen Ideen und Gedankengängen stärker als es sonst Frauen tun zu befassen. Hinzu kamen noch die Erlebnisse und Leiden im Jahre 1919 unter polnischer Herrschaft, in Hohensalza. Meine Brüder wurden drangsaliert und sollten gegen ihre eigenen Landsleute gehetzt werden. Dem älteren gelang es durch Flucht nach Deutschland zu kommen. Den jüngeren verurteilte man zum Schützengraben bauen. Ich selbst wurde gezwungen in der Feuerzone im Kampfgebiet von Hohensalza die polnischen Verwundeten zu verbinden.[4] Gewiß gebot es die Menschenpflicht und ich tat es. Wegen meiner allzu deutschen Gesinnung erfolgte dann die Auszeichnung. Jetzt kam eine böse Zeit. In einem Waggon hausten wir bis die Wohnungsfrage gelöst war. Einer meiner Brüder der im Wehrwolf war (später geschlossen zur N. S. D. A. P. übergetreten)[5] hatte schwer unter Kommunistischem Terror.[6] Er wurde mehrere Mal überfallen. Einmal so, daß an sein Aufkommen gezweifelt wurde. Den mir liebgewordenen Schwesternberuf gab ich nicht auf, im Gegenteil, ich ging zum Städt. Krankenhaus Bln. Moabit und machte hier auch mein Staatsexam.[7] Zu dieser Zeit lernte ich die Hitler Bewegung kennen und konnte auch für sie tätig sein. In meiner freien Zeit half ich oft braune Hemden nähen und nahm an vielen, vielen Versammlungen teil. Einem Eintritt in die Partei stand das Verbot des damaligen marxistischen Regimes entgegen. Im Frühjahr 1932 trat ich dennoch ein. Gern und freudig half ich das große Werk des Führers vorbereiten soweit in meiner Macht stand. Aufregende Momente gab es zur Genüge. Wenn z. B. auf der Dienststelle, des nachts, Propaganda gemacht und Flugblätter verteilt wurden. Verlust der Stellung wär die Folge meiner [Entdeckung] gewesen. Genau wie die Tätigkeit in S. A. Küchen hauptsächlich in der Verbotszeit der S. A. Dann kam endlich der Umschwung. Der Führer der Bewegung wurde Führer und [...] des Volkes. Das miterlebt und zu einem kleinen Teil dazu beigetragen zu haben ist der beste Gedanke und größte Lohn. – Auch heute wo ich zum Vertrauensmann im Amt für Beamte des Krankenhauses-Moabit der Fachschaft f. Beamte bestellt bin, bin ich mir darüber im Klaren, daß der Kampf noch nicht endgültig abgeschlossen ist. Es muß jeder auch weiterhin seine Pflicht tun, damit das große Ziel des Führers erreicht wird, die Befreiung des deutschen Volkes von allen Sklavenhaltern besonders denen von [...].

Leokardia Rogalski
Stadt. Schwester
Berlin N.W. 21 Turmstr. 21[8]
Krankenhaus-Moabit

1 *Leokardia Rogalski*: Vgl. BArch, NSDAP-Zentralkartei, Rogalski, Leokardia 3.6.1894, Film XX31/N0035/0525-0526 (mit Foto).

2 *Pr. Posen*: Die Provinz Posen, mit der Kreisstadt Hohensalza und der Ortschaft Güldenhof, war 1793-1918 ein Teil Preußens. Die Mehrheit der Bevölkerung sprach während dieser Zeit jedoch wie vordem Polnisch. Nach der Niederlage Deutschlands im Ersten Weltkrieg wurde die Provinz 1919 an das wiederhergestellte Polen abgetreten. Der Großteil der deutschen Bevölkerung verließ Posen daraufhin, die Verbliebenen galten als »Auslandsdeutsche«. Mit dem Überfall Deutschlands auf Polen im September 1939 wurde das Gebiet abermals deutsch. Seit 1945 gehört Posen (pol. Poznan) wiederum zu Polen. Vgl. u.a. Schaser, Auslandsdeutschtum, S. 258.

3 *Dünaburg/Schaulen*: Die kurländischen Städte Schaulen und Dünaburg lagen während des Ersten Weltkrieges im Verlauf der deutschen Ostfront. Zu Gefechten kam es erstmals im Nachzuge der »Winterschlacht in Masuren« im Februar 1915, beim Vormarsch deutscher Truppen auf russisches Gebiet.
Dünaburg: Die 1914 russische, heute zweitgrößte lettische Stadt Daugavpils (dt. Dünaburg) hatte insbesondere durch ihren Brückenkopf militärische Bedeutung.
Schaulen: Die 1914 russische, heute litauische Stadt Šiauliai (dt. Schaulen) wurde von April-Juni 1915 bei Gefechten zwischen russischen und deutschen Truppen fast vollständig zerstört.

4 *Kampfgebiet*: Im Großraum Posen fanden im Januar 1919 bewaffnete Auseinandersetzungen zwischen der polnischen und der deutschen Bevölkerung statt. Vgl. Kommentar 2 ► Pr. Posen.

5 *Wehrwolf*: Der »Wehrwolf« war ein elitärer völkischer Kampfbund wie die »Wiking Jugend« der »Bund Oberland«, die »Organsation Consul« oder die »Organisation Escherich«. Viele ehemalige Frontsoldaten, sowie junge Männer, die das Kriegserlebnis nach eigenem Empfinden »verpasst« hatten, wurden hier politisch radikalisiert und fanden später in der SA und SS einen Lebensmittelpunkt. Vgl. Carsten Schreiber, Elite im Verborgenen. Ideologie und regionale Herrschaftspraxis des Sicherheitsdienstes der SS und seines Netzwerkes am Beispiel Sachsens, München 2008, S. 40.

6 Satz unvollständig.

7 *Krankenhaus Moabit*: Das 1872 als Seuchenlazarett gegründete Städtische Krankenhaus avancierte 1920 zum Universitätsklinikum. Im Jahr 1932 waren hier zu etwa 70% jüdische Ärzte tätig, die ab März 1933 entlassen und durch eine regimetreue Ärzteschaft ersetzt wurden. Vgl. Senatsverwaltung für Stadtentwicklung und Umwelt

Berlin, Denkmaldatenbank, Denkmale in Berlin, Krankenhaus Moabit; URL: http://www.stadtentwicklung.berlin.de/cgi-bin/hidaweb/getdoc.pl?DOK_TPL=lda_doc.tpl&KEY=obj%2009050350. [online am 3. September 2015].

8 *NW21*: Dies ist die 1862 vergebene Postbezirksnummer des Stadtteils Moabit.
Turmstr. 21: Dies ist die Anschrift des 1902-1904 erbauten Moabiter Schwesternwohnheims, in dem Leokardia Rogalski lebte. Die Bewohnerinnen sind in den Berliner Adressbüchern nicht erfasst.

Emma Eberhardt

Abel-Biogramm/Nr. 347/Emma Eberhardt
Eine Seite, handschriftlich (deutsche Schrift), datiert 6. August 1934.
Die Identität der Verfasserin ist authentisch.[1]

Name:	Emma Eberhardt
Geburtsdatum:	13. Dezember 1873
Geburtsort:	Berlin
Alter:	60 Jahre
Familienstand:	unbekannt
Wohnort:	Berlin-Mitte
Elternhaus:	Verfasserin wuchs als Waise auf
Ausbildung:	unbekannt
Beruf:	Plätterin, Hauswartin
Parteibeitritt:	1. Mai 1928 (NSDAP-Zentralkartei)
Mitgliedsnummer:	88 119
Werber:	unbekannt
Funktionen:	Mitglied

Charakteristische Aspekte des Biogramms:
Emma Eberhardt war ab 1895 Schriftführerin einer SPD-Ortsgruppe. Um 1900 entwickelte sie sich zur erklärten Antisemitin. Eberhardt engagierte sich zudem in einer evangelischen Gemeinde. Zum Verfassen ihres Biogramms wurde sie durch Dritte aufgefordert.

Berlin 6.8.34

Da es von mir verlangt wird, muß ich wohl meinen Lebenslauf niederschreiben.

Geboren bin ich zu Berlin am 13.12.1873. Da meine Eltern früh gestorben sind, will ich die trüben Erinnerungen einer Waise übergehen. Beruflich: Kinderfräulein, Kochmamsell, Plätterin; letzteres bis heute neben meiner 10 jährigen Portierstelle. Mit 1/22 Jahren war ich durch Versammlungsbesuche reif für politische Mitarbeit, Schriftführerin in der S.P.D. Durch Rektor Ahlward, Graf Pückler uam sah ich die Grundübel des Menschenleids u. war Antisemit.[2] Von 1920/25 Vorstandsmitglied im Elternbeirat der Bartholomäusgemeinde gab es schwere Kämpfe gegen die »Weltliche Schule« die wir treu und brav bestanden haben.[3] 1926 fand ich endlich den »Mann« der das Zeug hatte, (es ist eben von Zeit zu Zeit immer nur: Einer!) zuzugreifen u. das Steuer herumzureißen u. ein Volk vor Schiffbruch u. Untergang zu retten.[4] Auch ich bin glücklich, daß ich einige Steine zum Aufbau des 3ten Reiches herbeitragen durfte. Über meine Mitarbeit seit 26 wird Herr W. Protsch u. Herr Reinecke Franseckystr. 23 gern Auskunft geben.[5] Heil und Sieg unserm Führer!

Schönhauserallee 183.
gez. Fr. Eberhardt. 88119

1 *Emma Eberhardt*: Vgl. BArch, NSDAP-Zentralkartei, Eberhardt, Emma 13.12.1873, Film 31XX/F0084/2302 (mit Foto). Die Karteikarte trägt den Stempel »Ehrenzeichen verliehen am 1.2.34«.

2 *Rektor Ahlward*: Gemeint ist der ehemalige Volksschulrektor und radikale Antisemit Hermann Ahlwardt (1846-1914). Er war von 1892-1902 Reichstagsabgeordneter und Mitgründer der Antisemitischen Volkspartei. In dieser findet sich bereits, wie später in der NSDAP, die programmatische Verbindung von sozialrevolutionären Versprechungen und Antisemitismus. Seine Immunität nutzte Ahlwardt für skrupellose, öffentlichkeitswirksame Verleumdungen von Juden. Zudem machten ihn seine Hetzreden und Schriften bekannt. Vgl. Bayerische Staatsbibliothek, Deutsche Biographie, hier: Emil Dovifat über Hermann Ahlwardt; URL: http://www.deutsche-biographie.de/pnd123440041.html [online am 3. September 2015].
Graf Pückler: Der Leutnant und niederschlesische Gutsherr Albrecht Erdmann Walter Graf von Pückler (1860-1924) betätigte sich ab 1899 in Berlin und Umgebung als antisemitischer Agitator. Wegen »Aufreizung zum Rassenhaß« wurde er mehrfach verurteilt. Es ist möglich, dass Emma Eberhardt Auftritte Pücklers erlebt hat. Vgl. Christoph Jahr, Antisemitismus vor Gericht. Debatten über die juristische Ahndung judenfeindlicher Agitation in Deutschland 1879-1960, Frankfurt a.M. 2011, S.186ff.

3 *Elternbeirat der Bartholomäusgemeinde*: Es ist denkbar, dass Emma Eberhardt Kinder hatte. Als sie 1920 in den Vorstand des Elternbeirates eintrat, war sie 47 Jahre alt. Die Bartholomäuskirche liegt im Berliner Stadtteil Friedrichshain, an der Grenze zu Berlin-Mitte, nahe dem Wohnort der Verfasserin, der Schönhauser Allee.

4 *den »Mann« der das Zeug hatte:* Hier kann Hitler, ebenso aber auch Goebbels gemeint sein. Letzterer kam im Oktober 1926 als Gauleiter nach Berlin.

5 *W. Protsch:* Es handelt sich hier um den SA-Standartenführer Willi Protsch, der 1933 im Umfeld des innerstädtischen »Konzentrationslagers Wasserturm« am Prenzlauer Berg aktiv war. Dieser Ort der Verhöre und Folterungen lag mit Bedacht, als Instrument des NS-Terrors, im politisch linken Arbeiterbezirk Prenzlau. Im Juni 1933 wurde das »wilde KZ« aufgelöst und die Gebäude zum SA-Heim umgebaut. Vgl. Irene Meyer, Das Konzentrationslager am Wasserturm Prenzlauer Berg in Berlin; in: Wolfgang Benz, Barbara Distel, Angelika Königseder (Hrsg.), Instrumentarium der Macht. Frühe Konzentrationslager 1933-1937, Berlin 2003, S. 84.
Reinecke: Zu dem in Berlin häufigen Namen Reinecke ließen sich keine konkreten Informationen ermitteln.
Franseckistraße4 23: Im Haus Franseckistraße 23 befand sich die Geschäftsstelle der Ortsgruppe Nord-Ost der NSDAP. Vgl. Zentral- und Landesbibliothek Berlin, Berliner Adressbücher, Jahrgang 1934; URL: http://adressbuch.zlb.de/viewAdressbuch.php?CatalogName=adre2007&ImgId=320896&int ImgCount=-14&CatalogCategory=adress&Counter=&CatalogLayer=4 [online am 27. Januar 2014].

Meta Gruse

Abel-Biogramm/Nr. 353/Meta Gruse
Zehn Seiten, handschriftlich (deutsche Schrift), datiert 11. August 1934.
Die Identität der Verfasserin ist nicht bestätigt.[1]

Name:	Meta Gruse
Geburtsjahr:	1889
Geburtsort:	Bromberg/Provinz Posen
Alter:	45 Jahre
Familienstand:	verheiratet, ein Sohn
Wohnort:	Freystadt/Westpreußen
Elternhaus:	Fabrikanten
Ausbildung:	Höhere Mädchenschule, Pensionsaufenthalte
Beruf:	Bürotätigkeit im Ersten Weltkrieg, Ehefrau, Mutter
Parteibeitritt:	Januar 1930 (Abel-Biogramm)
Mitgliedsnummer:	unbekannt
Werber:	Verwandte
Funktionen:	Mitglied

Charakteristische Aspekte des Biogramms:
Meta Gruse war vor 1930 Mitglied der DNVP, ebenso ihr Ehemann, der zudem die paramilitärischen (Frontkämpfer-)Bünde »Stahlhelm« und »Wehrwolf« führte. Die Antisemitin misstraute jüdischen Politikern der Reichsregierung und sah in den wirtschaftlichen Schwierigkeiten der Weimarer Republik jüdische Intrigen. In ihrem Essay hebt Gruse deutlich ihre »sozialstische« Haltung hevor. Für die NSDAP engagierte sie sich durch mündliche Propaganda, indem sie gezielt das Gespräch »von Frau zu Frau« suchte.

Lebenslauf der Parteigenossin Meta Gruse aus Freystadt Westpreußen.

Als jüngstes Kind meiner Eltern wurde ich 1889 in der rein deutschen Stadt Bromberg in der Provinz Posen geboren.[2] Mein Vater hatte dort eine Feilen- und Werkzeugfabrik, wir lebten in sehr guten Verhältnissen. Meine Jugend war sonnig, aber keinesfalls verwöhnt; ich mußte alles erlernen und jede Arbeit anfassen. Meine Erziehung stand unter dem Motto: »Was du gelernt hast und verstehst, kann dir niemand nehmen, aber was deine Eltern für dich sparen, kann dir alles mal genommen werden.« Wie recht sie damit behielten, darüber später.

Schon in meiner frühesten Jugend hatte ich viel mit unseren Leuten zu tun, ich war bei ihnen in der Fabrik, besuchte sie zu Hause und habe dadurch die Nöte und Sorgen der Arbeiter mehr kennen gelernt, als manch ein anderes Kind aus meinem Stande. Der Sozialismus war für mich damals eine Selbstverständlichkeit. National war meine Erziehung sowieso, mein Vater prägte den Begriff »deutsch« tief in unsere Herzen ein und sagte uns stets: »Nirgends könnt ihr so glücklich sein wie in euerm Vaterlande, bleibt im Lande und nährt euch redlich.« Nationalsozialismus war somit tief in mir verankert, ahnungslos daß dieser selbstverständliche Begriff eines jeden Menschen, ganz gleich welches Land er sein Vaterland nennt, einmal als eine neue Weltanschauung unser Volk wachrütteln würde, um es aus Schmach und Schande wieder auf sonnige Höhen zu führen. In Bromberg besuchte ich 10 Jahre die höhere Mädchenschule. In den vielen Jahren im Kreise dieser sogenannten »höheren Töchter« hatte ich erkannt, daß viele Eltern an ihren Kindern schwer sündigten, indem sie ihnen Standesdünkel und Überheblichkeit einimpften. Dadurch mußte ja systematisch mit der Zeit ein Zwiespalt in das Volk getragen werden. Wie sehr ich mit dieser Anschauung recht behielt, zeigten mir meine späteren Reise- und Pensionsjahre. Infolge Krankheit bin ich viel von Hause fort gewesen, habe viel fremde Menschen kennen gelernt, aber überall dasselbe Bild – der Einzelne herzensgut, sonst Standesgrüppchen und Standesdünkel. Ich dachte mir stets, wenn ich mir einmal einen Hausstand gründe, dann darf so eine Grüppchenwirtschaft garnicht eingeführt werden. 1909 heiratete ich einen Landwirtschaftlichen Maschinenfabrikbesitzer.[3] Wir hatten eine gut gehende Fabrik, ein schönes Haus, Geld genug von meinen Eltern, ebenfalls von meinem Mann, daß wir einigermaßen sorgenfrei leben konnten. In unserem kleinen Städtchen steckten wir aber bald in einem Kreis, der zur Klique ausartete, in den kein weniger gut situierter hineinkam.[4] In diesem Kreis der Konservativen, später Deutschnationalen habe ich so recht die Schäden ihrer Weltanschauung kennen gelernt. Ich haßte die sogenannte »Fingerspitzenfreundlichkeit« – nur nicht die ganze Hand geben, man könnte sie sich beschmutzen. Allmählich löste ich mich innerlich von diesem Kreis & zog auch äußerlich einen dicken Trennungsstrich, als ich 1930 mich öffentlich zur Idee Adolf Hitlers bekannte und in seine Reihen eintrat. Ich habe hier zum besseren Verständnis etwas vorgegriffen, nun gehe ich wieder bis 1909 zurück. Von 1909-1914 habe ich eine recht zufriedene Ehe geführt. Das Geschäft ging sehr gut, der Landwirt war in der Lage laufend Maschinen zu kaufen und reparieren zu lassen. Wir beschäftigten 45-50 Menschen Sommer und Winter, und alle hatten ihr gutes Ein- und Auskommen. Da brach 1914 im August der Weltkrieg aus. Unsere Leute mußten sämtlichst, auch mein Mann, bis auf ein paar Lehrlinge sofort am 1. Mobilmachungstag sich stellen. Unsere Fabrik wurde geschlossen, & nur den Geldverkehr regelten unsere Buchhalterin und ich. Ein Erlebnis möchte ich hier noch schildern, das einen tiefen Eindruck auf mich gemacht hat. Ich fuhr 2 Tage vor Kriegsausbruch, mein Mann wollte es so haben, nach Berlin zu meinen Verwandten. Die Mobilmachung erlebte ich in einer der Berliner Elektrischen, die voll besetzt war. An einer Haltestelle wurde das Extrablatt reingereicht. Eine Totenstille entstand für paar Minuten, jeder hing seinen eigenen Gedanken nach. Bis eine Gruppe anfing zu debattieren und zwar über das Ende des Krieges. – Einige sagten Weihnachten wär er zu Ende, andere meinten höchstens ½ Jahr würde er dauern, bis plötzlich ein Ausländer in gebrochenem Deutsch bemerkte, »oh no – dieser Krieg wird sicher ein Siebenjähriger.« Wir hätten, glaube ich, am liebsten diesem Menschen was angetan, aber wir waren seltsamerweise alle stille. Er stieg aus & sagte noch im rausgehen, »vielleicht werdet ihr noch mal an mich denken.«

Niemals sah ich den Fremden wieder, hätte ihn vielleicht auch nicht erkannt, aber ich habe sehr viel an ihn denken müssen. 4 Jahre hat der Krieg gedauert, und sind bereits 20 Jahre seit Kriegsausbruch her, und die Welt ist noch nicht zur Ruhe gekommen. – Mein Mann war 1 Jahr im Felde, wurde verwundet, blieb noch ½ Jahr im Lazarett und kam dann nach Hause. Wie eröffneten wieder die Fabrik, (Gefangene Russen wurden unsere Arbeiter) weil die dringende Notwendigkeit vorlag, unsere Fabrik war die einzige hier in der Gegend. Jetzt kam die Zeit der Brot- und Fettmarken, die uns infolge der vielen Russen große Sorgen machten. An und für sich war es in unserem kleinen Landstädtchen nicht so schlimm wie in der größeren Stadt. 1918 brach dann die Revolution aus, die allem Elend ein Ende machen sollte. Wir wußten aber schon damals, eine Revolution auf liberalistischer Grundlage, ist der Anfang vom Ende. Soldatenräte und Arbeiterräte wurden gegründet. Mein Mann, der seinerzeit eine maßgebliche Persönlichkeit hier am Ort war, riß die Situation an sich, gründete einen Arbeiterrat wie er ihn momentan für richtig hielt & setzte Menschen rein, die imstande waren Ruhe und Ordnung hochzuhalten. Nach 14 Tagen kamen einige Juden aus der Nachbarstadt und lösten im Verein mit unsern Juden den Arbeiterrat auf mit der Begründung, es sind alles Leute mit Kapital hier drin und die sollen doch gerade bekämpft werden. Es zeigte sich dadurch hier auch im kleinen Nest was der Jude für eine Macht hatte. Bald lasen wir in den Zeitungen all die jüdischen Namen die in unserer Regierung vertreten waren. Uns war es vollkommen klar geworden, wenn solche artfremden Menschen uns regieren, dann wird es bald traurig um unser geliebtes Deutschland aussehen. Das bewies dann auch der unselige Vertrag von Versailles. Unser Junge, der im April 1918 geboren wurde, war uns jetzt ein drohendes Vermächtnis geworden. Das Ziel unseres Kampfes hieß: »Ein freies Deutschland für unser Kind und unsere Kindeskinder.« Ohne rechte Führung für uns in der Regierung krystallisierten sich die vaterlandstreuen Menschen heraus. Es wurden Stahlhelmgruppen für die Sammlung der Frontsoldaten gegründet & Wehrwolf für die jüngeren Männer.[5] Beides lag hier am Ort in den Händen meines Mannes. Nur der eine Gedanke beseelte uns, die treuen Kräfte zu sammeln, sie an der Hand zu haben, damit man nicht eines schönen Tages den Rotmordbuben ausgeliefert werden konnte.

1919 wurde dann infolge des Versailler Vertrages die Provinz Posen und ein Teil Westpreußens der polnische Korridor. Meine Heimatstadt Bromberg wurde auch besetzt; ein Schrei der Empörung und des Jammers zog durch unser Herz. Dann kam hier für unsere Gegend 1920 die Volksabstimmung, die Gottseidank so ausfiel, daß wir bei Deutschland blieben.[6] Das herrliche Gefühl der Freude, Deutscher zu sein, wird einem niemand nehmen. Und so ist auch unsere Jugend wieder eingestellt, wenn man sie fragt: »was möchtest du sein, wenn du kein Deutscher wärst? – Nur Deutscher möchte ich sein!«

Allmählich setzte dann die Inflation ein mit all ihren furchtbaren wirtschaftlichen Nöten und Schwierigkeiten. Durch die schnelle Entwertung des Geldes waren Angestellte und Arbeiter in große Not geraten. Es kam die Zeit in der wir nur gegen Getreide arbeiteten und auch mit Getreide löhnten.

Es brachte alles viel Schwierigkeiten, aber man blieb den Leuten gegenüber doch gerecht. Nur zu sehr war allmählich im Wirtschaftsleben zu merken, daß der Jude die Fäden der Wirtschaft in der Hand hatte. Diese Erkenntnis machte einen tiefen moralischen Eindruck auf uns, und ich fühlte es, daß ein stiller Schwur von allen aufrechten Deutschen geleistet wurde, nicht eher zu ruhen, bis unser Volk und geliebtes Vaterland wieder frei von allem Unrecht ist. Im Jahre 1922 hörte ich bei meinen Verwandten in Thüringen das ersten Mal etwas von Adolf Hitler. Ihre Begeisterung riß mich mit, so das ich anfing, mich mit dieser Persönlichkeit zu beschäftigen. Leider hörte man bei uns im Osten kaum etwas von Adolf Hitler, so daß das Interesse wieder erlosch. Unser Volk sank immer tiefer. –

Es kam die schreckliche Erschießung Leo Schlageters[7] im Mai 1923, die einem Mut der Empörung in die Adern trieb, vorher noch die schamlose Ruhrbesetzung. Im November folgte die mißglückte Revolution in München mit der Schlacht vor der Feldherrnhalle, die mir Hitler wieder in den Vordergrund rückte.[8] Am 1. September trat der empörende Daves-Plan in Kraft.[9] Machtlos war man und mußte dulden, was die damalige Regierung bestimmte. Hitler sagte damals: »Friedensverträge, deren Forderungen wie Geißelhiebe Völker treffen, schlagen nicht selten die ersten Trommelwirbel für die spätere Erhebung.« Er hatte recht behalten.

Die Jahre gingen jetzt in stumpfer Gelassenheit dahin. In unserem Städtchen hörte man kaum etwas von einer völkischen Partei, noch von einer Hitlerbewegung. Ich war in der deutschnationalen Partei, weil die eben rein national eingestellt war. Niemals stimmte ich aber mit deren Forderungen und Richtlinien überein.

Am 7. Juni 1929 wurde in Paris der furchtbare Young-Plan unterzeichnet.[10] Mit allen Mitteln der Beredsamkeit hatte man versucht, die Bekannten beim Volksbegehren für ein »Nein« zu bewegen – bei vielen unmöglich. – Im Jahre

1929 wurde hier in Ostpreußen die Hitlerbewegung bekannt und bei der 1. Versammlung, die hier Ende Januar 1930 gehalten wurde, trat ich in die N. S. D. A. P. als festes Mitglied ein. Allmählich fühlte man die Fäden, die einem mit diesem herrlichen Führer verbanden. Jeder Befehl wurde ausgeführt, weil man genau fühlte, es ist das Richtige. Trotzdem wir wirtschaftlich boykottiert wurden, erlaubte mir mein Mann, in der Bewegung zu bleiben. Der Boykott nahm uns fast die letzte Kundschaft. In den Jahren 1928-29 hatten wir durch den geschäftlichen Rückgang, durch die Wucherzinsen der Banken und Gutschrift für meinen Bruder alles verloren. Der Boykott tat noch das letzte. Mein Mann brach zusammen & ich stand da, allein auf mich angewiesen; ich mußte meinem Kind noch Freude geben und meinen Mann seelisch halten. Das ich alles ausgehalten habe, war sicherlich mein fester Glaube an Hitlers Sendung und der eiserne Kampf für diesen Menschen und seine Idee. Wenn Adolf Hitler in die Nähe unseres Städtchens kam, scheuten wir keine Anstrengungen, hinzukommen. Es ging per Auto nach Elbing, per Rad im strömenden Regen nach Riesenburg. Unter freiem Himmel bei starkem Gewitter warteten 1000de von Menschen geduldig auf den Führer, um ihn zu hören, sich mitreißen zu lassen und aus seinem klugen, willensstarken Blick wieder frische Kraft zur Weiterarbeit zu schöpfen. Der Boykott setzte auch im gesellschaftlichen Leben ein, und ich machte den bereits von mir im Anfang erwähnten Trennungsstrich zwischen vielen Bekannten, Freunden und mir. Die Loslösung mußte erfolgen, weil uns doch der Nationalsozialismus eine Weltanschauung brachte, die man erleben mußte, um sie richtig zu begreifen. Dazu brauchte man eben eine Trennung von allem Gewesenen.

Es folgten dann die vielen Wahlen, die unser Volk beängstigend mürbe machten. Immer hieß es, nicht müde werden, weiterarbeiten, damit wir doch den Sieg einmal davontragen. Wir Frauen trieben Mundpropaganda, überzeugten die Mütter, diese wieder ihre Familien uns so ging es weiter. Es kam die Wahl bei der wir mit 108 Abgeordneten in den Reichstag einzogen.[11] Unbeschreibliche Freude aber gleichzeitig auch Dankbarkeit empfanden wir für diesen großen Sieg. Dann kam die Wahl bei der wir wieder Sitze verloren, und unsere Gegner uns mit Redeverboten & frohlockenden Blicken ärgern wollten. Nichts konnte uns erschüttern, wir glaubten fest an Adolf Hitler und an den Sieg seiner Bewegung. Daß wir recht behielten, davon zeugt der 30. Januar 1933, als unser verewigter Reichspräsident das Staatsruder in unseres geliebten Führers Hand legte. Es ist wohl niemals ein Kampf herrlicher gekrönt worden, als der der N. S. D. A. P. durch den 30. Januar.

Freystadt Westpreußen, den 11. August 1934.

1 *Meta Gruse*: In der NSDAP-Zentralkartei, der NSDAP-Ortsgruppenkartei und der NSDAP-Parteikorrespondenz finden sich keine Einträge zu Meta Gruse. Authentisch ist jedoch die Identität ihres Ehemannes. Vgl. Kommentar 3 ► Landwirtschaftlicher Maschinenfabrikbesitzer.

2 *Bromberg/Provinz Posen*: Bromberg war seit 1815 eine Bezirkshauptstadt der Provinz Posen. Vgl. Abel-Biogramm/Nr. 305/Leokardia Rogalski, Kommentar 2 ► Pr. Posen.

3 *Landwirtschaftlicher Maschinenfabrikbesitzer*: Es handelt sich um den Fabrikanten und Freystädter Stadtrat Max Gruse. Als Teilnehmer einer nationalsozialistischen Versammlung am 2. Oktober 1930 beleidigte er den preußischen Ministerpräsidenten Otto Braun (SPD, 1921-1932) und erhielt eine Strafanzeige. Vgl. Friedrich-Ebert-Stiftung, Politisch-historisches Informationszentrum, Digitale Bibliothek, Pressedienste, Sozialdemokratischer Pressedienst, 2. Oktober 1930, S. 8; URL: http://library.fes.de/spdpdalt/19301002.pdf [online am 3. September 2015].

4 *Städtchen*: Freystadt in Westpreußen (auch Freistadt, heute poln.: Kisielice) lag im Regierungsbezirk Rosenberg. Die Stadt hatte in den 1920er Jahren etwa 3075 Einwohner. Seit 1899 gab es einen Bahnanschluss. Vgl. Familienforschung in Westpreussen, Freystadt; URL: http:// www.westpreussen.de/cms/ct/ortsverzeichnis/details.php?ID=1661 [online am 3. September 2015]

5 *Stahlhelmgruppen*: Der im November 1918 gegründete, nationalistisch-monarchistisch ausgerichtete Stahlhelm-Bund der Frontsoldaten war der wichtigste Veteranenverband der Weimarer Republik. Er inszenierte sich als Heeresersatz und pflegte ein entsprechend martialisches Auftreten.
Wehrwolf: Vgl. Abel-Biogramm/Nr. 305/Leokardia Rogalski, Kommentar 5 ► Wehrwolf.

6 *Volksabstimmung*: Am 11. Juli 1920 durfte die Bevölkerung in Teilen von Ost- und Westpreußen über ihre Zugehörigkeit zu Deutschland oder Polen abstimmen, darunter Freystadt im Regierungsbezirk Rosenberg. Mehr als 90 % sprachen sich für den Verbleib im Deutschen Reich aus. Andere Teile Westpreußens waren im Versailler Vertrag ohne Volksabstimmung an Polen abgetreten worden, so der Regierungsbezirk Bromberg. Vgl. Falter, Wahlen und Abstimmungen in der Weimarer Republik, S. 118.

7 *Leo Schlageter*: Vgl. Abel-Biogramm/Nr. 39/Maria Bauer, Kommentar 6 ► Schlageterzeit.

8 *mißglückte Revolution*: Gemeint ist Hitlers Putschversuch vom 9. November 1923.

9 *Daves-Plan*: Der 1924 beschlossene Dawes-Plan war ein Zahlungsplan für Deutschland, nach dem festgestellt werden sollte, in welcher Höhe Deutschland realistisch Reparationen zu leisten vermochte. Die politische Rechte verurteilte besonders Außenminister Gustav Stresemann für dessen Einverständnis zu diesen Reparationsauflagen, für die sie den Begriff »Erfüllungspolitik« prägte. Vgl. Maser, Zwischen Kaiserreich und NS-Regime, S. 173, sowie Eberhard Kolb, Die Weimarer Republik, München 2000, S. 64.

10 *Young-Plan*: Vgl. Abel-Biogramm/Nr. 175/Erna Siegfried, Kommentar 6 ► Volksbegehren Dawesplan.

11 *mit 108 Abgeordneten in den Reichstag*: Gemeint ist die Reichstagswahl vom 14. September 1930. Die NSDAP errang hier 107 Sitze im Reichstag. Vgl. Gonschior, Wahlen in der Weimarer Republik, URL: http://www.gonschior.de/weimar/Deutschland/RT5.html [online am 3. September 2015].
Die Wahl wurde von vielen NSDAP-Sympathisanten als Durchbruch empfunden und löste eine Welle von Parteibeitritten aus. Den Neumitgliedern wurde seitens der Alten Kämpfer häufig Opportunismus unterstellt, weshalb sie von Joseph Goebbels abschätzig nach dem Wahlmonat »Septemberlinge« genannt wurden. Vgl. Friedrich-Ebert-Stiftung, Politisch-historisches Informationszentrum, Digitale Bibliothek, Pressedienste, Sozialdemokratischer Pressedienst, 2. November 1931, S. 3; URL: http://library.fes.de/spdpdalt/19311102.pdf [online am 3. September 2015].

Erna Stoyke

Abel-Biogramm/Nr. 363/Erna Stoyke
Sieben Seiten, maschinenschriftlich mit handschriftlichen Ergänzungen, undatiert.
Die Identität der Verfasserin ist authentisch.[1]

Name:	Erna Stoyke
Geburtsdatum:	18. September 1913
Geburtsort:	Plowenz/Westpreußen
Alter:	20 Jahre
Familienstand:	ledig
Wohnort:	Marienburg/Westpreußen
Elternhaus:	Verlust des Besitzes durch Aussiedlung 1920
Ausbildung:	Höhere Schule, Ausbildung zur Bürokraft
Beruf:	Fabrikarbeiterin, Büroangestellte/Stenotypistin
NSDAP-Beitritt:	1. August 1931 (NSDAP-Ortsgruppenkartei)
Mitgliedsnummer:	665 579
Werber:	Wahlentscheidung der Mutter, Diskussionen unter Mitschülerinnen
Funktionen:	Mitglied der NSDAP und der NS-Frauenschaft

Charakteristische Aspekte des Biogramms:
Erna Stoyke verließ als Kind ihre westpreußische, an Polen abgetretene Heimat. Die veränderten Lebensumstände weckten politisches Interesse. Ihre Jugend während der späten NS-Kampfzeit erlebte Erna Stoyke als eine Zeit der Abenteuer und großen Ereignisse. Mit dem Fahrrad war sie für die NSDAP unterwegs um zu werben oder Spenden zu sammeln.

Lebenslauf

von Erna Stoyke, geb. am 18. September 1913 zu Plowenz, Kreis Strasburg (in dem jetzt polnischen Gebiet)[2].

Nur wenige Jahre war es mir vergönnt, mich an dem Besitz meiner Väter zu erfreuen.[3] Eines Tages, es war kurz vor Weihnachten, des Jahres 1921, wurde ich aus der Pension des kleinen Städtchens nach Hause geholt, um nie mehr dort wiederzukehren. Es war der Befehl von der polnischen Regierung ergangen, binnen 24 Stunden das einstmals kerndeutsche Gebiet zu verlassen. Ich wusste im Augenblick nicht so recht was es bedeutete, bis meine Eltern mir sagten, nimm Abschied von Deiner sowie Deiner Vorfahren Heimat. Noch einmal ging ich als Kind durch die Stätten, die mir so lieb geworden waren, und dann sollte alles aus sein. – Es kam ein neues Leben. Durch Fürsprache gelang es meinen Eltern noch kurze Frist zu erhalten, um das Nötigste zu regeln. Nur wenig Hab und Gut konnten wir mitnehmen, alles andere ging in fremde Hände über.

Hell und warm leuchtete die Sonne an unserem Auswanderungstage nach Deutschland, einer neuen Heimat entgegen. Und in der neuen Heimat? Wie sah es dort aus? Nichts als ein grosses Durcheinander trafen wir an. An die Gründung einer neuen Scholle war nicht zu denken. Es fehlten die Mittel. Wir waren entwurzelt. Nirgens ein Halt.

Die Inflation war da! Was war das? Die meisten von uns Kindern verstanden das Wort und seine Bedeutung noch gar nicht. Bis es zu Hause immer knapper wurde. Es hiess immer einschränken, einschränken. Aber in den meisten Fällen nützte auch das nichts, denn es war ja nichts mehr da. Ich, das einzige, früher so verwöhnte Töchterchen war froh, wenn ich mich zum Frühstück an trockenem Brot und schwarzem Kaffee sattessen konnte. Essen für die Schule gab es nicht, sonst hätte es zu Hause nicht gereicht, und wenn ich etwas mithatte, konnte ich es nicht allein aufessen, denn es waren ja noch ärmere Kinder da, mit denen ich teilen musste, was für mich selbstverständlich war. Und doch waren wir alle noch frisch und froh. Bis eines Tages am ersten eines Monats die halbe Klasse leer war. Meine Klassengefährten konnten nicht mehr mit uns zusammensein, weil sie nicht mehr zahlen konnten. Jetzt erst begriff ich, was das Wort Inflation und Politik bedeutete. Wir waren aufgewacht. Wir fingen an, an diesem und jenem zu kritisieren. Zum Teil waren es die Meinungen unserer Eltern, die wir vertraten. Die Tochter eines sozialdemokratischen Lehrers schimpfte über unseren ehemaligen Kaiser, ich vertrat ihn ganz hartnäckig, denn unter seiner Regierung hatten wir es doch nicht schlecht gehabt. Es war uns doch gut gegangen. Noch in späteren Jahren, hatte das Problem »Monarchie« noch oft zur Debatte gestanden. Jahre des Kampfes und der Not vergingen. Parteien wurden gegründet, so dass ich nicht mehr wusste, was dieses alles zu bedeuten hatte.

Eines Tages hiess es wählen. Auch meine Eltern gingen wählen. Schon tagelang unterhielten sich meine Eltern darüber, wer wohl der Geeignetste sein würde, um unser Deutsches Vaterland von dem Unglück des Parteienhasses zu befreien. Sie einigten sich daraufhin, dass meine Mutter die Deutsche sozialistische Arbeiterpartei unter Führung Adolf Hitlers wählen sollte, weil er gute Ideen [...][4] und mein Vater Deutschnational.

Erst viel später kam es mir zum Bewußtsein, was meine Mutter damals gewählt hatte.

Im Jahre 1929 verlegten wir unseren Wohnsitz wieder auf das Land, und ich wechselte somit die Schule. Wieder, wie schon früher begannen wir uns in Parteien zu teilen. Hier in dieser Schule war es zum ersten Mal, dass ich den Namen Adolf Hitler und, wie die Partei Nationalsozialistische Deutsche Arbeiterpartei jetzt heisst, mit vollem Bewusstsein hörte. Zwei Mitschülerinnen stritten sich über Nationalsozialismus und Sozialdemokratie. Ich weiss nicht wie es kam, aber ich ergriff ganz plötzlich Partei für Adolf Hitler. Es war mir, als wenn mir jemand sagte, der Mann ist gut, der liebt unser Deutschland. Ich erkundigte mich über Adolf Hitler, über die Ursachen, die ihn dazu gebracht hatten, sich für seine Volksgenossen einzusetzen. Und ich war begeistert, als ich von einem alten Nationalsozialisten hörte, dass Adolf Hitler es sich zur Aufgabe gemacht habe, sein Deutschland und seine Kameraden zu retten und zu befreien von der Schmach, die auf uns allen lastete.

Fast täglich ging oder fuhr ich jetzt einen 8 km langen zum Teil schlechten Weg zur Stadt, um eine nationalsozialistische Rede zu hören, und dann spät in der Nacht allein nach Hause zu gehen, denn in meinem Ort war niemand dafür zu haben, da gab es nur Zentrum, Sozialdemokraten und Kommunisten. Die Redner waren aus allen Schichten zusammengestellt. Sie redeten nicht, was in Büchern geschrieben steht, sondern sie redeten von Herz zu Herz. Sie redeten eine Sprache, die jeder verstand oder verstehen konnte, denn es waren anfangs ja nur sehr wenige, die da vorn in den ersten Reihen sassen und mit leuchtenden Augen und frohen Gesichtern dem Redner begeistert zuhörten, oftmals den Tod im Nacken. Denn wir hörten ja nicht allein zu, da waren in den hinteren Reihen Deutsche, wie wir sie auch waren, aber verblendet von dem Hass, der blinden Wut des kleinen erniedrigten, vom Juden bestochenen, deutschen Menschen. Es wurde dazwischen gebrüllt, damit unsere Redner schweigen sollten. Und wehe, wenn sie merkten, dass einer der ihren unsicher wurde und unsere Ansichten teilte, dann kannte ihre Wut keine Grenzen, dann sprangen sie auf, ergriffen Stühle, zerbrachen Tische und schlugen blindlings in unseren kleinen Haufen hinein. Aber sie irrten sich, dass wir weichen würden. Wir kämpften ja für eine gute, eine reine Idee, die gab uns Mut und oftmals auch Riesenkräfte. Ja, und wie oft mussten die unseren für ihre Idee bluten oder gar ihr Leben lassen.

An einer Wahlversammlung ging es ganz besonders unruhig zu. Wir fühlten es alle, heute gibt es etwas. Im Saal ein Murmeln, das nicht enden will, und als der Redner das Pult betritt wird es stärker und stärker. Der Saalschutz, der immer zum Schutz des Redners da war, schaffte für Augenblicke Ruhe. Da wieder wie auf Verabredung Zwischenrufe: »du Nazischwein, du Volksverräter, du Hund runter von da, oder wir machen dir Beine.« Nur mit Mühe gelang es, wieder Ruhe zu schaffen. Plötzlich der Ruf: ist ein Arzt da? Ein Posten von uns ist überfallen und zerstochen worden. Er hat erhebliche Wunden davongetragen und schnelle Hilfe tut not. – Die Versammlung nimmt ihren Fortgang. Der Zweck der Sache war Aufruhr und Verwirrung unter uns zu stiften, um leichtes Spiel in dem Kampf mit uns zu haben. Es ist nicht gelungen. Aber wir wissen, wir dürfen nach der Rede nicht einzeln gehen, denn wir werden von unseren Gegnern auf der Strasse erwartet. Das ist immer dasselbe und doch verlieren wir den Mut nicht. Denn wir haben ja Erfolge zu verzeichnen, und wenn es nur einer oder zwei sind, die zu uns gekommen sind, mit uns zu streiten.

Frauen waren anfangs nur sehr wenige. Und als sich dann ein kleines Häuflein gesammelt hatte, es waren nur 5 oder 6, da wurde eine Frauenschaft gebildet. Ich durfte nicht gleich öffentlich in die Partei eintreten, obgleich ich mich in den Dienst der Sache stellte, denn ich ging ja noch zur Schule. Aber eines Tages musste doch etwas zu Ohren unserer Schulvorsteherin gekommen sein, es erging der Befehl, das sofort jeder seine Parteizugehörigkeit oder das Mitwirken in einer Partei bekanntzugeben habe, andernfalls werde die betreffende Schülerin, falls sie bei derartiger Angelegenheit ertappt würde, von der Schule gewiesen. Jetzt hiess es ganz besonders vorsichtig zu sein. Bei einer Versammlung, als Prinz August Wilhelm[5] sprach, mussten wir ganz besonders vorsichtig zu Werke gehen, denn überall passten die Lehrer auf. Eine Mitschülerin und ich verkleideten uns, sie zog einen Anzug von ihrem Bruder an, versteckte das Haar und setzte sich eine grosse Brille, die ich uns beiden besorgt hatte, auf; ich zog mir einen Träningsanzug an und setzte mir gleichfalls eine Brille auf und versteckte das Haar unter der Mütze. So gingen wir eben als Sportjungens ungefährdet hin.

Am 24. Juli 1931 trat ich dann öffentlich in die nationalsozialistische Partei ein.[6] Endlich konnte ich mich frei bewegen, meine ganze Zeit und zum Teil auch mein geringes Taschengeld opfern. Jetzt war ich jeden Tag unterwegs. Von unserem Parteibüro holte ich mir Anweisungen und Material zum Kleben oder Sammeln, oft wurde auch beides vereinigt.

Ich fuhr dann in die Dörfer, um Opferringmarken[7] zu verkaufen. Nicht selten geschah es, dass, wenn ich auf einen Hof kam, freundlich empfangen wurde, aber kannten sie erst meine Wünsche, dann wurde ich von den grossen und grösseren Besitzern zum Teil höflich, zum Teil recht schroff vom Hof gewiesen oder von den kleineren Anwesen vom Hofe gejagt. Gut, dann versuche ich es eben ein Haus weiter. Ich freute mich über jede Gabe, die nicht immer leichten Herzens, oft aber auch gern gegeben wurde, in der Hoffnung Deutschland helfen frei zu machen von dem erdrückenden Joch unserer verschwenderischen und fremden Regierung. Aber bevor ich eine Spende erhielt, musste ich meinen Volksgenossen erst erzählen, was Hitler will und was in der letzten Versammlung gesprochen wurde. So verging die Zeit oft sehr schnell, und ich musste mich doppelt beeilen, um genügend Geld für unsere Propagandazwecke zusammenzubekommen. Inzwischen musste ich auch versuchen unsere Werbeplakate an geeigneten und sichtbaren Stellen anzubringen. Auf dem Lande tat ich das zumeist öffentlich. In der Stadt machten wir es dann gemeinsam heimlich, weil die Polizei scharf aufpasste und viele Spitzel uns verrieten. Eines

Nachts als wir gerade beim kleben waren, einer stand unten mit den Plakaten, ich hielt den Kleistertopf auf eine der unteren Stufen der Leiter, die wir mitgenommen hatten und ein anderer klebte die Plakate an, da kommen plötzlich Schupo.[8] Wir beide da unten waren wie der Blitz verschwunden, aber der andere Kamerad? den würden sie sicher mitnehmen. Nein, sie hatten ihn laufen lassen, weil er sich betrunken gestellt hatte. Wie oft aber wurden unsere Kameraden mit auf die Wache genommen und mussten dort oft stundenlang verbringen.

Aber alles das konnte uns nicht von unserem Weg abbringen. Ob ich wollte oder nicht, es zog mich immer wieder wie eine unsichtbare Macht zu meinen Kameraden, ihnen zu helfen in ihrem schweren Kampf.

Wir Frauen hatten nebenbei noch andere Aufgaben, die denen unserer männlichen Kameraden ja nicht im geringsten gleich kam, aber wir waren beglückt, ihnen mit unseren schwachen Kräften ihr Los zu erleichtern. Es gab da viele junge Leute, die nicht nach Hause gehen durften, weil ihnen der Vater das Haus verboten hatte. Wir hatten ein Heim, ein SA-Heim. Hier hielten sich die Kameraden auf. Sie hatten kein zu Hause, sie waren verfemt ihres Nationalsozialismusses wegen, aber das störte sie nicht. Sie hatten keine Arbeit, das war ihr Los, und doch kämpften sie, kämpften um der Idee willen, kämpften weil unser Führer ihnen Vorbild war. Abwechselnd hatten wir das Heim zu versehen. Wir suchten zusammen, was wir entbehren konnten, um unsere Kameraden zu verpflegen. Wir gingen sammeln, um unsern Kameraden ihren Lebensunterhalt herbeizuschaffen. Zwei Abende in der Woche gehörten uns und unserer Arbeit, denn es gab viel Arme bei uns, denen wir helfen mussten, und die Weihnachtsarbeiten und die kleinen Geschenke für die Kameraden mussten auch fertig sein.

Wenn wir dann am Weihnachtsabend unserer Partei alle beisammen waren, ausser der Wache, die stets an den Ausgängen auf Wachposten stand, dann kam mir oft die bange Frage in den Sinn? Werde ich es auch erleben, den Sieg, den grossen Sieg? Und die Andern da draussen? Und immer wieder klang es dann siegesfroh in mir wieder, ja und nochmals ja, es wird und muss uns gelingen mit Gott und unserem Führer ein neues deutsches, sauberes Reich zu gründen. Und dann die schlichte Feier. Das Horst-Wessellied[9] wird gesungen, es wird der alten deutschen Weihenacht gedacht, und dann sitzen wir und vergessen für Augenblicke, dass es Brüder gibt, die dieses alles in ihrem blinden Wahn nicht haben wollen.

Es werden Propagandafahrten gemacht, ob Sommer oder Winter, das Volk soll und muss doch endlich aufwachen. Es kommt zur Besinnung, aber langsam, viel zu langsam. Unsere Gegnerschaft ist gross, und das Geld hat die Macht. Das Volk lässt sich von den Brocken, die ihm hingeworfen werden, betören. Das ärgerte mich oft masslos, und ich ging dazwischen und habe ihnen gesagt, wie ich es dachte. Ich habe ihnen vor Augen geführt, dass wir doch Brüder seien. Verrat sei für jeden Deutschen eine Schande, und sie sollten sich doch losreissen von ihren Gewerkschaften, die sie doch nur ausnutzten und sollten uns helfen, wieder frei und einig zu werden. Menschenskinder seht ihr denn nicht, dass wir so zu Grunde gehen müssen. Wenn wir uns nicht auf uns selbst besinnen, dann zerfleischen wir uns doch selbst und die anderen freuen sich doch nur darüber, denn dann können sie uns regieren wie in Russland, und knechten und demütigen. Besinnt euch, jetzt seid ihr noch frei, aber es kann bald zu spät sein. Oft gaben sie mir recht, – oft wurde ich verhöhnt und verlacht, dumme Margell[10] lässt sich auch von den Nazis dammlich machen. Aber das konnte mich nicht stören. Immer wieder versuchte ich, wenn ich irgendwohin ging, ob in ein Bauernhaus oder in die kleinste Hütte, wo die Leute Zentrum oder Kommunisten oder sonst wer weiss was waren, ihnen klar zu machen, was unser Führer will und dass er es doch nur gut meine.

Unser Führer, wer kannte ihn in Ostpreussen? Nur wenige, ich noch nicht, als ich für seine Idee eintrat und für sie kämpfte. Ich fühlte nur, nur Adolf Hitler kann uns wieder frei machen, nur er kann Deutschland und sein ganzes Volk wieder vereinigen und stark machen. Und dann war der grosse Tag da, dass ich den Führer sehen durfte, unsern Adolf Hitler. Überall wurde verkündet Adolf Hitler kommt nach Ostpreussen, Er wird zu uns sprechen. Für diese grosse, mächtige Propagandarede waren die Komnick-Werke in Elbing ausersehen.[11] Ein unübersehbares Menschenmehr wogte hin und her. Stundenlang warteten wir auf die Ankunft des Führers und doch haben ihn viele wegen der grossen Fülle nicht sehen können. Ich habe ihn gesehen, Er ist an mir vorbeigegangen.[12] Still und ernst war sein Gesichtsausdruck, aber ein Feuer brannte in seinen Augen. Voll und mächtig erscholl seine Stimme vom Podium durch das grosse Gebäude. Klar und deutlich legte er uns seine Gedanken und noch zu vollbringenden Taten auseinander. Es musste, und es hat wohl auch jeder verstanden, was er sagte. Niemand wagte seine Rede zu unterbrechen. Und ich glaube, er hat an dem Tage viele hunderte Kameraden besiegt, die ihm später treu zur Seite gestanden haben.

Oft habe ich, wenn ich einmal glaubte, müde zu sein, seine Augen vor mir gesehen, die mir unbeirrbar meinen Weg wiesen, den Weg, den mir mein Führer vorschrieb und mit dem ich verwachsen war.

Heute ist Donnerstagnachmittag und ich erhalte von dem Kreisleiter der NSDAP des Kreises Stuhm[13] den Auftrag Spenden zu sammeln für den am Sonntag stattfindenden Deutschen Tag in irgend einem kleinen Ort der Umgebung. Eigene Mittel haben wir nicht genügend, da müssen uns eben unsere Volksgenossen helfen. Unsere Kameraden wollen nach dem schweren und langen Propagandamarsch verpflegt werden. Ich setze mich aufs Rad und schon geht es los, von Ort zu Ort, von Gehöft zu Gehöft. Fast überall erhalte ich etwas, die Leute sind zum Teil etwas freundlicher geworden, denn sie kennen mich jetzt schon von den Opferringsammlungen. Lebensmittel und auch Geld wird gern entgegengenommen. das Geld nehme ich gleich mit, und die Lebensmittel schreibe ich auf, denn ich kann sie nicht alle tragen, die vielen kleinen und grossen Gaben. Diese werden dann von den Leuten selbst zu einer Sammelstelle gebracht, wo sie dann nur abzuholen sind. Sogar ein kleines Schweinchen haben wir einmal erhalten. Das nahmen wir aber gleich mit. Eine Kiste war bald gezimmert und wurde hinten aufs Rad gebunden. Das war eine Freude.

Immer mehr und mehr sahen die Leute ein, dass wir nur Gutes wollten, und sie begegneten uns freundlicher und kamen auch zu uns, in unsere Partei und halfen mit ihren ganzen Kräften schaffen an dem grossen Werk, das seiner Vollendung entgegenging.

Unsere Propagandafahrten verliefen oft sehr unruhig. Ohne Kampf ging es selten ab. Auf einer Fahrt nach P.[14] wurden wir unterwegs mit Steinen beworfen, die ersten Wagen fuhren durch, während der Letzte hielt, um uns den Rücken zu decken. Alles war vom Wagen herunter und im Nu hatten unsere paar Mann die Strasse leer. Keinem war etwas erhebliches passiert, ein paar Hautabschürfungen, ein paar Glassplitter im Gesicht, das wurde nicht gerechnet. In P. selbst ging es tagsüber recht ruhig her. Nur einzelne Gruppen, die in den Ort gegangen waren, wurden beschimpft und angespeit. Das waren wir ja schon gewöhnt. Erst am Abend kam es zu grösseren Reibereien. – Ich sehe mich in den Räumen um, ein Teil unserer Leute ist nicht da. An der Tür werde ich zurückgehalten. Draussen ist Kampf, 5 Nationalsozialisten gegen 20 Kommunisten und Reichsbanner.[15] Einer von den unseren war ahnungslos rausgegangen, da pfeift ihm ein halber Ziegelstein dicht am Kopf vorbei und schon ist er umringt. Er sieht schon den Tod vor Augen, da kommen ihm seine Kameraden zu Hilfe und ausser einem anständigen Kinnhaken ist ihm nichts passiert. Unsere Kameraden haben die Bande in die Flucht gejagt, und wir haben nun an diesem Abend Ruhe. Es gilt aber noch Gäste, die wir haben aufzuklären und ihnen unsere Ideen auseinanderzulegen. Wir Frauen sorgen in der Zwischenzeit für das leibliche Wohl unserer Gäste und Kameraden, denn wir können nicht wissen, ob sie nicht heute noch ihre ganzen Kräfte einsetzen müssen. Auf der Rückfahrt wird noch verschiedentlich Station gemacht, um Werbeplakate anzubringen und andere Hetzschriften zu entfernen.

Auf meinen Fahrten nach Hause musste ich immer sehr vorsichtig sein, denn der Weg ging durch Schluchten und nicht selten war Draht über den Weg gespannt oder Steine hingelegt, damit ich mit meinem Rad zum Sturz kam, aber mir ist selten etwas erhebliches dabei passiert, obgleich ich mir das Genick hätte brechen können. An unserer Scheune prangten dann immer die Hetzschriften und Propagandablätter unserer Gegner, die über Nacht verschwanden. Ich nahm sie ab und heftete meine mitgebrachten Propagandablätter an. Als das bemerkt wurde, standen sie an einer grossen Weide, die sie verdeckte Wache. Wenn ich merkte, dass ich abgefangen werden sollte, fuhr ich querfeldein nach Hause, wo ich dann schon sehr erwartet wurde, denn meine Eltern wussten doch nie, wo ich war und wann, und ob ich überhaupt noch einmal wiederkam.

Wenn ich irgend Zeit hatte, lud ich mir die Nachbarn ein oder ging zu ihnen hin. Wir unterhielten uns dann über Politik. Gewöhnlich musste ich Ihnen dann von den letzten Nachrichten erzählen. Es war manchmal sehr schwer den Leuten unsere Arbeit, unser Schaffen klar zu machen. Und doch freute ich mich, wenn ich sah, wie sie zuhörten und dann nach und nach anfingen *mich* dieses oder jenes zu fragen. Wenn auch zaghaft und langsam, aber sie trugen doch Früchte, diese Auseinandersetzungen. Gross war dann die Freude, wenn unser kleines Örtchen durch Wahl nachweislich an Nationalsozialisten gewonnen hatte. Wenn auch nicht in der Partei, so doch an der Wahlurne. In dieser Zeit vergass ich ganz, dass ich ein Zuhause hatte, dass mein Vater wieder versucht hatte, sich eine Scholle zu gründen. –

Der Preissturz war da, ein Hypothäk fällig, die Banken geschlossen und Geld hatten wir nicht. Staatsgelder wurden uns dreimal aus nichtigen Gründen verweigert. Wir waren doch Nationalsozialisten, »die Hunde müssten allesamt verrecken«, wie sich einer so bezeichnend für die Zeit ausdrückte. 1932 verloren wir zum zweitenmal unsere Existens. Bar jeder Mittel, zogen wir in die Stadt. Jetzt galt es für mich verdienen, meine Eltern krank, mein Bruder noch klein, aber nichts fand sich. Ich war in meinem erlernten Stenotypistinnen und Büroberuf nicht eingearbeitet und ausserdem Nazi. Ich ging arbeiten. Eine Fabrik nahm mich wie so viele andere auch auf in ihre Tretmühle, wo unsere deutschen Mädchen zu ihrem eigentlichen Beruf, den der Hausfrau und Mutter, untauglich gemacht werden. Trotzdem ist es mir gelungen, mit fröhlichem Mut und Kameradschaft und Verstehen ihrer Nöte, mich mit ihnen anzufreunden und weiter zu arbeiten an dem Werk, dass ich mir vorgenommen hatte mit allen Kräften zu fördern. Hier hatte ich ein reiches, aber auch schwieriges Feld, denn die meisten begegneten mir mit Misstrauen. Ich war nicht eine der ihren, nein, wenn ich auch vielleicht ärmer war als sie. Nach und nach gelang es mir, erst mein Werk mit Erfolg gekrönt zu sehen. Sie erzählten weiter, was ich ihnen erzählte und einige versprachen mir auch, mir zu helfen.

Leider durfte ich dort nicht lange bleiben. Die Direktion hatte davon Kenntnis erhalten, und ich war eine der ersten auf der Liste, die bei der Entlassung in Frage kamen. Zu Glück gelang es mir noch rechtzeitig ein anderes Unterkommen zu finden, denn sonst hätten wir, mein Vater war inzwischen zu Verwandten gefahren, um sich zu erholen, verkommen müssen. Auf dieser Stelle hat ich einen besonders schweren Stand. Die Verkäufer lachten mich aus, wenn ich von den Ideen unseres Führers erzählte und ihnen klar machen wollte, das sie einsehen müssten, dass dieses Regim nicht so bleiben könnte. Es wäre ja direkt Wahnsinn zu glauben, die Regierung würde sich halten und wenn mit Gewalt. Es fruchtete nichts. Sie meinten, ich wäre zu jung, um darüber überhaupt reden zu können. Aber eine Freude hatte ich. Wenn ich so ganz allein war, und keiner merkte es, dann kamen zweie zu mir, die sich gern mit mir über den Nationalsozialismus unterhielten, und die dann auch mit ja für unseren Führer Adolf Hitler stimmten.

Schon die vorigen Wahlen, mit Zunahme an Nationalsozialisten, rief in unseren Reihen einen Jubel ohnegleichen hervor. Wie oft stand ich im Regen auf der Strasse, um den Lautsprecher bis in die späte Nacht das Wachsen unserer Partei verkünden zu hören, und ein Strom heller Begeisterung war dann in mir, und ich schwor unserm Führer immer wieder aufs Neue, treu zu sein, mit ganzen Kräften mich einzusetzen für das Werk, das so klein begonnen wurde und nun so gross, so unendlich angewachsen war, dass man darüber nur staunen konnte.

Und endlich war der Tag angebrochen. an dem wir den Sieg errungen hatten, nicht endenwollender Jubel erfüllte Deutschland, und ich stimmte ein in diesen Jubel und dankte unserem Herrgott, dass er mich das hat erleben lassen, und unseren Führer bis hierher so treulich beschützt hat, und ich bat ihn, auch weiter ein Wächter unseres Führers und Volkes zu sein.

Unsere Arbeit war aber noch nicht zu Ende. Jetzt erst begann sie.

Deutschland war einig, aber noch nicht stark genug in sich.

Es musste gereinigt und geläutert werden, denn immer wieder tauchen Elemente auf, die dieses grosse, gewaltige Werk, dass so mühsam und doch so fest mit dem Blut vieler unserer Volksgenossen aufgebaut wurde, zu zerstören. Die Aufgabe eines jeden Nationalsozialisten ist es, dieses nach Kräften zu verhindern. Ich habe es mir gelobt mit meinen Kräften zu wachen, um unserem Vaterland zu dienen so gut es geht, Sollte ich auch wie so oft, falsch verstanden werden, ich werde den Mut nicht sinken lassen, um meines Deutschtums willen. Unser Führer Adolf Hitler wird mir stets als leuchtendes Beispiel vor Augen stehen, und er wird mir helfen ein kleines Glied an einer grossen Kette sein zu dürfen.

Heil Hitler!

Erna Stoyke
Marienburg Wpr.
Mühlengraben 64

1 *Erna Stoyke*: BArch NSDAP-Ortsgruppenkartei, Stoyke, Erna 18.9.1913, Film 32xx (MFok) W0055/0758 sowie Gespräche mit dem Sohn Erna Stoykes am 13. Februar 2012 und 7. April 2017.

2 *in dem jetzt polnischen Gebiet*: Der Kreis Strasburg im Regierungsbezirk Marienwerder gehörte bis 1920 zum Deutschen Reich. Nach dem Ersten Weltkrieg fielen weite Teile Westpreußens dem Versailler Vertrag entsprechend an Polen, darunter der Kreis Strasburg. Vgl. auch Abel-Biogramm/Nr. 305/Leokardia Rogalski sowie Abel-Biogramm/Nr. 353/Meta Gruse.

3 *Besitz meiner Väter*: Die Familie Stoyke lebte seit dem 18. Jahrhundert in Plowenz. Als Stammsitz gilt das Gut Mnich am See. Vgl. Olaf Schmidt, Chronik der Familie Stoyke, Vorgeschichte bis 1900; URL: http://private.freepage.de/cgi-bin/feets/freepage_ext/41030x030A/rewrite/olafschmidt/text_ stoyke1.htm [online am 4. September 2015].

4 *[...]*: Dieser handschriftlich eingefügte Halbsatz ist unleserlich.

5 *Prinz August Wilhelm*: Vgl. Abel-Biogramm/Nr. 177/Anna Nieke, Kommentar 28 ► August Wilhelm.

6 *24. Juli 1931*: Kurz zuvor hatte Erna Stoyke ihre Schulzeit beendet, wie einem gestrichenen Halbsatz ihres Essays zu entnehmen ist.

7 *Opferringmarken*: Der »Opferring der NSDAP« entwickelte sich um 1931 von Bayern ausgehend zur reichsweiten nationalsozialistischen Spendenorganisation. Aus rechtlichen Gründen war der Opferring nicht in die Parteiorganisation eingegliedert. Das Ziel der Organisation war der Aufbau eines Kreises von Spendern, die in regelmäßigen Abständen 10 Pfennig, 50 Pfennig oder eine Reichsmark gaben (eine Reichsmark entsprach 1932 dem Stundenlohn eines einfachen Arbeiters). Als Spendenbeleg dienten Opferringmarken, die in eine Spendenkarte eingeklebt wurden. Die Sammlerin zeigte

ihren Ausweis als Sammelberechtigung. Sammlungen außerhalb des Opferrings waren verboten. Die Einnahmen mussten an die Gauleitungen abgeführt werden und wurden von dort nach einem veränderlichen Verteilerschlüssel an Ortsgruppen, SA und andere NS-Organisationen weiterleitet. Auch Wahlwerbung wurde auf diese Weise finanziert. Vgl. Mathias Rösch, Die Münchner NSDAP 1925-1933. Zur inneren Struktur der NSDAP in der Weimarer Republik, München 2002, S. 471f.

8 *Schupo*: Schutzpolizei.

9 *Horst-Wessellied*: Vgl. Abel-Biogramm/Nr. 187/Lisi Paupié, Kommentar 13 ► Horst Wessel.

10 *Margell*: Ostpreußische Bezeichnung für Mädchen (sprich: Marjell). Das geläufigere »Marjellchen« bezeichnet entsprechend das kleine Mädchen.

11 *Propagandarede in Elbing:* Die von Erna Stoyke erwähnte Wahlrede Hitlers fand am 5. April 1932 in einer Maschinenhalle statt, die ab 1931 dem Automobilhersteller Büssing gehörte, im Volksmund aber offenbar noch immer nach dem Vorbesitzer »Komnick-Werke« genannt wurde (s. u.). Elbing war neben Danzig und Königsberg eine von drei Wahlkampfstationen Hitlers an diesem Tag. Vgl. Bruppacher, Adolf Hitler, S. 232.
Komnick-Werke: Die Franz Komnick und Söhne AG stellte in Elbing (bis 1920 zu Westpreußen/ab 1920 zu Ostpreußen) Lastkraftwagen, Omnibusse und andere Nutzfahrzeuge her. Der Betrieb hatte zu Spitzenzeiten 2000 Mitarbeiter. Im Jahr 1930 musste der Automobilhersteller Konkurs anmelden und wurde von der Firma Büssing aufgekauft. Vgl. Christa Mühleisen, Die Komnickwerke in Elbing. Eine Firmenbiographie in 9 Teilen, Teil 6: Bankrott, Neubeginn, Zweiter Weltkrieg; URL: http://www.aefl.de/ordld/Komnick/Neu171204/06/komnick_6.htm [online am 4. September 2015].

12 *Er*: Hier verwendet Erna Stoyke das großgeschriebene Personalpronomen, wie es im kirchlichen Kontext für die Nennung Gottes gebräuchlich war. Möglicherweise ist dieser Bezug von ihr unbeabsichtigt.

13 *Kreis Stuhm*: Der Kreis Stuhm mit der gleichnamigen Kreisstadt gehörte seit 1922 zum Regierungsbezirk Westpreußen (dem vorherigen Regierungsbezirk Marienwerder) in der Provinz Ostpreußen. Der Kreis Stuhm umfasste zwei Städte, Stuhm und Christburg, sowie 65 Gemeinden mit weniger als 2000 Einwohnern. Kreisleiter der NSDAP war Artur Franz. Vgl. Rolf Jehke, Territoriale Veränderungen in Deutschland und deutsch verwalteten Gebieten 1874-1945, Danzig-Westpreußen, Kreis Stuhm; URL: http://www.territorial.de/index.htm [online am 4. September 2015].

14 *nach P.*: Im Kreis Stuhm gab es mehrere kleine Gemeinden, die hier gemeint sein könnten. Vgl. ebd. [online am 28. August 2015].

15 *Reichsbanner*: Das Reichsbanner Schwarz-Rot-Gold war unter den zahlreichen parteinahen Kampfverbänden der Weimarer Zeit derjenige, welcher der SPD nahestand. Dabei drückt sich dessen Treue zur demokratischen Republik durch die Nennung der neuen deutschen Nationalfarben im Verbandsnamen aus. Vgl. Evans, S. 138.

Marie Waga

Abel-Biogramm/Nr. 365/Marie Waga
Drei Seiten, handschriftlich, undatiert.
Die Identität der Verfasserin ist authentisch.[1]

Name:	Marie Waga
Geburtsdatum:	2. März 1867
Geburtsort:	Tilsit/Ostpreußen
Alter:	67 Jahre
Familienstand:	unbekannt
Wohnort:	Tilsit/Ostpreußen
Elternhaus:	unbekannt
Ausbildung:	unbekannt
Beruf:	Geschäftsinhaberin (laut NSDAP-Zentralkartei)
NSDAP-Beitritt:	22. Juli 1925 (NSDAP-Zentralkartei)
Mitgliedsnummer:	10970
Werber:	unbekannt
Funktionen:	Mitglied, Blockleiterin der NS-Frauenschaft

Charakteristische Aspekte des Biogramms:
Marie Waga unterstützte seit 1922 verschiedene antisemitisch-nationalistische Organisationen in Ostpreußen, bevor sie sich 1925 der NSDAP anschloss. In ihrer Ortsgruppe war sie für ihre Geldsammlungen und die mütterliche Versorgung der SA-Männer bekannt. In ihrem Essay beschreibt sie sich selbst als »Sammeltante« und als »Mutter Waga«.

Lebenslauf

Am 2. März 1867 wurde ich, Marie Waga, zu Tilsit[2] geboren. Meine Geschwister und ich wurden von den Eltern in wahrhaft deutschem und völkischem Sinn erzogen. Alles Undeutsche wurde uns ferngehalten und war uns im höchsten Grade verhaßt. Als nach dem Weltkriege der Zusammenbruch kam und alle den Linksparteien beitraten, habe ich ungeachtet der wirtschaftlichen Nachteile stets treu zu Volk und Vaterland gestanden. Als unter Hauptmann Ammon zu Tilsit der »Bund Deutscher Jungmannen Preußen«[3] (bekannt als Ammoniter) gegründet wurde, da war es der Führer dieses antisemitisch eingestellten Verbandes, der an mich herantrat und um Unterstützung durch Sammlungen bat. Wie gerne habe ich damals schon alle Mühe und Arbeit auf mich genommen. Galt es doch, durch Opfer an Zeit und Geld mitzuarbeiten an der Befreiung unseres Volkes vom Joch der marxistischen Herrschaft. Bei der Gründung der ersten wirklich deutschen Partei, der deutschvölkischen Freiheitspartei,[4] trat ich dieser bei und blieb ein Jahr lang Mitglied und trat dann am 2. Februar 1924 dem Schlageter-Gedächtnis-Bund,[5] Ortsgruppe Tilsit, bei und erhielt die Mitgliedsnummer 14319. Durch meine rege Sammeltätigkeit hatte ich mir bald den Spitznamen »Sammeltante« erworben, auf den ich als Frau mit Recht stolz sein kann. Am 22. Juli 1925 wurde ich Mitglied der N.S.D.A.P. mit der Mitgliedsnummer 10970. Während des jahrelangen Kampfes der Bewegung um Deutschland habe ich tatkräftigen Anteil an den Geschicken der Bewegung genommen. Tausende von Marken für den Opferring[6] wurden gesammelt, Mitglieder wurden geworben, Bezieher für unsere erste Zeitung in Ostpreußen, dem »Ostdeutschen Beobachter«[7] geworben, Sammlungen von Lebensmitteln und Kleidern sowie Einrichtungsgegenständen für S.A.-Heime wurden veranstaltet. Jahrelang lag auf meinen Schultern die Bescherung der damals leider so wenigen S.A.-Männer zu Weihnachten. Diesen Kämpfern für ein Deutschland konnten wir bisher nur einen Teil unserer Dankesschuld abtragen. In Wind und Wetter, in Not und Gefahr waren die braunen Kämpfer unterwegs, um zu werben, zu werben und nochmals zu werben. Jeder wollte nichts anderes sein, als ein Trommler für die Idee unseres über alles geliebten Führers Adolf Hitler. Da nahm ich gern die Mühe auf mich, für diese tapferen, braven Jungen zu sorgen, und ich tat es gern; denn noch heute kommen sie mit ihren großen und kleinen Sorgen zur »Mutter Waga« und wenn sie dann getröstet von dannen ziehen, ist mir ein frohes Lächeln auf ihren Lippen oder ein dankbarer Blick der schönste Lohn für alle Mühe.

Als im Jahre 1930 die Frauenschaft[8] gegründet wurde, hielt ich es für selbstverständlich, hier meine ganze Kraft für die Bewegung einzusetzen. Noch heute bin ich mit meinem hohen Alter mit der Betreuung eines Blockes[9] in der Frauenschaft beauftragt.

Als am 30. Januar 1933 der Rundfunk die Kunde von Ernennung Adolf Hitlers zum Reichskanzler ins Land hinaustrug, da bin ich mit Tränen der Freude in den Augen zu Boden gesunken und habe dem Schöpfer gedankt, daß er mich diese Stunde erleben ließ. In das Gefühl der Freude mischte sich aber auch ein kleinwenig Stolz, durch meine Arbeit ein kleines Steinchen beigetragen zu haben zum Neubau der Nation.

Pgn. Marie Waga.

1 *Marie Waga*: Vgl. BArch, NSDAP-Zentralkartei, Waga, Marie, 2.3.1898, Film 31XX/T0011/0848 (mit Foto). Die Verfasserin nennt in ihrem Biogramm 1867 als Geburtsjahr, die Karteikarte gibt 1868 als Geburtsjahr an. Die Berufsangabe »Geschäftsinhaberin« findet sich nur auf der Karteikarte. Aus dieser geht ein NSDAP-Parteiaustritt hervor: »Eingetreten: 22. Juli 1925, Ausgetreten: 17. Aug. 1927, wiederge. 1.11.28«. Die Karte trägt zudem den Stempel: »Ehrenzeichen verliehen: 26.3.34«.

2 *Tilsit*: Die Stadt Tilsit (heute russisch: Sowjetsk) lag im nördlichen Ostpreußen an der Memel und der damaligen Grenze zu Litauen. Ostpreußen war nach den Ersten Weltkrieg durch Gebietsabtrennungen (Polnischer Korridor) vom Deutschen Reich abgeschnitten.

3 *Hauptmann Ammon/Bund deutscher Jungmannen Preußen*: Der Kriegspilot und Antisemit Gotthart Ammon gründete 1922 in Tilsit den vormilitärisch ausgerichteten »Bund deutscher Jungmannen Preußen« (auch Preußenbund oder Ammoniter genannt), als dessen »Häuptling« er sich bezeichnete. Ammons Programm bestand aus Sport, Mutproben, Marschieren, Geländeübungen, Ausflügen sowie der Ausrichtung öffentlicher nationalistischer Veranstaltungen, »Deutsche Abende« genannt. Bereits 1926 verließ Ammon die Stadt Tilsit, um Zahnmedizin zu studieren.
Für Marie Waga war es offenbar eine besondere Ehre, von dem Jugendleiter Ammon um Unterstützung gebeten zu werden. Vgl. Kurt Abromeit, Die »goldenen zwanziger Jahre« in Tilsit; in: Kreisgemeinschaft Tilsit-Ragnit e.V. (Hrsg.), Tilsiter Rundbrief Nr. 28/1998, o.S.; URL: http://www.tilsit-ragnit.de/tilsit/ti_goldenen20.html [online am 4. September 2015]; sowie Hans Patschke, Frequenzwechsel; in: Jürgen Ruszkowski (Hrsg.), Zeitzeugen des Alltags, Bd. 37, o.S.; URL: http://zeitzeugenbuch.klack.org/seite17.html [online 4. September 2015].

4 *Deutschvölkische Freiheitspartei*: Vgl. Kommentar zu Abel-Biogramm/Nr. 291/H. Huhn, Kommentar 8 ► Deutschvölkische Freiheitspartei.

5 *Schlageter-Gedächtnis-Bund*: Der Verein »Schlageter-Gedächtnis-Bund« wurde im Sommer 1923 gegründet. Der nationalistische Bund richtete sich primär gegen die Auflagen des Versailler Vertrages, was er durch die Benennung nach Albert Leo Schlageter ausdrückte. Vgl. Georg Franz-Willing, Krisenjahr der Hitlerbewegung. 1923, Preußisch Oldendorf 1975, S. 249. Vgl. Abel-Biogramm/Nr. 30/Maria Bauer, Kommentar 6 ► Schlageterzeit.

6 *Opferring*: Vgl. Abel-Biogramm/Nr. 363/Erna Stoyke, Kommentar 7 ► Opferringmarken.

7 *Ostdeutscher Beobachter*: Der *Völkische Beobachter*, das wichtigste Presseorgan der NSDAP, erschien in zahlreichen regionalen Ausgaben, darunter der in Posen erschienene *Ostdeutsche Beobachter – Organ der nationalsozialistischen deutschen Arbeiterpartei – Verkündigungsblatt des Reichsstatthalters Warthegau und seiner Behörden*. Weitere NS-Tagezeitungen waren beispielsweise der *Westdeutsche Beobachter* (Rheinland), der *Westfälische Beobachter* (Ruhrgebiet) oder der *Norddeutsche Beobachter* (Pommern).

8 *Frauenschaft*: Tatsächlich wurde die Nationalsozialistische Frauenschaft (NSF) erst im Oktober 1931 gegründet. Möglicherweise hat sich Marie Waga in einer der anderen hitlertreuen Frauenorganisationen, wie etwa dem Deutschen Frauenorden, betätigt oder es ist ihr hier ein Fehler unterlaufen.

9 *Block*: Die unterste Organisationseinheit der NSDAP und angeschlossener Verbände, wie der NS-Frauenschaft, war der 40-60 Haushalte umfassende Block. Die Einteilung der Blöcke folgte nach amerikanischem Muster den Straßenzügen und dadurch abgetrennten Hauserblöcken. Marie Waga wird in Tilsit einen solchen Häuserblock betreut haben. Vgl. Schmitz-Berning, Vokabular des Nationalsozialismus, S. 105 ff.

Marie Julie Horn

Abel-Biogramm/Nr. 390/Marie Julie Horn
Vier Seiten, handschriftlich (deutsche Schrift), datiert 11. August 1934.
Die Identität der Verfasserin ist nicht belegt.[1]

Name:	Marie Julie Horn
Geburtsdatum:	9. März 1901
Geburtsort:	unbekannt
Alter:	33 Jahre
Familienstand:	verheiratet
Wohnort:	Gießen
Elternhaus:	unbekannt
Ausbildung:	unbekannt
Beruf:	unbekannt
NSDAP-Beitritt:	1. Mai 1929 (Abel-Biogramm)
Mitgliedsnummer:	129 912
Werber:	Ehemann
Funktionen:	Mitglied in NSDAP und DFO (ab 1931 NS-Frauenschaft)

Charakteristische Aspekte des Biogramms:
Marie Julie Horn und ihr Ehemann gingen ihren politischen Weg gemeinsam. August Martin Horn, vormals Kommunist, nahm ebenfalls – mit einem eigenen Beitrag – am Abel-Wettbewerb teil.[2] In ihrem Essay betont Marie Julie Horn den Zusammenhalt von Angehörigen verschiedener Gesellschaftsschichten innerhalb der NS-Bewegung. Ihre Mitgliedschaft im Deutschen Frauenorden stellt sie als Pendant zur SA-Angehörigkeit ihres Mannes dar.

Giessen den 11. August 1934.
Wie wir zur N. S. D. A. P. kamen.
August Martin u. Marie Julie Horn

Als wir uns im Juni 1926 verheirateten, gehörte mein Mann keiner politischen Partei mehr an. Er war früher von 1921-23 Mitglied der Kommunistischen Partei gewesen, und hatte nach schweren Entäuschungen, aufgehört sich politisch zu betätigen. Wir hatten auch genug mit uns selber zu tun denn mein Mann war damals schon erwerbslos und ein junger Haushalt kostet Geld. Eines Nachmittags kam mein Mann aus der Stadt nach Hause und hatte ein Päckchen Zeitschriften unter dem Arm. Er fing dann sofort an zu lesen. Als ich nun neugierig fragte, von wem er die habe, nannte er mir einen Namen, der mir wohl bekannt war. Wenn ich auch damals noch nicht wußte, daß der Mann für die N. S. D. A. P. warb, so wußte ich doch, daß er ganz Rechts stehend war.

Ich machte mich nun auch daran die Zeitschriften zu lesen und mußte ja zugeben, daß die Verfasser recht hatten; da ich aber Angst hatte mein Mann könnte sich wieder politisch betätigen, war ich dagegen.

Ich habe damals schon gewußt wie viel Kampf u. Leid das über uns bringt, wenn mein Mann wieder mit Politik anfängt. Aber der Mann, es ist der Gründer unserer Giessener Ortgruppe gewesen, war stärker als ich. Er hat nicht geruht u. gerastet, bis er meinen Mann von der Notwendigkeit des Kampfes für die Partei überzeugt hatte. Der Sommer u. Herbst des Jahres 26 war ja darüber hingegangen, und auch in 27 war es noch ruhig in unserer Stadt. Es mag wohl im Herbst des Jahres 27 gewesen sein, als mein Mann mir eines Abends sagte, er wolle noch mal ausgehen. Als ich ihn nun fragte wohin bekam ich keine richtige Antwort, er war überhaupt so etwas sonderbar, das veranlaßte mich, ihm aus den Fenster nach zu sehen. Da gewahrte ich die rote Hakenkreuzbinde auf seinem […][3].

Nun wußte ich natürlich wo die Reise hin ging. Ich habe an dem Abend auf meinen Mann in größter Aufregung gewartet, er war in die öffentliche Versammlung der Partei gegangen. Es sprach damals unser heutiger Gauleiter Sprenger,[4] und es hat auch wie ich es mir gedacht hatte Krach gegeben. Als mein Mann dann glücklich nach Hause kam erzählte er mir den Verlauf der Versammlung.

Er sagte mir dann auch, daß er die ganze Zeit schon S. A. Mann sei, ich sollte mich nicht aufregen, deshalb habe er es verschwiegen. Von da an wußte ich, daß alles dagegen reden nicht helfen würde, ausserdem interessierte mich die Sache nun selber. Am 28. August 1927 trat mein Mann nun in die Partei ein, und bekam die Mitgliedsnummer 75 000. Mittlerweile waren es auch doch schon einige Leute geworden, so daß wir eine Ortsgruppe hatten. Damals waren wir alle stolz, daß wir schon im ganzen Reich 75 000 Mitglieder waren. Von nun an ging der Kampf erst recht an. Ich wurde nun auch ins politische Leben rein gezogen, wie wohl ich immer noch kein Mitglied der Partei war. Ich bin erst am 1. Mai 1929 in die N. S. D. A. P. eingetreten, und war ab 1. Juni 1929 Mitglied des

Deutschen Frauen Orden, aus dem dann später die N. S. Frauenschaft wurde. Ich war damals das einzige weibliche Mitglied der Partei in unserer Stadt u. bekam die Mitgliednummer 129 912. Ich habe von da an keine politische Versammlung, der Partei versäumt. Die einzelnen Versammlungen zu schildern will ich meinem Mann überlassen. Die waren oft mit den furchtbarsten Aufregungen verknüpft. Ich habe aus so mancher Versammlung das Tuch der Sturmfahne, des alten Giessener Sturmes 54 heimgetragen.[5] Damit mein Mann, der Fahnenträger war, bessere Bewegungsfreiheit hatte. Denn es gab kaum eine Versammlung, wo nicht am Schlusse Hunderte von politischen Gegnern auf der Strasse standen um sich auf die wenigen S. A. Leute zu stürzen. Ich habe im Jahre 1929 den Reichsparteitag[6] miterlebt u. zum ersten Male dort den Führer gesehen u. gehört von da an habe ich an den Sieg der Bewegung geglaubt.

Wie schwer u. hart aber der Kampf um den Sieg noch sein würde, das habe ich erst in langen langen Nächten erfahren die nun zwischen den einzelnen Wahlgängen lagen. Die S. A. und auch die politischen Abteilungen haben in all den Wahlkämpfen von 24. – 30. unglaublich viel leisten müssen.

Es verging kein Tag, daß nicht irgendwo in unserm Hessenland u. Nachbargebiet eine Versammlung war u. immer stand die S. A. Saalschutz. So manche Nacht habe ich bis zum Morgen gewartet, in der Angst, daß mein Mann oder einer meiner […][7] Schwager, oder ein anderer Kamerad nicht lebend wiederkommt. Denn Schlägerein, Messerstecherein u. Schiesserein waren an der Tagesordnung. Jeder S. A. Mann hatte beständig sein Totenhemd an. Mein Mann hatte gerade in der Zeit mal Arbeit gefunden, es war ja nur vorübergehend, aber er konnte damals nicht ohne Bekleidung [gemeint ist sicher »Begleitung«, K. K.] von einigen S. A. Kameraden an die Arbeit gehen, denn er wurde beständig von Kumunisten bedroht. Im Betrieb selber hatte mein Mann keine Feinde. Die Kameradschaft der damaligen S. A. war ausgezeichnet. Zu uns kamen damals Studenten, Kaufleute, Beamte, kurzum sie gehörten allen Ständen an u. es ist einer für den anderen eingetreten. Mein Mann ist Handarbeiter u. als er damals den Schutz seiner Kameraden brauchte, waren es meistens Studenten, die oft morgens um 6 ihren Kameraden von der Fabrik abholten u. oft Abends hinbrachten. Als nun die erste Astawahl[8] an unserer Universität war half selbstverständlich mein Mann seinen studentischen Kameraden die Propaganda hierfür zu machen. Es muss anders werden war damals die Hoffnung aller. Als nun der 14. September 1930 den ersten entscheidenden Sieg brachte wurden es ja immer mehr Mitglieder in Partei und S. A. aber der Kampf wurde auch immer härter. Ich habe meinen Mann in den vielen Wahlkämpfen der Jahre 31-33. oft Tage lang kaum gesehen. Sie hatten alle keine Zeit für ihr Privatleben. Mein Mann hat in 1931-1932 zu allen Wahlkämpfen auf der Kreisleitung des Kreises Giessen gearbeitet. Er fuhr damals das Propagandaauto der Partei u. kam mit Wahlpropaganda Material durch ganz Oberhessen. Er konnte sich dadurch auch ein Bild machen wie weit die Bewegung fortgeschritten war. Wenn wir durch all die Hetze der Gegner noch auf Zweifel kommen, so sagte mein Mann immer, einmal siegen wir doch!

Und jetzt bin ich froh, daß es endlich so weit ist. Wir haben uns Ruhe u. Frieden u. Arbeit und Brot schwer genug erkämpft. Mein Mann wird Ihnen noch ein Bild entrollen von den einzelnen Versammlungen u. vom Kampf der nur für Männer war.

Heil Hitler
Marie Julie Horn.
Giessen Kirchstrasse 24
Feuerwache.

1 *Marie Julie Horn*: In der NSDAP-Zentralkartei, der NSDAP-Ortsgruppenkartei und der NSDAP-Parteikorrespondenz finden sich keine Einträge zu Marie Julie Horn.
2 *August Martin Horn*: Abel-Biogramm/Nr. 391/August Martin Horn.
3 *[...]*: Wort mit etwa acht Buchstaben unleserlich.
4 *Gauleiter Sprenger*: Der Oberpostinspektor Jakob Sprenger (1887-1945) hatte von 1927-1945 das Amt des Gauleiters von Hessen-Nassau-Süd inne. Vgl. Tyrell, S. 377.
5 *Sturmfahne*: Der sogenannte Sturm war eine Unterabteilung der SA, bestehend aus 70-200 Mann. Die Fahnensektion marschierte direkt hinter dem jeweiligen Sturmführer. Zur Organisationsstruktur der SA vgl. Schmitz-Berning, S. 596, sowie Tyrell, S. 353.
6 *Reichsparteitag*: Vgl. u. a. Abel-Biogramm/Nr. 193/Emma Bierwirth, Kommentar 8 ► Tote beim Parteitag im Nürnberg.
7 *[...]*: Wort unleserlich.
8 *Astawahl*: Der Allgemeine Studierendenausschuss (AStA), auch Allgemeiner Studentenausschuss, vertritt als demokratisch gewähltes Organ die Studierenden einer Hochschule.

Susi Jost

Kommentar zu Abel-Biogramm/Nr. 453/Susi Jost
Vier Seiten, handschriftlich (lateinische Schrift), undatiert.
Die Identität der Verfasserin ist authentisch.[1]

Name:	Susanne Jost, geb. Old
Geburtsdatum:	10. Dezember 1882
Geburtsort:	Darmstadt
Alter:	51 Jahre
Familienstand:	verwitwet, fünf Kinder
Wohnort:	Bensheim/Hessen
Elternhaus:	Beamte
Ausbildung:	unbekannt
Beruf:	Hausfrau, Mutter
NSDAP-Beitritt:	1. Mai 1937 (NSDAP-Zentralkartei)
Mitgliedsnummer:	437299
Werber:	Neffe und Söhne, Begegnung mit Hitler
Funktionen:	unbekannt

Charakteristische Aspekte des Biogramms:
Susi Jost schreibt aus der Perspektive einer Mutter zweier nationalsozialistischer Söhne. Der jüngere starb bei einem Parteitag in Nürnberg durch Messerstiche. Hitler kondolierte der Verfasserin persönlich.

Preisausschreiben der Columbia Universität Newyork

Wie ich Nationalsozialistin wurde.

Als Ehefrau eines hessischen Beamten,[2] habe ich die Segnungen der glorreichen Revolution 1918 ausgiebig zu spüren bekommen. Wir stammen beide aus Beamtenkreisen[3] und haben gelernt mit wenigem zufrieden zu sein und treu zu unserem Vaterland zu halten. In allen Zeiten schaffte ein Beamter für Ehre & Heimat.

Aus einer Stadt wurden wir in ein wundervolles Odenwalddorf versetzt.[4] Dies wurde das Paradies unserer Kinder.[5] In unser Glück fiel der furchtbare Krieg. Ich sehe noch heute eine Frau, deren Mann ausziehen mußte, hilflos auf einer Treppe liegen.

Und trotz allem waren es heilige Stunden und eine unsagbare Begeisterung!

Als ungedienter Landsturm blieb mein Mann vorerst zu Hause. Ihm blieb ein weites Arbeitsfeld, als einziger Richter in großem Kreis.

Ich persönlich wäre am liebsten mit ausgezogen. Mir blieb nur zu Hause zu helfen und uns redlich durchzuhungern. Als Richter konnte mein Mann nur das nehmen, was zukam. Es war herzlich wenig! Und von dem wenigen, hieß es Frontpäckchen machen. Eine Erkenntlichkeit wollten wir doch unseren [...][6] geben. Konnten wir etwas schicken, war die Freude groß.

Unsere Kinder wurden auf diese Weise anspruchslose Menschen.

Standesdünkel gab es in unserem Ort nicht. Wir hielten alle zusammen und halfen uns aus. Im Jahr 1917 kam unser jüngstes Kind zur Welt. Nachbarn sorgten, daß ich und die Kleine nicht hungerten.

Endlich das Ende des Mordens! Unsere Truppen zogen durch Bayern-Österreich. Meine Buben und ich pappten Fähnchen in der Eile zum Verteilen. Wie Kinder fingen die Krieger sie auf und freuten sich. Und welches Fest – wir bekamen Einquartierung, das ganze Amtsgericht voll. Die Gulaschkanone im Hof! Die Einwohner konnten Suppe holen. Unsere Kinder bekamen Rosinen geschenkt – eine Köstlichkeit die tagelang herumgeschleppt wurde!

Nun wurden wir an die Bergstrasse versetzt.[7] Mein Mann bekam dazu Versetzung im Landgericht. Es fiel ihm schwer sich zu behaupten, denn mancher Richter, der früher stolz seine Uniform trug – schwenkte.[8]

Es hieß – Herr College – wir müssen mit der Zeit gehen. Für Schieber und Verbrecher ein Paradies. – Mancher Richter hat wieder sein Herz neu entdeckt vor einem Jahr! –

Viel zu leiden hatten unsere Kinder, da unsere Gesinnung bekannt war. Große Freude herrschte, als der Studienrat, der meinen Sohn aus dem Gymnasium graulte – als erster im Dritten Reich flog. Er hatte, scheint es, viel auf dem Kerbholz.

Mein Sohn Erich wollte 1927 gerne zur S.A.[9] Mein Mann konnte aber leider seine Zustimmung nicht geben, denn er wäre einfach abgesetzt worden. Hätten wir unser Geld nicht in der Inflation verloren – Großeltern und Eltern hatten es mühselig erspart – so wäre mein Mann keine Stunde länger im Staatsdienst geblieben. Auch sagten sich viele rechts stehende Richter – wir müssen aushalten, sonst ist alles verloren. Auch darin liegt Treue und die Willkür konnte nicht ganz triumphieren.

Jetzt kam das Schicksal. Weihnachten 1928 erkrankte mein Mann an Grippe, die er sich bei einer Dienstreise zuzog und starb nach einem Tag. Am heiligen Weihnachtsfest begruben wir ihn! – Noch vor Neujahr erschien ein Beauftragter des roten Ministeriums um mir mitzuteilen, daß ich bis zum 1. Jan. 29. die Wohnung räumen müsse oder M. 45,- mehr zahlen pro Monat.[10] – Ich zog mit meinen vier Kindern in ein total verwahrlostes Haus. Später bekam ich Geld als Darlehen & baute.

Jetzt kam ein neuer Schlag. Mein Sohn Erich eilte voller Freude und Begeisterung zum Reichsparteitag nach Nürnberg. Er fiel durch ruchlose Mörderhand am 4. August und erlag seinen furchtbaren Stichverletzungen am 5. August. – der Täter wurde nie gefunden![11] Wie kam ich nach Nürnberg an die Bahre meines Buben? Ich weiß es nicht mehr, so grauenvoll war die Fahrt für mich. Lebt er noch, frug ich unaufhörlich. Er war tot.

In meinem großen Schmerz kam Adolf Hitler zu mir, sah mir ins Auge, drückte meine Hände. – Ich wußte nun – dein Bub fiel nicht umsonst. Dieser Mann ist die Leben wert, die für ihn und seine Bewegung fallen.

Seit dieser Stunde, 6. August 1929 zehn Uhr bin ich Nationalsozialistin. Mein letzter Sohn trat an Erichs Stelle.

Das rote Ministerium strich mir nun unter nichtigen Gründen die andern Kinderzuschläge gleich mit. Ich mußte mein Haus wieder abgeben. Aber jetzt erst recht. Reichen diese Opfer nicht, wir können noch mehr bringen!

Nun lauern die Roten uns auf. Da, nach einer Versammlung in einem benachbarten Ort, schossen sie aus dem Hinterhalt auf unsere S. A.

Mein ältester Sohn Werner bekam Lungenschuß.[12] Wer kann meine Gefühle ermessen, als mir der letzte Sohn hingelegt wird – Wie ein Wunder kam er durch. Aber welche Qualen mußte er leiden. Wie treu halfen meine Kameraden mir bei der Pflege und wieviel Liebe wurde ihm zu Teil.

Adolf Hitler schickte seinen Adjutant Pg. Brückner und Pg. Prinz August Wilhelm kam.[13] Dieser sandte Stärkungsmittel und sorgte rührend. Wie oft hielten mich seine Trostworte aufrecht. Adolf Hitler sprach gerade in Darmstadt.[14] Ich durfte ihm wieder die Hand drücken und sagte – Nun erst recht!

Liebevolle Menschen pflegten Werner ¼ Jahr im Allgäu. Die Selbstlosigkeit und gegenseitige Hilfe in der Partei, versteht nur der, der sie erlebt. Fällt ein Parteigenosse, stehen Hunderte, Tausende auf. Ich habe es in unserem Ort bei dem Tod meines Sohnes Erich und bei Werners Verwundung erlebt. Ich bin stolz darauf mitgeholfen zu haben. Wie herrlich waren die Kampfjahre; wir möchten sie nicht missen. Wie herrlich die Entwicklung, Versammlungen, Aufmärsche. Vor einem Jahr waren wir Hinterbliebenen zur Weihe des Gauhauses in Frankfurt eingeladen. Eine stattliche Gemeinde! Adolf Hitler drückte jedem die Hand, sah ins Auge. Tiefe, feierliche Stille herrschte. Dies war unser höchster Lohn.

Wir bleiben dem Führer treu – der Führer bleibt uns treu.[15]

Heil Hitler

Frau Susi Jost Bensheim-Rodensteinstr. 83[16]
früher Lorsch

1 *Susi Jost*: Vgl. BArch, NSDAP-Zentralkartei, Jost, Susi 10.12.1882, Film 31XX/K0114/2236. Vgl. auch Stadtarchiv Bensheim, Melderegister, Eintrag Susanna Maria Jost geb. Old, evangelische Konfession, sowie Friedhof der Stadt Lorsch, Grabstelle Jost, Grabmal Susanne Jost, geb. Old, *10. Dezember 1882 in Darmstadt – †13. März 1938.
Zur Familie Jost forscht umfassend Herr Thilo Figaj aus Lorsch, insbesondere zum Neffen Susi Josts, dem SS-Mann Heinz Jost. Vgl. Thilo Figaj, Die blutige Karriere des Heinz Jost, in: Darmstädter Echo vom 23. März 2012. Aktuell recherchiert Figaj zu Erich Jost, dem getöteten Sohn der Verfasserin (s. u.).

2 *Ehefrau eines hessischen Beamten*: Der Ehemann war der Jurist Adolf Jost (1873-1928). Friedhof der Stadt Lorsch, Ehrengrabstelle für Richter.

3 *wir stammten beide aus Beamtenkreisen*: Der Vater von Adolf Jost war Landrat in Erbach/Odenwald, später Provinzialdirektor. Recherche Figaj: HStAD.

4 *Stadt/Odenwalddorf*: Vermutlich handelt es sich bei der Stadt um Gießen.

5 *Kinder*: Susi Jost war Mutter von fünf Kindern: Werner (Lebensdaten unbekannt, erwähnt als der »ältere Sohn«), Erich (*1909 in Gießen, †1929 in Nürnberg), Maria Theresia Luitgard (*1910), Clara Bertha (*1912, † 1912) und Emma (*1917). Zum Zeitpunkt der Niederschrift lebte Susi Jost demnach alleinerziehend mit ihren 1910 und 1917 geborenen Töchtern in Bensheim.

6 *[…]*: unleserliches Wort in Anführungszeichen, offenbar eine umgangssprachliche Bezeichnung für die Soldaten bzw. Landser.

7 *Bergstrasse*: Gemeint ist der ehemalige Kreis Bensheim, heute Kreis Bergstraße.

8 *mancher … schwenkte*: Susi Jost kritisiert den Opportunismus der Amtskollegen, die, wie sie meint, ihre Überzeugungen verrieten, indem sie von der Monarchie auf die Demokratie »umschwenkten«.

9 *Sohn Erich*: Erich Jost war Kaufmannsgehilfe in Lorsch. Er trat nie der NSDAP oder einer ihrer Organisationen bei.

10 *M 45,- mehr zahlen*: Offenbar handelte es sich hier um eine Dienstwohnung, so dass der Anspruch darauf mit dem Tod des Ehemannes erlosch.

11 *Mord an Erich Jost*: Der Mord an dem gegen Ende des Reichsparteitages in der Nähe des Nürnberger Bahnhofs erstochenen Erich Jost wurde von der NSDAP unmittelbar propagandistisch genutzt. In seiner Schlussansprache erwähnte Hitler das Geschehen und erhob Jost zu einem der »Märtyrer der Bewegung«. Folgerichtig beabsichtigte er, an der Beerdigung Josts teilzunehmen. Der Pfarrer in Lorsch schloss NSDAP-Mitglieder jedoch von der Trauerfeier aus. Erst später wurden Propagandafotos am Grab aufgenommen. Vgl. A. Gimbel/Karl Hepp, So kämpften wir! Schilderungen aus der Kampfzeit der NSDAP im Gau Hessen-Nassau, Frankfurt a. M. 1941, S. 112, sowie Hessisches Staatsarchiv Darmstadt: Landesgeschichtliches Informationssystem Hessen (LAGIS), Historische Bilddokumente, Hitler bei der Beerdigung Erich Jost, URL: http://www.lagis-hessen.de/de/subjects/idrec/sn/bd/id/183-058 [online am 4. September 2015]. Vgl. auch Klaus A. Lankheit (Hrsg.), Hitler. Reden, Schriften, Anordnungen. Februar 1925-Januar 1933. Band III/2: 3/1929-12/1929, Dokument 65 (Schlußappell Nürnberg), München 1994.

12 *Werner bekam Lungenschuß*: Dies ereignete sich am späten Abend des 21. Oktober 1932 auf der Straße zwischen Lorsch und dem benachbarten Heppenheim. In der Auseinandersetzung ging es um den Übertritt eines Kommunisten zur NSDAP. Die Kommunisten wurden des Mordversuches an Werner Jost angeklagt. Vgl. Hessisches Staatsarchiv Darmstadt, Repertorien des Hessischen Staatsarchivs Darmstadt, Bestand G 27 Darmstadt, Staatsanwaltschaft beim Landgericht Darmstadt, bearbeitet von Klaus Weygandt und Armin Hildebrandt, Darmstadt, Stand September 2007, Seite 148 f.

13 *Adjutant Pg. Brückner und Pg. Prinz August Wilhelm*: Hier handelt es sich um NSDAP-Prominenz: Wilhelm Brückner (1884-1954), war ein früher Weggefährte und ab 1930 der persönliche Adjutant Hitlers. Nach seiner Zeit als Offizier im Ersten Weltkrieg und seiner Aktivität im Freikorps Epp trat er 1922 in die SA ein. Hauptberuflich war Brückner zunächst Ingenieur bei einer Münchner Filmfirma, später Sportlehrer. Er nahm am Hitler-Putsch von 1923 teil und hatte von 1930-1940 das Amt des Chefadjutanten Hitlers inne. Vgl. Weiß, Biographisches Lexikon, S. 64.
Prinz August Wilhelm von Preußen, vgl. Abel-Biogramm/Nr. 177/Anna Nieke, Kommentar 28 ► August Wilhelm.

14 *Hitler sprach in Darmstadt*: Hitlers erster Auftritt in Darmstadt war eine Gedenkveranstaltung für den hessischen Gauleiter Peter Gemeinder, der am 30. August 1931 während einer Propagandarede einem Herzinfarkt erlag. Vgl. Hessisches Staatsarchiv Darmstadt, Landesgeschichtliches Informationssystem Hessen (LAGIS), Historische Bilddokumente, Hitler in der Frankfurter Festhalle 30.8.1930, Gedenken auf einer Veranstaltung mit Adolf Hitler in Darmstadt, Herbst 1931; URL: http://www.lagis-hessen.de/de/subjects/idrec/sn/bd/id/173-023 [online 4. September 2015]. Vgl. Abel-Biogramm/Nr. 207/Helene Radtke, Kommentar 24 ► Peter Gemeinder.
Nach Recherchen Thilo Figajs wurde in diesem Zusammenhang eine Anstecknadel »Erich-Jost-Gedenktag« geprägt und verkauft, mit dem Aufdruck: »5.8.29-30.8.31«. Demzufolge wäre die Anwesenheit Susanne Josts bei dieser Veranstaltung mehr als schlüssig.

15 *der Führer bleibt uns treu.*: Ein knappes Jahr nach dem Verfassen des Biogramms, am 20. März 1935, wurde die Autobahn Frankfurt-Darmstadt von Hitler persönlich eröffnet. Er fuhr dabei im offenen Wagen durch Lorsch und Bensheim. Zeitzeugen erzählten Thilo Figaj, eine Frau Jost sei neben dem Wagen hergelaufen und habe gerufen: »Herr Hitler, erkennen Sie mich nicht, ich bin es, die Frau Jost!«. Recherche Figaj: Zeitzeugeninterview. Ihren Wohnort hatte Susi Jost jedoch bereits im September 1934 nach Frankfurt am Main verlegt, vgl. Auskunft des Stadtarchivs Bensheim.

16 *Rodensteinstr. 83*: In diesem Haus wohnte bis Mai 1933 die Alte Kämpferin Helene Radtke, ab Mai 1933 Susi Jost. Es ist davon auszugehen, dass sich Susi Jost und Helene Radtke kannten. Vgl. Abel-Biogramm/Nr. 207/Helene Radtke.

Maria Wiebe

Abel-Biogramm/Nr. 456/Maria Wiebe
Elf Seiten, handschriftlich (deutsche Schrift), datiert 15. August 1933[1].
Die Identität der Verfasserin ist authentisch.[2]

Name:	Maria Wiebe
Geburtsdatum:	30. November 1871
Geburtsort:	Gottswalde, Kreis Danzig
Alter:	62 Jahre
Familienstand:	ledig
Wohnort:	Berlin-Lichterfelde
Elternhaus:	Gutsbesitzer, früher Tod der Eltern, sieben Geschwister
Ausbildung:	Privatunterricht, Buchführung, Krankenpflege (Staatsexamen)
Beruf:	Diakonieschwester (Kreisfürsorgerin) im Ruhestand
NSDAP-Beitritt:	1. Mai 1930 (NSDAP-Ortsgruppenkartei)
Mitgliedsnummer:	245125
Werber:	unbekannt
Funktionen:	Mitglied

Charakteristische Aspekte des Biogramms:
Maria Wiebe erlebte den Ersten Weltkrieg als Lazarettschwester. Schon 1923 interessierte sie sich für die NSDAP. Die antisemitische evangelische Schwester missbilligte die Soziale Frauenschule Alice Salomons. In ihrem Essay betont Maria Wiebe, sich beruflich immer für die »Allerärmsten« eingesetzt zu haben.

Ortsgruppe Lichterfelde-West

Mein Lebenslauf

Ich, Schwester Maria Wiebe, wurde am 30.11.71 zu Gottswalde Krs. Danzig[3] als Tochter des Gutsbesitzers Gustav Wiebe geboren. Wir waren sieben Geschwister, vier Mädchen, drei Knaben. Die Eltern hatten infolge großer Verluste mit großen wirtschaftlichen Schwierigkeiten zu kämpfen. Wir besuchten zunächst die Volksschule, später erhielten wir Privatunterricht; mein ältester Bruder kam auf die Handelsakademie. Die Eltern starben frühzeitig; unsere Heimat u. Zufluchtstätte ging uns verloren. Jung und unerfahren mit nur geringen Mitteln begannen wir den Kampf um die Existenz. Ein gütiges Geschick führte uns; unter Schwierigkeiten errangen wir uns alle eine Lebensstellung.

Mein Wunsch und Wille war: Schwester zu werden.

Ich lernte die Buchführung, entschloß mich aber am 23.II.94, meinem langgehegten Wunsche folgend – in das Diakonissen-Mutterhaus zu Königsberg-Ostpr. einzutreten.[4] Praktische und theoretische Ausbildung empfing ich im Ev. Diakonieverein von Prof. Dr. theol. phil. Zimmer Zehlendorf-Berlin.[5] Am 23.4.98 machte ich das Examen i.d. Krankenpflege vor der Prüfungskommission von Prof. Dr. Schuckhardt, Prof. Dr. Meissner, Oberin Gräfin Rittberg in Stettin, Pom. mit einer Verstaatlichung vom 9.VI.08.[6] Nach elfjähriger Tätigkeit im Diakonieverein in sanitärer u. sozialer Fürsorge, führte mich das Schicksal nach Afrika – wohin ich vom Kolonial-Verein des »Roten Kreuzes«[7] vom 28.III.06 zur Bekämpfung der Malaria geschickt wurde, am 9.11. trat ich meine Rückreise infolge des Tropenklimas an. Der Aufenthalt und die dortige Arbeit bleibt mir ein wertvolles Erlebnis.

Nach Wiederherstellung meiner Gesundheit trat ich 1907 in die Berufsorganisation der Krankenpflegerinnen Deutschlands[8] in Berlin ein; diese Organisation, die sich über ganz Deutschland und außerhalb seiner Grenzen verbreitete, gehöre ich noch heute an. Ich war neben der Krankenpflege hauptsächlich in der sozialen Fürsorge tätig bis der Weltkrieg ausbrach.

Am 15.X.14 begann meine Kriegstätigkeit als Oberschwester in einer Kriegsklinik (100 Betten) bis am 15.II.15 meine Einberufung in die Etappe erfolgte – zunächst auf den Russisch sodann auf den Französisch.[9] Ich habe sehr, sehr gern unsere tapferen Kämpfer in ihren entsetzlichen Leiden gepflegt, um dem armen Vaterlande zu dienen. Unvergeßlich wird mir das Grauenhafte des Krieges bleiben, in dem unter dem mörderischen Feuer der feindlichen Geschütze soviel blühendes, hoffnungsvolles Leben zerstört wurde. Mit stolzem Mut sah ich unsere Truppen in den Verteidigungskampf für Deutschland ziehen, zerrüttet an Körper und Geist kehrten sie heim. Ihre Schilderungen von den Entbehrungen, Hunger, ihr todesmutiges Ringen machte mich im Innersten erbeben; Bewundernswert war aber dennoch der unzerstörbare Siegeswille trotz der mehrfachen Übermacht der Feinde. Es gab trotz dem furchtbaren furchtbaren Ernst doch oft wunderbare erhebende Augenblicke. Eine Siegesbotschaft erfüllte uns alle mit neuem Leben. Wie glücklich waren unsere Verwundeten in den Kriegslazaretten unter Obhut der Schwestern, trotz der leider mangelnden sanitären Einrichtungen. Sehr bald erklangen fröhliche Vaterlandslieder, an Humor fehlte es nicht. Unbeschreiblich schön war ein Weihnachtfest mit den Soldaten; mit glänzenden u. so freudig bewegten Blicken empfingen sie die kleinen Überraschungen. Hauptsächlich Zigarren – unter dem Weihnachtsbaum – allerdings wohl mit tiefer Sehnsucht nach der Heimat im Herzen. Die lange Dauer des Krieges hatte wohl die Begeisterung genommen, statt derselben stand ernste Pflichterfüllung auf den Gesichtern – das Vaterland war in Gefahr! – Nach ca 2 Jahren wurde ich in das größte Kriegslazarett mit vielen anderen Schwestern versetzt – nach Frankreich (Labry).[10] Erschütterndes erlebte ich auch dort, das langsame Hinsiechen der blühenden, kraftvollen Menschen bis zum Skelett oft – ehe der Tod kam, war sehr traurig. Tagelang lag das Lazarett unter Fliegerbomben. Eine Fliegerbombe über meiner Baracke blieb im Schornstein stecken, ohne zu explodieren, nur der Ofen wurde zertrümmert.

So waren wir von der Vorsehung beschützt! – Ich fand sie mit von dem Ofenruß angefärbten Gesichtern lachend in ihren Betten trotz der Kälte. – Immer wieder gab es kleine erheiternde Augenblicke neben dem Ernst der Stunde.

Meine körperlichen u. seelischen Kräfte waren leider erschöpft von der schweren der entbehrungsreichen Arbeit. Am 15. VI. 18 erfolgte meine Ablösung für eine Kriegsfabrik in Schlesien vom Kriegsamt aus – nach ausgiebiger Erholung. Mir lag hier die Fürsorge der für die Männer im Felde eingestellten ca. 200 Mädchen u Frauen. Hier trat mir die bittere Not durch den Mangel an Lebensmitteln, Kleidung etc. entgegen. Die Hungerblockade der Feinde! - -

Nun kam der traurige Abschluß des grausamen Krieges, doch mit ihm die Revolution, der unheilvolle Kampf der niederen Mächte im Innern Deutschlands. Verrat, Niedertracht durch gewissenlose Kriegsgewinnler, Volksverräter suchten unser schwer geprüftes Volk heim: es war der jüdische Einfluß! –

Auch in meinem Wirkungskreis litt ich unter diesen bösen Auswirkungen. Mein deutsches Empfinden empörte sich, doch blieb ich in der Fürsorge dieselbe. Beim herannahenden Weihnachtsfest, zu dem ich mit den Kindern der Fabrikarbeiter, die inzwischen heimgekehrt – die Vorbereitungen traf, erschienen die Arbeiter d. Fabrik fast vollzählig mit ihren Kindern zur Weihnachtsfeier. Ich erinnere mich noch heute gerne an diese wundervolle fröhliche Stunde. – Ich liebe das Volk u meine treue Arbeit und Pflichterfüllung – darf ich wohl sagen – empfanden sie als deutsche Menschen wohltuend.

Meine Tätigkeit war hier sachgemäß beendigt, somit mein Kriegsdienst am 21. III. 1919. Ich schied mit einer Auszeichnung für meinen Kriegsdienst, aber auch mit einem Kriegsdienstleiden – erhielt eine Kur.

Ich strebte nach dem doch danach, weiter für das Volk in dem tiefen Unglück zu arbeiten – machte zunächst vom 15. IV. 1919–15. VI. 1919 in Berlin in der Kaiser Wilhelmschule für soziale Arbeit einen Fortbildungskursus durch. Sodann begann wieder meine Arbeit als Fürsorgerin – leider konnte ich infolge meines Kriegsdienstleidens (chron. deform. Gelenkentz.) niemals auf meinen Arbeitsfeldern sehr lange durchhalten. Eine kleine bescheidene Tätigkeit genügte u befriedigte mich nicht. Vom 15.IV.1920–5.IX.1921 hatte ich eine Fabrikfürsorge i. Nauen. Vom Kreisverein für Volkswohl erhielt ich vom 1.XII.1921 eine Anstellung im Kreise Bremen als Fürsorgerin. Zugleich wurde mir nach meinem kurzen Nachschulkursus (in der sozialen Frauenschule Bremen neben meiner Tätigkeit) die staatliche Anerkennung von der derzeitigen Regierung am 15.II.1923 erteilt.

Überall das traurige Bild der Revolution; die Gottlosigkeit, der Bolschewismus hatte seinen Höhepunkt erreicht. Es war außerordentlich schwer für mich, mit meinem deutschen Gewissen durchzukommen. Die materielle und geistige Not des Volkes war so unendlich groß. Mein altes Prinzip zunächst liebevoll nach den Gründen des jeweiligen Elends in den einzelnen Familien zu forschen, hatte auch hier Erfolg und schaffte mir Vertrauen trotz meiner gegensätzlichen politischen Gesinnung. Die Allerärmsten der Verachtung Preisgegebenen waren meine besonderen Pflegebefohlenen, die teils von einem unverschuldeten traurigen Geschick verfolgt waren. Letzten Endes war es d. furchtbare hoffnungslose Zeit, die viele zur Verzweiflung brachte. Es war mir jedoch immer, als ob ich die Sehnsucht nach einem neuen erhebenden Geist fühlte, der das Volk aus der Tiefe des Elends empor riß. – Die Inhaber der dortigen Werften, die soz. Betriebsräten etcr. brachten Verständnis für meine Arbeit an den Arbeitern entgegen u. ich kann wahrheitsgetreu sagen, daß ich zu meiner großen Freude vielen Hülfe durch freundlichen Rat in der Tat sein konnte.

Ich mußte leider hier wieder meine Arbeit aus Gesundheitsgründen am 31.I.23 aufgeben. Gerade bei meinem Abschied wurde mir noch ein heller Lichtstrahl in den düstern schicksalvollen Tagen: Der Syndikus der Fabrik teilte mir mit, daß ein unbekannter Gefreiter, namens Hitler, mit hohen idealen Zielen in München zur Errettung unseres Vaterlandes hervorgetreten sei und einen energischen fanatischen Willen bekundete.

Wie ein Lauffeuer verbreitete sich diese Nachricht, trotz des furchtbaren Verleumdungsfeldzuges der jeweiligen Machthaber: Begeistert ging ich nach Berlin und erfuhr, daß die Regierung gestürzt werden sollte. Ich erlebte eine ergreifende Demonstration von Tausenden […][11] Menschen, unter den Klängen der preußischen Militärmärsche von einer Militärkapelle stand wohl jeder mit tiefbewegten oft tränenumflorten Blicken in stillem Gebet; ein Choral u. und Deutschland wurde zum Schluß gesungen.

Eine unheimliche Gestalt in meiner Größe sagte hämisch die niederschmetternden Worte: Ach, morgen ist alles aus! Es war nur schrecklich! – Feinde innen und außen von Deutschland – Die Mächte der niederen Instinkte waren am Werk. Ich erlebte die erschütternde Kunde, daß die Getreuen u. Besten u. Edelsten niedergeschossen – Hitler selbst verhaftet, sehr schmerzlich – die Volksverräter triumphierten! –[12]

Am 15.VII.1923 ging ich nach einer Ruhepause als Fürsorgerin nach Hessen in den Kreis Oberlahn. Hier wurde ein Kinderheim gebaut. Die Einrichtung lag mir ob; unter ganz erschwerenden Umständen mußte ich arbeiten. Hier hatten gänzlich die unglücklichen Flüchtlinge aus dem, von der französischen

Regierung besetzten Ruhrgebiet ihre Zufluchtsstätte, für die vor allen Dingen gesorgt wurde vom Kreise; neben dem heldenmütigen Gefaßtsein erlebte ich herzzerreißende Scenen von denen, die von dem Feinde aus ihrer Heimat getrieben. – Nach endlicher Vollendung der Einrichtung des Kinderheims und der ersten Pflegeperiode, erfolgte leider meine Entlassung nach einem Zusammenbruch meiner Gesundheit. Es waren ja genügend junge Kräfte von der sozialen Frauenschule der jüdischen Leiterin Alice Salomon.[13] Überall der jüdische volksfremde Einfluß. Am 10. IX. 23 wurde ich frei zu einer längeren Ausspannung.

Ich versuchte es immer wieder trotz meiner großen körperlichen Beschwerden, ein Arbeitsfeld zu erhalten. Jetzt war es ein Krankenhaus, was ich in Braunsberg i. Hessen vom 13. Juni 1924 bis 15. Jan. 1925 leitete – immer dasselbe traurige, schwierige Arbeiten mit Not u. Sorge auch hier.

Wie ich gearbeitet, giebt der Einblick in meine Zeugnisse, die zur Verfügung stehen als meine Dokumente für mein ereignisreiches Leben.

Noch einmal bot sich am 1. III. 1925 trotz meines gesteigerten Lebensalters mir eine Fürsorge im Kreise Wolfshagen b. Kassel, die ich am 31. III. 1927 aufgab, um endlich ganz auszuruhen. Am 12. April wurde meine körperliche Arbeitsunfähigkeit für immer festgestellt. Meine Kriegsbeschädigtenrente wurde erhöht und die Invaliden u. Angestelltenrente endgültig gewährt.

Doch eine wirkliche Ruhezeit für mich ist bisher noch nicht eingetreten. Mein Aufenthalt wurde Berlin, wo ich die Geschehnisse der Zeit aufmerksam verfolgte, aus meinem Gebundensein oder Verbundensein mit dem Volke heraus. Die neue Weltanschauung Hitlers, der aus der Festungshaft inzwischen entlassen wurde, erfüllte mein Leben nach wie vor. Hitler hatte die nationalsozialistische Bewegung mit Hilfe seiner Getreuen gegründet.[14] Ich verfolgte alles mit großem Interesse. Es galt die Befreiung des deutschen Vaterlandes von den volksfremden Zerstörern. Ich hörte von den opfervollen und todesmutigen Kämpfen der Sturmabteilungen Hitlers u. konnte nicht anders, als mich der Bewegung anschließen. Meine Aufnahme erfolgte im Jahre 1928. Ich erblickte in Hitler mit seiner Bewegung die einzige Rettung unseres Volkes. Gigantisch der Kampf und riesengroß die Aufgabe die Hitler sich gestellt hatte: Die heiligsten Güter, die Ehre und das Deutschtum wurde wieder getreten. Der jüdische Materialismus mit seinen üblen Folgeerscheinungen, Gottlosigkeit, Egoismus, Raub, Mord, Unzucht, beherrschte das Volk; dazu der schamloseste Verleumdungsfeldzug zur Vernichtung Hitlers und Bewegung.

Ich begann in meinem kleinen Kreise im Geiste Hitlers zu wirken. Die Not der arbeitslosen Kämpfer Hitler[s] galt es vor allen Dingen zu lindern; es mußte der Opfersinn in allen Volksschichten geweckt werden; auch die Bewegung gebrauchte zum Bestehen u. zur Förderung Mittel. Sehr eifrig, darf ich wohl sagen, begann ich die Sammeltätigkeit; da ich vom Beginn der Bewegung niemals einen Augenblick an Hitlers befreiendem Wert gezweifelt, konnte ich mich in jeder Beziehung für ihn einsetzen. Ich empfand die ganze Schmach der nationalen Erniedrigung u. moralischen Tiefe des Volkes. Ohne Furcht ging ich zu den Kommunisten, in denen ich immer den Deutschen sah, u. machte sie auf den Wahnsinn ihrer internationalen, materialistischen Weltanschauung aufmerksam. Es freute mich, wenn sie mir auch nur ein wenig Verständnis entgegenbrachten.

Sie waren doch nur durch die jüdische Presse verhetzt u. betrogen – dazu nun die Arbeitslosigkeit. Wenn ich ihnen Hitler als den einzigen Retter des Volkes darstellte, so wußten sie keine andere Antwort als: Hitler hat kein Geld! – Der jüdische Materialismus hielt sie gefangen, um alle Ideale in ihnen zu ersticken. Gefreut habe ich mich aber, wie ich sie Judenknechte nannte und sie diese Bezeichnung empört zurückwiesen. Das Deutschtum lebte noch in Ihnen. Ein gütiges Geschick führte Hitler nach dem entsetzlichen leidvollen Kampfe zur Macht.

Es war mir, als ob die Sonne viel freundlicher scheine u. die Menschen aufatmeten. Der Kampf war zwar noch nicht beendet. Aber Gesittung und Ordnung war nach und nach wieder hergestellt. Am meisten freue ich mich, daß die Jugend wieder ein Ziel hat, wofür sie lebt und strebt – das Wohl von Volk und Vaterland!

Wir müßten Gott jeden Tag danken, daß Gott uns diesen Führer gegeben hat, der Deutschland vor dem Abgrund bewahrt hat; ihm zu folgen nicht nur mit Worten, sondern mit der Tat, wäre unser aller Pflicht. Nur dann kann Hitlers Idee, die wahre Volksgemeinschaft gegründet werden und d. Einheit des deutschen Reiches ist nicht zu zerstören.

Ich möchte schließen mit der Bitte an die Leser, Nachsicht mit Geschriebenem zu haben. Der Bericht ist wohl bescheiden – aber wahrheitsgetreu!

Heil Hitler!

Bln. Lichterfelde.
d. 15. VIII. 33[15] Schwester Maria Wiebe

1 Hier handelt es sich um einen Schreibfehler der Verfasserin, die das Datum auf der letzten Seite mit »15. VIII 33« angibt.

2 *Maria Wiebe*: Vgl. BArch, NSDAP-Ortsgruppenkartei, Wiebe, Maria 30.11.1871, Film 32xx/Y0086/2005. Laut Karteikarte trug Maria Wiebe den Titel »Schwester«, der auch Teil ihrer Unterschrift auf der letzten Seite ist.

3 *Gottswalde*: Die damalige Landgemeinde liegt etwa 17 Kilometer südöstlich von Danzig/Gdansk. Ihr heutiger polnischer Name ist Koszwały.

4 *Diakonissen-Mutterhaus zu Königsberg-Ostpr.*: Nach Kaiserswerther Vorbild führten die Königsberger Diakonissen das 1850 gegründete »Krankenhaus der Barmherzigkeit – Diakonissenanstalt in Königsberg/Preußen«. Vgl. Königsberger Diakonie, Über uns, Geschichte des Mutterhauses, URL: http://www.koenigsbergerdiakonie.de/diakonie-ueber-uns/geschichte [online am 29. August 2015].

5 *Ev. Diakonieverein/Prof. Dr. theol. phil. Zimmer*: Der evangelische Diakonieverein wurde 1894 von Vertreterinnen der bürgerlichen Frauenbewegung und dem Theologieprofessor Dr. Friedrich Zimmer in Berlin-Zehlendorf gegründet. Sein Ziel war einerseits die Ausbildung von christlich orientiertem und qualifiziertem Pflegepersonal, an

dem es zu dieser Zeit mangelte, andererseits das Angebot an Frauen, eine angesehene, zu Familie und Ehe alternative Lebensform zu finden. Die fundierte Berufsausbildung gewährte eine finanzielle Unabhängigkeit und Sicherheit. Die Unterkunft im Schwesternheim oder der Eintritt in ein Mutterhaus waren Optionen für Schutz, Versorgung und sozialen Rückhalt. Die Pflegekräfte wurden stationär als Krankenschwestern oder ambulant als sogenannte Gemeindeschwestern tätig. Vgl. Evangelischer Diakonieverein Berlin-Zehlendorf e. V., Diakonieverein und Schwesternschaft, Unsere Geschichte; URL: http://www.diakonieverein.de/schwesternschaft/geschichte.html [online am 4. September 2015]. Auch die Alte Kämpferin Marianne Heimer gehörte dem Diakonieverein Zehlendorf an. Eine Verbindung zwischen ihr und Maria Wiebe ist denkbar, zumal beide in Berlin-Lichterfelde wohnten und als Krankenschwestern arbeiteten. Vgl. Abel-Biogramm/Nr. 457/Marianne Heimer.

6 *Verstaatlichung*: Seit 1906 war eine Staatsprüfung für Diakonieschwestern obligatorisch.

7 *Kolonial-Verein des »Roten Kreuzes«*: Der Kolonialverein des Roten Kreuzes wurde 1885 zunächst als »Deutscher Frauenbund« gegründet. 1888 schloss er sich als Hilfsverein an den zum Roten Kreuz gehörenden Vaterländischen Frauenverein an und nannte sich »Deutscher Verein für Krankenpflege in den Kolonien«. 1908 unterstellte sich der Verein dann direkt dem Roten Kreuz und wurde zum »Deutschen Frauenverein vom Roten Kreuz für die Kolonien«. Der in Berlin ansässige Verein unterhielt eine eigene Schwesternschaft. Die Schwestern waren tätig in Südwest- und Ostafrika sowie in Südamerika und China. Nach dem Verlust der Kolonien benannte er sich um in »Frauenverein vom Roten Kreuz für Deutsche über See«. 1934 löste sich der Verein im »Reichsfrauenbund« auf. Auskunft von Dr. Petra Liebner, Wissenschaftliche Leiterin Historische Kommunikation im Generalsekretariat des Deutschen Roten Kreuzes, Berlin über Felice Fey, vom externen Recherchedienst Tempesta (archiv@tempesta.eu) am 6. Juni 2014.

8 *Berufsorganisation der Krankenpflegerinnen Deutschlands:* Die Krankenschwestern Agnes Karll und Elisabeth Storb stellten 1902 auf der Generalversammlung des Bundes deutscher Frauenvereine (BDF) eine Reform der Pflege und der Pflegeberufe vor, die sie, unterstützt durch die Frauenrechtlerinnen Marie Cauer und Helene Meyer, erarbeitet hatten. Gefordert wurden Schutz und Absicherung der Pflegekräfte (Arbeitszeiten, Lohnzahlung, Altersversorgung) sowie Professionalisierung der Krankenpflege durch eine qualifizierte dreijährige Ausbildung mit staatlicher Anerkennung. Hieraus folgte 1903 die Gründung der Berufsorganisation der Krankenpflegerinnen Deutschlands (BO). Vgl. Madeleine Hoppe, Die geschichtliche Entwicklung der Disziplinwerdung und Professionalisierung der Sozialen Arbeit, Norderstedt 2007, S. 11.

9 *auf den Russisch sodann auf den Französisch*: Gemeint sind offenbar die Etappen hinter der Ost- bzw. Westfront. Möglicherweise handelt es sich um einen internen Sprachgebrauch.

10 *Labry*: Der französische Ort Labry, etwa 50 Kilometer östlich von Verdun, war als Eisenbahnkreuz mit großem Güterbahnhof ein wichtiger Stützpunkt deutscher Nachschub- und Versorgungseinheiten im Ersten Weltkrieg. Es gab mehrere Lazarette, darunter ein Seuchenlazarett. Heute erinnert ein Soldatenfriedhof mit mehr als 1000 Gräbern an die damalige Nähe zur Front. Vgl. Ulla Möbius, DenkFried, Andenken und Gedenken an die Toten zweier Weltkriege, Labry/Frankreich, Reisebericht; URL: http://www.denkfried.de/wp/?page_id=2322 [online am 4. September 2015].

11 *[…]*: Ein unleserliches Adjektiv.

12 *Hitler selbst verhaftet*: Die Verfasserin bezieht sich hier auf den Putschversuch Hitlers und seiner Anhänger im November 1923.

13 *Soziale Frauenschule/Alice Salomon*: Alice Salomon (1872-1948) gründete 1908 die Soziale Frauenschule in Berlin. Bereits als 21-Jährige begann ihr Engagement in der

sozialen Arbeit und in der deutschen Frauenbewegung. Sie leitete Kurse und Fortbildungen, die der professionellen Ausbildung von Frauen in der sozialen Arbeit dienten, und gehörte ab 1900 zum Vorstand des Bundes Deutscher Frauenvereine. Ihr Studium der Nationalökonomie schloss sie 1906 mit einer Promotion ab. Salomon, die aus einer bürgerlichen, jüdischen Familie stammte, konvertierte 1914 zum evangelischen Glauben. Die Soziale Frauenschule entwickelte sich 1925 zur Deutschen Akademie für soziale und pädagogische Frauenarbeit, mit einem Fachbereich für empirische Forschung. Alice Salomon wurde durch das NS-Regime gezwungen, 1933 alle öffentlichen Ämter niederzulegen und 1937 auszuwandern. Sie starb 1948 in New York. Vgl. Alice-Salomon-Archiv: Alice Salomon, Leben und Lebensdaten; URL: http://www.alice-salomon-archiv.de/alice/leben.html [online am 4. September 2015].

14 *nationalsozialistische Bewegung […] gegründet*: Nach dem Putsch von 1923 und der anschließenden Haftzeit Hitlers wurde die NSDAP am 27. Februar 1925 neu gegründet.

15 *15. VIII 1933*: Bei dieser Jahreszahl liegt offensichtlich ein Schreibfehler vor. Gemeint ist das Jahr 1934.

Marianne Heimer

Abel-Biogramm / Nr. 457 / Marianne Heimer
Dreizehn Seiten, handschriftlich (lateinische Schrift), undatiert.
Die Identität der Verfasserin ist authentisch.[1]

Name:	Marianne Heimer
Geburtsdatum:	13. Oktober 1906
Geburtsort:	Ruppersdorf in Thüringen
Alter:	27 Jahre
Familienstand:	ledig
Wohnort:	Berlin-Lichterfelde
Elternhaus:	Vater Pastor, früher Tod der Mutter, sieben Geschwister
Ausbildung:	Mittelschule, Krankenpflege (Staatsexamen)
Beruf:	Krankenschwester
NSDAP-Beitritt:	6. November 1931 (NSDAP-Zentralkartei)
Mitgliedsnummer:	613 401
Werber:	NSDAP-Veranstaltungen
Funktionen:	Mitglied

Charakteristische Aspekte des Biogramms:
Marianne Heimer erlebte die NS-Kampfzeit um 1931 in Wien. Dort arbeitete die entschiedene Antisemitin als Krankenpflegerin in einem jüdischen Haushalt. In ihrem Essay schildert sie Straßenkämpfe und rechtfertigt Überfälle der SA auf jüdische Kaufhäuser. Der älteste Bruder Marianne Heimers gehörte einem Freikorps an.

Mein Lebenslauf!

Am 13.10.1906 wurde ich als 5. Kind des Pastors Richard Heimer in Ruppersdorf, Thüringen geboren.[2] Hier verweilten wir nur kurze Zeit und mein Vater hatte die Pfarrstelle in Groß-Aga b/Gera inne.[3] Hier verbrachte ich meine ersten 2 Schuljahre. Im Alter von 5 Jahre verlor ich infolge einer Lungenentzündung frühzeitig meine Mutter. Mein Vater heiratete zum zweiten Male. Im Kreise von 7 Geschwistern wuchs ich auf. August 1914 kurz nach Kriegsausbruch zogen wir nach Schleswigholstein, Arnis an der Schlei.[4] Hier besuchte ich zunächst noch einige Jahre die Volksschule, danach die Mittelschule in Kappeln. Wie in allen deutschen Familien blieben auch in meiner Familie die Folgen des Krieges nicht aus. Meine Eltern hatten es schwer, die große Kinderschar zu erhalten.

Not und Entbehrungen aller Art zogen ins Haus ein. Infolge eines Herzfehlers meines Vaters wurde er nicht mit einberufen. Mein ältester Bruder ging zur Marine 1917; Infolge Revolution Entlassung aus der Marine.

Im Frühjahr 19 bis Sommer 1919 war er Mitglied des Freikorps Eiserne Division[5] im Kampfe gegen den russischen Bolschewismus in Kurland und Lettland. –

Nachkriegszeit begann, und das Elend in jeder Familie wurde noch schlimmer. Auch meine Eltern sahen voller Bangen in die Zukunft, gaben aber den Glauben an Deutschland nicht auf. Jeder hoffte auf ein baldiges Ende der furchtbaren Zeiten. Schlimmer wie die äußere Not war die seelische Not unsres Volkes. Die verschiedenerlei Wahlplakate an den Wänden und Anschlagsäulen zeigten uns nur zu bald die Uneinigkeit des Volkes. Ich holte mir sehr oft Aufklärung bei meinem Vater, was diese Wahlzettel verfolgten und auf was für Grundlagen sie beruhten. – Mit Sorgen sah mein Vater das zunehmende Abflauen der Kirchgänger in seiner Gemeinde, nur ein geringer Teil zeigte noch Interesse für Kirche und Gott. –

1921 verließ ich die Mittelschule und betätigte mich einige Jahre hauswirtschaftlich. 1923 zogen wir nach Talk bei Schleswig, einer größeren Landgemeinde. – 1926 ergriff ich den Schwesternberuf. Ich trat in den Ev. Diakonieverband, Zehlendorf ein.[6] Meine Lernzeit verbrachte ich im Krankenhaus zu Magdeburg, machte hierselbst mein Staatsexamen. Im Jahre 1929 kam ich als Hilfsschwester nach Danzig und arbeitete 2 Jahre Im Krankenhaus. Während meiner Krankenhausarbeit als Schwester lernte ich den Geist der Zeit recht kennen. Wurde man schon auf der Kinderabteilung mit dem Ruf »Rot Front« »Heil Moskau« empfangen.[7] Auf der Männerabteilung füllte sich die Station mit verletzten Männern verschiedenerlei Gesinnungen. Man hatte oft Gelegenheit kleinen politischen Unterhaltungen, welche erst harmlos erschienen, aber bald zu einem Streit ausarteten beizuwohnen, so daß die Schwester oft den Streit schlichten mußte, indem so mancher in ein anderes Zimmer ausquartiert wurde. –

Ich fing nun an mich näher mit den verschiedenen Parteien zu beschäftigen. Im Herbst 1930 hörte ich im Sportpalast Graf Helldorf[8] sprechen und kam zur Einsicht, daß nur Hitlers Idee die einzige Rettung Deutschlands sein kann.

1931 trat ich aus dem ev. Diakonieverein aus, aus verschiedenerlei Gründen, teils um am großen Weltgeschehen mehr in Verbindung zu stehen. Ich blieb aber weiterhin tätig im Schwesternberuf, als Privatschwester. –

April 1931 verließ ich die schöne Stadt Danzig welche ich recht schätzen und lieben gelernt hatte, durch sein echtes, wahres Deutschtum und durch seine alten schönen Straßen und wunderschönen Lage an Wasser und Wald. –

April 1931 ging ich nach Wien zum Besuch zu meinen Angehörigen.[9] Ich hatte die Absicht nur einige Wochen dort zu verweilen, blieb jedoch 2 Jahre in Wien. Während dieser Zeit hatte ich reichlich Gelegenheit das Anwachsen der N.S.D.A.P. in Wien zu verfolgen. Ich suchte mir zunächst eine Stelle als Privatschwester, welche ich nach einiger Zeit auch erhielt. Leider waren Pflegen in deutschen Häusern sehr selten und so kam ich in ein jüdisches Haus. So schwer es mir manchmal auch fiel erfüllte ich meine Pflicht aufs Genaueste. Ich hatte nun auch Gelegenheit mich mit dem jüdischen Wesen und Charakter zu befassen. –

Der 1. Eindruck den ich von Wien hatte war die Verjudung Wiens, und das Elend des österreichischen Bürgers. Die unzähligen Straßenmusikanten und die vielen Bettler welche bei Dämmerstunde die Abfallkörbe an den Straßenecken untersuchten nach abgetragenen Sachen und Brot, zeigten mir bald die wahre Lage Österreichs. –

Während meiner Freizeit besuchte viel die nationalsozialistischen Versammlungen. Ein beliebtes Wahllokal war »die weiße Rose« im Prater. Gauleiter Frauenfeld[10] und Professor Suchenwirth[11] welche ich sehr oft sprechen hörte gaben mir und jedem Zuhörer immer wieder die Liebe zum deutschen Reiche kund, und den Wunsch endlich Österreich mit Deutschland vereinigt zu wissen.

Der 1. Mai 1931 wurde noch sehr gefeiert.[12] Da konnte man leider sehen wie groß die Anteilnahme der Bevölkerung noch daran war. Ich beobachtete den Umzug. Ein Meer roter Fahnen und groß wie klein zog unter »Rot Front« und Beschimpfungen über Deutschland und Hitlers durch die Straßen. – Mit größter Spannung und Aufmerksamkeit verfolgte Österreich/Wien die Ereignisse und Fortschritte der N.S.D.A.P. im Reich; die freudigen wie traurigen Ereignisse wurden von jedem Einzelnen mitdurchlebt und mitgefühlt. –

Im November 1931 trat ich in die N.S.D.A.P. in Wien ein. Die Zunahme der N.S.D.A.P. wuchs zusehends.

Bald reichten die Säle nicht aus und es mußten Parallelversammlungen eingeschaltet werden. Unter freiem Himmel auf dem Burgplatz und Karlsplatz versammelten sich die Nationalsozialisten und alles lauschte den Reden des Gauleiters. –

Je mehr die Partei wuchs um so größer wurde der Haß der Roten, das zeigte sich einmal wieder an dem Überfall im roten Viertel Simmering, wo vom roten Parteihaus aus in die vorbeimarschierenden S.A.Kolonnen hineingeschossen wurde.[13] Drei Tote waren zu verzeichnen, dabei der S.A.Mann Staller, ein Polizist, ein Parteimitglied. Aber nicht einmal die Toten konnten sie in Ruhe lassen. Die Gräber wurden geschändet.[14] Ich habe mir die ruchlose Tat, ausgeführt von rohen Weiberhänden am nächsten Tage angesehen. Schleifen und

Kränze abgebaut bis auf den Draht. Ein S.A. Posten stand zur Bewachung der Gräber da. Bei der näheren Untersuchung hat man auf jedem Grab ein in Petroleum getauchtes Läppchen gefunden. Die Anstifter und Mörder des Simmerunger Überfalls gingen mit einigen Wochen Arrest leer aus. Wo blieb da die Gerechtigkeit? Im Volke gärte es immer mehr und die Unruhen an der Universität sowie in der Stadt nahmen Überhand. –

Mit großer Spannung wurde der Gauparteitag in Wien erwartet Herbst 1932.[15] Überall wurde vorbereitet. In der großen Nordbahnhofhalle wurde gehämmert und in der Engelmann Arena wurde gerüstet und geschmückt. Jeder deutsch-denkende Bürger half mit, die Gauparteiwoche so schön wie möglich zu gestalten. Es war eine wahre Freude den Eifer und die Begeisterung, welche sich auf jedem deutschdenkenden Gesicht zeigte, zu sehen. –

Auf diesem Gauparteitag war es mir vergönnt in der Engelmann-Arena die Reden unseres Propagandaministers Goebbels und Julius Streichers zu hören. Auf dem Burgplatz hörte ich Reichsminister Göring sowie Stabschef Röhm.

Aus allen Gauen Österreichs war das Volk zusammen geströmt, um Deutschlands Führer zu hören und zu sehen. In den Sälen reichte kaum der Platz aus, jeder wollte doch hören von Deutschlands Führern und dem Fortschritt der Bewegung. Wohl jeder Deutschdenkende hat von diesen großen Reden einen Teil in sich aufgenommen und hat ihm wieder Mut gemacht freudig in die Zukunft zu schauen und nicht zu verzagen. –

Die Aufmärsche der Nationalsozialisten, Sozialdemokraten, Christlichsozialen wechselten sich gegenseitig ab. So hatte ich ein kleines Erlebnis. Beim Aufmarsch der Sozialdemokraten passierte es mir, von einer halbwüchsigen roten Horde umzingelt zu werden, da ich mein Parteiabzeichen trug. Einer schrie mich mehr an wie der andere, »Saupreiß« (Saupreuße) »Hitler verrecke«, »Nieder mit Hitler« und dergleichen mehr. Ich ließ sie ruhig ausschreien, wagten sie auch nicht mich anzurühren, meinten sie mit Anspucken ihre Schuldigkeit getan zu haben. Polizei vertrieb die Horde. –

In meiner näheren Umgebung bei meiner Patientin hatte ich reichlich Gelegenheit die »Neue freie Presse«[16] und sonstige jüdische Zeitungen näher zu studieren. Da nahmen die Lügen und Hetzen gegen Deutschland kein Ende.

Greuelmärchen der Nazis wurden da erzählt. So brachte uns eines Sonntags der »Montag«[17] die Nachricht: »Mord an der jüdischen Schriftstellerin Rosa Möller, ausgeführt durch Nazis.«[18]

Der Mörder entpuppte sich als die Schriftstellerin selbst. Sie hatte sich selbst mehrere Messerstiche beigebracht und wurde mit dem Messer im Rücken aufgefunden. Dadurch wurde sie entlarvt und nach mehrtägigen Gerichtsverhandlungen gestand sie ihre Schuld. Durch diese Tat sah man die gemeinen Charakterzüge des Judentums. Uns wollte sie schaden. – Aber das Ausland, bei dem sie unsere hohen, reinen nat. soz. Ideen in den Schmutz ziehen wollte, mußte einsehen, daß wir ganz gerechtfertigt dastanden. Platzte da auch einmal eine Stinkbombe in die jüdischen Kaufhäuser »Gerngroß und Krupnik«[19] hinein, oder wurden die jüdischen Caféhäuser durch eindringende S.A. einmal an den

Ernst der Gegenwart erinnert, so waren es ja harmlosere Dinge zu denen, die die jüdische Presse dem Auslande gegenüber vorschwindelte. –

Aller Feierlichkeiten, wie Hitlers Geburtstag u. s. w. wurden genau so mitgefeiert wie in Deutschland selbst. Alle Wahlschlachten wurden in sämtlichen Lokalen Wiens übertragen und mit größter Spannung der Ausgang der Wahl verfolgt. Alles horchte gespannt auf das Endresultat.

Als nun gar die Ernennung Hitlers zum Reichskanzler des deutschen Volkes verkündet wurde, kannte der Jubel und Begeisterung keine Grenzen. Auch als ich im April 1933 Wien verließ war die Begeisterung genau dieselbe. Alle Deutschen hofften damals genau wie heute den Zusammenschluß des großen Deutschlands durch den eisernen Willen unseres großen genialen deutschen Führers »Adolf Hitler«.

Mein größter Wunsch war, den Führer zu sehen und zu hören.

Vergönnt, wurde mir, am 24. Okt. 1933, im Berliner Sportpalast.[20] Das war das größte und schönste Erlebnis, welches ich in meinem Leben zu verzeichnen habe. Möge der allmächtige Gott uns unseren, von ihm gesandten Führer, noch recht lange erhalten zu Deutschlands Größe.

Heil Hitler!

Marianne Heimer
Lichterfelde-Ost.
Jungfernstieg 25
Schwesternhaus.

1 *Marianne Heimer*: Vgl. BArch, NSDAP-Zentralkartei Heimer, Marianne 13. 10. 1906, Film 31XXH0037/2368 (mit Foto).
BArch, NSDAP-Parteikorrespondenz, Heimer, Marianne, Film PK/E 79. In diesem Schriftwechsel geht es um eine Namensverwechselung (Heiner) durch den Umzug Heimers von Wien nach Berlin.

2 *Ruppersdorf*: Das Straßenangerdorf Ruppersdorf hatte im Jahr 1906 etwa 440 Einwohner. Ruppersdorf ist heute ein Ortsteil der thüringischen Gemeinde Remptendorf. Am Ortsrand steht die evangelisch-lutherische Laurentiuskirche, an der Marianne Heimers Vater tätig war. Vgl. Gemeinde Ruppersdorf: Der Ort, Kirche; URL: http://www.ruppersdorf-thüringen.de/kirche.php [online am 4. September 2015].

3 *Groß-Aga*: Der Ort Groß-Aga hatte um 1910 etwa 780 Einwohner. St. Bartholomäus in Groß-Aga war die evangelische Pfarrkirche für vier nahegelegene Dörfer. Heute gehören diese als Ortsteil Aga zur Stadt Gera. Vgl. Evangelischer Kirchenkreis Gera, Region Nord; URL: http://www.ev-kirchenkreis-gera.de/nord/nord3Aga/nord-3-gs.htm [online am 4. September 2015].

4 *Arnis/Kappeln*: Die Stadt Arnis liegt auf einer ehemaligen Insel und heutigen Halbinsel an der Schlei. Um 1914 hatte sie etwa 600 Einwohner. Direkt hinter dem Deich steht die evangelische Schifferkirche. Die nächstgrößere Stadt ist das 5 Kilometer nördliche Kappeln. Vgl. Arnis an der Schlei, Kleine Chronik; URL: http://www.arnis-schlei.de/Geschichte03.htm [online am 4. September 2015].

5 *Freikorps Eiserne Division*: Die Eiserne Division war eines der 120 deutschen Freikorps, die sich nach Kriegsende 1918 vornehmlich aus ehemaligen Frontsoldaten formierten.

Ihr Wirkungskreis war das Baltikum, wo sie mit mehr als 8000 Freiwilligen im Sommer 1919 das mitgliederstärkste Freikorps war und zudem über ein beachtliches Waffenarsenal verfügte. Bedeutung erlangte die Eiserne Division im lettischen Unabhängigkeitskrieg 1919, als Kampfeinheit gegen die sowjetischen Truppen. Vgl. Bernhard Sauer, Mythos eines ewigen Soldatentums. Der Feldzug deutscher Freikorps im Baltikum im Jahre 1919, in: Zeitschrift für Geschichtswissenschaft (ZfG), 43. Jahrgang 1995, Heft 10, 1995, Heft 10, S. 869-902, hier S. 873 f.

6 *Ev. Diakonieverein Zehlendorf*: Vgl. Abel-Biogramm/Nr. 456/Maria Wiebe, Kommentar 5 ► Ev. Diakonieverein.

7 *»Rot Front«/»Heil Moskau«*: Es handelt sich hier um Kampfrufe der Kommunisten.

8 *Graf Helldorf*: Vgl. Abel-Biogramm/Nr. 177/Anna Nieke, Kommentar 29 ► Graf Helldorff.

9 *zu meinen Angehörigen*: Welche Familienmitglieder in Wien lebten, ist nicht bekannt.

10 *Gauleiter Frauenfeld*: Alfred Eduard Frauenfeld (1898-1977) war von 1930-1933 NSDAP-Gauleiter in Wien. Nach 1936 machte er im nationalsozialistischen Deutschland Karriere im Auswärtigen Amt. Vgl. Weiß, Biographisches Lexikon, S. 129 f.

11 *Professor Suchenwirth*: Der Mittelschullehrer Dr. Richard Franz Joseph Suchenwirth (1896-1965, bürgerlicher Name bis 1922: Richard Suchanek) gründete im Mai 1926 die NSDAP in Österreich. Er war 1932-1934 auf Kommunal- und Landesebene für die NSDAP tätig, unter anderem als Landesführers des NS-Lehrerbundes in Österreich. Populär war sein 1933 erschienenes Geschichtsbuch »Von Ersten zum Dritten Reich«. Vgl. Institut für Zeitgeschichte München, Archiv, Bestand ED 420 – Richard Suchenwirth, Vita; URL: http://www.ifz-muenchen.de/archiv/ ed_0420.pdf [online am 4. September 2015.].

12 *1. Mai 1931*: Zum Tag der Arbeit fand in Wien seit 1921 jährlich ein Sternmarsch der Arbeiterbewegung statt, der gegen Mittag mit einer Kundgebung vor dem Wiener Rathaus endete. Am 1. Mai 1931 sprachen hier namhafte Sozialdemokraten. Vgl. Österreichische National Bibliothek, ANNO – Austrian Newspapers online, Neues Wiener Tagblatt vom 2. Mai 1931; URL: http://anno.onb.ac.at/ cgi-content/anno?aid=nwt&datum=19310502&seite=2&zoom=33 [online am 4. September 2015].

13 *Überfall im roten Viertel Simmering*: Bei einem Propagandamarsch der NSDAP durch den sozialdemokratischen Wiener Stadtteil Simmering kam es am Sonntag, den 16. Oktober 1932, vor dem Parteihaus der Sozialdemokraten zu einem minutenlangen Schusswechsel. Trotz des Einsatzes von 300 Polizisten wurden drei Menschen getötet, darunter der SA-Mann Josef Staller und ein weiterer Nationalsozialist. Am Tag darauf kam es an der Universität und der Hochschule für Technik zu Angriffen von Nationalsozialisten gegen jüdische und sozialdemokratische Studenten. Vgl. Tagblatt – Organ für die Interessen des werktätigen Volkes (Linz) vom 17. Oktober 1932 sowie Neue Freie Presse (Wien) vom 17. Oktober 1932, in: Österreichische National Bibliothek, ANNO – Austrian Newspapers online; URL: http://anno.onb.ac.at [online am 24. Mai 2014].

14 *Gräber geschändet*: Am 30. Oktober 1932 wurden Kränze und Schleifen auf dem Grab des in Simmering erschossenen Nationalsozialisten Staller in Brand gesteckt. Vgl. Wiener Sonn- und Montagszeitung, vom 31. Oktober 1932, S. 2, in: Österreichische National Bibliothek, ANNO – Austrian Newspapers online; URL: http://anno.onb.ac.at [online am 24. Mai 2014].

15 *Gauparteitag*: Der Gauparteitag der NSDAP in Wien fand vom 30. September bis 2. Oktober 1932 statt.

16 *Neue freie Presse*: Die bürgerlich-liberale Tageszeitung erschien von 1864-1939 in Wien und galt als die »österreichische Times«. Um 1870 beschäftigte sie über 500 Mitarbeiter, davon bis zu 100 Auslandskorrespondenten. Zeitweise gab es täglich zwei bis drei

Ausgaben. Da das Blatt nach dem Ersten Weltkrieg an politischer und wirtschaftlicher Basis verlor, musste der Herausgeber Ernst Benedikt, der aus einer jüdischen Familie stammte, Anteile an den österreichischen Staat verkaufen. Nach dem Einmarsch deutscher Truppen 1938 ließ Hitler den Druck der von ihm als »Judenblatt« titulierten Zeitung einstellen. Vgl. Die Presse – Unabhängige Tageszeitung für Österreich: DiePresse.com, Unternehmen, Geschichte; URL: http://diepresse.com/unternehmen/geschichte/9835/ Die-Neue-Freie-Presse [online am 4. September 2015].

17 *Montag*: Gemeint ist die von 1913-1943 (mit Unterbrechungen) in Wien erschienene Wochenzeitung *Der Montag – Unabhängiges unparteiisches Montagsblatt.*

18 *Mord an der jüdischen Schriftstellerin Rosa Möller*: Was es mit diesem von Marianne Heimer berichteten Fall auf sich hat, ist offen. Die Schilderung ist unstimmig. Eine Anfrage an das Institut für die jüdische Geschichte Österreichs sowie Zeitungsrecherchen über die Österreichische National Bibliothek, ANNO – Austrian Newspapers online (hier: Wiener Sonn- und Montagszeitung, Neue freie Presse) brachten keine Ergebnisse.

19 *Gerngroß und Krupnik*: Es handelt sich um Wiener Warenhäuser, deren Kunden am 18. Dezember 1932, einem verkaufsoffenen Sonntag in der Vorweihnachtszeit, von Nationalsozialisten mit Tränengas und Stinkbomben attackiert wurden. Es brach eine Massenpanik aus, da die Kunden annahmen, es bestehe Brandgefahr. Vgl. Wiener Sonn- und Montagszeitung vom 19. Dezember 1932, S. 2. Ebd.
Im Frühjahr 1938 widerfuhr dem Kaufhaus Gerngroß die »Zwangsarisierung«, dem Lager der Firma Krupnik die organisierte Plünderung durch SS-Männer, die die Warenbestände per LKW »requirierten«. Vgl. Forum politische Bildung (Hrsg.), Wieder gut machen? Enteignung, Zwangsarbeit, Entschädigung, Restitution, Innsbruck/Wien 1999, S. 8.

20 *24. Okt. 1933, im Berliner Sportpalast*: Hitler sprach an diesem Abend über die Aufrüstung der Wehrmacht auf 300.000 Mann mit einjähriger Dienstzeit. Er stellte dies als deutsches Recht gegenüber den Nachbarstaaten dar und als Schritt zur Wiederherstellung deutscher Ehre. Vgl. Bruppacher, Adolf Hitler, S. 329.

Hedwig Eggert

Abel-Biogramm/Nr. 459/Hedwig Eggert
Elf Seiten, handschriftlich (lateinische Schrift), undatiert.
Die Identität der Verfasserin ist authentisch.[1]

Name:	Hedwig Eggert, geb. Jahnel
Geburtsdatum:	17. Januar 1897
Geburtsort:	Grünberg in Schlesien
Alter:	37 Jahre
Familienstand:	geschieden, eine Tochter
Wohnort:	Berlin-Steglitz
Elternhaus:	Vater Webmeister, Mutter Arbeiterin in einer Weberei, zehn Geschwister, davon sechs als Kinder verstorben
Ausbildung:	Volksschule, Weberin, Hausmädchen, Büroangestellte
Beruf:	Zeitungshändlerin
NSDAP-Beitritt:	1. Mai 1928 (Abel-Biogramm)
Mitgliedsnummer:	88 121
Werber:	Schwager
Funktionen:	Mitglied

Charakteristische Aspekte des Biogramms:
Hedwig Eggert stand über ihre Schwester Klara Petersson in Kontakt zum Deutschen Frauenorden (DFO). Die Schwestern gehörten um 1927/28 zum weiteren Kreis um Berlins Gauleiter Goebbels und nahmen an der Feier zu seinem 30. Geburtstag teil. Eggert nimmt Bezug auf »Abtrünnige« der NSDAP und erwähnt namentlich den im Juni 1934 ermordeten Gregor Strasser.

Mein Lebenslauf.

Als 8tes Kind meiner Eltern, bin ich am 17.1.97. zu Grünberg i/Schs geboren.[2] Armut und Sorge waren bei uns ständiger Gast. 11 Kindern schenkte meine Mutter das Leben, davon sind 5 am Leben geblieben, die übrigen 6 sind teils klein, teils größer gestorben. Ein Bruder starb, als er 13 Jahre alt war. Es war ein herber Schlag für meine Eltern. Bei all den vielen Kindern, waren Krankheiten keine Seltenheit, manchmal glich unsere Wohnung, die aus 2 Stuben und Küche bestand, einem wahren Krankenhaus. Meine arme Mutter konnte nun nicht etwa nur den Haushalt und ihre vielen Kinder betreuen, nein sie mußte von früh bis spät in der Fabrik mitarbeiten, um all die hungrigen Mäuler stopfen zu können, da mein Vater, obwohl Webmeister in einer Weberei, einen kaum glaublich niedrigen Lohn erhielt, der eben nicht ausreichen konnte. Schlesien ist mit den vielen Webereien ja bekannt, als armes Land. Wohlfahrtsamt oder Jugendamt, was heute bei kinderreichen Familien segnend eingreift, kannte man damals noch nicht, und so mußten die Eltern ihre unsäglich schwere Last allein auf ihren Schultern tragen. Nachdem dann nach und nach die Kinder heranwuchsen, und die Schule verlassen konnten, (wir haben alle die Volksschule bis zur ersten Klasse in Grünberg besucht, und sind alle als gute Schüler, mit dem1ten bis 4ten Platz, wir wurden nach Leistung gesetzt, aus der Schule entlassen) ging es zu Hause schon etwas besser. Wir gingen gleich den nächsten Tag nach der Schulentlassung in die Fabrik, und konnten der Mutter etwas Kostgeld bringen.

Ich war erst in einer Trikotagenfabrik beschäftigt, dann versuchte ich in einer Metallfabrik, von dort aus ging ich in eine Velvetfabrik, dann in eine Weberei in die Lumpensortierung, bis ich dann zuletzt das Weben erlernte und während dem Weltkrieg feldgraues Tuch für unsere Krieger webte. Wir arbeiteten Schicht, und zwar Tagschicht von morgens 6 Uhr bis abends 8 Uhr; Nachtschicht von abends 8 Uhr bis morgens 6 Uhr. Ich hatte Tagschicht. Pausen gab es nicht, unser Brot verzehrten wir so nebenbei. Ende 1915 wurde aber die Arbeit knapp und so entschloss ich mich, da ich noch jung war (18 Jahre) den Arbeitsplatz einer älteren Weberin frei zu machen, und ging. Ich erlernte das Plätten und ging dann als Hausmädchen auf ein Rittergut. Von dort aus bemühte ich mich um eine Stellung in Berlin. Ich hatte auch Glück und kam am 1. Juni 1916 nach Charlottenburg als Hausmädchen in Stellung. Januar 1917 verließ ich meine Stellung und ging in die A. E. G. in der Ackerstraße und erlernte dort die Schlosserei.[3]

Dort habe ich dann 1 Jahr Sprengkoffer gearbeitet. Im Oktober 1917 kamen meine Eltern nach Berlin gezogen. 1918 war ich im Büro einer Fabrik tätig. In diese Zeit fiel dann die November Revolte der Sozialdemokraten.[4] Ich denke noch mit Grausen an diese Zeit.

Wir mußten die Fabrik in Marienfelde geschlossen verlassen, und nach Berlin marschieren, ob man damit einverstanden war oder nicht. Am Potsdamerplatz unter Hoch- und Niedergebrüll angelangt, schrie uns ein Jude von einem hohen

Lastwagen die Nachricht zu: »Der Kaiser hat abgedankt und Fritz Ebert hat die Führung des Reiches übernommen.« Mir ging ein Schaudern durch den ganzen Körper, weßhalb weiß ich nicht. Es war gewiß der gesunde Instinkt einer deutschen Seele, welche aus all diesen Wirrnissen nichts Gutes ahnte. Was nun nach dieser Zeit kam, das ist jedem Deutschen noch in lebendigster Erinnerung. Ein Drunter und Drüber und keiner wußte wo er hingehörte. Parteien erstanden täglich neue, und jeder suchte wo er hingehörte, jeder suchte sich einer Partei anzuschließen, einer war des anderen Feind geworden, und alle vergaßen darüber, daß sie eigentlich Deutsche waren und sich hätten einig sein müssen. Ja, es war ja keiner da, der das Volk zur Besinnung und zur Einigkeit hätte bringen können.

Jede Partei, (es gab damals so ungefähr 25 davon) lockte und versprach das schönste, während eine Partei die andere schlecht machte. Ein Mensch der nun zwischen all den Parteien stand, war so unglücklich und glaubte zerquetscht zu werden, wenn er sich zu keiner Partei entschließen konnte. So suchte man und suchte aber nichts fand man, wo eine Aussicht auf Rettung aus all dem trostlosen Elend war. Ging man nun mit offenen Augen an all diesen Wirren vorüber, merkte man, da steckt irgend jemand dahinter, der unser Vaterland in den Abgrund ziehen will.

Ich besuchte die Versammlungen der Sozialdemokraten, der Deutschnationalen, die mir äußerst öde und langweilig vorkamen. Dann ging ich in kommunistische Versammlungen, wo Karl Liebknecht und Rosa Luxemburg sprachen. Wieder sträubten sich meine innersten Gefühle und die kommunistischen Versammlungen erzeugten in mir eine antisemitische Einstellung.[5]

1919 im Januar wurde ich im Büro entlassen, da Kriegsteilnehmer eingestellt werden mußten. ¼ Jahr war ich arbeitslos, bis ich in einem Modesalon als Näherin anfangen konnte. 1920 verheiratete ich mich. Mein Mann war vollkommen unpolitisch, er lebte so gedankenlos in den Tag. Doch ich suchte weiter, ob denn niemand da war, unserem Vaterlande zu helfen. Ich sah ja den sicheren Verfall Deutschlands. So versuchte ich ob in den Reihen des antisemitischen Knüppel-Kunze[6] der rechte Platz war. Ich konnte zwar keine Befriedigung dort finden, aber als kleineres Übel habe ich dann bei der nächsten Wahl für seine Partei gewählt. Die Zeit der Inflation kam und immer unruhiger wurde es und immer mehr ging es bergab.

1923. Der Hitlerputsch, wie er allgemein genannt wurde, brachte auf einmal eine ganz neue Sache zum Vorschein. Bis dahin hatte man in Berlin keine Ahnung von einem Hitler und seiner Anhängerschaft.

Der darauffolgende Prozeß brachte uns in Berlin überhaupt erst einen Einblick in Hitlers Wollen, und sein mustergültiges Verhalten, wie er alle Verantwortung auf sich allein nahm. Da fing unsere Verehrung für unseren geliebten Führer an.

1924 gab ich einem Mädchen das Leben, und kaum 1 Jahr darauf ging ich mit meinem Mann auseinander. Ich hatte in der Wahl meines Mannes großes Unglück, er war ein leichtsinniger Mensch. Ich zog mit meinem Kinde zu meiner Schwester und Schwager Petersson.[7] Meinen Lebensunterhalt für mich und das

Kind bestritt ich, indem ich eine Konfektions-Arbeitsstube leitete. Ich hatte mich durch Geschicklichkeit und Fleiß im Nähen so vervollständigt, da ich ja auch in meiner Ehe fleißig arbeiten mußte, daß ich wie eine Meisterin mit 6 Näherinnen arbeitete. Ich habe da manche Nacht durchgearbeitet, weil die Tage nicht ausreichten. Mein Schwager, Adolf Petersson, welcher die Mitgliedsnummer 24 010 hat, brachte jedes Stückchen Zeitung mit, indem etwas über Hitler geschrieben war. Er kaufte Hitlers »Mein Kampf« den er uns dann abends vorlas und meine Schwester half mir bei meiner Näharbeit, welche ja nicht ruhen durfte. Mein Schwager war im Frontbann[8] und hörte dort über Hitler und seine Idee und alles was er davon wußte, gefiel uns. Doch die Sache Hitlers konnte in Berlin nicht so recht Fuß fassen und wir atmeten auf, als mein Schwager die Kunde mit nach hause brachte: »Hitler schickt jetzt einen seiner bedeutensten Führer nach Berlin.« Da kam Dr. Goebbels nach Berlin und Schlag auf Schlag gings.[9] Massenversammlungen in einem Ausmaß, wie sie Berlin noch nicht erlebt hat, wurden täglich bald im roten Osten und im noch röteren Norden abgehalten. Es war für uns Frauen immer eine große Freude, eine davon zu besuchen. Meistens war es aber auch gefährlich, denn die rote Meute der verhetzten Kommunisten lieferte uns immer eine Saalschlacht. In diese Zeit fiel die Pharusschlacht in der so mancher tapfere S. A. Mann verwundet wurde.[10] Auch Edmund Behnke[11] war unter den Todwunden der Pharusschlacht, den wir dann nach Jahren der qualvollsten Leiden in Lankwitz zur letzten Ruhe betteten. Er wurde im damaligen »Deutschen Frauen-orden« auf das liebevollste gepflegt.[12]

Als dann Hitlers »Mein Kampf« in Volksausgabe für 7.- Mk. erschien, kaufte ich es, um es anderen Volksgenossen zu leihen, damit auch sie von dem Wollen unseres Hitler unterrichtet sein sollten.

Ich kaufte einige Theaterkarten zu Goebbels Theaterstück »Der Wanderer« und gab sie Arbeitskolleginnen um auch sie für Hitlers Sache zu gewinnen.[13] Ich lud sie ein zu Versammlungen, aber es war sehr schwer Volksgenossen zu gewinnen. Teils waren sie gleichgültig teils verhetzt. Aber durch unermüdliche Kleinarbeit von Mund zu Mund hat jeder Nationalsozialist der damaligen Jahre, den Boden für unsere herliche Bewegung, natürlich unter Einsatz seines Lebens, reif gemacht.

Es kamen herliche und traurige Stunden unserer Bewegung. Herliche: Die herzerfreuenden Versammlungen mit unserem lieben Dr. Goebbels. Zum ersten mal sah und hörte ich den Führer im Saalbau Friedrichshain.[14] Ein Glück, was nur wenigen beschieden war. Als ich am 1. Mai 1928 in die Partei eintrat, (ich erhielt die Mitgld.N: 88 121) war ich ein Nationalsozialist, der sich für seine Idee hätte in Stücke reißen lassen. 1929 durfte ich den unvergesslichen Reichsparteitag in Nürnberg miterleben. Ich sage unvergesslich, denn all dieser aufrichtige Jubel der die Stadt durchbrauste, als die damals auf 60 bis 70 000 geschätzte S. A. und S. S. in mustergültiger Dissiplin marschierte, kann nicht mehr vergessen werden.[15]

Ich hatte damals als Beschäftigung einen Zeitungs- und Cigarettenstand in Steglitz, den mir die Kommunisten aus Rache, in der Zeit als ich in Nürnberg war, kurz und klein schlugen. Ich war damals schon geschieden und hatte mein Einkommen, für mich und mein Kind, aus diesem Zeitungsstand. Meine Mutter war schon tod, sie ist an Krebs gestorben. Mein alter Vater vertrat mich in diesem Tagen, damit ich nach Nürnberg fahren konnte. Es war sehr schlimm für mich, als ich meinen Zeitungswagen kaputtwiederfand. Ein neuer Wagen mußte angeschafft werden und unter größten Entbehrungen habe ich es auch geschafft. Aber leid hat es mir keine Minute getan, daß ich in Nürnberg war, wo ich mein persönliches Unglück hätte verhüten können.

Es gab aber auch schlimme Zeiten für die Bewegung. Z. B. die Verbotszeit hier in Berlin.

Weil wir einen Provokateur, der angeblich ein Pfarrer sein sollte, in einer Versammlung an die frische Luft beförderten, wurde unsere Partei auf 1 Jahr verboten.[16] Aber konnten wir nun nicht öffentlich für unsere Sache arbeiten, so taten wir es um so eifriger von Mund zu Mund.

Ich weiß noch wie wir den 30ten Geburtstag unseres Dr. Goebbels im Parkrestaurant Südende feierten. Er bekam allerhand neckische Sachen. So z. B. einen Maulkorb, da ihm ja das Reden verboten war, und einen Polizei Schacko alles in Spielzeuggröße. Aber auch eine große Überraschung wurde da unserem lieben Dr. zuteil. Wir Pgs. hatten Geld gesammelt und so konnten wir unserem Dr. der damals sehr schwach bei Kasse war, seine Zeitung, den Angriff, wieder finanzieren helfen.[17] Der Angriff hatte uns über die Verbotszeit hinweg geholfen. Aus der Verbotszeit kamen wir doppelt so groß wieder zum Vorschein. Als wir dann schon 12 Abgeordnete in den Reichstag wählen konnten, glaubten wir schon sehr groß zu sein und waren schrecklich stolz. Diese 12 Abgeodnete wurden uns dann im Krieger-Vereinshaus vorgestellt, und jeder sprach ein paar Worte.

Dann kamen Sportpalast Versammlungen mit 20 000 Menschen. Das rote Berlin war in Aufruhr, denn es sah seine besten zu den Nazis laufen. Wir wuchsen und wuchsen. Mit diesem raschen Anwachsen der Bewegung hatte sich aber auch so mancheiner eingefunden, der den Nationalsozialismus nicht begriffen hatte und so schieden oft Geister aus, die schon in ziemlich vorgerückten Stellungen waren. So z. B. der Kapellmeister Hildebrand dessen Nachfolger der jetzige Kapellmeister Fusel ist.[18] Wir waren damals ganz entsetzt. Der Führer blieb ruhig. Dann folgte Otto Strasser, später Stennes der sogar einen Bruchteil der S. A. mit sich zog.[19] Wir waren darüber so traurig, daß unser geliebter Führer solche Untreue erleben mußte. Aber der Führer blieb immer standhaft und stärkte sich gewiß an der Treue, die ihm von allen anderen seiner Anhänger entgegen gebracht wurde. Unser geliebter Hitler hat schwere Zeiten durchmachen müssen. Ein Kabinett jagte das andere, eine Wahl folgte der anderen. Ein Dutzend Reichskanzler haben wir in einem Zeitraum von 15 Jahren gehabt. Wir Nazis hatten herliche Wahlerfolge. Doch dann kam einmal ein Rückgang bei der Wahl der uns fast zu Boden drückte.[20]

Wir weinten und bangten um unsern Führer. Wir hätten ihm gerne einmal die Hand gedrückt, damit er nicht verzagte. Aber es war ja garnicht nötig. Er blieb ja standhaft wie immer. Er ertrug ja alles, er verzagte ja nicht. Es ging ja um Deutschland.

Auch diese Zeit ging vorüber und die nächste Wahl brachte uns wieder vollen Erfolg. Der Vizekanzlerposten wurde ihm angeboten. Er nahm ihn nicht, und es war recht so.

Zu dieser Zeit wurde einer abtrünnig von dem wir es nicht geglaubt hätten »Gregor Strasser«.[21] Aber Hitler blieb seinem Vorsatz und seinem Volke treu. Das Volk dankt es ihm. Er wird so aufrichtig von seinem Volke aus allen Schichten verehrt und geliebt, wie kein Anderer in der Welt sich dessen rühmen kann. So kam der 30. Januar 1933.

Unser Jubel kannte keine Grenzen. Unser Hitler ist Reichskanzler. Unsere Verehrung für unsern geliebten Führer ist seitdem nur größer geworden, denn er hat als Staatsmann bewiesen, was er für ein großer Führer ist, der immer das rechte, der alles für Deutschland und sein Volk und nichts für sich tut. Möge ihn Gott uns recht lange erhalten.

Heil Hitler!

Hedwig Eggert
Zeitungshändlerin
Berlin-Steglitz
Treitschkestr. 20b[22]

1 *Hedwig Eggert*: Vgl. BArch, NSDAP-Ortsgruppenkartei, Eggert, Hedwig 17.1.1897, Film 32xx (MFok)/D0068/1004. Verweiskarte auf Taeschner, Hedwig.

2 *Grünberg i/Schs*: Die bis 1945 deutsche, heute polnische Tuchmacherstadt Zielona Góra liegt im ehemaligen Niederschlesien. In Grünberg/Zielona Góra gab es neben einer Wollmanufaktur und drei großen Tuchfabriken weitere Zweige der Textilindustrie, wie etwa Spinnereien und textilveredelnde Betriebe. Mehrere Grünberger Textilkaufleute gründeten Dependancen in Berlin. Vgl. Irmgard Hantsche, Das schlesische Tuchgewerbe im ausgehenden 18. und beginnenden 19. Jahrhundert, in: Jahrbuch der schlesischen Wilhelms-Universität zu Breslau, Berlin 1973, S. 119-139, hier S. 139.

3 *A. E. G. in der Ackerstraße*: Die 1884 gegründete »Deutsche Edisongesellschaft für angewandte Electrizität«, kurz darauf umbenannt in »Allgemeine Electrizitätsgesellschaft« (AEG), errichtete 1889 an der Berliner Ackerstraße eine Apparatefabrik. Hier wurden unter anderem Messgeräte, Telegrafen, Lampen und Kleinmotoren hergestellt. Im Jahre 1912 arbeiteten allein in der Apparatefabrik der AEG-Werke 7500 Menschen. Frauen stellten die Hälfte der Belegschaft. Hedwig Eggert wird 1917 in der dortigen Schlosserei angelernt worden sein. Das Backsteingebäude der AEG in der Ackerstraße steht heute unter Denkmalschutz. Vgl. Luisenstädtischer Bildungsverein e.V., Berlin von A-Z – Lexikon zur Stadtentwicklung, Chronik und Gegenwart, AEG Apparatefabrik, URL: http:// www.luise-berlin.de/lexikon/mitte/a/aeg_apparatefabrik.htm [online am 4. September 2015]. Vgl. Abel-Biogramm/Nr. 547/Klara Czirnik.

4 *Revolte der Sozialdemokraten*: Die Verfasserin bezieht sich auf die Novemberrevolution 1918/1919.

5 *die kommunistischen Versammlungen erzeugten in mir eine antisemitische Einstellung:* Viele Verfasserinnen halten den Kommunismus für ein »jüdisches« Gesellschaftsmodell.

Der geballte Hass antisemitischer Propaganda entzündete sich an Persönlichkeiten wie beispielsweise Rosa Luxemburg, die als Frau in der politischen Öffentlichkeit stand, Kommunistin war und aus einer jüdischen Familie stammte. Vgl. Martin Liepach, Das Wahlverhalten der jüdischen Bevölkerung in der Weimarer Republik, Tübingen 1996, S. 16.

6 *Knüppel-Kunze*: Der Berliner Lehrer und Publizist Richard Kunze (1872-1945) war 1919 als Leiter der Werbeabteilung für die Deutschnationale Volkspartei (DNVP) tätig. Seinen Beinamen »Knüppel-Kunze« erhielt er, als er auf Flugblättern für einen Gummiknüppel »Heda« warb, mit dem sich Nationalisten gegen körperliche Angriffe von Juden wehren sollten. Vgl. Jan Striesow, Die Deutschnationale Volkspartei und die Völkisch-Radikalen 1918-1922, Band I, Frankfurt a. M. 1981, S. 126.
Kunze gründete 1921 die Deutschsoziale Partei (DtSP), in Konkurrenz zur Deutschsozialistischen Partei (DSP), der unter anderem Julius Streicher angehörte. Ihr zunächst spießbürgerliches Image legte sie durch antijüdische Gewalt und antikapitalistische Parolen ab. Richard Kunze trat 1929 in die NSDAP ein. Vgl. Schuster, Die SA, S. 19.
Auch die Alten Kämpferinnen Klara Czirnik und Margarethe Schrimpff sympathisierten zeitweise mit Richard Kunze. Vgl. Abel-Biogramm/Nr. 547/Klara Czirnik sowie Abel-Biogramm/Nr. 582/Margarethe Schrimpff. Ein Weggefährte Kunzes war der spätere NSDAP-Gauleiter Ernst Schlange, den die Alte Kämpferin Hertha von Reuss erwähnt. Vgl. Abel-Biogramm/Nr. 36/Hertha von Reuss.

7 *Schwester und Schwager Petersson:* Hedwig Eggerts ältere Schwester Klara Petersson und deren Ehemann Adolf, vgl. Abel-Biogramm/Nr. 588/Klara Petersson. Dort werden wiederum Hedwig Eggert und deren Tochter Sieglinde erwähnt.

8 *Frontbann*: Nach Hitlers Putschversuch im November 1923 und dem darauffolgenden Verbot der NSDAP gründete SA-Führer Ernst Röhm im Mai 1924 den »Frontbann« als eine Art Dachorganisation, um hier verschiedene paramilitärische Freikorps zu sammeln. Darunter waren etwa der »Stahlhelm« in Berlin oder der in Ostpreußen agierende »Wehrwolf«. Nach der Neugründung der NSDAP übernahm weitgehend die SA diese Funktion. Besonders in Berlin hatte die SA einen starken Freikorps-Hintergrund, wie auch der hier erwähnte Adolf Petersson. Vgl. Schuster, Die SA, S. 31-33 sowie Sauer, Goebbels' »Rabauken«, S. 107.

9 *Dr. Goebbels nach Berlin*: Der 29-jährige Joseph Goebbels wurde am 28. Oktober 1926 NSDAP-Gauleiter von Berlin-Brandenburg.

10 *Pharusschlacht*: Gemeint ist eine Massenschlägerei während einer NSDAP-Veranstaltung in den Berliner Pharussälen am 11. Februar 1927. Die Säle im »roten« Stadtteil Wedding wurden in erster Linie von der KPD für Kundgebungen genutzt. Der neue NSDAP-Gauleiter Goebbels erklärte mit der Wahl dieses Veranstaltungsortes der KPD offen den Krieg. Auf die Provokation reagierte die Linke mit massenhafter Teilnahme, um die Veranstaltung zu sprengen. Die Saalschlacht brach bereits nach kurzem Wortwechsel aus. 83 Kommunisten wurden schwer verletzt, weitere 12 SA-Männer auf der Bühne liegend publikumswirksam verbunden. Die blutige Saalschlacht war eine von Goebbels genau kalkulierte und inszenierte Sensation. Sie machte die NSDAP schlagartig in Berlin bekannt und zog 2600 Parteieintritte nach sich. Zur SA meldeten sich umgehend weitere 500 Männer. Vgl. Reuth, Goebbels, S. 116 f., sowie Luisenstädtischer Bildungsverein e. V., Berlin von A-Z – Lexikon zur Stadtentwicklung, Chronik und Gegenwart, Pharussäle; URL: http://www.luise-berlin.de/lexikon/mitte/p/pharussaele.htm [online am 4. September 2015].
Der Begriff »Pharusschlacht« ist nicht zufällig phonetisch angelehnt an den der legendären Varusschlacht zwischen Römern und Germanen am Teutoburger Wald im Jahr 9 n. Chr.

11 *Edmund Behnke*: Der 1906 geborene Edmund Behnke starb 1930. Er galt seitdem innerhalb der NSDAP als »Blutzeuge der Bewegung«. Seine Lebensdaten finden sich heute auf mehreren rechtsradikalen Internetseiten.

12 *Deutscher Frauenorden*: Hedwig Eggerts Schwester leitete zeitweise eine DFO-Ortsgruppe.

13 *Der Wanderer*: Das von dem promovierten Germanisten Joseph Goebbels verfasste Theaterstück wurde am 6. November 1927 am Berliner Wallner-Theater uraufgeführt. Es beschäftigt sich in zehn Bildern mit der Misere der frühen 1920er Jahre. Die Figur des fremden Wanderers verleiht, stellvertretend für den Zuschauer, seiner Empörung, Anklage und Hoffnung auf Erlösung Ausdruck. Vgl. Peter Gathmann/Martina Paul, Narziss Goebbels. Eine psychohistorische Biographie, Wien/Köln/Weimar 2009, S. 294, sowie Jürgen Oppermann, Das Drama »Der Wanderer« von Joseph Goebbels. Frühformen nationalsozialistischer Literatur, Dissertation, Universität Karlsruhe 2005, S. 139.

14 *Führer im Saalbau Friedrichshain*: Hitler sprach hier am 13. Juli 1928 in einer geschlossenen Parteiversammlung, an der 4000 NSDAP-Mitglieder teilnahmen. Bruppacher, Adolf Hitler, S. 171.

15 *Parteitag 1929 in Nürnberg*: Vgl. Abel-Biogramm/Nr. 193/Emma Bierwirth, Kommentar 8 ► Tote beim Parteitag in Nürnberg. Im Umfeld des Parteitages wurde der Sohn von Susi Jost tödlich verletzt. Vgl. Abel-Biogramm/Nr. 453/Susi Jost.

16 *Verbotszeit*: Von Mai 1927 bis April 1928 verhängte die Berliner Polizeibehörde ein Verbot der NSDAP und ihrer Unterorganisationen im Gau Berlin-Brandenburg, da diese wiederholt und in zunehmendem Maße den öffentlichen Frieden störten und die öffentliche Sicherheit bedrohten. Unmittelbar vorausgegangen war die schwere Körperverletzung an dem evangelischen Pfarrer Friedrich Stucke bei einer NSDAP-Veranstaltung im Kriegervereinshaus am 4. Mai 1927. Stucke hatte Goebbels' antisemitische Tiraden mit einem Zwischenruf zu dessen ebenfalls wenig »germanischer« Erscheinung kommentiert. Daraufhin war der Geistliche von SA-Leuten krankenhausreif geschlagen worden. Gauleiter Goebbels, der zu strafbaren Handlungen aufgefordert hatte, wurden Redeauftritte untersagt. Goebbels' darauf folgende schriftliche Hasskampagne, unter anderem in seiner Zeitung *»Der Angriff«*, richtete sich nicht gegen den Polizeipräsidenten Zörgiebel, sondern gegen den jüdischen Polizeivizepräsidenten Bernhard Weiß. Die Partei umging das Verbot unter anderem durch das uniforme Tragen weißer Oberhemden, geschlossene Veranstaltungen, Versammlungen außerhalb Berlins oder Gründung fingierter Vereine. Vgl. Reuth, Goebbels, S. 120; Schuster, Die SA, S. 218; Sauer, Goebbels' »Rabauken«, S. 116; Evans, Aufstieg, S. 296. Der Fall Stucke wird auch erwähnt in Abel-Biogramm/Nr. 547/Klara Czirnik und Abel-Biogramm/Nr. 588/Klara Petersson.

17 *Geburtstag*: Im Tagebuch Goebbels' findet sich dies durch den Eintrag vom 30. Oktober 1927 bestätigt: »Auf der Geschäftsstelle ein Blumengarten. Kuchen und Geschenke, ein Maulkorb, Gedichte, Geld, Geld, gute Wünsche, den ganzen Tag, ich bin ganz glücklich über all die Liebe. [...] Und dann zum Festabend. Fülle, Fülle, Fülle. Alle drücken mir die Hand. Die braven, braven Jungens! Und die tapferen Frauen! Blumen, Blumen! Ein ganzer Garten! [...]«, in: Fröhling, Tagebücher Goebbels, München 2005, S. 285.
Angriff: Vgl. Kommentar zu Abel-Biogramm/Nr. 291/H. Huhn, Kommentar 9 ► Angriff (Zeitung).

18 *Kapellmeister Hildebrand*: Gemeint ist der Reichsmusikleiter der NSDAP Wilhelm Hillebrand, dem von Sommer 1927 bis Herbst 1928 die SA-Musik- und -Spielmannszüge unterstanden. Schon im Frühjahr 1928 war es zu Missklängen zwischen Hillebrand und Goebbels gekommen. Dieser kritisierte im Tagebucheintrag vom 31. Mai 1928: »Viel Tratsch in der SA. Hauptmann Stennes greift zuwenig durch. Hillebrandt [!] der größenwahnsinnig gewordene ›Reichsmusikmeister‹ fühlt sich wie ein kleiner Herrgott.«, Fröhling, Tagebücher Goebbels, München 2005, S. 378.

Hillebrand trat im Oktober 1928 aus der NSDAP aus. Er engagierte sich anschließend in der Reichsmusiklehrabteilung der deutschvölkischen Freiheitsbewegung und verfasste 1929 eine Abrechnung mit der Berliner NSDAP und der NS-Ideologie unter den Titel »Herunter mit der Maske! – Erlebnisse hinter den Kulissen der NSDAP«. Vgl. Schuster, Die SA, S. 166, mit Bezug auf: Wilhelm Hillebrand, »Herunter mit der Maske! Erlebnisse hinter den Kulissen der NSDAP«, O. o. (im Selbstverlag) 1929.

19 *Otto Strasser, später Stennes*: Die Verfasserin spielt hier auf die ideologischen Flügelkämpfe innerhalb der NSDAP in den Jahren 1930/31 an. Sowohl der Verleger Otto Strasser (1896-1974), Bruder des Reichsorganisationsleiters Gregor Strasser, als auch der Oberste SA-Führer in Berlin-Brandenburg, Walter Stennes (1895-1989), gehörten dem »sozialistisch« orientieren linken Flügel der NSDAP an. Untereinander gab es jedoch inhaltliche und strategische Differenzen. Strasser trat 1930 aus der NSDAP aus. Stennes verfolgte die Durchsetzung eines tendenziell sozialrevolutionären Nationalsozialismus durch SA-Gewalt, während Hitler jetzt eine Regierungsübernahme auf parlamentarischem Weg beabsichtigte. Es kam 1930/31 zu zwei fehlgeschlagenen »Stennes-Revolten«. Stennes wanderte 1933 nach China aus. Vgl. Schuster, Die SA, S. 128.

20 *Rückgang bei der Wahl*: Bei der Reichstagswahl vom 6. November 1932 erfuhr die NSDAP einen Stimmenrückgang von mehr als 4%.

21 *Gregor Strasser*: Vgl. Abel-Biogramm/Nr. 130/Margarete Beckel, Kommentar 5 ► Strasser. Reichsorganisationsleiter Gregor Strasser wurde im Zuge des »Röhm-Putsches« am 30. Juni 1934 von einem SS-Kommando ermordet. Hedwig Eggert schrieb ihr Biogramm etwa vier Wochen nach Strassers Tod. Sie erwähnt Strassers Ermordung jedoch nicht.

22 *Treitschkestraße 20b*: In den Berliner Adressbüchern der Jahre 1933-1935 ist Hedwig Eggert nicht unter der Anschrift Treitschkestraße 20b in Steglitz gemeldet. Vgl. Zentral- und Landesbibliothek Berlin, Berliner Adressbücher, Jahrgang 1934; URL: http://adressbuch.zlb.de/viewAdressbuch.php?CatalogName=adre2007&ImgId=318785&intImgCount=3&CatalogCategory =adress&Counter=&CatalogLayer=6 [online am 11. Januar 2014].

Erika Ullmann

Abel-Biogramm/Nr. 532/Erika Ullmann
Fünf Seiten, handschriftlich (deutsche Schrift), undatiert.
Die Identität der Verfasserin ist authentisch.[1]

Name:	Erika Ullmann
Geburtsdatum:	21. September 1901
Geburtsort:	Brielow an der Havel
Alter:	33 Jahre
Familienstand:	ledig
Wohnort:	Berlin-Lichterfelde
Elternhaus:	Vater Pastor, Mutter wird nicht erwähnt, ein älterer Bruder, eine jüngere Schwester, drei Pflegebrüder
Ausbildung:	Lyzeum, Pensionat, Krankenpflegeausbildung
Beruf:	Examinierte Krankenschwester
NSDAP-Beitritt:	5. November 1926 (NSDAP-Zentralkartei)
Mitgliedsnummer:	55348
Werber:	Bruder
Funktionen:	Mitglied

Charakteristische Aspekte des Biogramms:
Erika Ullmann und ihr Bruder gehörten in den Jahren 1927/28 zum engeren Kreis um den damaligen Gauleiter von Berlin-Brandenburg, Goebbels. In seinem Tagebuch notiert er am 23. Mai 1928 eine abendliche Autoausfahrt, an der »Schwester Erika Ullmann« und drei weitere Bekannte teilnahmen.[2] Dieses Erlebnis erwähnt die Verfasserin jedoch nicht.

Lebenslauf von Pgn. Erika Ullmann.
Schwester im Stubenrauch-Krankenhaus-Lichterfelde[3]

U. d. Eichen 44/46

Am 21. 9. 1901 wurde ich als zweites Kind eines Pfarrers in einem Dorf »Brielow« bei Brandenburg an der Havel geboren.[4] Ich verbrachte dann meine Kindheit in einem anderen märkischen Dorf im Kreise meiner 2 Geschwister und 3 Pflegebrüder in ungebundener Freiheit. Ich war bald behänder, wilder u. flinker als meine 4 Brüder u. es wurde nur »Soldaten« oder »Räuber und Gendarm« u. s. w. gespielt.

Als dann der Krieg kam ging meine Seele begeistert mit. Aus der dörflichen Einsamkeit kam ich dann 1913-16 nach Eberswalde u. Helmstedt in Pension u. dann absolvierte ich das Lyzeum in Brandenburg 1918. Ich stamme aus einem sehr national gesonnenem Hause u. haben wir alle die Entbehrungen des Krieges, den Hunger u. s. w. gern und willig auf uns genommen u. erwarteten alle fest doch den entgültigen Sieg unseres unglaublich tapferen Heeres. Meine 4 Brüder standen sämtlich an der Front, mein rechter Bruder bei der Mariene.

So schlug denn die Revolution vernichtend auf uns ein. Ich selbst mit meinen 17 Jahren bäumte mich innerlich gegen diesen Verrat auf, ging dann politisch interessiert in die Versammlungen sämtlicher Parteien. Von der S. P. D. bis zu Deutsch-Nationalen. Als Pastors Kind konnte ich in den links Parteien manche Spitze als »Pfaffentochter« einstecken. Alles schien außer Rand und Band. Selbst auf unserem Dorf wurde das oberste zu unters gekehrt. Ich kam bald wieder in die Stadt lernte Weißnähen u. s. w. – Politisch konnte ich mich zu nichts entscheiden. Eine Linkspartei kam nicht in Frage und die Deutschnationalen konnten mich auch nicht befriedigen, weil ich mich von je her gegen ihren Standesdünkel u. ihre so wenig soziale Gesinnung auflehnte.

Mein Bruder trat dann bereits 1920 in die Brigade Ehrhardt ein u. zog mit dieser beim Kapp-Putsch in Berlin ein.[5] Mein Herz war natürlich ganz dabei. Ich selbst erlebte den Kapp-Putsch in Brandenburg a/Havel u. hörte dort zum ersten mal die Kugeln pfeifen u. direkt vor meinen Augen wurden 5 Arbeiter erschossen. Wir erhofften die Freiheit von der roten Knechtschaft wurden aber bitter enttäuscht. Dann kamen 1922-23 die ersten Nachrichten aus München von einer nationalen Gesundung u. der Name »Hitler« trat zum 1x in mein Bewußtsein. Wir lasen damals bereits den Völkischen Beobachter[6] u. verkündeten: Diktatur: Hitler – Ludendorff![7]

Aber auch diese Freude dauerte nur 24 Std. und schon schien alles wieder verlohren. Aber der Prozeß vor dem Volksgericht hat mir erst die Größe Hitlers ganz offenbart. So war es keine Hoffnungslosigkeit, die uns ergriff. Die Zeitungen wurden verschlungen. Wie erbärmlich standen in diesen die Ankläger »Kahr, Lossow u. Seißer« da.[8] Und wie groß und überragend die Angeklagten, vor allem Adolf Hitler! Seine Schlußansprache riß uns alle hoch u. ließ uns weiter an ihn glauben. Das Jahr 1924, Hitlers Festungsjahr, ging auch für mich bedeutungslos dahin. Im Jahre 1925 wurde ich dann in Berlin-Lichterfelde Krankenschwester.

Bei der Reichspräsidenten Wahl wählte ich damals nun von den Nationalsoz. aufgestellt: Ludendorff.[9]

Durch den Schwestern Beruf kam ich dann ein wenig von der Politik ab. Mein Bruder war bereits Mitgl. der Partei u. studierte in Berlin.[10] Eines Tages im Herbst 1926 sagte er zu mir: Du, morgen Abend spricht ein Dr. Goebbels aus dem Ruhrgebiet er soll fabelhaft reden, kannst du nicht kommen? Und ich kam u. diese Versammlung wurde entscheidend für mein ganzes Leben![11]

Ich hörte ihm gebannt vom ersten Augenblick an zu u. trat am 5.11.26. der Partei bei.

Wir waren damals vielleicht ein halb 1000 Mitgl. in ganz Berlin u. doch war ich von dem Sieg unserer Bewegung genauso felsenfest durchdrungen wie später, als die Bewegung nach Millionen zählte. Diesen Glauben uns immer wieder zu stärken das verstand unser Doktor!!

Trotzdem ich beruflich im Examensjahr stand, versäumte ich fast keine Versammlung, wo sie auch in Berlin stattfinden mochte u. mußte auch manches liebe mal heimlich davon schleichen –

So machte ich im Februar 27 auch die erste große Saalschlacht in Berlin, die Schlacht in den Pharussälen mit u. wurde dann als Schwester mit zu den ersten Hilfeleistungen unser Schwerverletzten herangezogen, sie lagen oben auf der Bühne u. der Dr. sprach dann weiter, wie ich ihn noch nie gehört.[12] Immer mehr wuchs man in den Geist der Bewegung hinein. – Ein ganz, ganz großer Tag war dann der 1. Mai, wo ich den Führer zum 1x selbst hörte.

Er sprach im Clou.[13] – Kurz danach wurde dann die Partei in Berlin verboten.[14] Ich selbst hatte in der Verbotszeit grad Nachtwache im Krankenhaus. Was nun? Verboten! Wo sich hinwenden? – Direkt an den Doktor. – Er schrieb auch umgehend wieder u. schon war die Verbindung wieder hergestellt u. die Hingabe u. Liebe zur Partei durch das Verbot nur leidenschaftlicher u. der Haß gegen das System, daß sich für uns im Vizepolizeipräsidenten »Isidor Weiß« verkörperte umso konsequenter.[15] –

Es fanden sich dann bald Auswege. Unsere Ortsgruppen wurden außerhalb Berlins verlegt. Hatte ich bisher der Ortsgruppe Steglitz angehört bekam die Mitgliedskarte, ich hatte übrigens die Mitgliedsnr. 55348 erhalten, den Aufdruck »Ortsgruppe Teltow.«

So fuhren wir denn zu den Versammlungen nach Teltow. Die S.A. natürlich getarnt. Wie glücklich war man, sah man schon in der Elektrischen auf dem Wege dorthin unter den Windjacken oder Joppen verborgen ein Stücklein vom Braunhemd. In Teltow sprach dann auch der Doktor weiß.[16]

In der Verbotszeit wurde dann auch der Angriff gegründet. – Zum Parteitag 1927 durfte ich natürlich auch nicht fehlen. Es war ein unglaublich großes Erlebnis für mich. In Berlin verfolgt, verhasst u. dort umjubelt mit Blumen überschüttet! Und *35000* Braunhemden, daß es so viel überhaupt gab! – Und der Kongreß! Den Führer zum 2x in seiner großen Rede gehört.[17] – 1928 dann Aufhebung des Verbots. – Alle Zeit, die mir der nicht leichte Beruf übrig ließ, gehörte nach wie vor der Bewegung. Herrlich war die Schule für Politik, die ich regelmäßig besuchte u. die der Dr. in seiner Redeverbotszeit, die er ja häufig hatte, gründete.[18] Alle Gebiete der Politik u. des öffentl. Lebens wurden behandelt – nur erste Redner: Goebbels, Göring, Frick, Epp, Willikens usw.[19]

Und so machte ich laufend alle Höhepunkte in der Berliner Bewegung mit.

Den Märkertag[20] mit ersten Einzug in den Sportpalast, Adolf Hitler zum IX im Sportpalast, vorher noch IX vor Mitgliedern in Friedrichshain, dann eben die meisten der großen Sportpalast Veranstaltungen usw. Innerhalb des Krankenhauses hatte ich allmäHrsg. unter den Schwestern eine feste Gruppe Parteimitgl. geworben. Gelegentliche Schikanen der Behörden haben uns nie Kopfzerbrechen gemacht, noch 1932 wollte man mich wegen politischer Betätigung aus dem Beruf u. Brot bringen, wie ich später erfuhr. –

Auch in der Reichsbewegung habe ich die großen Höhepunkte miterlebt. 1931 den großen S.A. Aufmarsch in Braunschweig – 1932 den Reichsjugendtag Potsdam, dann 1933 den Parteitag Nürnberg.

So bin ich durch all das gewaltige Erleben in der Bewegung, den Einfluß der ganz Großen der Partei in Sonderheit der überragenden Persönlichkeit des Führers zu einer leidenschaftlichen, kompromißlosen Nationalsozialistin geworden, die genauso konsequent sozialistisch ist wie national.

So ist mir der Nationalsozialismus, verkörpert im Führer, Herzenssache, ja Lebensinhalt und aus meinem Werden und Leben nie und niemals mehr fortzudenken, drum in bösen und guten Tagen wird meine Leidenschaft gehören:

Deutschland!

1 *Erika Ullmann*: Vgl. BArch NSDAP-Zentralkartei, Ullmann, Erika 21.9.1901, Film 31XX/S0046/1570 (mit Foto).

2 An der Autofahrt mit Goebbels nahmen neben Erika Ullmann auch Ilse Bettge und Ingeborg Weißermel teil. Eine weitere Person bezeichnet Goebbels als »Rittmeister«. Vgl. Fröhlich (Hrsg.), Tagebücher Goebbels, Eintrag vom 23. Mai 1928, S. 374.

3 *Stubenrauch-Krankenhaus*: Das Krankenhaus wurde im Jahr 1900 in Berlin-Lichterfelde, Unter den Eichen 44/46 eröffnet. Fortschrittlich war die Pavillonbauweise in einem parkähnlichen Gelände. Mehrere medizinische Fachinstitute waren angeschlossen. 1904 wurde das moderne Schwesternhaus eingeweiht. Das Krankenhaus erhielt 1913 den Namen des sozialpolitisch engagierten Teltower Landrates Ernst von Stubenrauch. In den Kriegsjahren 1941-1945 diente die Anstalt als SS-Lazarett mit 560 Betten. Vgl. Bundesamt für Materialforschung und –prüfung, BAM über uns, URL: http://www.bam.de/de/ueber_uns/geschichte/geschichte_fb.htm [online am 4. September 2015]. Erika Ullmann ist im Adressbuch der Stadt Berlin von 1934 namentlich nicht erwähnt, wohl aber das »Mutterhaus der Krankenschwestern des Kreises Teltow«. Vgl. Zentral- und Landesbibliothek Berlin/Berliner Adressbücher/1934/S. 1541, URL: http://adressbuch.zlb.de/viewAdressbuch.php? CatalogName=adre2007&ImgId =322173&intImgCount=5&CatalogCategory=adress&Counter=&CatalogLayer=6 [online am 2. Juli 2014].

4 *Dorf »Brielow«*: Brielow gehört heute zur Gemeinde Breetzsee, nördlich von Brandenburg an der Havel.

5 *Brigade Ehrhardt/Kapp-Putsch*: Das Freikorps »Marinebrigade Ehrhardt« formierte sich aus ehemaligen Marineangehörigen. Es hatte in rechten Kreisen den Nimbus einer Eliteformation. Die etwa 5000 Mitglieder trugen Uniform und ab 1920 als Zeichen

ihrer völkischen Gesinnung ein Hakenkreuz am Helm. Von der Organisation ging ein hohes Gewaltpotenzial aus: Sie verfügte über Schusswaffen und Handgranaten bis hin zu fahrbaren Geschützen. Ihr Standort war 1920 der Truppenübungsplatz Döberitz im Havelland. Als im März 1920 rechtsgerichtete ehemalige Militärs versuchten, die Regierung in Berlin durch einen Putsch zu stürzen, besetzte die Brigade Ehrhardt dazu das Regierungsviertel. Der Deutschnationale Wolfgang Kapp war als Reichskanzler vorgesehen. In den Tagen des Putschversuchs kam es in zahlreichen deutschen Städten zu blutigen Auseinandersetzungen mit linken Arbeiterorganisationen. Vgl. Schildt, Republik von Weimar, S. 54 f., sowie Bundesarchiv Bild 183-H25109, Kapp-Putsch Brigade Ehrhardt, Berlin, URL: http://commons.wikimedia.org/wiki/File:Bundesarchiv_Bild_183-H25109,_Kapp-Putsch,_Brigade_Erhardt,_Berlin.jpg, sowie Bundesarchiv Bild 183-R16976, Kapp-Putsch, Berlin, URL: http://de.m.wikipedia.org/wiki/Datei:Bundesarchiv_Bild_183-R16976,_Kapp-Putsch,_Berlin.jpg [online am 4. September 2015].

6 *Völkischer Beobachter*: Das Parteiorgan der NSDAP erschien seit Dezember 1920 zunächst zweimal wöchentlich, ab Frühjahr 1923 als Tageszeitung.

7 *»Diktatur: Hitler-Ludendorff!«*: Der prominente Weltkriegsgeneral Erich Ludendorff (1865-1937) galt zu Beginn der 1920er Jahre als einflussreichste Figur der extremen Rechten in Deutschland. Der Putsch im November 1923 sollte Ludendorff zum militärischen, Hitler zum politischen Führer Deutschlands machen. Hitler schwebte kurzzeitig eine Diktatur mit der Doppelspitze Hitler-Ludendorff vor. Ludendorff stand 1924 neben Hitler als Angeklagter vor Gericht, entsprechend war in der Öffentlichkeit auch vom »Hitler-Ludendorff-Putsch« die Rede. Durch den vielbeachteten Prozess erlangte Hitler selbst so viel Popularität im rechten Lager, dass er nicht mehr auf die Prominenz Ludendorffs angewiesen war. Es kam zum Zerwürfnis. Vgl. Evans, S. 283, sowie Weiß, Biographisches Lexikon, S. 307. Zu der seit 1919 gestellten Forderung der radikalen Rechten nach Diktatur vgl. Schildt, Republik von Weimar, S. 54 f.

8 *Ankläger »Kahr, Lossow u. Seißer«*: In den Wochen vor dem Hitlerputsch hatte dieses Triumvirat die wichtigsten Ämter in Bayern inne: Als Generalstaatskommissar in Bayern verfügte Gustav Ritter von Kahr hier kurzzeitig über diktatorische Vollmachten. Dabei konnte er sich auf den bayerischen Landeskommandeur der Reichswehr, Otto von Lossow, und den Kommandeur der bayerischen Landespolizei, Hans von Seißer, stützen. Kahr, Lossow und Seißer waren einer nationalen Diktatur, sprich einem bayerischen Putsch gegen die Regierung in Berlin, nicht abgeneigt. Hitler versuchte sie in sein Putschvorhaben einzubeziehen. In einer provisorischen Reichregierung mit der Doppelspitze Hitler-Ludendorff war Kahr als Reichverweser in Bayern vorgesehen, Lossow als
Reichswehrminister und Seißer als Polizeiminister. Alle drei widerriefen ihr am Abend des 8. November 1923 im Bürgerbräukeller gegebenes Einverständnis jedoch. Im nachfolgenden Prozess gaben sie Hitler die alleinige Schuld am Hochverrat, die dieser gern annahm und die Honoratioren seinerseits als Verräter darstellte. Vgl. Schildt, Republik von Weimar, S. 75.

9 *von den Nationalsoz. aufgestellt: Ludendorff*: Bei den Reichstagswahlen im Dezember 1924 trat Erich Ludendorff für die Nationalsozialistische Freiheitsbewegung (NSFB) an. Dies war ein Zusammenschluss der Deutschnationalen Freiheitspartei, der Ludendorff angehörte, und der nach dem Putsch verbotenen NSDAP. Hitler befand sich während des Wahlkampfs noch in Haft.

10 *Mein Bruder*: Der Bruder Erika Ullmanns und dessen Kommilitone Werner Studentkowski begleiteten Joseph Goebbels auf einer Reise nach Leipzig im Sommer 1927. Auf der Rückfahrt machten sie bei der Pfarrersfamilie Ullmann Halt. In seinem Tagebuch notiert Goebbels: »Ab nach Leipzig. Eine herrliche Fahrt. Studentkowski

und sein Freund [...] sind liebe Begleiter. [...] Einkehr in einem kleinen Kaff bei Ullmanns Eltern. Vater Pastor. Welch ein Friede. Die Leute kennen mich alle schon. Bin gleich zu Hause!«. Vgl. Fröhlich, Tagebücher Goebbels, Eintrag vom 26. Juni 1927, S. 237 f.

Werner Studentkowski (1903-1951), der Freund Alexander Ullmanns, war seit Mai 1925 NSDAP-Mitglied (Mitgliedsnummer: 3815). Goebbels übertrug ihm 1927 die »Organisation und Propaganda in der Mark Brandenburg« und nutzte das Redetalent des jungen Mannes: Im Jahr 1928 sprach Studentkowski auf 197 Veranstaltungen. Tyrell, Führer befiehl ..., S. 379.

11 *Diese Versammlung*: Goebbels hielt am Sonntag, den 10. Oktober 1926 eine Kundgebung in Berlin »mit allem Trara«, wie er in seinem Tagebuch notiert. Er erwähnt dort einen anschließenden »Vorbeimarsch am Brandenburger Tor« und einen Auftritt in der Halle Luftschiffhafen. Dieser »Erste Märkertag« wird die Veranstaltung gewesen sein, an der Erika Ullmann und ihr Bruder teilnahmen. Goebbels hatte sich zu diesem Zeitpunkt bereits entschieden, zum 28. Oktober 1926 die Funktion des Gauleiters von Berlin-Bandenburg zu übernehmen, äußerte sich dazu jedoch noch nicht öffentlich. Daher nennt Erika Ullmann ihn hier noch den Mann »aus dem Ruhrgebiet«. Vgl. Fröhlich, Tagebücher Goebbels, Eintrag vom 22. August 1926, S. 258 f., sowie Reuth, Goebbels, S. 105.

12 *Schlacht in den Pharussälen*: Abel-Biogramm/Nr. 459/Hedwig Eggert, Kommentar 10 ► Pharusschlacht.

13 *Er sprach im Clou*: Vgl. Abel-Biogramm/Nr. 36/Hertha von Reuss, Kommentar 6 ► Clou. Die Veranstaltung wird auch erwähnt in Abel-Biogramm/Nr. 588/Klara Petersson.

14 *Partei in Berlin verboten*: Vgl. Abel-Biogramm/Nr. 459/Hedwig Eggert, Kommentar 16 ► Verbotszeit.

15 *Isidor Weiß*: Gemeint ist Bernhard Weiß (1880-1951), der damalige Polizeivizepräsident Berlins. Als Mitverantwortlicher für das NSDAP-Verbot vom Mai 1927, als Jude, Demokrat und Akademiker gab er in mehrfacher Hinsicht ein Feindbild für Goebbels ab. In der Wochenzeitung *Der Angriff* veröffentlichte Goebbels Leitartikel sowie zahlreiche Karikaturen, die Weiß diffamierten, unter anderem durch den antisemitischen Schmähnamen »Isidor«. Vgl. Abel-Biogramm/Nr. 459/Hedwig Eggert, Kommentar 16 ► Verbotszeit.

16 *In Teltow sprach [...] der Doktor weiß*: Gemeint ist ein Auftritt Goebbels' im weißen Oberhemd, auf Grund des Partei- und damit verbundenen Uniformverbots.

17 *Rede*: Am Wochenende vom 19. bis 21. August 1927 fand der Reichsparteitag der NSDAP erstmals in Nürnberg statt. Aus Berlin fuhr ein Sonderzug dorthin. Der zweitägige sogenannte Kongress gehörte zum Programm des Parteitages. In diesem Rahmen sprach auch Hitler. Vgl. Fröhlich, Tagebücher Goebbels, Eintrag vom 22. August 1926, S. 258 f.

18 *Schule für Politik*: Mit dieser Veranstaltungsreihe schuf Goebbels sich eine Möglichkeit, das gegen ihn verhängte öffentliche Redeverbot zu umgehen. Das Eröffnungsreferat hielt er selbst am 5. Oktober 1927 zum Thema »Was ist Politik?«. In seinem Tagebuch verzeichnete Goebbels 300 Teilnehmer. In vierzehntägigem Rhythmus folgten weitere Vorträge wie »Grundlagen des Staates« oder »Wesen und Ziele deutscher Außenpolitik«. Vgl. Fröhlich, Tagebücher Goebbels, Einträge vom 5., 17. und 30. Oktober 1927, S. 277 ff. Als Gastreferenten sprachen Parteigrößen wie Reventlow und Frick. Die Vorankündigungen erfolgten im *Angriff*. Auch nach der Redeverbotszeit wurde die Reihe fortgesetzt. Vgl. Reuth, Goebbels, S. 131.

19 *Frick*: Der spätere Reichsinnenminister Wilhelm Frick (1877-1946) vertrat die NSDAP ab 1925 im Reichstag. Er gründete 1930 einen Lehrstuhl für Rasseforschung an der

Universität Jena und erarbeitete einen Teil der »Nürnberger Rassegesetze«. Vgl. Weiß, Biographisches Lexikon, S. 133 f.

Epp: Vgl. Abel-Biogramm/Nr. 36/Hertha von Reuss, Kommentar 3 ► Gen. von Epp.

Willikens: Der Landwirt Werner Willikens (1893-1961) vertrat die NSDAP ab Mai 1928 im Reichstag und fungierte als agrarpolitischer Sprecher der NSDAP-Fraktion. Vgl. Bureau des Reichstages (Hrsg.), Reichtags-Handbuch. IV. Wahlperiode 1928, Berlin 1928, S. 267.

20 *Märkertag*: Erika Ullmann nennt hier den »Dritten Märkertag« als erste Massenveranstaltung der NSDAP in Berlin am 29. und 30. September 1928. Von Teltow aus marschierten mehrere tausend SA-Männer in paramilitärischer Formation zum Berliner Sportpalast, wo Joseph Goebbels sprach. In der überfüllten Halle drängten sich 15.000 Menschen. Im Vorfeld war es zu Zusammenstößen mit Kommunisten gekommen. Vgl. Bruppacher, Adolf Hitler, S. 173. Diese Veranstaltung wird auch erwähnt in Abel-Biogramm/Nr. 588/Klara Petersson.

Der »Dritte Märkertag« richtete sich gegen den Dawes-Plan und den als »Erfüllungspolitik« diffamierten Umgang der Weimarer Regierung mit dem Versailler Vertrag. Der Sportpalast bot kurz darauf, am 16. November 1928, auch Adolf Hitler die Bühne für seine erste Massenkundgebung in der Metropole Berlin. Erika Ullmann war hier eine von etwa 18.000 Zuhörerinnen. Vgl. Sauer, Goebbels' »Rabauken«, S. 120.

Klara Czirnik

Abel-Biogramm/Nr. 547/Klara Czirnik
Fünf Seiten, handschriftlich (deutsche Schrift), undatiert
Die Identität der Verfasserin ist authentisch.[1]

Name:	Klara Czirnik, geb. Römhildt
Geburtsdatum:	28. Oktober 1883
Geburtsort:	Berlin
Alter:	50 Jahre
Familienstand:	verheiratet
Wohnort:	Berlin, Ackerstraße 113
Elternhaus:	Vater Kupferschmied
Ausbildung:	Volksschule, Kindergärtnerin, Wäschezuschneiderin
Beruf:	Büroangestellte
NSDAP-Beitritt:	20. Mai 1925 (NSDAP-Zentralkartei)
Mitgliedsnummer:	5653
Werber:	Eigeninitiative
Funktionen:	Mitglied, Leiterin einer lokalen NS-Frauenschaft, Zellen-Obmann

Charakteristische Aspekte des Biogramms:
Klara Czirnik trat bereits im Mai 1925 – noch vor ihrem Ehemann – in die NSDAP ein. Sie ist das früheste Parteimitglied unter den Verfasserinnen. Bereits seit 1920 war sie aktives, häufig wechselndes Mitglied verschiedener nationalistischer und völkischer Organisationen und Parteien.

Lebenslauf.

Ich bin am 28.10.1883 als Tochter des Kupferschmiedes Wilhelm Römhildt zu Berlin geb. und besuchte bis zu meinem 14. Lebensjahre die Gemeindeschule. 1897 wurde ich konfirmiert.

Dann wurde ich Kindergärtnerin und später lernte ich Wäschezuschneiden und war in verschiedenen Wäschefabriken als Maßzuschneiderin u. Abnehmerin tätig.

Dann kam der Krieg und ich war gezwungen, da die Wäschebranche immer mehr zurück ging u. ich von Kriegsbeginn an auf halbes Gehalt gesetzt worden war, davon aber meine Mutter u. ich nicht leben konnten, (meinen Vater hatte ich schon in meinem 7. Lebensjahr verloren) meinen Unterhalt in einer Munitionsfabrik in Spandau zu erwerben.

Dann verheiratete ich mich und wurde mit dem Rb. Ass. Fritz Czirnik kriegsgetraut.[2] Mein Mann geriet im Mai 1918 in engl. Gefangenschaft, aus der er im Herbst 1919 entlassen wurde.

Bei Ausbruch der Revolution war [ich] in einem Büro der A. E. G. tätig.[3] Es war ein fürchterlicher Augenblick, den ich Zeit meines Lebens nicht vergessen werde, als ein vierschrötiger Mensch in Matrosenkleidung, begleitet von 2 Arbeitern, das Büro betrat und die »Soldaten und Räterepublik« ausrief und uns aufforderte, mit der Arbeit aufzuhören und die Fabrik zu verlassen. Die Arbeiter im Betrieb hatten dies bereits getan. Auch war schon ein Zug aus der Maschinenfabrik von Schwartzkopf die Ackerstraße entlang gekommen. Wir waren im Büro aber alle der Meinung, daß es sich um einen Streik handelte. Auf der Straße bildeten Arbeiter eine Kette u. veranlaßten uns, nach dem Humboldthain zu gehen, von wo aus ein Demonstrationszug gebildet werden sollte.[4]

Schon bei dieser Zumutung sträubte sich alles in mir dagegen und es gelang mir, durch die Kette zu schlüpfen und so brauchte ich diesen Zug nicht mitzumachen.

Später einmal nahm ich, um mich mal zu informieren, an einer Versammlung im Hain teil, das ganze Getriebe, die Redner standen auf Stehleitern und kreischten ihre Hetzreden in die Menge u. s. w. ekelte mich an und nie wieder bin ich, trotz wiederholter Aufforderungen in eine solche Versammlung gegangen.

In den ersten Tagen nach der Revolution war mir zumute, als lebte ich auf einem andern Stern. Denn wenn ich politisch auch ein ganz unerfahrener Mensch war, so war es mir doch schrecklich, alles, was ich bis dahin für festgegründet hielt, zertrümmert zu sehen und all die ungeheuren Opfer, die unsere Soldaten draußen und die Leiden und Entbehrungen, die die Menschen in der Heimat für das Vaterland gebracht hatten nun umsonst geleistet worden waren, denn daß das Neue uns nichts Gutes bringen konnte ahnte ich instinktiv.

Alles in mir bäumte sich gegen diesen Zwang auf, und damals schon, zwar noch ohne daß ich mir darüber klar war, meinte ich, daß alles nicht so bleiben könnte, wie es nun gekommen war und wir unser altes Reich, welches ich noch für vollkommen hielt, wieder bekommen müßten.

Wie und mit welchen Mitteln, davon konnte ich mir allerdings keine Vorstellung machen. Ich glaubte es nur. Mein Mann war 1918 in engl. Gefangenschaft geraten u. kam im Sept. 1919 zurück. Im Jahre 1920 lernten wir einen Studenten kennen, der uns empfahl, die Deutsche Zeitung zu lesen und uns auch einlud, einmal zu Wulle, der damals bei der D. N. V. P. war und den Herold gründete, mitzukommen.[5] Ich trat dann auch in den Herold ein, und damit begann ich, mich um Politik zu kümmern, denn hatten wir Frauen nun schon einmal das Wahlrecht so mußten wir uns doch bemühen, Verständnis dafür zu bekommen.[6]

Dann kam eine Wahl und ich mußte mit einem umgehängten Werbeplakat für die D. N. V. P. vor einem Wahllokal stehen, später löste mich ein kleiner Junge ab.

Es war mir, als stand ich am Pranger, so etwas war ich doch nicht gewöhnt, aber ich habe krampfhaft das peinliche Gefühl immer wieder zurückgedrängt. Angepöbelt wurde man auch und abends beim auszählen der Stimmen hatte die Partei ganze 7 u. dafür hatte man den ganzen Tag gestanden und sich beim Zählen »Verein der Betschwestern« nennen lassen.

Daß ich später dagegen immun geworden bin versteht sich, denn als Nationalsozialistin mußte man sich an manches gewöhnen und habe ich noch oft über meine damalige Tätigkeit gelacht.

Später lernten wir Richard Kunze kennen, der die D. S. P. gegründet hatte und wurde mein Mann Mitgl. derselben.[7] Inzwischen hatten sich auch Wulle, Graefe, Henning[8] von der D. N. V. P. getrennt und die D. V. Freiheitspartei gegründet, und da sich die Verhältnisse immer mehr zuspitzten und in der Freiheitspartei ein größerer Kampfgeist herrschte, traten wir aus der D. S. P. aus und zur D. V. F. über. Außerdem waren wir im Schutz und Trutzbund und als dieser verboten wurde im Bund für Deutsche Weltanschauung, den Jürgen von Ramin führte.[9]

Dies war so mein politischer Werdegang.

In der D. V. F. P. betätigte ich mich, indem ich Beiträge kassierte u. s. w. Auch mußten wir weibl. Mitgl. bei den Wahlen mit Flugblätter verteilen helfen u. im Lokal abends beim Zählen dabei sein. Aber nun kannte ich kein »Peinlichsein« mehr.

Nachdem unser Führer im Feb. 25 die N. S. D. A. P. neu aufgezogen hatte traten fast alle Mgl. der D. V. F. P. Ortsgruppe Stett. Bhnf. zur N. S. D. A. P. über und erhielt ich die Mitgl. Nr. 5653.

Wir hatten erkannt, daß nur Adolf Hitler imstande war, den Arbeiter, den wir ja auch brauchten, um wieder ein einiges Volk zu werden, von dem roten Wahn zu befreien. Und so habe ich das, was ich bei Ausbruch der Revolution nur dumpf empfand und hoffte u. wünschte u. mir gelobt hatte, wahr machen können und zu meinem kleinen Teil unter der Führung unseres Adolf Hitler helfen können, das die Herrschaft der roten Front, die ich hier im Norden Berlins in der Ackerstr. besonders anschaulich erlebte, gebrochen werden konnte.

Besonders von 1926 an, als der Führer uns unseren Dr. Goebbels schickte, ging es mit frischem Mut an die Arbeit, denn nun merkten wir, daß es vorwärts ging.

Wenn es auch allerlei kleine Zwischenfälle gab, z.B. landete ich nach der bewußten Stuckeversammlung[10] auf dem »Alex«[11] wo ich auf die bekannte »anständige« Weise behandelt wurde u. zur Gewöhnung an den lieblichen Ort bis zum anderen Nachmittag behalten wurde. Außerdem wurde ich zu 15 Mk. Geldstrafe verurteilt weil ich den Anordnungen der Polizei nicht Folge geleistet und den Verkehr behindert hatte.

Dann gab es Versammlungen und Saalschlachten und da unser Kreis noch nicht allzu groß war mußte man an jeder Vers. teilnehmen, damit immer ein bestimmter Stamm anwesend war.

Nach der Verbotszeit führte unser Dr. das Zellensystem ein und wurde ich Z.O. »Mann« welches Amt ich bis 1931 inne hatte.[12] Im Sept. 1931 übernahm ich die der Frauenschaft Ortsgr. Humboldt und behielt sie bis Ende Juli 32, dann mußte ich krankheitshalber diesen Posten aufgeben. Augenblicklich bin ich in der Wohlfahrts- und Jugendkommission der Stadt Berlin tätig.

Am 30. Januar durfte ich mit unserer S.A. durch das Brandenburger Tor einziehen. Es schien mir wie ein Traum.[13] Und noch lange Zeit habe ich gebraucht um es fassen zu können, daß alles, was ich an heißen Wünschen vom Ausbruch der Revolution in mir getragen, nun durch unsern Führer Wirklichkeit geworden war. Wir hatten hier den Sturm 17 und ich habe mir immer Mühe gegeben, für unsere S.A. besonders zu arbeiten, sei es, daß Verpflegung oder Kleidungsstücke gebraucht wurden und auch sonst habe ich ihnen öfter aus Verlegenheiten geholfen wenn die Polizei zu wißbegierig werden wollte, als Frau hatte man doch mehr Aufbewahrungsmöglichkeiten für mancherlei Gegenstände, die nicht jeder sehen brauchte und wenn sie unter den Hut gesteckt wurden und man Sorgen haben mußte, daß der Hut sich verschieben könnte, es machte doch Spaß, wenn man der verhaßten Schupo einen Streich spielen konnte.

Dafür ist die Freude heut besonders groß, wenn man wieder mit einem alten Siebzehner zusammen trifft.

Und so ist mir alles in Fleisch und Blut übergegangen und werde ich bis an mein Lebensende treu zum Führer und zur Bewegung stehen.

Mit Hitler Heil

Klara Czirnik
Ortsgruppe Humboldt
Mitgl. No. 5653
Bln, Ackerstr 113

1 *Klara Czirnik*: BArch, NSDAP-Zentralkartei, Czirnik, Klara 28.10.1883, Film 31XX/E0020/0140 (mit Foto). Die Karteikarte trägt den Stempel »Ehrenzeichen verliehen am 1.2.34«.

2 *Fritz Czirnik*: Vgl. BArch, NSDAP-Zentralkartei, Czirnik, Fritz [...] 1879, Film 31XX/E0020/0142 (mit Foto). Die Karteikarte trägt den Stempel »Ehrenzeichen verliehen am 1.2.34«. Fritz Czirnik nahm ebenfalls am Aufsatzwettbewerb Teil: Abel-Biogramm/Nr. 325/Fritz Czirnik.
Im Berliner Adressbuch von 1934 ist er zu finden mit dem Eintrag »Czirnik, Fritz, Eisenb. Betr. Assist. N 81, Ackerstr. 113.« Vgl. Zentral- und Landesbibliothek Berlin, Berliner Adressbücher, Jahrgang 1934; URL: http://adressbuch.zlb.de/viewAdressbuch.php?CatalogName=adre 2007&Img Id=317274&intImgCount=-19&CatalogCategory=adress&Counter=&CatalogLayer=4 [online am 8. August 2014].

3 *A. E. G. in der Ackerstraße*: Vgl. Abel-Biogramm/Nr. 459/Hedwig Eggert, Kommentar 3 ► A. E. G. in der Ackerstraße.

4 *Humboldthain*: Der 1869 angelegte Volkspark liegt in Berlin-Mitte.

5 *Wulle*: Der völkische Politiker Reinhold Wulle (1882-1950) gehörte in den frühen Jahren der Weimarer Republik zum rechtsradikalen, antisemitischen Flügel der DNVP, die er 1920-1922 auch als Reichstagsabgeordneter vertrat. Ausgehend davon war er als Publizist und Gründer bzw. Leiter extremistischer Gruppierungen aktiv. Seit 1918 arbeitete Wulle als Chefredakteur der *Deutschen Zeitung*, die vom Alldeutschen Verband herausgegeben wurde. Wulle führte um 1920 außerdem den Verband Deutscher Herold. Gemeinsam mit Albrecht von Graefe und Wilhelm Henning, die, wie er, als »Fraktionsrebellen« der DNVP galten, rief Wulle im Sommer 1922 den »Völkischen Arbeitskreis« in der DNVP ins Leben. Im Dezember 1922 entstand daraus die antisemitische Deutschvölkische Freiheitspartei (DVFP). Diese wurde 1923 in Preußen verboten. Um dennoch zur Reichstagswahl im Mai 1924 antreten zu können, paktierte Wulles DNVP mit der ebenfalls verbotenen NSDAP. Das Zweckbündnis erschien als Nationalsozialistische Freiheitspartei (NSFP) auf den Wahlzetteln. Vgl. Das Bundesarchiv, Akten der Reichskanzlei – Weimarer Republik, Biographische Daten zu Reinhold Wulle; URL: http://www.bundesarchiv.de/aktenreichskanzlei/1919-1933/0000/adr/adrsz/kap1_5/para2_224.html [online am 4. September 2015], sowie Striesow, Deutschnationale Volks-partei, S. 336 und S. 377.

6 *Wahlrecht*: Vehement gegen das Frauenwahlrecht eingetreten war Reinold Wulle. Er sah verheiratete Frauen hinreichend durch ihre Ehegatten vertreten. Allein berufstätige Frauen sollten als Sondergremium eine Mitsprachemöglichkeit zu Fragen weiblicher Berufstätigkeit erhalten. Vgl. Streubel S. 106, mit Bezug auf einen Beitrag Wulles in: Deutsche Zeitung vom 27. Oktober 1918, Frauenbeilage.

7 *Kunze, D. S. P.*: Vgl. Kommentar zu Abel-Biogramm/Nr. 459/Hedwig Eggert, Kommentar 6 ► Knüppel-Kunze. Sowohl Kunze als auch Wulle werden erwähnt in Abel-Biogramm/Nr. 582/Margarethe Schrimpff. Ein Weggefährte Kunzes war der spätere NSDAP-Gauleiter Ernst Schlange. Vgl. Abel-Biogramm/Nr. 36/Hertha von Reuss.

8 *Graefe, Henning*: Albrecht von Graefe und Wilhelm Henning waren politische Weggefährten Reinhold Wulles.

9 *Schutz- und Trutzbund*: Vgl. Abel-Biogramm/Nr. 195/Maria Engelhardt, Kommentar 11 ► Deutscher Schutz- und Trutzbund.

10 *Stuckeversammlung:* Vgl. Abel-Biogramm/Nr. 459/Hedwig Eggert, Kommentar 16 ► Verbotszeit, sowie Abel-Biogramm/Nr. 588/Klara Petersson.

11 *Alex*: Gemeint ist das Polizeipräsidium Alexanderplatz in Berlin.

12 *Zellensystem, Z. O. »Mann«*: Die Neustrukturierung der Berliner NSDAP begann im Februar 1929. Das feinmaschige Straßenzellensystem diente der Organisation und

Kontrolle einer wachsenden Zahl von Parteimitgliedern. Maximal fünf Parteimitglieder bildeten eine Straßenzelle, für die der Zellen-Obmann (Z.O.-Mann), in der Regel ein SA-Mitglied, verantwortlich war. Er betreute, besuchte und beobachtete die Mitglieder seiner Zelle und führte ein Kontrollbuch (u.a. über das Lesen von NS-Zeitungen, Teilnahme an Parteiveranstaltungen). Bis zu zwanzig Zellen-Obleute unterstanden einem Straßenzellenleiter und wurden von ihm politisch geschult. In Groß-Berlin soll es im Jahr 1930 etwa 600 Z.O. Männer gegeben haben. Vgl. Andreas Wirsching, Vom Weltkrieg zum Bürgerkrieg? Politischer Extremismus in Deutschland und Frankreich 1918-1933, München 1999, S. 449f. Obwohl Frauen von Parteiämtern ausgeschlossen waren, wurde Klara Czirnik dieses Amt übertragen, was möglicherweise auf ihren Status als besonders frühzeitig in die NSDAP eingetretene Alte Kämpferin zurückzuführen ist.

13 *30. Januar*: Gemeint ist der Fackelmarsch der NSDAP am Abend des 30. Januar 1933.

Gertrud Michael

Abel-Biogramm/Nr. 574/Gertrud Michael
Drei Seiten, maschinenschriftlich, datiert 8. August 1934.
Die Identität der Verfasserin ist authentisch.[1]

Name:	Gertrud Michael, geb. Moldenhauer
Geburtsdatum:	12. Januar 1887
Geburtsort:	unbekannt
Alter:	47 Jahre
Familienstand:	geschieden, ein Sohn
Wohnort:	Berlin-Neutempelhof
Elternhaus:	Beamtenfamilie
Ausbildung:	Kaufmännische Ausbildung
Beruf:	Justizangestellte (Schreibkraft)
NSDAP-Beitritt:	24. September 1932
Mitgliedsnummer:	1400825
Werber:	Schwager
Funktionen:	Mitglied

Charakteristische Aspekte des Biogramms:
Gertrud Michaels Zugang zum Nationalsozialismus war ihre aus dem Elternhaus übernommene antisemitische Haltung. In ihrem Biogramm stellt sie ihr provokatives Eintreten für den Nationalsozialismus im Öffentlichen Dienst heraus. Michael erwähnt am Ende ihres Essays, ihr Sohn sei in die SS eingetreten.

Pgn. Gertrud Michael 8. August 1934
geb. Moldenhauer
Berlin-Neutempelhof,
Wettinerkorso 57, III.

Mein Lebenslauf.

Wie ich Nationalsozialistin wurde, oder mich redlich bemühte, eine Solche zu werden, das sollen kurz die folgenden Zeilen schildern.

Daß hierzu unbewußt schon in meiner frühesten Kindheit der Keim gelegt wurde, dazu trug meine seinerzeitige Umgebung, meine Eltern, ja meine Großeltern bei. Mein Vater war Beamter und – wie früher bei einem pflichttreuen, deutschen Beamten garnicht anders möglich war – deutschnational und strengster »Antisemit«. Auch der Großvater Moldenhauer war Beamter, evangelischer Pastor in Unter-Peißen bei Bernburg,[2] ein Seelsorger im wahrsten Sinne des Wortes. Wußte er irgendwo Not und Elend, so war es selbstverständlich, daß er half. und wenn er darob selbst nichts mehr zu essen hatte. Die Besoldung der früheren alten Pastoren war kärglich und bestand zu einem großen Teil in Naturalien wie Mehl, Brot usw. Das schreckte den alten Herrn aber nicht ab, zu seiner sechsköpfigen eigenen Kinderschar noch zwei Pflegesöhne zu nehmen, deren Eltern durch die Cholera s. Zt. weggerafft wurden.

Dies alles ist mir unauslöschlich im Gedächtnis geblieben. Als junges Mädchen und ganz junge Frau beschäftigte ich mich nicht mit Politik, denn das war seinerzeit – ich bin 1887 geboren – ausschließlich den Männern vorbehalten. Wohl merkte ich dann als heranwachsendes junges Mädchen und später auch in dem von mir erwählten kaufmännischen Beruf, daß ich von jüdischen Männern besonders beachtet wurde, wohl wegen meiner zarten Blondheit. Als ich diese Wahrnehmung machte, wappnete ich mich mit Unnahbarkeit, aber das half nichts, im Gegenteil, es reizte nur noch mehr. Und nun erfaßte mich ein Abscheu und Ekel vor allem, was jüdisch.

Ich war dann verheiratet, hatte einen Sohn, wurde geschieden und stand wieder im Berufsleben, denn ich mußte für meinen Jungen sorgen. Es kam die Zeit, da auch die Frau wählen ging. Auch ich genügte jedesmal meiner Pflicht.

1923 gab ich dann meinen 1914 geborenen Sohn aufs Land zu meiner verheirateten Schwester, mein Schwager war Bezirksschullehrer in dem Dorf Utecht bei Lübeck.[3] Durch ihn hörte ich das erste Mal etwas von »Adolf Hitler«. Mein Schwager war schon damals begeisterter Anhänger und Verfechter der nationalsozialistischen Idee und fuhr häufig mit seinem kleinen Opelwagen in die Nachbardörfer, um dort nationalsozialistische Versammlungen abzuhalten, wobei er sprach. Sein treuer Begleiter war Hildebrandt der spätere nat. soz. Statthalter von Lübeck.[4] Wie überzeugt mein Schwager war, dürfte beweisen, daß er sein ganzes Dorf fest – mit wenigen Ausnahmen – zu seinen Anhängern zählte. Während meines Ferienaufenthalts bei Schwester und Schwager erlebte ich dann auch solche Zusammenkünfte, und wenn wir manchmal spät von einer solchen heimkehrten, sangen die jungen Knechte und Arbeitsburschen das Lied vom »Hakenkreuz am Stahlhelm«.[5] Sonderbarerweise ist mein Schwager aber nie trotz seiner großen Überzeugung Mitglied der NSDAP. geworden und ist es auch heute noch nicht, trotzdem er ganz überzeugter Nationalsozialist ist.

Das Gegebene war nun, daß ich mich durch meinen Schwager weiter in die nat. soz. Idee einführen ließ. Wenn ich dann von meinem Ferienaufenthalt wieder zu Haus war, dachte und grübelte ich weiter und fing an zu vergleichen mit dem, was man uns dann in den Nachkriegsjahren als »Regierung« vorsetzte. Ich selbst war seit 1917 Behördenangestellte und sah und hörte infolgedessen so manches. Seit 1925 war ich dann Justizangestellte beim Amtsgericht Berlin-Mitte, die meisten Rechtsanwälte widerliche Juden, auch viele Richter wesens- und artfremde Rasse, Inspektoren oder Oberinspektoren fast durchweg »Zentrum«, die kleinen Beamten und Angestellten »Dezimalsozikraten« (Sozialdemokraten), wie ich sie meist nannte, wofür ich beinah mal die Jacke voll gekriegt hätte. Es kam das herrliche Zeitalter der »Notverordnungen«, wo man von einem zum andern Tag auf die Gehaltskürzungen warten konnte. Jeder schimpfte, aber sowie der Name Hitler fiel, brach der Sturm der Empörung los. Politische Gespräche waren in der Dienstzeit streng verboten, wir waren meist in einem Raum 8-10 Beamte und Angestellte. Man las in der Mittagspause Zeitung, meist die »Morgenpost«, ich hatte den »Angriff«. Einer der Beamten, ein junger Justizsekretär fing folgende Unterhaltung im allgemeinen an: »Wenn ein <u>Mann</u> Nationalsozialist ist, dann ist er ja hübsch verrückt, aber wenn e i n e F r a u sich dazu bekennt, dann ist die entweder total meschugge oder verrückt.« Politische Gespräche waren streng verboten. Hätte ich geantwortet, war ich als Angestellte meine Stellung los. So schwieg ich schweren Herzens und suchte gelegentlich wieder einige nat. soz. gesinnte Kollegen und Kolleginnen auf und schöpfte neuen Mut. Dann saßen wir eine Zeitlang 3 Schreibmaschinistinnen in einem Zimmer zusammen, davon die eine auch Beamtentochter. Ich äußerte auch einmal den Wunsch, ich möchte eigentlich auch in die NSDAP. eintreten. Da begegnete ich entsetzten Gesichtern und man sagte; »ach nein, lieber keiner Partei angehören«. Dann stand wieder einmal eine Wahl bevor, und als man sich am Sonnabend Nachmittag im Dienst trennte, wurde mir höhnisch nachgerufen: »Vergiß man morgen nicht, deinen göttlichen Adolf zu wählen«! <u>Das war im Juli 1932.</u> Am darauf folgenden Montag waren die Gesichter bedenklich lang ob der enormen Zunahme der Nationalsozialisten. Stiller aber unbeschreiblicher Jubel in unserm kleinen Lager!!

Im September 1932 erfuhr ich dann wieder mal eines schönen Tages eine jener ungerechtfertigten schikanösen Ungerechtigkeiten von seiten meines vorgesetzten Oberinspektors (Balinger), und da ging ich kurz entschlossen gleich nach dem Dienst am 24. September 1932 in die Geschäftsstelle der NSDAP in Neukölln und ließ mich als Mitglied eintragen und erschien am nächsten Tag im Büro mit dem Parteiabzeichen (das Tragen von Parteiabzeichen war verboten im Dienst). Die Folgen lassen sich unschwer ausdenken, ich erhielt am 27.9.1932 meine Kündigung zum 31.12.1932 wegen »Abbaues von Kräften«, nachdem ich diese Stellung über 7 Jahre innehatte. Alle Eingaben und Versuche waren vergeblich, ich war am 1.1.1933 erwerbslos, eingereiht in ein Millionenheer! Deshalb kannte aber unser Jubel am 30.1.1933 doch keine Grenzen!!

Viel bleibt bis zum heutigen Tage nicht mehr zu berichten. Am 15.3.1933 wurde ich »Botenfrau beim V.B.« und trug zusammen mit meinem Jungen den Völkischen Beobachter aus. Und seit dem 1.10.1933 habe ich wieder eine bescheidene Bürostellung. Mein Junge ist auch inzwischen SS-Angehöriger geworden. Wir bemühen uns weiter, an uns selbst zu arbeiten und würdig zu werden, als Menschen im Dritten Reich zu leben unter unserem über alles geliebten Führer Adolf Hitler!

Gertrud Michael geb. Moldenhauer,
Mitglied d. N.S.D.A.P. Nr. 1400825

1 *Gertrud Michael*: Vgl. BArch, NSDAP-Parteikorrespondenz, Michael, Gertrud, Film PK/I 68, Bewerbung Gertrud Michaels vom 26. Juli 1943 auf eine Stelle als Chefsekretärin, die im *Völkischen Beobachter* ausgeschrieben war. Die Bewerbungsunterlagen (Lebenslauf, Zeugnisse) bestätigen die biographischen Angaben im Abel-Biogramm. Name und Anschrift stimmen auch mit dem Berliner Adressbuch überein. Als Beruf ist dort »kaufm. Angest.« aufgeführt. Vgl. Zentral- und Landesbibliothek Berlin, Berliner Adressbücher, Jahrgang 1934, URL: http://adressbuch.zlb.de/viewAdressbuch.php?CatalogName=adre2007&ImgId=318562 &intImgCount=0&CatalogCategory=adress&id=21393&CatalogLayer=6 [online am 15. Januar 2014].

2 *Bernburg*: Bernburg an der Saale liegt in der Magdeburger Börde. Die südlich gelegene Ortschaft Peißen wurde 2010 eingemeindet.

3 *Sohn*: Der Sohn Karl Heinz August Adolf Michael, geboren am 18. Januar 1914 in Berlin-Steglitz, wurde Anfang 1942 an der Ostfront schwer verwundet und starb am 3. Januar 1943. Vgl. BArch PK/I 68 sowie Volksbund Deutsche Kriegsgräberfürsorge e.V.: Gräbersuche Online, URL: http://www.volksbund.de/graebersuche.html [online am 4. September 2015].
Utecht: Die Gemeinde Utecht am Ratzeburger See gehörte bis 1937 als Enklave zum 14 Kilometer entfernten Lübeck.

4 *Hildebrandt*: Der nationalsozialistische Politiker Friedrich Hildebrandt (1898-1948) war ab 1925 Gauleiter für Mecklenburg und Lübeck, 1929 Landtagsabgeordneter in Mecklenburg-Schwerin und ab 1933 Reichsstatthalter für Mecklenburg und Lübeck. Vgl. Sebastian Lehmann: »… Schleswig-Holstein stammverwandt – lebewohl Friedrich Hildebrandt«. Die NSDAP in Lübeck, in: Beirat für Geschichte in der Gesellschaft und Politik Schleswig-Holsteins e.V. (Hrsg.), Jahrbuch Demokratische Geschichte Band 18, Neumünster 2007, S. 131-149, hier S. 133 ff.

5 *Hakenkreuz am Stahlhelm*: Vgl. Abel-Biogramm/Nr. 41/Marlene Heder, Kommentar 7 ► »Hakenkreuz am Stahlhelm«.

Margarethe Schrimpff

Abel-Biogramm/Nr. 582/Margarethe Schrimpff
13 Seiten, maschinenschriftlich mit handschriftlichen Ergänzungen, datiert 9. August 1934. Die Identität der Verfasserin ist authentisch.[1]

Name:	Margarethe Schrimpff
Geburtsdatum:	16. März 1880
Geburtsort:	Kloster Lehnin (Brandenburg)
Alter:	54 Jahre
Familienstand:	ledig
Wohnort:	Berlin-Lichterfelde
Elternhaus:	Vater Amtsvorsteher
Ausbildung:	Volksschule, Privatunterricht
Beruf:	Kaufmännische Angestellte
NSDAP-Beitritt:	1. Juni 1928 (NSDAP-Zentralkartei)
Mitgliedsnummer:	91 227
Werber:	Eigeninitiative
Funktionen:	Mitglied in NSDAP und NS-Frauenorganisationen

Charakteristische Aspekte des Biogramms:
Margarethe Schrimpff nimmt im ersten Teil ihres Biogramms Stellung zu weltpolitischen Entwicklungen, gipfelnd in der Kritik des Völkerbundes. Im zweiten Teil des Biogramms schildert sie nationalsozialistische Ereignisse in Berlin, insbesondere Auseinandersetzungen mit der Polizei, aus der Perspektive einer Augenzeugin.

Lebenslauf der
Pg. Margarethe Schrimpff,
Berlin-Lichterfelde-Ost,
Zeisigweg 14.
M. Nr. 91227.

Am 16. März 1880 wurde ich zu
Kloster Lehnin, Kr. Zauch Belzig,
als die jüngste Tochter des dortigen Amtsvorstehers geboren. Zunächst besuchte ich die dortige Schule und wurde später in Gemeinschaft der einzigen Tochter des dortigen Forstmeisters v. Doehn von einer staatlich geprüften Erzieherin nach dem Plan der Brandenburger »Höheren Töchterschule« unterrichtet.

1897 starb mein Vater und zog nun meine Mutter mit ihren 3 Kindern nach Berlin. Hier erlernte ich den kaufmännischen Beruf und war in diesem Fache 25 Jahre tätig. Langjährige erstklassige Zeugnisse geben hierüber Aufschluss.

Als 1914 die Juden und Freimaurerbagage den Weltkrieg glücklich entfesselt hatten,[2] war selbstverständlich auch ich mit meinen sämtlichen Angehörigen bereit, – jeder nach seinem Vermögen – dem überfallenen Vaterlande und unserem bis aufs Aeusserste entgegenkommenden und durchaus friedliebenden Kaiser beizustehen und zu helfen.

Alle Opfer und alles Blut waren leider vergeblich. Die Freimaurer hatten ganze Arbeit geleistet und nicht nur Deutschland mit seinen Verbündeten an den Abgrund gebracht, sondern auch die sogenannten Siegerstaaten ins Elend gestossen, denn auch sie hatten ein Millionen-Heer von Arbeitslosen und damit Hunger und Elend an allen Ecken und Enden. Dies der Erfolg des Völkermordens.

Anstatt nach diesem wahnsinnigen Völkerringen sich jetzt versöhnend die Hände zu reichen und am Aufbau der Welt mitzuarbeiten, wurde nach neuen Gemeinheiten und Schikanen gesucht. Die Wahnsinns-Diktate von Versaille, St. Germain, Lokarno, Gent, London, Dawes, Young pp wurden ausgebrütet, die wie Salz und Pfeffer auf die geschlagenen Wunden brennen und diese immer weiter aufreissen, statt heilend zu wirken.

Wenn sich die Vertreter der Welt in Genf zusammengefunden hatten, um der notleidenden Menschheit zu dienen, dann bot sich ihnen hierzu genug Gelegenheit.[3] Warum verboten sie den betr. Staaten nicht das Vernichten der Ernte, das Versenken des Kaffees, das Vernichten von Tier und Fleisch, nur um ihre Preise zu halten oder erhöhen zu können. Wäre es hier nicht Menschen-Pflicht gewesen, alles Überflüssige schleunigst zusammenzuraffen um es auf dem schnellsten Wege der hungernden und verzweifelten Menschheit in allen Ländern zuzuführen? Statt dessen sehen sie mit kalten Augen zu, wie z. B. in Russland Millionen, Insonderheit die unschuldigen Kinder verhungern.[4]

Die Genfer Herren sollten sich doch einmal vor Augen halten, dass diese unschuldigen und darbenden Menschen genau solche Geschöpfe Gottes sind resp. waren, wie Briand, Lord Georges, Wilson u. s. w. Sie alle haben sich hier eine Unterlassungssünde zu schulden kommen lassen, die ihnen kein Gott vergeben kann und wird. All dieses grenzenlose Elend sehen sie nicht, sondern brüten auf ihren Polstern bei fetten Gelagen neue Wahnsinns-Diktate aus und dieses Produkt nennt man »Völkerbund«!

Es ist dies nur ein Treffpunkt der Juden und Freimaurer, dieser Parasiten der ganzen Welt. Alle Völker der Erde sollten gemeinsam diese Pestbeule ausbrennen und es wäre Ruhe und Frieden und jedes Land kümmerte sich nur um seine eigenen Angelegenheiten. –

Zurück zu Deutschland.

Die so überaus traurigen Ereignisse der Revolution ziehen an meinem geistigen Auge vorüber. Es sind zum Teil furchtbare und Ekel erregende Bilder. Lassen Sie mich Ihnen nur eines schildern, welches mich am meisten ergriffen hatte.

Es war in der Düppelstrasse zu Steglitz. Ein Lastwagen voll kreischender Weiber mit roten Kopftüchern zieht vorüber. Letztere schleifen vom Wagen herunter unsere schwarz-weiss-rote Fahne in den Schmutz. Ringsherum auf Rädern eine Horde Verbrechertypen, die dieses Treiben schützen. Unsere heilige deutsche Fahne, der Millionen deutscher Helden voll glühender Begeisterung und Vaterlandsliebe in den Tod folgten, kann vor diesem Ekel erregenden Treiben nicht geschützt werden. Das Herz wollte einem vor Verzweiflung zerspringen und zähneknirschend eilte man vorüber.

Es ging nun mit Riesenschritten in unserem einst so stolzen Vaterlande bergab. Der ehrlich anständige Mensch zog sich zurück und die Verbrecher-, Schieber- und Judentypen à la Kutisker, Barmat, Sklareck pp machten sich breit und verschoben die wenigen noch vorhandenen Werte.[5] Das Parteiunwesen blühte. Immer neue Parteien wuchsen aus der Erde. Führend waren in erster Zeit: Deutschnationale Volkspartei, S. P. D., U. S. P. D., K. P. D., Demokraten, National-Demokraten pp. Letztere teilten sich nach kurzer Zeit in Deutsche Freiheitsbewegung (oder ähnlich) und Deutsche Volkspartei. Später kam noch die Deutschvölkische Freiheitsbewegung mit Wulle, sowie Knüppel-Kunze hinzu, welche fast die gleichen Ziele wie die spätere Hitler-Partei verfolgten.[6]

Ich besuchte seinerzeit die Versammlungen all dieser Parteien von den Kommunisten angefangen bis zu den Völkischen und erlebte bei dieser Gelegenheit in einer demokratischen Versammlung in Friedenau, auf welcher der Ex-Kolonial-Minister Jude Dernburg sprach, folgendes: Dieser Jude hatte die Unverschämtheit u. a. zu sagen: »Was kann der Deutsche eigentlich, höchstens Kanickel züchten«.[7] Nun meine lieben Leser denken sie etwa nicht, dass jetzt das so stark vertretene starke Geschlecht aufgesprungen ist und diesen Juden anständig heimgeleuchtet hätten. Weit gefehlt. Nicht einer der Männer muckste sich, sondern verhielt sich mäuschenstill. Hingegen meldete sich zur Diskussion von dem sogenannten »schwachen« Geschlecht ein elendes zartes kleines Frauchen und wies energisch die Unverschämtheiten des Juden, der inzwischen angeblich zu einer Parallelversammlung verduftet war, zurück.

War es nach all diesen traurigen Ereignissen ein Wunder, wenn sich ganz Deutschland nach einem Mann sehnte, der diesen Augiasstall mit eisernem Besen ausfegte? Wie machte man plötzlich die Augen und Ohren auf und horchte nach München. Las von einem damals der grossen Masse noch unbekannten Adolf Hitler, welcher mit seinen Getreuen den Marsch auf den Odeonsplatz wagte. Hörte von dem gemeinen Verrat eines Herrn von Kahr, der den Marsch blutig zusammenbrechen liess.[8] Erlebte nun den folgenden Prozess und sieht mit Stolz und Freude auf die Männer, die jeder für sich die ganze Verantwortung und Schuld auf sich nehmen, um ihre Kameraden rein zu waschen.

Hitler muss nun mit seinen Getreuen die schwere Zeit der Haft durchmachen, die Partei wird aufgelöst und Schieber und Konsorten haben wieder freie Bahn.

Die Zeit geht weiter. Hitler ist wieder frei und fängt mit neuer Kraft von vorn an. Immer öfter hört und liest man von den Nazis. Von allen Seiten strömt das Volk zu Hitler. So kommt denn auch der Ueberfall auf den Bahnhof Lichterfelde-Ost.[9] Man freut sich über den Schneid mit dem die kleine Gruppe sich aus den Kommunisten heraushaut. Ich besuch nun mit besonderem Interesse die Nazi-Versammlungen, höre im Albrechtshof-Steglitz Dr. Goebbels und erkläre sofort im Frühjahr 1928 meinen Beitritt.

Jetzt wird es immer interessanter. Unsere Versammlungen werden die reine Würze des Lebens. Ganz besonders die Sportpalast-Versammlungen mit Hitler und Dr. Goebbels, welchletzterer immer so gründlich mit der ganzen Sippschaft abrechnet. Die polizeilichen Schikanen bei solchen Gelegenheiten nahm man mit Nichtachtung hin und wurde in seiner Freude und Begeisterung nur durch die immer häufiger werdenden Opfer gedämpft. Das erste Opfer, welches ich in der Partei miterlebte, ist Parteigenosse Küttemeyer,[10] welcher nach einer Hitlerversammlung im Sportpalast von den Kommunisten bestialisch zu Tode gequält wurde. Vor mir habe ich die Karte eines schwer verwundeten Pg. Heinrich Limbach-Leipzig[11] liegen, welcher sich für eine kleine Weihnachtsfreude, die ich ihm machen durfte, bedankt und die Hoffnung ausspricht, dass es bald mit ihm besser wird. Leider erfüllt sich diese Hoffnung nicht, denn kurze Zeit später lese ich seine Todesanzeige im V. B.[12]

Es geht nun Schlag auf Schlag, Opfer auf Opfer werden gefordert. Unser Horst Wessel muss nach schwerem Leiden sein junges Leben hingeben. Hier ziehen wieder die widerlichsten Scenen an meinen Augen vorüber anlässlich seiner Beisetzung. Grosse Mengen strömen von allen Seiten zum Friedhof. Ueberall lungert das Gesindel hohnlächelnd herum. Als der Sarg in die Gruft gesenkt wird, ertönt von der nahen Kirchhofsmauer Gelächter und Gejohle. Es wird laut gepfiffen und Schüsse fallen.

Beim Verlassen des Friedhofes wird ein grosser Teil der Menschenmenge in eine enge Strasse zum Alexander-Platz abgedrängt. Hier bekleckert sich die Schupo wieder mit Ruhm. Der Fussteig ist knapp 1 m breit und kann die Massen nicht fassen, sodass man gezwungen ist, den Damm zu betreten. Aber schon eilt ein Flitzer herbei und fährt haarscharf an die Bordschwelle heran und knüppelt alles vom Damm herunter. Da Geschäfte und Haustüren geschlossen hatten, läuft alles zum Alexander-Platz. Hier aber dasselbe Bild. Dort liegt ein junger Mann am Boden und es wird auf ihm herumgeschlagen. Eben kommt ein ganz junges Kerlchen vorüber und stöhnt jämmerlich.

Er hatte über sein dünnes Hemd den Gummiknüppel zu spüren bekommen. Ich laufe zum Untergrundbahnhof. Aber halt. Hier stehen zu beiden Seiten der Treppe Schupos und knüppeln wahllos alles nieder, was die Treppe hinunter eilt. Ganz gleich ob Mann, ob Frau oder Kind. Wieder wird man gezwungen nach einer anderen Richtung zu rennen und ich steige in die erste beste Elektrische und danke meinem Schöpfer, dass ich aus diesem Hexenkessel heraus bin.

Ein anderer Fall. Dr. v. Leers[13] spricht im Albrechtshof. Der Saal wird zeitig wegen Ueberfüllung geschlossen. Auf der Strasse bilden sich kleine Gruppen von 2, 5 und auch wohl 10 Personen und unterhalten sich absolut leise über den Fall. Schon rast der Flitzer heran und mit erhobenem Gummiknüppel stürzt sich der Hauptmann mit seinen Leuten auf die davon laufenden Menschen. –

Wieder ist eine Versammlung im Albrechtshof wegen Ueberfüllung gesperrt. Ich gehe mit der Pg. Karnopp und deren 17jährigen Tochter zum Eingang. Die Schupo lässt niemand mehr hinein. Wir eilen zum hinteren Eingang. Auch hier ist gesperrt. Eben wollen wir uns zurückziehen, da stürzt sich ein Schupo auf das junge Mädchen und nimmt es fest, weil es auf der Kletterweste die Wolfsangel[14] hat, die aber nicht zu den damals verbotenen Abzeichen gehörte. Das Mädchen wird zur Wache geführt und die Mutter geht mit. Ich schliesse mich an und bleibe vor der Tür stehen. Nach langem Warten frage ich den draussen stehenden Schupo, ob ich die Mutter mal sprechen könnte. Er sagt, ich solle mich bei dem Wachthabenden melden. Ich gehe hinein und frage nun Frau Karnopp, was ich für sie tun kann. Sie bittet mich, ihren Mann zu holen. Im Wachlokale sitzen rechts 2 junge Mädchen und links ca. 6-7 S.A.-Mann. Ich hole nun Pg. Karnopp und finden wir bei unserer Ankunft Frau Karnopp vor der Tür. Jetzt warten wir 3 bis 1 Uhr nachts vor dem Wachlokal. Nun aber kommt ein Schupo und treibt uns fort. Eilends fährt der Flitzer vor und unsere »Schwerverbrecher« werden verladen. Zuerst die beiden jungen Mädchen, immer je zwischen 2 Schupos und dann geht's fort zum Alex.[15] Hier wieder endlose verhören und endlich gegen 3 Uhr nachts werden die beiden jungen Mädchen auf den berüchtigten Alexander-Platz entlassen, während die S.A. noch dort behalten wird. Gegen 4 Uhr früh landet die Tochter bei ihren Eltern.

In einer anderen Versammlung im Albrechtshof in Steglitz spricht Pg. Pfister. Der halbe Saal ist voll Kommune. Gleich am Anfang verlangt ein Moskowiter 1 Stunde Redefreiheit. Jetter bedeutet ihm, dass er den Mund halten solle, die Hausordnung bestimme er. Darauf ertönt von allen Seiten »Heil Moskau«. Pfister sagt ihnen, sie könnten Freikarten nach Moskau bekommen, nur denjenigen, die das Volk jahrelang verhetzt haben, denen schlagen wir den Bregen zu Brei. Im Nu ist der Skandal fertig. Die Kommune drängt zum Lichtschalter und Jetter ruft die S.A. zum Saalschutz. Schon kommen Stühle, Tischbeine, Gläser pp geflogen und die schönste Keilerei ist im Gange. Endresultat: ca. 80 Stühle, diverse Tische und Kommunenasen sind zu flicken.

Ende 1931 oder Anfang 1932 habe ich in der S.A.-Küche Steglitz Fichteberg Dienst.[16] Gegen 8 Uhr abends decke ich den Tisch. Frische Wurst und Pellkartoffeln. Plötzlich ertönt die Alarmglocke und hereinstürzen 4 Kriminalbeamte und diverse Schupos. Es wird Haussuchung nach Waffen gehalten, aber nichts gefunden. Nach vergeblichen Mühen musste der Sturmführer Fürst und 4 gepackte Tornister zum Alex.

Und so reisst der Faden mit den Schikanen nicht ab. Nicht zu vergessen ist die Jagd nach den braunen Hosen und Hemden[17] und die Schliessung der S.A.-Heime. Aber durch den gesunden, trockenen Humor der S.A. und der Pgs. hatten wir in den meisten Fällen die Lacher auf unserer Seite.

So wie die S.A. und S.S. ihre Schuldigkeit taten, ebenso eifrig arbeitete auch die Frauenarbeitsgemeinschaft und später die Frauenschaft. Als Dr. Goebbels uns in den Sophiensälen in Charlottenburg zur Arbeit für den Angriff aufforderte, damit dieser Tageszeitung wurde, gingen wir alle intensiv an die Arbeit. Ein persönliches Dankschreiben von Dr. Goebbels bestätigt meine erfolgreiche Arbeit in dieser Sache und berühren mich gerade diese Zeilen immer wieder mit Freude und Stolz. Es ist ohne Zweifel eine grosse Genugtuung für mich, auch mit meinen schwachen Kräften der Partei gedient zu haben. In letzter Zeit hielt mich leider meine Krankheit von Versammlungen und aktiver Arbeit fern. Wenngleich der Kampf ein langer, schwerer und blutiger war, um so grösser war aber auch die Freude über den endgültigen Sieg Hitler's. Glückliche und stolze Stunden für Führer und Reich waren der Erfolg des jahrelang geführten erbitterten Kampfes. Aber auch eine ungeheure Arbeit wartete auf den Führer und durch bittere Enttäuschungen musste er sich hindurchbeissen. Er hat auch dieses vollbracht und schreitet mit eiserner Willenskraft unbeirrt vorwärts zum Segen unseres geliebten deutschen Vaterlandes.

Euch drüben in New-York aber, sowie
der ganzen Welt rufe ich zu:
»Und wenn die Welt voll Teufel wär'
Es wird Hitler doch gelingen!«[18]

Heil Hitler
Margarethe Schrimpff
9.8.1934.

1 *Margarethe Schrimpff*: BArch, NSDAP-Zentralkartei, Schrimpff, Margarethe 16.3.1880, Film 31XX/Q0049/1512 (mit Foto). Die Karteikarte trägt den Stempel »Ehrenzeichen verliehen am 20.2.34«. Im Berliner Adressbuch ist mit der Anschrift Zeisigweg 14 »Schrimpff, M. Frl.« verzeichnet. Vgl. Zentral- und Landesbibliothek Berlin, Berliner Adressbücher, Jahrgang 1934, URL: http://adressbuch.zlb.de/viewAdressbuch.php?CatalogName=adre2007&ImgId=322202&intImgCount=-5&CatalogCategory=adress&Counter=&CatalogLayer=6 [online am 15. August 2014].

2 *Juden und Freimaurerbagage*: Die Verfasserin übernimmt hier die völkische Theorie einer jüdisch-freimaurerischen Weltverschwörung. Vgl. Benz, Legenden, S. 217 f., sowie Abel-Biogramm/Nr. 193/Emma Bierwirth, Kommentar 5 ► Jesuitismus.

3 *Vertreter der Welt in Genf*: In Genf fand ab 1920 die jährliche Bundesversammlung des Völkerbundes statt. Dessen Gründung war 1918 von Woodrow Wilson angeregt und

als Artikel 1 im Versailler Vertrag festgeschrieben worden. Der Völkerbund hatte die Aufgabe, den Frieden zu sichern und zu erhalten. Er vermittelte und schlichtete bei Grenzkonflikten und sprach auch Sanktionen aus. Gustav Stresemann erreichte, dass Deutschland dem Bund 1926 beitreten dufte. Das nationalsozialistische Regime erklärte im Oktober 1933 Deutschlands Austritt. Mit der Gründung der UNO 1946 löste sich der Völkerbund auf.

4 *die unschuldigen Kinder verhungern*: Eine Dürre in den Jahren 1921/22 hatte an der Wolga eine Hungersnot bisher unbekannten Ausmaßes zur Folge. Der Schriftsteller Maxim Gorki bat, mit Erlaubnis der Regierung, im Ausland um Hilfe. Die Grafikerin Käthe Kollwitz unterstützte die Bitte durch ihr Plakat »Helft Russland!«. Die internationale Anteilnahme und Spendenbereitschaft war groß. Trotzdem starben schätzungsweise 5 Millionen Menschen. Nachfolgende Hungerkatastrophen wurden von der Sowjetunion vor dem Ausland geheim gehalten. Vgl. Christian Schmidt-Häuer, Imperien der Not. Von Iwan dem Schrecklichen bis Stalin. Der Hunger hat Geschichte, in: Die Zeit, Nr. 49/1990, S. 18.

5 *Kutisker, Barmat, Sklareck* [richtig: Sklarek]: Mit diesen Namen verbinden sich drei Betrugs- bzw. Korruptionsaffären der Weimarer Republik. Als medienwirksame politische Skandale sorgten sie in der 1920er Jahren für Schlagzeilen und öffentliche Empörung: In den Fällen Kutisker, Barmat (1924/25) und Sklarek (1929) ging es um persönliche Bereicherung durch Kreditbetrug in Höhe mehrerer Millionen Reichsmark und um die Veruntreuung von öffentlichen Geldern. Allein dies gab der Öffentlichkeit Anlass zur Entrüstung über fehlende Moral, Recht und Gerechtigkeit der jungen Republik. Besonders brisant wurden die Affären, da auch demokratische Politiker unter Korruptionsverdacht standen und es sich bei den Angeklagten Barmat und Kutisker um jüdische Kaufleute aus Osteuropa handelte. Letzterer war durch den Verkauf deutscher Heeresbestände zu Reichtum gelangt. Der rechtsgerichteten Presse lieferten die Fälle spektakuläres Material, um die antidemokratisch-antisemitische Grundstimmung anzuheizen und Verschwörungstheorien zu belegen. Die Delikte wurden insbesondere von der NSDAP über Jahre hinweg propagandistisch verwendet.

Der Fall der Brüder Sklarek, deren Herrenbekleidungsfirma Berliner Polizisten, Beamte sowie einige Politiker zu Vorzugspreisen ausstattete, kostete den Berliner Oberbürgermeister Gustav Böß (DDP) 1930 das Amt. Die NSDAP attackierte Böß mit Schmähreden und Pfeifkonzerten. Da mit Ausnahme von KPD und NSDAP Politiker sämtlicher Parteien in den Korruptionsskandal involviert waren, profitierten diese beiden Parteien deutlich bei der darauffolgenden Kommunalwahl. Der Berlinerin Margarethe Schrimpff ist dies noch sehr präsent.

Zum Barmat-Kutsiker-Skandal vgl. N. N., Denkschrift der Bayerischen Staatsregierung über Missstände auf dem Gebiet der Bewirtschaftung und Verwendung von Staatsgeldern (10. Februar 1925) in: Das Bundesarchiv, Historische Kommission bei der Bayerischen Akademie der Wissenschaften (Hrsg.), Akten der Reichskanzlei der Weimarer Republik, Die Kabinette Luther I-II, Band I (bearbeitet von Karl-Heinz Minuth), Boppard 1977, hier: Dokument Nr. 20, R43/662, Blatt 128-135, Fußnote 2, URL: http://www.bundesarchiv.de/aktenreichskanzlei/1919-1933/1000/lut/lut1p/kap1_2/para2_20.html [online am 5. September 2015] sowie Ludwig-Maximilians-Universität München, Historisches Seminar, Forschungsprojekte, Umkämpfte Demokratie – Der Barmat-Kuisker-Skandal 1924/25 in der politischen Kulturgeschichte der Zwischenkriegszeit (DFG-Projekt), URL: http://www.ngzg.geschichte.uni-muenchen.de/forschung/forsch_projekte/barmat-kutisker/index.html [online am 5. September 2015]. Zum Sklarek-Skandal vgl. Reuth, Goebbels, S. 155, sowie: Heidrun Holzbach-Linsenmaier, »Schöner Pelz, du gingst in Fransen«. Der Sklarek-Skandal, die spektakulärste Korruptionsaffäre der Weimarer Republik, schadete dem Ansehen der jungen Demokratie und beflügelte die Hetzkampagnen der Republikgegner, in: Die Zeit, Nr. 52/1992, S. 62.

6 *Wulle*: Vgl. Abel-Biogramm/Nr. 547/Klara Czirnik, Kommentar 5 ► Wulle.
Kunze: Vgl. Abel-Biogramm/Nr. 459/Hedwig Eggert, Kommentar 6 ► Knüppel-Kunze, sowie Abel-Biogramm/Nr. 547/Klara Czirnik.

7 *Dernburg*: Der Bankier Bernhard Dernburg (1865-1937) arbeitete im Kaiserreich als Staatssekretär im Reichskolonialamt und saß in verschiedenen Aufsichtsräten der Montanindustrie. Kurzzeitig wurde er 1919 zum Reichsfinanzminister und Vizekanzler berufen, anschließend vertrat er 1920-1930 die DDP im Reichstag. Vgl. Das Bundesarchiv, Akten der Reichskanzlei der Weimarer Republik, Biographien, Bernhard Dernburg, URL: http://www.bundesarchiv.de/aktenreichskanzlei/1919-1933/0000/adr/adrag/ kap1_4/para2_62.html [online am 5. September 2015].

8 *Kahr*: Der bayerische Generalstaatskommissar Gustav Ritter von Kahr sollte als Unterstützer in den Hitler-Putsch 1923 einbezogen werden, stellte sich dann jedoch gegen den Umsturz. Vgl. Abel-Biogramm/Nr. 532/Erika Ullmann, Kommentar 8 ► Ankläger: Kahr, Lossow, Seißer.

9 *Ueberfall auf den Bahnhof Lichterfelde-Ost*: Schrimpff erinnert sich hier an einen blutigen Zusammenstoß von etwa 700 Nationalsozialisten und 23 Kommunisten, die am 20. März 1927 von verschiedenen Kundgebungen in Brandenburg im gleichen Zug nach Berlin zurückkehrten, auch »Lichterfelder Bahnhofsschlacht« genannt. Die Kommunisten, eine Kapelle des Roten-Frontkämpfer-Bundes, kamen aus Jüterbog. Die Nationalsozialisten stiegen im märkischen Trebbin zu, wo Goebbels anlässlich des »2. Märkertages« und des zweijährigen Bestehens der Berliner SA gesprochen hatte. Das Aufeinandertreffen im Zug war von diesem bewusst kalkuliert worden, ebenso die daraus resultierende Dynamik der Gewalt und die Medienwirksamkeit der Ausschreitungen. Um die Berliner Zeitungen zu erreichen, sorgte Goebbels zudem mit einem Schlägeraufgebot am Zielbahnhof Berlin-Lichterfelde für eine Fortsetzung der »Schlacht«. Der Presse berichtete ausführlich. Die NSDAP soll in der Folge ca. 400 Aufnahmeanträge erhalten haben. Vgl. Helmut Heiber, Joseph Goebbels, Berlin 1962, S. 64, sowie Reuth, Goebbels, S. 118.
Margarethe Schrimpff kehrt in ihrem Biogramm das ungleiche Kräfteverhältnis bei dieser Auseinandersetzung um. In nationalsozialistischen Darstellungen der Kampfzeit war dies ein gängiges Mittel, um Märtyrertum, Unerschrockenheit und Stärke der »Kämpfer« zu unterstreichen. Unerwähnt lässt Schrimpff auch den nachfolgenden Siegeszug der Nationalsozialisten zum Kurfürstendamm, wo es vor dem Romanischen Café erstmals zu einem NS-Pogrom gegen vermeintlich jüdische Passanten kam.
Der Vorfall am Bahnhof Lichterfelde wird auch erwähnt im Abel-Biogramm/Nr. 588/Klara Petersson.

10 *Parteigenosse Küttemeyer:* Gemeint ist der SA-Mann Hans-Georg Kütemeyer, der bei der erwähnten Veranstaltung am 16. November 1928 im Berliner Sportpalast an der Kasse saß, und am nächsten Morgen tot im Landwehrkanal treibend aufgefunden wurde. Wegen der Parallele zum Fundort der 1919 ermordeten Rosa Luxemburg sah Goebbels darin sogleich eine kommunistische Entgegnung und erklärte Kütemeyer zum »Blutopfer der Bewegung«. Polizeiliche Ermittlungen sprachen dagegen für einen Suizid. Polizeipräsident Bernhard Weiß untersagte einen nationalsozialistischen Trauerzug. Vgl. Reuth, Goebbels, S. 145.

11 *Heinrich Limbach-Leipzig:* Der Bauschlosser Heinrich Limbach (1898-1929) war Mitglied der NSDAP in Leipzig. Er kam am 9. Februar 1929 infolge einer Auseinandersetzung mit Kommunisten ums Leben. Limbach war einer von insgesamt sieben Parteimitgliedern, die von der Leipziger NSDAP als »Blutzeugen der Bewegung« durch Straßenbenennungen geehrt wurden. Vgl. André Loh-Kliesch, Leipzig-Lexikon, Biogramm, Heinrich Limbach; URL: http://www.leipzig-lexikon.de/biogramm/Limbach_Heinrich.htm [online am 5. September 2015].

12 *V. B.*: *Völkischer Beobachter.*

13 *Dr. v. Leers*: Der promovierte Jurist und spätere NS-Publizist Johann von Leers (1902-1965) war seit 1929 Mitarbeiter beim *Angriff* und ab 1932 Bundesschulungsleiter des Nationalsozialistischen Studentenbundes. Er war als Redner und als Verfasser polemischer antisemitischer Schriften bekannt, in denen er »offen die Vernichtung der Juden propagierte«. Weiß, Biographisches Lexikon, S. 294.

14 *Wolfsangel*: Das Abzeichen in Anmutung einer germanischen Rune ersetzte während der Verbotszeit der NSDAP in Berlin das Hakenkreuz. Kletterweste nannte sich eine kurze zweireihig geknöpfte Jacke, die schon in den 1920er Jahren zur Jugendmode gehörte und auch als BDM-Uniformjacke eingeführt wurde.

15 *Alex*: Polizeipräsidium am Alexanderplatz.

16 *S. A.-Küche*: Im Jahr 1931 entstanden in Berlin mehrere von Parteifrauen bewirtschaftete SA-Küchen und -Heime, deren Aufenthaltsräumen bis zu zehn Schlafplätze angeschlossen waren. Martin Schuster geht davon aus, dass weder Küchen noch Unterkünfte den realen Bedarf decken konnten, sondern eher als Vorzeigeeinrichtungen für den propagierten »praktizierten Sozialismus« dienten. Vgl. Kapitel »Strümpfe stopfen für die SA« – Unterstützung von SA und Ortsgruppen.

17 *Jagd nach den braunen Hosen und Hemden*: Die Verfasserin spricht hier das Uniformverbot von 1931 an.

18 *Und wenn die Welt voll Teufel wär'*: Die Verfasserin zitiert bzw. adaptiert hier die dritte Strophe des Kirchenliedes »Ein' feste Burg ist unser Gott« von Martin Luther. Der Ursprungstext von 1529 lautet: »Und wenn die Welt voll Teufel wär Und wollt uns gar verschlingen, So fürchten wir uns nicht so sehr, Es soll uns doch gelingen.« Vgl. Evangelisches Gesangbuch für Rheinland und Westfalen, Dortmund 1953, Lied Nr. 90.

Klara Petersson

Abel-Biogramm/Nr. 588/Klara Petersson
12 Seiten, handschriftlich (deutsche Schrift), datiert 14. August 1934.
Die Identität der Verfasserin ist authentisch.[1]

Name:	Klara Petersson, geb. Jahnel
Geburtsdatum:	26. Januar 1892
Geburtsort:	Grünberg in Schlesien
Alter:	42 Jahre
Familienstand:	verheiratet, ein Sohn
Wohnort:	Berlin-Steglitz
Elternhaus:	Vater Webmeister, Mutter Arbeiterin in einer Weberei, ältere Schwester von Hedwig Eggert
Ausbildung:	Volksschule, Weberin
Beruf:	Hausfrau, Wirtin SA-Lokal in Berlin-Moabit
NSDAP-Beitritt:	1. Juni 1928 (Abel-Biogramm)
Mitgliedsnummer:	88 307
Werber:	Ehemann
Funktionen:	Mitglied, Leiterin DFO-Ortsgruppe Steglitz bis 1931

Charakteristische Aspekte des Biogramms:
Klara Petersson gehörte 1927/28 zum weiteren Kreis um den Berliner Gauleiter Goebbels – dessen äußere Erscheinung sie zunächst enttäuschte – und nahm an der Feier zu seinem 30. Geburtstag teil. Um 1929 leitete Peterssson die Ortsgruppe Steglitz des Deutschen Frauenordens (DFO) und führte um 1931 ein SA-Sturmlokal.

Steglitz, den 14. 8. 1934

Lebenslauf: Klara Petersson, geb. Jahnel

Als Tochter des verstorbenen Webmeisters Franz Jahnel und der verstorbenen Anna Jahnel geb. Riedel wurde ich am 26. 1. 1892 zu Grünberg in Schls. geboren.[2] Von elf Kindern, welchen meine Mutter das Leben gab, war ich das fünfte.

Ich besuchte, wie auch meine Geschwister, die Volksschule zu Grünberg. Von einer zu sonnigen Jugend konnten wir Kinder nicht reden. Da trotz allem Fleiß und allem solide sein unseres Vaters, das Geld doch nicht ausreichte, um uns hungrige Mäuler alle zu stopfen.

In Folge dessen war unsere liebe Mutter gezwungen, von früh bis abends mit zu arbeiten. Und zwar ging sie in die Fabrik weben, oder Ketten andrehen. Ich kann mich noch genau entsinnen, daß unsere Mutter immer 4 Wochen vor der Geburt schwer krank zu Bett lag, aber den Tag nach der Geburt schon wieder vor ihrem Bett auf dem Schemel saß, um für uns das Mittagbrot vor zu bereiten, z. B. schälte sie Kartoffeln und putzte Gemüse. Acht Tage nach der Geburt stand Mutter aber bestimmt wieder am Webstuhl. Kummer und Sorge waren bei uns ständiger Gast. Kranksein der Kinder und Sterbefälle, von 11 Kindern sind wir fünf übrig geblieben. Ich weiß noch, Mutter sagte immer zu mir, Du bist mein Sorgenkind, ich hatte nämlich das Pech, alle ansteckenden Krankheiten an zu bringen.

Die Folge einer schweren Krankheit war einmal, daß ich ¾ Jahre fast erblindet war. Ich habe vielleicht nur die Hälfte meiner Schulzeit die Schule besucht, da ich immer krank war. Habe aber doch noch die erste Klasse erreicht, natürlich nicht als gute Schülerin, sondern als mittelmäßige. Meine Schwester Gertrud ist durch alle Klassen als Erste gegangen und meine Schwester Hedwig ist als Zweite aus der ersten Klasse entlassen worden. Aus der Schule entlassen, mußten wir gleich in die Fabrik als Weberin. Ich erinnere mich eines Vorganges, als der Chef einmal das Werk besichtigte, wollte er seine besten Arbeiter sehen, so auch die Weberin, da wurde ich ihm vorgestellt. Da wurden die fertigen Stücke heraus gesucht welche von mir noch auf dem Lager waren. Sie waren in wunderbaren Farben eingefärbt, ich war selbst erstaunt über dieses wundervolle Tuch, ich bekam nur immer ganz teures feines Kammgarn zum Weben oder Muster, Herrenstoffe, oder was sich am schwersten webt Strumpfdiagonal. Ich mag damals 19-20 Jahre gewesen sein. Der Chef empfing mich mit den Worten, bist Du die Tochter von unserem alten Webmeister Jahnel, na da hast Du ja einen guten Lehrmeister gehabt. Als wir dann schon die drei ältesten aus der Schule entlassen waren, und wir schon selbst Geld verdienten, und Kostgeld abgeben konnten, war es dann schon besser. Die Kleinen hatten dann schon eine frohere Jugend, denn sie hatten die Mutter zuhaus. Nachdem unsere Mutter uns alle groß gezogen hat und es besser haben konnte, starb sie nach langer qualvoller Krankheit am Krebs. Auch meinen Vater verlor ich in diesem Jahre also 1934 an der gleichen Krankheit. Wenn man das Leben meiner Eltern betrachtet, kann man von stillem Heldentum sprechen.

Ich kam nach Berlin und verheiratete mich mit dem Ingenieur Adolf Petersson.[3] Wir führen eine gute Ehe, haben aber leider nur einen Sohn, welcher jetzt Drogist lernt. Als junges Mädchen wünschte ich mir immer 12 Kinder.

Mein Mann machte den großen Krieg an der Front mit. Nach dem Kriege suchte man immer nach der Partei, welche Deutschland rettet, aber leider war keine da. Als der Prozeß vom Münchner Aufstand 1923 begann, wurden wir auf unseren geliebten Führer aufmerksam, auf sein herliches Verhalten, durch sein alles auf sich nehmen. Da sagten wir gleich, wenn Deutschland noch gerettet werden kann, so kann es nur durch diesen Mann sein. Und seit dem sind wir Adolf Hitler und seiner Idee mit Haut und Haaren verfallen. Mein Mann war im Freikorps, dann im Frontbann.[4] 1925 trat er in die N.S.D.A.P. ein und erhielt die Nr. 24010. Meine Schwester Hedwig und ich wir besuchten mit meinem Mann zusammen jede nationalsozialistische Veranstaltung. Wir waren genau so begeisterte Nationalsozialisten wie mein Mann. Erst wollte es in Berlin garnicht vorwärts gehen mit der Bewegung, es war nicht der richtige Schwung drin, und unsere Presse war auch noch zu kläglich, gegenüber der gegenerischen Presse.

Dann kam unser lieber Dr. Goebbels nach Berlin, das war ein großes Glück, es stellte Berlin bald Kopf.

Nun ging es immer aus einer Versammlung zur andern, von einem Umzug zum andern, immer durch die rötesten Viertel Berlins. Die größten Versammlungen waren wohl Hasenheide, Neue Welt, Pharus Säale, Kriegervereinshaus und Friedrichshain. In der Hasenheide hörten wir glaub ich unseren lieben Dr. zum ersten mal, als er durch den Saal kam war ich sehr enttäuscht, nach dem war ich schon vom Dr. gehört hatte, stelle ich mir einen Hünen von Gestalt vor. Seine Rede aber hatte etwas so hinreißendes an sich, das es natürlich unsere Herzen im Sturm gewann.

Bei dieser Versammlung hatten sich die Kommunisten mit Pflastersteinen bewaffnet, vor dem Lokal aufgestellt. Die Pharussaalschlacht:[5] bei dieser Versammlung war der halbe Saal mit Kommunisten gefüllt, als Pg. Daluege[6] die Versammlung eröffnete, meldeten sich die Kommunisten zur Geschäftsordnung. Die Geschäftsordnung bestimmen wir, sagte Pg. Dalüge, da ging die Klopperei auch schon los, mit Tisch- und Stuhlbeinen, mit Biergläsern mit allem möglichen was nur zu erreichen war. Es gab viele Verwundete, da bekam seine erste schwere Verwundung auch unser unvergeßlicher Edmund Behnke[7].

Trotz diesem Tumult und Wirrwahr stand unser geliebter Dr. Goebbels aufrecht auf der Bühne. Er stellte noch einen kommunistischen Rowdi vor, welcher geschossen hatte, mit den Worten, »so sieht ein Arbeitermörder aus«, (die Kommunisten bezeichneten doch alle Nazis als Arbeitermörder.) Nach dem die Polizei eingegriffen hatte, und die Ruhe wieder hergestellt hatte, wurde die Versammlung weiter geführt. Friedrichshain mit der Parker-Gilbert Geburtstagsfeier dem ungekrönten Kaiser. Zu dieser Versammlung sah unser Dr. erschreckend elend aus, er meinte, er käme aus einem politischem Bade. Da wurde ihm zugerufen, mußt mehr essen, man hörte direckt unterdrücktes

Schluchzen, aus Sorge um unsern Dr. Er hatte nämlich schon stundenlang im großen Saale gesprochen, wir hatten nur noch im kl. Saale Platz gefunden. Die Kriegervereinshaus Versammlung, mit dem berühmten Pfarrer Stucke, welcher unserm lieben Dr. zurief, »siehst auch nicht aus wie ein germanischer Jüngling.« Und dafür eine Ohrfeige einheimste.[8] Natürlich hatte es für unsere Bewegung bittere Folgen, wir mußten dafür das Verbot der Partei in Berlin einstecken. Aber meines Erachtens nach hat uns das garnicht geschadet, in dieser Zeit bekamen wir den Angriff, von Dr. Goebbels heraus gegeben, und der war knorke.

Dann wurden unsere Volksgenossen durch den Terror auf unsere Bewegung aufmerksam. Dann kam der Geburtstag unseres lieben Dr. welcher in Südende gefeiert wurde, er bekam unter anderen herlichen Geschenken einen riesengroßen Maulkorb.[9]

Ich erinnere an den kommunistischen Überfall auf dem Bahnhof Lichterfelde,[10] der Terror war entsetzlich, es konnte sich ja kaum noch einer nachts auf die Straße wagen, ohne von seinem politischen Gegner nieder geschlagen zu werden. 1929 hatte ich das Glück den Parteitag in Nürnberg mitzumachen. Die Eindrücke die man erhielt, lassen sich nicht schildern, jedenfalls wird es mir unvergeßlich sein.

Dort hörte ich zum ersten Mal das Horst Wessel Lied, ich sehe noch unsern lieben Horst so frisch, lebendig und froh vor seinem Sturm marschieren. Unsern heißgeliebten Führer haben wir aber leider nicht zu Gesicht bekommen, trotzdem wir alles mitgemacht haben und überall dabei waren. Da kann man sich ungefähr ein Bild von der Größe der Sache machen.[11] Selbst im Luipoldshain konnten wir Adolf Hitler nicht sehen. Die S.A. wie sie so still stand, sah aus, wie ein riesengroßer brauner Teppich.

Dann kamen die Umzüge durch die rötesten Viertel Berlins, Neuköln, Schöneberg (Rote Insel). In Neukölln wurde auf Dr. Goebbels geschossen,[12] er saß wie immer neben seinem Chauffeur, die Kugel traf nicht Dr. Goebbels, sondern seinen langjährigen treuen Chauffeur Tonak[13] am Genick. Ich sehe noch, wie sich Dr. Goebbels um ihn bemühte, um ihm mit seinem eigenen Taschentuch das Blut zu stillen. Auch in Schöneberg wurde am Rummel ein Attentat auf Dr. Goebbels verübt, das ja auch wie ein Wunder nicht glückte.

Meine erste Hitler Versammlung war am 1. Mai 1927 im Clou,[14] mit einer provisorischen Mitgliedskarte, [ich] trat erst Juni 1928 ein, auf einmal kam mir das Weinen an, ich schämte mich, aber als ich mich verstohlen umguckte, sah ich sogar, daß Männer Tränen in den Augen hatten, auch mein Mann. Dann hörte ich Hitler wieder im Friedrichshain,[15] es war eine wahnsinnige Hitze, ich glaube 37 Grad Adolf Hitler trank jedenfalls Selter mit Eis in rauhen Mengen, ich ging nach der Versammlung am Podium vorbei, Hitler hatte sich noch einen Moment hingesetzt, er sah sich nicht mehr ähnlich ganz verfallen.

Dann hörte ich Hitler noch oft im Sportpalast, immer wieder begeistert, stundenlang konnte man mit der größten Aufmerksamkeit folgen. Wir erlebten auch den 2. Märkertag [16] erst der Umzug von Teltow durch Steglitz, in Steglitz hat unser lieber Dr. Goebbels meiner kl. Nichte Sieglinde die Hand gereicht, da ist sie heute noch ganz stolz drauf.Die vielen Anrempeleien von anders Denkenden.

Dann im Sportpalast selbst der Überfall durch Kommunisten. Wir hatten ein [...] Teil Verwundete. Auf dem Heimweg überfielen sie uns dann unsern Pg. Kütemeier er wurde von dem Gesindel auf bestialische Weise ermordet und in den Landwehrkanal geworfen.[17]

Tieferschüttert standen wir dann an seiner Bahre, wir mußten noch manchmal einen so bitteren Gang gehen, zum B. als wir unsern lieben S.S. Mann Behnke der nach solangen qualvollem Leiden, als Folge mehrerer Überfälle zur letzten Ruhe gebettet wurde. Dann kam die feige Ermordung unseres unvergeßlichen Horst Wessels, wie hat sich das rote Mordgesindel da benommen, als wir bis ins innerste Mark getroffen bis zum Tode verletzt an seinem Grabe standen, fuhr die rote Meute mit Lastautos am Friedhof vorbei, unter fürchterlichem Gejohle.[18]

Wenn man alles aufzählen wollte was man mit erlebt hat all die Jahre könnte man wirklich ein Buch schreiben. Wenn ich bloß schreiben wollte wie wir persönlich von den Steglitzer Kommunisten verfolgt wurden, wir konnten manchmal kaum aus dem Haus, meinem Mann haben sie nachgerufen Du feiger Mörder wir machen Dich kalt, mein Mann hat aber noch keinem was getan.

Einmal haben die Steglitzer u. Schöneberger Kommunisten einen Umzug durch unsere Straße gemacht, wir wohnten damals Herderstr., mit Pechfackeln vor unserm Hause wurde Halt kommandiert, dann sprach einer, die ganze Rede war eine Hetzerei auf uns, zum Schluß sagte der Redner »also Oberfaschist Petersson Herderstr. 9 I und schwer Verdiener Uldokat[19] Herderstr. 29 I ich wiederhole die Adressen noch einmal, also macht Eure Sache gut!«

Nun endlich im Anfang 1928 konnten meine Schwester und ich nicht mehr anders, die Parteigenossen sagten schon immer weshalb treten denn nur nicht ein, sie machen doch alles mit. Nun bin ich der glückliche Besitzer eines Ehrenkreuzes mit der Nr. 88307 und einer Besitzurkunde.[20] Ich zog dann den Frauenorden[21] in Steglitz auf, es war eine sehr schöne Zeit, ich erinnere an das Weihnachtsfest 1929, das wir unter der Leitung unseres damaligen Sektionsleiters Wülfing veranstalteten.[22] Die alten S.A. u. S.S. Leute werden sich noch erinnern.

Wir bescherten damals 62 Mann reichlich, unsere Wohnung sah vor Weihnachten aus wie ein Warenhaus, diese Mengen Pfefferkuchen wollne [!] Unterwäsche, wollne Strümpfe und Handschuhe, ich konnte aber von meinen Ordensschwestern verlangen was ich wollte, wenn ich sagte, heute nacht wird durch genäht oder gestrickt, dann wurde es auch getan.

1930 verlor mein Mann seine Stellung bei O & K. wo er als Ingenieur fast 25 Jahre beschäftigt war.[23] Mein Mann wurde von verschiedenen Herren der Firma, in seiner Eigenschaft als Sturmführer, als er seinen Sturm führte gesehen. Kurz darauf kam die Entlassung, mit der Begründung »aus organisatorischen Gründen haben wir keine Verwendung mehr für Sie.« Wir kauften uns ein

Lokal in Moabit Lehrterstr. 31. zogen es als S. A. Lokal auf, da wir es ja ideemäßig garnicht anders konnten.[24]

Wir hatten ja liebe Jungs bei uns z. B. Seppel Leder, Reckentin, Erich Blum, Bosemüller, Schumacher, Lubi, Hein Fuhrmann, Pieter nicht zu vergessen, der arme Junge ging eines Abends von uns weg, da wurde er von Kommunisten überfallen und zusammen gestochen.

Als ihn die Polizei befreite, fanden sie bei ihm einen Revolver, aus dem aber noch nicht geschossen war. Da bekam er noch 6 Monate Gefängnis. Es wären ja noch so viele zu erwähnen, vergessen haben wir noch keinen davon. Man verliert nur den Namen aus dem Gedächtnis. So lieb die Jungens auch waren, so gern sie auch zu Tante Klara kamen, (wir hatten die Gastwirtschaft auf meinen Namen.) sie hatten aber doch kein Geld, denn damals hatte doch kein S. A. Mann Arbeit. Folglich konnten sie doch nichts verzehren.

Das gehört doch aber einmal zum Geschäft. Wenn wir sahen, das sie sich nichts leisten konnten, stellten wir ihnen schon einen Stiefel hin.[25] Es war ja auch eine zu schwere Zeit, jeden Abend Wache, wenn sie keinen anderen Dienst hatten. Wir hatten auch verschiedene mal Besuch von Kommunisten, sogar die Steglitzer Kommunisten, die uns ja in Steglitz schon immer verfolgt hatten, kamen zum roten Sportfest im Poststadion, sie wollten unsern Laden auf den Leisten hauen.[26] Wir mußten polizeilichen Schutz anfordern. Die Polizei war ja auch tüchtig, sie drängte die Kommunisten ab, und verhütete so ernstere Sachen.

Nach anderthalb Jahren mußten wir das Lokal doch schließen. Wir waren mit 1½ Monat Miete im Rückstand, verkaufen ließ uns der Wirt nicht. Es war im Vertrag nicht ausgemacht. Mit der Miete setzte uns der Wirt ziemlich zu. Mein Mann war auch mit den Nerven derart zusammen gebrochen, das ich glaubte, er würde sich nicht wieder erholen.

Unsere Ersparnisse waren nun weg. Nun gingen wir ins Ungewisse. Keine Wohnung kein Geld. Ein Vetter von uns war so lieb, uns sein Sommerhaus in Cladow den Winter über zur Verfügung zu stellen.[27] Es war herrlich dort, mitten im Wald. Mein Mann hat sich dort auch wieder blendend erholt. Dann kam noch eine schreckliche Zeit, für 3 erwachsene Personen, bekamen wir nach langem Hin und Her 52 M monatlich vom Wohlfahrtsamt.[28] Wir konnten natürlich wieder keine Wohnung mieten, da das Geld ja nur knapp zum Leben reichte. So zogen wir zu unserm Mastdarm Krebs kranken Vater, in 1 Stube und Küche. Dann endlich im November 1932 bekam mein Mann Stellung beim Angriff, nun mieteten wir eine 2 Zimmer Wohnung. Wir holten unsere Sachen welche 1½ Jahr bei unserm Vater im Keller gestanden hatten, und nahmen unsern kranken Vater zu uns. Ich war in dieser schlimsten Zeit auch 2 Jahre sehr krank.

Aber nun fangen wir wieder von vorn an. Wir haben wieder Mut und Vertrauen auf eine bessere Zeit, wir haben nun als ältere Leute noch angefangen zu siedeln, in 14 Tagen ziehen wir in unser kl. Häuschen ein. Das Geld dazu haben uns wieder liebe Menschen geliehen, z. B. unser Vetter, und 500 M will uns ein bekannter Schriftsteller, der auch im Angriff schreibt und auch ein ganz alter

Parteigenosse ist, leien. Ich hoffe ja auch, das mein Mann noch einmal eine Stelle bekommen wird, die ihm zukommt, seines Wissens und Könnens nach, die hat er leider noch nicht, trotzdem er alter Kämpfer ist. Aber es liegt nicht an der Partei, sondern an ihm selbst, er ist zu bescheiden. Mit einem Wort gesagt er ist ein Idialist – ein wahrer Nationalsozialist. Ich bin wieder gesund geworden auf unserer Siedlung und wir haben wieder Mut im dritten Reich zu leben.

Wir danken mit inigster Liebe und Verehrung dem Manne, der diesen Wandel geschaffen hat.

Heil Hitler.

1 *Klara Petersson*: In der NSDAP-Zentralkartei, der NSDAP-Ortsgruppenkartei und der NSDAP-Parteikorrespondenz finden sich keine Einträge zu Klara Petersson. Ihre Identität ist jedoch über das Biogramm ihrer Schwester Abel-Biogramm/Nr. 459/Hedwig Eggert und den Eintrag ihres Ehemannes ins Berliner Adressbuch belegt.

2 *Grünberg i/Schs*: Vgl. Abel-Biogramm/Nr. 459/Hedwig Eggert, Kommentar 2 ► Grünberg i/Schs.

3 *Berlin*: Adolf Petersson war 1934 unter der Adresse Schloßstraße 90 in Berlin-Steglitz gemeldet. Vgl. Zentral- und Landesbibliothek Berlin, Berliner Adressbücher, Jahrgang 1934; URL: http://adressbuch.zlb.de/viewAdressbuch.php?CatalogName=adre2007&ImgId=318785&intImgCount=-3&CatalogCategory=adress&Counter=&CatalogLayer=6 [online am 15. Januar 2014].

4 *Frontbann*: Vgl. Kommentar zu Abel-Biogramm/Nr. 459/Hedwig Eggert Kommentar 8 ► Frontbann.

5 *Pharusschlacht*: Vgl. Kommentar zu Abel-Biogramm/Nr. 459/Hedwig Eggert Kommentar 10 ► Pharusschlacht.

6 *Pg. Daluege*: Der damalige SA-Führer von Berlin, Kurt Daluege (1897-1946), war während des Hitlers-Putsches 1923 einer der Vertrauensmänner Hitlers in Berlin. Ihm wird die Gründung der Berliner SA 1926 zugeschrieben. Ab 1928 wechselte er an die Spitze der Berliner SS. Daluege war ab 1933 Mitglied des Reichstages und leitete die Polizeiabteilung im preußischen Innenministerium. Als Chef der Ordnungspolizei trug er die Verantwortung für die Errichtung des nationalsozialistischen Polizeistaates und mittelbar für die brutalen Vergehen der deutschen Ordnungspolizei in den besetzten Ostgebieten. Wegen seiner Verbrechen, insbesondere gegen die tschechische Bevölkerung, wurde er 1946 in Prag zum Tode verurteilt und hingerichtet. Vgl. Weiß, Biographisches Lexikon, S. 79 f.

7 *Edmund Behnke*: Vgl. Kommentar zu Abel-Biogramm/Nr. 459/Hedwig Eggert, Kommentar 11 ► Edmund Behnke.

8 *eine Ohrfeige einheimste*: Tatsächlich wurde Friedrich Stucke von der SA krankenhausreif geschlagen. Zum Fall Stucke vgl. Kommentar zu Abel-Biogramm/Nr. 459/Hedwig Eggert Kommentar 16 ► Verbotszeit, sowie Abel-Biogramm/Nr. 547/Klara Czirnik.

9 *Goebbels' Geburtstag*: Ausführlicher schildert Hedwig Eggert die Feier zu Joseph Goebbels' 30. Geburtstag im Oktober 1927. Den Maulkorb erwähnt auch Goebbels selbst in seinem Tagebuch. Vgl. Abel-Biogramm/Nr. 459/Hedwig Eggert, S. 9, sowie Elke Fröhling (Hrsg. im Auftrag des Instituts für Zeitgeschichte): Die Tagebücher von Joseph Goebbels, Teil 1/II, Dezember 1925-Mai 1928, München 2005, S. 285.

10 *Überfall auf dem Bahnhof Lichterfelde*: Vgl. Abel-Biogramm/Nr. 582/Margarethe Schrimpff, Kommentar 9 ► Ueberfall auf den Bahnhof Lichterfelde-Ost.

11 *Größe der Sache*: Am Reichsparteitag 1929 sollen »nach Schätzungen der Polizei nicht weniger als 40.000 Menschen« teilgenommen haben. Evans, S. 303.

12 *In Neukölln wurde auf Goebbels geschossen*: Das fehlgeschlagene kommunistische Attentat auf Goebbels, bei dem sein Fahrer angeschossen wurde, ereignete sich am 22. September 1929 nahe dem Görlitzer Bahnhof in Berlin-Neukölln. Es markierte einen Höhepunkt in der Reihe von Gewaltexzessen zwischen KPD- und NSDAP-Anhängern, die besonders durch die reißerische Presse der beiden politischen Lager befeuert wurden. Vgl. Reuth, Goebbels, S. 153.

13 *Tonak*: Der Leibwächter und Chauffeur von Joseph Goebbels, Albert Tonak (1906-1942), soll nach der Massenschlägerei in den Pharussälen vom Roten Frontkämpferbund zur SA übergelaufen sein. Seine erste Ehefrau, Frida Müller, war die stellvertretende Reichsleiterin des Deutschen Frauenordens (DFO). Vgl. ebd., S. 255.

14 *1. Mai 1927 im Clou*: Vgl. Abel-Biogramm/Nr. 36/Hertha von Reuss, Kommentar 6 ► Clou, sowie Abel-Biogramm/Nr. 532/Erika Ullmann.

15 *Friedrichshain*: Der Saalbau Friedrichshain war eine große Fest- und Konzerthalle mit Sommergarten. Für den Abend des 4. April 1932 ist dort ein Auftritt Hitlers belegt. Die erwähnte Temperatur kann sich durch die erhitzte wartende Menschenmenge im Saal entwickelt haben. Vgl. Bruppacher, Adolf Hitler, S. 232.

16 *2. Märkertag:* Da die Verfasserin oben bereits den »Überfall auf dem Bahnhof Lichterfelde« thematisiert hat, der sich am Abend des in Trebbin abgehaltenen »2. Märkertages« ereignete, ist davon auszugehen, dass hier der sogenannte »3. Märkertag« gemeint ist, die erste Massenveranstaltung der NSDAP in Berlin am 29. und 30. September 1928. Dies stimmt auch überein mit der Marschroute mehrerer tausender SA-Männer vom märkischen Teltow über Berlin-Steglitz zum Berliner Sportpalast, wo nacheinander Goebbels und Hitler sprachen. In der überfüllten Halle drängten sich 15.000 neugierige Menschen, um Hitlers erste öffentliche Rede in Berlin zu hören, nachdem sein Auftritt am 1. Mai 1927 im Berliner »Clou« wegen des Parteiverbots als geschlossene Veranstaltung stattgefunden hatte. Vgl. Bruppacher, Adolf Hitler, S. 173.

17 *Kütemeier*: Vgl. Abel-Biogramm/Nr. 582/Margarethe Schrimpff, Kommentar 10 ► Parteigenosse Küttemeyer.

18 *Wessel:* Die beschriebene Beerdigung Horst Wessels fand am 1. März 1930 statt.

19 *Uldokat*: Paul Uldokat war ein Steglitzer Kaufmann. Das Berliner Adressbuch von 1929 bestätigt die genannte Anschrift. Vgl. Zentral- und Landesbibliothek Berlin, Berliner Adressbücher, Jahrgang 1929; URL: http://digital.zlb.de/viewer/image/10089470_1929/3743 [online am 15. Januar 2014].

20 *Ehrenkreuz*: Das goldene Parteiabzeichen der NSDAP.

21 *Frauenorden*: Gemeint ist eine Ortsgruppe des hitlertreuen Deutschen Frauenordens (DFO).

22 *Wülfing*: Der Steglitzer Buchhändler Martin Wülfing (1899-1986) trat 1926 in die NSDAP ein, innerhalb derer er zahlreiche Ehrenämter übernahm. Im Jahr 1933 vertrat er die Partei kurzzeitig auch im Preußischen Landtag. Vgl. Bayerische Staatsbibliothek/Deutsche Forschungsgesellschaft, Digitale Bibliothek, Reichstagshandbuch, Band 1933, Berlin 1933, S. 372, URL: http://daten.digitale-sammlungen.de/~db/bsb00000009/images/index.html?nativeno=372 [online am 5. September 2015].

23 *O & K*: Das Berliner Maschinenbauunternehmen Orenstein & Koppel (O&K) machte sich ab 1876 als Eisenbahnzulieferer für Lokomotiven, Weichen etc. einen Namen. Daneben stellte die Firma Feldbahnen, Straßenbahnen, Bagger und Rolltreppen her. Im Jahr der Entlassung Peterssons, 1930, expandierte O&K durch die Übernahme der »Dessauer und Gothaer Waggonfabrik«. Vgl. Martin Schiffmann, Werkbahnen in Deutschland, Orenstein & Koppel, URL: http://www.werkbahn.de/eisenbahn/lokbau/oundk.htm [online am 5. September 2015].

24 *Moabit*: Hier findet sich eine mögliche Querverbindung zu Leokardia Rogalski, Anna Nieke und Lisi Paupié.

25 *Stiefel*: Das Bierglas in Stiefelform hat meist ein besonders großes Fassungsvermögen von 2 Litern. Klara Petersson betont auf diese Weise ihre Freigiebigkeit und nennt diese noble Haltung sogleich als Ursache für die Insolvenz ihrer Gastwirtschaft.

26 *Poststadion*: Das 1929 eingeweihte Poststadion lag in unmittelbarer Nähe des SA-Lokals der Peterssons an der Lehrter Straße in Berlin-Moabit. Bis zum Bau des Olympiastadions 1936 war es mit 35.000 Zuschauerplätzen die größte Sportanlage Berlins. Vgl. Luisenstädtischer Bildungsverein e.V., Berlin von A-Z, Lexikon zur Stadtentwicklung, Chronik und Gegenwart, Poststadion, URL: http://www.luise-berlin.de/lexikon/mitte/p/poststadion.htm [online am 5. September 2015].

27 *Cladow*: Der heutige Berliner Ortsteil Kladow war seiner idyllischen Lage am Wannsee und seines dörflichen Charakters wegen seit Ende des 19. Jahrhunderts ein beliebtes Ausflugsziel der Großstädter und bevorzugter Ort für Landsitze und Sommerresidenzen. Um 1930 lautete die Schreibweise noch noch »Cladow a. Havel«. Vgl. Reinhard Ohms, kladow.online.de, Kladower Geschichte; URL: http://www.kladow-online.info/104/Kladower_Geschichte.html [online am 5. September 2015].

28 *52 M monatlich vom Wohlfahrtsamt*: Im Jahr 1932 entsprachen 52 Reichsmark etwa der Hälfte eines durchschnittlichen Monatseinkommens, eine niedrige Wohnungsmiete lag bei 30 Reichsmark.

Therese Diebel

Abel-Biogramm/Nr. 589/Therese Diebel
Vier Seiten, handschriftlich (deutsche Schrift), datiert 9. August 1934.
Die Identität der Verfasserin ist authentisch.[1]

Name:	Therese Diebel
Geburtsdatum:	21. September 1887
Geburtsort:	Berlin
Alter:	46 Jahre
Familienstand:	verheiratet, sechs Kinder (darunter ein Stiefsohn)
Wohnort:	Berlin-Marienfelde
Elternhaus:	Selbständige (Gärtnerei), sechs ältere Geschwister
Ausbildung:	Volksschule, Floristin
Beruf:	Hausfrau
NSDAP-Beitritt:	1. Dezember 1931 (NSDAP-Zentralkartei)
Mitgliedsnummer:	743162
Werber:	Ehemann, Sohn
Funktionen:	Mitglied

Charakteristische Aspekte des Biogramms:
Therese Diebels Interesse am Nationalsozialismus wurde von ihrem Ehemann und ihrem Stiefsohn geweckt. Sie grenzte sich in offener »Feindschaft« gegen ihre andersdenkende, insbesondere gegen die sozialdemokratische Umgebung ab. Diebel verstand sich als »Muttchen« der Marienfelder HJ- und BDM-Gruppen, die sie in ihrem Haus einquartierte und verpflegte.

Marienfelde d. 9.8.34.
Beyrodtstr. 71

Mein Lebenslauf.
Wie ich zur N.S.D.A.P. kam und was ich da erlebte.

Meine Eltern hatten eine eigene Gärtnerei u. Kranzbinderei. Als 7. Kind wurde ich ihnen am 21.9.87. zu Berlin geboren. Mit 6 Jahren ging ich auch dort zur Volksschule, die ich aber im 10. Lebensjahr durch Umzug nach Hohenschönhausen[2] wechselte. Die 4 klassige Dorfschule war für meinen Begriff nicht daß, was ich brauchte od. auch mir wünschte. Der Hauptlehrer, ein biederer älterer Herr konnte im Unterricht nicht fesseln. So war es für mich nur eine Erleichterung, daß ich mit 14 Jahren aus der Schule heraus, konfirmiert wurde u. in die Lehre kam. Handarbeiten waren mein Spezialfach. Zubald mußte ich durch ein böses Augenleiden meinen Lieblingsberuf – eine Beschäftigung, denn Beruf sollte es ja erst für mich werden, aufgeben.

Professor Schöler,[3] Berlin, Karl Str. 2, gab mir den ernstlichen Rat, jedwede Lehre zu unterlassen und mich nur dem Gärtnerberuf widmen.

Meine Probe bestand ich bei meinem Vater. Zuerst mußte ich einen Magnolienkranz binden, dann einen Phantasiekranz stecken, dann einen Blumenstrauß, nicht auf Draht binden. Im Fachausdruck war ich als 2. Binderin fertig. Eine Geschäftsstelle war für mich bald gefunden. Meine Sachen an die mein 15 jähriges Herz hing nahm ich mit. In kurzer Zeit war ich sogar eine flotte Binderin. Habe nach manchem Leid, auch ehrliche Freude gehabt.

Das Leid traf mich da, wo ich das Unglück hatte, nicht zu Fachleuten zu kommen. Es soll auch heute noch Blumengeschäfte geben, die aus bloßer Liebhaberei das Gewerbe betreiben. Die Arbeit darin überlassen sie den Angestellten. Und diese müssen unter der Unkenntnis der Geschäftsinhaber manchen Fehler nicht nur auf sich nehmen, sondern auch ausgleichen. So ging es mir.

Die Jahre vergingen, da kam mir mein Mann in den Weg. D.h. er verlor durch die Geburt v. Zwillingen die Kinder u. Ehefrau im Wochenbett, durch den Tod. Mein Mann stand mit einem 4 jährigen Jungen allein.

Wohl hatte mein Schwiegervater bald eine Nachfolgerin, die mein Mann aber zum großen Verdruß seines Vaters, ablehnte. So lernte ich meinen Mann kennen u. ich ging zu Beginn des Jahres 1912 die Ehe mit dem damaligen Telegr. Assistenten W. Diebel ein. Sein Sohn Erwin kam mit in die Ehe. Er blieb bei uns bis er auf seinen Wunsch im 18. Lebensjahr zur Marine ging. Er ist auch heute noch da und seit ½ Jahr verheiratet.

Aus meiner Ehe mit Willi Diebel sind 7 Kinder hervorgegangen. Diese sind:

Eckart	geb.	28.9.12
Kurt	"	23.11.13 † 10 Monat alt † 13.9.14
Siegfried[4]	"	17.5.15
Hans	"	27.5.16 † 10. August 18
Brunhilde	"	24.11.20

Ingeborg	"	29.5.25
Stephanie	"	1.11.28

Wie ich zur Partei kam.

Voraus schicken muß ich, daß mich von Amtswaltern od. auch in größeren Reden ein leiser Vorwurf trifft: Warum seit ihr so spät zu uns gekommen?!

Ich will nichts zur Entschuldigung, aber zur Richtigstellung meiner Lage anführen. Wenn ich irgend- wie zur N. S. D. A. P. früher u. schneller hätte kommen können, so sollen die Tatsachen, die ich vielleicht noch lückenhaft anführe für sich sprechen.

Hier u. da sah ich Hakenkreuzfahnen auftauchen. Danach gefragt, was dies bedeute, sagte man mir, das sind Hitlerfahnen aber die Partei ist für uns Beamte verboten. Das ließ mich aufhorchen. Ich verfolgte jetzt Zeitungen intensiver als je, fand aber im Lokal Anzeiger nichts. Bekannte, die mein Bestreben wohl merkten, brachten mir den Vorwärts,[5] der sollte mir den nötigen Aufschluß geben. Wohl las ich den Wisch, gab aber auf Befragen zur Antwort, daß ich solch Schmutzblatt nur für hinterlistige Zwecke gebrauchen kann. Und der Weg der offenen Feindschaft war beschritten. Ich wußte nun, daß ich mit Verrat zu rechnen hatte. Still pirschte ich weiter. Auch hier gab es ein Halt. Durch die Geburt meines jüngsten Kindes, war ich 10 Wochen vorher wegen auftretender Herzschwäche am Bett gebunden. 3 Mon. nach der Geburt noch, war ich rechtsseitig gelähmt.

Inzwischen erkrankte meine kl. Inge an Mittelohrentzüngung, wenige Monate später verunglückte Eckart beim Handballspiel, er wurde ins Krankenhaus gebracht. Das Jahr 1930 kam, da legte ich mich Monate hindurch an Herzmuskelentzündung. Davon habe ich mich sehr schwer erholen können. Daraus erklärt sich wohl unsere Sorge, daß wir erst im eigenen Haus Bewegungsfreiheit haben mußten. Im August 31. kam aber mein Mann mit der Erklärung, daß wir zur Abstimmung gegen den Yong Plan[6] gehen mußten. Auf dem Wege nach dort hörten wir zum ersten Mal, daß man sich in Mariendorf zur N. S. D. A. P. melden kann. Zuerst gaben wir unsere Stimme ab u. aus der Meldung wurde nichts. Mein Herzleiden trat wieder sehr böse auf.

Wie es sich später heraus stellte, war mein Sohn Eckart schon ab Aug. 31. Mitglied. Er hielt in meiner Wohnung Sitzung ab, die er mir aber als Freundschaftsbesuch bezeichnete. Da mein Mann Beamter war, nahm er jede Vorsicht war. Nun mußte Eckart aber doch gestehen, um was es sich handelte u. er fand bei mir volles Verständnis. Von jetzt ab wurde nicht nur Sitzung abgehalten, sondern es wurde genagelt, geklebt u. Propaganda ausgetragen, wie es nur kam. Bei jeder sich bietenden Gelegenheit wurde geflaggt u. so, als ob jeder Mieter in unserm Doppelhaus eine Fahne hatte – wir waren es allein! Wir waren Kultur-Bolschewisten![7] Eckart u. Siegfried waren immer nur da, wo es Arbeit gab. Und sie haben es mit Freuden getan! Zu Beginn des Jahres 32. kommt Siegfried durchnäßt u. durchfroren mit 5 Jungen im gleichen Aufzug an. Niemand hatte für sie Verständnis. Nirgends war für sie ein Unterkommen. Ich gab ihnen ein warmes Zimmer, denn die Lehmkuhle hinter der Kaserne in Lankwitz war nicht so warm, heißen Kaffee u. belegte Brote stellte ich zu ihnen, hach wie die Augen leuchteten! Aus den 5 Jungen wurden 8, 10, 14, 20, 24, 28! Schluß! Mehr konnte ich in meiner Behausung nicht aufnehmen, denn ich hatte auch meist 20 Mädel vom B. D. M. in mein Mansardenzimmer untergebracht. Die H. J. war u. blieb mein Ideal. Natürlich hatte ich bald Kaffee, bald Tee, Kakao, belegte Brote wechselten mit Puffer od. Salat!

Eine reizende Episode sei hier eingeflochten. Eines Abends wollten meine 14 Jungens nicht vom Korridor. Auf meine wiederholte Frage: Warum sie nicht ins Zimmer gingen gaben sie umständlich zu, daß auf dem Tisch Kuchen stünde, darum dürften sie nicht – ich die Tür aufgemacht, Tassen u. Kaffee dazu gestellt u. meine Jungens mit einem Freudengeheul über den Kuchen her – da lachte das Herz!

Wie war es wenn's auf Fahrt ging?

Dem einen fehlten Senkel am Schuh, dem andern war der Mantel von Rad entzwei, der andere wieder hatte keine Flasche, noch ein anderer hatte sich die Hosen zerrissen u. – Muttchen mußte helfen. – So hieß ich bei ihnen, so heiße ich noch! – Muttchen wußte Rat. Wie ruhig u. unbeschwert die Jungen von mir aus auf Fahrt ging, war helle Freude! Noch heute wo mancher von ihnen nicht mehr hier ist, werde ich spät abends von ihnen besucht. Oft müde u. abgespannt zum Umsinken – aber zu Muttchen müssen sie kommen!

Und das ist mein schönster Lohn.

Glückliche, dankbare Jugend!

Ja auch schwere Stunden hatte ich. Ich war hier u. im Nebenhause Kultur Bolschewistin u. noch heute neiden sie mir mein Glück, daß die Jugend sich so wohl hier fühlte. Doch deshalb gebe ich ungeachtet ihrer Schmähungen die Jugend unseres geliebten Führers nicht auf! Heil Hitler!

Mitgld. No. 743162. Pgn. Therese Diebel

Muß ich noch erzählen wie ich in d. Frauenschaft arbeitete? Das ergibt sich wohl von selber.

1 *Therese Diebel*: BArch, NSDAP-Zentralkartei, Diebel, Therese 21. 9. 1887, Film 31XX/E0099/1472 (mit Foto) sowie BArch, NSDAP-Parteikorrespondenz, Diebel, Therese Film PK/L47. In diesem Schriftwechsel geht es um Diebels Austritt aus der Partei 1936 auf Grund von Unstimmigkeiten mit ihrer Frauenschaftsleiterin.

2 *Hohenschönhausen*: Das damalige Dorf wurde 1920 nach Berlin eingemeindet.

3 *Professor Schöler*: Gemeint ist der seinerzeit namhafte Geheime Medizinalrat und Universitätsprofessor für Augenheilkunde Dr. med. Heinrich Schoeler (1844-1918). Vgl. Berlin.de – Das Offizielle Hauptstadtportal, Bezirksamt Charlottenburg-Wilmersdorf, Lexikon, Schoeler-Schlösschen; URL: http://www.berlin.de/ba-charlottenburg-wilmersdorf/bezirk/lexikon/schoeler-schloesschen.html [online am 6. September 2015].

4 *Siegfried*: Der jüngste Sohn Therese Diebels diente als Obermatrose in der Kriegsmarine. Seit dem 26. April 1944 gilt er als tot oder vermisst. Vgl. Volksbund Deutsche Kriegsgräberfürsorge, Gräbersuche online, Siegfried Diebel; URL: http://www.volks

bund.de/index.php?id=1775&tx_ig verlustsuche_pi2[gid]=d732c6f4e9e025dea58dd66bc6d111db [online am 6. September 2015].

5 *Vorwärts*: Die Parteizeitung der SPD.

6 *Abstimmung gegen den Yong Plan*: Begrifflich gemeint ist die von der politischen Rechten initiierte Volksabstimmung gegen den Young-Plan am 22. Dezember 1929. Zeitlich gemeint ist dagegen das Volksbegehren vom Sommer 1931. Hier forderte eine »Nationale Opposition«, unterstützt durch Teile der KPD, eine Auflösung des republiktreuen Preußischen Landtages. Die Abstimmung am 9. August 1931 scheiterte und bestätigte damit den Landtag. Vgl. Gonschior, Wahlen und Abstimmungen, URL: http://www.gonschior.de/ weimar/Preussen/ Volksentscheide.html [online am 6. September 2015].

7 *Kultur-Bolschewisten*: Als Kultur-Bolschewisten bezeichnete die NS-Terminologie in der Regel Künstler, deren Personen oder Werke nicht dem Nationalsozialismus entsprachen. Was die Verfasserin unter diesem Begriff versteht, ist unklar.

Dank

Prof. Dr. Barbara Vogel legte mir nahe und traute mir zu, über die Alten Kämpferinnen, das Thema meiner Magisterarbeit, zu promovieren. An leidenschaftlichem Interesse an den Quellen und ihren Verfasserinnen, fehlte es mir nicht… Über die Jahre begleitete Barbara Vogel mein Forschungsprojekt: Ihr danke ich für ihre unerschütterlich zuverlässige Unterstützung, für kritische Fragen, die meinen Ehrgeiz weckten, und für ihre herzliche Ermutigung, wann immer ich derer bedurfte. Prof. Dr. Angelika Schaser war so freundlich, das Nebengutachten für das umfangreiche Werk zu übernehmen.

Der Forschungsstelle für Zeitgeschichte Hamburg danke ich für die Aufnahme meiner Dissertation in die Reihe ihrer Quelleneditionen. Als Lektor begleitete mich Joachim Szodrzynski hanseatisch-gelassen und kompetent durch die Phase der Drucklegung. Die Stiftung Zeitlehren beteiligte sich großzügig an den Druckkosten. Mein Dank gilt zudem den Mitarbeiterinnen und Mitarbeitern zahlreicher Archive und Sammlungen, die mein Forschungsprojekt unterstützten.

Vor der Abgabe der Dissertation an der Universität Hamburg standen mir Tatjana Brickenkamp, Ilka Windisch und Stephanie Wittenberg als Korrekturleserinnen zur Seite und beeindruckten mich durch ihre Hilfsbereitschaft und ihre schnelle, gründliche Arbeit. Ebenso engagiert recherchierte Andrea Neitzer für mich im Archiv der Hoover Institution in Stanford / Kalifornien.

Lars Jany möchte ich für die vielen Gespräche danken, die mich manches Mal den roten Faden wiederfinden ließen. Er hat die inhaltliche Entwicklung meiner Dissertation miterlebt, die Alten Kämpferinnen namentlich kennengelernt und mir das Gefühl gegeben, nicht mit ihnen allein zu sein. Entgegen meiner eigenen Zweifel war er immer überzeugt, dass ich diese Arbeit vollenden würde. Seine Freundschaft war ein Geschenk.

Meinen Eltern danke ich für ihr inhaltliches Interesse an meiner Arbeit und ihre liebevolle Unterstützung, manchmal einfach durch ein Stück warmen Kuchens.

Für sie als Nachkriegskinder war der Nationalsozialismus lange Zeit mit einem Tabu belegt. Es war ihnen nicht möglich, ihre Eltern nach deren Zustimmung oder Unterstützung zu befragen – um vielleicht manches zu verstehen. Von eben diesen offenen Fragen sprachen auch einige Kinder der Alten Kämpferinnen mir gegenüber. Ihnen danke ich für ihr Vertrauen.

Meinen Eltern und ihrer »Generation ohne Antwort« ist dieses Buch gewidmet.

Literatur

Ungedruckte Quellen

Hoover Institution Archives – Stanford University (Stanford/USA)
Theodore Fred Abel Papers (1930-1988) – Nazi Biograms

Box 1
Abel-Biogramm/Nr. 30/Maria Bauer
Abel-Biogramm/Nr. 36/Hertha von Reuss
Abel-Biogramm/Nr. 41/Marlene Heder
Abel-Biogramm/Nr. 44/Hilde Boehm-Stoltz
Abel-Biogramm/Nr. 46/Grete Kircher

Box 2
Abel-Biogramm/Nr. 100/Agnes Mosler-Sturm
Abel-Biogramm/Nr. 107/Lissy Schneider
Abel-Biogramm/Nr. 116/Marianne Meinecke
Abel-Biogramm/Nr. 130/Margarete Beckel

Box 3
Abel-Biogramm/Nr. 141/Gertrud von Bardeleben
Abel-Biogramm/Nr. 145/Ruth Grathwohl
Abel-Biogramm/Nr. 175/Erna Siegfried
Abel-Biogramm/Nr. 177/Anna Nieke
Abel-Biogramm/Nr. 187/Lisi Paupié
Abel-Biogramm/Nr. 193/Emma Bierwirth
Abel-Biogramm/Nr. 195/Maria Engelhardt

Box 4
Abel-Biogramm/Nr. 207/Helene Radtke
Abel-Biogramm/Nr. 212/Maria von Belli
Abel-Biogramm/Nr. 244/Käthe Eiden

Box 5
Abel-Biogramm/Nr. 291/H. Huhn
Abel-Biogramm/Nr. 305/Leokardia Rogalski
Abel-Biogramm/Nr. 347/Emma Eberhardt
Abel-Biogramm/Nr. 353/Meta Gruse

Box 6
Abel-Biogramm/Nr. 363/Erna Stoyke
Abel-Biogramm/Nr. 365/Marie Waga
Abel-Biogramm/Nr. 390/Marie Julie Horn
Abel-Biogramm/Nr. 453/Susi Jost
Abel-Biogramm/Nr. 456/Maria Wiebe
Abel-Biogramm/Nr. 457/Marianne Heimer
Abel-Biogramm/Nr. 459/Hedwig Eggert

Box7
Abel-Biogramm/Nr. 532/Erika Ullmann
Abel-Biogramm/Nr. 547/Klara Czirnik

Box 8
Abel-Biogramm/Nr. 574/Gertrud Michael
Abel-Biogramm/Nr. 582/Margarethe Schrimpff
Abel-Biogramm/Nr. 588/Klara Petersson
Abel-Biogramm/Nr. 589/Therese Diebel

Bundesarchiv Berlin (ehemals Berlin Document Center)

NSDAP-Zentralkartei

BArch NSDAP-Zentralkartei, Bauer, Maria 31.12.1860, Film 31XX/A0130/2298
BArch, NSDAP-Zentralkartei, Ertz, Luise geb. Schneider 21.9.1916, Film 31XX/G0069/2554
BArch, NSDAP-Zentralkartei, Beckel. Margarete 12.2.1879, Film 31XX/B0005/1070
BArch, NSDAP-Zentralkartei, Bardeleben, Gertrud von 5.8.1876, Film 31XX/A0088/2536
BArch, NSDAP-Zentralkartei, Eiden, Katharina 25.11.1903, Film 31XX/F0151/0870
BArch, NSDAP-Zentralkartei, Rogalski, Leokardia 3.6.1894, Film 31XX/N0035/0525
BArch, NSDAP-Zentralkartei, Eberhardt, Emma 13.12.1873, Film 31XX/F0084/2302
BArch, NSDAP-Zentralkartei, Waga, Marie 2.3.1898, Film 31XX/T0011/0848
BArch, NSDAP-Zentralkartei, Jost, Susi 10.12.1882, Film 31XX/K0114/2236
BArch, NSDAP-Zentralkartei Heimer, Marianne 13.10.1906, Film 31XX/H0037/2368
BArch NSDAP-Zentralkartei, Ullmann, Erika 21.9.1901, Film 31XX/S0046/1570
BArch, NSDAP-Zentralkartei, Czirnik, Klara 28.10.1883, Film 31XX/E0020/0140
BArch, NSDAP-Zentralkartei, Schrimpff, Margarethe 16.3.1880, Film 31XX/Q0049/1512
BArch, NSDAP-Zentralkartei, Diebel, Therese 21.9.1887, Film 31XX/E0099

NSDAP-Ortsgruppenkartei

BArch NSDAP-Ortsgruppenkartei, Reuss, Hertha von 11.7.1886. Film 32xx/S0002/1554
BArch NSDAP-Ortsgruppenkartei, Weber, Marlies 16.10.1913, Film 32xx/Y032/1018
BArch NSDAP-Ortsgruppenkartei, Boehm-Stoltz, Hilde 8.8.1894, Film 32xx/B0063/0591
BArch, NSDAP-Ortsgruppenkartei, Meinecke, Marianne 28.8.1897, Film 32xx/O0055/2329
BArch, NSDAP-Ortsgruppenkartei, Grathwohl, Ruth 10.6.1908, Film 32xx/G0012/1624
BArch, NSDAP-Ortsgruppenkartei, Siegfried, Erna 15.3.1883, Film 32xx/V0053/0210
BArch, NSDAP-Ortsgruppenkartei, Nieke, Anna 21.8.1898, Film 32xx/P0081/0343
BArch, NSDAP-Ortsgruppenkartei, Paupié, Lisi 16.4.1891, Film 32xx/Q0054/0263
BArch, NSDAP-Ortsgruppenkartei, Radtke, Helene 4.5.1896, Film xx32 (MFok) R0044
BArch NSDAP-Ortsgruppenkartei, Stoyke, Erna 18.9.1913, Film 32xx (MFok) W0055/0758
BArch, NSDAP-Ortsgruppenkartei, Wiebe, Maria 30.11.1871, Film 32xx/Y0086/2005
BArch, NSDAP-Ortsgruppenkartei, Eggert, Hedwig 17.1.1897, Film 32xx (MFok)/D0068/1004

NSDAP-Pateikorrespondenz
BArch NSDAP-Parteikorrespondenz, Mosler-Sturm, Agnes, Film PK/I0144
BArch NSDAP-Parteikorrespondenz, Boehm-Stoltz, Hilde, Film PK/A 412
BArch, NSDAP-Parteikorrespondenz, Diebel, Therese, Film PK/B 297
BArch NSDAP-Parteikorrespondenz, Eiden, Katharina, Film PK/C 34
BArch, NSDAP-Parteikorrespondenz, Michael, Gertrud, Film PK/I 68
BArch, NSDAP-Parteikorrespondenz, Diebel, Therese, Film PK/L47
BArch, NSDAP-Gaukartei, Engelhardt, Maria 23.7.1898 (Sonderstandort).
BArch (ehemals MfS-Archiv) Akte ZB II 1086, Werner von Bardeleben/Russische Kriegsgefangenschaft

Weitere Archive und private Sammlungen

Der Kronacher Bund der alten Wandervögel e.V.: Rundbrief Nr. 1 vom 12. Dezember 1921, S. 2f. Nachlass des Gründungsmitgliedes Karl Elsner in Privatbesitz von Wolfgang Elsner, Halle/Westfalen.

Stadtarchiv Halle (Westf.), Akte C 187 – Vereine, Versammlungen – Umzüge. Genehmigung von Versammlungen der NSDAP im Amt Halle/Westfalen.

Gedruckte Quellen

Arbeitsausschuß der deutschen Verbände (Hrsg.), Der Vertrag von Versailles. Die Grundursache der deutschen Not, Berlin 1933.

Bäumer, Gertrud, »Ich bin Gegnerin der Frauenbewegung«, in: Die Frau, Jg. 37, 1929/30, S. 193-195.

Bureau des Reichstages (Hrsg.), Reichtags-Handbuch. IV. Wahlperiode 1928, Berlin 1928.

Deutsche Adressbuch Gesellschaft (Hrsg.), Berliner Adressbuch 1934, Berlin 1933, in: Zentral- und Landesbibliothek Berlin, Berliner Adressbücher, 1934, URL: http://www.zlb.de/besondere-angebote/berliner-adress-buecher.html [online am 12. Oktober 2014].

Dönhoff, Martha, Die Frauen in der Deutschen Demokratischen Partei, in: Die Frau, Jg. 36, 1928/29, S. 268-270.

Feldmann, Gustav, Jüdische Krankenpflegerinnen, Kassel 1901.

Fichte, Johann Gottlieb, Die Staatslehre oder Über das Verhältnis des Urstaates zur Vernunftslehre. Vorträge gehalten auf der Universität zu Berlin im Sommer 1813 aus seinem Nachlasse, Berlin 1820.

Fichte, J. H. (Hrsg.), Johann Gottlieb Fichte's sämmtliche Werke, Bd. 2, Berlin 1965, unveränderter Nachdruck der Ausgabe von 1845.

Geiger, Theodor, Die soziale Schichtung des deutschen Volkes, Theodor Geiger, Die soziale Schichtung des Deutschen Volkes. Soziographischer Versuch auf statistischer Grundlage, Stuttgart 1932

Gimbel, Adalbert / Hepp, Karl (Hrsg.), So kämpften wir! Schilderung aus der Kampfzeit der NSDAP im Gau Hessen-Nassau, Frankfurt a. M. 1941.

Goebbels, Joseph, Das Buch Isidor. Ein Zeitbild voll Lachen und Hass, Berlin 1929.

Goebbels' Tagebücher > Fröhlich, Elke (Hrsg. Band 1/II)

Goebbels' Tagebücher > Munding, Anne (Hrsg. Band 1/III)

Goebbels, Joseph (Hrsg.), Der Angriff – Die nationalsozialistische Abendzeitung (Berliner Ausgabe) vom 2. Juli 1934.

Haller Kreisblatt vom 5. Februar 1915, 6. März 1917 und 4. Dezember 1918, Halle in Westfalen.

Hoepner, Richard, Braune Kolonne. Ein Buch der SA, Berlin 1934.

Magnus-Hausen, Frances, Zehn Jahre deutsche Staatsbürgerin, in: Die Frau, Jg. 37, 1929/30, S. 351-357.

Matz, Elsa, Die politische Erziehung der Frau in der DVP, in: Die Frau, Jg. 36, 1928/29, S. 264-267.

Miller, Alfred, Der Jesuitismus als Volksgefahr, München 1923.

Rosenberg, Alfred, Der Mythus des 20. Jahrhunderts. Eine Wertung der seelisch-geistigen Gestaltenkämpfe unserer Zeit, 71.-74. Auflage, München 1935.

Scholz, Helene, Die Frauenbewegung und ihre Jugend, in: Die Frau, Jg. 36, 1928/29, S. 156-162.

Statistisches Reichsamt (Hrsg.), Statistisches Jahrbuch für das Deutsche Reich 1934, 53. Jahrgang, Berlin 1934.

Statistisches Reichsamt (Hrsg.), Volkszählung. Die Bevölkerung des Deutschen Reiches nach dem Ergebnissen der Volkszählung 1933, Statistik des Deutschen Reiches, Band 451/2, Berlin 1936.

Volksblatt für Westfalen vom Samstag, 2. Juni 1934.

Weber, Helene, Der Reichsfrauenbeirat der Deutschen Zentrumspartei, in: Die Frau, Jg. 36, 1928/29, S. 258-262.

Wiener Sonn- und Montagszeitung, Nr. 51 vom 19. Dezember 1932, in: Österreichische Nationalbibliothek: ANNO – Historische österreichische Zeitungen und Zeitschriften, Wiener Sonn- und Montagszeitung, URL: http://anno.onb.ac.at/cgi-content/anno?aid=wsz&datum=19321219&seite=1& zoom=33 [online am 19. September 2015].

Darstellungen

Abel, Theodore, Why Hitler Came into Power. An Answer Based on the Original Life Stories of Sixhundred of his Followers, New York 1938.

Abel, Theodore, The Operation Called »Verstehen«, American Journal of Sociology, 54/1948, S. 211-218.

Abel, Theodore, The Nazi Movement. Why Hitler Came to Power, Nachdruck der Ausgabe von 1938 mit einem Vorwort des Autors von 1965, New York 1966.

Abel, Theodore, Why Hitler Came into Power. An Answer Based on the Original Life Stories of Sixhundred of his Followers, New York 1938, Nachdruck der Ausgabe von 1938 mit einem Vorwort von Thomas Childers, Cambridge/Massachusetts und London 1986.

Aly, Götz, Hitlers Volksstaat. Raub, Rassenkrieg und nationaler Sozialismus, durchgesehene und erweiterte Ausgabe, Frankfurt a. M. 2006.

Arbogast, Christine, Herrschaftsinstanzen der württembergischen NSDAP. Funktion, Sozialprofil und Lebenswege einer regionalen NS-Elite 1920-1960, München 1998.

Arendt, Hans-Jürgen/Hering, Sabine/Wagner, Leonie (Hrsg.), Nationalsozialistische Frauenpolitik vor 1933. Dokumentation, Frankfurt a. M. 1995.

Auerbach, Hellmuth, Hitlers politische Lehrjahre und die Münchner Gesellschaft 1919-1923, in: Vierteljahrshefte für Zeitgeschichte, Nr. 25/1977, S. 1-45.

Bärsch, Claus-Ekkehard, Die politische Religion des Nationalsozialismus, 2. Auflage, München 2002.

Bajohr, Frank/Wildt, Michael (Hrsg.), Volksgemeinschaft. Neuere Forschungen zur Gesellschaft des Nationalsozialismus, Frankfurt a. M. 2009, 2. Auflage, Frankfurt a. M. 2012.

Bajohr, Frank /Meyer, Beate/Szodrzynski, Joachim, Bedrohung, Hoffnung, Skepsis. Vier Tagebücher des Jahres 1933, Göttingen 2013.

Balistier, Thomas, Gewalt und Ordnung. Kalkül und Faszination der SA, Münster 1989.

Bauer, Kurt, Nationalsozialismus. Ursprünge, Anfänge, Aufstieg und Fall, Wien/Köln/Weimar 2008.

Benz, Wolfgang (Hrsg.), Legenden, Lügen, Vorurteile. Ein Wörterbuch zur Zeitgeschichte, 4. Auflage, München 1993.

Benz, Wolfgang/Graml, Hermann/Weiß, Hermann (Hrsg.), Enzyklopädie des Nationalsozialismus, 3. Auflage, Stuttgart 1998.

Benz, Wolfgang, Geschichte des Dritten Reiches, München 2000.

Benz, Wolfgang (Hrsg.), Wie wurde man Parteigenosse? Die NSDAP und ihre Mitglieder, Frankfurt a. M. 2009.

Berek, Mathias, Kollektives Gedächtnis und die gesellschaftliche Konstruktion der Wirklichkeit. Eine Theorie der Erinnerungskulturen, Wiesbaden 2009.

Berger, Christiane, Die »Reichsfrauenführerin« Gertrud Scholtz-Klink. Zur Wirkung einer nationalsozialistischen Karriere in Verlauf, Retrospektive und Gegenwart, Dissertation, Hamburg 2005.

Böltken, Andrea, Führerinnen im »Führerstaat«. Gertrud Scholtz-Klink, Trude Mohr, Jutta Rüdiger und Inge Viermetz, Pfaffenweiler 1995.

Bode, Sabine, Kriegsenkel. Die Erben der vergessenen Generation, Stuttgart 2009.

Bräunche, Ernst O., Die NSDAP in Baden 1928-1933. Der Weg zur Macht, in: Schnabel, Thomas (Hrsg.), Die Machtergreifung in Südwestdeutschland. Das Ende der Weimarer Republik in Baden und Württemberg 1928-1933, Stuttgart 1982, S. 15-48.

Bremme, Gabriele, Die politische Rolle der Frau in Deutschland. Eine Untersuchung über den Einfluß der Frauen bei Wahlen und ihre Teilnahme in Politik und Parlament, Göttingen 1956.

Brockhaus, Gudrun (Hrsg.), Attraktion der NS-Bewegung, Essen 2014.

Brockhaus, Gudrun, Einführung. Attraktion der NS-Bewegung. Eine interdisziplinäre Perspektive, in: Brockhaus, Gudrun (Hrsg.), Attraktion der NS-Bewegung, Essen 2014.

Broszat, Martin, Der Staat Hitlers. Grundlegung und Entwicklung seiner inneren Verfassung, München 1969.

Broszat, Martin, Soziale Motivation und Führerbindung des Nationalsozialismus, in: Vierteljahrshefte für Zeitgeschichte, Bd. 18/1970, S. 392-409.

Brunner, Markus/Lohl, Jan/Pohl, Rolf/Winter, Sebastian (Hrsg.), Volksgemeinschaft, Täterschaft und Antisemitismus. Beiträge zur psychoanalytischen Sozialpsychologie des Nationalsozialismus und seiner Nachwirkungen, Gießen 2011.

Bruns, Claudia, Vertreibt der weibliche Zugang zum Logos den Eros? Zu einer erstaunlich aktuellen Debatte unter Studentinnen der 1920er Jahre, in: Auga, Ulrike (Hrsg.), Das Geschlecht der Wissenschaften. Zur Geschichte von Akademikerinnen im 19. und 20. Jahrhundert, Frankfurt a. M. 2010, S. 43-74.

Bruppacher, Paul, Adolf Hitler und die Geschichte der NSDAP. Eine Chronik, Teil 1: 1889-1937, 2. Auflage, Norderstedt 2009.

Bundesrepublik Deutschland/Statistisches Bundesamt Wiesbaden (Hrsg.), Bevölkerung und Wirtschaft 1872-1972, Stuttgart 1972.

Clark, Christopher, Die Schlafwandler. Wie Europa in den Ersten Weltkrieg zog, München 2013.

Davies, Belinda J., Heimatfront. Ernährung, Politik und Frauenalltag im Ersten Weltkrieg, in: Hagemann, Karen/Schüler-Springorum, Stefanie (Hrsg.), Heimat-Front. Militär und Geschlechterverhältnisse im Zeitalter der Weltkriege, Frankfurt a.M./New York 2002, S. 128-150.

Depkat, Volker, Autobiographie und die soziale Konstruktion von Wirklichkeit, in: Geschichte und Gesellschaft, Band 29 (2003), S. 441-476.

Deuerlein, Ernst (Hrsg.), Der Aufstieg der NSDAP in Augenzeugenberichten, München 1974.

Dilthey, Wilhelm, Die Entstehung der Hermeneutik [1900], in: Gründer, Karlfried (Hrsg.), Wilhelm Dilthey – Gesammelte Schriften, Band V, Die geistige Welt. Einleitung in die Philosophie des Lebens, Erste Hälfte: Abhandlungen zur Grundlegung der Geisteswissenschaften, 8. Auflage, Stuttgart 1990, S. 317-331.

Döring, Martin / Lilla, Joachim / Schulz, Andreas: Statisten in Uniform. Die Mitglieder des Reichstags 1933-1945. Ein biographisches Handbuch. Unter Einbeziehung der völkischen und nationalsozialistischen Reichstagsabgeordneten ab Mai 1924, Düsseldorf 2004.

Dörr, Margarete, »Wer die Zeit nicht miterlebt hat …«. Frauenerfahrungen im Zweiten Weltkrieg und in den Jahren danach, Band 3: Das Verhältnis zum Nationalsozialismus und zum Krieg, Frankfurt a.M./New York 1998.

Dülffer, Jost/Krumeich, Gerd (Hrsg.), Der verlorene Frieden. Politik und Kriegskultur nach 1918, Essen 2002.

Ebbinghaus, Angelika, Opfer und Täterinnen. Frauenbiographien des Nationalsozialismus, Nördlingen 1987.

Evans, Richard, Das Dritte Reich. Aufstieg, München 2005. (Originalausgabe: Richard Evans, The Coming of the Third Reich, London 2003.)

Falter, Jürgen W. (Hrsg.), Wahlen und Abstimmungen in der Weimarer Republik. Materialien zum Wahlverhalten 1919-1933, München 1986.

Falter, Jürgen W., Hitlers Wähler, München 1991.

Fest, Joachim C., Das Gesicht des Dritten Reiches. Profile einer totalitären Herrschaft, 11. Auflage, München 1994.

Fontaine, Karin, Nationalsozialistische Aktivistinnen (1933-1945), Würzburg 2003.

Franz-Willing, Georg, Die Hitlerbewegung. Der Ursprung 1919-1922, Hamburg/Berlin 1962.

Frevert, Ute, Frauen-Geschichte. Zwischen Bürgerlicher Verbesserung und Neuer Weiblichkeit, Frankfurt a.M. 1986.

Friedrich, Hans-Edwin, Deformierte Lebensbilder. Erzählmodelle der Nachkriegsautobiographie (1945-1960), Tübingen 2001.

Fritsche, Peter, Die Idee des Volkes und der Aufstieg der Nazis, in: Brockhaus, Gudrun (Hrsg.), Attraktion des NS-Bewegung, Essen 2014, S. 161-173.

Fröhlich, Elke (Hrsg.), Die Tagebücher von Joseph Goebbels. Teil 1 – Aufzeichnungen 1923-1941, Band I/II – Dezember 1925-Mai 1928, München 2005.

Gersdorff, Ursula von, Frauen im Kriegsdienst 1914-1945, Stuttgart 1969.

Giuliani, Luca, Kleines Plädoyer einer archäologischen Hermeneutik, die nicht mehr verstehen will, als sie auch erklären kann, und die nur soviel erklärt, wie sie auch versteht, in: Heinz, Marlies/Eggert, Manfred/Veit, Ulrich, Zwischen Erklären und Verstehen? Beiträge zu den erkenntnistheoretischen Grundlagen archäologischer Interpretation, Münster/New York 2003, S. 9-22.

Gonschior, Andreas, Wahlen in der Weimarer Republik, URL; http://www.gonschior.de/weimar/index.htm [online am 19. September 2015].

Gossweiler, Kurt, Kapital, Reichswehr und NSDAP – 1919-1924, Berlin (DDR) 1982.

Gravenhorst, Lerke/Tatschmurat, Carmen (Hrsg.), TöchterFragen. NS-Frauengeschichte, Freiburg im Breisgau 1990.

Grevenhörster, Ludger, Kleine Geschichte der Weimarer Republik 1918-1933. Ein problemgeschichtlicher Überblick, Münster 2000.

Günther, Dagmar, Das nationale Ich? Autobiographische Sinnkonstruktionen deutscher Bildungsbürger des Kaiserreichs, Tübingen 2004.

Haerendel, Ulrike, Frauen, Männer und die »Machtergreifung«. Beobachtungen aus der Geschlechterperspektive, in: Wirsching, Andreas, Das Jahr 1933. Die nationalsozialistische Machteroberung und die deutsche Gesellschaft, Göttingen 2009, S. 30-46.

Haffner, Sebastian, Geschichte eines Deutschen. Die Erinnerungen 1914-1933, 6. Auflage, Stuttgart/München 2001.

Hanfstaengl, Ernst, Zwischen Weißem und Braunem Haus. Memoiren eines politischen Außenseiters, München 1970.

Harvey, Elizabeth, Weibliche Gemeinschaft als »Volksgemeinschaft«. Vergnügen, Konformität und Zwang, in: Schmiechen-Ackermann, Detlef (Hrsg.), »Volksgemeinschaft«. Mythos, wirkungsmächtige soziale Verheißung oder soziale Realität im »Dritten Reich«?, Paderborn 2012, S. 249-264.

Harvey, Elizabeth, Geschlechterordnung und »Volksgemeinschaft« im Nationalsozialismus, in: Nerdinger, Winfried (Hrsg.), München und der Nationalsozialismus. Katalog des NS-Dokumentationszentrums München, München 2015, S. 490-496.

Heibel, Helmut, Joseph Goebbels, Berlin 1962.

Hein, Bastian, Elite für Volk und Führer? Die Allgemeine SS und ihre Mitglieder 1925-1945, München 2012.

Heinsohn, Kirsten/Vogel, Barbara/Weckel, Ulrike (Hrsg.), Zwischen Karriere und Verfolgung. Handlungsräume von Frauen im nationalsozialistischen Deutschland, Frankfurt a. M. 1997.

Heinsohn, Kirsten, Denkstil und kollektiver Selbstentwurf im konservativ-völkischen Frauen-Milieu der Weimarer Republik, in Hering, Rainer (Hrsg.), Lebendige Sozialgeschichte. Gedenkschrift für Peter Borowski, Wiesbaden 2003, S. 189-205.

Heinsohn, Kirsten, Kampf um die Wählerinnen. Die Idee von der Volksgemeinschaft am Ende der Weimarer Republik, in: Steinbacher, Sybille (Hrsg.), Volksgenossinnen. Frauen in der NS-Volksgemeinschaft, 2. Auflage, Göttingen 2007, S. 29-47.

Heinsohn, Kirsten, Konservative Parteien in Deutschland 1912-1933. Demokratisierung und Partizipation in geschlechterhistorischer Perspektive, Düsseldorf 2010. Jahr, Christoph, Antisemitismus vor Gericht. Debatten über die juristische Ahndung judenfeindlicher Agitation in Deutschland 1879-1960, Frankfurt a. M. 2011.

Jones, Larry Eugen (Hrsg.), The German Right in the Weimar Republic. Studies in the History of German Conservatism, Nationalism, and Antisemitism, New York 2014.

Jürgens, Birgit, Zur Geschichte des BDM (Bund Deutscher Mädel) von 1923 bis 1939, Dissertation, 2. Auflage, Frankfurt a. M. 1996.

Kater, Michael H., Frauen in der NS-Bewegung, in: Vierteljahrshefte für Zeitgeschichte, Jg. 31, 1983, S. 202-241.

Keim, Christine, Frauenmission und Frauenemanzipation. Eine Diskussion in der Basler Mission im Kontext der frühen ökumenischen Bewegung (1901-1928), Dissertation, Münster 2005.

Kershaw, Ian, Der Hitler-Mythos. Führerkult und Volksmeinung, Stuttgart 1999.

Kipp, Michaela, Großreinemachen im Osten. Feindbilder in deutschen Feldpostbriefen im Zweiten Weltkrieg, Dissertation, Frankfurt a. M. 2014.

Klaus, Martin, Mädchen im 3. Reich – Der Bund Deutscher Mädel, Köln 1998.
Klemperer, Viktor, LTI. Notizbuch eines Philologen, Leipzig 1990.
Klinksiek, Dorothee, Die Frau im NS-Staat, Stuttgart 1982.
Klüver, Jürgen/Klüver, Christina, Social Understanding. On Hermeneutics, Geometrical Models and Artificial Intelligence, Heidelberg/London/New York 2010.
Koch, Elke, »Jeder tut was er kann fürs Vaterland«. Frauen und Männer an der Heilbronner Heimatfront, in: Hirschfeld, Gerhard / Krumeich, Gerd / Langewiesche, Dieter/ Ullmann, Hans-Peter (Hrsg.), Kriegserfahrungen. Studien zur Sozial- und Mentalitätsgeschichte des Ersten Weltkrieges, Essen 1997, S. 36-52.
Kolb, Eberhard, Die Weimarer Republik, München 2000.
Komann, Margot, Als Biologie Schicksal wurde. Frauen und Nationalsozialismus, in: Kölnische Gesellschaft für Christlich-Jüdische-Zusammenarbeit (Hrsg.), 100 Jahre deutscher Rassismus – Katalog und Arbeitsbuch, Köln 1984, S. 224-231.
Komann, Margot, »Wie ich Nationalsozialistin wurde«. Eine kritisch feministische Lektüre der »Theodore Abel-Akten«, in: Gravenhorst, Lerke/Tatschmurat, Carmen (Hrsg.), TöchterFragen. NS- Frauengeschichte, Freiburg im Breisgau 1990, S. 149-166.
Kompisch, Kathrin, Wüstling – Werwolf – Teufel. Medienbilder von Serienmördern in der deutschen Massenpresse 1918-1945, Dissertation, Hamburg 2008.
Kompisch, Kathrin, Täterinnen. Frauen im Nationalsozialismus, Köln/Weimar/Wien 2008.
Koonz, Claudia, Mütter im Vaterland. Frauen im Dritten Reich, Reinbek 1994 (Deutsche Erstausgabe: Claudia Koonz, Mütter im Vaterland, Freiburg im Breisgau 1991).
Kramer, Nicole, Volksgenossinnen an der Heimatfront. Mobilisierung, Verhalten, Erinnerung, Dissertation, Göttingen 2011.
Krassnitzer, Patrick, Autobiographische Erinnerung und kollektive Gedächtnisse. Die nationalsozialistische Erinnerung an das »Fronterlebnis« im Ersten Weltkrieg in den Autobiographien von »alten Kämpfern«, in: Borsó, Vittoria/Krumeich, Gerd/Witte, Bernd (Hrsg.), Medialität und Gedächtnis. Interdisziplinäre Beiträge zur kulturellen Verarbeitung europäischer Krisen, Stuttgart 2001, S. 215-258.
Krassnitzer, Patrick, Die Geburt des Nationalsozialismus im Schützengraben. Formen der Brutalisierung in den Autobiographien von nationalsozialistischen Frontsoldaten, in: Dülffer, Jost/Krumeich, Gerd (Hrsg.), Der verlorene Frieden. Politik und Kriegskultur nach 1918, Essen 2002, S. 119-148.
Kuhn, Annette, Frauen im deutschen Faschismus. Eine Quellensammlung mit fachwissenschaftlichen und fachdidaktischen Kommentaren, Band 1 – Frauenpolitik im NS-Staat, Düsseldorf 1982.
Kuhn, Annette, Antifeminismus als Theoriebasis des Nationalsozialismus, in: Siegerle-Wenschkewitz, Leonore/Stuchlik, Gerda (Hrsg.), Frauen und Faschismus in Europa, Pfaffenweiler 1990, S. 39-50.
Lange, Silvia, Protestantische Frauen auf dem Weg in den Nationalsozialismus. Guida Diehls Neulandbewegung 1916-1935, Stuttgart/Weimar 1998.
Ley, Michael /Schoeps, Julius H. (Hrsg.), Der Nationalsozialismus als politische Religion, Bodenheim 1997.
Lilla, Joachim, Statisten in Uniform. Die Mitglieder des Reichstages 1933-1945, Düsseldorf 2004.
Longerich, Peter, Die braunen Bataillone. Geschichte der SA, München 2003.
Longerich, Peter, Zur Attraktivität der NSDAP als Kern eines rechtsextremen Milieus in der Weimarer Republik, in: Brockhaus, Gudrun (Hrsg.), Attraktion der NS-Bewegung, Essen 2014, S. 115-132.

Manns, Haide, Frauen für den Nationalsozialismus, Nationalsozialistische Studentinnen und Akademikerinnen in der Weimarer Republik und im Dritten Reich, Dissertation, Opladen 1997.

Maschmann, Melitta, Fazit. Kein Rechtfertigungsversuch, Stuttgart 1963.

Maser, Werner, Adolf Hitler. Legende Mythos Wirklichkeit, München/Esslingen 1972.

Maser, Werner, Sturm auf die Republik. Frühgeschichte der NSDAP, Stuttgart 1973.

Maser, Werner, Zwischen Kaiserreich und NS-Regime. Die erste deutsche Republik 1918-1933, Bonn/Berlin 1992.

Maser, Werner, Adolf Hitlers Mein Kampf. Geschichte, Auszüge, Kommentare, Esslingen 2001.

Maubach, Franka, Expansion weiblicher Hilfe. Zur Erfahrungsgeschichte von Frauen im Kriegsdienst, in: Steinbacher, Sybille (Hrsg.), Volksgenossinnen. Frauen in der NS-Volksgemeinschaft, 2. Auflage, Göttingen 2007, S. 93-114.

Maubach, Franka, »Volksgemeinschaft« als Geschlechtergemeinschaft? Zur Genese einer nationalsozialistischen Beziehungsform, in: Brockhaus, Gudrun (Hrsg.), Attraktion der NS-Bewegung, Essen 2014, S. 251-268.

Mergel, Thomas, Das parlamentarische System von Weimar und die Folgelasten des Ersten Weltkriegs, in: Wirsching, Andreas (Hrsg.), Herausforderungen der Parlamentarischen Demokratie. Die Weimarer Republik im europäischen Vergleich, München 2007, S. 37-60.

Merkl, Peter, Political Violence under the Swastika – 581 Early Nazis, Princeton 1975.

Meschnig, Alexander: Die Sendung der Nation – Vom Grabenkrieg zur NS-Bewegung, in: Brockhaus, Gudrun (Hrsg.), Attraktion der NS-Bewegung, Essen 2014, S. 29-44.

Mettele, Gisela, Weltbürgertum oder Gottesreich. Die Herrnhuter Brüdergemeine als globale Gemeinschaft 1727-1857, Göttingen 2009.

Meyer, Birgit, Die »unpolitische« Frau – Politische Partizipation von Frauen oder: Haben Frauen ein anderes Verständnis von Politik?, in: Aus Politik und Zeitgeschichte, B 25-26, 12.6.1992, S. 4-8.

Meyer, Irene, Das Konzentrationslager am Wasserturm Prenzlauer Berg in Berlin, in: Benz, Wolfgang/Distel, Barbara/Königseder, Angelika, Instrumentarium der Macht. Frühe Konzentrationslager 1933-1937, Berlin 2003, S. 71-88.

Mommsen, Hans, Generationskonflikt und Jugendrevolte in der Weimarer Republik, in: Koebner, Thomas/Janz, Rolf-Peter /Trommler, Frank (Hrsg.), »... mit uns zieht die neue Zeit«. Der Mythos Jugend, Frankfurt a. M. 1985, S. 50-67.

Mommsen, Hans, Generationenkonflikt und politische Entwicklung in der Weimarer Republik, in: Reulecke, Jürgen: Generationalität und Lebensgeschichte im 20. Jahrhundert, München 2003, S. 114-126.

Munding, Anne (Hrsg.), Die Tagebücher von Joseph Goebbels, Teil 1 – Aufzeichnungen 1923-1941, Band 1/III – Juni 1928 – November 1929, München 2004.

Nagorski, Andrew, Hitlerland. American Eyewitnesses to the Nazi Rise to Power, New York 2012.

Neumann, Sigmund, Die Parteien der Weimarer Republik, 5. Auflage, Stuttgart 1986. (Originalausgabe: Sigmund Neumann, Die politischen Parteien in Deutschland, Berlin 1932.)

Nolzen, Armin, Inklusion und Exklusion im »Dritten Reich«. Das Beispiel der NSDAP, in: Bajohr, Frank/Wildt, Michael (Hrsg.), Volksgemeinschaft. Neuere Forschungen zur Gesellschaft des Nationalsozialismus, 2. Auflage, Frankfurt a. M. 2012, S. 60-77.

Ohr, Dieter, Nationalsozialistische Propaganda und Weimarer Wahlen. Empirische Analysen zur Wirkung von NSDAP-Versammlungen, Opladen 1997.

Peukert, Detlev, Die Weimarer Republik. Krisenjahre der klassischen Moderne, Frankfurt a. M. 1987, S. 236.

Planert, Ute, Nationalismus und weibliche Politik. Zur Einführung, in: Planert, Ute (Hrsg.), Nation, Politik und Geschlecht. Frauenbewegungen und Nationalismus in der Moderne, Frankfurt a. M. 2000, S. 9-14.

Planert, Ute, Vater Staat und Mutter Germania. Zur Politisierung des weiblichen Geschlechts im 19. und 20. Jahrhundert, in: Planert, Ute (Hrsg.), Nation, Politik und Geschlecht. Frauenbewegungen und Nationalismus in der Moderne, Frankfurt a. M. 2000, S. 15-65.

Planert, Ute, Zwischen Partizipation und Restriktion. Frauenemanzipation und nationales Paradigma von der Aufklärung bis zum Ende des Ersten Weltkrieges, in: Langewiesche, Dieter/Schmidt, Georg (Hrsg.), Föderative Nation. Deutschlandkonzepte von der Reformation bis zum Ersten Weltkrieg, München 2000, S. 387-428.

Pollmann, Bernhard, Chronik 1934, 2. Auflage, Gütersloh/München 1998.

Prokop, Ulrike, Die Sehnsucht nach der Volkseinheit. Zum Konservativismus der bürgerlichen Frauenbewegung vor 1933, in: Dietze, Gabriele (Hrsg.), Die Überwindung der Sprachlosigkeit – Texte aus der neuen Frauenbewegung, Darmstadt 1979, S. 176-202.

Reagin, Nancy R., A German Women's Movement. Class and Gender in Hanover 1880-1933, Chapel Hill/London 1995.

Redles, David, Hitler's Millenial Reich. Apocalyptic Belief and the Search for Salvation, New York/London 2005.

Reese, Dagmar/ Sachse, Carola, Frauenforschung und Nationalsozialismus. Eine Bilanz, in: Gravenhorst, Lerke/Tatschmurat, Carmen (Hrsg.), TöchterFragen. NS-Frauengeschichte, Freiburg im Breisgau 1990, S. 73-106.

Reese, Dagmar, Die BDM-Generation. Weibliche Jugendliche in Deutschland und Österreich im Nationalsozialismus, Berlin 2007.

Reichardt, Sven, Faschistische Kampfbünde. Gewalt und Gemeinschaft im italienischen Squadrismus und in der deutschen SA, Köln 2002.

Reschke, Oliver/Wildt, Michael, Aufstieg der NSDAP in Berlin, in: Kreutzmüller, Christoph/Wildt, Michael (Hrsg.), Berlin 1933-1945. Stadt und Gesellschaft im Nationalsozialismus, München 2013, S. 19-32.

Reuth, Ralf Georg, Goebbels, München 1990.

Rösch, Mathias, Die Münchner NSDAP 1925-1933. Zur inneren Struktur der NSDAP in der Weimarer Republik, München 2002.

Rohkrämer, Thomas, Die fatale Attraktion des Nationalsozialismus in der Weimarer Republik, in: Brockhaus, Gudrun (Hrsg.), Attraktion der NS-Bewegung, Essen 2014, S. 79-94.

Rosenthal, Gabriele (Hrsg.), »Als der Krieg kam, hatte ich mit Hitler nichts mehr zu tun«. Zur Gegenwärtigkeit des »Dritten Reiches« in Biographien, Opladen 1990.

Sauer, Bernhard, Goebbels' »Rabauken«. Zur Geschichte der SA in Berlin-Brandenburg, in: Schaper, Uwe (Hrsg.), Berlin in Geschichte und Gegenwart, 25. Jahrbuch des Landesarchivs Berlin, Berlin 2006, S. 107-164.

Schaser, Angelika, Das Engagement des Bundes Deutscher Frauenvereine für das »Auslandsdeutschtum«. Weibliche Kulturaufgabe und nationale Politik vom Ersten Weltkrieg bis 1933, in: Planert, Ute (Hrsg.), Nation, Politik und Geschlecht. Frauenbewegungen und Nationalismus in der Moderne, Frankfurt a. M. 2000, S. 254-274.

Schaser, Angelika (Hrsg.), Erinnerungskartelle. Zur Konstruktion von Autobiographien nach 1945, Bochum 2003.

Schaser, Angelika, Helene Lange und Gertrud Bäumer. Eine politische Lebensgemeinschaft, Köln 2000.

Scheck, Raffael, Zwischen Volksgemeinschaft und Frauenrechten. Das Verhältnis rechtsbürgerlicher Politikerinnen zur NSDAP 1930-1933, in: Planert, Ute (Hrsg.), Nation, Politik und Geschlecht. Frauenbewegungen und Nationalismus in der Moderne, Frankfurt a. M. 2000, S. 234-253.

Scheck, Raffael, Mothers of the Nation. Right-Wing Women in Weimar Germany, Oxford 2004.

Schildt, Axel, Wie Phoenix aus der Apathie. Die frühe Erfolgsgeschichte einer Republik, in: Die literarische Welt (Beilage), Die Welt, Nr. 21 vom 22. 5. 1999.

Schildt, Axel, Die Republik von Weimar. Deutschland zwischen Kaiserreich und »Drittem Reich« (1918-1933), 2. erweiterte Auflage, Erfurt 2009.

Schmid, Pia, Frömmigkeitspraxis und Selbstreflexion. Lebensläufe von Frauen der Herrnhuter Brüdergemeine aus dem 18. Jahrhundert, in: Häder, Sonja/Tenorth, Heinz-Elmar (Hrsg.), Der Bildungsgang des Subjekts. Bildungstheoretische Analysen, Weinheim 2004, S. 48-57.

Schmidt, Dorothea, Die peinlichen Verwandtschaften. Frauenforschung zum Nationalsozialismus, in: Gerstenberger, Heide (Hrsg.), Normalität oder Normalisierung?, Münster 1987, S. 50-65.

Schmiechen-Ackerman, Detlef (Hrsg.), »Volksgemeinschaft«. Mythos, wirkungsmächtige soziale Verheißung oder soziale Realität im »Dritten Reich«? Zwischenbilanz einer kontroversen Debatte, Paderborn 2012.

Schmitz-Berning, Cornelia, Vokabular des Nationalsozialismus, Nachdruck der Ausgabe von 1998, Berlin/New York 2000.

Schönberger, Bianca, Mütterliche Heldinnen und abenteuerlustige Mädchen. Rot-Kreuz-Schwestern und Etappenhelferinnen im Ersten Weltkrieg, in: Hagemann, Karen/Schüler-Springorum, Stefanie (Hrsg.), Heimat-Front. Militär und Geschlechterverhältnisse im Zeitalter der Weltkriege, Frankfurt a. M./New York, 2002, S. 108-127.

Schomburg, Petra, Frauen im Nationalsozialismus. Ein Überblick über die historische Frauenforschung und die feministische Diskussion um Verantwortung und Beteiligung von Frauen am Nationalsozialismus, in: Niethammer, Ortrun (Hrsg.), Frauen und Nationalsozialismus. Historische und kulturgeschichtliche Positionen, Osnabrück 1996, S. 42-56.

Schreiber, Carsten, Elite im Verborgenen. Ideologie und regionale Herrschaftspraxis des Sicherheitsdienstes der SS und seines Netzwerkes am Beispiel Sachsens, München 2008.

Schumann, Dirk, Politische Gewalt in der Weimarer Republik 1918-1933. Kampf um die Straße und Furcht vor dem Bürgerkrieg, Essen 2001.

Schuster, Martin, Die SA in der nationalsozialistischen Machtergreifung in Berlin und Brandenburg 1926-1934, Dissertation, Berlin 2005.

Schütt, Ernst Christian (Hrsg.), Chronik 1933, 2. Auflage, Gütersloh/München 1998.

Siemens, Daniel, Prügelpropaganda. Die SA und der nationalsozialistische Mythos vom »Kampf um Berlin«, in: Kreutzmüller, Christoph/Wildt, Michael (Hrsg.), Berlin 1933-1945. Stadt und Gesellschaft im Nationalsozialismus, München 2013, S. 33-50.

Sontheimer, Kurt, Antidemokratisches Denken in der Weimarer Republik, in: Italiaander, Rolf (Hrsg.), Wir erlebten das Ende der Weimarer Republik. Zeitgenossen berichten, Düsseldorf 1982, S. 235-239.

Stargardt, Nicolas, Der deutsche Krieg 1939-1945, Frankfurt a. M. 2015.

Steinbacher, Sybille (Hrsg.), Volksgenossinnen. Frauen in der NS-Volksgemeinschaft, 2. Auflage, Göttingen 2007.

Stephenson, Jill, The Nazi Organisation of Women, London 1981.

Stephenson, Jill, National Socialism and Women before 1933, in: Stachura, Peter D., The Nazi Machtergreifung, London 1983, S. 33-48.

Stoehr, Irene, »Organisierte Mütterlichkeit«. Zur Politik der deutschen Frauenbewegung um 1900, in: Hausen, Karin (Hrsg.), Frauen suchen ihre Geschichte. Historische Studien zum 19. und 20. Jahrhundert, 2. Auflage, München 1982, S. 225-253.

Streubel, Christiane, Rezension zu Andrea Süchting-Hänger, Das »Gewissen der Nation«. Nationales Engagement und politisches Handeln konservativer Frauenorganisationen 1900 bis 1937, Düsseldorf 2002, in: H-Soz-u-Kult, 26. November. 2002, URL: http://www.hsozkult.de/publicationreview/id/ rezbuecher-1995 [online am 19. September 2015].

Streubel, Christiane, Radikale Nationalistinnen. Agitation und Programmatik rechter Frauen in der Weimarer Republik, Frankfurt a. M./New York 2006.

Striesow, Jan, Die Deutschnationale Volkspartei und die Völkisch-Radikalen 1918-1922, Bd. I, Frankfurt a. M. 1981, S. 126.

Süchting-Hänger, Andrea, Das »Gewissen der Nation«. Nationales Engagement und politisches Handeln konservativer Frauenorganisationen 1900 bis 1937, Düsseldorf 2002.

Tajfel, Henri, Experiments in intergroup discrimination, in: Scientific American, Nr. 223, 11/1971, S. 96-102.

Thoß, Hendrik, Demokratie ohne Demokraten? Die Innenpolitik der Weimarer Republik, Berlin 2008.

Tiletschke, Frigga/Liebold, Christa, Aus grauer Städte Mauern. Bürgerliche Jugendbewegung in Bielefeld 1900-1933, Bielefeld 1995.

Tröger, Annemarie, Die Dolchstoßlegende der Linken: »Frauen haben Hitler an die Macht gebracht«, in: Frauen und Wissenschaft, Beiträge zur Berliner Sommeruniversität für Frauen, Berlin 1976, S. 324-355.

Tröger, Annemarie, Thesen zur Bedeutung des Nationalsozialismus für die Entwicklung der Erwerbstätigkeit von Frauen, in: Schmidt, Maruta/Dietz, Gabi (Hrsg.), Frauen unterm Hakenkreuz. Eine Dokumentation mit zahlreichen Abbildungen, München 1985, S. 164-168.

Tyrell, Albrecht, Führer befiehl …. Selbstzeugnisse aus der »Kampfzeit« der NSDAP, Neuauflage der Erstausgabe von 1969, Bindlach 1991.

Verhey, Jeffrey, Der »Geist von 1914« und die Erfindung der Volksgemeinschaft, Hamburg 2000.

Vogt, Martin, Die Weimarer Republik (1918-1933), in: Vogt, Martin (Hrsg.), Deutsche Geschichte. Von den Anfängen bis zur Wiedervereinigung, Stuttgart 1991, S. 568-645.

Wagner, Leonie, Nationalsozialistische Frauenansichten. Vorstellungen von Weiblichkeit und Politik führender Frauen im Nationalsozialismus, Frankfurt a. M. 1996.

Wagner, Patrick, Hitlers Kriminalisten. Die deutsche Kriminalpolizei und der Nationalsozialismus zwischen 1920 und 1960, München 2002.

Weber, Max, Wirtschaft und Gesellschaft. Grundrisse der verstehenden Soziologie, 5. revidierte Auflage, Köln/Berlin 1972.

Wehler, Hans-Ulrich, Deutsche Gesellschaftsgeschichte. Band 4: Vom Beginn des Ersten Weltkrieges bis zur Gründung der beiden deutschen Staaten 1914-1949, München 2008.

Weiß, Hermann, Biographisches Lexikon zum Dritten Reich, Frankfurt a. M. 2002.

Wendt, Bernd Jürgen, Deutschland 1933-1945. Das »Dritte Reich«. Handbuch zur Geschichte, Hannover 1995.

Wette, Wolfram, Die Drückeberger. Nachwort zu einem kritisierten Verhalten, in: Die Zeit, Nr. 23 vom 31. Mai 1991.

Wildt, Michael, Gewalt als Partizipation. Der Nationalsozialismus als Ermächtigungsregime, in: Lüdtke, Alf/Wildt, Michael (Hrsg.), Staats-Gewalt. Ausnahmezustand und Sicherheitsregimes, Göttingen 2008, S. 216-240.

Wildt, Michael, Die Ungleichheit des Volkes. »Volksgemeinschaft« in der politischen Kommunikation der Weimarer Republik, in: Bajohr, Frank/Wildt, Michael (Hrsg.), Volksgemeinschaft. Neuere Forschungen zur Gesellschaft des Nationalsozialismus, Frankfurt a.M. 2009, 2. Auflage, Frankfurt a.M. 2012, S. 24-40.

Wildt, Michael, Interview im Rahmen der 4. Konferenz zur Holocaustforschung, Berlin 27. Januar 2013, in: Bundeszentrale für politische Bildung, Veranstaltungen – 4. Konferenz zur Holocaustforschung, Inhalte, Eröffnung und Einführung, Berlin 29. Januar 2013, URL: http://www.bpb.de/veranstaltungen/dokumentation/153339/eroeffnung-und-einfuehrung [online am 29. März 2015].

Winkler, Dörte, Frauenarbeit im »Dritten Reich«, Hamburg 1977.

Wirsching, Andreas, Die deutsche »Mehrheitsgesellschaft« und die Etablierung des NS-Regimes im Jahre 1933, in: Wirsching, Andreas. (Hrsg.), Das Jahr 1933. Die nationalsozialistische Machteroberung und die deutsche Gesellschaft, Göttingen 2009, S. 9-29.

Zentner, Kurt, Illustrierte Geschichte des Dritten Reiches, Band 1, Köln o.J. (Sonderausgabe).

Ziege, Eva-Maria, Sophie Rogge-Börner. Wegbereiterin der Nazidiktatur und völkische Sektiererin im Abseits, in: Heinsohn, Kirsten/Vogel, Barbara/Weckel, Ulrike (Hrsg.), Zwischen Karriere und Verfolgung. Handlungsräume von Frauen im nationalsozialistischen Deutschland, Frankfurt a.M. 1997, S. 44-77.

Zipfel, Gaby, Verdrängte Erinnerungen. Akteurinnen im Nationalsozialismus, in: Mittelweg 36, Jg. 5, 2/1996, S. 64-73.

Zusätzliche Literatur zur Kommentierung der Biogramme

Ungedruckte Quellen

Bundesarchiv Berlin (ehemals Berlin Document Center)
Vgl. Quellen- und Literaturverzeichnis Band I

Staats- und Stadtarchive, Standesämter
Hauptstaatsarchiv Weimar, Thüringer Ministerium für Volksbildung, Akte B 2804
Stadtarchiv Bensheim, Melderegister, Helene Radtke geb. Schranz
Stadtarchiv Duisburg, Melderegister, Eintrag Luise Schneider
Stadtarchiv Eisenach, Geburtenregister, Eintrag 89/1912, Werner von Bardeleben
Stadtarchiv Kassel, Melderegister, Meldekarte Adolf Beckel
Stadtarchiv Moers, Melderegister, Eintrag Ruth Grathwohl
Stadtarchiv Wiedenbrück, Melderegister, Meldekarte Adolf Beckel
Standesamt Borken, Geburtenregister, Eintrag Marie-Luise Heder
Standesamt Hof, Geburtenregister, Eintrag Erhardt Dietrich Anton Maria Belli von Pino

Weitere Archive

Archiv der Universität Bonn, Recherche und Auskunft per E-Mail durch den Archivmitarbeiter Michael Holz am 24. April 2014

Ursulinenschule in Fritzlar, Schülerinnenbuch, Eintrag Marie-Luise Heder und Rosemarie Heder, Auskunft per Mail von Schulleiterin Jutta Ramisch und Lehrer Horst Blum am 15. August 2013

Archiv der Frau-Rat-Goethe-Schule, Schullaufbahnbögen des Städtischen Lyzeums Duisburg, Bogen Nr. 418/30, Luise Schneider

Österreichische National Bibliothek, ANNO – Austrian Newspapers online; URL: http://anno.onb.ac.at

Darstellungen

Alexander, Thomas, Carl Severing. Sozialdemokrat aus Westfalen mit preußischen Tugenden, Bielefeld 1992.

Bautz, Traugott (Hrsg.), Biographisch-Bibliographisches Kirchenlexikon, Band 25, Nordhausen 2005.

Böttcher, Dirk, Hannoversches biographisches Lexikon. Von den Anfängen bis in die Gegenwart, Hannover 2002.

Evangelisches Gesangbuch für Rheinland und Westfalen, Dortmund 1953.

Figaj, Thilo, Die blutige Karriere des Heinz Jost, in: Darmstädter Echo vom 23. März 2012.

Forum politische Bildung (Hrsg.), Wieder gut machen? Enteignung, Zwangsarbeit, Entschädigung, Restitution, Innsbruck/Wien 1999.

Franz-Willing, Georg, Krisenjahr der Hitlerbewegung. 1923, Preußisch Oldendorf 1975.

Gathman, Peter/Paul, Martina, Narziss Goebbels. Eine psychohistorische Biographie, Wien/Köln/Weimar 2009.

Gimbel, Adalbert/Hepp, Karl, So kämpften wir! Schilderungen aus der Kampfzeit der NSDAP im Gau Hessen-Nassau, Frankfurt a. M. 1941.

Grüttner, Michael: Biographisches Lexikon zur nationalsozialistischen Wissenschaftspolitik, Heidelberg 2004.

Hantsche, Irmgard, Das schlesische Tuchgewerbe im ausgehenden 18. und beginnenden 19. Jahrhundert, in: Jahrbuch der schlesischen Wilhelms-Universität zu Breslau, Berlin 1973.

Hein, Alfred, Der Alte vom Preußenwald. Hindenburgs siegreiches Leben, Langensalza 1934.

Hoppe, Madeleine, Die geschichtliche Entwicklung der Disziplinwerdung und Professionalisierung der Sozialen Arbeit, Norderstedt 2007.

Jahr, Christoph, Antisemitismus vor Gericht. Debatten über die juristische Ahndung judenfeindlicher Agitation in Deutschland 1879-1960, Frankfurt a. M. 2011.

Kirsten, Holm, Weimar im Banne des Führer. Die Besuche Adolf Hitlers 1925-1940, Köln/Weimar/Wien 2001.

Kolb, Eberhard, Die Weimarer Republik, München 2000, S. 64.

Lankheit, Klaus A. (Hrsg.), Hitler. Reden, Schriften, Anordnungen – Februar 1925-Januar 1933. Band III/2: 3/1929-12/1929, München 1994.

Lehmann, Sebastian, »... Schleswig-Holstein stammverwandt – lebewohl Friedrich Hildebrandt«. Die NSDAP in Lübeck, in: Beirat für Geschichte in der Gesellschaft und Politik Schleswig-Holsteins e. V. (Hrsg.), Jahrbuch Demokratische Geschichte, Band 18, Neumünster 2007.

Liepach, Martin, Das Wahlverhalten der jüdischen Bevölkerung in der Weimarer Republik, Tübingen 1996.

Maser, Werner, Adolf Hitlers Mein Kampf. Geschichte, Auszüge, Kommentare, Esslingen 2001.

Meyer-von Götz, Irene, Das Konzentrationslager am Wasserturm Prenzlauer Berg in Berlin; in: Benz, Wolfgang/Distel, Barbara/Königseder, Angelika (Hrsg.), Instrumentarium der Macht. Frühe Konzentrationslager 1933-1937, Berlin 2003, S. 84.

Mlynek, Klaus/Röhrbein, Waldemar R. (Hrsg.), Geschichte der Stadt Hannover. Vom Beginn des 19. Jahrhunderts bis in die Gegenwart, Band 2, Hannover 1994.

Neugebauer, Wolfgang (Hrsg.), Handbuch der preussischen Geschichte. Vom Kaiserreich zum 20. Jahrhundert, Band 3, Berlin/New York 2000.

N. N., Bonner Studentenführer, Bonn 1931.

Oppermann, Jürgen, Das Drama »Der Wanderer« von Joseph Goebbels. Frühformen nationalsozialistischer Literatur, Dissertation, Universität Karlsruhe 2005.

Rademacher, Michael, Handbuch der NSDAP-Gaue 1928-1945. Die Amtsträger der NSDAP und ihrer Organisationen auf Gau- und Kreisebene in Deutschland und Österreich sowie in den Reichsgauen Danzig-Westpreußen, Sudetenland und Wartheland, Vechta 2000.

Reidegeld, Eckard, Staatliche Sozialpolitik in Deutschland. Sozialpolitik in Demokratie und Diktatur, Band 2, Wiesbaden 2006.

Röhl, John C. G., Wilhelm II. Der Aufbau der persönlichen Monarchie 1888-1900, München 2001.

Sauer, Bernhard, Mythos eines ewigen Soldatentums. Der Feldzug deutscher Freikorps im Baltikum im Jahre 1919, in: Zeitschrift für Geschichtswissenschaft (ZfG), Heft 10, 43. Jahrgang, 1995.

Schreiber, Carsten, Elite im Verborgenen. Ideologie und regionale Herrschaftspraxis des Sicherheitsdienstes der SS und seines Netzwerkes am Beispiel Sachsens, München 2008.

Sheldon, Richard N., Dag Hammarskjöld, New York 1987.

Striesow, Jan, Die Deutschnationale Volkspartei und die Völkisch-Radikalen 1918-1922, Band I, Frankfurt a. M. 1981.

Weipert, Axel, Das rote Berlin. Eine Geschichte der Berliner Arbeiterbewegung 1830-1934, Berlin 2013.

Wirsching, Andreas, Vom Weltkrieg zum Bürgerkrieg? Politischer Extremismus in Deutschland und Frankreich 1918-1933, München 1999.

Internetseiten

Abromeit, Kurt: Die »goldenen zwanziger Jahre« in Tilsit; in: Kreisgemeinschaft Tilsit-Ragnit e. V. (Hrsg.), Tilsiter Rundbrief Nr. 28/1998, o. S.; URL: http://www.tilsit-ragnit.de/tilsit/ti_goldenen20.html [online am 4. September 2015].

Ahnenforschung.net, Forum, Foren für Bundesländer der heutigen BRD, Thüringen Genealogie, Adressbuch Eisenach 1920., URL: http://forum.ahnenforschung.net/showthread.php?t=44505 [online am 2. September 2015].

Alice-Salomon-Archiv: Alice Salomon, Leben und Lebensdaten; URL: http://www.alice-salomon-archiv.de/alice/leben.html [online am 4. September 2015].

Ancestry-Rootsweb: Der Gau Hessen-Nassau der NSDAP, Die Kreisleitungen der NSDAP; URL: http://freepages.family. rootsweb.ancestry.com/~dettweiler/webdocs/e055.htm#Darmstadt [online am 2. September 2015].

Arnis an der Schlei: Kleine Chronik; URL: http://www.arnis-schlei.de/Geschichte03.htm [online am 4. September 2015].

Association Fort de Mutzig/Förderverein Feste Kaiser Wilhelm II.: Die Feste, Geschichtsabriss; URL: http://www.fort-mutzig.eu/pages/_menu/menu_d.html# [online am 2. September 2015].

Bayerische Staatsbibliothek: Historisches Lexikon Bayerns, Stefan Jelic: Uniformverbot, URL: http://www.historisches-lexikon-bayerns.de/artikel/artikel_44631 [online am 27. August 2015].

Bayerische Staatsbibliothek/Deutsche Forschungsgesellschaft, Digitale Bibliothek, Reichstagshandbuch, Band 1933, Berlin 1933, S. 372, URL: http://daten.digitale-sammlungen.de/~db/bsb00000009/images/index.html?nativeno=372 [online am 5. September 2015].

Becht, Lutz/Institut für Stadtgeschichte Frankfurt am Main, Vortrag: »Das Haus Frankfurt am Main, Gutleutstraße 8-14 im Nationalsozialismus«, URL: http://basis-frankfurt.de/content/vortrag-und-diskussion-%C2%BBdie-gutleutstrasse-8-14-im-nationalsozialismus%C2%AB-lutz-becht [online am 18. Dezember 2014].

Bechtler, Rolf: Lazaretteinrichtungen im 1. Weltkrieg, Allgemeines, URL: http://www.arge-deutsche-geschichte.de/neuzeit/lazarette-trier.htm. [online am 2. September 2015].

Bundesamt für Materialforschung und –prüfung: BAM über uns, URL: http://www.bam.de/de/ueber_uns/geschichte/geschichte_fb.htm [online am 4. September 2015].

Bürgerzeitung Duisburg: Straßennamengeschichte, Altstadt/Köhnenstraße, URL: http://www.duisburgweb.de/Du_strassen_plz/Du_Ortsteile_strassennamengeschichte/Altstadt_K.htm [online am 25. August 2015].

Das Bundesarchiv: Akten der Reichskanzlei. Weimarer Republik, Biographien, URL: http://www.bundesarchiv.de/aktenreichskanzlei/1919-1933/0a1/adr/adrmr/kap1_1/para2_30.html [online am 2. September 2015].

Dag-Hammarskjöld-Oberschule Berlin: Geschichte, Dag Hammarskjöld, URL: http://www.dag-hammarskjoeld-os.de/geschichte.php?inhalt=hammarskjoeld [online am 1. September 2015].

Deutsches Historisches Museum Berlin, LeMO, Bestand, Biographien, Hermann Ehrhardt; URL: https://www.dhm.de/lemo/bestand/objekt/hermann-ehrhardt.html [online am 22. August 2015].

Friedrich-Ebert-Stiftung: Politisch-historisches Informationszentrum, Digitale Bibliothek, Pressedienste, Sozialdemokratischer Pressedienst, 2. November 1931, S. 3, URL: http://library.fes.de/spdpdalt/19311102.pdf [online am 3. September 2015].

Geheimes Staatsarchiv Preußischer Kulturbesitz: Bestände, Nachlässe & Sammlungen, Geographische Suche, Fürstentum Birkenfeld; URL: http://www.gsta.spk-berlin.de/geographische_suche_detail.php?KARTE=2&PAGE_ID=464&GEBIET=birkenfeld [online am 27. August 2015].

Gemeinde Ruppersdorf: Der Ort, Kirche; URL: http://www.ruppersdorf-thüringen.de/kirche.php [online am 4. September 2015].

Grafschafter Gymnasium: Geschichte des GGM; URL: http://www.grafschafter-gymnasium.de/geschichte-des-ggm [online am 2. September 2015].

Hessisches Landesamt für geschichtliche Landeskunde: Landesgeschichtliches Informationssystem Hessen (lagis), Historische Bilddokumente, Messerschmidt Gedenkfeier in Kassel, URL: http://www.lagis-hessen.de/de/subjects/xsrec/current/41/sn/bd?q=YToxOntzOjU6InNhY2hlIjtzOjE2OiJIYWtlbmtyZXV6ZmFobmVuIjt9 [online am 22. August 2015].

Hessisches Staatsarchiv Darmstadt: Findbuch zu Bestand G 12 C Polizei-Personalakten, Fallakte 2516: Radtke, Emil., URL: https://arcinsys.hessen.de/arcinsys/einfachsuchen.action [online am 2. September 2015].

Hessisches Staatsarchiv Darmstadt: Digitales Archiv Hessen-Darmstadt, Darmstadt im Ersten Weltkrieg, Mobilmachung und »Augusterlebnis«, Die ersten Kriegsgefangenen: URL: http://www.digada.de/index.php?markup Text=griesheim&content=./wk1/kap3/augusterlebnis.htm [online am 2. September 2015].

Humboldt-Universität-Berlin: Hermann von Helmholtz-Zentrum für Kulturtechnik, Katalog der wissenschaftlichen Sammlungen der Humboldt-Universität zu Berlin, Biographie Carl Heinrich Becker, URL: http://www.sammlungen.hu-berlin.de/dokumente/14916 [online am 6. April 2015].

Institut für Zeitgeschichte München: Archiv, Bestand ED 420 – Richard Suchenwirth, Vita; URL: http://www.ifz-muenchen.de/archiv/ ed_0420.pdf [online am 4. September 2015.].

Jehke, Rolf: Territoriale Veränderungen in Deutschland und deutsch verwalteten Gebieten 1874-1945, Amtsbezirk Gorlau, URL: http://www.territorial.de/ostp/lyck/gorlau.htm [online am 4. September 2915].

Kefes, Peter: Forschungen zur Geschichte des Wilhelmsgymnasiums München, Absolventen 1562-1940, URL: http://www.peterkefes.de/AbsBe.htm [online am 14. April 2014].

Königsberger Diakonie: Über uns, Geschichte des Mutterhauses, URL: http://www.koenigsbergerdiakonie.de/diakonie-ueber-uns/geschichte [online am 29. August 2015].

Kumlehn, Jürgen: NS-Spurensuche im Lande Braunschweig-Wolfenbüttel, 1933, Das erste Jahr der Diktatur – Jugend und Helden, URL: http://www.ns-spurensuche.de/index.php?id=4&topic= 15&key=20 [online am 1. September 2015].

Landschaftsverband Rheinland: Rheinische Geschichte. Die Medizinische Fakultät der Universität Bonn im »Dritten Reich« (1933-1945), URL: http://www.rheinische-geschichte.lvr.de/themen/Das%20Rheinland%20im%2020.%20Jahrhundert/Seiten/Medizinische Fakultaet.aspx?print=true#3 [online am 2. September 2015].

Latz, Dirk (ViSdP): Firmendatenbank »firmendb«, Firmenverzeichnis, Deutschland, Nordrhein-Westfalen, Essen, Firmenportrait 417789; URL: http://www.firmendb.de/firmen/417789.php [online am 1. September 2015].

Loh-Kliesch, André: Leipzig-Lexikon, Biogramm, Heinrich Limbach; URL: http://www.leipzig-lexikon.de/biogramm/Limbach_Heinrich.htm [online am 5. September 2015].

Luisenstädtischer Bildungsverein e. V.: Berlin von A-Z, Lexikon zur Stadtentwicklung, Chronik und Gegenwart, Mitte, URL: http://www.luise-berlin.de/lexikon/ mitte/b/beusselkiez.htm [online am 1. September 2015].

Möbius, Ulla: DenkFried, Andenken und Gedenken an die Toten zweier Weltkriege, Labry/Frankreich, Reisebericht; URL: http://www.denkfried.de/wp/?page_id=2322 [online am 4. September 2015].

Oron, Aryeh: Website Bach-Cantatas, Biographies of Performers, Edwin Fischer, URL: http://www.bach-cantatas.com/Bio/Fischer-Edwin.htm [online am 1. September 2015].

Patschke, Hans: Frequenzwechsel; in: Jürgen Ruszkowski (Hrsg.), Zeitzeugen des Alltags, Bd. 37, o. S.; URL: http://zeitzeugenbuch.klack.org/seite17.html [online 4. September 2015].

Die Presse – Unabhängige Tageszeitung für Österreich: DiePresse.com, Unternehmen, Geschichte; URL: http://diepresse.com/unternehmen/ geschichte/9835/ Die-Neue-Freie-Presse [online am 4. September 2015].

Schiffmann, Martin: Werkbahnen in Deutschland, Orentein & Koppel, URL: http://www.werkbahn.de/ eisenbahn/lokbau/oundk.htm [online am 5. September 2015].

Schulserver Hessen, Oberzehnt-Gesamtschule Beerfelden: Seid wachsam und kritisch! Reichpogromnacht in Beerfelden, URL: http://www.schulserver.hessen.de/ssa_bow/beerfelden/oberzent/archiv2008-2009/pogromnacht.html [online am 18. Dezember 2014].

Senatsverwaltung für Stadtentwicklung und Umwelt Berlin: Denkmaldatenbank, Denkmale in Berlin, Krankenhaus Moabit; URL: http://www.stadtentwicklung.berlin.de/cgi-bin/hidaweb/getdoc.pl?DOK_TPL=lda_doc. tpl&KEY=obj%2009050350. [online am 3. September 2015].

Stadt Duisburg: Tourismus & Freizeit, Historisches & Persönlichkeiten, URL: http://www.duisburg.de/freizeit/tourismus_freizeit/historisches_persoenlichkeiten/duisburg_frueher/102010100000092771.php [online am 25. August 2015].

Stadt Ückermünde: Geschichtsdatenbank der Stadt Ückermünde, Persönlichkeiten, Max Cronauer, URL: http://www.schwedisch.ueckermuende.de/geschichte/user/user.cgi?action=listenansicht&tabelle=geschichte_personen&seite_nr=4 [online 14. April 2014].

Stadtamt Giżycko: Die Festung Boyen, URL: http://www.boyen.gizycko.pl/de/main_de.html [online am 2. September 2015].

Stadtmuseum Ibbenbüren: Ibbenbüren gestern & heute, Klosterstraße (von 1933 bis 1946 Hans-Rickmers-Straße), URL: http://www.stadtmuseum-ibbenbueren.de/ibbenbueren_gestern_heute_ klosterstrasse.htm [online am 2. September 2015].

Technische Universität Berlin (Hrsg.): The shoulders on which we stand, 125 Jahre Technische Universität Berlin, Adolf Miethe, URL: http://opus.kobv.de/tuberlin/volltexte/2008/2012/ html/festschrift/miethe_e.htm [online am 2. September 2015].

Universität der Künste Berlin/Musikwissenschaft: Forschung, Berlin als Ausbildungsort, Personendatenbank des Stern'schen Konservatoriums, URL: http://www.udk-berlin.de/sites/ musikwissenschaft/content/forschung/forschungsprojekte/berlin_als_ausbildungsort_-_personen_datenbank_des_sternschen_konservatoriums/index_ger.html [online am 24. August 2015].

Universität Hamburg/Musikwissenschaftliches Institut: LexM – Lexikon verfolgter Musikerinnen und Musiker der NS-Zeit, URL: http://www.lexm.uni-hamburg.de/object/lexm_lexmperson_00001558;jsessionid=dm2r3na7c8lexmperson_all?wcmsID=0003&XSL.lexmlayout.SESSION= [online am 1. September 2015].

Verein für Computergenealogie e. V.: GenWiki – Genealogienetz, Datei: Hannover AB 1941, URL: http://wiki-de.genealogy.net/w/index.php?title=Datei:Hannover-AB-1941-scan.djvu&page=398&page=398 [online am 2. September 2015].

Volksbund Deutsche Kriegsgräberfürsorge: Gräbersuche online, Detailansicht zu Belli von Pino, Erhard Dietrich Anton Maria, URL: http://www.volksbund.de/index.php?id=1775&tx_igverlustsuche_pi2[gid]=bd549e344c5132d4cf9602edc1aa9d2b [online am 11. April 2014].

Wikipedia: Truppenübungsplatz, Thüringen, URL: http://de.wikipedia.org/wiki/Truppen%C3%BCbungsplatz#Th.C3.BCringen [online am 2. September 2015].

Zachcial, Michael: Deutsches Volksliederarchiv, Heimatlieder, 1919-1932 Weimarer Republik, URL: http://www.volksliederarchiv.de/text1240.html [online am 2. September 2015].

Zentral- und Landesbibliothek Berlin: Berliner Adressbücher, Jahrgänge 1927-1934, URL: http://adressbuch.zlb.de/viewAdressbuch.php?CatalogName=adre2007&ImgId=318602&intImgCount=-6&CatalogCategory=adress&Counter=&CatalogLayer=6 [online am 12. April 2015].

Personenregister

Verfasserinnen der Abel-Biogramme

Weitere Personen